HU NAN SHENG YAN YE FU KAO ZHI

湖南省烟叶复烤志

湖南省烟叶复烤志编纂委员会　编

方志出版社
Publishing House of Local Records

图书在版编目（CIP）数据

湖南省烟叶复烤志 / 湖南省烟叶复烤志编纂委员会编.
— 北京 : 方志出版社，2018.1
ISBN 978-7-5144-2952-7

Ⅰ. ①湖… Ⅱ. ①湖… Ⅲ. ①烟叶复烤—烟草工业—概况—湖南 Ⅳ. ①F426.89

中国版本图书馆CIP数据核字（2018）第029620号

湖南省烟叶复烤志

编 者：湖南省烟叶复烤志编纂委员会
责任编辑：范 静

出 版 人：冀祥德
出 版 者：方志出版社
地址：北京市朝阳区潘家园东里9号（国家方志馆4层）
邮编：100021
网址：http://www.fzph.org
发 行：方志出版社图书经销中心
电话：（010）67110500
经 销：各地新华书店
印 刷：郴州市湘南地质制图印刷厂

开 本：889×1194 1/16
印 张：28.75
字 数：805千字
版 次：2018年1月第1版 2018年1月第1次印刷
印 数：0001~1500册

ISBN 978-7-5144-2952-7 定 价：248.00元

《湖南省烟叶复烤志》编纂委员会

《湖南省烟叶复烤志》编纂人员

主　　编：何田松

执行主编：孙建霞

副 主 编：邹昌阶

撰 稿 人：何田松　孙建霞　邹昌阶　段莎莎

胡战卫　黄恋文　胡海峰　方国祥

邓顺林　李　萍　陈　常　陈正南

罗赤敏　梁　平　黄　芬　冯祥考

文字录入：吴东耀

评审人员

湖南省地方志编纂办公室：黄俊军　蔡素云

湖南省烟草专卖局（公司）：肖和元　李志刚

湖南中烟工业有限责任公司：宋翠英　罗红新　张雄飞

郴州市地方志编纂办公室：张让前

湖南烟叶复烤有限公司：邝文宣

湖南烟叶复烤有限公司郴州复烤厂：刘洪标　肖春湘

湖南烟叶复烤有限公司永州复烤厂：程海红　黄志平

常德芙蓉烟叶复烤有限责任公司：徐宇翔　薛伦勇

湘西鹤盛原烟发展有限责任公司：张　晖

浏阳天福打叶复烤有限责任公司：李振江　廖菊冬

方志出版社：范　静（初　审）　徐　宏（复　审）

于伟平（终审1）　冀祥德（终审2）

图片编辑

何田松　　邹昌阶

序

◎ 樊剑峰

盛世修志，是责任更是担当。

由湖南省烟草学会烟叶复烤分会组织编写的《湖南省烟叶复烤志》是值得一读的。全书内容详实，图文并茂，真实记载了湖南省烟叶复烤业从无到有、从小到大、从弱到强的历史演变轨迹，既可为当代人查阅利用，又可为后世留下珍贵的历史资料。该志的编纂出版，无疑是全省烟草工商系统的一件大喜事、大好事。在此，我代表湖南省烟草专卖局（公司），对志书的公开出版表示热烈的祝贺！对湖南省地方志编纂委员会给予的大力支持和悉心指导，表示诚挚的感谢！对为志书出版付出辛勤劳动和汗水的全体编纂人员，致以亲切的问候和崇高的敬意！

打叶复烤企业是连接卷烟工业企业和产区烟草公司的桥梁和纽带，是烟草行业产业链中的一个重要环节，在卷烟生产中发挥着重要的基础性作用，其原烟加工质量水平，直接关系到烟叶资源利用的效率和卷烟品牌质量的提高。湖南烟叶复烤业始创于上世纪60年代，先后经历土法复烤、挂杆复烤、打叶复烤等阶段，伴随行业改革发展步伐，逐渐发展壮大。到目前，全省共有4家烟叶复烤公司5个生产点，拥有6条现代化的打叶复烤生产线，年设计生产能力达18万吨。通过技术改造，其工艺保障能力和加工服务能力显著增强，为促进全省烟叶产业发展、支撑卷烟原料保障上水平发挥了重要的基础性作用。

省内复烤业从开创至今，已有近五十年历史。古人云："以史为镜，可以知兴替。"该志较好展现了省内各复烤企业发展的清晰轨迹，所记载的历史和现状，各有特点和亮点，是企业之间相互学习、相互促进、共同提高的好读物。希望各复烤企业坚持以习近平新时代中国特色社会主义思想为指导，认真贯彻落实党的十九大和十九届二中、三中全会精神，认真贯彻落实省局（公司）、湖南中烟公司党组作出的决策部署，以志为鉴，弘扬艰苦创业精神，坚持与时俱进、开拓进取，锐意创新、科学发展，续写湖南烟叶复烤业更加美好的历史篇章！

是为序。

樊剑峰

（作者系湖南省烟草专卖局<公司>党组书记、局长、总经理）

凡 例

一、本志以马克思列宁主义、毛泽东思想、邓小平理论、“三个代表”重要思想、科学发展观及习近平新时代中国特色社会主义思想为指导，即我们党要始终代表中国先进生产力的发展要求、代表中国先进文化的前进方向、代表中国最广大人民的根本利益，坚持辩证唯物主义和历史唯物主义的立场、观点和方法，本着“尊重历史，承前启后，详今略古”的原则，全面真实地反映湖南烟叶复烤企业的历史和现状，突出体现企业特色，力争思想性、科学性和资料性相统一。

二、本志记述的时间断限，上起事物发端，下限至2015年末，个别要事略有顺延。记述内容为湖南境内复烤业存续期间主要史实。记述地域原则上以湖南省现辖地域为限。

三、本志基本框架由章、节、目3个层次构成，采用述、记、志、图、表、传、录等体裁。概述提要钩玄，为全志之纲；大事记编年记载大、新、要事等，为全志之经；专志为志书主体，分门别类，记述事物的历史和现状，为全志之纬。图、表分别插于相关章节。人物传记和简介仅限企业历届领导班子正职、董事长或上级组织认可的主持全面工作的负责人（被撤职或无法提供相关资料者除外），以及省部级劳动模范；名录记载地厅级以上授奖的先进人物和中级技术以上职务人物；集体荣誉记载县级以上机关授予的重要奖项。附录选录具有重要历史意义的有关法规、政策、企业设立撤并文件和具有重要参考价值的资料。

四、本志行文采用语体文、记述体和第三人称记叙，力求文风严谨、朴实、简洁、流畅、规范。

五、本志遵循“事以类从、类为一志”和“横分门类、纵述始末”的原则编写。记述方法，详记起始、变化和现状，体现行业特色；叙事力求实事求是；交叉事物此详彼略，详略互补。

六、本志涉及的组织机构、职衔、地点、时政术语等，均采用当时称谓，首次出现为全称，后以简称。对人直书其名，不冠虚衔和褒贬之词，必要时加写当时的职务。

七、本志所用数据和资料，主要源自所在企业历史档案、相关档案局库存档案、各时期主管单位相关档案，部分采自相关史志、书刊和相关部门提供的资料及知情人口碑资料。

八、本志计量单位，除土地面积用“亩”表示以外，皆按1984年国务院《关于在我国统一实行法定计量单位的命令》执行；数字书写，执行1995年国家技术监督局《出版物上数字用法的规定》。

九、本志为简约文字，凡单以“国家局”“总公司”“省局（公司）”“市局（公司）”“县局（公司）”称谓的，皆指国家烟草专卖局、中国烟草总公司、湖南省烟草专卖局（公司）等相应各级烟草专卖局（公司）组织机构。QC为质量控制。

十、本志为避各单位薪酬、福利、有偿辞职等待遇差异的情况，有关记载只写分配方法，不写具体待遇金额。

十一、本志的复烤企业史实记述排序，先按本省烟草工、商“划块”，再以建厂时间先后为原则。资料采用，以史料有无和入编是否适宜为原则。

十二、对个别在修志下限已经启动，并在志书付印之前完成的大事要事，予以顺延简要记载。

1992年11月19日，省委书记熊清泉（前中）、省委副书记杨正午一行到零陵复烤厂调研，陪同调研的有：地委书记秦光荣（前左1）等。

1999年9月2日，国家烟草专卖局局长倪益谨（前右1）到湘南烟草集团所属郴州复烤厂调研。

2000年2月，国家烟草专卖局副局长姜成康（左1）到郴州烟叶复烤厂调研。

1999年11月5日，省委书记杨正午（前右2）、省长储波（前右1）到吉首打叶复烤厂调研。

2005年1月，湖南省烟草专卖局局长杨先杰（中）到郴州复烤厂调研。

2005年1月1日，湖南中烟公司副总经理卢平（右2）等到浏阳天福公司调研。

2006年2月，国家烟草专卖局副局长何泽华（前右2）在湖南省烟草专卖局局长杨先杰（前右3）、中国烟叶购销公司副总经理陈江华（前右1）等陪同下，到郴州烟叶复烤厂调研。

2008年，湖南省烟草专卖局副局长张志刚（前中）到郴州复烤厂调研。

2009 年 2 月 6 日，湖南省烟草专卖局副总经理李民灯（前右 2）到郴州天泰公司调研。

2009 年 4 月 28 日，中国烟叶公司副总经理陈江华（右 2）到郴州天泰公司调研。

2010 年 3 月 10 日，湖南省烟草专卖局局长杨先杰（前中）到郴州天泰公司调研。

2013 年 4 月 24 日，中国烟叶公司副总经理吴洪田（前左 2）到湘西鹤盛公司调研。

2013 年 7 月，中国烟叶公司副总经理陈江华（前左 1）到湘西鹤盛公司调研。

2013 年 8 月 12 日，郴州市委书记向力力（右 4）到郴州复烤厂易地技改工地现场办公。

2013 年 12 月 5 日，国家烟草专卖局副局长、党组成员杨培森（前左 2）到湘西鹤盛公司调研。

2013 年，湖南中烟公司副总经理刘兴（前左 2）率湖南中烟技改办到湘西鹤盛公司易地技改项目选址现场考察。

2014年3月19日，湖南省烟草专卖局（公司）主持全面工作的党组副书记、副局长、副总经理樊剑峰一行到湖南烟叶复烤公司调研。

2014年9月28日，永州市委书记陈文浩（前左3）到永州复烤厂技改工地调研。

2014年11月28日，湖南中烟公司党组成员、原芙蓉复烤易地技改项目指挥长李曙光（左2）到常德芙蓉复烤公司调研。

2015年，中国烟叶公司总经理陈江华（左2）到永州复烤厂技改工地调研。

2014年9月国家烟草专卖局局长、党组书记凌成兴（前左3）在湘西州委书记叶红专（前左1）、州长郭建群（女，前左5）的陪同下到湘西鹤盛公司调研。

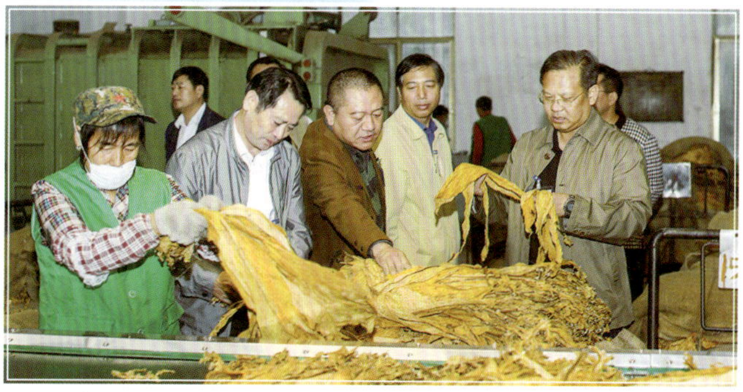

2014年10月，湖南省烟草公司副总经理、湖南复烤公司董事长李民灯（前右1）到永州复烤厂调研。

2015年6月19日郴州市委书记易鹏飞（图前右2）到郴州复烤厂易地技改工地现场办公。

2016年1月19日，湖南中烟公司副经理杨智敏（前左1）一行到常德芙蓉复烤公司选叶现场调研。

湖南烟叶复烤有限公司

大门

办公楼

郴州复烤厂

1978–1998 年的流星岭厂区

1993–2015 年的司马洞厂区

▲ 大门

▲ 办公大楼

▲ 2004–2007 年办公区

▲ 生产区大门

复烤车间之一

复烤车间之二

锅炉房

司马洞国家烟叶储备库

五层楼投料库

凉烟库

六层楼烟叶库

临时工宿舍

司马洞厂区全影图

2015年9月后的油山新厂区

郴州复烤厂油山新厂区之大门、办公楼

办公大楼

油山新厂区之航拍全景图

联合工房

烟叶精选车间

原烟配方高架库

片烟成品高架库

原烟仓库群

客户服务中心

永州复烤厂

楚南大道新厂区

全景图

办公楼

珍珠路老厂区

全景图

办公大楼

打叶复烤车间

一路之隔的市烟草公司仓库与国家烟叶储备库

原烟库

金叶大厦（客户服务中心）

成品库

倒班宿舍

锅炉房

常德芙蓉烟叶复烤有限责任公司

大门

办公楼

联合工房(右)及投料库、精选车间(左)

原料库

锅炉房

湘西鹤盛原烟发展有限责任公司

原吉首打叶复烤厂

办公大楼

锅炉房

航拍全景图

2015 年纳入建设规划的马鞍新厂区，
2017 年开工，预计 2019 年投产

浏阳天福打叶复烤有限责任公司

联合工房

综合楼

锅炉房

倒班宿舍

▼ 全景图

陈江华（湖南省烟草公司原副总经理、湖南复烤公司首任董事长）

李民灯（湖南省烟草公司副总经理、湖南复烤公司第二任董事长）

徐文军（湖南省烟草公司副总经理、永州天顺复烤公司首任董事长）

杨智敏（湖南中烟公司副总经理及常德芙蓉、湘西鹤盛、浏阳天福公司董事长）

姜孝清（湖南省烟草公司原副巡视员，郴州天泰公司首任董事长）

李明三（湖南中烟公司副巡视员及常德芙蓉、湘西鹤盛、浏阳天福复烤公司董事长）

徐双红（湖南中烟公司原料中心主任）

熊新荣（湖南中烟公司部长及常德芙蓉复烤公司首任董事长）

周国生（湖南复烤公司首任总经理、党组书记）

曹　健（湖南复烤公司第二任总经理、党组书记）

张书华（湘西自治州烟草专卖局局长兼吉首打叶复烤厂首任法人代表）

李增伟（长沙卷烟厂副厂长兼吉首打叶复烤厂首任厂长）

李光华（湖南中烟公司原料中心副主任）

崔建军（湖南复烤公司副总经理、郴州天泰复烤公司第二任总经理、党委书记，湖南复烤公司郴州复烤厂首任厂长、党委书记）

义胜辉（湖南复烤公司副总经理、永州天顺复烤公司首任总经理、党委书记，湖南复烤公司永州复烤厂首任厂长、党委书记）

邝文宣（湖南复烤公司纪检组长）

程孔任（郴州市烟草专卖局副局长、郴州烟叶生产购销公司首任经理及复烤厂第三任厂长）

彭传国（零陵地区烟草专卖局副局长、零陵烟叶生产购销公司首任经理及复烤厂第二任厂长）

刘正日（永州市烟草专卖局副局长兼天顺复烤公司第二任董事长）

李昌平（长沙卷烟厂副处级干部兼浏阳天福复烤公司总经理）

单尚湖（郴州复烤厂首任厂长）

伍先寿（郴州复烤厂副厂长主持全面工作）

简常浩（郴州复烤厂第二任厂长）

李长春（郴州复烤厂副厂长主持全面工作）

罗家群（郴州复烤厂党支部书记，主持全面工作）

刘勇智（郴州天泰复烤公司首任总经理、党总支书记）

段定喜（郴州烟叶购销公司第二任经理、复烤厂第四任厂长）

龙德升（郴州烟叶购销公司及复烤厂党总支书记）

罗学成（郴州烟叶购销公司及复烤厂党总支书记）

李国正（湘南烟草集团烟叶分公司总经理及复烤厂第五任厂长、党总支书记）

邓国钧（湘南烟草集团烟叶分公司总经理及郴州复烤厂第六任厂长、党总支书记）

司徒辉（湘南烟草集团烟叶分公司总经理及郴州复烤厂第七任厂长、党总支书记）

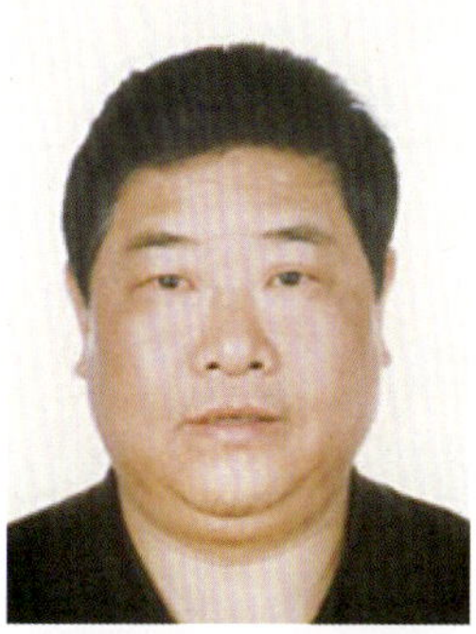

徐贵荣（郴州烟叶购销公司及郴州复烤厂经理）

李翼卫（郴州烟叶购销公司及郴州复烤厂党总支书记）

石建中（郴州复烤厂第八任厂长）

朱自坚（湖南复烤公司郴州复烤厂第二任厂长、党委书记）

尹朝珍（湖南复烤公司郴州复烤厂第三任厂长）

高诚（零陵烟叶生产购销公司及零陵复烤厂党委书记）

李新元（零陵烟叶生产购销公司经理及零陵复烤厂第四任厂长、党委书记）

张前进（零陵烟叶生产购销公司及零陵复烤厂党委书记）

朱忠民（零陵烟叶生产购销公司经理及零陵复烤厂第五任厂长、党委书记）

吕明（零陵复烤厂第六任厂长、党委书记）

万克颖（零陵烟叶生产购销公司及零陵复烤厂党委书记）

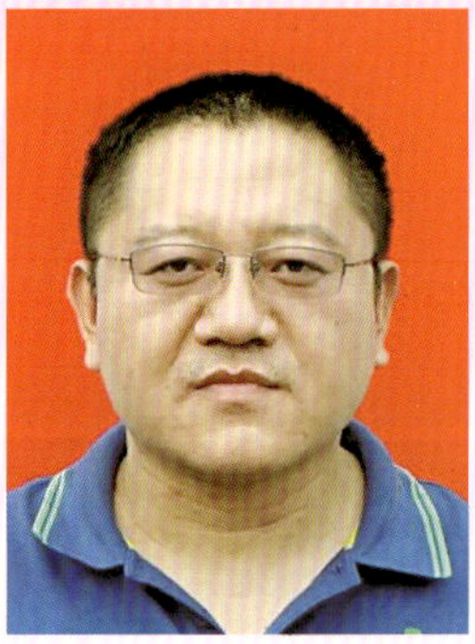
盘勇卫（湖南复烤公司永州复烤厂第二任厂长、党委书记）

熊永雷（常德复烤厂首任厂长）

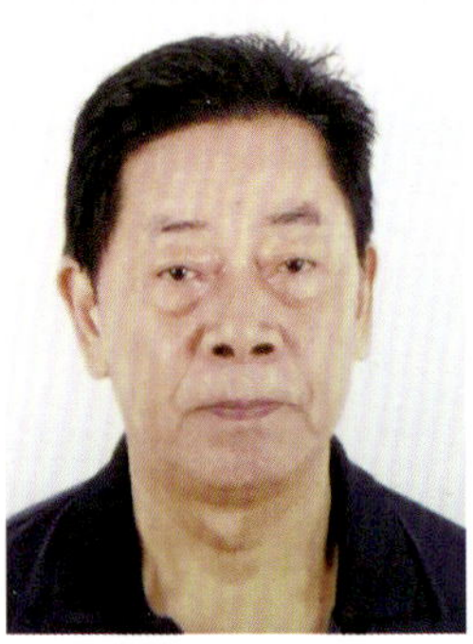
丁维怀（常德卷烟厂复烤车间主任）

熊继群（常德打叶复烤车间主任）

石瑞林（常德芙蓉复烤公司首任总经理）

王红刚（常德芙蓉复烤公司第二任总经理）

黄道荣（常德芙蓉复烤公司党支部书记）

徐宇翔（常德芙蓉复烤公司党总支书记）

侯军（常德芙蓉复烤公司公司第三任总经理）

汤绍凡（吉首打叶复烤厂党支部书记）

伍亚光（湘西鹤盛原烟发展公司首任总经理）

张其龙（湘西鹤盛原烟发展公司第二任总经理）

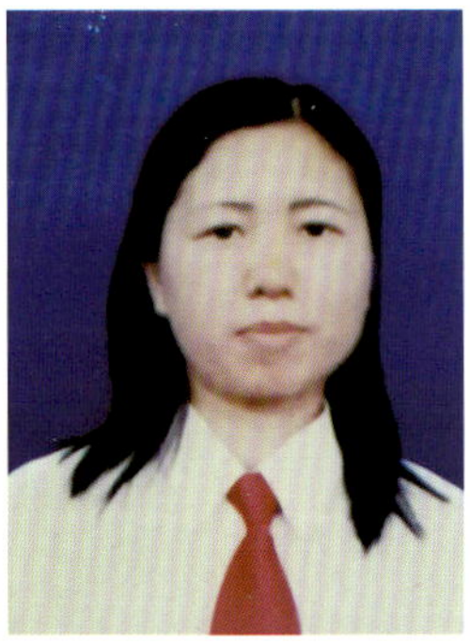
王　婷（湖南复烤公司永州复烤厂员工，全国烟草行业劳动模范）

陈世海（湘西鹤盛原烟发展公司员工，湖南省劳动模范）

湖南复烤公司 2016 年领导班子成员工作交接合影。
从左至右：崔建军、曹　健、周国生、义胜辉、邝文宣

挂杆复烤

挂杆复烤机

挂杆复烤作业中

打叶复烤—郴州复烤厂

烟叶精选车间

人机结合烟叶精选生产线

烟叶分层切断机

AB 两线 12 条铺叶线同时运转

切断后的烟叶装箱出入配方库

原烟配方库

润叶工段

润叶工段的温湿度自动显示

AB 两线打叶车间

打叶工段智能化控制，设备各部位运行状态、检测实验室检测数据反馈、现场监视“三合一”集中显示于操控台

在线烟叶化学值检测仪

打包工段操控台

生物质锅炉

锅炉运行观察控制台

2015 年以后的生产控制中心

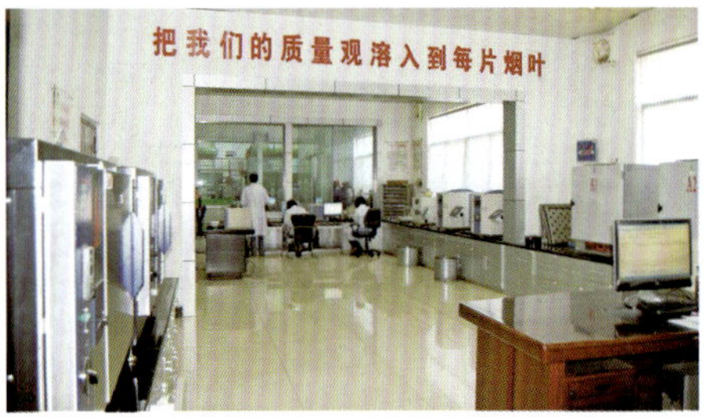

司马洞厂区产品质量检测室

郴州复烤厂油山新厂区检测实验室

新厂作业区中央空调

打叶复烤—永州复烤厂

烟叶精选（珍珠路厂区）

真空回潮装置（珍珠路厂区）

铺叶流水线（珍珠路厂区）

打叶生产线打叶、储叶段（珍珠路厂区）

生产车间一角（珍珠路厂区）

锅炉房（珍珠路厂区）

产品质量检测实验室（珍珠路厂区）

检测实验室（珍珠路厂区）

锅炉监控室（珍珠路厂区）

打叶复烤生产线（楚南大道新厂区）

打叶复烤—常德芙蓉公司

烟叶精选车间

铺叶流水线

复烤车间内景

润叶及打叶复烤生产线部分工段

片烟复烤机组

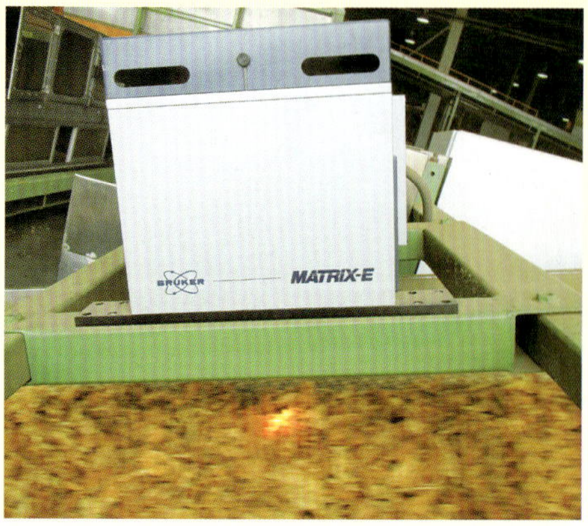

生产线近红外自动测温、测水分含率

燃气锅炉

产品质量检测实验室

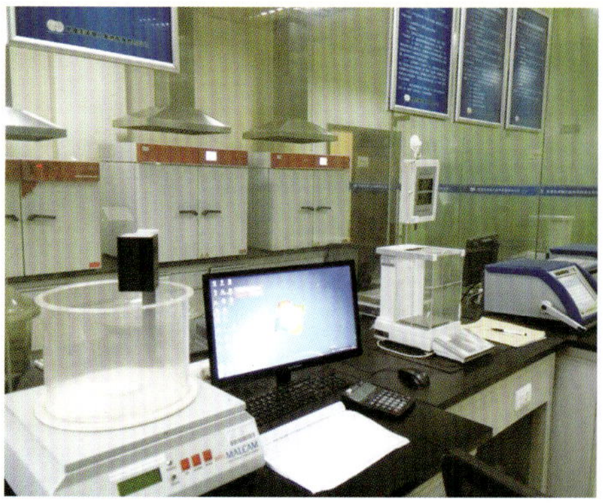

产品质量检测实验室一角

打叶复烤—湘西鹤盛公司

精选车间

真空回潮工段

铺叶流水线

生产车间

在线人工选除杂物

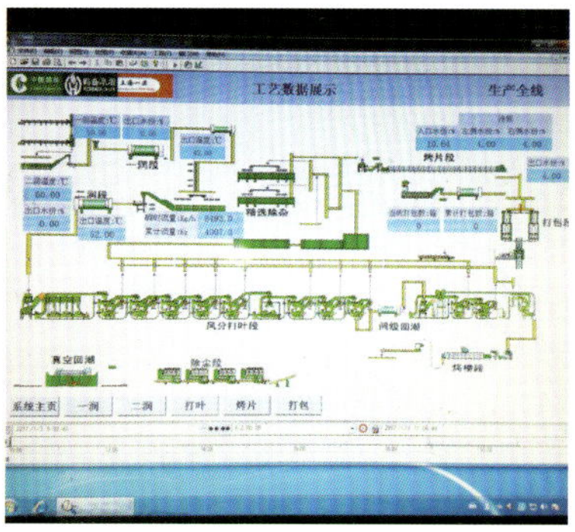

生产全线电脑控制台运行状态及数据显示

生产中控室

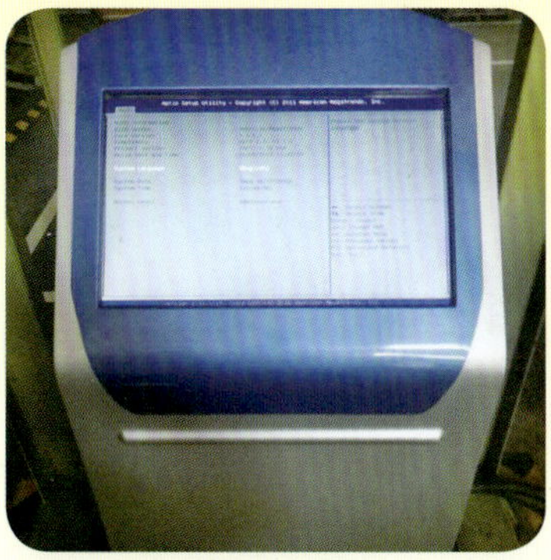

每个工段均配置计算机操控台

烟梗与煤炭混烧锅炉

锅炉监控室

产品质量检测实验室

产品质量检测场

在线检验样品通过风管直送检验室，快速便捷

打叶复烤—浏阳天福公司

烟叶精选车间

真空回潮

铺叶流水线

生产车间

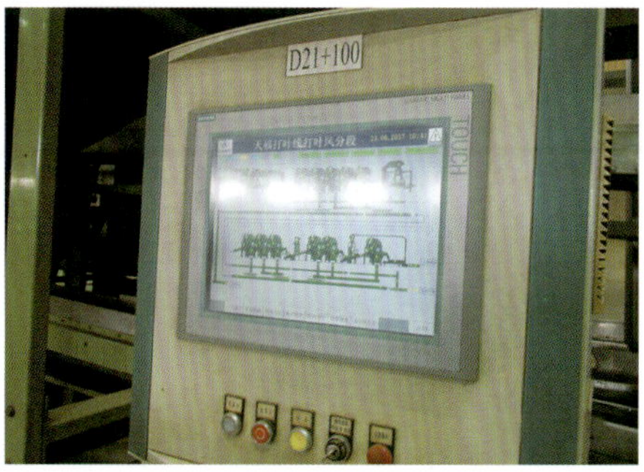

各工段均有计算机控制台

燃煤锅炉

燃气锅炉

锅炉监控台

人机结合烟叶精选生产线

网上查询与网上业务洽谈——中国烟草电子商务平台

上级主管机关及时予以业务指导——湖南中烟公司业务部门在湘西鹤盛公司指导工作

业务承揽——湖南中烟公司业务部门与湖南复烤公司洽谈业务

业务承揽——浙江中烟公司与湖南复烤公司洽谈业务

业务承揽——浏阳天福公司 2008 年第二届工商客户沟通衔接会

加工资质认证——江苏中烟公司到郴州复烤厂进行复烤加工定点资质考核。

加工资质认证——河南中烟公司业务代表在永州复烤厂考察

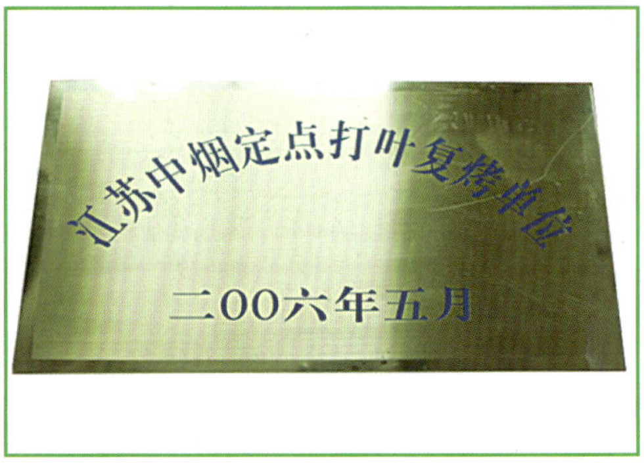

授牌定点——江苏中烟公司授予郴州复烤厂定点加工单位牌匾

出口业务承揽——1993 年 7 月，古巴客商在郴州烟叶复烤厂考察。

出口业务承揽——湖南省烟草进出口公司黎柏凯总经理（右 1）一行到郴州天泰公司指导烟叶出口加工业务

出口业务承揽——1997 年 8 月，英国希特兰公司总裁德瑞克·班克斯（右 3）考察郴州烟叶复烤厂。

出口业务承揽——2009年3月19日，美国菲莫公司业务代表在天泰公司（郴州复烤厂）车间进行现场指导。

出口业务承揽——美国环球公司客商在湘西鹤盛公司进行现场考察、洽谈业务

计划衔接——浏阳天福公司2007年生产计划衔接会在大围山举行

来料过地磅称重（郴州复烤厂司马洞厂区）

来料验收——卸货之后，完成质量抽检、工商交接（湘西鹤盛公司）

物流——以叉车将装满烟叶的货架装上平板车，运至原烟仓库，再以叉车卸下摆齐（郴州复烤厂）

原烟在库储存（郴州复烤厂油山厂区）

产前协调——江苏中烟公司与永州复烤厂产前协调会

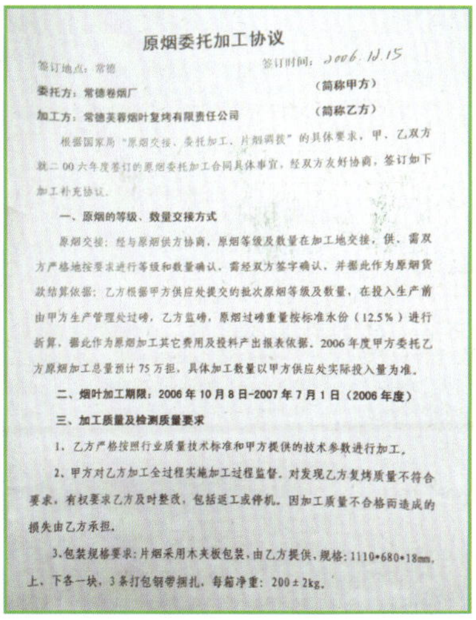

原烟委托加工协议

签订地点：常德　　签订时间：2006.12.15

委托方：常德卷烟厂　　（简称甲方）

加工方：常德芙蓉烟叶复烤有限责任公司　　（简称乙方）

根据国家局"原烟交接、委托加工、片烟调拨"的具体要求，甲、乙双方就二00六年度签订的原烟委托加工合同具体事宜，经双方友好协商，签订如下加工补充协议。

一、原烟的等级、数量交接方式

原烟交接：经与原烟供方协商，原烟等级及数量在加工地交接，供、需双方严格地按要求进行等级和数量确认，需经双方签字确认，并据此作为原烟货款结算依据；乙方根据甲方供应处提交的批次原烟等级及数量，在投入生产前由甲方生产管理处过磅，乙方监磅，原烟过磅重量按标准水份（12.5%）进行折算，据此作为原烟加工其它费用及投料产出报表依据。2006年度甲方委托乙方原烟加工总量预计75万担，具体加工数量以甲方供应处实际投入量为准。

二、烟叶加工期限：2006年10月8日-2007年7月1日（2006年度）

三、加工质量及检测质量要求

1、乙方严格按照行业质量技术标准和甲方提供的技术参数进行加工。

2、甲方对乙方加工全过程实施加工过程监督，对发现乙方复烤质量不符合要求，有权要求乙方及时整改，包括返工或停机。因加工质量不合格而造成的损失由乙方承担。

3、包装规格要求：片烟采用木夹板包装，由乙方提供，规格：1110•680•18mm，上、下各一块，3条打包钢带捆扎，每箱净重：200±2kg。

签订委托加工合同（常德芙蓉公司）

精选后的烟叶暂存投料库（常德芙蓉公司）

物流——开烤时，依生产调度令，将精选后的烟叶以叉车运送至复烤车间（常德芙蓉公司）

物流——将原烟出库转至精选车间（湘西鹤盛公司）

物流——片烟成品下线后，以抱车转运至凉烟库（常德芙蓉公司）

片烟充分放凉后，转至成品库储存（湘西鹤盛公司）

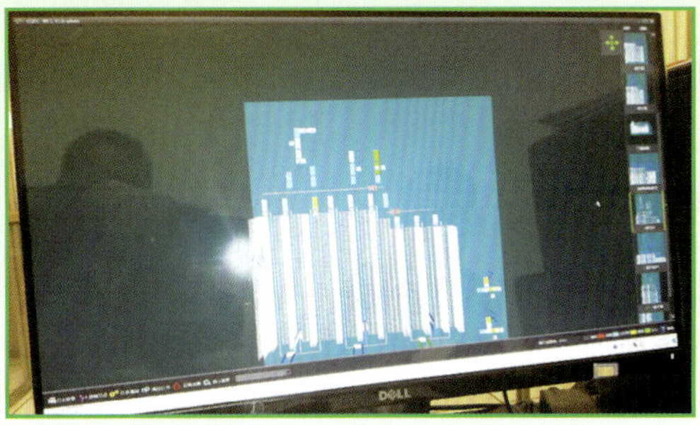

自动扫码机生成的数据汇集到电脑汇总，并显示成品高架库货位信息（郴州、永州复烤厂）

郴州、永州复烤厂成品下线自动扫描烟箱代码录入电脑集成

郴州、永州复烤厂的下线成品由带扫描器的轨道穿梭机自动转入成品高架库储存。

郴州复烤厂成品高架库

郴州复烤厂的下线成品直接从生产线提升转至成品高架库前

成品交接——郴州、永州复烤厂片烟箱自动出库，电子扫码计数

郴州复烤厂自动装车设备（2015年尚未投用）

成品装车发运（郴州复烤厂）

成品交接——郴州、永州复烤厂客户对装运成品箱手动扫码计数

纸箱等辅料卸货机械化作业（常德芙蓉公司）

烟梗下线转运机械化作业（常德芙蓉公司）

抱车装运片烟成品发货（湘西鹤盛公司）

答谢——湘西鹤盛公司客户答谢会

国家局、省局定期对"原烟交接"和内管工作进行检查。图为湖南省烟草专卖局（公司）总农艺师赵松义2007年在郴州天泰公司检查相关工作。

湖南中烟工业公司相关部门到浏阳天福公司检查专卖工作

2008年5月14日，湖南省烟草专卖局在郴州天泰公司检查内管工作

湖南省烟草专卖局专卖内管工作电视电话会议（湘西鹤盛公司会场）

永州复烤厂召开专卖内管工作会议

郴州天泰公司举办内管知识培训

2015年后的郴州复烤厂除尘房，烟灰压棒颗粒通过风管直送锅炉房焚烧

废弃烟梗从梗仓库以输送带直送锅炉房作燃料（郴州复烤厂）

对淘汰烟机设备切割销毁（郴州复烤厂）

2013 年各复烤企业生物质锅炉采用之前，废弃烟草专卖品销毁现场

2014 年后，各复烤企业的烟灰均压棒处理

2014 年以后，废弃烟梗必须切碎毁形后处置。图为浏阳天福公司对切碎毁形后的烟梗下线集中处置。

湘西鹤盛公司将切碎的烟梗送往流化床生物质锅炉焚烧处理

郴州复烤厂的烟梗与煤炭混烧的炉渣直接成为肥料，外包直销。

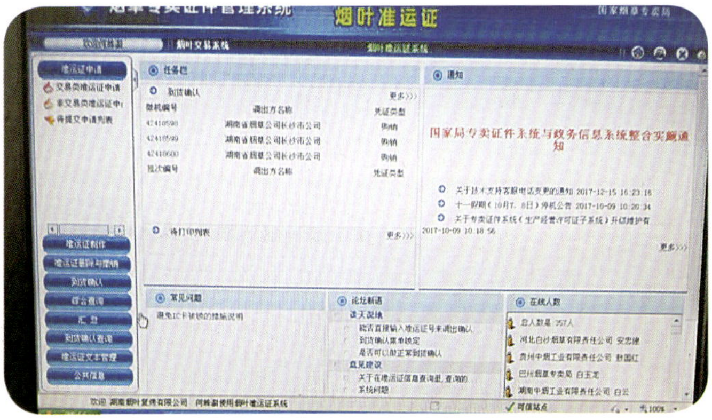

网上办理烟草专卖品准运证

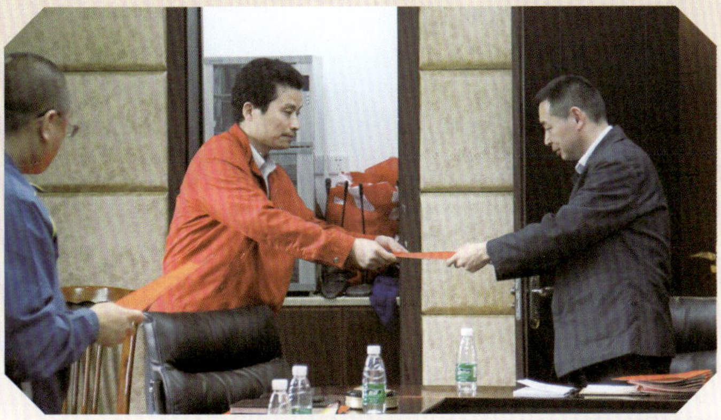

1993 年起，省内各复烤企业对安全管理实行责任书考核制度。
图为湘西鹤盛公司各部门向总经理递交年度安全风险抵押责任状

郴州复烤厂消防培训

零陵复烤厂消防队

常德芙蓉公司职业健康及安全体系内审会议

常德芙蓉公司组织全员开展“119”
消防系列活动

湘西鹤盛公司安全培训

浏阳天福公司年度安委会议

浏阳天福公司消防演练

常德芙蓉公司员工安全知识抢答赛

湖南复烤公司

环境管理体系认证证书

职业健康安全管理体系认证证书

质量管理体系认证证书

郴州复烤厂

中质协颁发的质量管理体系认证证书

中质协颁发的质量管理体系认证牌匾

检测室认可证书

环境管理体系认证证书

标准化良好行为证书

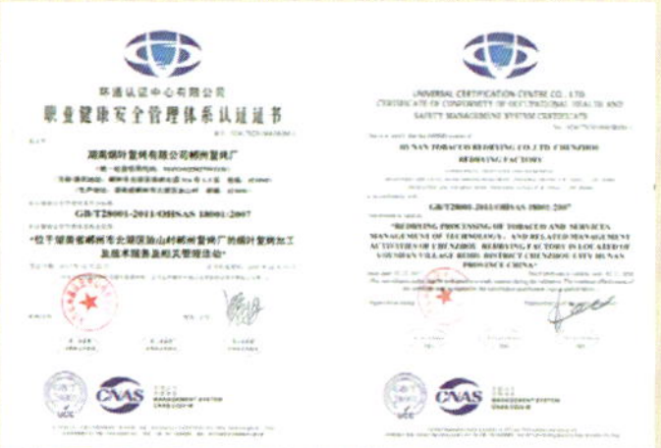

职业健康安全管理体系认证证书

质量信用等级证书 AAA级企业

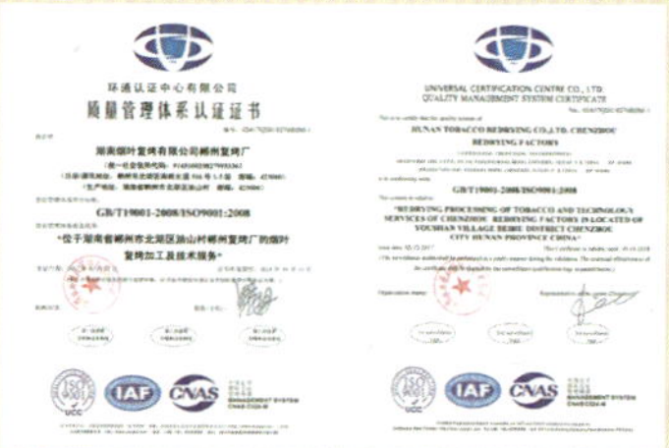

质量管理体系认证证书

永州复烤厂

标准化良好行为证书

职业健康安全管理体系认证证书

质量管理体系认证证书

环境管理体系认证证书

常德芙蓉公司

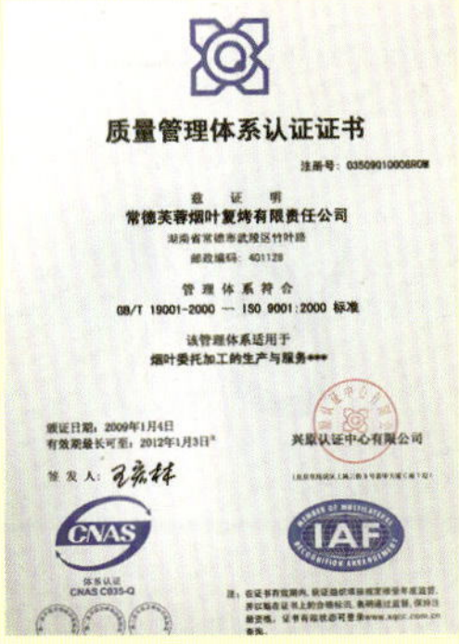
质量管理体系认证证书
常德芙蓉烟叶复烤有限责任公司

质量管理体系认证证书

职业健康安全
管理体系认证证书
常德芙蓉烟叶复烤有限责任公司

职业健康安全管理体系认证证书

环境管理体系认证证书
常德芙蓉烟叶复烤有限责任公司

环境管理体系认证证书

安全生产标准化
Work Safety Standardization
证书
CERTIFICATE
常德芙蓉烟叶复烤有限责任公司
安全生产标准化二级企业
（烟草）

安全生产标准化证书

中国合格评定国家认可委员会
实验室认可证书
（注册号：CNAS L10084）

实验室认可证书

湘西鹤盛公司

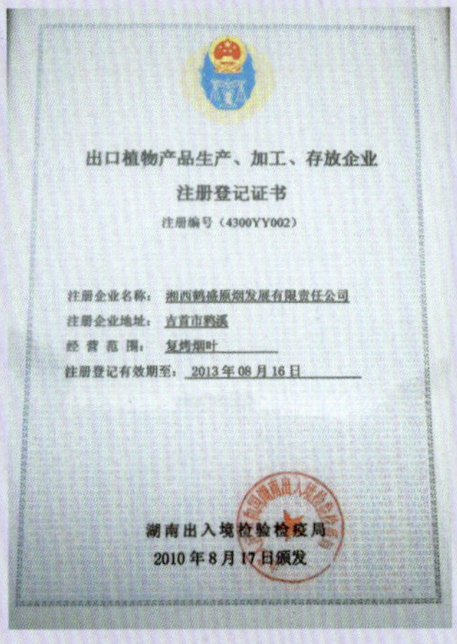
出口植物产品生产、加工、存放企业
注册登记证书
注册编号（4300YY002）
注册企业名称：湘西鹤盛原烟发展有限责任公司
注册企业地址：吉首市鸦溪
经营范围：复烤烟叶
注册登记有效期至：2013年08月16日
湖南出入境检验检疫局
2010年8月17日颁发

出口植物产品生产、加工、储存企业注册登记证书

CEPREI
环境管理体系认证证书
湘西鹤盛原烟发展有限责任公司

环境管理体系认证证书

CEPREI
职业健康安全管理体系认证证书
湘西鹤盛原烟发展有限责任公司

职业健康安全管理体系认证证书

CEPREI
质量管理体系认证证书
湘西鹤盛原烟发展有限责任公司

质量管理体系认证证书

浏阳天福公司

中国合格评定国家认可委员会
实验室认可证书
（注册号：CNAS L5367）
浏阳天福打叶复烤有限责任公司实验室

实验室认可证书

职业健康安全管理体系认证证书

质量管理体系认证证书

郴州复烤厂

文明单位
中共郴州市委
郴州市人民政府
2006届

二○○七年度
文明标兵单位
郴州市直机关文明委
二○○八年三月

二○○八届
文明标兵单位
中共郴州市委
郴州市人民政府

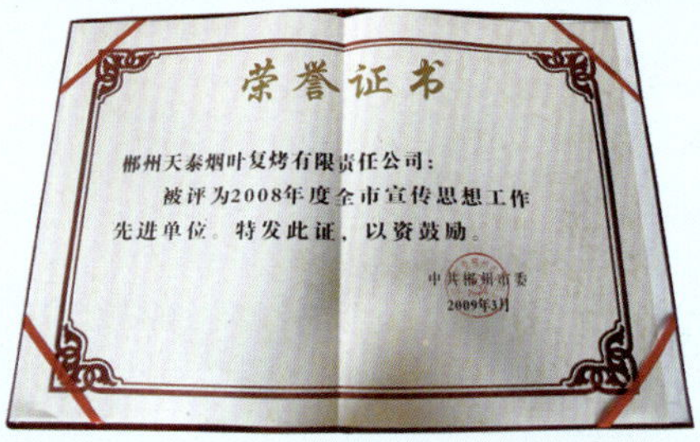
荣誉证书
郴州天泰烟叶复烤有限责任公司：
被评为2008年度全市宣传思想工作先进单位，特发此证，以资鼓励。
中共郴州市委
2009年3月

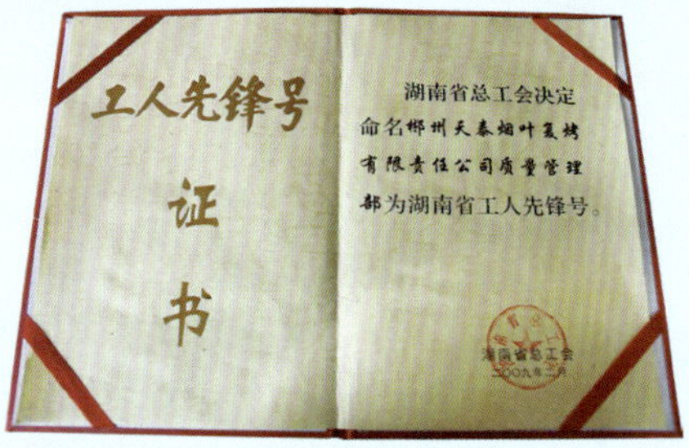
工人先锋号
证
书
湖南省总工会决定
命名郴州天泰烟叶复烤有限责任公司质量管理部为湖南省工人先锋号。
湖南省总工会

荣誉证书
你单位在2007——2008年度中工作成绩突出，被评为湖南省经贸建设系统工会工作先进单位。

證
書
湖南省统计局
湖南省经贸委

荣誉证書
在全省批发商业企业综合实力评估中，
荣获百强企业第八名称号，特发此证。

文明卫生单位
湖南省爱国卫生运动委员会

芙蓉标兵岗
湖南省总工会
2006年3月

工人先锋号
湖南省总工会

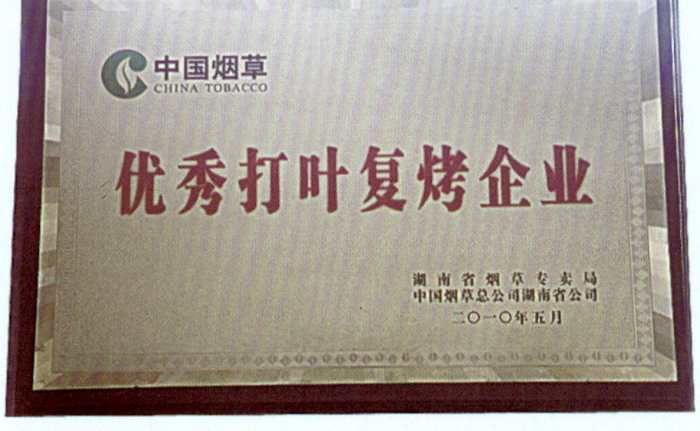
中国烟草
CHINA TOBACCO
优秀打叶复烤企业
湖南省烟草专卖局
中国烟草总公司湖南省公司
二○一○年五月

工人先锋号
中华全国总工会

永州复烤厂

奖状
零陵烟叶复烤厂：
授予你单位"……"项目科学技术进步 等奖。
特发此状，以资鼓励。
零陵行政公署
一九九四年十二月

奖状
零陵烟叶复烤厂
获1996年度湖南省标准化工作优秀
集体光荣称号及"金芙蓉"杯奖。
湖南省技术监督局
湖南省标准化协会
一九九六年十月

工會工作先進集體
永州市總工會
二000年十二月

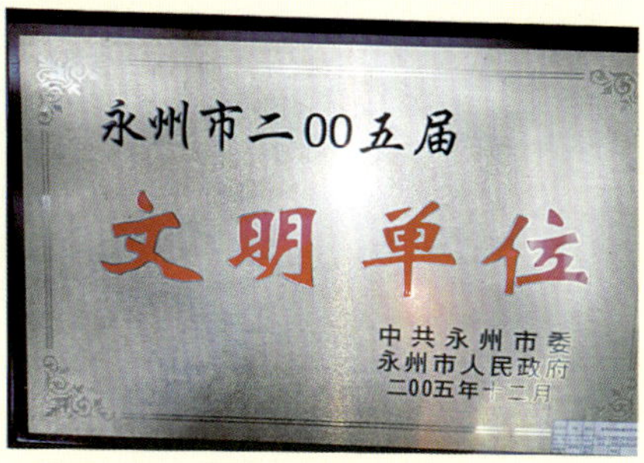
永州市二00五届
文明单位
中共永州市委
永州市人民政府

二00六一二00七年度
纳税信用A级单位
湖南省国家税务局 湖南省地方税务局

湖南省档案工作规范化管理
省特级
湖南省档案局

永州市基层党的建设示范点
中共永州市委
二00八年三月

二00九年度安全生产目标管理
先进单位
永州市人民政府

中国烟草
CHINA TOBACCO
优秀打叶复烤企业

2011年度永州市推进新型工业化企业贡献
二等奖
中共永州市委
永州市人民政府
二0一二年二月

二0一二年度
纳税先进单位
永州市地方税务局直属局
二0一三年三月

湖南省优化经济发展环境
2015—2017年度
监督测评点
二0一五年八月

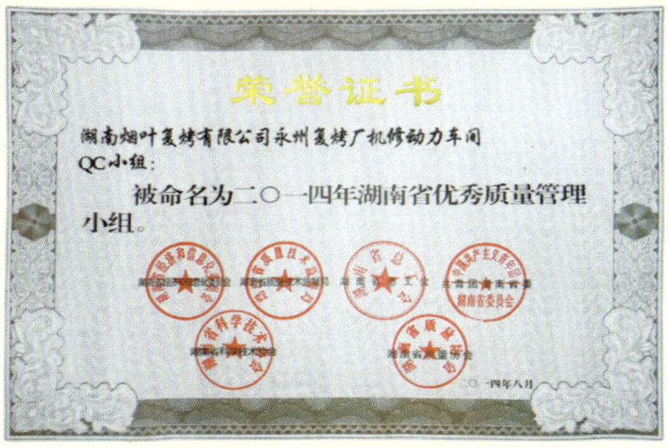
荣誉证书
湖南烟叶复烤有限公司永州复烤厂机修动力车间
QC小组：
被命名为二0一四年湖南省优秀质量管理
小组。

2015年度安全生产工作
先进单位
中共永州市委
永州市人民政府
2016年2月

常德芙蓉公司

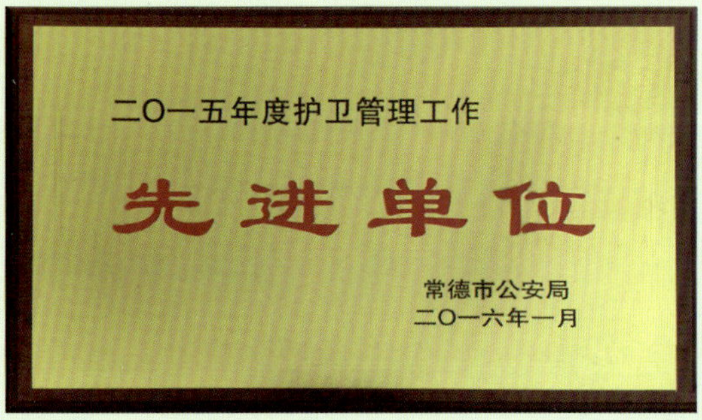

湘西鹤盛公司

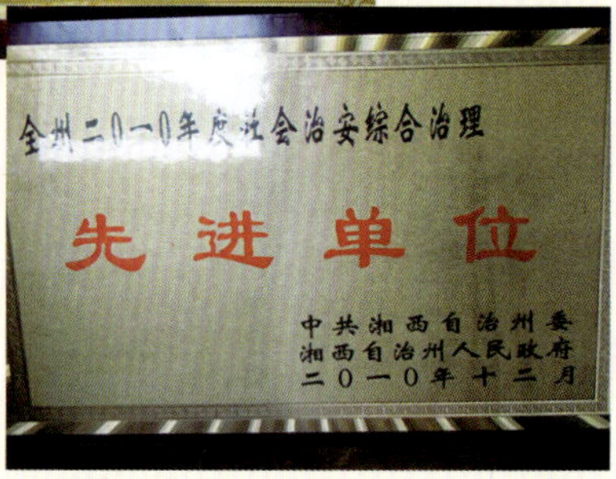

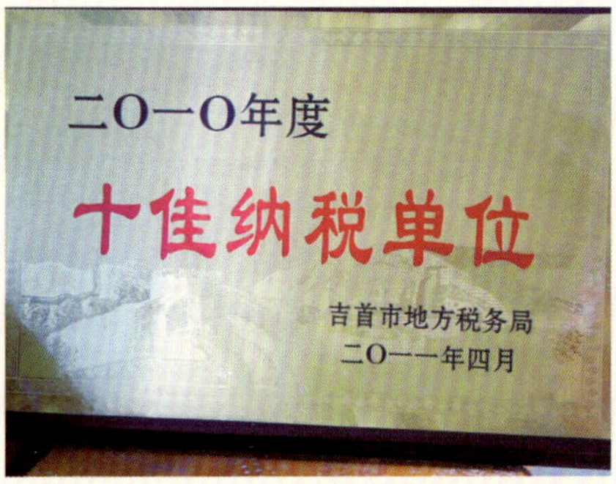

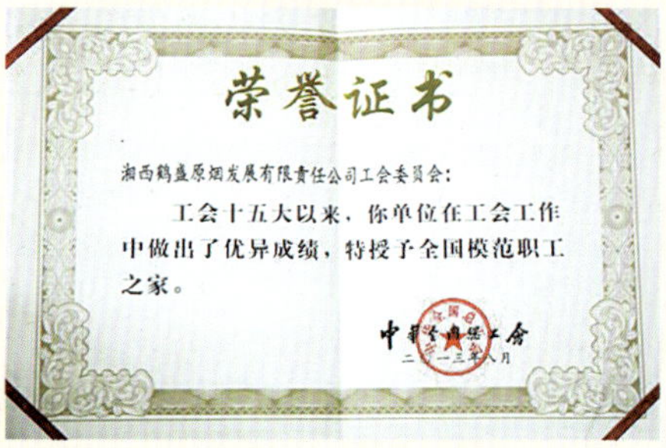

浏阳天福公司

党群组织活动

永州复烤厂党委民主生活会

郴州天泰公司党委专题学习会

郴州天泰公司领导干部述职述廉会议

永州复烤厂2013年度领导班子成员述职述廉大会

永州天顺公司第一次职代会

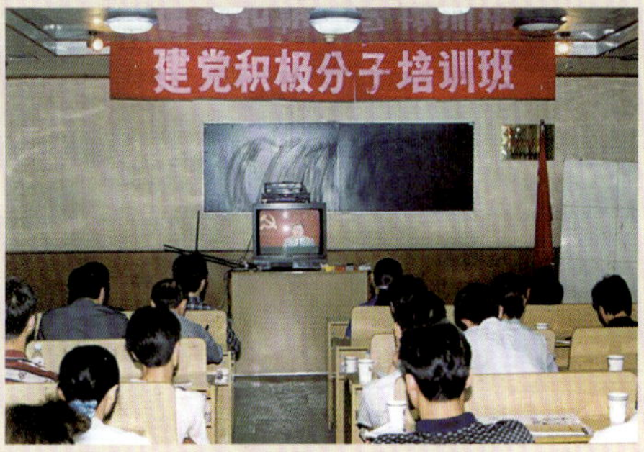

建党积极分子参加培训班

改革亮点

▲2009年7月，郴州天泰公司专业技术人员竞岗大会

▲2013年，永州复烤厂中层干部竞聘会

▲郴州天泰公司中层干部竞聘投票

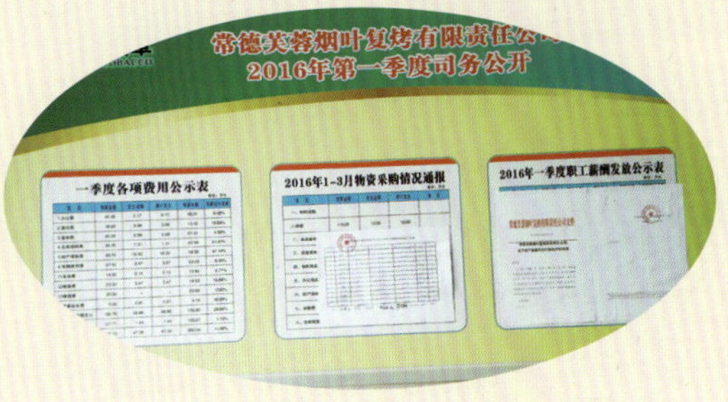

▲常德芙蓉公司企务公开公示栏（含物资采购、财务、薪酬发放、员工辞退等）

业务培训与劳动竞赛

湖南烟草学会烟叶复烤分会学术研讨会

永州复烤厂“师带徒”启动大会

湘西鹤盛公司 1999 年投产前员工培训

湘西鹤盛公司青工军训

湘西鹤盛公司 2012 年技能鉴定考场

浏阳天福公司对员工进行文化考试

湖南复烤公司劳动竞赛宣传栏

湘西鹤盛公司劳动竞赛

浏阳天福公司员工励志拓展训练

菲莫公司对郴州天泰公司员工进行业务培训

宣传与文化活动

省内各复烤企业均建有内部网站。图为湖南烟叶复烤公司网站

郴州复烤厂 LED 宣传屏

各复烤企业在重大节日均举行升国旗仪式。图为浏阳天福公司升国旗仪式

常德芙蓉公司职工阅览室

郴州天泰公司文艺晚会员工大合唱

湘西鹤盛公司文艺联欢会

郴州天泰公司举办“天泰杯”羽毛球邀请赛

郴州复烤厂《复烤好声音》比赛

浏阳天福公司员工运动会

郴州复烤厂拔河比赛

永州复烤厂举办的气排球比赛

永州复烤厂员工运动会

常德芙蓉公司员工运动会开幕式（龙狮队）

常德芙蓉公司员工运动会

湘西鹤盛公司员工羽毛球赛

社会公益活动

湖南复烤公司董事长李民灯（左1）慰问困难职工

常德芙蓉公司党总支书记徐宇翔（右）走访慰问“一进二访”扶贫帮困对象

湘西鹤盛公司向当地学校赠送教学用品

浏阳天福公司植树造林活动

2008年5月，郴州天泰公司员工向汶川地震灾区捐款

湘西鹤盛公司员工参与义务献血

文明生产与环境美化

省内各复烤企业十分注重清洁化生产。图为郴州天泰公司2008年复烤车间生产现场，洁净有序。

郴州复烤厂油山新厂区绿化区

绿树成荫的永州复烤厂珍珠路厂区

湘西鹤盛公司绿化区

浏阳天福公司生产区草坪

湖南复烤公司办公区绿化

常德芙蓉公司灌溪厂区小公园

2016 年 4 月 15 日修志启动会在长沙召开

2016 年 4 月修志业务培训班在常德芙蓉公司举办

湖南省烟草专卖局（公司）、湖南中烟公司、湖南省烟草学会主管部门对修志工作给予支持和指导。图为总编室人员向湖南中烟公司主管部门领导汇报修志工作，听取指示。

向湖南复烤公司领导汇报修志进度

湘西鹤盛公司总经理张其龙（左 3）多次慰问修志人员，亲自部署本公司修志工作并亲自撰稿。

浏阳天福公司副总经理李振江主持本公司修志任务分解会

永州复烤厂修志现场

修志人员在常德卷烟厂档案室查阅档案

常德芙蓉公司党总支书记徐宇翔主持本公司修志工作动员会

郴州复烤厂厂长尹朝珍等领导多次看望慰问修志人员

2018 年 1 月 24 日，《湖南省烟叶复烤志》评审会在长沙举行。

部分编委会成员与全体评委、修志人员合影

前排左起：何田松 邝文宣 肖和元 黄俊军 蔡素云 李志刚 张让前 邹昌阶

中排左起：孙建霞 罗赤敏 张雄飞 李振江 张 晖 徐宇翔 梁 平 冯祥考 刘洪标 邓顺林

后排左起：黄志平 李 萍 胡海峰 吴东耀 陈正南 肖春湘 陈 常 罗红新 黄 芬 廖菊冬

目　录

概 述

一

湖南省地处中国中南部，属亚热带季风湿润气候区，气候温和，雨量充沛，光热充足，无霜期长，适宜烟草栽培。

明朝万历年间（1573~1620），晒烟从闽、粤传入湖南，后扩种到省内各地。初为药用，后吸用蔓延，需求增加，逐渐扩种。至清代中叶，初具规模，“各家多种，连山遍野”。至民国3年（1914），全省种烟面积达107.6万亩，总产11.16万吨，一度成为省内出口、跨省交易大宗商品。后因洋卷烟、外省烟叶烟丝输入，产量渐趋萎缩。

中华人民共和国成立后，省内一方面维持晒烟种植，另一方面于1952年引入烤烟种植。20世纪60年代，卷烟消费逐渐流行，烤烟种植面积逐渐扩大，至60年代中期，已颇具规模；而晒烟种植则逐渐减少。1969年7月1日，烟草工业“托拉斯”体制（中国烟草工业公司）解体，省内卷烟工业企业全面复归地方政府轻工局管辖后，省内部分地区（如零陵、益阳等）、县（如桂阳、安仁、耒阳、攸县、衡南、新田、隆回、新邵、龙山、凤凰等）、公社（如安仁县牌楼、茶陵县马江、安化县梅城等）筹建卷烟厂热情高涨；为解决省内烟草工业原料不足问题，1972年，湖南省革命委员会决定在“湘南开发”经费中，每年拨出专款扶持桂阳、新田建设重点烤烟基地，奖励开荒种烤烟，同时在全省开展“烟薯套种”“烟豆间作”试验，充分挖掘土地潜力。1974年，“烟稻连作”首先在桂阳试验成功，其后全面推广。1976年，省内烟叶首次实现自给。1979年，晒烟派购取消，列为第三类物资。1985年，除湘西名晾晒烟外，一般晒烟基本停止收购；烤烟产业进入快速发展期。

1983年9月23日，国务院颁发《烟草专卖条例》，同年11月1日起实施。自此，全国烟草行业开始实行专卖制度。省内烟草行业1983~1985年相继建成专卖管理机构；1985年省内9家卷烟企业上划为央企。1989年，全省烟叶实行行业垂直管理。1991年，6家卷烟厂经国务院批准，列为湖南省计划内地方烟厂；未列入计划内的卷烟厂被逐步关停。1998~2003年，为减少行业内无序竞争，限产压缩库存，便于实现卷烟产销平衡，对计划内卷烟厂实行“留大关小”，省内只剩下4家卷烟厂。

烟叶是复烤加工的基本原料，充足、持续的烤烟叶产销量、用量是复烤业产生、存续、发展的根本条件。省内烤烟种植在20世纪60年代中期以后发展迅速，产量、收购量呈快速增长。据《湖南省烟草志》记载：1952年，全省种植0.34万亩，总产0.02万吨；1960年，种植3.04万亩，总产0.11万吨；1967年，种植15.85万亩，总产1.2万吨。1976年，种植54.32万亩，总产3.25万吨；1989年，种植144.91万亩，总产14.47万吨；1997年，种植190.2万亩，总产22.48万吨，收购20.5万吨；1998年起，开始实行烟叶“订单生产”，按国家烟草专卖局（以下简称国家局）、中国烟草总公司（以下简称总公司）、湖南省烟草专卖局及中国烟草总公司湖南省公司（以下简称省局＜公司＞）下达的收购计划指标安排种植规模。据省烟草公司原烟处及湖南中烟公司原料部统计：1998~2015年，全省烟叶收购151万吨，年均8.3万吨；其中2011~2015年的5年间，共收购88.57万吨，年平17.71万吨。2015年，省内烟叶收购量16.07万吨；实际生产卷烟516万大箱，耗用烟叶14.65万吨；调入国产原烟19.37万吨，调入进口片烟2.11万吨；打叶复烤18.16万吨，省内烟叶复烤加工原料较为充足。

二

20世纪60年代中期起，省内开始萌生复烤业，至2006年，先后建成郴州、常德（芙蓉）、零陵（永州）、桂阳、吉首（湘西鹤盛）、浏阳（天福）6家复烤厂（公司），其中，桂阳复烤厂2003年被关停撤销，存有5家。省内烟叶复烤业近50年的发展，经历土法复烤、单幅挂杆复烤、双幅挂杆复烤与打叶复烤及全部打叶复烤四个阶段。

20世纪60年代，郴州地区成为省内烤烟产销量最多的地区（以《湖南省烟草志》记载的1966年为例，全省烤烟种植9.98万亩，总产6500吨；其中，郴州种植48977亩，总产2963吨），设在郴州流星岭和耒阳县（时属郴州地区）灶市的烟叶贮运库，是郴州辖区内最主要的烟叶储存库区。储运库附设复烤场。限于当时烟叶烘烤加工技术水平不高，从集体社队和烟农中收购来的初烤烟，水分含量一般在16%~20%之间。对于入库时水分含量超标的烟叶，大多运至复烤场进行复烤。土法复烤的设施与初烤相近，从室外主火管道生火，热气通过两条火管进入烤房，烤房安排两层铁架挂烟，室内温度最高升到60℃左右，烘干后，推入回潮房，用铁锅烧水产生水蒸汽使烟叶回潮。整个工序都是手工操作，劳动强度大，作业场地含尘率高，烘烤后的烟叶含水量仍在16%左右。此种含水量的烟叶，加之附着灰、沙等杂物，储存中容易发生霉变冲烧。由于两个复烤场面积小，手工操作，复烤量十分有限，多用于水分严重超标、雨淋、已有冲烧迹象烟叶的抢救性复烤。

1972年2月，郴州地区农产品公司着手试建瓦罐式土法复烤，因工艺落后而被搁置。同年，郴州地区被湖南省列为烤烟种植重点发展地区，境内烤烟迅速发展，但烟叶复烤能力却成为制约发展的瓶颈之一。为此，经郴州地区革委会决定，引进机械化复烤技术，筹建郴州地区烟叶复烤厂，购进贵州省贵定县烟叶复烤厂淘汰的单幅挂杆式、年复烤能力3600吨的复烤生产线，选址在流星岭烟叶库区原复烤场旧址。1973年，郴州地区烟叶复烤厂筹建工程开工，由于资金、材料、技术经验缺乏，工程打打停停，历经4年多基本竣工，1978年6月29日投产，成为湖南省第一家机械复烤厂。

1985年3月，常德地区烟草分公司着手筹建常德复烤厂，上马一条产能为6000公斤/小时、年复烤能力1万吨的双幅挂杆复烤生产线，1986年11月10日投产，系省内第一条双幅挂杆复烤生产线。1986年12月，零陵地区烟草分公司着手筹建零陵烟叶复烤厂，亦上马一条产能为6000公斤/小时，年复烤能力1万吨的双幅挂杆复烤生产线，于1987年7月15日投产。1988年9月，零陵复烤厂再上马一条年产能1万吨的双幅挂杆复烤生产线。1990年5月，郴州复烤厂对流星岭老厂区单幅挂杆蒸汽复烤机进行拆除，上马一条年复烤生产能力1万吨的双幅挂杆复烤生产线。1991年11月，零陵复烤厂进口意大利科马斯6000公斤/小时打叶复烤生产线投产，成为省内第一条打叶复烤生产线。同年，郴州复烤厂、常德卷烟厂开始筹建打叶复烤车间。1992年12月，常德卷烟厂仿科马斯打叶生产线试车。1993年6月，郴州复烤厂上马一条年产能1万吨挂杆复烤生产线；8月，该厂仿科马斯6000公斤/小时打叶复烤生产线试车成功，正式投产。1995年10月，常德卷烟厂仿科马斯6000公斤/小时打叶复烤生产线正式投产。1997年7月，郴州复烤厂再安装一条年产能1万吨的挂杆复烤生产线。1998年7月，桂阳复烤厂年产1万吨的挂杆复烤生产线投产。1999年5月，常德卷烟厂仿玛克线6000公斤/小时打叶复烤生产线（一期）投产。1999年9月29日，湘西吉首打叶复烤厂仿玛克6000公斤/小时打叶复烤生产线投产。2000年5月，常德卷烟厂仿玛克打叶线（二期）加装铺叶流水线项目等与一期项目合龙，成为12000公斤/小时产能生产线，顺利投产；仿科马斯打叶生产线同年拆除。2001年8月，郴州复烤厂仿玛克6000公斤/小时打叶复烤生产线投产。至此，全省烟叶复烤年产能达到高峰期，计有挂杆复烤生产线7条（设计年产能各为1万吨），打叶复烤生产线 4 条(设计年产能:3 条为 1.5 万吨,1 条为 3 万吨),合计设计年复烤产能 14.5 万吨,实际年复烤产能 20 万吨以上。

2001 年 2 月 6 日,国家局下达《关于推行原烟交接、委托加工的实施意见》,要求"到 2003 年全部淘汰挂杆复烤企业"。2002 年,省内大部分挂杆复烤生产线拆除。2003 年,剩余的桂阳复烤厂挂杆复烤生产线拆除。

2003 年起,全省各复烤企业全部采用打叶工艺。之后,各复烤企业皆对打叶复烤生产线进行持续的技术改造和更新换代。2003 年 9 月 8 日,吉首打叶复烤厂新上仿玛克 6000 公斤 / 小时打叶复烤生产线 1 条(命名为二线)投产。2006 年 4 月 6 日,浏阳天福公司仿玛克 9000 公斤 / 小时打叶复烤生产线投产。2003 年 ~2009 年期间,各复烤企业均先后通过技改和更换机组,将打叶复烤线从 6000 ~ 9000 公斤 / 小时产能全部提高到 12000 公斤 / 小时,且均改为节能型、智能型,其中,湘西鹤盛公司于 2009 年 9 月将打叶二线改成 12000 公斤 / 小时节能型,10 月拆除打叶一线。2014 年 7 月,常德芙蓉公司易地搬迁,原仿玛克打叶生产线弃用,新换国产组装智能节能型 12000 公斤 / 小时生产线 1 条。2015 年 9 月,郴州复烤厂易地搬迁,打叶复烤线废弃 1 条,留用并改进 1 条,新安装国产智能节能型 12000 公斤 / 小时打叶生产线 1 条。至此,省内 5 家复烤企业共有打叶复烤生产线 6 条,设计年产能 18 万吨,由于机型先进,若有效作业期增加(1~2 班改为 3 班 / 日),休工期充分利用,实际年产能在 20 万吨以上。

2017 年 8 月,永州复烤厂完成易地搬迁,9 月 10 日,永州复烤厂年产能 3 万吨的国产组装智能节能型 12000 公斤 / 小时新打叶复烤生产线正式投产,原进口科马斯打叶生产线停用。

三

20 世纪 70 年代以来,特别是改革开放后,省内烟叶复烤企业的相继建成投产,为全省经济建设、烟草行业的持续发展做出巨大贡献。

在商品经济不发达、税源不多的年代,省内烟草业的税利曾是当地财政的支柱之一。以郴州地区为例,1958 年 ~1972 年, 烟草产品税 10094.6 万元, 占该地区同期工农业产品税的 35.33%;1973 年 ~1983 年, 该地区烟草业迅猛发展, 征收烟草工商税 77411.2 万元, 占该地区工农业产品部分的工商税总额的 68.1%。改革开放后,民营企业发展迅速,形成国有、集体、民营企业共同发展格局,税源增加,但烟草业在省内经济领域仍然是财政主要税源之一。据省烟草公司统计,自实现烟草专卖后,1983 年 ~2003 年,全省烟草系统(不含地方卷烟厂)纳税 8892951.6 万元,其中烟草工业 8480826 万元,商业 412125.6 万元。

现代烟草业规模化发展,烟叶复烤是不可或缺的一环。原因在于:初烤烟叶的水分率、泥沙率、含杂率较高,难以达到仓储保管标准和满足工业投料要求;卷烟企业必须有适量的烟叶库存,方能保证原料供应需要;烟叶必须经过一定时间的存储,才能使烟叶充分醇化,减少吸用刺激性,充分醇化的烟叶才能做出烟味香醇的高品质卷烟。而烟叶复烤,就是将初烤烟叶进行集约化再次烤制,剔除青杂气、泥沙、杂物(烟拐、鸡鸭毛、纸屑、麻丝、金属物等)和青霉叶,杀死烟叶上附着的虫卵、微生物,增色增香增醇,使烟叶水分由初烤的 14% ~ 16%降到 11% ~ 13%,便于相对长期的储存。因此,没有烟叶复烤,烟叶就无法实现大规模生产、大批量收购和大批量长期储存,卷烟工业企业长期备料和卷烟生产品质就要受影响,进而工商财政税收都会减少。这也是省内建立烟叶复烤企业的初衷所在。

省内各复烤企业,自建成投产起,注重深化改革,强化内部管理,不断提升产品质量和服务水平,出色完成各时期生产任务,越做越强,创造出傲人业绩。2007~2015 年的 9 年间,5 个复烤厂共复烤烟叶 191.47 万吨,年平加工 21.27 万吨;纳税 10.46 亿元,年平 1.16 亿元。

2015 年,各复烤企业经营状况良好,核心竞争力明显提高。湖南烟叶复烤有限公司(以下简称湖南复烤公司)及所属郴州复烤厂、永州复烤厂复烤烟叶95911吨,纳税4503万元,创利润11294.2万元,固定资产9.58亿元;常德芙蓉烟叶复烤有限责任公司(以下简称常德芙蓉公司)复烤39600吨,纳税2653.48万元,创利润140.06万元,固定资产3.953亿元;湘西鹤盛原烟发展有限责任公司(以下简称湘西鹤盛公司)复烤35584.8吨,纳税2752.89万元,创利润4049.31万元,固定资产2.81亿元;浏阳天福烟叶复烤有限责任公司(以下简称浏阳天福公司)复烤41260吨,纳税3999.36万元,创利润5385.96万元,固定资产2.52亿元。国有资产皆较建厂初期成数倍保值增值,各企业皆接连获得"纳税大户"、"目标管理奖"、"诚信企业"等荣誉称号,整体呈现出稳定向上、生机勃勃的良好局面。

四

省内各复烤企业在取得良好经济效益的同时,十分重视内部深化改革,除弊布新,优化管理,大力开展科技创新,提高劳动生产效率,注重精神文明建设,为企业的长远可持续发展集聚内生动力。

【内部改革逐步深化】改革开放前,复烤企业内部职工端的是"铁饭碗"、拿的是"铁工资",干部坐的是"铁交椅",存在"干与不干一个样,干多干少一个样"的弊端。1981年开始恢复奖金月评制度。1983年开始试行岗位责任百分制考核,与奖金挂钩。1984年试行产量单项承包挂钩考核,初步打破"铁工资"。1986年开始推行劳动优化组合,未被组合人员可以辞职、停薪留职,长期未被组合者,发数月生活费后,停发工资,得自谋生计。1987年废除干部任职终身制。1986年起,开始实行厂长、经理负责制,党政职责分开。干部任职全面改为聘任制,新任干部实行试用制,能上能下,初步打破"铁饭碗""铁交椅"。1989年,烟草商业线的复烤厂开始推行经济目标管理。1990年,工商两线的复烤企业均推行经济、政工"双目标"管理,层层分解责任,把任务指标落实到班组和岗位,把年终奖金、评先与考核结果紧密挂钩。1990~1991年,先后把专卖、安全、计生三项列入目标管理"一票否决"考核。1992年零陵复烤厂首开"内退"减负先河。1993年推行人事、劳动、分配三项制度改革。1994~1995年推行技能工资制。1996~1997年全面推行全员劳动合同制,告别"铁饭碗"。1999年,开始推行"一岗一薪"工资制度和预算制度,工资转以效益工资为主,按照岗位职责大小确定岗级和效益工资系数,按岗拿薪。2000年,郴州复烤厂等复烤企业试行中层干部公开演讲评分的竞聘上岗,每三年竞聘一次,尔后推及员工竞聘上岗,告别"铁交椅"。至2006年,省内各复烤企业全部改制或新设为股份制,实行以股东会、董事会、监事会为主要特征的现代企业法人治理机制。2007年,开展质量、安全环境、职业健康安全"三标一体化"对标工作,均获得认证。2008年以"三项工作"(工程投资、物资采购、宣传促销)专项治理为契机,全面健全企业管理委员会,部分业务实行外包。2010年,推行企业收支全面预算,未列入预算的项目不得随意开支;并遵照总公司关于开展对标工作的文件精神,借鉴行业内外先进指标和做法,全面开展对标工作,将规章制度逐步升级为企业标准。2011年9月,郴州天泰烟叶复烤有限责任公司、永州天顺烟叶复烤有限责任公司整合组建湖南烟叶复烤有限公司,形成"一个法人,两个生产点"运作模式。数十年的改革,涉及方方面面,不胜枚举,均一步一个脚印,稳扎稳打,逐步深化,不断革除旧弊端,创立新方法,为优化企业运行奠定良好的制度保障。

【科技进步实现质的飞跃】省内复烤业,从20世纪60年代的复烤场起步,到2015年的50余年间,在国家、政府、行业政策的扶持下,经过一代又一代从业者的努力,从手工操作,到机械复烤,再到节能型、智能型装备复烤加工,企业科技进步已发生翻天覆地的变化。至2015年,省内5家复烤厂(公司)拥有6条节能、智能型打叶复烤生产线,均处于国内先进水平,一系列新技术在各复烤企业生产线应用。在复烤生产新科技、新工艺应用方面:打叶风分机智能化控制;箱式物流配方管理系统;在线称重式叶片结构检测系统;多种形式的综合除杂系统(转辊除砂、风选除杂、磁铁剔除金属、碎叶集中光电除杂、旋风除尘装置第四代麻丝剔除机等);在线式三流体真空回潮机;全新散烟分层切断工艺技术;翻箱喂料的除尘装置;

大型润叶预混柜、预配柜解决物料均质和流量均恒技术；恒流电子秤控制传送带流量技术；低温慢烤、柔打细分技术；高效节能打叶风分技术；预压打包伺服控制系统；打包自动进箱和成品自动打码技术；在线称重式叶片结构检查系统；在线近红外及其均质化配方管理系统；电机变频节能控制技术。各工段运行状态、加工参数电脑显示与控制，喷雾除尘等等，都得到各企业广泛运用。浏阳天福复烤公司的原烟切把、切尖单独加工工艺及生产线末端在线成品烟箱透视扫描成像检测系统独具特色。在物流系统：厂内运输、装卸基本实现叉车、抱车、电瓶车、机动平板车、汽车作业，用工少，效率高；仓储、物流基本实现铁质货架化，码得高，且每架之间形成空隙，利于通风透气，基本不用翻包，库容率极大提高，又利于机械化装卸，仓储库内温度湿度控制皆采用大功率智能节能型空调机、除湿机或中央空调，郴州、永州复烤厂已出现原烟配方、成品出入库立体高架库，成品入库、出库实现无人化自动操作，现代物流模式正在形成。在产品质量检测硬件建设方面：4 家复烤企业的质量检测检验室均先后添置高档检测仪器和设备，扩宽场地，重新布局，建立配套的质量检测运行体系，于 2008~2015 年间先后取得国家级检测实验室认可。在专利研发方面：郴州复烤厂取得国家专利 6 项，永州复烤厂取得 4 项，湘西鹤盛公司取得 5 项，一大批自己研发的新技术应用于生产实践，提高了生产效率和经营效益。各企业 QC（质量控制）活动开展活跃，取得小改小革成果上百项，上百篇论文获奖。在开展标准体系认证方面：5 家企业皆获得“质量、安全环境、职业健康管理体系”认证，郴州复烤厂、永州复烤厂与湘西鹤盛公司获得出口注册登记企业认证和外国公司标准体系认证，郴州、永州复烤厂获得“良好行为企业”认证，郴州复烤厂、湘西鹤盛公司等获得湖南省企业质量信用 AAA 级（最高级）认证。在电子网络应用方面：各企业均建立起局域网，各拥有计算机数百台，广泛运用于 OA 办公、质控、合同洽谈与签订、安全监控、核算、统计、报表及信息传输等各个方面。所有这些技术进步，亮点纷呈，与 50 年前的复烤装备、工艺、技术相比，具有质的跃升。

【精神文明建设成果丰硕】省内各复烤企业自建立运行起，在注重生产经营管理的同时，始终注重抓好精神文明建设。党的组织健全，工会组织和职代会普遍建立。1990 年起，实行政工目标管理，将党的组织建设、领导班子建设、作风（廉政）建设、群团工作、思想政治教育、学习培训、宣传报道等项目分成数十个小项，形成指标，与经济目标分别考核，综合评价，考核结果与年终目标管理奖挂钩，兑现奖罚。每年初，政工目标管理责任书由单位主要领导签署向上级递交，然后，单位各线分管领导、部门领导又签署责任书向厂长（总经理）递交，从而形成“一级抓一级，分级负责”的责任网络体系，形成上下齐抓共管的格局。在党的建设方面，党员按照入党条件严格考核进行发展，党员队伍逐步扩大，“三会一课”、民主评议开展正常；党的领导班子民主生活会、中心组学习、年终述职述廉、民主集中制贯彻、“三重一大”请示报告制度（该项 1996 年起）坚持不懈；群团工作方面，工会代表职代会行使日常职权，进行民主管理，并积极开展职工维权、劳动竞赛、职工关爱、职工文体活动等项工作；共青团定期开展组织活动。

廉政建设方面，陆续健全纪检监察、审计机构，不断开展各项国法党纪和廉政法规教育，完善各项廉政制度。先后进行过“纠风”、公配电话、手机、BB 机专项清退，“小金库”、“账外账”清理，专卖内管、“三项工作”（工程投资、物资采购、宣传促销）治理等专项自查自纠。1990 年，郴州烟叶生产购销公司（复烤厂）等复烤企业开始设立审计机构，进行财务、承包审计，其后增加到离任、基建、合同、采购审计等。1992 年，开始推行“两公开一监督”制度。1997 年起，全省烟草行业凡新增 50 万元以上的基建项目必须通过建筑管理部门实行招投标管理。1999 年，中共湖南省烟草专卖局党组下发《关于廉政建设责任制的实施办法》后，开始实施年度《党风廉政责任书》制度。2000 年，推行效能监察，并随《招标法》实施，工程招标全面实行。2003 年，随着《政府采购法》实施，“阳光采购”推行。2008 年又推行“明示与承诺”制度。2009~2011 年，全面推行企务、党务公开制度。2010 年，推行全面预算管理制度，严格管控费用开支。2013 年起，贯彻中共中央关于改进作风、密切联系群众的“八项规定”，全面开展自查自纠，铁腕执纪，严肃问责，超标接待、超标用房、公车私用、公款旅游、公款请客送礼、文山会海等不良风气得到整治。2014 年，湖南复烤公司推行工程建设加签《工程廉政合同》。2015年起，工业线复烤企业每年向董事会签署递交《全面从严治党主体责任书》，然后层层分解到各线各部门。由于廉政制度不断完善，廉政教育持续不断，员工队伍作风总体良好。

在员工队伍建设方面，严把人员进入关，逐渐转入以人才引进为准则，以本科以上文化者考试择优录取；对在职者，则加强职业培训，并鼓励自学成才，以增强他们的职业技能和学识水平。定期开展技术职称评聘和职业技能鉴定，开通员工技术晋升通道，使特殊工种皆持证上岗，技术工种则设置技能等级，分级享受技术津贴。据统计，4家复烤企业，2015年共有正式员工1000名，其中，大中专以上文化者占员工总数的90%以上；各拥有大批专业技术职务人员和具有劳动技能等级证书的技术员工，呈现出高文化、高素质特征，整体技术力量比较雄厚。

在企业环境治理、文明生产方面，各企业通过新建、易地搬迁，增加投入，厂区建设布局合理，均建有厂区花园，绿树成荫，道路宽阔，办公楼、厂房、仓库等建筑错落有致、新潮大气。2004年起，各企业先后引入“5S”(整理、整顿、清扫、清洁、素养)管理方法，后普遍增加“安全”项成为“6S”管理，部分企业再增加“节约”、“学习”项成为“8S”管理，应用于生产、经营、工作场所的管理，并纳入严格的考核，各厂区一切场所皆干净整洁，环境优雅，尽显花园式工厂气派。各企业随效益提高，员工薪酬、福利逐年提高，各类劳保基本落实。员工爱企爱岗、创先争优意识浓厚，企业凝聚力、核心竞争力显著增强。

五

省内复烤企业近50年来，从小到大，从少到多，从弱到强，从强到优，是一部自强不息、艰苦奋斗的创业史，彰显着几代从业者的爱企如家、爱岗敬业、甘洒血汗、奋力拼搏的光辉印记。

在看到复烤业发展成就的同时，也应正视存在的问题，还有值得挖掘潜力的空间。主要是：企业科技还需进一步创新，企业管理方法还需进一步优化，企管执行力还需进一步强化，企业可持续发展战略还需进一步谋划。复烤业是一个投入成本大、盈亏临界点相对较高的分行业，由于连续多年的技改、易地搬迁、设备更新，投入巨大，固定资产雄厚，但从成本核算的角度看，每年的折旧负担非常沉重；需要加大开源节流、增产节支力度。2011年1月9日，中国参与的世界卫生组织《烟草控制框架条约》生效，随国内控烟趋紧，国民健康意识提高，烟草消费者数量正呈逐渐萎缩之势，进而影响烟叶生产量、卷烟生产量的萎缩，复烤量趋减难免。为此，在做大做强的同时，创新驱动成为新课题。

面向未来，省内复烤企业正在按照国家经济工作“稳中求进”的总基调，紧跟行业上级的部署，坚持改革创新，与时俱进，砥砺奋进，进一步规范管理，提升科技生产力，扎实抓好生产经营，谱写新的美好篇章。

大事记

1969年

7月1日，中国烟草工业公司撤销。1965年7月1日正式组建的烟草“托拉斯”宣告解体，卷烟厂下放归地方政府轻工业局管理；烟叶购销业务划归省、地、县直接经营。

是年，湖南省革命委员会下达〔1969〕200号文件，将郴州卷烟厂流星岭烟叶仓库及复烤场移交给郴州地区生产生活服务站（商业局）。

1972年

9月25日，郴州地区商业局农产品公司成立郴州地区烟叶复烤厂筹备组，吴锦山任组长。复烤厂筹建工作开始，厂址选在郴州镇流星岭原复烤场旧址。

1973年

郴州烟叶复烤厂从贵州省贵定县引进一套淘汰报废单幅挂杆蒸汽复烤机，系省内第一条机械复烤生产线。

1976年

5月30日，郴州地区地级烟叶业务由农产品公司移交郴州地区棉麻烟公司。郴州地区烟叶复烤厂筹建事宜亦移交地区棉麻烟公司接管。

1978年

6月，郴州地区烟叶复烤厂新建工程全面竣工，单幅挂杆复烤线试车成功。29日正式投产，为湖南省首家建成的烟叶机械复烤厂（简称机烤厂）。7月11日，启用“郴州地区烟叶复烤厂”公章，正式开展业务。其财务与地区棉麻烟公司实行工商统一核算。

1983年

9月23日，国务院颁布《烟草专卖条例》，11月1日起施行。是年，湖南省烟草专卖局、中国烟草总公司湖南省公司成立。

1984年

3~12月，省内常德、郴州等大部分地区及其辖区各县烟草专卖局（公司）成立。按国务院《烟草专卖条例》规定，烟草行业工作受行业与地方党政双重领导，以行业垂直领导为主。

7月，常德行署决定：烟叶经营业务由常德地区棉麻烟茧公司移交给常德地区烟草公司。

1985年

1月1日起，省内长沙、常德、郴州、零陵、新邵、新晃、祁东、凤凰8家卷烟厂一并上划中国烟草总公司。年内，龙山县“民族卷烟厂”上划中国烟草总公司，并更名为龙山卷烟厂。

2月，零陵地区烟草专卖局、零陵地区烟草分公司成立。5月，成立湖南省烟草公司零陵分公司原烟经理部，直属零陵分公司领导。

6月5日，中国烟草总公司湖南省公司以湘烟计字第023号“关于新建烟叶复烤厂计划任务书的批复”，同意新建常德烟叶复烤厂，选址在常德市西郊（今武陵区三岔路），随即开始筹建准备工作。12月，常德烟草分公司派出熊永雷等10人到常德烟叶复烤厂负责筹建工作。

1986年

1月2日，中国烟草总公司以中烟计〔1986〕5号文件，湖南省烟草公司于2月18日以湘烟计字第010号文件批复，同意在冷水滩岭头新建复烤能力1万吨的零陵烟叶复烤厂。筹建事务由零陵烟草分公司基建科和原烟经理部负责。12月8日，复烤厂建设工程破土动工。

4月，郴州地区行署印发郴署办〔1986〕52号文件《关于地本级烤烟经营业务交接问题的批复》，决定：从1986年4月30日起，地本级烤烟经营业务由地区供销社移交给湖南省烟草公司郴州分公司，组建原烟经理部，承接地本级烟叶购销业务，郴州地区烟叶复烤厂一并移交。5月15日，由郴州行署财贸办主任陈宝勇在郴州棉麻烟公司主持会议，宣布移交决定及其方案。移交后“郴州地区烟叶复烤厂”更名为“中国烟草总公司湖南省公司郴州分公司烟叶复烤厂”。6月，永兴县在该地区率先实现烟叶业务移交。

11月7日，常德烟叶复烤厂试产，10日正式投产。直属常德地区烟草分公司。是年，常德地区烟叶经营业务划归烟草公司统一经营。

1987年

7月15日，零陵烟叶复烤厂第一条挂杆生产线试产。8月16日，根据中国烟草总公司中烟办〔1986〕22号文件关于重新统一规定各级烟草企业名称的指示，启用“零陵烟叶复烤厂”印章，原“中国烟草总公司湖南省公司零陵烟叶复烤厂”印章同日作废。

1988年

7月30日，中国烟草总公司湖南省公司下达（88）湘烟办字第014号《关于常德烟叶复烤厂移交问题的通知》文件，要求7月底将常德烟叶复烤厂全部无偿移交给常德卷烟厂领导管理，其债权债务、人员（以7月底在册人数为准)、对外签订的合同执行义务一并移交给常德卷烟厂;常德卷烟厂付给常德烟草分公司502万元,作为分公司在复烤厂建厂时让出部分利润的补偿。

8月1日,常德烟叶复烤厂划归常德卷烟厂管理。

1989年

1月10日,湖南省烟草公司下达〔1989〕湘烟政字第001号文件,成立零陵烟草分公司烟叶生产购销公司,原分公司原烟经理部和复烤厂划归其管理。复烤厂企业名称保留。2月,召开职工大会宣布合并决定。3月7日,正式启用"零陵烟叶生产购销公司"印鉴。

9月,零陵复烤厂第二条挂杆复烤生产线投产。

是年新烟上市起,湖南省烟叶经营全面实行"一条鞭"管理。

1990年

1月1日,龙山卷烟厂吉首车间与龙山卷烟厂脱钩,无偿移交凤凰雪茄烟厂,定名为凤凰雪茄烟厂乾州分厂。1991年8月,该分厂更名为乾州卷烟厂,经国务院批准为地方烟厂。

2月8日,中国烟草总公司湖南省公司下达湘烟政发〔1990〕52号《关于零陵分公司设立烟叶生产购销公司有关问题的通知》,零陵烟草分公司烟叶生产购销公司机构为科级,公司负责人可由分公司一名副职兼任。28日,经湖南省烟草公司批复同意,郴州烟草分公司原烟经理部、生产技术科、烟叶复烤厂实行合并,成立郴州地区烟叶生产购销公司。"郴州烟叶复烤厂"企业名称保留。

3月22日和25日,零陵行署专员吴海森两次率行署办和地计委、经委、财委、供销社、人民银行、农业银行等部门领导到零陵复烤厂召开现场办公会,解决资金短缺等困难问题。

5月,郴州复烤厂在流星岭拆除单幅挂杆复烤线;在原址新安装一条双幅挂杆复烤生产线,7月投产。

8月29日,湖南省经委、计委下达批复,同意郴州烟叶复烤厂进行易地技术改造,新厂址选在下湄桥司马洞(一说狮马洞,下同)。12月28日完成首期征地123.3亩,易地技术改造工程随即开工。

10月25日,湖南省省长陈邦柱在中共零陵地委、零陵行署主要领导的陪同下,到零陵复烤厂考察。

1991年

5月12日,湖南省政府副省长董志文在省烟草公司副经理王树青、中共零陵地委书记秦光荣的陪同下到零陵复烤厂考察。

9月11日,湖南省政府副省长储波在零陵地委书记秦光荣、冷水滩市市长李德旗的陪同下到零陵复烤厂考察,参观新引进的打叶复烤生产线。

13日,常德卷烟厂将复烤厂改为复烤车间,与厂原烟科、仓储科合并成立原料分厂。

11月,零陵烟叶复烤厂进口意大利科马斯6000公斤/小时打叶复烤生产线投产,成为省内第一条打叶复烤生产线。

1992年

3月25日,湖南省副省长汪啸峰一行在零陵行署副专员卞翠屏、地区烟草公司经理蒋先启等人陪同下,到零陵复烤厂考察工作。

6月16日，零陵复烤厂应邀参加在长沙举行的湖南省工业企业“百强”会议。18日，《湖南日报》刊登“湖南工业企业百强金榜”：零陵复烤厂经济效益排名全省第12位、销售收入第55位、生产用固定资产第76位。

11月18日，中共中央政治局常委、中央书记处书记乔石在中共湖南省委副书记杨正午、零陵地委书记秦光荣、零陵行署专员颜永盛的陪同下到零陵复烤厂视察。

11月19日，湖南省委书记熊清泉一行到零陵复烤厂考察。

1993年

2月19日，郴州地区烟叶生产购销公司更名为郴州地区烟叶购销公司，郴州烟叶复烤厂企业名称保留，实行“两块牌子，一套人员”。原郴州烟草公司生产技术科人员迁回地区烟草公司办公。

3月18日，郴州地区烟叶购销公司、郴州烟叶复烤厂由流星岭搬迁至司马洞新厂区办公。

4月14日，郴州烟叶复烤厂新厂区仿意大利科马斯打叶复烤生产线试车成功，8月投产。司马洞厂区安装的一条国产双幅挂杆复烤生产线于新烤季投产。

1994年

4月20日上午，国家烟草专卖局副局长、中国烟草总公司总经理金茂先在省烟草公司副经理王树青、零陵行署专员颜永盛、副专员周运国的陪同下，到零陵复烤厂考察。

9月，零陵复烤厂首次出口片烟200吨。

1995年

10月，常德卷烟厂将打叶复烤车间从本厂原料分厂划出，并更名为十车间。常德卷烟厂仿科玛斯打叶生产线经持续改进，正式投产。

1996年

5月28日，湘南烟草集团公司烟叶购销公司（后于次年4月3日改为烟叶分公司）成立，保留郴州烟叶复烤厂企业名称。

31日，国家局副局长关政林一行到零陵复烤厂考察。

9月6日，湖南省人民政府发出湘府阅〔1996〕56号《关于兴建乾州烟叶复烤厂有关会议纪要》，决定乾州烟叶复烤厂建厂资金约1.2亿元，由湖南省财政从原烟发展基金中筹款8000万元成立湘西自治州原烟发展服务公司，作为股东合资兴建烟叶复烤厂。其后，此方案未实施，改为由省内烟草行业3家企业合股建厂。

10月6日，湘西自治州召开州长办公会议，由副州长武吉海主持，并形成州府阅〔1996〕45号会议纪要，决定将乾州卷烟厂卷烟生产指标转让给长沙卷烟厂，转产为吉首打叶复烤厂。

10月25日，吉首打叶复烤厂筹建指挥部成立，由湘西自治州常务副州长武吉海任指挥长，吉首市常务副市长张官仁、长沙卷烟厂副厂长蒋效拉、自治州烟草专卖局（公司）局长（经理）张书华为副指挥长。指挥部下设办公室、建设部、财务部。

1997年

4月11日，湘西自治州金沙原烟发展有限公司成立，取代湘西州原烟发展服务公司。公司成立之日即在长沙召开第一次股东大会，会议决定：由长沙卷烟厂出资4500万元，湘西自治州烟草公司出资500万元，合计注册资本5000万元，共同组建湘西自治州金沙原烟发展有限公司，负责吉首打叶复烤厂建设项目。

5月，为适应全市烟叶复烤量急剧增加的情况，郴州复烤厂在司马洞厂区新安装1条双幅挂杆烟叶复烤生产线。流星岭老厂区的双幅挂杆复烤生产线于次年报废。

11月10日，在冷水滩区第五届人大代表换届选举中，永州复烤厂厂长李新元当选为区第五届人大代表。

12月1日，吉首打叶复烤厂完成工商注册登记，领取营业执照。

1998年

3月7日，桂阳县烟叶复烤厂破土动工，9月竣工投产，隶属桂阳县烟草公司原烟经理部。厂长：欧阳爱程；副厂长：刘秀珠；厂址在桂阳县城郊乡鸡公石。主要设备有双幅挂杆复烤生产线一条，年生产能力1万吨。

3月30日，湘西自治州工商行政管理局为金沙原烟发展有限公司发放营业执照。

4月7日，湖南省委副书记储波在永州市委书记邹金鸶的陪同下，到零陵复烤厂考察。

8日，省委副书记胡彪一行到零陵复烤厂考察。

19日，湖南省委副书记、省长杨正午在永州市委书记邹金鸶的陪同下到零陵复烤厂考察。

25日，湘西自治州州委书记彭对喜、副州长田家贵、吉首市市长徐克勤等领导考察复烤厂建设工地。

6月9日，湖南省委书记王茂林在市委书记邹金鸶等人的陪同下到零陵复烤厂考察。

8月4日，常德卷烟厂撤销十车间，组建打叶复烤车间，原料分厂挂杆复烤车间同时划归打叶复烤车间。

11月10日，湖南省委副书记郑培民在湘西州委书记彭对喜、州人大常委会主任彭诗来、常务副州长王承荣陪同下，考察吉首打叶复烤厂建设工地。

20日，中共湖南省委组织部部长周阳生到吉首复烤厂一期建设工地考察。

1999年

1月23日，湘西自治州州长武吉海、常务副州长王承荣、吉首市委书记龙颂江、市长徐克勤、常务副市长张官仁等领导率州、市计委、建委、规划、重点办等部门负责人考察吉首打叶复烤厂建设工地，武吉海州长对工程进展十分满意。

3月6日，湖南省委副书记胡彪在湘西自治州州委书记彭对喜、常务副州长王承荣、吉首市委书记龙颂江、市长徐克勤等陪同下，专程考察吉首打叶复烤厂建设工地，对工程进展给予高度评价。

6月30日，湖南省委副书记、省长储波在湘西自治州州委书记彭对喜、常务副州长王承荣陪同下考察吉首打叶复烤厂，详细了解设备安装情况。

8月23日，湖南省委书记杨正午、副省长郑茂清一行在省烟草专卖局副局长刘明初、副总经理罗毅的陪同下到零陵复烤厂考察，并与永州市部分企业负责人进行座谈。省委书记杨正午作题为“希望在改革、希望在管理”的重要讲话。

24日，湖南省常务副省长周伯华在湘西自治州州长武吉海、常务副州长王承荣、吉首市委书记龙颂江、吉首市市长徐克勤等领导陪同下考察吉首打叶复烤厂。

9月2日，国家局局长倪益谨等领导考察湘南烟草集团及烟叶分公司(复烤厂)。

29日，吉首打叶复烤厂在综合楼广场举行竣工庆典。湘西自治州州长武吉海，吉首市委书记龙颂江，吉首市市长徐克勤等领导与州、市直有关单位负责人及来宾共70多人参加。

11月5日，湖南省委书记杨正午在湘西自治州州委书记彭对喜的陪同下亲临吉首打叶复烤厂考察。

30日，吉首打叶复烤厂正式投产。

是年，常德卷烟厂挂杆复烤生产线停止生产；次年，经常德市烟草专卖局派员现场鉴证拆除。

2000年

2月，国家局副局长姜成康考察湘南烟草集团及烟叶分公司(复烤厂)。

5月21日，零陵烟叶生产购销公司(复烤厂)企业名称变更为“零陵烟叶复烤厂”。

6月，零陵烟叶复烤厂单列分设。

10月7日，零陵复烤厂加大劳动用工制度改革力度，出台允许职工买断工龄措施，复烤厂按照上级规定给予买断工龄者一定的经济补偿。

2001年

3月22日，湖南省委书记杨正午到吉首打叶复烤厂考察。

4月，郴州复烤厂仿美国玛克打叶复烤生产线在司马洞厂区安装，9月正式投产。该生产线系郴州卷烟厂原购进封存设备。

5月，郴州复烤厂仿科玛斯打叶复烤生产线被湖南省青年工委授予“省级青年文明号”称号。

12月12日，国家烟草专局以国烟计〔2001〕744号文件批复同意实施吉首打叶复烤厂二期工程(第二条打叶线)总体规划，核定该厂生产能力为3万吨/年。

是年，常德卷烟厂将打叶复烤车间改称为打叶复烤公司，为厂第三产业公司，仍属厂二级机构，开始改制模拟试运行。

2002年

2月7日，湘南烟草(集团)有限责任公司撤销。

3月，原湘南烟草(集团)有限责任公司工、商正式分开运作。集团烟叶分公司随之撤销；恢复成立郴州市烟叶购销公司、郴州烟叶复烤厂，实行两块牌子、一套人员运行体制。

5月17日，湖南省省长张云川到吉首打叶复烤厂考察。

8月28日，湖南省副省长郑茂清到吉首打叶复烤厂考察。9月26日，吉首市市长张官仁主持会议，决定由吉首市政府无偿划拨100亩土地作为吉首打叶复烤厂二期工程及片烟醇化库配套用地，对于超过部分，由复烤厂按每亩8万元支付征地费。

10月15日，湖南省省长周伯华到吉首打叶复烤厂考察。

同月，遵照国家局限期淘汰挂杆复烤生产线的指令，郴州烟叶复烤厂新厂区2条挂杆复烤线全部拆除，次年3月顺利通过国家局验收。

12月，零陵复烤厂两条挂杆复烤生产线拆除。

2003年

5月10日，湖南省委副书记胡彪在吉首市委书记徐克勤的陪同下，到吉首打叶复烤厂考察。

5月23日，湖南中烟工业有限责任公司(以下简称湖南中烟公司)挂牌成立。自此，省内烟草工业隶属湖南中烟公司管辖。

7月12日，湖南省委副书记戚和平到吉首打叶复烤厂考察。

9月8日，吉首打叶复烤厂二期技改土建工程竣工验收。13日，该厂被授予“湘西自治州经济农业产业化龙头企业”称号。

10月4日，湖南省副省长郑茂清到吉首打叶复烤厂考察。

10月13日，湖南省烟草专卖局召开关于桂阳复烤厂挂杆复烤生产线拆除工作会议。随后，桂阳复烤厂挂杆复烤生产线拆除；年底，顺利通过国家局验收。

2004年

2月25日，郴州复烤厂从郴州市烟叶购销公司划出单列。

7月13日，吉首打叶复烤厂第一次股东会议召开，会议决定注销湘西金沙原烟发展有限公司，将吉首打叶复烤厂更名为湘西鹤盛原烟发展有限责任公司。9月7日，湘西鹤盛原烟发展有限责任公司领取营业执照。

8月6日，国家烟草专卖局下达《关于湖南烟草打叶复烤生产布局调整的批复》，同意在浏阳新建打叶复烤生产企业，总能力按每年3万吨规划，近期按1.5万吨设计；将常德卷烟厂打叶复烤生产能力由每年3万吨，调整为1.5万吨；全省打叶复烤总生产能力仍维持年产9万吨不变

9月9日，湖南省烟草专卖局局长杨先杰一行到零陵复烤厂考察。

10月20日，国家局批准设立浏阳天福复烤有限责任公司(以下简称浏阳天福公司)。

10月21日，湖南省国家税务局、地方税务局授予湘西鹤盛公司“2002~2003年度A级纳税信用单位”荣誉称号。

23日，湘西鹤盛原烟发展有限责任公司举行揭牌仪式。

12月10日，浏阳天福复烤有限责任公司正式注册成立，择址于浏阳市永安镇现代产业制造园。

2005年

4月10日，湖南省省长周伯华到湘西鹤盛原烟发展有限责任公司考察。

4月19日，湖南省政协副主席龙国键到湘西鹤盛公司考察调研。

4月22日，湘西鹤盛原烟发展有限责任公司成为中国企业联合会中国优秀企业数据库优秀企业之一。

6月28日，在郴州市国际大酒店召开郴州天泰烟叶复烤有限责任公司一届一次股东会暨董事、监事会会议，并举行股东单位入股签约仪式。

9月8日，郴州天泰公司在郴州市工商局注册登记。15日，郴州天泰公司举行揭牌仪式。

10月12日，零陵烟叶复烤厂改制为股份制企业，更名为永州天顺烟叶复烤有限责任公司(以下简称永州天顺公司)。是日，召开首届一次股东大会暨董事、监事会会议，并举行股东单位入股签约仪式。12月26日，举行该公司成立揭牌仪式。

11月7日，国家局下发〔2005〕第699号文件，批准成立常德芙蓉烟叶复烤有限责任公司（以下简称常德芙蓉公司）。

12月7日，常德芙蓉烟叶复烤有限责任公司完成工商登记注册。

16日，该公司正式挂牌运作，独立核算，仍隶属常德卷烟厂管理。

2006年

1月4日，湖南省政协主席胡彪到湘西鹤盛公司考察。

同日，永州天顺公司召开预算管理专题工作会议，会议决定从该年元月份开始实施预算管理。

1月18日，浏阳天福公司打叶复烤生产线进行无负荷试车。

2月17日至18日，国家局副局长何泽华、中国烟叶公司副总经理陈江华一行到郴州天泰公司调研，省烟草专卖局局长杨先杰、副总经理吕刚、汪世贵及总农艺师赵松义，郴州市人民政府副市长陈海平等全程陪同。

2月23日，浏阳天福公司打叶复烤生产线全流程进行有负荷试车。

3月4日，湖南省计生协主席董志文到湘西鹤盛公司考察。

3月14日，湖南省委常委、常务副省长肖捷到湘西鹤盛公司考察。

4月6日，浏阳天福公司打叶复烤生产线正式投料试产。

4月26日，湘西鹤盛公司员工陈世海获“湘西自治州劳动模范”称号。

5月27日，国家局纪检组组长潘家华及长沙卷烟厂刘学鲁书记到湘西鹤盛公司考察。

6月23日，湖南省委书记张春贤到湘西鹤盛公司考察。

同月，湘西鹤盛公司被《中国消费者报》《全国诚信单位光荣榜》活动组委会列为第四届“全国诚信单位光荣榜”上榜荣誉单位。同时，被湖南省质量技术监督局评为“湖南省计量工作先进单位”。

10月31日，根据国家局国烟法〔2006〕710号《国家烟草专卖局关于湖南卷烟工业企业管理体制改革的批复》，取消长沙、常德卷烟厂法人资格，其在常德芙蓉、湘西鹤盛、浏阳天福公司的股份出资人变更为湖南中烟公司，其资产、债权、债务、知识产权等一并由湖南中烟公司承继。

11月3日，湖南省代省长周强到湘西鹤盛公司考察。

12月28日下午13点37分，永州天顺公司成品库B区四楼发生火灾，部分成品片烟受损，造成直接经济损失14.8万元。

2007年

1月26日，国家局副局长何泽华在省烟草专卖局局长杨先杰和湘西自治州领导王承荣、吴彦承的陪同下，到湘西鹤盛公司考察，何泽华指示要走特色道路，打响湘西烤烟品牌。

5月，郴州市烟叶购销公司由司马洞厂区搬迁至桂阳县鸡公石烟叶中心库区办公。

7月2日，湖南省委副书记梅克保到湘西鹤盛公司考察。

同月，郴州天泰公司搬迁至市烟叶购销公司原办公楼办公。

11月，湖南中烟公司更名为湖南中烟工业有限责任公司（以下简称湖南中烟公司）。8日常德芙蓉、湘西鹤盛、浏阳天福公司划归湖南中烟公司管辖，以湖南中烟公司原料部为主管理。

11月10日，选举张其龙为吉首市政协委员。陈世海、石大章被选举为吉首市第八届人民代表大会代表。

2008年

1~2月，湘南地区遭遇特大冰灾，断电断水多日，道路冰封，公路、铁路停运，数千司乘人员停于结冰公路待援，国务院总理温家宝亲赴郴州等地考察慰问。省内各复烤公司皆出钱出力帮助救灾。

3月14日，湘西自治州州委书记、州长何泽中到鹤盛公司考察。11月13日，国家烟草专卖局局长姜成康到湘西鹤盛公司考察。

2009年

4月21日，常德市委书记武吉海率市直机关部门一行，考察常德芙蓉公司易地搬迁技改项目选址地。

5月1日，湘西鹤盛公司启动实施打叶二线技改，9月完成，10月投产，该生产线由6000公斤/小时提高到12000公斤/小时。

8月4日，湖南中烟公司成立常德芙蓉烟叶复烤有限责任公司易地搬迁改造项目工程指挥部，李曙光任指挥长，杨智敏任副指挥长。

8月28日，中国烟叶公司副总经理陈江华一行到郴州天泰公司调研。

9月，湘西鹤盛公司被湘西州人民政府评为农业产业化龙头企业。

11月23日，国家局在浏阳天福公司召开“工业烟草废弃物高位干馏热解能源应用研究”项目鉴定会，一致通过项目鉴定，国家局要求进一步完善后在行业内广泛推广。

2010年

1月27日，郴州天泰公司获得“全省优秀打叶复烤企业”荣誉称号以及省局（公司）颁发的荣誉牌匾和证书。

2月，郴州天泰公司易地（油山）搬迁改造工程正式启动。

3月10日，湖南省烟草专卖局局长杨先杰到郴州天泰公司考察。

3月30日，湘西鹤盛公司工会被湖南省总工会授予 “2009年度湖南省模范职工之家”称号。同月，公司被湘西州人民政府评为“2008~2009年度湘西自治州工业十佳企业”。

5月1日，永州天顺公司获全省“优秀打叶复烤企业”荣誉称号。

9月，浏阳天福公司首次接受湖南中烟公司“芙蓉王”原料选叶任务，12月顺利通过湖南中烟公司原料部及技术中心的评价认证，成为继常德“芙蓉王”精选基地后的又一个质量稳定的样板片选场。

10月27日，湘西鹤盛公司总经理张其龙被湖南省委、省政府评为“全省民族团结先进个人”。

12月6日，湘西鹤盛公司员工陈世海被评为2010年湖南省劳动模范。

2011年

3月14日，湘西鹤盛公司被湖南省地税局、国税局联合评定为“2008~2009年度A级纳税信用单位”。

3月25日，郴州天泰公司技术中心获“全国工人先锋号”荣誉称号。

8月1日，国家局、中国烟草总公司以国烟法〔2011〕356号文件《国家烟草专卖局 中国烟草总公司关于湖南省公司打叶复烤企业体制改革的批复》，同意将郴州天泰烟叶复烤有限责任公司、永州天顺烟叶复烤有限责任公司重组整合为湖南烟叶复烤有限公司(以下简称湖南复烤公司),取消郴州天泰烟叶复烤有限责任公司、永州天顺烟叶复烤有限责任公司法人资格,变更为湖南烟叶复烤有限公司所属的非独立法人分支机构,分别是:湖南烟叶复烤有限公司郴州复烤厂(以下简称郴州复烤厂);湖南烟叶复烤有限公司永州复烤厂(以下简称永州复烤厂)。

9月8日,湖南烟叶复烤有限公司在长沙完成注册登记。16日,湖南烟叶复烤有限公司挂牌成立。

9月19日,湖南烟叶复烤有限公司(办公地设在郴州)暨郴州复烤厂揭牌仪式在郴州举行;同日,湖南烟叶复烤有限公司永州复烤厂,举行成立揭牌仪式。

10月25日,郴州市委书记戴道晋率市直国土、规划、电力、财政等部门负责人,到郴州复烤厂易地搬迁改造工地现场办公。

同月,郴州复烤厂顺利通过省、市文明办的创建验收,获湖南省2010届"文明单位"称号,并获得中共湖南省委、湖南省人民政府颁发的荣誉牌匾。

12月12日,郴州市市长向力力主持召开郴州复烤厂易地搬迁改造项目建设工作协调会,专题研究、解决项目建设工作中存在的突出困难和问题,全力推进复烤厂易地搬迁改造项目进程。

是年,浏阳天福公司叶尖分类加工生产线投入使用,为省内复烤业一大亮点,出片率提高,节能效果明显。

2012年

4月9日,郴州市委副书记、市长瞿海率市直国土、规划、财政、建设、交通等职能部门负责人,到郴州复烤厂易地(油山)搬迁改造项目施工现场办公,现场答复项目施工急需解决的问题。

5月,湘西鹤盛公司与国家局《打叶复烤企业原烟收储管理规范》行业标准预研项目组签约,参与该标准修订,为全国11家参研复烤企业之一。

7月,郴州复烤厂通过湖南省企业3A质量信用等级现场评审。

8月6日,国家局以国烟计〔2012〕269号文件批复,同意湖南烟叶复烤有限公司郴州复烤厂实施易地技术改造。

9月5日,国家局法规司副司长王玉麟、司长助理牛千到湖南复烤公司调研了解复烤企业重组整合后的工作成效,并考察郴州复烤厂生产车间、技术中心及易地技改工地。

10月,湘西鹤盛公司经江苏中烟公司进行定点复烤加工企业资质认证,获得94.36的高分,成为其定点复烤企业。

11月30日,湘西自治州州委常委、常务副州长邝邹飞带领州政府办、州烟办等相关部门负责人深入湘西鹤盛公司就全州烟草产业进行调研。

12月21日,永州复烤厂易地技术改造项目正式获得国家局国烟计〔2012〕448号文件批复,同意进行易地技术改造,在永州市长丰工业园内征地420亩,按年加工原烟4.5万吨进行设计,总建筑面积控制在10.74万平方米,总投资7.15亿元以内。

是年,"湖南复烤"加工服务品牌建设有效推进,广获好评。湖南复烤公司成为广东中烟公司配方打叶工作站和"双喜"品牌首家省外模块打叶基地。

2013年

1月30日,湖南省烟草专卖局(公司)党组书记、局长、总经理杨先杰一行,到湖南复烤公司考察,并看望慰问困难职工。

3月26日，永州复烤厂易地技改项目取得省国土资源厅407.4亩建设用地的批复。

7月26日，中国烟叶公司“打叶复烤企业原烟收储管理规范”项目专家评审会在湘西鹤盛公司召开。

8月12日，郴州市委书记向力力，市委常委、秘书长首建中到郴州复烤厂易地(油山)技改施工现场调研指导项目建设。

11月13日，湘西鹤盛通过湖南省企业3A质量信用等级现场评审。

12月16日，中国烟草永州产业园项目(包括永州复烤厂易地技改和新建市烟草公司烟叶仓库)在冷水滩凤凰园经济开发区举行开工仪式。

2014年

3月19日，湖南省烟草专卖局副局长、副总经理樊剑峰及副总经理李民灯一行到湖南复烤公司调研指导工作，就郴州烟草产业和打叶复烤企业发展与郴州市委书记向力力、市长瞿海交换意见，郴州市委常委、市委秘书长首建中陪同调研。

4月，永州复烤厂员工王婷被国家局评为全国烟草行业劳动模范。

5月7日，国家局局长凌成兴、中国烟叶公司总经理陈江华一行到湘西鹤盛公司调研，州委书记叶红专，州委副书记、州长郭建群，湖南中烟公司总经理卢平陪同。

5月8日，永州市委常委、常务副市长易佳良，市凤凰园管委会、重点办等领导一行，到永州复烤厂易地技改施工现场考察。27日，省重点办到永州复烤厂易地技改现场调研指导工作。

7月4日，国家烟草专卖局、湖南省人民政府达成《会商纪要》文件。文件明确：为落实中共中央政治局原常委贺国强关于“加快湘西扶贫项目建设”的批示，经国家烟草专卖局局长凌成兴与湖南省人民政府省长杜家豪等有关领导会商，议定三项对湘西州共同扶贫大事。其中之一：大力支持湘西州湘西复烤厂易地改造项目。“十二五”期间初步概算投资8亿元，对湘西复烤厂进行易地改造，国家烟草专卖局计划补助资金5亿元，湘西州在建设用地上予以支持，共同努力把湘西复烤厂办成全国一流复烤厂，使之成为展示湘西州现代工业企业的窗口。此项目，由湖南中烟有限责任公司负责按基建程序报批后组织实施。

同月22日、28日，永州市委书记陈文浩，市长向曙光，常务副市长易佳良，副市长唐能武一行，到永州复烤厂易地技改工地考察项目进展情况。

同月，常德芙蓉公司由常德市武陵区三岔路办事处芙蓉社区竹叶路1号，整体搬迁到常德市鼎城区灌溪镇高新技术产业园区兴工大道8号易地技改新厂区。10月，新厂区复烤生产线正式投产。

8月6日，中共湘西州委副书记、州长郭建群，副州长邝邹飞，吉首市委副书记、市长李卫国，湘西州烟草专卖局局长陆中山到河溪镇马鞍村调研湘西鹤盛公司“十二五”易地技改进展情况。

同月，湘西鹤盛公司工会被中华全国总工会授予“全国模范职工之家”荣誉称号。

9月26日，郴州市委书记向力力，市委常委、常务副市长李评，市委常委、市委秘书长首建中到郴州复烤厂易地技改工地进行调研。

11月3日，湖南省委、省政府督查一组、二组到郴州复烤厂易地技改工地现场督导、检查易地技改项目推进落实情况，郴州市政府副市长张扬平陪同检查。

11月11日，湖南省烟草专卖局(公司)副总经理李民灯一行就2015年和“十三五”烟叶、物流发展规划及对策研究等工作，到湖南复烤公司调研。

11月，湘西鹤盛公司获得湖南省质量技术评审中心颁发的湖南省企业质量信用AAA级证书。

12月，湖南省委副书记孙金龙、省扶贫办主任王志群等一行20余人到湘西鹤盛公司检查指导工作。

2015年

1月23日下午，郴州市市长瞿海、副市长张爱国到郴州复烤厂易地技改工地考察。

2月，国家局发展计划司副司长王志江率专家组一行，到湘西鹤盛公司开展易地技术改造项目评审。州委常委、吉首市委书记刘珍瑜，吉首市委副书记、市长李卫国，湖南中烟公司副总经理栾永亮，吉首市委常委、统战部长陈钢和副市长谢党参加评审会议。

3月10日，永州市委副书记、市长向曙光到永州烟草产业园考察永州复烤厂易地技改项目建设进展情况。

3月18日，中国烟叶公司副总经理陈江华、湖南省烟草公司副总经理李民灯一行到郴州复烤厂易地技改工地调研。

3月19日，湖南省烟草专卖局(公司)副总经理徐文军一行到湖南复烤公司调研。

3月24日，永州复烤厂易地技术改造项目获得国家局国烟计〔2015〕84号文件批复：同意设计规模由原加工原烟4.5万吨调减为3万吨。项目建设用地位于湖南省永州市长丰工业园区，用地面积419.9亩，总建筑面积90439平方米，新增一条12000公斤/小时的打叶复烤生产线及生产物流系统，项目总投资概算为69968万元(含地购置、场地平整和烟草专用机械购置费用)，项目所需资金由中国烟草总公司注资及企业自有资金解决。

同月，郴州复烤厂被湖南省企业质量信用等级评定委员会评为湖南省质量信用AAA级企业，并获得证书。

4月13日，永州复烤厂易地搬迁改造项目取得永州市经济技术开发区颁发的湖南省建设用地规划许可证，用地面积为275389.85平方米(413.08亩)。

6月15日，湘西鹤盛公司“十二五”易地技改项目获得国家局国烟计〔2015〕164号文件批复，同意公司实施易地技术改造，在吉首市东部马鞍村购地301亩，按年加工2.25万吨的设计能力进行规划设计，新建各类设施87759平方米，配置1条9000公斤/小时打叶复烤生产线，项目总投资76160万元，其中5亿元由中国烟草总公司注资解决，其余部分由企业自筹。

6月19日，郴州市委书记易鹏飞，市委常委、政法委书记、秘书长首建中一行，到郴州复烤厂易地技改工地调研。

6月23日，由国家局科技成果鉴定专家库成员组成的专家组一行13人，到永州复烤厂开展科技重点项目考察鉴定工作。

6月29日，湖南省烟草公司副总经理、湖南复烤公司董事长李民灯一行，到郴州复烤厂易地技改工地指导工作。

8月14日，常德芙蓉公司的工商登记注册关系由常德市武陵区工商行政管理局，转到鼎城区工商行政管理局重新登记注册，注册资金53721万元，法人代表为侯军。

9月12日，郴州复烤厂由下湄桥司马洞旧址整体搬迁到华塘镇油山村新厂区，旧址归湖南烟叶复烤有限公司使用管理。搬迁庆典一切从简，未搞剪彩、燃放烟花等活动。16日，A生产线正式投产。

9月29日，中共郴州市委秘书长张扬平、正厅级干部陈海平一行到郴州复烤厂易地技改现场考察。

10月10日，湖南省人力资源保障厅厅长胡伯俊带队到郴州复烤厂督查指导工作。同日，郴州复烤厂新厂区B生产线投产。

11月12日，永州复烤厂通过湖南省质量技术监督局AAA级标准化良好行为企业考评，成为永州市第一家获得该项认证的企业。

同月，湘西自治州州委书记叶红专、州长郭建群、吉首市委书记刘珍瑜等领导，到湘西鹤盛公司易地技改项目建设工地考察、指导。

是年，郴州复烤厂烟叶精选工作在川渝中烟工业公司全国产区精选工作评比中获得第一名。

第一章　基本建设

第一节　基础设施

一、生产设施

（一）郴州复烤厂

20世纪60年代中期，由于当时原烟加工和仓储条件有限，烟叶霉变冲烧严重。为减少烟叶损失，保障区内卷烟原料供应，郴州卷烟厂在"托拉斯"体制下，在郴州镇流星岭烟叶仓库（今郴桂路16号）和耒阳县灶市镇（时属郴州地区）各建设一座烟叶复烤场。1969年7月1日，烟草"托拉斯"解体，烟叶购销业务划归地方管理，根据湖南省革命委员会〔1969〕200号文件，烤烟业务划归商业部门经营，流星岭、灶市烟叶仓库及复烤场移交郴州地区生产生活服务站（地区商业局1967年撤销后的代理机构）管理，共移交土地面积89.91亩。

1971年8月，郴州地区农产品公司成立，统管除粮油、畜禽、蛋品以外的本地区农副产品（包括烟叶）购销业务，并代替省供销社郴州办事处行使经营管理职能；9月，并入地区商业局，成为其下属单位。

1972年，湖南省革命委员会确定实施"湘南开发"战略，在湘南地区将烤烟作为重点产业进行扶植开发，首先建立桂阳、新田两个烤烟生产基地县。烤烟生产大发展机遇来临，但防霉保管能力的落后，直接制约烟叶生产发展。为此，省、地革委会决定着手引进机械化复烤技术。9月25日，郴州地区农产品公司成立郴州地区烟叶复烤厂新建工程筹备组，着手新厂筹建工作。次年12月，湖南省革命委员会将郴州地区正式列为湖南省烤烟生产基地。

1973年初，省、地有关部门先后拨付专项资金18万元，钢材25吨，木材75立方米，动力线1300米，水泥20吨。为加快厂房建设和节省资金，规划利用原复烤场进行扩建，扩建后总厂房面积为2363平方米，投资2.99万元，按照年复烤能力3000吨设计，与之配套的工程亦同期动工。

1976年，郴州地区农产品公司业务划细为棉麻烟、日杂、食杂果品、土产、废旧回收五个公司。因隶属变动，复烤厂基建工程由郴州地区棉麻烟公司接管续建。至1977年12月，基础设施工程基本完成，其中建锅炉房180平方米、维修车间408平方米、回潮投料车间815平方米、成包车间573平方米、凉烟仓库2000平方米、办公兼会议室（原选烟车间）307平方米、五金保管室113平方米、发电房100平方米。1978年6月29日，复烤厂生产线试车成功，正式投产。其后，根据生产所需，逐年完善配套简易设施建设。

1982年，因复烤产量增加，烟叶加工场地和库容不足，5月，在厂办公室南面空地上建简易仓库1栋，面积640平方米，用于挑选加工和储存烟叶。是年，将2吨立式手工锅炉予以报废，在老锅炉房西面新建锅炉房1栋，建筑面积264平方米，投资3.7万元。

1983年6月，中国烟草总公司委托郴州地区棉麻烟公司兴建国家烟叶储备库，11月，在该公司下湄桥烟叶仓库区西南面征地40亩。1984年8月工程启动，至1986年3月完成框架结构双层仓库4栋，建筑面积12380平方米，中国烟草总公司共投资326万元。1986年5月15日，国家烟叶储备库由地区棉麻烟公司移交地区原烟经理部，并负责其后续工程建设。1988年2月，中国烟草总公司通知：将郴州国家烟叶储备库委托郴州地区烟草分公司管理、维修和使用，固定资产所有权属中国烟草总公司；为便于管理和加强资产核算，自1988年1月1日起，按总投资326万元，以年折旧率6%，提取折旧费，直至投资额全部折旧完后，由双方协商并请示上级确定固定资产另行作价和产权使用归属。是年6月，郴州烟草分公司将该库交烟叶复烤厂使用。

1985年3月起，受国道107线郴州段建设和郴州市郴桂路扩宽工程影响，无偿占用复烤厂土地15亩，拆除仓库面积3201平方米。

1986年4月30日，郴州地区本级烤烟经营业务移交协议正式签署。5月15日，郴州烟叶复烤厂接收地区棉麻烟公司有偿移交各类房屋3902平方米，以及管道、水池、砼路、坪、围墙、水电等设施，价值72.6万元。自此，郴州复烤厂以行业管理为主，其基本建设或技术改造须按审批权限上报批准，方可进行。是年，复烤厂首次承接400吨出口烟叶生产任务，挑选加工场地十分欠缺，经请示郴州烟草分公司批准，8月，在厂区内建500平方米砖木结构选烟棚和400平方米成品烟叶冷却棚各1栋，投资4.95万元，于11月竣工并投入使用。

同年5月，地区棉麻公司与地区原烟经理部达成协议，自1988年4月30日起，国家烟叶储备库车辆停止使用棉麻公司下湄桥仓库通道。12月，郴州烟草分公司投资30万元，在烟叶储备库西南面新征土地20.98亩，用于解决储备库综合业务用房、职工生活附属设施和库区出入通道建设。

1987年5月，国家补偿107国道占用流星岭仓库拆迁费20.8万元。是年新建9#仓库1147平方米原值2.11万元、10#仓库949平方米2.28万元、11#仓库945平方米2.53万元、12#仓库949平方米2.13万元、13#仓库949平方米1.64万元、23#仓库128平方米1.8万元。

1988年，建厂办公楼388平方米，原值5.79万元。1989年，复烤厂计划复烤烟叶5000吨，当时仓库使用面积不足9000平方米。为解决库容不足问题，经请示郴州烟草分公司同意，在下湄桥库区建临时烟棚850平方米，投资5.6万元；建下湄桥仓库4.69万元、简易工棚6.25万元、锅炉房及设备4.24万元，另还投资15万元，建成综合业务用房690平方米。虽然新建起一些仓库及相关设施，但复烤厂流星岭厂区面积仅为24.5亩、生产车间3200平方米、自有仓库6300平方米，基础设施仍然薄弱，租金负担沉重，宿舍、食堂、澡堂和仓库的年租金高达90多万元，其中，租用郴州地区肉联厂礼堂、车间、车库、猪栏2738平方米，用于储存烟叶，月租达1451元。

1990年，鉴于郴州烟叶复烤厂流星岭厂区占地面积狭窄，厂房简陋，设备落后，生产能力已不适应郴州烟草业发展需要，经报省、地烟草公司同意，易地技改提上议事日程。3月10日，郴州烟叶复烤厂成立技改领导小组，与地区烟草分公司计划基建科合署办公，同时成立郴州地区烟叶生产购销公司技改基建科，负责复烤厂易地技改工作。8月29日，经湖南省经委、计委批准，复烤厂易地技术改造工程立项，新厂址设在下湄桥司马洞107国道旁。12月30日，经湖南省人民政府审批，同意征地123.30亩。是日，湖南省建委批复，同意复烤厂技改工程初步设计总概值2520万元，资金来源：申请银行贷款2320万元，企业自筹200万元。是年，在筹划易地技改的同时，对流星岭厂区和下湄桥库区设施继续完善，扩建复烤车间，耗资5.42万元；新建两栋综合用房2290平方米，耗资74.75万元；拉闸门耗0.4万元；建值班室耗1.55万元，建临时工棚，耗1万元；建下湄桥综合用房耗14.47万元；建后山围墙442米，耗3.67万元；修筑砼道路141米，耗2.73万元；建下湄桥库区公路1800米，耗21.12万元。

1991年，复烤厂易地技改被列为郴州地区“八五”期间专项重点工程。初步完成首批征地123.3亩和易地技改设计方案，着手“三通一平”（通水、通电、通路、平整土地）。为完善技改用地面积，5月，耗资86万元购资兴市建筑公司位于下湄桥变电站处土地22.76亩及其附属建筑设施，用于调换郴县农产品公司位于技改工地西北角的土地（约16亩）。5月25日，复烤厂易地技改奠基仪式在下湄桥工地举行，地委、行署和有关部门领导到会祝贺。易地技改土建工程由湖南省轻工业设计院设计并整体规划，由湖南省第四建筑工程公司和郴州地区工程公司承担施工，6月份全面铺开。年底完成建筑面积14440平方米，其中4000平方米新仓库和2400平方米职工宿舍建成投入使用。此次技改，由于打叶复烤生产线属国内首批仿意大利科马斯技术，概算时设备尚未制造，估算价格与实际价格相差934.7万多元，土地征购超概算73万元，投资方向调节税80万元也未列入原概算，加上市场物价上涨因素，其他工程超概算，技改资金缺口加大。

1992年9月，经省轻工设计院重新调整，报郴州地区经委同意追加技改投资计划1280万元，项目总投资为3800万元。该资金用于设备购置及安装1487万元，土建1025万元，征地419万元，平整场地59万元，水电增容50万元，各种税费447万元，银行利息311万元。12月，复烤厂易地技改土建工程全部竣工，共完成投资1025万元，实际征购土地138.66亩，挖掘填运土石方30万立方米，完成建筑总面积30368平方米，其中：新建打叶车间6440平方米，挂杆复烤车间2509平方米，锅炉房1039平方米，总配电所及加压泵房233平方米，原烟凉烟库12350平方米，综合办公楼3035平方米，干煤棚212平方米，食堂890平方米，幼儿园390平方米，澡堂259平方米，职工宿舍3300平方米，500吨地下水池一个、200吨高25米锥形水塔一座，铺设砼路面12800平方米。此次易地技改配套工程，还修建后山围墙141米，3.67万元，挡土墙544平方米3.1万元，仓库2692平方米42万元，综合用房1282平方米25万元，值班室95平方米1.9万元，消防水池2个7.1万元，地磅房152平方米1.5万元。

1993年1月，烟叶生产购销公司在下湄桥储备库区内兴建一栋高标准六层楼的现代烟叶仓库，因地质复杂、基础超深及建材物价因素，导致资金不足。1994年5月，仅完成一层后停建。

是年，复烤厂在下湄桥厂区新建的基础设施有：砼道路2.23万元，临时工棚2.63万元，锅炉房1839平方米60.89万元，打叶复烤车间6440平方米334.42万元，机电维修车间878平方米32.6万元，烟囱（高50米）8万元，500立方米蓄水池5.34万元，总配电房、加压泵14.92万元，凉、原烟仓库6334平方米267.2万元，200立方米水塔12.5万元，综合楼3021平方米120.21万元，围墙100米1.65万元，20吨水塔5.5万元，36米高层铁塔18万元，车间、车库1715平方米34.3万元，80平方米围墙、72米铁路10.9万元，地磅房7.78万元，值班室2.37万元。

1994年，湖南省烟草公司为支持郴州烟草事业发展，改善基础设施现状，9月22日，与郴州烟草分公司签订协议，投入资金500万元，下达基建计划1万平方米，委托在郴州烟叶复烤厂区内兴建省烟叶储备一库。1995年3月动工，至10月25日，完成排架结构、大型砼瓦屋面仓库一栋，建筑面积5800平方米，土建投资328万元；加上场地平整、桩基、消防设施及工程报建手续费用91.5万元，实际总投资419.5万元。

1995年，安装护栏5.54万元、修水泥路面2.25万元、新围墙0.7万元、建金属栏杆大门（20米）1.66万元。是年10月，省烟叶储备二库动工，该工程是延续挂杆车间加长的扩建工程，至1996年5月竣工，建筑面积2356平方米，完成投资263.8万元。

1997年，复烤厂年复烤生产能力已达4.5万吨，仓库紧缺，经报湘南烟草集团批准，下湄桥储备库区内一度停建的六层楼烟叶库续建工程于11月15日开始，至1998年12月竣工，完成建筑面积16800平方米，配置货运电梯两台，先后投入资金1560万元。同时，还报省烟草公司、省计委批准，扩建复烤厂凉烟投料库，建筑面积23600平方米，总投资3310万元，并下达当年自筹基建计划1000万元。1998年4月，选址在下湄桥打叶复烤车间北侧，建筑面积4700平方米的五层凉烟投料库动工，至12月，由于资金不到位，工程无法进行，仅完成500吨地下水池混凝土浇注及一层房柱部分后停工。是年，复烤厂还新建临时工棚房1254平方米79.37万元、烟叶仓库2456平方米、临时原烟投料库903平方米30.89万元、临时原烟棚1540平方米17.64万元、临时仓库1000平方米56.48万元、消防管道2.64万元。

1999年8月13日，郴州遭受百年不遇特大暴雨灾害，山体滑坡造成下湄桥库区围墙、护坡倒塌，仓库墙体出现裂痕，仓库屋面遭严重损毁，库存烟叶损失金额达60多万元。灾后进行全面修复，维修费用达52万余元。同时另建锅炉房煤棚43.85万元，烟叶仓库17000平方米1327万元。

2000年，建烟叶冷却棚4.54万元，1#临时工棚8.29万元，水泵房附属工程1.4万元，5#围墙41.83万元，排水沟10.15万元，下水道附属工程8.68万元，化粪池28.89万元，流星岭挡土墙81.09万元，临时过道3.15万元，碎烟棚14.71万元，钢架大棚7.37万元。

2001年，停建的五层凉烟投料库恢复施工，至2003年竣工并投入使用。是年，配套凉烟投料库新建备料场地4.62万元。

进入2003年后，郴州烟叶复烤厂经济建设稳步发展，基础设施建设已具规模，仓储条件逐步改善，随着16800平方米的六层楼烟叶库和23600平方米的凉烟投料库相继竣工，仓储自有能力加强，基本告别完全依靠租用仓库维持正常生产时代。

2005年9月，复烤厂改制成立郴州天泰烟叶复烤有限责任公司。郴州市烟草公司以固定资产9055.21万元（未含土地评估）出资，入股天泰复烤有限责任公司，将原复烤厂所有不动产及设备归属天泰烟叶复烤有限责任公司管理、使用。

是年，天泰公司新建一批生产设施，其中有凉烟库23063平方米2342.24万元，临时烟叶投料库38.34万元，1#临时工房1254平方米57.78万元，1#厕所45平方米3.54万元，临时仓库1500平方米60.85万元，单职工宿舍450平方米79.35万元，汽车库410平方米18.02万元，消防车库96平方米17.25万元，1#单车棚297平方米1.78万元，2#单车棚1.48万元，碎烟棚45平方米38.23万元，地磅房14平方米0.51万元，护栏3.79万元，1#、2#、3#围墙分别为3.88、2.24、2.69万元，2#锅炉房95平方米13.27万元，锅炉房煤棚65平方米16.86万元，2#水塔12.07万元，烟囱5.88万元，蓄水池17.02万元，沉淀水池6.77万元，水池10.09万元。

2006年，天泰公司年库容紧张。网架轻钢结构仓库建设项目委托郴州材信招标代理有限公司招标公示，由湖南东大钢结构建筑公司中标，工程于6月开始施工，至8月建成。其中生产车间网架结构场地改建面积2550平方米，轻钢结构投料库面积650平方米及地面水磨石工程，总投资241.11万元。另还修建煤棚6.56万元，钢架简易仓库25.45万元，成品装车台19.59万元，新地磅房27.44万元。

是年6月，锅炉房改造工程启动，由郴州市第二建筑工程公司承建的20吨锅炉房土建工程动工，至2007年7月，建成高19.8米的三层框架结构锅炉房一栋，建筑面积881.7平方米，投资126万元；同时完成轻钢结构雨棚206.8平方米、除灰系统及其他附属设施工程，又投入68.6万元。

2007年，天泰公司基本建设项目共25项，投资金额达430万元。主要项目有：厂区道路扩宽及维修，国家储备库1～3栋仓库维修，车间环境维修与亮化，车间办公室及通道地面修建，封闭库至锅炉房路面拓宽，国家储备库至107国道主通道维修，食堂装修，技术中心改造，新建抱车房、垃圾池、过道雨、麻片仓库，10千伏下塘线烟草仓库支线、北大门、网络改造等。又追加计划完成：仓库地沟修理96.62万元，道路维修161.43万元，空气加湿雾化系统18.8万元。

是年5月，郴州市烟叶购销公司搬迁至桂阳县鸡公石烟叶中心库办公；7月，天泰公司从原外贸办办公区搬迁至原烟叶购销公司办公楼办公。

2008年5月，天泰公司精选车间改、扩建工程委托郴州世纪建设招标代理有限公司评标公示，郴州永升建筑有限公司中标承建，总投资68.08万元。另还新建麻片仓库投入16.07万元，仓库屋面维修83.15万元，烟梗仓库屋面维修7.68万元，建一车间油泵房6.92万元，技术中心装饰及网络平台46.61万元，封闭库维修20.18万元，轻钢仓库及车间网架241.11万元，锅炉房围墙7.95万元，20吨锅炉房188.58万元，北大门（后门）24.08万元。

2010年2月，天泰公司易地搬迁技改项目启动。公司成立易地搬迁改造筹备工作组，委托安徽合肥烟草设计院初步拟定易地搬迁改造可行性报告。公司易地搬迁改造项目经国家局批准，得到省、市局和郴州市委、市政府及各股东单位的高度重视和大力支持。5月11日，天泰公司二届二次股东会暨董事会、监事会审议通过《关于郴州天泰烟叶复烤有限责任公司实施易地搬迁改造的议案》，公司股东会一致同意通过增资扩股的方式支持天泰公司易地搬迁改造。5~6月，筹备工作组就选址方案进行实地考察，先后考察过开发区长冲工业园、市有色金属工业园、桂阳工业园燕山项目区、湘南物流园及北湖区万华岩镇、华塘镇油山村、石盖塘镇等多块拟选地,通过对拟选地的地理位置、未来规划、基础设施、周边环境以及当地政府的支持力度等进行综合比较分析,经职工代表大会讨论通过,报请省、市局和市政府批准,最后将项目用地选在北湖区华塘镇油山村,拟征地680亩,其中一期用地500亩,另外180亩作预留用地。北湖区政府下达北政函[2010]58号《北湖区人民政府关于对郴州天泰烟叶复烤有限责任公司搬迁改造有关问题的回复》,对征地范围、施工要求、优惠政策等予以确认。易地搬迁改造投资预算资金达7亿元人民币。公司主动与有关单位就参股投资事宜进行联系和沟通,共向上海烟草(集团)公司、云南红塔烟草(集团)有限责任公司和广东、湖南、贵州、安徽、江苏、江西、山东、广西中烟工业公司等10家企业发送投资邀请函,同意参股的企业有:上海烟草(集团)公司1亿元,广东中烟公司1亿元(可再追加),贵州中烟公司5000万元,安徽中烟公司3000万元,江西中烟公司3000万元,广西中烟公司2000万元,合计3.3亿元。湖南中烟公司明确表示支持,但投资额尚未确定。年内,易地搬迁改造项目获得市政府国有土地预审批复、项目规划批复、土地利用总体规划图和定点测绘地形图,市环保局出具项目环境评估报告。方案立项请示上报到省局。

2011年9月26日~28日,国家局在云南昆明召开"打叶复烤企业整合后运作管理暨预算管理工作会议。会间,湖南省局(公司)对照会议精神,提出妥善解决郴州天泰、永州天顺公司土地资产使用问题。由于历史原因,2005年两家复烤厂企业改制时,两地烟草公司均没有将土地作为投资注入复烤企业。由于土地使用权没有转入,造成房屋无法办理产权过户手续。天顺公司无偿使用永州市烟草公司的有关资产,天泰公司则有偿使用郴州市烟草公司的有关资产,年度费用150万元左右;资产权属关系在两市烟草公司。省局与会领导议定:届时由省局出面与两地烟草公司沟通协商,将相关资产无偿划转给复烤公司;10月8日,省局局长杨先杰批示:同意所提建议。

是年,郴州复烤厂易地搬迁改造项目建设前期征地工作初步完成;一期工程新建烟叶仓库立项申请获得国家局的批复;项目建设用地进入场地平整阶段;南面排洪渠、北面及西面排水沟、东面灌溉水渠的设计施工方案由郴州市水利局设计并通过专家评审论证进入招标阶段;两栋烟叶仓库的施工图亦由中国烟草总公司安徽合肥设计院设计完成;建设资金筹措与工业企业增资扩股统筹协调得到各合作伙伴的一致认同和支持,意向投资额达13亿元。

2012年,易地搬迁改造一期工程正式开工建设。8月6日,国家局以国烟计〔2012〕269号文件批复,同意湖南烟叶复烤有限公司实施郴州复烤厂易地技术改造项目,项目选址在郴州市北湖区华塘镇自有的518亩土地内,按年加工原烟6万吨进行设计,总建筑面积控制在16.11万平方米以内,项目总投资控制在6.71亿元以内。11月12日,聘请国家局专家完成易地搬迁改造设计单位的招标工作,中国烟草总公司合肥设计院为设计中标单位。同日,中国烟草总公司以中烟办〔2011〕101号文件批复,同意郴州天泰烟叶复烤有限责任公司新建烟叶仓库项目,在郴州市北湖区华塘镇油山村购置土地500亩作为项目用地,新建烟叶仓库12482平方米(含动力综合站房392平方米,大门建筑90平方米),项目总投资控制在9880万元以内(含土地购置费用5500万元),所需资金由郴州天泰烟叶复烤有限责任公司自有资金及股东出资解决。

是年,顺利完成国有土地使用证的办理,取得郴州市国土资源局颁发的《建设用地批准书》;完成两栋烟叶仓库建设用地的地质详勘,形成详细勘察报告,为烟叶仓库施工图设计提供相关地质资料;项目建设用地的土地平整,南面排洪渠、北面及西面排水沟等工程亦基本完成;西面、北面段填方边坡设计方案的论证、评审、施工图和施工单位及监理单位的招投标工作均已完成,并确定施工及监理单位;进一步优化总体规划设计的设计标高,调整两栋烟叶仓库施工图设计方案,对其重新设计和审查,南面正门入户桥梁主体工程完工。供水管网已铺设到项目用地范围内,施工用水得到保障。经与郴州市规划局的沟通协调,项目建设用地南面建筑控制红线离郴资桂大道中心线由60米调整为40米,使易地搬迁改造项目总体规划设计更加留有余地。易地搬迁改造二期工程总体方案的专家论证评审工作亦同时进行。

2013年，郴州复烤厂取得国家局国烟计〔2013〕451号《关于湖南烟叶复烤有限公司郴州复烤厂易地技术改造项目初步设计的批复》。是年，易地搬迁改造一期工程建设稳步推进：场地平整、大门道路箱涵、南边排洪渠、西边边坡支护、工地板房、洗车槽、二级平台的强夯工程全部完成。联合工房、9号和11号仓库施工图完成。新征弃土场35亩，并完成弃土场临时用地复垦设计方案。易地技术改造烟机专用设备购置获得国家局的批复。中间挡土墙、一级平台的强夯工程进入施工阶段。另还完成食堂包厢装修、锅炉房新建钢架棚、北面仓库和一、二车间外部的道路修建等零星项目。

2014年，易地搬迁土建工程共完成投资6239万元。其中："三通一平"全面完工，场地平整通过验收并交付使用,桥涵、边坡治理、排洪工程、联合工房强夯、中间挡土墙等附属工程均已建成， 9#原烟仓库、联合工房辅房主体工程封顶，主车间土建工程完工,配方立体库钢构完成，锅炉房（含主体、干煤棚和栈桥）结构基础竣工并通过验收，10#原烟仓库基础承台、地梁浇筑在建,南面挡土墙工程过半。其他工程项目均在抓紧施工。

2015年,为实现年内主体工程及主要配套工程竣工、新厂年内投产目标，郴州复烤厂易地技术改造工程加紧进行。一是加强项目调度和现场管理。整个易地技改项目划分成室外工程和仓库、一级平台、联合工房、设备安装四个区域，每个区域由一位厂领导亲自挂帅，统筹掌握项目进展及时做好内、外协调工作。二是狠抓工程质量。坚持质量问题"零容忍"原则，督促建设单位严格按照施工设计图施工，对项目建设过程中的施工工序、施工方法进行全方位、全过程巡查。对隐蔽工程的施工、验收，施工员、审计员、监理员必须三方在场。三是协调多方形成合力保进度。是年6月，郴州厂易地搬迁技改项目全部完工，土建工程总计投入人民币41507.08万元。

9月12日，全厂整体搬迁。遵照上级有关规定搬迁一切从简，未搞剪彩庆典和燃放烟花爆竹。9月16日，A生产线正式投入生产，B生产线于10月10日投产。

（二）永州复烤厂

1983年，国家轻工部以〔1983〕轻烟字第13-4号、湖南省轻工业厅〔1983〕轻会字第10号文件，转发国家计委、财政部、中国人民银行计资〔1983〕185号文件《关于增建烟叶仓库的复涵》，批准在零陵地区冷水滩维修烤烟储备库8000平方米和仓库区必需的附属设备及生活区2000平方米，计划投资120万元，由零陵地区棉麻烟茧公司承建。4月，零陵地区棉麻烟茧公司上报冷水滩建设烤烟储备库的计划任务书，选址在冷水滩岭头。随后，轻工部行文批准设计书，规划采用钢架结构，新建一层仓库11栋7359平方米，低混结构三层宿舍1栋989平方米，水、电、路、供排水等及其配套设施。省供销社、省轻工局核定该工程计划内平价供应木材360立方米，钢材（5号角钢）150吨，水泥500吨，平板玻璃100标箱。11月1日，《烟草专卖条例》生效实施，省内烟草行业基建转归湖南省烟草公司主管。12月29日，湖南省烟草公司、省供销社批复同意按初步设计的总平面布局，要求及时办理申报征地审批手续。1984年该烤烟储备库动工开建。

1985年2月，零陵地区烟草分公司成立。5月4日，设立烟叶经理部，其人员主要为地区棉麻烟茧公司原烟业务从业人员，涉烟财产实行有偿移交。零陵行署为适应烟叶生产发展需要，筹建复烤厂提上议事日程。9月13日，湖南省烟草公司零陵地区分公司根据零陵行署指示，向冷水滩市政府呈报《关于要求在市区建设烟叶复烤厂的报告》，拟在冷水滩市珊瑚乡忠烈村建设复烤厂。

1986年1月2日，中国烟草总公司以中烟计〔1986〕5号文件批复，原则同意在零陵地区冷水滩新建复烤能力1万吨烟叶复烤厂。新建复烤厂利用挂杆工艺流程，项目控制在250万元之内，资金来源由总公司按照进度及资金情况在年度计划中安排建行贷款，不足部分由省市自筹。2月18日，湖南省烟草公司以湘烟计字〔1986〕第010号《关于新建零陵烟叶复烤厂的通知》，要求地区烟草分公司接此通知后，立即成立"零陵烟叶复烤厂筹建处"（暂定县局科级），配备精干的专职人员，按挂杆工艺流程，委托设计单位抓紧初步设计等前期准备工作，力争尽早建成发挥实效。5月17日，零陵烟叶复烤厂筹建处与零陵电业局协议用电事宜;继而与冷水滩自来水公司、零陵煤炭局达成用水、用煤协议。8月18日,经多方选址,最后定在珊瑚乡白竹亭村竹塘和湾泥塘村民小组,并与乡、村、组协调签批征用地101.16亩,上报审批。

10月21日,复烤厂筹建处取得〔1986〕政土字480号《湖南省人民政府基本建设征用土地审批单》,批准征用珊瑚乡白竹亭村竹塘和湾泥塘村民小组的稻田20.00亩、熟土0.07亩、水塘13.87亩、山林地54.62亩,共计88.56亩。11月4日,复烤厂筹建处与零陵地区第二工程公司签订《零陵烟叶复烤厂土建施工合同》,复烤厂主车间、锅炉房、配电房、水池、宿舍、烟囱、凉烟库、职工食堂、厂传达室(包括大门土建部分)等,由零陵地区第二工程公司承包施工(不包括水电及设备安装和施工),工期为160天,延期一天罚款200元,提前一天奖励300元。25日,筹建处又与该公司签订土建附属工程施工合同,承包工程为厂内围墙、厂区道路、浴室、厕所、下水道等,承包事项均按11月4日签订的合同办理。12月8日,零陵烟叶复烤厂筹建工程破土动工。

此次建厂建成的项目有:主厂房面积3823.49平方米、204.29万元,四层楼成品库面积9628.8平方米、244.78万元,凉烟库两栋共3339.26平方米、76.04万元,主厂房摆把车间1683.56平方米和挑选车间1545.37平方米共54.76万元,北货棚烟叶仓库一栋1404.25平方米,办公大楼2389.87平方米、141.86万元,锅炉房338.82平方米、46.87万元,变电所240.32平方米、21.24万元,水泵房59.1平方米、13.33万元,厂大门、传达室11.26万元,车库386平方米、19.53万元,水泵房和60吨生产用水池一个,厂区道路等工程96.10万元,厂外工程35.16万元。

1987年7月15日,复烤厂第一条挂杆复烤生产线投产,又计划新增一条挂杆生产线和进口打叶复烤线。恰逢冷水滩市珊瑚乡政府在黄玉岭村征地40亩(实用32亩),新建营业楼和停车场,后因违规经相关部门协调转让给零陵烟叶复烤厂、烟叶经理部。烟叶经理部将该营业楼,第一层作门面,第二、三、四层用于办公,总建筑面积1512.25平方米。停车场则用作兴建职工宿舍。同月,为适应扩产计划需求,复烤厂架设10千伏供电专线,从冷水滩市到白竹亭总长6.26公里,耗资101.4万元,9月完工。11月1日,复烤厂与地区第二工程公司二处签订建设25米高、容量为200吨的倒锥壳水塔合同,工程采取一次性大包干形式,造价10.6万元,于1988年3月建成。

1989年,零陵地区烟叶复烤厂与烟叶经理部合并成立零陵地区烟叶生产购销公司。零地经拨〔1989〕5号文件批复,总投资50万元,改建烟叶货棚5000平方米。4月,变电所搬迁,建筑面积824平方米,投资20.10万元,1990年4月完工。同月4日,零陵地区计划委员会以零地计字〔1988〕第36号文件批复,同意地区烟草分公司在复烤厂的北围墙外兴建烟叶科研所,建成办公楼一栋431.36平方米,三层楼宿舍一栋847.86平方米,二层楼宿舍一栋311.12平方米,传达室30.47平方米,另加一栋砖木结构仓库640平方米。2000年,该处房地产与复烤厂的液化汽站互换后,便成为复烤厂的产权。

6月21日,零陵地区经委、计委联合下达1988年第二批重点技术改造项目补助钢材指标,分配复烤厂30吨。同月,因复烤厂第二条挂杆复烤生产线引进安装,经营业务扩大,经零陵地区经济委员会零地经技〔1989〕39号文件批准,新建两栋烟叶简易货棚,建筑面积7797平方米,造价97.62万元,于1990年10月竣工。

是年,共投入7.3万元用于维修改造,其中修建临时工棚1.97万元,修建仓库内道路1.6万元,建办公楼化粪池1.27万元,新修小车库前停车坪2.46万元。

1990年1月10日,零陵地区经委以零地经技〔1990〕01号文件批复,同意零陵复烤厂修建除尘房180平方米,配电房120平方米,共计300平方米,总投资10万元,此项目于当年建成投入使用。5月30日,零陵复烤厂又与零陵地区第二工程公司二处签订扩建打叶车间和新建8层成品仓库合同,建筑面积共13254平方米,其中打叶车间3240平方米,耗资111.78万元;8层楼成品仓库10014平方米,造价345.48万元。另安装电梯一台24.4万元,1992年12月建成。是年,将变电所搬迁到厂区的东北角,建筑面积扩大到800平方米,投入资金35万余元。

1991年9月14日,从烟叶生产扶植费中拨出12万元,对厂大门口外道路进行改造,修建混凝土道路120米。

1992年1月,增建主厂房附房,建筑面积616平方米,耗资7万元, 5月建成。10月20日,公司(厂)与冷水滩市郊区建筑公司签订烟叶仓库施工合同，该仓库为一层钢木屋架，砖混结构，建筑面积2671.16平方米，建筑价格双方议定每平方米241.55元，总计造价64.52万元。是年，投资5.5万元对购销科办公室进行装修，改善接待条件。

1993年，经零陵地区烟草公司零烟司财字〔1993〕第017号文件批准，兴建300吨消防水池一个，投入金额10万元。是年，为帮助职工谋取更多的福利，复烤厂兴办一个竹制品厂，共新建两栋库房，其中竹地板麻仓1库面积为1174.06平方米、22.86万元，麻仓2库面积3071.54平方米、41.46万元。另还建一栋办公室224.70平方米、9.26万元及锅炉房112.79平方米、16.65万元。

2002年11月，打叶车间北面扩建，扩建面积900平方米，投入资金49.6万元，2003年3月竣工。

2003年2~3月，先后实施打叶车间土建框架结构（包括基础梁、柱加固换上钢屋架及老墙、过道及门窗拆除）等三项改造，耗资49.5万元。4月，对打叶车间附房进行改造，投入19万元，8月10日完工。7月，厂第三产业新建塑膜车间，建筑面积1621.74平方米，造价70.74万元。9月，塑膜车间加长增加仓储面积，工程造价18万元。同月，垃圾房易址搬迁，耗用2.7万元。其后，投入16万多元，维修厂区道路及排水工程改造等。是年，库容严重不足，经市烟草公司批准，对原用作养殖场使用的孵化场、鸭棚改造为北货棚、设备仓库、维修车间，进行改造和维修，耗资14.5万元。为满足打叶复烤生产生产和物流方便，将打叶车间和挂杆车间之间连接成为一体，新增建筑面积4184.98平方米，造价76.08万元，建成后给复烤加工带来极大方便。

2004年3~5月，新建一个1500平方米的露天煤场，平整土地耗资2万余元，砌围墙，耗用3.7万元。6月，对新建煤场地面及道路硬化、水沟排水、护坡等耗费7万多元。将原车间附房改造为烤梗房，耗1.9万元。7月，新建煤棚一栋，造价13.35万元。

2005年3月28日，在厂内原养殖场前空地新建两栋一层连在一起的仓库，8月22日竣工，建筑面积3075.49平方米，耗资234.49万元。5月，对打叶车间除尘房进行改造，面积400平方米，造价为15.09万元。6月，厂区大门改建装饰，耗13.6万元。将打叶复烤车间原水磨石地面改造翻新为环氧树脂地坪，耗107.2万元。6～7月，先后对选料车间、凉烟库、除尘房实施亮化工程，按工程合同价结算。8月，锅炉房拆除扩建，投入71.4万元。对打叶车间周围产区道路进行改造，耗18万余元。

2006年1~4月，公司对打叶车间，四层、八层楼成品仓库，打叶车间、动力车间进行维修改造，耗42.65万元。8月，公司新建一个2000吨蓄水池，造价32万元。9月16日，永州天顺烟叶复烤有限责任公司基建领导小组成立，由11人组成。12月11日，经公司投资委员会研究对兴建成品仓库，同意采用轻工部设计院的第一套方案（有梁结构方案）。

2007年4月，因新建仓库，对厂内原有猪栏一栋两层共1466.21平方米、鸭棚一栋194.4平方米进行拆除，包括废料垃圾清运、场地平整，总费用为7.1万元。对机修车间和物资仓库进行改造，按照机修车间的扩建工程平面布置图和实际增减项目进行施工和改建，造价10.6万元。7月16日，市烟草公司批复同意对锅炉烟囱拆旧重建，金额控制在25万元以内，竣工实际耗资22万元。同月，公司对办公大楼进行地面、天花板、墙面、细部、强弱电安装等五大项改造，共耗资86.32万元。8月，对打叶车间地面铺设环氧树脂地坪，面积200平方米，耗22.91万元。9月，公司在打叶车间南侧增建打叶车间库房（附房）建筑面积236.88平方米，造价4.07万元。

2008年1月17日，公司新建六层成品仓库招标，5月12日在永州市建设工程交易中心四楼开标，湖南省建筑工程集团总公司中标。11月28日，工程开工。其建设规模为：占地8000平方米，其中主体仓库占地4000平方米，共七层，一层（地下）为原烟周转库，二至七层为成品片烟库，库长80米，宽40米，每层面积为4000平方米，于2010年12月9日完工，实际建筑面积27882.47平方米，造价2792万元。

2009年5月，公司对办公楼经营业务用房进行装修改造，投入75.22万元。2010年，公司新建成品仓库附属工程，包括物流运输通道投入206.36万元，物流大门（北大门）9.22万元，电动伸缩门4.3万元，共计219.88

万元。

2011年，公司就地新技改项目进入筹备。2月28日，成立扩建工作领导小组。继而委派专人积极与国土、规划、环保等部门沟通，积极准备所需资料，及时缴纳相关费用，认真办理有关手续，同时邀请合肥经济技术学院、市国土局和规划局等专家学者到企业进行实地考察，结合企业实际就技改项目进行总体规划，并抓紧项目报批、立项。11月29日，公司就地搬迁技术改造工程（一期）经湖南省政府〔2011〕政国字第1619号，获征地5.0102公顷批示。

2012年2月20日，湖南烟叶复烤公司就永州复烤厂的技改调整方案即“技改项目分析报告”向湖南省局（公司）进行专题汇报。3月1日，在郴州华天大酒店召开的“湖南烟叶复烤有限公司技术改造总体规划设计方案专家咨询研讨会”上，永州复烤厂易地技改方案获得通过。3～5日，永州市政府常务副市长周德睿先后主持召开两次协调会，专题研究复烤厂易地技改项目选址事宜，市政府正厅级干部蒋政平，市烟草办、发改委、规划局、国土局、财政局、环保局和冷水滩区凤凰园管委会及复烤公司等单位的领导参加会议。

4月26日，湖南烟叶复烤公司董事会讨论研究复烤厂易地搬迁改造议案。决定：根据中国烟草总公司合肥设计院可行性报告，拟投资6.9亿元对永州复烤厂进行易地技术改造，到会13名董事对此一致表示赞同。28日，永州市国土资源局以永国土资预〔2012〕26号《关于中国烟草永州产业园湖南烟叶复烤有限公司永州复烤厂易地技术改造项目建设用地预审初审意见》称：同意该项目用地纳入永州市凤凰园经济开发区长丰工业园土地利用总体规划，通过用地预审初审，用地总面积27.73公顷。

5月26日，湖南复烤公司与湖南省烟草公司、永州市烟草公司在郴州召开“中国烟草永州产业园”建设项目研讨会。项目总体规划是：为日后烟叶调运、复烤就近作业方便，将新复烤厂与永州市烟草公司仓库合在一处连片建设，中间仅以马路相隔；在产业园连片征地676亩，其中湖南省烟草公司永州市公司占地251亩，作为烟叶仓库建设项目；湖南复烤公司永州复烤厂占地425亩，作为易地技改项目；两个项目均独立建设，并委托安徽省合肥烟草规划设计院进行整体规划设计。5月31日上午，湖南复烤公司、永州市烟草公司与永州市凤凰园经济开发区管委会就永州烟草产业园项目举行签约仪式。

7月25日，湖南烟叶复烤公司在永州市组织召开永州复烤厂易地技术改造项目专家咨询研讨会。31日，省环保厅评估中心总工程师寻旋鹏到厂调研易地技改工作。8月7日，市委副书记、市长魏旋君主持召开2012年永州市城乡规划委员会第5次会议，审议永州市城市重点建设项目，其中包括中国烟草永州产业园用地方案。9月4日，湖南省国土资源厅下达湘国土资预审字〔2012〕155号《关于湖南烟叶复烤有限公司永州复烤厂易地技术改造建设项目用地预审意见的复函》，同意通过用地预审，同意该项目拟用地总面积控制在27.1633公顷之内，其中农用地24.5438公顷（含耕地9.3459公顷），建设用地1.9703公顷，未利用地0.6492公顷。13～14日，国家烟草专卖局发展计划司组织行业内专家在永州召开湖南烟叶复烤公司永州复烤厂易地技术改造项目专家论证会，顺利通过论证。18日，湖南省环境保护厅以湘环评〔2012〕286号文件批复，通过《湖南烟叶复烤有限公司永州复烤厂易地技改项目环境影响报告书》。

11月13日，湖南省发改委以湘发改工〔2012〕1773号下达《关于湖南烟叶复烤有限公司永州复烤厂易地技术改造项目核准的批复》，同意建设永州复烤厂易地技术改造项目；建设规模为年加工原烟4.5万吨，项目总投资为76800万元，项目资金来源为企业自筹。12月16日，公司易地技改项目签订三个合同，包括地质勘察（初勘）8.2万元，环境影响评价19万元，节能评估报告4.9万元，共计32.1万元。21日，国家烟草专卖局以国烟计〔2012〕448号《关于湖南烟叶复烤有限公司永州复烤厂易地技术改造项目的批复》：同意湖南烟叶复烤有限公司实施永州复烤厂易地技术改造项目；项目总用地面积420亩；项目按年加工原烟4.5万吨进行设计，主要建设内容为购置项目建设用地420亩；新建打叶复烤联合工房33970平方米；配置一条18000公斤/小时打叶复烤生产线；新建选叶车间9900平方米、原烟库24000平方米、成品库20000平方米；新建燃煤锅炉房3900平方米（含干煤棚）、废品回收车间（含水泵房）1000平方米；新建综合楼6000平方米，食堂

2000平方米、职工倒班宿舍6000平方米；配套建设计算机网络、电信、消防及安保系统；建设室外管网、消防水池、道路、围墙、大门、门卫房、停车场、绿化等室外配套工程；项目总建筑面积控制在10.74万平方米以内；总投资控制在7.15亿元(含土地购置、场地平整和烟草专用机械购置费用)以内；项目所需资金由中国烟草总公司注资及企业自有资金解决。

2013年1月9日，湖南省发改委以湘发改招〔2013〕44号《关于核准湖南烟叶复烤有限公司永州复烤厂易地技术改造项目招标事项的批复》：核准招标方式为公开招标、委托招标。2月6日，湖南省发改委、省住建厅，在湘发改投资〔2013〕195号下达《关于公布湖南省2013年重点建设项目名单的通知》，将永州复烤厂易地搬迁改造项目名列其中。8月27日，复烤厂易地技术改造项目用地顺利摘牌成交。12月16日，中国烟草永州产业园项目（含永州复烤厂易地技术改造和湖南省烟草公司永州市公司烟叶仓库建设两个子项目）在冷水滩凤凰园经济开发区举行开工仪式。19日，该项目初步设计概算评审会在长沙召开，由国家局财务审计司郑敏处长主持。年内，厂易地技改项目签订合同6个，其中工程预算和审计(土石方)6万元，地质测绘和土石方量勘测28万元，总体规划设计666万元，安全预评价和职业病危害评价28万元，项目设计第三方设计评审32万元，土地竞买4489万元，合计5249万元。

2014年，厂易地技改项目签订合同11个，总金额5010.6万元。其中：开工仪式平整地面工程3.9万元；土地平整工程4838.4万元，由湖南省第五工程公司承建；土地平整工程监理77.4万元；施工现场办公用房租赁7.8万元；规划指标、建筑面积复核和规划技术论证12.8万元；联合工房、锅炉房地质详勘19.7万元；填方量勘测3万元；工地广告牌5万元；施工图审查15.1万元；地质详勘26.6万元；挖方量勘测0.9万元。是年，厂易地搬迁技改项目克服雨多困难，合理安排工期，抢抓工程进度，保证施工质量。土地平整项目仅用时98天，高度下降2米，比原计划提前两个月完成。

2015年1月6日，湖南复烤公司永州复烤厂易地搬迁改造取得《中华人民共和国国有土地使用证》。证件号码为：永(凤)国用〔2015〕第0000001号，土地使用权人：湖南烟叶复烤有限公司，座落：冷水滩区潇湘大道以东、丰泰路以南、珍珠南路以西；地类(用途)：工业用地；终止日期：2063-10；使用权面积：275389.85平方米；其中独用面积：275389.85平方米。

3月24日，国家局国烟计〔2015〕84号《关于湖南烟叶复烤有限公司永州复烤厂易地技术改造项目初步设计的批复》，同意机械工业第六设计研究院和中国烟草总公司郑州烟草研究院联合编制的湖南烟叶复烤有限公司永州复烤厂易地技术改造项目初步设计方案，设计规模由原批复年加工原烟4.5万吨调减为3万吨；项目建设用地位于湖南省永州市长丰工业园区，用地面积419.9亩，新建总建筑面积90439平方米，新增一条12000公斤/小时的打叶复烤生产线及生产物流系统，项目总投资概算为69968万元(含土地购置、场地平整和烟草专用机械购置费用)，项目所需资金由中国烟草总公司注资及企业自有资金解决。4月13日，厂易地搬迁改造项目取得永州市经济技术开发区颁发的“湖南省建设用地规划许可证，证号为建规〔地〕字第永经开规地〔2015〕005号”，用地面积为275389.85平方米。

是年，厂易地技改建设项目签订合同23个，总金额达29218.2万元。其中有：临时施工用电设备52.3万元；土地平整外运土石方第三方勘测项目3万元；强夯工程360万元，由湖南奉天建设集团有限公司承建；挡土墙工程236.6万元，湖南湘江工程建设有限公司施工；强夯地基工程质量试验检测20.7万元；联合工房、锅炉房工程13070万元，由湖南省第五工程有限公司建设；联合工房、锅炉房工程监理332万元，湖南和天工程项目管理有限公司负责；供用水立户安装工程4.9万元；控制点测量项目0.4万元；原烟库、综合库及废品回收车间5575.1万元，由湖南沙坪建筑公司中标；原烟库、综合库等工程监理307.8万元；生产管理用房、监打客户宿舍、职工倒班宿舍及食堂2897.8万元，湖南省第五工程公司承建；临时用电调试项目15.9万元；桩基检测及钢结构检测14万元；景观绿化亮深化设计16.6万元；载荷版、静载、轻便触探、桩基低应变检测15.8万元；厂区室外工程2263.3万元，湖南星大建设集团有限公司承建；电梯采购、安装及服务项目

42.6万元;消防工程1908.5万元,湖南省工业设备安装有限公司承担;工艺设备安装服务项目1157.5万元,湖南省第三工程有限公司负责;高低压配电备及自动控制系统835.2万元,由华自科技有限公司安装;高低配电设备78.7万元,由湖南湘中输变电建设有限公司实施;声相档案拍摄、编制项目9.5万元。各工程项目招标签约后,陆续进入施工阶段。厂设立施工现场监督组,跟班监督工程质量、进度;并着力设计概算第三方审核,采取设计招标拦标价格,缴纳履约保证金、设立共管专用账户等举措,努力打造阳光工程和廉洁工程。

2017年6月,技改项目全部完工。建成的基础设施有:联合工房建筑面积47024平方米,耗资15430万元;原烟库(1、2、3栋)总面积20736平方米,耗资4275.5万元;综合库4536平方米,耗资1111.3万元;生产管理用房2852平方米,耗资876.3万元;监打客户宿舍3340平方米,耗资1038万元;职工食堂1650平方米,耗资435.7万元;职工倒班宿舍3146平方米,耗资739.2万元;锅炉房、煤棚3959平方米,耗资1901.7万元;污水处理站300平方米,耗资309万元;废品回收车间960平方米,耗资219万元;主大门及门卫室40平方米,耗资30万元;物流大门及门卫室60平方米,耗资44.8万元;以及消防、供排水、厂区道路、绿化等配套设施。易地技改土建工程总投资达2.7亿多元。

永州复烤厂易地技改效果图
(右边两排为永州市烟草公司原烟仓库群)

(三)常德芙蓉公司

1984年3月,常德地区烟草专卖局、湖南省烟草公司常德分公司成立后,常德地区烟叶生产呈快速发展态势,筹建复烤厂渐被提上议事日程。常德行署对此曾多次组织力量进行考察调研。

1985年3月25日,汪孝风专员、谢正大副专员主持召开兴建复烤厂会议,地纪委、经委、银行、烟草等有关部门负责人及常德市市长参加,听取汇报,研究实施,作出决定:要求烟草分公司4月份作好准备,5月份动工,11月份完成土建工程;1986年一季度安装调试设备,二季度能发挥效益。同时还指定常德市政府组织专门班子,负责协调土地征用、土建工程的设计和施工,保质保量完成项目建设;贷款则指定地区农行、工商银行和建设银行负责落实。26日,湖南省烟草公司常德分公司以常地烟字〔1985〕19号文件,向湖南省烟草公司发出《关于建立烟叶复烤厂的请示报告》,请求建立复烤厂。

4月14日,常德烟草分公司联合常德卷烟厂,再次向湖南省烟草公司呈报"关于建立烟叶复烤厂的请示。"27日,常德烟草分公司"常德地区烟叶复烤厂兴建计划任务书"拟定,项目负责人为刘章涛,建厂地址拟选在靠近常德卷烟厂的常德市护城乡西郊村;此地段地势平整,水、电供应和交通运输十分方便,与常德卷烟厂相距不到1公里,复烤后的烟叶运输进厂比较方便;拟建设规模为年复烤能力1万吨的蒸汽挂杆复烤生产线1条及配套设施设备,复烤产品全部销往常德卷烟厂;资金来源预计总投资487.21万元,其中土建287.21万元,设备购置200万元,全部由农业银行贷款解决,列为税前还贷。5月7日,常德烟草分公司以常地烟字[1985]36号文件,向湖南省烟草公司呈报。

6月5日,中国烟草总公司湖南省公司以湘烟计字〔1985〕第023号"关于新建烟叶复烤厂计划任务书的批复",同意新建烟叶复烤厂,规模控制在年复烤能力1万吨,总投资控制在300万元以内,正式职工编制控制在50人以下。10月8日,常德烟草分公司又以常地烟字〔1985〕84号文件,向常德地区建设委员会呈报关于请求审批新建常德烟叶复烤厂的报告。地区建委批复同意建厂,建厂地址定在市护城乡西郊村四、八、九、十组,征用水田60亩,除去道路留地后,实用面积62.58亩,建筑面积为8560平方米。22日,按照建厂初步设计共需投资326万元,公司派人会同地、市农行向省农行汇报。省农行意见:按照国务院规定,基建贷款自筹资金要达到30%~50%,省农行要求公司自筹资金至少要达到60万元,并要自筹资金单位出具证明,才能办理贷款手续。对此,分公司又书面报告,呈报常德行署解决。

12月4日，湖南省人民政府基本建设征用土地审批单以〔1985〕政土字688号，批准常德复烤厂征用土地67.89亩。10日，常德烟草分公司以常地烟字〔1985〕108号向常德行署计划委员会申请安排1986年度基建资金计划140万元。12月，复烤厂1200米长的厂区围墙砌成。工程设计由湖南省林业勘测设计院负责。

1986年元月中旬，常德市三建公司施工队入场。2月1日，主厂房破土动工。工程进展较快。6月20日，因复烤厂工程预算投资总额需要474万元，而省里批准下达的资金只有300万元，急需追加174万元。对此，常德烟草分公司向湖南省烟草公司两次呈文，请求核拨流动资金350万元，以利达到30%自有流动资金水平，享受贷款优惠，并利于安排工程进度。8月，中国烟草总公司下发中烟计〔1986〕56号《关于下达一九八六年烟草行业技术改造农业银行贷款计划的通知》，安排常德烟叶复烤厂技术改造贷款项目总投资300万元，其中由总行和分行各解决150万元。8月上旬，锅炉及复烤设备进场，由河南许昌复烤厂负责安装。中旬，建筑面积3885平方米的主体车间和472平方米的锅炉房完成土建工程的90%；415平方米的职工食堂于19日投入使用。办公楼、浴室、仓库主体工程于9月底完工。9月，350人（包括正式职工及临时工）陆续进厂，开始学习培训。11月10日试生产。仅10个月的时间，共完成建筑面积14562平方米，安装设备46台（套），完成投资562.7万元。

1988年4月21日，湖南省烟草公司召集省、地、市有关部门进行竣工验收，并颁发"湖南省技术改造项目竣工验收合格证"。8月1日，常德烟叶复烤厂划归常德卷烟厂管辖，成为该厂二级机构。

1989年3月20日，中国烟草总公司下达《关于常德卷烟厂打叶复烤分厂技术改造项目建议书的批复》，常德卷烟厂立项对复烤厂进行技术改造。此次改造规模为年复烤能力1.5万吨，并统筹考虑70万箱卷烟的片烟供应和日后可发展空间。总平面布置在可行性研究阶段多方案论证，拟选用国内仿制的打叶复烤设备，充分利用已有的5000公斤/小时制丝打叶线的设备，锅炉房、烟叶仓库基建计划等在保证生产前提下压缩。本期改造建设面积为8000平方米，总投资1500万元。为适应复烤厂技改，需新建或扩建锅炉房、烟囱、干煤棚、煤渣堆场等。经国土局、规划局及护城乡协调，于5月24日与武陵区护城乡西郊村达成征地协议，11月14日实施，征用西郊村委会茅地0.61亩、鱼塘0.73亩，补偿款21011.66元；该村8组茅地12.56亩，补偿款195113.19元；7组茅地8.55亩，补偿款123026.45元；4组茅地2.3亩，补偿款40998.16元；落路口居委会14组自留地0.03亩。

由于物价上涨、设备投资方向税未计入及征地等因素影响，原定1500万元投资预算不足，1992年6月25日，中国烟草总公司以中烟计〔1992〕57号文件批准追加投资1450万元。1993年11月29日，总公司又以中烟计〔1993〕95号文追加910万元，共计批复总投资3860万元，资金全部为银行贷款。此次技改土建部分，1991年5月10日开工，1992年12月20日竣工，28日验收，新建打叶复烤车间3744平方米、发酵房9216平方米（包括热风循环系统和进出烟包廊道）、烟叶仓库12960平方米、锅炉房（主体）120平方米、干煤棚756平方米。购置工艺设备111台（套）及安装，并增加电力935千伏安以及供水增容等设备。

1993年，又在西郊生活区南面进行烟叶库改造工程，1995年12月竣工，完成建筑面积19818平方米，作为烟叶复烤前后库存的配套设施。1998年，新建10000平方米的打叶复烤车间。同年，占地面积1.68万平方米的钢柱网架结构烟叶验级棚竣工。

2005年12月，常德卷烟厂打叶复烤车间改制为常德芙蓉烟叶复烤有限责任公司。易地搬迁提上议事日程。

2007年12月29日，公司易地搬迁技改项目取得常德市规划局鼎城分局建设用地规划设计文件（编号：常规地设0712068）。

2008年10月16日，公司易地搬迁技改项目取得常德市鼎城区国土资源局颁发的"常鼎〔2008〕国用字第527号建设用地批准书"，批准机关及文号为：湖南省人民政府〔2008〕政国工字第411号。同日，公司与常德市鼎城区国土资源局签订《国有建设用地使用权出让合同》，合同主要内容：宗地地点：灌溪镇；出让宗地面积：143979.57平方米；出让宗地用途：工业用地；出让人同意在2008年10月16日前将出让宗地交付给受让人；使用权出让期：五十年；出让价款：每平方米人民币255.6元，共计3680万元；价款支付：以2008年1月9日鼎城区人民政府与常德芙蓉烟叶复烤有限责任公司签订的项目投资补充协议约定为准，即按国有土地出让有关政策规定付款。

12月2日，公司易地搬迁项目取得常德市鼎城区人民政府和常德市国土资源局颁发的《中华人民共和国国有土地使用证》，证书号为常鼎国用〔2008〕第0098号；土地使用权人：常德芙蓉烟叶复烤有限责任公司，坐落地：鼎城区灌溪镇岗市村百家坪居委会；地号：02-25-10-456；地类用途：工业用地；使用权类型：工业用地；终止日期：2058年1月15日；使用权面积：143979.57平方米。

2009年7月22日，国家局以国烟计〔2009〕267号文件，"关于常德芙蓉烟叶复烤有限责任公司易地搬迁改造工程项目的批复"，同意实施该项目，同意在常德市鼎城区灌溪镇岗市村灌溪工业园内新征建设用地240亩，价格控制在0.41亿元以内，可据此按法定程序参加土地竞购并依法办理土地购置事宜；项目按年处理原烟3万吨设计：新建打叶复烤车间17500平方米；配置1条12000公斤//小时打叶复烤生产线，淘汰现有2条6000公斤/小时打叶复烤生产线；新建选叶配方车间4650平方米、原烟周转库4640平方米、成品周转库4640平方米、五金及包装材料库5220平方米；新建综合楼（生产指挥中心）4000平方米；配套建设公用设施2750平方米；建设厂区道路、室外管线、围墙、大门等设施和实施绿化工程；项目总建筑面积控制在43400平方米以内；项目总投资控制在3.7亿元以内；项目所需资金由湖南中烟工业有限责任公司出资，另两家股东单位湖南省烟草公司常德市公司、张家界市公司不再增资并相应变更股权比例。

9月8日，湖南中烟工业有限责任公司印发湘烟工〔2009〕192号文件，成立常德芙蓉烟叶复烤易地搬迁改造项目工程指挥部，由李曙光任指挥长，杨智敏任副指挥长，成员有：孙贤军、郭汉华、黄昂、徐双红、李平华、石瑞林。指挥部下设项目实施小组和监督小组。10月15日，湖南省发改委以湘发改招〔2009〕1140号《关于核准常德芙蓉烟叶复烤有限责任公司易地搬迁改造项目招标事项的批复》，依据省人民政府2005年196号令，省发改委对该项目招标事项进行核准。随即，项目的勘察、设计、施工及重大设备材料的采购等，陆续招标。

2010年12月23日，鉴于工程建设因多方面因素的影响推进缓慢，指挥部召开工程建设会议，明确项目定位仍为"芙蓉王"生产的配套项目，因常德卷烟厂易地搬迁项目没有考虑复烤厂的预留，项目建设仍在灌溪工业园已选定的范围内实施。会议除明确项目建设规模按12000公斤//小时进行设计外，基于选叶是新建复烤厂必备的工序，结合芙蓉王特色加工工艺要求，会议决定增加选叶设施建设。会议明确整体搬迁项目总投资应控制在5亿元以内。

2011年10月31日，公司取得国家局初步设计批复：项目投资概算5亿元，设计规模为年加工原烟3万吨；项目建设征地面积235.64亩。11月10日，湖南中烟工业有限责任公司以湘烟工〔2011〕297号文件，调整项目工程建设指挥部组成人员：指挥长李曙光，副指挥长孙贤军，成员：徐双红、钟科军、湛中伟、华谢飞、张孝堂、黄昂、李平华、朱效群、王红刚；项目联络员：李建军、席建平、方梁；项目实施小组组长王红刚，副组长肖鸿。项目监督小组组长湛中伟。随即，开始进行标段划分和施工标段招标，湖南中烟公司以湘烟工纪要〔2011〕56号文件对标段划分予以批复。2012年10月19日，指挥部对部分标段的调整进行签批，全部标段予以确认，要求公开评标、招标，与中标单位签订承建合同，陆续实施。

地基处理及桩基标段，由湖南省第四工程有限公司中标承建，合同签订金额1036.5万元，结算金额1189.8万元，2012年6月5日签订合同，75天完工。打叶标段：由湖南省第六工程有限公司中标承建，合同签订金额6557.9万元，结算金额6903.6万元。该标段包括打叶复烤车间，建筑面积19064平方米；综合楼，建筑面积3992平方米；动力中心，建筑面积1922平方米。2013年5月18日开工，2015年10月22日竣工。选叶车间建安工程标段(二标段):由湖南省建筑工程集团总公司承建,具体包括选叶车间、原烟周转库、成品周转库、五金及包装材料库和叉车库五栋建筑物,合同价款5566万元,结算金额5578.5万元。其中选叶车间,建筑面积20307平方米,2917万元;成品周转库,建筑面积4422平方米,619.8万元;原烟周转库,建筑面积4422平方米,651.5万元;五金及包装材料库,建筑面积5397平方米,938.7万元;叉车库530平方米,115万元;合同中其他费用324万元。该标段2013年3月29日开工,2014年7月9日竣工。围墙、门卫建安标段:由湖南省第四工程有限公司中标承建,合同签订金额296.9万元,结算金额347.1万元。该标段工程包括:新砌围墙1426米,1号大门及门卫室,建筑面积55平方米;2号大门,建筑面积23.5平方米;3号大门,建筑面积4.5平方米。2012年6月25日开工,2014年10月20日竣工。园林绿化及环境工程标段:由湖南建设集团有限公司中标承建,合同金额320.7万元,结算金额298.9万元。2014年3月15日开工,90天完工。钢结构标段:由中建五局第三建设有限公司签订承建,合同价款2996万元,结算金额3142.3万元,2013年5月20日签订合同,合同工期为120天。湖南天宇建材有限公司负责打叶、选叶标段屋面板工程。湖南天泽建材有限公司负责该标段外挂板工程。湖南六建机电安装有限责任公司负责消防报警。湖南创业电力输变电工程有限公司负责高低配电。湖南继善高科技有限公司负责综合布线。湖南华南安讯科技有限公司负责视频监控。

2013年5月16日,湖南中烟工业有限责任公司以湘烟工〔2013〕120号文件,调整项目工程建设指挥部成员:指挥长刘兴,副指挥长孙贤军,成员为徐双红、钟科军、湛中伟、华谢飞、张孝堂、黄昂、李平华、朱效群、王红刚。下设综合组:组长孙贤军,成员李建军、席建平、方梁。项目实施组:组长王红刚,副组长肖鸿,成员郭惠斌、庞国华、陈铁、袁平化、杨德红、田喜平、胡进飞、聂作军、李建军、易文波、方梁。项目监督组:组长湛中伟,成员邓旭、蒋裕国、雷顺喜、张俊伟。

7月4日,湖南中烟公司党组成员、副总经理、常德芙蓉复烤公司项目指挥部指挥长刘兴一行,深入芙蓉复烤公司技改施工现场调研,并组织各方召开调研办公会。会议决定:原烟仓库、倒班宿舍、食堂、浴室等生活设施有待新征地规划建设;尽快将仓库、原烟验级棚、精选员工倒班宿舍等项目经公司董事会同意后向中烟公司申报;统筹考虑原烟库和成品库的建设规模、精选工作场地和选叶工生活配套设施建设;加快工艺管线桥架支吊架的钢构件工程建设进度;建立项目建设奖励机制,由复烤公司董事会根据项目目标考核实施;对项目实施组现场施工人员加班工资问题应严格考勤、依法发放,具体由复烤公司按规定向董事会报告;督导中标单位加快工作进度;确定工程项目设计、地勘单位为湖南省轻工纺织设计院;审计单位为中联造价咨询有限公司;监理单位为湖南长顺项目管理有限公司(原湖南长顺工程建设监理有限公司);必须高度重视安全施工、文明施工和质量跟踪监督、监理和按标准、程序验收。

常德芙蓉公司易地搬迁技改项目,从2007年下半年筹建立项,2010年10月"三通一平"奠基,2012年4月建安工程开工,至2014年10月16日正式投产,历时近7年。工程占地235.64亩,实际总投资54098万元。其中,基建工程投资28610万元,设备投入25488万元。

2015年,公司两栋原烟仓库扩建项目经公司董事会批准立项,总建筑面积为10596平方米,其中:1#原烟仓库建筑面积5300平方米,2#原烟仓库建筑面积5296平方米,仓库总仓储能力约5000吨,土建投资2300万元,其他配套500万元。项目建设取得阶段性成果:7月10日,取得区工业和信息化局(常鼎工投资备〔2005〕38号)的立项批复;8月5日,取得区发展和改革局(常鼎发改招〔2015〕197号)招标事项的批复;11月13日,完成地质勘查、方案设计招标工作;23日,公司就仓库建设功能需求与中标单位湖南省轻工纺织设计院召开设计沟通会,在此基础上进行初步设计。12月15日,完成现场地质勘查工作,17日,双方就初步设计方案进行优化沟通;2016年1月11日, 初步设计文件经鼎城区住房和城乡建设局组织专家评审通过;2016年2月3日施工图设计完成,报施工图审查单位进行审核和备案,预计3月初完成,4月中下旬进场施工。

(四)湘西鹤盛公司

20世纪90年代初期，湘西自治州州委、州政府把发展烟叶生产作为全州经济工作的重点，至1997年烤烟种植面积已扩大到30万亩，收购烟叶3万多吨。在90年代中期，本州境内小型卷烟厂面临关、停、并、转的趋势下，州委、州政府在征得国家局、省政府和省烟草公司的初步同意后，决定在吉首市建设打叶复烤厂。

1996年9月6日，省人民政府发出湘府阅〔1996〕56号《关于兴建乾州烟叶复烤厂有关会议纪要》，明确乾州烟叶复烤厂建厂资金约1.2亿元，拟由湖南省财政从原烟发展基金中筹款8000万元成立湘西自治州原烟发展服务公司，作为股东合资兴建烟叶复烤厂。复烤厂投产后实现的增值税和所得税均易地入库，州原烟发展服务公司每年从复烤厂分得的利润中补助吉首市财政300～500万元。

10月5日，常务副州长武吉海、副州长郭晋和州直有关单位负责人到乾州卷烟厂现场办公，吉首市委书记龙颂江、州长助理及市直有关部门负责人参加。会议要求吉首市政府和乾州卷烟厂尽快与长沙卷烟厂、州烟草公司达成有关协议，会议形成州政府〔1996〕15号《州长办公会议纪要》。6日，自治州召开州长办公会议，由武吉海副州长主持，并形成州府阅〔1996〕45号会议纪要，决定将乾州卷烟厂转产为吉首打叶复烤厂。24日，武吉海副州长主持会议，决定委托省轻纺设计院负责制定乾州烟叶（后改为吉首打叶）复烤厂建设方案，同时决定由长沙卷烟厂蒋效拉副厂长任副指挥长，设征地拆迁、基础建设两个项目组同时运行。25日，成立吉首打叶复烤厂筹建指挥部，由州常务副州长武吉海任指挥长，吉首市常务副市长张官仁、长沙卷烟厂副厂长蒋效拉、自治州烟草专卖局（公司）局长、经理张书华为副指挥长。指挥部下设办公室、建设部、财务部。会议形成州府阅〔1996〕31号《关于兴建乾州烟叶复烤厂前期工作会议纪要》。

1997年1月8日、10日，州长办公会议决定对筹建指挥部成员进行调整，副指挥长由自治州副州长龙颂江、吉首市常务副市长张官仁和自治州烟草专卖局（公司）局长、经理张书华及长沙卷烟厂副厂长李增伟组成。

2月8日，自治州烟草专卖局（公司）以州烟司字〔1997〕第5号文件向湖南省烟草专卖局呈报“吉首打叶复烤厂建设项目主体工程项目建议书”。13日，常务副州长武吉海、副州长陆光祖主持召开会议，进一步研究吉首打叶复烤厂建设问题,州政府副秘书长俞泉源和州烟草公司、吉首市政府及州、市有关部门负责人参会。会议主要决定土地征用由吉首市政府全权负责，抽调有关部门负责人组成征地指挥部以及确定土地补偿标准，办理征地手续等问题，重申建设复烤厂各项税费按州庆项目优惠标准收取，由州重点办负责协调。会议形成州政府〔1997〕1号《州长办公会议纪要》（补充）。同日，自治州烟草公司以州烟局字〔1997〕07号文件向湘西自治州经济委员会申请吉首打叶复烤厂进行立项。同时以州烟局字〔1997〕08号文件向湘西自治州重点项目办申请，将吉首打叶复烤厂列为州庆建设项目。18日，湘西自治州经济委员会以州经技字〔1997〕第15号文件同意吉首打叶复烤厂立项，在吉首市雅溪征用土地164亩，生产设施建筑面积2.9万平方米，总造价1740万元。同日，湘西自治州副州长陆光祖主持会议，决定吉首打叶复烤厂建设工作由吉首市政府负责征地及“三通一平”等工作，州原烟发展服务公司负责立项工作。会议形成州政府〔1997〕6号《州长办公会议纪要》。24日，湘西自治州人民政府重点基础办公室以州重〔1997〕04号文件，明确对吉首打叶复烤厂各项收费比照州庆项目执行。26日，自治州计划委员会以州计投〔1997〕第36号文件下达金沙原烟发展服务公司基建计划。

3月14日，湘西自治州烟草专卖局以州烟司字〔1997〕07号文件向湖南省烟草公司申请兴建吉首打叶复烤厂。19日，湖南省烟草专卖局以湘烟计〔1997〕09号文件向国家局申报兴建吉首打叶复烤厂，建设规模按年产3万吨设计，其中一期工程先上1.5万吨，规划1998年建成投产，所产片烟由长沙卷烟厂全部包销，同时取消〔1994〕国家专审办第3号文件分配长沙卷烟厂一条12000公斤/小时复烤线的进口计划，明确不再在该厂内兴建打叶复烤车间，并要求长沙卷烟厂对吉首打叶复烤厂提供技术和管理帮助。28日，吉首市人民政府以及吉政〔1997〕17号文件向湖南省烟草专卖局及国家烟草专卖局申请将乾州卷烟厂转产为打叶复烤厂，以加速扶贫攻坚的步伐。

4月11日，自治州金沙原烟发展有限公司成立，取代湘西州原烟发展服务公司，由长沙卷烟厂、湘西州烟草公司合股负责吉首打叶复烤厂建设项目。公司下设建设部、财务部和办公室三个部门。同月，由湖南省轻工纺织设计院完成《吉首打叶复烤厂（技改工程）可行性研究报告》。由吉首市人民政府抽调市直有关部门共20多人组成“吉首打叶复烤厂征地拆迁指挥部”，开始征地拆迁工作。5月12日，吉首市国土管理局批准向复烤厂划拨土地170亩，其中150亩土地为无偿划拨，其余20亩由本厂以12.5万元/亩，总计212.5万元人民币购置。6月16日，州委、州政府以州委〔1997〕8号文件向省委呈报《关于吉首打叶复烤厂地址选址的请示》，厂址定在吉首市雅溪镇雅溪村。7月3日，州政府以州政〔1997〕73号文件，同意吉首市政府制定的乾州卷烟厂转产方案。

8月13日，国家局以国烟计〔1997〕118号文件，同意乾州卷烟厂转产为吉首打叶复烤厂。9月8日，金沙原烟发展有限公司与吉首市人民政府在长沙签署《协议书》，常务副州长武吉海、吉首市市长徐克勤、常务副市长张官仁、省烟草公司计划处副处长王大中、财务处副处长王淑珍、州烟草公司经理张书华、长沙卷烟厂厂长肖寿松、副厂长涂清明、李增伟等领导参加，议定建厂资金及用人机制等问题。11日，州烟草专卖局以州烟局字〔1997〕36号文件向省局申请分配吉首打叶复烤厂一条6000公斤/小时打叶复烤生产线。

同月16日，吉首打叶复烤厂技改工程可行性研究报告论证会在吉首市召开，省烟草专卖局、湘西州、吉首市、长沙卷烟厂、省轻工纺织设计院等各方代表共40多人参加，会议形成《吉首打叶复烤厂技改工程可行性研究报告论证会议纪要》。18日，项目主体工程、公用工程、辅助工程三项可行性研究报告呈报省烟草专卖局。22日，副州长武吉海主持会议，决定由吉首市政府负责复烤厂进厂坯路的具体施工。23日，国家局以国烟计〔1997〕第150号文件下达吉首打叶复烤厂1998年度第一批国产烟机设备分配计划。10月6日，州计划委员会以州计投〔1997〕205号文件下达吉首打叶复烤厂基建计划。

11月11日，由吉首市政府组成的“吉首打叶复烤厂征地拆迁指挥部”举行平整场地动工典礼。17日，省局下发湘烟计〔1997〕52号文件，批复同意土建及公用配套项目总投资控制在2987万元以内，建筑面积控制在11500平方米左右，资金来源全部由企业自筹解决。28日，湘西自治州环保局以州环发〔1997〕41号文件下达《关于吉首打叶复烤厂新建工程环境影响调查报告的批复》，获环评许可。29日，省建委和省烟草专卖局在吉首市共同主持召开吉首打叶复烤厂技改工程初步设计审查会议，一致通过。会议形成《吉首打叶复烤厂技改工程初步设计审查会议纪要》。12月1日，湘西自治州消防支队以〔1997〕湘公消建字第36号下达《关于吉首打叶复烤厂技改工程初步设计防火审核意见书》。2日，湘西自治州计划委员会以州计投〔1997〕256号文件下达吉首打叶复烤厂辅助工程基建计划。7日，副州长武吉海主持会议，议定工程实行议标、确定承建单位、办理工商企业执照及暂不设专职消防站等问题，会议形成州政府〔1997〕11号《州长办公会议纪要》。10日，吉首市工商行政管理局发放吉首打叶复烤厂营业执照，正式注册。

1998年1月22日，湘西自治州计划委员会议以州计投〔1998〕25号文件同意对吉首打叶复烤厂总体设计作适当调整和修改，增加办公楼、宿舍等设施面积900平方米，新增投资计划232万元。2月16日，吉首市政府以吉政函〔1998〕4号文件下达《关于划拨吉首打叶复烤厂技改工程建设用地的通知》。20日，省建委以湘建〔1998〕第75号文件下达《关于吉首打叶复烤厂技改工程设计的批复》。3月，吉首打叶复烤厂筹建指挥部正式挂牌办公，办公地点设吉首市边城宾馆，州烟草公司抽调5人参与指挥部工作。30日，金沙原烟发展有限公司领取营业执照。

4月25日，州委书记彭对喜、副州长田家贵、吉首市市长徐克勤等领导考察复烤厂建设工地。5月4日，州长武吉海、常务副州长王承荣、州计委副主任叶红专、州电力局副局长陈诗久等领导亲临复烤厂工地考察，现场解决高压线路建设问题，由电业局负责拆除3.5万千伏旧线，新架设10万千伏专用高压进厂新线。19日，成立工地治安协调小组，抽调4名公安干警组成，由市政法委副书记张维元牵头。同月，筹建指挥部迁至建设工地附近的市民族研究所二楼。8月25日，常务副州长王承荣在筹建指挥部主持建设场地移交会议，将市政府“吉首打叶复烤厂征地拆迁指挥部”负责的建设场地平整完工项目，正式移交给吉首打叶复烤厂筹建指挥部。

9月1日，由省湘建工程公司承建的锅炉房工程正式破土动工，揭开吉首打叶复烤厂土建工程的序幕。8日，中建五局一公司承建的主车间和辅房破土动工。28日，长沙市建安工程公司承建的原烟库破土动工。10月4日，自治州工程公司承建的综合楼、职工食堂工程破土动工。21日，由副州长杨先杰主持，在工地召开复烤厂建设现场汇报会，州人大主任彭诗来，吉首市常务副市长张官仁等领导及有关部门负责人共30多人出席，张书华代表筹建指挥部汇报工程建设情况；吉首市公安局等有关部门领导发言，全力支持复烤厂重点工程建设。11月10日，湖南省委副书记郑培民在州委书记彭对喜、州人大主任彭诗来、常务副州长王承荣陪同下，考察吉首打叶复烤厂建设工地。20日，省委组织部部长周阳生来厂考察一期建设工地。

1999年9月，吉首打叶复烤厂一期工程全面完工。先后建成原烟库、凉烟库、烟叶成品库、打叶复烤车间、辅房、干煤棚、锅炉房、总变配电所、泵房、清水池、食堂、浴室、单身宿舍、办公用房，总建筑面积达31177平方米，其中用于生产的建筑面积为27132平方米。总投资9558.25万元，其中房屋建筑投资4068.07万元，设备5490.18万元。29日，打叶复烤生产线试车成功。10月正式投产。

2003年，经国家局、省局批准，吉首打叶复烤二期技术改造工程启动，新建打叶复烤车间、原烟库、回潮车间，共三栋，总建筑面积12600平方米，投入资金1476.63万元。2004年，对9#、10#仓库装车棚屋面板进行更换，增加照明灯，并对钢架进行除锈刷漆。

2007年，为满足雨天能够装卸货物，在1#、2#、3#原烟库之间搭设过道雨棚。2008年下半年，为解决库容不足问题，新建一栋无梁拱钢结构仓库，建筑面积1950平方米，投入资金92万元。2009年，再搭设回潮间与精选车间之间及5#库过道雨棚，投入93万元。2010年，在原烟库西头搭建一个单坡装车雨棚，建筑面积500平方米，投入31万元。2011年，为满足烟叶精选的需求，投入283.08万元，新建一栋钢结构选烟车间，建筑面积2840平方米。

2012年1月30日，为优化实验室环境，委托湘西自治州千度装饰有限公司进行实验室设计，于4月12日完成。6月11日，又委托合一装饰有限责任公司对实验室进行装修，将原辅房中的化检室、车间更衣室、厕所、杂物室、吸烟室改造为实验室，部分场所还配置中央空调，于11月15日完成项目验收。同年，为解决仓储瓶颈问题，在锅炉房北面修建一栋无梁拱钢结构仓库，建筑面积2300平方米，耗用91.25万元。为改善食堂就餐环境，对食堂进行装修；为满足档案室储存档案管理要求，对办公大楼五楼档案室进行装修：为优化客户住宿条件，对招待所大厅进行吊顶、安装电子感应门、电子广告显示屏等；为改善厂区道路起灰状况，还对5#库与回潮间、回潮间与精选车间、精选车间与新建片选场地之间的地面进行改造。

12月8日，公司第二次董事会在吉首市民族宾馆召开，董事会一致通过公司易地（拟搬迁到马鞍园区）技改立项申请报告和初步规划方案。24日，吉首市政府成立公司易地技改项目协调领导小组，由吉首市委副书记、市长李卫国任组长，市委常委、市委统战部部长陈刚和副市长龚道君及副市长、乾州街道党工委书记马俊任副组长。成员有：李云蛟、杨建军、杨友泉、舒忠诚、黄承业、杨洪波、王孝强、石元云、田利民、石泽辉、郭海云、张大良、何世军、张平。领导小组下设办公室，办公室设在市经信局，黄承业任主任。

2013年7月8日，吉首市市长李卫国在市政大楼主持召开全市重点工业项目建设工作会议，会议强调加快鹤盛公司易地技改工作。是年，为保障成品烟的安全存放，在原一线车间安装固定货架和配套托盘5616个。为适应烟叶原料日益增长的仓储需求，新建一栋钢结构无梁拱仓库，建筑面积2484平方米，投资146.96万元。同时，在2#库搭建钢结构雨棚2279平方米，在3#库搭建雨棚2001平方米。为改善选烟环境，对精选车间墙面进行粉刷。

2014年，对原烟库西头装车雨棚进行扩建（包括拆除原雨棚），装卸货物更加方便。是年，公司马鞍工业园易地技改工作紧锣密鼓地进行：2月24日，在湖南中烟公司召开专题研讨会，讨论公司易地技改总体规划方案,要求公司加强与相关部门的沟通,落实项目建设所需的必要条件,完善立项资料。3月3日,公司与吉首市经济开发区、湘西电力分公司、吉首市城市供水总公司协商确定:项目用电由吉首肖家坪变电站提供;用水从大田湾供水主管DN400管接口。4月29日,公司董事会原则通过公司易地技改项目筹备方案及进展情况。5月7日,国家局局长凌成兴一行到公司调研,凌局长发表重要讲话,表态支持公司易地技术改造。26日,易地技改工程项目得到吉首市发展和改革局备案(州发改工〔2015〕112号)。

6月6日,市委、市政府成立公司易地技改项目建设协调指挥部,由市委常委、统战部部长陈刚任指挥长,副市长谢党、吉首经开区党工委书记易榕任副指挥长,市财政局长李嘉琳、经开区管委会主任陈思保为成员。7月4日,为认真落实习近平总书记关于精准扶贫的重要指示精神,遵照原中共中央政治局常委贺国强关于"加快湘西扶贫项目建设"的批示,国家局与湖南省人民政府协商议定:大力支持公司易地技改项目,要求湘西州在建设上予以支持,要把鹤盛公司易地技改项目建设成为展示湘西现代化工业企业的窗口。23日,根据《湖南中烟工业有限责任公司关于成立项目集管理办公室的通知》,成立公司易地技改项目管理委员会,总经理张其龙任主任,副总经理张晖、魏湘利任副主任,下设易地技改项目管理办公室,工程部副部长李枝军任办公室主任。项目分设综合管理、工艺设备、基建、能源动力、电气信息、纪检审计、安全管理7个小组。

8月7日,在湖南中烟公司召开三个打叶复烤企业技改工作督办专题会议,议定公司易地技改初步概算约8亿元,定位为现代工业与旅游业有机结合的全国烟叶复烤一流企业。15日,市委常委、统战部部长陈刚在市政大楼主持会议,确定由湘西工程勘察院对公司项目用地进行地勘工作。19日,吉首市政府与鹤盛公司进行会商,议定各自的工作内容,明确责任。9月1日,鹤盛公司召开易地技改项目专题会议,安排各项目组应承担的工作。18日,吉首市国土资源局通过公司易地技改项目的预审,认定项目符合国家供地政策规定。19日,吉首市环境保护局通过项目审查,同意项目建设。同日,湖南中烟公司副总经理刘兴一行来公司易地技改新址进行现场调研,指导公司易地技改工作。28日,湖南中烟公司总经理卢平在中烟公司主持专题会议,同意湘西鹤盛原烟发展有限责任公司和浏阳天福打叶复烤有限责任公司易地项目立项申报方案,要求11月向国家局报批。

10月10日,吉首市城市规划管理局通过建设项目预审。24日,湘西自治州交通规划勘察设计院确定公司易地技改(马鞍)交通规划图。31日,公司向湖南中烟工业有限责任公司呈报易地技改申请报告。11月13日,公司总经理张其龙、副总经理张晖赴北京,到国家局申报公司易地改造项目立项。12月4日,根据《国家烟草专卖局关于压缩复烤产能延长作业周期的指导意见》(国烟计(2014)380号)要求,公司易地技改设计产能由年3万吨调整为2.25万吨。8日,省委副书记孙金龙到公司调研,要求稳步推进该技改工作。17日,公司总经理张其龙、副总经理张晖第二次去北京进行项目申报。

2015年,在叉车房搭建面积为294平方米的雨棚,又在4#库与3#库之间过道搭建296平方米的过磅雨棚;在生产车间顶部开设1个长6米、宽3米的气楼;在7#与8#、8#与9#片烟库雨棚外,各修建一个过磅房。是年,公司易地技改项目扎实推进。1月20日,公司获得易地技改《建设项目选址意见书》。2月4日,国家局发展计划司在吉首召开公司易地技改项目专家论证会,一致通过项目论证。3月19日,公司易地技改项目"六通一平"基础设施建设正式启动,在马鞍村设立指挥部,跟踪、监督建设质量。4月20日,项目部组织吉首市相关部门召开项目例会,研究解决道路标高不一致问题。6月9日,进行规划设计招标文件内部评审,会审后提交湖南中烟公司项目集办公室。

6月16日,公司易地技改项目获得国家局国烟计〔2015〕164号文件批复,批复称:同意公司实施易地技术改造,技改项目位于湘西吉首市东侧马鞍工业园区内,项目占地301.1亩,计划投资6.99亿元,其中5亿元由中国烟草总公司注资解决,其他部分由企业自由资金解决;工程占地面积76912平方米,总建筑面积85056平方米,新建联合工房(含打叶复烤车间、生产管理用房、生产辅助用房、配方备料间、辅料车间等),

原烟周转库、锅炉房、工业垃圾站、职工食堂(含浴室)、倒班宿舍、污水处理站、水泵房、门卫大门等；新增打叶复烤生产线设备；建设生产物流系统；建设室外管网、消防水池、道路、围墙、停车场、绿化等室外配套工程；建设配套的给排水、压空、配电等公用动力工程；配套建设计算机网络、电信、消防及安保系统等；项目总投资69939.54万元，其中建筑安装工程费27321.16万元，公用设备及设备安装费7225.99万元，烟草仓储设备3275.82万元，烟草工艺非专卖设备投资，8299.75万元，工艺专卖设备投资7247.35万元，其他费用13720.94万元(其中购置土地费用7577.68万元)，预备费2848.53万元。

7月3日，为有序推进项目建设，公司成立易地技改项目部。6日，市委常委、市委统战部部长、公司易地技改项目建设协调指挥部指挥长陈刚，在吉首市经开区主持专题会议，讨论公司建设规划用地范围红线图及厂区建设、报建收费、供电、供水等9个问题，明确相关部门责任确保项目建设顺利进行。17日，项目获得湖南省经济和信息化委员会企业技术改造项目备案文件。8月24～26日，项目规划设计上网招标并现场勘察。28日，《易地技改项目管理制度》提交湖南中烟公司项目集管理办公室评审。9月24日，项目设计在湖南省招标有限责任公司开标厅开标。经评标委员会评选审定，机械工业第六设计研究院有限公司和中国烟草总公司郑州烟草研究院联合设计方案中标。10月29日，与湖南中烟审计、国家局派驻审计组商谈鹤盛公司易地技改事宜。11月2日，易地技术改造工程项目水土保持方案和安评、环评、职业病评价在湖南省公共资源交易中心发布招标公告。20日，土地招拍实施。24日，水土保持方案服务项目、安评、环评、职业病评价开标。30日，与机械工业第六设计研究院有限公司(中国烟草总公司郑州烟草研究院)签订《湘西鹤盛原烟发展有限责任公司易地技术改造项目建设工程设计合同》。

2016年，公司加紧进行易地技改开工前各项准备工作。先后完成水土保持、安全、环境、职业病评估等审批手续；签订委外审计、造价咨询、委外设计、地质勘探合同，陆续实施；完成通水通电、工程概算编制上报。4月19日，公司获得易地技改《建设用地规划许可证》。5月30日，取得国有土地权证。12月22日，湖南中烟公司牵头组织湖南省住建厅、湘西州相关职能部门、各专业评审专家完成易地技改初步设计评审。2017年9月18日，鹤盛公司(马鞍工业园)新复烤厂建设项目举行奠基开工仪式，进入全面施工阶段。预计到2019年10月建成投入使用。

(五)浏阳天福公司

2004年8月16日，国家局下达国烟计[2004]528号《关于湖南打叶复烤生产布局调整的批复》称：鉴于湖南省烟叶种植生产的发展，同意进行相应的打叶复烤生产能力布局调整，即在浏阳新建打叶复烤生产企业，总能力按每年3万吨规划，近期按1.5万吨设计；将常德卷烟厂打叶复烤生产能力由每年3万吨，调整为1.5万吨；全省打叶复烤总能力仍维持年产9万吨不变；望你公司(湖南中烟工业公司)据此办理相关企业注册、专卖生产经营许可、建设项目立项等手续。

9月29日，浏阳天福打叶复烤有限责任公司在湖南中烟公司七楼会议室召开股东筹备会议，出席的股东有：湖南中烟公司、长沙卷烟厂、常德卷烟厂、湖南省烟草公司长沙市公司和衡阳市公司。会议决定成立公司的名称为：浏阳天福打叶复烤有限责任公司，公司注册资本16000万元人民币。

10月19日，国家局下达《关于成立浏阳天福打叶复烤有限责任公司的批复》(国烟计〔2004〕726号文件)批准成立浏阳天福打叶复烤有限责任公司，生产能力按年产3万吨规划，近期按1.5万吨建设。11月2日，公司第二次董事会在湖南中烟公司举行，会议主要研究项目工程指挥部的筹建方案，明确长沙卷烟厂李昌平为公司总经理，副总经理由常德卷烟厂、长沙市烟草公司各指派一人出任。项目工程指挥部临时办公地点设在常德卷烟厂驻长沙办事处内，临时交通工具由浏阳市烟草公司免费提供一台吉普车、长沙卷烟厂免费提供一台面包车。会议确定在长沙市兴业银行、浏阳工业园工商银行各开设一账户，在浏阳工商银行办理验资手续。要求各股东单位的出资额在11月10日前拨付到浏阳工商银行账户。相关手续(开设银行账户、验资、工商登记等)由郭汉华负责办理。

2004年11月2日，湖南中烟公司召开项目工程筹建会议，决定成立项目工程指挥部，指挥长李昌平，副指挥长王先义，成员唐美洪。下设土建组和设备组；指挥部设在常德卷烟厂驻长沙办事处，11月8日正式办公。

2005年1月，公司发布建设项目招标书。8日，签订工程造价咨询业务委托协议书。24日，浏阳市建设局以浏建批字[2005]2号关于天福打叶复烤有限责任公司厂区建筑方案的批复，原则同意湖南省轻工纺织设计院的建筑方案。26日，湖南鑫湘物探工程有限公司完成公司地基基础载荷实验报告。30日，湖南大建设监理中心、湖南省建设工程项目管理咨询有限公司、中烟建设工程监理咨询有限公司、湖南建通建设监理有限公司参与"天福建设工程监理项目"投标，湖南建设工程项目管理咨询有限公司中标并签订合同，金额160.4万元。31日，打叶复烤车间桩基工程招标。中国建筑第五工程局第一建筑安装公司中标并签订施工合同，合同价333.1万元。

3月2日，公司挡土墙、道路、给排水、管线等工程招标，7个单位竞标，湖南省第六工程公司中标。5日，开始地基处理。21日，公司道路，挡墙，排水，管线，单身宿舍及浴室工程设计施工图会审。4月1日，公司钢结构工程招标，浙江越宫钢结构有限公司中标并与公司签订合同，合同金额1407万元。5日，公司与湖南省第六工程签订挡土墙、道路、排水、管线等工程承包合同，总造价548.98万元。26日，锅炉房施工项目公开招标，湖南省第六工程公司中标，中标价275万元。5月5日，公司过道网架由浙江东南网架建设院设计。12日，开始工程桩基施工。21日，湖南第六工程公司承建单身宿舍、叉车房、水泵房工程。其中单身宿舍建筑面积为1536.8m^2。同月，公司发布打叶复烤车间、原烟周转库、成品周转库招标公告。

6月29日，公司(乙方)与湖南中烟工业公司(甲方)签订土地租赁合同。甲方将位于浏阳市永安镇福星村面积为107663.6平方米土地的使用权出租给乙方使用；租赁期限为20年，从2005年7月1日起至2024年12月9日止。7月14日，公司复烤车间、成品周转库、原烟周转库基建项目招标，由中国建筑第五工程局第一建筑安装公司中标，并签订施工合同，合同价款2316.48万元。建筑面积分别为22000平方米、5800平方米、4300平方米。8月5日，生产车间、仓库主体工程开工。29日，复烤车间环氧耐磨地面工程招标，有上海、深圳、无锡三家公司竞标，上海丽装化学涂地板有限公司中标。8至9月，公司打叶复烤车间和原烟、成品周转库相继开工建设。

9月15日，公司倒锥型水塔、烟囱工程由二十三冶建设集团有限公司承建。16日，公司筹建指挥部进驻集体(单身)宿舍二楼办公，其余楼层作为员工休息之所和物料临时仓库。11月，新建办公大楼工程开工。12月15日，公司2#大门入厂道路和排水工程，由星沙建筑有限公司承建。是年，一些配套设施相继完工，其中投入修建围墙124.3万元，大门传达室29.9万元，2号传达室及地磅秤6.9万元，水泵房29.6万元，叉车库39.2万元，煤棚27.2万元，栈道(煤棚)31.8万元，路面等基础设施1577万元，水塔63.9万元，烟囱33万元，精选车间办公室14.5万元，

2006年1月6日，湖南第六工程公司承建锅炉配套工程。3月16日，公司与长沙市浏河建筑工程咨询有限公司签订综合办公大楼施工图设计文件审查委托协议书，审查费为4570元。3月，打叶复烤车间竣工，建筑面积22000平方米，总造价5050万元；原烟周转库竣工，建筑面积5800平方米，投入869.3万元。4月，成品库封顶，建筑面积4300平方米，耗资667.7万元。6月13日，公司综合楼装修工程招标，由湖南招标有限公司主持，竞标单位需要提交：单位资质证明文件，投标代理人授权委托书，投标函及附录(若中标应标明工期、质量、进度、违约金、保修等事项)，并交纳投标保证金6万元，湖南华意建筑装饰公司中标。8月，湖南鑫湘物探工程有限公司再次完成公司地基基础载荷实验报告。9月28日，中建五局承建公司室外消防水池，停车坪，篮球场，室外道路沿石工程。11月1日，公司集体(单身)宿舍，水房，叉车房，工号大门的外墙漆工程，综合楼室内外装饰增补工程，综合楼室内电气及配电缆安装工程，空调动力入户线、桥架安装工程施工项目开标，华意公司中标，随即签订施工合同。12月，新建办公大楼竣工，建筑面积5712平方米，耗资

1703万元。

2007年2月5日，公司整体办公搬迁至新综合办公楼。5月17日，公司综合楼绿化工程招标竞标，湖南省六建园林工程有限公司责任公司中标。12月，公司时有总用地面积107663.6平方米，合161.495亩，总建筑面积45133平方米；其中，生产性建筑面积（含动力及仓库）仅35917平方米；用地面积仍不足。为此，天福公司与浏阳现代制造产业建设投资开发公司（系浏阳现代制造产业基地管理委员会下属全资国有投资开发公司）签订购地补充合同书。合同约定："浏阳天福打叶复烤有限责任公司征地两块，用于建设烟草储备库及配套设施，一块29.19亩，每亩15万元，另一块15亩，每亩10万元，暂定土地总价款587.85万元，最终按土地权证面积确定总额；交地时间为2008年4月30日前，权证办结时间为2008年12月31日前"。因拆迁过程中遇到钉子户，政府未能按时交付土地权证。

是年，由于受投资和场地的限制，公司仅建有一栋建筑面积为5800平方米的原烟周转库和一栋4300平方米的成品周转库。根据公司一期建设规模和上级《烟草及烟草制品仓库设计规范》的规定，公司需原烟仓库30000平方米，尚缺24000平方米；另由于烟草行业工商分离，烟叶采购交接由过去的商业仓库交接改为工业复烤厂交接；公司原来利用临近复烤厂区的浏阳市烟草公司中心库12000平方米，已不能再利用，公司原烟周转库不足的矛盾更加突出。12月27日，公司向湖南中烟工业公司呈报"关于新建原烟周转库的请示"；湖南中烟工业公司于2008年2月19日向国家局呈报请示；中国烟草总公司于2008年10月30日以中烟办〔2008〕317号文件"关于浏阳天福打叶复烤有限责任公司新建原烟周转库项目的批复"，同意建设原烟周转库项目，购置项目用地，购地面积控制在44亩以内，价格控制在850万元以内；建设原烟周转库24000平方米；建设供配电、照明、给排水、通讯信息、火灾报警控制系统及消防等配套设施；建设门卫房、室外管线、道路及绿化等工程；项目总投资控制在6340万元以内；项目建设资金全部由浏阳天福打叶复烤有限责任公司自有资金解决。

2009年6月27日，公司厂区园林绿化工程招投标，湖南园林景观工程有限公司，湖南省联铭环境园林艺术工程有限公司参与投标。

2012年6月，公司取得浏阳现代化产业制造建设投资开发公司的一块土地使用权证，权证面积29.115亩，每亩15万元，折合价款436.725万元，已全部付清；另一块土地因处于高压电线下方，未能成交，合同终止履行。至此，公司在用土地面积增至190.61亩，其中租用湖南中烟公司租给161.495亩，公司新征土地29.115亩。

2015年6月23日，国家局下达国烟计〔2015〕173号文件，批复同意浏阳天福打叶复烤有限责任公司实施"芙蓉王"全配方片烟预处理线和打叶复烤专线技术改造项目。在浏阳市永安镇现代制造产业基地内征地283.55亩，按照"芙蓉王"全配方片烟输出4.08万吨/年（120万箱/年），烟叶精选22500吨/年，打叶复烤设计加工能力22500吨/年规模进行规划设计，新建各类建筑110970平方米，其中，联合工房94700平方米，配置1条9000公斤/小时打叶复烤生产线；配置综合生产能力16000公斤/小时的烟叶预处理线和14000公斤/小时的干燥装箱生产线；项目总投资估算为165647万元，打叶复烤部分所需资金由总公司打叶复烤技改补助资金和浏阳天福打叶复烤有限责任公司自筹资金解决；"芙蓉王"全配方片烟预处理生产线部分投资由湖南中烟工业有限责任公司注资解决。此计划由于全国烟草行业效益下滑，国家局对大型新项目控制趋紧，暂未实施。

是年，公司生产设施维修项目主要有：厂区雨污分流改造：应6月9日浏阳市环境保护局对公司下达《责令改正违法行为的决定书》的整改要求，对厂区雨污系统进行分流改造，并在锅炉房垃圾池搭建钢构雨棚共投入资金29万元；经采取对各施工单位进行报价比价，此项改造为公司节约资金15万余元。由于公司锅炉房原砖构烟囱顶部十余米处弯曲变形，钢质爬梯锈蚀严重，于9月份对弯曲严重部位进行拆除重砌，并修复钢爬梯，共耗资15.6万元。根据精选车间原烟进出库的需要，在原烟2、3号库之间以及4号库东侧平整地面，并搭建钢结构雨棚。因公私车辆日益增多，停车位严重不足，公司于烤季休整期将办公楼后面的草坪改建成停车坪，耗资55万元。

二、生活设施

（一）郴州复烤厂

郴州烟叶复烤厂筹建期和建成投产初期先后隶属郴州地区农产品公司和郴州地区棉麻烟公司，职工住宿条件及生活附属设施皆由其主管公司安排解决。

1979年，随着烟叶复烤厂生产逐步正常，生产人员大幅增加，新增职工大部分属大龄未婚的返城知识青年，急需住房安置。1980年，地区棉麻烟公司着手在流星岭后山（同心桥石头坳）兴建职工宿舍，至1983年初，相继建成职工宿舍3栋，共45户，建筑面积2994平方米，投入资金47.9万元。1985年5月，因国道107线郴州段建设需要，其中两栋宿舍被拆除，拆除面积1996平方米，该宿舍区职工大部分搬迁至流星岭烟叶仓库内隔成的小单间里暂住，少数则寄住父母和亲朋家。至年底，地区棉麻烟公司院内新宿舍建成后，才迁至新居。

1986年5月，郴州烟叶复烤厂接收地区棉麻烟公司有偿移交职工宿舍1栋，建筑面积998平方米，单身工宿舍1栋，建筑面积569平方米，食堂60平方米，澡堂、厕所122平方米，生活用煤棚112平方米，移交总价值29.68万元。原居住在地区棉麻烟公司宿舍的移交职工，限3年内搬出，期内由地区烟草分公司代缴房屋折旧费、保险费及租金。

1987年，复烤厂大部分职工租住棉麻公司宿舍。5月，郴州烟草分公司为解决复烤厂和原烟经理部职工住房困难，同意在流星岭后山（石头坳）征地15.2亩，并下达基建计划，由复烤厂和原烟经理部负责资金落实及工程实施。6月，下湄桥储备库内30户职工宿舍动工。12月，流星岭后山30户、40户宿亦舍先后动工，工程均为包工包料。由于受当时建材市场物价影响，工程未能按期竣工；1988年8月，经协商调整工程造价后，下湄桥储备库内30户、流星岭后山30户于12月竣工，40户则于1990年8月竣工，建筑总面积6195平方米，投入93万元。1989年，建后山宿舍一栋，投入33.35万元。

1990年，建临时工住房307平方米4.06万元。是年12月，为解决所属老干部住房条件差的问题，按照郴州地区烟草公司批示，开始在流星岭后山兴建老干部宿舍楼，至1991年9月竣工，完成建筑面积3500平方米，投入资金53.9万元。

1991年6月，复烤厂易地技改下湄桥工地生活福利设施工程进入施工阶段，至1992年3月，先后完成职工宿舍3300平方米、食堂890平方米、幼儿园390平方米、澡堂259平方米。

1993年，郴州地区烟叶购销公司（复烤厂）为进一步缓解职工住房紧张和改善居住条件，12月，以职工集资45.68万元、单位自筹37.32万元，总投资80万元的第一栋集资建房在下湄桥厂区动工，建筑面积2040平方米，户平面积85平方米，1994年12月竣工。因受市场物价和工程变更影响，该工程最后决算总价值为98万元。另建食堂890平方米39.02万元，浴室259平方米15万元，宿舍3310平方米126.04万元，其他生活用房1949平方米44.25万元，幼儿园29.3万元。

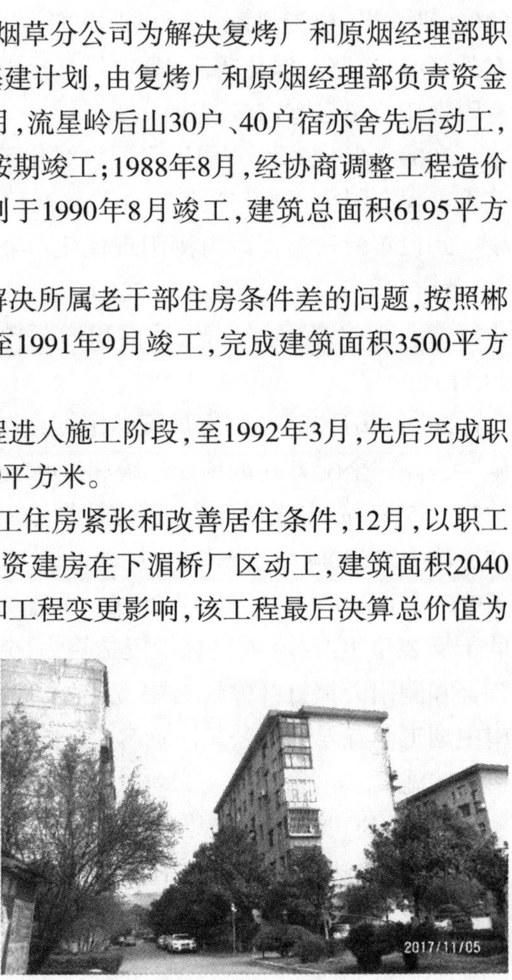

郴州复烤厂司马洞职工宿舍区

1995年12月，经郴州市计委同意，烟叶购销公司（复烤厂）拟再建两栋职工集资住宅楼共56套，资金来源由职工集资100万元、单位自筹105万元。1996年3月，该工程在下湄桥厂区动工兴建，于12月竣工，总建筑面积5264平方米，户平面积96平方米。

1997年，湘南烟草集团烟叶分公司（复烤厂）集资建房选址在郴桂路流星岭库区。5月6日，经与郴州市房产经营公司签订危房拆除协议，4栋20世纪60年代建成面积为3727平方米的危房仓库全部拆除，同时拆除567平方米单身职工宿舍1栋。其房屋拆除及废渣清运费用6.2万元。6月，第三批集资建房工程全面动工，至1999年3月，先后建成职工宿舍5栋140套，总建筑面积12100平方米，户平面积86.4平方米，总投资733.8万元。至此，全厂（公司）共自有职工宿舍14栋383套，总建筑面积近33000平方米，户平面积达到80平方米以上，职工住房条件全面改善。根据国家房改政策，职工住房全部实行由职工个人购买，个人拥有其房产权。

同年6月，拆除原技改遗留下来的基建临时工棚1800平方米，地基用于修建临时工宿舍和厂区绿化。7月，3层楼临时工宿舍动工，至年底竣工，建筑面积1250平方米，投入资金68万元。

1998年，由于金叶酒店扩建需要，靠同心路边的30户宿舍被拆除，其地基用作建设金叶酒店娱乐中心，30户职工全部搬迁至下湄桥厂前区新建宿舍。1999年8月，40户宿舍被金叶酒店作为配套设施租用，其职工全部搬迁至流星岭原库区新建宿舍。

2008年，受严重冰冻灾害影响，复烤厂绿化受损面积达90%以上。6月，经天泰公司董事会审议，决定恢复绿化面积，同时新建职工休闲场所。经市烟草公司同意，面积为390平方米的幼儿园被拆除，其地基及空闲地全部用于绿化改造，至9月完成绿化及休闲健身设施安装，共投入资金36万元。是年，为改善驻厂监打人员住宿条件，对12套宿舍进行装修，同时又投入50.76万元，对厂办公楼前5间闲置门面进行装修，并配置娱乐和健身设施，作为老龄活动室和员工休闲娱乐室。另还新建生产区垃圾池一个，耗用9.4万元。

2009年，天泰公司对食堂进行扩建改造，将原有的制作间、灶台炒菜区改建为就餐区，就餐区面积增加到600余平方米（上下两层），并在食堂后面的绿化带区域内重新修建食堂制作间、灶台炒菜区，有效解决季节性临时工就餐场地不足问题。11月，由市烟草公司与湖南华盛建筑公司合作修建的郴州火车西站"华盛世纪新城"住房建设项目竣工，天泰公司全体正式员工及退休员工均购得商品住房一套（双职工限购一套）。

2015年9月，郴州复烤厂整体搬迁到油山易地技改新厂区，员工食堂、客户就餐、招待所等皆设置于客户服务中心楼，并建有临时工食堂和倒班宿舍，但未建员工住房。

郴州复烤厂2015年底新厂区(油山)基础设施一览表

表1　　单位:平方米、万元

设施名称	建筑面积(平方米)	现值(万元)	设施名称	建筑面积(平方米)	现值(万元)
汽车库	410	0.9	7# 仓库	5898	1711.93
单职工宿舍	450	29.1	8# 仓库	5898	1711.93
消防车库	96	0.86	12# 仓库	5898	1711.93
临时仓库	400	3.04	单车棚 1#	150	0.09
麻片仓库	110	10.34	碎烟棚	300	1.91
钢架简易仓库	100	1.27	单车棚 2#	100	0.07
临时烟叶投料库	100	1.92	北大门（后门）	10	1.2
复烤厂凉烟库	23063	1188.01	新地磅房	20	15.64
2# 新锅炉房	50	4.87	成品装车台	30	0.98
地磅房	20	0.14	锅炉房煤棚	150	0.84
一车间油泵房	10	0.35	1# 临时工房	100	25.33
轻钢仓库及车间网架	500	12.06	1# 厕所	30	0.18
20T 锅炉房	265.2	125.13	复烤厂煤棚	150	0.33
7 栋 602 房	60.44	2.87	围墙 1#		0.19
7 栋 603 房	60.44	3.02	护栏		0.19
7 栋 304 房	60.44	3.63	围墙 2#		0.11
7 栋 704 房	60.44	3.27	围墙 3#		0.13
6 栋 601 房	60.44	2.31	生产区垃圾池		0.47
6 栋 403 房	60.44	3.38	道路维修		34.02
7 栋 604 房	60.44	3.48	仓库地沟修理		4.83
7 栋 203 房	60.44	3.38	烟梗仓库屋面维修		1.96
7 栋 503 房	60.44	3.12	2# 水塔		0.6
7 栋 403 房	60.44	3.27	烟囱		0.29
7 栋 601 房	60.44	2.61	蓄水池		0.85
7 栋 703 房	60.44	3.38	沉淀水池		1.01
2 栋 505#	57.12	3.47	水池		0.5
2 栋 501#	57.12	3.83	过道雨棚		0.23
2 栋 202#	57.12	3.95	锅炉房围墙		5.28
2 栋 504#	57.12	4.01	技术中心装饰及平台		2.33
2 栋 205#	57.12	3.71	封闭库维修		1.01
2 栋 103#	57.12	3.83	仓库屋面维修		51.77
2 栋 502#	57.12	3.77	电缆沟		0.07
2 栋 405#	57.12	3.77	钢架抱车棚		0.37
食堂包厢	50	35.34	封闭库消防护栏		0.18
烟叶仓库（9#、10#）	11796	2417.35	钢架装车棚		6.45
联合工房	91129	21929.83	中间挡土墙		500.21
锅炉房	5985	1366.73	涵洞		134.61
客户服务中心	5599	1986.13	排洪水渠		248.5
倒班宿舍	7008	1986.13	南面挡土墙		597.75
综合楼	7250	1986.13	边坡支护		147.63
6# 仓库	12162	1931.53	打叶新老线空压管道		0.06
蒸气管道		0.06	排潮管		0.1
槽架		0.71	蒸气保温管道		0.05

注:1.资料来源:郴州复烤厂2015年底固定资产台账。2.各仓库建设投资额,尚未决标,均系暂按建筑批次合同金额预估入账数,分摊尚不精确。

(二)永州复烤厂

1985年5月,零陵烟草分公司烟叶经理部组建,无办公场所和职工宿舍。9月,决定修建办公室、宿舍,所需资金计划向零陵地区建设银行贷款。11月,冷水滩市土地综合开发公司在珊瑚乡黄玉岭村民小组征用稻田40亩,实用32亩,给珊瑚乡政府新建营业楼与停车场,因违规,经市政府同意转让给地区烟叶经理部。营业楼作为经理部的办公楼,停车场则用作兴建职工宿舍。因所用耕地和转让地未经省人民政府批准,属违法行为,因而经理部及珊瑚乡双方均受到市国土局1万元的经济处罚。由于烟叶经理部是新成立的单位,没有办公室、宿舍,困难属实,当地政府和国土部门网开一面,按照用地规定,及时补办用地、转让相关手续。

1986年11月4日,复烤厂与零陵地区第二工程公司签订《零陵烟叶复烤厂土建施工合同》,除生产设施外,还有职工食堂和两栋职工宿舍。其中一栋集体宿舍,面积1393.19平方米,投入35.3万元;一栋家属宿舍,面积1535.63平方米,造价36万元;职工食堂面积为645.75平方米,耗用20.86万元。25日,复烤厂又与该公司签订土建附属工程施工合同,承包工程除厂内围墙、厂区道路、下水道外,还有浴室、厕所等。浴室面积133.83平方米,花费3.76万元;厕所面积64.9平方米,造价6.34万元。28日,经地区烟草公司批准,复烤厂在岭头仓库修建职工宿舍800平方米,修建路面8000平方米(包括石垫层3500平方米),共用资金25.4万元。

1988年9月30日,复烤厂、经理部与祁阳县胜利建筑公司签订灯光球场修建协议。球场占地面积754平方米,采用大包干形式,包括灯光布置,总造价为2.1万元。10月5日,为解决烟草经营来往人员的住宿问题,复烤厂、烟叶经理部向零陵地区烟草分公司呈报新建招待所报告,得到地区分公司的批准,于年底开工建设,1989年建成投入使用,建筑面积3035.01平方米,取名为金叶大厦。1989年,复烤厂、经理部为解决职工的后顾之忧,在厂内建立一个液化汽站。

1990年1月5日,由于即将引进打叶复烤生产线,职工人数由200人增加到400人,住房紧缺,根据技改配套需要,经请示上级批准,新建职工宿舍6栋,建筑面积5500平方米,投资132万元。6月6日,厂部召开办公扩大会议,彭传国主持。会议议题之一为分房(一、三栋),拟定的办法是:老工人双职工优先分;其余人员按计分分配,个人在本城区有私房者不参与,年龄0.5分/年,厂龄1分/年(从1986年8月份起计算),独生子女加8分,地区劳模、立三等功者加5分。累计得分后依分值高低顺序选房。“半边户”(夫妻两地分居者)以女方为主,其爱人在本市范围内,并且不调来的,可优先分套间。

1991年3月29日,经请示地区烟草公司同意,在厂区住宅区修建宿舍2栋。6月8日,厂部与零陵地区第二工程公司二处签订建房合同,由零陵地区勘测设计院设计,共40套2600平方米,投资65万元。4月,对职工住房的门高、墙面、杂房和经理部围墙进行维修,共支出费用2.9万元。6月,厂部又与长沙市长穗建筑装饰工程部签订锅炉房至生活区主管道供汽安装协议,耗资6.5万元,外用保温材料则由湖南工程勘察公司三工程处负责,包干费1.05万元。8月19日,出于安全考虑,经地区烟草公司将厂内液化气站搬迁至烟科所内,投入资金40万元。年内,为方便职工生活,复烤厂投资1.3万元,在厂大门外侧建立一个菜市场。

是年底,企业进行住房制度改革,采用两种办法,一种是以息代租,另一种是小步提租。“以息代租”就是一次性交足住房抵押金,以利息代替房租费,押金仍然归房主;“小步提息”就是按月交纳租金。房屋按其结构装修分为“一、二、三、四”4个等级。1992年以前建的房屋均作旧房,其价格按“以息代租”方式,“一、二、三、四”等房每平方米分别交押金35元、30元、25元、20元;以“小步提租”方式“一、二、三、四”等房每平方米每月缴纳的租金款分别为:0.44元、0.37元、0.30元、0.24元。一楼、五楼减2%,二楼加2%,三楼加3%,四楼加1%。是年,新建一个70吨热水池,为职工洗澡提供热水。

1992年,随着职工不断增加,未婚青年增多,加上原岭头仓库一栋职工宿舍和一栋仓库兑换给湘南罐头厂,职工住房日趋紧张,新增人员无法安排住房。经地区烟草公司批准,于8月5日与零陵地区二建公司第二基建处签订新建两栋共40套住房的施工合同,建房地点在经理部,建筑面积3464.85平方米,需资金60

万元。资金来源为职工房改资金26万元,原岭头仓库住房转让费15万元,其余部分从自有资金中解决。是年,为丰富职工业余文化生活,改善电视接收条件,安装两套卫星接收器,总金额2.8万元。同时在厂区宿舍安装采暖设备,共耗资44.81万元。

1993年2月,由冷水滩市三小龙装饰经理部承包并完成复烤厂原烟经理部宿舍闭路天线安装工程,40套宿舍共投入资金0.72万元。同月,该部又承包并完成复烤厂原经理部宿舍防盗门安装制作工程。共计40套耗费1.36万元。9月28日,复烤厂第二步房改方案获得批复(冷房改字〔1993〕36号),同意第二步房改从1993年10月1日起执行,此次改革的主要内容是向职工出售公房。12月,由冷水滩三小龙装饰经理部承揽复烤厂宿舍阳台安装铝合金窗工程,227户共2100平方米,共投入资金46.20万元。

1995年,国家进一步完善房改政策,房改利润调增开始实行。烟叶生产购销公司(复烤厂)于1993年实行公有住房改革,出售公房原值520.14万元,累计折旧55.22万元,净值464.92万元,售房收入120.06万元,净损失344.86元,净损失当时列入企业营业外支出。12月,依据房改新政策进行调账,调账后固定资产原值为109.56元,补提折旧10.52万元,调增利润344.86元。是年,经理部宿舍增设采暖设备,投入78.24万元。

1996年4月3日,零陵地区烟草公司以零烟司财字〔1996〕第08号文件,同意复烤厂修建宿舍30套,每套面积83.5平方米,共需资金105万元,其中职工个人集资每套3万元共90万元,由福利基金开支15万元。5月31日, 复烤厂通过招标方式与广东省乐昌市建筑工程公司签订承包施工合同。实际建筑面积3670.5平方米,总造价119.88万元。

2002年9月29日,复烤厂对采暖工程进行报废处理,工程价值123.05万元,已提折旧47.1万元,资产净值75.9万元,让售价0.4万元,净损失75.5万元。

2003年,复烤厂职工宿舍用水全面实行市场化,取消暗补,对供水管线进行重新布置,共投入18万元。是年,为解决晚班职工的住宿问题,新建集体宿舍1栋,共三层30套住房,建筑面积1194.64平方米。一层左边和右边为临时工食堂设施,其余用于临时工租住和倒班职工休息。

2004年11月2日,厂部决定用20天时间拆除原五层公寓楼。拆除工程由永州市平安房屋拆迁有限公司承包,付费3.18万元。是年,占地14.7亩的液化气站撤销。经审计监察清底核算,剩余资产3万元,物资处理5万元。液化气钢瓶经市技术监督局鉴定,作废钢处理。14.7亩土地划拨给永州市烟草专卖局(公司)。市局(公司)通过其他方式对复烤厂给予补偿。

2005年3月31日,拆除原职工食堂、澡堂、厕所,耗资4200元。5月,为优化职工生活环境,在原公寓楼、食堂、澡堂、厕所拆除地建立一个休闲凉亭,耗用22万多元。6月5日,对厂大门口进行改造,将原大门铝合金扣板机龙骨架等全部拆除,采用华天牌铝塑板装饰,花费13.6万元。7月,分别在厂部和原经理部宿舍区购置安装健身器材20件(套),耗资9.7万元。

2006年2月10日,天顺公司与永州市永发装饰装璜公司签订金叶大厦一楼食堂维修合同,面积为163平方米,付费2.99万元。

2007年4月,公司新建监控室,造价3.11万元。7月,新建临时工澡堂及水电安装工程开建,耗资4.56万元,8月,公司对金叶大厦进行全面装修改造6大项,计10320平方米,耗资101.08万元。

2009年5～7月,公司金叶大厦改造装修,耗费75.22万元。2010年3月,金叶大厦中央空调报废处理,回收价6168元。7月,新建物流通道工程,造价114.86万元。

截至2015年底,复烤厂共有职工住宅14栋、278套住房(均已售给职工,产权属职工购房人所有)。其中,原经理部旧址4栋90套,厂区生产区(隔壁)8栋172套,原烟科所2栋16套。另有一栋原集体宿舍(金叶大厦后面),为临时工和晚班职工租住。

永州复烤厂(珍珠路厂区)2015年底基础设施一览表

表2　　　　　　　　　　　　　　　　　　　　　　　　单位：平方米、万元

设施名称	建筑面积（平方米）	现值（万元）	设施名称	建筑面积（平方米）	现值（万元）
打叶车间	3916.81	579.39	竹地板麻仓（1）	1174.06	22.86
主厂房连接处	4484.98	76.08	竹地板麻仓（2）	3071.54	41.46
主厂房摆把车间	1683.5	97.16	原三产办公室	224.7	39.22
凉烟库（挑选车间）	3339.26	188.03	招待所（小户宿舍）	1393.19	73.56
挑选车间	1683.56	105.96	临时工、倒班宿舍	1194.64	95.22
挑选车间附房		18.26	原三产食堂		4.67
主厂房附房	206.11	94.03	汽车衡电子称房		1.87
锅炉房及水池	112.79	16.65	电子称控制房		2.01
锅炉房附楼	560.63	87.58	监控室		6.41
煤棚		32.08	厂区大门		37.55
水泵房		2.41	厂区道路		149.85
挑选车间附房		18.26	办公大楼广场		15.49
办公大楼	2314.16	259.96	石狮		4.12
金叶大厦	3035.01	509.41	雕塑		3.4
原经理部办公楼	1512.25	99.28	球场		7.54
烟科所办公楼	431.36	35.52	给水工程		31.34
过磅房		6.44	500 吨水池		6.79
新配电房	527.2	34.01	2000 吨水池		64.11
烟叶化验室		14.39	水塔		14.47
四层楼成品仓库	9628.8	590.72	烟囱		26.41
八层楼成品仓库	12800	850.66	围墙		21.25
		234.49	两棚过道		11
挑选车间（两栋连接）			原烟棚过道		7.22
北货棚烟叶仓库	1404.25	52.97	绿化带		80.75
科研所仓库	640	33.82	三产塑膜车间	1621.74	70.72

资料来源：永州复烤厂2015年底固定资产台账

（三）常德芙蓉公司

1986年，常德烟叶复烤厂新建一栋职工食堂，面积415平方米。2014年7月，常德芙蓉公司整体搬迁后，因易地搬迁技改资金限制未建造员工倒班宿舍等生活设施，员工食堂设在办公大楼西侧1楼（含就餐、制作间、储藏室、休息室等），总面积951.48平方米。

常德芙蓉烟叶复烤有限责任公司2015年底基础设施一览表

表3 单位：平方米、万元

设施名称	建筑面积（平方米）	现值（万元）	设施名称	建筑面积（平方米）	现值（万元）
打叶复烤车间	19064	4650.82	综合楼	3992	1013.07
动力中心	1922	568.87	选叶车间	20307	4736.91
成品周转库	4422	1122.09	原烟周转库	4422	1051.16
叉车库	530	122.27	五金及包装材料库	5397	963.9
1号大门及门卫室	55	100.57	2号大门及门卫室	23.5	70.52
3号大门及门卫室	4.5	13.6	围墙	1426	162.41

资料来源：常德芙蓉复烤有限责任公司2015年底固定资产台账

（四）湘西鹤盛公司

1998年，为解决离家较远员工的住宿问题，新建一栋单身宿舍，建筑面积1474.2平方米，投资54万元。同时为满足长沙卷烟厂派遣驻厂人员住宿的问题，又新建一栋6层楼的宿舍，共12套，建筑面积为820平方米，投入43.84万元；新建食堂，面积为443平方米，造价23.1万元。建浴室1个，建筑面积238平方米，耗资29万元。

2005年，公司在3.8亩荒地上栽上花卉、乔木，并修建人行通道及一个观鱼池，共投资98万元。

2006年，修建一个篮球场，占地面积576平方米，耗资20.38万元。

2008年，新建一栋食堂和招待所，食堂为2层、招待所共3层，总建筑面积为3115.92平方米，造价374.12万元。

2010年，投入36万元，对12套高职宿舍进行装修。

2011年，投资91.43万元对老食堂一楼、二楼进行装修。

2012年，为满足员工下班洗澡需要，对浴室进行改造，每层新增洗澡位37个，耗28.62万元。在5#库南面马路旁修建一栋共两层员工休息室，投入59.66万元，建筑面积为360平方米。

2013年，耗资32.3万元，对招待所进行装修。在锅炉房前搭建自行车雨棚，在9#、10#库后面搭建小车雨棚。共耗资13.1万元。

2015年，新建一个更衣室和厕所，建筑面积为81平方米，投资12.42万元。同时对篮球场进行改造，包括地面整修、更换篮球架、墙壁粉刷等，共耗资11.8万元。

湘西鹤盛原烟发展有限责任公司2015年底基础设施一览表

表4　　　　单位：平方米、万元

设施名称	建筑面积（平方米）	现值（万元）	设施名称	建筑面积（平方米）	现值（万元）
供水管道安装		32.26	麻石栏杆工程		12.61
配电室、浴室	654	86.96	园林绿化工程		62.22
清水池、泵房	176.72	111.96	监控室附属工程		8.88
锅炉房	1390.28	180.67	食堂改造工程		7.2
沉灰池工程		120.1	自检室		2.17
消防工程		128.2	粉碎机室		1.38
烟囱		90.99	打叶中段辅房过道雨棚		1.18
水塔		29.18	太阳能庭院节能灯		0.96
干煤棚		28	太阳能路灯节能灯		1.56
风机房		3.14	雅烟线杆线入地工程		76.85
灰水泵房		4.11	1#-2#-3#仓库过道地面工程		7
厂区给排水工程		374.41	麻片房改造工程		39.19
煤渣棚		10.35	1#2#3#仓库过道雨棚工程		80.57
主车间及辅房	7669.48	971.07	5#库雨棚工程		46
原烟9#库	2142.68	229.99	地面硬化工程		35.11
原烟10#库	2635.88	243.98	5#仓库过道地面整改		4.83
原烟库2号	2142.68	208.83	3#库后面雨棚工程		129.82
原烟库1号	2142.68	209.47	精选车间与回潮间雨棚工程		47.4
原烟库3号	2635.88	189.95	精选车间与回潮间地面硬化		26.86
电力插座开关箱工程		1.1	新建食堂招待所工程		694.91
上货台		3	停车场		16.19
风雨棚		30.21	5#库自动报警系统		10.53
			管线、设备安装		
辅料仓库		32.26	火灾自动报警工程		4.54
原烟库4号	2471.48	189.36	2#-4#变压器低配柜电缆		47
			安装工程		
挡土墙工程		181.24	片选场钢结构棚主电源电缆		4.35
进厂道路工程		66.71	苗圃场地		20.3
综合楼	5578.75	1122.56	片烟精选场地和钢结构		429.18
			雨棚消防通道工程		
围墙		22.39	客户休息室		31
进厂道路-涵洞工程		53.12	垃圾池雨棚与原烟库		8.68
			人行通道		
厂区道路工程		336.73	片烟库围栏		3.26
垃圾圈		4.17	空调外机防护和宿舍改造		9.13
单车棚		4.92	废梗风雨棚场地		98.79
防盗窗安装工程		3.83	立式动力柜箱		0.82
绿化工程		139.03	挂式配电箱		0.4
不锈钢宣传栏		2.15	挂式配电箱		0.4
旗杆工程		13.94	灰雨棚		11.21
屋面防水工程		53.59	片选与精选之间雨棚		46.63
烟叶配方库挡土墙		6.4	煤坪雨棚		97.05

续表 单位：平方米、万元

设施名称	建筑面积（平方米）	现值（万元）	设施名称	建筑面积（平方米）	现值（万元）
打叶复烤二车间	6929.89	1500.63	回潮间与5#库、精选之间过道水磨石工程		176.38
回潮间	2465.19	413.08	地面硬化（1-10#库绿化带）		65.09
烟叶配方间	2736.09	349.02	一线车间消防改造		29.55
供水管路安装		2.63	烟梗周转场平整		310.42
精选车间改造工程		39.05	浴室改造		28.62
二期车间地面硬化工程		52.59	一线车间项目整改（一线周转场）		96.36
二期厂区道路工程		17.86	休息室		59.66
花岗岩凉亭		20.5	实验室装修		74.23
二期绿化工程		15.74	停车场		23.26
消防工程		24.89	烟梗周转场钢结构雨棚（2#3#周转场）		480.17
二期挡土墙工程		65.11	1#烟梗周转场钢结构雨棚		146.96
涵沟盖板围墙加高工程		1.45	厂区路灯改造		22.38
改管给水工程		1.32	照明系统		4.8
雨棚工程		2.57	自行车棚		6.76
绿荫棚改造工程		9.72	停车场雨棚		5.4
水处理		8.87	一线西头雨棚		12.72
检测室		4.98	2#、3#烟梗周转场消防报警		47.8
挡土墙工程		8.99	培训中心一楼会议室监控设备		3.54
冷凝水回放泵房基础工程		1.65	道路扩宽及停车场修建项目		60.17
新多车库卷闸门		2.65	废料堆码场		67.54
油库		4.97	原烟库区过磅雨棚		42.07
投料口雨棚		14.77	原烟库装卸专用场地雨棚		134.07
大门传达室		29.36	片烟库配套钢结构雨棚		161.59
一、二、三号仓库		9.25	玻璃雨棚		22
消防水管改造工程			篮球场		20.38

资料来源：湘西鹤盛原烟发展有限责任公司2015年底固定资产台账。

（五）浏阳天福公司

2005年，公司决定新建员工宿舍和食堂，1月设计并完成报批。员工宿舍于4月招标，6月23日动工，建筑面积1414平方米，投入资金182万元，9月底竣工使用。食堂于11月招标，12月1日动工，建筑面积2152平方米，耗资536.3万元，2006年2月竣工使用。2006年，公司利用办公大楼的第三、四层设立招待所，共38间；10月，对招待所进行装修招标；12月完工，投入使用，共投资323万元。办公大楼前绿化耗资57万元。

浏阳天福打叶复烤有限责任公司2015年底基础设施一览表

表5　　单位：平方米、万元

设施名称	建筑面积（平方米）	现值（万元）	设施名称	建筑面积（平方米）	现值（万元）
打叶复烤车间	22394	5030	原烟周转库	5800	869
成品库	4353	667	综合楼	5781	2239
锅炉房	2085	444	喷泉	668	182
大门传达室	42	29	二号传达室及地磅	24	6
水泵房	69	29	叉车房	333	39
单身宿舍	1414	182	煤棚	551	27

资料来源：浏阳天福复烤有限责任公司2015年底固定资产台账。

第二节　主要生产设备

一、郴州复烤厂

1973年，郴州地区农产品公司从贵州省贵定县烟叶复烤厂引进机械复烤技术，并从该厂购置1台按1919年日本设计图纸制造、已被该厂淘汰的单幅挂杆蒸汽旧复烤机，聘请4名技术人员协助安装。因该机使用年限太久，零部件磨损严重，主机整体结构配备不齐。同时因建厂资金不足，所需材料不能按时到位，造成安装工作停滞不前。为此，技术人员和建厂员工克服困难，因陋就简，制定出土洋结合方案。烤机外形残缺不全部分利用废油桶和木板进行加工修复，主机结构利用废旧钢材拼装。零部件缺损则靠市内机械厂家加工解决。

1974年，公司积极筹措资金，解决材料缺口，其间得到贵定烟叶复烤厂和长沙卷烟厂的大力支持，至7月，完成复烤机和锅炉安装工程的70%，后因资金、材料原因工程进展缓慢，时断时续。

1976年，郴州地区棉麻烟公司接管烟叶复烤厂建设工程后，组织人力、物力，逐步完善后续工程，先后购置车床2台，立式、台式钻床各1台，刨床1台，电焊机2台，自制电动打包机2台，以及生产用烟叶推车和化验设备等，共耗资23万多元。至1977年底，完成复烤机全线安装和调试，试车成功，年复烤能力为3600吨。

1978年6月29日，复烤厂正式开工生产，是年复烤烟叶519吨。

1979年，从郴州碳素厂购置1台老式40千瓦柴油发电机，以解电力供应不足之需。

1982年，因2吨手工锅炉蒸汽管锈蚀，不能满足生产正常供气，经地区劳动部门鉴定，同意报废。报废后购置天津产4吨卧式锅炉1台，由本厂维修人员自行承担锅炉安装工程，投入资金7.2万元。

1983年，40千瓦发电机报废，为解决当时电力供应不足的问题，新购100千瓦柴油发电机组1台，耗资3.46万元，当年安装投入使用。

1986年5月15日，复烤厂接收郴州地区棉麻烟公司有偿移交的复烤机及系列配套设备、锅炉、柴油发电机组、机械维修设备（车床、钻床、刨床、电焊机、气焊机等）、汽车（8台）等，设备总价值93万元。

1987年，对复烤机进行大修。并投入资金7.4万元，用于线路、电器设备维修和改造。购置锅炉配套离子交换器2台。

1990年，郴州地区优质烟叶开发势头迅猛，收购量超过5万吨。扩大复烤产能迫在眉睫，易地技改启动。同时，对现有复烤设备予以更新改造，淘汰单幅复烤线，改为双幅复烤线。3月，拆除流星岭单幅挂杆复烤生产线。是年4月15日，与秦皇岛烟草工业机械厂签订订货合同，定购1台套仿意大利科马斯打叶复烤生产线(复烤部分)，合同价格200万元，验收工作由湖南省烟草公司负责协调。另从河南许昌烟叶复烤厂(后该厂分设许昌烟草机械厂)购进安装双幅挂杆蒸汽复烤机1台，价值79万元。6月26日，带负荷试机成功，年复烤能力提高到1万吨。同时配套购进天津产6吨快装锅炉1台、液压纸箱打包机2台、抱车1台以及蒸汽管道保温和通风除尘设备等，总投资151万多元。

1991年7月，复烤厂向地区农行专项贷款21万元，用于流星岭厂区供水管道改造、电力专线架设和电力增容设施等。自此，复烤厂告别因停电而影响生产时代，柴油发电机组亦随之弃用。

8月2日，复烤厂又与昆明风动机械厂签订订货合同，购置仿科马斯三联式预压打包线(50公斤麻包，200公斤纸箱)一套，合同价格191.2万元。8月29日，经中国烟草总公司及湖南省经委、计委、建委批准，复烤厂易地技术改造工程(由流星岭搬迁到下湄桥司马洞)正式立项，并在中国烟草总公司成都烟机会上确认获得仿意大利COMAS-6000公斤/小时打叶复烤生产线的订购计划。

9月，购进真空回潮机1台，价值12万元，用以替代原始落后的手工回潮工艺。是年底，企业固定资产提高到479万元。另一方面，着手新增打叶复烤生产线。同月，与航空航天部一院签订1套仿意大利科马斯打叶复烤生产线机械和电器设备(打叶部分)订货协议，合同总价698.85万元。

1992年2月，打叶复烤全套机械主要设备运抵郴州。3～6月，与各设备供应厂家签订安装合同。同时购置各配套设备：真空回潮机1台80万元，10吨锅炉1台45.66万元，复烤线电控系统106.34万元，变压器3个12.73万元，无油润滑压缩机2台7.23万元。6月，进入设备安装阶段，由航天部一院、核工部二十五公司、秦皇岛烟机厂和昆明风动机械厂承担，电力和供水系统分别由郴州电业局、郴州供水公司负责。10吨锅炉及电气安装由核工业部二十五公司承担。其中锅炉主体及电器安装、电缆桥架铺设费用4.76万元，仪表安装、调试13.07万元，锅炉筑炉19.2万元，管道保温3.09万元，锅炉自控设备安装14.45万元。工艺管道安装9.3万元，电器安装、仪表调试8.6万元，电控操作2万元，蒸汽外管安装及保温23.1万元，合计97.57万元。电力、供水、三废处理共耗用320.4万元。水、电增容费45.07万元、三废处理设施设备53.5万元。至12月打叶复烤生产线设备和水、电、汽等配套设备安装基本就绪，进入调试阶段。

1993年，下湄桥司马洞新厂区落成后，供水配备自有水塔和加压水泵等，生产生活用水保障无虞；供电从下湄桥变电所架设10千伏高压电路到厂，厂内设变压器、配电房，用电基本保障。3月，在易地技改司马洞新厂区安装新挂杆生产车间双幅挂杆蒸汽复烤线一条，由其设备生产厂家河南许昌复烤厂完成，耗资99万元。同时配置真空回潮机两台、振动打包机1台等配套设备，总投资196万元。4月15日至5月1日，仿科马斯打叶线进行全线空载联动调试，6月，新厂区双幅挂杆复烤生产线投入试生产。6~7月，仿科马斯打叶线进行三次负载调试，8月，正式投入生产。至此，郴州烟叶复烤厂已有2条挂杆复烤生产线、一条打叶复烤生产线同时生产，年复烤能力达3.5万吨。是年，还购置4吨、6吨锅炉各1台，价格分别为32.26、48.69万元，于12月安装完毕，安装费分别为2.91万元、4.37万元。

1994年5月，由河南许昌烟草机械厂承接，将新厂区1993年6月安装在凉烟库的SK86-6型挂杆复烤生产线拆迁至新建成的挂杆复烤生产车间。

1996年，郴州烟叶生产呈恢复性发展，复烤产能仍显不足。为此，新购置3#挂杆复烤生产线，价值230.25万元；1997年5月在司马洞新厂区安装，7月投产。

1998年7月，鉴于流星岭车间的双幅挂杆复烤生产线于上年1月2日曾发生摩擦火星引燃机内烟叶起火事故，性能大不如前，烟叶分公司(复烤厂)向财政部驻郴财政监察专员办事组呈报《关于流星岭挂杆复烤线报废的请示》专员办事组批示，同意报废。当月拆除该生产线，报废资产残值24.03万元。

1999年，科马斯打叶复烤线经7年运行，其设备性能和有效作业率下降。4月，烟叶分公司设备科向湘南烟草集团呈送《关于打叶复烤设备技术改造的情况汇报》,建议对其进行技术改造,主要有九大部分,即液压系统、梗干燥机、烟片复烤机、打叶机、润叶机、电子皮带秤、真空回潮机、挑选台、空压机。并且提出改造方案的建议。经集团领导审议,决定对影响打叶复烤工艺质量的关键设备先行大修改造,批准对液压系统、烟片复烤机进行改造和制作挑选台。整个大修改造计划分三步进行。第一步:与秦皇岛烟机厂签订《叶片复烤机大修协议》,对叶片复烤机改造(大修)。第二步:对预压段、电控系统、脉冲除尘、冷水机组等设备进行改造。8月10日,与昆明风动机械厂签订《预压打包机设备改造大修协议》。10月动工,次年4月完成,耗资327万元。第三步:二十个工位的精选平台制作安装由郴州南大工程部于次年3月完成,投入使用后,烟片中的杂物和杂色烟的含量大大降低,片烟纯度提高。整个大修改造于2000年5月完成。改造后全线设备整体性能提高,工艺质量指标达到国家行业标准。

2000年2月21日,湘南烟草集团决定:将郴州卷烟厂于1996年购买封存在库的仿美国玛克打叶复烤生产线,转到司马洞复烤厂区安装。为作好安装场地准备工作,是年3月,烟叶分公司(复烤厂)将原挂杆车间两条挂杆生产线搬迁至省烟叶储备1库,原挂杆车间则用于安装打叶复烤生产线。搬迁工程由湖南省工业设备安装公司负责。6月,两条挂杆线及配套设备安装工程竣工后,于7月投入生产,搬迁安装费用44万元。

2001年4月24日,湘南烟草集团召开仿玛克6000公斤/小时打叶复烤生产安装协调领导小组会议,决定由各生产厂家实施安装。真空回潮机、预处理段及打叶设备由北京长征高科技公司安装;复烤设备由秦皇岛烟草工业机械厂负责;打包段设备则由昆明风动烟机公司实施。7月完成整线安装,8月投入生产,年复烤能力为1.5万吨。至此,全厂共有2条挂杆、2条打叶复烤线投入生产,年产能达5万吨。为便于称谓,是年起,将仿科马斯打叶复烤生产线命名为打叶一线,将仿玛克打叶复烤生产线命名为打叶二线。

2002年2月,湘南烟草集团撤销,全市烟草工、商分设。8月6日,省局副局长彭旭东到郴州烟叶复烤厂主持召开限期淘汰、拆除挂杆复烤生产线的专题会议。17日,在复烤厂挂杆车间举行挂杆复烤生产线拆除仪式,省、市烟草专卖局专卖监察人员到现场监拆。拆除工程由郴州金属回收公司承担,至23日,两条生产线全部拆除。该车间整修后作仓库使用。至此,郴州烟叶挂杆复烤生产工艺完成历史使命,退出烟叶复烤生产序列,烟叶复烤全部采用工艺水平更先进的打叶复烤生产工艺。

2003年1月3日,在郴州卷烟厂召开原集团工、商联席会议,商定原郴州卷烟厂购置的已在司马洞厂区安装的仿玛克打叶复烤生产线有偿转让事宜。会议议定:该复烤线作价4600万元(仿玛克设备3700万元、土建300万元、老配件500万元、其他100万元),有偿转让给郴州市烟草专卖局(公司),以集团运作期间的亏损总额中(工商分设时先由市烟草公司挂账)由郴州卷烟厂应负担的金额中抵扣。至此,该仿玛克打叶生产线所有权归属郴州复烤厂。2月19日,市局(公司)党组扩大会批准郴州烟叶复烤厂打叶复烤的设备改造和技术升级计划。3月,打叶复烤一车间仿意大利科马斯打叶生产线实行更新改造工程启动,总投资为2000万元。第一期工程是将原复烤机更换为新式的KG232C型复烤机,7月完成更新安装,8月投入使用。

2004年,市局(公司)将仿意大利科马斯打叶复烤机第二期工程列为重点改造项目。实施内容为:对预处理段及打叶段进行改造,将仿科马斯打叶机组更换为先进的节能型仿玛克式打叶机组,预处理段设备更换为新式设备。同时对老化落后的复烤机、仓式喂料机、打叶机、风分机等设备予以淘汰,作报废处理。从3月19日起,对该生产线的预处理段和打叶段进行拆解、清场。6月28日,技术改造设备全部到齐。7~8月,改造建成的节能型玛克打叶复烤生产线成功进行13次过料试车。8月12日,正式投产。

2005年,复烤厂购置的主要生产设备有:10吨锅炉1台54.74万元,水泵2台9.15万元。

2006年,郴州复烤厂改制后,根据天泰公司董事(监事)会议决定,并报经省、市烟草专卖局(公司)批准,将二车间仿玛克6000公斤/时打叶复烤生产线改造成12000公斤/小时的仿格瑞芬智能型生产线,其配套设备一并进行改造,总投资4934万元。工程于1月完成立项考察和合同签订,3月确定技改方案,5月拆除旧设备，6月6日开始安装，8月15日全线调试，18日、20日两次过料试机成功，22日整线投产运行。该生产线采用多项新技术、新工艺，实现精细化、智能化控制，其在线生产数据可远程传递、咨询和监控。其间，还对生产线电控系统重新更换，耗资240多万元；新配置反顺式布袋防尘器，并对高、低压配电设备进行大修。5月，通过郴州材信招标代理有限公司中标形式，购置长沙锅炉厂生产的20吨循环流化床锅炉1台，价值92万元。9月，锅炉安装工程由湖南省建设工程招标代理有限责任公司评标公示，益阳市锅炉化工设备安装公司中标，中标价格为145.94万元，实际投入安装费用155万元。

2007年，公司董事会决议，继续完善仿格瑞芬智能型生产线的配套设备改造。鉴于该打叶线整线工艺流量增加，预压段打包机更换频繁，且保压时间短，片烟反弹严重，经常发生堵料现象，4月，在原有的二联打包机基础上增加一联预压打包机，5月完成安装，投入资金123.7万元；并与秦皇岛烟机公司合作，对上年利旧的打叶后段工序、复烤机进料喂料机、除尘器进行部分改造。是年，实施锅炉改造第二期工程，拆除两台4吨快装锅炉，保留6吨、10吨锅炉作生产备用。

2008年，对生产车间已老化且回潮工艺落后的3台真空回潮机进行技术改造，5月动工，11月投入使用，耗资67.8万元。

2009年，根据天泰公司二届一次股东会暨董事（监事）会决议，投资1038万元，对生产和动力设备、烟叶仓库及附属配套设施、办公经营设施等进行维修和改造。其中：在格瑞芬打叶复烤生产线复烤段增加冷却区，解决其机尾出口烟梗温度偏高、影响纸箱包装成品烟梗质量的问题；对20吨、10吨锅炉进行维修和改造，20吨锅炉增加碎煤机、给煤输送皮带、吊煤斗计重系统等设备，同时对20吨锅炉水幕除尘器、省煤器、锅炉风帽，对10吨锅炉除尘器、引风机、排污阀等系统进行维修；增加1台干式除尘器，价值6万多元，增强锅炉除尘效果，有效发挥锅炉设备潜能，充分满足两条打叶复烤生产线加工生产的需要。生产车间所有杂物挑选点配置金属杂物桶，摆把台和精选皮带配置烟草专用灯，所有烟叶上方的齿轮电机、轴承加装接油盘；烟叶上方设备上的塑料线卡改为金属线卡，取出暴露在外的生料带，烤前作业段增加1台不合格烟叶返投震筛及喂料器，碎烟线增加1台碎烟慢速返投喂料装置。精选车间配备1组杂物检测平台等。是年还购原烟货架2000个，耗216.79万元。就近从电业局变电所增设一路10千伏高压双回路电源，为公司生产生活提供可靠的电力保障。

2010年，经公司董事会批准的资本性投资项目共有14项，总投资额为610余万元，包括格瑞芬生产线打包电控系统改造，两条生产线梗打包增加自动麻包缝包机，节能型生产线增加片烟返料装置，两线除梗拐增加自动清梗机，对该线除尘器进行改造，增加一套蒸汽热量回收系统和烟箱输送系统，购置质量检测仪器，两台空压机大修，新建简易钢架仓库，搭建装車棚，供水网改造，企业信息系统整合，生产区护坡整修等。

2011年，郴州复烤厂各项设备技术改造项目共7项，总投资额425万元，其中：格瑞芬生产线梗拐振筛及梗装包改造40万元、格瑞芬线打包段复压系统改造20万元、格瑞芬线打叶复烤设备中修160万元、成品库电梯改造60万元、购置碎片机项目40万元、购置林德叉车项目25万元、购置“烟叶一生管理”信息软硬件项目80万元。

2012年，设备技术改造项目共15项，总预算投资额370万元。主要项目有：《液压打包伺服控制技术改造》75万元；《烟草废弃物循环经济技术开发及应用研究》100万元；20吨循环流化床锅炉维修项目48.5万元；一车间筛砂筒改造项目20万元；20吨锅炉给煤系统改造10万元；10吨锅炉引风机改造20万元，一车间MPA-402EX在线烟包水分仪维修项目等。是年，购原烟货架2000个204.1万元。

2013年，共完成技改项目8项，总投资254万元。主要有：科研项目《复烤机先进控制与系统优化》（2012年立项，2013年实施）125万元，二车间复烤机顶部保温盖板大修12万元，一润二润润叶筒改造12万元，二润电子皮带秤改造19万元，一车间打包静态秤改造16万元，20吨锅炉内炉墙及炉门维修项目14万元，空压机大修项目18万元及生产淡季设备维修保养项目38万元。

2014年,各项设备技术改造项目共6项,投入69.5万元。项目有:二车间储柜线槽改造7.38万元,两台空压机保养9.2万元,生产淡季设备维修保养39.44万元,下塘线进线屏少油断路器更换3.46万元,成品库两台电梯维修分别为3.92、6.1万元。另完成各项零星维修、保养177项,审定金额61.57万元。还完成电机维修65台,审定金额2.6万元。

2015年,有4项投资项目公开招标采购,中标金额为346.26万元,分别是:旋风除尘器63.8万元,6台水分仪122.5万元,质检专用设备54.96万元,19台内燃牵引车、平板车、电瓶转运车105万元,比预算金额节约141.45万元。

是年8月,郴州复烤厂易地技改(油山新厂区)工程竣工。新增12000公斤/小时国产组装打叶复烤生产线,耗资18341.96万元,命名为A线;拆迁改造原格瑞芬12000公斤/小时打叶复烤生产线,耗资5943.72万元,命名为B线。

二、永州复烤厂

1987年,安装许昌产挂杆复烤生产线一条,7月15日投产。

1988年3月22日,零陵地区经委批准,同意新增一条年产1万吨挂杆复烤生产线。湖南省经委、计委以湘经技〔1988〕158号文件批复,同意复烤厂从意大利科马斯公司引进一条年生产能力1.5万吨打叶复烤生产线。

1989年,经请示地区经委同意,从冷水滩下河线到白竹亭架设一条供电专线,全长6.26公里,总投资101.4万元。9月,厂内第二条挂杆复烤生产线投产。至此,厂内拥有两条挂杆复烤线及其配套设备,原值161.24万元,其中,包括两台复烤机137.84万元,两台回潮机8.67万元,4吨锅炉1台14.73万元。

1990年,变电所搬迁重建。101瓦高低压配电系统安装调试,高低压配电间、变压器室、配电间至生活区球场终端杆路灯安装等,耗资65.9万元。5月,从意大利科马斯公司引进的打叶复烤生产线到厂,购置费659.4万元。安装分为两个组,一组安装进口设备,由意大利工程师曾洛克等人指导;另一组安装国内附属设备,由广州船舶公司指导,其中引风、除尘管由轻机厂制作安装,电器安装从本机到车间开关由本厂配电房负责,配电房到主车间由电业局负责。水、汽管道安装由本厂负责,锅炉由长沙锅炉厂指导安装。资料及语言翻译聘请邵阳师专李伶老师担任。该生产线于1991年11月试车投产。

1994年3月,购进碎烟线设备一套18.85万元。5月购进预压打包机套箱1个6.87万元。11月,又购进仿科马斯预压机套,10.52万元。10月,科马斯打叶生产线运行两年后实行技术改造。其中除尘房、筛筒皮带、碎烟线是此次改造的重点。

2002年,根据国家局限期淘汰挂杆复烤生产线的文件精神,在取得省局批文同意之后,5月29日,厂部成立挂杆复烤线拆除工作领导小组,制定实施方案。第一条挂杆生产线的拆除工作从5月30日开始,6月4日结束。第二条线在烤烟旺季继续作业数月,12月20日拆除,并通过省局验收。此次报废的设备原值230.69万元,已提折旧142.01万元,净值88.67万元。两条挂杆复烤线拆除报废后,仅剩有的一条6000公斤/小时打叶复烤生产线已不能满足大负荷生产的需求。为此,厂决定对打叶线进行扩产改造。成立打叶技术改造领导小组,与北京长征高科技公司的专家一起,开展技改调研,初步提交技改方案,得到上级批准。

2003年,利用淡季,加紧对打叶复烤线进行扩能技改。对真空回潮段,只保留回潮筒,抽空、加热、加湿、电动系统都改用河南省巩义机械厂产品,回潮工段位置亦作相应改动。对打叶前段,铺叶解把台进行小改大,铺叶台位增多、增长;润叶机小改大,容量增大;运输皮带增宽,储叶柜小改大,提升喂料机增大增宽,提高流量;增加32个选杂台(前段两条输送线,每条一排16个,共2排);增加风选除杂(把烟叶抛起,利用风力将轻质杂物吹高抛出吸走);更新打叶机组3台,原装打叶机组2台利旧移至后段工序,投资近800万元。是年8月完成,复烤能力提至每小时9000公斤。

2004年,烤片机组1台更换为秦皇岛烟机厂所产设备,耗资近600万元;烤梗机1台(小改大,换上广东三水烟机公司设备),耗资100多万元。梗打包设备(皮带、振筛等)小改大,耗资100多万元。这次技改,历时3个月,投资近900万元。

2005年,着重更新打叶线设备,打叶机4台、风分器6组,都是小改大,换上长征高科公司产品;除尘房的除尘器,换上广东三水烟机公司设备,圆筒改为扁平,增大除尘风量;2台6吨锅炉煤锅炉拆除,新安装一台15吨锅炉。共投资1000多万元。

2006年,改电控系统,增加2组打叶机组,成5组打叶机组;改大2组风分器。投资近400万元。

2007年,将科马斯线打包段原装设备全部拆除,原预压、复压打包设备及滚动输送线等换成昆明风动机械公司设备;把回潮筒加大,原河南巩义机械厂产的抽空、加热加湿、电控设备保留;一些小项辅助设备亦予更换。共投资近400万元。大型技改先后进行5年,都是边生产边技改,利用淡季进行,原装科马斯设备只保留三样:润叶机1套、打叶机1台、刮板烤前提升喂料机1台,其余全部更新为国产设备。

经过连续五年的"分段技改",原进口科马斯打叶复烤生产线的主要设备和配套设备,已改成以国产设备为主,前后总投资约3300万元,成为国内唯一一条在产运行的非标准生产线,基本可以承担年复烤3万吨以上产能任务。

2008年,公司设备技改添置打包烟箱夹16.62万元,变频器6.3万元;购置脱硫设备1套,投资30万元。购置分层精选除杂机1台,耗资40万元。

2009年5月10日,公司淘汰处理两台S7-1000千伏安变压器和1台S7-630千伏安变压器,计9.3万元。先后购置真空回潮机18.43万元,分层筛选除杂机33.71万元,变压器13.93万元,智能马弗炉2.6万元,风分器改造设备5套计5万元,自动捆扎机MH-103A型2.7万元。

2010年,购置锅炉重型除渣机1台11.83万元,自动捆扎机2台4.61万元。从深圳润之创科技有限公司购进变频器6台计5.79万元,从安徽宜桐机械有限公司购进复烤机网板50块,投入资金8.99万元。3月,公司对两台6吨锅炉进行报废处理,实行公开拍卖,以11.4万元成交。5月17日,从天津市东方机械新技术有限公司购进除渣机1台,耗用13.2万元。

2011年,购置安装3处升降平台8.97万元,无人化捆扎机2.99万元,共计11.96万元。

2012年,购置的生产设备有:烟草废弃物处理锅炉1台(套)284.83万元,变频螺杆空气压缩机1台22.48万元,冷冻式干燥机10.77万元,铝合金升降平台2.65万元,自动捆扎机2.35万元,实验切丝机3.07万元,共计326.15万元。

2013年,厂部决定对原烟梗锅炉进行置换,联合北京热华能源科技有限公司新建一套生物质锅炉,项目从4月启动,8月完成设备安装调试,9月投入运行。是年,购置生物燃料成型机1台7.32万元,移动热合打包机2台4.52万元,共计11.84万元。

2015年,购置电动打包机2台5.53万元,卡斯卡特烟叶箱夹6.15万元。2017年8月,永州复烤厂易地技术改造项目竣工,安装的国产高效节能、智能型12000公斤/小时型打叶复烤线投产,整线全部由昆明船舶集团有限公司生产。同时建成自动化、半自动化物流系统,新厂物流自动化水平提高;建立全厂计算机集成系统,生产线采用现场总线控制模式。

三、常德芙蓉公司

1986年9月,常德烟叶复烤厂新建厂房主体建筑工程完工,随即进行设备安装。复烤生产线采自河南省许昌烤烟厂(下属有烟机厂)生产的1台蒸汽式挂杆复烤生产线,投资500万元,年复烤能力1万吨。11月

10日试车生产。

1988年8月1日，复烤厂由常德卷烟厂接管，成为该厂下属机构，为本厂调进的烟叶进行复烤。

1989年3月，常德卷烟厂计划对复烤车间进行技术改造，拟新建打叶复烤车间，选用国内仿意大利科马斯打叶复烤设备，并充分利用自己已有的5000公斤/小时打叶线的设备，使年打叶复烤能力提高到1.5万吨，为年产70万箱卷烟的片烟供应奠定发展空间，开始进行可行性论证、资金筹备等前期准备。

1990年，常德卷烟厂筹建打叶复烤技改工程正式立项，1991年5月动工。该生产线系仿意大利COMAS（科马斯）打叶复烤线，生产能力6000公斤/小时，年复烤能力1.5万吨，属国内首批仿制该型生产线，由国家局多家定点厂家分段仿制，打叶复烤设备由航天部一院生产，复烤线设备由秦皇岛烟机厂制造，液压打包设备则由昆明风动机械厂完成。均因技术消化不够，存在缺陷。1992年12月12日开始安装，1993年11月6日带料试车，至1994年元月底共投料试车7次，均因达不到技术要求而搁置。其后，召集各设备厂家进行数次改造、修理、调试，才在年内通过验收。于1995年10月正式投产。该工程包括打叶复烤线、厂房和配套设施设备，总投资3851万元。

1998年3月，常德卷烟厂根据产品开发和产品结构调整以及对原料质量的更高要求，又投资1.5亿元，立项新建一条12000公斤/小时的仿玛克打叶复烤生产线。此项工程采用边生产、边施工、边安装办法，工程指挥部及技术人员日夜奋战在工地上。至年底，完成该打叶复烤生产线的厂房及配套设施，复烤设备到厂并进入安装调试阶段。该线安装分两期进行，烤片以前的工段又分为两条线，从烤片工段开始合拢。一期工程是建设单条全线，生产能力6000公斤/小时，设备投入6000万元，于1999年3月完成安装调试，4月试车，5月正式投产。设备控制系统采用国际上先进的DCL技术，集中监控模式，中央集控室通过操作站与厂计算机系统联网，把各种生产数据及工艺参数传送到各终端。是年9月，通过国家局设备管理达标升级的评审，并通过国家局对该线（6000公斤/小时）“两打七分”卧立结合综合式打叶机组这一科技项目的鉴定。

2000年，常德卷烟厂开年即为打叶复烤二期工程购置设备及配套材料，抓紧施工。4月30日，该厂打叶复烤Ⅱ线（即在烤片工段前再增加一条回潮、摆把、润叶、选杂、打叶线）一次性投料试车成功，5月15日顺利实现两线合拢生产。6月1日，与深圳市格雷柏机械有限公司签订购置复压机合同15.20万元、笼式翻转辊道输送机1台9.80万元。7月12日，与市武陵机电设备经销处签订送风动力电缆购置合同9.95万元。17日，与北京航天石化技术装备有限工程公司签订购置真空回潮机隐射系统3万元。21日，与深圳格雷柏公司签订打叶复烤复压机及辊道输送机合同计25.98万元。其中复压机15.2万元，笼式翻转辊道输送机1台9.80万元，安装费0.98万元。8月14日，与常德永丰节能材料实业有限公司签订打叶复烤烟梗冷却设备及安装合同14.94万元。9月1日，与深圳博联达实业有限公司签订购置一套打叶复烤烟包水分仪1套（以色列生产，规格MMA-4020）购置合同，金额78.5万元。12月13日，与深圳市格雷柏机械有限公司签订打叶复烤梗打包系统购置合同50.96万元。

2005年，常德芙蓉公司（当时仍属常德卷烟厂第三产业公司）共为仿玛克打叶线购置生产设备691.66万元，用于设备维护，其中金额较大的设备有：自动计重喷洒机32.2万元；储叶柜4个共311.4万元；定量喂料系统77.2万元；螺杆式空气压缩机30万元等。是年12月，芙蓉复烤公司改制为股份制企业，与常德卷烟厂脱钩。易地技改、整体搬迁规划提上议事日程。2007年下半年获得筹建立项。

2010年10月，易地技改工程“三通一平”奠基，2012~2014年，土建各标段陆续竣工，灌溪新厂区设备采购、安装依序陆续进行。

2014年，公司易地搬迁技改项目竣工，生产设备共计投入23517.3万元，其中，铺叶摆把、预压打包段设备3854.8万元，其中主机设备760.6万元，由中国烟草机械有限责任公司提供；配套辅联设备3094.2万元，从昆明船舶集团有限公司购入。打叶段设备3556.6万元，其中主机设备1598.9万元，从中国烟草机械集团有限责任公司购入；配套辅联设备1957.7万元，从北京长征高科技公司购入。真空回潮、降温段设备1137.0万元，其中主机设备988万元，从中国烟草机械集团有限责任公司购进；配套辅联设备149万元，购自巩义市建设机械制造有限公司。预处理、复烤、碎片处理在线检测段设备7521.1万元，其中主机2961.2万元，由中国烟草机械集团有限责任公司提供；配套辅联设备4551.7万元，由秦皇岛机械有限责任公司供应。设备吊装8.2万元，由常德市鸿瑞起重服务有限公司负责。除尘设备1537万元，其中除尘系统1178万元，从长沙塞普尔自动化工程设备有限公司购进。加湿降尘设备359万元，由昆明欧尼斯特科技有限公司供货。锅炉动力设备3364.1万元，其中锅炉主机490万元，采自江苏双良锅炉有限公司。通用设备304.8万元。特种设备167万元，包括汽车衡、起重机、升降平台、电梯等。供电设备378.7万元。仪器仪表设备776万元，其中红外水分仪245万元，从长沙旺辉仪器科技发展有限公司购进。微波水分仪259万元、实验室检测仪器与流动分析仪272万元，均从湖南力科自动化技术有限公司购入。安全消防设备920.2万元，包括安全报警视频、应急照明、消防工程系统和安全与交通指示警示标牌及安全、环境、卫生验收评估等。

2014年6月26日，烟草废弃物锅炉燃烧处理项目通过董事会年度预算立项，采取BOT模式进行项目建设，8月14日通过招标，后因环保评审未通过，导致项目中止。

2015年，投入254.12万元购入一批设备，有德国布鲁克公司产傅立叶变换近红外光谱仪1套221万元，广州西奥多电器设备有限公司生产的工业型超大风量风幕机22台计6.6万元，美国生产的皮带热粘机1台16.88万元，立式电焊机1台0.35万元，等离子切割机0.23万元；常州市川岛除湿机7台，计4.87万元；手动捆扎机2台计4.19万元。

同年，人机结合选叶线已通过公司三项工作管理委员会立项，资金预算2000万元已申报，待浏阳天福公司人机结合选叶项目竣工验收取得经验、中烟公司技术中心认可后，公司再行实施。

四、湘西鹤盛公司

1996年，因复烤厂建设需要，经吉首市规划局及国家电网湘西州供电公司许可，从雅溪501变电所沿民营小区后山、湘西州162车队旁至吉首打叶复烤厂架空铺设10千伏单回路高压专线，投入资金189万元。该线定名为雅烟316高压专线，为复烤厂提供生产、生活用电。厂区内供配电系统主要包括高配柜四套，电力变压器三台，一级低配分支系统四套，低配系统之间能联络供电，共投资400多万元。

1997年4月，建厂指挥部、北京长征高科技公司、昆明船舶设备集团公司、湖南省轻工纺织设计研究院共四家单位代表，在云南昆明市召开吉首打叶复烤厂一期工程生产线烟机设备选型会议。同年，湖南省轻工纺织设计研究院完成6000公斤/小时的打叶复烤工艺设计。11月18日，省局以湘烟计〔1997〕51号文件，同意湘西自治州烟草专卖局自筹资金购置国产仿制打叶复烤生产线一条，能力按6000公斤/小时配置；打叶工段采用北京长征高科技公司制造的设备，复烤和预压打包工段采用秦皇岛烟机厂制造的设备，项目总投资控制在2992万元以内。

1998年，陆续采购打叶复烤专用设备。3月2日，复烤厂与昆明船舶设备集团公司签订叶片复烤机、烤梗机、预压打包机及辅联设备购置合同，购置、安装调试费共计965.08万元。10日，吉首打叶复烤厂与北京长征高科技公司签订6000公斤/小时型预处理、打叶线烟机及辅联设备购置合同，购置、安装调试费共计2090.86万元。是年，复烤厂投入30多万元，由吉首市自来水公司负责铺设外部供水管网，沿湘霸路至复烤厂备用水池处铺设主水管1线。其后，厂区内部水管网先后共投入300多万元，建成主水池一个，水塔一个，生产区、办公区及消防专用水管网。

1999年4月，所有生产线设备到齐。5月1日开始安装调试，8月20日完成，9月1日正式投入试运行。该6000公斤/小时打叶复烤生产线的主要设备共投资3055.94万元，其中预处理打叶线投资额为2090.86万元，复烤线为965.08万元。与此同时，复烤厂与长沙锅炉厂签订SZL10-1.25-AII型燃煤锅炉改造合同，作为建厂技改配套项目亦同时安装，编号为1#锅炉，总投资140万元。由1台锅炉本体、1台鼓风机、1台引风机、1套链条除渣机、1套锅炉上煤输送机、1套麻石脱硫除尘器、1个软水箱组成。于7月安装调试完成，9月投入使用，11月设备验收合格。

2001年，自治州已作为长沙卷烟厂主要烟叶原料基地，年产原烟达2.5万多吨，按原定建设计划，打叶复烤二期工程提上议程。9月18日，复烤厂与北京长征高科技公司、深圳博联达国际投资有限公司三方签订光电除杂机购置合同，购置、安装费共计560万元。机型为美国KEY公司制造，当时为国际一流烟草除杂设备，除杂率可达到86%。28日，省局以湘烟计〔2001〕55号文件批复，同意启动吉首打叶复烤厂二期工程。12月12日，国家局以国烟计〔2001〕744号文件批复，同意吉首打叶复烤厂实施二期工程总体规划，建设打叶复烤第二车间，购置一条6000公斤/小时引进技术消化吸收国产化打叶复烤生产线，资金来源由长沙卷烟厂和湘西自治州烟草公司共同出资。

2002年5月，湖南省轻工纺织设计研究院完成二期工程规划设计。12月，分别与中国烟草机械集团有限责任公司、北京长征高科技公司签订新生产线预处理、打叶段烟机及辅联设备购置合同，购置、安装调试费共计2522.5万元。同月，分别与中国烟草机械集团有限责任公司、秦皇岛烟草机械有限责任公司签订叶片复烤机、烤梗机及辅联设备购置合同，购置、安装调试费共计866.34万元。

2003年2月，复烤厂与长沙锅炉厂签订SZL10-1.25-AII型燃煤锅炉改造合同，作为二期技改工程配套项目，编号为2#锅炉，投资110万元。主要设备有锅炉本体1台、鼓风机1台、引风机1台、麻石脱硫除尘器1套，5月开始安装，7月完成调试，9月投入使用。4月2日，分别与中国烟草机械集团有限责任公司、宝应仁恒实业有限公司签订预压打包机及辅联设备购置合同，购置、安装调试费共计298.37万元。5月10日，北京长征高科技公司、秦皇岛烟草机械有限责任公司分别来厂安装打叶复烤设备。6月中旬，宝应仁恒实业有限公司来厂安装打包设备。复烤厂委派30多位员工，配合厂家边安装、边学习，9月1日完成安装调试，20日投料运行。11月，厂家同时参与设备验收，其加工能力、技术经济指标均达到设计要求，验收合格。二期工程即第二生产车间6000公斤/小时打叶复烤生产线共投资4247.21万元，其中预处理打叶段2522.5万元，复烤段866.34万元，预压打包段298.37万元，光电除杂560万元。

是年，因经常停电，影响厂区正常生产，长沙卷烟厂向吉首打叶复烤厂无偿赠送进口发电机1台，用于临时发电。2006年，因市政工程需要，复烤厂投入资金96万元，对湘西州162车队至雅溪铁路桥处路段雅烟专线进行入地改造。同年，片烟醇化库增加独立变压器1台，为片烟库区提供电源。2012年，为科学管理电能消耗，投入资金10万元，建设电能检测系统。2013年，更换老化的电容器，提高供电能力。

2004年，为响应国家节能减排号召，办好节能环保型企业，投入45万元，对1#锅炉进行节煤改造，安装废梗输送设备，实行煤梗混烧。运行两个月后，出现废梗燃烧不彻底、炉膛结焦严重现象，影响锅炉正常运行，输梗设备停止使用。同年，复烤厂与湘西当地一家锅炉设备厂合作，投资60万元，在锅炉后山空地建造废弃物焚烧处理设备，该焚烧设备利用柴油作燃料进行废梗焚烧，因技术不成熟，无法焚烧废梗，3个月后，设备停用。

2005年上半年，投资6.3万元，在精选车间(后改为精选二车间)改装选叶照明系统。

2006年，为解决解把率低的问题，公司投资60多万元与蚌埠环球机电设备公司合作，完成解把机改造工程，将二线原解把机换为新型高效能UME—SUⅢ烟叶双路铺叶切断解把机。二线原解把机转用于一线。改造后，解把率提高到98%。是年，公司投资240多万元，与昆明信泰科技公司合作，在二线预处理段新建风选除杂设备一套，新增精选台位16套，将二线拆除的筛砂机、皮带机移到一线使用。

2007年，生产二线预压打包机故障多，料箱易坏，辊轴易断，打包机与烤片机之间无缓冲柜，打包机一旦出故障，烤片机来料只能置于地上，设备恢复后，要靠人工再将地面叶片搬上运送皮带。对此，公司投资84.9万元与秦皇岛烟机制造公司合作，在生产二线烤片后打包前安装一套故障储叶柜，并与烤片机、打包机联机控制，有效解决烤片、打包机故障片烟处置问题。

2008年2月，国家局及省局批复，同意将生产二线打叶复烤设备能力由6000公斤/小时扩大至12000公斤/小时。

2009年3月，公司与巩义市长征新科真空机械厂签订12000公斤/小时型真空回潮机大修合同，设备改制、安装调试费为75.6万元；又与北京长征高科技公司签订12000公斤/小时型预处理、打叶段烟机及辅联设备大修合同，购置、安装调试费为1718.87万元；还与秦皇岛烟草机械有限责任公司签订叶片复烤机、烤梗机及辅联设备大修合同，购置、安装调试费为1000万元；再与宝应仁恒实业有限公司签订预压打包机大修合同。主要对打包机料箱、输出辊道、铺叶系统等设备按60箱每小时进行大修改制，增加一套一级复压机，在烤梗机末端增加一套梗打包机，维修费用为87万元，全年共计投入2881.47万元。是年6月起，北京长征高科技公司、秦皇岛烟草机械有限责任公司、宝应仁恒实业有限公司等厂家，对设备进行安装调试，其间公司派出20多名生产技术人员参与，为今后的设备运行和维修打下良好基础。7月中旬，中国化学工程第四建设公司全部完成生产一线打叶复烤设备拆除工作并就地封存。12月，对二线设备进行验收。经考核，所有设备加工能力、技术经济指标均达到设计要求，验收合格。生产二线设备改造后，出片率提高近1个百分点。

2010年，根据湖南省烟草公司品牌战略规划，办好节能环保型企业的总体部署，公司共投资387.8万元，在夏季停产期间，对2009年生产二线尚未做技改的设备进行改造。其中，投资178.8万元，由长沙赛普尔自动化设备有限公司对工艺除尘设备进行改造，降低车间粉尘浓度；投资126万元，由成都信泰科技公司对梗打包机、碎片打包机进行搬迁改造，产品质量得到提升；投资13万元，由巩义市长征新科真空机械厂对真空回潮机进行节能改造，节能20%；投资15万元，由安徽桐城华星烟机设备制造公司对二润仓式喂料机贮叶柜进行加长改造，提高缓冲贮叶能力，减少烟叶造碎率；投资28万元，由中国化学工程第四建设公司对打包机、打叶贮柜的进料皮带机进行加宽改造，解决堵料问题；投资11万元，由上海一亚信息技术公司安装一套检测真空回潮、烤片工序用汽量计量系统，两个工序用汽量实行数据化、信息化监控管理；投资16万元，与吉首新浪潮电脑科技有限公司合作，在生产车间精选台、打叶段、烤片段等处安装视屏监控器，对生产现场实施监管。

2011年，公司共投资661.3万元，对生产、动能、网络设备进行优化和节能改造。其中，投资35万元，由北京长征高科技公司对主车间中控系统进行升级改造，减少设备故障；投资132万元，由上海英雷水分仪公司对在线水分进行升级改造，实现在线水分温度可视性，在线物料水分得到有效控制；投资43万元，由上海一亚信息技术公司安装水、电、汽能源计量系统，对能源实行计量信息化、精细化管理；投资96万元，由上海一亚信息技术公司安装烤片机中控系统，片烟水分得到稳定控制；投资25万元，由湘西州新浪潮电脑科技公司对公司网络中心机房进行升级改造，确保OA、MIS等IT信息网络系统安全、稳定、高效运行，解决公司远程办公问题；投资38.5万元，由昆明远舟科技公司对二润热风循环系统进行除杂改造，有效解决循环系统堵料问题，提高润叶效果；投资17.8万元，由蚌埠环球机电设备有限公司在生产二线除尘房终极输送机出口安装一套新型UME—CB2000Ⅳ碎片筛分机组，回收可利用的烟叶碎片，提高出片率；投资56万元，由昆明欧尼斯特科技公司在精选车间安装加湿降尘系统，增加车间空气湿度，减少烟叶造碎，同时改善选叶工作环境；投资172万元，由湘潭锅炉厂拆除原1#锅炉，暂停使用2#锅炉，安装型号为15t/h（SZL15-1.25-AII）燃煤链条锅炉一套，节省原煤，降低锅炉维护费用；投资8万元，由吉首市八月湖水资源开发有限责任公司对公司地下水管网进行改造，有效解决管路老化、滴漏问题；投资38万元，由长沙赛普尔自动化设备有限公司安装片选车间（精选一车间）选叶专用照明系统，为扩大精选规模奠定良好基础。

2012年，公司共投资764.2万元，继续对生产、动能、网络设备等进行优化和节能改造。其中，投资59万元，由长沙赛普尔自动化设备有限公司安装梗打包机组独立除尘系统，减少作业区域粉尘浓度，改善工作环境；投资20万元，由北京长征高科技公司安装打叶碎叶段、润叶风选除杂机新型自动清扫落料器，消除操作安全隐患；投资26万元，由公司技术人员自行设计，外协单位负责安装，对烤片机回潮区、烤梗机进行改良，解决设备漏料、回潮能力不足问题；投资72.8万元，由昆明远舟科技公司对一次润叶机热风循环系统进行除杂改造，有效解决循环系统堵料问题，提高润叶效果；投资17.8万元，由湘西州新浪潮电脑科技公司在散把台安装配方显示屏系统，为智能打叶配方研发奠定基础；投资20万元，由桐城市华星烟机设备制造有限公司对润叶提升带、打叶进料提升带进行改良，加粗传动主轴，对其他部件亦做相应改制。经国家局批准投资548.6万元，购置二联式预压打包机组。设备制造厂家中国烟草机械集团有限责任公司、宝应仁恒实业有限公司于6月将原预压打包机组拆除，9月10日完成新型预压打包机的安装、调试，20日投入使用。此机型同原机型比有诸多改进，如两级复压油箱置放地面，不再装在机顶部；复秤改为固定式，不再上下移动称重，改造后的新打包机故障大大减少。

2013年，为认真执行国家局《关于复烤企业原烟收储管理规范》行业标准预研究项目，公司投资110万元，由北京力博信科贸有限公司设计制造，在原烟仓库空地处建设一套原烟收储设备系统，包括：卸货轨道、在线皮带秤、在线微波水分仪、在线近红外光谱仪、静态秤、原烟烟包分拣系统、烟包自动装框系统等。1月设备进场安装，3月调试完成并投入使用。经过10多次的调整，设备基本能正常使用，但实际入库装框能力未能达到设计要求，单班次每小时原烟入库为400包，离设计600包还有一定差距。年底，公司原烟收储系统建设项目顺利通过国家局、总公司现场评估和验收，并对公司积极协助、配合国家局科研项目给予充分肯定。

2014年3月，公司投资86万元，与巩义市长征新科真空机械厂签订《真空回潮机节能改造合同》，更新使用GV4800+罗茨泵联合抽真空新型设备，9月中旬设备安装、调试完成。改造后耗汽量大幅下降，蒸汽节约率为53.43%，每烤季可节约能耗60多万元；抽真空时汽网稳定、波动小，有效减轻对汽网的冲击，减少故障的发生。

2015年3月，为解决生物质锅炉上料问题，公司投资126万元与湖南博茂节能环保科技有限公司合作，在锅炉房侧面增建一套生物质锅炉上料系统，为生物质锅炉输送废梗、废烟等燃料。系统包括大倾角皮带机1套、旋转给料仓1套、螺旋输送机2套及辅助设施等。6月开始安装，9月完成，10月投入使用。有效解决生物质锅炉与燃煤锅炉共用一套上料系统，导致上料烦琐、无法连续供料、设备磨损严重等问题。

是年4月，公司与宝应仁恒实业有限公司签订《打包成品烟箱密度偏差检测装置采购合同》，项目投资37.8万元，在生产线预压打包机负压机后加装成品烟箱密度偏差检测装置1套，用以检测成品烟箱密度偏差。7月开始安装，8月完成安装调试，因故障多，10月停用。2016年1月，厂家对其改良，投用后发现，密度偏差值严重超标，经分析系预压打包机布料装箱不均匀所致。对此，公司与设备厂家技术人员进一步研究解决方案，共同整改打包机铺叶布料机构，取得显著效果，密度偏差值合格率由原来的5%提高到50%。

五、浏阳天福公司

2004年10月19日，公司获国家局关于建设打叶生产线的批复。2005年3月完成设计、招标，10月进行设备安装，设备共投资3480万元，其中预处理、打叶段设备为北京长征高科技公司产品，烤片段设备为秦皇岛烟机公司制造，打包设备为宝应仁恒实业有限公司生产，光电除杂机为进口产品。配套建设燃煤锅炉1台，由湖南第六工程公司承建，共耗用420.17万元，其中锅炉主体230.3万元，自动控制系统168万元，其他辅助设备共21.87万元；投资135万元，从石段变电站架设10千伏电力专线至厂区，建设电力配电室，自备应急120千瓦柴油发电机组1台，耗资11.98万元。

2006年1月18日，复烤生产线无负荷试车。2月23日，进行全流程有负荷试车，4月6日正式投料试产。

2007~2012年期间，根据生产需要，先后购置一些相关设备，主要有：购真空回潮箱13.9万元，螺杆空气压缩机1台30.64万元，购滚筒式把梗增温增湿机126.11万元，卧分卧式打叶机2587.1万元，把梗处理段电控系统171.28万元，预压打包系统174.03万元，烟片复烤机774.24万元，购真空回潮机299.02万元，购置烟箱成像杂质鉴别系统125.64万元，真空回潮三流体射系统118.71万元，碎烟筛分机组14.08万元。

是年，因新增分类加工线，生产能力由8000公斤/小时升至9000公斤/小时，蒸汽耗用量大大增加，由9.45吨/小时增加到16.25吨/小时，原有的燃煤蒸汽锅炉额定蒸发量为10吨/小时，已不能满足生产需要。同时该锅炉已连续运行7年，设备老化，受热面结垢，折旧亦即将完成。根据国家《清洁生产促进法》和地方环境保护的要求，经董事会决议通过和湖南中烟工业有限责任公司批复，下半年投入1520万元，新增1台20吨/小时燃气蒸汽锅炉。2013年4月10日正式投入运行，热效率高，环保达标，原燃煤锅炉停用。

2015年，公司新建人机结合精选车间，于6月完成人机结合精选专卖设备的采购、辅联以及电控设备招标工作。该设备于10月中旬陆续到货并进入安装阶段，设备购置共耗用资金1396.68万元，配套发生费用为97.82万元。

第二章　复烤工艺

第一节　土法烤制

20世纪60年代，郴州地区设在流星岭和耒阳县（时属郴州地区）灶市的烟叶贮运库，是辖区内最主要的烟叶储存库区。储运库附近设有复烤场。限于当时烟叶烘烤加工科技水平不高，从集体社队和烟农中收购来的初烤烟，含水分量一般在16%~18%之间，极端个例甚至高达20%。对于入库时超过这一水分含量的烟叶，大多运至复烤场进行复烤，使水分降到16%以下再入库。土法复烤的设施与初烤相近，烤房长宽4.7×4.7米，从室外主火管道生火，热气通过两条火管进入烤房，烤房安排两层铁架挂烟，室内温度最高升到60℃左右，烘干后，推入回潮房，用铁锅烧水产生水蒸汽使烟叶回潮。整个工序都是手工操作，劳动强度大，作业场地含尘率高，烘烤后的烟叶含水量仍在16%左右。此种含水量的烟叶，加之附着灰、沙等杂物，储存中容易发生霉变冲烧。据郴州流星岭烟叶储运库统计资料记载，该库每年霉变损失烟叶达250吨左右。

1972年2月，郴州地区农产品公司着手试建瓦罐式土法复烤，但因工艺落后而被搁置。

1984年，浏阳县棉麻烟公司和基层供销社先后从贵州省贵定烟叶复烤厂购进小型微波复烤机6台，分别于该县城郊和沙市、官渡兴办3个小型微波复烤作坊。利用电微波加热复烤烟叶，因复烤机烘距短，耗电量大，烘烤后，烟叶含水量仍达16%，加之微波对人体危害较大，试产1年后，即予废止。

第二节　挂杆复烤

一、设备性能

（一）单幅挂杆蒸汽复烤生产线

郴州烟叶复烤厂1973年引进贵州省贵定县烟叶复烤厂淘汰报废的一条单幅挂杆蒸汽复烤机，系省内第一条机械复烤生产线。因属修旧利废性质，1977年12月完成安装，1978年6月29日投产。安装在流星岭厂区，年复烤生产能力3600吨。所谓单幅，就是生产线的流水作业传动循环主链条仅为一幅（2条，1对，也称1幅）。整个复烤机长40米，宽2.6米，高2.3米，设5间烤房、1间冷房、3间潮房。生产线流程依次设挂杆作业段、烘烤回潮段、卸杆装箱称重段、打包段。在挂杆作业段，将初烤烟包打开，取出把烟，散开挂在竹（木）杆上（称为挂杆），待挂好的烟叶积至一定数量时，连杆带烟收齐搁在传动主链条带动的钩形链片上，进入复烤机。在烘烤回潮段，主链条一般以每分钟1米左右的速度运行，运行的速度视初烤烟的含水量而调节。烤房的两边设有回形蒸汽散热管，根据各间设置的不同温度要求，安装不同数量的散热管，烤房的顶部安装顺转和逆转的调节风扇，5间烤房温度的设置为抛物线式，即第一间80℃，第二间90℃，第三间99℃，第四间85℃，第五间70℃，烤房的作用是将烟叶中超标的含水量干燥挥发；冷房装备5千瓦的抽风机，使从烤房过来的烟叶迅速冷却，房温保持在15℃~27℃（夏季可达30℃），冷房烟叶含水应为7%~9%；潮房的两边安装多组带有蒸汽喷咀的喷汽管，将从冷房干燥后进入潮房的烟叶进行回潮，使含水量控制在11%~13%之间，既不易碎，又利于储存保管。在卸杆装箱称重段，将复烤成品烟从杆上卸入木套箱（箱底先垫好麻绳、麻袋)，装满后称重，视情加减烟叶，使其每包重量达标。在打包段，配备螺杆机械打包机2台，打包机利用螺杆(粗约10厘米，长约1.5米)的旋转使打包的木压板上下运行，压紧烟叶成包，并利用压板下压的力量将打包机的套箱提起，然后对流水线传递过来的复烤装箱烟叶进行压紧、包扎、捆绳，再散开活动箱体，烟包即成。此条单幅复烤生产线于1990年随技改更新而报废。

（二）双幅挂杆复烤生产线

1.郴州复烤厂 先后安装投产三条。1990年5月，对流星岭老厂区单幅挂杆蒸汽复烤机进行拆除改造，由河南许昌复烤厂所属烟机厂承建一条双幅挂杆蒸汽复烤机，年复烤生产能力1万吨。并配套添置真空回潮机2台，预压打包机5台，电子磅秤2台，叉车2台。双幅挂杆复烤机长45米，宽5米，高2.3米，烤房的长度增加，使烘烤的时间延长；烤房宽度加宽，传动主链条由原来的2条(1幅)增至4条(2幅)，2幅平排同时运行，等于两条单幅生产线同时运行。主链条运行的速度为每分钟0.9～1米。其余与单幅挂杆蒸汽复烤机性能基本相同。1993年6月，在下湄桥司马洞新厂区由河南许昌烟机设备厂承建安装1条双幅SK86-6型挂杆复烤机。年复烤能力1万吨。复烤机长50米，宽5米，高2.5米，复烤机加长5米可使烟叶在机内烘烤时间延长，复烤机增高是将其安装在可调节的机座上，复烤机烤房散热管由原来的回形管改换成带散热片的散热管，散热效果更佳，烤房升温更快，更节能。挂杆复烤机烤房的各项质量指标都得到进一步的提升。

1997年7月，投资135万元，在下湄桥司马洞新厂区由河南许昌烟机设备厂承建安装一条613—Ⅱ型挂杆复烤生产线，设备的构制及各项技术指标与前一条SK86—6型挂杆复烤生产线基本一致。年复烤生产能力1万吨。因郴州属南方潮湿气候，原烟含水量较高，故新建的613-Ⅱ型挂杆复烤线将原来的SK86-6型5间烤房的设计更改为6间烤房，延长复烤时间，确保复烤质量。是年，郴州复烤厂有3条挂杆复烤生产线运行，加上一条打叶复烤生产线，基本适应该年全市收购8万吨烟叶的复烤需要。1998年，国家局出台遏制烟叶盲目扩种政策，实行“订单种植”，烟叶收购量减少，流星岭挂杆复烤生产线停用报废。

2000年2～6月，在司马洞挂杆复烤车间新安装仿玛克打叶复烤生产线，故而，两条挂杆复烤生产线搬迁到省烟叶储备1库安装，搬迁时，将SK86-6型改造为613-Ⅱ型。

2002年10月，司马洞厂区的2条挂杆复烤生产线，遵照行业限期淘汰挂杆工艺设备的指令而拆除报废。

2.永州复烤厂 1987年，从许昌购进SK-86型双幅挂杆式蒸汽复烤机生产线一条，真空回潮机2台，预压打包机2台，叉车2台，其他配套设备28台套。7月15日，厂内首条双幅挂杆复烤生产线建成，试车投产。每天可烤100吨(2000包)，年复烤能力1万吨。1989年9月，再安装投产同产地、同型号的双幅挂杆复烤生产线一条，并配套添置真空回潮机2台，预压打包机2台。至此，年复烤能力提高至2万吨，如果有效作业班次增加、有效作业时间增长，则年复烤能力可提高至3万吨以上。两条双幅挂杆复烤生产线，结构、性能与郴州复烤厂双幅挂杆生产线基本相同。2002年6月、12月，遵照国家局限期淘汰挂杆复烤工艺的指示，该厂两条挂杆复烤生产线先后拆除报废。

3.常德复烤厂 1986年10月，常德烟叶复烤厂新建厂房主体建筑工程完工，随即进行设备安装。复烤生产线采自河南省许昌复烤厂下属烟机厂生产的一台蒸汽式挂杆复烤生产线，投资500万元，生产能力4～6吨/小时，年复烤能力1万吨。11月10日，试车生产。1987年8月(烤季)正式生产。1988年8月1日，复烤厂划拨给常德卷烟厂接管，成为卷烟厂二级机构，为厂调进的烟叶进行挂杆复烤。1999年报废。

4.桂阳复烤厂 1997年，桂阳县收购烟叶4.5万吨，当时烟叶实行“县、厂直销”，复烤烟叶较为行销，为加快进度，经请示湖南省局同意，筹划在县内鸡公石烟叶中心库旁边兴建烟叶复烤厂。1998年，购入河南省许昌烟机设备厂所产的挂杆复烤生产线一条，年复烤能力1万吨，当年投产。运行四年后停产，2003年10月，遵照国家局限期淘汰挂杆复烤工艺的指示，拆除报废。

以上各复烤厂的双幅挂杆复烤生产线，均产自河南许昌，同厂，同期者为同型号，设备性能与郴州复烤厂同期装备基本相同。1993年起，各厂配套的打包机压力系统陆续由原来的螺杆机械式改造成液压式，打包机压板的升降由主油缸完成，打包箱的升降由副油缸完成，一般每条复烤线配备2台套液压打包机，其中，郴州厂先后配有5～7台套（其中一台套备用）。由螺杆机械打包机改造为液压式打包机是一次技术进步。其他配套设备，如锅炉、检测室等，各厂随技改进度而略有不同。

二、生产规程及工艺标准

挂杆复烤工艺分为三个工段：从原烟搬运、开包到挂杆上机为烤前准备阶段；从烟叶进机到出机，即：烤干、冷凉到回潮为复烤阶段；从卸杆装箱到运入库为烤后整理阶段。其操作规程和工艺要求如下：

（一）操作规程

1.烤前准备阶段

搬运下烟　上班前必须先检查生产计划和车间安排，对照货位等级、数量、计划与实物是否相符，然后按生产计划顺序均衡供应，防止大量积压，不得错级、错包和供应不上。

投料下烟　必须从垛顶自上而下按序装车，填好码单，文明装卸，不许扔包砸车，防止发生人身、设备事故及造成烟叶破损。

供烟上台　必须先检查烟包等级是否与本班所烤烟等级相符，然后均匀分配到台，并发票计好数，发票数必须与投料下烟数相符，严禁短少件数。

开包　用手解开包绳，严禁割破大绳及麻片包装，解下的包装必须抖净烟叶，按十套一捆送到指定地点依次存放，不许乱丢乱倒放。

挂烟　（1）烟到挂烟台，按台依次挂烟，每台4人，2人摇把，2人挂杆。同时保持台下清洁。（2）挂杆时必须把不符合本等级烟、烧烟霉变烟及异物清出，散烟必须扎把，大把头烟拦腰扎把烟必须改把，把头直径不得超过4厘米，扎把必须扎在烟梗的4厘米处。（3）每杆烟只准挂25把+2把，挂烟时要摇散均匀挂正，杆头空6~7厘米，不许挂偏把，骑马把，毛头把，疏密不匀等。（4）拿杆时防止碰人，放杆时两头均匀，推车时两人要一齐用力，防止落杆，交班时要清理好现场。（5）摇挂过程中产生的散烟，叶片面积完整度在50%以上者，应集中顺齐，重新扎把，50%以下者要及时交送收碎烟处，并将杂物清出。

收杆上机　（1）收杆按烟台次序轮回装车，原则上每台一次只装一车，掉在地上的烟叶要随时捡起放回台上。（2）拖车时两人要扶好，严禁摔车，注意安全。（3）上机时先挂好等级牌。两杆一次，烟杆均匀的挂上链条，掉下的把烟及时拾起挂杆上机，严禁将散烟丢堆在链条烟杆上或铁丝网上。（4）挂杆密度可根据烟叶等级、水分听从带班负责人安排，更换等级时必须要挂好牌杆空出一定的距离，并及时通知摸潮工和成包班。（5）散碎片烟应均匀的铺摊在铁丝网的中间一米部位，厚度不得超过5厘米，且必须间断铺放，禁止铺满铁丝网而影响烤烟质量。（6）经常注意链条运行情况，如发现走斜跳动、快慢不均等异常现象，及时通知带班复杂人和开车工。

2.复烤阶段

开机准备　（1）司机摸潮工上班或接班后，应首先全面了解原烟等级、水分高低等有关因素，根据情况订出挂烟规格和调整各间烤房温度。（2）空机开机时，要提前与锅炉房联系开汽，夏季提前10分钟，冬季提前20分钟，并作好一切汽路开关，排水系统的检查，排水系统凡有旁路开关的应尽数打开。（3）来汽后应首先将总汽阀冷凝水放尽，然后开总汽门，开时要慢，面部不要正对手轮，先开八分之一，无其异常现象，逐步加大，如有水锤振动，应立即关闭，待静止后再开。（4）总汽阀开完后，逐步开放各间小阀门，空机温度前两间冬季应高于标准20℃左右，以后各间可依次略低于前两间，同时可根据排水程度依次关闭旁路阀门，由自动排水阀门排放。

开机操作　（1）各间烤房温度一般为：第一间80℃，第二间90℃，第三间99℃，第四间85℃，第五间70℃，以上数据应根据烤烟出机后的水分再适当调整温度标准。（2）开机挂烟前，根据季节提前10~20分钟开动风扇，提前5分钟开动链条，当烟进机后，依次迅速调整到标准温度+2℃内维持稳定，并根据烟叶水分的大小，调整排湿风量。(3)烤机烤烟的蒸汽压力以烤机压力表为准，应保持0.5Mpa至0.6Mpa之间，低于0.5Mpa时，应立即通知锅炉房，如15分钟内不能回升到0.5Mpa时，应立即停机，按供气不足事故处理。(4)冷房温度可根据气温和烤烟要求，调整进出风口，使风力适应烤烟需要，温度最好保持在15~27℃(夏季可达30℃)，冷房烟叶含水应在7%~9%。(5)烟叶进入最后一间烤房的1/2时，开第一间潮房第一组喷汽，以后逐步开放，喷雾大小可根据烟叶水分调整汽阀。(6)冬季烤烟应在烟叶进入烤机最后一间烤房时，开潮房暖气，使烟进入潮房能达到37℃左右，当温度升到45℃时，即可适当关闭暖气，使潮房温度经常保持在50℃以下，相对湿度保持在95%以上。(7)复烤机正常生产停机，一般机内不存烟，应全部卸空停机。(8)停机关汽，应当烟走完一间关一间，依次类推，直到走完，最后关闭总阀，并通知锅炉房关汽，各烤房的排水阀适当打开一点进行排水。(9)烤机风扇是一扇一机，应在烟进入前10分钟开动，停机时，烟走完一间停一间，烟走完后关闭最后一间以及传动链条。

故障处置 凡因故障和事故发生，需紧急停机时，均按下列操作规程执行：(1)拉紧急停车信号，通知锅炉房停汽；(2)迅速关闭各间烤房汽门和潮房汽门，同时关停风扇和链条(根据事故情况，决定停机的先后)并及时报告当班负责人。(3)查明事故原因，估计停机时间长短，如20分钟内不能开机，则需开放排水阀门，关闭冷房进出风口，关停风扇，必要时打开部分烤房门散热。(4)事故排除后，按机内存烟操作规程开汽，回潮，但出机后应检查水分情况，如未烤透，水分过大，需进行再次复烤。

机内存烟停机、开机操作规程：(1)机内存烟停机应在停机前根据烟叶水分、气候、停机时间长短等因素，迅速关闭烤房汽阀，然后依次关闭潮房上潮汽阀。(2)停机后关闭冷房进出风口，停止风扇链条运转。(3)停机前事先和锅炉房联系，停机后立即通知锅炉房停止供汽。(4)机内存烟开机，必须根据冬夏天气及机内存烟水分大小，停机时间长短，机内温度高低等因素，提前10～30分钟开汽升温。(5)温度升上后，按正常开机程序，打开进出口风门，开动风扇、链条，喷汽上潮，喷汽可根据烟叶水分大小，调整喷汽上潮量，直到烟叶水分达标。

检查与记录 (1)挂杆工段台检员检查：原烟等级质量、水分，挂烟规格质量，挂杆上机秩序，做好记录。(2)司机摸潮工的检查范围：主要对上机后的烟叶复烤、冷却、回潮工段的各工序，每小时作一次全面检查(各间烤房温度，冷房及潮房温度，阀门等)，并详细记录，密切注意烤机运行情况，发现问题，立即按程序停机，并报告当班负责人。每小时检查挂烟1次，手摸检查冷房出机烟叶水分情况，冷房每班至少抽杆检查3～4次，按等级及停机、开机前后应随时手摸检查，根据检查情况，随时调整温度及上潮量，作好记录，并报告当班负责人，下班前作好交接班记录。(3)化验(检验)员负责原烟及成品烟的水分检验，每班抽样：原烟不少于2个，成品烟不少于10个，成品烟水分在11%～13%，冷房抽样水分在7%～9%，将抽样数据详细记录，并及时报告当班负责人和通报当班摸潮工，并书面报告车间领导或质检部门。(4)保全工应经常巡徊检查复烤机，至少每小时巡检一次，观察其机械运转，电气工作的情况，发现问题及时处理，做好详细记录并报告当班负责人，做好交接班记录。

由于技术进步，各厂双幅挂杆复烤生产线均在烤机附近设有操作控制室，内有综合操作台，烤房、冷房、潮房每间都有温湿度显示仪表、烤机主链条运行速度调节杆等，司机摸潮工发现异常，可在控制室采取措施调整。其余定时检查、手工摸潮要求与单幅挂杆复烤操作要求基本一致。

3.烤后整理阶段

卸杆 取杆时应以烟杆的中心部位，取杆时若发现异烟(特湿、霉变、错级等)及时挑出，另作处理，如因故停机，必须将烟卸到离轴一米左右。空杆应放入传送带槽内，不许乱丢乱扔，不许带烟入槽，卸烟台上不许堆放烟叶。

装箱 每杆分两次装箱(两头各卸一次)，均匀分层铺放，烟叶齐两头，填中间，四角填实，烟把整齐，掉地烟应及时捡起装入箱内，严禁往箱内倒杆。散烟装箱，应把湿、坏、油烟及异杂物挑出，整齐的平放箱内,每包不得超过5公斤。发现复烤烟叶等级转换,立即通知下工序作好准备,并在换级前将本等级装完,清扫卸烟台,掉把烟及散烟即时装入箱内,严禁混级。

过磅　过磅员必须在每班上班前校准磅秤检查箱子及底盘重量,清理磅下散碎烟,每包按标准净重50或60公斤,误差不得超过0.2公斤,抽添烟要整齐平放入箱,不得乱抽乱放,并经常与复磅员联系,校对两磅误差。

推箱　推箱要平稳,走规定的路线,不得互相碰撞,四轮均需放在称盘上,底盘四角不许接触磅秤以外物件,不得碰称,待过好磅后,方可平稳推入打包机内。

打包　上班前检查打包机及所用工具是否齐全完好,准备好所用包装物料。打包机必须由指定的专人负责操作,操作人员必须集中精神,认真负责的按规程进行操作,严禁其他人员乱开。装好的包箱,推入打包机摆正位置,盖好麻片,启动打包机,压止35厘米处,方可提箱。麻片必须将烟包包严,捆紧绳索,方可拖出烟包。

接包复磅　过磅员必须在上班前校准磅称,接包必须平稳的将烟包轻放在磅称上,禁止丢甩烟包。复磅准确,误差应在+0.1公斤,合格率必须达到98%以上,添称烟必须是同等级,必须在烟包中间部位进行。

缝包　缝包时应先将麻片折叠整齐,缝线均匀紧凑,每包应缝44针(两头各12针,两边各10针)。

打捆　烟包捆绳为三横二竖,要求竖捆绳与横捆绳交叉紧凑距离均匀,其松紧度应为:手提包绳不得超过5厘米高,放手后仍可弹回,绳头应为活扣锁紧。

刷牌写字　每包烟均得刷牌写字,要求产地、等级、重量、班次、日期等唛头清楚,内容齐全,准确无误。

推包码包　烟运入库用小车推入,一次不得超过两包,按指定地点,分等级整齐竖放,便于清点,数量准确。

机头成包卫生　对生产作业场地经常打扫,保持干净,将掉地烟应随时捡起入箱,对最后交班不足一包的,应留下字条,写清等级,用麻片盖好包箱,留交下个班次。

复烤烟冷却　(1)复烤烟成包后应及时进入凉烟库,按等级竖立整齐码放,每行包数相等,以便清点总数,每两行间隔20~30厘米距离。(2)凉烟时间:有条件的应在5~7天,至少3~5天。(3)凉烟库要求要空气对流,门窗完好,如遇雨天,应关闭漂雨门窗,避免雨水打在烟包上。(4)冷却烟应每天翻包调头一次,凉烟库条件差的,急待搬运的,可用排风扇强行吹风冷却。此时烟包应排列成人字形或之字形,每半天翻包调头一次。(5)翻包时应翻动包体,禁止牵扯包绳,码包整齐竖直,包绳太松应及时捆紧,避免烟包变形。

挂杆复烤工艺流程图

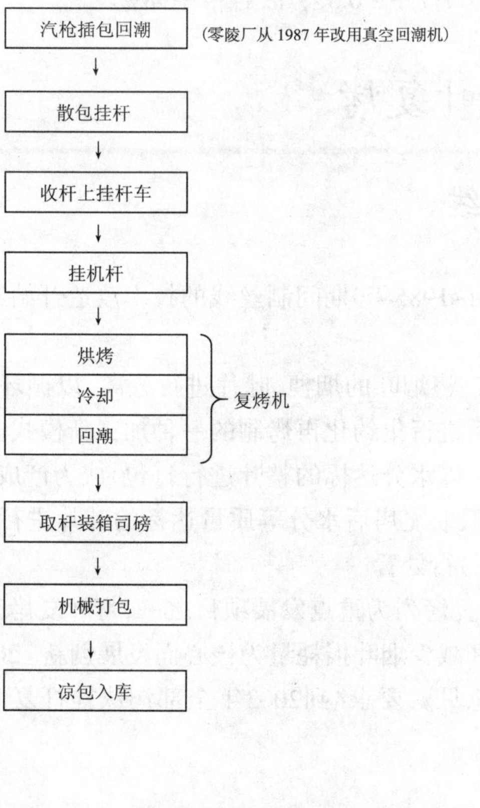

交接班　(1)交班时,必须将工作场地打扫干净,收拾好生产用具,包装等。(2)关停所有运转设备,检查所有电气开关,确保交接班间的安全,并做好本班的详细记录,方可移交下班。(3)接班时,检查工作场地,生产用具,是否合乎要求,设备、电气是否完好,并做好详细的接班记录,方可接班。(4)保管好交接班记录,并将当天的情况及时向当班负责人报告,月底将记录本交车间备查。

冲烧烟、碎烟的管理　对车间所送的冲烧烟、霉变烟、碎烟要及时清理,对挑选整理好的散碎烟要注明等级、产地分别堆放,能复烤的及时送车间复烤,没有复烤价值的应成捆堆好,应过磅作好记录,报送车间,以便核算。

（二）工艺标准

挂杆 （1）烟把摇开，叶片松散不粘结，合格率≥80%；（2）挂把劈均，挂匀，挂正，挂牢，不得挂骑马把、交叉把、偏把，烟杆两端留10㎝空头，合格率95%；

收杆 （1）不同等级的烟，必须分车收杆，更换等级时，要将前一等级收完之后，再收后一等级的烟叶，且在第一车标明产地、等级，合格率100%；（2）收杆车每空收杆数不超过8杆，每车收杆不超过32杆，合格率100%。

上坑 （1）每个等级上坑前，先挂标识杆，注明产地、等级，合格率100%；（2）上坑时烟叶不拖地，不错链挂杆，间距一致，挂牢，合格率98%；（3）散落在地上的烟把、散烟，要及时收集，重新扎把挂杆，不得将其投放在叶基上部和网带上复烤，合格率98%；（4）掺烟叶<50%完整度的烟叶时，要均匀地将其分布在烤网上，不可一次性向上倒，合格率98%。

复烤 （1）温度：干燥区70～110℃；冷却区20～40℃；回潮区45～60℃；（2）链速：900～1000转/分钟。

装箱打包 （1）取杆时一杆两拿，齐两头填中间，均匀地装入箱内，要求烟把齐顺，四角平整，饱满，合格率98%；（2）接出的片烟只能分散填放在烟包中心，烟把要重新齐头装箱，合格率98%；（3）装入烟箱的烟叶，不能混入油污、碎烟及杂物，合格率98%；（4）刷字：字迹清楚，排列整齐，烟包表面无污染，合格率98%；（5）缝包：包角方正，不露烟叶，不露内衬，每包缝针不少44针（出口烟88针），内斜外直，针距均匀，合格率96%；（6）包装尺寸：50公斤／包规格：长×宽×高为80×60×40㎝；60公斤／包规格：长×宽×高为85×65×40㎝；合格率95%；（7）吊卡：字迹清楚，标明品名、等级、重量、生产日期、班次，合格率100%。

（三）质量标准

1.等级合格率90%（或根据用户的要求，通过挑选的为92%）。

2.烧烟、霉烟、严重走油烟、青烟比重≤1%。

3.水分：（1）冷房水分：外销烟7~9%，内销烟8~10%。（2）机尾水分：11.5~13.5%，成品水分11~13%。

4.烤透率：≥95%。

5.捆包：捆绳5根，三横二竖，均匀分布，捆扎牢靠（提绳离包10厘米，松手后绳仍紧贴烟包），合格率98%。

6.重量：（1）50公斤/件±0.2公斤，合格率98%。（2）60公斤/件±0.3公斤，合格率98%。

第三节　打叶复烤

一、生产线

国内打叶复烤技术和工艺的发展伴随着“六五”（1981~1985年）期间制丝线的技术改造开始起步。此前用于卷烟制丝的烟叶去梗全凭手工或抽梗机进行。

所谓打叶复烤，就是在复烤过程中，以机械作业方式，将烟叶的烟梗、叶片进行分离，以循环皮带、风吹等方式将叶片和烟梗分别送至相关工段分开处理、然后进行集约化再烤制的一种加工新模式。与挂杆复烤模式的主要区别点：挂杆复烤是整叶进去、整叶出来，以水分达标的整叶进行打包，成为产成品；而打叶复烤则是整叶进去，其间对烟叶进行烟梗、叶片分离，只取复烤后水分等质量达标的叶片进行打包，成为产成品，可直接作为制丝原料，烟梗则作为副产品予以另行处置。

至“八五”（1991~1995年）期间，省内烟草行业将打叶复烤列为重点发展项目之一，打叶复烤工艺随之大力推广。其工艺和技术始终围绕着提高加工叶片质量和减少烟叶损耗量为核心而发展创新。2001年2月6日，国家局下达《关于推行原烟交接、委托加工的实施意见》，要求“到2003年全部淘汰挂杆复烤企业”。

2002年，省内大部分挂杆复烤生产线拆除，桂阳复烤厂挂杆复烤生产线于2003年拆除。至此，全省各复烤企业全部采用打叶工艺。打叶复烤产出的片烟成品，直接按配方要求的烟叶产地、等级、数量比例进行卷烟生产投料；对卷烟企业的原料储备，实现复烤、片烟产出一次性完成，省去自行打叶工序，并能大大减轻仓储压力，利于原料醇化。2006年后，配方打叶逐渐增加，模块化、均质化、配方化加工趋势。

（一）郴州复烤厂

1.仿意大利科马斯-6000公斤/小时打叶复烤生产线

1993年，在下湄桥司马洞新厂区安装完毕，4月4日试车成功，8月投产。该型为国内第一代引进国外（意大利）技术，由三大定点厂家仿制而成的打叶生产线。首批仿制技术消化尚不成熟（全国烟草行业由国家局指定试用单位共四家：郴州、常德、昭通、遵义），其设备结构整线由：真空回潮机；预处理段（由切尖解把机、一次润叶筒、筛砂筒、二次润叶筒、定量喂料机组成）；打叶段（由四级打叶机和十一级风分机组成）；复烤段（由贮柜、叶片复烤机和烟梗复烤机组成）；打包段（由三联式预压打包机和一联复压打包组成）组成，形成流水线作业工艺。

其主要技术指标为：（1）打叶复烤生产能力：6000公斤/小时（年设计复烤量1.5万吨）。（2）热风润叶机YG387；工艺流量：5000公斤/小时；回潮后增加含水率：3~4%；出料温度：55~65℃；（3）打叶机组技术指标。工艺流量：5000k公斤/小时；大中片率（>1/2"）78~85%；叶中带梗率：≤2.5%；梗中带叶率：≤1%；碎片率（<1/8"）<3%；长梗率（40mm）≥65%；噪音：≤85分贝（除尘间除外）；粉尘：≤3毫克/立方米；（4）打叶线使用条件。环境温度：22~27℃；相对湿度：72~76%；水压力：≥0.3兆帕（设备入口）；蒸汽压力：0.8兆帕（设备入口）；压缩空气：无油清洁干燥压缩空气，过滤精度≤40μ；压力：0.6~0.7兆帕（设备入口）；电压（PE制）：380±10%伏、50±2%赫兹。（5）电气部分主要技术指标。环境温度:10~40℃；相对湿度：≤85%；大气压力：80~110千帕；电源电压：PE制380±10%、50±2%赫兹；地网接地电阻:4Ω（欧姆）；（6）主要性能指标。控制方式：以自动为主，具有手动操作功能；控制回路：具有磁热保护装置；逻辑控制用PLC（可编程序）方式；具有段间联络信息、段内控制联锁功能；具有工况模拟显示功能；具有声、光故障报警功能；控制柜具有密封、防尘、通风功能。

仿科马斯打叶复烤生产线的工艺特点，采用切尖解把工艺，配备了选叶平台和润尖设备，将烟叶分为叶基和叶尖，分别将其加工，叶尖不再经过打叶处理。其打叶机组实行四打十一风分（即把叶基先后进行四次打叶，十一次风力筛分），工艺流量5000公斤/小时。工艺优势：采用切尖工艺，可靠地保证大片率，并减轻打叶机组的加工负荷。

2.仿美国玛克打叶复烤生产线

2001年8月，郴州烟叶复烤厂的仿美国玛克塔维奇（简称仿玛克）6000公斤/小时型打叶复烤生产线在下湄桥司马洞新厂区投入生产。仿玛克打叶复烤生产线是引进吸收美国打叶复烤技术国内研仿、工艺技术成熟定型的打叶复烤设备，在二十世纪90年代后期国内复烤企业普遍采用。其主要设备有：真空回潮机；预处理段（由配叶解把机、一次润叶筒、筛砂筒及二次润叶筒组成）；打叶段（由四级打叶机组和十组风分机组组成）；复烤段（由叶片复烤机、梗复烤机组和碎片干燥机成）；打包段（二联式预压打包和一联复压打包机组组成）。打叶机组的一级打叶采用三打辊，二级打叶采用双打辊，三、四级打叶采用单打辊。一级打叶后采用四次逆流风分，二级打叶后采用三次逆流风分，三级打叶后采用二次逆流风分，四级打叶后采用一次垂直风分。加工采用全叶（不切尖）柔打细分技术。柔打使打叶器的负荷降至20~22公斤/英吋，通过增加打叶器的宽度总和，最大限度地降低“打钉”（即打叶机中用于梳理烟叶、剥离片烟的钉柱）处理烟叶量，从而提高撕扯、冲击烟叶效果，减少碎片的产生。细分是增加风分面积的总

郴州复烤厂仿美国玛克打叶复烤生产线

和,通过增加风分室面积和风分器的数量提高打叶后的风分率,改善分叶效率,确保打叶产出的大片及时分出,避免重复打叶而造碎。烟片复烤机主要由输送部分、干燥部分、冷却部分、取样段、回潮部分、管路系统和电控系统组成;干燥区分为三个区4室,干燥第一区和第二区为下进风方式(即热风从输送网带的下部向上通过料层),干燥三区为上进风方式(即热风从输送网带的上部向下通过料层),回潮区一区由3个室、回潮二区由4个室组成。

仿玛克打叶复烤生产线的工艺流程与仿科马斯打叶复烤生产线大致相同,其不同之处在于:1.仿玛克线在筛砂工艺之后增加在线选叶平台十余个,确保烟叶之中的杂物和青杂烟叶的剔除,提高片烟的质量指标;2.在一次金属检测之后增加二次金属检测,降低金属混入片烟的概率,更加可靠的保证打叶设备的正常运转;3.在一级打叶之前增加比例喂料器,确保打叶原料能均匀持续地供料,减少打叶机组发生的堵料现象,提高打叶设备的有效作业率。4.采用柔打细分的全打(不切尖)工艺,配叶解把机为FA15A型,解把率≥90%;采用四级打叶十次风分,一级打叶采用三打辊形式,二级打叶采用双打辊,近80%烟叶在一、二级打叶时完成,能确保大中片率≥85%。与仿科马斯打叶复烤线比较,减少切尖工艺及叶尖输送的配套设备,精减工艺流程,节约费用支出。5.控制方式:电脑自动控制,采用西门子PLC可编程序方式,具有自动顺序启动/停、声光报警、故障诊断、联锁、使用触摸屏实现工艺流程状态显示和操作功能,通过Profibus(现场总线)网络方式实现参数设定、显示等功能。

3.仿玛克节能型打叶复烤生产线

2003年6月,该厂启动对仿科马斯打叶复烤生产线进行二次技术改造,将其更新为仿玛克节能型打叶复烤生产线。将仿科马斯片烟复烤机更新改造为KG232C型复烤机,该型复烤机在片烟复烤过程中的控温控湿排湿系统均采用自动控制,片烟复烤的各项技术指标完全达到国家局制定的各项质量标准。2004年6月,将仿科马斯的预处理设备(切尖解把机、一次润叶筒、筛砂筒及二次润叶筒)全部更新为仿玛克的预处理设备,其配叶(切断)解把机为FA124型,生产能力4000公斤/小时,解把率≥90%,摒除切尖工艺及设备,改为柔打细分的全打工艺;将仿科马斯打叶机组更新为仿玛克节能型AW961型打叶机组。原来的四打十风分改为四打十一风分;一级打叶原为双打辊改为三打辊,二级打叶原为单打辊改为双打辊。打叶机组采用节能型,每小时可节约电耗160千瓦。仿科马斯打叶线在各级打叶机组与风分机之间采用风送技术,而更新成仿玛克节能型打叶线后,在各级打叶机组与风分机之间采用皮带输送技术,避免风送过程叶片造碎,确保大中片率≥85%,提高打叶片烟质量。换型改造后的该生产线运行顺畅,作业效率高,片烟的质量指标均达到和超过行业标准。

4.仿格瑞芬智能型打叶复烤生产线

郴州复烤厂仿美国玛克打叶复烤生产线

2006年8月,郴州天泰烟叶复烤有限责任公司将仿玛克6000公斤/小时型打叶复烤线改造成仿格瑞芬12000公斤/小时智能型打叶复烤线投入生产。仿格瑞芬智能型打叶复烤线由真空回潮机,预处理段(由配叶切断解把机、一次润叶筒、转辊除砂机及二次润叶筒组成),打叶段(由五级打叶机和十二级风分机组组成),复烤段(由片烟复烤和烟梗复烤机组成),打包段(由三联预压打包机和二联复压打包机组成)共五个作业段组成。铺叶切断解把机为FA114B型,生产能力6000公斤/小时,解把率≥90%。打叶机组为智能型,采用四级打叶加一级回梗打叶、十二级风分、回梗循环、柔打细分技术,工艺流量12000公斤/小时。一级打叶机组为四打辊,打辊由计算机程序控制可定时逆转,这是打叶机一项技术革新。打辊可逆转,极大地提高打刀的使用寿命,可自动清除打刀的烟油,提高打叶设备的有效运行率。打辊的转速由计算机程序根据烟叶流量调节,可节约能耗降低生产成本。

仿格瑞芬智能型打叶复烤线工艺突出特点：在预处理段，采用转棍、振筛两次除砂，在皮带机人工选杂的基础上，再增加风选除杂；烟叶进入打叶机前，设置两级金属检出系统。打叶机组结构紧凑，占地面积小，五打十二风分（包含回梗打）；叶片复烤机共有烤房4间，冷房1间，潮房2间。作业温度控制：4间烤房分别为70℃、90℃、80℃、60℃，冷房35～45℃，潮房60～70℃。烤机出口设有红外线水分检测仪和往复皮带，对不符合水分要求的烟叶，可经往复皮带送回重烤。复烤后的烟叶进行最后一次金属探测处理，合格的烟叶经爬坡皮带送预压机（共3台）顶部，由电子皮带秤自动计量后落料，交替进行预压、复压，最后打包。生产线配置中央集中控制和远程数字监控系统，可对生产设备进行控制和参数设置，各重要工艺部位设置监视装置，能对生产现场实行有效的监视管理，可利用因特网技术远程实时查询打叶复烤生产情况，下载工艺质量数据。投产后，运行顺畅，打叶复烤效能和产品质量俱佳。

2015年，该线由下湄桥司马洞老厂区移入到新厂区，进行技术改造后，投产使用，配6条铺叶线。机组设备配置、性能和作业流程与A线基本相同。被命名为B线。

郴州复烤厂12000公斤仿格瑞芬（改进型）打叶复烤生产线流程图

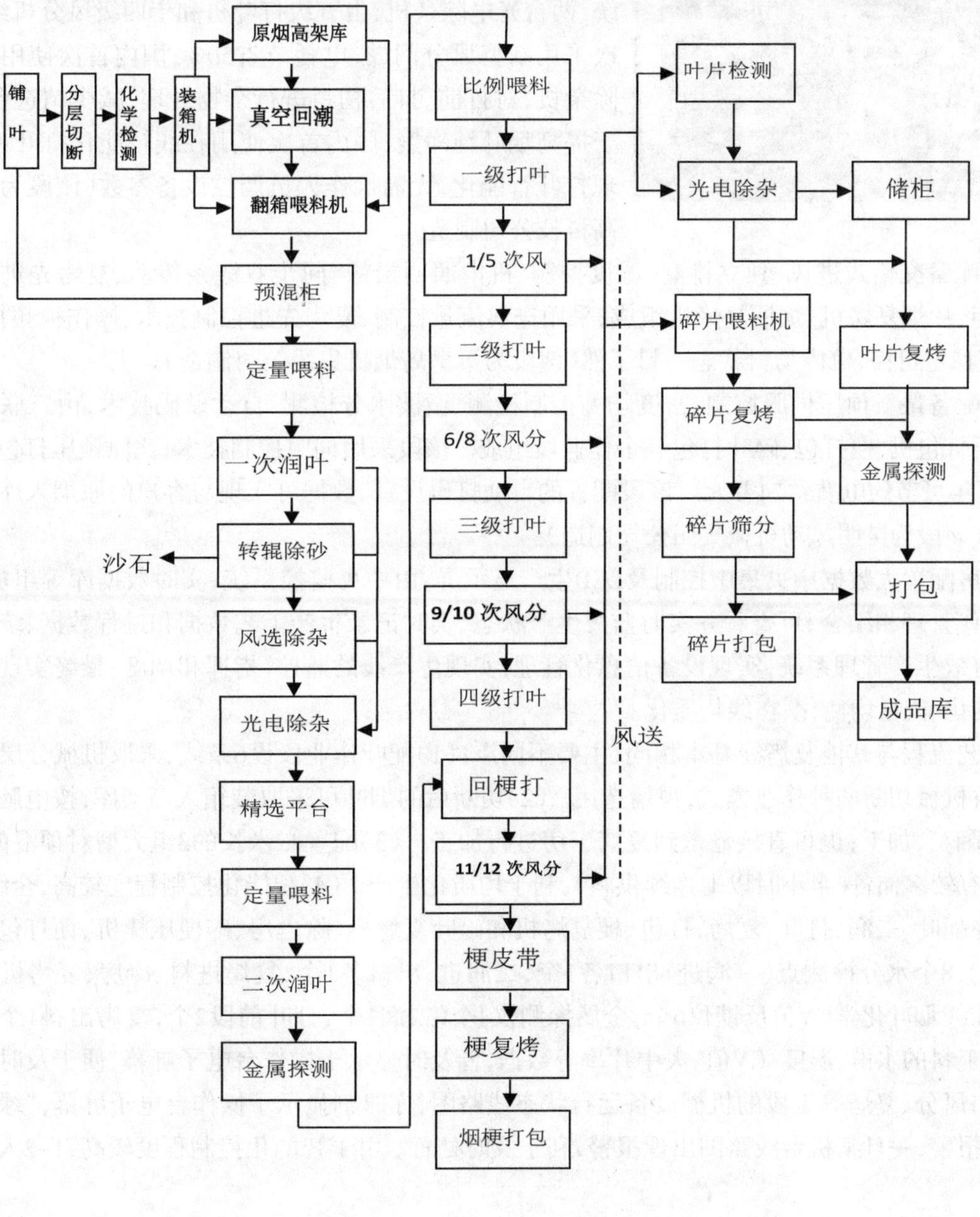

5.高效节能智能型-12000公斤/小时打叶复烤生产线

2015年9月，易地技术改造油山新厂区安装的高效节能智能型12000公斤/小时打叶复烤线投入生产，命名为A线。全线工艺布局按照配方打叶、均质化加工理念，采用国内外最新工艺设备，重点在精确配方、柔打细分、低温慢烤、均质化加工、杂物控制等环节进行工艺控制，实现全线均质化加工，烟碱CV值小于2.5%、水分CV值小于2.0%，杂物控制在行业标准之内；全线工艺设备具有发明及实用新型技术专利8项。全线新技术应用主要配置如下：

预处理段配备分层切断、配方高架库、在线真空回潮、大型对顶式预混柜等技术，由分层切断、计量装箱、原烟配方高架库、在线真空回潮、翻箱喂料、三组对顶预混柜、一次润叶筒、转辊除砂机及二次润叶筒组成；该段国内首次使用分层切断机投料，可减少50%人工；原烟配方立体库可实现智能配比；在线真空回潮机共有4台，高效节能、蒸汽消耗量减少85%；大型对顶（漏口相对）预混柜可有效地实现烟叶混配、提高均质化水平（该段为昆明船舶集团公司制造）。

翻箱投料

打叶段配备最新风分网鼓节能技术、在线智能化打叶系统、两台光电除杂机，由五级打叶机和十四级风分机组组成；首次采用新型风分网鼓，电耗节省50%；国内首次使用二台光电除杂机，对打前、打后物料进行杂物处理，减少精选台人工，利于提高烟叶纯净度；国内首次使用在线智能化打叶系统，可实现打叶智能化，无需操作人员调控设备参数（该段为北京长征高科技公司制造）。

复烤段配备交错式进风、独立排潮、湿度控制、机内照明摄像、同步双链条传动、复烤先进控制等技术，由混配柜、片烟复烤机、烟梗复烤机组成；采用进料流量控制、复烤先进控制技术、操作视频技术，可实现水分CV值稳定可控，机内物料状态一目了然（该段为秦皇岛烟机集团公司制造）。

打包段配备最新预压伺服控制、密度均衡控制检测、微波水分检测、自动贴码技术，由三联预压打包机、二联复压打包机、梗打包、碎叶打包五个作业段组成。该段采用伺服控制技术，比原预压打包机节能达65%以上，每年可节约电费约74万元。该段配置的自动打码设备，数据可实现与客户的原烟入库数据系统的无缝连接（该段为昆明风动机械集团公司制造）。

联合工房配置大数据中央集中控制及LED生产显示屏，由中央监控系统、实时数据库等组成，将自动化技术和现代管理相结合，可查看并实时监视生产状态、实时记录生产工艺数据和过程数据、统计生产数据，建立起有效生产管理系统，实现设备信息化管理；实现生产线的监控、指挥和调度；最终实现生产智能化、工艺标准化、流量均衡化、在线均质化。

该线工艺流程与其他复烤线基本相同，主要不同点：（1）配叶作业段设6条线，采取机械分层铺叶切断和人工铺叶+机械切断两种作业模式，视情选用。（2）切断后的烟叶可采取装箱入高架库，按电脑指令自动配方、出库、翻箱、加工；也可直接输送到复烤工房进行加工。（3）配置42米长的3组大型对顶混配柜，可使待加工原料有较多储备（半小时以上连续供料），利于均质化生产。（4）智能化控制程度较高，全线设9个电子操作台（在配叶、二润、打叶、复烤、打包、梗复烤机和碎叶复烤机、除尘房、碎梗压棒机、梗打包与碎叶打包等作业点），8个水分检测点（一润进、出口各1个，二润进、出口各1个，复烤进料、冷房、复烤机尾各1个，打包1个），在线烟叶化学CV值反馈仪6个，金属探测仪4个（二润1个，打叶前段2个，复烤出料1个），主要监控点途经加工料的水份、温度、CV值、大中片率等数据，皆及时显示于操作台电子屏幕，便于及时调整工艺参数；打叶与风分、复烤等工段的机械设备运行状态线路图，亦时刻显示于操作台电子屏幕，“绿”为正常，“红”为异常报警，一旦某机台线路图出现报警，利于及时处置。由于智能化控制程度较高，1-2人可值守操纵本工段多台设备。(5)在打包段、烤梗、碎叶包装作业段共配备6台自动贴码机，烟箱经过自动捆扎后，可自动贴码；片烟烟箱通过扫码机自动扫描，其数据录入大数据中央实时数据库电脑，为自动入库提供信息。(6)联合工房配置大数据中央集中控制电子系统及LED生产显示屏(大小共16块)，显示作业现场实况，提示作业要点，便于实时进行现场监控和调度指挥。

该线的烟梗复烤线设在另一工房，为烤房两烤区，冷房一区。复烤合格的烟梗经风管吸至装包机打包。

郴州复烤厂高效节能智能型–12000公斤/小时打叶复烤生产线流程图

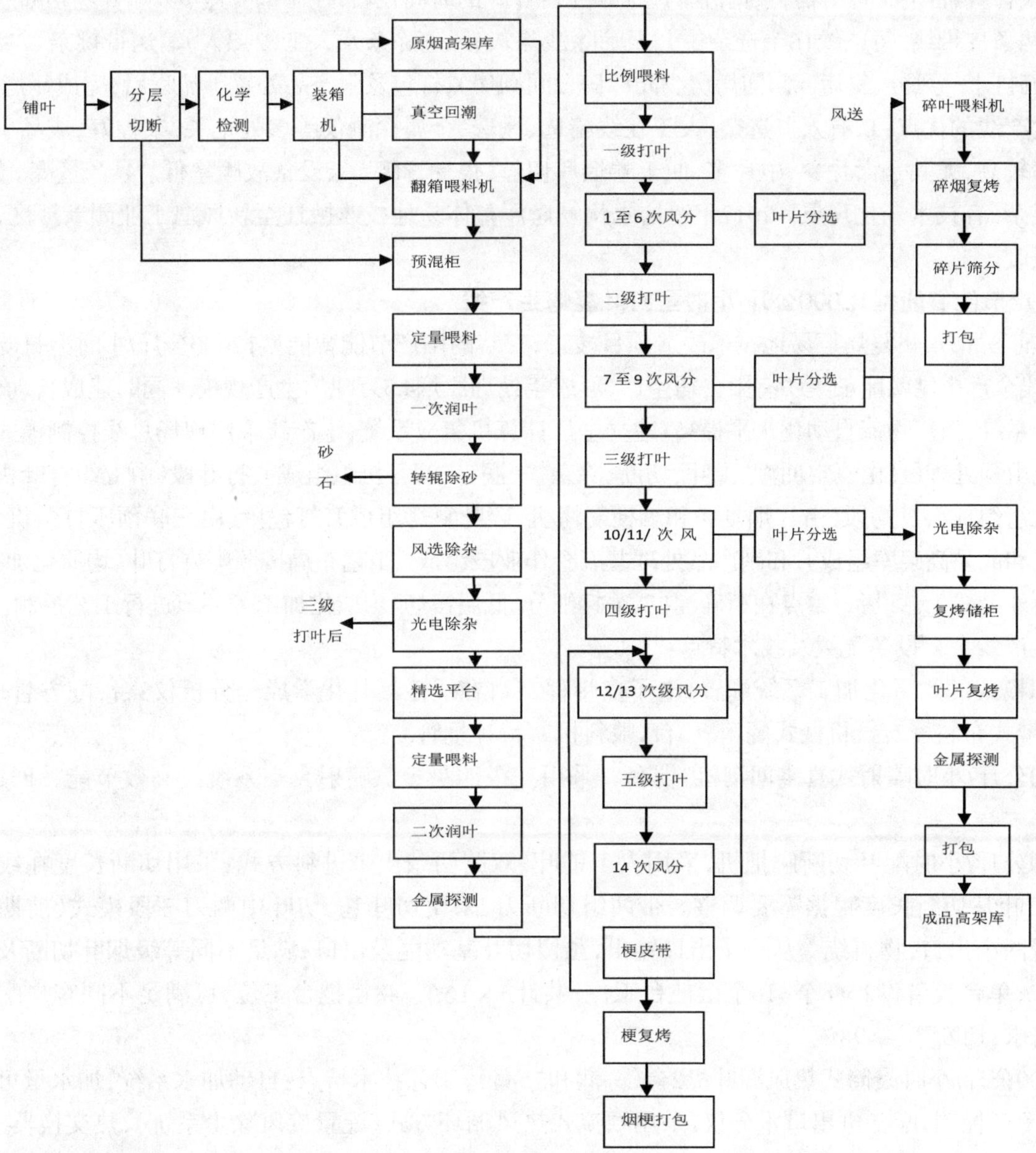

(二)永州复烤厂

1.进口科马斯6000公斤/小时型打叶复烤生产线

1989年立项，1990年购入安装，1991年11月调试投产。该生产线为全省唯一的意大利原装进口，生产能力为每小时6000公斤，年复烤能力1.5万吨。设备性能与工艺特点与郴州、常德仿科马斯打叶复烤线基本相同。20世纪90年代，国内许多卷烟厂家都有制丝线和直属复烤厂，多数只要挂杆复烤烟，加之打叶复烤加工费相对较高，不太乐意进行打叶复烤，故而打叶复烤订单缺乏，该线多数年份处于半闲置状态，只是偶尔加工，效益低下。直到2003年，国家局限期淘汰挂杆复烤设备，又限期取消各卷烟厂自行复烤，打叶复烤才“红火”起来。为适应形势转变，该厂投入巨资，对该线进行分年逐段技改，接连进行5年。原装进口科马斯设备只保留三样：润叶机1套、打叶机1台、刮板烤前提升喂料机1台，其余全部更新为国产设备。至2015年，该生产线为永州复烤厂唯一复烤生产线。

该生产线技改后，以两条铺叶皮带运输线进行铺叶（如属“配方打叶”的，按配方比例投料，即：以配方比例确定铺叶工台位比例，各自持不同品种、等级烟叶均匀投料，原料到后工段储叶预混柜可进行搅匀），2条铺叶线各有1台电子计时器，根据流量流速预先设计好的时间投料，控制铺叶速度。烟叶经切断、一润、人工除杂（两条皮带线，每条线16个选杂位）、振筛除沙除灰、风选除杂及人工（2–3人）输送带挑杂、二润、剔除金属物、五打十一风分、复烤（经4间烤房、3间冷房、2间潮房）、打包及附产品处置等流程后，完成复烤。

该生产线的优点：1、有入口选杂、人工在线精选、风选、金属探测仪等多处把关，杂控好，成品干净。2、大中片率较高，尤其是大片少、中片多，便于卷烟厂切丝，很受青睐。3、设备故障率低。4、产量高。缺点：多种设备混杂，有技术老化现象。2017年8月，永州复烤厂整体易地技改搬迁至新凤凰工业园新厂区，该生产线停用报废。

2.国产节能智能型12000公斤/小时型打叶复烤生产线

2017年8月，永州复烤厂易地技术改造项目竣工，安装的国产节能智能型12000公斤/小时型打叶复烤线投产，整线全部由昆明船舶集团有限公司生产，形成年处理原烟4.5万吨的生产规模。同时建成自动化、半自动化物流系统，新厂物流自动化水平提高；建立全厂计算机集成系统，生产线采用现场总线控制模式。该打叶复烤线由预处理段（由真空回潮、配叶、切断、除杂、一润、二润等机组组成）、打叶段（由五级打叶机和十四级风分机组组成），复烤段（由片烟复烤和烟梗复烤机、碎叶复烤组成），打包段（由三联预压打包机、二联复压打包机和成品高架库组成），和副产品处理共五个作业段组成。工艺布局按照配方打叶、均质化加工理念，采用国内外最新工艺设备，重点在精确配方、柔打细分、低温慢烤、均质化加工等环节进行工艺控制。

该生产线主要设备配置及技术特点：

平库模式的均质化加工系统配置：电子皮带秤2台，在线近红外化学成分分析仪3台，配方管理系统1套，往复带式布料器2台，机械式翻箱机3台，喂料机3台，计量管3套。

6000公斤/小时喷射式真空回潮机2台套，采用三级四泵蒸汽喷射真空系统，高效节能，回透率：≥98%。

4000公斤/小时配叶切断解把机，采用人工铺叶、双路两条皮带进料方式；采用切断长度在线可调技术，叶中、叶基切断长度根据需要调整。带两组切断刀，采用切叶基、切叶中两刀三段模式（前期不切叶基），设置两个出口，物料统一从一个出口输出，预留切叶基功能及出口；满足不同等级烟叶切断及分类加工的需求；单台设备设2×8个=16个摆把台工位，共计3×16个=48摆把台工位，可满足不同客户配方和均质加工需求；切断率：≥98%。

12000公斤/小时滚筒式热风润叶机2台（一润和二润）。工艺技术特点：自动加水系统，加水量可自动调节；水分闭环控制，配备进出口水分仪，采用顺流式热风循环方式（配置旋风除尘系统），热交换器下置，热风温度可自动调整。筒体具有自动清洗功能，二润预留安装加料系统的位置。

进料均料振动输送机及3000–4000公斤/小时烟叶风选除杂装置（共4台）。利用振筛筛除砂土；利用风选剔除烟叶中的轻质杂物，除杂率：≥80%；风机电机变频调速，节能环保。

光电除杂。配置2台套智能烟草异物剔除机。采用润叶后除杂（FT432型）+打叶后除杂（FT437型）组合方式，在不同的工位进行剔除，采用该方式能更有效的剔除杂物；采用LED光源，亮度高、寿命长（2年以上），显像效果好。除杂实行智能控制，对软件及算法按“芙蓉王”品牌精选模式进行升级，识别率及剔除率均比原产品有提高。打叶后除杂(FT437)以六相机配置,检测精度提高。

配置12000公斤/小时连续风分卧式打叶机,组合模式为四打十三分一回梗。其中,一打六分(双面打,含分流风选单元);二打(双面打)三分;三打二分;四打二分一回梗,并设置回梗打叶器。该工段采用的新技术主要有:(1)第一级打叶后采用分流风选技术,避免不同物料一起混合风选,提高风选精度和效率,降低造碎,降低叶中含梗指标,并可节能降耗。分流风选技术将打叶器打后的物料通过分流风选单元分为三部分,一部分为相对较轻的合格烟片汇入汇总输送带,一部分为相对较重的物料直接送至下一级打叶,另一部分为混合物料则送入后续的五级精选风分单元逐级将合格烟片风选出,风选后剩余的重物料进入第二级打叶。(2)采用高速皮带抛料形式的新型高效节能风分器,减少烟叶因机械挤压摩擦产生的造碎,同时皮带高速进料,料层薄,均匀连续,合格叶和梗抛出后自然分层,风分效率高。(3)风分器之间的物料输送采用高速皮带机替代原风送系统,降低能耗,减少设备数量及占地面积,降低噪音。(4)加装控制叶梗分离效果的智能控制系统,可在线测定控制片烟大小及分布,改善叶梗分离指标。

配置KG245C型11700公斤/小时烟片复烤机。工艺技术特点:干燥段六个干燥区,按4x4x4x4x6x4区间分布;冷却及取样段冷却区共5间,按3x2区间分布,冷却段增加视频装置;回潮段共分四个回潮区,按6x4x4x4区间分布,能够实现低温慢烤,及各区温度、水分均匀,及各区温度、水分的分段自动控制。主要新技术亮点:(1)干燥段以及回潮段均采用双侧交替进风技术,与纯单侧进风技术比:干燥后烟片水分标准偏差减小0.2%;烟片出料水分标准偏差减小0.27%。烟片复烤的均匀性提高,缩小复烤过程左、中、右水分极差,可实现对烟片的均质化加工。(2)回潮区内部结构采用防湿团、水渍烟技术。(3)回潮区喷水盒结构改进,改善雾化效果,提高加湿能力以及回潮均匀性。(4)片烟复烤采用智能控制技术。设备在低温慢烤的基础上,采用保湿烘干、湿度控制,对温度、湿度、循环风量、排潮风量等多参数实现智能控制。使得烟片的干燥、回潮过程曲线更为平滑,设备工艺指标更加稳定。(5)冷却区内部采用可视化技术。生产过程可观察箱体内部物料状况,实现边调节边观察,使风场均匀性的调节及控制更有针对性。(6)拓宽烟片出料温度。在设备出料口处设置出料过渡区,具备保温加湿功能,可根据实际情况,对出料温度进行适当调节,以满足打包工序的温度要求。(7)在输送网带转弯处设置小护板位置监测装置,出现异常及时报警。在返程段设置小护板清扫装置,及时清理内侧面附着的湿烟片及杂物,提高成品纯净度。

配置KG336A型4500公斤/小时烟梗复烤机。工艺技术特点:配置三个干燥区,干燥一区6间、干燥二区6间、干燥三区6间;干燥区后设置4间冷却间,其中,2间进风、2间排风,具有自动补风调节功能。主要技术配置有:(1)均匀铺料技术。采用刮板喂料机喂料,并通过板均料器,使其形成厚度均匀的烟梗层,避免热风短路现象,提高烟梗烤透率,节约能耗。(2)降低烟梗复烤后的出料温度。在出料前设置冷却区,对烟梗进行强制冷却处理,满足装箱温度的工艺要求。

喂料机采用防漏料、防积料技术。陡角器设置上下水平段以减小漏料,并且下水平段适当延长,以降低物料输送强度、减小挤压造碎。

采用"无秤架易维护"电子皮带秤。主要技术要点:(1)采用四传感器、双托辊、直压式称重技术。淘汰传统的杠杆式皮带秤,由传感器直接载承称重杆,称重更准确,维护更简单。(2)采用独特的悬臂式输送机结构,皮带更换非常方便快换(15分钟内便可完成)。(3)采用独特的重锤式恒张力张紧装置。(4)多秤台联合监控功能,实现传感器故障自诊断、秤台自动切换,避免生产中质量事故的发生。

配置KY17A型三联式9600-11700公斤/小时预压打包机1台。工作模式可采用三联两用一备模式,任意两联组合成双联预压机,满足60箱/h及以下生产能力,第三联作为待机状态备用,减少故障停机;工作模式也可采用三联按顺序进料动作的模式,可提高生产能力,也可针对低等级的烟叶增加保压时间,减少烟叶反弹。

配套成品高架库(共1套)。采用自动化高架立体库无托盘储存形式,可确保成品分类、分时间段入库;

扫描编码计数入账;存储超期有预警提示。出库按照“先进先出”原则,扫描编码计数,既可自动化装车,也可人工叉车装车发运。

配有烟梗、烟灰和除尘碎片处理系统(共1套)。(1)烟梗处理系统。主要配置设备:气动输送落料机,烟拐剔除机,振动筛分机,储柜等。主要特点:梗经风送环节,可实现除杂、净化、降温和除尘,处理。经烟拐剔除机及振动筛分机对烟梗进行分级处理,废烟梗可存放一组在顶式贮柜内或直接出料处理。(2)烟灰和除尘碎片处理系统。主要特点:采用直线筛和方形摇摆筛相结合的工艺特点,通过二次筛分,实现分类处理,确保烟灰筛分率高。

配有DHX18-1.25—Y.M型18t/h废弃物综合利用系统(共1套)。整套工艺系统包括燃料给入系统、锅炉本体、烟风系统、烟气净化系统、水处理系统、自动控制系统等。采取能源托管方式(BOT)投资、建设和运营烟梗废弃物处理项目,采用卧式循环流化床技术,年处理烟梗能力约12000吨,能满足12000公斤/小时打叶复烤生产用蒸汽需要。一方面为复烤企业免费无害化处理烟梗,另一方面为企业有偿提供蒸汽,炉灰还可制作钾肥,实现共赢。

采用“U”字形联合工房。打叶复烤车间与选叶车间、备料车间、成品高架库、辅料暂存间等合理组合,选叶车间与原烟库区物流便捷,选叶车间与打叶复烤车间直通,打叶复烤车间与北侧的成品高架库邻近,实现成品自动化入库可提高物流效率,减少物流成本。

永州复烤厂国产节能智能型12000公斤/小时打叶复烤线流程图

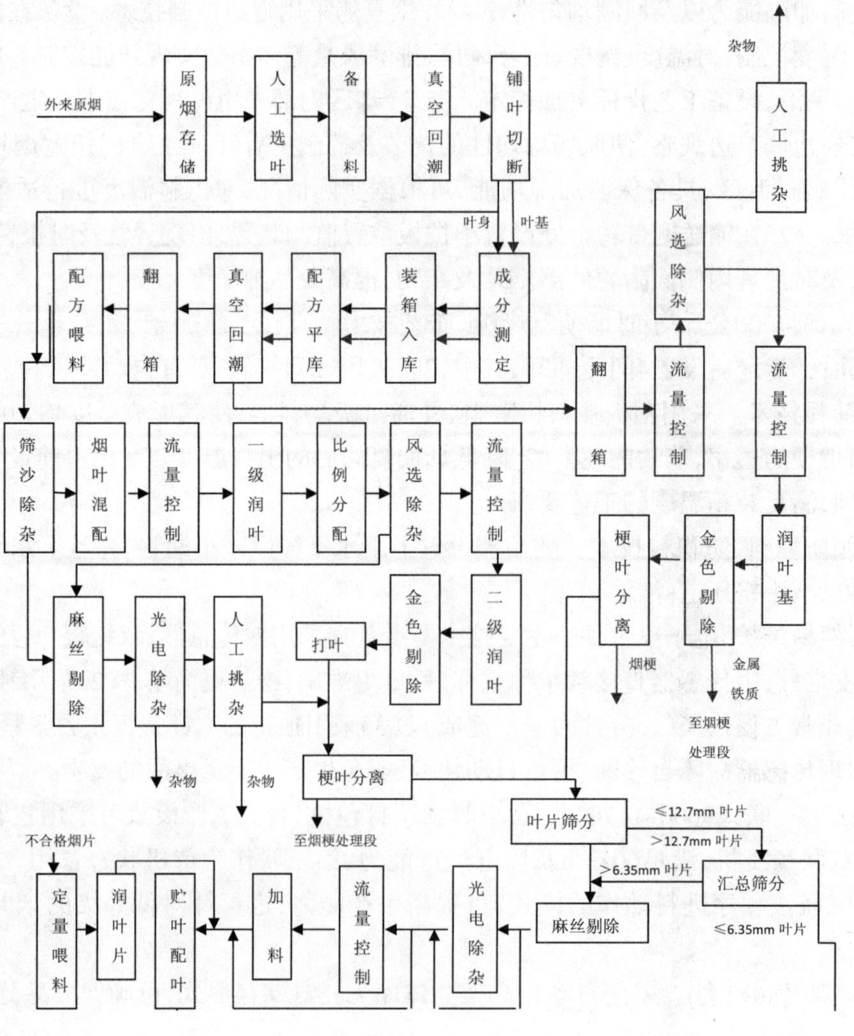

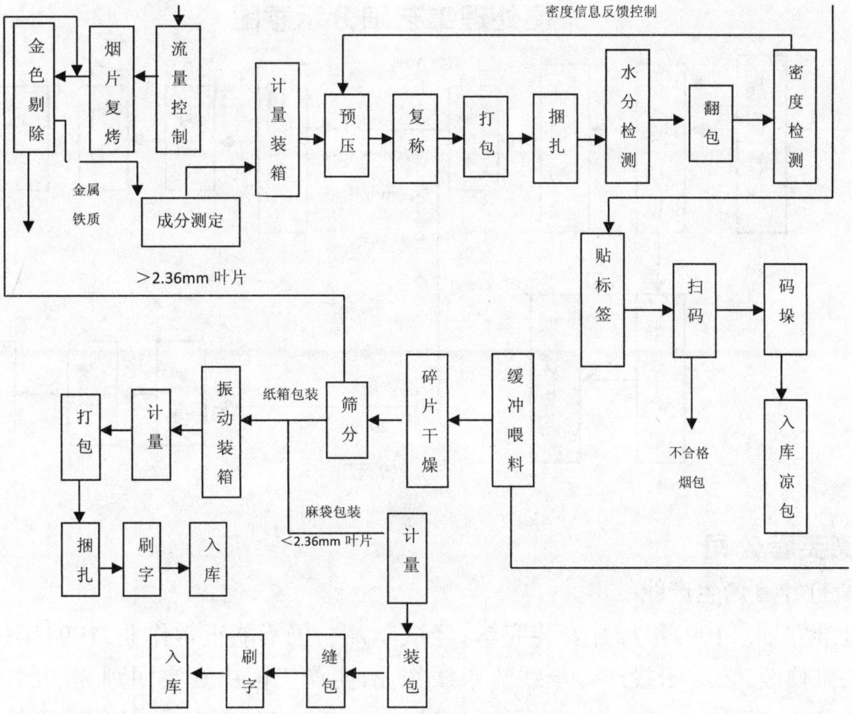

预处理工艺细分示意图

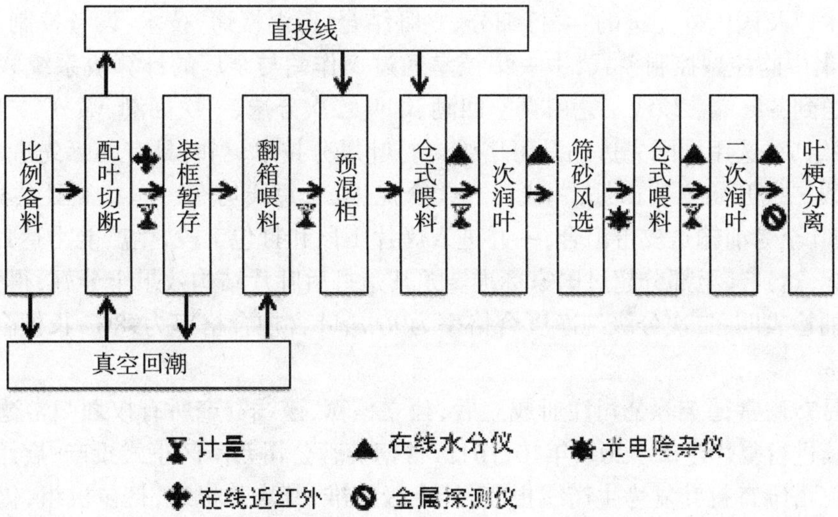

灰土处理工艺细分示意图

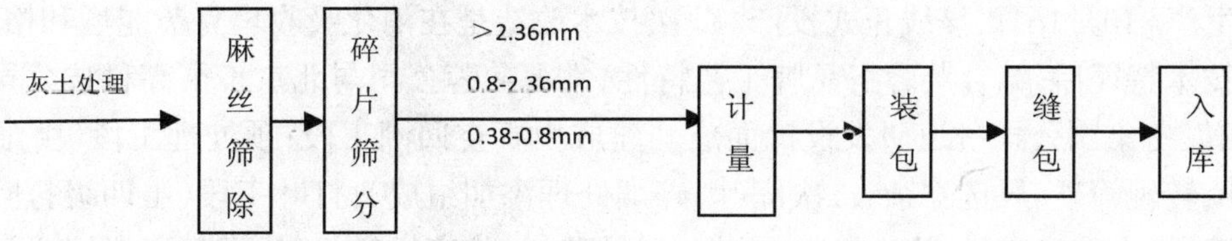

梗处理工艺细分示意图

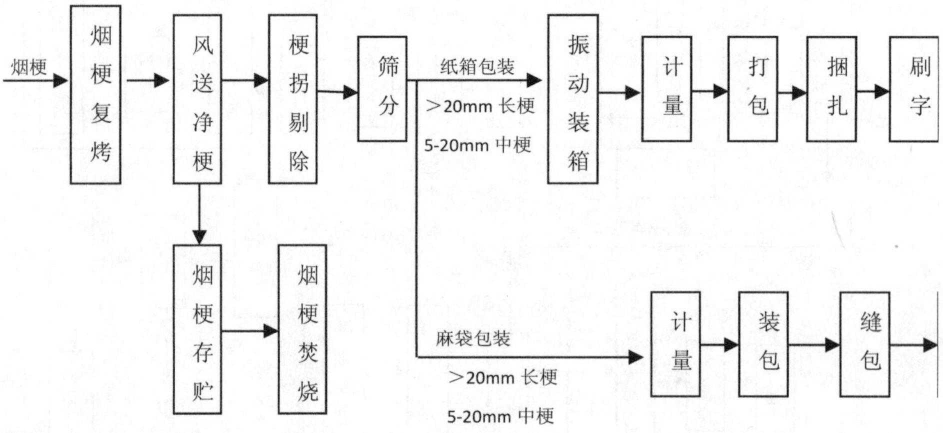

（三）常德芙蓉公司

1.仿科马斯打叶复烤生产线

1991年，批准立项。1992年12月安装完毕，经试车7次，仍不能正常作业，1994年1月暂停使用；1995年10月，经过攻关维修改进，终于投产。全线流水线作业，生产工段由真空回潮、配叶切尖、润叶、打叶去梗、复烤、打包等组成。1999年5月，常德卷烟厂仿玛克打叶复烤生产线投产后，该线全面停工，2000年报废拆除

该线工艺特点和操作规程，与郴州厂同型设备相同。

2.仿玛克塔维奇打叶复烤生产线

1998年立项。常德卷烟厂所有。1999年5月，该线I线一期工程投入试运行。选用国际先进的玛克塔维奇打叶风分技术以及国内外先进的“柔打细分、立卧结合、低温慢烤”技术，设备控制系统采用当时国际先进的PLC技术，集中监控型控制模式，中央集控室通过操作站与全厂的计算机系统联网，把各种生产数据及工艺参数传送到各终端。该线工艺由真空回潮、烟叶二次分选、一次回潮、筛分、二次回潮、打叶去梗、复烤、包装等工序组成，选用国际先进的马可塔维奇打叶风分技术，当时具有国际先进水平。2000年3月，该打叶复烤生产线二线开始安装；5月，一线与二线合拢生产，每线均有一润、二润（共4台套），滚筒筛沙、打叶等处理后，烟叶至烤前输送皮带汇合，一并进入烤片工段和打包工段，生产能力达12000公斤/小时。该线的各项工艺指标，达到甚至部分超过国家标准。尤其是打后叶片结构效果十分好，得到行业专家的一致肯定。产品质量抽检表明：二次分级纯净度合格率为96%，叶含梗合格率为98%，长梗合格率为95%，烤片水分合格率为82%。

2005年12月7日，常德芙蓉公司注册成立后，独立核算，该线资产所有权划归常德卷烟厂，常德芙蓉公司租用该线继续进行复烤生产。2014年10月6日，常德芙蓉公司新厂区正式投产，启用新生产线，原属常德卷烟厂的仿玛克塔维奇打叶复烤生产线报废，经上级批准，其烤片机组、打包机组，仍然留用，其他机组报废拆除。

该线工艺特点与操作规程，与郴州复烤厂仿玛克生产线基本相同。

3.国产组装节能智能型12000公斤/小时打叶复烤生产线

2014年5月，公司完成整体搬迁易地技改工程。7月，国产组装节能智能型12000公斤/小时打叶复烤生产线投料试生产。10月16日，该线正式投产。此次技术改造是在消化吸收玛克节能型和格瑞芬智能型打叶复烤设备的技术特征后，结合芙蓉王品牌工艺特性，常德芙蓉公司与北京长征高科技公司、秦皇岛烟机公司、昆明船舶设备集团公司一道研发设计而成。建成由真空回潮工段；预处理工段（由配叶切断机、贮叶柜、一次润叶、转辊筛砂、风选除杂、二次润叶、碎烟处理添加组成）；打叶工段（由四级打叶级、十二级风分组成）；复烤工段（由除麻丝机、光电除杂、贮柜、定量喂料、除麻松散机、片烟复烤机组成）；打包工段（由三

联式预压打包机、二联式复压打包机组成)。

该线工艺流程及工艺特点是在消化吸收玛克节能型和格瑞芬智能型技术的基础上研发设计的,其主要性能与省内同型生产线大致相同。其改进之处主要是围绕芙蓉王的工艺特点和客户重点关注的三大关键指标进行的,其主要亮点:其一,通过优化预处理工艺流程和对润叶机性能进行改进,使其烟叶实现在筒内中温润叶,增加烟叶在出料口的温度调节宽度,既可很好的保证优质烟叶色、香、味,又可保证润叶指标和润叶水分的均匀性;其二,通过在烤前增加松散设备,使其进入烤机的片烟松散,从而达到提高片烟干燥与回潮的均匀性,同时重新优化干燥区的导风网板,使其干燥气流更加均匀;其三,在回潮一区风机顶部的顶棚边沿加装冷凝水导流装置,基本杜绝由冷凝水产生水湿烟的现象;其四,调节风选除杂能力,首先加大风选出来的物料量,然后针对风选出的物料单独精细除杂,其次是在打叶出料振槽上增加除杂粘带等等,使片烟中的杂物得到有效控制。其五,智能化控制程度较高。具有光电除杂、测温、测水分、称重、控流分流、剔除金属异物、装箱等自动化控制装置,作业流畅,产品合格率高。

常德芙蓉公司国产组装节能智能型打叶复烤生产线工艺流程图

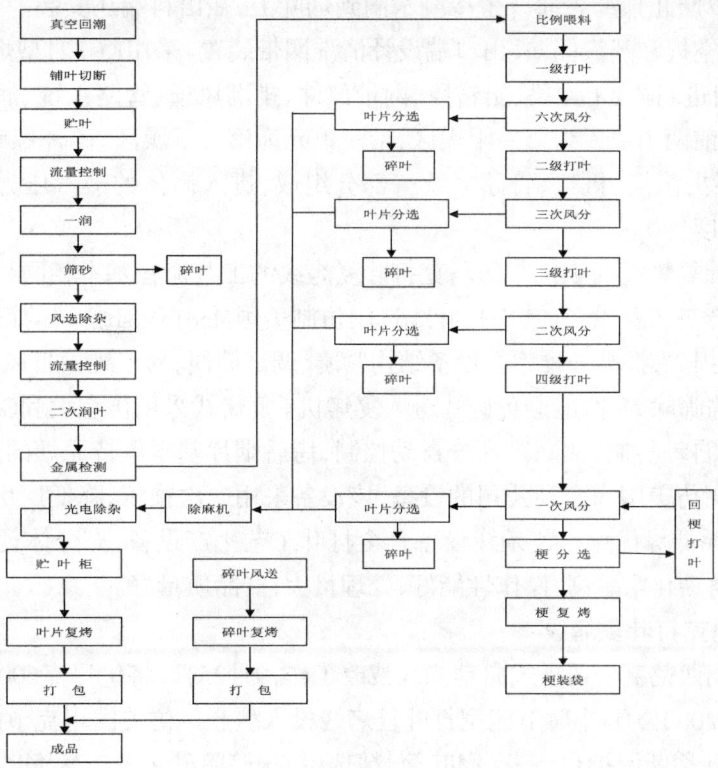

(四)湘西鹤盛公司

1.仿美国玛克打叶复烤线

1999年9月29日,吉首打叶复烤厂仿玛克-6000公斤/小时打叶生产线在湘西吉首市雅溪厂区投入生产。该线是在消化吸收美国MacTavish公司打叶生产线基础上,结合国内当时成熟技术研制定型的具有90年代先进水平的打叶生产线。其设备性能与操作流程与郴州等厂的同型设备基本相同。加工采用全叶(不切尖)柔打细分技术。第一级打叶效率65%,四次风分总效率94%;第二级打叶效率70%,三次风分总效率95%;第三级打叶效率80%,四次风分总效率95%;第四级打叶效率99%,四次风分总效率96%。打叶后烟叶水分16~19%。控制方式:以自动为主,具有手动操作功能;控制回路:具有磁热保护装置;逻辑控制用PLC(可编程序)方式;具有按工艺要求自动顺序启动/停、声光报警、故障诊断、联锁、用模拟屏实现工艺流程状态显示,通过MPI网络方式实现参数设定、显示等功能;控制柜具有密封、防尘、通风功能。

2.改进型仿美国玛克打叶复烤线

2003年，公司(厂)筹资8000万元，在厂区建成第二条年加工能力为1.5万吨的改进型仿玛克打叶复烤生产线(简称二线)。9月，生产车间二线进行仿玛克-6000公斤/小时型打叶复烤生产线设备的安装、调试。配叶(切断)解把机为FA124型，生产能力4000公斤/小时，解把率≥90%，安装切断装置，解决加工叶片较长的烟叶时，润叶提升带处烟叶易出现缠绕，导致流量不稳定和卡料的现象；采用刀刃与钢辊对切，且安装限位装置，有效保持刀刃与钢辊的间距，在解把机前端设计把头纠正装置，确保烟把与刀刃及钢辊平行，有效提高解把率。将仿科马斯打叶机组由原来的四打十风分改为四打十一风分；一级打叶原为三打辊改为四打辊，确保大中片率≥85%，提高打叶片烟质量。配备两个大容量的贮柜，单柜容量4.5～5吨，可以满足客户配打要求。配置16台精选台进行现场质量控制，全线采用风分除杂、光电除杂、麻丝剔除、烟包微波水分仪等新工艺新设备。

片烟复烤机由3个干燥区增至4个干燥区，每个小区之间由升降隔板隔开，每个小区都有2～3台离心风机与加热器配合使用，大幅加强片烟干燥程度，提高片烟复烤水分的均匀度。另外，在片烟复烤机出料顶部装有蒸汽盘管用以防止顶部表面产生冷凝水滴到烟叶上，在出料端还安装一个吸气罩连接到回潮区排潮风机上，防止潮湿空气和蒸汽侧漏，出口端设计清洗网带装置。采用KG321型烟梗复烤机，生产能力为1630公斤/小时，主要由进料段、干燥段、出料段、网带部件、排潮风道、管路系统、润滑系统等组成，干燥段共分三个单元两个区，前两个单元为第一干燥区，第三单元为第二干燥区。碎片螺旋干燥机改为KG51型滚筒式碎片干燥机，主要由滚筒、机架、管路系统三部分组成，进入筒体的蒸汽压力在0～0.6Mpa范围内调节，从而控制筒体的温度。

改进仿玛克型打叶复烤线的工艺与仿玛克打叶复烤线的工艺流程基本相同，工艺特点更为突出：采用国内成熟先进的生产工艺及设备，其中打叶线选用仿制美国MacTaVish公司的设备，能有效的保证大中片的产生，减少造碎和损失，提高长梗率。设备结构紧凑、调试简便、易于维护且风分机烟片出口设置有相互独立的叶片分选振筛筛除碎片，能避免碎片进入复烤机。复烤线采用仿意大利Garbuio公司的设备，烟片干燥段、冷却段的温度自动控制，回潮段水分自动控制，烤后烟片基本保持原烟的色泽，舒展平整，且水分均匀。预压打包机采用仿美国高多利公司的设备，该设备采用二次预压，降低厂房的高度，成品重量偏差小，还具有占地小、能耗低等优点。整条线设备是全打叶工艺生产设备，充分体现"柔打细分"和"低温慢烤"的技术，且设备的自动化水平高，操作性能好，处理量大，产品质量好。

3.节能型仿美国玛克打叶复烤线

2009年2月26日，湘西鹤盛公司正式启动二线技改工作，9月25日，将仿玛克6000公斤/小时型打叶复烤线改造成仿美国玛克12000公斤/小时节能型打叶复烤线投入生产。仿美国玛克节能打叶复烤线由真空回潮机、预处理段(由配叶切断解把机、一次润叶筒、精选台、振筛除砂机及二次润叶筒组成)、打叶段(由五级打叶机和十二级风分机组组成)，复烤段(由片烟复烤、烟梗复烤机和碎片干燥机组成)、打包段(由二联预压打包机和二联复压打包机组成)、副产品处理段共五个作业段组成。真空回潮机改后回潮容积为44m³，生产能力为12000公斤/小时；工作循环一次所用时间为：13～17分钟，增湿能力2～4%，回透率≥98%。滚筒式热风润叶机改后筒体尺寸为Φ2400mm×10000mm，生产能力为12000公斤/小时；热风润叶采用顺流式热风循环，热风温度控制在85℃左右；可采用自动和手动两种方式来控制水分，增温增湿效果好，能满足工艺要求。精选台改进成4台选叶机，每台5个精选台位，共计20个台位，精选台位的增加，使杂物控制能力提升。

贮叶柜

打叶机组改为“高效节能”型卧式打叶机组,采用五打十二风分,共计十个打辊、十二个风分仓,打叶器与风分仓各级之间均为高速皮带连接,取消极间回潮。

烤片机的生产能力为:9600公斤/小时,干燥区和回潮区加长,达到“低温慢烤”的烘烤及提高回潮能力的效果。对打包工段落料器进行改进,增加复压头一个,打包保压时间的设定一般根据叶片的流量及膨松程度进行确定,一般控制范围为12~40秒,解决烟叶布料均匀,确保烟箱密度及烟片装箱回涨外观质量,满足工艺要求。烤梗机的干燥区加长,使烤梗机的生产能力提高,并对梗风送路径进行改进(即风送成品烟梗进入原一线成品区进行包装);对烤后梗分选筛进行改造(采用多层多规格分选筛进行筛分),确保筛分效果,堵料和停机频率减少,满足工艺要求。

该线工艺流程与改进型仿玛克打叶复烤线基本相同。其设备性能具有明显提升,主要为:1、在工艺与设备研制上,以突出先进、合理、绿色、节能、环保为目的,采用当时国内打叶复烤各种先进成熟技术,如:新型配叶切断解把机、双向打叶器、高速皮带风分器、复烤机干燥区湿度控制技术、在线故障诊断、智能化控制系统等,充分体现现代打叶复烤最新技术,并贯彻节能降耗的原则。2、真空回潮设备的扩容改造后,可根据烟叶的松散程度、单罐烟包数量、质量要求等合理选择1~3周期的加工方式,满足客户的个性化要求。一润前增加储叶柜一个,不仅能够起到缓冲生产、控制流量的作用,而且在配方加工过程控制中能进一步提高其配方的均匀性。3、采用长高公司新型高效节能风分器,打叶机组的打叶效率、风分效率及叶片结构、梗含叶、叶含梗、长梗率指标均能满足加工工艺指标,同时其设备结构紧凑、方便使用维护,能耗低,过流能力强,有效防止堵料,从而减少烟叶造碎和损失。烤片段加长干燥及回潮区,有效实现低温慢烤,烤后烟片舒展平整,成品质量稳定。

鹤盛公司节能型仿玛克12000公斤/小时打叶复烤生产线流程图

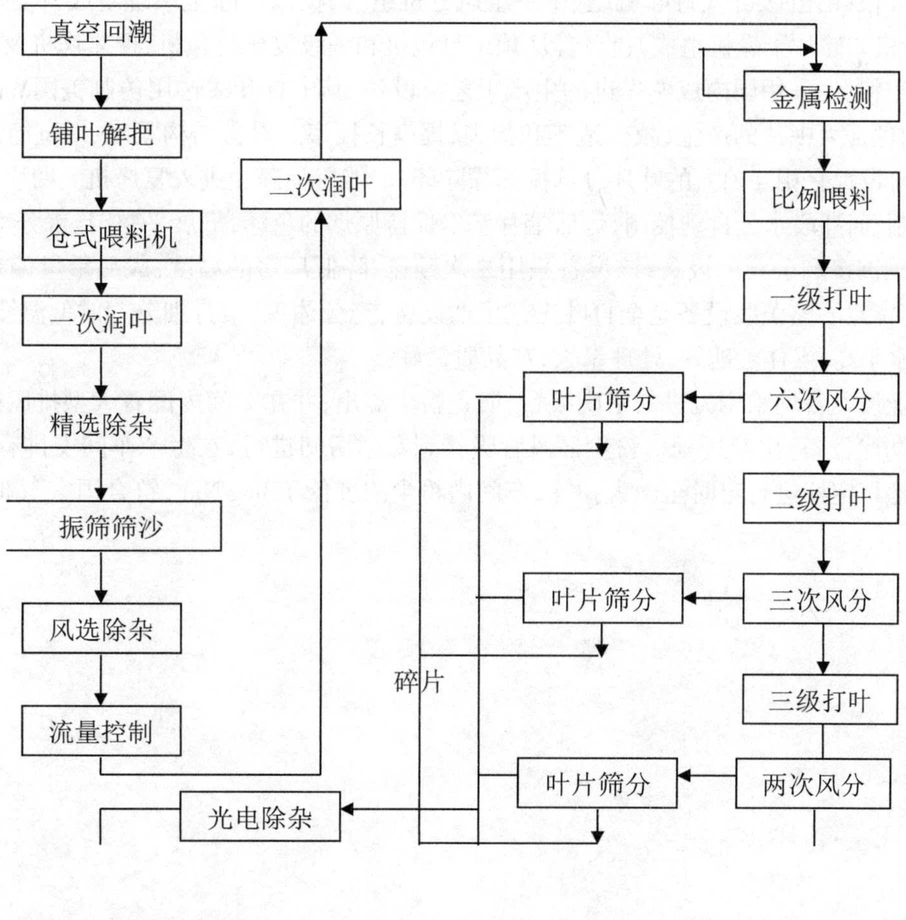

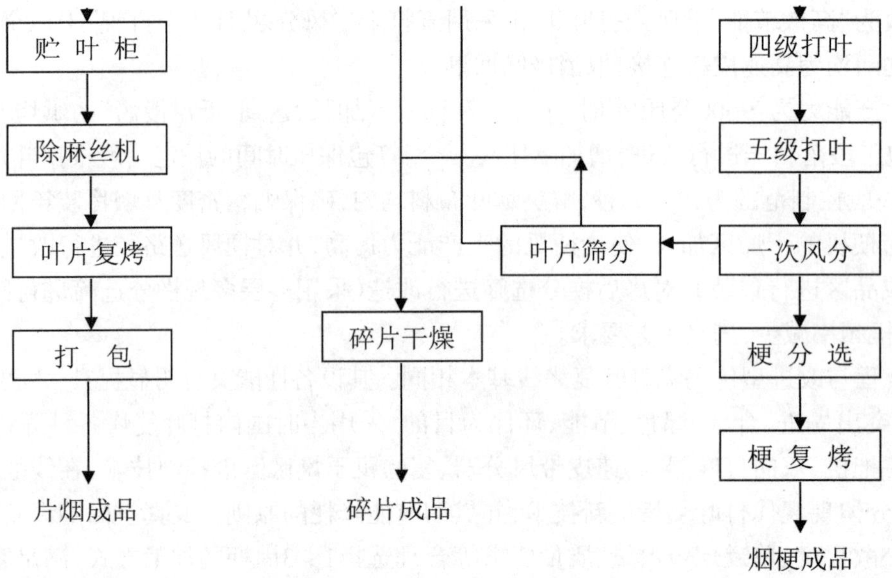

（五）浏阳天福公司

天福公司于2006年4月投产，采用打叶复烤工艺。购置使用北京长征高科技公司仿美国MacTavishda-9000公斤/小时型打叶复烤生产线，该线吸收美国技术、结合国内部分创新技术研制，属于当时先进、工艺技术成熟的打叶复烤设备。2010年9月，加装昆明船舶设备集团公司AW93AK94-3000公斤/小时型，至此具备每小时12000公斤生产能力。

该线主要设备：真空回潮机；预处理段（由铺叶线、配叶解把机、一次润叶筒、筛砂筒、精选台及二次润叶筒组成）；打叶段（由五级卧式打叶机组、十一组风分机组、回梗以及除尘系统组成）；复烤段（由叶片复烤机、光电除杂机和碎片干燥机组成）；打包段（预压打包机和一级复压打包机、梗复烤机及捆扎机组成）。

该线的工艺特点：采用国内成熟先进的生产工艺及设备，其中打叶线选用仿制美国MacTaVish公司的设备，能有效的保证大中片的产生，减少造碎和损失，提高长梗率。设备结构紧凑、调试简便、易于维护且风分机烟片出口设置有相互独立的叶片分选振筛筛除碎片，能避免碎片进入复烤机。烟片干燥段、冷却段的温度自动控制，回潮段水分自动控制，烤后烟片基本保持原烟的色泽，舒展平整，且水分均匀。预压打包机采用国仿美国高多利公司的设备，该设备采用二次预压，降低厂房的高度，成品重量偏差小，还具有占地小、能耗低等优点。整条线设备是全打叶工艺生产设备，充分体现“柔打细分”和“低温慢烤”的技术，且设备的自动化水平高，操作性能好，处理量大，产品质量好。

该线各作业段设备均采用先进的密闭装置，防止粉尘溢出；并在车间内配置大型排风机、幕帘喷雾加湿系统等除尘防尘设备，生产过程中粉尘经风管吸转到专门房间进行，在生产车间安排有清洁工随时清扫，扫地机、洗地机定期进行定时全面大扫除，车间内粉尘浓度低于3mg/Nm³，符合国家工业卫生标准和文明生产标准。

浏阳天福公司仿玛克9000公斤/小时型打叶复烤生产线工艺流程图

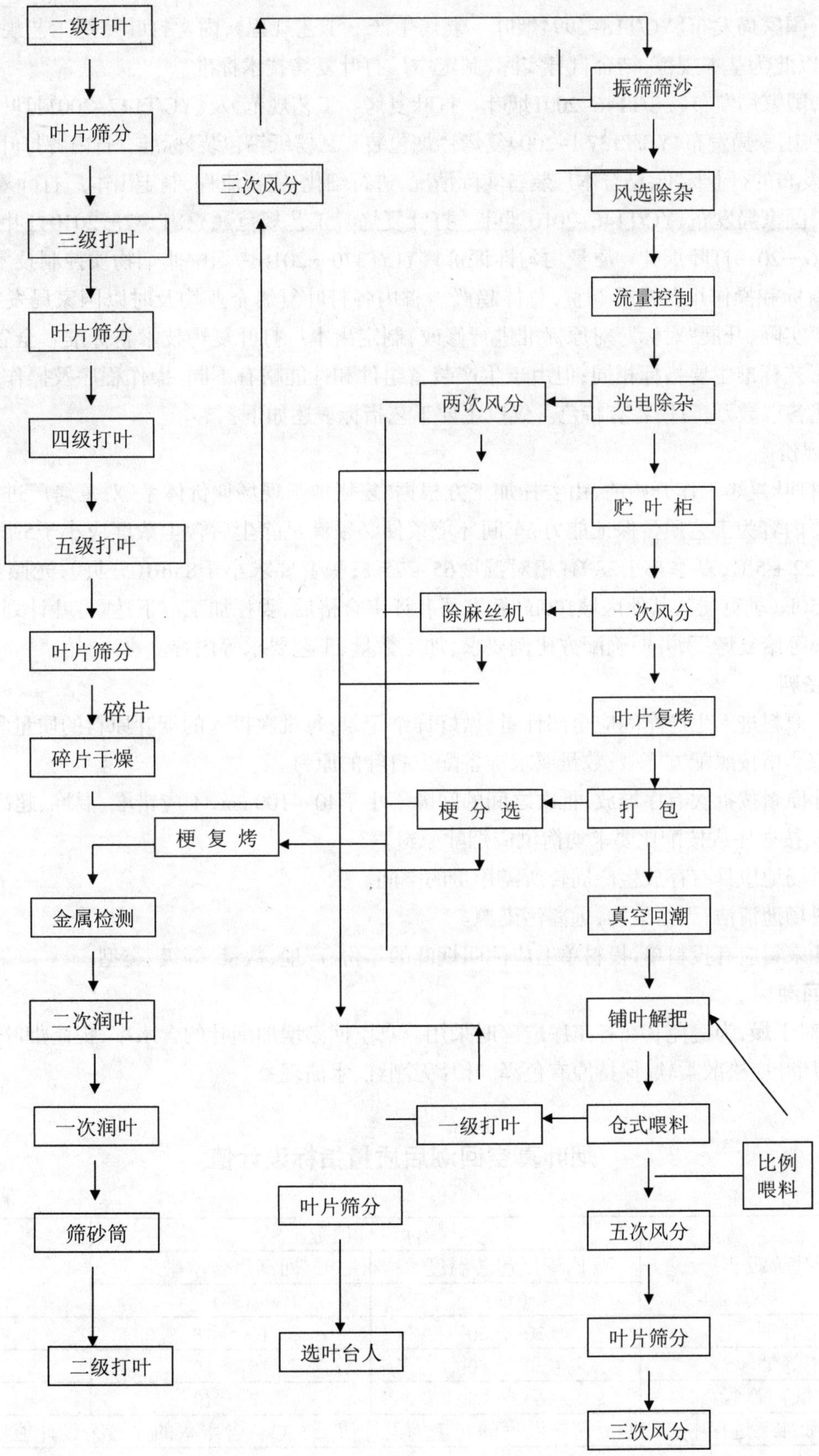

二、主要工艺指标

1994年，国家局发布《YC/T18-1994烟叶　复烤生产　工艺规程》，内含打叶复烤工艺规程。省内各打叶复烤企业以此为基本规范，结合自身实际，制定本厂打叶复烤技术标准。

2001年，国家局发布《YC/T146-2001烟叶　打叶复烤　工艺规范》及《YC/T147-2001打叶烟叶　质量检验》。2004年，国家局发布《YC/T137.1-2004复烤片烟包装　瓦楞纸箱包装》标准。省内各打叶复烤企业均及时以国家局发布的行业标准，结合本厂装备实际情况，进行细化，完善流程，制定出本厂打叶复烤技术标准。

2010年，国家局发布《YC/T146-2010烟叶　打叶复烤　工艺规范》《YC/T147—2010打叶烟叶　质量检验》《YC/T366—2010打叶烟叶　质量均匀性评价》《YC/T370—2010烤烟中非烟物质控制技术规程》四项标准，对工艺指标和操作规范进行调整，总体趋严。省内各打叶复烤企业均及时以国家局发布的行业新标准，结合本厂实际，开展"对标"，对原标准进行修改，制定出本厂打叶复烤技术新标准。全省5个打叶复烤厂（公司），工艺标准主要指标相同；但由于生产装备组件和性能略有不同，操作程序及操作细节要求却不尽相同；表述各以数万言计，各有特色。仅以主要工艺指标表述如下：

1.现场评价

在年度打叶复烤工作开始前，由委托加工方根据"复烤加工现场评价体系"对复烤厂进行加工前的现场评价，主要内容为工艺质量保证能力；车间环境条件必须满足除尘后含尘浓度应小于5毫克/立方米；车间温度冬季22±5℃，夏季小于38℃；相对湿度65～75%；噪音要求小于85dB（分贝）；光照强度铺叶摆把区、选杂区150lx（勒克司），其他区域100lx（勒克司）。评审合格后，委托加工方下达《打叶计划通知单》《配方打叶通知单》等给复烤厂，并明确配方比例要求、加工数量、工艺要求等内容。

2.原烟备料

（1）烟叶原料进入生产车间应全部计量，做好详细记录，每批次投入的烟叶原料的质量和数量符合生产规定要求，严格按照配方等级、数量要求准备配方打叶的原料。

（2）烟叶原料按批次有序堆放；批次之间的间隔不小于40～100mm，不应错堆、混堆、超高堆放（限高2m），分批次、按顺序或按配比要求均衡供应烟叶原料。

（3）备料场地应具有存放生产周转所需用量的空间。

（4）备料场地清洁，无污染物，远离污染源。

（5）烟叶来料应有投料单，投料单上应注明烟叶的年份、产地、数量、等级、类型。

3.真空回潮

原烟相对干燥，为避免其在各工序造碎时采用。真空回潮增加烟叶的含水率，提高烟叶的温度。真空回潮后的烟叶应松散柔软，保持原有色泽，叶片无潮红、水渍现象。

烟叶真空回潮后质量指标设计值

表6　　单位：摄氏度、%

烟叶等级	指标设计值范围		回透率（%）
	回潮后包芯温度（℃）	回潮后含水率（%）	
上等烟	50～60	16～18	≥98
中等烟	60～70	16～18	≥98
下（低）等烟	60～75	17～19	≥98
在实际加工过程中，回潮后包芯温度的允差为设计值±5℃，含水率的允差为设计值±1%。			

4.铺叶切尖散把 将来料按生产规定要求,连续、均匀、整齐一致地铺在摆把台输送带上。切尖打叶时,切下烟梗直径小于1.5毫米的叶尖部分。解把率≥80%。

5.润叶 “一次润叶”,提高烟叶(叶基)的含水率。“二次润叶”,提高烟叶(叶基)温度,提高烟叶(叶基)的松散程度。“润尖”,松散开粘结叶尖,提高叶尖含水率。润后烟叶应符合润后烟叶质量指标表的规定。

润后烟叶质量指标表

表7 单位:摄氏度、%

指标		上等烟			中等烟			下(低)等烟		
设计值	工序	一润	二润	润尖	一润	二润	润尖	一润	二润	润尖
	温度(℃)	50 ~ 60	50 ~ 65	50 ~ 60	50 ~ 63	50 ~ 68	50 ~ 60	50 ~ 65	50 ~ 70	50 ~ 60
	含水率(%)	15 ~ 18	17 ~ 20	15 ~ 18	17 ~ 20	18 ~ 21	16 ~ 19	15 ~ 19	18 ~ 22	17 ~ 19
散把率(%)		≥ 95			≥ 95			≥ 95		
配方叶组打叶,参照本表。										
白肋烟润叶(尖),参照烤烟中等烟润叶(尖)。										
在实际加工过程中,润后温度允差为设计值 ±5 ℃,含水率允差为设计值 ±1%。										

6.风选、筛砂分选 风选和筛分除去混杂在烟叶中的砂土、烟虫、虫卵、麻丝、细纤维丝等杂物,并分选出碎烟片。筛分效率大于90%。

7.叶尖、叶基挑选 人工挑选出青烟、霉烂烟、杂物及其他不符合技术要求的烟叶。对未解把的烟把进行人工解把。挑选后的烟叶应符合以下要求:“一类杂物”(塑料纤维、油污烟、毛发、金属物)含量为零;“二类杂物”(纸屑、绳头、麻片)和“三类杂物”(植物及非烟草类植物纤维)含量不超过0.00665%。挑拣出的杂物,应放入专用杂物箱内,并及时清理。挑拣出的青杂烟、霉烂烟和其他不符合技术要求的烟叶,分类存放,标识清晰,并集中处理。

8.定量与喂料 将烟叶按生产工艺要求的流量(控制在12000公斤/小时以内),均匀地供给下道工序。储存一定量的烟叶,起到工序间缓冲和调节、配方烟叶的配比作用。

9.打叶去梗 将烟叶(叶基)进行梗、叶分离。打叶去梗后叶片及烟梗符合下列工艺质量指标:

打叶去梗后叶片结构质量指标表

表8 单位:平方毫米、%

规格	上等烟(%)	中等烟(%)	下(低)等烟(%)
>(25.4x25.4)平方毫米	≥ 47	≥ 45	≥ 41
>(12.7x12.7)平方毫米	≥ 83	≥ 81	≥ 77
>(6.35x6.35)平方毫米	≥ 94		
>(2.36x2.36)平方毫米	≥ 99.2		
<(2.36x2.36)平方毫米	< 0.8		

注:本表指标为烤烟切尖打叶且掺入叶尖后的指标。全叶打叶时,对于上中等烟,叶片尺寸大于(25.4x25.4)平方毫米的叶片率指标降低 2%,其他规格的叶片率不变;对于下低等烟叶,叶片尺寸大于(12.7x12.7)平方毫米的叶片率指标降低 2%,其他规格的叶片率不变。

对于白肋烟,叶片尺寸大于(12.7x12.7)平方毫米的叶片率按上等烟、中等烟、下等烟在烤烟的基础上分别降低 2%、3%、5%,其余规格的叶片率指标不变。

叶中含梗率≤2.0%；梗中含叶率≤1.2%；长梗（长度大于20毫米）率：上中等烟≥70%，下低等烟≥65%；粗梗（直径大于2.38毫米）率≤0.4%。

10.烟叶复烤 将打叶去梗后的叶片（叶尖）经过干燥、冷却、回潮，有效地控制其含水率；冷却段叶片含水率：上中等烟（8～10）%，下低等烟（8～10.5）%；机尾叶片含水率（11.5～13.5）%，含水率极差小于1%；机尾叶片温度：（50～55）℃。一类杂物含量为“0”，二、三类杂物含量不超过0.00665%。

11.烟梗复烤 将打叶分离出来的烟梗进行干燥去湿。烟梗含水率：10～13%。将烟梗筛分为长梗（>20毫米）、短梗两个规格（或根据合同要求）。筛分后，烟梗符合下列工艺质量指标：长梗率≥85%。一类杂物含量为“0”，二、三类杂物含量不超过0.00665%。

12.碎片、碎末包装 将生产线产生的碎片单独烘烤，并将烘烤后的碎片按所要求的规格进行筛分。将筛后尺寸大于（2.36x2.36）平方毫米的碎叶片剔除所含烟梗后，均匀掺入烤后叶片中，尺寸小于（2.36x2.36）平方毫米的碎末单独包装，或根据客户需要按尺寸分类包装。烤后碎片和碎末的含水率为11～13%，碎片和碎末含梗率≤0.5%。一类杂物含量为“0”，二、三类杂物含量不超过0.00665%。

13.叶片打包 将复烤后的松散叶片，按照一定的包装规格和质量（重量），经过计量、预压成型、复称，进行打包捆扎、标识。

叶片包装技术要求表

表9 单位：毫米、公斤、%

包装方式	外形尺寸（长×宽×高）（毫米）		净重（公斤）			允差（公斤）	叶片含水率（%）
	烤烟、晒黄烟	白肋烟	白肋烟	烤烟	晒黄烟		
纸箱	1115×690×725	1115×690×725	180	200	180	±0.5	11～13
	1136×720×725	1136×720×725					

14.烟梗包装 将筛分后的烟梗装入纸箱或麻袋，并加标识。烟梗包装应符合下列规格标准（或根据合同要求）。麻袋包装：烟梗包装净重（25±0.5）公斤；包装前烟梗温度不应高于50℃。纸箱包装：烟梗包装净重（200±0.8）公斤。标签上应清楚的标明企业名称、产地、等级、净重、生产班次、生产日期等。包装好的烟梗，按保管员指定位置堆码整齐，堆码不得超过8层。

15.凉箱（包）工序 凉箱（包）后，叶片的箱心温度小于等于35℃，烟梗、碎片或碎末的箱心温度小于等于45℃。烟箱存放不应高于2层，烟包存放不应高于4层，四周间距部小于0.3m，分类存放，并有明确标识。

16.杂物控制 （1）一类杂物：橡胶产品、塑料、毛发、虫卵、金属、油污烟叶和被异味物污染烟叶，二类杂物：纸屑、麻片、木、石头等，三类杂物：稻草、树叶及非烟草类植物类。（2）一类杂物含量为“0”，二、三类杂物含量不超过0.00665%。（3）选杂工坐姿端正，两眼专注来料，用手翻动烟叶并捡出物料中的杂物和不合格烟叶。将杂物分类放入杂物盒，一类杂物，二、三类杂物分开摆放。（4）只要设备开启，质控员就必须在岗。（5）选杂时发现异常杂物和设备脱落物件，必须向工序负责人员汇报，以便及时处理。（6）散把选杂控制：散把工按规范摆把，在摆放过程中，仔细选出杂物并按要求放入杂物盒。散把选杂工要将叠把烟叶翻开，捡出杂物，挑选出烟叶中的青、杂、霉和其他不符合技术要求的烟叶。落地烟叶回收后，要经过筛选，选出杂物后方可搀兑。在空机运转或过头、尾料时汇总皮带处须有质控员捡杂。（7）精选台选杂控制：精选台故障暂停使用时，生产班组应合理调配人员到指定的地点检杂，达到控杂目的。在捡杂同时挑选出烟叶中的青、杂、霉和其他不符合技术要求的烟叶。将挑选出的杂物（NTRM）与不合格烟分类装入杂物（NTRM）盒和不合格烟盒中，清理杂物盒和不合格烟盒中的物品。在空机运转或过头、尾料时一、二润出口要有质控员检杂。（8）风选除杂选杂工在挑选杂物时，发现物料过少或过多，要将异常情况向班组长反馈并进行调整。(9)金属探测仪处落下的物料，勤杂工选出金属杂物后，再将物料于精选台汇总皮带均匀搀兑。(10)烤梗质控员发现异常杂物要反馈给本段操作工。(11)光电除杂选杂工挑选出杂物后，要将物料均匀参兑于贮柜进料皮带中。光电除杂机若较长时间无剔除杂物，质控员要向班组长反馈。(12)日保、轮保时，要把剔麻丝辊上的杂物清理干净；日保、轮保时，要把各段强力磁铁上的杂物清理干净。(13)在空机运转或过头、尾料时烤前、烤后要有质控员检杂。(14)轮保后第一天开机，烤片出口皮带反转，把杂物转出。

17.配方打叶 (1)品质管理部根据配方加工要求，制订配方打叶加工方案，确定配方烟叶比例，明确加工工艺要求，经部门领导审批后，在生产组织实施前，向相关部门传递。(2)配方打叶加工方案应包括：配打等级投料偏差控制范围，超出范围值的处理及反馈方式；投、接料及烟叶堆码要求；选出的青、霉变烟叶的处理方式，余料、尾料及待加工、不合格品的处理方式；生产过程控制过程中相关工艺的要求；产品标识、过程控制标识及记录的要求；产品检测、检验的要求；烟叶配比要求等内容。(3)生产部接到《生产调度通知单》及配打工艺文件后，根据品质管理部下发工艺文件及时编好真空、散把配包示意图，配打信息必须传达到所有相关岗位，确保有关人员明确配方加工要求。(4)仓储物流部严格按照配比要求，核对好烟叶等级、数量后，采用“抓中药”式向生产车间进行单品牌投料，禁止转运车辆混装烟叶(精选投料参照执行)。(5)生产车间接料前，应在车间接料区域按烟叶配比要求划分好烟叶堆码区，接料后按烟叶等级、品牌分类堆码，清点核对烟叶数量、配比情况，设立标识牌，并在标识牌上注明该批烟叶配比等情况；框栏投料应核对单框烟叶数量、重量一致，尾框必须单独注明。(6)根据烟叶配比要求，在真空回潮机小车划分烟叶摆放区域，确定各品牌上、下车人员，设立标识牌，严格按照要求摆放烟包或多等级组框配比，由操作人员根据配比核对烟包等级、数量等，并作好记录。不需真空回潮工序特殊过程控制要求，由真空操作人员按工艺的配比要求确定烟叶等级数量、重量及组框配比要求，拖包人员直接向散把台指定位置投放配比烟叶。(7)确定配方烟包摆放位置，确定各品牌散把人员，设立相应的标识牌；烟包摆放到指定位置后，由散把管理人员按照配比要求，对各个散把点的烟包进行核对，并填写《配打上台数量记录表》；应按照要求摆放烟把，保持配方烟叶的均匀性，散把人员及散把管理人员不得加快或减缓摆放烟把进度；散把管理人应随时检查配方烟叶摆把的进度，出现偏差应及时作出调整，并确保前一罐烟(投料单元)全部上散把台后，后一罐(投料单元)烟包才能进入指定台位。(8)二润前喂料机积料1/3后，二润才能允许过料；烟叶进出贮叶(配方)柜应在其标识牌上标明开始和结束时间，由当班烤片操作工进行有效控制；贮叶(配方)柜采用平铺布料方式进料，至少进料两罐(即112～120包)后才可出料，确保满足烤片流量稳定的要求。(9)操作人员应遵从现场工艺员、班组长指令，按照配方打叶加工方案、作业指导书等要求，对本工序实施有效控制，并作好相应记录。(10)班组长应在配方打叶加工前、加工过程中对各工序的标识、配方打叶加工信息传达、成品标识等相关工作进行检查，并作好记录，发现问题及时纠正、反馈；当班工艺员应按照配方打叶加工方案及相关工艺文件要求，对配方打叶加工过程、现场工序标识、检验、检测过程进行检查、监督，发现问题及时纠正、反馈。

第三章　生产加工

第一节　生产组织

一、指挥与调度

各复烤企业自投产起，皆成立以厂长或总经理为首的生产指挥系统，由分管生产的副厂长或副总经理主持，生产科（部）为归口管理部门。厂部设专职生产调度员。实行调度例会制度，分厂部和车间两级。其中，厂（公司）级生产调度会，召开频度各企业略有不同。开烤前均必开至少一次，以动员各相关部门全力协调配合，做好开烤准备。生产进行时，郴州、永州复烤厂一般在每批次开烤前召开一次，出现重大问题、重要协调事项时，随时召开；常德芙蓉公司、湘西鹤盛公司每批次开烤前必开一次，并每半月召开例会一次；浏阳天福公司则实行每批次开烤前必开一次，每周召开例会一次。例会一般由主管生产的副厂长（副总经理）主持会议，生产、复烤车间、业务（客服）、企管、仓储物流、精选、工艺品质（质检）、动力、机修、设备、后勤部（科）的负责人和技术主管、厂部生产调度员和安全员等参加，遇重要、特殊情况，厂长（总经理）参加。会议议程，一般为：先汇报前段情况，提出当前任务和存在的问题，研究解决办法，明确下阶段各部门分工任务，并形成会议决议下发。在健全局域网后，调度会决议基本由办公OA系统下达。各相应职能部门在接到会议决议后，即制定方案，召开部门会议，分解责任，分头抓落实。生产期间，生产调度员正常状态下的日常调度指令，由生产管理部直接下达给各生产车间；并跟班巡视，搞好工作衔接，发现问题时，及时协调解决。遇到重大运行故障、质量事故等情况时（调度员有权临机处置），报告、请示后，依厂领导、部领导指示，下达临时停机和组织抢修指令；故障和异常情况排除后，依厂部指示，下达恢复生产指令。各部门对生产调度会决议执行情况，纳入考核，与奖罚挂钩。

二、实施概况

（一）郴州复烤厂

1978年6月29日投产，主要设备为一台旧单幅挂杆式复烤机，一台2吨立式人工锅炉。是年克服人力不足、业务流程尚不顺畅、机械运转时有故障等困难，复烤烟叶519吨。

1979年，鉴于部分职工技术生疏、设备运行不够理想，复烤厂采取派人出去学、回来在实践中练的方法，开展生产。如在新锅炉、发电机安装过程中，职工们自己动手，边干边学，既增长知识，又节省费用，取得良好效果。是年复烤烟叶1664.2吨，比上年增长2.2倍。日班产量为8.8吨，超过8吨的定额水平，比上年的6.95吨增长26.6%。复烤损耗率为5.42%，比定额损耗降低0.08%。

1980年，郴州地区棉麻烟公司和复烤厂在生产旺季期间，组织青年职工开展百日劳动竞赛活动，掀起比产量、比质量、比技术、比节约、比低耗的热潮，复烤厂全体员工积极参与，取得最高日班产量7.25吨的优异成绩，超过烤机设计能力5.25吨，超幅达38%。全年烟叶复烤量继续增长，总产量达到3160.85吨，比上年增长89.93%,损耗率为5.4%,比上年减少0.02%。

1982年,烟叶复烤量减少,全年仅复烤1912.85吨,比上年减少39.5%。是年,全厂两个生产班开展劳动竞赛,比产量:日班产量你追我赶,从8吨逐次增加到最高的17.5吨。比质量:厂里组织质量评比小组,对各班成品烟叶的水分含量、包装质量进行抽查,使各班对产品质量抓得更紧更严,产品质量得到提高;比降耗:木质挂烟杆改为分发到各班、各做红绿标记、专人保管,包装麻片也改由专人保管和领发,丢失现象基本杜绝。

1984年,复烤厂共调进烟叶1399.65吨,于7月18日开烤,至9月12日结束,全年生产48天,开96个台班,产成品1341.4吨。是年,全厂实行单项承包制,故在经营管理上把关更严。其中在生产用工方面,进行严格控制,每班用工由132个减少到110个(包括正式职工),锅炉房由每班3人减为2人。仅此项每天就节约用工47个。人员虽然减少,但产量没有下降,日班产量平均达到13.65吨,比上年的12.5吨增长9.2%。与此同时,对调入的原烟进行挑选,提高烟叶等级,增加企业收入,其中中一烟挑选后增加18.15吨,中二烟增加87.25吨。

1985年,棉麻烟公司下达复烤厂2000吨烟叶的加工任务。在生产旺季来临之前,厂部根据生产情况,对全厂10多个班组长进行调整,选派业务技术比较熟练、责任心强、有一定工作能力的职工担任。针对当年原烟质量较差的实际,为保证烟叶质量,提高烟叶纯度,该挑选的挑选,该降级的降级,对冲烧霉变及异级扎把烟叶进行认真妥善处理。是年,共完成原烟调入3254.1吨,产成品3000.75吨,大大超额完成年度计划。全厂从6月25日开烤,10月19日结束,共开烤100天、200个台班,日班产量平均15吨,比上年增加1.5吨。原烟挑选复烤后升值1378276元。

1986年5月,郴州烟叶复烤厂由郴州地区棉麻烟公司移交郴州烟草公司经营。住房、仓库靠租,资金短缺,人心浮动,加上设备陈旧,困难重重。在此情况下,厂新领导班子首先抓好干部队伍建设,健全内部组织管理机构,狠抓管理;严肃劳动纪律,对违纪者按百分制考核规定扣分或罚款,对违反安全管理条例的除按规定处罚外,扣除当月全部总分;请事假1天扣奖金2元,旷工半天取消当月奖金。制定产量、质量、出勤率与奖金挂钩的计分办法,奖勤罚懒。没有保质保量完成任务的按规定扣罚,超任务者则奖。是年,复烤厂共调入原烟4846.85吨,较上年增加48.9%;开烤284个台班,平均每个台班的日产量由14.25吨上升到平均15.9吨,最高达19吨。全年投料4801.90吨,产成品4515.25吨,同比增长47.6%、50.5%;烤烟损耗率为5.33%,同比下降1.5%;吨烟用电28度,吨烟耗煤175公斤;吨烟成本4260元,吨烟创利233.6元,实现利润105.85万元。

1987年,复烤厂克服原料、电力不足等困难,调入初烤烟4190吨,其中直接收购1500吨,共开烤113.5天,投料4046.80吨,产出成品3893.60吨,总产值340万元,实现利润173.28万元,比上年增长63.7%。是年,全厂建立岗位责任制,实行"三定":定岗位、定工作内容、定职责。在"三定"的基础上,根据生产量、产品质量、劳动纪律、操作规程等方面的实际情况进行评分,按得分多少来计发职工的奖金。厂领导实行轮流值班制,不论白天晚上都跟班作业,起到表率作用。

1988年,郴州地区烟叶购销多渠道经营蔓延,烟叶收购质量极差,原烟经理部不能正常供烟,复烤原料吃紧。经请示郴州烟草分公司领导同意,复烤厂组织专门班子下基层协助县(市)公司抓烟叶收购,厂领导也亲自深入到各县(市)公司联系烟叶调进事宜。与此同时,复烤厂还组织收验人员,接收各县供销部门及烟农自行交售的烤烟。是年,复烤厂共调进烟叶2910.7吨,其中直接从县、基调入达2614.45吨,占调入总数的89.8%,比上年增加74.3%。而从原烟经理部仅调进296.25吨。全年共开烤74.5天、149个台班,投料2707.15吨,产出成品2570.2吨,台班产量为17.25吨,连同烟叶提纯增值共实现利润180.92万元。

1989年,郴州地区烟叶实行"一条鞭"管理,由烟草公司统一经营,复烤厂加工原料得到保障。为适应生产任务相对饱满的新形势,复烤厂生产车间改进班制,在7月至10月收购旺季实行三班制。领导轮流跟班，现场指挥，出现问题及时处理。是年产量、销量、产值创历史新高。全年共调入初烤烟7437.25吨，比上年增长155.5%；投料6466.85吨，产出成品6120.50吨，同比增长138.9%、138.1%；全年开烤130.5天，308个班次，同比增加56天和159个；台班产量达到18.1吨，同比增加0.85吨；完成工业总产值345万元，同比增长50%；吨烟费用为308.6元，同比下降9.6%；吨烟用工为8.8个，同比减少1.0个。

1990年，郴州烟叶复烤厂与郴州地区原烟经理部及分公司生产科合并，成立烟叶生产购销公司，两块牌子，一套人员。自此，复烤厂加工原料的调进全由公司负责。是年，车间首次接受公司安排的复烤加工出口烟任务。时间短、任务紧，车间克服重重困难，一边保持正常生产，一边安装加工出口烟所需的设备，一边挑选原料。经过半个多月的努力，终于生产出第一批出口烟叶，质量基本符合要求。为降低成本费用，对相关生产机构进行合并，对部分员工的工作进行相应调整，临时用工尽量削减。全年生产111天，开烤222个班次，其中出口烟开烤16个班次；投料8179.15吨，产出成品7716.35吨（其中出口烟109.6吨），分别比上年增长26.5%、26.1%；吨烟用工为7个，比上年减少1.8个。

1991年，厂内贯彻全国烟叶复烤工作会议精神，围绕“质量、品种、效益”主题开展活动。是年，复烤厂生产任务十分繁重，达10500吨。加之遭遇特大旱灾，烟叶产量低，收购季节推迟，部分烟叶又流往省外，原料紧张；烟叶加工种类繁多，等级复杂，既有普烟，又有优质烟；既有内销烟，又有出口烟；既有15级制，又有新试行的40级制。为此，公司（厂）采取多项举措：1、加强班组建设，大胆起用一批思想解放、敢抓敢管、责任心强的生产骨干担任班组长，对那些不敢抓、不敢管、不作为、业绩不佳的班组长予以撤换。2、落实责任，奖罚兑现。生产车间实行日产定额、损耗包干制度，高产低耗有奖，低产高耗受罚。科长实行跟班制度，三个正副科长轮流跟班，出现问题，及时解决。3、增开晚班，解决难题。加工出口烟，质量要求高，原料挑选难度大，每天基本上要到上午十点钟左右才能开烤，导致生产进度缓慢。后来，部分职工提议增设一个零点班选烟，车间予以采纳，生产进度大大加快，每班产量由原来的50多箱（每箱200公斤）增加到70多箱。经过全厂职工的共同努力，全年从8月2日开烤至12月结束共生产115天，其中烤出口烟24天；共投料9088.75吨，产出成品8656.15吨，其中普烟3161.85吨，优质烟2973.7吨，出口烟389.2吨，为长沙烟厂代烤2073.75吨，为郴州烟厂代烤57.65吨；吨烟损耗为4.36%，在工艺标准范围内；吨烟耗煤149公斤，吨烟用工8.3个，成品包装重量合格率为98%。

1992年，上级分配复烤厂1万吨生产加工任务。生产车间自7月10日开烤。为增加产量，车间实行日产量承包制，即规定一定数量的日产量，以此为基数，超产者奖，欠产者罚。经上报批准实施后，员工们自觉加班加点，产量大幅度上升。是年共投入原烟14195吨，比上年增长56.2%；产出成品13704.6吨，超任务37%，同比增长58.3%；重量合格率为98%；包装外观合格率为86%；碎烟率为0.95%，同比减少9.5%；烤耗率为3.69%，较上年下降15.4%。吨烟用煤为123公斤，比上年的149公斤减少26公斤；吨烟用电为41度；吨烟用工为7个，同比减少1.3个。

1993年，地区烟叶购销公司（复烤厂）搬迁至下湄桥司马洞新厂区办公。新厂区新增一条年产1万吨双幅挂杆复烤生产线和一条年产1.5万吨仿科马斯打叶复烤生产线，分别于6月、8月投产，连同原来流星岭老厂区的一条年产1万吨挂杆复烤生产线，年产能达到3.5万吨。在生产能力和生产任务成倍增长的情况下，公司（厂）乘“三项制度”（人事、劳动、分配）改革东风，精简机构，从公司（厂）科室和仓库压缩28名非生产人员、并经省地烟草公司批准从外系统选调12名技术人员充实到生产第一线。在生产管理上，每个车间都各尽其责，充分调动职工积极性，努力完成生产任务。挂杆复烤一车间（老厂区）从8月5日开烤，共复烤烟叶15220吨。最多的一个台班一天复烤烟叶达51.4吨，超出核定指标35吨，超幅达46%以上。挂杆复烤二车间（新厂区）是新上的一条生产线，由于没有进行大负荷运转，7月28日开烤后一直处于停停打打不正常状态，车间组织人员积极配合维修班的技术人员对设备进行维修和调试。在设备处于正常后，加紧生产，该车间全年共复烤烟叶7320吨，比定额数高出40%。打叶车间也是新上的生产线，新设备、新工艺，人力不足，技术力量薄弱。车间建立操作规程和交接班、考勤等制度，共制定操作规程29个，岗位职责30个；采取各种方式进行技术学习和培训，在烤前委派技术人员到设备生产厂家进行专业培训、组织相关操作人员到零陵复烤厂参观学习的基础上，还请设备厂家的工程师进行现场授课和现场操作演练，对全体员工进行上岗培训，做到人人知会岗位操作要领；对机器设备进行反复调试，不放过任何一个细节，必要时中午也不停机，直至11月14日才正式批量投料开烤，共产出成品265吨。复烤的烟叶经长沙卷烟厂抽样查验，达到合格标准。

是年，全厂三个生产车间（挂杆一、二车间和打叶车间）共复烤烟叶22805吨（其中打叶复烤265吨），复烤总量创历史新高，比上年增加66.4%；其中自烤4190吨，为客户和县（市）公司代烤18615吨，其中长沙卷烟厂2400吨，桂阳县公司6250吨，永兴县公司4350吨，嘉禾县公司950吨，宜章县公司900吨，临武县公司855吨，郴县公司670吨，汝城县公司130吨，资兴市公司105吨。

1994~1995年，郴州地区烟叶大减产，复烤量大减。为解决加工原料不足问题，以烟叶购销公司出面，在省外、地区外调进部分烟叶进行补充，对中上等烟叶大多采取提纯整理后再复烤，以提纯升值等办法弥补复烤加工费的部分减收，在困难的条件下，基本保证财务收支平衡。

1996年，是湘南烟草（集团）有限责任公司和烟叶分公司（复烤厂）成立正式运作的头一年。全市收购烟叶44950吨，增幅达195.7%，复烤量随之大增。为抓好复烤生产，烟叶分公司（复烤厂）采取多项措施：增开班次。挂二车间的设备较好，由两班制改为三班制，改制后的日产量由原来的120吨增加到162.5吨。打破大锅饭，实行产量与职工的奖金和临时工的工资挂钩，员工们的积极性被充分调动，原来希望早下班的，变成希望多投料、多加班。原来停机吃饭改为轮流吃饭不停机，以争取在同样的上班时间内能多生产一个小时。挂杆一车间则利用上两个班的条件，每天加班2～4个小时，节假日也加班（倒班休息除外），累计加班44个台班，加班产量达1540吨。挂杆二车间利用节假日加班32个台班，加班完成1228.3吨。各车间形成你追我赶氛围，台班平均产量节节攀升，8月为31.82吨，9月34.26吨，10月39.85吨，11月增加到42.42吨；挂杆二车间的党、团、工会小组组织党员、团员、青年利用每周唯一的休息日进行义务生产两个班，产出成品91.5吨。是年，复烤厂自6月28日开烤至12月25日结束，共投料20694.3吨，产出成品19337.1吨，同比分别增长198.2%、195.5%，创毛利1547万元，取得新的历史性突破。复烤加工质量受到省内外有关厂家的一致好评。

1997年，全市烟叶种植面积达60.58万亩，收购烟叶超8万吨。为适应复烤量大增的形势，烟叶分公司（复烤厂）再增建1条挂杆复烤生产线。至此，有3条挂杆线、1条打叶线，年产能达4.5万吨。3条挂杆复烤线分别划分为复烤一、二、三区。新增的生产线投产，其操作人员从各车间抽调组合，原各生产线熟练工减少，公司（厂）从各部门临时抽调14人进行补充；车间领导坚持上通班，即每天上两班，对生产进行现场指导，复烤旺季期间平均每天工作12小时以上；许多职工为工作，有的推迟婚期，有的放弃休假，有的患小病不休息，有的为抢修设备而通宵达旦，涌现出很多不辞劳苦、不计报酬、无私奉献、忘我工作的先进典型。仅挂杆车间全年就加班94天，计188个班次。全年共完成复烤投料28924.7吨，其中挂杆复烤投料25299.3吨，产出成品24294.85吨；打叶复烤投料3625.4吨，产成品5382箱（每箱200公斤，折合1076.40吨）。

1998年，全市烤烟种植面积因受国家政策调控而减少，收购数量下降。但尚有大批老烟没有复烤，故与往年大不相同，上半年的复烤淡季变为复烤旺季。为此，车间开足马力，在保证质量、完成台班任务的前提下适当超产，使各公司的老烟基本上在上半年复烤完毕。下半年新烟上市期间，受桂阳县复烤厂投产影响，加工任务减少。烟叶分公司（复烤厂）统筹安排，在生产管理方面进行适当调整：流星岭挂杆生产线因设备老化停机；将原来的3个烤区每日8个班次调为2个烤区6个班次；抽出部分人员参加打叶车间出口烟的生产，顶替临时工岗位，减少临时工的使用，降低费用开支。是年，复烤厂共完成投料21857.30吨，生产成品19757.95吨。其中挂杆投料17909.35吨，产成品16732.55吨；打叶投料3947.95吨，产成品片烟2674.6吨，烟梗350.8吨。打叶复烤“挑大梁”作用开始显现。

1999年，公司（厂）进行机构调整，将复烤厂挂杆车间和打叶车间合并为复烤车间。合并后，车间建立内部竞争机制，对各岗位进行定编，优胜劣汰，对富余人员实行分流，并制定《劳动管理制度》《奖金分配制度》等内部奖惩制度，采用行政、经济手段相结合的方法进行管理，取得显著成效。全年共投料16148.25吨，产出成品14354吨。其中挂杆复烤9804吨；打叶复烤4550吨，超额完成4000吨的年生产任务，超过打叶生产线投产5年来的产品总和。

是年，一批外贸出口烟叶急需打叶复烤，任务急，时间紧，打叶生产线需开两班，当时只有一个班的操作人员。在这种情况下，车间从挂杆生产线抽调一部分人员，采取先理论培训，后跟班学习的办法，规定职工在两周的时间内，必须学会且能够独立操作，短期弥补生产人员缺口，出口复烤任务按时完成。与此同时，公司（厂）为进一步加强生产现场管理，制定《现场管理实施方案》，由车间牵头，班组长和操作人员组成考核小组，定期不定时地对各岗位的现场进行考核，对达不到规定分数的岗位，按照方案进行处罚。通过这一举措，车间面貌焕然一新。过硬的现场管理和优秀的产品质量，受到客户（厂家）的青睐，一些厂家舍近求远到郴州复烤厂加工。据统计，是年成品水分合格率为96%，重量合格率为98%，烤透率为96%。

2000年，将原来16个生产班组精简为8个，对部分职工岗位也进行相应调整。在现场管理上，实行班长负责制，严格执行交接班制度，对不符合现场管理要求的，接班者有权拒绝接班。严格的管理，赢得大市场，如山东颐中烟草集团一次就签订加工1.25万吨的打叶复烤合同，为厂打叶生产线投产以来最大的一笔加工业务。全年共投料15116.78吨，产出成品11366.4吨，其中挂杆复烤8967.8吨，打叶复烤2398.6吨。

2001年，国家局开始推行原烟交接、委托加工的办法。复烤厂依靠可靠的质量、良好的现场和热情的服务吸引客户，采取多项举措：生产现场管理上，把现场管理列为考核班组工作主要内容之一，实行“三不”制度，即现场管理不好不交班、不接班、不评先。在客户服务上，虚心接受厂家意见，积极改进工作，对一时不能解决的问题，给予耐心解释。在激励机制上，对班组采取以产定奖措施，实行全面的经济核算；非生产高峰时期，安排职工顶替临时工岗位，尽量减少临时用工成本。成都、重庆、南京、合肥、滁州、太原等一批全国重点烟厂相继来公司复烤加工烟叶。9月，随着新增1条仿玛克打叶复烤生产线的投产，车间首次出现打叶复烤两条生产线四个班加班加点满负荷生产的繁忙景象。是年共完成投料2.4万吨，完成年计划的120%；产成品18050吨，其中打叶11070吨，比上年2398.6吨，增长361.5%，创历史新高。同时，打叶复烤的生产效率也大幅提高，平均台班产量达到90箱，比上年提高13%，并创下两条生产线月投料4000吨和单班成品188箱的生产纪录。

2002年，按照国家局的规定，挂杆复烤生产线全部淘汰拆除，烟叶复烤全部采用打叶复烤。另根据国家局（2001）70号文件“关于推行原烟交接、委托加工的实施意见”，各地卷烟厂家在郴州购进的烟叶应在郴州就地复烤加工。针对新形势下出现的新情况，烟叶购销公司、复烤厂对生产管理进一步强化，在完善《复烤车间管理制度》和《复烤车间工作标准》的基础上，又制定《复烤车间综合考核实施细则》《复烤车间奖罚条例》《复烤车间备用工制度》等新的规章制度，并进行严格落实和考核。特别是《复烤车间备用工制度》实施后，对个别工作懒散、责任心不强的职工震动很大，不服从工作安排、出勤不出力的现象基本消除。同时，复烤车间结合职业资格证的考核鉴定工作，促使职工掀起一股学操作技术、比操作技能的热潮。全年平均台班产量达110.4箱，较上年的90箱增加20.4箱，增长22.7%。是年复烤共投料27500吨，产出成品18000吨，创收5400万元，复烤加工工作迈上新台阶。

是年起，复烤厂根据国家局关于“原烟交接、委托加工”的规定，对烟叶复烤加工，甲乙双方（甲方为客户，乙方为复烤厂）需签订《委托加工工艺技术要求及质量标准确认单》（以下简称《确认单》），即甲方烟叶调运一定批量后，双方协商确定加工计划。在每批烟叶加工前3～5天，甲方须提出加工质量技术要求，双方共同对原烟进行产前检验，协商签订《确认单》。烟叶需要挑选的，由甲方制作挑选样品；甲方有特殊加工工艺质量要求的，在《确认单》中明确。加工等级以甲方实际到货等级为准，加工数量以双方签订的委托加工合同为准。复烤厂在加工投料前组织各职能部门召开产前协调会，编制生产计划。根据生产计划和客户的要求，由业务部编制并下发“生产加工联络单”(2006年起，按照专卖内部管理要求，需经公司内管办、驻厂监督员、委托加工方三方签字后，方予下达)到生产部，将客户的需求及时传达到各生产职能部门，然后按期投料加工。

2003年，上级政策允许省内易地加工，烟厂可自主选择加工厂家，且对加工质量的要求也越来越高。厂内仿科马斯打叶线实施技改停工，全部打叶任务仅在仿玛克打叶线进行。复烤厂对班组进行精简，由原来的8个班缩减为6个；调整班组管理人员，选派年轻、富有朝气的职工充实到班组管理岗位上；各班成立班委会，负责班内重大事项和思想政治工作；在生产任务不足时，车间内部试行部分职工休岗制度，上岗人员由各班组根据操作技能、工作责任心等综合因素决定。休岗人员的奖金统一提留后，用于补贴那些劳动强度大、技术难度高的在岗人员。此措施一出台，员工们均力争多出勤，责任心大为增强。上半年，郴州卷烟厂有近5000吨老烟及购销公司亦有少量调省外烟叶急需复烤加工，复烤厂进行周密部署，生产、技改同时进行，6月底全部完成，为玛克线赢得宝贵的一段保养时间。下半年，复烤厂的加工业务出现前所未有的紧张势头，不少厂家在原烟一开秤就派代表进驻厂里，或将预付款先打到厂里，为的是抢得复烤的先机。为抢时间，赶进度，从8月15日开始，复烤车间白班即实行10小时工作制。9月15日起，晚班也同时实行，而且连“双休日”也基本上不休息，只进行转班，此办法一直延续至10月中旬，全年人平加班52个工作日。在抓好生产管理的同时，厂(公司)将2003年定为“优质服务年”，各车间班组都作出服务承诺，制定相应的实施措施，对客户(委托加工厂家)切实做到热情周到，有问必答，礼貌待人，客户至上，并为客户方监打人员在车间设置休息室，室内配备空调、饮水机和沙发等。车间同时将9月定为优质服务评比月，对各班组的服务工作进行考核评比，将考核结果列为年度工作考核的内容之一。这些活动的开展，深受到客户赞赏。是年，复烤车间共完成投料21535.80吨，生产成品16315吨，产品质量达标。在为全国18家烟厂开展的加工业务中，未发生客户任何投诉事件。

2004年3月，郴州烟叶复烤厂与市烟叶购销公司正式分开运作。是年，仿科马斯打叶生产线改造成节能型玛克打叶生产线，8月12日正式投产。其生产能力为每小时6吨，有效作业率达90%以上，平均台班产量可达59吨，同比加工能力提高55%。设备性能的提升，为超额完成全年的生产任务打下良好基础。全年共投料26681.90吨，产出成品24677.65吨，分别比上年增长23.9%、51.3%，超额完成市局下达的24000吨的目标。全年加工收入3972万元，较上年3533万元增长12.4%，比年计划3200万元增加772万元。全年实现加工利润806万元，同比增加313万元，增长63.5%，比年计划600万元增加206万元。成本费用率为79.7%，较上年的86.1%下降6.4%，吨烟费用为1760.4元，较上年的1894.8元减少7.6%。数据表明，分设后第一年取得开门红。

2005年，根据国家局(2003)68号文件精神，郴州烟叶复烤厂改为股份制企业，更名为郴州天泰烟叶复烤有限责任公司。公司在做好员工思想政治工作的基础上，强化管理，以管理促生产，向管理要效益。在劳动用工上，实行全员竞争上岗，优化组合。在收入分配上，实行绩效管理考核制，制定详细的绩效考核实施方案，根据考核的分值进行奖金分配，职工的工作热情不断升温。是年，为满足客户更高的质量要求，公司成立精选车间，由业务部管理，全年精选原烟6307.05吨，创收80多万元。全年投料29290.35吨，产出成品27151.65吨。

2006年，天泰公司对仿玛克打叶复烤生产线改造成格瑞芬智能型打叶复烤生产线，该线采用多项新技术、新工艺，运行实现精细化、智能化控制，8月22日投产运行。为充分利用新设备，加快生产进度，从8月份生产一开始，车间即实行10小时工作制，旺季期间员工月加班平均达到8个工作日。部门带班经理、车间主任和部分岗位的操作工每天提前20分钟进岗，做好升温开机、按时进料生产等准备工作，日均产量大幅提高，达300吨以上。精选车间加大烟叶精选力度，全年精选原烟11894.5吨，完成年计划的114%，比上年增长88.6%，实现收入136.88万元。公司创下多项复烤新记录：全年投料突破5万吨，达50004.8吨，单月投料超过1万吨，共产出成品46179.20吨，实现销售收入（加工费）5370万元，经济效益和设备的有效作业率均创历史新高。

2007年，春节刚过，公司就及早作好设备检修、物料储备等工作，4月开始即为广西、陕西、广东和安徽4家中烟公司复烤加工，完成投料3571.05吨，产成品2328.9吨。之后，接着为美国环球烟叶有限公司加工出口烟叶。面对一家国际知名烟草企业的严格要求，天泰公司以严谨的态度，按照环球公司提出的要求逐一进行整改，不放过每一个细节，同时邀请该公司的专家和技术人员对本公司员工进行多次培训。经过环球公司全方位的考察，确认天泰公司已达到其加工要求，从5月30日起，环球公司正式在天泰公司开始加工烟叶。为达到外商对生产现场的严格要求，车间按照员工的工作范围划定每个员工的管理区域，并将其列入员工的个人考核内容，考核结果作为计算员工个人绩效奖金的依据之一。是年，天泰公司共为美国环球公司及上海、广东、广西、河南、陕西、安徽、江西、江苏、甘肃、湖南等省市的16家企业加工烟叶，全年投料42674.95吨，产出成品38839.85吨，精选原烟281060件。

郴州天泰公司2008年生产现场监控调度室

2008年，为争得美国菲莫烟草公司（PM公司）的烟叶加工权，针对菲莫公司提出的整改意见，生产设备部先后4次对设备进行全面整改，更换所有漏油减速机和不合格接油盘，拆除设备上所有橡胶制品和皮带机上的塑料刷辊等，大小整改达360多项。质管部添置价值25万多元的检测配件，自查出检测设备不合格参数54项，对不合格参数逐一进行攻克，对计量器具请法定机构再次检定。通过一系列努力，终于达到菲莫公司的要求。在菲莫公司现场评审的5家复烤企业中，天泰公司首个获得该公司的烟叶加工权。是年上半年，烟叶加工量不大，生产任务绝大部分都压在下半年。在任务紧急、季节工一时招聘不够的情况下，车间上下齐动员，不论是职工还是合同工，都自觉听从安排，顶替拖梗、投料、摆套箱、推箱等季节工短缺岗位。为提高精选烟叶产量，公司将精选平台由原来的35个增加到43个，全年精选烟叶258288件。全年共为广东、上海、长沙等16个省（市）19个厂家加工烟叶，总投料40965.90吨，产出成品38060.65吨。

2009年，共为湖南省烟草进出口公司、山东、上海、广东、江苏、安徽、江西、贵州、甘肃等18个省、市20个厂家加工烟叶。其中湖南省烟草进出口公司加工的烟叶主要出口给美国菲莫烟草公司、美国环球烟叶有限公司、印尼三宝麟烟草公司等国际烟草企业。该批出口烟加工全部为混打，且来料等级低、挑选要求高、过程控制严、质量标准高、加工时间紧。在实施过程中，公司精心组织：开烤前曾3次邀请美国环球公司的专家对公司相关人员进行授课和培训，使员工更深入、全面的了解掌握菲莫烟草公司打叶复烤技术标准及质量管理的方法和要求；及早检修设备；及时招聘800余名临时工，充分作好人力、设备、技术等方面的准备工作；强化生产现场管理：制订《生产现场管理考核方案》和《精选车间现场管理制度》，细化操作标准，明确工作纪律，严格现场考核，深入推行绩效管理，将制度执行情况和岗位工作绩效与月度资金挂钩，确保各项制度落实到位；缩减人员：生产车间严格按照定员、定编实行定岗，第一条生产线由原来每班的112人压缩到95人，第二条生产线由205人缩减至180人。是年，天泰公司共出口加工烟叶3434吨。为确保加工质量，公司加大烟叶精选力度，共开设59个精选平台，招聘和培训300多名季节性临时工。每个精选平台都聘用一名退休的验级员进行指导、检查，以加强质量监管。全年共精选烟叶9436.55吨，一类杂物控制率为100%；质量合格率达93%以上，超额完成公司制定的92%的目标；总投料46706.85吨，产出成品30083.20吨。

2010年，全年原烟来料共56358吨，完成投料56358吨，产出成品片烟35808吨，副产品8509吨，烟草废弃物10054吨，出片率为64.68%。其中上半年1月1日至6月11日，完成投料加工5425吨，其中进出口公司1720吨，共有安徽、甘肃、广东、陕西、贵州中烟和湖南省进出口公司6家客户。下半年从8月19日开烤，至12

月7日止，　完成投料34300吨，　产出成品11万多箱。

2011年，受原料到位不及时、加工等级更换频繁、劳动用工缺口较大等因素的影响，复烤二线8月31日、复烤一线9月19日才开始生产。旺季开工后，厂周密部署，增开班次，9月份完成投料8600吨，10月份投料突破12600吨，创历史新高。全年共为19家公司加工，完成原烟入库60525吨，烟叶精选14560吨；原烟投料60228吨，产出成品38547吨，副产品326.68吨，烟草废弃物10591吨，出片率为64.00%。其中区内投料47538吨，区外来料12690吨。

2012年，全面建立起量化责任目标体系，先后制定《目视化管理评比办法》《科室评优方案》等制度，充分调动各车间争优创先的积极性。进一步推行绩效管理，每月将厂级生产任务再进行二次分解，下达至各车间，任务完成情况列入当月绩效分配。同时积极创新管理模式，以精益管理为抓手，着重推行目视化管理，实现自主管理、自我控制，管理水平迈上新台阶。全年原烟入库达68316吨，烟叶精选19570吨；实现原烟投料67584吨，产出成品片烟42921吨，副产品8958吨，烟草废弃物12752吨，出片率为63.51%。共与16家中烟公司签订加工合同。

2013年，严格按照《生产协调会管理办法》，召开产前协调会、产中交流会、产后总结会，积极与产区、客户沟通，科学制订生产加工计划，着力保持精选进度，合理安排烟叶入库和成品发送，确保生产加工正常运转。全年实现原烟入库68437吨，原烟投料68245吨，烟叶精选19747吨，产出成品片烟45527吨，副产品7673吨，烟草废弃品12867吨，出片率为66.73%。

2014年，厂成立"精益管理推行领导小组"，开始推行精益管理。下设12个自主管理的精益活动小组。各小组结合所在部门实际，从细节入手，找差距，征提案，列课题，按照精益管理和5S要求，进行整改，找准关键控制点，制定常态化管理机制，把细节管理项目和要求，写在看板上并经常更换，时刻提醒，督促践行。全年各部门配合紧密，服务周到，设备运行顺畅，产品质量达标，客户满意。原烟入库58357吨，原烟投料57926吨，烟叶精选18110吨，产出成品片烟37911吨，副产品372吨，烟草废弃品6647吨，出片率为65.45%。

2015年，易地技改工程竣工前，由于新厂安装的打叶复烤生产线采用国内外打叶复烤分层切断、立体配方、中央集成控制等新技术，为适应新设备、新工艺、新技术要求，组织部分班组长、工艺员及操作工共10人，到拥有同类设备的安徽华环公司考察取经，考察回厂后即分时段、分岗位组织员工对新生产线的工艺流程、安全管理、劳动纪律、生产过程、质量控制、操作规程等进行培训。8月，撤销打叶车间和机修动力车间，成立生产部，将设备维修人员和生产操作人员合二为一，全面推行TPM（生产操作与设备维护一体化）生产模式。新厂9月试产，10月正式投产，TPM生产模式用于生产实践。实践表明，TPM生产模式摒弃原有生产操作人员只管生产设备操作，维修人员只在设备出现故障后进行维修的运作方式，改为设备操作人员既负责生产现场的设备操作，也负责设备巡视与维修。人、机的有机结合，其设备运转率与生产效率均得到优化，在生产能力扩大25%的情况下，一线人员可比原来减少13%。由于新厂搬迁，生产时间推迟，为保质保量完成生产任务，车间实行24小时三班工作制。全厂精益管理继续推进。通过过程的实时监控、流程的规范清晰、成本的统筹计算，工作流程进一步优化，实现精益管理与各关键控制点的完整结合，取得实效。全年共有12家客户委托加工，完成原烟入库47744吨，加工投料47447吨，烟叶精选19230吨，选后为18967吨。产出成品片烟30702吨，烟梗13560吨，烟末1066吨。

郴州复烤厂1978~2015年复烤加工数量统计表

表10 单位：吨

年份	投料	产量		
		挂杆	打叶	合计
1978		519	0	519
1979		1664.2	0	1664.2
1980		3152.5	0	3152.5
1981		3533.95	0	3533.95
1982		3525.95	0	3525.95
1983		1569.6	0	1569.6
1984		1341.41	0	1341.41
1985		2994.98	0	2994.98
1986	4801.9	4515.25	0	4515.25
1987	4046.8	3893.6	0	3893.6
1988	2707.15	2570.6	0	2570.6
1989	6466.85	6120.5	0	6120.5
1990	8179.15	7716.35	0	7716.35
1991	9088.75	8656.15	0	8656.15
1992	14195	13704.6	0	13704.6
1993	23899.64	22540	265	22805
1994	7173.24	6695	85	6780
1995	6938.45	6332	212	6544
1996	20694.3	19162.1	175	19337.1
1997	28924.7	24294.85	1076.4	25371.25
1998	21857.3	16732.55	3025.4	19757.95
1999	16148.25	9804	4550	14354
2000	15116.78	8967.8	2398.6	11366.4
2001	24000	6980	11070	18050
2002	27500	0	18000	18000
2003	21535.8	0	16315	16315
2004	26681.9	0	24677.65	24677.65
2005	29290.35	0	27151.65	27151.65
2006	50004.8	0	46179.2	46179.2
2007	42674.95	0	38839.85	38839.85
2008	40965.9	0	38060.65	38060.65
2009	46706.85	0	30083.2	30083.2
2010	56358	0	35808	35808
2011	60525	0	38547	38547
2012	68316	0	42921	42921
2013	68437	0	45527	45527
2014	58357	0	37911	37911
2015	47744	0	30702	30702

资料来源：郴州复烤厂（天泰公司）历年统计报表。

(二)永州复烤厂

1987年7月15日,开机试产。是年复烤烟叶产量5519吨,产值572.6万元。

1988年,复烤厂在省公司统一计划的安排下,以本地烟叶为主,由各地烟草分公司及烟叶经理部按复烤厂的加工能力安排分期调入原烟进行复烤。复烤烟叶一般只限于上、中等各级烟叶,全部用麻片包装。全年复烤烟叶8704吨,创产值640万元。

1989年,原烟经理部、复烤厂合并成立烟叶生产购销公司(复烤厂),县级烟草公司烟叶统交烟叶购销公司,复烤车间实行“领料制”生产。为适应本地烟叶生产大发展形势,决定增设1条复烤线。在淡季安装新线,并先期组合人员,以“内培外学”形式开展培训。9月,厂内第二条挂杆复烤生产线投产。是年,为保证复烤烟叶的质量,厂抽调有多年烟叶经验技术的员工,逐杆进行挑选提纯,由于烟叶质量好,省内外烟厂纷纷来厂订货,曾出现供不应求的局面。全年共复烤烟叶1.6万吨(成品),比上年的8704吨增加7296吨,增长83.8%;工业总产值为1030万元,比上年增加390万元,增长60.9%;吨烟耗煤由上年的139.3公斤,下降到107.5公斤,下降22.6%;吨烟耗电由上年的36度下降到27.95度;吨烟成本由571元下降到417元,下降幅度为36.7%,合格率为85%。

1990年,为加强复烤生产经济核算,原料由仓库与车间交接实行过磅验收移交,出现复烤质量问题由车间与公司质量仲裁小组会同相关科室处理;生产车间提前3-5天拟定生产作业计划书,及时报与相关科室,以防生产脱节;并设计生产流程示意图,严格按流程操作,做好生产过程中各种原始记录;加大生产现场管理力度,严控原辅料浪费,降低生产成本。是年,为适应两条挂杆复烤生产线作业管理,厂增设一个复烤车间,即复烤一、二车间。7月下旬,因临时工大量回家搞“双抢”,车间劳力不足,厂部号召机关科室人员除留下必须值守和及时处理手头上公务者外,其余全部下车间参加劳动。厂领导除留下高诚主持日常工作外,其他领导全部下车间。同时规定从8月份起,生产采取计时计件制。每包烟叶都要挂检验合格证、标记检验员工号,成色重量必须规范达标,否则销售科拒绝验收。全年复烤烟叶产量17465吨,销售17653.4吨,完成总产值1241万元,实现税利569万元,损耗率4.91%,吨烟用电14.8度,吨烟用煤82.7公斤,吨烟成本85.48元,吨烟用工5.5个,产品合格率97.8%。

1991年,公司(厂)实行目标管理责任书制度,制定“部门工作职责”及各个岗位“岗位职责”,各部门建立相应的落实检查制度。11月,打叶复烤生产线试产。是年,公司(厂)开展企业达标升级工作,先从制度规范、计量标准化工作做起;并按照电业部门片区轮流停电安排和用电峰值差价制度,复烤厂调休星期三,星期天上班,安排上晚班。全年产量17500吨,产值1050万元。

1992年6月,公司(厂)提出“抓质量、要效益”的治厂方针,新设立督查办公室。其主要职责是督促检查生产经营过程中的质量管理及全员劳动纪律执行情况。督查办开展工作后,仅6~7月便查处质量问题35起,查处上班迟到、早退、工作懈怠消极等人员48人次。此举对促进生产效率、产品质量的提升收效明显。是年8月9日,厂新增备料车间,加之打叶复烤线正式投产,增加生产人员350人。其中备料车间198人,打叶生产线152人。全年复烤产出烟叶25325吨,产值2456万元。

1993年6月,复烤厂正式建编打叶复烤车间,共设置两个大班、四个小班、一个综合班,以安全、质量、维修、现场四个主要方面的内容对职工进行培训,并制定相关制度。各生产车间每天坚持10小时工作制,全年复烤烟叶24320吨,较上年减少3%,其中挂杆复烤19350吨,打叶复烤5050吨。全年实现产值2680万元。损耗率为2.76%,吨烟用工3.7个,吨烟成本67.03元(不包括水、电及正式工工资),工艺指标良好,烤透率为95%、水分合格率99%、重量合格率98%、包装合格率99%、损耗率低于5%、碎烟率低于0.5%。

1994年,生产加工实行三班制。部分科室人员精简,充实到生产一线。打叶车间增加14人,补充临时工140名;生产科增加生产调度1名,生产用水管理员1名;机电车间增加配电工2名;质量检验科增加一个班的质量检验员;行政科增设临时工(炊事员6名)。是年,为帮助县公司减轻负担,共将7000多吨结构不合理、长期滞销积压在库的老烟接收进厂,有的经挑选整理提纯后直接销售,有的则进行复烤加工后予以售出。全年共复烤烟叶15015吨,其中打叶复烤3765吨,挂杆复烤11250吨。为县公司代加工575吨。

1995年,各地烟叶大减产,原料供应不足,公司(厂)想方设法通过“内拉外揽”解决原料供应问题;并压缩临时用工,努力与电业局协商,解决用电计划报多浪费、报少不够用的问题,降低成本。

1996年，地局（公司）下达的主要技术经济指标是：烟叶调入25000吨；复烤加工25000吨，其中挂杆20000吨，打叶5000吨；烟叶出口2500吨，创汇450万美元；年实现利润600万元，补亏600万元。任务超额完成，地区公司按此经济目标管理方案考核兑奖。

1997年，公司（厂）加强对生产加工过程中的工艺标准、按量生产、设备运行、安全工作责任考核。生产旺季期间，投料进行限量，每班生产流量每小时控制在6吨以内，每个班按十一个半小时计算产量，不得低于50吨。每天2班。实行每周一倒班制度，安排白班休息，晚班生产，留足设备检修时间。全年产出烟叶27815吨，产值3254.2万元。

2001年，厂内深化内管、人事、分配制度改革，对生产车间实行万元工资含量分配制度，激励员工积极性。

2002年，烟叶丰收，复烤任务重，为加快生产进度，厂部出台单项奖励措施，下达每月完成成品1500吨的任务，超产另奖。9、10、11、12月连续突破生产记录，创造班产量投料79.2吨、成品51.8吨，日产量投料156.25吨、成品100吨，月产量投料3900吨、成品2500吨的新高纪录。

2003年7月，厂内全面实行打叶复烤工艺，实行生产调度令制度。定期召开生产调度会或质量分析会解决生产经营运行中的各种问题。新烤季8月20日开烤。是年，共为长沙、张家口、郴州、零陵、兰州、南京、青岛等8家烟厂加工烟叶。

2004年，复烤厂在内部管理上提出“四零四定”措施。“四零”就是：质量追求“零”缺陷，服务实现“零”投诉，事故实现“零”记录，纪检实现“零”案件；“四定”即为：定人员，包括正式工、临时工人数定员定位；定任务，每月生产加工投料2500吨；定奖励，超额任务10%，奖20%；定质量，产品质量合格率100%。是年，车间开始推行“5S”管理（整理、整顿、清扫、清洁、素养），生产现场宽敞、明亮，设备摆放整齐规范，脏、乱、差的状况彻底改变。全年打叶复烤投料32950吨，产出成品片烟21059吨，实现工业产值4687万元。全年的生产经营呈现“淡季不淡，旺季更旺”的良好态势，全年共与13家客户建立业务关系，比上年多5家，加工数量增加14600吨，特别是山东中烟工业公司，加工量由上半年的300吨扩增到6000吨。

2005年4月12日，复烤厂设立企管部，负责企业管理和信息工作；运输车队和安全保卫部合并，两块牌子一套人员；原生产经营部生产调度划归综合管理部，调整为厂部调度，负责全厂生产计划和车辆的调度。是年，复烤厂紧跟全国烟叶网上交易的步伐，及时安排业务人员到全国各地主要烟厂走访，了解客户服务要求以及产品质量要求。除网上合同以外，还争取到邵阳500吨，茶陵1000吨，济南卷烟厂450吨，青岛卷烟厂2000吨，新郑卷烟厂500吨，常德卷烟厂1500吨，另加长沙卷烟厂1750吨老烟加工。新增许昌卷烟厂、广东卷烟总厂及新郑卷烟厂三家客户，新增合同量3400吨。全年共为16家客户加工烟叶，共投料33000吨，产出成品22117吨，实现工业产值4786万元，实现利润1350万元。

2006年，厂改制为股份制公司。推行对客户个性化和点对点服务，为客户制定相应的《加工计划书》《配方打叶方案》，积极做好产前、产中、产后的协调沟通工作。4月17日，联一国际公司总经理罗伯先生一行来公司考察，经磋商达成共识，拟将本公司发展成为联一国际公司的出口烟加工基地。下半年烤季，受气候影响，烟叶水分含量较高，为加快生产进度，减少烟叶霉变风险，公司采取“生产高效”、“设备高效”等激励性考核措施，并适当延长作业时间。自9月份起，每月投料均在5000吨以上，11月达到5750吨。全年共为18家客户加工烟叶。全年复烤加工投料38500吨，产出成品片烟24219吨，同上年比分别增长16.7%和9.5%；实现工业产值5250万元，同比增长9.7%；实现销售收入6226万元，同比增长6.4%；实现利润1650万元，同比增加22.2%，超额完成公司董事会下达的各项任务。

2007年，共与13家客户签订加工合同33550吨，其中省内10750吨，省外22800吨。全年完成打叶复烤加工投料35500吨、产出成品22863吨，与上年同比分别减少7.8%和8.6%；实现工业产值6173万元，同比增长17.6%；全年实现销售收入7600万元，比董事会要求的7930万元减少430万元；实现利润1212万元（加上固定资产报损1121万元，实际利润为2333万元，同比增长41.4%，比董事会要求的1500万元增加833万元）。

2008年，全省烟叶减产影响导致烟叶加工资源短缺，公司共与13家客户签订复烤加工网上协议38560吨，实际加工总量比上年同期略有下降。全年完成加工投料34000吨，产出成品23017吨，实现工业产值

6000万元,实现销售收入7000万元,实现利润1000万元,比董事会要求的800万元增加200万元。

2009年,签订加工合同量达39500吨。上半年仅加工8000吨,为保证在12月底完成37500吨的加工目标任务,公司根据实际制定详细的生产计划,并在衔接、落实上下功夫。合理把握加工进度,保证生产均衡有序进行;严密组织各环节工序协调配合,确保每天有效工作时间不低于20个小时。全年完成打叶复烤加投料38850吨,产出成品26062吨,实现工业产值7987万元,实现销售收入8900万元,实现利润1450万元。

2010年,完成复烤投料38500吨,产出成品25081吨,实现工业产值7900万元,实现销售收入9000万元,实行利润1300万元。

2011年,在抓好整合重组筹备工作的同时,全力抓好生产经营。9月16日,天顺公司改制为湖南烟叶复烤有限公司永州复烤厂。改制后,加工计划的安排由湖南复烤公司下达。复烤厂一方面积极与公司沟通,尽快确认准确的加工信息,另一方面加强与客户、烟叶产区之间的联系,提前衔接烟叶调拨及加工计划,合理安排加工时间和数量,保障生产顺利进行。全年完成复烤加工投料42500吨,产出成品28035吨;实现工业产值9780万元,实现主营业务收入12000万元,实现利润1000万元,圆满完成公司下达的各项目标任务。

2012年,湖南复烤公司下达本厂年加工任务47500吨。各车间、仓库积极推行精益生产管理和6S现场管理,将现场管理纳入绩效考核,生产现场管理规范有序。全年实际投料47800吨,产出成品片烟31376吨。

2013年烤季,根据客户要求,加大烟叶精选工作力度,日精选量由原75吨增加到100吨。并进一步完善精选工艺规程和现场管理指导,满足高端客户,如湖南中烟公司的“和天下”、山东中烟公司的“泰山”等精细片选的特殊需求。全年完成加工投料48000吨,产出成品31989吨,超额完成公司下达的目标任务。

2014年,厂部下发《关于全面推行精益管理的通知》,成立相应的精益管理机构,组织相关人员观摩先进单位的精益生产模式,把“6S”管理与精益管理有机结合起来,企业生产现场管理水平不断提升。烤季来临之际,湖南复烤公司、永州市烟草专卖局(公司)、复烤厂等单位联合召开生产加工协调会。8月17日开机生产。全年复烤加工投料41535吨,产出成品片烟32281吨,创利税3304万元,实现利润3912万元。

2015年,复烤厂按照“精效运营管控、精准生产加工、精到客户服务、精细设备管理、精干队伍建设”的总目标,制定适应企业实情的精益管理实施方案。浙江、山东、江苏、河南等中烟公司部级领导亲率队伍来厂考察和洽谈业务。新烟8月28日开烤,首批投产烟叶为广东中烟配方烟。全年完成投料48167吨,产出成品31416吨,创产值14879万元。

永州复烤厂及前身企业1987年~2015年复烤加工数量统计表

表11　　单位:吨

年份	投料	产量(成品烟叶)			备注
		挂杆	打叶	合计	
1986		0	0	0	
1987		5519	0	5519	
1988		8704	0	8704	
1989		16000	0	16000	
1990		17465	0	17465	
1991		17500	0	17500	
1992		22025	3210	25325	
1993		19350	5050	24400	
1994		10250	3765	15015	
1995		4500	500	5000	
1996		20000	5000	25000	
1997		26099	1716	27815	
1998	32500	24801	8170	32971	

续表

单位：吨

年 份	投 料	产 量（成品烟叶）			备 注
		挂 杆	打 叶	合 计	
1999	28000	15936	11418	27354	
2000		9750	2250	12000	
2001	19500	4337	4270	8607	
2002	15200	374	8956	9330	
2003	18350	0	11635	11635	
2004	32950	0	21059	21059	
2005	33000	0	22117	22117	
2006	38500	0	24219	24219	
2007	35500	0	22863	22863	
2008	34000	0	23017	23017	
2009	38850	0	26062	26062	
2010	38500	0	25081	25081	
2011	42500	0	28035	28035	
2012	47800	0	31376	31376	
2013	48000	0	31989	31989	
2014	41535	0	32281	32281	
2015	48167	0	31416	31416	

资料来源：永州烟叶复烤厂及前身企业历年年终统计、财务报表及年终工作总结。因相关资料缺失，表内部分数据已无法统计记载。

（三）常德芙蓉公司

1986年11月至1988年7月，常德烟叶复烤厂复烤烟叶总量，因资料散失，不详。

1988年8月，常德烟叶复烤厂并入常德卷烟厂，改为常德卷烟厂复烤厂。是年隶属关系改变后，复烤厂停产，1989年恢复生产。其后，于1995年10月新增仿科马斯打叶复烤生产线，1999年5月新增仿玛克塔维奇打叶复烤生产一线，2000年5月15日新增新增仿玛克塔维奇打叶复烤生产二线。至2005年11月，常德卷烟厂复烤厂（原料分厂复烤车间、打叶复烤车间）累计挂杆复烤烟叶成品8.8万吨（1989~1998年）；打叶复烤总量因资料散失，无法全面统计，其中，1999~2005年打叶复烤成品总量为174，835.27吨。

2005年12月，常德芙蓉公司正式运作后，复烤加工作业流程是：生产调度负责根据烟叶精选计划和精选烟叶库存情况制定并下达生产计划，仓储精选部负责根据生产计划进行精选备料安排并开具精选备料调拨单，实施计量调拨；生产管理部（打叶班）根据精选备料调拨单核对投产烟叶，根据工艺品质部提供的作业指导书组织复烤加工；生产加工过程中，工艺品质部负责到现场进行工艺检测、监督、检查与考核。复烤完成后，打叶班负责办理各种成品的入库缴库手续，入库单应注明烟叶产地年份、品名、等级、规格、重量、数量等内容，由仓库管理人员与交货人办理交接手续，核对入库单明细准确无误后办理入库手续。

2008年，公司负责全部烟叶到卸和进行烟叶网上到货确认，事先增加相关人手，进行专门培训，保证新业务顺利实施。严格执行按照专卖内管要求，加强部门间的合同签订、加工等级、数量、烟叶精选与直投等情况的信息联通，共同协作把关，严防无合同加工生产。全年加工原烟35745吨，产出片烟23517.4吨，出片率65%，加工收入7014.18万元。

2010年，公司以创建优秀复烤企业为目标，优化生产管理。全年加工原烟38130吨（含外加工800吨）。生产用时163天2627小时，平均每日加工230吨，综合出片率66.02%。

2011年，价格比原烟38580吨，比上年增加1.19%。生产中，按照公司《月度计划管理办法》，周密计划，制定班组管理推进目标实施细则，责任到人，生产部通过数据分析比对找出差距，及时管控解决问题，现场管理和生产管理较以往有明显进步。年度33个主要质量考核项目，合格率达99.8%。

2012年，围绕为"芙蓉王"品牌提供均质化产品为核心，严格按照品牌加工需求，加强过程控制。尤其是注重各工序点的瞬时流量控制，及时调整设备参数，减少加工波动，确保流量均衡与稳定。同时，为控制成本，对车间各岗位实施每日领料、退料登记制度，确定专人管理，以减少浪费。对精选和流水线的除杂工序，加大管理力度，片烟含杂率明显降低。

2013年，按照湖南中烟公司工作会议精神，仓储与"一次精选"工作，由常德卷烟厂物资配送部前移至芙蓉公司，自此，在芙蓉公司基本建立起从原烟入库、分级挑选、复烤加工、成品仓储"一条龙"完整的生产链。公司全年加工原烟38555吨，产出片烟25439吨，出片率65.98%，实现主营收入1.1亿元，利润4002万元。2014年新烤季，公司复烤加工转到新厂区，克服业务转场、设备磨合等困难，使生产加工迅速转为正常。

2015年，公司生产推行"6S"管理和"精益生产"管理，并试行工段长负责制，继续坚持每周的安全生产例会制度和生产调度制度，充实生产人力，确保生产均衡进行。全年加工原烟39600吨，实现主营收入1.68亿元，实现利润140.06万元。

常德芙蓉公司1988年~2015年复烤加工数量统计表

表12　　　　单位：吨

年 份	投 料	产量（吨）			年 份	投 料	产量（吨）		
		挂杆	打叶	合计			挂杆	打叶	合计
1988	30000				2002	33800		31392	31392
1989		5796		5796	2003	40200		37911	37911
1990		7501		7501	2004	37750		33652	33652
1991	34640				2005	43426		29364	29364
1992	40000	12765		12765	2006	30000		20287	20287
1993		12567		12567	2007	38280		25477	25477
1994		7899		7899	2008	35745		23517	23517
1995		7442		7442	2009	39875		26607	26607
1996		13087		13087	2010	38130		24862	24862
1997	19890	6025		6025	2011	38580		25245	25245
1998		2079		2079	2012	39140		25695	25695
1999	10150		6543	6543	2013	38555		25439	25439
2000	30000		30735	30735	2014	30735		20273	20273
2001	37750		34602	34602	2015	39600		25744	25744

资料来源：常德烟叶复烤厂、常德卷烟厂、常德芙蓉烟叶复烤有限责任公司历年生产统计报表或董事会、总经理年度报告。有些年份因生产报表不全或找不到，无法统计完全。

（四）湘西鹤盛公司

1999年9月29日，吉首打叶复烤厂投产。采取两班10小时生产、4小时设备维护生产加工模式。由于刚投产，操作人员技术不熟练，设备有效运转率低，截至12月27日，共投料4275.05吨，其中长沙卷烟厂烟叶3788.7吨，武陵源区烟草公司486.35吨，产出成品片烟3801.2吨，出片率为62.79%。

2000年，加工量增长，厂确定日加工计划为每天111.6吨，并将计划完成情况与员工奖金结合，多劳多得，班次之间开展竞争，白班提前上班，晚班推迟下班，以提高当班产量。全年共计投料19985.4吨，其中长沙卷烟厂烟叶18888.9吨、武陵源区公司272.6吨、张家界市公司823.9吨，产出成品片烟12827吨，出片率提高到64.18%。

2001年，树立“管理部室为车间，上道工序为下道工序服务”的生产观念、服务意识，进一步强化生产管理，每月由调度下达生产计划。月度奖金与计划完成挂钩，由企管员核算，员工生产积极性高涨。全年共投料21728.05吨，超额完成年度计划14.4%。其中长沙卷烟厂烟叶21601.65吨、桑植县公司126.4吨，产出成品片烟13870.6吨，出片率为63.84%。

2002年，加大对外沟通协调和对内组织衔接工作力度，生产效率和计划完成率大幅提升，日均投料加工由上年的105吨提升至114.4吨。全年共投料29288.2吨，其中长沙卷烟厂28982.05吨、张家界市公司306.15吨，产出成品片烟18792.8吨，出片率64.17%。

2003年9月，第二条6000公斤/小时生产线顺利投产，新、老两条生产线均实行两班倒工作制。全年共投料29103.6吨其中长沙卷烟厂28044.2吨、张家界市公司390.15吨、延安卷烟厂404.75吨、郴州卷烟厂264.5吨，产出成品片烟18343.2吨，出片率63.03%。

2004年，厂(公司)加工客户增加到5家。全年共投料37752.3吨、其中长沙卷烟厂34034.6吨、郑州卷烟总厂620吨、什邡卷烟厂774.45吨、延安卷烟厂1254.15吨、南京卷烟厂1069.1吨，产出成品片烟23961.75吨，出片率63.85%。根据白沙集团烟叶加工要求，公司开始进行陈烟、晒黄烟、白肋烟以及配方烟叶的尝试加工，为在特殊烟叶加工方面取得一定经验。

2005年，加工客户增多，烟叶精选挑选品种、数量加大，不同客户、不同烟叶都有不同的加工要求。对生产组织要求越来越高，具体涉及到仓储能力、生产衔接、换牌加工和成品发货等环节。鹤盛公司根据客户的不同加工要求，制定特殊烟叶，如白肋烟、晒黄烟、陈烟以及配方烟叶加工预案，保证烟叶加工质量与生产效率，配方加工烟叶数量大幅提升，全年共加工配方烟叶9394.5吨，占年加工量的21.6%，配方烟叶加工纳入公司特殊控制程序进行管理，配方加工管理与加工质量得到客户认可。全年加工总量实现历史突破，达43477.3吨，其中长沙卷烟厂41429吨、郑州卷烟总厂978.8吨、陕西汉中卷烟厂302.55吨、延安卷烟厂766.95吨，产出成品片烟27254.6吨，出片率64.49%。

2006年，客户对产品质量以及相关工作的关注度逐步提升，生产组织难度增大。具体表现在工商交接对来料原烟的质量确认、配方等待、来料不及时和成品存放质量等方面，成为影响生产最突出的因素。全年共计影响20274分钟，占总影响比例的72.62%。为此，公司积极采取应对措施，增设省外客户经理岗位，全力开展客户协调服务工作，并要求客户经理、生产调度和品管员等积极参与工商交接环节，配合原烟工商交接工作，提高原烟交接效率。

是年，开始和湖南省烟草进出口公司洽谈出口烟叶加工事宜，并与菲莫烟草公司进行现场杂物控制沟通交流，通过近3个月的整改，于当年10月一次性通过菲莫公司SPP标准认证。与此同时，生产车间开始推行6S现场管理。客户原来存在生产二线在人员、设备和现场管理等方面都优于一线的看法，通过在生产一线的推行“6S”管理和其他改进，客户认可度提高，两线都实现同期满负荷生产。是年，为长沙卷烟厂加工烟叶28777.83吨、常德卷烟厂2258.8吨、郑州卷烟总厂2472.1吨、汉中卷烟厂399.04吨、黄山卷烟总厂317.32吨、什邡卷烟厂994.06吨，合计投料35219.15吨。产出成品片烟22677.56吨，出片率64.79%。

2007年，全国烟叶减产，加工数量明显下降，出现生产频繁中断情况，生产组织模式多次调整。1月31日，一线停止加工，二线单线生产；5月18日恢复一线单班生产；6月14日实行两条线双班生产；同月29日又实行一线单班生产。是年，首次为湖南省进出口公司加工出口烟叶。为顺利完成出口烟加工任务，公司全力配合，多次调整生产模式。首次加工出口烟叶，对公司是一次全新的感受：现场设备及相关配件不能有塑料制品；原料分级、配方验证和成品杂物检测等环节严谨到位；生产现场客户认真的工作态度和严谨的工作方式，都让公司看到差距。是年，公司计划加工35000吨，实际完成25068.59吨，占年计划的71.62%。其中为长沙卷烟厂加工烟叶14843.65吨、常德卷烟厂2006.45吨、湖南省烟草进出口公司7470.14吨、陕西川渝中烟公司748.35吨，共计25068.59吨，产出成品片烟16187吨，出片率64.67%。

2008年，1~4月为单线（二线）生产，分两班运行。10～12月改为新、老两条生产线分两班同时生产。全年共投料28617.11吨，其中长沙卷烟厂17789.03吨、常德卷烟厂7447.91吨、河南中烟公司1312.82吨、陕西中烟公司500吨、省进出口公司1067.35吨、川渝中烟公司500吨，产出成品片烟18311.68吨，出片率64.11%。

2009年，烟叶挑选和配方加工烟叶数量的增加，烟叶仓储周期延长，公司仓储压力增大。生产组织模式必须进行调整。下半年，在公司副总经理张晖一行6人，分别到彭水复烤厂、贵州申义烟叶公司、铜仁复烤厂考察取经，学习借鉴24小时生产作业模式。9月公司会议决定实行24小时生产模式，并出台《三班24小时作业操作方案》，实行3班制生产模式后，员工上班时间缩短，生产进度加快，原停班重启时产品不合格率升高，汽、煤、电损耗较大的问题得到解决，仓储紧张局面得到缓解，获各方赞赏。全年共投料30049.75吨，产出成品片烟19461.7吨，出片率64.92%。

2010年，公司以“安全生产，质量第一”为理念，重点管控杂物、生产过程和成品质量控制，出台《质控措施与管理办法》，通过严抓严管，成品入库合格率达到100%，受顾客好评。全年共投料36847.7吨，开班437个，其中，为湖南中烟公司加工32352.2吨，陕西中烟公司500吨，浙江中烟公司995.55吨，广东中烟公司3000吨。产出成成品片烟23945.94吨，出片率提高到65.04%。

2011年，按对标工作要求，大力推行“清洁生产”（节能、减排、降耗、安全、健康、环保）活动。在保证质量和安全的前提下，以完成生产计划为重点，严密关注生产进度，合理控制生产流量，保证生产质量及加工的连续性。全年共投料34226.4吨，其中，湖南中烟公司24458.86吨，陕西中烟公司500吨，浙江中烟公司2611.29吨，广东中烟公司3968.38吨。共产出成品片烟22167.22吨，出片率65.08%。

2012年，根据客户对散把配方环节工作的要求，公司高度重视，增加散把人员、管理员，配置现场显示屏，生产现场实行信息化管理。为便于生产，生产部将司炉从四班三运转改为三班倒工作制，用工成本降低。全年共投料44188.16吨，其中，湖南中烟公司33178.72吨，江苏中烟公司1992吨，陕西中烟公司994.73吨，浙江中烟公司2905.11吨，广东中烟公司5117.59吨，产出成品片烟28853.3吨，出片率65.52%。

2013年，公司全面推进“贯标对标”工作，积极开展精益生产管理，宣贯均衡管理理念，在保证生产效率的情况下，生产过程质量控制、现场管理水平得到明显提高。全年共投料43081.48吨，其中，湖南中烟公司30553.59吨，江苏中烟公司2486吨，陕西中烟公司994吨，浙江中烟公司4689.77吨，广东中烟公司3479吨，怀化市烟草公司879.12吨。产出成品片烟28026.54吨，出片率65.17%。

2014年，公司进一步细化《各工序交接班管理细则》，明确各工序开停机时间、交接事项和方式，规范原辅材料、器具的摆放要求及生产现场出现问题的处理程序及方式方法，生产现场管理更加井然有序。全年共投料36769.44吨，其中，湖南中烟公司26456.55吨，江苏中烟公司1988吨，广东中烟公司6456.45吨，红塔集团公司994吨，怀化市烟草公司874.45吨，共计36769.44吨。开班448个，产出成品片烟23899.52吨，出片率为65.17%。

2015年，随着客户对加工质量不断提升的要求，烟叶挑选数量大幅增加，甚至出现年度挑选数量超过加工数量的情况。直接导致生产加工呈现出小批量、多批次、间歇性特点，给生产组织带来诸多困难，生产部根据其特点提出“准时化生产”理念，既准时开机、准时生产、准时结束，对适应个性化生产、保证降低生产能耗、提高有效作业率等起到较好效果。同时，制定《杂物控制方案》，实行吃饭时段停机模式，解决以往吃饭不停机，无人控制杂物和散把等问题。11月，在生产部实施《月奖激励方案》，将月度奖金与绩效考评挂钩，员工竞争意识提高，一次性水分合格率提升明显。全年共投料35584.8吨，其中，湖南中烟公司26201.8吨，江苏中烟公司2485吨，广东中烟公司5096.1吨，红塔集团公司497吨，湖南进出口公司1304.9吨。产出成品片烟23646.86吨，出片率达66.61%。

湘西鹤盛公司1999年~2015年打叶复烤加工数量统计表

表13 单位：吨

年 份	投 料	产 量	年 份	投 料	产 量
1999	4275.1	3801.2	2008	28617	18312
2000	19985	12827	2009	30050	19462
2001	21728	13870.6	2010	36848	23946
2002	29288	18792.8	2011	34226	22167
2003	29104	18343.2	2012	44188	28853
2004	37752	23961.8	2013	43081	28027
2005	43477	27254.6	2014	36769	23900
2006	35219	22677.6	2015	35585	23647
2007	25069	16187	合计	535261.1	346029.8

资料来源：鹤盛公司历年统计报表。

（五）浏阳天福公司

2006年4月6日，打叶复烤生产线开始投料试产，全部为长沙卷烟厂来料，至6月中旬，完成原烟投料复烤3708.35吨。10月7日至12月31日再试产期间，公司与长沙卷烟厂、武汉烟草（集团）有限公司、河南新郑烟草公司、浙江中烟工业公司、郑州卷烟总厂、四川烟草工业有限责任公司、安徽中烟工业公司等7家委托方签订加工合同，完成原烟投料8470.4吨，复烤出片量为5423.0768吨，实现产值1900万元。

2007年4月，公司与湖南中烟、浙江中烟、安徽中烟、川渝中烟、湖北中烟、红塔集团、河南中烟签订2007烤季原烟加工合同27525吨，全年共完成原烟加工27750吨，其中农业年度投料13890吨。综合出片率65.59%。

2008年，公司制定现场管理制度，宣介推行“6S”管理活动，生产现场管理得到改善。为提高有效作业率，减轻劳务工的劳动强度，真空回潮物流模式改进为电动舵柄车+货架，收效明显。生产部还设计制作《打叶参数数据统计制度》及统计《烤片参数数据统计制度》，对经验数据进行归纳整理，为理清加工参数与产品质量关系、加强质量控制管理奠定基础。全年加工目标计划为2.5万吨，累计精选烟叶7900吨，其中片选2650吨，把选5250吨；实际完成烟叶加工30402吨，产出片烟95479箱；出片率为64.98%。

是年，天福公司与湖南中烟、浙江中烟、安徽中烟、川渝中烟、湖北中烟、河南中烟签订原烟委托复烤加工合同。全年完成原烟加工29855吨，产出片烟19403.79吨，综合出片率65%。

2009年，公司有湖南、浙江、安徽、川渝、湖北中烟公司和云南红塔集团6家客户，加工目标任务为3.5万吨。实际完成烟叶加工4.145万吨。产出片烟138749箱，出片率65.665%。年内，公司制定生产激励方案，实行“10+1”（10小时生产加1小时维修）的生产模式，对生产效率采取承包制度；建立生产操作工和维修工停机考评制度，防范生产线各工序断流误工，使生产流量的稳定性得到改善；健全《杂物控制管理考核办法》并加强实施控制力度；针对换班吃饭时杂物挑选容易间断问题，采取全线人员轮换上精选台选杂，保证换班吃饭时精选台至少有20个人；4月，通过制定散把台、精选台工作标准，并粘贴在工作岗位上，采用天天评、月月评，实行月度末尾淘汰制的绩效考评方式，以提高员工的工作质量，在车间形成赶、比、超的工作风气，工作效率质量均得到提高。5月出台《关于生产现场禁止使用手机和携带个人物品的暂行管理规定》，人为杂物隐患问题得解。各项举措并举，激励优质高产。生产纪录连创三高，单班最高产量123.8吨，日最高产量为234.3吨，月最高产量5900.6吨。烤季累计精选烟叶6965.4吨，其中片选4728.35吨，把选2237.05吨；单箱成本控制目标260元/箱，实际为206.54元/箱。全年实现工业产值0.87亿元（不含税），实现销售收入9042.21万元。

2010年度，开工10个月，7~8月份除少量维修、安保、办公人员上班外，其余休工；生产高峰期为1月、3月、4月、10月、11月、12月，这6个月平均每月加工量在5000吨以上。上半年，通过公司制定的生产激励方案，在实行“10+1”的生产模式的基础上，将设备轮保日改为三班保养班负责保养，晚班由生产班正常进班生产的模式，为生产加工有效地节约出更多的时间。下半年，对公司新增的烟叶把头单独加工处理线，不断进行调试、技改，使生产加工量能得到有效的提升。对生产效率采取承包制度，实施生产操作工和维修工停机考评制度，绩效挂钩，促进高质、高产、高效。班产量（130吨）、日产量（252吨）、月产量（5540吨）都创出新高，超目标完成生产计划。年内，公司全面推行现场6S管理，以精细化管理理念，争创优秀复烤企业和样板车间，制定实施“6S纵深推进方案”，营造“人人积极参与，事事遵守标准”的良好工作氛围，确保生产现场环境干净、美观，物品摆放有序，一目了然。推进组共进行6S检查27次，检查通报182页，检查不合格项223项，及时整改不合格项218次，整改合格率为97.8%。加强产前、产中与客户的沟通，川渝中烟、湖北中烟、云南红塔集团等客户均表示满意。11月初及中旬，短期合同工因工资待遇问题，情绪波动大，接连出现两次消极怠工现象，经及时做好员工的思想疏导工作，问题得到解决，未对生产造成较大影响。是年，生产部制定出台《成品标识确认表》《成品烟梗重量抽检表》《手套使用情况记录表》《烤片机出口观察窗麻丝定时清理记录表》等，从细节上把好质量关。烤片机经过改造之后，成品水分控制更加稳定，水分精度控制在中线偏上，使产品的出片率得到有效保证。全年复烤加工烟叶45970吨，产出片烟3.01万吨。出片率66.36%。实现销售收入11390万元（其中加工收入11298.18万元）。

2011年，公司共有湖南、浙江、安徽、川渝中烟公司和云南红塔集团5家委托加工单位。全年开工9个月，5～7月休工。生产高峰期为1月、3月、9月、10月、11月、12月。单线单班最高产量（130吨）、单线日最高产量（259.2吨）、单线月最高产量（11月，6188.25吨）再创新高。烤机出口水分控制更加稳定，标准偏差下降30%。是年，叶尖分类加工线投入使用是一大亮点，全线加工能力从9000公斤/小时提高到12000公斤/小时，采用叶尖分类线加工与上年把梗分类加工相比较，原增温增湿机蒸片率高、润叶不充分，以及由此产生的主线负荷大、设备停台时间长等方面的问题得到解决。叶片复烤机采用先进智能控制系统。生产管理上有创新：如每天甲、乙班产量对比图，上LED屏提示，用以相互激励；非正常生产断流时间统计并与班组奖金直接挂钩；操作工轮岗培训，鼓励一岗多能等。8月新烤季开工后，短期合同工短缺，公司一方面加紧招聘，另一方面实行岗缺流动补员方法，效果良好。年内还开展“生产组现场管理竞赛”活动、质量活动月，使生产有效作业率提高。全年累计加工烟叶共38110.35吨，产出片烟12.6163万箱。出片率66.2%。实现销售收入10603.3万元。

2012年，公司年度加工目标任务为3.8万吨，实际完成原烟加工44207.85吨，产出片烟14.2015万箱，出片率64.21%。实现销售收入14139.48万元。全年开工10个月，6～7月休工。单线最高单日产量达280吨，创新高。上半年，贵州烟叶出片率低引起湖南中烟客户关注，要求改进。公司品质部对原烟加强检测，生产部对原烟投料重量、含杂情况、杂物类型、碎末含量及青霉烟比率也进行抽样统计，在第一时间掌握原烟来料情况，制定针对性的质量控制措施；同时，在第一时间以《原烟来料情况反馈单》的形式反馈给品质部和客户，邀请客户现场进行确认、核实。通过此举，进行出片率预期管理，避免以往出现的批次加工完成后再分析出片率低的弊端，客户认可度提升。10月，再次出现个别产地、等级烟叶出片率偏低现象，由于实行出片率预期管理，均得到客户的理解和认可。产中质量把关检验，完成由品质部专检为主向生产部过程自检为主的转变。生产过程自检的实施，使得生产部门能够根据实际来料特性、设备特点更贴切地及时调整设备参数，保证成品满足客户需求。年内开展“质量活动月”活动，生产车间组织开展“操作工手感水分比武竞赛”活动和轮岗作业，培育一岗多能技术人才，为日后实施三班制作业储备技术力量。

2013年，公司与湖南、浙江、安徽、川渝、吉林中烟公司和红塔烟草（集团）公司签订原烟委托复烤加工合同。加工量为46085吨，其中，浙江中烟4000吨、晒黄烟300吨，安徽中烟1500吨，红塔集团2000吨、晒黄烟

1000吨，吉林晒黄烟750吨，川渝中烟2000吨，湖南中烟33000吨（要求精选17500吨）。为确保顺利生产，业务部在生产休整期间不休息，提前做好各项准备工作：为将烟叶调配提前落实到位，积极主动与各中烟公司联系确定加工顺序与精选顺序；根据计划联系各产地烟草公司协调发货计划安排；根据加工计划，按照客户的需求做好辅料的采购准备工作，提前组织各供应商及相关人员按公司规定的采购方式进行合同签订及采购；休工期间设备维修保养，及时按要求采购供应零备件。全年开工9个月，6～8月休工。9～12月实行10小时工作制。是年，全面推进"贯标、对标"工作，积极开展精益生产管理，宣贯均衡管理理念，在保证生产效率的情况下，生产过程质量控制、现场管理水平得到明显提高。围绕提高生产效率，将稳定加工流量作为重中之重，安排专人对铺叶解把工序进行指导和监督，规范摆把作业人员操作，合理控制摆把进度，减少解把机停台时间；调整流量控制单元各设备参数。确保仓式喂料机底带、提升带高中低速度、拨料辊高度以及电子皮带秤参数设定的合理性；加强操作人员的工作责任心，将断流时间纳为绩效考评中的重点项目。稳定加工流量这项改进，对提高工作效率起到较大作用，在同样是10小时工作制的情况下，日产量比上年日产量多出740公斤。全年累计加工原烟46185.525吨，加工量创新高；产出成品片烟产出片烟14.8824万箱（每箱200公斤），出片率65.32%。

2014年，公司与湖南、浙江、安徽、川渝、吉林、陕西中烟公司和红塔烟草（集团）有限责任公司、中国烟草湖南省进出口公司签订原烟委托复烤加工合同，约定复烤量3.75万吨。全年累计加工原烟39240吨，加工量比上年度减少14.85%；产出片烟12.9488万箱，出片率65.66%。全年开工10个月，7～8月休工。是年，为确保任务目标完成，天福公司主动与各中烟公司联系并确定好加工顺序与精选顺序，根据计划协调各产地烟草公司的发货计划安排，将烟叶调配提前落实到位。同时为满足客户要求，成立第二精选车间，于10月15日正式开选。烤前精选以散叶片选为主。在复烤加工过程中，围绕出片率采取具体措施：1、进一步优化预处理及打叶参数，减少打叶过程的造碎产生。根据季节不同控制成品水分的范围，在条件适当时把成品水分控制在工艺范围的上线；2、生产部对原烟投料重量、含杂情况、杂物类型、碎末含量及青霉烟比率进行抽样统计，及时掌握原烟来料情况，制定针对性的质量控制措施，同时，在第一时间以《原烟来料情况反馈单》的形式将来料检验情况反馈给品质部和客户，邀请客户现场进行确认、核实，双方制定出片率预期管理方案，避免客户因自身来料质量问题转为加工质量问题，增进理解和信任度。3、通过项目实施，实现产品质量稳定性。将一润自动加水项目及烤片机喂料方式改为皮带喂料项目，减小叶片造碎及皱缩，大中片率损耗率有明显降低，该项目实施后，喂料机处大中片率的损耗率（褶皱）中部烟叶由0.41降至0.04；上部烟叶由0.47降至0.02；下部烟叶由0.66降至0.06，并使左右冷房水分的均匀性得以改善，项目实施前后三个等级的烟叶烤后冷房左右的极差分别由1.36、0.9、1.23减小到0.26、0.17、0.33，冷房极差减小使烤后烟叶水分更趋均匀。由于烟叶松散度改善，使得微波显示的片烟水分比以前的更趋平稳。

2015年，公司与湖南、浙江、安徽、川渝、吉林、陕西中烟公司和云南红塔烟草（集团）公司签订原烟委托复烤加工合同。初期计划复烤3.5万吨，精选1.5万吨。6月，又新增贵州烟草公司在本地调拨复烤量3550吨，且要求月底完成精选、加工任务。在同月已经安排协助湖南中烟与联一公司合作片烟优化出口任务和其他复烤任务的情况下，公司实行每班生产11小时制，各部门紧密配合，动员全体员工奋力突击，基本完成贵州方委托精选和加工任务，并协助完成优化出口片烟8936箱，得到湖南中烟公司与联一公司及贵州客户的认可和赞许，并成为联一等进出口公司湖南片区的指定加工单位。下半年，湖南中烟对原烟加工模式提出新要求：所有原烟必须通过精选后才能加工。公司为适应这一新要求，将1–3号原烟仓库改为精选车间，导致仓库储存压力加大，物流成本超预算。是年，在做好原有工作的基础上，针对性地对客户关注点进行攻关、突破。来料控制：继续实行品质部对原烟来料进行第一次检验，生产部进行第二次抽检，并根据往年加工情况，针对较为异常的产地烟叶及等级烟叶提前告知客户和工艺部，加工中邀请客户到现场进行查看、核实。在线杂物控制：从下半年开工起，全面性地扭转以往杂物控制观念，严密梳理各项杂物控制管理制度，加工多为精选后的烟叶，生产在线的一、二、三级杂物及虫卵挑选更为细致，加工抽样及加工中的控制效果均邀请客户、工艺部到现场进行确认验证，以增客户信任度。为浙江中烟公司的多等级、多配方个性化加工过程中，集思广益，细化各个工序环节：在备料、交接、投料、生产各环节皆进行数据、编码等系统化管理，配方打叶质量深得赞许。全年复烤加工烟叶41260吨，产出片烟27223吨，出片率65.98%，实现营业收入1.755亿元。

浏阳天福公司2006年~2015年打叶复烤加工数量统计表

表14　　单位：吨

年份	投料	产量
2006	11625	7488.51
2007	27755	18203.1
2008	29855	19403.8
2009	41495	27452.6
2010	45970	30346.2
2011	38090	25041.3
2012	44125	28210.7
2013	46085	29918.6
2014	39240	25987.6
2015	41260	27222.9

资料来源：浏阳天福公司烟叶复烤有限责任公司历年统计报表。

三、出口委托加工

（一）郴州复烤厂

1990年8月，郴州烟叶复烤厂第一次接受郴州烟草分公司安排的复烤出口烟叶任务。之前，国内复烤烟叶均采用麻片包装，而出口烟叶的包装是使用1115×690×725毫米瓦楞纸箱包装，净重达200公斤/箱，打包机也不能适应此包装。为圆满完成第一次复烤出口烟叶任务，复烤厂派员从湖北供销机械厂购进两台YD20型液压式200公斤型纸箱打包机，耗资5.9万元，又从上海青浦沪光叉车厂购进一台CPQ10型IT汽油平夹式抱车，价格为2.6万元，加上附属工具0.79万元，合计3.39万元。至此，复烤加工出口烟叶的条件基本具备。是年共完成复烤出口烟叶110.88吨。1991年交由湖北省烟草进出口公司代理，销往菲律宾、马来西亚，创汇折合人民币69.14万元。复烤出口烟叶迈出可喜的第一步。

1995年元月18日，中国烟草总公司总农艺师王恩沛和黑龙江烟草进出口公司经理曲兴中，在湖南省烟草公司烟叶购销公司总经理赵松义的陪同下，来到地区烟叶购销公司（复烤厂）考察洽谈打叶复烤出口烟叶事宜，达成意向性协议。2月8日，公司（厂）成立打叶复烤出口烟工作小组，决定6月份之前完成500吨出口片烟的备货。10日，打叶复烤出口烟工作组成立并进行分工，分为原料调进、运输、资料综合、财务核算、复烤生产、包装物的购进、人员调配等7个组，分头抓落实。是年3月至1996年10月，市烟叶购销公司（复烤厂）委托黑龙江省烟草进出口公司销售出口打叶片烟389.2吨，销往俄罗斯。1996年，又委托南京烟草进出口公司销售出口打叶片烟128.8吨，创汇折合人民币144.83万元。

1997年7月20日，湘南烟草集团有限责任公司烟叶分公司（复烤厂）经理（厂长）李国正等3人赴深圳与英国希特兰公司总裁DEREK·BANKS（德瑞克·班克斯）进行烟叶出口贸易谈判，达成意向。经希特兰公司总裁来郴考察烟叶种植和打叶复烤生产能力后，9月12日，由湖南省烟草进出口公司、湘南烟草（集团）有限责任公司烟叶分公司(复烤厂)、英国希特兰公司三方签订首批烟叶出口合同。9月5日,复烤厂副厂长石建中带领外贸办、供应科、打叶车间、挂杆车间等部门的负责人及翻译赴河南许昌复烤厂和天昌复烤有限责任公司,考察学习出口烟业务工作程序、工艺指标及出口包装等。9月19日,烟叶分公司(复烤厂)成立出口烟工作班子:负责人曹德贵、武友魁,业务员张学军、熊清标,核算罗建平、陈念莉,质检杨建军,翻译李芝仪,验收黎祥发、肖建国、徐艳萍、姚坤梅,复烤工艺尹朝珍。10月17日,英国希特兰公司总裁德瑞克·班克斯和荷兰公司王先生到厂参观打叶复烤生产现场,并检验打叶复烤出口片烟成品,对生产过程和成品质量表示满意。11月12日,挂杆复烤车间开始复烤出口散烟,复烤散烟是一项新复烤工艺,既不同于片烟也不同于把烟,车间员工群策群力,采用将散烟装在专门编织竹筐内,然后挂在复烤机主链条上的办法进行复烤。

1998年4月,湘南烟草集团有限责任公司为加强出口加工贸易力量,对烟叶分公司(复烤厂)的机构设置进行调整。新设立分公司(厂)外贸办,主任曹德贵,副主任黄凤英、李芝仪。4月16日,分公司(厂)制出来的出口烟样品B3K-L1P、B3K-BR、GY2、X4L、C2X2K、B2K六个等级,参加在广州举办的中国第83届(春季)进出口商品交易会。5月10日,烟叶分公司(厂)将64箱出口烟样品送至广州黄埔港。埃及东方烟草集团外商观看样品后表示:对X4L级片烟非常满意,白肋烟的中五、中六级混打片烟可随即安排加工生产。8月5日,英国联合烟草公司的MANK(迈克)先生和孙先生到烟叶分公司洽谈出口烟业务。烟叶分公司(复烤厂)经理(厂长)邓国钧、副经理(副厂长)石建中、外贸办副主任李芝仪(兼翻译)、黄凤英参与洽谈,双方就出口烟的等级、数量、价格等达成意向性协议。12月,湘南烟草集团有限责任公司副总经理李国正、烟叶分公司(复烤厂)副经理石建中、外贸办副主任李芝仪等3人,在深圳与湄公烟草集团(柬埔寨)公司曾总经理洽谈出口烟丝业务;与香港万友公司洽谈“COLUMBUS”(哥伦布)卷烟出口业务;与深圳烟草进出口公司洽谈委托代理出口X4L235T片烟协议事宜;与广东省烟草进出口公司洽谈委托代理出口业务等。是年,湘南烟草集团烟叶分公司(复烤厂)根据与外商签订的出口烟叶合同,完成烟叶加工出口(片烟、把烟、散烟、切头散烟)共13批次计1992.92吨,创汇311.09万美元。

1999年3月12日,李国正、石建中、李芝仪一行三人赴长沙,代表湘南烟草(集团)有限责任公司与香港冠皇公司陈文彬总裁、罗先生洽谈出口烟丝和来牌加工卷烟等事宜,湖南省烟草进出口公司甘为华总经理及陈剑刚、向世平等人参与洽谈。4月,湘南烟草集团有限责任公司为扩大出口业务,统一管理涉外事务,设置集团公司外经外贸办公室,撤销烟叶分公司外贸办。是年,湘南烟草集团烟叶分公司(复烤厂)共完成出口烟叶9批次,计5730.56吨,创汇799.85万美元;2000年完成出口烟叶10批次,计2677.14吨,创汇425.33万美元;2001年完成7批次,计880.94吨,创汇80.51万美元。

2002年,湘南烟草集团撤销,国内烟叶普遍实行订单生产,产销相对平衡,郴州地产烟叶国内销售顺畅,加之出口烟叶价格较低,备货后有时外商不履约,造成成品积压,因而出口烟叶一时未续。

2006年,天泰烟叶复烤有限责任公司受湖南省烟草进出口公司委托,加工出口烟成品1800吨,出口金额324万美元,出口目的地为欧洲、东南亚。2007年,天泰烟叶复烤有限责任公司加工出口烟成品7500吨,出口金额2100万美元,出口目的地为欧洲、东南亚。

2008年10月15~16日,美国菲利普-莫里斯烟草公司亚洲烟叶加工经理Ponpand Karuppasam(蓬帕德·卡瑞帕森)等领导及专家一行莅临天泰公司进行检查和评估。天泰公司随后按照菲莫烟草公司的要求进行仔细整改,完善相关制度,加强持续改进。11月,美国菲利普-莫里斯烟草公司向天泰公司颁发SPP体系认证证书,标志着天泰公司向国际化进程迈出坚实、重要的一步。是年,天泰公司共加工出口烟成品690吨,出口金额2622万美元,出口目的地为欧洲、东南亚、北非、日本。

2009年3月18~19日,美国环球烟叶有限责任公司中国区总裁Mr.Win(温先生)和亚洲部经理Mr.Chris(克瑞斯先生)携同技术专家,按照菲莫加工生产过程(IPV)标准对天泰公司进行现场检查和评审,得分为

82.79分。公司加工过程的标准控制和保障能力获得专家组的肯定和好评，是国内第一家接受美国菲利普-莫里斯公司IPV标准检查的打叶复烤企业。9月20~21日，天泰公司一次性通过美国菲莫烟草公司SPP体系认证检查组2009年度的检查和评审，并现场获得菲莫公司颁发的SPP体系认证书。这是公司继2008年10月通过菲莫公司SPP体系认证、2009年3月通过加工生产过程(IPV)标准检查后，再次通过SPP体系认证检查，标志着公司质量持续改进机制进一步完善，加工服务能力和水平迈上更高的层次。是年，天泰公司共出口加工烟叶3434吨，创汇1375万美元；出口加工烟梗4436吨，创汇222万美元，出口地为欧洲、东南亚、日本等。并将库存的8448公斤烟梗交由省烟草进出口公司运作。

2010年，省烟草进出口公司组织多批次低次烟叶，在郴州进行复烤加工，备货出口。其中从湘西自治州烟叶公司调入原料烟1282.35吨、邵阳市公司1097.1吨、张家界市公司1080吨、常德市公司950吨、郴州市公司750吨，合计5159.45吨。产出成品片烟2006.74吨，烟梗1288.93吨，碎片64.26吨。其中，为美国菲利普-莫里斯烟草公司加工2.128吨，印尼三宝麟公司169.769吨。发送成品片烟3892.83吨，烟梗2179.76吨，碎片103.2吨。

2011年，郴州复烤厂进出口委托加工业务大幅下降，全年仅调入加工原料(原烟)2143.11吨，其中从郴州市公司调入1000吨，湘西自治州公司398.75吨、常德市公司282.45吨、张家界市公司209.81吨，怀化市公司192.64吨、衡阳市公司59.46吨。产出片烟2178.14吨、烟梗206.23吨、碎片47.4吨(含上年度调入的原料未烤完，顺延至当年加工的产品)。其中，为英国帝国烟草公司加工143吨，美国菲利普-莫里斯烟草公司298.18吨，印尼三宝麟公司204.4吨。发运成品片烟3829.55吨、烟梗1307.2吨、碎片44.55吨。

2012年，积极推进国际发展战略，与国际烟草企业的交流与合作进一步深化。5月，受英国帝国烟草公司的委托，英国第三方认证公司Leaf　TC公司和环球公司对郴州复烤厂进行烟草社会责任调查。该厂在安全生产、精细加工方面的不懈追求给各位专家留下深刻印象，赢得专家组的高度赞赏。是年，复烤厂进出口委托加工量回升，共调入加工原烟6583.05吨，其中从湘西自治州市烟草公司调进1854.25吨，张家界市公司1638.77吨，郴州市公司1446.13吨，怀化市公司668.9吨，常德市公司350吨，永州市公司325吨，株洲市公司215吨，邵阳市公司85吨。产出成品片烟3954.35吨、烟梗287.8吨、碎片184.45吨。其中，为阿里山集团有限公司加工39.6吨，美国菲利普-莫里斯烟草公司946.2吨，印尼三宝麟公司934.8吨。发运成品片烟5585.11吨、烟梗2561.9吨、碎片205.05吨。

2013年，复烤厂进出口委托加工原料调入达10299.11吨，创历史新高。其中，从湘西自治州烟草公司调入2432.26吨，张家界市公司2091.73吨，常德市公司1600吨，衡阳市公司1556.24吨，郴州市公司1550吨，株洲市公司860吨，怀化市公司208.88吨。产出成品片烟7733.24吨，烟梗1022.55吨、碎片237.43吨。另为浏阳天福公司、湘西鹤盛公司、永州复烤厂移库代保管成品片烟1412.62吨。从是年起，委托加工代理商均为环球烟草有限公司。是年，发运成品片烟5378.02吨、烟梗531.75吨、碎片136.16吨。

2014年，进出口委托加工原料调入降至4035.99吨。其中，从湖南中烟公司调入862.76吨，郴州市公司1350吨，湘西州公司698.5吨，衡阳市公司408.4吨，常德市公司256.52吨，怀化市公司150.45吨，邵阳市公司150吨，长沙市公司120吨，张家界市公司39.36吨。产出成品片烟2438.53吨、烟梗188.96吨。另外为浏阳天福公司、吉首鹤盛公司、永州复烤厂移库代保管成品片烟974.25吨。全年共发出成品片烟4783.68吨、烟梗167吨、碎片228.7吨。

2015年，厂全年出口委托加工原烟共调入3463.41吨，其中从湘西州烟草公司调入1460吨，长沙市公司740吨，邵阳市公司495吨，张家界市公司369吨，怀化市公司238.29吨，常德市公司100吨，株洲市公司61.12吨。产出成品片烟2020.27吨、碎片63吨。另为浏阳天福公司、吉首鹤盛公司、永州复烤厂移库代保管成品片烟475.65吨。是年，共发出成品片烟3703.17吨、碎片91.39吨。库存成品片烟5161.87吨、烟梗248.09吨、碎片49.65吨。

（二）永州复烤厂

1989年6月10日，零陵烟叶复烤厂以零复字〔1989〕10号文件呈报湖南省烟草公司，申请打叶投产后的片烟给予安排年500～1000吨出口创汇，用于保证本厂外汇还贷。

1991年，在打叶生产线尚未正式投产前，先进行人工仿制打叶生产，携带样品，于10月首次参加广州秋季“中国出口商品交易会”，赢得英国、美国等货商的赞誉。11月、12月，复烤厂邀请英国德宝公司到厂进行业务洽谈，英国德宝公司同意接受中五级烟叶及打叶烟梗。1993年，厂成立烟叶出口工作领导小组办公室，下设业务组和加工组。业务组负责烟叶购进和出口业务工作，加工组负责烟叶加工工艺、产品质量。为保证出口顺利进行，派人到云南采购部分烟叶；烟叶加工按照出口商品规范要求操作，保证各项工艺指标在允许的范围内，杜绝杂物入机；标准打包，不得超减重量，确保产品质量。业务组人员上北京、下云南，积极与总公司、省公司的进出口主管部门和外商联系洽谈，及时寄发样品。通过各方努力，全年共有四家外商来厂实地考察。5月，与中国烟草总公司烟叶购销公司成功签订烟叶出口协议。全年出口烟叶20吨，创汇45万美元；出口烟梗90吨，创汇3万美元。

1994年，公司（厂）专门设立外事办公室，负责出口业务，并确定一名厂领导主抓。为解决出口权和资金不足的问题，烤厂主动加强与总公司、省公司及省烟草进出口公司联系，利用他们的出口权和资金开展联合经营。通过不断的探索和实践，基本掌握进出口生产的工作程序和方法。全年出口成品片烟1624吨，创汇208万美元。其中由湖南省烟草进出口公司代理，经大陆烟草公司出口100吨、英太白烟草公司出口504吨；由河南省烟草进出口公司代理，经大陆烟草公司出口300吨、香港南洋烟叶公司出口198吨、新加坡阳照私人公司出口522吨。

1995年，为扩大烟叶出口，公司（厂）在人员配备，资金保障上进行重点倾斜，并加强与国、省烟草进出口公司和省商检、质检部门的职责，巩固老关系，结交新客户。全年出口烟叶2702.8吨，创汇369.66万美元，分别销往俄罗斯、乌克兰、香港、比利时、美国、英国、印度尼西亚、菲律宾、荷兰、埃及等10个国家和地区。

是年，永州烟叶大减产，仅收购烟叶7000吨，烟叶出口备货遭遇原料严重不足境况，与外商签订的1400吨合同无法履行，部分市场丢失。

1996年，湖南烟草进出口公司下达零陵烟叶复烤厂出口计划3000吨。为保证足够的出口备料，6月3日，厂呈文省烟叶生产购销公司，请求批准将零陵烟叶复烤厂出口备料纳入国家调拨计划。出口备货烟叶总量：6000吨，其中云南产中五650吨、中六1500吨、上四350吨；贵州产中五350吨、中六600吨、上四350吨；湖南产上二、上三计1200吨。是年，经过各方努力，完成烟叶出口任务791吨，创汇112.41万美元。

1997年，全国烟叶大丰收，出口原料充足，由于受东南亚及俄罗斯金融危机的冲击，复烤厂备货库存资金达3000余万元，致使资金周转困难，企业包袱加重；与外商签订的1998年500吨上部杂色三级片烟合同也因受到金融危机的冲击而化为泡影。对此，复烤厂呈文省烟草公司，要求给予跨区烟叶调拨权，放宽贷款额度，解决烟叶备货货源、资金周转困难局面。经协调，省外烟叶调拨权得到批准。最终与大陆、英太白等跨国公司取得联系，出口烟叶32吨，创汇3万元。备足出口原料4049吨，其中市内烟叶2000吨。

1998年，与美国环球、英国希特兰公司等签订出口合同，建立较为稳定的贸易关系。4月，销售给新疆烟草进出口有限责任公司上部杂色三级100吨，交货价（货至阿拉山口）每吨880美元；包装标准每包60公斤麻袋包装。创汇8.88万美元。5月，伟诚公司向零陵烟叶复烤厂购买机打片烟600吨，其中中下部杂色二级300吨，末级烟300吨；价格按伟诚公司与湖南进出口公司的正式合同执行，每吨价10400元，末级每吨价6750元人民币。加工期间，伟诚公司派员到零陵烟叶复烤厂监督加工，按封铅的样品制作，质量检测合格后由该公司与复烤厂双方写出书面品质确认书。货款结算先由伟诚公司向复烤厂预付人民币100万元，作为该批货的定金，待货物出品结汇后由湖南省进出口公司凭复烤厂书面通知，从结汇后剩余的货款中扣除，并还给伟诚公司，结汇由省进出口公司负责。是年复烤厂共出口烟叶1493.98吨，实现销售收入1269.18

万元，其中原烟成本442.3万元，加工成本211.64万元；实现毛利416.56万元；退税86.22万元；创汇153.6万美元，折合人民币1269.18万元。

1999年4月6日，复烤厂委派王新友、张定军，参加在深圳召开的全国烟叶出口洽谈会，签订烟叶出口协议2份，共1100吨，其中联合烟草公司500吨，深圳进出口公司600吨。由于出口形势不好，加上当时的产品大中片率过低、碎烟多、颜色偏黑，出口市场阻力极大。是年，复烤厂出口备货达4000吨，包括中下部杂色二级、上部杂色三级、青黄二级、下部柠檬黄三级及末级烟叶。烟叶出口仅243.3吨，其中出口俄罗斯50.1吨，印度尼西亚192吨，意大利1.2吨。创汇26.31万美元，折合人民币231.28万元，实现退税83.43万元，实现毛利44.52万元。

2000年，出口烟叶加工低迷。经过努力，全年完成烟叶出口998吨，其中经津巴布韦国际烟草有限公司出口800吨，经香港南洋烟草（市场）有限公司出口99吨，经希特兰烟草有限公司出口99吨，创汇92.21万美元。

2001年4月8日，为执行湖南省出入境检验检疫局植物检疫的有关规定，便于烟叶出口签证，复烤厂成立烟叶薰蒸队，专门负责出口烟叶的薰蒸工作。是年，厂外事办致力于市场调研，掌握市场需求，加强相关外商的联系，采取积极参加国内外知名展览会、主动发盘、寄送样品、邀请外商实地考察方式，努力寻找合作伙伴。全年共出口烟叶970.4吨、创汇79.86万美元，出口退税10万美元。其中经津巴布韦国际烟草有限公司出口俄罗斯800吨、64万美元；出口沙特阿拉伯12吨、2.78万美元；出口南非19.8吨、1.78万美元；经希特兰公司出口比利时118.8吨、8.91万美元；经英托克公司出口希腊19.8吨、1.49万美元。

2002~2003年，面对日益激烈的市场竞争，厂部调整经营思路，采取"两条腿"走路的方针，在抓好国内生产加工同时，主动"走出去"营销，努力把"烟叶出口"这块蛋糕做大做强。通过与省烟叶进出口公司的紧密合作，深入市场调研，努力寻找商机拓展出口渠道，全年出口销售1997、1998年库存老烟1525.40吨，另加319.3吨新烟，共1844.7吨，创汇138.39万美元。其中洲际公司1139.70吨、创汇74.94万美元；崔比克公司705吨、创汇63.45万美元；出口烟叶700吨，创汇66万美元。基本甩掉老烟包袱。

2004年，复烤厂继续充分利用省烟叶进出口工作在资金、政策上的支持，想方设法组织货源，从省内隆回烟厂调进5000吨老烟。在新烟收购期间，又多次派人到郴州、邵阳、浏阳市和湘西自治州烟叶产区走访，购进新烟2000多吨。与此同时，及时了解国际市场信息，努力寻找可靠的合作伙伴，通过发盘、寄样等形式积极促销，全年共出口烟叶2403.01吨，创汇92万美元。其中出口荷兰297吨，另由洲际公司代理出口423吨；希特兰公司1089吨，伟诚公司526.31吨，省进出口公司67.7吨；销售片烟4655吨，创汇288万美元，折合人民币2295万元，销售毛利达1197万元。其中与省烟草进出口公司合作销售2560吨，本厂自行销售2095吨，不仅创出较好的经济效益，而且把库存滞销的老烟叶这个历史包袱彻底甩掉。

2005~2006年，厂协助湖南、黑龙江省烟草进出口公司完成出口烟叶备货。其中，2005年，备货7000吨，销售片烟3820.8吨、烟梗284.2吨，合作创汇303万美元。2006年，按照外商要求，投入17万元资金建立"烤烟烟叶跟踪系统"，设立样品区、客户工作室，加工质量和环境全方位向行业国际标准靠拢，备货3243多吨，销售片烟2397.8吨，碎片62.4吨，烟梗1804.5吨。

2008年，按上级主管部门布署，公司出口加工业务终止。

（三）湘西鹤盛公司

2006年，湖南烟草进出口公司通报，美国菲莫公司与美国环球公司协作，将对湖南省几家复烤加工企业进行考察评估，湘西鹤盛为考察厂家之一。为此，公司在省烟草进出口公司指导下，提前按照菲莫公司的标准，对加工工艺流程进行修改，对设备和生产环境进行改善，组织有关人员进行系统培训。8月，美国菲莫公司与美国环球公司业务代表对鹤盛公司进行实地考察，认为公司基础条件好，管理较完善，最终确定公司参与莫非公司SPP（加工前的评估）体系认证。9月27～28日，省烟草进出口公司张存义经理按照菲莫公司的认证要求，完成对公司的全面检查，召开加工进出口烟叶专题会议，通报检查评估情况，并对加工环境、计量和检测设备方面存在的问题提出具体的整改要求。公司于10月全面按要求完成整改。11月1日，美国菲莫、环球公司体系认证检查组，在湖南省烟草公司进出口公司有关人员的陪同下，完成公司的认证检查工作，顺利通过SPP体系认证。标志着公司质量持续改进机制进一步完善，加工服务能力和水平迈上高层次，成为湖南省第一家通过菲莫公司SPP体系认证的打叶复烤企业。

2006～2007年烤季，公司首次受湖南省烟草公司进出口公司委托，加工原烟7210.35吨。

2007～2008年烤季，为湖南烟草进出口公司加工原烟1327.2吨。

2015年，为湖南烟草进出口公司加工原烟1305.45吨，其中样烟79吨。各批次备货，皆由湖南烟草进出口公司组织出口。

第二节 设备维护

一、制度

（一）维修

各复烤厂自投产起，即建立设备维修制度。大的维修一般利用复烤淡季进行，生产期间配备维修工跟班，出现故障随时停车维修，尽快恢复生产。必要时，利用夜班、节假日进行突击抢修。

设备维修一般分为日常检修、轮保检修、节假日检修、烤季大修四种。维修计划的提出，属日常检修、轮保检修的，需提前一天以上；属节假日检修的，需提前3天以上；属烤季大修的，一般需提前30日以上；需要外协帮助的，先报计划审批后再实施。涉及新、改、扩或安全检修项目的，需经生产部、设备部、安环部的负责人和安全工程师联署，报厂（公司）领导审批。

维修所需零配件，应在制定计划前核实有无库存，若无，立即提出备件采购申请，保证检修前到货；进口件应提前2个月完成申请、审批；国产件需到外地采购的，需提前1个月完成申请、审批；国产件在本地采购的，需提前1周完成申请审批。备件领用均按各单位备件管理制度执行。

设备大修，需在实施前1~2周内，专门召开大修工作会议。在备件到齐的情况下，由设备使用部门组织维修，设备部技术人员进行技术指导。维修时，应遵守维修操作规程，各项工作做到位，拆卸后保证恢复正常，并遵守安全规则：设备检修前4小时或检修过程中不得饮酒；设备检修过程中需穿戴工作服、手套，必要时需佩戴安全帽；高空作业时需系安全带；无电工证、焊工证人员不得进行电气检修、焊接作业；未办理动火动焊、高空等特种作业审批手续，或无人监护时，不得进行特种作业；需停机检修时，现场开关处必须挂“禁止合闸”等醒目安全标识牌；进入密闭空间检修作业时，现场必须有人值守；高空作业现场需拉安全警戒线或安全告知牌；安全措施不到位，不得开始检修作业；未安装触电保护器的移动式电动工具，不准登高作业；停机检修后的设备，未经彻底检查，不得启用；高压配电设备检修应严格遵守相关安全技术要求进行。检修完毕后，组织验收。由设备检修部门提出验收申请，设备部组织设备检修部门、设备使用部门、安全环保部进行设备静态验收。而后进行设备单机、联动调试运行，运行指标正常者予以验收。新、改、扩项目竣工后，设备部组织设备使用部门、采购办、财务审计、安全环保等部进行现场验收。外协维修项目验收按合同技术要求进行。

2010年，各复烤企业对标工作实施后，普遍将维修制度升级为企业标准并经数次修改，逐步完善。

（二）保养

各复烤企业自投产起，为保证机械设备正常运行，皆建立健全设备保养制度。设备保养一般分三级，包括例行维修保养（简称例保或日保）、一级保养（又称周保）、二级保养（又称月保）三种。

例行维修保养由操作工在班前班后对设备认真进行擦拭和加油润滑，防止班中发生设备事故。“例保”每班不少于20分钟，并做好交接班记录，由车间机械员、生产设备班长组织检查；一级保养，每周末不少于2小时，以操作工为主，检修工人配合按规定的保养内容逐项进行，保养完毕填写记录，由设备科、生产调度科、车间机械员共同组织检查；二级保养，每月不少于4小时，以检修工人为主，操作工人配合按规定的保养内容进行保养，并填写记录归档，由设备部牵头，其他相关部门、车间设备主任组织检查。三种保养的润滑工序按照“五定”（定润滑点、定油品质量、定量、定时、定人）原则进行。每项保养检查结果纳入经济责任制一并考核。

（三）使用管理和考评

设备部（科）负责对新购设备编制操作规程，监管使用部门编制相应作业指导书，使用人员严格遵照执行。新、改、扩设备投用前，设备部负责对操作工、维修工、保养工组织有关设备结构性能、安全操作、维护保养等方面的技术知识和实际操作的岗前培训和在岗培训，达到“三好(管好、用好、修好)”、“四会(会使用、会保养、会检查、会排除故障)”、“四懂(懂结构、懂性能、懂原理、懂用途)”的基本要求，考核合格后，方可独立操作、维修、保养设备，并持证上岗。设备使用过程中，操作人员按设备使用说明书、公司作业指导书等规程操作，禁止违规操作，并做好设备日常维护；发现故障和问题，及时停机检查并记录于《设备运转维修记录》，未记录者，可拒绝接班。生产部技术员和维修班长每天对设备运行至少巡视检查一次，检查、维修情况皆及时记录于表，每天填报《维修日报表》；设备部技术员每月至少巡视检查一次，对设备使用维护、保养进行月度考核，考核按设备保养标准对逐台逐组设备进行打分评价，确定每台（组）设备保养的基准分，根据出现的问题进行扣分，最后对每台（组）设备的评分进行汇总，得出设备保养的总评分、月度保养的评分、月度内设备轮保总分的平均分。其中，湘西鹤盛公司的扣分标准是：总设备的基准分为1000分，每处积烟叶、烟片、碎片、油垢扣5分，每处积水、积灰、烟垢扣2分，维修保养返工未完成每处扣10分，所扣分值与月奖金挂钩，兑现处罚。

二、实施概况

（一）郴州复烤厂

1979年，根据生产需要，对打包机进行改进，改人工开箱为电动提箱，既减轻劳动强度，又减少包装箱的破损；改变喷气箱位置，将其落地置放，使蒸汽喷洒更均匀、到位；将烤箱固定隔板改为活动板，便于维修。

1984年，针对原烤机排汽管道安装不够合理，排汽不畅，造成烟叶颜色变深，水分含量偏高，有时甚至造成霉烂、返工等，经技术人员反复研究、试验，对管道进行改进，不但消除烟叶霉烂、返工现象，有效控制烟叶水分，而且还使烟叶损耗由上年的6.8%降至4.3%。

1985年，对烤机进行改进。如余汽在机内排放，致使机内散烟回潮不匀，影响复烤质量。后改为机外排放，问题得到解决；对链条轨道进行改造，既减少断链条的次数，又降低烟叶的损耗。

1986年，为确保生产设备正常运转，开烤前，维修班对烤机链条和管道进行认真检查，对链条和打包机的配套部件进行加固；锅炉班对锅炉的各个零部件进行详细检查，并钻进锅炉膛内清理污垢；电工班对发电机进行全面保养，还将烤机上所有电器设备进行检修保养，从而确保整个生产线开烤试机成功。当时，烤机经常发生跳链、断链、垮烟现象。8月初，链条又一次被拉断，整箱烟叶垮在烤机内，工人们冒着50度以上的高温，爬进烤机箱，将400多杆烟叶一杆一杆地取出来，耗时数小时，极为艰辛。为攻克此项常发故障，维修班奋战一个星期天，钻进密不透风的烤箱内，在100多米长的链条片的边缘加上50个扁钢进行焊接，一蹲就是5、6个小时，多年来烤机断链的难题终被解决，为企业节约资金上万元。

1988年，对严重老化的锅炉和发电机进行大维修。其中对锅炉的主要部件炉排及鼓风机进行更换，使锅炉的热效率有较大提高；新安装一台出渣机和一台水泵，与维修好的另一台水泵交叉使用，其用炉时间和离子交换器的使用时间大大减少，既延长锅炉的使用寿命，又减轻工人的劳动强度。

1990年，流星岭单幅挂杆复烤生产线因设备老化予以淘汰，新安装1套双幅挂杆蒸汽复烤机及锅炉、电器全套设备，年产能由3600吨提高到1万吨，生产效率比原来提高两倍多。

1993年，地区烟叶购销公司（复烤厂）组建动力车间，全车间共58人，分设4个工段、8个班组，担负新、老厂区的供水、供电、供汽及三条复烤生产线的机修保全及设备零配件材料的供应工作。在人员少、场地分散的情况下，车间根据各工段、班组的工作实际制定各工段、班组的工作职责和交接班制度、安全规程等，并对工段、班组实行目标管理，将目标管理与经济效益挂钩，职工的积极性被充分调动。开烤前，对设备进行全面检修，先后只花30多天就完成往年需要两三个月才能完成的工作。7月，新厂区10吨锅炉试运行时，发现因设计原因，原配套双流式离子交换器供水不足，经其处理后的水达不到锅炉用水的水质标准，且平均盐耗大，需增装两台机械过滤器和一台逆流式纳离子交换器来保证水质和常用水量。锅炉班靠自己的技术力量，主动承担安装任务，顶酷暑，战高温，加班加点，经过十天的苦战才完工，为工厂节约安装费1.5万多元，受到公司的通报表彰和嘉奖，《金叶时报》还进行过报道。9月，锅炉吊煤电动葫芦损坏，经自行抢修恢复，节约资金1.4万元。10月，挂杆二车间6个推箱底座同时损坏，影响生产正常进行，技术人员利用午夜2点至次日凌晨7点的停机空间，连夜突击改装修复。11月，6吨锅炉需要点火，但搭火接线必须要停掉锅炉房的电源2～3个小时，于是在凌晨2点停机以后，员工们点着蜡烛，打着手电，一直干到凌晨5点多钟，终于把线接好。在抢修挂杆一车间的除渣机时，维修班人手不够，锅炉班、电工班的员工自愿参加抢修。此外，动力车间还先后自行安装维修各车间的电气、厂区路灯、6个打包箱、10个装卸车码架、40台烟包车、10座选烟台以及4台大型风扇底座等，先后改造打包机6台次、打包机定位架3台次、打包机减压底座3台次、自制工具柜10个，改造水泵房电机和锅炉房引风机起动装置。还为打叶线真空回潮机重新改线，解决回潮机欠压问题，以及安装电线至锅炉房信号电铃等等，为公司节约大量资金。

1994年，复烤加工任务不足，利用淡季时间，加强设备检修保养工作。动力车间在上半年，为配合挂杆一车间厂房升高、挂杆二车间烤机搬迁，组织一支拆迁安装电气突击队，经过近半个月的突击，共拆迁安装电源线5000多米，装配各种灯具、排风扇、开关等400多盏（台），节约费用9万多元。电工班在6月份，对全厂的供电线路、设备、配电仪表、生产电器等进行全面的高压测试，对不符合技术指标的电器进行及时检修，及时发现并修复好630千伏安与315千伏安的短路联络电缆，避免经济损失；8月，修复被雷电击坏的315千伏安变压器，并为新厂区凉烟库的电源线路、照明灯、排风系统进行重新布线、安装。挂杆二车间的打包箱及其底座由于在上年就大部分受损，虎头车也严重缺乏。为保证生产能顺利进行，维修制作班连续奋战数天，赶做出6个打包箱体和6个底座，继而又赶制30辆虎头车；同时，修旧利废，自行组装一台砂轮切割机。流星岭挂杆生产线烤机的风扇轴承座厂家设计安装在机内，轴承经常烧坏，引起风机停转，机内温度达不到要求，影响烤制质量，再加上烤机的链条、传动轮、烤网在设计安装上不尽合理，经常出故障，影响生产进程和工作效率。为此，动力车间根据多年探索的经验，自己设计图纸，制作配件，共制作更换风扇轴32根、电机底座16个，改进后，风机的热风穿透能力增强，烤机温度提高10～20℃。针对厂里一直遗留的供电质量差，无用功耗大，每个月都要被电业局处以数千元罚款的老大难问题，车间组织精兵强将，由机电工段长崔建军领头，对供、配电设备进行多次技术改良，终于根除这一顽疾，出现月月被电业局奖励的新局面。

1995年，挂杆二车间烤机的排湿风扇运转时产生很大噪音，车间组织技术攻关，成功解决这一难题，使生产环境得到改善。车间的10吨锅炉有一台蒸汽泵，而4吨、6吨锅炉却没有，如遇突然停电，两台锅炉都无法加水，车间技术人员开动脑筋，增设一条50米长的蒸汽供水管道，并将3台锅炉的蒸汽供水管道并联起来，问题得到彻底解决。打叶车间针对预压机套箱过大、影响预压打包进度的问题，抽调技术人员集中攻关，对套箱进行增设限位块等改造，仅耗资2万余元，比兄弟厂家重新制作套箱节约8万多元；为适应加工出口片烟的要求，在烟叶进复烤机前增加两组挑选皮带，从自行设计到外协的制造，前后只用半个月的时间；针对复烤机尾出口滴水而致使烟叶水分超标问题，在机尾增加加热器面积；为保证复烤机回潮区烟叶水分达到要求，对回潮区风机进行更新，加大风量及风压；为避免梗风送机因风量不足，烟梗在输送过程中堵塞管道情况的发生，对梗风送机的型号进行更换。

1996年，挂杆一车间因设备老化，排湿难，对烟叶质量造成很大影响。对此，在机头部分增加一套排湿风筒，问题得到解决。还对打包机的箱底和压盘进行改造，烟包的外观质量明显改善。挂杆二车间烤机回潮段的第二间回潮房只有16个喷气嘴，且容易堵塞，难以控制烟叶回潮水分，对此，将喷气嘴增至32个，使蒸汽喷射更均匀。

1997年，打叶车间的延时继电器因质量不过关，生产中经常烧坏，造成停工，还需清理堵料，增加烟叶造碎。为此，车间QC小组集思广益，经过3个多月的努力奋斗，将电机、风机、风门延时继电器改为可编程程序控制器（PLC）控制，改造后故障为零，为企业节约开支5万多元。针对YBK6000预压机中下等烟叶打包压力不到位，易使内箱裸露，并造成纸箱破损、捆扎带断裂的问题，车间QC攻关小组对其进行攻关改造，将原来压头下压时一直由3个油泵供油改为下压初由3个油泵供油，压至麻包线位时，则由1个油泵供油，压头下压力加大，电控负荷减少，问题基本得到解决，为企业节约20万元（大连液压件厂维修报价）。车间的5台打叶机，均使用调速皮带和皮带轮传动，调速性能不理想，且造价高，其中每根皮带价格达0.3～0.9万元不等，而皮带轮的价格则在万元以上。开工不久就烧坏皮带4根，报废皮带轮2个，经济损失不小，还无法及时购得配件。为解决这个问题，车间技术人员对其转速、拖力进行计算和分析，将其改为普通三角皮带传动，仅花几百元钱，既节约开支，又解除因配件不到位而面临停产的无奈。

1999年，烟叶分公司（厂）全年累计投入270多万元，对老化的仿科马斯打叶生产线及其常发故障的机组进行技改，共15项，取得明显效果，如打叶机的打辊改造后，大、中片率在原来的基础上提高5%以上；对仓式喂料机、预压打包机电子恒流、复烤机链条、空压机冷却水回收、卧包机纸箱压头、打叶线机械等，均改为变频控制。并设计制作拆装锅炉老鹰铁杠杆车，制作安装4吨锅炉出渣机。

是年技改后，对设备保养更加重视，对制度进行修订，进一步规范设备日保、周保、月保制度，按时对设备进行润滑保养；建立班会制度，由设备主任定期召开保全班班长会和技术骨干会，分析设备存在的问题和研究解决办法；建立设备维护人人有责制，一旦发生故障，不分操作工与保全工，必要时都要全力参加抢修，既可加快维修进度，又能使操作工熟悉设备的结构和性能；建立跟班抢修、停班保修制，最大限度地增加设备无故障工作时间等。经过努力，打叶车间设备运转率由上年的72%提高到82%，挂杆车间的设备运转率达到98%。

2000年，湘南烟草集团及烟叶分公司投资700万元，再对仿科马斯打叶复烤生产线进行技术改造，使全线设备的整体性能全面提高，加工工艺质量和各项指标达到国家行业统一标准，有效作业率提高15%，大中片率提高5%，叶片含梗率小于2.5%，梗中含片率小于1%，具备加工各个等级、各种成品包装规格和满足客户要求的生产能力；投资188.3万元，对两条挂杆生产线进行搬迁和技术改造，搬迁中共完成22项技改项目；组织技术人员攻关，自行研制出一台性能完全符合要求的夹板裹膜包装机，为企业节约资金50多万元。装备的改进，为提高生产效率奠定坚实的基础。

2002年，为提升设备的运转率，设备保养坚持初保和一级保养、二级保养三保制度，配备专人对设备进行润滑；实行设备巡视制度，由出故障找人转为人主动找故障，将设备故障消灭在萌芽状态；保全班继续实行三班制，利用零时至8时这个运转空隙对设备进行保养维修，做到故障不过夜。

2003年，根据工作需要，对保全班的工作职能进行调整，增设车间技术室，便于衔接设备的管理和维修。设备的保养实行项目负责制，即每个项目都设立项目负责人，技术人员则分片包干。在保养过程中，负责施工的技术人员始终坚守在现场，施工队下班，技术人员才下班，节假日亦如此。

2005年，在设备管理上：对所有设备都采取分片分段包干办法，责任到人，并实行巡视制度，作好记录。对影响整线设备运转率的重点部位进行攻关，突破设备运转的“瓶颈”，先后对第一条生产线的打叶风分网板和第二条生产线的梗振筛进行改进，问题得到有效解决，全年设备运转率达到90%以上，比上年提高2.7个百分点。

2007年，为提高设备的运转率，对维修技术人员实行分工包段、重点设备重点管理、一般设备随机管理的制度，并对其技术水平、熟练程度进行计分考核，细化考核项点，量化考核指标，直接与个人的收入挂钩，促使员工积极主动地查找、解决设备故障，或通过小改小革将故障消灭在萌芽状态。

2008年，为完善工艺控制，维修技术人员通过查阅技术资料，对设备进行技术分析，先后共完成6大项QC攻关项目。包括解决第二条生产线打叶复烤叶片结构优化、排潮管漏烟、打叶风分器漏梗等问题，共为公司节省费用120多万元。通过技术革新，本年度两条生产线的平均设备有效作业率连续三个月达到98%以上。

2009年，天泰公司对设备维修管理模式进一步改革。实行设备预防保养制度和设备维修分片包干制度，按照工作量的大小、技术熟练程度的高低，对维修人员进行有差别的激励，要求维修技术人员既要懂设备，又要懂生产工艺，使设备与工艺紧密结合，通过设备运转率、有效作业率的稳定和提升来保证生产任务及工艺指标的完成。在设备维护实施方面，对格瑞芬打叶复烤生产线梗复烤机增加冷却区，使机尾出口烟梗温度偏高、影响纸箱包装成品烟梗质量问题得到解决。此外，还对10吨锅炉除尘器、引风机、排污阀等系统进行维修，对20吨锅炉水幕除尘器、省煤器、锅炉风帽等系统进行维修，并增设碎煤机、给煤输送皮带、吊煤斗计重系统等设备，使两台大型锅炉的潜能得到有效发挥，充分满足两条生产线同时生产的需要。

2010年，全面导入全员生产维修保养（TPM）模式。成立配叶、润叶，打叶、储柜、除尘，叶片复烤、烤梗、碎叶及动力维修保养四个小组，通过互带互帮互传的方式，由维修人员带领生产人员进行维修保养，让生产人员在参与维修保养过程中，共同分析、探讨故障原因，寻求解决问题的办法。相互学习，共同提高，充分体现设备管理的全员参与性。通过TPM全员维修模式的推行，设备维修保养转为以“预防故障为主”，使用、运行效率提高。

2011年，在持续推行全员生产维修保养（TPM）模式的基础上，对《设备管理暂行考核制度》进行修订完善，将维修车间与生产车间有机结合，实行维修人员定岗定员，工段设备包干到人点检制度，从故障维修模式进化为新型养护维修模式。

2012年，制定详细的淡季检修保养计划，对生产一、二线润叶提升齿排、打叶机打辊、振筛（槽）心机构、复烤机主链条、15千瓦以上电机轴承、10吨除渣机、10吨省煤器除灰等20余项进行检修维护，共完成检修项目150余项。大到提升齿排更换，小到链条润滑，每个项目都有专人负责，并有专人查验检修质量，设备运转率达97.83%。全年共进行15项设备技术改造，主要有：二线碎叶段、打包液压伺服系统、一线筛砂筒、20吨锅炉进料斗、10吨锅炉引风机、在线烟包水分仪、液压打包伺服控制等，并新投产一台15吨生物质锅炉。

2013年，新成立机修动力车间，根据上年度生产情况，合理制订维修保养计划：对动力配电设备进行全面系统维修保养；对一、二车间共进行329个项目检修保养，其中一车间131项，二车间198项。针对设备存在的突出问题，对二车间复烤机8个项目进行改造，投资总额达254万元，包括两线复烤、打叶机开裂网板及链条和两线打包油缸密封件、润叶喂料机提升机链条更换，两线变频器清洗等。维护中，将人员按其工作特长编成班组，划分工作区域并签订责任书，完成后由专人查验检修质量。加强对设备的日常巡检、点检，建立健全设备档案，定期收集整理机修工的维修情况和设备巡查记录，跟踪掌握设备运行状态，及时采购备品备件，第一时间处理设备故障。

2014年，设备技术改造项目共6项，投入资金70多万元（不含易地搬迁项目），项目有：二车间储柜线槽改造7.38万元、两台空压机保养9.2万元、生产淡季设备维修保养39.44万元、下塘线进线屏少油断路器更换3.46万元、成品库两台电梯维修费分别为3.92万元、6.1万元，其他零星维修、保养177项，金额61.57万元。维修电机65台，金额2.63万元。其中二车间完成三项，打叶三风分落料器锁大修后气锁与弧板密封不再串风堵料，彻底改变落料器气锁轴变形、运行摆动大、气锁弧板磨损穿孔现象；储柜线槽改造有效解决碳刷与线槽之间因接触不良引起储柜停机、碳刷频繁更换问题。改造后，碳刷1年只需更换一次；两台空压机保养后不再频繁停机。

是年，中国烟草总公司下发《烟草行业视频监控系统监控点代码编码规则》，按省烟草公司要求，删减生产车间多余的监控点位，确定“摆把解把挑杂”、“精选”、“打叶风分”、“复烤”、“入库”、“废弃物处理”、“预压打包”7个监控点，并及时上报点位的图文说明。

2015年，投资4300多万元，对格瑞芬打叶生产线进行大修改造。9月，复烤厂易地技术改造整体搬迁至新厂区，该线投产。

（二）永州复烤厂

1987年建厂初期，新设备启用，一方面对维修人员、操作工加紧岗前培训，熟悉设备构造性能；一方面初步建立维修制度，落实维修岗位责任制。设备运转正常，生产加工进展顺利。

1988年5月11日，出台《设备维修管理制度》，并经厂首届职代会讨论通过，规定：1.对本厂全部机械设备进行分类编号，统一管理。2.各类机械设备，不论新安装及搬迁、改造、修复使用，由生产技术科、使用车间或部门共同验收，并由生产技术科下达通知单后方可使用。3.各类机械设备的图纸、说明书、大修和一、二级维修保养、验收、事故记录以及技术资料等由生产技术科存档、保管。4.各种机械设备实行定人、定机使用，责任落实到人，并进行必要的技术培训和经验交流，不断提高职工的业务素质。5.使用各类机械设备人员必须熟知“三好”（即管理好、使用好、维修好）、“四会”（会使用、会保养、会检查、会排除故障）、“四懂”（懂结构、懂性能、懂原理、懂用途）。6.各类机械设备使用、维护、保养必严格遵守操作规程和工艺要求，经常保持设备清洁，并按规定加注各种润滑油、脂，遵守交接班制度，做好交接班记录，严禁随意拆除安全防护设施。7.对各种机械设备大小事故，首先保护好现场，开好事故分析会，做好相关记录，及时采取防范措施，吸取教训。8.对各类机械设备严格执行三级保养制度（即例行保养、一级保养、二级保养），使设备达到“四个要求”（完好、清洁、润滑、安全）。9.设备维修坚持“先维修，后生产”的原则，在下达生产计划的同时要安排好设备计划。10.以最经济的方法科学、合理地储备配件，组织好配件的采购和生产，及时满足维修需要，保证设备正常运行。11.对于连续停运三个月以上的设备，必须请示厂部，并报生产技术科备案，由使用车间就地封存，对其水、电、气路要定期保养。12.对要报废的设备，必须按规定办理审批手续，即由使用车间写出书面申请，经生产技术科组织鉴定后上报厂部批准。对报废设备中尚能利用的零配件，应作价利用。13.对违章操作、玩忽职守失职造成责任事故和设备损坏者，视其情节轻重，分别给予批评教育、赔偿损失，行政处分、直至追究刑事责任。对设备事故隐瞒不报的部门和个人，加重处罚。

1990年10月，生产结束后，厂部对设备运转状况进行全面评估，并制定检修、维护保养方案和资金预算，全部检修在年底前完成。其间对外露出的管道遮掩好，防冻防裂；对锅炉进行全面检修；对老化的电线一律换掉，对外露的机件加装防护装置，对机械动力部位清洗上油；对损坏的零配件及时更换；对易损配件备货1~2套。12月5日，厂（公司）与新兴汽修厂签订协议，对两台1.5吨叉车进行大修和二级保养。

1994年，各车间充分利用停产时间对设备进行保养和检修，设备科会同三车间（打叶车间）自制改造安装打叶线碎烟干燥处理设备，改进预压打包提升器，自行设计增添烤梗机部分加油管路和切尖解把部位的磨刀装置，对除尘房风机的机座进行改造，保障设备正常运行，并为厂节约大笔开支。是年，全厂所有设备资料均整理归档。

1995年4月18日，对生产锅炉进行维修，主要清洁锅炉炉排变速箱4台，清理烟道4道，检修鼓、引风机、炉排轴和上煤系统等，总投入4.46万元。设备、机电等管理部门，利用生产淡季加强设备的维护保养，自己动手，改造、自制安装检修平台、打包机、工作台，自行解决COMAS(科马斯)生产线相关技术难题，年内完成该线技改。

1996年，烟叶生产加工量较前几年增加，厂利用生产淡季，组织人员对设备进行维护维护保养，如三车间用一个月的时间对全套设备进行油漆刷新；投入70万元，对一、二车间冷房的风机，碎烟输送机，质检振动筛，三车间除尘房的风管，一车间以及四车间的变压器以及锅炉等设备和部件进行改造和维修，同时将2号315千伏安变压器改装为630千伏安变压器后，电能利用率大幅提高。

1997年，利用淡季完成设备全面检修的同时，又投入30多万元对锅炉、电梯等重点部件进行维修改造。8月11日，挂杆一车间复烤机整体筛网及链条脱轨塌方，复烤厂投入5万元进行紧急大抢修。

1998年11月17日，厂部决定对三车间复烤机及打叶机系统和四车间的部分设备进行专项检修。历时25天，此次检修实行检修补助与项目经费全额包干和定质量、定期限、定奖罚的办法。三车间检修2.5万元包干；四车间检修0.5万元包干。凡没有检修或因检修质量影响生产的项目，从包干总额中扣减该项目的包干经费。检修期限在20天以内完成并开机生产，每提前一天分别奖励三车间1000元、四车间300元；在21～25天之内完成，不奖不罚；超过25天期限，每超过一天，三、四车间分别各罚1000元、300元。另厂部还拿出3000元检修专项奖励基金，对检修做出贡献的有关科室和人员实行专项奖励。设备、供应、财务科负责保证检修的原材料、配件和资金的供应，工作不到位者，比照扣罚。通过上述举措，三、四车间的检修项目如期保质完成。全年包含其他维修，共投入资金110万元。

2002年，打叶车间新设保全班，使用临时用工28人，工作时间在生产班下班之后，实行三小时工作制。2003年，复烤厂对打叶复烤生产线进行设备大检修。主要项目是：新增一组打叶机，由4打10分改为4打13分；新增32个精选台，共投入资金1000万元。

2004年，因挂杆复烤线全部拆除，唯一存在的原装进口科马斯打叶线加工流量过小，并有诸多工艺缺陷，厂专门成立技改领导小组，设立技改办公室，配备各类专业技术人员，明确技改项目，制定奖罚办法，规定完成期限，实行终端责任制。先后对铺叶摆把线进行改造，增加切叶功能；将片烟复烤机整体更换为秦皇岛烟机公司生产，流量为每小时9600公斤。该机根据客户要求可筛分多种规格的烟梗，碎烟处理线可筛分1~3mm、3~6mm的碎烟。另还对除尘房、打叶电控系统、锅炉、配电及预压打包等设备进行改造和大修。此次技改基本解决制约打叶产量和质量的主要瓶颈，设备运行稳定，有效作业率达95%以上，各项工艺指标达到或优于行业标准，大中片率提高3个百分点，叶中含梗率下降0.5个百分点，出片率上升1个百分点。

2005年，对除尘房和老COMAS电控系统进行改造，总投资达650万元。其中除尘房改造投入382万元。彻底解决因设备老化导致全线停机的问题。老COMAS电控系统的改造既可降低设备故障率，同时又大大降低能源损耗，每年可为企业节约电费40余万元。是年12月，企业改制为股份公司。25日，公司第二次股东会形成决议，一致通过《2006～2008年设备改造投资方案》，计划总投资3130万元，其中2006年665万元，2007~2008年2465万元。

2006年，根据三年技改计划，对设备实施技术改造和大修。全部采用外协方式，实行项目总体承包负责制，全年共投入565万多元，其中设备技术改造365万元，主要用于烤梗机、梗降温系统、煤磅、真空回潮、预压打包、风分除杂、除尘系统和复烤机等八大项目的技术改造。设备大修投入200余万元，主要用于打叶线气鼓、减速机、电梯、新打叶三风分网板、复烤机和打叶机链条等项目。

2007年5~8月，公司继续进行设备技术改造和大修。此次技改项目共7项，共投入1723万元。其中打叶段改造1070万元；预压打包线改造364.59万元；除尘房部分设备改造47万元；烤梗机改造43万元；双路铺叶切断解把机改造71.76万元；烤片机前加电子皮带秤改造36.65万元；添置在线成品微波水分仪设备90万元。此次技改有效解决制约打叶产量和加工质量的主要瓶颈,使生产能力达到12000公斤/小时。是年,公司设备管理由解决设备抢修向防护性维修转变,进一步加强设备维护和保养,始终保持设备处于最佳状态。全年设备正常运转率达到98%。

2008年,公司技改项目为打包机辊道、液压站设备、配电设备、计量器具、风选除杂五大项,总计投资227万元。另还投入155万元,主要对打叶车间配电设备进行改造;在复烤机前和冷房各增加一台红外线水分仪;在打叶汇总皮带上增加流量为12000公斤/小时的COM-CZ3型除麻丝机,有效控制烟叶中麻丝、纤维等非烟物资含量。

2009年,公司继续对生产设备进行技改与大修,总投入261万元。主要项目共8项,包括:新增一套质量数据自动采集分析系统;新增一组打辊机;变压器改造;碎烟回收系统改造;返料储叶柜改造;新增载货电梯一台;购置MT-C型快速水分测定仪一台;购置BINDER型恒温恒湿箱一台。其中,5月,对返料贮叶柜改造设备3套,新增3套,共计投入资金34.49万元;碎叶回收改造投入14.51万元,共计49万元。两个项目均由云南新紫烟科技有限公司承包。6~7月,公司对15T锅炉、炉膛及污水池进行改造,总计费用8.36万元,工程由长沙南方水泵锅炉机电配件实业有限公司承包。

2010年,技改维修共投入资金700余万元。对真空回收潮机进行技术改造,使设备能力提高到原来的2倍;对预压打包机进行技术改造,将预压机由两联改为三联,实现两用一备功能,满足抵挡次烟叶和出口烟叶加工需求,消除因设备故障而停机的隐患;对铺叶解把机进行改造,在原铺叶切断解把机尾增加两台可移动的皮带输送机,实现烟茎和把头的自动切割和分离,满足客户特殊工艺要求;实施振筛自动清理项目,在打叶线一、九、十、十一风分和碎叶烘烤线前振槽各增加一套弹球自动清理装置,改良碎叶筛分效果,提高烟叶出片率;实施烟梗废弃物锅炉焚烧项目,有效解决公司烟草废弃物的处理难题,每年为公司节约近百万元燃煤费用。

2013年,复烤厂利用停产间隙,继续实施设备大修。主要包括打叶生产线、配电、质检等设备。大修项目仍然采取外包方式,实行项目负责制,定项目、定人员、保质量、保安全。设备大修后,有效作业率达97.5%以上。是年,还对生物质锅炉进行改造(置换),联合北京热化能源科技有限公司新建一套生物质锅炉,主要焚烧烟梗,当年就烧掉3154吨,产汽11760吨,既可节约燃煤,又能解决困扰企业多年烟梗无法及时处理而占用大量库容和堵塞道路以及支付销毁费用等诸多问题,还能循环利用变废为宝。

2015年,对设备实行分包分块负责制,本着"预防为主"的原则,加大设备点检巡查力度,对设备运行状态严密监控,及时发现和处理故障。努力做好、做实、做细设备的日常维护工作,把设备的"完好率、泄漏率、保养达标率、运转率"等考核指标细化量化,促进提高设备的综合效能。

(三)常德芙蓉公司

2007年,公司对设备进行部分维修和改造,实际使用维修费用:559.65万元,设备有效作业率为95.88%,设备完好率达100%。

2008年,为保障设备的正常运行,公司实行计划检修与预防性维修,采取计划预修与事后维修相结合、维修与改造相结合、定期维修与项修相结合、操作维护与检修相结合的方式,对专用设备、通用设备进行系统维护保养。通过各种活动的开展,加强维修工与操作工的交流与合作,逐步打破操作人员和维护人员之间分工绝对化的界限,为操作维修一体化打下良好的基础。同时,按照年初计划,成功实施完成预压打包出料升降辊道、风选除杂风管等9项改造。7月,利用停产期间,组织开展修理工、操作工、外包劳务公司(兴隆公司)部分员工共同参与的设备停产检修。实行组长负责制,共完成168个大项的维修。全年设备零配件采购费用350万元。

2011年,公司强化设备管理责任制,落实到操作工、设备管理员、生产部设备管理员等岗位;修订交接班制度,完善交接班记录;建立健全设备日常巡检、润滑、维修管理等制度;并由公司主管部室开展不定期检查考核。推行操作、维修一体化，中班生产时间采用“8+1或9+1”模式（即8–9小时复烤作业加1小时维修），当班结束后留出1～2小时让骨干和老师傅带领青年操作工进行维修，逐步提升员工维修技能，同时也解决人手不够的问题。“周保”尽量利用周末时间进行。在完成日常巡检维修的同时，对发现的故障频发点，登记在案，探讨最佳改进方案，适时组织技术改造，解决设备缺陷，提升设备保障。

2013年，全年共完成日常维修815项，零备件耗用共290万元。设备大中修、基建维修全年共发生11项，包括合力叉车、林德叉抱车、洗地车、真空回潮机维修、软化水空调年度维修和机械加工维修以及三台空压机4000小时保养等，合计300万元。全年设备总运行时间为1227小时，其中设备故障停机时间46小时，汽、水、电等因素影响的停机时间11小时，设备有效作业率为96.3%。

2015年，按照设备管理要求，有序进行设备全方位维护与保养，并组织开展年度设备停产检修劳动竞赛。对设备输送带两侧护板增设接料移动小车，解决烟叶输送跑漏问题；对一润、二润滚筒进料端加装导料板，解决进料端烟叶成团的问题；对一润、二润滚筒内部耙钉的分布、长度、方向进行改进，减少烟叶在筒内的滞留时间；对作业路径进行整改，将一润出料到二润仓式喂料机的路径改短，转辊筛砂机移至一润、二润仓式喂料机之间，降低输送带之间的高度差，解决由此引发的烟叶成团问题；对去灰间圆型振筛、碎末干燥机仓上方的两个落料器转网进行改造，使去灰间达到每小时吸灰500公斤的要求；新配备4根取样管，并新增取样管内壁清扫装置及部分挂钩。

（四）湘西鹤盛公司

1999年投产初期，设备故障相对较高，真空回潮机采用汽液联合三级喷射抽空系统，能耗较大，故障频发，因维修工经验不足，设备厂家多次上门处理设备故障，厂维修工在实践中边学边干。

2001年起，实行设备包段点检制度，生产设备日保、周保、月保进入规范化。是年生产任务较紧，而公司只有一台10吨燃煤锅炉，经常因锅炉故障或蒸汽压力不稳导致停机。下半年，新建2#10吨燃煤锅炉项目启动，于2002年3月正式投入使用，供汽得到保障。

2003年，将锅炉电控系统改造成DCS自动控制系统，实现微机自动控制，司炉操作劳动强度减轻，锅炉运行的可靠性、安全性提高。

2005年3月，副总经理张其龙主持召开设备例会，对设备技改进行研究，并拟定“质量改进及评比活动”方案（后发展为技术创新），同时建立修旧利废长效机制。10月，为提升设备总效率（时间、性能效率，产品合格率），做到设备故障事先预防并及时消除，公司派遣技术人员赴青岛参加TPM（全员设备维护）全面设备管理培训班。之后，在厂内推行全面设备管理，开展班组月度TPM评比竞赛活动，大部分故障隐患被提前排除。是年，先后制定、完善《生产设备完好标准》《设备保养标准》《TPM评比方案》《检修计划管理规定》《检修管理规定》《检修工作要求》《检修安全规定》《生产设备脱落物检查制度》《维保班非烟物质控制规定》《生产车间设备润滑油类管理制度》《生产车间设备日常管理考核办法》《生产设备点检分区总表》《各段分区点检明细表》等一系列管理制度。通过这些举措，设备维护进一步规范，全员生产维修体制初步建立，设备预防维护意识大大增强，设备管理水平全面提升。设备有效运转率从97.5%提升到98.5%以上。

2006年，生产线设备已运行近7年，部分配置落后、老化，生产效率降低，能耗升高。对此，公司与北京长征高科技公司合作研发新型高效节能风分机，并在一线打叶前段安装3台，取得良好效果。

2008年上半年，公司投资30多万元，对二线一润入口滑道、烤梗机风机管道及接梗环境除尘改造，新建烟梗焚烧池。解决一润入口堵料问题，烤梗机风管噪音及环境粉尘浓度降低。在二润热交换器处再增加两组热交换器，提高热交换能力，提高热风循环温度，解决二润加汽能力不足、烟叶出口温度偏低问题，利于二润烟叶水分量及水分均匀性的控制，减少水渍烟的形成，提高烟叶的抗打性，减少燥碎。是年，湖南中烟公司下达2008～2010年节能减排目标。公司决定实施设备大修技改工作。11月，组建项目领导小组，共筹集资金3000万元，其中企业自筹2000万元，向银行贷款1000万元。

2009年3月，淘汰第一条生产线，对第二条生产线进行产能升级，由原6000公斤/小时仿玛克型打叶复烤生产线改造为12000公斤/小时高效节能风分型生产线。9月25日，投料试车，共历时7个月。同时完成对动能设备的大修，共完成大小项目20余项。

2010年，车间打包机最后一级滚道的减速机与光电管接近开关经常被叉车撞坏，影响设备运行。对此，技术人员把减速机改装到滚道进料端，将光电管放在下面，有效避免此类事故的发生。原12个风分器中箱体内无调节风门，风分效率较低；箱体中、后室无清灰口，导致进料堵塞严重，无法正常风分。解决的办法是：在风分器内安装一个调节门，在风分器下箱体中、后室开清灰口。改进后，便于下箱体的卫生清理，风分效率提高。针对打包复秤出现多次故障、出现重量偏差大问题，在打包轨道输送机上增加一台复称轨道，问题得到彻底解决。打包料箱活动电缆桥架内导线多次断裂，且出问题后不便于查找，停台时间长，便在其前后端加装两个接线盒得以解决。9月，生产车间与动力车间合并为生产部，原两个车间的维修队伍随之合并；12月，组建维修班。

2011年，对解把机切断系统及压烟链条传动轴位置进行改进，改为独立传动，原该处故障多、运行不稳问题得到解决。在精选台增加4台分料减速机，设备故障减少。将预处理段M12、M04、M16A皮带机有链传动改为减速机直接传动，效率提高。为提高二润的温度，对二润循环风道及疏水阀观示镜进行改造。对烤后故障柜进行加大，打包故障后在线烟叶清理难度减轻、现场生产秩序好转。将在线水分仪更换成英雷红外水分仪，监测效率提高。增加除尘房旋振筛，烟叶出片率提高。

2012年，组织开展设备维修标准化工作。设备点检工作实行班组责任制，每月进行一次工作总结、考核，奖优罚劣。同年，根据设备运行情况及维修周期，对一润提升带旁链，风选除杂机网板与旁链，烤片机、烤梗机旁链，一、二润仓式喂料机布料车、点动车、真空小车扁平电缆等进行更换；对风选除杂进行改造；为减少断流频次，对二润进料皮带及打叶部分收集皮带进行加宽改造；打叶网鼓链传动故障率高，将链条加大一号，并将打叶提升带链传动改为直接传动；烤片机回潮能力不足，对回潮区的雾化喷嘴进行技术研发改造，一次性水分合格率由85%提升到95%以上，烤片机能耗由原来每小时6.3吨蒸汽降为4.5吨；为提高1#锅炉燃烧效率，增加锅炉分层计量装置；为提高打包效率，对打包机进行改进，将单压头改为双压头；为改善梗打包及散把区的工作环境，对梗打包除尘系统及解把与润叶加湿降尘系统进行改造。

2013年，为降低公司综合能耗，解决废梗处理难题，采用BOT（建设、经营、转让）模式，与湖南博茂节能环保科技有限公司联合开发烟梗生物质锅炉，将2#锅炉造改成生物质锅炉，将废烟梗作为燃料，变废为宝，煤耗大大降低。为充分利用余热，将生产线冷凝水回收至锅炉除氧水箱底部，水管加装控制阀门，防止回收水倒流，锅炉给水温度提高。将解把机切断圆刀送外维修重复使用，每片加工费不到100元，一片就可节约成本480多元。打叶二打风送电机温度超高，为负荷太大所致，将22千瓦的电机改成30千瓦的电机，故障减少。为提高真空回潮的回透率，增加超一级泵，更换冷却水泵。打叶M113~115皮带机加宽改造，堵料频次降低，生产效率提高。1#锅炉除尘器漏水严重，导致排烟温度高，引风机带水严重，改造后排烟温度降低，还可延长引风机叶轮的使用寿命，提高除尘效果。

2014年，为提高润叶、烤梗机的效率，进一步降低能耗，更换一润、二润、烤梗机老化的散热器。将真空回潮机全蒸汽抽空系统改造为螺杆真空泵+罗茨泵联合抽空新技术，并取得专利证书。改造后，按当时成本价计算，每年可节约40多万元。为方便设备维修，在打叶段增加三套检修平台。为改善车间环境，在生产车间顶棚增加两个排气窗，在皮带机落差口加装防尘罩。对碎片干燥机自研加装温度自动控制系统，实现温度自动调节。碎末干燥机温控装置，将老式电容器更换成高效节能环保型电容器，把分插式熔断器整改成三联空气开关来保护，既安全、稳定、灵敏又节能，生产车间月总耗电降低50%。对打叶1~12分高速皮带两侧面进行改进，在皮带主机、从动辊固定部位进行扩孔，并作相应改制，打叶高速皮带故障后修复、更换影响时间从192分钟降低到40分钟。烤片入口匀料辊调节处没有平台，只能站在梯子上用扳手来调，很难保证两边的高度一致，且存在一定的安全隐患，将手动调节改为高度量化的比例气缸调节，劳动强度减少，工作效率提高。对碎梗筛进行改进，制作一块4x14dm的长短梗分选筛网，更换烤梗入口碎梗筛，将不需要的短梗在烤梗机前分出，减少烤梗机的负荷，降低烤梗能耗。精选台拣杂皮带改为变频控制，降低拣杂皮带的速度，使控制杂物效率提高。在三打后M78收集皮带落料口加装一块2150x300x100mm强力磁铁，前段脱落下来的打刀及铁质杂物，都会吸附在磁铁上，保护四打辊不受损坏。针对真空回潮机在蒸烟时瞬时耗汽量大，造成蒸汽压力下降，影响产品质量问题，在真空回潮分汽缸前段增加一台蒸汽蓄热器，原问题得解。

2015年，对真空回潮机的螺杆真空泵电控进行改造，由定频控制改为变频控制，原来该设备启动时瞬间电流严重冲击生产线供电系统而不便随意停机的问题得解，实现真空螺杆泵电机变频调速，可以任意启停，启动电流由原来的1200A降至300A，改造前真空螺杆泵每班平均用电量为665度，改造后仅为280度，按每月生产27天计算可节资2.68万元。将1#解把机小皮带更换成不锈钢输送带，对“主从动辊”作相应的改制，容易积灰、造成小皮带跑偏毛边、脱落问题得解。对锅炉上料系统安装强力磁铁，除去原煤中的金属物，原来原煤中含有金属物卡死炉排、影响生产问题得解。压箱器弹簧力度不够，影响成品打包外观质量，在打包捆扎机压箱器上面加装一个压箱气缸，通过过滤减压调整气缸的压力，压力不足问题得解，产品外观包装质量得到保障。生物质锅炉燃烬室和对流管区域共有8组排灰管，锅炉在运行和清灰期间，平均每天用自来水15吨冲灰，在灰水泵房建三个废水回收池（沉淀、过滤、清水），安装一台小型耐腐蚀的抽水泵，循环利用回收废水，不再开启自来水，每烤季可省数千元。

（五）浏阳天福公司

2006年4月，公司投产初期设立生产部，下设生产班、动能班、维保班，其中维保班负责复烤生产线、锅炉、水电汽供应系统的维护维修。

2008年，针对上年烤季生产设备隐患以及进入磨损期的设备，制定全面、详细的检修计划，主要项目有：更换4打打辊、2风分和6风分抛掷器及弧板，全部更换打叶线风分仓网板和叶烤机旁链、导轨等。共投入资金67万多元，检修效果良好。设备有效作业率平均达到98%以上。4月，公司通过ISO9000质量管理体系认证，为强化内部管理，先后制定和完善《生产设备完好管理制度》《设备保养标准》《设备巡视点检管理制度》《设备维修管理制度》《设备操作管理制度》《生产设备脱落物检查要求》《设备润滑管理制度》《各工段设备点检表》《零备件管理制度》等一系列管理制度。

2009年，公司制定生产激励方案，实行“10+1”的生产模式即每个工班10小时生产加1小时维修。对生产效率采用承包制，建立生产操作工和维修工停机考评制度，用绩效考评确保高质、高产、高效，设备有效作业率从上年度的98.57%提高到99.56%。是年，设备维护的主要项目有：更换一二润提升带的皮带两根、耐磨条、旁链、耙钉；更换打叶入口提升带皮带、裙边、清料辊刮皮、导轨、耐磨条；更换烤片提升带皮带、方钢管、耐磨条、裙边；更换烤片主网带旁链182米、网板20块，修复烤片网板280片；更换烤片机出口清料毛刷辊；更换打叶1-11分破损的网板74片，校正网带鱼鳞片200余片等。部分项目与外协完成。全年配件采购严格按照公司采购控制程序和合同管理制度执行，签订合同达300多份，比价采购达数十批次，采购金额84.96万元，采购成本大幅降低。

2010年，生产部将设备轮保日改为三班保养制，晚班随生产班正常开班，同生产加工有机结合，确保生产正常运转。下半年，新增烟叶把头单独加工处理线，经一系列调试、改进，正常投产。是年主要维护的项目有：更换真空回潮机箱箱门轨道及行走轮、箱体顶板，耗资4.32万元；更换M10、M12打叶皮带，耗资6.17万元；更换打叶比例分料器皮带、一打三个打辊的动刀定刀（936块）及对一至四打斜皮带顶板进行改造，耗资7.96万元；更换打叶1～11分网带旁链及破损的网带，耗资16.79万元；更换除尘器M05除尘布袋，耗资0.92万元；更换一二润筒底部生锈的蒸汽水管、排冷凝水管道，耗资5.08万元；清理打叶段1-11分循环风管各弯头处积灰及拆卸打叶段顶部除尘风管各弯头并清理积灰，耗资19.62万元；清洗烤片机网板（434块）、清洗烤片机网带鱼鳞片（868块）、清洗烤片机压网带网板（294块），耗资2.77万元。合计投入资金63.63万元。

2011年，车间设备已经使用6年，设备老化，重点对主要对易损件加强维护。先后对打叶二、三、四打打刀及辊轴承，打叶1～5分气锁弧板，预处理提升皮带旁链，烤片提升带方管，打包料箱压实器内衬板等进行更换，对打辊、除尘风机、液压主站电机、锅炉引风机等大电机轴承进行润滑保养。招标采购类配件20余批。维修耗资283.71万元。

2012年，针对打叶复烤线设备严重磨损和老化，有的更换零配件也无济于事问题，公司决定采用以改代修的方式彻底解决，更换一批大零部件，如风分抛掷器、打叶机打辊、烤机热交换器等；单体设备则更换六分振筛。全年共投入维保资金299.54万元。

2013年，将一级打叶器一转子更换为新型的快拆式打辊，生产运行3个月故障率及维修均为零，改造效果明显。将打叶机组风分器网鼓透风孔孔径由4mm缩小至2.5mm等，有效减少烟片泄露耗损量。对1#、2#真空回潮真空系统改造，抽空节约蒸汽量达到69.3%。

2014年，投资124.56万元，将预处理一润筒加水方式由手动改为自动，提高润叶加水比例的精确性；投资77万元，改造烤片进料方式，变提升带喂料为皮带直接喂料，降低烟叶造碎；投资9.6万元，改造打叶比例分料器调节方式，变机械调节改为电动调节，解决机械调节不及时、调节困难等问题；投资135万元，在生产线增加一套叶片结构在线检测设备，指导生产设备参数调节；投资40万元，整改打叶DP网络，将DP网络改为以太网（全公司联网）；投资30万元，改造打叶机落料器，将落料器网鼓透风孔孔径改为2.5毫米，减少烟片泄露和客户的财产损失；投资40万元，改造打叶器，更换新型打辊，节约维修换件时间，提高打叶质量，改进片型结构；投资80万元，将车间变压器由1600千伏安增容至2500千伏安，解决设备容量需求问题；投资80万元，在预压打包段增加烟箱密度自动调节装置，改善烟箱内烟叶密度分布的均匀性，改造后烟箱密度均匀性达到行业标准。是年，为确保正常生产和人才的培养，对生产部部分技术人员调整到设备技术部，新进电气维修工2人，机械维修工5人，制定详细的培训计划和阶段性的学习目标，并指定维修师傅进行一对一专业培带，以使新进维修工尽快适应岗位要求。

2015年，由于机构和人员调整，生产部对设备资料如设备的电气原理图、使用说明书等进行重新整理归档，建立维修资料库。规范设备检修管理流程，检修计划由每机台设备的生产组与维修班申报至部门领导审核。一般检修班组长到现场指导，重点检修部门领导进行跟踪并验收。同时指定专人负责零备件的申报、消耗、使用及管理。并将零备件分门别类，保持合理库存，保障生产需要。设备保养将原三班保养岗位与白班勤杂岗位进行合理分工后成立保洁组。投入1418.02万元，分别购置皮带、辊道、振动输送机、加湿机、打包机、喂料机、滚筒式热风润叶机、振动筛沙机等设备，用于生产和设备的维修维护。为避免二次扬尘造成环境污染，将普遍吹灰模式改为定点吹灰模式。对厂区锈蚀严重的冷凝水回收管道更换165米，耗资35万余元。

第三节　质量控制

复烤质量控制涉及到人、机、料、法、环、测等多个方面，省内复烤企业在各时期依据当时条件，做出诸多努力。

一、郴州复烤厂

1978年，郴州烟叶复烤厂投产后，挂杆复烤生产线的产成品出口处设有司机摸潮岗位，凭手感判定烟叶干湿度是否达标；在车间设立检测室，购置烘箱、天平等分析检测设备，配备1名检测员，对在线复烤烟叶进行烤中抽检，一般每2小时抽检一次。若感觉在烤烟叶过湿，或者检验室检测出复烤烟叶水分超标，均立即报告生产值班长和车间主任，及时停机，将在线烟叶（视为不合格品）一一取下，对后续挂杆密度放稀，烤房温度提高（散热器内多喷蒸汽），潮房湿度降低（少喷蒸汽）、生产线主链条运转速度放缓（增加机内烘烤时间）后，返回重烤；若水分过干，则调整潮房湿度和生产线运转速度，加大湿度和受潮时间，确保复烤质量达标。

1987年，受"湘南烟叶大战"的影响，烟叶混等混级、提级上调现象十分严重，在投料前须对烟叶进行挑选，选烟班和质检股均实行分人分台把关制，解包把选，使烟叶质量基本上达到纯、净要求。同时为保证产品质量，车间配备懂技术的专职人员负责司机摸潮，改变过去烟叶水分宁低勿高（保持在10%左右）的做法，调至平均保持在12%左右，既能较好控制烟叶质量，又能减少2%左右的烟叶损耗；对烟叶散把挂杆禁止打、甩，违者处以罚款，使此工序的碎烟损失减少；对挑选整理过程中的散碎烟叶，再增一道挑选工序，达到250克以上的，一律重新回收；对挂杆、上机、成包等现场勤清扫，防止散落在地上的烟叶被踏碎，并在烤机传动链条下方内两边加装一层挡板，成功解决以往链条一旦折断上机烟叶从1米多高摔下造成散碎问题。通过对各工序的细节控制，烟叶加工损耗明显减少。

1990年，流星岭厂区挂杆复烤生产线更新换代，车间增设"总控制台"，内有：主链条运行速度调节档次手柄，烤房、冷房、潮房各间的温度或湿度显示仪表及增减温湿度、蒸汽量、风量的档次开关，当摸潮发现异常时，一般可通过"总控制台"调节运行参数，可减轻操作劳动强度，并较好保证复烤质量。其后，在司马洞安装的2条新挂杆复烤生产线均设置同样"控制台"。

1991年，生产车间在设有检测室的基础上，再增设复烤生产现场质检小组，抽调年轻、有技术、有能力的员工担任质检员，负责生产全过程的质量检查工作，把住质量关。为解决成品重量合格率长期较低这个问题，车间建立复磅制度，指派一名员工专门负责此项工作，对重量不合格的产品一律不准入库。

1993年，复烤厂易地技改竣工，司马洞新厂区投入使用。新厂两个车间共增设检测室1个，添置部分检测设备，增加检测人员。是年，烟叶产量大增，复烤量随之增加。车间主任、工段长亲自深入挂台，严把质量关，产品质量大幅提升。年底，在中国烟草总公司复烤工作检查组检查验收中，复烤厂获得99分的优异成绩，较上年的90分前进一大步。

1996年，挂杆一、二车间和打叶车间均成立检测班和质量管理小组，配备工艺质检员，负责质量检查、监督工作，并配套制订一套较为完善的质量管理制度，如《台检员管理制度》《烟叶挂杆奖罚制度》《工序质量管理制度》《司机摸潮化验管理制度》等。同时开展"三检"活动，即自检、互检、专检。台检员、成包员对产品质量进行自我检查，发现问题，及时解决。车间、班组间进行互检，互相监督促进。质检科和仓储科的质检员实行专检，发现问题及时指出并提出解决办法。由于生产进度快且质量达标，受到湘南烟草集团总部和客户的好评。

1997年，鉴于全市烟叶收购量达8万吨，四条生产线同时开工复烤，为加大质量检测力度，由车间主任领头，专门成立生产现场7人质检小组，直接领导和督促质量检测工作。质量专检员每日对产品的各道工序质量进行抽检，在执行工艺规程中把好十关，即等级纯度关、摇把松散关、挂把匀衡关、冷房烤透关、机尾水分关、装箱摆把关、刷字唛头关、横梱压包关、成包重量关、缝包竖捆关，协同生产班组及时予以纠正或改进质量细节。

1998年，增加挂杆车间检测班编制，充实工艺质检人员，加强台检、成包质量把关。打叶车间根据生产出口烟叶质量要求高的特点，对班组结构及时调整，由原来的保全、生产两个班调整为质检、打叶、成包、保全4个班，班组长全部重新配备。

1999年，为保持复烤质量的稳定，各车间依照烟叶分公司（复烤厂）《工艺质量管理暂行方案》，进一步完善质量“三检”制度，即各岗位的自检、上下交接班的互检、质检员的巡检，并规定上一工序的工艺质量要对下一工序负责，不合格的原料严禁流入下一工序；哪一工序出现问题，就由那个岗位负责。不合格的产品严禁进入成品库。是年，为配合集团公司“华人”等品牌卷烟开发生产，复烤厂对集团公司用料，全部实行烤前手工精选和提纯，使烟叶等级符合国标，更适合郴州卷烟厂精准配方投料。在挂杆复烤过程中，还采用每挂一竿空一竿、低速复烤的办法。

2000年，为复烤厂的“质量效益年”，在质量管理上，生产车间继续实行“自检、互检、专检”三级检验和建立上下工序质量承诺制度，车间与班组签订责任书，班组对车间负责，员工对班组负责，将工艺指标分解落实到人，并同奖金挂钩，层层把关。

2001年上半年，厂承担山东颐中集团2000吨打叶复烤加工任务，质量要求严苛。各生产车间精心调试设备至最佳状态，并增设工艺管理员岗位，环环把好质量关，按期按质量完成加工任务，受到客户高度评价。随即，厂根据这一成功经验，建立起一套全面质量管理模式，即以组（工段）为评价主体，组对本班的质量负责，质量管理奖金只发给质量管理好的班组，出质量问题的组扣发奖金。此举极大地调动起班组质量管理的自觉性和积极性。

2002年，生产车间设立专职工艺管理员岗位，安排两名具有专业质量管理知识和实际操作经验的职工从事工艺质量管理工作，分别对白班和晚班生产全过程的工艺质量进行监督、指导，并主动同客户代表或监打人员进行沟通；成立综合考核小组，由工艺员、安全员、生产班长等人组成，交叉对各班的产品质量、现场管理、安全等工作进行检查考核，相互促进，共同提高；复烤车间与班组签订《打叶工艺质量分解责任书》，班组将责任落实到每个岗位，质量把关从事后补救转变为事先预防；质量检测继续实行自检、互检、专检“三检”制度等。通过抓质量，是年全国有15个厂家来厂进行复烤加工，对产品质量均感到满意。

2003年，复烤厂进一步加强质检力量，工艺质检员由2人增加到4人，并指定一名车间副主任专抓质量工作。每班由一名工艺质检员对质量进行跟踪考核，生产过程中不放过每一个细节。是年起，根据国家局“原烟交接、委托加工”办法及加工合同样本统一条款的规定，在复烤厂家自身抓好质量管理的同时，增加“监打制”，即客户（以下简称甲方）派遣代表来厂指导、监督打叶加工。在甲方委托复烤加工期间，其驻复烤厂代表有权进行现场监督，获取与烟叶加工有关的各项数据报表，若发现质量技术指标不能满足要求及其他异常情况时，及时反馈。遇此情况，复烤厂会积极与甲方代表共同协商，探讨有效解决办法，必要时双方签订备忘录；2小时内未得到厂方答复，甲方有权要求停止生产；复烤厂按照《烟叶-打叶复烤-工艺规范》（YC/T-146-2001）、《打叶烟叶-质量检验》（YC/T-147-2001）标准及《确认单》的要求组织加工，确保加工质量，并及时向甲方监督加工人员报送烟叶接收、挑选、加工、质量检测等相关报表，并严格遵守甲方对其质量技术指标及加工过程的保密要求。若发现甲方《确认单》要求与烟叶（原料）实际质量状况差异较大时，及时通知甲方监督加工人员协商处理，必要时签订备忘录；2小时内未得到甲方答复，复烤厂有权停止生产。

2004年，复烤厂与烟叶公司拆分单列。为加强质量管理，耗资43万元，为检测室添置微控烘箱2台、MCT600红外水分仪1台，近红外光谱仪1台，生产现场检测能力得到加强。是年，进行ISO9001质量管理体系的贯标及认证工作，成立以厂长刘勇智为组长的贯标及认证工作领导小组，通过贯标，建立健全《综合管理考核实施细则》等18项规章制度。7月1日，复烤厂ISO9001质量管理体系颁布实施。在实施ISO9001质量管理体系后，车间又全面推行“5S”（整理、整顿、清扫、清洁、素养）管理。生产现场定置管理实现看板化、标识化、数字化。人定岗、物定置、动有序。车间地面刷上漂亮的环氧树脂漆，对厂区道路进行绿化、亮化，内部装设程控电话，两条生产线的所有工序都设立岗位、工艺标示牌，厂区旧貌焕然一新。为适应个性化加工日趋扩展、加工质量要求更严格的新形势，厂将质检中心划归厂长直管，成为厂内唯一对产品质量具有确认权，或质量与生产发生矛盾时行使否决权的部门。

2005年7月，郴州烟叶复烤厂改制为股份公司，产品质量的重视程度提高到新高度，把原来的检测班独立出来，升格为质管部，并增加检测和质管人员和检测设备，分白班、晚班轮流跟班质量检查，并赋予"一票否决"权利，即质管部在跟踪质量管理中，发现问题，依其指令，该纠正的纠正，该返工的返工，该停工的停工。在质检中，在线抽检每两小时抽检一次，并在线尾打包段进行"在线成品检验"，每三箱烟叶抽检一箱，取样检测，指标不合格不得下线；成品进入凉烟库一周后，在转入仓储前，再进行一次全面抽检，不合格的产品不得转入仓储。在执行烟叶检验作业指导书的基础上，制定技术中心各岗位的《日常工作备忘录》及季节性取样岗位的《岗位操作说明书》，细化岗位工作流程，明确各岗位的工作内容、要求和职责；整理和改进所有的检测项目和表格，使之更规范、全面、细致和科学；整理和改进检测设备操作规程及保养制度，完善保养记录及表格；结合5S管理办法，制定一套针对检测设备及检测环境的清洁整理日检表，明确清洁清扫次数、时间、频次、方法及责任人。为加强各工序的工艺监控，编写《生产线工艺监控员汇总表》，明确责任人及控制监督的方式方法。另外还制定《生产线烟叶回填制度》《杂物控制保障制度》《生产工艺考核单项激励考核制度》等与质量相关的各项制度，严格按照ISO9000质量管理体系的要求，对生产全过程进行监督，凡不符合要求的坚决予以纠正。10月，郴州天泰公司经中质协质量保证中心批准为质量管理体系认证获证单位。

2006年，公司投资280余万元，添置多种质量检测设备。为进一步规范质检工作流程，公司制订《不合格品分类法》《工艺纪律分类标准》《质量事故处理程序》《月度激励考核制度》等规章制度，并于8月3日经公司职代会审议通过。重点加强对成品水分、烟叶杂物、配方打叶的控制，并将单班生产质量总合格率、成品水分有效控制率、成品返工率、打叶风分质量控制、成品含杂率等关键指标纳入月度考核，兑现奖罚。同时，公司为每个台班配备1名跟班工艺员，在每条生产线复烤机尾处增加1名由质管部管理的在线杂物挑选工。

2007年，继续实行三级质量检验制，即操作人员自检、质检人员抽检、质检中心专检，既相互监督，又相互配合，从而形成一个较为严密的质量保证体系。针对叶片皱缩率以及大中片指标、成品水分指标标准偏差较大的情况，通过操作人员的不断摸索，改进工艺，叶片皱缩率由原来的6.35%（为各等级平均值）下降到5.29%，大中片以及成品水分的标准偏差变为相对稳定，达到美国环球公司的技术要求。杂物控制从加工过程、工艺监督、成品装箱、奖惩制度四个方面入手改进，取得良好效果，一类杂物率为0。精选车间制定《精选考核管理制度》，精选质量得到提高。

2008年，公司投入资金，大力加强检验室设备。新配置一套质量分析系统，质检数据的录入、采集与分析由人工操作变为计算机自动操作。另还引进一套美国IRMA-LAB858型离线近红外快速水分仪，打叶复烤水分检测的稳定性、准确性和及时性进一步提升。针对上年度质量控制弱项叶片皱缩率以及大中片指标、成品水分指标SD值（标准偏差）仍有一定偏差的实际，对设备进行一系列工艺专项调整，使冷房左、中、右水分偏差较大、成品箱温偏高等工艺难题得到有效解决，其中成品有效水分、梗含叶SD值、叶含梗SD值均比上年提高近5个百分点，产品得率和出片率指标比上年也有提升。精选车间购置一台冰柜用于存放客户的样烟，让选叶工时刻参照。是年，《质量月度激励考核制度》经修订后提交公司职代会表决通过，生产质量状况实行日报、月统，考核力度增强，与奖金挂钩更为紧密。生产季节每月初，公司坚持召开质量联席例会，分析工艺不足或质量缺陷点，及时予以改进。生产现场管理在原来"5S"管理的基础上，增加学习、安全和节约三项内容，推出"8S"管理制。年内，质量、健康、安全"三标一体"体系认证工作实施，企管部于上半年即完成三标一体化管理手册和30个控制程序文件的编写，经指导老师审核，各部门评审后，于5月27日正式发布，6月1日起实施；9月、10月，分别通过初评外审和现场考核。同年10月，公司还顺利通过美国菲莫烟草公司的质量与环境控制认证（SPP）。

2009年，质管部撤销，改为质量技术中心，增添高端检测设备。公司技术中心顺利完成46500吨烟叶的加工质量抽检监督任务，检测频次高于行业标准，质量综合合格率达92.66%。是年，公司开发应用一套质量信息共享系统，通过该系统，可将在线检测结果随时发送给客户方监打人员。每批次加工完成后，均向客户提交产品质量检验汇总分析报告，全年共完成15份。与此同时，公司根据本地区烟叶特色，以配方打叶为方向，聘任工艺配方专业人员，积极开展配方打叶工艺研究，形成一套比较完善、合理的配方打叶工艺流程及工艺标准，着力打造天泰复烤特色加工服务。是年，技术中心对所有检测设备参数、计量器具、质检规范操作程序、杂物与污染源控制等方面进行全面自查；对工艺员岗位进行新的目标和任务定位，规范工艺纪律、工艺日常工作管理和优化产品过程控制；改进成品入库流程，所有入库成品需经技术中心检测合格，下达《成品入库通知单》后，仓库才能接收放入合格区域。对不合格产品下达《质量不合格品扣留单》，并进行开箱检验，追溯式返工处理；为全国16家卷烟工业企业"量身定做"《烟叶加工控制方案》，这些个性化方案包括工艺技术标准、质量保障办法、质量检测标准、配方打叶要求等，涵盖客户对生产加工质量技术的所有要求，也作为签订加工技术协议的标版。

此外，天泰公司按照美国环球烟叶有限公司加工生产过程标准认证（IPV）的要求，制订IPV检查专项整改方案，投入大量的人、财、物力，对生产、质检、仓储、精选及环境卫生等相关方面进行持续改进与完善，对设备参数进行全面检查校对，并对40多台磅秤和天平进行维护和规范校验，共完成整改项目50余项，经过持续改进，加工程序及过程控制更加清晰、精细、可靠、稳定。与此同时，"三标一体化"认证工作取得较大进展，形成30个程序文件。技术中心实验室申请国家实验室认可工作自3月份起正式启动，于7月28日向中国合格评定国家认可委员会呈交文审资料，12月初通过文审，12月28日至29日，经中国合格评定国家认可委员会李青诚等3位专家进行现场评审，顺利通过认可。

2010年3月，技术中心实验室取得由中国合格评定国家认可委员会颁发的国家实验室认可（CNAS）证书。10月，顺利通过美国菲莫烟草公司SPP（生产前的生产资格合格证书）体系第三次认证。鉴于客户配方打叶委托加工增加，个性化加工要求愈加突出的新情况，公司对《个性化加工控制方案》《质量管理细则》进行修订、完善，在原有基础上新增四项内容：《初配方打叶生产方案》《提高化学成分稳定性管理办法》《提高经济指标管理办法》《杜绝质量隐患管理办法》，发函征集客广的意见和建议后定版。与广东中烟工业公司合作，开展配方打叶、模块打叶技术研究，取得初步成果。是年，公司推行标准化管理，制订《创建标准化良好行为企业实施方案》，大力普及标准化知识，7月份组织相关人员参加市技术监督局举办的标准化良好行为企业培训，8月初邀请湖南省标准化研究院专家来公司讲课，随即，着手建立建全管理标准、工作标准、技术标准三大系列标准。

2011年1月，技术中心实验室顺利通过中国合格评定国家认可委员会国家实验室资格认可（CNAS）现场复审。广东中烟公司通过深入调研，选定本厂为配方打叶、模块打叶基地，并于6月13日在厂挂牌成立"广东中烟工业有限责任公司配方打叶工作站"，共同合作开展《"双喜"品牌配方打叶质量控制及管理体系的推广与应用》科研项目。

是年，国内新版《YC/T146—2010烟叶　打叶复烤　工艺规范》《YC/T147—2010打叶烟叶　质量检验》《YC/T366—2010打叶烟叶　质量均匀性评价》《YC/T370—2010烤烟中非烟物质控制技术规程》四项标准颁发实施，厂内组织员工认真学习，严格执行新版标准。

2012年，是"精益管理年"活动年，组织部门负责人和相关人员组成考察团，赴广东江门中烟摩迪公司考察学习精益管理经验，并根据本厂实际情况制定实施方案。同时大力开展科技创新项目，分别实施《打叶复烤参数化加工控制》《打叶在线水分仪实时校正及反馈系统叶方式交互控制对"双喜"配方打叶模块均匀性的研究》《复烤工段对烟叶化学成分影响的研究》等课题研究。其中《打叶复烤参数化加工控制》科技项目于11月顺利通过省局（公司）科技处的鉴定评审。技术中心对19家客户进行电话、现场回访，据回馈意见汇总分析，及时制定相应整改措施。10～11月，为全厂质量活动月。厂部设立"质量最优奖"、"仓储管理奖”、“杂物控制奖”、“装车奖”、“指标手感判断奖”、“质量管理最优班组”等奖项，并在全厂范围内进行“质量知识竞赛”活动。各科室、班组积极参与，全员质量意识提高。通过多方努力，全年质量综合合格率为93.26%。

2013年，技术中心实验（检测）室于1月份顺利通过CNAS（中国合格评定国家认可委员会）评审组的复审。科技创新项目“打叶复烤参数化加工控制软件”、“复烤先控系统和红外水分仪自动比对系统”的实施，对生产加工质量的提升起到至关重要作用。同时，与广东中烟公司共同进行“原烟与摆把台交互控制对‘双喜’配方打叶模块均匀性的研究”科技创新项目，研究成功并付诸应用；对《质量管理考核细则》进行大幅修订，将考核重点由过程质量转变为成品质量，使考核更具可行性和实用性。精选车间首次使用精片选叶模式。在开烤前，根据各厂家的要求，组织台检员进行专业技能知识培训和烟叶分级技能比赛。10～11月，厂开展“质量月”活动，设立成品质量最优奖、复烤操作技能奖、打叶操作技能奖、原烟分级奖、检测操作规范奖和质量征文奖等六个奖项，同时制作“质量月”宣传横幅，印发宣传手册，将打叶复烤工艺技术标准和考核办法送到每一位员工的手中，生产一线现场管理、质量管理得到进一步改善。打叶车间根据上年生产过程中出现的问题，结合客户提出的意见和建议，制定《配叶摆把交接班规范管理规定》《打叶车间摆把管理制度》《打叶车间杂物控制制度》等，重点加强对杂物控制及规范投料摆把方面的质量管理。为满足广东中烟公司配方烟碱CV值为4.37%，低于其他公司5.17%的需求，综合1～11月配方打叶情况完成《配方打叶分析报告》，并针对配方打叶中出现的问题制定具体纠正、预防措施，对投料精准度和质量稳定性起到关键性作用。全年产品质量综合合格率达95.29%。

2014年，进出口烟叶精选模式调整，方案复杂，外包单位员工一度有抵触情绪，经加强培训，很快适应，2～6月顺利完成1.15万吨出口原烟的多等级挑选，还完成广西中烟公司外购2500吨原烟的精选加工。是年，制定出台《郴州复烤厂非烟物质控制方案》，对员工进行挑杂、选杂和控杂的技术培训，加大管理力度，将成品杂物合格率纳入考核范畴。打叶车间设立工艺考核班，配合质检部门对每批产品的主要工序环节进行工艺自查，同时建立健全工艺考核制度及考核记录，严格执行操作规程和工艺标准，确保产品质量。

2015年，整体搬迁前夕的7～9月，提前完成新厂实验室的规划建设工作。新的实验室功能分区科学合理，场地宽敞明亮，设施配套齐全，能够进行烟叶水分、叶片结构和烟草制品化学成分含量等检测。还新增烟箱边压强度测试仪、戳穿强度测试仪、烟叶抗张力测试仪等精密设备，更好地满足客户对产品质量的检验需求。新烤季烟叶精选工作，在新厂、老厂两个场地分别进行，新进许多挑选工，车间提前抓紧组织进行烟叶分级培训，以保证用工需求。全年精选工作依据客户制定的分级标准和新模式进行。在川渝中烟工业公司全国产区精选工作评比中，获得第一名。10月，新厂区新生产线投产。根据新线工艺运行特点，修订、完善《2015年郴州复烤厂质量考核细则》，由原来的月度综合合格率考核改为按成品水分、成品杂物、成品包装和烤后叶片结构四个单项考核。又出台《2015年工艺要求考核标准》，加强在线工艺标准的执行和考核。在生产中，多次组织生产一线人员，会同生产部和客户服务中心，召开生产质量及工艺问题分析会，共同解决各类工艺质量问题22处，质量管理体系进一步完善。

二、永州复烤厂

1987年7月投产起，厂内即逐步建立健全各项规章制度和业务、生产操作流程、工艺标准。配备在线质检员、工艺员，归生产股管理。复烤加工依照工艺流程和标准进行自检、互检、专检。

1990年5月11日，公司（厂）为解决复烤生产中存在的一些混级、包装差、重量不均等问题，决定每班配检验员2人、工艺员1人，负责复烤质量把关。为解决水分超标问题，拨出资金购买一批烟叶水分仪，对生产各环节进行水分检测，要求检验员作详细的原始记录，严格将复烤水分控制在11%~13%之内，合格率必须达到99%。此外，厂部还拨款装置地磅秤，严格把关复烤烟重量关，以净重50公斤/包为标准，允许差值±0.25公斤，合格率必须达到95%。在烟包外观质量上，要求装箱齐把，确保合格率达到96%，复烤碎烟率要求控制在1%以内，保证销出的烟叶无霉变结饼和压油等现象。

是年7月新烟上市，公司(厂)调往常德、长沙卷烟厂的第一批复烤烟叶，反馈出现质量问题，厂里立即派人前往查实处理。其中，两个船组销运到常德卷烟厂的复烤烟叶，有120吨不合格，需降级处理，其中有7.5吨“中三烟”全部冲烧变质，造成经济损失达18万余元，除卷烟厂承担部分外，公司(厂)直接损失8万多元，属重大质量事故。8月，省公司原烟处领导亲临公司(厂)指导整改，召开专门会议，剖析质量事故成因，研究制定整改措施。厂出台《进一步加强生产管理的几条具体规定》(7条)和《烟叶质量与交接规定》(4条)，狠抓落实。经过整改，全厂(公司)从上到下层层抓产品质量，“三超一短”(挂杆超把，水分超高，打包超重，凉烟时间短)现象基本消失，复烤质量和包装外观改进明显。在烟叶购销、复烤质量整顿实施过程中，还有其他诸多改进。在烟叶入库与调出期间的检测方面，强化与烟叶科的沟通力度，及时到仓库查看烟叶检测状况；烟叶调出时加强核对，进行抽检，并作好记录，作为处理依据；及时处理各烟厂提出的质量问题；在复烤加工质量控制方面，加强各工序控制力度，检验员、工艺员从原烟进入车间整个生产过程，成品入库等每道环节进行全程质量检测、全程记录。对进入车间的初烤烟，车间质检员进行二次复验，凡存在混级、油印、霉变、大把头烟，记录详情，并整理后返回公司烟叶科。回潮工序段，时刻关注汽压情况，每小时记录一次，低于每平方米5公斤汽压通知锅炉房立即升压升汽，回潮装车不得多装少装，装车盘要整齐，合理使用蒸汽，使烟叶潮透潮匀，水分一致，疏松柔软。回潮后，烟叶及时推出，先潮先挂，随潮随挂，存烟不得多于三车盘，保证回潮质量。对复烤工段，以确保水份合格为中心，严格挂杆工艺操作，摇松抖散，烟叶从把正中分开，端正均匀地上杆，严格控制歪把、偏把、骑马把上杆；烟把距离符合标准，收杆上炕每次抬3杆，每杆24把，杆上不得铺盖散烟，散烟必须扎把上杆。烤中保持温度均衡，冷却区水份控制在8～10%，如遇突然停电、停汽，采用紧急预案，立即打开所有汽门，防止烟叶受损。在复烤成品打包段，严格控制装箱质量，装箱烟把向外，烟尖向内，排列整齐，循序相压；捆包绳三横二竖，捆扎牢固，包口严密，针码均衡，针数44～46，四周不露烟，包装规格85x65x40；依照工艺标准完成自检、互检、专检后，方可装箱。

1991年11月，打叶复烤生产线投产后，再增配打叶复烤工艺员，跟班作业，归生产科管理。增配一批先进的检测设备，完善水份测试手段；实行原烟入车间前二道过磅。是年产品合格率达98%。

1992年8月，公司(厂)下达《关于开展TQC普及教育活动的通知》，TQC即为全员质量管理，9月～10月实施教育培训，分发学习资料，采取集中授课与自学相结合的方式，10月底考核。普及率达到80%以上。9月4日，总公司质量检查小组对挂杆复烤烟叶质量进行抽样检测和生产现场考评，提出6条意见和建议。公司(厂)召开专题会议，进行质量透析，研究整改措施，制定并执行《挂杆复烤工序质量检验考核评分细则》，加大考核力度。对生产过程中真空回潮、摇把挂把、挂杆上链、复烤、卸杆、装箱及包装等工序采取百分制考核评分办法，每班巡检4次，以评分结果记入考评统分，考评结果与奖金挂钩。为满足客户对原烟工艺指标要求，单独成立备料车间，烤前对原烟进行等级提纯和选杂。

1993年4月，公司(厂)安排50人参加地局组织的质量管理岗位函授培训第三期学习，时间6天。8月，制定并执行《挂杆车间质量经济考核指标》，考核指标按生产工序设定，以百分制分解。考核指标执行后，各工序工艺指标优化，加工质量得到提升。9月22日17时，挂杆二车间在晚班生产过程中，共有2.25吨中部柠檬黄二级烟叶回潮后没有及时挂杆，造成1.85吨烟叶冲烧，0.4吨烟叶因潮红降级，直接经济损失20658.10元。事故发生后，公司(厂)组织对事故进行调查分析，严肃整改，对挂杆二车间处以1000元罚款，对车间主任、副主任、当班质检员、挂杆班长分别处以150元、100元、80元、50元的罚款。是年，投资20余万元，购置一批较为先进的检测设备，还与湖南计算机研究所共同研制的数字式复烤温度自动控制系统并投入使用，彻底摒弃以往凭经验调节烤机温度的做法，复烤质量稳定提高。

同年，厂部、车间均成立全面质量管理领导小组。厂部在制定全年经济责任制时，质量指标明确规定为：复烤烟叶重量合格率占30%，物耗指标占30%，复烤质量占40%，并实现质量一票否决制。凡不符合质量的产品不计产量，不计算奖金。结合经济责任制，还进一步细化各工序质量，推行量化管理，设立工序质量控制点，各控制点及时把质量数据反馈质检部门，全面有效地控制产品质量。

1994年下半年，恢复质检科，制定执行《质量检验作业指导书》，对挂杆、打叶两条生产线在工艺、工序、岗位规范，取样及检测方法等方面实行标准化管理。将挂杆复烤5道工序、打叶9道工序的工艺标准进行细化，使生产过程中的各项工艺数据真实、准确、可靠；全面检修、添置检测器具，提高检测手段；校正计量器具，复检达到国家二级计量单位标准；指定专人分班监督抓质量，烟叶的水分、质量、包装及打叶大片率均达到用户要求；针对客户尤其外商的原烟挑选要求，复烤厂将备料车间场地拓宽，烟叶进库后，分批进行挑选提纯除杂，混级问题得到较好解决。企业质量管理体系逐步形成。

1995年，烟叶出口数量增加，客户对出口商品在工艺指标上更加重视。复烤厂成立分选车间，以大班编制配备分选岗位，采取分组、分类承接各等级、各厂家的烟叶分选任务。

1996年，在经济责任制中突出质量指标，部门奖金挂钩考核增加质量考核结果所占份额；推行标准化作业。

1997年，烟叶市场产大于销严重，烟叶销售不畅，但复烤烟相对受欢迎，复烤加工任务饱满。在激烈的市场竞争中，公司（厂）更把产品质量视为生命线。生产加工过程中，严格对各工序工艺考核，为确保烟叶烤透烤匀，规定每小时生产流量控制在6吨以内；为确保产量，每班限定不得低于50吨；检测点由以往的固定测点转变为流动检查点，每道工序的质检员都填写"产品质量信息反馈单"，预防不合格产品进入下一道工序，形成一套完整的质量检测和处理程序。为预防质量事故，对检验员、工艺员在经济责任制考核中突出质量所占份额，对质量事故实行一票否决。及时解决客户反应的质量问题，重点对烟叶把头不齐、捆包不紧进行改进。

2000年3月27日，复烤厂对1999年打叶车间加工出口烟出现水分超标、成品烟结块、轻度冲烧的质量事故进行分析，确定责任承担，确定：打叶车间负主责，承担60%，外贸科负责30%；质量检验科承担10%，按此比例进行经济处罚。同时制定改进措施。是年，对打叶线的叶尖系统进行部分改建，使叶尖部分均匀分开，提高叶片质量。质检科增加巡查巡检密度，每班增加一次首检和质量分析，取样由每小时取一次样改为每5箱取一次样，抽样比例提高20%。

2001年，针对客户反映本厂生产的片烟含有杂物的问题，厂部责成生产车间增加烟叶挑选环节，将备料车间作为杂物挑选场地，杂物含量大大降低。

2002年8月，由质检科邓顺林、张满銮等组织相关科室人员开展四项化学指标自查检验。21日，厂打叶车间生产二班在加工长沙卷烟厂烟叶时，因打叶机出现故障停机后，真空回潮工序操作人员一时疏忽，造成回潮出笼的40件上部橘黄一级初烤烟停放一个半小时以上，致使烟叶被冲烧，直接经济损失3万多元，造成重大责任事故。事后，对事故相关责任人员作出严肃处理，其中记过处分1人，警告处分2人，通报批评2人，对包括厂领导在内的6人，作出经济处罚，共罚款5000元。27日，为吸取此次事故教训，厂出台《质量管理条例》《工序质量管理办法》《产品质量检验管理规定》《质量事故管理规定》《质量考核细则》5个文件，针对性地加强质量管控。

2003年，挂杆复烤生产线被淘汰，将烤机卸除后的原挂杆一车间改建为挑选车间，安装挑选皮带输送台一套，使用液压打包，设立两条挑选线，归口业务部管理，组织挑选工按客户要求剔除烟叶中的次、青、霉、杂色烟及绳头、纸片等杂物。相继修改出台《质量检验管理规定》《工序质量管理办法》《质量事故管理规定》《烟叶复烤质量考核细则》等制度，对质量工作实行终端负责制和一票否决制。

2004年4月，启动ISO9001质量体系标准监审准备工作，对质量手册、程序文件和三层（厂部、车间、班组）文件进行修订和补充，突出实用性和操作性。针对生产加工的成品出现过水份偏高、大中片率过低、杂物含量超标、造碎超标、回潮不透等质量问题，厂部责成质量监管部门会同生产车间，进行认真分析并及时整改。6月，制定零陵烟叶复烤厂LK/BZ-001《打叶复烤工艺规范》，其检测规范和控制指标均严于行业标准，使工艺质量控制进一步程序化、规范化。并提出"四零四定"措施。"四零"：质量追求"零"缺陷，服务实现"零"投诉，事故实现"零"记录，纪检实现"零"案件。"四定"：定人员，正式职工、临时工人数定员定位；定任务，每月生产加工投料2500吨；定奖励，超额任务10%，奖20%；定质量，产品质量合格率100%，其中：成品检出一类杂物，按每克1～1.5万元罚款。初步建立起工艺加工数据库，按月份、分厂家进行质量分析，利用分析结果指导生产。7月，质量管理体系顺利通过深圳鹏程质量认证公司的首次监督审核。9月，对长沙卷烟厂工艺评审组提出的20条工艺质量意见进行整改，制定相应措施。是年先后购置旋转式粉碎机、布拉本德快速水分测定仪、万分之一电子天平、红外线在线检测仪等先进检测设备，质量控制手段更及时、科学、高效。

2005年，继续深入推行ISO9001:2000标准，严格按照标准要求进行体系运作，认真组织年度管理评审和内部评审，对不合格因素或潜在不合格因素，实施纠正预防措施，其中一度出现的含梗率超标1%问题得到解决。11月，质量管理体系顺利通过深圳鹏程质量认证公司的第二次监督审核。同时，继续完善和规范"客户经理制"，统一服务标准，推行个性化服务，为客户策划并制定相应的《加工计划书》和《配打方案》，做好产前、产中、与产后的协调。将质量控制点由产品质量检测逐步前移到在线产品监控上来。对在线操作规范，实施全程跟踪监督、控制，全年加工产量、质量双达标。

2006年2月25日至3月7日，打叶车间生产二班加工生产的中下部杂色二级烟梗成品重量不合格，每箱重量误差达3.4公斤，导致烟梗成品返工999箱，公司于4月1日对此次事故的责任人进行处分。5～7月，购置上海生产的MS-6B型红外水分仪一台，德国生产的FED-240型烘箱2台，总计投入12.39万元。9月1日，公司发布实施ISO9001:2000标准体系的50个对标文件和90个表格，顺利通过深圳鹏程公司的复审换证审核。26日，开始使用质量管理体系C版文件，以电子版形式在内网的质量体系栏发布。是年，挑选车间分选改用装筐方式，用方型木箱装箱，取消液压机打包，烟叶易被油污的问题得到解决。

2007年4月，公司开展质量、职业健康、安全环境"三标合一"工作，年内获得认证。

2008年，挑选车间分成19个组，每个组由一个师傅进行业务指导，一个组长负责现场督管，共聘用分选师傅38人，组长19人，烟叶分选更为精准。

2009年，严格按照行业《烟叶打叶复烤工艺规范》和《打叶烟叶质量检验》标准做好质量检测。改进质量管理手段，利用质量检测分析反馈系统，检测数据自动产生和存储，实现人工经验判断向自动化智能分析转变，降低人工操作的误差率，提高数据和报表的可信度。坚持生产监测与指导相结合，质管部门根据不同烟叶等级、不同加工季节、不同客户，认真做好产前工艺技术策划，主动帮助生产车间克服技术难题，积极提供技术指导。9月1日，公司印发《优秀打叶复烤企业创建活动实施方案》，正式启动优秀打叶复烤企业创建活动。与此同时，改进为客户服务工作。开好"三会"，即开好加工前交流会、加工中的协调会、加工后的评审会，精心策划，征集信息，认真总结，持续整改。

2010年，公司添置布拉本德水分测定仪，增强检测能力。同时改变质量控制方式，由事后检验前移到生产过程实时控制，对不同等级烟叶在加工过程中生产设备运行的参数进行测试，对复烤片烟输送过程水分散发情况、烤梗工艺写实、打前烤后叶片皱缩率的变化等进行研究，强化加工过程中的关键点的控制，如关键工序、关键部位、关键指标等，取得第一手资料，使生产工艺参数不断完善。是年，国家局打叶复烤工艺标准和质量检验新标准颁发，8月20日，公司成立标准化建设领导小组。公司随即开展对标，修改制定新的企业工艺质量标准，并开始向"均质化"生产转变。

2012年，组织打叶车间与质量技术中心联合进行实验，确定风选除杂设备的最佳风机频率，杂物控制力度加大。将烤房各风机频率纳入工艺考核范围。制定科学合理的复烤机布料厚度和主网带电机频率指标，并纳入检测考核体系，为烟叶的烤匀、烤透提供保障。通过人工选杂，增加杂物抽检频次，提高杂物控制能力。通过各工序水分的上下限控制和检测，实现对成品水分的有效控制。

2013年新烤季，开展"质量安全月"活动，分四阶段进行，全员质量兴企意识及新技术、新规范执行力增强。在线质量监测频次增加。精选车间增人，烟叶精选由每天75吨提高到100吨，既能满足一般客户的质量要求，还能满足高端客户如湖南中烟公司"和天下"、山东中烟公司"泰山"等品牌精细挑选的特殊需求。

2015年4月15日，厂获得湖南省出入境检验检疫局颁发的《出口植物产品生产、加工、存放企业注册登记证书》。在生产经营过程中导入精益管理。

三、常德芙蓉公司

1986年11月，常德烟叶复烤厂建成投产后，制定挂杆复烤质量和工艺标准。1988年8月，烟叶复烤厂划归常德卷烟厂后，初期只有一条挂杆复烤生产线，沿袭原有挂杆复烤质量和工艺标准。1993年，增加一条仿科马斯打叶复烤生产线，新线执行打叶复烤生产工艺标准。2000年6月，常德卷烟厂技术中心对厂内各生产工艺标准进行全面修订和整合，形成《质量体系文件支持性文件》，其中，对打叶生产复烤线分为一次润叶、二次润叶、打叶去梗、叶片复烤、预压打包、烟梗烘烤等六段，制作《工序作业指导书》，纳入考核。2002年，遵照国家局指令，淘汰挂杆复烤工艺，挂杆复烤设备拆除，挂杆复烤质量、工艺标准作废。

2005年12月，常德芙蓉公司成立后，主要复烤设备为一条仿玛克打叶生产线，其质量、工艺标准及其实施管控沿袭前法。

2014年7月，公司整体搬迁到常德市鼎城区灌溪镇的新厂区，原在常德卷烟厂内的打叶复烤线随后拆除。9月，公司发布《产品质量监视和控制程序》。公司的检验形式分为入厂检验、监督抽查、过程检验、自(复)检、放行检验相结合的产品质量检验形式，执行标准为YC(烟草)/T146-2010《烟叶打叶复烤工艺规范》、YC/T147-2010《打叶烟叶　质量检验》、湖南中烟工业有限责任公司年度烟叶委托加工工艺技术要求及质量标准确认单等技术文件，本公司工艺品质部根据上述标准，制定本公司的原烟质量检验、过程质量检验和成品质量检验标准，并与生产部及其打叶班(由原生产车间改名)合作制定复烤生产线各工序作业指导书，规范生产操作流程。

新厂区采用国产新型组合生产线，装备优势明显，技术先进，在线自动检测、控制装置设备较多，故障少，运行平稳，公司配备工艺员、质检员跟班，客户监打组亦派人跟班，严格执行公司制定的操作流程和工艺标准，对每个工序都采取自检、专检、互检办法，严格考核，与奖罚严格兑现，将员工的自我质量意识、规章约束、经济责任制有机结合起来，故而，差错少，各项生产指标均获满意效果。生产流程上，主要把好四关：1.协调关：每批次产前均召开协调会，明示加工协议条款内容，请客户监打组提出加工具体要求，明确厂内各部门配合协调任务，形成书面决议，分头落实，纳入考核，对落实不力者予以处罚。产中，对客户提出的需立即改进的意见和建议，可行的立即改进，或在每周生产例会中予以协调解决。2.精选备料关：公司主要服务于湖南中烟公司常德卷烟厂等，许多加工成品进入"芙蓉王"等名牌卷烟配方，要求严，烟叶分级工上岗前均需培训合格方能上岗，精选过程中，分级工对样挑选，质检员来回巡视指导，精选后的烟叶统交验收台台检员检验，合格的方予验收，不合格的返工。仓储精选部对精选后的烟叶质量进行抽查，发现问题,及时纠正,并将抽查结果填入《人工选叶过程质量检查表》。3.在线操作关:打叶班工序操作工按相关标准的要求对本工序进行质量自检,发现异常情况及时反馈给工艺品质部当班检验人员,并做好记录,自检合格的半成品方可进入下道工序。工艺品质部的检验员跟班对各工序的在制品进行现场抽样检验,并将检验结果录入质量管理信息系统的检验报表中,发现异常情况及时通知操作工进行工序调整;经检验发现的不合格品,按《不合格品控制程序》处置。4.成品养护关:成品下线进入凉烟库,不许超高堆码,必须充分放凉后方可转入成品库,成品储存养护期间,严格按仓储保管标准实施养护,确保客户财产安全。

四、湘西鹤盛公司

1999年投产之初,吉首打叶复烤厂根据长沙卷烟厂打叶复烤技术标准,制定本厂的《质量检验要求》和《工艺流程》。生产计划部设立工艺质量班组,配置2名跟班工艺员对生产班组加工过程中的工艺质量进行监督与检查,每两小时进行一次工艺巡检,对生产车间各班组进行质量专检。

2000年,为规范生产车间各工序质量要求,制订一套较为完善的质量管理制度:《打叶复烤线各项工序质量控制标准》《吉首打叶复烤厂车间工艺、质检考核办法》《打叶复烤线各工序工艺制造规格及工艺规程》等。施行质量"三检"制度,即各岗位的自检、上下交接班的互检、质检员的巡检,并规定上一工序的工艺质量要对下一工序负责,不合格的原料严禁流入下一工序,上道工序的质量控制必须满足下道工序的质量要求,并对本岗位质量负责。

2001年,在质量管理上,生产车间继续实行"自检、互检、专检"三级检验的基础上,建立上下工序质量承诺制度,车间与班组签订责任书,班组对车间负责,员工对班组负责,将工艺指标分解落实到人,并同奖金挂钩,层层把关,取得实效。

2002年,制定《生产工艺、质量考核办法》与《重大质量事故管理》,促进全厂员工树立产品质量意识。

2003年,公司开展ISO9001:2000质量管理体系认证工作。1月15日,成立厂领导小组,经过动员、宣传,形成全厂员工高度重视、全力配合氛围。19日,成立推进小组。6月7日,成立企管部,具体负责企业质量体系文件起草和认证后续内审等工作。9月22日,白沙集团委派张其龙到吉首打叶复烤厂任副厂长兼总工艺师,首次设立负责工艺质量的主管领导。10月4日,厂部成立品质管理部,聘任唐忠保为部长,原企管部取消。新成立的品质管理部下设管理办公室,由品管员、企管员及体系专干组成。建立《跟班工艺员岗位职能》制度,规范跟班工艺员的工作职责与权限,生产现场配置跟班工艺员(3名)、检验员及取样员。为加强生产现场巡检和质量情况及时沟通,生产线的操作工、维修工、工艺员、质检员、小班长、大班长、车间正副主任等关键岗位人员皆配备对讲机。工艺质量管理全面执行《YC/T　146—2001烟叶打叶复烤工艺规范》与《YC/T　147—2001打叶烟叶质量检验实施指南》,对生产加工过程中的质量检验项目、方法、工艺要求等进行标准化管理,并开始建立月度工艺质量考核机制,纳入月奖考评。公司ISO体系认证推进小组及各部门人员,共编写150多份体系文件,包括质量方针和质量目标、质量手册、程序文件、其他文件(标准、规范、作业指导书、质量计划等)及记录,包含GB/T19001-2000　《质量管理体系要求》的全部要求,覆盖企业各个职能和层次,适用于片烟产品的加工、服务。质量手册中的质量方针为"片片质优,让客户满意,追求卓越,创行业一流",质量目标为"产品交付合格率≥100%,客户满意度≥90%,三年内达行业一流"。由此,复烤厂开始具备一套较为完整的质量管理系统。

2004年1月,本厂ISO9000:2000质量管理体系顺利通过赛宝认证中心认证。年内,两次完成质量管理体系内部审核,对不符合项逐一进行整改,通过广州赛宝公司年度监督审核。首次组织完成"供应商评级"工作。全年组织10次质量例会,并改进完善会议制度和议题、程序,使质量例会成为公司质量管理方面的主要会议。6月,完成大中片率与长梗率专题项目攻关,确保大中片率达到≥87%,长梗率达到≥95%。9月,开展质量活动月，完成工序质量竞赛、质量征文竞赛、杂物控制等竞赛；建立《配方打叶方案》，完成《白肋烟配打（单打）方案》《白肋烟换烤烟加工的保养规定》，并付诸实施；开展工艺写实工作，主要对《取样量和取样工具的写实》《过程大中片率检测写实分析》《大中片率筛选次数写实》《陈烟原烟写实》《打辊速度对打叶风分量的影响》《质量检验取样时间写实》《物检室内大中片率检测机操作写实》等项目进行研究。增补编写质量管理体系文件：《杂物（异味）控制及考核办法》《生产异常产品处理应急预案》《实验室化学品中毒急救预案》，进一步修订《烘箱水分对比规定》《两线同时生产成品入库水分检测临时规定》等文件。还建立起《工艺纪律及分类标准》《工艺质量考核办法》和《不合格品控制程序》《防霉防潮措施》《废料处理工作流程》等本厂技术规范。

2005年，制订《特殊过程控制程序》，对烟叶配打叶进行规范。因加工出口烟叶，特编制《出口烟叶加工质量检验规范》《出口烟质量检验标准》《出口烟叶加工工艺技术标准》《出口烟现场工艺管理制度》等制度，进行出口加工工艺质量进行规范管理；制订《烟叶精选控制程序》《烟叶精选工艺质量检验卡》《精选检查考核制度》《烟叶精选质量检验规范》文件，并制定精选工艺流程图，从原料的投入到选后成品入库，每一个环节都进行规范，初步形成本企业烟叶精选检验模式。公司加强工艺研究和质量改进工作力度，着重开展一系列项目攻关，工艺深化研究项目主要有《特种烟加工、配方打叶加工》《打叶工艺参数研究》《烤片工艺参数研究》《烟叶精选工艺研究》《化学分析研究及标准化研究》等，建立相应数据库，总结打叶、烤片控制的经验参数，建立化学检验数据库，建立特种烟、配方打叶等特殊加工模式，取得阶段性成果；通过杂物控制课题专门攻关，实现一类杂物为0，二、三类杂物为0.000037%。

2006年5月，公司安装质量跟踪监控系统，加强对生产过程质量进行控制、追踪，以确保产品质量。11月，菲莫公司对湘西鹤盛公司进行SPP认证，主要对非烟物质的系统控制、质量检验设备和检验方法、人员配置等内容进行评审，公司按其要求，组织制定出口烟加工方案，对出口烟设备工艺能力、质量、环境等进行改进、改造，建立起较为完善的非烟物质控制系统和质量追踪系统，并建立出口烟叶的质量检验规范和工艺规范。通过努力，顺利通过菲莫公司SPP标准认证，湘西鹤盛公司成为湖南首家通过美国菲莫公司SPP标准认证的单位，成为菲莫公司认可的出口加工点之一。是年，公司制定或修订《原料养护管理办法》《片烟贮存养护监督检查制度》《原烟货架管理规定》，用以加强片烟仓库对成品片烟的贮存和养护。制定《出口烟配方打叶预案》《配方打叶散烟管理规定》，结合出口烟加工质量追踪体系，完善配打质量追踪体系。汇编《过程工艺质量控制》教材，供相关岗位学习运用。

2007年，开展对ISO9000、ISO14000和OHSAS18000（质量、环境、职业健康安全）“三合一”认证工作，建立起一整套比较完整的体系文件，包括管理手册、程序文件、技术文件共计130多份。3月，广州赛宝公司组织评审。5月，由品质管理部牵头，对公司工艺质量工作的10个大项开展调研和评价，没有发现较大缺陷。品质管理部配置1名专职工艺研究员，重点开展非烟物质、验级模式、出口烟的配打工艺研究，应用取得进展，得到客户好评。6月，开展“创新年”活动，加强各工序关键点的检测、监控，维护现场工艺、质量的稳定和提高。7月，公司顺利通过公司三标一体认证（质量/环境/职业健康安全管理体系认证），成为湖南中烟公司系统第一家通过此项认证的企业。年内，建立并实施非烟物质控制与质量追踪体系，成立杂物检验小组，在线非烟物质控制方式有所创新，控杂力度增强。

2008年，生产线每班现场由品管部配备跟班工艺1人，主质检员2人，生产车间配备生产大班长1人，负责对工艺纪律、工艺规范、工艺执行力度进行抽查，确保质量得到有效控制。生产车间加工烟叶，单等级出现青烟、杂色烟、霉烟等问题烟叶达300公斤以上时，生产车间当班班组必须及时反馈给当班工艺员和市场计划部生产调度；年度新烤烟的下低等烟叶，需级间回潮的，原则上只用蒸汽，不加水。

2009年，公司将复烤二线设备大修技改作为提质工作重点来抓。大修前期，对该生产线历史质量指标进行写实整理，找出缺陷；并走出去进行考察，借鉴吸纳同类机型的创新优点，进行充分论证。通过满足工艺路径的合理性，在线生产加工工艺得到优化。改造后，一次润叶的温度得到提升（平均值57℃），二润的水份合格率达标、温度提高（平均值61℃），可使烟叶充分展开，烟叶的加工韧性提高。通过改造烤片设备，烤片回潮能力普遍增强。二线技改后，根据设备管理运行新情况，对相关作业指导书及相关操作规程45份文件进行适应性的新增、修订，并撰写《12000公斤流量工艺流程与技术参数》与《过程工艺质量控制》教材，及时组织培训应用，发挥效能。是年，进行两次的工艺评价，证实公司的工艺成熟，能够满足加工客户的要求；完成烟叶内在质量加工变化数据资料收集与书籍汇编；与吉首大学联合开展“烟叶化学成分检测与复烤特色工艺”研究，第一阶段工作经过湖南中烟技术中心相关人员参与评价，取得阶段性成果。是年，“三标一体化”管理体系通过外部的第二次监督审核。

2010年1月16日，通过换证复评审核，公司获得美国授权认可带ANAB（美国国家标准协会-美国质量学会认证机构认可委员会）认可标志的质量/环境/职业健康安全管理体系认证证书。5月20日，新上任的公司总经理张其龙，根据湖南中烟工业公司要求，在公司开展企业创优对标工作，进行自查自纠，制订公司的二级目标：产品交付合格率达100%、工艺检查执行率达100%、安全隐患整改及时率100%、无客户投诉，无设备、安全等事故发生。各部门进行一体化管理体系的内部审核，对审核和评审过程中发现的不符合项及时整改，并采取纠正预防措施，以确保产品质量。10月，制定《一体化更改实施方案》，对公司的体系文件进行修订，共修订66份管理文件，43份技术文件，并增加6份技术文件。是年，品质管理部对湖南、陕西、广东、浙江等中烟公司烟叶检验模块进行完善；建立运用SMIL质量检测分析管理系统，在线质量管理得到较好的保障和快捷的反馈。建立《烟叶醇化养护管理制度》和《醇化库烟叶质量检验制度》，通过对醇化库日常工艺检查和出库检验，烟叶在库的异常情况得到有效的反馈与控制。按加工客户和公司的要求，公司增加原烟的入库水分检验、在库原烟水分检验以及加工前水分检验，为掌握来料的质量状况和在库损耗收集数据资料，为客户掌握原料原始数据和制定后续加工计划提供便利。建立《筐架投料配方打叶方案》，全面实施原烟筐架投料模式，使打叶烟叶配比达到均匀一致。其中，在加工浙江中烟的配方打叶中，随其要求，由分等级整筐配比投料改为分等级按公斤配比投料，开创投料配比细化新模式。是年，中国烟草总公司开始下达复烤企业对标指标，公司开展对标，对质量标准体系进行刷新。

2011年1月，公司顺利通过由广州赛宝认证有限公司对三个体系的复评审核。公司于年初创成企业文化体系，进入宣贯时期，“以质量求生存，以服务谋发展”成为质量文化理念和质量方针。为适应客户加工新要求，公司首次实施“首检合格率”操作规程，以提高首检合格率，并增加《原烟的入库水分检验程序》《在库原烟水分检验管理》以及《原辅料、原煤检验程序》技术标准，利于掌握来料的质量状况和在库损耗数据情况。6~9月，根据实验室认证要求，组织完成《管理手册》《程序文件》《作业文件》等79个文件编写和颁布。10月，实验室认证体系正式进入运行阶段。年内，还积极开展工艺研究，根据不同产区烟叶的质量特性，编制 《湖南中烟贵州地区烟叶加工预案》《湖南中烟山西地区烟叶加工预案》《湖南中烟四川地区烟叶加工预案》《湖南中烟重庆地区烟叶加工预案》，为不同产区烟叶的加工提供技术支持。

2012年初，公司开展“质量活动月”活动；3月，开展以生产轮班为单元的“打叶复烤主要质量指标改善活动”；品质管理部组织各部门进行一体化管理体系的内部审核，对审核和评审过程中发现的7个一般不符合项目及时整改，并增加纠正预防措施，修改体系文件79份、增加33份、删除14份，体系的制度进一步完善。12月，顺利通过由广州赛宝认证有限公司对三个体系的换证复评审核。是年，引入实验室质检数据自动采集分析系统，通过数据编程，建立打叶复烤加工过程中叶片结构、叶含梗率、水分等指标模块，实现检测过程的自动化计算与分析，工作效率提高。打叶复烤关键质量指标稳步改善，成品入库水分控制在11.55%，烤前叶含梗1.81%，大叶片率87.13%（广东、浙江、湖南各中烟公司指标平均值），其中片烟叶片结构、片烟糖碱比均匀性指标已达到行业A等。模块打叶质量改善明显提升，湖南产区模块打叶片烟烟碱变异系数控制在4.5%以内，比上年下降2%。

是年，广泛开展《"减少杂物、纯洁产品"湘西鹤盛群众性活动》，持续改善杂物管理。在实验室质量检验工作中，完成实验室基础设施改造，在线近红外网络自行校正系统原来采用数学模型，曾发挥很大作用，但比较繁锁，经与设备厂家沟通协调，采用新型数学模型取代，建立基本能覆盖公司常用烟叶等级模型，实现实验室和在线网络自动校正功能，可较好地完成各种检测数据（包括快慢速含水率检验数据、叶片结构检验数据等）录入，能自动形成部分班报和日报。依据CNAS-CL01：2006要求，建立实验室管理体系，并通过内部审核对发现的问题提出改进措施，为实验室认证奠定基础。根据各中烟工业公司质量检验要求，建立起湖南、陕西、广东、浙江、江苏中烟工业公司检验模块。

2013年8月，公司实验室正式成立，品质管理部部长祝春林为实验室主任，共16人组成，包括质量、技术负责人、监督员等岗位；其工作范围主要为片烟水分、叶片结构、叶含梗率三个项目的检测。9～12月，全体成员完成对《管理手册》《程序文件》、作业指导书、检测标准等学习培训。9月，根据中国烟草标准化中心文件要求，品质管理部编写《原烟烟包水分检验微波法》《打叶复烤烟叶挑选管理规范》，并申报到中国烟草标准化中心。公司建立的质量追溯系统（样品条码系统），在湖南中烟公司系统样品检验中执行；再次完善《月度工艺质量改善与考评方案》，促进工艺员对工艺质量的管理、监督及指导作用。11月，公司开展年度"质量月"活动。建立生产流量标准偏差评比办法，引入到月度考评中，使本烤季生产流量稳定性得到大幅度提升。13日，湖南省质量技术监督局、省社会信用体系建设领导小组办公室及省信用建设促进会有关成员，对鹤盛公司质量信用进行现场审核，公司获得湖南省企业质量信用AAA级（企业最高质量信用等级）达标认证。

2014年8月，制定月度质量任务奖励办法、月度过程工艺质量改善与考评奖励办法、成品水分优等品奖励办法，用质量奖取代产量奖，促进班组牢固树立"质量第一"观念，提高各项工艺指标。再次完善仓储工艺管理规定，明确仓储工艺管理、工艺检查、储存条件细节，以确保客户财产安全和交货合格率。建立成品片烟重量追踪系统，实现每箱成品片烟重量等信息的逐箱条码登记。年内，根据湖南中烟公司精选技术质量要求，制定完善《四十二级分级标准》《精选选叶操作流程及规范》《烟叶精选操作及质量管理办法》《"4+1"项目烟特选精选技术要求》等标准制度，并在精选车间推行精细化管理。

是年，工艺管理职能分流，品质管理部原来的跟班工艺员3人调至生产部，主要负责对生产班组的工艺纪律、工艺规范、工艺执行力度进行抽查，并根据品质管理部的质量检验情况及时进行工艺处理与指导。同时品质管理部增加1名长白班工艺员，主要对跟班工艺员的工作进行监督和协调，并负责对生产加工过程、成品库和醇化库的工艺纪律、工艺技术标准的执行情况进行检查、指导和考核。品质部的检验员跟班对各工序的在制品进行现场抽样检验，并将检验结果录入质量管理信息系统的检验报表中，发现异常情况时及时通知操作工进行参数调整。

2015年，公司于8月、12月两次开展工艺评审，11月底完成国家实验室认可现场审核工作。

五、浏阳天福公司

2006年4月投产起，公司即设立品质部，熊胜任部长，下辖工艺员4名及检测室工作人员12名，负责原辅料入厂质量抽查检验、在线工艺跟班监督、在线生产过程质量抽查、产成品终端检验及凉置期检验。公司依据国家局《YC/T 146—2001烟叶打叶复烤工艺规范》与《YC/T 147—2001打叶烟叶 质量检验》及其《实施指南》，结合企业实际，修定建立质量管理体系各项制度，并实施烟叶精选，在线生产加工过程普遍实行自检（本工段不合格半成品不允许进入下一工段）、互检（上、下工序之间互检，操作工与跟班工艺员互检）、专检（工艺员、质检员定时取样抽检，检验室仪器检测），产品质量各项基本指标保持稳定。

2008年，质量管理初步实现从在线控制向前、后两端延伸的控制；从生产过程质量控制向全面覆盖公司人、机、料、法、环、测的全面质量管理推进；从公司内部控制向延伸到公司客户服务、相关方供应商管理的全面质量管理体系推进。完成两次公司内部工艺评审，对发现的不符合项整改到位。在线质量管理上，依托质量管理体系，建立起科学合理的生产线工艺参数体系，并加大杂物控制考核力度，通过对杂物情况进行统计分析后，找出薄弱点，对相关薄弱环节工艺进行改进，杂物控制得到改善。完成多项写实分析工作：《除尘灰含叶率写实分析》《设备加工能力写实》《成品出库水分对比分析》《解把率写实》《叶片复烤收缩率写实分析》《烤机出口至包装水分变化写实》《烟叶加工工艺参数数据库建立写实统计》等，为工艺分析、改进奠定基础。增加编制《仓库管理工艺规范》《烟叶精选工艺规范》等制度文件。11月成立工艺质量检测实验室。

2010年9月，精选新增湖南中烟公司片选芙蓉王烟叶，累计4万担。由于是名牌卷烟用料精选，要求甚严，公司修定相应规则，对选叶人员400多名进行上岗培训，精选质量达标，公司被湖南中烟公司选定为“芙蓉王”原料精选、加工单位之一。品质部为挖掘优质生产潜能，组织所属人员深入车间，对在线烟叶叶片各工段质量状况进行现场专题检测写实，依数据分析，找到影响大中片率的2点原因，提出5项改进建议。库内安装空调后，成品下线箱内一般温度和最低凉置期、转为常温，由过去5天降为3天，对旺季生产期加快凉烟库周转有重大意义。年内完成两次公司内部工艺评审，对存在的质量隐患问题，及时整改。11月份组织开展全员“质量活动月”活动。

是年，公司完成各工序工艺卡以及《烟叶精选质量检验规范》《烟叶精选考核制度》《质量检验考核办法》《工艺纪律分类标准及考核办法》《不合格品分类方法》《杂物（异味）控制管理及考核办法》《烟叶精选工艺规范》等文件的修定出台。根据工艺质量控制全流程设计评审及工艺改进要求，先后完成对铺叶台控杂写实，润梗后蒸片率写实，切把后、打梗前、打梗后梗含叶率写实，打梗后大中片率写实，切把后的解把率、散把率写实，单线与双线加工大中片率对比写实，切把长度对梗处理过程影响的写实，以及对原烟的原始出片率、原烟碎叶率、含杂率、砂土率、水分、虫情等方面的检测写实，取得大量写实数据，经整理、比对、分析、汇总，为各工段工艺的合理改进和提前制定加工预案，提供择优依据。年内先后组织2次内部工艺评审，完成10个大项160个小项目的保障能力评审，完成生产设备、检测设备、仓储设施的所有工艺参数测量与评定，针对存在的问题提出14项内部质量改进举措，监督整改，部分工艺得以改良。在加工过程中，严格按标准及制度要求对在线加工质量、工艺纪律进行监督、检查。加工“芙蓉王”原料时，提前与客户进行沟通、制定个性化加工预案，进展顺利，客户满意。全年共计进行质量检测167567次（项），其中原烟入库检测50120次（项），工序质量检验46034次（项），烟梗质量检验19309次（项），成品入库检验39308次（项），成品出库检验10348次（项），辅料检验2448次（项）。

2011年7月，公司根据国家局新颁发的打叶复烤规范及质量检验修定标准，在开展大量写实的基础上，对标修定本公司《烟叶加工工艺技术标准》。其中，经过对烤片工段进行写实，提供数据，工艺参数调整到最优状态。为理顺管理，公司将原分散在生产部、业务部的精选业务、物流管理、仓储运行等职能整合，设立精选物流部予以统管。结合“芙蓉王”、“和天下”等大品牌对原料精选的个性需求，建立四级检验模式（选烟工自检、巡检员巡检、检验员检验、装框后抽检）。11月，顺利通过湖南中烟技术中心组织的精选质量评估。同月4～5日，公司检测室获得国家实验室项目认可。

2012年，全面实施“7S”管理和“三标（安全、质量、环境）一体化”，对涉及体系运行的文件进行更新换版，主要包括：《成品收发管理制度》《原烟收发管理制度》《废次品收发管理制度》及《辅料收发管理制度》《精选过程控制程序》《仓储管理规定》《仓库管理工艺规范》等，新增《成品质量控制管理工艺规范》。开展每周联合检查考核，督促对新制度的贯彻落实。年内于3月、11月组织2次内审，发现3个不符合项，制定纠正预防措施。为进一步优化产品质量控制模式，年内将整个生产加工流程分为三个主要控制环节进行责任管理。在原辅料精选环节，突出烟叶特性相关检测，实施原烟预警机制，对来料情况提前反馈，实行良好的出片率预期管理。在生产过程环节，一是根据原辅料精选环节烟叶检测反馈情况和特别预警信息，有针对性地制定车间加工工艺实施方案；二是推行生产过程各段自互检记录（流量调控、参数调整、上段工序检查情况），由全线跟踪检测转变为不定时全线抽检，发现问题及时处理，解决检测滞后性问题，节约人力物力；三是严格把关成品入库，不合格成品留待车间整改合格后再入库，做到入库合格率100%，在保证质量的前提下追求产量。在成品管理环节，在原凉烟期后检验、巡检两大流程的基础上，增加成品放行检验流程，并严格单、证核对，规范发货前流程。全年精选烟叶2.05万吨，经过培训、考核和技能比武活动，不断筛选，合格选烟工达500人。11月，顺利通过湖南中烟公司组织的精选质量评估。

2013年，烟叶精选借鉴浙江中烟公司模式，现场边挑选边优化，形成一套行之有效的选叶流程。"芙蓉王"原料片选人均日产量提升到175公斤；实现精选多等级配方选叶的突破，实行多等级混选，最多达到16个等级混选，等级切换准确；配方选叶采用按组配、多组配及多组两轮配等方式顺利完成试配选，经湖南中烟技术中心多次检查，配方选叶方式科学、合理，选后烟叶配比均匀，质量指标达标，且配选后的烟叶等级可单打加工，给生产加工带来便利，同时也减少烟叶周转过程中的造碎，得到湖南中烟技术中心的肯定。年内，采取多种举措，加强各工序质量把控。1.加强入库原料检测情况通报，对入库原烟的水分、温度、原烟包碎叶率、含杂率、砂土率、水分、霉变、原烟原始出片率进行检测，并反馈客户，对加工过程中可能出现的问题提前进行预测，并结合客户加工要求，制定生产方案。2.调整在线工艺巡检、监督办法。产中工艺变更信息得及时告知客户驻厂代表。增设质检班长，取消工序质量考核，实行生产自检环节在线监控，质检班长不定时抽查，重点把控成品质量。工艺员跟班由过去的从原料到成品全程跟踪，改为工艺员分段管理：即分为原料工艺控制、过程工艺控制、成品工艺控制三段，各为所在工段工艺质量负责，责任更清晰。工艺员对生产过程、设备性能、工艺纪律进行巡查、督导。发现违规现象时，对违纪现象视情节轻重开具相应的质量管理单（反馈单、处罚单、通报单），提出处理意见，并反馈至责任部门，由责任部门进行整改，相关情况及时写入工艺巡查及交接班记录；发现不合格品，立即拦截，挂上不合格牌，然后处置，必要时返工，并通知下工段增加检验频次，重点注意把关；在线生产发现恶性非烟物质时，立即通知隔离，组织人员检查杂物存在的范围，进行处置；成品入库实行"三方确认"（生产、品质、物流）后方可入库；成品发货前实施再次检验，检测合格后的等级开具《成品放行单》，专卖员根据《成品放行单》内容再开具《准运证》，有效控制不合格品外流。3.改革内部工艺评审模式，将部门自查、自报为主，改为自评、互评相结合，不定期评审，解决自我护短问题，保持压力常态化，并将《内部工艺评审月度自评表》《内部工艺评审月度互评表》填报内容真实性纳入到员工烤季绩效评比中，作为评先评优的重要依据。是年，公司检测实验室4月、10月分别完成标准刷新；5月组织对实验室内部管理体系、文件控制、记录等方面进行审核；9月完成与行业其他实验室进行实验室间样品、技术能力比对，经中国合格评定国家认可委员会审核批准，公司实验室获得国际互认联合标识的使用资格。

2014年，优化精选、生产、物流管理。新烤季增加精选二车间，投产顺利。对生产线进行系列技术改造，部分环节实现智能化操作，工艺指标优化。11月，顺利通过实验室换证复审。年内重点对仓储工作各环节进行大量写实，为优化仓储管理措施提供依据；对生产线计量、测温、测水分、异物检测等自动装置进行比对校正。

2015年，以"内抓管理，规范运作，强化质量"为方向，不断提高工艺技术。实行两名过程工艺员跟班制，各管理1个质检班组（3名质检员、5名取样员），现场工艺监督力度增强。重点对公司水电消耗、锅炉房水净化PH值等进行写实测定，为后期改进提供依据。在线水分检测合格率99.18%，成包重量合格率99.8%。在湖南中烟原料采购中心、技术中心的指导下，购置一条烟叶"人机结合"精选生产线，12月10日投产试运行。

第四节 节能降耗

一、郴州复烤厂

1987年，全厂响应党中央、国务院的号召，广泛开展“双增、双节”活动。员工们从7垛废草片中选出7000多套派上用场，节约开支6300多元；对积压在库的低次烟、碎烟进行挑选，共选出55吨多，每吨售价300元，增收1.65万元。

1982年，维修班与锅炉房合作，对锅炉的鼓风机进行改装，并增设一台引风机，使煤炭燃烧更充分，可降煤耗。

1990年，车间新添挂烟杆，为降低成本费用，一律由三角木杆改为竹杆。三角木杆每根4.2元，而竹杆每根只要0.3元，每根可节约3.9元。是年新购置2万根竹杆，仅此项就减少开支7.8万元。

1994年，锅炉班组织对3台锅炉进行全面检修，组织职工奋战40多天，将其中2台锅炉并用的引风道改为各有一道，引风量增加，燃烧值提高，每天可节约用煤1～2吨，仅此每年就可为单位节约4.5万余元。锅炉班对4吨、6吨锅炉的炉排、除渣机，10吨锅炉的注水泵等进行改进，因锅炉故障造成停机停产现象大大减少。

1995年，各车间群策群力，依靠自己的力量进行技术改造和修旧利废，想方设法为企业增收节支。挂杆一车间自已精选烟叶12.25吨、转运仓库物资50多吨、挑选烟厂废弃的碎烟叶12.85吨，共为企业创收20余万元；挂杆二车间保全班自行更换烤机链条、制作安全梯2架、制作选烟台8张、改造挂烟架20台，使用旧材料进行维修共节约开支1.4万元；锅炉班制作斗车箱体并修复斗车5辆、疏通10吨锅炉烟管道、改造4吨锅炉出渣机冷却系统和锅炉引风管道为企业减少开支4.55万元。打叶车间则利用旧管道、泵、阀和法兰自行设计和制作水循环利用系统，每年为单位节约水费2万多元。

1997年，挂杆车间全年完成小改小革项目12个，共为企业节约30多万元。其中有：自制出出口烟打包箱12套、提升架3套；制作安装一烤区新烤机水生产自动控温电器，车间照明电路、风扇和打包机压头、包箱底盘及磅秤；加装一、二烤区搞卫生水管200米；二烤区烤机机头由地上改为地下；对三烤区烤机风扇传动、支架、打包机进行大修；加装一、二、三烤区烤机消防水道约300米；制作虎头车30辆；挂烟台4张、挂烟架6个；对二、三烤区烤机及全部辅助设备刷漆；包装物回收，仅此一项就节支15.4万多元等。动力车间自行设计安装10吨锅炉高低水位示控报警联锁装置及除氧罐自动给水装置，仅安装费就节约1万多元；安装锅炉水位监视系统，时刻监视3台锅炉的操作及运行情况，自10月份安装后，节约用煤价值达10万余元；对全厂高、低压配电及供电网络安装自动无功补偿系统，节支6万多元；整改老厂区配电房供电线路及锅炉房引风、鼓风线路，节约0.8万元；对除氧罐水路进行合理改造，满足10吨、6吨锅炉同时加水需要，节省0.3万元等。

1998年，各车间针对设备使用中影响工效和质量的一些实际问题，继续深入开展小改小革和增收节支、修旧利废工作。挂杆车间先后对打包机、油泵线路、动力及照明线路、潮房排气管等6个项目进行改造和改进，共节省开支13万余元；检测班回收利用麻片3000余套、横捆绳280多公斤，节约2万多元。打叶车间成立QC攻关小组，主攻设备“瓶颈”，全年共改造4个项目，节约资金12万余元。设备动力科对10吨锅炉冷凝水进行回收利用，每天可节约用水100吨，全年节约水费2万多元；改装钠离子交换器，将双流改造为逆流，提高利用率，全年节约水、电、盐等费用2万余元；另外还对4吨、6吨锅炉控制室进行改造，自行设计、制作、安装4吨锅炉电控柜，对煤斗行车电控线路进行改造，对315千伏安低配进行整改，自行安装配电紧急事故照明设施等。

2000年，市自来水公司重复多收水费91604.80元，发现后经多次交涉，转为后期抵扣。自行更新和改造部分设备，其中：除尘风机调换节约0.4万元，风管改制节约0.2万元，安装安全拉索节约0.2万元，更换打叶M34切向落料器节约0.5万元，更新打叶风分网（7台）节约2万元，更新复烤机提升排齿节约0.8万元，将复烤机、梗干燥机风机轴承更新为进口轴承节约0.95万元，自行安装更新复烤机、梗干燥机的电控柜和温控柜节约20余万元，安装复烤机回潮段雾化水系统节约2.3万元，两条挂杆生产线投料段铺钢板节约0.4万元，改造六台打包机底座节约0.6万元，制作临时工蒸饭柜节约0.2万元，共计节约28万多元。

2001年，厂（公司）成立"双增双节"工作领导小组，在节支增效、节能降耗方面下功夫。改造供水网管，将厂区500吨水池与分公司原烟库区1300吨水池并网，并改造供水设备，实现双池变频恒压供水，成功解决用水高峰期水量不足、水压低、高楼供水必须加压、水泵工需随时观察水池水位等一系列问题，同时完成生产线冷凝水回收系统的改造，回收后的冷凝水使锅炉给水水温提高，耗煤量减少。改善供电设施，多次派人与市电业局磋商1600千伏安的增容改造及费用减免问题，电业局最终同意实施改造并减免电力增容费25万元。通过对动力设备的合理调配，锅炉燃料采用洗煤，使吨烟耗煤由0.75吨下降到0.55吨，每个工作日可节约煤费近2000元。

2002年，为降低成本费用，公司（厂）成立物资采购阳光小组，增强物资采购的透明度，采购中坚持货比三家，尽量降低采购成本；进一步完善原材料的申购、采购、验收、入库、领用制度，堵住原材料在领用上的浪费。复烤车间维修人员和技术人员一道，对科马斯线喂料系统、玛克线预处理段提升齿排等12项进行改造。全年共节约资金56万多元。

2003年，为加强成本核算，复烤车间为每个班组配备一个兼职核算员，对本班的临时工工资、材料消耗和制造费用等进行全面核算。自行修复偏心机构6台、变频器1台，改造除麻丝机的输送皮带和拆除科马斯线的真空回潮机，完成打叶机、梗复烤机的大修，更换除尘房布袋，自行搬迁安装1台液压打包机等，共节约资金23万多元。

2005年，修复偏心机构6台，节约2万余元；自行制作去梗振筛筛网两套，节约1.5万元；改造清洗过滤器，节约1万元；修复组装减速机5台，节约3万元；自行进行二车间切断装置改造，节约近15万元；修复节能型生产线打叶机风分网板300块，节约24多万元；修复梗复烤机网板20块，节约2万元；对一车间打叶防堵程序进行改造，节约5万元；锅炉房自行修复铲车车斗，节约2万元；修复大型主气阀，节约1万元等。以上10项共节约资金近60万元。节能方面，通过采取严控煤炭进货质量、紧盯在线生产状况及时送、停汽等措施，耗煤量大幅下降。全年吨烟耗煤为314.70公斤，比上年的480.0公斤下降34.4%，同比全年节约用煤2300多吨，按当年价格计算，节约资金117万多元。

2006年，公司的小改小革、修旧利废、节能降耗工作取得明显成效，全年共节约开支达340多万元。其中：在原仿玛克型打叶复烤生产线设备拆除过程中，公司组织工程技术人员将有利用价值的设备拆下再利用，共有电缆、光缆6235米，各种型号电机130余台，西门子工控机2台，桥架1000米，PLC（可编程程序控制器）系列8台套，风分器3台套，总价值达290余万元。此外，改造第一条生产线漏烟问题节省5万元，改造复烤链条节省3万元，解决叶片复烤机水渍烟问题节省5万元，改造第一、二条生产线打包段套箱漏烟问题节省1.5万元，碎烟由人工分选改为机械分选节省2万元，增设二车间碎烟皮带机满足工艺要求节省1.5万元，修复各类电机、减速机、偏心机构、利用废旧设备价值约15万元等。各种材料购进坚持班组申请、部门审核、领导批准程序。材料消耗核定消耗指标，同时配套制定奖罚措施。材料领用认真履行领用手续，建立详细的帐卡。临时工的使用实行核岗定员，按实际需要安排。吨烟临工费用降至614元，比上年648元下降5.2%。对水、电、煤加强核算和控制，其中全年吨烟耗煤、吨烟耗电比上年同期下降1.49%、16.5%，各节约60余万元、48万元。

2007年，公司自行修理一车间的打叶风分抛料器变形问题节约4.57万元；搬迁第二条生产线梗打包机及搬迁后的电气改造节约6万元；解决二车间预压打包段长皮带落料口非正常落料问题节约27.6万元；改进二车间打叶回梗系统节约15.58万元；利用废旧设备节约4万多元等，共计59万多元。

2008年，公司在节煤方面：新购置一台20吨流化床锅炉，具有煤质要求低、燃烧效率高的特点。如9、10两个月共耗煤4977.65吨，其中使用低质煤就达4170.49吨，按照当时市场优质和低质煤的差价计算，仅此一项全年就可为企业节约108万多元。节水方面：对冷凝水进行回收利用。将复烤机产生的冷凝水用水泵回收至锅炉软水箱内循环使用，既可提高软水箱内的水温，降低锅炉能耗，每天又可节约用水近100吨。在降耗方面：采用节能运转模式，尽量减少交接班、换等级、启动进料时设备的空运转能耗。吨烟耗煤由上年的430.0公斤下降至268.0公斤，下降37.7%；吨烟耗电由293.44度下降到237.33度，下降19.1%；吨烟耗水由9.19吨下降到8.78吨，下降4.5%。此外，公司全年还在纸箱包装、烤梗、真空回潮、废弃物处理、挑选、在线解把收费等方面创收135.67万元。

2009年，公司深入推进节能减排工作，成立能源管理与考核委员会，制定《能源管理与考核制度》和《能源考核细则》，建立公司、部门、车间三级能源管理体制及严格的用煤、用电、用水、用油管理制度，进一步加强对水、电、煤、油能耗的管理和考核，形成纵向到底、横向到边的能源管理网络。9月7日，天泰公司印发《2009年度总经理特别奖方案》，其中节能降耗奖罚办法为：年度综合能耗达到280千克标准煤/吨片烟以下，每低于1个百分点奖励生产部2000元，高于1个百分点则处罚1500元。积极实施节能技术改造，对能耗高、污染重、技术含量低、效益差的设备有计划、有步骤地进行技术改造，全年共进行11项。如对10吨、20吨锅炉除尘器进行改造；将复烤机冷凝水的回收利用接入三层楼临时工宿舍，解决临时工冬天的洗澡用水；回收利用煤灰、煤渣4万余吨等。

2010年，公司制订《生产成本控制实施方案》，倡导全员、全过程、全方位节能减排。7月25日，新的蒸汽热量回收系统建成投入使用。年度能耗奖罚办法依上年规定不变。

2011年，年度综合能耗奖罚办法从严，吨片烟煤耗控制线由280公斤降为239公斤。是年，与市烟草公司签订麻片整理回收合同，整理价格由上年的每吨3200元提高到4800元，仅此一项，为公司增加收入近100万元；对废弃麻片则进行竞拍，将销售价格提高到每吨3718元，收入达100多万元。能源降耗亦取得新成效，全年平均吨片烟耗水7.656吨、耗电255.25度、耗煤0.261吨，与上年同比分别下降9.5%、13.36%、5.8%。

2012年，吨片烟煤耗奖罚标准线由上年的239公斤降为198公斤，若达标，年终一次性奖给3万元“厂长特别奖”。是年，在节能降耗上，重点抓“跑、冒、滴、漏”的整改。全年吨片烟生产能耗194公斤，比上年降低18%；吨片烟综合能耗205公斤，同比下降31.2%。是年，制定《生物质锅炉管理考核办法》，以加强15吨生物质锅炉供汽管理和能耗控制。全年实际电耗239度/吨片烟，较上年252.81度下降5.46%；水耗5.4吨，比上年5.88度下降8.16%，气耗1.33吨。完全实现年初制定节能减排5%的目标。

2014年，公司与北京热华能源科技有限公司合作开发烟梗废弃物综合利用项目，将烟梗作为锅炉原料燃烧，进行无害化处理，减少燃煤用量，实现节能减排。在全国麻制品行业十分不景气的情况下，废旧片仍然拍得较好价格：每吨优等麻片3420元、次等麻片2450元、废旧麻绳1200元、废麻片800元。全年处理废旧物资收入共计260多万元。机修动力车间向节能减排要效益，最大限度地利用能源、保护环境、减少消耗，增加效益。打叶车间节能降耗按奖励制度考核达标，得奖1万元。

2015年，厂公布的《2015年度厂长特别奖实施方案》–特殊贡献类奖项中，明确对“在管理创新、质量提升、降耗增效、客户服务、安全等工作中业绩显著、贡献突出的人员及团队实施奖励”。是年，由于麻制品行情不景气，曾两次组织废旧麻片竞拍都因为价格不理想而废标，因此，全年处理废旧麻片仅64.4吨，回收金额11.35万元，余下的废旧麻片待行情好转之后，再进行竞拍。厂内烟梗与煤炭混烧（一般为8:2）产生的炉灰，富含有机质，经磨碎后，直接袋装出厂，用作土壤改良和肥料，由外包公司承包付费，获得一定效益。

郴州复烤厂1986年~2015年能耗统计表

表15 单位：公斤、度、个、吨

年份	吨烟耗煤（公斤）	吨烟耗电（度）	吨烟用工（个）	吨烟耗汽（吨）	年份	吨烟耗煤（公斤）	吨烟耗电（度）	吨烟用工（个）	吨烟耗汽（吨）
1986	175	28	12		2005	314.7	279		
1987	79	10	9		2006	310	233	1.85	
1988	180	18.5	9.8		2007	430	293.4	0.22	
1989	194	23.4	8.8		2008	268	237.3	0.18	
1990	125	29	7		2009	297	319	0.2	
1991	149	36.4	8.3		2010			0.186	
1992	123	41	7		2011	251	303	0.165	
1993	160	77	10		2012	170	304	0.158	
					2013	127	306	0.161	
					2014		321	0.177	114
					2015		359	0.226	168

资料来源：郴州复烤厂生产部、业务部、人力资源部、技术中心等相关部门。

二、永州复烤厂

1990年，为严格控制能源消耗，厂采取水、电、汽装表核算，两车间进行比较，并以国家二级企业的吨烟/耗煤115公斤、耗电16度标准为考核指标，与职工奖金挂钩，奖盈罚亏，取得良好效果。全年复烤烟叶18143.4吨，损耗率为4.91%，吨烟用电15.48度，吨烟用煤82.7公斤，吨烟用工5.5个，吨烟成本85.48元。是年，对旧麻片和旧麻绳进行回收利用，其中对以往当废料处理的旧麻片进行修补后再利用，仅此一项就节约68万余元；在二期技改中，除进口主要设备外，对国内配套设备的采购，货比三家，选购质好且价格优惠的产品，其中某设备的采购与广州船舶公司谈判，对方底价要130万元，经过权衡，决定邀当地轻机厂合作加工，自己安装，为企业节约60余万元；在车辆管理上实行定车、定人、定里程、定油耗、定修理费的办法，除大修、三保外，一律由本厂自行维修，节约油料和修理费12万余元。

1992年，为节约开支，挂杆车间全年使用旧包装的比率达98%，此项节支100余万元。行政科招待所收旧利废创收近6万元。

1993年3月，成立经济开发公司，除投资近200万元，兴办竹制品工艺厂外，还积极配合生产供应部门做好各种废旧物资的回收整理工作。全年自行维修“老虎车”（手推车）100余辆，节支2万元；回笼麻片318875套；回收废麻片100375套，销售82850套。

1994年，厂（公司）开发公司回收销售废旧麻片66万元、废烟梗3万元、煤渣1万元，加上其他废旧物资共计创收102万元。1995年，厂（公司）开发公司回收麻片62350套，销售烟渣120吨、烟梗20吨，取得较好的经济效益。

1996年，在经济责任制中突出物耗在奖金分配中的考核份额；配备专职水、电管理员，加强水电管理，全年节约水电费20余万元。

1999年，复烤厂把吨烟耗煤、吨烟耗汽纳入经济责任制考核范畴，车间成立QC小组，把《提高蒸汽利用，降低燃煤消耗》作为攻关课题。通过QC活动，挂杆复烤吨烟耗汽从1.22吨降至0.52吨，吨烟耗煤从240公斤下降到100公斤。全年节约用煤1900吨，为企业节约开支48万多元。

2002年，厂部加强对临时用工的费用管理，使生产性临时用工费用在生产成本中所占比重由上年的13%降至5%，平均每50公斤烟叶加工节约成本5元，仅此一项为企业节约资金近100万元；生产耗煤通过科学预测确定新标准，全年节约用煤400余吨，折合资金10万余元。

2005年，开展经济运行分析，抓好节能降耗与信息技术运用。设置企管部与市局（公司）进行对应衔接。下半年起，按要求每月进行经济运行情况分析，并开展节能降耗专项考核工作。以写实测算的指标为依据，对锅炉吨煤产汽，生产车间吨烟耗汽、吨烟耗电等，每半月进行一次考核。员工的积极性得到有效调动。是年，吨烟耗煤为190公斤、吨烟耗电180度。

2006年7月，为节约能耗，公司出资9万元，委托长沙千秋节能科技有限公司，利用其分层给煤装置专利技术对15吨锅炉进行技术改造，取得良好效果：锅炉效率提高10%，炉渣含炭量降至15%以下，节约煤炭10%以上。

永州复烤厂节能减排验收会

2007年，加强预算管理，运用“目标成本管理”方法，认真核实片烟加工的各种动力、能源的合理消耗指标，进一步节能降耗；压缩非生产性开支，努力降低管理和财务费用；物资采购、工程招标均做到公开化、透明化，杜绝暗箱操作；合理安排使用资金，对暂不需要的资金进行定期或活期存款管理，全年利息收入达140余万元。

2008年，公司制定节能减排方案和具体措施，配备一名兼职节能减排干事，并在全厂开展“我为节能减排做贡献”主题活动，引导广大职工从自己做起、从小事做起，切实履行节能减排职责。同时斥资60余万元，在锅炉废汽水幕除尘基础上新增脱硫设施，使二氧化硫的排放量低于地区规定的排放标准。

2009年2月14日，公司印发《2009～2011年度节能减排工作实施方案》，规定：设备物资部着重在使用新技术、新工艺上做文章，减少电能消耗；严格物资审批领用制度，杜绝物资浪费；机修动力车间侧重设备维护保养，提高设备有效运转率，减少“跑、冒、滴、漏”，降低成本费用；打叶车间对操作人员强化“三好、四会、四懂”业务培训，减少设备停机次数，提高产品的产量和质量；业务部门重点在烟叶挑选模式上下功夫，降低烟叶造碎；人力资源部按照生产流程定岗、定人，减少人力资源浪费，降低用工成本。方案落实后，“节约光荣、浪费可耻”的良好风尚更加深入人心。

2014年，全厂以增强职工节能减排意识为重点，尽量减少空机运行，消除长明灯、长流水等现象，加大对水、电、汽耗的考核力度，强化设备运行监控，全厂节能减排工作做得更深更细。

永州复烤厂1987年~2015年能耗统计表

表16

单位：公斤、度、个、吨

年份	吨烟耗煤	吨烟耗电	吨烟用工	吨烟耗汽	年份	吨烟耗煤	吨烟耗电	吨烟用工	吨烟耗汽
	（公斤）	（度）	（个）	（吨）		（公斤）	（度）	（个）	（吨）
1987	230	36	8	—	2002	较去年节约400余吨			—
1988	139.3	30	9	—	2003				—
1989	107.5	27.95	6	—	2004				—
1990	82.7	14.8	5.5	—	2005	190	180		—
1991	129.3	23	5.5	—	2006				
1992	174.9	62.9	2.5	—	2007				
1993	171.5	76.2	3.7	—	2008				
1994					2009	195	214		—
1995	300				2010	230	237.32		—
1996	143				2011	192	201.61		—
1997					2012	192	196.36		—
1998	240				2013	303	203.94		0.998
1999	100				2014	—	208.5		1.071
2000					2015	—	197.33		1.004
2001									

资料来源：永州复烤厂生产部、业务部、人力资源部、技术中心等相关部门。

三、常德芙蓉公司

1988年，常德复烤厂并入卷烟厂后，按厂部《物质消耗定额指标》和《定额管理制度》，物耗按定额标准，由部门进行年度编制与修订，计划科汇总、平衡，报厂部审定下达。1990年，厂修订出台《原材料、燃料节约奖实施办法》，对节约辅料、煤、电消耗实行奖励。1995年，对物耗定额标准进行调整。1997年，卷烟厂下发《节约挖潜核算奖惩办法》，并实行课题制，每一项课题年底按要求验收，效益的完成与承标单位的年终奖挂钩。1998年，工厂成立烟叶降耗攻关领导小组，对烟叶实行"三段四级"（含复烤加工段）制管理。1999年，制定《定额管理规定》，定额范围主要为物资供应（含零配件）和生产、销售管理三大块的物耗控制。

2005年12月，常德卷烟厂复烤车间改制为常德芙蓉烟叶复烤有限责任公司后，先后制定《定额管理制度》《全面预算管理办法》《资金支出审批办法》《采购控制程序》《质量检验制度》等一系列制度。按照相关制度规定，以标准定员，合理定岗，既保证事事有人做，又防止虚设岗位人浮于事；将公司采购的一切物资、建筑、设备、服务等项目，纳入招标管理范畴；严格质量检验手续，相互监督，确保质量达标。通过多方控制程序，努力降低生产成本。

为抓好节能降耗等项工作落实，公司制定《综合管理考核标准》，其中设置节能降耗专项考核章节，由设备动力部按标准进行考核，企管监督部依照考核结果执行罚款。罚款额度按公司《综合管理考核标准》：A类为每项次扣罚800元、B类400元、C类200元、D类100元、E类50元。考核主要内容为：

用电：对私接乱接或暂用期限期满后仍不拆除的，设备动力部有权停电，并按考核标准C类考核；长明灯按E类考核；电脑晚上不关机，每台按E类考核；车间未及时关灯视情节每次按C、D类考核。

用水：出现长流水或跑、冒、滴、漏现象，属自然因素造成的限期整改，否则按D类考核。属人为因素造成的，按C类考核；任何部门或个人不得擅自关停厂区供水总阀，否则按C类考核直至追究刑事责任；个人用水后，不及时关水龙头，每次按E类考核；生产车间下班时，不及时关闭水阀门，出现长流水现象，每次按D类考核。

用汽：用汽部门对分汽缸要定期疏水，违者每次按D类考核；机台不及时疏水或疏水后不关阀门，每次按D类考核，影响生产的加倍处罚；出现蒸汽阀门、法兰、管道跑汽、疏水阀不正常工作时，要及时上报设备动力部。设备正常情况下严禁在生产过程中私自打开旁通.否则每发现一处对车间按D类考核；公共用汽设施由维修班负责管理与维修，发现跑汽未及时维修的每次按C类考核；各部门办公室要做到人走暖气关闭，否则对责任人按E类考核。

空调：生产用中央空调，各使用单位负责对进、回风口及管道的管理，由设备动力部考核。对进回风口人为堵塞、拆卸或损坏每个按C类考核。分体空调由各使用部门负责管理，设备动力部负责检查。人为损坏或擅自委托外单位检修造成的损坏，按价值的50%罚款；对管理不善的丢失按价值80%罚款；各部门办公室要做到人走空调关闭，否则对责任人按D类考核。

空压：设备动力部对各使用部门空压管网进行督促管理，对跑、冒、滴、漏和人为浪费情况，每次按D类考核；因工作失职造成损失或影响，每次按C类考核；用空压吹身，每人次按E类考核；停机不关气、跑冒不及时整改每处对部门目标管理按D类考核。不经许可乱接空压管道，每处对部门目标管理按D类考核，并按原状恢复。

2007年，开展创建节约型企业活动，安排专人修复配件；科学采购，尽量减少库存积压；并对废旧物资进行回收利用，努力实现成本控制。

2008年，成立专门机构，各部门指定节能专干，严格执行节约挖潜计划。全年修旧利废节约资金近40万元。设备维修费用控制在350万元以内，较上年减少160万元。合理计划备件采购，全年减少零备件库存60万元。

2009年，将部分烟梗包装替换成回收旧麻袋或缝制麻袋，有效降低生产成本17.5万元；盘活利用库存零配件等，节余物资采购预算资金43万元，比上年降低库存资金128万元。

2010年11月，响应全国“节能宣传周”的号召，开展为期一个月的节能减排、金点子评选竞赛活动。2011年，实行设备零配件以旧换新管理措施，全年收集以旧换新零备件12.94吨，折合现金1.941万元；委托供应商缝制旧麻袋1万条，节约采购成本6.8万元；采购回收麻袋4万条，又节约采购成本16.6万元，全年共节约采购成本41万元。

2014年8月，公司发布实施《动力、能源管理办法》。

2015年，公司增设能源管理委员会，各部门配备兼职能源管理员，加强日常检查和考核力度，全年共检查8次，实施考核6次，发现问题26项，全部要求立即整改，仅仅8～11月份，水、电、汽比上年同期节约63.5万元。是年，对麻袋包装和废旧麻片继续进行回收处理，降低麻袋采购成本13%，节约资金12.25万元；销售废旧麻片收入152万元；低值易耗品采购单价较上年下降9%，节约113万余元。

常德芙蓉公司2008年~2015年能耗统计表

表17　　单位：公斤

年份	综合能耗吨烟耗标准煤（公斤）	年份	综合能耗吨烟耗标准煤(公斤)
2008	244.3	2012	188.25
2009	200.3	2013	185
2010	214.3	2014	198.4
2011	206.52	2015	135.22

资料来源：1.设备动力部历年报表。2.综合能耗包括水、电、蒸汽、天然气（2014年前老厂区由常德卷烟厂提供蒸汽，易地技改搬迁后新厂区采用天然气）。

四、湘西鹤盛公司

2000年2月，厂召开节能降耗工作会议，部署节能降耗工作，制定相关奖罚细则，并纳入绩效考评。

2001年，开展节能降耗“金点子”活动，在烤季结束放长假期间报停2台变压器，生产线冷凝水实现回收循环利用，锅炉燃煤供给采取多家竞争模式等，全年共节约近百万元。

2002～2004年，复烤厂先后投入1亿多元进行扩产能和设备节能改造，新增一条6000公斤/小时的生产线，引进当时国内最先进的锅炉运行全自动控制系统，煤耗大幅降低。并将锅炉恒压供水改为变频调节供水模式，每年节电数万元。

2005年，能源价格不断上涨，公司开展“新环保节俭运动”，推出“三五”工程，即节煤500吨、节水50000吨、节电5万度。成立节煤、节电、节水项目小组。节煤方面：把好原煤购进质量关，保障燃煤质量；锅炉房适时均匀送煤，保持原煤合理燃烧，最大发挥热效能，及时送停蒸汽，避免浪费。节电方面：对锅炉变低配柜安装节能设备；对公司路灯全部进行智能控制改造，并适时调整开关时间；电器检修及单线生产时，向电业局报停变压器等。节水方面：检修时，生活水泵停止运行，将锅炉水冷却后再回收利用，把洗手间常流水冲洗改为延时阀冲洗，发现漏水及时抢修，避免浪费等。上述措施的实施取得显著成效：全年成品单箱用煤为0.089吨，较上年的0.094吨下降0.005吨，降幅5.31%，共节煤543.37吨；单箱耗水3.1吨，较上年4.55吨下降1.45吨，降31.9%，共节水171989吨；单箱耗电68.67度，同比下降2.57度，降3.61%，共节电190798度。

2006年，公司节能降耗以财务管理为中心，以成本控制为主线，建立节能降耗长效机制，采取的主要措施是：对设备加强保养，进行预防性维修，减少机械磨损，延长使用寿命；建立合格供应商资料，比质比价，从采购源头上严把质量关杜绝不合格品；对原煤质量进行严格检验；对炉排和给煤机进行适当调整，使原煤充分燃烧，物尽其用；增加节电装置，四台变压器加装联络线；建设废水回收池，实行循环利用等，取得较好效果：全年单箱成品耗水2.6吨，较上年的3.1吨下降0.5吨，降16.1%，累计节水63213吨。耗电63.7度，比上年68.6度减少4.9度，降7.1%，共节电625217度；耗煤0.088吨，较上年0.089吨下降0.001吨，降1.1%，节煤132.45吨，折合人民币6.5万多元。全年节约维修费用100余万元。同年，投资11万元，建成第二线车间冷凝水回收系统，将冷凝水回收并输送至锅炉重复利用，年节约水费10万余元。

2007年，公司与北京长征高科技公司合作，将一线一级打叶1～3级风分机改造为玛克式新型高效节能风分机，物料输送方式由风力输送改为高速皮带机输送，每级风分每小时节约用电38度。年内，对1#锅炉自动控制系统、上煤斗筛网进行改造，安全运行、节能效果显著。全年单箱耗煤为0.079吨/箱，降幅为10.1%，全年节约资金23多万元。并对照明灯进行节能改造；对烤片回潮区水雾喷射装置进行改进；对润叶、打包等设备进行改造，降低能耗。

2009年，国家出台新的节能减排政策，促使企业必须走节能环保型道路。公司自此先后实施一系列节能改造项目，并推行节能增效生产模式，规范设备启动、预热、投料、故障维修、关机时间，全年累计节约9.4万余元。同时启动1#锅炉节能改造工作。

2010年，公司增加一套能源管理软件及物联系统，实现水、电、汽流量数据的自动采集和瞬时流量数据及累积流量数据即时统计。通过对采集的流量数据按班次、日、批次等进行统计分析，进而建立生产线各段能耗的考核标准，方便能耗控制和管理，达到节能减排的目的。3月，对真空回潮机喷射泵等进行节能改造，可节能20%。7月，对冷凝水回收装置进行改造，使润叶、烤片、烤梗与碎片段排出的冷凝水全部回收循环利用。10月，公司与沈阳金太锅炉厂合作，由该厂投资，新建一台6吨生物质锅炉，专门用于焚烧烟草废弃物，但由于规模太小，技术较落后，只能起到辅助作用。

2011年，对原1#锅炉（10吨/小时）进行拆除，新建一台SZL15-1.25-AII燃煤链条锅炉，年节煤20%，折合资金120多万元，还可节约锅炉维修费用10余万元，同时降低烟尘和二氧化硫、氮气等物的排放，即节能又环保。7月，对打包冷却水装置进行改造，利用锅炉软水冷却打包机油温，冷却后的软水再进入软水箱循环利用，无任何浪费，仅此一项全年可节支3.96万元。此外，还对公司联电系统、车间照明系统和锅炉灰水管及生产线相关设备进行改造，并优化班组节能管理，共节约费用240多万元。

2012年，对烤片回潮机进行节能改造，包括：在水箱中加入加热管路，提高雾化水温度，保障回潮效果；在回潮一区和二区顶部各增加一台可自动控制的湿度显示仪；用6个和14个14公斤/小时的汽水混合喷嘴替代原2个、4个汽水混合喷嘴，每室分别安装3～4个；温度控制由原纯蒸汽管路改为8组加热器（每室2组）。通过上述改造，使烤片工序每小时耗汽降低2吨以上。同时，公司还对锅炉给煤系统进行筛分和分层计量改造，提高原煤的燃烧率；对打包机进行改造，提高生产效率。全年公司生产综合能耗降幅达24%。

2013年，公司对真空回潮机进行节能改造，增加超一级抽空系统，提高真空度进而提高回透率；更换冷却塔，将冷却水泵电机由30千瓦改为22千瓦，采用软启动控制，年可节电3000余元；对锅炉除尘器、润叶提升带、打叶皮带机、3#低配插件、打包翻箱和捆扎机等进行改造，设备维护成本大幅降低。对烤片机回潮区进行改造，增加软水雾化系统，替代部分蒸汽，降低蒸汽、原煤、电能耗用。继续完善能源计量系统，通过班组间各工序资源消耗的差距，实施班组间的综合评比，并与班组的经济效益挂钩，取得良好效果。维修班积极开展修旧利废、技协维修工作，将更换下来的变频器、减速机、偏心机构、打叶框栏、气动薄膜阀及时修理维护，能重复使用的尽量重复使用，全年节约成本6.3万余元；并完成一些电源线路改造、灯具安装，自制锅炉房安全门、护栏等，节约维修费用2.5万多元。

2014年上半年，生物质锅炉建成，实行独立运行，完全可以满足生产、生活用汽，原煤消耗大幅减少，综合能耗明显降低。同时，公司创新螺杆真空泵+罗茨泵联合抽空新技术，替代真空回潮机全蒸汽抽空系统，在真空回潮分汽缸前段增加一台容积为30立方米的蒸汽蓄热器，稳定生产用汽负荷，便于生物质锅炉的操控，减少蒸汽超压外排浪费，每年可节约能耗60多万元。针对M11A、精选M303、打叶M127皮带机因主动辊打滑导致经常堵料影响生产问题，将这些皮带机的预处理主动辊改成防滑主动辊，增大主动辊与皮带摩擦力，载荷能力提升，皮带打滑现象消除，堵料频次大幅减少。是年，维修班修旧利废节约5.2万余元，技协维修节约4.2万余元。

2015年，对主蒸汽管道上外露的20处阀门和管道进行保温包装，提高蒸汽的使用效率；在润叶、打叶刮板喂料机反吹气管上各加装1个220V电磁阀，实现关启自动控制，降低汽耗、电耗；在框栏刃口磨损处加焊耐磨件，保护刃口锋利耐磨，提高打叶效率，降低维修成本；将2#、3#低配柜的电容器更换成高效环保型电容器，把分插式熔断器改成三联空气开关，其功率因数可达到0.97，稳定性好、灵敏度高，此项每月可节约用电3000多度。对生物质锅炉新增一条独立的专上烟梗料输送链，全部采用螺旋机械给料，消除烟梗搭桥堵塞现象，减轻劳动强度。对真空回潮机进行变频控制改造，增设一台变频器驱动柜，将真空螺杆泵由启动控制改为变频控制，实现设备可任意启停，启动电流由原来的1200A降至300A，对生产线电源冲击明显降低，每班平均用电量由665度降至280度，全年节约电费达16万余元。另修旧利废节约13.8万余元，技协维修节约5.7万余元。公司节能降耗管理日益精细化。

湘西鹤盛公司1999~2015年能耗统计表

表18 单位：公斤、度、个、吨

年份	吨烟耗煤（公斤）	吨烟耗电（度）	吨烟用工（个）	吨烟耗汽（立方米）	年份	吨烟耗煤（公斤）	吨烟耗电（度）	吨烟用工（个）	吨烟耗汽（立方米）
1999			0.041		2008	490	303	0.006	
2000			0.009		2009	350	230	0.006	
2001	410	277	0.008		2010	370	229	0.005	
2002	430	251	0.006		2011	310	199	0.006	
2003	460	280	0.006		2012	260	231	0.005	
2004	480	334	0.004		2013	170	224	0.005	
2005	440	316	0.003		2014	90	271	0.006	
2006	430	287	0.004		2015	30	248	0.006	
2007	400	350	0.006						

资料来源：鹤盛公司生产部、技术中心等相关部门。

五、浏阳天福公司

2006年12月，公司发布实施《空调及综合楼热水取暖系统使用管理制度》，2007年1月又发布实施《空调系统使用管理制度》，规范厂区大功率电器及空调的使用，节约能源。

2008年，公司加大对各部门能源使用的考核力度，在每周的生产调度会上对生产、生活能源的使用情况进行总结通报，部署对能源消耗节点的控制与整改，取得良好效果：全年吨烟耗电降至263度、耗水4.5吨、耗煤0.22吨，均低于行业标准。

2009年，完善动能管理制度。认真对标挖潜，并做好月度计划，推行表计结算。对违章用能、造成动力设施损坏的行为给予处罚；对“跑、冒、滴、漏”现象及时整改。全年动能设备有效作业率在99.5%以上，吨烟耗电160度、耗水4吨、耗煤0.18吨,生产能耗控制在行业标准范围内。是年2月,公司用于烟草废弃物烟梗焚烧的炭化炉设备调试运行。

2010年新烤季,公司新建的炭化炉正式投入使用,废弃烟草专卖品得到有效的利用,日处理最高达31吨,月处理最高达650吨,全年共处理4602吨,省却外运处置费用,效益可观。是年,吨烟耗煤下降至0.15吨,耗电和耗水控制在160度、4吨以内,综合能耗标准为208公斤标准煤。

2011年,公司对能耗使用实行计量统计,在每周安全生产调度会上进行通报,时刻提醒按章节能。全年吨烟耗电降至150度内、耗水5吨内(包括生活用水)、耗煤0.18吨,综合能耗指标为183公斤标准煤。炭化炉处置废弃烟梗量达5605吨,较上年增加1003吨。

2012年,在能源消耗方面主要立足于基础工作,完善水、电、汽的计量工作,真空回潮安装蒸汽流量计,其余蒸汽消耗点的计量陆续安装,实现以计量定额进行节能考核,超标受罚。全年,吨烟耗电146度、耗水3.9吨、耗煤0.22吨,综合能耗指标为175公斤标准煤,节能降耗进步明显。

2013年,吨片烟综合能耗178.63公斤标准煤。耗电233.74度,耗气(天然气)折合标准煤149.88公斤,耗水3.53吨(包括生活用水),控制在公司目标规定范围内。11月,公司完成能耗计量数据自动采集和能源监控程序设计工作。为实现科学、高效、全面的能耗管理打下良好基础。

2015年10月,对《能源管理制度》进行修订,对厂区水、电、天然气、蒸汽、燃油的使用和管理做出详细的规定,并纳入预算管理,由设备技术部负责检查和考核。

浏阳天福公司2007年~2015年能耗统计表

表19　　　　单位:公斤、度、个、吨

年份	吨烟耗煤(公斤)	吨烟耗电(度)	吨烟用工(个)	吨烟耗汽(立方米)	年份	吨烟耗煤(公斤)	吨烟耗电(度)	吨烟用工(个)	吨烟耗汽(立方米)
2007	/	/	/		2012	320	264	/	
2008	307	263	/		2013	260	260	/	
2009	287	220	/		2014	/	263	/	96.8
2010	263	290	/		2015	/	282	/	102
2011	289	260	/						

资料来源:天福公司生产部、技术中心等相关部门。

第四章　技术进步

第一节　复烤装备新技术应用

20世纪60年代中期至1978年5月，郴州、耒阳复烤场的烟叶复烤，完全实行人工操作。

1978年6月29日，郴州烟叶复烤厂单幅挂杆复烤线投产，年产能仅3600吨。是省内从人工复烤转为机械化复烤的标志性装备。1990年淘汰。

1986年11月10日，常德烟叶复烤厂的双幅挂杆复烤线投产，为省内第一条运行的双幅挂杆复烤线；1987～1998年，零陵、郴州、桂阳又先后添置6条，成为20世纪80～90年代的烟叶复烤主力机种，其复烤量占期间总复烤量的85%以上。较之于单幅复烤线，双幅线年产能均为1万吨，提高一倍多；故障少，运行相对平稳，技术进步明显。缺陷是：不进行叶、梗分离加工，卷烟厂还得进行专门的打叶再加工，不符合现代专业化分工趋势。2002～2003年，遵照国家局"限期淘汰挂杆复烤工艺"的指示，全部拆除。

1991年11月，零陵复烤厂进口6000公斤/小时意大利科马斯打叶复烤生产线投产，为省内第一条投产运行的打叶线，也是省内唯一的原装进口打叶复烤线，运行平稳，但年产能仅1.5万吨。1993年，国内首批仿科马斯打叶复烤线分别在郴州、常德安装，郴州复烤厂的试车成功，当年投产，但故障频发，技改不断（其中1999年9大机组和工段进行系统性大修改造）；常德卷烟厂的，试车多次不成功，经过反复技改，方于1995年10月投产。总体看，国内首批仿科马斯打叶复烤线，技术消化不够，运行初期故障多发，导致停机频繁，后续技改投入巨大，属于技术不成熟装备，但其具有本省复烤业从挂杆复烤工艺逐步转向打叶复烤工艺的开创性意义。

1999年、2001年，常德卷烟厂、湘西鹤盛公司、郴州复烤厂先后安装仿美国玛克打叶复烤线各1条，试车成功投产，运行顺畅，采用低温慢烤、柔打细分工艺，技术成熟，打叶复烤工艺有较大进步。

2003年起，省内复烤企业全部采用打叶复烤工艺，打叶复烤线成为唯一的复烤机种，承担全部的复烤任务，各企业顺应形势，有计划、分步骤对打叶复烤线进行技术改造。通过整线更换、机组更换、局部改良、加装自控装置等技术措施，淘汰落后工艺，采用新工艺，向节能型、智能型转变。

至2015年，省内各复烤企业的6条复烤生产线，均采用国产先进装备，有的处于国内领先水平，均可适应模块化、均质化、配方化复烤加工需求。大量复烤新技术得到应用：

1.全面实行烤前烟叶精选。　2013年烤季起，由于省内全面实践"片烟收购"，而过渡到"全面片选"。

2.采用新式真空回潮机，控温控湿、回潮效果优于以往机型，且节能。　其中，郴州复烤厂采用在线式三流体真空回潮机，由蒸汽喷射器、水射流泵组、大气喷射器、贮水箱、检测器件、气控系统（含气控阀门）、电控系统、冷却水循环系统各1套，水泵及配套阀门4套等设备构成。突出特点是抽尽机内空气后，射入部分水与蒸汽混合形成水汽雾进行回潮，作业效率更高，且可节约蒸汽耗量60～85%。

3.在线配方打叶逐渐增多，且向自动配方发展。　2006年以前，复烤打叶基本为单等级打叶。2006年以后，配方打叶出现，且渐呈增多趋势。浏阳天福公司"芙蓉王"全配方片烟输出打叶复烤专线技改项目正在进行中。传统的打叶配方比例值，需通过检测室对批次各等级原烟进行取样测出CV值，2天内出结果，然后按照配比在铺叶线上投料。至2015年，郴州等复烤厂以在线近红外自动检测技术，测得烟叶CV值(片烟烟碱变异系数)，录入电脑，进入中控室，进行电子计算配方，1小时内出配比结果，可实现批次内成品烟碱CV值<3.0%的目标，低于国家局规定的5%标准。可与原烟配方立体库存的数据交互与集成，自动优化分析生成原烟出库投料方案。同期，郴州复烤厂还可利用原烟高架库优势，原烟单品种装箱入库，根据电子配方专家管理系统的要求，自动生成烟箱出库指令，每个等级烟叶或每个烟箱的烟叶均匀平铺于贮柜内，排除人为因素干扰，实现烟叶的按比例配方，提高片烟质量均匀性和一致性(设备已有，尚未应用)。

4.全新散烟分层切断工艺技术。 郴州复烤厂在配叶线采用，也可兼顾人工摆把、铺叶的需求。(分层切断设备已装，尚未应用)。

5.大型润叶预混柜。 如郴州复烤厂A、B两线，在预处理段各设置3组，每组长度42米以上，待加工料储存多，可解决物料均质和流量均恒，缓冲、预混在线烟叶，利于片烟均质化生产，实现前后的加工追溯。

6.过料恒流与自动摊薄。 各企业复烤线分别在配叶、一润、二润、复烤机进料、打包落料、成品复秤等作业点，设置恒流电子秤，自动称重，使全过程实现分段恒流，并通过比例分料器和流量管的三排光电管(一般安装在一、二润进料口)对射信号是否遮断对过线烟叶的流量厚度进行控制，自动摊薄，过线烟叶超重则可自动放缓传送速度或停机，实现多级控制，利于均质化生产。

7.自动检测过线烟叶水分含量和温度。 各企业复烤线均多点安装近红外水分测定仪，过线烟叶经过时，均可自动测定其含水量和温度，在控制点电子屏上显示。如有超标，则可立即调整相关设备运转参数进行纠正。

8.采用多种技术除杂。 各企业专门的大型滚筒除沙工艺已被淘汰，均采用烤前精选、铺叶线选杂、振筛除沙、一润前风选、转辊除沙、在线麻丝机、在线人工捡除、光电除杂机、磁吸、打叶风选、除杂粘带等多道工序，进行多工序、多手段精细除杂，确保成品干净。其中，郴州复烤厂每条生产线配置2台光电除杂设备，通过在线视频系统，高速线阵CCD相机拍摄叶片图像，送入嵌入式FPGA+DSP图像处理硬件平台，通过独创新一代多维度图像算法的处理，综合异物颜色、形状、纹理等特征参数，识别出杂物，并计算杂物在输送机末端的相对坐标，进而发出指令，控制相应坐标的高速气动电磁阀，将异物剔除，该碎叶集中光电除杂工艺属国内首用，剔除率85%左右；在打后叶片段，配置第四代麻丝剔除机，可对烟叶自动翻面实现双面剔除；每班单机可回收烟片8～12公斤。

9.自动检测大中片率。 传统的大中片率检测，是由质检中心到复烤线取样后，将样品送往检测室筛分机进行筛分、分别称重而取得。2014年，浏阳天福公司在生产线增加一套叶片结构在线检测设备，指导生产设备参数调节。2015年，郴州复烤厂结合易地技改，立项在A线安装在线称重式叶片结构自动检测系统，该系统主要包括取料机构、倒料喂料机构、输送摊薄机构、振动分选机构、清扫机构、称重分析机构、回料机构、电控部分、计算机软件等部分。分为自动和手动两种操作模式。当系统自动运行时，能在线、实时、自动地将不同规格的烟片进行筛分并称重，从而准确计算大中片率、碎叶率等技术参数，为工艺部门提供实时、可靠的数据参考。

10.普遍采用新一代打叶风分技术。 双向打叶器、高速皮带节能风分器广泛运用，全部实行柔打细分、双面打叶、高效风分，效率提高，能耗降低。其中，郴州复烤厂安装有风分机智能化控制装置，当在线光电检测装置对打叶后各风分器分出叶片和梗的打叶指标检测、统计分析后，打叶段电控系统依据检测结果，可针对性地对打机组各主要设备参数进行调整(如风机风量)，实现自动快速精细调整，最大限度提升打叶段工艺加工能力。并且，通过不断对同品质烟叶的打叶风分特性数据进行收集分析整理，逐步建立、优化打叶风分特性数据模型，最终实现打叶机组智能化控制，填补了国内打叶机组自动控制的空白。湘西鹤盛公司采用“高效节能”型卧式打叶机组，打叶器与风分仓各级之间均为高速皮带连接，取消极间回潮。浏阳天福公司打叶比例分料器由机械调节改为电动调节，快速敏捷。

11.复烤机最新工艺技术。 普遍实行低温慢烤技术，均有增加烤房干燥区或者回潮区长度的技改。郴州复烤厂在流量控制方面，于叶片复烤机前配置流量控制单元和振筛，确保进烤机前物料流量稳定有效清除烤前碎片，避免碎片堵塞导风网板，实现复烤烟叶水分均匀性，提高烤片质量，为复烤自动控制奠定基础。在叶片复烤机方面，采取的新技术有：①采用交错式进风，干燥各区实施独立排潮，降低物料水分的左中右偏差。②干燥区引入新的湿度控制模式，控制生产过程干燥区环境湿度。③A线复烤及干燥段设5个区，回潮段设三个区增加一个温度调节区。5个干燥区各增加一组散热器便于复烤工艺调节，实现低温慢烤，减少烤后皱缩。④主输送链条采用同步双侧传动的方式，保证两侧链条受力均匀，提高其使用寿命。⑤取样间采用开放式设计，设置移动式水分仪。⑥干燥区、冷却区配置照明、摄像系统，可观察干燥区实施工作状态，以便掌握烟叶干燥及均匀情况。复烤机内配置的诸多先进控制技术装置，可实现机尾水分的均匀化，水分CV值可控制在2%以内。常德芙蓉公司通过在烤前增加松散设备，使其进入烤机的片烟松散，从而达到提高片烟干燥与回潮的均匀性，同时重新优化干燥区的导风网板，使其干燥气流更加均匀。湘西鹤盛公司对碎片干燥机自研加装温度自动控制系统，实现温度自动调节，为一大亮点。

12.采用预压打包伺服控制系统。 以往的预压打包工段，工作电机开启后，运转不停，耗电多，噪音大，工作时间一长，电机发热，液压油温较高。各企业复烤线经过技改后，普遍在打包工段采用伺服电机控制系统，给予工作指令就运行，无工作指令就停止，比原预压打包机节能达65%以上，每年可节约电费数十万元；成品烟包成型良好、无鼓包现象；系统油温稳定，液压油使用寿命延长；机械噪音低，工作环境改善。

13.打包自动进箱和成品自动打码、条形码扫描。 以郴州复烤厂为例，空纸箱经组合套箱后，通过输送线与预压打包控制系统的联动，自动进箱，现场无多余纸箱，干净整洁，减少安全隐患。自动打码：预压后的成品，进入复压电子秤，自动生成条码，自动打印和粘贴条码；在成品下线末端，设置“门”式扫描器，对过线成品箱条形码进箱自动扫描，扫描数据自动传递到成品入库控制室，为成品自动入库提供信息。成品条形码数据可实现与各客户的原烟入库数据系统的无缝连接，实现产品质量追溯。

14.生产线终端配置微波透视仪。 浏阳天福公司独家采用。对成品箱内异物、片烟分布扫描检验，确保装箱质量。

15.叶尖分类加工技术。 浏阳天福公司2010年9月引进一条叶尖分类加工复烤线，对叶尖单线处置，既可减少叶尖过度加工带来的造碎，又可减轻叶身与把梗加工线负荷，提高加工效能，促进出片率提高，在叶片分离技术领域独树一帜。

16.电子操控运行。 各复烤企业复烤生产线主要工段均设有电子操控台，可按照客户加工要求，预设加工参数进行作业。在线各项加工运行实时数据（如在线烟叶含水量、温度、CV值、检测室反馈的各项检验数据等），及时显示在操控台电子屏，如有异常，便可及时调整纠正。生产线各主要工段设备运行状态，实行故障自动诊断，通过设备PLD联网，集中在操控台电子屏“设备运行线路图”中显示，显示为绿则工作正常，显示为红则是故障报警，提示需立即检修，1–2人可看管多台设备运行。

17.烟灰筛分碎片回收利用。 各企业生产线皆有应用。其中，郴州复烤厂在除尘后段配2套烟灰处理系统，由碎片筛分、计量制粒、碎片风送在线添加、灰土颗粒输送四个子系统组成，该系统可对除尘烟灰中的碎烟片进行有效筛分，将筛分后的游离烟叶输送至生产线上的碎叶复烤机。烟灰压棒计量，制粒并输送至锅炉房做燃料。该系统的使用不仅创造经济效益，而且节能环保。浏阳天福公司在烟灰中回收碎片每工班在10公斤以上，为保持较高出片率措施之一。

2017年8月，永州复烤厂完成易地技术改造。生产线是一条额定生产能力为12000公斤/小时的打叶复烤线，整线全部由昆明船舶集团有限公司生产，该线采用大量的新技术和新工艺，在行业内处于领先水平的工艺技术有：1、在行业首次采用在线近红外检测技术及管理软件+大面积平库模式的均质化加工备料系统。该系统主要基于对烟叶的内在化学值及外在的颜色的检测，然后通过特定的算法处理技术提取体现烟叶综合差异性的表征值，配套相应5000平方米的平库周转物流，建立实现配方打叶成品片烟感官稳定性的均质化加工创新体系。2、在行业首次采用打叶分流技术。在一打后增加分流风选技术，将物料按重质物料和轻质物料进行合理分流，降低后续风分负荷，提高风选精度，避免了较重物料长时间、长距离风选产生的造碎及温度、水份的散失，降低能耗；3、在行业创新采用在线叶片结构检测技术。通过机器视觉的检测方式，来定期自动抽样、提取叶片结构参数、自动跟踪每个打叶机的打叶质量，可以为每一台打叶机建立打叶质量库，并实时显示生产线的产品质量，便于设备人员的生产控制，实时反馈给现场生产工人，达到打叶指标的闭环控制，从而代替人工取样检测和手动记录方式，提高在线产品质量控制的自动化水平。4、创新采用杂物多级控制模式。生产线预处理段设有4台风选除杂、麻丝星辊除杂、碎烟光电除杂、人工挑杂环节，打叶后设有麻丝星辊除杂、光电除杂环节。通过采用风选除杂、人工挑杂、麻丝星辊除杂、光电除杂等四级串行烟叶检测剔除技术新模式，确保成品的纯净度。5、在行业创新性采用双侧交替进风式的烟片复烤机生产线。通过采用双侧交替进风方式(或单侧进风方式)对叶梗分离后的烟片进行复烤处理，除去烟片中多余的水分，使烟片经干燥、冷却、回潮处理后，其水分和温度适合于打包后的长期贮存醇化或人工发酵。该设备具有运行稳定可靠、使用维修方便、自动化程度高、复烤过程水分左、中、右偏差小等优点。

第二节 立体高架库

一、均质化原烟配方立体高架库

2014年，郴州复烤厂开始实施均质化原烟配方立体高架库建设，2015年建成。原烟配方立体库高度29.475米、5460个货位，库容2184吨。经试运行后，状态良好，但基于全方位配合经验不足，是年未实际投入使用，仍然实行人工铺叶线投料。

永州复烤厂的均质化原烟配方平库，借助易地技改，于2017年基本建成，可实现多种生产模式配方打叶、均质化加工，可满足三种投料方式：①配叶直接投料到润叶预混柜。②配叶到计量装箱，再通过翻箱喂料机投料。③配叶到计量装箱，进入配方平库配方，再出库通过翻箱喂料机投料，其中后两种方式可选择在线真空回潮，再进翻箱喂料机投料。

常德、湘西、浏阳复烤公司皆已广泛使用物流、仓储货架式作业，已具立体高架库雏形。

二、复烤成品高架库

2015年，郴州复烤厂在油山新厂区建成的成品高架库投入使用。存货位18114个、72576个成品箱位。成品临下线时，由在线扫描机扫描成品箱信息码，录入电脑；然后由生产线输送到提升机，提升机将成品烟箱提至二楼物流输送流水线平台，由自动穿梭机接货，自动扫码，自动识别货物客户，其信息录入电脑，自动将成品箱送到高架库门前，库内堆垛机自动接货，自动转入到高架货位。全程除电脑操控员以外，均为无人化作业。该库旺季期间，作凉烟暂存库，可存放一个半月的容量，配备中央空调，可实现凉烟及暂存功能。成品出入扫码，准确无误，可与客户原烟库进行无缝数据对接，确保客户成品安全，数据准确、发货快速。在国内首家设计安装自动出库(龙门轨道车)装车设备，但尚在试验中，未全面应用，仍然采取抱车装车。

2017年8月，永州复烤厂在易地搬迁新厂区建成的成品高架库投入使用。存货位12960个，51840个成品箱位。联合工房采用"U"字形，打叶车间与成品高架库邻近，实现成品自动化入库。配以直线穿梭车等，能实现按要求指定货位及"先进先出""入库优先"出库作业，实现按烟箱类别分类暂存、码垛、入库，使晾包与自动入库合二为一。

第三节　国家级检测实验室

产品检测检验是复烤企业保证产品质量不可或缺的环节。省内各复烤企业的检测、检验技术装备从无到有，从简单到高端、齐全；设施配置从陋室一隅转变为现代化科研场所；每个企业的检测队伍从最初的1～2人发展到十余人高学历人才为主；均获得国家级检测实验室认证，实现跨越式发展。

一、郴州复烤厂

1978年，复烤厂投产后，为保证复烤质量，设有质量检测室。检测员配备，最初为1~2人，1993年增加打叶复烤车间后，增加到4~6人。主要检测设备有天平、烘箱、粉碎机、手动水分仪等，设备简单，检测不够精确。

2006年，为提高产品质量检测效率和精确度，公司加大资金投入，投资280余万元，新购置德国布拉本德快速烘箱1台，以色列MPA在线烟包微波水分仪、美国近红外在线水分仪5台，北京长征高科技公司生产的叶片结构振动分选筛、旋打振动分选筛、叶中含梗检测机各1台，这些设备的投入，使质量检测工作更真实、准确、快速、全面，为烟叶加工质量的控制提供更为科学、有力的保障。检测员增加到十余人。

2009年，为达到出口加工要求创造条件，对检测、复烤设备在细节上予以改进和完善。5月，邀请环球公司技术人员到厂，以菲莫烟草公司的技术标准，对打叶复烤车间、质量检测中心进行实地检查，制定整改方案。其中，新购置小型混合机、测硫机、多功能测定仪各1台，进口数显转速仪1台，进口CORESTA叶片结构测筛网、进口罗太普12号条形筛网等一批符合菲莫标准要求的检测设备。进行系列整改后，天泰公司的质量管理更加精细、可靠。

2010年3月，技术中心实验室取得由中国合格评定国家认可委员会颁发的国家实验室认可（CNAS）证书。原料、辅料、燃料、产品在线质量的检测皆归其负责。

2015年9月，郴州复烤厂整体搬迁到油山新厂区，质量技术中心在新厂区拥有工作房13间，776.74平方米，主要设备配置有：粉碎机6台，烘箱9台（其中布拉本德烘箱4台），红外快速检测仪2台，叶片振动分选机2台，叶含梗检测机2台，罗太普梗检测机2台，电子天平4台，近红外光谱仪2台，切丝机2台，边张硬度测定仪1台，纸箱压力检测机1台，办公设备若干，设备总价值达2000余万元。配备技术人员18人，其中，主任、副主任各1人，带班主任3人，技师2人，在线质控3人，成品抽检2人，计量管理员1人，数据综合员1人，配方管理员1人，叶含梗、投料批次5种出片率测定人员3人；另还雇请临时工4人负责工艺水分、烤前烤后叶片取样，在线工艺水分取样每小时1次，烤前叶片取样每投料批次取样1次，烤后成品片烟每3箱取样1次。纸箱质量检测按每进货批次检测。因锅炉供汽实行外包，燃料入厂检测停止。

二、永州复烤厂

投产起，厂内挂杆复烤车间即设立检验室，配备检测员，配置天平、烘箱、粉碎机等简单设备，从原烟、在线、复烤机尾端等处定时抽取样品检验，主要职能就是检测水分合格率。烟叶入厂水分检验多用手压式水分检测仪，1990年增加一批。

2003年，国家局限期取消卷烟厂自行复烤，本厂挂杆复烤取消，各卷烟厂对打叶复烤质量要求越来越高。厂内加强检测力量。2004年7月，经永州市烟草专卖局（公司）批复，投资37.5万元，零陵烟叶复烤厂购置布拉本德快速水分测定仪、红外线测温仪、托利多电子秤、可移动式电子秤、FT91型旋转式粉碎机等系列检测器具，检测水准提升。配备检测人员17名，其中：主任、副主任各一人，总检3人，质检（在线水分检测、叶片结构等检测）4人，化学（烟叶内在成分）检测1人，成品（库检）检验1人，原烟检测（回潮前采样，去叶留梗，测验梗叶比率等）2人，配方员1人，计量器具管理员1人，数据员1人，资料综合员1人。内部分工是相对性的，一般按分工自行取样、检测，遇有大任务则相互协作。取样频率一般按委托方要求进行，3~5件取样一次进行检测。每次检测结果及时录入电脑，每个工班出一次检验汇总报告，均可通过厂局域网及时传给车间办、生产部、品质部，也可通过微信、QQ、电子邮件发给驻厂监打员。每班检测汇总结果出书面报告一份给驻厂监打员，以让委托方随时了解在线复烤质量状况。

2015年5月8日，永州复烤厂检测实验室顺利通过中国合格评定国家认可委员会（CNAS）专家评审组现场评审。7月27日，获得中国合格评定认可委员会《实验室认可证书》，表明该厂实验室检测能力提升，检测数据可靠。

三、常德芙蓉公司

1986年，常德烟叶复烤厂投产之初，复烤车间内设立小检测室，设备主要以天平、烤箱、粉碎机、简单化验器材等为主，配备化验员2人，对复烤水分实施简易抽检，一般2小时到车间生产线抽检样品一次。

1988至2005年，常德卷烟厂原料分厂复烤车间（后改为十车间、打叶复烤车间）有检测室一间，配备有简单检测设备。

2006年后，常德芙蓉公司在老厂区将检测室由一间扩大到三间，一间作水分检测室，一间作物理检测室，一间作磨粉室；先后添置一批检测设备，其中有MW3300微波水分检测仪（原烟经粉碎后进行检测）2台、布拉本德水分快速检测仪1台、烤箱、化验等先进设备，检测水平有提高。2012年2台MW3300微波水分检测仪报废，更新1台MW4300微波水分检测仪。2014年搬迁到灌溪镇新厂区后，把提高复烤在线检测当做质量管理的大事来抓，添置先进检测设备，跟随新厂区投产而投入使用。至2015年，主要设备有：布拉本德水分快速分析仪（德国产）3台，微波原烟水分检测仪（以色列产）1台，千分之一电子天平3台，万分之一电子天平1台，标准烘箱和精密烘箱各2台，烟叶化学成分化验设备3台套，烟叶物理检测设备2台套，检测水平显著提升。同时，检验室房屋使用面积超过100平方米，隔成大小7个工作间，硬件设施大为改善。检验室隶属工艺品质部，配备34人的技术队伍，其中，技术负责人1名，专职化验员1人，水分检测、物理检测操作12人（分2班，每班4个工段各安排跟班1个，2名做检验操作）、辅助工兼取样员16人（分2班，每班真空回潮和摆把预处理段2人，打叶段1人，烤片段2人，打包段3人），原烟仓库取样员1人，成品（凉烟）库箱温、水分检测员1人，材辅料检验员1人。

各工段都安排人员进行取样，原烟每个等级取样一次，真空回潮每2小时一次，打叶每2小时取样一次，烤片每1小时取样一次，打包段每3箱取样一次。样品送到后及时检验，其检验单及时反馈到各生产工序，以便操作人员依检验结果保持或者调整工艺操作参数，保证加工质量，不让不合格品进入下一工段。

2017年6月26日，常德芙蓉公司检测实验室获得中国合格评定国家认可委员会《实验室认可证书》。

四、湘西鹤盛公司

1999年，复烤厂投产后，为保证复烤质量，设立工艺质量检测室，主要检测设备有：机械天平、烘箱、粉碎机、压杆式水分仪等，设备简单，检测不够精确。

2003年，根据复烤厂二期工程配套需要，投资280万元，设立专用物检室，购置物检、在线检测设备数套。主要配置为：北京长征高科技公司生产的叶片结构振动分选筛、旋打振动分选筛、叶中含梗检测机各1

台，以色列TEWS公司在线烟包微波水分仪1台、微波水分仪3台，全自动量热仪1台。检测设备配置较齐全，测量准确。

2004~2009年，因客户对生产过程、产品质量要求提高，公司陆续购置检测仪器，主要包括：德国布拉本德快速烘箱1台，美国费雷丝精密烘箱2台，便式微波水分仪1台，进口粉碎机1台，红外水分仪3台，恒温恒湿箱1台，总投资227万元。物检室增加对烟叶内含成分的检验，改称化验室。技术人员增加到14名，其中，工艺员2名，化检员2名，质检员10名。

2010~2012年，根据湖南中烟技术中心要求需对在线烟叶化学成分进行检测，增加检查频次，公司投资305万元，购置以色列在线烟包微波水分仪1套，傅里叶近红外光谱仪1台，实验室以色列微波水分仪1台，烟叶粉碎机2台，在线近红外光谱仪1台，电脑测硫仪1台，德国布拉本德快速烘箱1台，红外水分仪网络自校准系统1套。另还更新北京长征高科技公司生产的叶片结构振动分选筛、叶中含梗检测机各1台，国产粉碎机2台，美国费雷丝精密烘箱2台。

2010年10月，公司决策将产品质检室升级为实验室，并申请CNAS国家实验室认可，具体工作由品质管理部主办。经合作单位广州金标达管理顾问有限公司现场调查规划，按照实验室建设要求，对质检室的布局、分工、功能区、设备精度、流程操作规范等进行改造，以对接认可标准。12月，公司申报330万元的实验室综合升级项目，其中，基础设施改造90万元，设备添置200万元，质量管理信息系统改造40万元。

2011年3月10日，公司成立实验室认证项目组，着手建立按照ISO/IEC17025：2005国家标准建立公司实验室管理体系。5月，实验室认可预算通过董事会审批。项目实施由工程设备部牵头，品质管理部协同。6月，开始起草实验室认可体系文件，文件分为四个层次，包括管理手册44组文件、程序文件33组文件、作业指导书25组文件、记录和表单等文件。7月6日，开始实验基础设施改造，整合原车间辅房的班长室、杂物室、卫生间，改造成专业功能分区即水分室、粉碎室、化检室、辅料检测室、工艺员办公室、质检员办公室、样品室、客户室；经过69天有序改造，实验室面貌焕然一新，初判完全满足认可委的功能布局要求。同月，品质部成立质量管理系统开发协同小组，由部长负责，品管员、工艺员参与设计，质检员参与过程统计，通力协作进行质量管理系统开发，对照行业标准要求及国家实验室认可要求进行改造升级。质量理化管理信息系统改造则由上海一亚公司中标开发。8月，叶片结构检测机、叶含梗机入场安装调试。15日，确认实验室公正性承诺、目标、方针。21日，第一次测试质量管理系统，由品管员、工艺员、质检员、取样员模拟测试，提出100余项改进建议。9月，东方恒伟布拉本德水分测试仪、实验室通风柜、质检台及上海鼎广样品冷却机入场调试。15日，部署实验室认可体系文件的会审和修改。20日，测试质量管理系统，由品管员、工艺员、质检员、取样员开始实物测试质量系统；组织设备工程部、品质管理部、财务审计部相关工作人员现场初步验收。25日，实验室正式投入使用。28日，新质量管理系统开始宣贯，正式运行。10月，实验室体系试运行。

2012年5月起，对新质量管理系统运行一个烤季后存在的问题进行改进。8月，开始对质量系统进行拓展升级，对样品采集、成品进行扫码管理模拟试验。9月，公司第一张样品条码、成品条码开始投入使用，标志着产品质量进入可追溯管理。

2013年8月，公司实验室挂牌，检测范围为片烟水分、叶片结构检测、叶含梗率检测三个项目。公司全员竞聘上岗，实验室工作人员重新调整为：祝春林为实验室主任，张自杰为副主任，符再德为技术负责人，贺蓓为质量负责人，唐旭阳为综合办负责人，罗应梅为质量监督员，周明兴为资料负责人，曹艳丽为原辅料管理员。工作人员增加到17人，其中，工艺员10人，质检员7人（辅料检验1人，成品检验1人，凉烟检验3人，设备检验1人，总检1人，化检岗位因推广使用近红外化检仪之后而取消）。同月，进行管理体系内部审核，对发现的7个不符合项均进行整改。9月，实验室体系试运行后再次修改，力求文件内容尽量详细、准确且贴合认可要求，最终版本开始正式运行。

2014年1月，进行实验室年度管理评审体系各类软件及资料输入，体系运行基本有效。12月，提交实验室认可申报材料至国家实验室认可委进行资料审核，获得一次性通过，并获得进行现场评审的资格。2016年1月31日，湘西鹤盛公司检测实验室获得中国合格评定认可委员会《实验室认可证书》。

公司质检实验室自取得国家认可资格后，质量检验功能渐趋完善，成为全公司生产原料和辅料入厂检验、在线加工质量检测、成品出厂质量检测的质量鉴定中心，其检验数据具有一定的权威性。其中，在线生产检测，跟班工艺员在打包段每3箱抽取一个样品，通过建在车间与实验室之间的样品输送管道，以风管输送到实验室，实验室依次对每个样品进行条形编码进行检测后，对条形码进行扫描，即可自动录入公司质量信息系统，生产线各工段的电子操控台即可显示当前加工质量状况，如果出现不符合加工标准状况，则立即查原因、调整加工工艺参数，使之恢复到正常状态。此外，在生产、精选、仓储等生产经营场所，均安装有监控视频系统，管理层和客户通过系统软件设置，本公司管理人员和客户均可在手机、电脑上实时查看各相关作业场所视频。

除生产在线数据检测外，原烟入库、原煤入厂、辅料入厂、成品出库均得经过质量检测，各项检测数据均即时发送给总检员，总检员报生产计划部，由生产计划部分别发送给公司相关领导和部门，客户需要的，需经过批准。

五、浏阳天福公司

公司自2006年3月购置基本检测设备，4月投产起正式建立质检室。其后不断增配检测设备。

2008年11月，公司组建CNAS国家实验室筹备工作组，牵头认证申办工作，并请合作单位广州金标达管理顾问有限公司到现场调查、指导。12月，开始起草实验室认可体系文件，文件分为四个层次，包括管理手册44组文件、程序文件33组文件、作业指导书25组文件、记录和表单等文件。

2009年3月，开始实验基础设施改造，经过45天有序改造，实验室面貌焕然一新，可满足认可委的功能布局要求。

2010年1月，经主管部门批准，公司实验室挂牌，检测范围为片烟水分、叶片结构检测、叶含梗率检测三个项目。同时成立文件编写小组，开始编写认证申办相关体系文件，并进行管理体系内部审核，对发现的7个不符合项均进行整改。3月，实验室体系试运行后再次修改，力求文件内容尽量详细、准确且贴合认可要求，最终版本开式正式运行。是年12月通过内部审核及管理评审。

2011年1月，再次通过内部审核及管理评审，证明体系文件运行有效。3月9日正式发布体系文件（质量手册、程序文件32个、作业指导书11个、记录表单89个，并确立实验室的质量方针及质量目标），自此形成一整套的质量管理体系。4月，向国家认可委提交文审资料，获得一次性通过审核，并获得进行现场评审的资格。7月，按认可委提示，对问题进行整改，对体系标准刷新。8月，重新提交体系文件。9月，通过文审，安排现场审核。10月，确定现场审核时间，对实验室进行整理。

11月4~5日，认可委专家组按认可标准的15个管理要素和10个技术要素，分别采用文件查看、询问及现场操作方式进行评审，一致认为达标，顺利通过国家实验室认可委现场审核。12月15日，中国合格评定国家认可委员会颁发《实验室认可证书》（证书号：NO.CNASL5367），标志公司质量管理体系迈入高信誉水平，对提高企业在业界的认知度、信誉度和核心竞争力，具有长期战略意义。

公司实验室占地面积260平方米，检测场所180平方米，拥有1个综合室、2个检测室，有员工14人，其中本科5人、大专9人；设备主要有：傅立叶近红外分析仪1台，快速红外水分仪1台，红外水分仪1台，布拉本德烘箱1台，标准烘箱2台，热风循环烘箱2台，恒温恒湿箱1台，天鹰自动量热仪1台，高精度电子计数机2台，电子台秤1台，湿膜加湿器2台，旋转粉碎机1台，数码复合机1台，叶含梗检测机1台，叶片振动分选机1台，微电脑抗张强度测试机1台，及其他附属配套设备、电脑、空调、办公用具等。主要承担入厂原烟样品、在线加工样品抽查检验，辅料抽查检验等，检测数据具有较高权威性，实行公司、客户联网共享。2015年2月11日、2016年6月1日，公司实验室复审合格，再获两次认可。

第四节　专利研发

一、湖南复烤公司

（一）打叶复烤参数化加工控制软件V1.0

2013年11月5日，复烤公司获得中华人民共和国国家版权局颁发的计算机软件著作权登记证书。证书号软著登字第0625390；著作权人：湖南烟叶复烤有限公司。开发完成日期2012年11月19日；首次发表日期：未发表；权利取得方式：原处取得；权利范围：全部权利；登记号2013SR119628，根据《计算机软件保护条例》和《计算机软件著作权登记办法》的规定，经中国版权保护中心审核，对以上事项予以登记。

中华人民共和国国家版权局
计算机软件著作权登记证书

打叶复烤参数化加工控制软件著作权登记证书

（二）《一种气流推挽式密封除尘装置》

是湖南烟叶复烤有限公司和昆明船舶设备有限公司为解决翻箱喂料机喂料时粉尘问题而研发出的一个新技术。这项技术运用于湖南烟叶复烤有限公司郴州复烤厂的翻箱喂料机气帘密封除尘系统上。该系统可以减少翻箱喂料机喂料时80%的扬尘，极大地改善车间环境，是一种成功的环保设备。专利申请日：2015年9月21日，授权公告日：2016年1月13日，授予实用新型专利名称：一种气流推挽式密封除尘装置，发明人：王勇、崔建军、王利军、唐天宽、赵云飞、刘洪标，证书号第4928414号，专利号：ZL-2015-2-0732547.0，专利权人：昆明船舶设备集团有限公司。

实用新型专利证书

一种气流推挽式密封除尘装置专利证书

二、郴州复烤厂

（一）《麻袋片包装的散烟烟包切断系统及切断方法》《散烟烟叶切断处理系统》和《一种烟垛层分抖散机》三个专利

2013年散烟收购模式全面推广，使传统辅叶切断模式无法满足散烟烟包切断要求。是年，湖南烟叶复烤有限公司及其所属郴州复烤厂、永州复烤厂与昆明船舶设备有限公司合作，开始分层切断投料方式等相关技术问题的研究立项，经精心策划方案组织多次实验，不断优化，终于解决散烟投料问题，也突破原烟整包切断的技术难题。是年在郴州复烤厂的烟包分层切断机上得到综合运用。该设备技术可以整包处理烟叶，与其他同功能设备相比，效率提高20%，抬包、辅叶人员减少50%。

其技术关键(创新点)如下：1.散烟烟包取垛。2013年起，把烟收购方式废除，散叶收购全面实行，散烟包装均用上下两块麻片包裹，外加麻绳捆扎。鉴于麻片、麻绳量多，每年解包在100万套左右，如果为图快而用刀割使麻片麻绳遭到破坏，损失巨大，且容易造成碎麻片、麻丝混入烟叶，形成杂物。基于既要保护麻片、麻绳完整，又减少人工及人工的劳动强度，烟包取料去皮主要采取如下过程：人工拆包，取出缝制麻绳和上麻袋片→上料→翻转180°，将下麻袋片翻转到上面→人工或是器械取出下麻袋片。2.散烟烟垛分层。通过方案构建及分层原理实验，采用插针式上下撕扯对烟垛分层。分层厚度、分层次数、分层工作时间以及分层能力则通过工作时序进行构建。

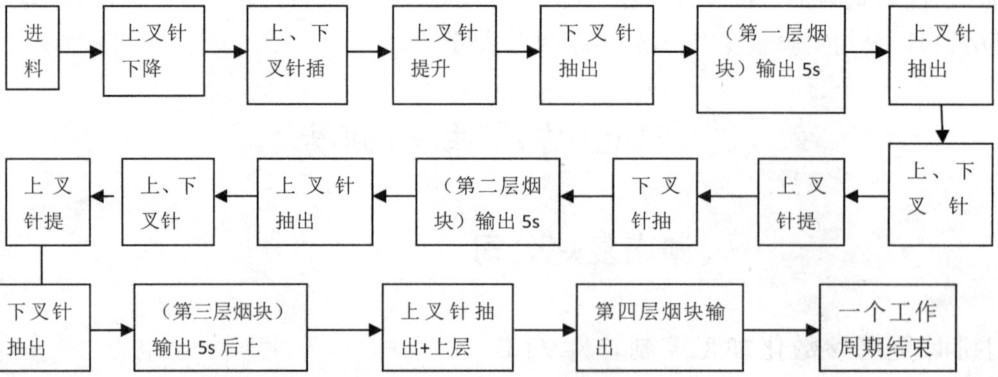

3.烟块切断。通过理论与实际相结合，根据烟垛厚度与烟垛分层次数可计算分层后烟块的理论厚度为100mm；对其切断可采用大圆盘切刀剪切式切断、闸刀式切断或是线切割切断；通过实际验证，由于烟梗的柔韧特性，闸刀式切断无法做到连续式切断，切断率低；而线切割切断的造碎率高，其切刀易发热；大圆盘切刀（切刀直径为480mm）剪切式切断可连续切断，切断率高，且最大切断厚度可达150mm。4.设备主要结构。主要由上料平台、进料输送带、翻转机、摆把输送带、缓存输送带、烟垛层分装置、挑杂输送带、切断装置以及供气系统等组成。

麻袋片包装的散烟烟包切断系统及切断方法专利证书

采用分层切断方式可大大减少前段的用工，减少落地烟，生产成本降低，可提高复烤企业的自动化作业水平，在郴州复烤厂投入，已取得良好经济效益。相关应用推广工作正在进行中。

上述新工艺，申请三项专利，皆获批准。

专利一：麻袋片包装的散烟烟包切断系统及切断方法（发明专利），发明人：崔建军、张俊荣，唐天宽、李艳华、刘洪标、王勇、汪意湘、高建亮、郑晓锋、汪洪春、瞿永明、赵威宇、王利军、张旭；专利申请日：2013年10月25日，授权公告日：2015年5月27日，证书号第1675529号，专利号：ZL 2013 1 0510322.5，专利权人：云南昆船设计研究院。

散烟烟叶切断处理系统专利证书

专利二：散烟烟叶切断处理系统（实用新型专利），发明人：崔建军、张俊荣，唐天宽、李艳华、刘洪标、王勇、汪意湘、高建亮、郑晓锋、汪洪春、瞿永明、赵威宇、王利军、李劲军、王晓燕、张旭；专利申请日：2014年10月16日，授权公告日：2015年7月8日，证书号第4417616号，专利号：ZL2014 2 0599269.1，专利权人：云南昆船设计院、湖南烟叶复烤有限公司。

专利三：一种烟垛层分抖散机（实用新型专利），3、发明人：崔建军、张俊荣，唐天宽、李艳华、刘洪标、王勇、汪意湘、高建亮、郑晓锋、汪洪春、瞿永明、赵威宇、王利军、张旭，专利申请日：2013年10月25日，授权公告日：2014年4月2日，专利号：ZL2013 2 0662461.6，证书号第3490534号，专利权人：云南昆船设计研究院。

一种烟垛层分抖散机专利证书

（二）《打叶复烤参数化加工控制软件V1.0》

该项目是郴州复烤厂承担的科技创新自选项目，项目研究时间为2010年7月~2012年3月，2010年~2011年先后获市局、省局的专项支持，项目经费总计60万元。2013年3月获省局科技进步三等奖，同年9月11日，获得中华人民共和国国家版权局计算机软件著作权登记证书，号码为201310409214.X。

(三)燃用废弃烟梗的卧式循环流化床锅炉(亦称生物质锅炉)焚烧技术。

打叶复烤生产,每年产生大量烟草废弃物,尤以烟梗居多,占年复烤加工产出量的30%以上,郴州复烤厂年加工原烟4.5~5.5万吨,烟梗年产量可达1.5万吨以上,除小部分被委托加工厂家回收利用外,大部分积存在库,给库容周转、委托厂家超期存放费用造成长期困扰。2012年,决定实施《烟草废弃物循环经济技术开发及应用研究》项目,并获得湖南省局和公司董事会的批准同意。该项目采用BOT模式(建造-运营-移交),与北京热华能源科技有限公司展开合作,在引进清华大学卧式循环流化床锅炉技术的基础上,积极开展燃梗卧式循环流化床锅炉技术的研发与应用。同年9月,郴州复烤厂建成15t/h卧式循环流化床锅炉,采用三级炉膛结构,炉膛高度比常规锅炉增高60%,燃烧效能高于常规锅炉,燃烧充分;采用全膜式壁密封结构,保湿性好,散热损失小,散热量仅为1%;采用两级回灰结构,燃气脉冲吹灰器吹灰,飞灰可燃物低于3%;采取布袋除尘器进行除尘,烟尘的排放量小于50mg/m^3,远低于国家环保标准的200mg/m^3,而且没有废水产生。将烟梗与煤炭混烧(一般比例为8:2),产汽充足,可满足复烤生产需要,可大量节约燃煤。该项目经2012年9月28日~2013年11月30日运行考证,节能减排作用显著,且符合环保要求,能有效解决烟草废弃品销毁的难题。

该项目2013年1月25日申请专利,授权公告日:2013年7月31日,授予实用新型专利名称:一种燃烧烟草废弃物的卧式循环流化床锅炉,发明人:康建斌、崔建军、杨秋林、刘洪标、张哲、王谦、李俊臣、胡峰;专利号:ZL 2013 3 0041315.1,证书号第3064266号,专利权人:北京热华能源科技有限公司,湖南烟叶复烤有限公司。

三、永州复烤厂

2013年5月8日,复烤厂"一种转化炉梯级炉排推料装置"获得中华人民共和国知识产权局颁发的"实用新型专利证书",证书号为2894103号,发明人:义胜辉、唐天宽、王先义、刘华友、汪意湘、彭邱强。专利号为:ZL 2012 2 0556923.1。专利权人:湖南烟叶复烤有限公司永州复烤厂。

同日,复烤厂"一种余热锅炉蒸汽清灰装置"获得中华人民共和国知识产权局颁发的"实用新型专利证书",证书号为2893240号,发明人:义胜辉、唐天宽、刘华友、汪意湘、彭邱强。专利号为:ZL 2012 2 0556996.0。专利权人:湖南烟叶复烤有限公司永州复烤厂。

永州复烤厂及前身企业专利证书

29日,复烤厂"一种成品烟箱夹抱装置"获得中华人民共和国知识产权局颁发的"实用新型专利证书",证书号为2928840号,发明人:义胜辉、唐天宽、汪意湘、李爱民、易萍艳。专利号为:ZL 2012 2 0558449.6。专利权人:湖南烟叶复烤有限公司永州复烤厂。

2015年8月26日,复烤厂"一种成品烟箱反向压箱装置"获得中华人民共和国知识产权局颁发的"实用新型专利证书",证书号为4567793号,发明人:盘勇卫、刘华友、易萍艳、汪桥钉、卜勇、朱彬、彭邱强。专利号为:ZL 2015 2 0231107.7。专利权人:湖南烟叶复烤有限公司永州复烤厂。

四、湘西鹤盛公司

(一)一种片烟复烤机加湿回潮装置

2012年,鹤盛公司投资21万元,与昆明欧尼斯特科技有限公司合作,对烤片机回潮区进行扩能改制,在回潮区增加喷嘴20个,并对所有喷嘴重新布局,增加软水箱,自动控制喷头水温、水量,有效解决回潮能力不足问题；新型技术放弃传统的采用蒸汽和冷水加温的方式，采用热水雾化加温加湿，因为热水比蒸汽的代价要低得多，可节约能源达50%以上；新型结构中只需使用一种类型的喷嘴，降低使用维护成本。该项目是年10月提出专利申请，2013年3月27日获得国家知识产权局颁发的实用新型专利证书，项目名称为：一种片烟复烤机加湿回潮装置。专利号为：ZL2012 2 0544463.0，专利证书号为第2798327号，发明人：张其龙、张晖、李吉平、李枝军、王兆铁和昆明欧尼斯特科技有限公司的刘东、韩志成。此专利属职业发明，专利权归鹤盛公司和欧尼斯特公司。专利代理机构：北京知本村知识产权代理事务所1109号。代理人：周自情。

一种片烟复烤机加湿回潮装置专利证书

（二）原烟烟包自动卸车、检测、分选系统

2012年，烟叶复烤企业的原烟入库模式较为传统、守旧，多采取人工卸车，从车上抛下烟包，易增加烟叶造碎。卸车后的麻包，30%的称重抽检率，误差大、速度慢、效率低。烟叶入库抽检率为1～3%，经检验室磨碎后，利用标准烘箱法测量水分含量，存在"烘箱法"检测时间长，样品处理量少，测量出的水分含量代表性差，无法发现湿团大、易霉变的原烟麻包的问题。原烟入库前化学指标抽样通常1000件烟包取一个样，利用流动化学分析仪检测。存在检测时间长、需要使用有毒化学试剂、取样代表性不强、硬件设备配置欠缺、管理手段相对落后、信息化水平低等问题。由于缺乏快速、准确而全面的计量检验方法，靠随机抽取样品作为检测结果，其检测数据存在误差。导致后续加工环节中原烟配打掺比不准确，最终无法满足卷烟工业企业对烤后烟叶稳定、均质化的生产要求，急需改进。

原烟烟包自动卸车、检测、分选系统专利证书

2013年，鹤盛公司投资与北京紫东科技有限公司合作，发明一种效率高、检测全面、自动化程度高的原烟烟包自动卸车、检测、分选系统。通过传输装置依次连接的伸缩式卸车滑道、在线皮带秤、微波水分仪、烟包分选装置、解包平台、在线近红外光谱仪、打包机、烟包再次分选装置等技术，实现麻包自动化卸车、逐包水分测量、称重、化学成分检测、不合格麻包分选功能，实现高效、检测全面、自动化程度高的效果。7月31日，该项目获得中华人民共和国国家知识产权局颁发的实用新型专利证书，项目名称为：原烟烟包自动卸车、检测、分选系统。专利号为：ZL 2013 2 0085271.2。专利证书号为第3075165号，专利权人：北京紫东科技有限公司。发明人：苗向阳、郑安、崔焰、张健、黄振军、杜阅光、张其龙、曾中、李名城、李果、胡涌、付航、崔建军、杜显维、覃光志。专利代理机构：北京凯特来知识产权代理有限公司 11260。代理人：郑立明、赵镇勇。

（三）打叶复烤烟叶分切加工设备

2013年1月，公司为配合湖南省中烟工业公司技术中心科研课题研究，投资28.8万元，由湘西鹤盛公司、桐城市华星烟机设备制造有限公司共同研制、设计、安装切尖皮带机一套，包括烟叶输送系统连接的烟叶切断单元和烟叶出料单元等技术。烟叶切断单元包括框架组件，框架组件上设有压烟链条和切断刀，烟叶输送系统包括通过皮带输送机连接的烟叶摆叶输送单元、分切段烟叶和出料皮带机。可将烟叶分切为叶尖、叶中、叶基三部分，并分别装框，实现打叶复烤烟叶分切加工，提高打叶复烤烟叶加工水平。2015年6月24日，该项目获得中华人民共和国国家知识产权局颁发的实用新型专利证书，项目名称为：打叶复烤烟叶分切加工设备。专利号为：ZL 2015 2 0041343.2。专利证书号为第496555号。发明人：张晖、邓昌健、张其龙、黄振军、贺熙、祝春林、李吉平、张自杰、张明茂、符再德。此此专利属职业发明，专利权归鹤盛公司。专利代理机构：北京凯特来知识产权代理有限公司 11260，代理人郑立明、赵镇勇。

打叶复烤烟叶分切加工设备专利证书

(四)基于螺杆式真空泵的真空回潮机

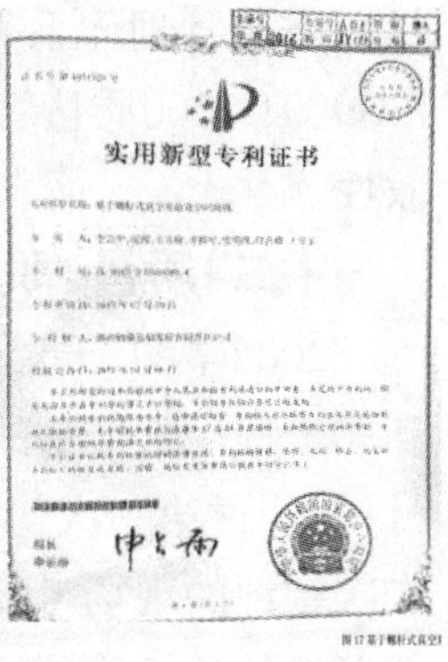
实用新型专利证书

基于螺杆式真空泵的真空回潮机专利证书

2014年,公司创新螺杆真空泵+罗茨泵联合抽空新技术,替代真空回潮机原全蒸汽抽空系统。其主要创新点是:增加GV4800螺杆泵+KMBD4500罗茨泵抽空机组一套,新增专用储水箱一台,更新立式冷却塔一套,增加离心式管道泵一台;水泵与专用水箱下部相连接之间管道增加单止回阀一台;循环水泵下水管道增加闸板阀、气动蝶阀各一台,拆除原水分配器及管道;其他辅助设备设施重新布局;拆除1.2.3.4级、超1级泵及各气动球阀和管道,用法兰盲板封闭,电控柜新抽空机组控制信号与原控制系统对接。改造后,每年可节约能耗60多万元。2016年1月6日,该项目获得国家知识产权局颁发的实用新型专利证书,项目名称为:基于螺杆式真空泵的真空回潮机。专利号为:ZL　2015　2　0560782.4。专利证书号为第4911926号。发明人:李吉平、张晖、王兆铁、李枝军、张明茂、符再德、王宝玉。此专利属职业发明,专利权归鹤盛公司。专利代理机构:北京凯特来知识产权代理有限公司　11260,代理人郑立明、赵镇勇。

(五)低倍率差速循环流化床生物质锅炉燃烧技术

2013年,公司与湖南博茂节能环保科技有限公司(以下简称湖南博茂公司)合作。在哈尔滨工业大学能源学院别如山教授的指导下,采用低倍率差速循环流化床生物质锅炉燃烧处理废弃烟梗,利用烟梗潜热产生蒸汽为生产服务。试用期间,不断克服诸多难点,于2014年10月25日通过验收,开始供汽。实现独立运行后,公司停止燃煤锅炉的使用,生物质锅炉完全可以满足生产、生活用汽,每天减少原煤消耗50~60吨,极大地减少有害物的排放。同时将烟草废弃物变废为宝,为生产加工所利用,大大降低生产成本,取得十分显著的经济效益和社会效益。该流化床生物质锅炉及其燃烧技术,与郴州复烤厂同类设备基本相同。

生物质锅炉独立、稳定运行一个烤季后,湖南中烟有限责任公司组织行业专家团队对该项目进行全方位考评,结论为:该生物质锅炉可以在其他复烤行业企业推广应用。2015年12月9日,获国家知识产权颁发的"实用新型专证书",专利号为:ZL　2015　2　0612922.8。

第五节　各类管理体系认证

各类管理体系的认证,是由权威、公正、具有独立性的第三方法人资格的认证机构,或者由国家管理机构认可并授权的机构派出合格的评审组,对企业进行全方位考评后,最终做出的专业性评价。它是企业某项管理达到高水准的体现,对企业增强核心竞争力和社会信誉度、赢得客户信任度,具有积极意义。省内各复烤企业均通过长期努力,在各项管理取得巨大进步的同时,注重开展认证工作,取得诸多进展。

一、湖南复烤公司

质量、职业健康、安全环境管理体系认证　2017年2月22日,公司取得环通认证中心有限公司颁发的环境管理、职业健康安全管理、质量管理体系认证证书。

二、郴州复烤厂

(一)质量管理体系认证

2004年4月与烟叶购销公司分设后,启动ISO9001:2000版质量管理体系的贯标及认证工作,成立以厂长刘勇智为组长的领导小组,下设办公室,配备专职人员,起草各项相关制度、文件,联系认证。7月1

日，质量管理体系文件在本厂发布实施。2005年10月18日，获中国质量管理协会质量保证中心颁发的ISO9001:2000质量管理体系认证证书。其后，定期接受认证公司监督审核，保持质量管理体系运行的有效性。

（二）质量、职业健康、安全环境管理体系认证

2008年初，天泰公司启动认证工作，企管部经办，完成质量、职业健康、安全环境“三标合一”管理手册和30个程序性文件的编写，经认证公司专家指导修改、各部门评审后，5月27日正式发布，6月1日起实施。9月初，通过第一次初评外审。初评后，根据审核组的意见，对《管理手册》等进行修改，10月底，顺利通过第二次初评的现场考核。2008年11月25日，获得“三标一体”认证。2017年2月22日，获得环通认证中心有限公司颁发的环境管理、职业健康安全管理、质量管理体系认证证书。

（三）菲莫、环球公司认证

美国菲利普·莫里斯烟草公司（简称菲莫公司）是世界烟草巨头之一，也是国内烟叶出口的重要业务对象。其产品生产过程控制及质量标准在世界有重要影响，获其认证，既可促进本企业按照国际质量标准组织生产，又可促进烟草出口产品顺利通过交割验收。2008年10月，天泰公司获美国菲莫烟草公司的质量与环境控制（SPP）认证证书。至2013年11月11日，郴州复烤厂连续第6年通过菲莫公司SPP体系认证。

2009年，天泰公司按照美国环球烟叶有限公司加工生产过程标准认证（IPV）的要求，制定IPV检查专项整改方案，对生产、质检、仓储、精选及环境卫生等相关方面进行持续改进与完善，对设备参数进行全面校对，对40多台磅秤和天平进行维护和规范校对，完成整改项目50余项，经持续改进，加工程序及过程控制更加清晰、精细、可靠、稳定。

（四）中国合格评定国家认可委员会（CNAS）认证

2010年3月2日，天泰公司通过中国合格评定国家认可委员会（CNAS）认证并获得认证书。

（五）良好行为企业认证

2011年，扎实推进企业标准化工作，编制各类标准文件537个，6月16日顺利通过国家AAA级标准化良好行为企业确认，企业创新能力和管理效率得到提升。2015年2月，获得中质协质量保证中心颁发的质量管理体系认证获证单位。同时获得湖南省质量信用AAA级企业质量信用等级证书。

（六）质量信用认证

2015年3月，郴州复烤厂被湖南省企业质量信用等级评定委员会评为“湖南省质量信用AAA级企业”，并获得证书。

三、永州复烤厂

（一）质量体系认证

1993年7月10日，成立“零陵烟叶复烤厂全面质量管理活动小组成果评审委员会”，由10人组成。厂内自此开展全面质量管理活动。2003年5月8日，成立ISO9001：2000版质量管理体系标准推行委员会，厂长吕明任主任，12人组成，并配备专职人员。贯标工作启动，年内，下发《质量管理手册》，各类程序文件修改后陆续印发，规范各工序作业标准。12月，获得深圳鹏程认证公司ISO9001:2000质量管理体系认证，建立起各环节全过程的质量保证体系。2004年，各岗位实现ISO9001质量体系标准的运用。7月，质量管理体系顺利通过深圳鹏程质量认证公司的首次监督审核。2005、2006、2007年分别通过第2、3、4次监督审核。2017年2月22日，获得GB（国标）/T19001—2008/ISO9001：2008质量管理体系认证证书。

(二)质量、职业健康、安全环境标准体系认证

2007年,天顺公司开始推行质量、职业健康、安全环境(QHSE)三种管理体系标准合一工作,10月1日,公司"三标合一"文件体系正式发布,含:管理手册1个,程序文件31个,三层文件46个,记录表格124项,共计201个文件。2009年1月19日,公司获得方圆标志认证集团有限公司颁发的质量、职业健康安全、环境三标一体化体系证书,正式通过该体系的认证。2017年2月22日,获得环通认证中心有限公司颁发的环境管理、职业健康安全管理、质量管理体系认证证书。

(三)中国合格评定国家认可委员会(CNAS)认证

2015年5月8日,永州复烤厂通过中国合格评定国家认可委员会(CNAS)认证并获得认证书。

(四)出口企业注册登记

2015年4月15日,获得湖南省出入境检验检疫局颁发的《出口植物产品生产、加工、存放企业注册登记证书》。

(五)良好行为企业认证

2015年,开展AAA标准化良好行为企业创建活动,在开展对标工作的同时,按照现代企业治理机制,将以往的规章制度升级为标准,逐步实现管理制度标准化。重点提升企业自身技术标准65项,做精管理标准147项,优化工作标准99项。经省质量技术监督管理局专家评委审核,于11月12日顺利通过评审,成为永州市第一家AAA标准化良好行为企业。

四、常德芙蓉公司

(一)质量、环境、职业健康安全管理体系认证　2007年10月,完成质量、职业健康安全、环境管理体系的构建。2009年1月4日,获兴原认证中心有限公司颁发的环境、职业健康安全、质量管理体系认证证书。

(二)安全生产标准化(烟草)企业　2013年10月24日,由国家安全生产监督总局颁发给此项证书。

五、湘西鹤盛公司

(一)出口企业注册登记

2010年8月17日,获湖南出入境检验检疫局颁发的《出口植物产品生产、加工、存放企业注册登记证书》,注册编号:4300YY002。

(二)质量管理体系认证

2003年1月15日,成立TSO-9000:2000质量管理体系工作领导小组,下设推进小组,成立企管部,负责文件编写、内审、送审、宣贯。12月16日,顺利通过。2004年1月获得赛宝认证中心TSO9001:2000质量管理体系认证证书。其后连年接受认证公司监督审核,公司组织对标内审,发现不符合项,持续进行整改,保持注册认证和换证认证。2012年12月20日,获中国质量管理协会质量保证中心(CEPREI)颁发的ISO9001:2008质量管理体系认证证书。

(三)环境管理体系认证

2007年7月通过认证。2012年12月20日获中国质量管理协会质量保证中心(CEPREI)颁发的质量管理体系认证证书;23日获环境、质量职业健康安全管理体系认证证书。

(四)职业健康安全管理体系认证

2006年3月13日,公司召开环境、质量、职业健康一体化(ISO9001、ISO14001和OHSAS18001体系)咨询

认证动员大会,16日,公司成立认证工作的领导机构,执行小组开展认证工作。5月18日,“一体化”认证项目向湘西州公安局安全防范监管科申请备案。20日,第二生产线扩建项目通过职业病危害因素控制效果评价验收。6月,对全体管理人员进行安全知识培训。2007年7月26日,公司取得广州赛宝认证中心服务有限公司颁发的环境/职业健康安全管理体系认证证书。2012年12月23日,获中国质量管理协会质量保证中心(CEPREI)OHS4S18001:2007职业健康安全管理体系认证证书。2013年1月获得湖南职业健康协会颁发的烟草企业安全生产标准化二级达标认证书。

(五)国外机构认证

2006年11月2日,公司通过菲莫公司的SPP认证,成为菲莫公司认可的加工点之一。2013年1月16日,通过换证复评审核,获得美国授权认可带ANAB(美国国家标准协会-美国质量学会认证机构认可委员会)认可标志的质量/环境/职业健康安全管理体系认证证书。

(六)企业质量信用等级认证

2013年11月13日,由湖南省质量技术监督局、省社会信用体系建设领导小组办公室及省信用建设促进会有关专家,对鹤盛公司质量信用进行现场审核,评定的主要内容包括:产品质量状况,标准化管理和企业标准体系建设情况,计量管理和计量检测体系建设情况,企业售后服务体系建设及消费者意见反馈情况,近3年内企业规范经营及奖惩情况等。根据《湖南省企业质量信用等级评定管理办法》,公司顺利通过湖南省企业质量信用AAA级(企业最高质量信用等级)达标评审。

(七)全国企联数据库优秀企业

2005年10月22日,公司成为中国企业联合会中国优秀企业数据库优秀企业之一,证书编号为:Y20050149。

六、浏阳天福公司

质量与职业健康管理体系认证 2007年6月26日公司成立ISO9001/ OHSAS18001两个管理体系贯标领导小组,并在3个月内完成两体系整合型管理体系文件的编写。9月28日正式发布 管理体系文件包括:《管理手册》;《程序文件》30个;第三层管理制度若干。2007年12月完成内审,对不符合项进行整改。2008年4月,顺利通过TSO-90001质量管理体系及OHSAS18001职业健康安全管理体系两标一体的认证。12月通过广州赛宝认证中心的监督审核并保持注册认证。2009~2015年连续6年通过广州赛宝认证中心监督审核,保持注册认证或换证认证。2013年顺利通过GB/T28001-2011版职业健康安全管理体系。

第六节 QC活动及成果

QC,为“Quality Control(质量控制)”的英文缩写。省内烟草系统QC小组活动于20世纪80年代开展,工业线起步在先,商业线起步较晚,省局(公司)于1991年起,每年举行QC成果评审及发布会(一般在4~5月举行),90年代中期全面活跃,开始由省局(公司)主管部门根据产业运行实践遇到的问题,每年下达预研课题,各相关企业选项对标攻关,对标课题完成后组织结标验收,评定奖励;除此之外,各企业针对本企业实际,在对标课题之外亦自定课题,进行QC攻关,自行结合“双增双节”、“小改小革”、“质量管理体系创建”等活动进行,活动秉承“小,实,活,新”发展方向开展,每年所得成果,进行评奖;并择选优秀项目向上级申报,参加省级、国家级QC成果发布会。2003年5月,湖南中烟公司成立后,省内烟草系统QC成果评选、发布,分为工、商两线进行,均由科技处(技术中心)牵头。各企业改为股份制后,活力增强,QC小组活动攻关研究课题范围愈加扩大，涉及设备改良、节能降耗、工艺改良、质量管控、新技术应用、软实力建设、科技创新、专利研发等，呈全面发展良好态势。

一、郴州复烤厂

自20世纪80年代起，厂内结合“双增双节”活动开展小改小革，在修旧利废、故障排除、设备改良、工艺优化、质量控制等方面，皆有建树，创造出不凡经济价值。但专项课题研究不够，成果申报、发布共享不够。

1993年，郴州复烤厂机修车间、挂杆车间皆成立QC小组；1998年，湘南烟草集团烟叶分公司（郴州复烤厂）打叶车间成立QC小组。至2008年的十余年期间，各QC小组主要由车间领导、班组长、技术骨干组成，针对本厂生产设备运行中遇到的问题，自力更生，攻坚克难，每年均开展一系列小改小革活动，先后发布《如何提高打叶复烤加工工艺水平》《现代企业文化与CI战略》《如何减少打叶复烤加工损耗的工艺研究》《打叶复烤企业构建创新型企业之探索》等QC成果数十项，自行解决诸多难题，提高设备运行效能，节能降耗，为企业节约大量资金。其中，2001年5月，湘南烟草集团烟叶分公司（复烤厂）动力车间QC小组被省局（公司）评为“湖南省烟草行业第十一届QC小组活动成果发布三等奖”。

天泰公司 2008 年度 QC 成果发布会

2009年，天泰公司共开展QC攻关、小改小革8项：提高二车间复烤机冷房温度，使其达到工艺要求；对一车间精选比例分料器分料不匀进行改进，减少挑选皮带上烟叶过多甚至成堆现象，提高精选布料的均匀性，便于杂物的挑选；提升二车间打包液压站的工作效能，解决噪音和油管震动问题，低等级烟叶亦能保证压到位；降低二车间复烤机机尾出料温度，保证复烤水分和温度的稳定性，提升复烤加工质量等。同时，积极开展烟草废弃物汽化处理试验。

2010年，主要针对二车间的除尘螺旋摇臂传动方式，打叶网鼓减速机断轴现象，打包往返小车定位不准，复烤机机尾出料温度偏高进而影响打包液压站工作效能，一车间的精选分料不均等生产运行中发现的新问题，进行5项QC改进。4月16日，公司举办2009年度QC成果发布会，对2009年度优秀QC成果进行评审和表彰，共评出一等奖1个，二等奖2个，三等奖3个，优胜奖2个。9月，在长沙举行湖南省第三十一次质量管理小组代表大会暨“白沙尚品杯”QC成果发布赛，公司生产部打包、复烤和技术中心实验室3个QC小组荣获“湖南省优秀质量管理小组”称号，2人荣获“湖南省优秀质量管理小组长”称号。

2011年，收集、整理2010年度QC攻关项目8项，于5月17日举办2010年度QC成果发布会，对2010年度优秀QC成果进行评审和表彰。另与上海烟草集团、湖南中烟工业公司合作，开展《打叶复烤参数化加工控制》《特色浓香型打叶复烤工艺参数优化》课题研究。其中《打叶复烤参数化加工控制》在湖南省局科技创新项目立项，年内开展多次在线试验、写实、比对、择优，获得较多有价值的工艺参数和质量数据。工艺创新能力提升。

2012年4月，举办2011年度QC成果发布会，共有7个成果参加，生产科《解决液压打包频繁返料的问题》《提高烤梗温度，满足工艺要求》《如何修复二车间打包电子秤》及技术中心《缩短烘箱检测时间》等项目分获一、二、三等奖。是年，对二车间打包返料、落料，装箱重量易发偏差，片烟造碎率、复烤机机尾温度偏高等问题，开展QC攻关，效果良好。技术中心则对《提升客户服务质量》和《缩短粉碎机粉样时间》两项课题展开QC攻关活动。经过改造，生产效率提高，工艺结构优化，加工质量改善。是年，在全省烟草商业系统对标课题（项目）/QC小组活动交流评审会上，成功发布《月均吨煤/产量研究》，获省行业年度优秀对标课题一等奖。

2013年12月，复烤厂《燃烟梗卧式循环硫化床蒸汽锅炉BOT运作模式》论文，刊登在汉斯出版社《可持续能源》杂志3卷6期上。是年，复烤厂《伺服控制技术在液压打包中的应用》项目通过省局组织的结题验收。《缩短烘箱检测时间》获得湖南复烤公司QC攻关二等奖，另还对复烤房排潮管飘烟、二车间润叶转辊除砂机、两线打包复压取样气缸、物流系统实用技术等进行QC攻关。是年，对烟梗灰转化为复合肥研究取得验证成果，学术论文《基于生物工程废次烟叶资源化技术研究》发表在《中国烟草科学》2013年第一期；又在"湖南三农论坛"发表《循环经济指导下的废次烟叶资源化技术研究》论文一篇，获得二等级；在"全国生物肥料研究开发与综合应用新技术、新设备交流研讨会"上发表论文《"CLHF"高效功能型生物质肥研究》；在《湖南省循环经济》发表《废次烟叶资源化循环利用技术研究》论文一篇，获得一等奖；《不同物料掺烧对燃梗流化床锅炉燃烧特性的影响》论文获得省烟草学会复烤专业委员会论文一等奖。

2014年，QC攻关紧扣生产实践进行。将两线除尘设备的两台分筛由串联改成并联，若一台分选筛出现故障，另一台分筛仍在运行，原来粉尘中夹带有大量可利用烟末和片烟的问题得到解决。对雾化水泵加装一个电控箱，起到节水功用。检测室开展《SKALAR流动分析仪废液收集模块的技术改造》QC攻关活动，对流动分析仪尼古丁检测通道的废液收集模块进行改造，有毒废液的产生大幅减少。是年，郴州复烤厂《伺服控制技术在液压打包中的应用》课题通过省局（公司）鉴定委员会科技成果鉴定，该项目综合技术达到国内同行业领先水平。郴州复烤厂速腾QC小组《二线转辊除砂机堵料频繁的改进》课题荣获省局（公司）2014年度对标/QC小组活动课题成果二等奖。郴州复烤厂打包QC小组与杨帆QC小组被湖南省质量技术监督局、湖南省总工会、湖南省经济和信息化委员会、中国共产主义青年团湖南省委员会、湖南省科学技术协会、湖南省质量协会命名为2014年湖南省优秀质量管理小组。

2015年，科技项目《烟草碎片异物复合分拣技术研究》在省局立项并完成项目年度评估工作。《成品烟包自动装车系统的研发》在公司立项。两项均完成结题鉴定，在抓好成果转化应用的同时，分别向省局申报科学技术进步奖。

二、永州复烤厂

1993年2月10日，复烤厂打叶车间QC小组成立，由王小波等9人组成。成立后即确立《改进打包装置，减少纸箱损坏》攻关课题。是年4~5月加工出口烟过程中，QC小组全程跟班，在加工现场对纸箱易损情况进行统计，剖析损坏原因，经过28天的在线调研，查实造成纸箱损坏的主要原因系光电管位置不可调和程序设计不合理所致。QC小组对课题进行攻关改进，取得良好效果，纸箱损坏率由6.1%降低到0.4%，经实践运用7个月，减少加工出口烟纸箱损坏一项为企业节约资金4.19万元。

1994年6月19日，复烤厂打叶车间改进烟叶打包装置，获湖南省烟草工业企业第四届QC小组活动成果三等奖。

1995年4月10日，副厂长李建平带领技术人员张衡忠、李军等，与河南计算机应用技术研究所阎萍、朱方园共同研究出数字式烟叶复烤温度自动控制系统，获得湖南省烟草公司科技进步三等奖。

1996年，复烤厂组织"QC小组"进行技术攻关，厂QC小组研制的《增加除麻装置，降低片烟杂物含量》项目在湖南省卷烟工业QC成果发布会上荣获三等奖。

2005年，复烤厂在湖南省烟草工业企业第四届"三一杯"QC小组成果发表中获得二等奖。

2012年5月7日，在全省烟草商业系统2012年度对标QC小组活动课题成果发布评审会上，永州复烤厂《提高煤炭燃煤效率》QC成果获得一等奖。

2013年1月25日，湖南烟叶复烤有限公司在郴州召开2012年度对标QC小组活动课题成果发布评审会，对永州、郴州两厂推荐的13个优秀QC成果进行现场发布。其中永州厂的《提高原煤燃烧效率，节能降耗》获

QC成果一等奖，5月，该项目获湖南省烟草系统QC成果一等奖，并代表湖南省局（公司）参加国家局的创新评比。

2014年12月26日，湖南烟叶复烤有限公司举行第三届对标课题（项目）/QC小组活动成果发布交流评审会。永州复烤厂质量技术中心的《缩小片烟装箱烟箱间隙》获一等奖；机修动力车间的《降低打叶气鼓故障频次》获得二等奖；打叶车间的《降低非烟杂物二次污染率》获得三等奖。

2015年3月26日，在湖南省烟草商业系统2014年度对标课题（项目）/QC小组活动成果发布会上，厂选送的《缩小片烟装箱烟箱间隙》获二等奖。

三、常德芙蓉公司

2003年1月27日，制定《2003年度节约挖潜实施办法》，通过“三新”技术、QC攻关、合理配置资源、加强内部管理等手段的综合运用，确保挖潜节约任务完成。

2007~2009年，公司组织工艺检验人员，对真空降温后水分、温度与重量的散失、烤后片烟卷曲度过高、碎末量偏高等课题进行攻关，通过大量的现场工艺写实与分析，借助厂技术中心的技术骨干做技术指导，并对产生质量问题的原因进行分析与整改，合理调整参数控制标准。上述问题得到改善，其中烤片烟曲卷度基本达到行业指导标准。

2012年，公司结合贯彻落实总公司打叶工艺新规范，着重抓好工艺新指标对接。工艺部联合其他相关部门，成立《降低选叶线烟叶含杂率》《降低烤后烟叶褶皱率》《降低打叶线叶中含梗率》3个课题QC攻关小组。3月，邀请全国烟草行业知名的东方红老师来公司对3个QC小组成员进行培训和指导；同时派人参加中质协举办的质量管理诊断师培训，通过简捷有效的途径获得个人和团队能力。历经一年，3个QC小组利用工作和业余时间，从人、机、料、法、环、测六个方面对影响指标的各种因素进行排查分析，获取检测数据上千个，运用统计表、柱状图等统计分析工具对影响质量的重要因素进行科学的分析和判断，并对关键因素从管理制度、设备结构与性能、工艺检测方法等方面进行调整和调试。叶含梗率由2.5%下降到1.8%；其他问题均得到改善。

2015年3月，为落实国家局推进精益化管理要求，贯彻湖南中烟公司以“万众创新、只争朝夕”破解公司发展的难题、瓶颈、短板的相关精神要求，公司作出鼓励创新工作方案。经过员工课题征集、领导把关筛选、部室立项申报，经公司改进项目评审小组依据《单项承包与改进项目管理程序》要求，对34个申报项目，筛选确定创新重大专项课题2项、重点改进课题3项、一般改进课题13项。其中QC注册课题6项：1.减少打叶设备故障，有效剔除金属杂物；2.提升烟叶有效利用率，维护“芙蓉王”品牌；3.提升原烟综合产出；4.探讨设备保养的科学性和有效性；5.预处理风选初杂的优化；6.改变打后烟片形，减小烤前片烟卷曲度。企管监督部与课题组长签订目标完成责任书，并对项目实施情况进行月度跟踪督办。经各QC小组攻关，部分课题完成，其余取得阶段性成果。

四、湘西鹤盛公司

2005年，公司加强工艺研究和质量改进工作力度，着重开展一系列项目攻关，工艺深化研究项目主要有特种烟加工、配方打叶加工、打叶工艺参数研究、烤片工艺参数研究、烟叶精选工艺研究、化学分析研究及标准化研究等内容，建立相应数据库，总结打叶、烤片控制的经验参数，建立化学检验数据库，建立特种烟、配方打叶等特殊加工模式，并取得阶段性成果；杂物攻关项目，通过项目措施的落实，统计达到一类杂物为0，二三类杂物为0.000037%。制订《特殊过程控制程序》，对烟叶配打进行规范。开展技能比赛、技术比武等活动,首次成功组织“QC成果发布会”。

2006年4月26～28日,鹤盛公司与白沙集团技术中心联合举办首届“湘西鹤盛打叶复烤工艺及设备学术研讨会”,公司发表的题为《配方打叶的保证与验证体系》学术报告,赢得同行好评。

湘西鹤盛公司打叶复烤工艺及设备学术研讨会

2011年,公司配合湖南中烟工业公司技术中心进行《复烤加工烟叶保香除杂研究》《提高上部中下等烟叶品质及其配方可用性研究》《烯虫酯规模化应用研究》项目试验,与广东中烟公司技术中心合作试验湘西基地烟叶模块单元打叶试验,烟碱变异CV值由原来的4%降至2.3%,初步掌握特色工艺的基本思路、工艺参数,为后续打造特色复烤工艺奠定基础。

2012年,国家局下达《打叶复烤企业原烟收储管理规范》行业标准预研项目, 并于5月签订《标准项目专项合同》, 计划文号为国烟科 [2012]118号, 项目类别是YC/TR,合同号为2012B063。参与研究单位共11家,分别是:中国烟叶公司、湖南中烟工业有限责任公司、省局(公司)、天昌国际烟草有限公司、贵州复烤有限责任公司、湘西鹤盛原烟发展有限公司、湖南烟叶复烤有限公司等。

2014年,品质管理部完成《打叶复烤成品片烟出库质量特性研究》《打叶复烤内在质量均质化加工研究》《打叶复烤企业高清数字监控系统项目》研究三项。并积极与湖南中烟公司技术中心与原料部进行试验,年度内完成《中间香型保香除杂特色工艺研究》试验一次;对接进一步进行《打叶复烤企业原烟收储管理规范》行业标准项目的扩大验证工作,在项目实施过程中,与合作开发单位共同申请实用新型专利《原烟烟包自动化卸车、检测、分选系统》,并获得授权。

2015年5月,品质管理部组织QC小组开展多项活动,评价小组对公司2014~2015烤季13个QC小组活动进行评选,并推选源动力QC小组、尖刀QC小组的活动课题,参与该年6月4日在湖南中烟工业公司内进行QC小组活动成果发布,分别获三等奖。精选车间组织开展《烟叶产出率深度研究项目》《精选精益烟叶管理》等课题QC专项研究。精选班啄木鸟QC小组的《加大人才培养,稳定选烟人才》课题在公司QC评比中获二等奖。11月,公司作出《2015~2016湘西鹤盛原烟发展有限责任公司QC小组活动方案》,通过课题申报部门、活动归口部门、公司主管领导批准后,共安排19个课题完成注册,部署各QC小组按照活动要求实施。

五、浏阳天福公司

公司自投产后,设备部、品质部、生产部等一线部门,针对设备和生产运行中存在的问题,深入现场写实,摸清问题症结,提供相关数据,提出合理解决建议,经公司领导决策后,确定解决方案,然后组织实施,使工艺得到优化、设备运行平稳、产品质量保持稳定。

2008年,品质部为挖掘优质生产潜能,组织所属人员深入车间,对在线烟叶叶片各工段质量状况进行现场专题检测写实,摸清来料烟叶品质与叶片结构损耗及大中小出片率关系值、把头含叶率及出片率、叶尖出片率等数据;并提出把头加工绕行、叶尖单独加工、振筛改进、除尘房改进、打后叶片输送带安装保温罩等5项建议。此次写实调研,为其后的技术改造提供先期考证和技术支持。

2016年1月,公司首次组织开展QC活动,4个课题分别为:提高箱内片烟密度偏差合格率、烟叶复烤线成品水分可追溯系统研制、提高二润前烟叶水分值稳定性、解决微波水分仪数据对应箱号方案。4月25,组织OC活动公司内部成果发布,经内部评选,应用效果良好的自创项目《降低片烟箱内密度偏差率及烟叶复烤线成品水分追溯系统研制》,于5月12日参加湖南中烟公司QC成果发布,获得三等奖。

第七节 计算机及网络应用

计算机应用、信息网络化管理是现代科技应用水平、管理现代化的标志之一。省内复烤企业自1990年起开始计算机应用，其后应用面逐步扩大。2004年起，陆续建立起局域网，并逐步实现与市局、省局、国家局及地方政府相关机构联网，分批更新计算机，完善网络传输系统和物联网，分步实施软件升级，主要生产设备皆配置或经过技改配置电子控制、自动检测物联反馈装置。至2015年，各复烤企业皆实现OA平台办公，网上业务洽谈与合同签订，电子文档与报表自动传输，电子考勤，电子平台进行预算和报账结算，TC卡划账，车辆运行卫星跟踪定位，在线主要生产设备运转各项相关数据自动采集反馈，检测实验室数据实时自动反馈，加工参数预设和调整，成品入库编码扫描，财务各分类项目、人力及劳资管理、工程建设、专卖内管、原烟库、成品库、配件库等电子台账普遍建立等等。计算机及网络技术在内部管理各环节广泛运用，处处显示现代化运行气息。

一、郴州复烤厂

1990年，购微机（计算机）1台5万元；随复烤机改造更新，购电子磅秤2台。1994年，厂（公司）增配少量计算机，用于财会电算和打字文印。后逐步增多配置，广泛用于各部门、车间办公。

2004年3月，随着电子计算机的普及，复烤厂建立郴烟复烤网站，国内域名为www.cyfk.cn，国际域名为www.cyfk.com，共投资10万元，建成电子计算机局域网，有核心交换机1台、普通交换机5台，无线接入点10个，服务器2台。5月，在打叶一、二车间安装闭路监控系统一套，耗资6.5万元，对加强现场监督、调度、安全、按章操作等起到积极作用。2005年，厂局域网与市、省、国家局（公司）联网，凭省烟草专卖局和中国烟草总公司审核注册的会员卡，可通过“中国烟草电子商务平台”在网上联系洽谈业务、订立电子合同。厂内考勤实行电子指纹考勤。餐饮消费、售电刷IC卡；生活区安装实时监控安保系统。

2006年，全厂新添置计算机32台，共达百台以上，分布于公司各个科室及车间，成立专门的计算机中心，归属公司综合部管理，配备计算机管理员3名。经过全面推广应用OA自动化办公软件和“用友”、“金蝶”等升级版软件，逐步实现办公自动化，行业和单位内部文件下达和上报文字、图表材料多改为从计算机局域网发送，更为快捷方便，管理效率提高，且可节约办公经费。为此，厂部要求工作人员“上班第一件事，打开电脑，处理OA系统文件”，同时，除厂领导和个别经常与外界联系业务的部门外，厂内计算机的互联网连接一律不开通，既节省上网费用，又避免个别人利用上网进行与工作无关的活动。

2007年，投资48.55万元，用于电子信息建设，添置或更新计算机12台，更新服务器，财务部软件升级为K3金碟软件，客户服务中心安装K3烟叶加工、仓储管理软件，生产部安装监控设备，封闭库安装自动报警系统。

2008年，公司对安防系统进行完善和改造。4月，投资48万多元，在厂区、生活区安装监控对射系统一套。9月18日，与湖南省消防总公司签订烟叶仓库（六层烟叶库、五层凉烟投料库、轻钢结构烟叶库）火灾自动报警系统建设和维护技术协议。23日，建设安装工程动工，对2个烟库原已使用多年、老化落后的监视系统进行系统主机、部分外部设备以及线路更换，对火灾报警系统进行升级，对2层楼轻钢结构烟叶库新设火灾自动报警系统。为便于管理，重新安装1台大容量火灾报警联动控制器，将3栋仓库报警系统合并运行管理。工程于11月6日竣工，总投资94.89万元。又投资183.18万元，在锅炉、生产部、两个车间等处安装监控设备，其中，格瑞芬打叶线监控设备130万元，防盗报警系统1.86万元。又投资34.5万元，添置计算机34台，改进网络设施。

2009年，公司投资63.45万元，在质量技术中心安装质控自动采集分析及质量数据共享与反馈系统，生产部安装质量跟踪系统，财务企管部管理软件升级为用友新版软件，购置、更新各式电脑24台。至年底，公司计算机数量达140台。购置防雷自控设备25.35万元。

2010~2015年，陆续投资281万元，健全完善各项电子设施设备。其中，新购（或更新）电脑138台，2010年初次拥有大型LED显示屏、食堂消费机网络版、微型投影仪，更新安装消防报警系统、视频监控系统；2012年，生产部安装能源消耗联网管理系统，并根据省局网络一体化平台要求，中心机房进行OFFICE（办公文档处理软件）升级至2010版本；2013年，工资软件升级，生产部安装打叶线在线水分仪实时校正系统，机修动力车间优化复烤机先进控制系统；2015年，客户服务中心为客户办公、住房等处为主添置戴尔电脑72台。

2013年至2015年，由湖南复烤公司牵头，建成复烤公司本部、郴州新厂、永州厂三位一体联网局域网，累计投资690万元。计有：中心机房（设在郴州厂）、复烤公司本级机房、永州厂机房、防火墙、IPS（入侵防御系统）、核心路由器、核心交换机、楼层交换机、服务器及电脑、背景音乐、消防广播、红外对射、视频监控等设备。郴州复烤厂综合部为本厂信息化管理部门。郴州中心机房和复烤公司本级机房及计算机维护通过公开招标，由郴州正和计算机服务有限责任公司负责。永州厂机房和计算机维护由其综合部负责。

至2015年底，中心机房运行使用的系统有：一体化平台：OA办公软件，公文处理流程；腾讯通：内部即时通讯工具；邮箱：内部文件信息传递；财务预算管理系统及其财务管理，资金管理，公司资金走向、收入、支出管理等3个分系统；工资计划编制、造表、结算软件；GPS（卫星定位）系统及其公务车辆定位、油耗考核、安全管理等分系统；生产调度系统及其烟叶进出库、加工流程的数据统计等分系统；编码系统：全公司人员在一体化平台中的身份管理；食堂充值、消费统计数据、生成结算管理系统；内外报表数据生成、统计、收发管理系统；员工上下班时间日常考勤系统；能源（蒸汽）用量、结算管理系统；对水、电、煤等能源消耗管理系统；中控系统及其质量管理检测数据生成、传输分系统；生产线生产加工流程控制系统等。

二、永州复烤厂

1992年8月，厂购置第一台计算机，主要用于财务科财务管理。其后，陆续添置，在各部门运用。1994年，烟叶仓库开始设立微机室，用于货物进出数据统计和建立电子台账。2002年9月后，开始大批量购置运用电脑。

2003年10月12日，零陵烟叶复烤厂调整信息化工作领导小组，吕明任组长。领导小组下设办公室，盘勇卫任主任。

2004年建立厂局域网，并建立信息机房，域名llfkc.com（后更名为yzfk.com），各部门每年陆续购置计算机用于办公。2005年，厂局域网并入市局、省局及国家局烟草专卖业务平台网络，并接通当地政府相关业务（如各类报表）主管部门网络，并建立信息管理制度。

2006年，天顺公司投入资金20万元添置和更新信息设备，“办公自动化”OA系统顺利实施，实现与省、市局公文传递电子化，内部公文、签呈、档案及部分事务性工作的电子化，建立内部通讯系统，统一分配内部电子邮箱。

2007年9月5日，天顺公司印发执行《电子公文管理暂行办法》。办法共7章42条，对电子公文的办理、管理、整理、立卷、归档进行规范。是年起，公司电子公文、电子办公得到大力推进，电子公文管理归口公司综合管理部。10月12日，天顺公司调整信息化工作领导小组成员，由19人组成。是年，质量管理系统电子版开始投入使用,其后经过不断完善升级。

2008年,全省烟草网络实行内外网隔离,网络的安全性加强。

2009年,投资60余万元,建成全厂区安防监控网络,监控摄像头80多个,监控网络覆盖全厂区及车间的各个关键路口和位置。

2013年,投资15万元,进行机房升级改造,新增2台全新的华三核心交换机和路由器,用于内部网络,与湖南复烤公司、郴州复烤厂组建局域网,全面推行OA办公系统,办公电脑入网率100%,办公效率和质量提高,实现工作流程的自动化、无纸化办公。2014年,聘请专业信息维护公司协助维护。

至2015年,全厂计算机(台式和笔记本电脑)达到125台,服务器4台,分别是:域控制器,内部网站服务器,财务系统服务器,质量反馈系统服务器。网络设备有:思科交换器1台,华三核心路由器2台,华三核心交换机2台,TP_link路由器1台。配兼职管理人员,属企管部管理。生产经营各工段均建立现场数据反馈等模块、数据自动集成,使领导和工作人员能及时掌握生产过程当中的各项重要参数和指标,对提高复烤加工水平起到促进作用。

三、常德芙蓉公司

常德烟叶复烤厂时期,计算机尚未普及,没有电子办公和网络化管理。转入常德卷烟厂隶属后,常德卷烟厂于1992年开始较大规模引入计算机,成立计算机中心,但计算机应用部门有限。1998年起,工厂开始大规模购置运用计算机,复烤车间配有计算机,主要用于文字和报表处理。2005年12月常德芙蓉公司成立后,时逢省内烟草行业各单位开始推行OA自动化办公系统,公司没有搭建自己的网络平台和OA系统,日常工作借助常德卷烟厂OA系统。

2006年,公司购买用友ERP-U8的部分模块用于备件管理及预算管理等,其他方面电子网络信息化管理水平尚处于起步阶段。

2011年,公司开始启动易地搬迁改造项目,按照整体规划、分步实施、两网合一、一网到底的原则推进公司信息化建设。

2012年,建立质量管理信息系统。质量管理信息系统是对公司实验室和生产线在线不同种类的质量检测仪器进行实时、自动数据采集,采用自动采集、部分手工录入相结合的方式,将实时质量检测数据采集到统一的数据库中,通过应用相应的技术手段和建立质量改进模型对原始质量数据进行统计、分析和挖掘,提供完整的质量分析数据和质量改进决策支持,达到持续提高产品质量的目的。

2013年,与易地搬迁技改同步建设新厂区局域网络系统、OA办公系统、生产管理信息系统。2014年7月,建成投入使用。

厂级局域网采用星型以太网拓扑结构组网,采用二层结构组网:即核心层和接入层,使用TCP/IP 协议并以万兆光纤链路为主干、千兆连接桌面客户端PC。为实现最大化的网络可用性,采用主、备核心交换机形成双机热备,并将连接核心交换机到接入交换机的互联链路设计为两条千兆光纤互为冗余。

OA办公系统实现办公管理的门户化、电子化、流程化、规范化和标准化,达到提高管理效率、打破组织壁垒、整合各类资源、提高工作效率、节省办公费用的目的,最终体现管理流程化、工作标准化、办事透明化、过程可追溯化的现代管理理念。具体应用功能包括门户管理平台、工作流程管理平台、公文管理平台、知识管理平台、个人办公、邮件系统、综合办公管理平台、系统管理平台等。

生产管理信息系统由集中监控系统、MES系统组成。集中监控系统包含复烤车间内部的集中监控系统和辅助生产系统(包括生产视频监控系统、LED显示系统);MES系统包含整个公司与生产紧密相关的主要功能模块和系统(包括生产调度管理、质量管理、数据发布管理和库存管理等子系统)。

此外,公司的安全监控、劳动考勤、薪资发放、报表传送、业务核对、收支结算、食堂结算等都基本实行电子信息化管理,高效快捷。

四、湘西鹤盛公司

2001年,鹤盛公司购置第一台电脑用于财务管理。2003年,公司开始规模购置、大批量应用计算机,建设计算机房,铺设一条自有的50M接入互联网的电信光纤宽带专线,配备自有的PC服务器,配置有不间断电源、企业级硬件防火墙、入侵检测系统、企业级VPN网关和杀毒软件,构成公司网络信息安全防御体系,保障公司重要交换设备和服务器的正常运行;建立起公司局域网,域名为:www.xxhsyy.com。信息管理部门设立专职信息化管理人员2人,初步制定《信息化管理程序》,负责公司网络信息网络及信息安全工作,从人员、计算机终端、信息系统、身份认证、数据加密、病毒防护、权限控制、网络安全、互联网接入、服务器安全、机房安全等各个方面进行有效管理。

至2015年,公司计算机终端配置数量达160余台,广泛分布于公司各个部门,计算机局域网基本覆盖产区的建筑和办公室,办公用计算机入网率达100%;并拥有15余台PC服务器,分别用于网络管理和应用系统运行,以办公楼二楼中心机房的千兆交换机为核心,网络通过光纤覆盖整个厂区包括各个业务部门和生产车间,100M交换到桌面。公司应用信息系统主要有:打叶复烤生产集控系统、能源计量管理系统、协同办公应用系统、质量管理信息系统、用友财务人资管理信息系统、综合考评及预算管理信息系统、设备管理信息系统、高清视频监控系统、数据一体化备份系统、一卡通管理系统,以及在建的打叶复烤综合信息追溯系统等。各信息管理系统应用简况:

(一)协同办公应用系统(OA系统)

该系统自2003年建成运用。2012年8月,对OA办公应用系统进行升级改造,更换为更先进、更快捷、更适用、更安全的致远协同办公系统,在保留原有办公系统较好的功能模块基础上,增加各业务自定义流程审批表单、公文审批、会议管理、流程监控、公告管理、文档管理、远程办公、手机短信提醒、流程管理、移动终端办公平台等功能模块,是公司应用人数最多、使用频率最高的信息管理系统。

(二)质量信息管理系统

2012年,公司结合实验室认可工作启动,制定建立质量信息管理系统规划。鉴于当时市面上还没有适合打叶复烤企业特点完全成熟的质量信息管理系统,因此该系统采取公司与供应商合作开发的方式来共同完成系统的设计、配置和测试运行,通过两年共同努力,于2013年年底建成达到当时行业领先的质量信息管理系统,运行稳定。该系统成功运用的价值:(1)数据基本上不用人工录入,实现检测数据的采集更加规范、合理,减少人为因素引起的数据出错率,保证分析数据真实性及精确性。(2)实现按照不同条件自由组合的数据查询和数据导出,为各级员工查询相关质量信息数据提供便利。(3)数据统计功能强大、便利;数据分析多样化,各种报表及图表实现导出及打印功能,使系统平台的灵活多变性、扩展性增强。(4)为规范批次管理、样品流程管理、样品追踪管理引入条形码管理系统,方便条码读取,工作效率提高;实现整个生产加工、仓储、发货过程中烟叶各工序过程水分、成品烟箱水分、重量、密度等数据信息的追溯。(5)工艺质量数据质控图的建立,可供各级领导及员工方便了解现场各个工序动态检测数据,为下一阶段加工生产提供真实可靠的数据。(6)建立生产质量一体的量化考核指标体系,实现绩效KPI考核,可按照班组或人员及时有效的统计出各种合格率及其他各考核指标,为各班组的产品质量评比提供可靠分析数据。(7)实现工艺数据与质量数据的历史数据查询及联合分析,为各级领导决策提供可靠数据依据。

（三）能源计量管理系统

2011年建成，运行良好。2014年，公司生物质锅炉正式投用，生产消耗蒸汽通过能耗计量设备采集至能源计量管理系统中。系统主要是由现场数据采集、数据汇聚、网络传输、实时数据库、关系数据库、应用系统构成，并将公司所有电表、水表、蒸汽、煤等能源消耗计量数据自动采集到该系统，支持所有计量数据的查询及历史分析。通过该系统，可实时了解生产过程中水、电、蒸汽、煤等能源详细消耗量，实时统计、计算出各种能耗指标，并提供各种能耗详细计量报表、图表和综合消耗统计、计算结果。

（四）视频监控系统

2004年，随公司局域网建成，开始兴建视频监控系统。2014年，更换一批高清视频摄像头，可满足相关管理人员对精选车间、生产车间等现场作业情况的清晰监控，安保监控视频系统基本实现全公司厂区范围全覆盖。

（五）用友财务管理系统

2001年，开始使用用友财务系统软件，主要有总账、UFO报表、固定资产、库存管理、存货核算、采购管理、应付款管理等模块。经十余年间持续改进，财务管理软件升级到用友T6V6.1版本，更方便财务人员做辅助核算、自定义报表、明细账查询，节约财务人员工作时间，财务资料数据准确性、及时性提高，成为用友软件在湘西地区的示范基地之一。2014年，将原有用友T6系统升级至用友U8+系列，并增加人力资源管理功能。

从2003年起，公司建立《信息化管理程序》，明确各部门相关职责和应用规范，其后结合实际管理情况，持续改进优化，确保信息化管理制度的有效性、可操作性、可管理性、规范性要求；并建立起公司《计算机及信息设备台账》，按制度要求形成《信息网络系统运行情况报告单》《系统平台月度检查报告单》《数据备份策略定义记录》，加强对公司信息网络的监管和考核力度。

多个信息系统在公司各个业务领域的成功应用，作用显著：(1)打破各业务信息孤岛，加强各业务工作的横向联系，初步实现各业务数据资源的共享，数据资源利用率提高。(2)业务流程得到一定程度的梳理，管理工作进一步优化，为企业管理提供准确的、多侧面、多角度的数据信息，大大促进企业管理的细化，提高决策分析能力。(3)把业务规则固化在信息系统中，所有工作都可及时跟踪，工作习惯得到规范，实现管理标准化。(4)对提高公司的计划能力、仓储能力、生产经营管理能力、决策能力等起到辅助作用。(5)降低产品成本，主要是合理降低材料、备件的采购及库存占用资金、各类费用的支出，减少原材料的耗用，降低能源动力等的单耗等。(6)进一步满足公司内外审计、监管的要求，保证企业各项业务工作透明、规范，符合国家法律和行业规定的要求。

五、浏阳天福公司

公司开业运行后，为适应现代办公需要，陆续为各部门配备计算机（电脑）。2006年4月~2015年底，先后投资60余万元，购置台式或手提电脑152台。2006年12月建成公司局域网，并接通互联外网，设立计算机管理中心，配1人专门从事计算机和网络维护。

计算机网络建成后，公司信息化步伐随之加快。陆续引进各类管理软件，且不断升级，提高适用性、快捷性、安全性。先后建成OA办公平台，电子财务管理系统，预算管理系统，专卖内管网络管理系统，仓储管理系统，生产数据及质量跟踪管理系统，生产线设备运行状况反馈集成系统，能源消耗实时跟踪统计系统，检测实验室数据反馈报送系统，内外报表统计、发送系统，电子考勤系统，安保全方位监控视频系统，TC卡消费、支付、结算系统等等。

2012年，公司成立项目组，改造更新安防监控系统，共增加高清摄像头74套。

2014年，公司投资613.20万元用于技术改造。4月，投资20万元进一步改造更新办公OA系统，基本实现无纸化办公。

至2015年，公司通过计算机及网络化管理应用，基本实现办公OA化，生产经营在线运行网络监控电子化，各项数据采集和统计电子化，各种文档和报表发送电子化，收支结账电子化，业务洽谈和合同签订部分在网上进行，各类台账均加设电子台账。工作效率极大提高。

第八节　人机结合选叶模式

省内各复烤企业在2003年全面淘汰挂杆复烤工艺，全面采用打叶复烤工艺后，普遍实行烤前烟叶精选，形成常态。2006年后，烟叶"把选"逐步减少，"片选"逐步增多。2013年起，省内外全面推行散叶收购，"把选"逐步消失，全部转为"片选"，即一片一片地选，要求高，熟练工一般每日仅选140～160公斤；由于选叶慢，导致选叶时间长，在选叶工段、仓储环节均易出现损耗高与霉变情况；又由于"片选"是慢工细活，要选够每日复烤投料上千吨原料，选叶工需求量一般在数百、甚至上千人，招工难，近郊难找，外地工食宿不便不愿来，用工薪资水平也逐年提高，导致人力成本逐年增加。选叶工作现场粉尘较大，喷雾降尘恐打湿烟叶，不宜在作业现场进行；挑选人员劳动强度大，挑选作业时间长，易疲劳，以件计酬赶进度，杂物难以控制等，皆为难题。

2015年，浏阳天福公司为解决烟叶精选存在的问题，开始探讨人机结合选叶模式。先到安徽华环国际复烤有限公司、山东京鲁复烤公司两家已成功采用人机结合选叶模式的企业进行实地考察。是年结合湖南中烟公司原料采购中心、技术中心的指导要求，完成初步设计。

是年，郴州复烤厂在易地技改（油山）新厂区精选车间建成一条人机结合烟叶精选生产线（2017年11月正式投用）。常德芙蓉公司、湘西鹤盛公司皆已做人机结合烟叶精选生产线引进论证工作，按照湖南中烟公司部署，待浏阳试用成功、取得经验后，再行引进。

2016年，浏阳天福公司对设计进行再优化，耗资1900万元，购置安装一条6000公斤/小时人机结合选叶线，利用原精选车间场地3000平方米进行安装。通过不断优化调试，于12月10日投产试运行。人机结合选叶工艺流程如下：

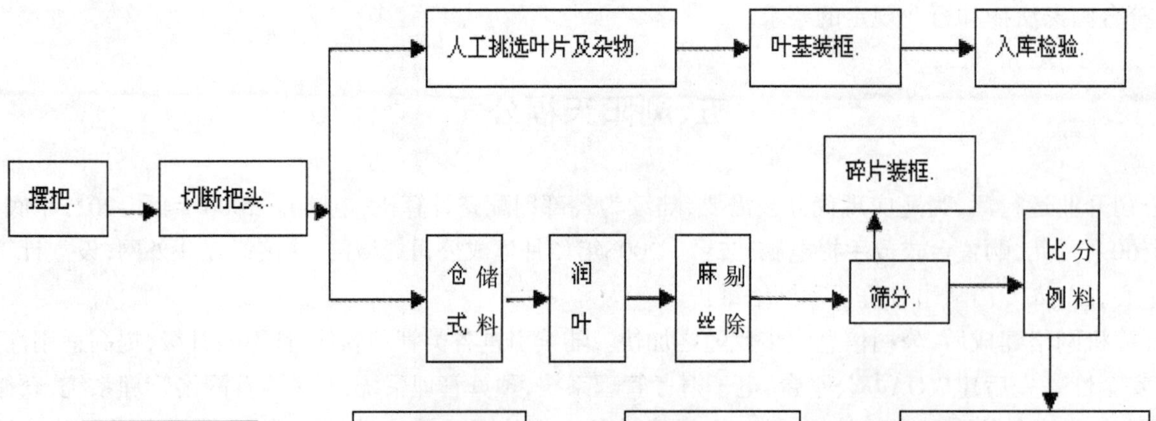

至2017年，通过运行，公司实时总结工艺缺陷，及时改造，设备运行正常，生产组织有序，人员技能提升。人机结合选叶生产线的投入运行，顺应烤前烟叶必须精选的加工模式，既可提高劳动效率和工作质量，又可节省人力成本，破解招工难问题，减少用工风险，对企业减员增效长远利益有利。

两种选叶方式效益指标对比表

表20　　单位：个、吨、公斤

选叶工种	单位	全人工选叶模式	人机结合选叶模式
选叶工	个	495	64
辅助工	个	34	26
检验员	个	16	12
摆把员	个	0	18
合计所需人员	个	545	120
平均日产量	吨	76.3	60
每人日均产量	公斤	140	1000

注：每日选叶工作时间按10小时计算，所选烟叶采用片选方式。

第五章　原料组织与产品营销

第一节　原料组织

一、组织方法

复烤厂为加工企业，加工原料的组织是攸关企业生产经营效益好坏的关键因素之一。

20世纪70年代，省内只有郴州一家专业复烤厂，加工原料主要依托地区供销社（农产品公司）收购的烟叶进行加工。

1987~1988年期间，由于当时烟叶经营不规范，供销社、卷烟厂（仅省内就有20余家）、个体户纷纷抢购烟叶，郴州、零陵、常德复烤厂普遍存在加工原料不足的问题，复烤加工面临无米之炊。郴州复烤厂经请示郴州地区烟草专卖局（分公司）批准，组织厂内验级人员，直接收购部分基层供销社及少数烟农自行到厂里交售的烟叶，经复烤后再将烟叶交给原烟经理部对外调拨。经不懈努力，加工原料得到一定保障。1987年收购1500多吨，1988年直接从县、基调入达2614.45吨，占调入原料总数的89.8%，地区原烟经理部仅提供296.25吨复烤原料。常德复烤厂1987年则由业务科长亲自到各地联系复烤加工原料100余天，额外获得600余吨烟叶加工合同。

1988年8月1日，常德复烤厂移交给常德卷烟厂改为复烤车间后，主要负责该厂从全国各地调入烟叶的复烤，并兼顾常德本地部分对外调拨烟叶的复烤。

1989年，省内各地区全面实行烟叶“一条鞭”（即垂直管理）经营，依照国务院《烟草专卖条例》的规定，烟叶购销统归烟草公司负责，其他任何单位和个人都不得插手经营，违者依法处罚，经营秩序为之好转，烟叶收购坚持“爬陡坡，转急弯”，按国标收购，质量回升。同年，省烟草公司发布《湖南省烟叶调拨管理办法》，规定：烟叶调拨供应由省公司和分公司两级管理，各产烟县与卷烟厂间的调拨供应，由地区分公司负责按省公司分配计划进行衔接，卷烟厂与复烤厂不得直接到产区收购调拨，更不准收购个体户的烟叶。自此，复烤厂成为纯加工企业，其加工原料的组织主要途径：一是主要依靠地区烟草分公司及其原烟经理部组织本地烟叶调运供应；二是通过随同地区烟草分公司组团，参加一年一度的全国烟叶订货会的购销谈判，承揽复烤合同；三是通过信息、感情联络和服务质量信赖关系巩固老客户、发展新客户，承揽部分业务。“一条鞭”实施初期，从供销社移交的压库老烟叶，有时也需复烤。复烤原料相对充足、可靠。

1989~1990年，零陵、郴州复烤厂先后与地区烟草分公司原烟经理部合并，组建地区烟叶生产购销公司（保留复烤厂企业名称），形成厂、公司利益共同体，在内部形成相互配合、彼此照应的机制，公司领导及烟叶购售科（业务科）不仅负责与省公司、各卷烟厂烟叶调拨计划的衔接，具体组织调拨实施，而且还负责复烤原料的承揽谈判、合同签订。复烤厂则主要负责复烤计划的实施。原料由公司按收购进度、调拨缓急、复烤能力分批调入。急调的、水分超标严重的先安排复烤，可缓调的先从县公司分批调入地区公司仓库收储（也可暂存县公司仓库）。复烤厂对内部物权烟叶的复烤，实行“领料、回库制”，每批次提前3~5天报复烤计划，经生产调度部门协调安排后进行加工，放凉后及时收入复烤成品仓库。

1993年，全国烟叶产大于销，烟叶销售不畅，压库较多。为减少县、地烟叶交验纠纷，分散经营风险，并调动产烟县(市)公司的销售积极性,郴州等地烟叶购销公司不再对县级公司的烟叶实行“买断调拨”,而是试行“县、厂直销”,调拨计划由地区烟草公司分解下达,并授权县级公司直接与卷烟厂家按调拨计划直接调拨,自行交验,直接结算,地区烟草公司只收取地区级“环节经营费”。此法先限于省内调拨,后扩及省外调拨。但零陵地区烟叶“县、厂直销”1995年才予实施。其间,在地区烟草公司及烟叶购销公司的协调下,为兼顾复烤厂及地级公司经营利益,仍然坚持上中等烟叶原则上需复烤后方可调出,以保证复烤加工原料的供应,获得加工利润。产区大部分烟叶仍然分批送到地区公司仓库,分县储存,烟叶购销公司仅协助质检和调拨联络。复烤形式转为“代加工”。

1994~1995年,湖南烟叶因灾大减产,郴州、零陵等地烟叶购销公司、复烤厂,在本地烟叶复烤量严重不足的情况下,采取“自己找米下锅”办法进行弥补:一是积极联系卷烟企业老客户,争取其在外省外地购买的烟叶拉回省内复烤;二是由烟叶购销公司出面,自己到外省外地购买烟叶拉回到本厂,先进行挑选提纯,然后再进行复烤加工,实行内部增值。其中,1995年,零陵烟叶生产购销公司为长沙烟厂代加工烟叶2850吨,为县公司代加工1500吨,公司(厂)还多次派人前往贵州等地购进烟叶2450吨,使加工原料得到基本保障。

1996年6月,组建湘南烟草集团烟叶分公司后,郴州复烤厂除承担省内外相关卷烟厂家从本地、外地调拨购买的烟叶复烤任务外,还承担本集团郴州卷烟厂从省内外调入烟叶的复烤,以及湖南省烟草进出口公司在当地组织的出口烟叶、烟梗的复烤任务。

1999年,吉首打叶复烤厂投产。该厂时为长沙卷烟厂投资控股90%的加工企业,无烟叶购销经营权,主要为长沙卷烟厂提供加工服务。加工原料均由委托加工单位自行调入、收货及安排加工计划,复烤厂生产计划部协助管理。

2000年,国家局整顿烟叶流通秩序,规定从新烟上市起,烟叶经营权复归地、州、市烟草公司,由地、州、市公司直接“买断经营”,“县、厂直销”模式取消,复烤厂为县公司“代加工”随之消失。是年6月,零陵烟叶生产购销公司撤销,分立为永州市烟叶购销公司和零陵烟叶复烤厂,同属市烟草公司下属单位。郴州、零陵烟叶复烤厂皆在市烟草公司的统一领导下,实行“内部兼顾”:上中等烟叶原则上应复烤后调出。复烤原料基本得到保障。

2001年2月6日,国家局印发国烟法〔2001〕70号《关于推行原烟交接、委托加工的实施意见》,规定:“重点骨干卷烟生产企业到2002年要全部实现原烟交接,就地就近委托打叶复烤企业复烤加工烟叶实现片烟投料。原烟主产区要在2002年全部实现原烟交接。已投产的打叶复烤企业2001年起全部实现委托加工”。遵此法规性文件,省内烟草商业系统于2001年先在嘉禾、蓝山等地试行取得经验后,烟叶主产区于2002年全部实现原烟交接、委托加工,就地就近复烤。在实施期间,仍然执行国家局1997年11月发布的《关于强化烟草行业内部专卖管理的若干规定》中“原则上不搞跨省复烤”的规定。至此,卷烟厂家在省内各主产区接收调入烟叶,除联办烟叶基地的烟叶可以协商外,凡就地就近有复烤企业的,原则上须在本地进行复烤加工后再调出,以保障产烟区复烤企业必要的加工货源,兼顾当地复烤企业利益。

是年,为零陵烟叶复烤厂分立的第二年,原料缺乏,面临复烤加工原料“吃不饱”的困境,至9月仅复烤烟叶1300吨,加工量跌入历史低谷。为扭转被动局面,全厂想方设法寻找货源,先后与长沙、兰州、青岛、石家庄、南京等5家烟厂签订复烤加工合同,其中石家庄和南京卷烟厂系初次合作。石家庄卷烟厂因对该厂加工服务很满意,在原定计划上还追加700吨的打叶复烤量。

2003年2月23日,国家局印发国烟法〔2003〕68号文件,其中规定:“允许卷烟工业企业在同一省(区)内调拨的烟叶集中到一个打叶复烤企业加工,为企业创造公开、公正、公平竞争的市场环境。”同年5月23日,湖南中烟公司挂牌成立。常德芙蓉复烤公司、湘西鹤盛原烟发展有限责任公司(复烤厂)分别由常德卷烟厂、长沙卷烟厂为主控股,隶属省内烟草工业。自此,湖南中烟公司对省内工业复烤企业的计划管理、业务指导、考核作用逐步增强。是年5月，湘西鹤盛公司派员参加全国烟草交易会，加工计划进入中国烟草交易中心，主动与外省卷烟厂家联系，同延安卷烟厂进行首次加工合作，并建立长期合作关系。

2004年2月，中国烟草总公司中烟电子商务公司正式启用“电子商务平台”，原每年召开的全国烟叶和卷烟购销订货会均被取消，改由“电子商务平台”进行交易。每年的原烟加工，先由卷烟企业与烟草商业签订原烟购销合同，并由卷烟企业指定某复烤厂为加工方，然后再由卷烟企业与复烤厂签订委托加工电子合同，合同中明确烟草商业企业为供方。委托加工电子合同经省公司主管部门审批，报总公司核定后作为复烤厂的加工计划。烟草专卖局依据《加工电子合同》办理准运证。烟草商业企业负责将烟叶发运到复烤厂。复烤厂核实加工合同、准运证、调拨单(发货单)及实物后予以接收，经三方计量确认后填单入库。

2005年9月，郴州烟叶复烤厂改制为郴州天泰烟叶复烤有限责任公司，郴州市烟草公司控股68.98%，上海烟草集团、广州卷烟总厂各控股12.41%，长沙卷烟厂控股6.2%。12月，零陵烟叶复烤厂亦相继改制为永州天顺烟叶复烤有限责任公司，永州市烟草公司控股60.67%，常德卷烟厂控股13.33%，长沙卷烟厂控股6.67%，南京卷烟厂控股6%。基于控股关系，各参股企业皆将其烟叶复烤业务优先关照所在控股复烤企业。

2006年4月，浏阳天福打叶复烤有限责任公司建成投产，由湖南中烟公司、省烟草公司、长沙卷烟厂、衡阳市烟草公司四家控股，主要为长沙卷烟厂提供复烤加工服务。10月，长沙卷烟厂、常德卷烟厂取消法人资格，与湖南中烟公司整合为一个经济实体，湖南中烟公司既是行政管理机构，又是一个经营实体单位。次年，长沙、常德卷烟厂在复烤企业的股份均划转给湖南中烟公司，芙蓉、鹤盛、天福三家复烤公司皆成为湖南中烟公司控股复烤企业。省内卷烟厂所需原烟统由湖南中烟公司直接订购，各省亦是如此。省内烟草工业复烤企业的加工原料转为由省中烟公司统筹分配为主，自我承揽为辅。统筹分配的具体做法：省中烟公司每年根据中国烟草总公司下达的各省烟叶收购指标及在省内外原烟产区订货情况，统计测算出年度复烤加工量，然后依照“就地就近”、“统筹兼顾”等原则，分解到所属复烤公司，以电子文档形式下达复烤任务初步分解表，征询意见。加工任务明显不足或承担过重的，可以向中烟公司反映，要求增加或调整。中烟公司经过平衡，再次下达正式分解表。复烤公司据此与委托加工单位，约定进行加工协议谈判。谈判中，双方依照国家局加工价格文件，对加工价格、质量要求、交货时间、交接方式、成品的存放保管运输、结算形式等内容进行洽谈，但主要侧重于来料超期、仓储、复检、加工方式、烟草专卖残次品和废弃物处理、相关特殊要求及国家局统一加工费标准之外的价外收费项目。谈判完毕，参与谈判代表在会审表上签字，以示负责。评审完成后签订加工协议，双方加盖公章、代表签字后生效。每年11～12月，各复烤企业根据年内尚未完成的复烤量，加次年预测的复烤量，再加次年额外可承揽的复烤量，汇总成次年度加工的预计总数，交本公司预算管理部门作为次年度预算生产计划指标。

中烟公司下达的复烤加工年度计划，一般不会轻易改变。如果烟叶产区发生特大自然灾害等不可抗拒因素，烟叶不能按合同如数调入时，则会相应调减年度复烤计划。若烟叶产地丰收，货好价优，又与厂家品牌卷烟原料对路需要多调烟叶时，也会相应增加复烤计划。为争取控股复烤企业多创效益，湖南中烟公司按照行业通行做法，对卷烟厂同烟叶产地烟草公司联办的烟叶基地烟叶，通过派驻烟叶产地业务员进行联络，多争取拉回省内，交本省所属的复烤厂进行加工。

自我承揽部分的具体做法：对计划外争取加工货源，一般通过查看中国烟草电子商务平台烟叶交易系统每季度发布的消息，以及与“业务老关系”保持沟通，获取加工信息。一旦信息确定，便加紧联系争取。如浏阳天福公司，2013年在计划外努力开拓省内外市场，分别从福建、重庆、贵州、四川、常德、怀化等地区调入加工原料1.85万吨。

2011年9月，天泰、天顺公司取消法人资格，整合组建湖南烟叶复烤公司。自2012年起，郴州、永州复烤厂加工原料转为统筹分配为主，自我承揽为辅。统筹分配的主要做法是：每年4月份，国家局(总公司)烟叶购销网上交易平台统一开展烟叶订购意向合同签订，公司业务部门根据网上意向合同，逐一核实基本订购数量，按照Q/HNFK《生产加工业务管理流程》，密切关注调拨动向，加强与客户沟通，特别是重点客户的沟通，努力争取烟草工业企业的支持，同时与产区随时保持交流，落实产区及客户的调拨需求，及时向省局烟叶处汇报争取加工量，达成加工意向协议。计划外加工原料的争取与正常业务流程相同。根据网上加工意向合同，统计出本烤季（本年7月1日至次年6月30日）的复烤加工量。然后，根据各中烟公司与产区烟叶购销公司达成的调拨进度安排，结合复烤公司生产情况，下达月度生产计划，所属各厂按照公司下达的计划，加强与委托加工单位和商业调拨单位的联络衔接，落实烟叶入厂。烟叶入厂后签订正式复烤加工合同。

每年12月的年度烤季预算编制时，湖南复烤公司均以本烤季烟叶剩余未复烤量，加次年股东单位、历年老客户之本地调拨稳定预期量及外地调入预期量，再加上新拓客户委托加工预期量，剔除客户的自烤量，汇成次年复烤总量，以此编制次年全面预算的生产计划，报董事会批准后，下达所属两厂年度生产计划。如此反复循环。年度生产计划的编制，一般以预期稳定货源为基础，相对可靠。若遇烟叶产区丰歉致合作伙伴购买量增减，或者新拓客户货源增减，则对生产计划作相应调整。月度生产计划一般以货源就近、加工点负荷量和客户对加工点的选择等因素进行制定、调整。

二、来料接收

1986年5月，郴州复烤厂移交郴州烟草分公司。11月，常德复烤厂投产。1987年7月，零陵烟叶复烤厂投产。三厂在此阶段，皆单列设立，与地区分公司原烟经理部同属地区烟草分公司下属单位。各县烟草公司和委托供销社所收购烟叶，均按原烟经理部调拨通知分批运送到指定仓库。之后，按当时"提货制"要求，由地区原烟经理部与调烟厂家再次验级、称重完成交接，暂存仓库。调烟厂家意向复烤的，签订复烤合同。开烤时，由原烟经理部协助调烟厂家业务代表，将烟叶运到复烤厂复烤。复烤厂对来料仅点验件数和称重，不再进行验级。

1989年、1990年，零陵烟叶复烤厂、郴州复烤厂先后与地区烟草分公司原烟经理部合并成立地区烟叶生产购销公司（均保留复烤厂企业称号），依然实行对县公司烟叶"买断经营"。县公司收购的初烤烟叶由烟叶购销公司从各产烟县安排分批上调，各县公司派交烟代表3～5人，负责本县上调烟叶的交验及具体事宜的处理。地、县公司双方对烟叶当面验级、称重，完成交接。如发现质量争执，由质量小组仲裁处理。调烟厂家需复烤的烟叶，签订复烤合同后，由复烤厂分批次安排复烤。开烤时，由于烟叶物权已转换为本公司（厂），内部实行"复烤领料制"，故而复烤厂只点验件数和称重（仅为分清保管责任和便于计算投料、产出等数据），不再验级。

1990~1992年，烟叶供大于求苗头显现，烟叶调拨逐步转为"送货制"，工、商烟叶交验改为在卷烟厂进行。对需要复烤的烟叶，先复烤，再调运。

1997年，郴州率先实现"封闭式验级收购"，1998年在全省推广。2000年新烟上市起，取消"县、厂直销"，恢复地级公司统一经营。地级公司烟叶对各卷烟厂的调拨，原则上恢复在产地交验。2002年起，各县烟叶上交地（市、州）公司实行封闭式二次验级。

2002年，国家局、湖南省烟草局为进一步规范烟叶复烤加工，规定烟叶复烤加工全面实行合同制，复烤厂家与客户间需签订委托加工协议，委托方为甲方（客户），加工方为乙方（厂方）。各烟叶复烤厂（公司）依照国家局和省局的相关规定，在来料烟叶验收上，制定严格、细致的业务流程：甲方须提前将烟叶调运计划告知复烤厂，并在烟叶发货后4小时内以传真、电子邮件或电话等形式告知发货时间、车（船）号、等级、数量等相关信息，以便对方及时验收到货烟叶，办理到货签字确认接收手续。复烤厂按照甲方提供的烟叶调运计划和发货的相关信息做好接货准备，核对到货手续是否齐全、证货是否相符，抽查过磅（必要时全部过磅)到货重量,组织入库验收并编制接收入库单,交由甲方及烟叶供应方签字确认。对不符合质量标准的烟叶或发现含水率超标、虫蛀、霉变及运输途中雨淋受潮、污染、缺件等情况时,及时通知并协助甲方进行妥善处理。烟叶接收入库后,复烤厂按照烟叶贮存标准妥善保管。在来料达到足以连续开工数个台班的数量后,再进行复烤加工。

2004年3月26日,郴州复烤厂执行市烟草公司下发的《关于印发烟叶购销业务操作规程的通知》,其中规定:代加工复烤的业务操作规程严格按照:领料—打叶加工—成品烟的交接储存—结算四个步骤进行。1.领料:业务科根据加工协议和厂家要求及烟叶交接情况,开具“加工复烤通知单”一式四联加盖公章后,通知复烤车间投料班,投料班凭“加工复烤通知单”到仓库领料(厂方已验收的烟叶)。2.打叶车间收料打叶:复烤车间收料后,由车间收料员盘点入投料库烟叶,填制《投料收货单》一式三联,注明客户、等级、件数,将“烟叶发货运单”附收料单交车间核算会计,登记“投料加工台账”。投料员投料,车间设记录员现场登记入车间等级、数量、箱号;投料结束后,投料员、记录员将当日当班烟叶投料数据交车间核算员,并清点库存数。车间核算员根据每日投料数,填制“烟叶打叶情况汇总表”。

2006年冬,各省卷烟厂取消法人资格与省中烟公司整合,以及省内各复烤企业全面改为股份制。2007年新烟上市起,烟叶工商交接由过去的在产地称重、验级、工商双方代表在验收单上签字交接,改为在产地点件、称重后,运到复烤厂仓库由中烟公司驻厂复检组、产地烟草公司调拨业务组,当面先整车过磅,然后空车退皮计算货物净重,并卸车抽检。中烟公司复检组主要负责烟叶等级检验,确认烟叶等级;复烤厂验收组一并到场参与,仅对烟叶进行称重抽查。抽查比例一般为5%,在整车烟叶的上、下、左、右、中五个部位各抽出数包进行检验并做好记录。然后根据烟叶交验现场等级、重量记录,制作验收单,中烟公司、产地烟草公司、复烤厂三方代表签字后完成交接。复烤厂参与检验,其主要目的和作用是:掌握来料总体情况,便于针对性地制定加工参数预案,优化加工效果;便于核算复烤生产的成品率、损耗率、出片率等加工质量数据;同时也为厘清保管、加工责任和避免纠纷提供依据。

2008年2月22日,国家局印发《关于加强打叶复烤烟叶流通管理的若干规定》,进一步整顿规范打叶复烤环节烟叶流通秩序,完善烟叶复烤加工管理制度,加强烟叶加工全过程的管理监督。严禁无合同、超合同加工烟叶;严格执行《烟叶购销合同暂行办法》(国烟法〔1994〕第13号),严禁无准运证接收和运输烟叶;委托加工单位要增强计划严肃性,严格按照委托加工合同组织烟叶调运;烟叶发运须提前告知打叶复烤企业,及时验收到货烟叶,对不符合质量标准的烟叶及时提出处理意见等。是年3月起,各复烤企业根据国家局新规定,建立或修改相关规章制度。其中,浏阳天福公司建立《原烟收发管理制度》,业务部根据品质部提交的原烟质量检测结果无异常情况下方可通知办理原烟三方确认手续,入库验收。

2010年3月,浏阳天福公司对原烟入库工艺卡进行修改,进一步明确各部门职责;业务部计划员根据仓库库存情况与客户沟通,确认原烟车辆到库信息及存放位置,并提前一天以书面形式通知精选物流部做好原烟接收准备工作;精选物流部原烟仓库保管员接到原烟接货通知后,做好原烟接收准备工作。根据委托方、年度、产地、等级合理安排库位卸车,原烟到货后及时通知品质部;原烟入库后,原烟库保管员应及时在各码堆位置明显放置标识牌,注明委托加工方、烟叶产地、品种、等级、数量;品质部负责对原烟水分、温度、原始含梗率、碎叶率、砂土率、虫情、霉情、包装、杂物、青杂烟等情况进行抽检,并填报《原烟质量检验记录》,按确认批次/等级通过OA系统及时反馈业务部、精选物流部、生产部。当原烟质量检测出现异常时,由业务部负责与客户进行沟通,并在品质部出具的《原烟质量异常信息反馈处置单》上填写客户意见。

2013年5月,浏阳天福公司又对《原烟收发管理制度》进行修改:抽检虫茧超过10个或其他一类杂物超过5件、杂草超过20件或其他二、三类杂物超过10件、出现虫情(幼虫)、霉情、正组烟叶等级中青杂烟比例超过10%、水分超过18%、温度超过35℃或比库温、大气温度高3℃以上时,开具《原烟质量异常信息反馈处置单》至业务部,业务部收到后,及时与客户进行沟通,并反馈沟通意见,各相关部门按处置要求执行。

常德芙蓉公司自2014年搬迁到新厂区后，对原有规章制度全面升级为企业标准。其中，对烟叶原料验收一项，规定为：仓储精选部商品养护或原烟保管员（外库）在烟叶到库后，检查相关单据是否齐全，与“烟叶到卸通知单”信息是否一致，并按《原料养护及生产区虫害综合防治管理规定》和《原料仓储管理规定》的要求，对入库的烟叶进行检查验收，将检查情况记录在“烟叶入库检查记录本”上。如无异常，则在烟叶调拨单或准运单上签收。如发现不合格烟叶，则按《不合格品控制程序》进行处理，及时将信息反馈，经甄别后再将信息反馈至原料采购中心。工艺品质部原料检验员对到库后的烟叶严格按照《质量检验作业指导书》要求，进行入库抽检，抽检率一般在15～20%，抽检内容为：烟叶等级、成包重量、是否有冲烧霉变和污染等，检验结果做好相应记录，接受湖南中烟工业公司原料部驻公司监打组的检查。在接到精选加工调度令后，原烟出库时，仓储精选部原烟保管员（外库）、商品养护对出库烟叶质量情况进行检查，发现有冲烧、霉变、虫害等情况的烟叶经挑选后方可出库，并将检测情况记录在“烟叶出库检测记录表”上，发现批次性的质量问题，按《不合格品控制程序》要求进行处理。

郴州、永州复烤厂及湘西鹤盛公司皆对来料接收制定标准制度，内容基本相同。

第二节　仓储物流

一、仓储

（一）仓库设施

1.郴州复烤厂　1986年5月，郴州地区棉麻烟公司所属烟叶经营、复烤等设施设备有偿移交给烟草分公司。其中，流星岭片区互换抵扣后，有偿移交瓦顶平房仓库5栋，总面积2943.8平方米。同时移交司马洞中国烟草总公司烟叶储备库4栋（框架式双层）12380平方米，并负责后续建设。是年，鉴于库容面积严重不足，紧急修建部分简易棚。不足部分，采取外租形式。其中租赁郴州地区棉麻烟公司仓库13000平方米及流星岭办公楼第二、三层，地区肉联厂礼堂、车间、猪栏数千平方米。

1989年，全区实行烟叶“一条鞭”管理后，烟叶仓储面积与实际需求差距更大，自此加大仓库建设力度。1990~1993年，结合易地技改，在下湄桥司马洞新厂区建成基础设施共30360平方米，其中原烟库和凉烟库12350平方米。库容不足部分借用毗邻的国家烟叶储备库，同时继续租用棉麻烟公司下湄桥部分仓库。至2000年，烟叶分公司（复烤厂）共拥有自有烟叶仓库（含凉烟库）16栋共62897平方米，加上代管的国家烟叶储备库7栋17000平方米，共计79897平方米。2003年，在司马洞厂区内新建的5层楼凉烟、投料库竣工，新增仓库面积23600平方米。

2004年2月，复烤厂单列，与烟叶购销公司资产分拆，国家烟叶储备库代管权归属市烟草公司。仓库设施拆分后，复烤厂库容重现不足状况，对此，2006年增建网架钢结构仓库2550平方米；2007年租赁郴州卷烟厂万花冲原烟仓库和面粉厂中粮储备库；2008年借用香山坪、栖枫渡烟草站的原烟仓库。

2008年，为提高库容利用率和便于机械化作业，郴州天泰公司开始引入铁质货架储存烟叶，购置2000个并投入使用。此后又不断增加。这种货架不用时，折叠为板状，减少占用空间；使用时，打开为筐，四根铁柱上凸下凹，便于对接叠放稳固。每个铁货架重百余公斤，可装800～1000公斤烟叶，框内可叠放4~6层，库容利用率提高一倍。尽管如此，在来料密集、量多年份，原烟和产出的成品、烟梗等附产品的储存仍显库容不足。

2010年，为改善仓储条件，优化烟叶精选环境，提升叉抱车作业效率，先后向公司董事会提交建立装车棚，购置叉抱车，维修、粉刷仓库及精选车间地面、墙面等议案，得到领导的大力支持，仓储环境得到改善。

2011年，复烤厂整合重组到湖南烟叶复烤公司，司马洞厂区固定资产除新增权益外，整体归还郴州市烟草公司。自有仓库不足部分，向郴州市烟草公司借用。2012年10月，进一步修订完善《自动入库物流系统管理制度》，物流统计更科学有效。

2013年，全省实行散烟收购，烟包重量由50公斤调整为40公斤，库容需求量增加，仓储管理部门对库容早计划、早安排，尽量采取原烟直投加工，及时发送成品，确保仓储周转和生产加工连续稳定。同时增设外租库班组，加强对桥口外租库的管理。

2014年，出口烟叶加工任务大，加之其他加工来料节奏失调，造成库容紧张。成品仓储采取“内清外扩”措施，“内清”即对库内存放的8000箱成品重新整理堆放；“外扩”则在桥口新增3个外租仓库，将新产出的3万多箱成品全部转运至此，并积极与客户沟通，及时发运腾库，有效解决仓储难题。

2015年9月，复烤厂搬迁到新厂，共新建6、7、8、9、10、12号共6栋（11#仓库已作规划，尚未开建）仓库，建筑总面积41652平方米。6#仓库用作烟梗、原烟混存综合库，其余5栋专用于原烟储存。另有凉烟库23063平方米。还有临时、简易仓库5处1210平方米，用于来料装卸、成品发货和物料分存。至此，长期以来的仓容不足“老大难”问题基本得到解决。是年，由于新厂成品库未能使用，暂时启用8、9号原烟库储存成品，老厂精选车间也改作成品库使用。新厂6号仓库（综合库）二楼存放大量烟草废弃品，为克服库容和物流不畅等困难，在库外修建两个临时溜槽作为出库通道，有效解决货物出库难题。

易地技改搬迁后，仓库部分业务外包，如叉（抱）车、电梯维修保养等。为保证仓储、物流工作的顺利开展，仓库班组加强与鑫海物流和华顺公司等单位的沟通协调，确保业务用车、电梯维修、货物装卸及时、安全、高效、有序。

2.永州复烤厂　零陵烟叶复烤厂建成后，有两栋原烟成品货棚，共计3400平方米。1989年合并成立烟叶购销公司后，零陵烟草分公司烟叶经理部的原烟仓库就建立在同厂区之内，不足部分租用中国烟草总公司冷水滩岭头储备库。

1991年12月26日，零陵烟叶生产购销公司在下河线的岭头烟叶仓库转卖给罐头厂，原租用地区棉麻茧公司的部分仓库亦到期，不再租用。

1992年7月，长沙卷烟厂在零陵租用仓库面积15000平方米，专门存放复烤成品烟叶，租期一年，委托零陵烟叶生产购销公司代为保管，其间所发生的短途运费、翻垛人工费、材料费、仓租费等费用由委托方负担，受托方先垫付。

1993年，岭头储备库置换，地区烟草公司在本厂旁边征地，新建烟叶储备库，与复烤生产区连成一片，仅一路之隔，加工原料领取和成品回库十分方便。

1997年，烟叶大丰收，原烟滞销，但复烤烟叶销售较为顺畅，为帮助各县（区）公司多调出烟叶，复烤厂共接收各县入库烟叶17500吨，库容紧张。为缓解这一矛盾，仓储管理部门对库容进行合理分配，多方调剂，同时到外单位租借6000平方米的库容，基本保证烟叶储存需要。

2000年6月，零陵烟叶生产购销公司撤销，分设为烟叶公司、复烤厂两个单位，原资产拆分，由原永州市烟草公司投资在厂区内兴建的多栋原烟仓库归属永州市烟叶公司。复烤厂需用时，转为借用。

至2015年，本厂有仓库8栋，总建筑面积50950平方米，其中，有储备库2栋，建筑面积18500平方米；成品库1栋6层，总建筑面积24000平方米。另外，还有简易棚1座，建筑面积1200平方米，作为老厂区烟叶挑选场地。

3.常德芙蓉公司　1986年11月，常德烟叶复烤厂建成投产后，建有烟叶储存仓库1.5万平方米，可储存烟叶2500吨。1988年，常德卷烟厂接收烟叶复烤厂，将复烤厂的烟叶仓库改为中心库。1996年，在市西四路北面、县灯泡厂以东修建新仓库，面积2万平方米，可储存烟叶2000吨。1998年在厂生活三区南面建成原烟验级棚，面积1.68万平方米，同时，原料分厂撤销，设立仓储科。2000年，工厂在新一库附近再建一栋新仓库，面积6600平方米，可储存烟叶2000吨。至此，常德卷烟厂有验级库、中心库、新一库、送料一库、送料二库、高泗仓库、桃源仓库等七大仓库群，库容面积共计7.1万平方米；在常德市境内另辖仓库18处；租赁仓库面积10.4912万平方米，总共可年储存烟叶4.5万吨。

1997年，烟叶生产丰收，烟叶货源充足。由于全厂仓库存储量大，烟叶调拨、验收和复烤工作均顺利进行。

2005年12月，常德芙蓉公司成立后，与原主管单位人、财、物划开，常德卷烟厂按其业务需要对公司进行原烟配送，公司则将成品返回。2012年8月，公司承接常德卷烟厂的烟叶精选和仓储职能，原烟仓库实行租赁。

2014年7月，公司搬迁到技改新区后，由于新厂区面积有限，仅建立凉烟库（兼成品库）、备料库，未建原烟仓库，分别在五里岗、汇友、金艺三处租赁仓库3栋，面积分别为11000、22000、3700平方米，合计36700平方米，作为原烟仓库。三库均配备地磅、叉车、铁货架等设备和管理、保管、装卸作业人员，负责原烟的装卸保管。同时，公司采购铁质货架数千个，广泛运用于各原料仓库、投料库，库容率大为提高。

4.湘西鹤盛公司　1999年建厂初期，复烤厂建有1、2、3、4号共四栋原烟仓库，面积8402.4平方米；还有9#辅料及10#成品库各一栋，面积5184平方米。

2003年，公司利用技改新建5#原烟库，面积2430平方米，确保原烟仓库库容。2005年以前，各客户基本实行单等级打叶加工，原烟接收入库即可安排加工，仓储周转速度快，物流畅通，库容能满足加工需求。

2005~2010年，随着加工客户及加工量的逐年增加，配方打叶需求凸显，成品返回进度缓慢，仓储能力不足的矛盾逐渐显现。为保证来料及时入库，公司相继在吉首市区内租赁仓库，如火车站货仓、湘泉制药厂、喜阳集团、伟业广场、吉首粮食储备库等仓库，用于周转原烟及储存成品。

2006年12月，湖南中烟工业公司为落实公司的片烟醇化库的各项安全、管理工作，确保该库的正常运行，同意将湘西吉首片烟库整体交由鹤盛公司管理，实行费用包干。2008年12月，公司与长沙卷烟厂达成协议，将地处本公司院内的9栋片烟成品库转由鹤盛公司管理。

2008年，在原烟3#库北面空地上新建一栋原烟4#钢结构仓库，面积1950平方米。随着仓库的不断建设，原烟储存条件不断改善。至2010年，公司的库容量可存放原烟8500吨，成品片烟2600箱、副成品烟梗5万袋，基本满足短期存放、周转要求。库房中配置地磅、电子秤、温湿度仪及除湿机等相关设备，并在各仓库显著位置配备货位平面图，对门窗采取遮蔽措施，在原烟仓库建造投料作业遮雨棚，确保在雨雪等异常天气下的正常作业。

是年，公司开始使用铁质货架存放原烟。从2008~2015年，采购货架的数量依次为1800、5400、3000、83、2000、4300、2000、2000个，总计20583个。使用货架后，仓库库容量明显增加，一个普通货位只能堆码660包原烟，同样条件下采用货架堆码可存放1344包，容量增加一倍。

2012年，在原煤坪新建移动钢结构库作为原烟临时周转库，面积2300平方米；同时与长沙卷烟厂协商在其湘西醇化库空坪上新建7#钢架棚作为原烟周转库，面积2484平方米。

2014年，将一线车间改建成6#成品周转库，面积4032平方米；在湘西醇化库空坪上新建8#、9#钢架棚作为原烟周转库，面积分别为2232平方米、1962平方米。

至2015年，鹤盛公司共先后建有原烟储存仓库7栋15000平方米，凉烟库和成品库3栋11000平方米。

5.浏阳天福公司　公司运行后，共有原烟库1栋计5920平方米，成品库1栋计2960平方米，辅料库1栋计1480平方米，废料库1栋计200平方米。此后未新建仓库。后因原烟、成品烟、烟草残次品和加工废弃物同期叠加储存，显库容不足。

2006年，因客户成品烟梗不能及时发货，公司内成品库不能满足过多的存货，　同年12月租赁长沙铜厂一车间约1500平方米作为成品仓库存放烟梗。2007年5月各客户单位将物资调回后停租。

2007年10月，因加工业务量增加，租赁黄花粮库3000平方米仓库一栋及黄花工业区3500平方米仓库一栋。11月，又租赁北盛粮库3200平方米仓库一栋。先后租赁的三栋共9700平方米，用于储存原烟，半年租期满后（烤季加工结束后）退租。是年又租永安粮库4000平方米仓库一栋，用于储存成品烟梗，于2008年8月烟梗出库后退租。

2008年9月，随公司加工业务量逐年增加，租万里扬仓库15000平方米、三合机械厂2500平方米车间用于存储原烟，于2009年12月在合同期满后退租；租永安粮库4000平方米仓库一栋，用于储存成品烟梗，于2009年8月烟梗出库后退租。

2009年1月，租赁得利仓库5300平方米仓库一栋，用于储存成品烟梗，于2010年5月烟梗出库后退租。同时租赁义和车桥厂9400平方米仓库用于存储原烟。9月，又租打火机厂车间5000平方米用于存储原烟，于2010年2月因合同期满退租。10月，租精诚科技园仓库8000平方米，其中4000平方米用于存储原烟，4000平方米用于存储成品烟梗，2010年4月加工结束及烟梗出库后退租。11月，租丰裕公司仓库6500平方米，用于储存原烟，于2010年烤季加工结束后退租。

2010年4月，因客户成品片烟不能及时回调，租赁湘辉公司3600平方米仓库储存成品烟叶，10月成品烟出库后退租。9月，租赁丰裕仓库11000平方米，义和仓库9400平方米，10月租赁迪普仓库5600平方米，11月租赁鼎铭仓库3500平方米，均用于储存原烟，于2011年4月因合同期满陆续退库。

2011年9月，租丰裕仓库18900平方米、义和仓库9800平方米，用于存储原烟及成品烟梗，于2012年8月加工结束后退库；10月，租迪普仓库5600平方米，用于存放原烟，2012年4月合同期满后退库；11月，租鼎铭仓库6500平方米用于存放原烟， 2012年5月合同期满后退库；12月，租宏伊工业园和湘辉公司仓库，面积分别放6000、3600平方米仓库用于存放成品，3个月合同期满后退库。是年下半年，共计入库原烟25705吨，其中湖南中烟22083吨，浙江中烟1622吨，川渝中烟2000吨，外库周转原烟11000多吨。

2012年9月，租丰裕仓库18900平方米，义和仓库9800平方米，用于存储原烟及成品烟梗。10月，租黄兴蓝天物流园仓库21000平方米用于存储原烟，于2013年4月合同期满后退库。12月，租德邦仓库6000平方米，用于存放成品烟梗，2013年6月合同期满退库。

2013年9月，租丰裕仓库18900平方米，义和仓库9800平方米，用于存储原烟及成品烟梗。10月，租迪普仓库5600平方米用于存放原烟，于2014年4月合同期满后退库。11月，租江背英杰仓库6000平方米存放原烟，2014年5月合同期满后退库。12月，租德邦仓库6000平方米用于存放成品烟梗，2014年6月合同期满退库。

2014年9月，租湘贤仓库8000平方米用于存放原烟及成品烟梗，于2015年8月合同期满后退库。10月，租乐伯仓库2500平方米用于存放原烟，2015年元月合同期满后退库。12月，租凯轩3栋仓库共12500平方米用于存放原烟。

2015年10月，租宏伊仓库6000平方米用于存放原烟，租人人家仓库5600平方米用于存放成品片烟。12月，再租6000平方米用于存放原烟，于2016年2月合同期满后退库；租德邦仓库11000平方米用于存放原烟及成品烟梗。是年下半年，因精选车间设备改造，公司将原烟1~3号仓库改为精选车间，导致仓储压力加大，物流成本超预算。

（二）仓储管理

1.原烟储存管理

省内复烤企业对入库原烟储存管理，随时代进步而不断改进。20世纪70~80年代中期，因烤烟种植大发展，烟叶收购量剧增，而烟叶仓库等配套设施设备跟不上，在正规仓库收储已满的情况下，部分烟叶只得采取临时搭棚+底设码架的无墙敞露堆放办法，甚至有底放码架（或砖头、木头+油毡隔湿）、露天堆放上覆雨布存放。外租仓库也不甚讲究，比如郴州复烤厂80年代中期还租赁地区肉联厂猪栏堆烟。在正规的烟叶仓库，则有较健全的管理制度。一般设有各种安全警示标牌，特别禁止库区吸烟和携带火种，配备许多消防灭火器和数个消防池。烟叶入库前半月，先行打扫，再以敌敌畏、敌百虫等农药对库内进行密闭清仓杀虫，待药味散尽，即予入烟。烟堆底座放置码架。库温调节，全依室内温度情况而定，温高则开窗、开门通风，温低则关门闭窗；湿度调节基本依室内湿度高低，以门窗开闭调节。

80年代后期，各厂（公司）大搞烟叶仓库建设，一批烟叶仓库建成。库容不足的，则事先修建好简易防雨棚。1988年11月，省烟草公司起草的《烟叶储存养护标准》通过鉴定，成为省内地方标准，由省标准局颁发实施。之后，省烟草公司又发布《湖南省烟叶仓储管理办法》。入库烟叶，码垛坚持合理、安全、经济、整齐的原则，采用"七距堆码法"：即距墙30、垛距30、顶距60、灯距50、柱距20厘米，一般走道宽50厘米，主要通道宽2米，堆高5~7包（层）。定期翻垛，以防堆积过久，烟包发热冲烧。全省烟草系统（含各复烤厂）以这两个技术标准为基础，制定各自的仓储制度，并结合自身实际，适当修改完善。其中，零陵烟叶生产购销公司（厂）1989年《仓储管理制度》规定：烟叶保管做到"五不"，即不霉、不烂、不出油、不受潮、不虫蛀。存放地点保持通风干燥，烟包放在距离地面和房屋墙300mm以上的垫木上；不与有异味和有毒物品一起混储；严格控制堆垛高度，堆垛包（层）数不能超过7包（层），并保持垛与垛间距离，便于水分和热量散发，防止受压过大而出油和板结冲烧；原烟库内悬挂温度计和湿度仪，定时查看，做好记录；库内温度一般保持在35度以下，超过30度则通风换气；相对湿度一般控制在50～75%之间，超过60%视仓外湿度高低及时关、开窗户；定期翻垛，防止烧包。库区健全安保组织和制度，落实防火、防盗措施，人走关灯落锁；配齐灭火器、消防栓、消防池，掌握使用方法；门岗日夜值守，定时巡逻；设置防火警示牌和标语，严禁在库区吸烟、玩火、放鞭炮、乱接乱改电线；定期检查和更新电路电线等，防止电线老化、鼠咬、摩擦，引发电路起火。

20世纪90年代初期，空调和除湿机出现，但多数只用于卷烟保管；用于烟叶仓库仅限于少数实力雄厚的卷烟厂。到九十年代中后期，郴州、零陵等复烤厂对大型烟叶库开始使用空调和除湿机。

2001年6月20日，省局（公司）印发《湖南省烟草仓储制度》，省内各烟草企业遵照执行。21世纪初，省内各复烤企业对烟叶仓库、投（备）料库均普遍使用大功率空调和除湿机。其后，又普遍换装使用智能型大功率变频空调、除湿机，使库内温湿度保持在设定的范围之内。

2008年起，铁质货架开始在原烟仓库陆续广泛运用，既可大幅提高库容率，又因叠存货物时各架之间留有十余厘米的空隙（若每个货架未装满，则有30～50厘米空隙），有一定的透气通风功能，还因铁架将货物分组托重，货物重量基本由货架铁柱承受，可避免低层货物过重承压，减少挤压出油、结饼几率。分层通风、减少烟包堆放挤压承重，加之有空调、除湿机应用，温湿度得到较好控制，使得烟包发热冲烧几率大为减少，若保管时间不太长，一般不需翻垛翻包。

铁质货架

省内五个复烤厂自投产起，均依据相关标准和以往实践经验，先后制定出各自的《仓储管理制度》。2008年以后，结合"三标一体化"工作及"对标"工作，均将仓储管理制度上升为企业标准，内容大同小异。要点如下：

（1）入库准备。各仓库设立定置管理平面图，标明货位、库存原料等相关信息。来料前，预先合理规划库位，额定容量。对存货仓库事先进行卫生打扫、杀虫消毒，待异味散尽、室内干燥方可入存。

（2）入库点验。对入库烟叶进行数量、重量、质量等级等进行核对验收，详情进行登记，录入电脑台账，并做手工台账记录，编制接收入库单，交由委托加工方及烟叶供应方签字确认。对不符合质量标准的烟叶或发现含水率超标、虫蛀、霉变及运输途中雨淋受潮、污染、缺件等情况时，及时通知并协助对方进行妥善处置。烟叶入库后，底座放置码架，按委托加工单位及品种、等级，分区堆放，并悬挂卡片，注明物主、品名、产地、等级、数量、入库日期等，便于出入库识别，防止差错事故。

（3）货物堆放要求。非货架式叠包堆放：严格遵照烟叶仓储的"五距"要求（垛距大于0.3米，墙距大于0.3米，柱距大于0.2米，距灯大于0.7米，主走道1.4～1.8米）。码高最多7包（或上等烟5包，中等烟6包，下等烟

7包)。铁架货架:每个框篮装800公斤烟叶、即每包50公斤重的装16包,40公斤重的装20包。货架之间,留叉车开行、拐弯作业通道,码高随叉车最高升限,一般码放4层。库内不许同时存放易燃易爆、有腐蚀、有异味物资。入库烟包不得与地面直接接触,需放置在码架之上。

(4)温湿度控制。库内保持整洁、干净、通风。库内温度一般保持在35度以下,相对湿度一般控制在50~75%之间。温度超过30度、湿度超过60%,即应开动空调、除湿机进行调控。原烟仓库保管员每天检查库内的温、湿度并填写《仓库运行状态记录表》,发现问题及时汇报、处理并做好记录。

(5)为确保原烟不受潮、不变质,储存区应保持通风状况,地面保持干净、码架清洁,定期打扫环境卫生,垃圾及时清除。

(6)翻垛要求。非货架式叠包堆放一般每月翻垛一次,如发现有冲烧霉变迹象,则视情加多翻垛次数;铁架货架由于有通风空隙,且有空调、除湿机调节温湿度,一般不翻垛,若存储时间达2个月以上,则应视情翻垛。梅雨季节保管员必认真检查仓库门窗的密封性,必要时在仓库班长的指导下组织人员进行翻堆。

(7)防火要求:库内严禁烟火;备灭火器、消防栓、消防水池,消防设备是定期检查;电线设置、机器安装,皆请有资质电工操作,不得乱接电线、乱安装电器,不得烧电炉取暖,电线需定期检查,防止老化、鼠咬、摩擦起火,人走灯灭。因维修、安装需要在库内动火,一般应在清空、转移完库内货物后进行,且应办理动火申请,得到批准后,专人备灭火器现场监管。

(8)防盗要求:非相关人员严禁进入库区。保管员每天下班须关闭电源、锁门。安保人员定时进行巡逻。物料出大门凭发货凭证放行。

(9)原烟库保管员按照YC0006—92标准要求进行虫害的预防工作,如发现库存烟叶有虫害情况,及时向仓库班长汇报,并配合公司对仓库进行杀虫工作,以防止虫害。

(10)对已做好密封降氧的烟垛,定期检查密封薄膜是否完好,防止鼠咬等因素损坏密封膜,出现异常情况及时汇报处理;对新打开的密封降氧烟垛,及时检查质量情况,及时翻堆,防止质量事故发生。

(11)原烟库保管员收发货或翻堆后,及时将散烟打包整理、堆码,将麻片、麻绳整理归类,将碎烟、碎末清扫干净,保持环境卫生。

(12)提货出库要求:对同类型、等级、产地、年度的烟叶,投料按入库先后顺序,坚持"先入先出"原则。凭提货单,登记入账,抵消入存数,做到出入库账目清楚。每日填制《原烟收、发、存日报表》至仓储主管部门。

(13)仓储主管部门应定期巡视检查各仓库,加强指导,督促规章落实到位。对外租烟叶仓库的管理,与内部仓库管理相同。

2015年,郴州复烤厂油山新厂区建成立体原烟高架库,有上万个货位,主要用于配方投料,实行翻料箱装货贴码,扫码机扫码,扫码信息录入电脑,由电脑指挥轨道穿梭机自动接货并选货位入库、自动扫码选货出库(投料),试用顺利,但尚未正式投用。已开启新一代原烟仓储模式。

2.复烤成品仓储管理

1978~2003年春,省内郴州、永州、常德、桂阳四个复烤厂以挂杆复烤为主,成品为麻片(或草片)包装的全片烟叶,从生产线末端打捆、刷唛或挂贴标签后,即以人工推车(后期改为电瓶车等)转入凉烟库,以人工抬放到木码架上,堆放高度一般为5层,最高不超过7层。以委托加工单位、品种、等级划区存放。一般放置7天,即可充分放凉,经检测包内温度达标后,即转入成品库储存。储存要求与原烟储存要求基本相同。

1991~1995年,永州、郴州、常德三个复烤厂打叶复烤生产线先后投产,片烟加工进入常态化。均以200公斤(净重)/件,瓦楞纸箱包装。从生产线末端下线,贴上标识标签后,即以抱车以每次两箱转运至凉烟库(常德芙蓉公司的凉烟库,兼作成品库),放置在码架上,进行堆码。码高一般为2~4层。

2003年以后,省内各复烤企业全面实行打叶复烤。成品片烟下线转入凉烟库后,放凉3~7天,经检验烟箱内温度充分变凉后,无成品库的(如常德芙蓉公司灌溪厂区),即通知委托加工方装车运走;有成品库的其他企业，则在片烟箱充分放凉后，以抱车或者平板机动车，将烟箱转至成品库储存。木码架堆码层最高为5层；通货式货架按设计层高堆码；无货架堆码方式的，堆放前先垫好防潮铺垫，再行堆码，两列平行码放为一垛；每垛第一列堆码层高为3层，其他堆码层高为4层，要求平稳整齐。成品库内温度一般控制在15～30度之间，相对湿度控制在55～65%之间。室内温度过高，则以空调机调节；室内湿度过高，则以除湿机予以调节。

烟梗为打叶复烤副产品，价值不高，委托复烤加工方如有利用的则运回去，一般经切碎、打粉、压成薄片，然后切丝，用作低档烟填充料或他用；但由于薄片烟丝用量不大，也有许多客户的烟梗不运回，委托加工方就地销毁。故而烟梗一般用编织袋或麻袋包装。下线后运至烟梗储存库，进行堆码。底部垫放码架，必要时还根据等级或部位进行分开码放，且堆码平稳整齐，堆码层高最多不超过8层。烟碎末堆码：底部垫放码架或防潮铺垫，整齐堆码，层高与成品片烟箱相同。

每当复烤旺季，库容紧张，成品烟的凉烟期满即争取发货，库存烟梗等残次废弃烟草专卖品亦报请尽快拉走或处置，以加快库容周转。

二、物流

复烤厂加工烟叶物流环节主要包括：来料卸车、装运原烟入库并卸货堆码、原烟库装货运到精选车间卸货、精选后将烟叶送到投（备）料库堆码、从投（备）料库再运到复烤车间；复烤产成品运到凉烟库、从凉烟库运到成品库、从成品库装车发运。加工附产品物流主要包括：下线后装车运至储存处，积存到一定数量时，联系或报请同意后再装车运出。燃料、零配件、生产辅料物流主要为验收入库、储存、领用投放。

20世纪80年代，机动车辆少，郴州、常德、零陵烟叶复烤厂在挂杆复烤生产中，厂内烟叶原料转库基本用人力板车拖运；原料在仓库内、生产车间内的转移，多用人力两轮“虎头车”，或者人力肩扛手抬。装卸皆用人力。1986年5月，郴州复烤厂移交烟草公司后，大批量烟叶转库均以汽车转运。

虎头车

1990年，郴州复烤厂首次购置叉车2台、斗式装载机1台投入使用，主要应用于大件装卸、废弃物处置装卸、煤炭装卸等。

1991年6月，零陵烟叶复烤厂与珊瑚乡政府签订雇佣劳力协议书，首次以合同形式集约雇请手扶拖拉机30台（人），板车20部（人），手扶拖拉机装卸工20人，仓库区装卸工50人，承担厂内物流主要劳务。打叶车间投产后，成品烟箱从生产线下线到成品库、成品库装车启运，皆用抱车完成。1992年，郴州易地技改搬迁到司马洞厂区后，配备抱车1台，用于打叶线片烟下线转运和片烟装卸。1993年，省内已建成三个打叶车间，皆开始购置抱车用于片烟转运。零陵烟叶复烤厂购买叉车3台，投入使用。尽管如此，90年代各厂内物流仍以人力作业为主，机械作业为辅。

手动液压拖车（左）与电动液压拖车（右）

2002年，各厂挂杆复烤设备大都拆除后，均为打叶复烤做优做强，皆增添抱车、叉车、电瓶搬运车等新设备，并不断更新换代。

2005~2006年，郴州等复烤厂开始购置手动液压叉车、电瓶搬运车、机动平板车、电瓶液压拖车，投入到各车间短途物流。

2008年，为促进物流、仓储规范化，省内复烤企业开始购置原烟铁质货架用于烟叶物流（除永州），进而促进陆续购置配套机械与之配套。其中，郴州复烤厂分别于2008、2009、2012年购进5000个铁质货架。至2015年，配有抱车13台、叉车11台、汽车8台、电瓶牵引车5台、液压滚轮叉车7台、铁货架1万余个。

抱　车

常德芙蓉公司购置电动托盘搬运车16台、电拖车3台、叉车4台、电叉车7台。原烟运输由仓储部门按照生产计划组织原烟运输供应商进行配送，成品运输由仓储部门按照产品调拨计划组织甲方物流供应商实施回调。湘西鹤盛公司有抱车7台、叉车25台、转运汽车7台、液压滚轮叉车30台、铁货架20583个；厂内加工原料转运仍以民工小三轮机动车为主，成品转运以自有抱车加小三轮机动车进行，车间内物料转移以电瓶液压滚轮小叉车为主，烟梗下线装车实行活动式传送带平台装车，亦方便快捷。

在实现货架化装载烟叶的四个厂，原烟及产成品物流的基本作业方式为：来料——接车至原料库，查看《准运证》和商业供方《发货单》——整车过地磅，记录重量——人力卸车，委托加工方、供应商司业务代表、加工方质检和仓储部门等人员到场联合点验件数、抽验烟叶等级，各方做记录——来料运输车辆再过地磅退皮，得出净重，各方记录——根据三方检验、点验、称重原始记录，制作《验收单》，三方签字，完成烟叶工商交接——复烤厂劳务人员将烟包装入铁货架，每架（筐）800公斤——叉车挑运货架或装车运到原烟仓库码垛储存——接到精选调度令后，又以叉车挑运货架到精选车间（其中：湘西鹤盛公司将入架原烟以叉车挑放到动力牵引车上，每车可装8～10架，运到精选车间，快捷又节能）——精选车间内的货架，以电瓶液压滚轮小叉车移动至需要位置进行精选。台检组质检员对各精选工上交的再分级烟叶进行检验——精选合格的烟叶货架装满后。以电瓶液压滚轮小叉车将货架移至车间物流通道附近集中——以叉车挑运到投料库，码垛暂存——接到复烤生产调度令后，以叉车从投料库取下货架，挑运到打叶车间真空回潮段投料区（不需回潮的，直送铺叶台附近投料区）——回潮后的烟叶以人力装入货架，再以电瓶液压滚轮小叉车将货架运到各铺叶台边——铺叶工解包铺叶上输送皮带——烟叶经打叶生产线预处理段、打叶风分段后，形成梗、叶、烟灰分流：片烟经烤片段、包装段，以纸箱包装下线，以抱车将烟箱运至凉烟库——烟箱充分放凉后，以抱车运至成品库储存——交货时，以抱车将烟箱装上小货车运至大货车旁再以抱车将烟箱装入大货车，（有的企业设有成品库装卸月台，直接以抱车装车）。烟梗经烤梗段隔房下线，一般以编织袋或麻袋包装，积累到一定数量时，以移动式输送带（台）将梗包送入汽车，人工齐整，装满后运至梗仓库暂存。烟灰经风管吹至隔房集中，以编织袋包装，积累到一定量时，以移动式输送带（台）将烟灰包送入汽车，人工齐整，装满后运至烟灰集中处暂存。至于大宗辅料如纸箱等，来货后亦用叉车卸货入仓。上述物流过程，各厂大同小异。可见，2015年之时的物流作业方式，以机械作业为主，人工作业为辅，快速便捷，用工少，物流效率提高，节省大量人力成本，劳动强度大大减轻。

为保证厂内物流通畅，各厂（公司）仓库、车间，均以无台阶式专用通道相连，多有廊桥或雨棚相遮，物料运输转移之时，晴雨无虞。

2015年10月，郴州复烤厂油山新厂区投产后，原烟接收、入库、提货到精选车间、精选烟叶入投料库、投料库烟叶入复烤车间，全程采用货架化、机械化作业。片烟成品出入库物流则全程实现自动化、无人化作业。入库由扫描机自动扫码，轨道穿梭机自动接货入库存放；出库按电脑指令，自动识别货号，自动转货出库，初现新一代物流新趋势。

2017年8月，永州复烤厂整体搬迁到凤凰园新厂区后，采用"U"字形联合工房，打叶复烤车间与选叶车间、备料车间、成品高架库、辅料暂存间，合理组合，选叶车间与原烟库区物流便捷，选叶车间与打叶复烤车间直通，打叶复烤车间与北侧的成品高架库邻近。物流货架化、机械化作业模式全面实施，成品入库实现自动化作业。

第三节　客户服务

省内各复烤厂(公司)自投产起,均十分重视客户服务。早期的客户服务主要注重于:对客户迎来送往,主动热情;食宿安排,周到细致;联谊活动,适当安排。

2003年2月23日,国家局印发国烟法〔2003〕68号《关于加快打叶复烤企业改革与发展的实施意见》文件,要求"重点卷烟工业企业必须在2003年底前拆除打叶线",由工商联手、共同投资组建按现代企业制度要求运作的复烤有限责任公司,并对新组建的复烤企业提出实施目标和措施要求,其中对复烤企业的客户服务工作提出明确要求:"要增强服务意识,让服务向两端延伸,实现全方位的服务。打叶复烤企业要转变观念,切实把自己作为卷烟工业企业的'第一车间',增强责任意识,满足卷烟工业企业的配方和工艺、技术、产品质量要求,为卷烟工业企业提供优质的服务,要把服务从产中向产前和产后延伸。"由此,客户服务已不仅仅局限于对客户的食宿接待,而是转变为以满足卷烟工业企业委托加工工艺、质量要求为主的"全方位服务"。

为落实国家局关于服务工作的要求,省内各复烤企业高度重视,均成立专门机构专司客服职能,或将服务工作专门归口到部门,并设置"客户经理"岗位,分片负责,相互协助。各企业客服职能归口部门为:郴州厂2004年归口业务部。零陵厂2004年归口生产经营部,后归口业务部(科)。2013年7月,湖南烟叶复烤有限公司实施公司成立后的首轮人力资源体系建设,统一两厂机构设置,将郴州、永州两厂业务、客户职能合并,分别设立客户服务中心,突显客服重要性,各配备客户经理及业务人员若干。常德芙蓉公司归口业务部。湘西鹤盛公司先后归口市场拓展部、市场生产部、市场计划部,2009年起设立客户经理,并修改出台《客户沟通与抱怨处理程序》《顾客满意监测程序》《顾客财产管理程序》《客户经理工作程序》《业务接待管理办法》《业务流程描述》等一体化客户服务文件6份,同时发放《异常信息处理单》《客户意见通报》等表格随时填报。浏阳天福公司一直归口业务部。

一、食宿接待

郴州复烤厂司马洞厂区设有简易招待所,共12间房;2015年搬迁到油山新厂区后,客户服务中心综合楼设有两层48间客房,并设客户休闲室。永州复烤厂有"金叶大厦"一栋5层,其中4层用作招待所,共有64间客房。湘西鹤盛公司2009年9月客户服务中心大楼建成投入使用,配套设有食堂、茶吧及棋牌娱乐室,共有31间标准间及单间,可满足80人同时入住。浏阳利用办公楼的3、4层开办内部招待所,有36间客房。客户来公司后均遵其意愿,愿在公司招待所住宿的,予以及时安排。常德芙蓉公司搬迁到灌溪新厂区后,无招待所设施,均以协助形式为客户联系住宿。五厂(公司)均设有食堂,开办自助餐,客户初来设席接待一次,业务结束设席饯行一次,其余时间均在食堂吃自助餐。客户代表大都在厂里吃住,工作就近,生活方便。此外,各复烤企业还实行"客户用车优先"制度,尽量满足其工作需求用车。湘西鹤盛公司为解决客户运输合作司机等候装车、卸车时段无法休息的问题,专门新建一栋二层小楼,为司乘人员休息、饮水、吸烟、上卫生间等提供方便;并建立外来车辆登记、排队发号卸车制度,如特殊原因等候三天以上者,可免费到食堂用餐。

二、联谊活动

湖南复烤公司,每年股东会召开期间,与18家股东单位举行恳谈、交流活动,增进感情,巩固"基本盘";对新客户定期联络走访联络,发展新关系。郴州复烤厂多次邀请客户厂家举行座谈会、联谊会;3次举行"天泰杯"羽毛球邀请赛;2011年,参与国家局在郴州召开的全国烟叶收购暨现代烟草农业建设现场会议，宣传郴州"浓香型"烟叶和郴州复烤厂复烤加工优势。湘西鹤盛公司每年利用股东会期间，开展联谊活动；2002年，与湘西州烟草公司联合，邀请国内近20家卷烟企业，在吉首召开湘西烟叶发展座谈会；2011~2012年，该公司举办两次客户答谢会，加强沟通，联络感情。浏阳天福公司每年利用股东会期间开展联谊活动，2007年、2009年、2011年召开三届工商客户洽谈会，加强客户之间的联系，为市场拓展和生产的顺利进行创造条件。2012年，省内工业线复烤企业遵照湖南中烟公司部署，开展"以服务顾客为导向"群众性活动。

三、产前服务

主要包括：协同完成入厂原料检验和交接，如期如质完成烟叶精选，开烤前充分听取客户对加工工艺、质量的要求，必要时召开产前协调会，协调各部门尽量满足其要求，并形成书面决议，随后实施。各复烤厂（公司）每年召开客户沟通会多次。其中，浏阳天福公司2010年召开10次。

四、产中服务

生产过程中，坚持按工艺、质量标准和操作流程作业，接受监打组的监督，对合理的建议和要求予以采纳，对疏忽、不当之处随时改进。有投诉的，记录在案，尽快解决。对当批加工情况的在线生产质量检测数据，要求提供的予以提供。对加工偶然出现不达标的情况，均立即组织人员，查明原因，属操作不当的，立即纠正；属于原料本身缺陷的，查明原因后，及时向客户通报，解除误会。

五、产后服务

发放《顾客满意度调查表》，每年至少一次，调查的内容包括公司产品的质量、包装、价格、服务以及后期市场预测等，要求全面、真实、客观，以"非常满意（91~100分）、满意（81~90分）、较满意（61~80分）、一般（41~60分）、不满意（40分以下）"五个满意级度为评价标准，并定期进行电话联系，征求意见。对客户反应的问题，作好记录。有的单位利用淡季进行专人回访，直接沟通。对客户满意度的调查和平时反映的意见，定期进行汇总，认真分析，报相关部门及公司领导作为管理评审、持续改进的依据，并在公司生产和质量管理例会上制定改进措施，整改后形成《客户投诉回复记录》反馈给客户。同时建立客户档案，详细记载客户每年的加工等级、数量及对工艺、质量、服务等方面的需求情况，为加强和改进以后的生产、质检、经营、设备、服务等方面提供资料。如此，委托、受托双方形成良性互动，增进感情，延续合作，共促发展，互惠互利。

第四节　产成品交接

省内实行烟草专卖制度后，烟草商业系统烟叶调拨包括初烤烟调拨和复烤烟调拨，先后由地、州、市原烟经理部业务科或烟叶购销公司业务科负责具体实施。分为两种情形：将烟叶发运到卷烟厂家交验的，按下达烟叶调拨单——办理专卖准运证——仓库发货——货到卷烟厂家交验——依据交验结果和相关协议办理结算等五个步骤进行；卷烟厂家到公司提货的，依照：在产地仓库验级过磅——办理准运证——仓库发货——结算货款四个步骤进行。

复烤厂对完成复烤加工后的成品交接，依“入厂原料物权”进行交接，即谁委托加工，复烤后将复烤成品及附产品交给谁。但复烤厂与地州市级原烟经理部合并为烟叶购销公司期间，厂、司一体，或者如常德复烤厂并入常德卷烟厂成为其车间之后，复烤加工仅是内部分工而已，效益共享，不存在委托加工。复烤成品发货交接细节为：

1986~1989年，采取提货制。复烤烟叶对外发货交割，以原烟经理部为主，复烤厂协助。在复烤进行时，委托加工方（卷烟厂或原烟经理部）均会派业务员驻厂跟班，每班次原烟完成复烤加工后，即与委托加工方驻厂代表共同点验等级、重量，双方签字确认，尔后转入凉烟库。批量大、一时不能发运的，转入机烤库（即复烤成品库）。每批复烤完成，原烟经理部即预约委托方自行提货，省内大型卷烟厂一般都有直属车队，来车提货。外地客户需在本地雇请汽车的，原烟经理部予以协助联系；需通过火车货运方式运回的，原烟经理部需提前一个月向本地火车站申报计划，安排车皮，如约装运。零陵复烤厂临近湘江，偶有船运。每批复烤成品出库交接，原烟经理部与客户代表双方点验等级，每包过磅，双方当场记录，然后汇总填制验收单，双方代表签字确认，作为结算依据之一，连同《委托复烤合同》和《来料验收单》、双方确认的每台班复烤产量、质量《确认单》等原始记录，办理结算手续。然后发运。货运途中押运，由客户方负责。

1989、1990年，零陵、郴州复烤厂先后合并成立烟叶购销公司后，烟叶复烤实行“领料回库制”，只负责每班次复烤烟叶等级、数量点验、登记，按日汇总上报复烤生产报表。烟叶对外交接、发货，由公司业务科负责。方法如前。

1990年，省内各地“优质烟”开发启动，发展迅猛。烟叶调拨开始试行由“提货制”转为“送货制”，即在有调拨计划的前提下，按年度全国烟叶订货会购销双方所订立的、且经上级鉴证纳入计划的有效合同，由烟草商业（烟草公司）方依合同确定的等级、数量，逐批将烟叶送往订货的卷烟厂，经厂方抽检验级、称重，完成工商交接。在送货交验的烟叶中，复烤烟叶占较大比例，且挂杆复烤烟叶较初烤烟叶受欢迎。是年，零陵烟叶购销公司（厂）将业务科分设为烟叶科和销售科，烟叶科管烟叶购进，销售科管烟叶调出。两科协同合作，各司其职。烟叶收购时期，烟叶科将烟叶验收入库的数量、等级结构及堆放场地明细报给销售科。烟叶调出由销售科下达计划，并负责过磅、发货。烟叶调出，货到卷烟厂家后，如出现少件、短秤、降级等问题，以销售科为主会同烟叶科共同处理。烟叶进出损耗各承担50%。

2002年起，复烤加工成品的验收、调运全面按照国家局颁发《烟叶—打叶复烤—工艺规范》（YC/T—146—2001）、《打叶烟叶—质量检验》（YC/T—147—2001）、以及双方签订的《委托加工合同》《确认单》等为验收标准。如双方对产成品验收结果发生争议时，可协商解决。协商不成，由有资质的质量监督检验机构进行第三方检测确认。

按行业规定：产成品由复烤厂免费保管一个月，以入库单日期为起点计算时间；在晾置期满后即要求甲方（委托加工方）及时提货；甲方自提的，以复烤厂发货单戳记日期为准，委托送货的，以甲方接收戳记日期为准，逾期保管则按相关规定收取保管费用；如送货，运输费用按照政策规定执行，由复烤厂先行垫付，甲方在接收货物后一个月内承付给对方；复烤厂按照甲方制订的产品发运计划及发运通知，及时办理好准运手续并组织发货；发货后4小时内，以电话、电报、传真或电子邮件等形式向甲方告知发货时间、车（船）号、等级、数量等相关信息。省内运输一般以汽车为主，省外运输大多以火车为主；零陵烟叶复烤厂临近湘江上游，偶用船运。相关票据及烟草专卖准运证等均随货同行，交货地点为委托加工合同约定的地点。货物到站后，由甲方接货验收。

2007年，常德芙蓉、湘西鹤盛、浏阳天福公司划归湖南中烟工业公司直接控股后，复烤成品交接一律实行提货制。程序为：在委托加工任务完成、复烤成品放凉后，与委托加工方驻公司监打代表联系，就交割、发运方法和日期达成一致，即由加工方登陆中烟EIP网络系统，报告情况，中烟工业公司原料部即指令其招标中标货运商组织承运，为承运车队出具“委托运输函”，并向加工单位下达“物资承运调拨单”。复烤公司(厂)业务部门接到通知后,在“烟草专卖证件管理系统”网页开具“准运证申报单”,代理办好准运证。承运商持“两单”到公司,业务部门根据与委托方签订的协议及要求,办理发货手续,开具“调拨单”,通知发货。发货时,委托加工方监打代表到场,与成品仓库保管员一起点清货物等级、数量,以抱车夹抱货物装车,覆盖两层薄膜外加油布捆扎牢固后,即予启运。

同期,商业线郴州、永州两个复烤厂的发货交接手续基本与上相同。

第五节　货款及加工费结算

一、价格政策

20世纪80年代至2002年,省内的烟叶调拨,初烤烟、复烤烟(又分挂杆和打叶复烤烟叶)并举,其价格均按照国家局、省局及省物价部门规定的供应价格执行(详见附表)。其间,由于烟叶市场及价格指数的不断变化,省物价部门曾以湘价字〔1981〕第38号;省局(公司)以〔1987〕第38、54号,〔1990〕第87、120号,〔1991〕第36、49、55号,〔1992〕第77号,〔1994〕第25、26、31、42号,〔1995〕第16、17号,〔1996〕第25、35、42号,〔1998〕第33号,〔1999〕第27、37号,〔2000〕第29、41、42、43号,〔2001〕第32、33号,〔2002〕第255、257号;国家局以〔1993〕15号、〔1998〕67号等文件,对初烤烟及复烤烟的供应价格进行过多次调整。同一等级的复烤烟叶价格高于初烤烟,其价差部分实为复烤加工费及损耗弥补。这些文件规定的价格,称为“调拨基准价”,主要实行于地(州、市)烟叶购销公司与卷烟企业间的正常调拨;省际间调拨价高于省内间调拨价,省内调拨价有的年份分价区,有的年份不分价区,同一等级的烟叶二价区调拨价高于三价区,一般适用于“套烟”调拨。调烟方要求单调上中等烟某几个等级(俗称“点菜式调烟”)的,省公司1995年规定“由购销双方议定成交价”;1996年统一规定为:上等烟每50公斤增加70元的基地建设费,中等烟的C3l、K3F、X1L、X2L等四个等级的,每50公斤增加60元的基地建设费,这一规定一直沿用,增费标准后期有调整。

其间,调拨一般以双方当面验级、过磅后完成物权转换。例如:1987年6月26日,零陵地区原烟经理部销售给隆回卷烟厂烤烟1250吨,烟厂验收后,凭验收签字的销售发票及磅单托收;过磅费及过磅以后发生的一切费用由烟厂承担,本部垫付,凭据向烟厂托收;包装按照草片每件2公斤,麻片每件1公斤除皮;烟叶调拨价格按湖南省物价委员会核定的冷水滩仓库交货价执行,实行提货制;卷烟厂验收过磅后,10天内运走全部烟叶,过期按每月每平方米1.45元计算仓储租金,每月结算一次。对于卷烟企业在外地购入送烤的初烤烟、“县、厂直销”时期县公司的送烤“直销烟”、外地烟草公司送烤的初烤烟、行业各单位送烤的库存老烟,需委托复烤厂进行“代加工”的,根据国家局、省局规定,一律从量(按投料数量)计价收取加工费,烤前签订合同,价格随委托方加工要求如是否需要增加重新挑选、除杂提纯、出入库检验、回潮和包装要求、仓储期、定期翻垛、烟梗回收、运输及其他不同而定,工序、工艺简单的价低,工序、工艺要求较高的价格相对较高。例如:郴州地区烟叶生产购销公司(复烤厂),1991~1992年,对卷烟厂烟叶加工费为62元/50公斤。1991年7月10日,长沙卷烟厂委托零陵地区烟叶生产购销公司(复烤厂)复烤加工烟叶,双方签订的合同约定:(1)复烤费:挂杆复烤烟每吨400元,按成品重量计算(含碎片)。打叶复烤按总公司制定的片烟价格,减去投入的初烤烟成本价计算价格,计价重量按复烤后片烟重量计算,烟梗加工费另计价,包装纸箱按实收费。(2)短途运费:按每吨7.50元计算,18件折合为1吨。(3)翻垛费:按每吨1.50元计费,18件折合为1吨。(4)长途运费:汽车按每吨每公里0.30元计算,18件折合为1吨。铁路运输按实际费用结算。(5)装卸劳务费:按零陵地区物价局和交通局的规定执行。(6)仓租费:成品烟代租仓库实际租用面积计算按每平方米1.00元。

(7)上述费用由受托方向委托方托收。长途汽运由承运单位直接向委托方结算。后期,随市场因素,复烤代加工收费价格仍有调整。

1993年,试行“厂、县直调”后,因受物价、包装麻片涨价等因素影响,郴州复烤厂为各县(市)烟草公司代烤,挂杆复烤加工费以每50公斤43元的价格收取;为卷烟厂代烤的,工序较县公司代烤复杂,加工费升至68元/50公斤;打叶复烤基准价按1700元/吨收取,价外费用另计。

厂县挂钩(联办烟叶生产基地)配套等级调拨价,1995年省公司规定:按调拨基准价每50公斤下调20元;未完全按调拨基准价的,购销双方另行协商,另签订合同。

出口烟叶、烟梗的加工费,按省级烟草进出口公司(为省烟草公司直属部门)约定的价格收取,并办理退税,分享优惠。

湖南省1981~1994年复烤烟叶(10级、15级制)供应价格表

表21　　　　单位:元/50公斤

年度 等级	1981-1984	1985-1986	1987-1989	1990	1991-1992	1993	1994
中一	371	437.2	508.3	508.3	529.95	555.29	700.71
中二	296	332.9	394.9	394.9	412.83	469.73	625.37
上一	279	315.5	377.43	377.43	394.84	418.39	564.1
中三	226	244.2	267.51	295.1	313.73	349.94	484.63
中四	171	171	176.76	200.21	214.65	247.27	359.83
上二	206	221.6	239.58	269.68	286.71	307.16	408.49
上三	158	159	159.31	101.56	196.64	213.04	269.82
青一	146	124.2	124.43	122.25	123.57	127.48	143.1
中五	135	132.9	124.43	130.72	142.57	136.04	170.69
上四	125	120.7	106.97	122.25	133.57	127.48	143.1
青二	105	80.7	63.35	62.95	70.53	59.03	74.79
中六	98	94.6	80.79	84.98	93.94	84.7	100.47
上五	88			62.95	70.53	59.03	74.79
青三	70					38.5	54.36
末级	43					33.36	49.32
等外	34						

资料来源:湖南省志第九卷〔1997年版〕,湘价字〔81〕38号及湘烟财字〔87〕第38、54号文件,湘烟财〔90〕号、〔91〕36、49号,国烟价〔93〕15号,湘烟财〔94〕26、31号文件。

湖南省1991~1998年复烤烟叶(40级制)供应价格表

表22　　　　单位:元/50公斤

项目 等级	1991年-1992年	1993年	1994年		1995年			1996年		1997年		1998年		
		调拨基准价	调拨基准价		省内	省际		省内	省际	复烤烟	机烤片烟	省内	省际	
			复烤烟	机烤片烟		套烟	单调						复烤烟	机烤片烟
C1F	538.69	606.63	708.89	1060	1029	1109	1338	1343.52	1545.05	1343.52	2243.49	1344.16	1343.52	2243.49
C2F	483.82	512.5	615.06	924	910	990	1183	1222.21	1405.54	1222.21	2049.70	1220.35	1222.21	2049.70
C3F	428.94	409.83	535.06	808	796	875	1035	1079.79	1241.76	1079.79	1822.14	1074.95	1079.79	1822.14
C1L	465.53	538.18	640.66	962	959	1039	1247	1267.77	1457.94	1267.77	2122.53	1266.98	1267.77	2122.53

续表

单位：元/50公斤

项目 等级	1991年-1992年	1993年	1994年		1995年			1996年		1997年		1998年		
		调拨基准价	调拨基准价		省内	省际		省内	省际	复烤烟	机烤片烟	省内	省际	
			复烤烟	机烤片烟		套烟	单调						复烤烟	机烤片烟
C2L	392.34	435.51	550.57	829	847	927	1100	1143.14	1314.61	1143.14	1923.42	1128.44	1143.14	1923.42
B1F	502.03	503.96	595.35	896	881	961	1145	1178.75	1355.56	1178.75	1980.30	1119.5	1178.75	1980.30
B2F	410.65	401.28	493	747	754	834	980	1040.86	1196.99	1040.86	1759.92	955.94	1040.86	1759.92
B1L	383.2	367.06	458.67	697	702	782	913	980.81	1127.93	980.81	1663.95	905.87	980.81	1663.95
B1R	392.34	332.83	402.42	615	573	653	745	855.86	984.24	855.86	1464.60	812.91	855.86	1464.60
H1F	438.09	418.39	510.07	772	728	808	946	1042.95	1199.39	1042.95	1763.39	980.97	1042.95	1763.39
X1F	355.73	367	481.23	730	736	816	957	1008.57	1159.86	1008.57	1708.37	978.29	1008.57	1708.37
C3L	319.17	332.83	452.71	689	706	756	918	971.74	1117.5	971.74	1695.14	971.74	971.74	1695.14
X2F	300.87	298.61	413	631	627	777	815	847.12	974.19	847.12	1489.90	826.32	847.12	1489.90
X3F	246	230.1	300.08	467	485	535	631	731.23	840.91	731.23	1299.20	703.1	731.23	1299.20
X1L	328.3	307.16	421.55	643	668	718	868	910.48	1047.05	910.48	1594.30	891.13	910.48	1594.30
X2L	273.43	247.27	333.9	516	552	602	718	778.01	894.71	778.01	1376.19	767.32	778.01	1376.19
B3F	337	247.27	351.26	541	563	603	672	862.82	992.24	862.82	1515.65	751.54	862.82	1515.65
B4F	264.26	195.93	221.26	352	402	443	490	647.62	744.76	647.62	1161.65	589.32	647.62	1161.65
B2L	300.87	178.82	420.9	492	541	591	703	826.00	949.90	826.00	1455.10	736.79	826.00	1455.10
B3L	227.7	281.49	204.61	327	396	446	515	610.80	702.42	610.80	1101.10	563.24	610.80	1101.10
B2R	319.17	247.27	272.45	426	432	472	523	675.38	776.69	675.38	1207.42	595.13	675.38	1207.42
B3R	246	178.82	204.21	327	301	341	360	489.16	562.53	489.16	901.49	451.07	489.16	901.09
H2F	346.62	315.72	374.19	574	596	646	775	880.29	1012.33	880.29	1544.71	826.62	880.29	1544.71
X2V	246	213.04	238.32	377	394	444	512	621.97	715.27	621.97	1119.46	608.53	621.97	1119.46
C3V	319.18	315.72	380.02	583	573	623	745	835.96	961.35	835.96	1471.56	792.35	835.96	1471.56
B2V	282.57	247.27	272.45	426	442	472	520	668.75	769.06	668.75	1196.45	610.90	668.75	1196.45
B3V	227.7	195.93	221.26	352	272	302	320	514.82	592.04	514.82	943.28	477.14	514.82	943.28
S1	236.82	195.93	221.26	352	399	449	519	537.15	617.72	537.15	980.00	511.10	537.15	980.00
B4L	154.51	127.4	146.72	235	196	226	270	398.92	458.76	398.92	801.12	370.47	398.92	801.12
X3L	218.53	187.3	222.78	354	336	356	376	570.66	656.26	570.66	1107.16	556.89	570.66	1107.16
X4L	154.51	127.45	140.72	235	196	236	250	398.92	458.76	398.92	801.12	398.11	398.92	801.12
X4F	172.81	144.55	157.53	260	236	246	266	464.72	534.43	464.72	918.38	426.04	464.72	918.38
S2	163.64	127.4	140.72	235	217	220	230	398.92	458.26	398.92	801.12	370.47	398.92	801.12
CX1K	209.4	161.71	174.84	285	265	270	280	434.53	499.71	434.53	864.66	384.18	434.53	864.66
B1K	218.53	170.26	183.38	297	237	240	240	463.50	533.03	463.50	916.30	391.60	463.50	916.30
B2K	172.81	127.4	140.72	235	150	150	150	331.90	381.69	331.90	681.81	280.47	331.90	681.81
CX2K	136.48	110.3	123.68	210	131	136	136	280.59	322.68	280.59	590.41	230.97	280.59	590.47
B3K	117.91	93.2	106.63	186	114	114	114	251.62	289.36	251.62	538.75	210.16	251.62	538.75
GY1	136.22	110.3	123.6	210	132	132	132	302.93	348.37	302.93	630.17	250.97	302.93	630.17
GY2	81.33	59.03	72.49	136	77	77	77	216.01	248.41	216.01	475.21	185.13	216.01	475.21

资料来源：湘烟财(91)55号，国烟价(93)15号，湘烟财(94)25、31、42号、(95)16、17号，湘烟财(96)25、35、42号，国烟计(98)67号，湘烟财(98)33号文件(1992年77号文件调整C3L复烤烟供应价为337.06元)。

湖南省1999~2000年复烤烟叶(40级、42级制)供应价格表

表23　　　　单位:元/50公斤

项目 等级	1999年		2000年				项目 等级	1999年		2000年			
	省内	省际	国家基准价	省内	省际			省内	省际	国家基准价	省内	省际	
					复烤烟	机烤片烟						复烤烟	机烤片烟
C1F	1461	1680	1461	1636	1680	2417	B3R	722	830	722	722	794	1263
C2F	1327	1526	1327	1486	1526	2201	H2F	946	1088	946	946	1041	1633
C3F	1161	1335	1161	1300	1335	1935	X2V	646	743	646	646	711	1137
C1L	1375	1581	1375	1540	1581	2279	C3V	930	1070	930	967	1023	1606
C2L	1194	1373	1194	1337	1373	1987	B2V	740	740	740	740	814	1293
B1F	1259	1448	1259	1372	1448	2091	B3V	598	598	598	598	658	1056
B2F	1064	1224	1064	1138	1224	1779	S1	598	598	598	598	658	1056
B1L	1037	1193	1037	1110	1193	1735	B4L	373	373	352	352	352	691
B1R	1064	1224	1064	1064	1224	1779	X3L	517	554	498	498	498	953
H1F	1105	1271	1105	1105	1271	1844	X4L	320	346	312	312	312	619
X1F	1040	1196	1040	1144	1196	1740	X4F	384	384	360	360	360	706
C3L	1027	1181	1027	1109	1130	1767	S2	357	357	357	357	357	700
X2F	808	929	808	856	889	1405	CX1K	425	425	417	417	417	808
X3F	659	758	659	659	725	1158	B1K	409	409	401	401	401	778
X1L	963	1110	965	1033	1062	1665	B2K	287	287	271	277	271	546
X2L	792	911	792	832	871	1378	CX2K	271	283	271	271	271	546
B3F	852	852	784	784	784	1365	B3K	206	206	206	206	206	430
B4F	671	671	598	598	598	1056	CY1	247	247	247	247	247	502
B2L	808	929	776	807	854	1352	CY2	171	171	171	171	171	366
B3L	627	721	598	598	658	1056	C4F			942	1008	1036	1619
B2R	889	1022	889	889	978	1539	C4L			865	926	952	1491

资料来源:湘烟财(99)27号、37号,湘烟财字(2000)29、41、42、43号文件。

湖南省2001~2002年复烤烟叶(42级制)供应价格表

表24　　　　单位:元/50公斤

项目 等级	2001年		2002年		项目 等级	2001年		2002年	
	省内	省际	省内	省际		省内	省际	省内	省际
C1F	1765	1829	1807	1855	B3L	426	426	383	383
C2F	1571	1627	1603	1646	B2R	910	928	924	942
C3F	1376	1426	1401	1439	B3R	592	592	579	579
C1L	1629	1688	1663	1708	H2F	949	949	947	947
C2L	1431	1482	1464	1503	X2V	649	649	640	640
B1F	1379	1429	1393	1470	C3V	936	936	933	933
B2F	1157	1200	1164	1218	B2V	760	760	751	751
B1L	1136	1177	1186	1229	B3V	584	584	573	573
B1R	1157	1200	1164	1207	S1	514	514	494	494
H1F	1199	1248	1212	1257	B4L	285	285	170	170

续表　　　　单位:元/50公斤

项目 等级	2001年		2002年		项目 等级	2001年		2002年	
	省内	省际	省内	省际		省内	省际	省内	省际
X1F	1111	1151	1167	1220	X3L	513	513	339	339
C3L	1162	1205	1191	1245	X4L	305	305	195	195
X2F	861	893	893	935	X4F	321	321	210	210
C4F	999	1036	1009	1056	S2	373	373	239	239
C4L	935	970	932	976	CX1K	364	364	195	195
X3F	636	636	662	662	CX2K	250	250	141	141
X1L	1028	1067	1036	1084	B1K	321	321	170	170
X2L	807	838	820	859	B2K	215	215	111	111
B3F	688	686	623	623	CY1	207	207	96	96
B4F	460	460	365	365	B3K	168	168	66	66
B2L	720	734	711	732	GY2	145	145	51	51

资料来源:湘烟计(2001)32、33号　,(2002)255、257号文件

1998年,国家局行文,打叶复烤片烟“代加工”基准加工费提高到每吨1900元,价外收费另计。

2002年,挂杆复烤在国内基本取消,复烤加工基本为片烟。国家局关于“原烟交接,委托加工”的规定和规范化复烤加工合同样本条款在行业内大力推行,复烤加工费的定价与结算方式发生重大改革,由传统的根据卷烟厂家意愿调拨初烤烟或复烤烟,转变为由工商“原烟交接,委托加工”,复烤费及价外收费项目另行计算的方法。委托加工与承接加工双方均严格执行国家局规定的加工费用标准,按成品片烟实际产出重量计算,每吨价格为2100元。其他主要价外项目收费,如分级费(片选、把选)、回潮费、烤梗费、烤末费、理化检测费、叶片包装费(出口包装、国内包装)、梗条包装费(纸箱包装、麻袋包装)、碎片包装费(纸箱包装、麻袋包装)、产成品保管费、残次废弃烟草专卖品保管费和处理费及其他费用,有国家局(总公司)、省烟草专卖局(公司)标准的,按收费标准执行;没有标准的由双方协商确定。

包装要求及费用负担,包装物的提供及成品片烟、烟梗、烟末(碎烟)的包装方式、重量、标识要求和原烟包装物料(麻袋、麻绳)的处理由甲乙双方议定。残次、废弃烟草专卖品的处理,委托加工方自行处理的,一般在当年加工季节内处理完毕;委托承接加工方处理的,由委托方出具委托书,并按相关规定支付处理费用。逾期不处理的,按相关规定支付保管费用。对结算方式,由双方议定,以增值税发票开具之日起计算,委托加工方在一个月内结算加工费用。如开票后发生质量纠纷问题,结算期限双方另作约定;无故逾期不支付加工费的,偿付应付款所发生的银行利息。

2006年2月21日,为规范烟叶流通秩序及复烤加工企业和卷烟工业企业的价格行为,国家局下发《2006年烤烟调拨基准价格和打叶复烤加工费用标准的通知》,规定片烟复烤加工费标准为每吨成品片烟2700元(不含增值税),并严禁以各种名目降低加工费用标准。

2007年2月14日,国家局下达《打叶复烤加工费主要价外项目收费标准的通知》,规定:打叶复烤加工费主要价外项目(10项)收费标准,由国家局制定管理;各打叶复烤企业和卷烟工业企业在国家局规定的收费基本标准范围内协商确定收费具体标准;卷烟工业企业为满足卷烟产品特殊要求而对片烟加工提出高于一般加工质量和技术标准的要求,凡本通知未作规定的,其收费具体标准由打叶复烤企业和卷烟工业企业协商确定,其他未列明的收费标准由打叶复烤企业和卷烟工业企业协商确定;各打叶复烤企业和卷烟工业企业应严格执行国家局规定的打叶复烤加工费用标准和价外项目收费标准,凡国家局规定收费基本标准的不得随意变更。

2007年打叶复烤加工费主要价外项目收费基本标准表

表25　　单位：元、吨

收费项目	单　位	收费标准	备　　注
分级费（片选）	原烟（元／吨）	每吨原烟300～350元	分级费及以下各项均不含增值税
分级费（把选）	原烟（元／吨）	每吨原烟100～120元	
回潮费	原烟（元／吨）	每吨原烟100～120元	
烤梗费	烟梗（元／吨）	每吨成品烟梗270～330元	依据实际成品烟梗产量据实结算
烤末费	烟末（元／吨）	每吨成品烟梗270～330元	依据实际成品烟梗产量据实结算
理化检测费	元／次	每次检测55～65元	指使用连续流动分析法检测费用
叶片包装费（出口包装）	片烟（元／箱）	每箱成品叶片120～135元	包括纸箱、内衬塑料袋、打包带、标识；卷烟厂自购纸箱每箱收取4元
叶片包装费（国内包装）	片烟（元／箱）	每箱成品叶片85～120元	包括纸箱、内衬塑料袋、打包带、标识；卷烟厂自购纸箱每箱收取3元
梗条包装费（纸箱包装）	烟梗（元／箱）	每箱成品梗条80～90元	包括纸箱、打包带、标识；卷烟厂自购纸箱每箱收取3元
梗条包装费（麻袋包装）	烟梗（元／吨）	每吨成品梗条140～160元	包括麻袋、扎口线、标识；卷烟厂自购麻袋每吨收取15元

2009年6月4日，国家局下达《关于调整片烟加工费及主要价外项目收费标准的通知》，自是年7月1日起，片烟加工费用由每吨成品片烟2700元调整为3100元；同时对片烟加工主要价外项目收费标准进行适当调整（见下表）。并强调：主要价外项目具体收费标准，由打叶复烤企业和卷烟工业企业在国家局规定的基本标准范围内协商确定，其他未列明的费用标准由打叶复烤企业与卷烟工业企业协商确定。

是年8月13日，国家局印发《关于调整片烟加工费及主要价外项目收费标准的补充通知》，对"配方打叶"的加工方式和收费标准作出说明，"配方打叶"是指：打叶复烤企业依据客户需求，将不同标准等级或不同产地的烟叶按一定的比例混合后进行打叶的一种工艺加工。各打叶复烤企业对"单等级打叶（单打）"和"混合打叶（混打）"，不得在国家局制定的打叶复烤加工费之外另行收费。

2009年片烟加工主要价外项目收费标准表

表26　　单位：元

收费项目	单　位	收费标准	备　　注
分级费（片选）	原烟（元／吨）	340～360元	分级费及以下各项均不含增值税
分级费（把选）	原烟（元／吨）	115～130元	
回潮费	原烟（元／吨）	115～130元	
烤梗费	烟梗（元／吨）	310～340元	依据实际成品烟梗产量据实结算
烤末费	烟末（元／吨）	340～360元	依据实际成品烟末产量据实结算
理化检测费	元／次	65元	指使用连续流动分析法检测费用
叶片包装费（出口）	片烟（元／箱）	125～135元	含纸箱、打包带和标识，不含内衬塑料袋；如需内衬塑料袋以8元／套计
叶片包装费（国内）	片烟（元／箱）	90～120元	含纸箱、打包带和标识，不含内衬塑料袋；如需内衬塑料袋以8元／套计
梗条包装费（纸箱）	烟梗（元／箱）	85～90元	含纸箱、打包带和标识，不含内衬塑料袋；如需内衬塑料袋以8元／套计
梗条包装费（麻袋）	烟梗（元／吨）	150～160元	含扎口线、标识，不含内衬塑料袋；如需内衬塑料袋以5元／套计
配方打叶费	片烟（元／吨）	200元	
理化标识费	元／箱	3元	
废弃物处理费	废弃物（元／吨）	200元	
产成品保管费	产成品（元／吨.月）	40元	自产成品入库第二个月起开始计收

说明：资料来源于郴州复烤厂2015年底固定资产台账。

2011年10月8日，国家局印发《关于调整片烟加工费及主要价外项目收费标准的通知》，规定自是年7月1日新烟上市开始，调整片烟加工费用标准，由每吨成品片烟3100元调整为3700元，对打叶复烤加工费主要价外项目收费标准同时进行适当调整（见下表）。

2011年片烟加工主要价外项目收费标准表

表27　　单位：元

项目	单位	收费标准	备注
分级费（片选）	原烟（元/吨）	500元	分级费及以下各项均不含增值税。分级费（片选）：去除把绕，将叶片分为不同等级，并剔除青霉杂烂烟叶。
分级费（把选）	原烟（元/吨）	200元	分级费（把选）：切除梗头或去除把绕，将烟把分成不同类别，剔除部分不合要求的烟把。
回潮费	原烟（元/吨）	150元	指真空回潮工艺，依据实际加工数量据实结算。
烤梗费	烟梗（元/吨）	360元	
烤末费	烟末（元/吨）	360元	
理化检测费	元/次	65元	或近红外理化检测费，50元/次。
叶片包装费（出口）	片烟（元/箱）	130元	
叶片包装费（国内）	片烟（元/箱）	110元	
梗条包装费（纸箱）	烟梗（元/箱）	90元	
梗条包装费（新麻袋）	烟梗（元/吨）	260元	使用旧麻袋包装，包装费175元/吨。
模块打叶费	片烟（元/箱）	300元	两个及以上等级按一定比例加工的工艺。
理化标识费	元/箱	3元	
废弃物处理费	废弃物（元/吨）	200元	
产成品保管费	片烟（元/吨/月）	40元	成品片烟入库后第二个月起开始计收，但由于商业公司交接或复烤企业代运原因造成延时的除外。

2014年9月22日，国家局印发《关于调整片烟加工费及主要价外项目收费标准的通知》，规定自是年7月1日新烟上市开始，调整片烟加工费用标准，由每吨成品片烟3700元调整为4700元，对打叶复烤加工费主要价外项目收费标准同时进行适当调整。

2014年片烟加工主要价外项目收费标准表

表28　　单位：元

项目	单位	收费标准	备注
分级费（片选）	原烟（元/吨）	600元	分级费及以下各项均不含增值税。定义：人工解开把绕，对照烟叶样品或按照客户分级要求，剔除青霉杂烂烟叶并将烟叶按片分成不同类别的挑选工艺（散叶片选参照执行）。烟叶挑选均按照挑选原烟量结算。
分级费（片选）	原烟（元/吨）	240元	定义：人工解开烟包，对照把烟样品或按照客户要求，剔除含有青霉杂烂烟叶把烟并将把烟分成不同类别的挑选工艺。
分级费（精片选）	原烟（元/吨）	800元	定义：在片选的基础上，对照样品或按照客户分级要求对每片烟叶进行逐片整理，分成三个或三个以上等级挑选工艺。
回潮费	原烟（元/吨）	180元	指真空回潮工艺，依据实际加工数量据实结算。
烤梗费	烟梗（元/吨）	430元	根据客户需要烟梗数量据实结算。
烤末费	烟末（元/吨）	430元	根据客户需要烟末数量据实结算。

续表　　　　单位:元

项目	单位	收费标准	备注
理化检测费	元 / 次	80 元	或近红外理化检测费，50 元 / 次。
模块打叶费	片烟（元 / 吨）	400 元	两个及以上等级或两个及以上产地烟叶按一定比例加工的工艺。若采用原烟高架库配方形式，收费 600 元 / 吨片烟（与模块打叶费不可同时收取）。
理化标识费	元 / 箱	3 元	若采用 RFID 电子标签形式，标识费为 5/ 箱。
废弃物处理费	废弃物（元 / 吨）	240 元	
产成品保管费	片烟（元 / 吨 / 月）	60 元	成品片烟入库后第二个月起开始计收，但由于商业公司交接或复烤企业代运原烟造成延时的除外。

二、结算办法

1987~1988年，郴州、零陵、常德复烤厂，系独立核算企业，对各委托单位的每批次烟叶复烤加工完成后，凭其来料入厂件数、重量原始验收单、驻厂代表跟班点验产量记录、交割发运码单等，附上加工合同，制作结算单，双方代表签字认可。在每批复烤烟叶发运后，结算单交复烤厂财务，财务依结算单开具正式发票，并办理银行“托收承付单”，通过银行转账收取加工费。未发运前，不得提前办理托收手续。办妥银行托收手续之日起，对方须在15天内承付，否则，按当时结算纪律，逾期加收利息。提前预付的订金，结算时予以抵扣。

1989~1990年，零陵、郴州复烤厂先后与当地原烟经理部合并成立烟叶生产购销公司后，复烤烟与初烤烟均有调拨。在调拨发货之后，均按省、地公司规定的供应价格结算。“点菜调拨”（业内称为“单调”）或“代加工”者，按协议价结算。在货物交割发运后，开具正规发票托收。实行“送货制”以后在卷烟厂交货验收的，以烟厂业务代表、商业方交烟代表双方签字的码单、验收单及降级、欠重、损耗处理协议等为结算依据，公司（厂）开具正规发票托收。内部烟叶的复烤加工，仅以数据进行内部核算，不进行结算往来。

1991年前，国内大小烟厂林立，烟叶市场需大于供，烟叶调拨（销售）货款均能及时回笼，有时甚至先款后货。但从1992年起，烟叶市场开始出现产大于销，由卖方市场逐渐变成买方市场，卷烟厂家（省内长沙、常德卷烟厂除外）拖欠货款现象时有发生。直至2002年后，国家局推行“原烟交接，委托加工”办法，烟草工商企业普遍效益好转，复烤厂分立，复烤取加工费与烟叶调拨货款分离后，此局面才告终结。

1999年，吉首打叶复烤厂投产后，主要为长沙卷烟厂履行打叶加工服务，在批次烟叶加工完毕后，由加工方提供仓储、劳务、生产、材辅料消耗等方面的结算依据，按照国家局、湖南省烟草公司（当时省内烟草工商尚未分设）文件规定的打叶结算价格及价外项目协议，由生产计划部汇总制单，交卷烟厂驻厂代表签字认可，交财务部开具正式发票，通过银行托收承付。

2002年，国家局规范合同文本及结算：对加工费结算方式，由双方议定，以增值税发票开具之日起计算，委托加工方在一个月内结算加工费用。如开票后发生质量纠纷问题，结算期限双方另作约定；无故逾期不支付加工费的，偿付应付款所发生的银行利息。

2004年3月，郴州市烟草公司印发《烟叶购销业务操作流程》，对烟叶购销公司（复烤厂）的复烤烟叶结算流程规定为：车间核算员将“投料收货单”、“成品码单”、“烟叶发运单”收集整理后，附在“复烤烟叶交接报告单”后面，并据此登记“投料加工台账”后，交财会科复烤加工会计，办理复烤加工费结算，并办理单据交接手续。车间核算员每月根据复烤情况填报“车间生产月报表”送交财务和统计各一份。财务凭委托方驻厂代表签字的“打叶复烤报告单”向委托加工方办理结算。

2006年，常德芙蓉、浏阳天福公司独立核算。10月，长沙、常德卷烟厂法人资格取消。2007年，省内烟草工业三个复烤公司划归湖南中烟公司直接控股,加工费的结算程序为:每批次加工完毕后进行结算,公司生产计划部依据"收货单"及验级、称重、精选、转仓、生产加工、成品与残次品废弃物产出等原始记录,出具来料、精选、生产报表,经委托加工方驻厂复检监打组负责人签字确认后,打印一式三份,相关方各持一份,业务(或市场计划)部进行认真核对后,依据各方确认的报表数据和与委托加工方签署的加工协议费用项目价格,开具纸质《加工费明细表》,传真到中烟公司核实,经委托加工方核实后,传真发回复烤公司,复烤公司业务(或市场计划)部对其认真审核确认后,打印结算单,加盖公司印章,再传给中烟公司,中烟公司复核后,打印结算单,亦盖章,再传真到复烤公司,复烤公司据此单通知财务部开出正规增值税发票,中烟公司据发票转款付账。

2011年9月,湖南烟叶复烤有限公司成立,郴州、永州复烤厂整合为湖南烟叶复烤公司下属单位,成为"一个法人,两个生产点"模式,两厂的复烤加工费结算模式为:按照公司制定的Q/HNFK《生产加工业务管理流程》之《加工结算管理流程》执行。即加工完成后,打叶(挑选)投入产出汇总表双方确认,凉烟期结束后,发运成品,结算单双方确认,开具《开票通知单》,经公司生产经营部复核,财务企管部开具结算增值税发票,生产经营部进行结算票据交寄,委托加工方支付货款,公司财务企管部进行应收帐款核对。每笔业务完成,资料及时归档。具体流程详见下表。

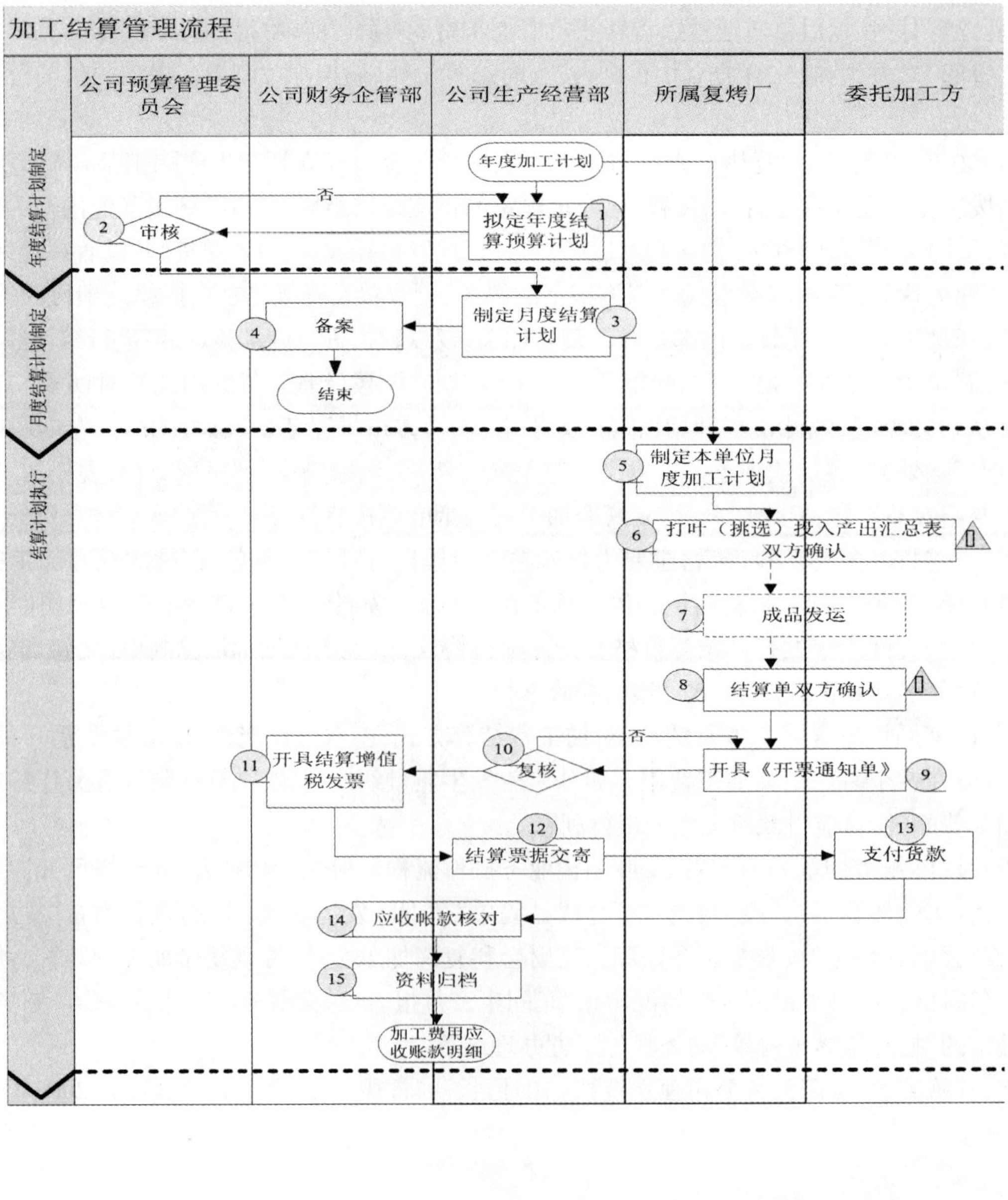

第六章　企业管理

第一节　行政机构

一、机构沿革与领导班子

（一）湖南复烤公司

2010年12月，湖南省烟草公司牵头组织成立湖南烟叶复烤公司筹备工作组，赴湖北、云南、贵州、山东烟叶复烤公司考察学习重组整合工作经验和公司运作管理经验，为期三个月。同月29日，在长沙组织召开湖南烟草打叶复烤重组整合出资人会议，省局领导和17家省级中烟公司和卷烟工业企业的代表参加，获得与会各方支持。

2011年1月22日，郴州天泰公司和永州天顺公司在郴州举行湖南烟草打叶复烤企业重组整合务虚会，会议决定以实际行动支持和拥护国家局和省局的决策，两家企业进行重组整合。2月17日，《湖南省烟草专卖局关于成立打叶复烤企业重组整合领导小组的通知》（湘烟人〔2011〕37号）下发，正式启动郴州、永州两家复烤企业的重组整合工作。

4月，复烤公司筹备工作组组织召开两家公司股东会暨董事（监事）会和企业职代会，形成新公司成立所需要的有关决议，拟订《公司章程》《出资协议书》和新公司各项基本管理制度，与两地市政府就税收分配事宜达成一致意见。在技术改造方面，郴州、永州两厂技改一期工程项目分别获得国家局和省局的批复，土地摘牌和规划评审有条不紊地开展，并取得初步进展。

8月1日，国家局印发《国家烟草专卖局中国烟草总公司关于湖南省公司打叶复烤企业体制改革的批复》国烟法〔2011〕356号文件，批复如下："1.原则同意《中国烟草总公司湖南省公司打叶复烤企业重组整合方案》；2.同意将郴州天泰烟叶复烤有限责任公司、永州天顺烟叶复烤有限责任公司重组整合为湖南烟叶复烤有限公司，取消郴州天泰烟叶复烤有限责任公司、永州天顺烟叶复烤有限责任公司法人资格，变更为湖南烟叶复烤有限公司所属的非独立法人分支机构，分别是：湖南烟叶复烤有限公司郴州复烤厂；湖南烟叶复烤有限公司永州复烤厂。3.湖南烟叶复烤有限公司经营范围为烟叶复烤加工。4.湖南烟叶复烤有限公司的注册资本为133013.21万元。5.同意将湖南各地市级烟草公司在原郴州天泰烟叶复烤有限责任公司和原永州天顺烟叶复烤有限责任公司的股权转为中国烟草总公司湖南省公司在湖南烟叶复烤有限公司的投资；同意其他股东在原郴州天泰烟叶复烤有限责任公司和原永州天顺烟叶复烤有限责任公司的股权转为在湖南烟叶复烤有限公司的投资。各股东在湖南烟叶复烤有限责任公司的股权比例按2010年12月31日原股权投资额对应账面净资产及新增现金投资占公司净资产总额的比例确定，出资比例分别为：中国烟草总公司湖南省公司占17.40%；湖南中烟工业有限责任公司占12.81%；广东中烟工业有限责任公司占9.47%；上海烟草（集团）有限责任公司占9.47%；红塔烟草（集团）有限责任公司占7.52%；浙江中烟工业有限责任公司占7.52%；山东中烟工业有限责任公司占5.63%；江苏中烟工业有限责任公司占4.60%；红云红河烟草（集团）有限责任公司占3.76%；安徽中烟工业有限责任公司占3.76%；川渝中烟工业公司占3.76%；贵州中烟工业有限责任公司占2.26%；陕西中烟工业有限责任公司占2.26%；吉林烟草工业有限责任公司占2.26%；甘肃烟草工业有限责任公司占2.26%；广西中烟工业有限责任公司占2.26%；河北中烟工业有限责任公司占1.50%；江西中烟工业有限责任公司占1.50%。6.原则同意《湖南烟叶复烤有限公司章程》。湖南烟叶复烤有限公司要建立现代企业制度，完善董事会、监事会、经理层各司其职、有效制衡、高效运作的法人治理结构。7.湖南烟叶复烤有限公司要以卷烟工业需求为导向，努力适应卷烟工业企业的需求。8.湖南烟叶复烤有限公司要按照《国家烟草专卖局关于进一步深化烟草行业收入分配制度改革的意见》（国烟人〔2007〕204号）中'分类管理、科学设岗、明确职责、严格考核、落实报酬'的总体要求，推进用工分配制度改革，努力构建和谐劳动关系。组建湖南烟叶复烤有限公司所需人员从烟草系统内调剂解决，不得从系统外调入。9.省局（公司）要加强领导、统筹兼顾，依照有关法律法规，充分发挥企业职工代表大会和工会组织的作用，妥善处理各方面的利益关系，促进打叶复烤企业重组整合工作顺利实施。"

9月15日，湖南烟叶复烤有限公司第一届第一次股东会议在湖南省长沙市神农大酒店召开，湖南省局（公司）、湖南、广东、浙江、山东、江苏、安徽、川渝、贵州、陕西、广西、河北、吉林、甘肃、江西中烟工业公司和上海烟草集团、红云红河烟草（集团）公司、红塔烟草（集团）公司等18家股东代表出席，会议选举产生湖南烟叶复烤有限公司第一届第一次董事会成员13名，选举陈江华为湖南烟叶复烤有限公司董事长，聘任周国生为湖南烟叶复烤有限公司总经理（法定代表人）；义胜辉、崔建军为副总经理；财务负责人为林朗。9月16日，湖南烟叶复烤有限公司成立仪式在长沙举行。9月19日，湖南烟叶复烤有限公司郴州复烤厂揭牌仪式在郴州（办公点）举行。9月29日，完成工商注册登记，取得企业法人营业执照，共有股东18家，注册资本为133013.21万元，其中：股东净资产出资37013.21万元（其中，含郴州市烟草公司在郴州天泰复烤公司、永州市烟草公司在永州天顺复烤公司的自改制入股后新增的资产类股份权益共23142.77万元，划转为湖南省烟草公司在湖南烟叶复烤有限公司的投资）、各工业企业股东新增货币出资9.6亿元。公司为股份制企业，县处级单位，直属省局（公司）管理，办公地点暂定郴州市下湄桥司马洞原郴州天泰公司老厂区（郴州市南岭大道316号）。10月，复烤公司办妥组织机构代码证、税务登记证，初步建立财务等制度，郴州、永州复烤厂取得工商营业执照。公司及两厂办理烟草专卖生产企业许可证的相关资料亦通过省局上报到国家局。正式按照现代企业制度的要求运作，形成"一个法人，两个生产点"运作模式。在运营核算管理上，形成"三个中心"，即两厂实行报账制，为成本费用核算中心，只对成本、费用核算负责；湖南烟叶复烤有限公司总部为成本、利润核算中心，对每年度的收支进行核算，对利润按规定进行提取和分配，对税款按章分缴；董事会为投资决策中心。

2012年4月25日，湖南烟叶复烤有限公司一届二次股东会暨董事、监事会在浙江省杭州市世外桃源皇冠假日酒店召开。对部分董事、监事人选进行变动。

2013年5月18日，湖南烟叶复烤有限公司第一届第三次股东会暨董事、监事会在湖南省长沙市神农大酒店召开。对部分董事、监事进行变动。会议同意湖南省烟草公司追加现金资本4.68亿元，用以支持两厂技改，公司注册资本变更为179813.21万元。鉴于注册资金变动，对各股东单位持股比例进行相应变更。公司营业执照原"经营范围主营：烟叶复烤加工"修订为"烟叶复烤加工（在分厂进行）"。

2014年4月24日，湖南烟叶复烤有限公司二届一次股东会暨董事、监事会在湖南省长沙市神农大酒店召开。对部分董事、监事人选进行变动。会议同意湖南省烟草公司向湖南烟叶复烤有限公司增资扩股4.9亿元，用以支持两厂技改，其持股比例由原来的38.89%提高到51.983%。公司注册资本变更为人民币228813.21万元。鉴于注册资金变动，对各股东单位持股比例进行相应变更。

2015年4月21日，湖南烟叶复烤有限公司第二届二次股东会暨董事、监事会在长沙市神农大酒店召开。

2016年9月6日，法人代表、总经理周国生调永州市烟草专卖局任职，曹健调任湖南烟叶复烤有限公司副总经理（主持工作）。2017年3月1日，湖南烟叶复烤有限公司董事会决定：解聘崔建军湖南烟叶复烤有限公司副总经理职务，调省局（公司）任职。8月3日，湖南烟叶复烤有限公司董事会决定，聘任曹健为湖南烟叶复烤有限公司总经理，聘任期3年。

湖南烟叶复烤有限公司行政领导干部任职表

姓 名	时任职务	任职时间	备 注
陈江华	董事长	2011.9.15 ～ 2013.5.18	湖南省烟草专卖局(公司)
李民灯	董事长	2013.5.18 ～ 2018.4.24	
徐文军	董事长	2018.4.24 ～	
陆中山	董事	2011.9.15 ～ 2012.4.25	
罗湘荣	监事	2011.9.15 ～	
谢建宏	监事会主席	2011.9.15 ～ 2013.5.18	
肖汉乾	董事	2012.4.25 ～	
曾毅勤	监事会主席	2013.5.18 ～	
周国生	总经理（法定代表人）	2011.9.15 ～ 2016.9.6	湖南复烤公司
义胜辉	副总经理	2011.9.15 ～	
崔建军	副总经理	2011.9.15 ～ 2017.3.1	
曹 健	副总经理(主持全面工作)、董事	2016.9.6—2017.8.2	
曹 健	总经理、董事	2017.8.3—	
邝文宣	职工监事	2017.7.11 ～	
林 朗	财务负责人	2011.9.15 ～	
敖 平	监事	2014.4.24 ～ 2017.7.11	
雷雅麟	职工董事	2011.9.15 ～ 2017.711	
陈正义	职工监事	2011.9.15 ～ 2014.4.24	
唐朝华	职工董事	2017.7.11 ～	
王宏峰	职工监事	2011.9.15 ～ 2014.4.24 2017.7.11 ～	郴州复烤厂
朱自坚	职工监事	2011.9.15 ～ 2014.4.24	
唐春平	职工监事	2014.4.24 ～	
肖春湘	职工监事	2014.4.24 ～ 2017.7.11	
易平艳	职工监事	2011.9.15 ～ 2014.4.24	永州复烤厂
钱建华	职工监事	2011.9.15 ～ 2014.4.24	
程海红	监事	2017.7.11 ～	
高洁洋	监事	2014.4.24 ～ 2017.7.11	
柏 立	监事	2017.7.11 ～	
徐双红	董事	2011.9.15 ～	湖南中烟公司
区广安	董事	2011.9.15 ～ 2017.7.11	广东中烟公司
宋 伟	董事	2017.7.11 ～ 2018.4.24	
李伟庆	董事	2018.4.24 ～	
巫德泉	董事	2011.9.15 ～ 2017.7.11	上海烟草 < 集团 > 公司
沈 钢	董事	2017.7.11 ～	
艾 文	董事	2011.9.15 ～ 2014.4.24	云南红塔集团
常 剑	董事	2014.4.24 ～	
许明忠	董事	2011.9.15 ～ 2016.5.26	浙江中烟公司
娄晓平	董事	2016.5.26 ～	
卜晓东	董事	2011.9.15 ～ 2012.4.25	山东中烟公司
王志华	董事	2012.4.25 ～	
招启柏	董事	2011.9.15 ～ 2017.7.11	江苏中烟公司
杜 坚	董事	2017.7.11 ～	
肖旭斌	董事	2011.9.15 ～	红云红河烟草（集团）

续表

姓　名	时任职务	任职时间	备 注
王正刚	董事	2011.9.15 ～	安徽中烟公司
王儆弘	监事会副主席	2011.9.15 ～ 2017.7.11	川渝中烟公司
吴胜发	监事	2017.7.11 ～	重庆中烟公司
张敏	监事	2017.7.11 ～	四川中烟公司
赵新刚	监事	2011.9.15 ～ 2014.4.24	贵州中烟公司
刘 孜	监事、监事会副主席	2014.4.24 ～ 2018.4.24	
罗 军	监事会副主席	2018.4.24 ～	
付 斌	监事	2011.9.15 ～ 2012.4.25	陕西中烟公司
刘蟠生	监事	2012.4.25 ～ 2017.7.11	
尚忠发	监事	2017.7.11 ～	
金洪天	监事	2011.9.15 ～ 2014.4.24	吉林烟草工业公司
徐世成	监事	2014.4.24 ～ 2016.5.26	
金胜龙	监事	2016.5.26 ～	
王德练	监事	2011.9.15 ～ 2013.5.18	甘肃烟草工业公司
顾炳秀	监事	2013.5.18 ～	
罗建钦	监事	2011.9.15 ～ 2014.4.24、2018.4.24 ～	广西中烟公司
卢 健	监事	2014.4.24 ～ 2018.4.24	
杨庆民	监事	2011.9.15 ～ 2016.5.26	河北中烟公司
狄东昇	监事	2016.5.26 ～	
付武军	监事	2011.9.15 ～	江西中烟公司

（二）郴州复烤厂

1972年9月至1976年1月，由郴州地区农产品公司筹建烟叶复烤厂，指定吴锦山为复烤厂筹建小组组长，负责筹建工作，厂址定在郴州镇流星岭。1976年1月，郴州地区棉麻烟公司处于成立筹备期，接管复烤厂筹建工作，由公司副经理单尚湖兼任复烤厂副厂长，主持筹建工作。

1978年6月29日，郴州地区烟叶复烤厂建成投产。7月11日启用公章。地区棉麻烟公司副经理单尚湖兼任副厂长，主持工作。1983年9月，单尚湖被保送上大学，副厂长伍先寿主持工作。

1986年4月30日，郴州烟草分公司与郴州地区供销社签署郴州地区烟叶复烤厂有偿上划移交烟草行业管理协议。5月15日，召开职工大会，由地区行署财贸委主任陈宝勇宣布复烤厂上划移交决定。之后陆续有偿移交固定资产、库存烟叶等财产，147人（含离退休18人）划属复烤厂。移交后，改名为中国烟草总公司湖南省公司郴州分公司烟叶复烤厂，为正科级单位，直属郴州地区烟草专卖局（分公司）领导，独立核算。单尚湖留棉麻烟公司。副厂长李长春主持复烤厂工作。

1987年4月，由地区烟草分公司原烟科长简常浩兼任厂长。6月，根据中国烟草总公司中烟办〔1986〕22号文件关于重新统一规定各级烟草企业名称的指示，“中国烟草总公司湖南省公司郴州分公司烟叶复烤厂”更名为“郴州烟叶复烤厂”。1988年12月，党支部书记罗家群主持工作。

1990年2月28日，经省烟草公司批复，郴州烟叶复烤厂与郴州地区原烟经理部及郴州地区烟草分公司的烟叶生产科，三方合并组建郴州地区烟叶生产购销公司，并保留郴州烟叶复烤厂的企业名称，实行两块牌子一套人员。4月2日召开成立大会，正式运作。

1993年2月，郴州地区烟草专卖局（公司）调整机构设置，郴州地区烟叶生产购销公司名称去掉“生产”二字，改为郴州地区烟叶购销公司，郴州烟叶复烤厂名称保留。段定喜任经理、厂长。3月，地区烟草公司生产技术科人员撤回地局（公司）办公。同月18日，郴州地区烟叶购销公司、郴州复烤厂整体搬迁到郴州市下湄桥司马洞厂区办公。

1995年5月，郴州“地改市”，郴州地区烟叶购销公司更名为郴州市烟叶购销公司。

1996年5月28日至2002年2月，以郴州市烟叶购销公司、郴州烟叶复烤厂为主体，加上郴州卷烟厂、市局(公司)部分人员，组建湖南湘南烟草(集团)有限责任公司烟叶购销公司(复烤厂)，1997年4月3日，集团烟叶购销公司更名为烟叶分公司。其间，实行经理(厂长)、党总支书记一人兼任，先后由李国正、邓国钧、司徒辉担任。

2002年2月7日，湘南烟草集团宣布撤销，原集团烟叶分公司随之撤销，企业名称恢复为郴州市烟叶购销公司(郴州烟叶复烤厂)，实行“二合一”建制。因集团撤销后涉及财产、人员、债权债务等一系列分割、协商、办结，至8月，由市局(公司)正式聘任领导班子成员。徐贵云任经理，石建中任厂长。单位为正科级建制，因市局(公司)新实行“大财务”管理体制，公司(厂)实行报账制，为半独立核算二级机构。

2004年2月25日，郴州烟叶复烤厂单列，半独立核算，正科级建制，直属郴州市烟草专卖局(公司)领导。刘勇智任厂长。

2005年6月28日，郴州烟叶复烤厂改制组建郴州天泰烟叶复烤有限责任公司工作启动。在郴州市国际大酒店召开郴州天泰烟叶复烤有限责任公司一届一次股东会暨董事会(监事会)会议。会议通过并签署《郴州天泰烟叶复烤有限责任公司章程》《郴州天泰烟叶复烤有限责任公司出资协议书》。选举产生郴州天泰烟叶复烤有限责任公司董事会、监事会，姜孝清为公司董事长，刘名勤为副董事长，聘任刘勇智为总经理，朱自坚为常务副总经理，尹朝珍为生产副总经理，林朗为财务副总经理。9月8日，郴州天泰烟叶复烤有限责任公司在郴州市工商局完成注册登记。9月15日，郴州天泰烟叶复烤有限责任公司举行成立揭牌仪式，公司机关办公点设在厂办公区原外贸办小院，并召开一届二次董事会会议，主要议题为股份出资确认。自此，原郴州烟叶复烤厂正式改制为股份制企业，开始运作。郴州天泰烟叶复烤有限责任公司由4家企业合股经营，原始股份总额为16122.07万元，股东各方实际出资：郴州市烟草公司以固定资产出资11122.07万元，占股份的68.98%；上海烟草集团出资2000万元，占12.41%；广州卷烟总厂出资2000万元，占12.41%；长沙卷烟厂出资1000万元，占6.20%。第一届董事会、监事会、股东会共召开会议五次，审议决定公司重大事项，个别董事、监事有变动。

2007年5月，郴州市烟叶购销公司从司马洞厂区办公楼迁出，郴州天泰公司总部于7月从本厂(公司)原外贸科办公区迁入该办公楼办公。

2008年4月10日，董事长姜孝清因升任省局(公司)副巡视员，董事会、监事会、股东会批准其辞呈。会议同时选举产生第二届董事会、监事会、股东会组成成员，改选周国生为董事长。6月，刘勇智调市局(公司)任职，崔建军为公司总经理。

2009年10月2日，公司董事会批准聘任新一届经营管理领导班子，崔建军为总经理。

2011年8月1日，国家局批复天泰公司更名为湖南烟叶复烤有限公司郴州复烤厂，直属湖南烟叶复烤有限公司。9月，天泰公司原董事长周国生升任湖南烟叶复烤有限公司总经理，原天泰公司总经理崔建军升任湖南烟叶复烤有限公司副总经理，并兼任湖南烟叶复烤有限公司郴州复烤厂厂长、党委书记。

2011年10月10日，湖南烟叶复烤有限公司聘任：崔建军兼任湖南烟叶复烤有限公司郴州复烤厂厂长。

2013年5月3日，中共湖南烟叶复烤有限公司党组行文，由朱自坚主持厂日常工作。2014年1月16日，朱自坚任厂长。2015年4月27日，尹朝珍任厂长。9月12日，郴州复烤厂整体搬迁至北湖区郴州大道1728号(华塘镇油山村)新厂区。

郴州复烤厂及其前身企业行政领导成员任职表

企业名称	姓　名	职　务	任职时间	备　注
郴州地区棉麻烟公司及郴州地区烟叶复烤厂	张树金	经理	1976.1-1981.12	
	王金荣	经理	1982.1—1984.11	
	邓昌华	经理	1984.11—1985.5	
	单尚湖	经理	1985.6—1986.5	
	罗龙逊	副经理	1976.1—1980.12	
	王金荣	副经理	1976.1—1977.12	
	伍先寿	副经理	1976.1—1982.12	
	吕国忠	副经理	1978.1—1980.12	
	骆昌喜	副经理	1979.1—1986.5	
	简常浩	副经理	1980.1—1984.5	
	唐远光	副经理	1981.1—1982.12； 1985.1—1985.6	
	单尚湖	副经理	1982.1—1983.6	
	王光成	副经理	1982.1—1982.12	
	肖又崇	副经理	1983.1—1986.5	
	李孝雄	副经理	1984.11—1985.6	
	王洗尘	副经理	1984.11—1985.6	
	陈光荣	副经理	1984.11—1985.6	
	单尚湖	副厂长(主持工作)	1976.1—1981.12	
	李会文	副厂长	1982.1—1986.5	
	伍先寿	副厂长	1983.1—1986.5	
湖南省烟草公司郴州分公司烟叶复烤厂（1987.6改称郴州烟叶复烤厂）	李长春	副厂长 主持全面工作	1986.7—1987.4	
	简常浩	厂长	1987.4—1987.9	
	罗家群	党支部书记 主持全面工作	1988.12-1990.8	
	骆昌喜	副厂长	1986.7—1990.7	
郴州地区烟叶生产购销公司和郴州烟叶复烤厂	程孔任	经理、厂长	1990.8—1993.2	
	罗家群	副经理、副厂长	1990.8—1993.2	
	段定喜	副经理、副厂长	1990.8—1993.2	
	简常浩	副经理、副厂长	1990.8—1993.2	
	王金荣	副经理、副厂长	1990.8—1993.2	
	李会文	副经理、副厂长	1991.1—1993.2	
郴州地区烟叶购销公司和郴州烟叶复烤厂	段定喜	经理、厂长	1993.2—1996.5	
	李会文	副经理、副厂长	1993.2—1996.5	
	李义芳	副经理、副厂长	1993.2—1994.2	
	刘积保	副经理、副厂长	1993.2—1996.5	
	石建中	副经理、副厂长	1993.2—1996.5	
	徐贵云	副经理、副厂长	1993.2—1994.12	
	何　可	副经理、副厂长	1994.2—1996.5	
	史雄彬	副经理、副厂长	1994.2—1996.5	
	罗昌国	副经理、副厂长	1995.9—1996.5	
	林善斌	副经理、副厂长	1994.12—1996.5	
	唐襄跃	副经理、副厂长	1994.12—1995.5	
	曹德贵	副经理、副厂长	1996.2—1996.5	

续表

企业名称	姓　名	职　务	任职时间	备　注
湖南湘南烟草集团有限责任公司烟叶购销公司（1997.3更名为：湖南湘南烟草集团有限责任公司烟叶分公司）和郴州烟叶复烤厂	李国正	经理	1996.5—1998.4	
	邓国钧	经理	1998.4—1999.3	
	司徒辉	经理	1999.3—2002.2	
	刘廷廷	副经理	1996.5—1997.6；1999.3—2001.2	
	李会文	副经理	1996.5—1997.6	
	罗昌国	副经理	1996.5—1996.9	
	石建中	副经理	1996.9—2002.8	
	李卧龙	副经理	1997.6—2000.4	
	李海平	副经理	1998.4—2000.6	
	邓国钧	副经理	1996.12—1998.4	
	张季华	副经理	2001.2—2002.2	
	陈苏生	副经理	2001.9—2002.2	
	刘　龙	副经理	2001.2—2001.6	
	李国正	厂长	1996.6—1998.4	
	罗昌国	副厂长	1996.6—1996.9	
	石建中	副厂长	1996.6—2002.8	
	刘勇智	副厂长	1996.6—1997.6	
	刘积保	副厂长	1996.6—1997.6	
郴州市烟叶购销公司和郴州烟叶复烤厂	徐贵云	经理	2002.8—2004.2	
	李海平	副经理	2002.8—2004.2	
	石建中	副经理	2002.8—2004.2	
	李翼卫	副经理	2002.8—2004.2	
	石建中	厂长	2002.8—2004.2	
郴州烟叶复烤厂	刘勇智	厂长	2004.2—2005.9	
	朱自坚	副厂长	2004.2—2005.9	
	尹朝珍	副厂长	2004.2—2005.9	
郴州天泰烟叶复烤有限责任公司	姜孝清	董事长	2005.6-2008.4.10	
	周国生	董事长	2008.4.10-2011.9	
	刘名勤	副董事长	2005.6-2006.4 25	
	周国生	副董事长	2006.4 25- 2008.4	
	陈耀忠	董事	2005.6.28-2008.4.10	广东卷烟总厂
	周临干	董事	2008.4.10-	广东中烟公司
	谈志良	董事	2005.6.28-2006.4.25	上海烟草集团
	巫德泉	董事	2006.4.25-	上海烟草集团
	曹莉芳	董事	2005.6.28-	长沙卷烟厂,2007.3.26 转湖南中烟公司方
	刘勇智	董事	2005.6.28-2008.4.10	郴州天泰公司
	崔建军	董事	2008.4.10-2009.5.12	郴州天泰公司
	吴　江	董事	2008.4.10-2009.5.12	郴州市烟草公司
	何　青	董事	2005.6.28-2009.5.12	郴州天泰公司
	王文祥	监事	2005.6.28-2008.4.10	广东卷烟总厂
	张宇华	监事	2008.4.10-2009.5.12	广东中烟公司
	李丽华	监事	2005.6.28-2007.3.26	长沙卷烟厂

续表

企业名称	姓　名	职　务	任职时间	备　注
郴州天泰烟叶复烤有限责任公司	朱　霞	监事	2007.3.26-2009.5.12	湖南中烟公司
	郭　宇	监事	2005.6.28-2009.5.12	上海烟草集团
	陈小康	监事	2005.6.28-2009.5.12	郴州市烟草公司
	李红玲	监事	2005.6.28-2009.5.12	郴州天泰公司
	陈小康	董事	2009.5.13-2011.8	郴州市烟草公司
	巫德泉	董事	2009.5.13-2011.8	上海烟草集团
	周临干	董事	2009.5.13-2011.8	广东中烟公司
	徐双红	董事	2009.5.13-2011.8	湖南中烟公司
	崔建军	董事	2009.5.13-2011.8	郴州天泰公司
	何　青	董事	2009.5.13-2011.8	郴州天泰公司
	黄新民	监事	2009.5.13-2011.8	郴州市烟草公司
	周东辉	监事	2009.5.13-2011.8	上海烟草集团
	张宇华	监事	2009.5.13-2011.8	广东中烟公司
	朱　霞	监事	2009.5.13-2011.8	湖南中烟公司
	李红玲	监事	2009.5.13-2011.8	郴州天泰公司
	刘勇智	总经理	2005.9—2008.6	
	崔建军	总经理	2008.6—2011.8	
	朱自坚	副总经理	2005.9—2011.8	
	尹朝珍	副总经理	2005.9—2011.8	
	林　朗	副总经理	2005.9—2011.8	
	李红玲	副总经理	2009.7—2010.9	
	资　斌	副总经理	2009.7—2011.8	
	孙建霞	副总经理	2010.11—2011.8	
湖南烟叶复烤有限公司郴州复烤厂	崔建军	厂长	2011.8—2013.5	
	朱自坚	厂长	2014.1—2015.4	
	尹朝珍	厂长	2015.4—	
	朱自坚	副厂长主持全面工作	2013.5—2014.1	
	尹朝珍	副厂长	2011.8—2015.4	
	资　斌	副厂长	2011.8—2013.7	
	刘洪标	副厂级干部	2012.8.17-2013.6	
	刘洪标	总工程师	2013.7—	
	郭霄汉	副厂长	2014.1—	

（三）永州复烤厂

1985年2月，零陵地区烟草专卖局（分公司）成立。5月，成立湖南省烟草公司零陵分公司烟叶经理部，直属分公司领导。

1986年1月2日，中国烟草总公司以中烟计〔1986〕5号文件、湖南省烟草公司于同年2月18日以湘烟计字第010号文件批复，同意在冷水滩珍珠路新建复烤能力1万吨的烟叶复烤厂。28日，成立"零陵烟叶复烤厂筹建处"。前期筹建事务由零陵烟草分公司基建科和原烟经理部牵头主办。4月15日，中国烟草总公司湖南省公司以〔1986〕湘烟政字第015号文件批复，明确零陵烟叶复烤厂为科级建制，暂定编制6人，负责筹建工作。7月7日，湖南省烟草公司以〔1986〕湘烟政字第032号文件批复，再增加人员编制94人。8月18日，文开玉任零陵烟叶复烤厂厂长，免去其原零陵烟草分公司计划基建科科长职务，主抓复烤厂筹建事务。

1987年7月7日，正式成立"零陵烟叶复烤厂"。8月16日，根据中国烟草总公司中烟办〔1986〕22号文件关于重新统一规定各级烟草企业名称的指示，启用"零陵烟叶复烤厂"印章，原"中国烟草总公司湖南省公司零陵烟叶复烤厂"印章同时作废。

1989年1月10日，中国烟草总公司湖南省公司下达湘烟政字第001号文件《关于对零陵烟草分公司"再次请求成立零陵烟叶生产购销公司的请示"的批复》。批复称：同意成立零陵烟叶生产购销公司，烟叶生产购销公司的领导班子按副处级配备，隶属零陵烟草分公司领导，原零陵烟草分公司烟叶经理部和零陵烟叶复烤厂划归零陵烟叶生产购销公司管理，其人员编制不另增加。2月24日，召开职代会，零陵烟草分公司烟叶经理部和零陵烟叶复烤厂正式合并办公。3月7日，启用"零陵烟叶生产购销公司"公章。

6月25日，零陵烟草分公司下达零烟司字（89）第016号文件《关于撤销烟叶经理部、成立烟叶生产购销公司的批示》，根据省烟草公司（89）湘烟政字第001号文件精神，决定成立"零陵烟叶生产购销公司"，其经济性质为全民所有制企业，公司的领导班子按副处级配备，隶属分公司领导；原零陵烟叶复烤厂、烟叶经理部划归烟叶生产购销公司管理，属分支机构，其人员编制不另增加；为便于与外商开展业务活动，同意使用两个名称："零陵烟叶生产购销公司"为第一名称；"零陵烟叶复烤厂"为第二名称。7月30日，启用"零陵烟叶复烤厂"新印章。9月30日，完成厂（公司）工商登记注册，由零陵地区烟草专卖局（分公司）副局长、副经理彭传国兼任厂（公司）法人代表。

1989年10月，原零陵卷烟厂综合办公室主任赵宏斌，调任零陵烟叶生产购销公司（复烤厂）副经理、副厂长，主持全面工作。

1990年5月7日，零陵烟草专卖局（分公司）副局长（副经理）彭传国兼任零陵烟叶生产购销公司经理、零陵烟叶复烤厂厂长。5月28日，省烟草公司以湘政发〔1990〕52号文件通知：零陵烟叶生产购销公司为科级单位，隶属零陵地区烟草专卖局（分公司）领导。

1991年1月28日，零烟局党组〔1991〕第03号文件通知，经地局党组研究决定，并请示省局（公司）同意，彭传国不再兼任零陵烟叶生产购销公司经理、零陵烟叶复烤厂厂长职务；廖兰裕任零陵烟叶生产购销公司经理、烟叶复烤厂厂长。5月2日，市局行文明确：零陵烟叶生产购销公司要对县公司实行业务指导。

1993年11月19日，朱忠民任零陵烟叶生产购销公司经理、零陵复烤厂厂长。

1995年2月16日，李新元任零陵烟叶生产购销公司经理、零陵烟叶复烤厂厂长。是年11月21日，零陵地区改称永州市，零陵烟叶生产购销公司、零陵烟叶复烤厂均未随之改称。

2000年5月21日，永州市烟草公司下达〔2000〕29号《关于零陵烟叶生产购销公司变更企业名称的批复》文件，同意将零陵烟叶生产购销公司更名为零陵烟叶复烤厂。6月，永州市局（公司）成立烟叶购销公司，将烟叶生产、收购、调销三项职能予以剥离归于新成立的烟叶购销公司，取消各县（区）公司和零陵烟叶复烤厂的烟叶调拨权，复烤厂不再经营烟叶购销业务。

2002年3月16日，吕明任零陵烟叶复烤厂厂长。12月，全国召开首次烟草行业打叶复烤会议，在复烤企业建立现代企业制度（改制）被提上议事日程。

2004年，按照省、市烟草专卖局（公司）的部署，复烤厂企业改制工作分步推进。

2005年10月13日，依据永烟局〔2005〕95号文件，成立“永州天顺烟叶复烤有限责任公司筹备领导小组”。市局（公司）局长、经理徐文军任组长，市局（公司）副局长、副经理周国生任副组长，义胜辉、吕明、田国维、王飞华、钱建华、方国祥为成员，领导小组下设办公室，义胜辉任办公室主任。12月8日，国家局下发国烟法〔2005〕790号文件，批复同意成立永州天顺烟叶复烤有限责任公司，注册资本为15000万元，其中湖南省烟草公司永州市公司以零陵烟叶复烤厂经评估后的实物资产9100万元出资，占60.67%，颐中烟草（集团）有限公司、常德卷烟厂各出资2000万元，各占13.33%；长沙卷烟厂出资1000万元，占6.67%；南京卷烟厂出资900万元，占6%。12日，永州天顺烟叶复烤有限责任公司召开首届一次股东大会暨董事会议、监事会。会议审议通过《公司章程》《出资人协议书》、企业名称、董事会和监事会成员，确定资产评估会计事务所，指定和委托企业注册登记人。会议选举9人为公司董事会董事；选举6人为公司监事会监事；选举徐文军为公司董事长、法定代表人，周国生为公司副董事长。26日，由原零陵烟叶复烤厂改制的永州天顺烟叶复烤有限责任公司揭牌成立。30日，依据永州天顺烟叶复烤有限责任公司首届二次董事会决议，永州天顺烟叶复烤有限责任公司下发〔2005〕5号文件，聘任义胜辉为公司总经理。

2006年1月18日，永州天顺烟叶复烤有限责任公司法定代表人徐文军委托义胜辉代表本公司主持公司的生产经营管理工作，为公司年度经营计划和投资方案实施的代理人。3月28日，省局下发（湘烟法〔2006〕96号）文件批复，取消零陵烟叶复烤厂法人资格，其资产、负债、权益全部划归永州市烟草公司。8月1日，零陵烟叶复烤厂被核准注销，不再以全民所有制企业名义从事生产经营活动，营业执照副本和印章统一上交永州市工商行政管理局。

2007年6月23日，永州天顺烟叶复烤有限责任公司首届三次股东大会暨董事会、监事会召开，选举9人为公司董事会董事，刘正日为公司董事长、法人代表，义胜辉为公司副董事长；选举6人为监事会监事，罗佳庆为公司监事会召集人。

2008年1月，永州天顺烟叶复烤有限责任公司地址由原来的“永州市冷水滩区珍珠路322号”变更为“永州市冷水滩区珍珠路1188号”。

2009年7月17日~19日，永州天顺烟叶复烤有限责任公司在内蒙古自治区呼和浩特市举行二届一次董事会。会议选举9人为公司第二届董事会成员，刘正日为公司董事长、法人代表，义胜辉为副董事长。选举6人为公司第二届监事会成员，罗佳庆为监事会召集人。

2010年12月28日，永州天顺烟叶复烤有限责任公司在湖南省长沙市召开第七次股东大会，决议：同意按照湖南省商业控股复烤企业整合原则，取消永州天顺烟叶复烤有限责任公司法人资格，与郴州天泰烟叶复烤有限责任公司整合重组，新成立一家具有独立法人资格的湖南烟叶复烤有限公司，实行一个法人代表，两个生产加工点模式；同意各股东单位对新成立的复烤公司自由增资扩股，对其他中烟公司参股新烟叶复烤公司不做限制。

2011年4月16日，永州天顺烟叶复烤有限责任公司在四川省阿坝州九寨沟召开第八次股东大会，会议同意永州天顺烟叶复烤公司与郴州天泰烟叶复烤有限责任公司合并基准日为2010年12月31日。

2011年8月1日，国家局、中国烟草总公司下发国烟法〔2011〕356号批复，同意《中国烟草总公司湖南省公司打叶复烤企业重组整合方案》，郴州天泰烟叶复烤有限责任公司、永州天顺烟叶复烤有限责任公司重组整合为湖南烟叶复烤有限公司，取消郴州天泰烟叶复烤有限责任公司、永州天顺烟叶复烤有限责任公司法人资格，变更为湖南烟叶复烤有限公司所属非独立法人分支机构，分别是：湖南烟叶复烤有限公司郴州复烤厂、湖南烟叶复烤有限公司永州复烤厂。经过一系列相关筹备，湖南烟叶复烤有限公司永州复烤厂于是年9月16日举行成立揭牌仪式，正式运作。

2013年5月3日，湖南复烤公司党组研究决定：由副厂长盘勇卫任党委副书记主持全面工作。

2014年1月16日，湖南烟叶复烤有限公司决定：聘任盘勇卫为永州复烤厂厂长。

2017年8月，永州复烤厂搬迁至永州经济开发区楚南大道168号新厂区。

永州复烤厂及其前身企业行政领导成员任职表

企业名称	姓　名	职　务	任职时间	备　注
零陵烟叶经理部	蒋洪英	经　理	1985.7.27—1986.3.6	
	甘乃昌	副经理	1985.7.27—1989.1.10	
	高　诚	副经理	1985.7.27—1986.3.6	
		经　理	1986.3.6—1989.1.10	
	万克颖	副经理	1986.3.6—1989.1.10	
	李新元	副经理	1987.8.20—1989.1.10	
零陵烟叶复烤厂	文开玉	厂　长	1986.8.18—1989.1.10	
	李建平	副厂长	1987.4.15—1989.1.10	
	周在伟	副厂长	1987.4.15—1989.1.10	
零陵烟叶生产购销公司及零陵烟叶复烤厂	彭传国	经理（厂长）兼	1990.5.7—1991.1.28	零陵地区烟草公司
	赵宏斌	主持工作	1989.1.10—1990.5.6	
		副经理（副厂长）	1990.5.7—1990.12.17	
	文开玉	副经理（副厂长）	1990.5.7—1991.1.28	
			1992.2.13—1993.4.6	
	李建平	副厂长	1989.1.10—1990.5.7	
	周在伟	副厂长	1989.1.10—1990.5.7	
	高　诚	副经理（副厂长）	1990.5.7—1991.5.11	
	万克颖	副经理（副厂长）	1990.5.7—1992.2.13	
	廖兰裕	副经理（副厂长）	1990.5.7—1991.1.28	
		经　理（厂　长）	1991.1.28—1993.11.19	
	何景华	副经理（副厂长）	1991.1.28—1994.12.31	
	甘乃昌	副经理（副厂长）	1991.1.28—1994.9.9	
	李建平	副经理（副厂长）	1993.4.6—1994.9.8	
	李新元	副经理（副厂长）	1993.4.6—1995.2.14	
		经　理（厂　长）	1995.2.14—2002.3.16	
	朱忠民	经　理（厂　长）	1993.11.19—1995.2.14	
		副经理（副厂长）	1995.2.14—1998.7.7	
	唐荣铭	副经理（副厂长）	1995.2.14—1998.7.7	
	田述生	副经理（副厂长）	1996.1.22—1998.7.7	
	史少云	副经理（副厂长）	1996.7.1—1998.7.7	
	钟小平	副经理（副厂长）	1995.2.14—1995.5.17	
	张前进	副经理（副厂长）	1998.7.7—2002.3.16	
	钱建华	副经理（副厂长）	1998.7.7—2000.5.21	
	方国祥	副经理（副厂长）	1998.7.7—2000.5.21	
零陵烟叶复烤厂	李新元	厂　长	2000.12.18—2002.3.16	
	张前进	副厂长	2000.12.18—2002.3.16	
	钱建华	副厂长	2000.12.18—2005.12.26	
	田国维	副厂长	2000.12.18—2005.12.26	
	吕　明	副厂长	2001.7.18—2002.3.16	
		厂　长	2002.3.16—2005.12.26	
	方国祥	副厂长	2000.5.21—2005.12.26	
	王飞华	副厂长	2004.3.10—2005.12.26	
永州天顺烟叶复烤有限责任公司	徐文军	董事长、法人代表	2005.12.12-2007.6.23	永州市烟草公司
	周国生	副董事长	2005.12.12-2007.6.23	永州市烟草公司
	义胜辉	董事	2005.12.12-2007.6.23	永州市烟草公司
	吕明	董事	2005.12.12-2007.6.23	永州天顺公司

续表

企业名称	姓　名	职　务	任职时间	备　注
	田国维	董事	2005.12.12-2007.6.23	永州天顺公司
	徐颖	董事	2005.12.12-2007.6.23	山东颐中集团
	陈东平	董事	2005.12.12-2007.6.23	常德卷烟厂
	曹莉芳	董事	2005.12.12-2007.6.23	长沙卷烟厂
	王宁	董事	2005.12.12-2007.6.23	南京卷烟厂
	刘正日	董事长、法人代表	2007.6.23-2011.9	永州市烟草公司
	义胜辉	副董事长	2007.6.23-2011.9	永州天顺公司
	袁长才	董事	2007.6.23-2011.9	永州市烟草公司
	唐庆华	董事	2007.6.23-2011.9	永州市烟草公司
	招启柏	董事	2007.6.23-2011.9	江苏中烟公司
	卜晓东	董事	2007.6.23-2011.9	山东中烟公司
	周劲波	董事	2007.6.23-2009.7.17	湖南中烟公司
	敖平	董事	2009.7.17-2011.9	永州天顺公司
	徐双红	董事	2009.7.17-2011.9	湖南中烟公司
	宋翠英	董事	2009.7.17-2011.9	湖南中烟公司
	唐庆华	监事	2005.12.12-2007.6	永州市烟草公司
	林志远	监事	2005.12.12-2007.6	永州市烟草公司
	方国祥	监事	2005.12.12-2011.9	永州天顺公司
	熊丽萍	监事	2005.12.12-2007.6	常德卷烟厂
	李丽华	监事	2005.12.12-2006.4.20	长沙卷烟厂
	刘茂奇	监事	2005.12.12-2007.6	南京卷烟厂
	陈玉梅	监事	2006.4.20-2009.7.17	长沙卷烟厂
	罗佳庆	监事会召集人	2007.6.23-2011.9	永州市烟草公司
	敖平	监事	2007.6.23-2009.7.17	永州天顺公司
	李永强	监事	2007.6.23-2011.9	永州市烟草公司
	朱霞	监事	2007.6.23-2011.9	湖南中烟公司
	陈强	监事	2007.6.23-2011.9	湖南中烟公司
	金茂跃	监事	2007.6.23-2011.9	江苏中烟公司
	义胜辉	总经理	2005.12.26—2011.8.1	
	田国维	副总经理	2005.12.26—2007.12.13	
	王飞华	副总经理	2005.12.26—2011.8.1	
	唐天宽	副总经理	2006.1.2—2011.8.1	
	敖 平	副总经理	2007.10.26—2011.8.1	
	杨秋林	副总经理	2011.1.1—2011.8.1	
湖南烟叶复烤公司永州复烤厂	义胜辉	厂长（兼）	2011.9.16—2012.6.5	
	盘勇卫	副厂长	2012.6.5—2013.5.2	
		副厂长主持、全面工作	2013.5.3-2014.1.15	
		厂长	2014.1.16—	
	唐天宽	副厂长	2011.8.1—2013.7.6	
	王飞华	副厂长	2011.8.1—2012.4.19	
	敖 平	副厂长	2011.11.19—2012.4.19	
	李廷云	副厂长	2013.7.22—	
	刘华友	总工程师	2013.7.22—	
	刘勇军	副厂长	2014.1.16—2017.3.24	
	雷雅麟	副厂长	2015.12.7—	

（四）常德芙蓉公司

1985年3月30日，常德地区烟草专卖局（公司）向省烟草专卖局（公司）上报《关于筹建常德烟叶复烤厂的报告》。6月5日，省局（公司）批复同意常德烟草分公司兴建常德烟叶复烤厂。建厂选址在常德市城西临江路（今武陵区竹叶路1号），占地面积80亩，12月，常德烟草分公司派出厂长熊永雷，副厂长赵世勤、丁维怀等10人到常德烟叶复烤厂工作。

1986年2月，常德烟叶复烤厂开始破土动工兴建，11月10日试车生产。独立核算。

1988年8月1日，原隶属常德市烟草分公司的烟叶复烤厂无偿划归常德卷烟厂，作为常德卷烟厂二级机构，对内对外均称为"常德卷烟厂复烤厂"。原常德烟叶复烤厂厂长熊永雷、副厂长赵世勤等回常德市烟草专卖局（公司）另行任职，原党总支书记李汉青、副厂长丁维怀转入常德卷烟厂复烤厂，分别任党支部书记、副厂长。

1991年5月13日，常德卷烟厂下达〔1991〕49号文件《关于组建原料分厂、烟叶经理部的通知》，将烟叶科、烟叶复烤厂、发酵室合并组建为常德卷烟厂原料分厂、烟叶经理部（一套班子，两块牌子）。单独在一栋楼办公。下设：办公室、业务科、生技科、仓储科、财务科、行政科、政保科等六科一室和复烤、机电、发酵三个车间。由卷烟厂副厂长李明三担任原料分厂厂长、烟叶部经理、党总支书记；胡登益任复烤（挂杆）车间主任。其后，随仿科马斯打叶复烤生产线建成，将复烤车间更名为打叶复烤车间。

1995年9月22日，仿科马斯打叶生产线即将正式投产，经厂部研究决定，撤销原属原料分厂管理的打叶复烤车间的建制，改称十车间，为科级建制。10月4日，丁维怀任十车间主任。原打叶复烤车间一分为二，原料分厂挂杆复烤车间继续生产，胡登益任挂杆车间主任。另添加人员组建十车间，十车间的人员编制和干部配备由人劳科提出报厂部批准后执行。

1998年8月4日，卷烟厂十车间撤销，组建打叶复烤车间，原料分厂挂杆复烤车间划归打叶复烤车间，熊继群任车间主任。

2001年12月7日，常德卷烟厂为对打叶复烤车间实施公司制改制，决定成立常德芙蓉打叶复烤有限公司，提出公司注册登记申请。

2003年3月5日，常德卷烟厂实施《厂长工作报告》分解项目，主管领导熊新荣负责推进打叶复烤公司剥离改制。

2005年8月25日，鉴于"芙蓉"是常德卷烟厂工商注册商标，常德卷烟厂授权常德芙蓉烟叶复烤有限责任公司使用"芙蓉"冠名权。9月28日，常德芙蓉烟叶复烤有限责任公司筹备小组在常德卷烟厂技术中心召开第一次股东大会。大会决议：通过预先选定的公司名称为"常德芙蓉烟叶复烤有限责任公司"；确定股东组成、股东各方出资方式和数额；确定公司业务范围和公司住所；审议通过公司章程；选举公司董事会、监事会成员；审议签订《合作协议》。股东单位为3家：常德卷烟厂以其设备折价2821万元人民币出资，占出资额的75.8%；常德市烟草公司、张家界市烟草公司各以现金450万元人民币出资，各占出资额的12.1%。会议选举5人为董事，熊新荣为董事长；3人组成监事会，何立英为监事会主席。

是年11月7日，国家局以国烟法〔2005〕699号《关于成立常德芙蓉烟叶复烤有限责任公司的批复》，同意成立常德芙蓉烟叶复烤有限责任公司，公司经营范围为烟叶委托加工。注册资本为3721万元，其中常德卷烟厂出资2821万元，占75.8%；湖南省烟草公司常德市公司出资450万元，占12.1%；湖南省烟草公司张家界公司出资450万元，占12.1%。常德卷烟厂打叶复烤车间随即改制成立常德芙蓉烟叶复烤有限责任公司，11月28日，常德芙蓉公司向常德市武陵区工商行政管理局申报工商登记，12月7日完成登记注册批准手续，领取营业执照，公司地址为常德市武陵区三岔路办事处芙蓉社区竹叶路1号，法人代表：熊新荣。12月16日，公司举行成立大会及挂牌仪式。常德芙蓉公司成立后，独立核算，仍作为常德卷烟厂第三产业公司，隶属常德卷烟厂管理，但人、财、物、经营责任划开，场地、设备转为租赁关系，卷烟厂委托常德芙蓉公司复烤烟叶，按价付费。

2006年3月6日，公司第一届一次董事会在张家界市召开，决定：聘任石瑞林任总经理。是年10月，经国家局批准，湖南中烟工业公司与所属长沙卷烟厂、常德卷烟厂合并为一个企业法人，湖南中烟工业公司由行政管理转变为经营实体。在常德卷烟厂法人资格取消的情况下，2007年11月8日，常德芙蓉公司划归湖南中烟工业公司（原料部为主）直管。

2008年5月20日，公司第二届四次董事会暨股东会在长沙召开，增补徐双红为董事，郭汉华任董事长，陈强任监事会主席。

2010年6月3日，公司第二届六次董事会暨第七次股东会在长沙召开，会议决定：免去石瑞林总经理职务，聘任王洪刚为公司总经理。2011年4月29日，公司第二届七次董事会暨第八次股东会在长沙召开，会议增补李明三为董事，选举李明三为董事长。

2013年5月7日，公司第二届九次董事会暨第十次股东会在长沙召开。会议增补杨智敏、王红刚为董事，选举杨智敏为新任董事长；决定由王红刚担任总经理职务。

2014年4月29日，公司第二届十次董事会暨第十一次股东会在长沙召开。会议决定：同意湖南中烟公司再增资5亿元，注册资本从原来的3721万元，增加到53721万元，增资后，湖南中烟公司控股比例增加到98.32%，常德市烟草公司、张家界市烟草公司各按原出资450万元，各占股份0.84%。7月，常德芙蓉公司在鼎城区灌溪镇鼎城高新技术产业园区兴工大道8号的易地技改工程项目竣工，公司整体搬迁至该新厂区。8月，公司工商行政登记注册关系转到常德市鼎城区工商行政管理局，重新办理工商登记注册，注册资本为53721万元。10月，新厂区正式运营。

2015年7月，经董事会决定：侯军任公司总经理，为法人代表。

常德芙蓉公司及前身企业行政领导成员任职情况表

企业名称	姓　名	职　务	任职时间	备　注
常德芙蓉烟叶复烤有限责任公司	熊新荣	董事长	2005.12—2008.4	湖南中烟公司
	朱方钦	董事	2005.12—2008.4	湖南中烟公司
	代锦云	董事	2005.12—2006.2	湖南中烟公司
	王以明	董事	2005.12—2008.4	常德市烟草公司
	高志强	董事	2005.12—2008.4	张家界市烟草公司
	李明三	董事	2006.3—2008.4	湖南中烟公司
	何立英	监事会主席	2005.10—2008.4	湖南中烟公司
	尹庆先	监事	2005.10—2008.4	常德市烟草公司
	王景贵	监事	2005.10—2008.4	张家界市烟草司
	石瑞林	总经理	2006.3—2010.6	
	杨　俊	副总经理	2006.3—2008.4	
	黄力军	副总经理	2006.3—2008. 4	
	文剑辉	总经理助理	2006.3—2008.4	
	郭汉华	董事长	2008.5—2011.4	湖南中烟公司
	熊新荣	董事	2008.5—2011.4	湖南中烟公司
	李明三	董事	2008.5—2009.6	湖南中烟公司
	杜　晖	董事	2009.6—2011.4	湖南中烟公司
	宁尚辉	董事	2008.5—2011.4	常德市烟草公司
	宋翠英	董事	2008.5—2011.4	湖南中烟公司
	李光华	董事	2008.5—2011.4	湖南中烟公司
	胡晓军	董事	2008.5—2009.5	张家界市烟草公司

续表

企业名称	姓　名	职　务	任职时间	备　注
常德芙蓉烟叶复烤有限责任公司	徐双红	董事	2008.5—2011.4	湖南中烟公司
	彭业敏	董事	2009.6—2011.4	张家界市烟草公司
	陈　强	监事会主席	2008.5—2011.4	湖南中烟公司
	程　慧	监事	2008.5—2011.4	常德市烟草公司
	王景贵	监事	2008.5—2011.4	张家界市烟草公司
	王红刚	总经理	2010.6—2011.4	
	邹湘斌	副总经理	2010.6—2012.12	
	肖永德	副总经理	2010.6—2011.4	
	杨　俊	副总经理	2008.5—2011.4	
	肖　鸿	副总经理	2008.5—2011.4	
	文剑辉	总经理助理	2008.5—2011.4	
	李明三	董事长	2011.4—2013.5	湖南中烟公司
	熊新荣	董事	2011.4—2013.5	湖南中烟公司
	宁尚辉	董事	2011.4—2013.5	常德市烟草公司
	宋翠英	董事	2011.4—2013.5	湖南中烟公司
	李光华	董事	2011.4—2013.5	湖南中烟公司
	徐双红	董事	2011.4—2013.5	湖南中烟公司
	彭业敏	董事	2011.4—2013.5	张家界市烟草公司
	陈　强	监事会主席	2011.4—2013.5	湖南中烟公司
	程　慧	监事	2011.4—2013.5	常德市烟草公司
	王景贵	监事	2011.4—2013.5	张家界市烟草公司
	王红刚	总经理	2011.4—2015.6	
	肖永德	副总经理	2011.4—2013.5	
	杨　俊	副总经理	2011.4—2013.5	
	肖　鸿	副总经理	2011.4—2013.5	
	王先义	副总经理	2012.10—2013.5	
	文剑辉	总经理助理	2011.04—2013.5	
	杨智敏	董事长	2013.5—	湖南中烟公司
	宁尚辉	董事	2013.5—	常德市烟草公司
	宋翠英	董事	2013.5—	湖南中烟公司
	李光华	董事	2013.5—	湖南中烟公司
	徐双红	董事	2013.5—	湖南中烟公司
	彭业敏	董事	2013.5—	张家界市烟草公司
	王红刚	董事	2013.5—	湖南中烟公司
	陈　强	监事会主席	2013.5—	湖南中烟公司
	程　慧	监事	2013.5—	常德市烟草公司
	王景贵	监事	2013.5—	张家界市烟草公司
	侯　军	总经理	2015.7—	
	肖永德	副总经理	2013.5—	
	杨　俊	副总经理	2013.5—	
	王先义	副总经理	2013.5—	
	肖　鸿	副总经理	2013.5—2016.6	
	文剑辉	总经理助理	2013.5—	

（五）湘西鹤盛公司

1996年10月6日，湘西土家族苗族自治州政府召开州长办公会议，专题研究烟草生产经营和筹建湘西打叶复烤厂问题。副州长武吉海主持会议，吉首市常务副市长张官仁、长沙卷烟厂副厂长蒋效拉、自治州烟草专卖局（公司）局长、经理张书华等出席会议。会议决定筹建湘西打叶复烤厂，成立湘西打叶复烤厂筹建指挥部，武吉海任指挥长，张官仁、蒋效拉、张书华任副指挥长。

1997年1月8日、10日，经〔1997〕1号州长办公会议决定对吉首打叶复烤厂筹建指挥部成员进行调整。指挥长：武吉海；副指挥长：龙颂江（副州长）、张官仁、张书华、李增伟(长沙卷烟厂副厂长)。4月11日，湘西自治州金沙原烟发展有限公司（以下简称金沙公司）在长沙成立，召开第一次股东会，讨论通过公司章程。公司实行股份制，由长沙卷烟厂出资4500万元，湘西自治州烟草公司出资500万元，合计注册资本5000万元。公司领导体制实行股东会、董事会、监事会"新三会"体制，股东会选举涂清明、张书华、李增伟、李玉生、谢建宏五人为董事，第一次董事会推举长沙卷烟厂涂清明为董事长，湘西自治州烟草公司经理张书华为副董事长，并聘任张书华为公司总经理，李玉生为公司财务负责人。股东会选举周振威、易坚、袁赛珍、钟亚林、陈官好为公司监事会监事。会议确定由金沙原烟发展有限公司负责吉首打叶复烤厂建设项目的具体实施，建厂地址定在吉首市雅溪镇雅溪村。8月11日，国家局下达国烟计〔1997〕118号《关于乾州卷烟厂转产吉首打叶复烤厂项目总体规划的批复》文件，正式批复吉首打叶复烤厂设立。12月10日，吉首打叶复烤厂在吉首市工商管理局完成工商企业登记注册，标志该厂正式成立。同日，金沙公司任命张书华为吉首打叶复烤厂法人代表。同月，增加长沙卷烟厂副厂长李增伟为筹建指挥部副指挥长。

1998年3月，吉首打叶复烤厂筹集指挥部正式挂牌，办公地址暂设边城宾馆。30日，州工商管理局颁发金沙公司营业执照，标志该公司正式运作。5月，指挥部迁至市民族研究所，州烟草公司抽调陈见林、魏湘利、林建佩、张晔、全斌等人参与指挥部工作。

1999年5月21日，长沙卷烟厂委派严钦德、易爱奇、刘志平、胡新林、高志敏、黄文杰来厂；同日，李增伟主持会议，宣布严钦德、魏湘利为吉首打叶复烤厂副厂长。8月20日，金沙公司董事会任命李增伟为吉首打叶复烤厂厂长（法人代表）。随之，变更《企业法人营业执照》，厂法人代表由张书华变更为李增伟。

2000年5月，厂长李增伟调回长沙卷烟厂。7月3日，长沙卷烟厂委派伍亚光到吉首打叶复烤厂工作，同时调入汤绍凡任党支部书记，5日，金沙公司董事会任命伍亚光为吉首打叶复烤厂厂长（法人代表）。随之，变更《企业法人营业执照》，厂法人代表由李增伟变更为伍亚光。

2001年3月30日，湘西自治州金沙原烟发展有限公司法人代表由张书华变更为涂清明。

2002年7月，严钦德调离。8月19日，湘西自治州金沙原烟发展有限公司在吉首召开会议，选举产生由师兰、杨治金、伍亚光三人组成的新一届董事会，师兰为董事长，聘任伍亚光为总经理。

2003年4月7日，厂企业注册资金变更为1.0362亿元。9月22日，白沙集团委派张其龙任吉首打叶复烤厂副厂长兼总工艺师。

2004年4月7日，白沙集团刘明华副总裁召集公司股东，在吉首打叶复烤厂主持召开法人治理结构专题会议，会议商定：由长沙卷烟厂出资8000万元，州烟草公司出资1000万元，并将企业更名为吉首烟叶复烤有限责任公司。7月3日，为更好地落实ISO-9000贯标工作，公司决定：由张其龙任公司管理者代表。13日，吉首打叶复烤厂第一次股东会议在本厂召开，会议决定注销湘西自治州金沙原烟发展有限公司，并将吉首打叶复烤厂更名为湘西鹤盛原烟发展有限责任公司（以下简称鹤盛公司）。14日，吉首打叶复烤厂第二次股东会在本厂召开，会议对即将登记注册的鹤盛公司的章程进行讨论、通过，重新理顺和明确鹤盛公司股权比例：长沙卷烟厂出资8000万元，占88.89%，湘西自治州烟草公司出资1000万元，占11.11%；会议选举产生5人组成的新一届董事会，白沙集团副总裁刘明华为董事长；董事会聘任伍亚光为公司总经理；3人组成新一届监事会。9月3日，长沙卷烟厂正式委任刘明华为鹤盛公司董事长、法人代表。7日，鹤盛公司领取营业执照，以新的企业名称运作。8日，原湘西自治州金沙原烟发展有限公司在打叶复烤厂召开股东会议，由于鹤盛公司已成立，决定注销金沙公司，并成立以刘明华为组长，杨治金、伍亚光、张其龙、汤绍凡、杨芳、张勇、左亮华为成员的清算组，对金沙公司债权债务进行清算。10月23日，湘西鹤盛公司举行揭牌仪式。12月21日，金沙公司债权债务清算组宣告清算工作完成。次年3月11日，金沙公司注销，宣告该公司所担负的建设吉首打叶复烤厂的主要任务已圆满完成。

2005年3月2日，鹤盛公司召开第一届第三次股东会议，选举产生以刘明华为董事长，郭汉华、伍亚光、张其龙、汤绍凡为董事的新一届董事会。

2006年10月31日，根据《国家烟草专卖局关于湖南卷烟工业企业管理体制改革的批复(国烟法〔2006〕710号)》文件规定，鹤盛公司召开股东会议，因主管单位长沙卷烟厂已取消法人资格，其资产、债权债务、知识产权等一并由湖南中烟公司承继，鹤盛公司出资人由原长沙卷烟厂变更为湖南中烟公司，并同意修改公司章程。11月30日，湖南中烟公司以湘烟工函〔2006〕26号文件通知鹤盛公司：由于湖南中烟公司与所属长沙卷烟厂、常德卷烟厂合并重组成一个法人实体，成立新的湖南中烟公司，原长沙卷烟厂对鹤盛公司的投资8000万元(占注册资本的88.89%)，由湖南中烟公司行使出资人权利，其股东名称由长沙卷烟厂变更为湖南中烟公司。

2007年1月15日，湖南中烟公司以(湘烟工函〔2007〕4号)文件，下达改派鹤盛公司董事会、监事会及董事长候选人通知。25日，鹤盛公司召开第三次股东会及2007年第一次董事会，由于主要股东已由长沙卷烟厂变更为湖南中烟公司，根据拟定的候选人，选举5人组成新一届董事会成员，郭汉华为董事长；新一届监事会成员由3人组成，华谢飞为召集人。8月13日，鹤盛公司任命郭汉华为公司法人代表。

2010年5月20日，鹤盛公司总经理、党支部书记伍亚光调回长沙卷烟厂工作，公司董事会任命张其龙代理鹤盛公司总经理。6月3日，在长沙市神农大酒店召开鹤盛公司2010年度第一次股东会、董事会暨监事会，会议决定：解聘伍亚光董事职务；正式聘任张其龙为公司总经理。

2011年4月29日，在长沙神农大酒店召开公司2011年第一次股东会、董事会暨监事会，会议决定免去郭汉华董事一职，李明三任董事长。

2013年5月7日，在长沙金叶神农大酒店召开2013年第一次股东会暨董事、监事会，会议决定免去李明三董事一职，增补湖南中烟公司杨智敏为鹤盛公司董事，董事长由李明三变更为杨智敏，并修订公司章程，法定代表人由董事长变更为总经理，张其龙为法人代表。

2014年10月22日，经公司总经理办公会决定，周孝惊任公司生产总监兼市场计划部部长，分管生产组织工作，任期2年。

湘西鹤盛公司及前身企业行政领导成员任职情况表

企业名称	姓　名	职　务	任职时间	备　注
湘西自治州金沙原烟发展有限公司	张书华	法人代表	1997.4.11—2001.3.20	湘西自治州烟草公司
	涂清明	法人代表	2001.3.20—2002.8.20	长沙卷烟厂
	师　兰	法人代表	2002.8.19—2004.7.13	长沙卷烟厂
	涂清明	董事长	1997.4.11—2002.8.20	长沙卷烟厂
	师　兰		2002.8.20—2004.7.13	长沙卷烟厂
	张书华	副董事长	1997.4.11—2002.8.20	湘西自治州烟草公司
	李增伟	董　事	1997.4.11—2000.7	吉首打叶复烤厂
	伍亚光		2002.8.19—2004.7.13	吉首打叶复烤厂
	杨治金		2002.8.19—2004.7.13	湘西自治州烟草公司
	李玉生		1997.4.11—2004.7.13	湘西自治州烟草公司
	谢建宏		1997.4.11—2004.7.13	长沙卷烟厂

续表

企业名称	姓　名	职　务	任职时间	备　注
	周振威	监　事	1997.4.11—2004.7.13	长沙卷烟厂
	易　坚		1997.4.11—2004.7.13	长沙卷烟厂
	袁赛珍		1997.4.11—2004.7.13	长沙卷烟厂
	钟亚林		1997.4.11—2004.7.13	湘西自治州烟草公司
	陈官好		1997.4.11—2004.7.13	湘西自治州烟草公司
	张书华	总经理	1997.4.11—2004.7.13	湘西自治州烟草公司
	伍亚光		2002.8.19—2004.7.13	吉首打叶复烤厂
	李玉生	财务负责人	1997.4.11—2004.7.13	湘西自治州烟草公司
吉首打叶复烤厂	张书华	法人代表	1997.12.10—1999.8.19	湘西自治州烟草公司
	李增伟	厂长（法人代表）	1999.8.20—2000.5	
	伍亚光		2000.7.5—2004.7.13	
	严钦德	副厂长	1999.5.21—2002.7	
	魏湘利		1999.5.21—2004.7.13	
	张其龙		2003.9.22—2004.7.13	
湘西鹤盛原烟发展有限责任公司	刘明华	董事长（法人代表）	2004.7.14—2007.1.24	长沙卷烟厂
	郭汉华		2007.1.25—2011.4.28	湖南中烟公司
	李明三		2011.4.29—2013.5.6	湖南中烟公司
	杨智敏	董事长	2013.5.7—	湖南中烟公司
	杨治金	董　事	2004.7.14—2005.3.1	湘西自治州烟草公司
	邓少文		2007.1.25—2007.12.21	湘西自治州烟草公司
	伍亚光		2004.7.14—2010.6.2	湘西鹤盛公司
	张其龙		2004.7.14—	湘西鹤盛公司
	汤绍凡		2004.7.14—2007.1.24	湘西鹤盛公司
	郭汉华		2005.3.2—2011.4.28	湖南中烟公司
	刘明华		2007.1.15—2012.4.5 去世	湖南中烟公司
	宋翠英		2007.1.25—	湖南中烟公司
	万　伟		2007.12.21—2012.5.14	湘西自治州烟草公司
	徐双红		2008.5.22—	湖南中烟公司
	陆中山		2012.5.15—	湘西自治州烟草公司
	杨　芳	监　事	2004.7.14—2007.1.24	长沙卷烟厂
	左亮华		2004.7.14—2011.4.28	湘西鹤盛公司
	李玉生		2004.7.14—2010.6.2	湘西自治州烟草公司
	周米良		2010.6.3—	湘西自治州烟草公司
	罗赤敏		2011.4.29—	湘西鹤盛公司
	华谢飞		2007.1.25—	湖南中烟公司
	伍亚光	总经理	2004.7.14—2010.5.20	
	张其龙		2010.5.21—	
	张其龙	法人代表	2013.5.7—	湘西鹤盛公司
	汤绍凡	副总经理	2004.7.14—2010.6.2	
	张其龙		2004.7.14—2010.5.20	
	魏湘利		2004.7.14—	
	刘本贵		2006.7.31—	
	张　晖		2009.1.22—	
	张　勇	财务总监	2004.7.14—	
	周孝惊	生产总监	2014.10.22—	

（六）浏阳天福公司

2004年8月16日，国家局下达国烟计〔2004〕528号《关于湖南打叶复烤生产布局调整的批复》文件。其中明确：在浏阳新建打叶复烤生产企业，总能力按每年3万吨规划，近期按1.5万吨设计，由湖南中烟工业有限责任公司据此办理相关企业注册、专卖生产经营许可、建设项目立项等手续。9月29日，在湖南中烟工业有限责任公司（以下简称湖南中烟公司）七楼会议室召开浏阳天福打叶复烤有限责任公司筹建股东会议，出席的股东有：湖南中烟公司、长沙卷烟厂、常德卷烟厂、湖南省烟草公司长沙市公司、湖南省烟草公司衡阳市公司。会议决议：成立公司名称：浏阳天福打叶复烤有限责任公司（以下简称天福公司）；公司地址：湖南省浏阳市永安镇现代产业制造园；公司注册资本16000万元人民币，其中湖南中烟公司出资1000万元占6.25%、长沙卷烟厂6600万元占41.25%、湖南省烟草公司长沙市公司5400万元占33.75%、常德卷烟厂2000万元占12.5%、湖南省烟草公司衡阳市公司1000万元占6.25%，均以货币方式出资。会议选举5人为董事，蒋效拉为公司董事长；5人为监事，华谢飞为监事会召集人。10月19日，国家局下达国烟计〔2004〕726号《关于成立浏阳天福打叶复烤有限责任公司的批复》文件，批准成立浏阳天福打叶复烤有限责任公司。11月2日，公司第二次董事会在湖南中烟工业公司举行，会议决定：长沙卷烟厂李昌平为公司总经理，副总经理由常德卷烟厂（王先义）、长沙市烟草公司（唐美洪）出任；财会人员由长沙市烟草公司指派一人，其余由长沙卷烟厂配备。上述人员的工资福利待遇在项目投产前由各派出单位承担。12月10日，完成工商登记注册，完成企业成立法定手续，标志天福公司正式成立。

2007年1月16日，公司第六次股东会及董事会在浏阳天福公司召开，会议决定：因湖南中烟公司改革重组，将原湖南中烟公司、长沙卷烟厂、常德卷烟厂3家投资股东合并为湖南中烟公司一家股东，并相应将湖南中烟公司对天福公司的控股出资额变更为9600万元，出资比例变更为60%。因各股东单位董事和监事人员工作岗位变动，经各股东推荐、股东会研究同意，天福公司董事会、监事会成员均有调整。董事会提名郭汉华为法人代表。12月25日，公司第八次股东会暨董事会在浏阳天福公司召开。会议决定：同意将湖南省中烟公司所属的天福公司厂区所占土地107663.62平面米土地（使用权定号为浏国用[2005]第1747号）作价入股。

2008年–2015年，公司先后召开第9–17次股东、董事暨监事会，部分董事长、董事、监事会召集人、监事、副总经理人选有变更。其中，2010年6月3日，公司董事会表决通过：确定郭汉华担任公司董事长（法定代表人）；2011年4月28日，公司第十三次股东、董事暨监事会决议：同意免去郭汉华董事一职，选举李明三为新一届董事长；2013年5月8日，天福公司第十五次股东、董事暨监事会议决定：同意李明三因退休辞去天福公司董事和法定代表人职务；经湖南中烟公司推荐，增补杨智敏为天福公司董事，并推举杨智敏为董事长；同意修改公司章程，确定："总经理为公司法定代表人，总经理对董事会负责"；同时确定总经理李昌平为公司法定代表人。

浏阳天福公司行政领导成员任职情况表

机构名称	姓　名	职　务	任职时间	备　注
浏阳天福有限责任公司	蒋效拉	董事长、法人代表	2004.9.29.—2007.1.16	湖南中烟公司
	郭汉华	董事长、法人代表	2007.1.16—2011.4.28	湖南中烟公司
	李明三	董事长、法人代表	2011.4.28—2013.5.8	湖南中烟公司
	杨智敏	董事长	2013.5.8—2016.11.22	湖南中烟公司
	钟科军	董事长	2016.11.22.—	湖南中烟公司
	冯文政	董事	2005.3.22—2007.1.16	长沙市烟草公司
	唐国生	董事	2005.8.12.—2008.4.24	衡阳市烟草公司
	黄　昂	董事	2004.9.29.—2007.1.16、	长沙卷烟厂
	熊新荣	董事	2004.9.29.—2007.1.17、	常德卷烟厂
	郭汉华	董事	2004.9.29—2005.3.22	长沙市烟草公司
	张洁清	董事	2004.9.29—2005.8.12.	衡阳市烟草公司
	刘明华	董事	2007.1.16—2012.4.5	湖南中烟公司
	宋翠英	董事	2007.1.16.—	湖南中烟公司
	李昌平	董事	2007 年 1.16—	浏阳天福公司
	徐招深	董事	2007.1.16—2014.10.28	长沙市烟草公司
	徐双红	董事	2008.4.24—	湖南中烟公司
	王　勇	董事	2008.4.24—2013.5.8	衡阳市烟草公司
	刘兰芬	董事	2013.5.8—	衡阳市烟草公司
	何命军	董事	2014.10.28—	长沙市烟草公司
	李光华	董事	2016.3.3—2016.11.22	湖南中烟公司
	李建军	董事	2016.11.22—	湖南中烟公司
	华谢飞	监事会召集人	2004.9.29—	湖南中烟公司
	李丽华	监事	2004.9.29—2007.1.16	长沙卷烟厂
	朱方钦	监事	2004.9.29—2007.1.16	常德卷烟厂
	罗稳刚	监事	2004.9.29—2014.10.28	长沙市烟草公司
	王　勇	监事	2004.9.29—2008.4.24	衡阳市烟草公司
	朱　霞	监事	2007.1.16—2016.3.3	湖南中烟公司
	陈　强	监事	2007.1.16—	湖南中烟公司
	聂东发	监事	2009.1.21.—2010.3.19	衡阳市烟草公司
	黄银章	监事	2010.3.19—2011.4.28	衡阳市烟草公司
	刘兰芬	监事	2011.4.28—2013.5.8	衡阳市烟草公司
	熊海韬	监事	2013.5.8.—	衡阳市烟草公司
	姜　华	监事	2014.10.28.—	长沙市烟草公司
	李昌平	总经理	2004.9—	
		法人代表	2013.5.8—	
	唐美洪	副总经理	2004.9—2009.6	
	王先义	副总经理	2004.9—2012.9	
	李振江	副总经理	2008.6—	
	李　杰	副总经理	2009.2—2014.7	
	刘又石	副总经理	2009.6—2016.5	
	娄筱维	副总经理	2014.4—	
	刘春芳	副总经理	2015.3—	
	刘　霞	财务总监	2015.3—	

二、内设机构

(一)湖南复烤公司

2011年9月16日,湖南烟叶复烤有限公司成立后部门设置为:综合部、财务企管部、生产经营部,邝文宣任综合部部长,敖平、孙建霞协助综合部工作。林朗任财务企管部部长。杨秋林任生产经营部部长。2012年4月,公司中层管理岗位竞聘上岗,对3位部长正式聘任,并聘任王飞华、孙建霞为综合部副部长,雷雅麟为生产经营部副部长。

2013年,是公司首轮现代人力资源体系建设的第一年。7月6日,公司增设监察审计部和人力资源部、技改搬迁办(临时机构)。中层干部全部实行竞争上岗,原任职务全部解聘。15日,公司聘任:唐天宽为技改办(临时机构)副主任(主持工作),资斌为生产经营部副部长(主持工作);杨秋林为人力资源部部长,解聘其生产经营部部长职务。24日,公司聘任:孙建霞为综合部部长,王飞华为监察审计部副部长(主持工作),程海红为人力资源部副部长,胡战卫为综合部副部长。8月16日,特设公司法规办公室,与公司综合部合署办公。孙建霞兼任法规办公室主任;胡战卫兼任法规办公室副主任。9月4日,公司聘任:汪意湘为技改搬迁办工程师,罗仙华为公司财务企管部会计师。12月2日,公司聘任覃寿元为生产经营部注册安全工程师。4日,公司聘任王飞华为监察审计部部长,免去其公司监察审计部副部长(主持工作)职务。

2014年1月16日,聘任唐天宽为技改搬迁办主任,免去其技改搬迁办副主任职务。9月18日,公司聘任敖平为人力资源部副部长;解聘程海红人力资源部副部长职务。

2015年3月10日,公司增设安全保卫部,原公司生产经营部安保职能和原综合部内管职能划入安全保卫部。至年底,共有内设机构7个,分别是综合部、财务企管部、生产经营部、人力资源部、监察审计部、技改搬迁办(临时)、安全保卫部。4月2日,聘任敖平为安全保卫部部长,解聘其公司人力资源部副部长职务;聘任资斌为生产经营部部长。12月7日解聘雷雅麟生产经营部副部长职务。

2011-2015年湖南烟叶复烤有限公司行政机构图

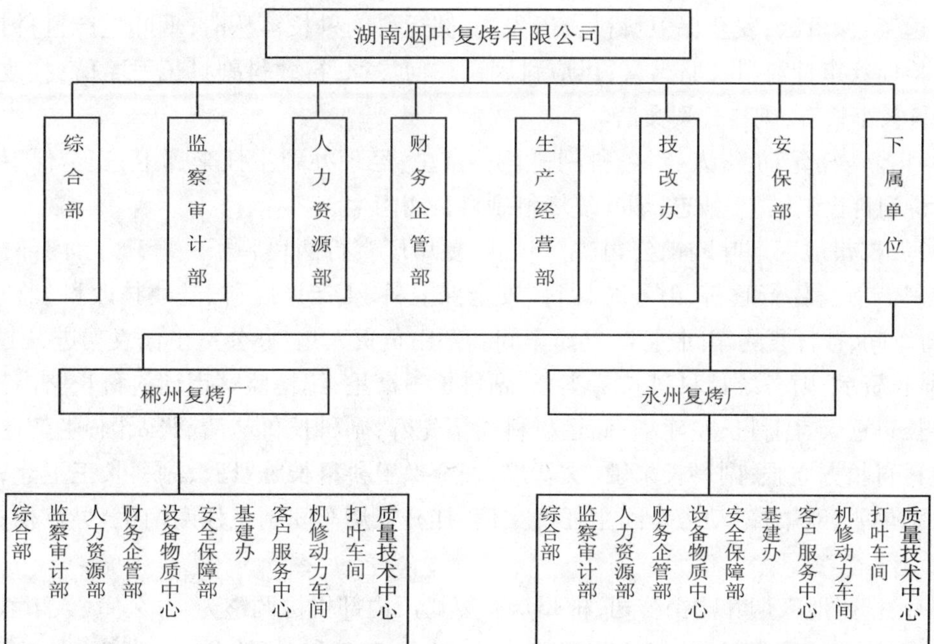

（二）郴州复烤厂

1972年9月至1976年5月，郴州地区农产品公司下设郴州地区烟叶复烤厂筹备小组，组长吴锦山。

1976年5月，郴州地区棉麻烟公司设郴州地区烟叶复烤厂筹备小组，组长吴锦山，副组长孙长友。

1978年7月至1979年12月，郴州地区烟叶复烤厂下设生产技术组，副组长吴锦山。

1980年1月，郴州地区烟叶复烤厂下设生产技术组和复烤车间，生产技术组长吴锦山，复烤车间副主任段兴生、贺文信。1981年9月，吴锦山任生产技术组组长，贺文信任维修车间副主任。1982年11月，吴锦山任生产技术组组长，贺文信、蒋丛清任车间副主任。

1983年2月至1984年10月，郴州地区烟叶复烤厂下设生产技术组、维修车间和劳动服务站。生产技术组组长吴锦山，维修车间副主任贺文信，劳动服务站站长蒋丛清，副站长石建中。

1984年11月至1985年6月，郴州地区烟叶复烤厂下设生产技术科和生产车间。生产技术科长吴锦山，生产车间副主任贺文信、蒋丛清。

1985年6月，郴州地区烟叶复烤厂下设生产技术组、生产车间和维修车间。生产技术组长吴锦山，副组长刘建国；生产车间副主任贺文信、黄凤英。维修车间副主任孙长友。

1986年5月，湖南省烟草公司郴州分公司烟叶复烤厂机构设置：人秘股、供销股、生产技术股、计财股。人秘股股长何俊德，供销股副股长贺文信、黄凤英，生产技术股副股长孙长友、刘建国。1987年9月调整，贺文信免去供销股副股长职务，改任生产技术股股长；张跃国任供销股副股长。

1989年8月，郴州烟叶复烤厂机构设置：人事教育股、办公室、计财股、生产技术股、供销股、储运保卫股和监察室。人事教育股股长周胜瑜；办公室主任文新忠，副主任欧书锋；计财股股长王富星；生产技术股股长贺文信，副股长孙长友、刘建国；供销股股长何俊德，副股长黄凤英、罗安安；储运保卫股股长张跃国；监察室副主任吴亚初。

1990年2月，郴州地区烟叶生产购销公司、郴州烟叶复烤厂实行两块牌子一套班子，内部机构设置：工会、团委、党委办、经理办、劳资科、财务科、购销科（下设下湄桥烟仓库、流星岭烟仓库、白石渡烟仓库、耒阳灶市烟仓库、机烤仓库）、安全保卫科、储运科、烟叶生产科、纪检监察审计科、供应科、行政科、技改基建科、复烤科（下设生产车间、投料车间、动力车间）。工会副主席林启炬；团委副书记石建中（兼）；党委办副主任李义芳、石建中；经理办副主任袁功进；劳资科副科长周胜瑜；财务科科长方立强；购销科科长李会文，副科长王远荣、徐贵云；安全保卫科科长伍先寿；储运科副科长蒋丛清；烟叶生产科科长王崇杰，副科长李海峰；纪检监察审计科科长骆昌喜；供应科副科长何俊德；行政科副科长尹希信；技改基建科科长刘积保；复烤科科长李长春，副科长贺文信。

1991年3月，新增部门负责人：财务科副科长王富星；经理办副主任李翼卫；安全保卫科副科长陈贤武；技改基建科副科长朱敏、文新忠；烟叶复烤科副科长谢南生。

1993年2月，郴州地区烟叶购销公司、郴州烟叶复烤厂实行两块牌子一套班子，内部机构设置：办公室、人事教育科、储运科、行政科、财务统计科、安全保卫科、生产调度科、基建技改科、监察审计科、购销科、工会、动力车间、挂杆复烤车间、打叶复烤车间。部门负责人是：办公室主任袁功进，副主任李翼卫；人事教育科副科长资斌；财务统计科科长葛庆亮，副科长王富星；纪检监察审计科科长骆昌喜，副科长何俊德；购销科科长王远荣，副科长左建华；储运科科长伍先寿，副科长蒋丛清、张跃国；生产调度科科长罗昌国；技改基建科科长方立强，副科长朱敏、文新忠；安全保卫科科长陈贤武，副科长王卫建；行政科科长尹希信，副科长陈佑明、欧书锋；动力车间主任贺文信；挂杆复烤车间副主任谢南生、吴亚初；打叶复烤车间主任刘勇智。

1994年6月，郴州地区烟叶购销公司、郴州烟叶复烤厂内部机构调整为：办公室、人事教育科、业务科、质检科、财务统计科、安全保卫科、纪检监察审计科、工会、基建科、运输科、行政科、动力车间、打叶车间、挂杆一车间、挂杆二车间、烟叶一库、烟叶二库、烟叶三库、达康公司、培训中心、汽车队。部门负责人调整:办公室主任袁功进,副主任文新忠;人事教育科科长资斌;业务科科长王远荣,副科长陈国贞;质检科科长左建华,副科长黄凤英、罗南喜;财务统计科长葛庆亮;安全保卫科科长陈贤武,副科长姚金华、王一跃;纪检监察审计科科长骆昌喜,副科长何俊德,副科长级纪检员资道检,副科长级审计员王富星;工会副主席谢振兴;基建科副科长朱敏、吴也周;运输科科长伍先寿,副科长张跃国;行政科科长李翼卫,副科长欧书锋、谢南生;汽车队队长蒋丛清;动力车间主任贺文信,副主任孙长友;打叶车间主任刘勇智,副主任刘洪标;挂杆一车间主任刘建国,副主任李秀英;挂杆二车间主任王淮军,副主任朱自坚;烟叶一库主任武友魁,副主任周郴;烟叶二库主任张建华,副主任彭建宇;烟叶三库主任陈弟壮,副主任赵双虹、刘轮霞;达康公司经理周胜瑜,副经理吴亚初;培训中心主任周厚泽,副主任尹希信。

1995年4月,湖南省郴州地区烟叶购销公司、郴州烟叶复烤厂,内部机构调整:增设供应科,撤销技改基建科,设临时基建办,撤销动力车间。部门负责人(除车队、技改科和达康公司维持原聘)重新聘任:办公室主任袁功进,副主任文新忠;人事教育科科长李翼卫,副科长李芝芳;财务统计科科长葛庆亮,副科长罗茜;业务科科长资斌,副科长王远荣、武友魁;质检科科长黄凤英,副科长罗南喜;运输科副科长张跃国;纪检监察审计科科长左建华,副科长姚金华,副科长科员资道检,副科长审计员王富星;工会副主席谢振兴;行政科科长欧书锋,副科长刘卫;安全保卫科科长陈贤武,副科长王一跃、谢南生;供应科科长贺文信,副科长李秀英;培训中心主任周厚泽;烟叶一库主任周郴,副主任刘轮霞;烟叶二库主任张建华,副主任彭建宇;烟叶三库主任陈弟壮,副主任赵双虹;挂杆一车间主任刘建国,副主任孙长友、陈国贞;挂杆二车间主任王淮军,副主任朱自坚、尹朝珍;打叶车间主任刘勇智,副主任吴亚初、廖道文;打叶车间工程师刘洪标(副科长级)。

1996年5月28日,湖南湘南烟草集团有限责任公司烟叶购销分公司(郴州烟叶复烤厂)成立,内部机构设置:监察室、财会物价科、生产培植科、仓储科、办公室、企管科、业务一科(市内业务)、业务二科(市外业务)、质检科、安全保卫科、行政科、车队、团委、工会、北湖区烟叶经理部、苏仙区烟叶经理部、复烤厂。部门负责人分别为:监察室副主任黄正国;财会物价科副科长何可、葛庆亮;生产培植科科长欧阳占铨,副科长朱列书;仓储科副科长曹德贵、贺公平(兼鸡公石仓库主任)、付湘华(兼万花冲仓库主任)、陈弟壮(兼下湄桥仓库主任)、张跃国;办公室副主任雷捌金;企管科副科长何田松(主持工作);业务一科副科长王远荣;业务二科副科长周国华;质检科副科长徐贵云、黄凤英;安全保卫科副科长史雄彬、陈贤武;行政科副科长欧书锋、王一跃;车队副队长何文俊;团总支副书记陈华;工会主席李义芳;北湖区烟叶经理部副主任方立强、周小杰;苏仙区烟叶经理部主任彭文胜,副主任李二芽;复烤厂厂长李国正(兼),副厂长罗昌国、石建中、刘勇智、刘积保。1996年9月,湘南烟草集团有限责任公司烟叶购销公司(复烤厂)人员调整:罗昌国任北湖区烟草公司副经理,免去烟叶购销分公司副经理、复烤厂副厂长职务;石建中任烟叶购销分公司副经理;新增林大安任企管科副科长。

1997年4月3日,湘南烟草集团有限责任公司烟叶购销公司(复烤厂)更名为湖南湘南烟草集团有限责任公司烟叶分公司和湖南湘南烟草集团有限责任公司烟叶复烤厂。6月,机构增设和更名:增设供应科、动力车间、挂杆车间、打叶车间,复烤科(厂)更名为生产调度科。并对部门负责人进行调整:邓正平免去集团烟叶科研所副所长职务,改任烟叶分公司烟叶科副科长;贺公平免去仓储科副科长职务,改任业务科副科长;何田松免去企管科副科长职务,改任政工科副科长;谷邵成任生产调度科副科长;免去刘勇智复烤厂副厂长职务,刘勇智、贺文信任动力车间副主任;免去刘积保复烤厂副厂长职务,改任第四支部副书记。李秀英任供应科副科长;武友魁任业务科副科长;王淮军、刘建国、朱自坚任挂杆车间正、副主任;吴亚初任打叶车间副主任。

1998年4月,湘南烟草集团有限责任公司烟叶分公司(烟叶复烤厂)机构设置:将党总支、团总支并入政工科(合并后,党总支、团总支名称予以保留);将质检科并入烟叶科;将企管科并入办公室;将仓储科、生产调度科合并,成立储运科;撤销车队,将小车划归办公室管理,大车划归储运科管理;将动力车间与供应科合并,成立设备动力科;新设外贸办。保留原有的工会、监察室、财会物价科、业务科、安全保卫科、行政科、挂杆车间、打叶车间。部门负责人调整:政工科科长林善斌;办公室主任林大安;烟叶科科长徐贵云;储运科正、副科长何文俊、张建华(兼任鸡公石仓库主任);外贸办正、副主任曹德贵、黄凤英、李芝仪;设备动力科正、副科长刘勇智、李秀英、贺文信;打叶车间正、副主任王淮军、崔建军;挂杆车间副主任谷邵成。7月,撤销烟叶分公司烟叶科,集团公司成立烟叶部,刘廷廷任部长,邓正平、徐贵云、郑和平任副部长。

1999年1月,因李义芳内退,改选何田松任工会主席,免去其政工(人事劳资)科副科长职务。5月,湘南烟草集团有限责任公司烟叶分公司、湘南烟草集团有限责任公司烟叶复烤厂机构调整:将打叶车间和挂杆车间合并为烟叶复烤车间;原外贸办改为外贸经营科;原烟叶部变更为烟叶科;增设企管科。部门负责人调整:企管科副科长林大安;外贸经营科副科长贺公平、黄凤英;复烤车间主任王淮军,副主任刘建国、吴亚初、朱自坚、崔建军。

2000年6月,湘南烟草集团有限责任公司烟叶分公司(烟叶复烤厂)对部分部门负责人进行调整:业务一科副科长曹德贵,副科长武友魁;业务二科科长刘龙;质检科科长黄凤英;行政科副科长康宝玉;纪检监察科副科长左建华。

2001年1月,何田松调集团总部任市烟草学会秘书长、集团科协秘书长,改选黄正国任工会主席。12月,湖南湘南烟草集团有限责任公司下发《关于机构调整的通知》,设立集团公司烤烟办,撤销烟叶部,其有关职能划归集团烤烟办;设立烟叶分公司,下设:办公室、财务科、行政科、烟叶复烤车间、动力车间、政工科、质检科、业务一科、业务二科、储运科,撤销烟叶分公司保卫科,其职能划归集团公司安全保卫部,撤销烟叶分公司设备动力科,其有关职能划归烟叶分公司动力车间。部门负责人调整:办公室主任陈华;业务一科科长曹德贵;质检科科长黄凤英;行政科科长许志刚;仓储科科长武友魁;动力车间主任刘勇智,副主任王家清;复烤车间主任王淮军,副主任朱自坚、崔建军、李秀英;政工科科长黄正国。

2001年3月,湖南湘南烟草集团有限责任公司烟叶分公司(烟叶复烤厂)聘任部门副职:办公室副主任吴亚初;政工科副科长李小英;财务科副科长罗茜;业务一科副科长张学军、林爱武;业务二科副科长武向群;质检科副科长贺智能;储运科副科长张跃国。2001年9月,陈苏生任烟叶分公司副经理,兼任烟叶分公司业务二科科长。2001年12月,刘建国任烟叶分公司复烤车间副主任。

2002年8月,湖南省烟草公司郴州市公司烟叶购销公司、湖南省烟草公司郴州市公司烟叶复烤厂机构设置:办公室、政工科、监察科、财务科、行政科、保卫科、质检科、仓储科、动力车间、复烤车间。中共郴州市烟草专卖局党组聘任的部门负责人:办公室主任雷捌金;政工科科长赵军;监察科科长何文俊;财务科科长朱俭英(市局财务科副科长代)、副科长罗茜,行政科科长欧书锋;保卫科科长武友魁;质检科科长黄凤英;仓储科科长张建华;动力车间主任刘勇智,副主任李秀英;复烤车间主任王淮军,副主任刘建国、朱自坚、尹朝珍。鉴于工会主席黄正国已调市局,经改选,由李冀卫兼任工会主席。同月,由市烟叶购销公司聘任的部门负责人:办公室副主任吴亚初、黄小平;政工科副科长李衡翠;工会副主席李小英;监察科副科长罗茜;业务科副科长彭寿权(主持工作)、武向群、林爱武;保卫科副科长王一耀、刘秋林;仓储科副科长张跃国;质检科副科长贺智能、李志强。2003年5月,部门负责人调整:质检科科长张建华;储运科科长武友魁;安保科副科长周胜瑜;行政科副科长张彬;储运科副科长贺智能(免去质检科副科长职务);免去武向群业务科副科长职务。

2004年2月,郴州烟叶复烤厂机构设置为:办公室、政工部、生产部、财务部、业务部。部门负责人:政工部部长刘建国(副科级),副部长何青;生产部部长李秀英(副科级),副部长刘洪标、周积清、简荣瑞;财务部部长林朗(副主任科员);业务部部长资斌,副部长李志强;办公室主任丁运青,副主任覃寿元。

2005年7月，郴州天泰烟叶复烤有限责任公司机构设置：人力资源部、业务部、生产设备部、安环部、质管部、财务部、办公室。部门负责人：办公室主任丁运青，人力资源部副经理钟胜；业务部经理资斌，副经理李志强、李利常；生产设备部经理刘洪标，副经理周积清、朱晓泉，总调度简荣瑞；质管部副经理孙建霞；安环部部长覃寿元；财务部部长林朗。11月，对少数部门负责人进行调整：李志强任人力资源部经理；简荣瑞任生产设备部副经理；唐春平任质管部副经理。

2007年7月，公司对机构和部门负责人进行调整：增设企业管理部；办公室主任丁运青；人力资源部经理李志强；企业管理部经理孙建霞；业务部经理资斌，副经理李利常；生产设备部经理刘洪标，副经理朱晓泉、赵广仁；质管部经理唐春平；安环部经理覃寿元；财务部副经理王宏峰；副总工程师周积清。

2009年6月，撤销办公室、企业管理部、质量管理部；成立综合部、党群工作部、设备物资部、技术中心。调整后的部门为：综合部、人力资源部、党群工作部、生产部、业务部、设备物资部、安环部、财务部、技术中心。各部门负责人为：综合部经理何青，副经理陈旺斌；党群工作部经理丁运青；人力资源部经理孙建霞；设备物资部经理周积清；财务部经理王宏峰；安环部经理李志强；技术中心经理唐春平，副经理曾丽娅；业务部经理覃寿元，副经理李利常、夏利文；生产部经理刘洪标，副经理朱晓泉、赵广仁、朱红武。

2010年7月，郴州天泰烟叶复烤有限责任公司对中层干部进行调整：综合部经理孙建霞；生产部经理何青；设备物资部经理刘洪标；人力资源部经理周积清。同年8月，周积清任技改办（临时机构）主任。陈旺斌任人力资源部副经理（主持工作）。12月，公司机构设置为：综合部、人力资源部、监察审计部、生产部、业务部、设备物资部、安环部、财务部、技术中心、技改办。各部门负责人：综合部经理覃寿元，副经理胡战卫；人力资源部副经理陈旺斌；监察审计部经理丁运青；生产部经理何青，副经理朱红武、赵广仁、李哲、吴旭；业务部副经理夏利文、朱小泉、陈正义，夏利文主持工作；设备物资部经理刘洪标；安环部经理李志强；财务部经理王宏峰；技术中心经理曾丽娅；技改办经理周积清。

2012年5月，湖南烟叶复烤有限公司郴州复烤厂机构设置为：综合科、生产科、人事劳资科、政工纪检监察科、业务科、安环科、财务科、设备物资科、技术中心、技改办。陈旺斌任人事劳资科科长；夏利文任业务科科长。8月，部门负责人调整：刘洪标任副厂级干部（副主任科员待遇）；赵广仁任设备物资科副科长（主持工作）；朱晓泉任生产科副科长。

2013年1月，聘任尹朝珍为湖南烟叶复烤有限公司郴州复烤厂兼职安全工程师。8月，厂机构设置为：综合部、人力资源部、财务企管部、监察审计部、安全保障部、客户服务中心、质量技术中心、打叶车间、机修动力车间、基建办、设备物资中心。部门负责人分别是：综合部部长曾丽娅，副部长吴旭；人力资源部部长陈旺斌，副部长王惠洲；财务企管部部长王宏峰；监察审计部部长丁运青；安全保障部部长李志强，副部长李海燕；客户服务中心主任夏利文，副主任彭克勤；质量技术中心主任赵广仁，副主任欧黎；打叶车间主任何青，副主任黄丽君、李哲、刘治鹏；机修动力车间主任朱红武，副主任朱小泉、黄华、刘国盛；基建办主任周积清；设备物资中心副主任肖春湘（主持工作）。

2014年3月，何青改任质量技术中心主任，赵广仁任打叶车间主任。12月，肖春湘任设备物资中心主任，聘任刘淑珍为监察审计部审计师。

2015年8月，聘任张伟为安全保障部安全工程师。至年底，厂机构设置为：综合部、人力资源部、财务企管部、监察审计部、安全保障部、客户服务中心、质量技术中心、打叶车间、基建办、设备物资中心。部门负责人：综合部部长曾丽娅，副部长吴旭；人力资源部部长陈旺斌，副部长王惠洲；财务企管部部长王宏峰，副部长李哲；监察审计部部长丁运青；安全保障部部长李志强，副部长李海燕；客户服务中心主任夏利文，副主任彭克勤、朱晓泉；质量技术中心主任何青，副主任黄丽君、欧黎；打叶车间主任赵广仁，副主任朱红武（享受部门正职待遇）、刘治鹏、黄华、刘国盛；基建办主任周积清；设备物资中心主任肖春湘。

(三)永州复烤厂

1985年5月,湖南省烟草公司零陵分公司烟叶经理部成立,下设股室:办公室、人事保卫股、业务股、计财股、运输股。12月15日,零陵烟草分公司下达零烟组干字〔1985〕第099号文件,烟叶经理部内设机构调整为:办公室、人事股、计财股、运输股、保卫股、生产技术股、业务股、仓库共八个股室。

1986年2月18日,成立"零陵烟叶复烤厂筹建处"。4月15日,中国烟草总公司湖南省公司下达〔1986〕湘烟政字第015号《关于零陵地区烟草分公司烟叶复烤厂暂定编制的批复》,同意设立零陵地区烟草公司烟叶复烤厂(区、科级),暂定企业编制6人负责筹建工作。

1987年6月6日,零陵烟叶复烤厂下设:厂部办公室、劳动工资科、保卫科、生产技术科、供应科、烟叶科、行政科、财务科、复烤车间、机电车间等8科室2车间。7月7日,零陵烟叶复烤厂正式成立,定编100人,下设8个科室2个车间如前。9月16日,成立零陵烟叶复烤厂劳动服务公司。1988年8月14日,烟叶科分设为原烟科和销售科。

1989年2月24日,零陵烟草分公司烟叶经理部与零陵烟叶复烤厂合并成立零陵烟叶生产购销公司,实行"二块牌子、一套人员",下设:厂部办公室、党委办、购销科、财务科、劳资科、生产技术科、供应科、行政科、保卫科、监察科、基建科、技术改造办公室、机电车间、复烤车间共14个部门。1990年1月5日,零陵烟叶复烤厂劳动服务公司撤销。

1991年1月15日,公司(厂)内部机构进行部分调整。烟叶科与销售科合并,成立购销科;技改办与基建科合并,成立技改基建科;复烤车间与复烤二车间合并,成立复烤车间,其他科室不变。

1991年1月15日,烟叶生产购销公司对科室进行大调整,对中层干部重新任命:经理(厂长)办公室,主任郭有国,副主任李邦华;党委办公室,主任颜冬娥;劳动工资科,科长李建平,副科长严开信;财务科,科长刘雄杰;技改基建科,科长彭德祥;购销科,科长李新元,副科长钟小平、方国祥、伍小平、彭世善;生产科,科长周在伟;监察科,科长唐荣铭,副科长文开亮;复烤车间,主任徐德保;机电车间,主任胡祖平;技改基建科,副科长刘振平;供应科,副科长姜学吾;保卫科,副科长田国维;行政科,副科长邓家华;复烤车间,副主任龙端贵、蔡炎、刘季平;打叶车间,副主任李继启、黄卫东;机电车间,副主任张忠明;工会,副主席邹永康。3月18日,聘任李廷云为财务科副科长。5月2日,聘任陈敏球为打叶车间主任;5日,公司(厂)设立质量检验科,聘任彭世善为科长;12月12日,聘任贺芳英为供应科副科长。

1992年2月,公司(厂)人事、劳动、分配三项制度改革启动。3月1日,公司(厂)内部机构调整,撤销技改基建科、生产技术科,增设企业管理科、生产科、基建科、技术设备科、武装部;其中武装部成立得到冷水滩市人民武装部的批准(冷武发〔1992〕第02号),与安保科合署办公。3月6日,公司(厂)成立白竹亭派出所,公司党委任命雷三元为白竹亭派出所所长,王新友任指导员。4月,增设督察办公室。

1993年2月19日,公司(厂)对科室车间进行重新设置。政工科改为党委办;分设基建科、团委、武装部;撤销备料车间、生产办;设立生产科、设备科、挂杆二车间;督查办与企管科合并为企管科。共设置:党委办公室、经理(厂长)办公室、劳动工资科、企业管理科、工会、武装部、团委、财务科、供应科、设备技术科、质量检验科、生产科、购销科、保卫科、行政科、基建科、挂杆复烤一车间、挂杆复烤二车间、打叶复烤车间、机电车间、劳动服务公司。5月26日,为发展第三产业,安置富余人员,公司(厂)成立"零陵烟草湘南康乐竹制品工艺厂",该厂属集体所有制企业,实行独立核算,自负盈亏。

1994年1月18日,公司(厂)进行三项制度改革,将原来18个科室精简到13个。即:办公室、购销科、财务科、企管科、行政科、设备科、保卫科予以保留;撤销质检科,原职能并入企管科;撤销基建科,原职能并入行政科;党委办公室、劳资科和团委合并设立政工科;生产科与供应科合并设立生产供应科;增设监察审计科、外事办公室;开发公司与竹制品厂合署办公,两块牌子一套人员;打叶车间、挂杆复烤一、二车间,机电车间维持不变。2月19日，零陵烟叶复烤厂为便于管理，依据企业编制序列，对车间名称进行更改：原挂杆一车间更名为一车间，原挂杆二车间更名为二车间，原打叶车间更名为三车间，原机电车间更名为四车间。8月15日，厂部决定成立质量检验科。

1995年2月21日，经职代会讨论决定，对公司（厂）机构进行调整：保留厂办、财务科、企管科、设备科、外事办、生产供应科、审计监察科、行政科、保卫科、质检科、四个车间、开发公司、竹地板厂；撤销政工科，改设党委办和劳资科；撤销购销科，改设烟叶科和购销科；撤销医务室，改设医务所；增设养殖场、金叶大厦。8月1日，正式成立公司（厂）养殖场。

1997年6月5日，经市烟草专卖局批准，新设零陵烟叶生产购销公司（厂）法制科，定编4人，负责对职工的法制教育和对企业生产经营的合法监督。

1998年7月13日，撤销烟叶科、销售科，成立购销科。购销科负责出口烟叶备货，衔接和联系各县区公司及烟厂的烟叶加工和烟叶国内销售工作。依据零烟烤〔1998〕2号文件，聘任：周在伟为法制科科长，彭世善为质检科科长，黄春华为供应科科长，吕明为购销科科长，徐德保为二车间主任，王新友为外事办主任，李廷云为财务科副科长，徐万胜、赵炳民为购销科副科长。解聘彭世善烟叶科科长、黄春华销售科科长、吕明二车间主任、徐德保质检科科长、姜学吾供应科科长、王新友外事办副主任、赵炳民烟叶科副科长、徐万胜销售科副科长职务。8月7日，零陵烟叶复烤厂行文进行机构调整，撤销烟叶科、销售科，成立购销科，负责出口烟叶备货、衔接和联系各县区公司及烟厂的烟叶加工和烟叶内销工作。

1999年3月17日，经零陵烟叶复烤厂党委（零烟烤〔1999〕4号）决定，进行内设机构调整：厂部办公室、党委（团委）办公室、劳资科、企管科、财务科、工会、生产技术科、监察审计科、保卫科、质检科、行政科、购销科、金叶大厦、一车间、二车间、三车间、四车间予以保留；撤销法制科，其职能并入监察审计科；设备科与供应科合并为设备（供应）科；厂医务室划归行政科管理；外事办更名外贸科，职能不变。3月18日，零陵烟叶复烤厂党组行文决定聘任：厂部办公室主任田国维、副主任王飞华；劳资科科长王晓荣；企管科科长黄卫东；财务科科长李廷云、副科长陈芳；设备（供应）科科长张衡忠、副科长赵湘德；生产技术科科长王晓波；购销科副科长吕明、赵炳民、徐万胜；外贸科科长王新友、副科长邓永清；行政科科长蒋建华、副科长唐建军；监察审计科科长成荣元、副科长谭文慧；保卫科科长罗基军、副科长周德喜；质量检验科科长彭世善；金叶大厦经理盘勇卫；一车间主任刘季平、副主任李军；二车间主任卿剑平、副主任陈刚；三车间主任唐天宽、副主任朱彬及汪桥钉；四车间主任张忠民、副主任历少强。同时党委下文任命邓顺林为党委办公室主任，邹永康为工会副主席，曾智云为团委副书记。1998年聘任的中层干部，此文件无名的均已解聘。

2000年2月20日，成立零陵烟叶复烤厂液化气站。3月14日，复烤厂对机构设置进行部分调整。一车间、二车间合并为挂杆车间；三车间更名为打叶车间；四车间更名为机电车间；成立产业开发办公室；其他部门予以保留。4月11日，复烤厂党组行文聘任：厂部办公室主任田国维、副主任王飞华；劳资科科长王晓荣；财务科科长李廷云、副科长陈芳；设备（供应）科科长卿剑平、副科长李军；生产技术科科长王小波；购销科科长吕明、副科长周云松；外贸科科长王新友、副科长邓永清；行政科科长盘勇卫；保卫科科长徐万胜、副科长周德喜和李爱民；产业开发办公室主任黄卫东；企管科副科长程海红；监察审计科副科长黄成利；质量检验科副科长杨秋林；金叶大厦副经理唐建军；挂杆车间主任刘季平、副主任陈刚及陈运琮；打叶车间主任唐天宽、副主任朱彬和汪桥钉；机电车间主任张忠明、副主任刘华友。聘任试用期半年。1999年聘任的中层干部，此文件无名的均为解聘。

2001年3月22日，复烤厂对机构进行调整：撤销产业开发办公室；金叶大厦并入行政科，由行政科管理，财务上实行独立核算。其他部门予以保留。

2002年1月10日，复烤厂下达零烟烤〔2002〕1号文件，对机构进行调整：厂部办公室与企管科合并为厂部办公室；党委办公室与劳资科合并为政工科；外贸科与购销科合并为经营科；挂杆车间增设原烟挑选职能，成立挂杆（挑选）车间；其他部门予以保留。同日，复烤厂党组行文聘任：厂部办公室主任王飞华；经营科科长黄卫东；财务科科长李廷云、副科长陈芳；政工科科长黄成利、副科长程海红；行政科科长王新友、副科长武玉宁；生产科科长王小波；设备（供应）科科长卿剑平、副科长李军；安保科科长周德喜、副科长李爱民；质量检验科副科长杨秋林；打叶车间主任唐天宽、副主任朱彬和汪桥钉及陈运琮；机电车间主任张忠民、副主任刘华友；挂杆（挑选）车间主任刘季平、副主任唐建军。

5月10日，复烤厂党组下发《零陵烟叶复烤厂改革方案》，内部二级机构设置为：厂部办公室（由厂办、行政科合并），政工科（减青年工作职能）、纪检监审科（增纪检职能）、工会（增水电、麻片、液化气管理及青年工作职能）、经营科（增出口基地管理职能）、生产设备科（由生产科、设备供应科合并）、安全保卫科、财务科、质量检验科（质检科）、打叶车间、挑选（挂杆）车间、机电车间。部门由14个精简为12个，中层干部由29人减为27人。

2003年2月8日，复烤厂中层干部进行调整：盘勇卫任厂部办公室主任，王新友任副主任；王飞华任纪检监审科科长；唐天宽任生产设备供应科长；朱彬为打叶车间主任、武玉宁为副主任；卿剑平为副总工程师，协助张前进抓生产；王小波调凤凰烟草生产服务有限公司任筹备小组组长。撤销挂杆（挑选）车间，其职能和人员划归经营科管理。3月11日，厂部成立“永州市凤凰园烟草生产服务有限公司”。原“永州市凤凰烟叶包装厂”更名为“永州市凤凰园烟草生产服务有限公司”，注册资金96万元，厂部投资49万元进行国有控股；并聘任王小波担任该公司总经理，兼任法人代表。

5月7日，厂内机构进行调整和更名，成立机修车间；质量检验科更名为品质部；经营科更名为生产经营部；生产设备科更名为物资部；厂部办公室更名为综合管理部；安保科更名为安全保卫部；财务科更名为财务部；政工科更名为人力资源部；机电车间更名为动力车间；纪检监审室、打叶车间、工会保留，原团委职能并入人力资源部。全厂共设7部、1室、3个车间、1个群众组织。同日，复烤厂党委行文聘任：综合管理部部长盘勇卫、副部长王新友（任期2月8日~9月21日）、贺成（从9月22日起）；财务部部长李廷云、副部长徐万胜；人力资源部部长程海红、副部长邓顺林；品质部部长杨秋林、副部长罗小明；生产经营部部长曾智云、副部长陈刚和邓永清；物资部部长唐天宽、副部长李军；安全保卫部部长周德喜、副部长李爱民；纪检监审室主任黄成利、副主任陈芳；打叶车间主任朱彬、副主任陈运琮及厉江波；机修车间主任汪桥钉、副主任武玉宁与汪意湘；动力车间主任刘华友、副主任李良安（任期5月7日~6月15日，后调三产）；卿剑平为副总工程师（享受厂中层正职待遇，是年8月28日，由本人申请、厂部行文解除劳动合同）。6月16日，聘任李良安为凤凰园烟草生产服务有限公司副总经理。10月30日，成立对外经济贸易部，由5人组成。

2004年2月12日，厂党委聘任：综合管理部长盘勇卫，副部长贺成、唐朝华；财务部部长李廷云，副部长徐万胜；人力资源部部长程海红；品质部部长杨秋林，副部长颜俊英；生产经营部部长曾智云，副部长郭江军；对外经济贸易部部长邓永清，副部长雷雅麟；物资部部长唐天宽，副部长李军；安全保卫部部长周德喜；纪检监审室主任黄成利；打叶车间主任朱彬，副主任唐松明、武玉宁、李爱民；机修车间主任汪桥钉，副主任陈运琮、易萍艳；动力车间主任刘华友，副主任厉少强；副总工程师汪意湘享受正部长待遇；厂运输车队队长王新友，免去其动力车间副主任职务。

2月13日，经永州市凤凰烟草生产服务有限公司董事会研究决定：董事长吕明兼任永州市凤凰园烟草生产服务有限公司总经理；李良安为副总经理，主持全面工作；何锦华为副总经理；免去王小波副总经理职务。成立复烤厂运输车队，由21人组成。队长王新友，副队长唐建军。3月22日，经厂部研究决定聘任：张衡中为电气工程师，刘建成元为土建工程师。聘用期为一年（2004年4月1日至2005年3月31日止，聘用期间享受厂中层副职待遇）。7月12日，厂党委研究决定聘任罗仙华为对外经济贸易部副部长，雷雅麟为生产经营部副部长;雷雅麟不再担任对外贸易部副部长。

8月13日,聘任盘勇卫为厂长助理(享受厂中层正职待遇),徐万胜为综合管理部部长,唐建军为专职生产安全员(享受厂中层副职待遇);聘任蒋永强为专职交通安全员(享受厂中层副职待遇);免去盘勇卫综合管理部部长、徐万胜财务部副部长职务。18日,聘任杨秋林为打叶车间主任,免去其品质部部长职务;任命朱彬为中共零陵烟叶复烤厂纪律检查委员会副书记,免去其打叶车间主任职务。

2005年2月24日,复烤厂党委决定:聘任邓顺林为专职交通安全员(享受厂中层副职待遇),免去蒋永强专职交通安全员职务;聘任唐天宽为厂长助理,免去其物资部部长职务;聘任李军为物资部部长,免去其物资部副部长职务;聘任颜俊英为品质部部长,免去其品质部副部长职务;免去武玉宁打叶车间副主任职务。

4月12日,经厂部研究决定:成立企管部;运输车队和安全保卫部合并,两块牌子一套人员;生产经营部生产调度划归综合管理部,调整为厂部调度。聘任刘建元为土建工程师,彭邱强为机械工程师,聘用期为一年。聘任王新友为企管部部长,唐朝华为企管部副部长,周德喜为运输车队队长,周先鹞为综合管理副部长,唐建军为安全保卫部副部长兼车队副队长。免去王新友运输车队队长、唐朝华综合管理部副部长职务。

7月7日,鉴于复烤厂改制工作启动,根据厂《关于实施〈零陵烟叶复烤厂人事制度改革实施方案〉的通知》,对厂内中层干部先免后聘。其间厂部临时指定:李廷云负责财务部、汪桥钉负责机修车间、周德喜负责安保部的工作。19日,厂部决定:将机修车间与动力车间合并,成立机修动力车间。聘任:徐万胜为综合管理部部长,程海红为人力资料部部长,李廷云为财务部部长,朱彬为纪检监审室主任,李军为物资部部长,汪意湘为副总工程师,王新友为企管部部长,曾智云为生产经营部部长,邓永清为对外经济贸易部部长,周德喜为安保部部长兼运输车队队长,杨秋林为打叶车间主任,汪桥钉为机修动力车间主任,颜俊英为品质部部长。22日,厂部决定聘任:贺成、周先鹞为综合管理部副部长,唐朝华为企管部副部长,雷雅麟、郭江军为生产经营部副部长,罗仙华为对外经济贸易部副部长,唐建军为安保部副部长兼运输车队副队长,唐松明、李爱民为打叶车间副主任,厉江波、陈运琮、易平艳、厉少强为机修动力车间副主任。8月7日,成立法制科,与纪检监审室合署办公。12月28日,由零陵烟叶复烤厂改制新成立的永州天顺烟叶复烤有限责任公司挂牌运行。

2006年3月7日,永州天顺烟叶复烤有限责任公司决定:机修动力车间分设为机修车间和动力车间;机修车间主任由汪桥钉担任,副主任由陈运琮、易平艳、厉江波担任:动力车间主任由刘华友担任,副主任由厉少强担任。8月9日,天顺公司为便于经济考核,成立金叶大厦,聘任盘勇卫为金叶大厦经理。10日,打叶车间原烟挑选职能划归生产经营部。29日,聘任李良安为打叶车间副主任。

2007年8月15日,天顺公司聘任:盘勇卫为综合管理部部长,贺成、周先鹞为副部长;程海红为人力资源部部长;朱彬为纪检监察室主任,罗仙华为副主任;李军为设备物质部部长;周德喜为安全环保部部长,唐建军为副部长;雷雅麟为业务部部长,唐朝华为副部长;王新友为出口协作部部长,邓永清为副部长;杨秋林为质量技术中心主任;汪桥钉为打叶车间主任,李爱民、唐松明、颜俊英为副主任;刘华友为机修动力车间主任,厉江波、陈运琮、厉少强为副主任;江意湘为公司副总工程师。18日,聘任:彭邱强为公司设备物质管理机械工程师,陶英为纪检监审室统计师,易平艳为机修动力车间机械工程师,柏立为财务部会计师。9月5日,聘任:颜俊英为质量技术中心主任,解聘其打叶车间副主任职务;邓顺林为打叶车间副主任。

2009年12月月3日,公司聘任:李爱民为机修动力车间副主任,免去其打叶车间副主任职务;厉少强为打叶车间副主任,免去其机修动力车间副主任职务。

2010年4月1日,公司决定,将机修动力车间分设为机修车间和动力车间,其职责相应分离。聘任:盘勇卫为总经理助理兼综合管理部部长(中层正职);刘华友为动力车间主任,免去其机修动力车间主任职务;李爱民为机修车间代理主任,免去其机修动力车间副主任职务。7月20日,公司开展新一轮中层干部竞岗,对中层干部全部解聘。26日,聘任:盘勇卫为综合管理部部长,程海红为人力资源部部长,朱彬为纪检监审室主任,周德喜为安全环保部部长,李军为设备物资管理部部长,汪意湘为副总工程师,雷雅麟为业务部部长,王新友为出口协作部部长,颜俊英为质量技术中心主任,汪桥钉为打叶车间主任,刘华友为动力车间主任,李爱民为机修车间主任。同时聘任:周先鹞、贺成为综合管理部副部长,黄志平为人力资源部副部长,罗仙华为纪检监审室副主任,唐建军为安全环保部副部长,唐朝华为业务部副部长,胡亚东为出口协作部副部长,唐松明、邓顺林、周君斌为打叶车间副主任,陈运琮、厉江波、李良安为机修车间副主任。30日,聘任柏立为财务部会计师,陶英为纪检监审室统计师,彭邱强为设备物资管理部工程师,易平艳为机修车间工程师。

2011年3月7日,朱彬任副科级纪检监察员。9月16日,湖南烟叶复烤有限公司永州复烤厂挂牌成立,正式运作。

2012年1月10日,永州复烤厂经湖南烟叶复烤有限公司同意,部门名称由部改为科:即综合管理科、人力资源科、财务科、设备物资科、安全环保科、业务科、出口协作科。纪检监审室和打叶、机修、动力车间及质量技术中心、基础建设办公室保留原名称。7月20日,厂部聘任胡亚东为业务科副科长,免去其出口协作科副科长职务;唐朝华主持业务科工作。

2013年7月5日,新一轮干部竞聘,厂部决定对前届中层干部和享受中层干部待遇的技术主管任职一律予以先解聘后聘任。30日,经过竞聘,厂部决定聘任:综合管理部部长周先鹞、副部长邓杰文;人力资源部部长黄志平、副部长邹莺;纪检监审计部部长贺成;安全保障部部长唐建军、副部长胡亚东;设备物资中心主任朱彬;客户服务中心主任颜俊英、副主任胡亚宁;质量技术中心主任李军、副主任宋晶晶;打叶车间主任周德喜,副主任唐松明、周君斌、唐恩盛;机修动力车间主任汪桥钉,副主任厉江波、李良安、刘德智;基建办主任李爱民;财务企管部副部长高洁洋(主持工作)。8月9日,厂党委决定聘任:柏立为财务企管部会计师,陶英为财务企管部统计师,彭邱强为设备物资中心工程师,易平艳为机修动力车间工程师,陈运琮为机修动力车间工程师,黄迪为基建办工程师。9月22日,聘任唐建军为注册安全工程师。

2014年7月9日,厂党委决定:胡亚宁为打叶车间副主任,解聘其客户服务中心副主任职务;周君斌为客户服务中心副主任,解聘其打叶车间副主任职务。聘期均与首轮人力资源体系建设聘期同步。12月30日,厂部决定:聘任黄志平为综合部部长,解聘其人力资源部部长职务;聘任颜俊英为人力源部部长,解聘其客户服务中心主任职务;聘任周先鹞为监察审计部部长,解聘其综合部部长职务;聘任李军为客户服务中心主任,解聘其质量技术中心主任职务;聘任贺成为质量技术中心主任,解聘其监察审计部部长职务。

(四)常德芙蓉公司

1986年,常德烟叶复烤厂设立办公室、人事教育科、供销科、计划财务科、生产技术科、复烤车间、机电车间。各部门主要领导:蒯凝玉任人事教育科副科长,张贤发任供销科副科长,曾建忠任计划财务科副科长,朱朗吾任生产技术科科长,胡维平任机电车间主任,胡登益任复烤车间主任。1987年5月4日,常德地区烟草专卖局(公司)任命杨孚贵任烟叶复烤厂办公室副主任。

1988年8月,常德烟叶复烤厂划归常德卷烟厂,随后转为车间,下设办事机构仅为厂第三级机构。

2001年,常德卷烟厂打叶复烤车间更名为打叶复烤公司,实施改制模拟试运行,仍属厂二级机构,其下设机构属第三级机构。

2005年11月7日,国家局颁发国烟法〔2005〕699号文件,下文批准设立常德芙蓉烟叶复烤有限责任公司,12月7日完成工商登记注册,履行法定注册手续,标志公司正式成立。公司下设机构成为二级机构。王新任综合部部长,杨岚任财务部部长,雷刚任生产部部长,陈正南任打叶车间主任、聂作军任副主任,李俊泉任选叶车间主任、夏志训任副主任。

2006年3月6日,公司第一届董事会讨论决定,公司设立综合管理部、财务审计部、经营部、设备能源部、生产技术部、一车间、二车间,共五部两车间。王新任综合管理部部长;杨岚任财务审计部部长;薛伦勇任经营部部长;肖鸿任设备能源部部长;雷刚任生产技术部部长;陈正南任一车间主任;李俊泉任二车间主任。

2007年9月,公司部门调整为综合管理部、安全保卫部、财务审计部、经营部、工艺品质部、设备能源部、生产技术部、一车间、二车间,共7部2车间。王新任综合管理部部长,何立清任安全保卫部部长,陈铁任财务审计部部长,薛伦勇任经营部部长,高立华任工艺品质部部长,郭惠斌任设备能源部部长,雷刚任生产技术部部长,杨平任一车间主任,陈正南任二车间主任。

2011年9月29日,公司进行行政组织机构调整,原7部2车间调整为7个部门,两个车间划入生产部,原车间职能并入生产部。同时,设备工程部日常维修职能和经营部产前职能划归生产部管理。组织机构设置为:综合管理部、设备工程部、经营部、生产部(含一车间、二车间)、财务审计部、工艺品质部、安全保卫部。薛伦勇任综合管理部部长,郭惠斌任设备工程部部长,高立华任经营部部长,陈正南任生产部部长(杨平任一车间主任、何立清任二车间主任),陈铁任财务审计部部长,雷刚任工艺品质部部长,聂作军任安全保卫部部长。

2013年8月7日,公司调整行政组织机构,将原来的7个部门调整为办公室、企管监督部、储运业务部、财务管理部、设备动力部、安全环保部、生产管理部、工艺品质部等8个部门,生产管理部新增一个整理车间(含打叶一车间、打叶二车间)。薛伦勇任办公室主任兼企管监督部部长;高立华任储运业务部部长;陈铁任财务管理部部长;郭惠斌任设备动力部部长;聂作军任安全环保部部长;陈正南任生产管理部部长(杨平任整理车间主任、毛宏任打叶一车间主任、段建舟任打叶二车间主任);雷刚任工艺品质部部长。

2014年5月22日,公司整合仓储、精选、商养、成品养护职能,成立仓储精选部。同时,安全保卫部更名为安全环保部,并将行政组织机构调整为:办公室、企管监督部、安全环保部、工艺品质部、设备动力部(含技改办)、生产管理部(含打叶一班、二班、三班)、仓储精选部、业务部、财务管理部等八部一室。雷刚任办公室主任;高立华任企管监督部部长;杨平任安全环保部部长;陈正南任工艺品质部部长;郭惠斌任设备动力部部长;聂作军任生产管理部部长(毛宏任一班班长、段建舟任二班班长、胡进飞任三班班长);祝少球任仓储精选部部长;薛伦勇任业务部部长;陈铁任财务管理部部长。

2015年1月12日,公司根据生产需要取消打叶三班。9月17日,根据《常德芙蓉烟叶复烤有限责任公司2015年竞争上岗实施方案》相关程序,报总经理办公公会同意:湛晓青任办公室副主任;郭晓超任企管监督部副部长;张亚婷任财务管理部副部长;罗纯任工艺品质部副部长、刘胜齐任仓储精选部副部长、王思园任设备动力部副部长兼技改办副主任;王诗雄任业务部副部长;杨骆任安全环保部副部长;龚磊任生产部副部长;陈章森任打叶一班班长;刘宇晖任打叶二班班长。9月22日,因工作需要,经公司安全委员会研究,报总经理办公会同意,聘任顾伟琪为公司注册安全工程师,其薪酬享受副部长待遇;经总经理办公会研究,报常德卷烟厂人力资源部同意,任命虞杰为设备动力部副部长。部长任职情况:胡进飞任办公室主任;毛宏任企管监督部部长;薛伦勇任业务部部长;谢玉保任设备动力部部长;朱伟纲任生产管理部部长;杨平任安全环保部部长;段建舟任工艺品质部部长;祝少球任仓储精选部部长;陈丽平任财务管理部部长。

2015年常德芙蓉公司行政性组织机构图

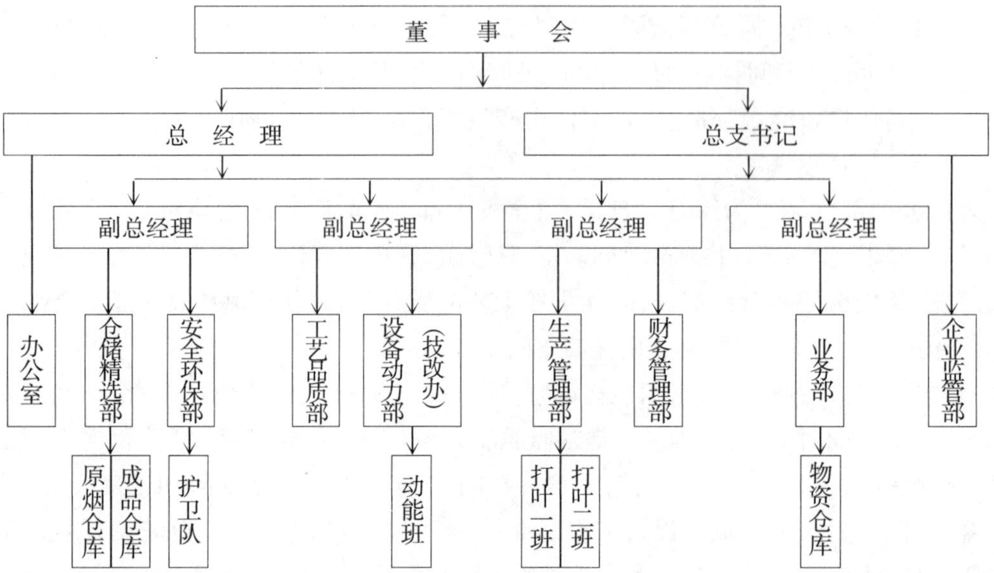

（五）湘西鹤盛公司

1997年4月，成立湘西自治州金沙原烟发展有限公司负责吉首打叶复烤厂的建设工作，公司设建设部、财务部和办公室三个部门。1998年7月，确定由陈见林负责办公室、魏湘利负责建设部、林建佩负责财务部工作。

1999年5月，筹建指挥部副指挥长主持召开工作会议，会议确定：吉首打叶复烤厂设四个职能部门：生产计划部、工艺设备部、车间及财务部。易爱奇任生产计划部部长，刘志平任工艺设备部部长，胡新林、高志敏任车间主任；黄文杰任财务部部长。8月，吉首打叶复烤厂对厂部职能部门进行重新划分，确定七个职能部门：厂办、财务部、人事部、生产计划部、工艺设备部、动力车间、生产车间，原指挥部办公室并入工艺设备部。陈见林任厂办主任，黄文杰任财务部部长，刘美春任财务部副部长兼主办会计，张烨任人事部部长，易爱奇任生产计划部部长，刘志平任工艺设备部部长，胡新林任动力车间主任，高志敏任生产车间主任。11月，罗赤敏任人事部副部长，主持工作。

2000年1月，为加强厂保安工作，厂部研究决定成立综合保安分队，隶属厂办管理，李敏秒为保安分队队长。2001年11月，聘任黄醒钜为厂办副主任。

2002年1月，张勇从白沙集团委派到鹤盛公司工作，吉首打叶复烤厂厂长办公会研究决定任命张勇为财务部部长；黄文杰离任，免去其原财务部部长职务。9月，经厂长办公会研究决定：祝春林任生产车间副主任；周孝惊任生产计划部副部长兼调度员；胡跃军任动力车间副主任；高志敏任生产计划部部长，免去其原生产车间主任职务；易爱奇任生产车间主任，免去其原生产计划部副部长职务；胡新林任工艺设备部部长，免去其动力车间主任职务；刘志平任动力车间主任，免去其工艺设备部部长职务。罗赤敏任人事部部长。10月，左亮华、唐忠保从白沙集团委派到打叶复烤厂工作，原办公室主任陈见林退休。经厂长办公会研究决定：任命左亮华为厂办主任；增设技改办，任命唐忠保为技改办主任。

2003年1月，厂部增设ISO—9000质量体系管理领导小组，委托唐忠保任吉首打叶复烤厂管理者代表。2月，成立ISO—9000质量体系工作推进小组，办公室设在技改办，并从厂办、生产车间、人资部借调人员开展工作。3月，厂部增设信息化建设项目小组隶属财务部。6月，设立企管部，聘任唐忠保为企管部部长，免去其原技改办主任之职；同时聘任陈为纲为技改办主任。8月，厂部增设安全生产委员会，汤绍凡为主任，各部门第一负责人为成员，杨永刚为专职安技员。10月，经厂长办公会决定：取消企管部，成立品质管理部，唐忠保任部长；同时将原“工艺设备部”更名为“设备管理部”；设立安保部，黄醒钜任安保部副部长；经警队、安全员、消防员列为安保部编制。

11月，厂部成立社会治安综合管理工作领导小组，由伍亚光任组长，汤绍凡、张其龙、魏湘利任副组长，各部门第一责任人为组员。12月，经厂长办公会研究决定，免去高志敏生产计划部部长职务，聘任左亮华任生产计划部部长兼厂办主任，张民为财务部副部长，刘芳为厂办主任助理(享受中层副部级待遇)。

2004年，吉首打叶复烤厂改制为湘西鹤盛原烟发展有限责任公司，厂办更名为总经理办公室(以下简称总经办)，部长不变；人事部更名为人力资源部(以下简称人资部)，部长不变；增设市场拓展部，陈为纲任部长，主要负责本公司产品市场的业务与开拓工作。其他职能部门不变。

2005年2月，公司对安全生产委员会及防火安全委员会成员进行调整，由伍亚光任主任，汤绍凡、张其龙、魏湘利任副主任，各部门第一责任人为委员，耿泽伟为消防专干，杨永刚为安技专干；安全生产委员会、防火安全委员会办公室设在安保部，负责日常安全生产、防火安全管理工作；同时对治安综合治理委员会、交通安全委员会、国家安全管理工作委员会成员进行调整，均由伍亚光任主任，汤绍凡、张其龙、魏湘利任副主任，各部门第一责任人为委员，三个委员会办公室设安保部。是月，动力车间主任刘志平借调至浏阳复烤厂。8月，公司成立内部整顿工作领导小组，伍亚光为组长，汤绍凡、张其龙、魏湘利为副组长，下设内部整顿工作办公室，左亮华为主任。

9月，聘请李吉平为公司高级工程师，聘期三年，享受公司副部级岗位待遇。11月，经总经理办公会研究决定：撤销生产计划部、市场拓展部，成立市场生产部。原生产计划部计划、调度、统计、仓储职能及相关人员，市场拓展部全部职能及人员一并纳入市场生产部；原生产计划部辅料采购职能及相关人员暂时并入总经理办公室；免去左亮华生产计划部部长职务；免去陈为纲市场拓展部部长职务，聘任为市场生产部部长；免去周孝惊生产计划部副部长职务，聘为市场生产部副部长。

2006年6月，公司设立专卖管理办公室，将原内部整顿办公室工作并入专卖管理办公室，左亮华任主任。11月，将财务部信息组并入设备管理部。2007年4月，公司成立纪检监察办公室，设在总经办，由汤绍凡分管，陈万勇担任纪检监察专干。

2008年2月，公司对整顿工作领导小组及内部整顿办公室进行调整补充，由伍亚光任组长，刘本贵、汤绍凡、张其龙、魏湘利任副组长，左亮华任内部整顿办公室主任，陈为纲、周孝惊任副主任，饶胜峰任专职专卖管理员，龙友玉、龙洪洲、沈德平为成员，饶胜峰任内部整顿工作联系员。

2009年2月，公司成立信访办，左亮华任主任，刘芳任副主任；同时成立信访稳定工作领导小组，伍亚光任组长，张其龙、汤绍凡、魏湘利、刘本贵、张晖任副组长，全体中层管理人员为组员。3月，成立公司投资管理委员会，伍亚光任主任，张其龙、汤绍凡、张晖、刘本贵、魏湘利为副主任。9月，经公司总经理办公会决定：免去刘芳总经办主任助理职务。

2010年1月，公司成立办事公开民主管理工作领导小组，伍亚光任组长，汤绍凡、张其龙、张晖、魏湘利、刘本贵任副组长，全体中层管理人员为组员。3月，公司成立食品安全领导小组，伍亚光任组长，汤绍凡、张其龙、张晖、魏湘利、刘本贵任副组长，全体中层管理人员及食堂管理员为组员，其办公室设总经办，左亮华任主任。同月，因汤绍凡退休，公司召开专题会议对监察委员会主任进行改选，选举张晖接任，4月正式上任。

9月，公司解聘所有中层管理人员，实行竞聘上岗，同时对各职能部门进行调整，由10个部门调整为7个。其中生产车间与动力车间合并组建生产部，设备部与技改办合并组建工程设备部，总经办与人资部合并组建综合管理部，其他职能部门不变。经过竞岗发言、评分排名、综合考察、公示等环节，公司聘任：张勇任财务总监(高层层级)；左亮华任内部专卖管理监督办公室主任；唐忠保任标准化管理办公室主任；陈为纲任长沙外联办公室主任；黄醒钜任党务政工办公室主任；罗赤敏任综合管理部部长；陈万勇、陈平生(暂代)任综合管理部副部长；周孝惊任市场计划部部长；向海涛任市场计划部副部长；祝春林任生产部部长；

张自杰、汪奇任生产部副部长；胡新林任品质管理部部长；胡跃军任安全环保部部长；李吉平任工程设备部部长，李枝军任工程设备部副部长；张民任财务审计部部长。所有聘任干部试用期三个月，聘任期三年。

10月，公司企业文化创建工作领导小组成立，张其龙任组长，张晖、刘本贵、魏湘利、张勇任副组长；各职能部门第一责任人为组员，办公室设综合管理部，罗赤敏任主任，陈万勇、陈平生任副主任。同月，公司对社会综合治理工作领导小组进行调整，张其龙任组长，张晖、刘本贵、魏湘利、张勇任副组长，全体中层管理人员为组员；对公司原矛盾纠纷排查领导小组全体人员进行解聘，重新任命魏湘利为组长，胡跃军任副组长，全体中层管理人员任组员，领导小组办公室设安全环保部。同时对安全生产委员会人员进行调整：张其龙为组长，魏湘利任副组长，全体中高层管理人员任组员，杨永刚任安技专干，耿泽伟任消防专干；同时对公司防火安全委员会进行调整，张其龙任主任，魏湘利任副主任，张晖、刘本贵、张勇及各部门第一责任人为组员，耿泽伟任消防专干。是月，公司更换管理者代表，由张晖担任。

2011年1月，成立公司实验室，任命胡新林为实验室主任。3月，成立实验室认证项目组，唐忠保任组长，石大章、梁憨、周明兴、符再德、谢生清、陈彬任组员。7月，公司重新组合内部专卖管理监督领导小组，张其龙任组长，刘本贵、张晖、魏湘利、张勇任副组长；下设内部专卖管理监督办公室，周孝惊任主任，李吉平、陈万勇、向海涛任副主任，饶胜峰（专职）、龙洪洲、舒悦、熊琳、沈德平为成员。同月，成立公司内部管理委员会。10月，对公司内部整顿办公室人员进行调整，张其龙任领导小组组长，刘本贵、张晖、魏湘利、张勇任副组长，罗赤敏任办公室主任，周孝惊、李吉平、陈万勇任副主任，龙友玉、龙洪洲、陈世海、沈德平为成员。

11月，公司成立工程项目、烟用物资、宣传促销管理委员会（简称“三项投资”管委会），张其龙任管委会主任，张晖、刘本贵、魏湘利、张勇任副主任。并调整投资委员会职责，将原招标委员会，以及新增的供应商委员会并入管委会。下设管委会、招投标、供应商管理办公室；罗赤敏任管委会办公室主任，张民、周孝惊、李吉平、陈万勇任副主任，陈世海、饶胜峰为成员；张民任招投标办公室主任，李吉平、周孝惊、罗赤敏、陈万勇任副主任，龙友玉、饶胜峰为成员；胡新林任供应商管理办公室主任，李吉平、周孝惊、罗赤敏、胡跃军、祝春林、陈万勇任副主任，梁憨及“一体化”专干为成员。

2012年4月，石大章任品质管理部副部长。7月，公司调整部门管理职能：由生产部管理的精选班人员及工作整体划归品质管理部管理；对原内部专卖管理监督办公室人员进行解聘，成立内部专卖管理监督领导小组，张其龙任组长，刘本贵任副组长，张晖、魏湘利、张勇为成员。下设内部专卖管理监督办公室，陈万勇任主任，向海涛、李枝军任副主任，饶胜峰（专职）、龙洪洲、舒悦、张明茂、熊琳为成员。

10月，对公司安全生产委员会进行调整，张其龙任主任，魏湘利任副主任，张晖、刘本贵、张勇、胡跃军、罗赤敏、周孝惊、祝春林、唐忠保、李吉平、张民为成员，杨永刚为安全工程师，耿泽伟、梁憨、黄万军为专职安全员。同月，公司成立特种设备管理领导小组，总经理张其龙任组长，工程设备部部长李吉平任副组长，田勇、杨永刚为特种设备管理员。

2013年2月，公司成立劳动争议调解委员会，罗赤敏任主任。罗赤敏、欧娟任工会代表，陈平生任公司代表，黄月莲、黄万军任职工代表。8月，任命祝春林为公司实验室主任，张自杰为副主任。同月，原聘公司中层管理人员的聘期届满，对全体中层管理人员采取“公开选拔，竞争上岗”方式，选拔聘用新一届中层管理人员。9月1日起，聘任左亮华为内部专卖管理监督办公室主任，陈为纲任长沙外联办公室主任，黄醒钜为党务政工办公室主任，罗赤敏为综合管理部部长，石大章为综合管理部副部长，陈万勇为企管监察部部长，周孝惊为市场计划部部长，邓小义、许志龙为市场计划部副部长，向海涛为生产部部长，汪奇、王兆铁为生产部副部长，祝春林为品质管理部部长，张自杰为品质管理部副部长，胡跃军为安全环保部部长，李吉平为工程设备部部长，李枝军为工程设备部副部长，张民为财务审计部部长，龙友玉为财务审计部专职专业技术职务，杨永刚为安全环保部专职专业技术职务，聘任期三年。

同月，因公司组织机构及部分岗位变动，对内部专卖管理监督工作领导小组及办公室人员进行调整，张其龙任领导小组组长，刘本贵任副组长，张晖、魏湘利、张勇为成员；陈万勇任内部专卖管理监督办公室主任，邓小义、李枝军任副主任，欧娟(专职)、龙友玉、饶胜峰、石斐、商凌燕、李贵阳、姜权、文英为成员。10月，因公司管理委员会部分成员工作发生变动，为保证公司管委会工作的顺利进行，对管委会成员进行调整，张其龙任管委会主任，张晖、刘本贵、魏湘利、张勇任副主任。下设管委会、监察整顿、招投标、供应商管理、预算、薪酬管理和资本性支出办公室，管委会办公室设在综合管理部，张晖任分管主任，罗赤敏任办公室主任，肖莉任专干；监察、整顿办办公室设在企管监察部，张晖任分管主任，陈万勇任办公室主任，田辉任专干；招投标办公室设在财务审计部，张勇任分管主任，张民任办公室主任，徐争梅、田辉任专干；供应商管理办公室设在品质管理部，张晖任分管主任，陈万勇任办公室主任，梁憨任专干；预算管理办公室设在财务审计部，张勇任分管主任，张民任办公室主任，汤敏任专干；薪酬管理办公室设在综合管理部，张晖任分管主任，罗赤敏任办公室主任，瞿红梅、陈世海任专干；资本性支出办公室设在工程设备部，张晖任分管主任，李吉平任办公室主任，谢生清、徐争梅、田辉任专干。

2014年2月，因公司管理委员会部分成员工作发生变动，对管委会成员进行相应调整，主任、副主任不变，委员调整为罗赤敏、陈万勇、周孝惊、向海涛、祝春林、胡跃军、李吉平、张民、石大章、许志龙、邓小义、张自杰、汪奇、王兆铁、李枝军。下设采购管理、监察整顿、招投标办公室。采购管理办公室设在企管监察部，陈万勇任办公室主任，张民任办公室副主任，田辉、徐争梅任专干；监察整顿办公室设在企管监察部，陈万勇任办公室主任，田辉任专干；招投标办公室设在财务审计部，张民任办公室主任，徐争梅任专干。

同月，公司成立采购管理项目组，张晖任组长，张勇任副组长，罗赤敏、陈万勇、周孝惊、向海涛、祝春林、胡跃军、李吉平、张民任组员。下设采购管理办公室，陈万勇任采购管理办公室主任，张民任副主任，田辉、徐争梅、石斐、刘霞、姜权、耿泽伟为成员。

2015年4月，公司对内部专卖管理监督工作领导小组及办公室人员进行调整，张其龙任领导小组组长，刘本贵任副组长，张晖、魏湘利、张勇、周孝惊任组员；陈万勇任办公室主任，许志龙、邓小义、李枝军任副主任，欧娟(专职)、龙友玉、饶胜峰为成员。7月1日，公司设立易地技改项目部(中层副部级)，李枝军任部长。9月，聘任周孝惊为生产总监(公司高层)。

2015年湘西鹤盛公管理体系组织机构图

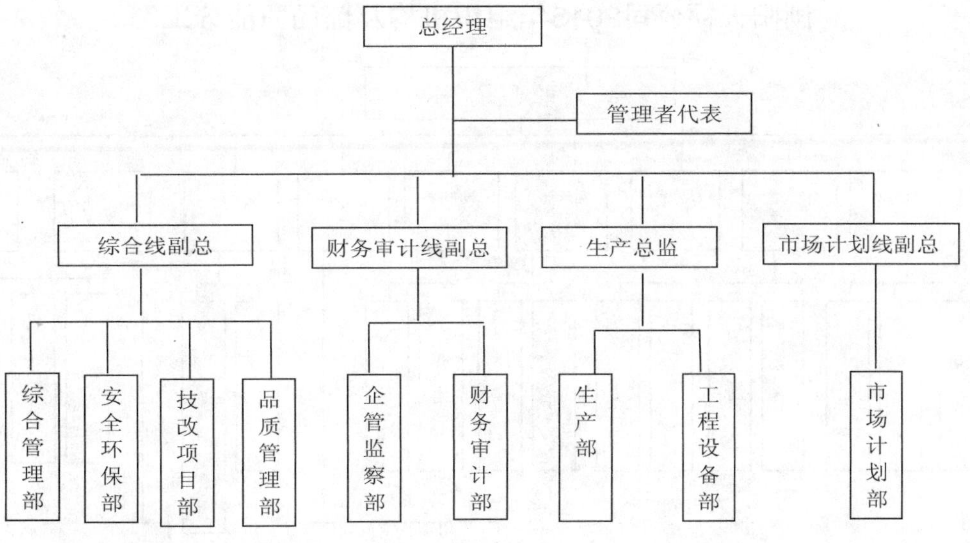

(六)浏阳天福公司

2005年3月22日，第三次董事会决议：同意天福公司内部管理机构按四部一室设置，即：财务部、生产部、业务部、品质部、办公室。

2005年4月11日,经理办公会议确定,项目建设期间公司暂分项目组和办公室两个机构。项目组分土建组和设备组,办公室分财务组和文档组。

2006年1月17日,为公司投产前夕,公司经理办公会议决定:公司内设机构为安全综合办公室、财务部、生产部、业务部、品质部。其中生产部、品质部由娄筱维负责,刘志平、孙军、熊胜协助;办公室、业务部由刘天翊负责,贺德韬协助;财务部由刘霞负责。项目建设由原项目负责人继续负责。

2006年5月8日,公司行文聘任:财务部部长姚清乔;业务部部长刘天翊;品质部部长熊胜;生产部部长娄筱维;安全综合办公室主任严钦德。2007年,业务部部长由严钦德兼任。2008年6月17日,刘春芳接任业务部长职务。其余不变。

2010年6月,安全综合办公室一分为二,分设为办公室、安保部,成5部1室。严钦德任办公室主任,副总经理王先义兼任安保部长。其余未变。

2011年,为提升整体业务能力,深化公司内部管理与控制,组织对相关机构进行优化组合。6月,设立精选物流部,将原分散在生产部、业务部的精选业务、物流管理、仓储运行等职能进行整合,主要负责精选、仓储、物流工作;同时,设置监审管理部,将纪检监察、审计管理、专卖内管、统计分析等相关内部监督管理职能。共设立7部1室:安保部、办公室、生产部、业务部、品质部、财务部、监审管理部、精选物流部。公司聘任:刘志平为安保部部长,严钦德为办公室主任,孙军为生产部部长,刘春芳为业务部部长,熊胜为品质部部长,姚清乔为财务部部长,刘霞为监审管理部部长,刘波兰为精选物流部部长。篓筱维升任总经理助理。

2014年,为满足公司技改需求和人力资源规范管理发展的需要,经董事会决议通过,增设人力资源部和设备技术部。7月,公司对办公室分管的人事及相关工作进行拆分,成立人力资源部。负责公司人员招聘、内部岗位竞聘、职工培训(职业技能鉴定)、内部技能比武、信访维稳、党务、工会及其他相关工作。将各部门主要设备分线建设、技改、维修、考核职能归集于设备技术部。至此,公司共有9部1室,即办公室、业务部、精选物流部、生产部、设备技术部、品质部、人力资源部、安保部、财务部、监审管理部。办公室主任严钦德,业务部部长熊胜,精选物流部部长刘波兰,生产部部长林深,设备技术部部长孙军,品质部部长李捷,人力资源部部长文智,安保部部长刘志平,财务部部长姚清乔,监审管理部部长刘霞。刘春芳升任总经理助理。

2015年3月,刘霞升任财务总监,仍兼监审管理部部长。7月,安保部部长由刘志平变更为黄跃。其余未变动。

浏阳天福公司2015年组织机构及部门职能分工图

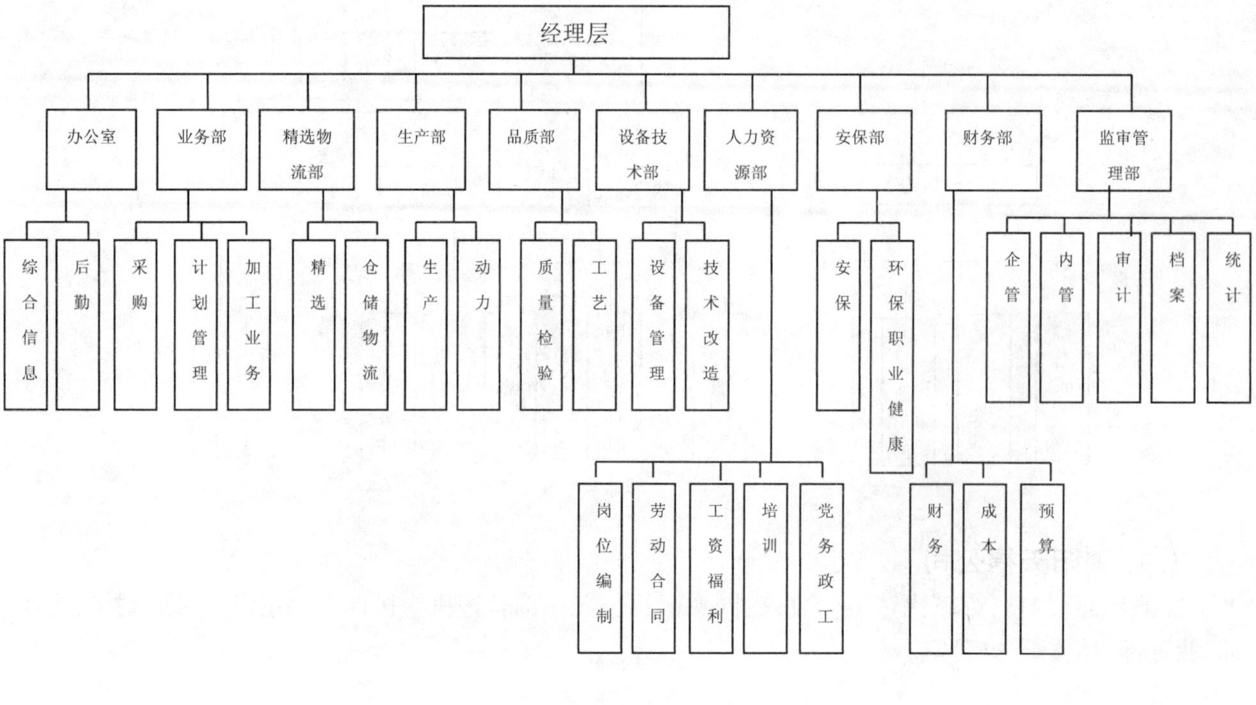

第二节 企业管理主要方法

省内各复烤企业自创立运行后,紧跟改革开放步伐,更新观念,循序渐进,引入现代管理机制,创新管理方法,并不断在实践中扬弃和完善。至2015年,各复烤企业管理方法各有特色,行之有效。主要管理方法简介如下。

一、控股管理

1999年,湘西乾州卷烟厂转产,成立金沙原烟发展有限责任公司,其所属吉首打叶复烤厂在省内烟草系统率先实行股份制。2001年1月26日,国家局发布国烟法〔2001〕170号《关于推行原烟交接、委托加工的实施意见》,提出“已建成的和在建打叶复烤企业要加快企业改制步伐,实现工商联合投资,组建有限责任公司”。2002年12月,国家局、总公司首次召开烟草行业打叶复烤专题会议,企业改制为会议重点部署内容之一。2003~2004年,省内各复烤企业改制工作先后启动,2004年,湘西金沙原烟发展公司再次改制为湘西鹤盛原烟发展公司。2005年9~12月,郴州、零陵、常德三家投产复烤企业均改为股份公司制,2006年4月投产的浏阳天福公司亦实行股份公司制。自此,省内各复烤企业均按照《公司法》建立现代法人治理结构,依《公司法》的规定运行。突出特点是:1.公司的设立,以发起单位和被邀并自愿加入单位为股东,鉴于烟草行业属于专卖管理范畴,股东单位只限于行业内工商单位。2.股东单位按固定资产折价出资额和现金出资额计算确定持有公司股份比例,公司盈利按股份比例分红,公司亏损按持股比例承担债务。3.企业隶属管理由过去的单线层级管理,转变为多家股东及上级主管单位共同管理。4、公司万一破产,以公司全部资产为清算底限,只负“有限责任”。5.建立以股东会、董事会、监事会为核心的法人治理结构。股东会为最高权力机构,由股东会选举产生董事若干组成董事会,董事会选举董事长;由股东会选举监事若干组成监事会,监事会选举监事会主席(或召集人)。董事会为公司决策中心,聘任以总经理为首的经营管理团队,由董事长任免;制定公司经营年度目标责任书,由总经理签署递交,董事会按年度对公司经营管理层进行考核,奖罚兑现;对公司收支实行预算,由董事会审议批准;董事会对事关公司的重要事项,提出制约规定,或提出指导性意见。监事会是公司运行的监督机构,对董事会、经营管理层实施监督,对公司预算和运营实绩进行审核。经营管理团队包括总经理、副总经理、财务总监等,负责按照董事会的决策和所定经营目标,组织公司的生产经营,负责公司的日常管理,对董事会负责。工会是职工代表大会的工作机构,负责职代会的日常工作,履行公司内部民主监督职责。公司党组织领导机构,负责监督保证党的各项方针政策在本单位贯彻落实,参与公司重大决策,并领导党群组织。6.引入公司制各项相关管理制度和标准,实现公司管理、运作规范化。

2007年11月,常德芙蓉、湘西鹤盛、浏阳天福三家复烤公司划归湖南中烟公司直接控股管理。2011年9月,郴州天泰公司、永州天顺公司整合为湖南复烤公司,形成“一个法人,两个生产点”运作模式。湖南中烟公司、湖南省烟草公司分别成为省内工商两线复烤企业的最大控股股东,对所属复烤企业的控股管理的主要方法为:1、通过出资或转划资产权益,在所属复烤企业持股比例占51%以上,掌控“绝对持股”主要管理、决策权。“相对持股”(持股比例在50%以下)股东则通过股东会、董事会、监事会参与对复烤公司的重大事项管理和决策。2、各股东单位委派董事或监事或经营层高级管理人员,对股份公司的章程和各项管理制度的有效执行负责,并做好管理、指导、监督工作。通过股东会协商,建立董事会、监事会,股份公司经营团队高层管理人员(总经理、副总经理、财务总监等)由董事会聘任,股份公司总部行文任免(党群系统高层人员任职另按组织章程履行相关选举报批手续)。3、由股份公司经营管理团队制定年度生产经营及管理工作计划,报“三会”审议修定后,由董事会下达年度生产经营目标责任书,交由股份公司经营管理团队执行。每年初,公司总经理须向“三会”作上年度工作报告，接受审议。4、股份公司财务管理必须规范、真实，并定期接受上级部门审计。5、股份公司重大固定资产投资、对外投资、财产质押、大型资产报废处置、贷款融资、对外担保、关联交易等重大经济事项决策，必须经“三会”审议，履行批准手续，方可执行。6、股份公司重大经济信息，如即将发生或已经发生的重大经营事项、重大财务事项、工商登记变更事项、诉讼、行政处罚和警告等，必须及时向本公司“三会”及上级主管部门报告。7、建立完善的内部考核体系，按照干部管理权限和内部级层管理原则，分层级进行业绩、人事等各方面考核，其中，对股份公司经营管理层领导人，主要由公司董事会进行年度考核，兑现奖罚。

湖南省复烤企业2015年股份分布情况表

表29　　单位：万元

企业名称	股东名称	出资额	出资方式		持股比例（%）
			净资产	货币	
湖南烟叶复烤有限公司	中国烟草总公司湖南省公司	118942.77	23142.77	95800	51.983
	湖南中烟工业有限责任公司	17045.03	5045.3	12000	7.449
	广东中烟工业有限责任公司	12603.39	2603.39	10000	5.508
	上海烟草集团有限责任公司	12603.39	2603.39	10000	5.508
	红塔烟草（集团）公司	10000		10000	4.371
	浙江中烟工业有限责任公司	10000		10000	4.371
	山东中烟工业有限责任公司	7495.57	2495.57	5000	3.276
	江苏中烟工业有限责任公司	6123.06	1123.03	5000	2.676
	红云红河烟草（集团）公司	5000		5000	2.185
	安徽中烟工业有限责任公司	5000		5000	2.185
	川渝中烟工业有限责任公司	5000		5000	2.185
	贵州中烟工业有限责任公司	3000		3000	1.311
	陕西中烟工业有限责任公司	3000		3000	1.311
	吉林烟草工业有限责任公司	3000		3000	1.311
	甘肃烟草工业有限责任公司	3000		3000	1.311
	广西中烟工业有限责任公司	3000		3000	1.311
	河北中烟工业有限责任公司	2000		3000	0.874
	江西中烟工业有限责任公司	2000	37013.45	3000	0.874
	合计	228813.21	74026.9	193800	100
常德芙蓉烟叶复烤有限责任公司	湖南中烟工业有限责任公司	52821	2821	50000	98.32
	湖南省烟草公司常德市公司	450		450	0.84
	湖南省烟草公司张家界市公司	450		450	0.84
	合计	53721	2821	50900	100
湘西鹤盛原烟发展有限责任公司	湖南中烟工业有限责任公司	8000		8000	88.89
	湘西自治州烟草公司	1000		1000	11.11
	合计	9000		9000	100
浏阳天福打叶复烤有限责任公司	湖南省中烟工业有限责任公司	9600		9600	60
	湖南省烟草公司长沙市公司	5400		5400	33.75
	湖南省烟草公司衡阳市公司	1000		1000	6.25
	合计	16000		16000	100

资料来源：各复烤企业股东会、董事会、监事会决议案。

二、完善规章制度和企业标准

各复烤企业自成立运作后，注重规章制度建设，依照《企业法》《公司法》《烟草专卖法》等法律法规及党和国家、地方政府、行业上级的政策规章，结合企业管理实际，先后建立健全一系列规章制度，规范企业管理和企业员工行为。

1986年，郴州、常德复烤厂及零陵地区烟叶经理部制定建立全套内部管理规章制度，共分通用制度、各股室库负责人岗位责任制度和股室库责任制、个人岗位责任制三大类。并制定计分考核办法，实行以人定岗、以岗定责，以责定分、以分定奖的责任制，考核结果与月奖、年终奖挂钩。

1987年7月，零陵复烤厂运行后，即着手建立本厂规章制度，至1988年，共制定《劳动纪律条例》,《劳动人及管理制度》,《临时工、季节工管理制度》,《财务管理制度》,《设备管理实事草案》,《职工请假制度》,《职工奖惩条例》,《奖金发放规定》等八项管理制度，经首届职代会讨论修改、职代会主席团第一次会议通过，厂部行文，自1988年5月11日起执行。

1989年2月至1990年2月，零陵、郴州先后组建烟叶生产购销公司（复烤厂）后，即整合原复烤厂、原烟经理部的各项规章制度，建立健全新的岗位责任制和各项规章制度，规范企业运作。其中，零陵生产购销公司（厂）1989~1991年新制或修订出台20项规章制度。

1991~1992年，零陵烟叶生产购销公司（厂）开展企业管理升级工作，成立公司（厂）标准委员会，下设企业管理技术标准起草小组和企业档案升级小组；设立企业管理科，负责厂标准化体系、技术标准、计量、统计等工作主办；首批颁布各类标准18个，企业标准化体系逐步建立。1994年，修订出台6项规章标准。1995年，该公司（厂）重新调整公司（厂）标准化委员会，开展争创标准化三级企业工作，经省标准局考核验收，达到企业标准化管理三级标准。

1996年6月，湘南烟草集团烟叶分公司（复烤厂）成立企管科，由该科牵头，建立和修定出台规章制度数十项，以及《复烤生产经济责任制方案》等。其后，随国家、行业的法律法规、政策规定以及企业内部管理措施调整不断进行内部规章制度的建立和修订。

吉首打叶复烤厂、常德芙蓉公司、浏阳天福公司均在投产运行时，即逐步建立健全企业各项规章制度。

2001年2月国家局发布《关于推进原烟交接、委托加工的实施意见》以及《烟叶—打叶复烤—工艺规范》（YC/T-146-2001）、《打叶烟叶-质量检验》（YC/T-147-2001）技术规范后，各投产运行的复烤企业均根据行业政策和技术标准，对内部运行规章、标准进行全面修订。

2003年起，省内各复烤企业先后启动ISO9000:2000质量管理体系的认证工作，先后通过认证评审。随后，又连年接受认证公司监督评审和内部比对审核，组织对标整改，对制度进行不断优化，保持注册认证和换证审核认证。

2007年，各复烤企业开始推行质量、职业健康安全、环境“三标一体”工作，均成立工作领导小组，下设办公室，组织专门班子，在质量体系文件的基础上，再加入职业健康安全、环境体系文件，从而形成一个文件众多、表格配套、体系完备的规章制度、标准体系群。2007~2008年，各复烤企业均顺利通过体系认证。之后，连年接受认证公司监督评审，多次组织内部比对审核，找出不符合项，制定措施进行整改，再对制度、标准进行内审修订，不断优化。

2009年3月3日，国家局下达国烟运〔2009〕49号《关于全面开展对标工作的意见》。对标，即对照行业内外的先进标准或指标，对本单位的各项规章制度、工作标准、操作流程，进行全面修订，使之更严谨、更科学、更先进。国家局负责统一组织全行业的对标工作，统一口径，统一标准，完善对标体系，定期公布工商企业经济管理指标的平均水平和先进水平，总结推广先进企业的典型经验。2010年，中国烟草总公司开始下达复烤企业对标指标，省内复烤企业随即展开对标工作。为抓好对标工作，各复烤企业皆成立对标工作领导小组，下设办公室，组织专门力量，负责标准化工作的日常事务，指导部门标准编写工作；并建立对标工作例会制度。对标工作开展的步骤是：1.对标检查，根据国家局的对标指标体系，对自身基础管理状况进行摸底并深入分析，充分掌握本企业各类经济管理指标的基本情况，对照行业先进指标，分析原因，查找差距。2.制定措施，按照查找出的差距，制定有针对性的改进措施，重点是控制成本费用，制定切实可行的改进方案和实施进度计划；3.组织实施，根据改进方案和实施进度进度计划，将改进措施分解落实到部门、单位和员工，加强管理诊断，保证对标工作落到实处，同时加强对标工作成效评估，撰写对标指标评估分析报告（亦称对标内审），随即进行针对性整改。4.持续推进，每年根据中国烟草总公司下达的新指标，不断进行修正，持续整改，总结企业对标时间过程中形成的行之有效的措施、方法和经验，不断巩固对标工作成果，及时调整对标指标目标值，开展更高层面的对标，提升企业管理水平。

是年，国家局（总公司）发布《烟叶-打叶复烤-工艺规范》(YC/T-146-2010)、《打叶烟叶-质量检验》(YC/T-147-2010)等技术规范新版，各复烤企业均结合对标工作，按照行业新技术标准修改本单位技术标准。

经过多年开展对标，并随国家、行业法律法规、政策新规以及深化企业改革的内部需要，建立、修改、完善本单位的各项规章，引入和应用先进管理方法、管理工具，持续更新优化，各复烤企业均已形成以工作标准、管理标准、技术标准为核心的标准化管理体系。

至2015年，湖南复烤公司本部建立各类标准233个，其中，管理标准197个，技术标准1个，工作标准35个（含公司本级和所属复烤厂）。郴州复烤厂建立标准169个，其中工作标准与总部标准通用，管理标准92个、技术标准77个。永州复烤厂建立标准113个，其中工作标准与总部标准通用，管理标准72个，技术标准41个。常德芙蓉公司建立制度174项，其中通用工作标准53项、专业标准和工作流程规定121项。湘西鹤盛公司建立制度491项，其中工作标准208项、管理标准180项、技术标准103项；浏阳天福公司建立制度263项，其中管理手册1份、程序文件32份，公司级第三层管理制度71份，部门级第三层管理制度159份。

各复烤企业规章、标准体系覆盖企业管理的方方面面，使事事有章可循，极大地促进企业管理的运行水平，企业管理实现规范化。

三、推行目标管理和激励机制

20世纪70年代至80年代前期，由于“三铁”（铁饭碗、铁工资、铁交椅）体制尚未完全打破，管理粗放。人事、劳动、分配以及其他企管制度缺乏绩效考核具体指标，与个人岗位责任考核挂钩不紧密。企业职工岗位相对稳固，没有下岗、辞退制度，只要不犯大错误（达到处分、开除程度），少数人即使“庸、散、懒”，也无下岗、辞退、减薪之忧；工资论资排辈，工龄越长工资就越高，某些工龄长的普工工资高于班组长、甚至超过年轻的车间主任事例屡见不鲜，时称“熬工龄”；职工上班，个人岗位的任务完成情况缺少记录、无现场考核，难分优劣；郴州复烤厂在八十年代初期恢复奖金制度，奖金分甲乙两等，每等相差5元，主要依据出勤、靠开会民主口头评议定等级，与日常工作表现挂钩力度不大，激励作用有限。

1983年，郴州复烤厂开始实行岗位责任制百分制考核。1984年，郴州烟叶复烤厂实行复烤产量计件单项承包制，经营管理成本管理观念加强，生产用工进行严格控制。

1986年，省内烟草行业开始推行厂长、经理负责制，并废除行政中层干部任命制，实行聘任制，打破干部任职“铁交椅”初见成效。

1987年，郴州、常德、零陵三个复烤厂，皆建立完善经济责任制，全面实行以岗定责、以责计分、以分计奖罚。其中，郴州复烤厂对全厂工种划分16类岗位，上至厂长，下至生产线各岗位，全部建立岗位责任制，实行“三定”：定岗位、定工作内容、定职责。在“三定”的基础上，对考核指标进行量化，增加考核的操作性，根据生产量、产品质量、操作规程、劳动纪律等方面的实际情况进行评分，按得分多少来计发职工的奖金。每天做好工作记录，按月累总考核，与奖金挂钩，兑现奖罚。是年7月，零陵复烤厂运作起，即实行岗位责任制，建立健全各项规章制度，制定各个工作岗位的基本职责、考核标准及奖惩规定，做到按人定岗，按岗定责，按责考核，奖罚兑现，在健全岗位责任制的基础上，进而实行经营承包责任制，把职工的工资、奖金与任务完成、实现利润挂钩，奖勤罚懒，多劳多得，改变以往吃“大锅饭”的局面。

1988年8月，常德烟叶复烤厂划归常德卷烟厂成为复烤车间，执行该厂《企业管理标准》，对各岗位均有更具体细致的标准，使岗位责任制更加完善，并与厂《经济责任制总体方案》《经济责任制制定原则和考核办法》挂钩，进行考核。是年11月，郴州等复烤厂开始实行劳动用工“双向选择优化组合”，即厂部在编制指标内，下达各部门职数，职工按自己意愿选择工作部门，部门按职工素质选用职工；职工未能组合上的，可经培训后再推荐上岗，或发给生活费在家待岗。愿意停薪留职的，由个人申请，办理停薪留职手续。这些举措对破除“铁饭碗”“铁工资”旧框框、减少惰性、激发职工爱岗敬业精神起到积极作用。

1989年，郴州、零陵复烤厂按照上级统一部署，开始实行经济目标管理责任制。其方法：年初，上级将年度经济目标各项指标量化（细化达标要求和得分值），明确各项指标的达标得分和加减分规则，总分为100分，以此制定责任书，由厂长签字向上级递交；两厂通过厂务会进行研讨，将上级下达的年度任务指标逐项分解到本单位各部门，制定本单位目标管理责任书，由部门领导签字向厂长递交；部门再把指标细化，制作年度目标具体实施方案，把任务具体落实到班组和岗位。从而形成目标管理责任“横向到边，纵向到人”、“千斤重担人人挑，人人头上有指标”。对目标任务的实施进度，每季由各责任部门自查一次，未完成的，及时采取措施对“短板”进行“补救”和改进，以达到阶段性进度。年末，由部门考核班组和岗位，厂部考核部门，上级考核厂部，考核按项目指标逐项计分，90分以上为达标，达标者按考核计分排名分等（一、二、三等和优胜）发给目标管理（年终）奖，未达标者扣发。

是年3月7日，零陵烟叶生产购销公司（复烤厂）出台《职工奖罚实施细则》，采取精神激励与经济奖励相结合、“思想教育与经济、行政处罚相结合”的奖罚办法。规定：对出勤率达标、无违纪违法、无事故责任的职工，8种贡献突出的人员可分别给予记功、记大功、通令嘉奖、授予先进生产（工作）者、劳动模范等称号，颁发一次性奖金的奖励；对9种违法违纪、慵懒怠工、经批评教育不改者，视情节轻重，分别给予警告、记过、记大过、降级、撤职、留用察看、开除，或给予一次性经济处罚。

1990年，全省烟草系统添加政工目标管理责任制，其组织实施方法与经济目标管理基本相同。至此，省内复烤企业全面实施经济、政工“双目标”管理。年终需“双目标”同样达标方能得奖。并把专卖管理是否出现重大事故作为“一票否决指标。目标管理制度，作为经济责任制的一项基本举措，直到2015年依然沿用。由于年终奖金额度逐年加大，“双目标”管理的实施，对各级激励性加大。

1991年，又将安全保卫、计划生育工作是否出现重大事故列为“一票否决”指标，与专卖管理一起，成为三项否决指标，其中一项出现严重责任事故，即使“双目标”指标考核达标，亦取消该单位、部门全体人员的年终奖金。郴州地区烟叶生产购销公司（厂）先后5次召开车间主任、班组长会议讨论，并广泛征求职工群众意见，厂内实行日产定额、损耗包干制度，高产低耗有奖，低产高耗受罚。

1992年，省局（公司）党组作出《关于深化干部制度改革的决定》。随后，省内烟草系统开展劳动人事、劳动用工、分配制度三项改革，全面推行行政干部任前竞岗制、公示制、聘任制、任期考核制，党群干部实行选举制、任期制。年度考核、任期考核常态化进行。

是年，零陵烟叶生产购销公司（厂）为把目标管理做到位，实行百分制考核办法，以考勤为基础，把挂杆、打叶车间的生产数量、质量和烟叶购销部门的烟叶购销数量、质量以及机关工作人员的工作质量、效率，与工资、奖金挂钩，月度考核与年度总考核相结合，使目标管理更加落到实处。同年，常德卷烟厂对生产车间（含复烤车间）实行“超基数单箱奖金计件及百分法考核”经济责任制，对科室、部门（原料分厂）实行“三保一挂百分考核”经济责任制。

1993年，遵照省局、市局统一部署，郴州、零陵生产购销公司（厂）进行“三项（干部人事、劳动用工、分配）制度”改革。干部年度考核不合格者，予以劝诫或解聘，“铁交椅”基本打破。在分配制度改革方面，贯彻“责、权、利相结合”和“量入而出”的原则，依据工作责任大小、职务和技术等级高低、业绩考核情况，适当拉开分配档次。

1994～1995年，郴州、零陵生产购销公司（厂）先后实行岗位技能工资改革。奖金分为一线奖、一般奖和突出贡献奖，同职级职工中，“一线（即基层生产营销第一线）奖”金额高于“一般（如机关人员、后勤人员）奖”。突出贡献奖一般在年终以业绩考核为依据进行评定发放。1995年，郴州厂（公司）工资奖金向生产第一线和苦、脏、累岗位及技术性岗位倾斜，一线奖金比机关科室高15%，较好地解决一线紧、二线松、三线肿的企业人员结构；同时，实行劳动上岗“双向选择”优化组合制；按照目标管理要求，车间、仓库实行“四定”，即定任务、定费用、定质量、定奖罚；各科室、生活服务部门同车间、仓库挂钩，风险共担，利益均沾。

1996年，郴州复烤厂8月份起对烟叶复烤车间试行新的经济责任制，将产量、质量、消耗、设备管理四大项指标与奖金挂钩。月奖金分为基本奖和超产奖，亦即在确保产品质量合格的前提下，完成产量基本任务（每台班投料650件）时即可得到人平300元月奖，超产产量按件数计价另外算奖。假日加班费取消。为控制旺季奖金过高，允许车间在奖金高的月份，对奖金适度“公留”，即留下部分奖金暂存车间，在淡季奖金低时补偿发放。1997年，该厂进一步完善《烟叶复烤生产经济责任制方案》，将复烤台班产量基本任务调高为700件，产量基本奖提高到400元，并与质检、安保、调度、仓储、供应等职能部门相互配合，加大对车间的经济考核力度，使车间的产量和质量得到明显提高，消耗和各项费用明显降低，职工旺季月奖高达700~800元，高于基本工资，三个复烤车间相互竞争，临时工计件工资标准也适度提高。旺季加班加点、多挣收入成自觉行动。

是年，零陵烟叶生产购销公司（厂）实行三种不同形式的经济责任制。生产部门签订经济责任书，根据全年指标完成情况核定部门奖金；承包部门实行《责任经营协议书》，核定年缴利润额，不足自补，多余留成，自主经营，自负盈亏；其他部门采取百分制考核，依据考核结果奖惩。在此基础上，实施风险责任奖罚机制，根据全年实现利润数和各部门任务完成情况对厂级领导和部门责任人进行风险奖罚，使“责、权、利”三者关系更明确，责任意识增强。

是年，常德卷烟厂将复烤等生产车间职工的40%工资纳入浮动奖金，以加大按劳分配力度。1999年，该厂实施经济运行质量及效益评估考核奖励办法，实行记分制，指标体系分为经济运行质量、效益指标和工作质量标准两部分，其中，效益指标6项，质量指标1项，物耗指标1项，标准分合计为100分。

2000年，吉首打叶复烤厂投产后，开始实行经济、政工“双目标管理”。每年初，由金沙原烟发展有限公司董事会下达经济、政工两份“目标管理责任书”，由复烤厂厂长签署向董事长递交，年终接受考核，兑现奖罚。

是年，湘南烟草集团对行政中层（科级）干部选聘实施职数公开，符合条件且愿意参与竞岗者自愿报名，人事部门进行资格审查，然后举行竞岗演讲，领导、中层干部、职工代表现场打分，聘前考察，党组集体审查决定聘任名单，任前公示，烟叶分公司（复烤厂）行政中层干部亦在其中。自此，每三年举行一届中层干部竞岗，形成制度。干部任职优胜劣汰、能上能下的竞争机制进入常态化。2002年7月9日，中共中央发布实施《党政领导干部选拔任用工作条例》后，各复烤企业均普遍实施中层干部竞聘制度。

2002年，湘南烟草集团撤销，市烟草工、商分设后，复烤厂《烟叶复烤经济责任制方案》停止执行。对复烤生产的考核恢复以年度目标管理责任书形式为主。

2004年8月1日，零陵烟叶复烤厂成立以厂长吕明任组长的“工作目标责任制考核领导小组”，下分经济、安全、政工三个考核小组，分线负责考核。

2005~2006年，省内各复烤厂全面改制或新设为股份制企业后，企业年度经济运行计划由本单位编制，报股东会、董事会、监事会审议，董事会批准，并由董事会制定下达年度《目标管理责任书》，由总经理签字递交。然后，公司将董事会下达的年度目标责任书指标，进行细化分解，下达到各部门，各部门主要负责人签署向总经理递交；部门据公司下达的责任目标，再细化分解到各班组、各岗位个人，形成层层有指标、人人有担子的责任网络，以确保责任目标的实施完成。普遍建立《绩效考核制度》，规范考核办法。年终，董事会对公司进行考核，公司对各部门考核，部门对班组、岗位个人进行考核，根据年度目标完成情况，兑现奖罚。

湘西鹤盛公司年度目标二级分解公布栏

2011年9月，郴州天泰、永州天顺公司取消法人资格，整合组建湖南烟叶复烤有限公司，由湖南复烤公司设立股东会、董事会、监事会。次年起，两厂年度全面预算管理计划书提交公司“三会”审议，董事会批准，并由董事会下达年度《目标管理责任书》，两厂总经理签署递交。企业内部任务分解、考核办法如前。

2012年，湖南复烤公司成立工作业绩考核委员会，总经理为主任，分管经济运行的副总为副主任，各部门主要负责人为成员。下设考核办，设在财务企管部，考核办主任由财企部长兼任，各部门指定专人为成员。根据全年各项工作目标任务，本着“导向性、激励性和公正性”原则，按生产经营业绩、预算管理业绩、创新能力与基础管理三大块经行考核。每块细分若干指标，其中，生产经营业绩指标有：原烟投料量，产品质量合格率、节能减排、生产加工综合管理、客户综合满意度等，考核分值权重占50%；预算管理指标有：员工工资福利、吨烟生产成本、吨烟管理费用、吨烟经营费用、吨烟劳务费用、业务招待费、会议费、月度资金预算执行率、预算日常管理等，考核分值权重占20%；创新能力指标有：创新体系、创新人才、科技成果等；基础管理指标有：质量管理体系建设、对标工作、人事劳资管理、反腐倡廉、企业文化文明创建、政务信息、信访工作等，考核分值权重占30%。考核办法：（1）考核以年度财务决算、统计报表和国家局，省局（公司）相关文件以及其他有效证明材料等为基本依据。（2）公司各部门提供应纳入年度考核的相关数据，报公司考核办汇总，由考核办对照考核方案各指标加减分标准，进行评分，完成“依数据评分”工作。（3）涉及生产质量、安全、质量体系、文明生产等工作需到现场考核的，原则上由公司考核办会同相关部门组成综合考核小组一并考核。以减轻迎接检查接待费用。（4）考核办依“数据评分”和“现场考核评分”，进行汇总，得出考核总得分，交公司工作业绩考核委员会讨论通过。考核兑现：公司财企部负责工作业绩考核结果运用；完成年度考核方案内各项工作指标的单位，在册在岗员工工资及外聘员工工资全额发放；绩效工资采用双挂钩原则，即绩效工资与产量挂钩、绩效工资与综合考核评分挂钩，计算出各厂绩效工资。对单位领导班子成员按考核得分档次（共3档），年终计发目标管理考核奖。特别规定：单位或员工获省、部、级以上荣誉或在相关会议上介绍经验，加分。单位或员工违纪、受刑及行政处分的，扣分。审计发现重大违反财政纪律的，扣分。单位发生重大安全责任事故，在总分扣3分，同时取消厂级领导工作业绩目标考核奖励。

2013年10月，常德芙蓉公司经过不断实践和经验积累，整合出台《综合管理考核制度》，此后连续多年进行修订，渐趋完善。该项制度，长达6.5万字，阐明各职级、部门的职责，以及工作流程、考核原则和要求、考核适用范围、考核标准、奖罚条件和标准、责任划分、实施方法、处理与整改、考核申诉与仲裁、考核结果运用与通报、考核资料记录与保存等，涉及综合事务管理（6项）、基础管理（13项）、工艺管理（8项）、生产管理与支持服务（8项）、人力资源管理（8项）、财务及资产管理（6项）、安全综合管理（5项）、环境保护与清洁生产（8项）、政工管理、精神文明与文化建设（16项）、纪检监察（2项）、内部专卖管理（2项）、信息化与通讯管理（7项）、设备设施保养管理（2项）等十三大类91项。

同期，郴州、永州复烤厂及湘西鹤盛、浏阳天福公司亦结合对标工作，修定完善考核制度，上升为企业标准。各复烤企业的综合考核制度，囊括覆盖公司所有管理层面，做到事事有考核、人人被考核，形成强有力的约束机制，对企业规范化运行、员工规范化办事，起到积极推动作用。

四、推行全面预算管理

1999年，湘南烟草集团开始对本部和直属企业[含烟叶分公司（复烤厂）]实施以财务指标为主的年度预算管理，报董事会审批后施行。早期的预算管理特点是：注重收支宏观控制（力争收入达预期，费用不超过预算总额），对费用开支缺乏细化控制；物资采购相对狭义，不包括工程基建、大型设备的采购；公务接待、一般的物资采购等开支虽需审批，但随意性较大。其后，省内复烤企业均先后实施以财务指标为主的年度预算管理。

2005~2006年，省内各复烤企业全面改制或新设为烟叶复烤公司后，按照公司制运行要求，实行年度预算管理。先后成立以总经理任主任的预算管理委员会，下设预算管理办公室（简称预算办）。公司预算按董事会的要求，由预算办（财务部为主）根据公司次年经营目标及以往年度的实际收支发生情况，结合新年度收支预期变化，进行适度调整，汇总编制，预算管理委员会评议审核定稿，总经理签字后上报监事会、董事会初审，董事会正式批准后，次年执行。每年循环进行。

2009年，中国烟草总公司印发中烟办〔2009〕281号《关于印发烟草行业全面预算管理办法和工商企业全面预算管理规程（暂行）的通知》。各复烤企业正式启动新型全面预算管理，皆成立以总经理为主任的全面预算管理委员会，下设预算办，作为预算管理的日常工作机构，每个预算责任部门均设有专门的预算管理员，建立全面预算管理的组织架构。

全面预算管理与原来的预算管理的最大不同就在于"全面"二字。1.总公司文件要求："生产经营企业要按照全面覆盖、全过程的要求，全面编制企业的生产经营业务预算"，简称"三全"，不再是单纯的收支宏观控制。2.预算不再是财务部笼统编制，而是由各部门根据公司经营目标制定各自工作计划，并据此编制次年预期收入、资源需求和资金预算，然后由预算办汇总，由多部门协作完成；3.全员参与与动态管理相结合，将预算指标层层分解、落实到部门和员工，形成全员预算责任制。每个部门和员工围绕自身责任预算，实施动态分析与控制。

全面预算编制流程是：1.每年9~10月，由省级主管公司预算管理委员会下达下一年度全面预算编制指导意见；省级公司归口管理部门制定并发布具体政策和要求，进一步指导其归口管理预算指标的编制工作。2.10~11月，各预算责任单位根据上级指导意见，结合本单位具体情况，由预算办经办，预算委审核批准，下达本单位的预算编制指导意见至各部门。3.10~11月，各单位所属预算责任主体（部门）编制自身责任预算后，提交本单位预算归口管理部门；各单位预算归口管理部门审核其归口管理的预算后，提交纸质签字盖章预算文档和电子文档至预算办；预算办（财务部或财企部）进行汇总、平衡后，编制出预算草案，提交预算管理委员会会议讨论，逐项评审，不尽合理的予以修改，最后形成正式预算文本，经预算委主任签发后，省内烟草工业线复烤企业一般于10月底报湖南中烟有限责任公司原料部和公司监事会初审通过，然后报公司董事会审批，批准后作为来年计划予以实施。省内烟草商业线复烤企业一般于11月完成内部预算汇总编制，12月20日前提交本单位预算委，由预算委召开专门会议进行审议定稿，作出预算草案，报监事会、董事会初审，董事会正式批准后，次年正式执行。整个预算编制流程按"自上而下、自下而上、上下结合、分级编制、对口审核、逐级汇总"的方法进行。

全面预算管理主要分为四大块：业务预算、资本预算、财务预算、专项预算。其中，业务预算包括：生产预算、收入预算、采购预算、生产成本预算、其间费用预算、税金预算、折旧预算、营业外收支预算、其他业务收支预算；资本预算：包括固定资产购置、技术改造工程、长期待摊费用、无形资产、长期投资预算共五大类；财务预算：包括现金预算、资产负债（银行贷款、利息、欠款等）预算、损益预算。专项预算：包括应付职工薪酬预算、基建及设备设施维修费用预算、资产处置预算、安全环保费用预算、劳务费用预算。四大块预算对公司次年收支预期实行全面覆盖控制，大到上亿元的房屋建筑、大型设备，小到一餐饭、一支笔（小物件通过"打包"招标集中采购）的开支，均属于"物资采购"范围，纳入预算。没纳入预算的，不得开支；特殊情况导致超过预算的开支，需经过程序，追加预算，报董事会批准，方可开支。

全面预算管理执行过程中遇到特殊情况，可以经过程序进行调整。调整程序为：由预算管理责任部门根据预算开支情况提出书面申请，报公司预算管理办公室。预算办经过审查、核实，汇总形成书面意见或建议，报经公司预算管理委员会审批，涉及到公司年度预算的重大调整事项需报董事会审批通过后，公司预算管理委员会方可下达。

年度预算批准下达后，各部门在月度预算执行中，先编制月度预算申报表，报分管领导审批，然后送交财务管理部，财务管理部于每月初公布下达各部门月度资金使用计划。各部门一般在月度预算范围内开支,遇到特殊情况,履行调整手续。未列入预算内的项目,一律不得开支。

省内各复烤企业为促进全面预算管理的顺利进行,均建立起预算考评体系,由公司预算办对各相关部门编制过程配合、预算执行情况进行检查考评,考评结果经预算委审定后,按公司考核制度兑现奖罚。

2011年9月,湖南复烤公司成立,实行"一个法人、两个生产点"运作体制。自运行起,即成立由公司总经理为主任的预算委,下设预算办。全面预算管理实施办法是:11月由公司相关归口管理部门(生产经营部和综合部)下达次年复烤加工量及收入、包装物、设备设施维修、正式员工酬薪、人工成本、宣传费等项目计划到厂,各复烤厂依据湖南复烤公司计划,下达预算编制通知到本单位各部门,各部门按照上级计划预测次年所管工作范围内各项所需开支项目、费用,进行填报,然后报厂预算办(财企部)汇总,厂预算办审查修改编制成汇总表后,交厂预算管理委员会审议核定,属上级归口部门统报的项目预算报上级公司归口部门,不属上级归口部门统报的项目预算报送复烤公司预算办(财企部),公司本级各部门编制的项目预算也报送公司预算办汇总,公司预算办(财企部)进行审查、平衡、核定,并加填折旧费、长期待摊费用、坏账准备金等专项费用预算,再报公司预算管理委员会审批。次年预算中,凡资本性支出(投资)由公司投资委审议报省局,待公司董事会批准。整个预算流程一般在12月完成,次年执行新预算。

2014年,各复烤企业普遍采用预算软件上线,预算管理网络系统在厂(公司)内各部门开通使用。为便于预算指标核算,工业线复烤企业开始建立各成本费用项目的预算定额指标,2015年进行修订。

各复烤企业实施全面预算管理后,始终围绕企业的经营目标,实现"管理"和"效率"的两大转变,全员"效益"和"成本"意识得到强化,"先预后做"已形成新的管理手段;预算执行的过程控制和精细化管理进一步加强,通过建立部门二级预算和执行数据台账,科学合理的安排每项资金的使用,严格过程控制,做到每项资金的使用从不知–到可知–到可控。做到"以预算管理为中心,以财务控制为主线",辐射全公司的基础管理工作,促使各部门围绕成本控制点,千方百计采取措施降本压费、挖潜增效。通过完善预算信息化平台和过程可控,费用降低,风险可控,利于确保每年完成利润目标。

五、业务外包

省内各复烤企业在旺季的季节工需求少则数百人,多则千人以上,原多以自我招聘雇用为主。2008年起,鉴于社会人力资源市场逐渐成熟,对临时劳务逐步向临时业务费用招标转变,业务外包逐渐扩展。

1.湖南复烤公司 自成立运作起,公司安保、环卫、食堂、汽车驾驶、计算机维护等后勤物业管理服务项目,均与郴州复烤厂统一打包招标,实行外包。

2.郴州复烤厂 2008年,天泰公司临时用工改为劳务"打包"招标形式。由湘潭华顺人力资源服务有限责任公司郴州分公司中标,双方签订协议。厂方所需临时用工由华顺公司招聘、派遣、管理,厂方按月付给华顺公司业务费。其业务费包括:外包项目所需员工工资(按实际工资结算)+管理费+社会保险费,厂方对华顺派入的劳务人员进行劳动技能、规章制度、安全生产知识等培训,并进行监督、考核,不合格者有权退回;有权对外包劳务存在的问题提出整改要求;有权对违法违章的劳务人员辞退并交外包承接方处理;有权根据工作任务的增减对劳务人数的提出调整意见,但须提前10日告知外包承接方。外包承接方负责对其招聘的劳务人员进行上岗前培训和日常管理(派驻厂小组),按月对劳务人员足额发放工资、缴纳社会保险;处理其劳务纠纷,全权处理其劳务人员工伤事故并全额承担相关费用;其劳务人员应统一着装上班,如提出离职者,应提前10日告知。是年旺季期间,天泰公司接收外包承接方派遣临时工达800余人,车间辅助工、精选车间选叶工、仓储搬运工等劳务用工得到保证。同期,门卫及安全巡逻、环卫、计算机维护、食堂、招待所、大型维修等劳务皆实行对外承包。汽车驾驶全部实行外包,本单位的原驾驶员一律充实到其他岗位。

2010年，在劳务外包付费方面，将以往按人数计价改为按业务完成量乘以定价标准计付。2011年，规范临时用工管理，专门制定《用工管理制度》，明确临时用工计划、招聘、录用、费用审核等流程，加大对临时用工的控制力度。

2012年，按照《湖南省烟草商业系统业务外包管理指导意见》的要求，继续转变用工方式，对劳动用工进一步规范。所有临时劳务不再以用工需求为标的，而改为以"业务项目"（分类发包）为标的，一律改为"业务外包"，进行对外招标。招标一般1～2年进行一次，合作满意者可以续标。9月，与北京热华能源科技有限责任公司联合开发的"生物质锅炉"投入运行后，锅炉能源业务承包给热华公司，厂方按蒸汽用量付费。

2015年起，业务外包由湖南复烤公司统一进行，公司人力资源部负责两厂业务外包的招投标和合同签订工作，复烤厂则负责业务外包的使用和过程管理。为降低生产成本，公司会同财务及相关业务部门对业务外包的品类、数量和费用认真严格审核。

3.永州复烤厂 2008年，永州天顺公司生产设备进行大修，经公司投资委员会通过，采取维修劳务外包方式，由项目承包人与公司签订大修承包合同。此次劳务外包劳务总计费用为31.58万元（含税）。是年，天顺公司制定《业务承包管理规定》，共12条。

2010年，公司的麻片麻绳及烟叶挑选整理业务，由永州市冷水滩诚丰服务有限责任公司承包，原烟转运业务外包给永州昌兴物流有限公司，公司的打叶车间、质量技术中心、机修车间、动力车间、业务部的劳务承包给永州市红海劳务派遣有限公司，均以定额标准完成量实际发生额为准进行计付。生产线的打叶设备、锅炉配电设备进行维护和技术改造，以单项业务形式外包。

2013年，厂内车间生产前的实施设备高空清洁卫生由湘江家政服务劳务派遣中心承包12天完成；原烟转运业务由冷水滩昌兴货运代理有限公司承包，麻片麻绳清整、麻袋制作、麻袋麻绳及纸箱等包装物料转运装卸业务由诚丰公司承包，合同期均为一年。

2014年8月1日，厂打叶车间预处理段、质量技术中心、客户服务中心的电梯临时用工业务由嘉顺公司承包。打叶车间前段、不回潮前段、后段业务按原烟处理吨数以不同价位对外承包。每月高空清理业务、电梯业务均按月费计算对外承包。合同期一年。

2015年，永州复烤厂共有7类业务外包，采取统一招标，与中标者签订合同的形式。打叶车间临时业务，由永州嘉顺外包服务有限公司负责；原烟挑选临时业务，由永州市冷水滩诚丰服务有限责任公司负责；原烟转运临时业务，由永州冷水滩昌兴货运代理有限公司负责；装卸业务临时业务，由永州市冷水滩诚丰服务有限责任公司负责；麻片整理临时业务，由永州市冷水滩诚丰服务有限责任公司负责；保安临时业务，由永州长振远保安服务有限公司负责；食堂临时业务，由永州市六维物流管理有限公司负责。锅炉业务也对外承包，厂方用蒸汽按吨付费。

4.常德芙蓉公司 2014年7月，公司整体搬迁到新厂区后，对部分业务实行外包。8月14日，公司发布并实施《业务外包用工管理办法》。明确业务外包指本公司根据生产工作需要，界定工作范围，明确工作任务、工作标准及期量与质量要求的业务服务项目，是一种以实现业务标的为契约目标的业务承揽服务。公司确定企管监督部为发包方牵头和资费汇总部门，各业务外包用工部门负责根据本部门工作需要提出业务用工申请，负责业务用工的日常监管和考核，并将考核情况交企管监督部，负责配合业务公司（承揽方）做好业务项目的相关培训，负责按规定填报本部门各种业务用工凭据。财务管理部门负责业务力资费用的复核与结算。

2015年起，针对烟叶精选、生产线烟叶摆把、仓库物流装卸运输、卫生、绿化等部门短期需用工上千人的情况，对短期临时用工，均以业务为标的，实行对外招标，与中标的社会人力资源管理公司签署合同，短期用工的人员招聘、管理、住宿、开餐等概由人力资源管理公司负责，公司按月结算短期用工的工资和社会保险费，并付给人力资源公司一定数额的管理费。

5.湘西鹤盛公司 1999年9月，吉首打叶复厂建成投产后，对临时辅助性岗位用工采取劳务承包方式，承包给外单位。具体做法是：考察和确定具备承包和管理能力的单位，签订劳务承包协议，约定工期、单价、结算方式、管理方式等要素，分别与吉首市劳动服务公司和雅溪村委会签订劳务承包合同，由劳务承包单位根据吉首打叶复烤厂的招工条件招聘人员。

至2015年，公司安保、食堂、招待所、环卫实行业务外包。车间、仓库、物流、精选等临时用工，仍然实行自行招聘雇用，单个签订劳动合同。

6.浏阳天福公司　天福公司业务外包主要包括：打叶复烤原辅料装卸搬运、厂区保安、食堂及绿化维护等的业务外包用工。为规范公司业务用工管理，制定《业务外包管理制度》，明确要求业务单位人员在购买工伤保险后方可作业，确保业务用工工伤保险参保率100%，降低用工风险。业务用工管理归口业务部负责，各用工部门及有关管理部门履行相关职责，配合协助业务用工管理工作。

各复烤企业业务外包的实行，可减少正式员工定员（但按2013年《劳动合同法修正案》规定，正式工与临时工应保持在合理比例范围），少养冗员，减轻"企业办社会"负担，宏观降低用工人力成本；同时，也可简化管理，规避或降低某些额外风险。但需付给外包承接方一定的管理费，某些业务也需给外包承接方一定的利润空间。总体权衡，利大于弊。

六、推行精细化管理。

2013年8月，国家烟草专卖局印发关于推进"精益管理"的文件。要求行业各单位引入精益思想、推行精益办法、建立精益组织、形成精益流程、实现精益目标，结合对标、创优、创一流等活动开展。

2014年起，各复烤企业遵照国家局、省公司的文件要求，开始推行精细化管理，结合QC活动，实行课题申报，人员自主组合，由公司筛选确定课题，分项组织实施。广泛运用于预算管理、工程投资、物资采购、设备管理、工艺质量等管理项目当中，起到增收节支、优化管理、精益求精的作用。

郴州复烤厂精益管理动员大会

附：湘西鹤盛公司企业管理特色简介

1999年9月，吉首打叶复烤厂投产。11月，将招收入厂的93名劳动合同制员工转为正式合同制员工。全厂管理工作沿用长沙卷烟厂的管理理念，即"3A.HOT"。3A为学习、凝聚、创新；HOT为人性化设计、有序、目标。然而，部分员工思想守旧，对新管理模式很不习惯，尤其是对执行考核中被罚款、扣奖金采取抗拒态度，甚至动粗、串联闹事。首任厂长李增伟经过认真调研，对员工进行集体谈话和个别谈心，耐心释疑解惑，讲清道理，终使事态平息；又经逐步组织学习教育，先转变员工思想观念，再分阶段实施改革新举措。在此基础上，结合湘西风土人情，推行"本地管理法"，即在本地员工中聘任有威望、有知识的员工任班组长，共8人，先到长沙卷烟厂学习先进的管理理念，回厂后各负责本班员工管理，言传身教，把新的管理理念贯彻到各岗位，使员工逐渐适应，管理链初步有效形成。

2000年，在全厂范围内开展"争优创先"活动，对优秀员工奖励外出考察一次。同时狠抓内部管理，制定产量、质量、出勤率和奖金挂钩的百分制考核办法，奖勤罚懒，调动职工积极性。

2001年，企业推行"金点子"奖励措施，广泛收集员工的好想法、好点子，促进企业的发展，新上任厂长伍亚光将厂内管理改革进一步深化，各工作岗位全部建立岗位责任制，实行"三定"：定岗位、定工作内容、定职责。在"三定"的基础上，对考核指标进行量化，即根据产量、产品质量、操作规程、劳动纪律等实际情况进行评分，按得分来计发职工的奖金。每天做好工作记录，按月累总考核，与奖金挂钩，兑现奖罚。

2002年，开始改变过去中层干部全部由股东单位委派担任做法，从员工中聘任3名中层管理人员。

2003年，设立企管部，认真开展ISO-9000认证工作，将“片片质优，让客户满意，追求卓越，创行业一流”定为全厂的质量方针；把产品交付合格率≥100%、客户满意度≥90%、三年内达行业一流为全厂的质量目标。12月16日，顺利通过ISO-9001：2000质量认证。为确保产品质量，筹建精选车间，对原烟进行精选，同时添置进口化检设备，首次尝试在线化验检测，实行机防与人防相结合的质量保证模式。是年，复烤厂作为中国烟草交易中心复烤加工会员参加全国烟叶交易会，主动联系外部烟叶加工业务，与延安卷烟厂达成首次加工合作，迈出对外拓展市场的第一步。

2004年，吉首打叶复烤厂改制为湘西鹤盛原烟发展有限责任公司。接受公司董事会下达的年度目标，不断理顺、健全公司各项管理制度。每年终接受董事会目标执行考核。

2005年，进行人力资源管理改革，在季节性用工中设立关键岗位，经公司评定符合要求的季节性用工可享受关键岗位的待遇，并在公司检修、停产期均有一定的经济补偿，为季节性用工的稳定打下有力基础。并为无固定期和固定期合同工办理住房公积金及工伤保险业务，提高他们的福利待遇。是年，公司还引进ERP条形码系统、建立MIS信息系统等，向新型工业模式迈进。

2006年，公司以建设“资源节约型、环境友好型企业”为中心，贯彻“和为神，鹤为形，简单管理，飞翔之道”管理理念，采取多方举措整合资源、降低成本。是年，公司获得菲莫公司SPP认证，成为菲莫公司认可的加工点。

2007年，公司顺利通过环境、职业健康、质量“三标一体”认证。同时经过多次讨论、修订的《薪酬改革方案》在生产车间、动力车间正式实施。实行岗位技能绩效工资分配模式，彻底打破原来“大锅饭”残留的分配形式。

2010年，公司新任法人张其龙总经理上任后推行全面改革，改革的举措主要有：1、整合机构职能。由原10个部门整合为7个部门，职能归类更为清晰，运作更为顺畅；把动力车间四班三运转工作制改为与生产车间同步运转的三班三运转工作制，使动力与生产同步运转。2、引入竞争机制，改革干部聘用制度。原股东单位委派中层干部，没有竞岗，均可“稳坐钓鱼台”，任职到退休，创新、进取心不足。为此，顶着压力，大胆改革：启用本地中层干部，全面推行竞岗选聘，实行三年一聘制，年满50周岁的中层干部不再续聘。9月，7个部门的正职均由本地干部担任，其中从员工中提拔6人，试用期三个月。解聘的中层干部可竞争专家系列，从事辅助性工作。3、实行员工管理岗位和关键岗位三年一聘制。即在任聘期间，能够胜任工作的可继续留在原岗位或可应聘另一个更为关键的岗位；如不能胜任即予解聘。同月，对原管理岗位和关键岗位全部解聘，重新竞聘，促使相关员工为保岗、争岗而奋发工作。4、创建员工“三条晋升绿色通道”。公司成立专门领导小组，总经理张其龙任组长。“三条晋升绿色通道”分别为管理类、技术类、技能类。其中，管理类晋升：公司管理岗和中层干部岗位，三年一聘，到期解聘，重新竞岗；出现空缺及时公示，面向全公司竞聘；凡低岗竞聘管理岗，经考核合格，薪随岗变；管理岗连年考评优秀者，可享受高1-2级薪酬。技术类晋升：公司设置专家、中级专业技术岗位、专职技术人员三类技术岗位，实行三年竞聘一次。凡具备对应岗位资质的员工，均可报名竞聘；竞聘成功上岗者，经试用合格，均享受相应资格的津贴以及岗位技能工资待遇。技能类岗位晋升：公司设五级技能岗位，三年一聘。凡在操作岗位人员，技能突出，均可向高一级岗级参评晋升；中级工以上者，可享受高一级津贴；6级以下岗位者在公司技术比武连续三年名列前三位者，可晋升享受6级岗位技能工资待遇；获国、省级技术能手称号者，除享受特殊津贴每月800元外，立即享受公司聘用高级技师岗位待遇。三条晋升通道，使全公司职工均有进步平台，极大地激励员工努力争先的积极性，涌现出大批优秀员工。如：管理岗位的周孝惊，由班长一步步晋升为部长，后又升任生产总监；专职专业技术岗位的杨永刚、龙永玉、徐争梅、符再德等分别被聘为公司安全、投资造价、审计、工艺质量专职专业技术人员，享受副部级待遇；技能类岗位的田杰、袁新根等被聘为公司高级工。5、改革薪酬分配体系。公司勇于打破多年存在的多种员工身份界限，对所有岗位进行重新整理归类，对薪酬制度进行改革。共分为固定期限合同制员工岗位和任务期限合同制员岗位两种技能薪酬分配体系，绩效挂钩，严格考核，突出激励作用。6、创建企业文化。10月启动企业文化体系建设项目，提炼出企业精神、企业愿景、企业理念、各类岗位行为规范等，形成《文化手册》，宣贯执行，为企业持续发展提升内生动力。7、加强考评体系建设。是年，公司开展创建“优秀打叶复烤企业”活动，围绕基础工作管理，认真开展管理创一流、对标、创优工作，引入信息化管理系统，全面开展质量、环境、职业健康安全体系建设，推行“预算管理、目标管理、绩效管理”等运行机制。一系列改革综合措施的实施，基层执行力大为增强，使公司企业管理水平迈上新台阶，公司效益连年增长。

2011年，建立技术创新奖励分类标准和考评办法，并设立年度重点项目创新奖励基金30万元，激励员工创新。经各部门集思广益，各类创新提案提交总经理办公会评审，当年度重点工作项目创新确立27项，均确立项目进度控制举措和项目目标，以提升综合管理水平和盈利能力。同时，建立预算目标三级管理机制及预算管理工作延伸管理机制，利用财务、预算账套和“MIS”系统对目标完成情况及时分析和反馈，每月落实到目标完成考核机制上。各部门各项费用的支出均严格控制在董事会审批范围内，真正做到“人人肩上有指标，项项指标连收入”。

2013年，考评体系建设取得重大突破。公司立项开发《综合考评、预算、工程项目业务流程管理系统》。其中工程项目业务流程管理实现对项目建设全过程的控制；预算管理系统从预算组织、指标制定、预算申报（年度及月度）、执行、调整及综合报表分析六个方面建立；综合考评系统对目标考评、部门考评、日常考评、员工绩效、专项奖励、月奖分配等六个离散的考评子项进行整合，并实现对考核过程的监督与管理。该管理系统申报公司创新考评，获二等奖。是年，结合公司对标工作、开源节流新环保活动，对接国家局三大课题，湖南中烟“三图合一”管控模式在公司实践运用。三图为：以公司愿景为统领的战略地图、以行为理念为框架的流程地图、以工作关键环节和重点指标为目标考评内容的指标地图，通过对战略地图的构建，实现对企业战略描述、分解和落地；通过对流程地图的构建，实现操作的整合、规范和提效；通过对指标地图的构建，实现对行为的引导、衡量和调整。该目标管理系统申报公司创新考评，获得三等奖。

2015年，公司成立以总经理张其龙为首、有20位中高层管理人员为成员的标准化委员会，同时，成立技术标准、管理标准分标委、标准化办公室以及8个以部门为单位的标准化执行小组，逐步形成厂级、部门标准化工作网络。形成企业技术标准102份、管理标准162份、工作标准211份文件的编写、审核、发布和实施，对公司后期规范运行起到引领作用。是年，公司5S”管理升级为“6S”管理（整理、整顿、清扫、清洁、素养、安全），在全公司推行，文明生产更加规范化。

第三节　劳动人事

一、劳动用工

（一）固定工

1.湖南复烤公司　2011年9月16日，公司挂牌运作。按照国家局批复“组建湖南烟叶复烤有限公司所需人员从烟草系统内调剂解决，不得从系统外调入”的规定，公司本部从郴州天泰公司、永州天顺公司抽调14人，分任各岗职位，均为固定工。是年11月底，按国家局关于《重组整合后打叶复烤公司管理规范》要求，正式启动首轮现代人力资源管理体系建设改革工作，组织对两厂的人力资源现状进行调研，通过召开座谈会、交流访谈和发放调查问卷的方式，广泛收集意见和建议。12月组织相关人员到行业先进企业考察学习人力资源改革经验。2012年6月拟定人力资源体系建设方案，向省局进行专题汇报。方案获批后，随即在公司本部和所属两厂开展人力资源体系建设改革工作。至2015年，公司本部共有固定工（含各级干部）30人。

湖南烟叶复烤有限公司2013-2015年职工队伍情况表

表30　　　　单位：人

年份	总人数	在岗情况			用工分类			专业技术职称			文化结构	
		在职	内退	退休	全民	集体	合同	高级	中级	初级	大专以上	中专高中
2013	26	26	0	0	26	0	0	1	13	6	26	0
2014	25	25	0	0	25	0	0	1	14	5	25	0
2015	30	30	0	0	30	0	0	1	16	5	30	0

2.郴州复烤厂　1972年，郴州地区烟叶复烤厂筹建，抽选正式职工5人、临时工4人实施筹办事务。1975年，首次以复烤厂名义招进国营工60人，但基本都在棉麻烟公司工作。1976年，再以复烤厂名义从永兴湘永煤矿招进12名女工。

1978年郴州地区烟叶复烤厂建成投产之初，以复烤厂名义从永兴县湘永煤矿调进17名国营工，部分在复烤厂上岗，其他职工主要从地区棉麻烟公司抽调组合，共20人。11~12月再增8人。开业首年底，共有正式职工28人，均为国营工。生产人力不足，主要聘请部分家属临时工和社会临时工予以补充。其后，固定职工以招工、内部抽调、外部调入、接收大中专院校毕业生和军队转业干部及复退军人等形式而逐年增加：1979年69人；1980年87人，其中全民工（亦称国营工，含干部）35人，集体工52人；1981~1982年92人，其中全民工52人，集体工41人；1983年96人，其中全民工57人，集体工49人；1984年97人，其中全民工50人，集体工47人；1985年108人，其中全民工55人，集体工53人。

1986年5月15日，地本级烟叶业务移交，共移交原在职从烟人员317人（含前期调给的11人），离退休及退养人员按占比移交。其中，划归郴州烟叶复烤厂的在职职工129人、离退休人员18人。是年9月9日，国务院颁布改革劳动用工制度4项规定，在职全民所有制职工（简称全民工，亦称国营工）改称全民固定工，新招工人一律实行劳动合同制，简称全民合同工，其政治、经济待遇与全民固定工同等；取消退休职工“子女顶职”和内部招收职工子女办法，实行面向社会，公开招工。是年，开展劳动优化组合，部门先按岗定员，然后职工选部门、部门选职工进行“双向选择”；未被组合的职工，集中办学习班培训后再推荐上岗，再未组合上的，仅发给生活费回家待业，6个月以后停发工资，自谋出路，也可停薪留职。“铁饭碗”初步打破。至年末，在职职工为129人，包含全民工61人，集体工54人，合同工1人等。形成全民工、集体工、合同工多种用工格局并存。

1988年，郴州复烤厂对班组长实行优化组合，由车间股室聘任班组长，班组长聘副职，然后报厂里同意批准即可。

1990年3月，复烤厂与地区原烟经理部合并，时有职工169人，其中全民工80人，集体工89人。合并以后，职工内部交流频繁，虽名义上实行内部核算，但公司内部人员划分不甚严格，比如：人员相互换岗常有，科室的设置是共有的，后勤服务人员是为全公司服务的。

1993年，司马洞新厂区竣工投产，为适应新增打叶复烤生产线的技术操作需要，经省烟草公司批准，从系统外选调技术骨干12人。同年，为便于全厂职工参加省级社保统筹，在上级的关心下，全厂集体工全部有偿（补交工龄费）转为全民合同工。

1995年，实行劳动上岗优化组合制，对一时组合不上的职工，设立待业岗位，待岗期间只发给生活费，使全厂（公司）职工危机意识增强、奋发向上的热忱提高。同时，实行职工内退制度。内退年龄线为：男干部满58周岁，男工人满55周岁，女干部满53周岁，女工人满48周岁。内退职工仍属在编人员，其基本工资全额照发，工资照调，年终发给一定的慰问金，但不享受在岗职工的劳保用品、月奖、年终目标管理考核奖。

1996年起，鉴于行业所属企业普遍存在冗员过多的实际情况，省烟草公司停止下达面向社会和职工子女的招工指标（内、外比例，一般为5:5～7:3）；内部招工，改为依各单位上年自然减员人数为指标在内部进行。是年10月，湘南烟草集团烟叶分公司（复烤厂）遵上级部署，实行全员劳动合同制，厂内职工（包括干部、全民固定工、全民合同工等）全部与厂方签订劳动合同，统称为合同制员工。

1998年，湘南烟草集团公司在系统内实行大龄员工提前内部退养政策，内退的年龄线为：部（科）级男干部满52周岁，部（科）级女干部满47周岁，男员工满50周岁，女员工满45周岁。为照顾内部子女就业，同时实行"退一进一"政策，即员工内退一个，其家庭符合招工条件的子女尚无在本集团就业的可顶替一个。符合顶替条件子女另有门路就业或其他原因而放弃顶替的，可获得5000元的一次性补偿。但"退一进一"政策未经省烟草公司批准，省公司不拨工资基数，渐成问题，多年后才得以解决。

2002年，湘南烟草集团公司撤销，市烟草工、商业重新分设，原集团运行期间郴州卷烟厂分派到烟叶分公司（复烤厂）的45名员工，依其个人意愿，在郴州烟叶复烤厂（公司）留用。内退政策继续，其年龄划线沿袭集团办法；2003年市局（公司）曾对内退政策一度调整，允许职工自愿在原内退年龄线以下更早内退，但待遇逐档减少；2005年，对内退年龄线进行调整，改为：科级男干部满55周岁，科级女干部及在管理岗工作的女员工满50周岁；一般岗位员工：男满55周岁；女满45周岁。

2004年2月25日，郴州烟叶复烤厂从郴州市烟叶购销公司划出单列，实行半独立核算，划属人员223名，其中在职193人，内退30人，正式离退休人员全部划归烟叶购销公司。

2005年，随着生产设备的不断更新、技术操作要求提高，急需素质较高的知识型技术人才。5月，面向社会招聘25名大、中专院校毕业生为长期合同工，全部分配在生产一线主要操作岗位上。是年9月，郴州烟叶复烤厂改制成股份制企业，时有员工187人，其中在职168人，内退19人（内退人员减少原因：内退期满而正式退休，转社会统筹养老保险）。

2006年，通过省烟草公司统一招进2名机电专业本科生为企业员工，同时聘进10名大专以上毕业生为长期合同工。是年6月起，为减员增效，按照省烟草公司批准的劳动人事制度改革方案，全市烟草商业系统实行在编员工自愿辞职、按其工龄予以经济补偿的办法，天泰公司部分员工依其自愿辞职。此方案至2007年12月停止执行。

2007年，天泰公司再次报省烟草公司面向社会统一招进2名机电专业本科生为企业员工。

2009年6月，天泰公司遵照市局（公司）人事制度改革的新规定，员工内退年龄界限调整为离法定退休年龄差五年，但须本人提出申请后经公司批准认可。是年，报省烟草公司批准并由其统一面向社会招聘，再次招进2名机电专业本科生为本企业员工，8月，委托湘潭烟校面向社会公开招进9名长期合同工。至年末，共有在编固定员工182人，其中在职167人，内退15人。另有：长期合同工34人，退休员工2人。

2009年竞岗大会

2010~2015年，由省局（公司）统一面向社会通过考试，招录大学生，每年分配来厂3–4名。按省局（公司）统一规定，新招录入厂的大学生，实习半年转正，第一次签劳动合同期为3年，第二次签劳动合同期为5年，期满再签第三次无固定期劳动合同。对退伍军人，每年按上级下达的安置指令如数接收，但自2011年10月新《兵役法》实施后，安置渠道多样化，主要以退伍经济补偿、自主就业为主，2013年接收最后一批；自2014年起，上级部门对退伍军人的招录考试停止，暂未接到安置接收指令。2017年，与28名长期合同工（大中专毕业生）签订固定期限劳动合同。

郴州复烤厂及其前身企业1978~2015年职工队伍情况表

表31　　单位：人

年份	总人数	在岗情况			用工分类					专业技术职称			文化结构		
		在职人数	内退人数	退休人数	全民	集体	合同		临时	高级	中级	初级	大专以上	中专高中	初中
							编内	编外							
1978	28	28			28				150						
1979	69	69			31	38			150						
1980	87	87			35	52			230						
1981	92	92			51	41									
1982	92	92			51	41									
1983	96	95		1	57	39									
1984	97	96		1	50	47									
1985	108	102		6	55	53									
1986	129	115		14	61	54			257						
1987	143	130		13	66	67			241						
1988	159	146		13	73	86			283						
1989	169	156		13	80	89			304				2	14	145
1990	174	161		13	84	90			376						
1991	181	162		19	91	90			445						
1992	217	197		20	95		122		420						
1993	222	201		21	110		112		410						
1994	250	228		22	135		115		399						
2004	223	193	30				223		680		9	27	45	99	62
2005	237	218	19				212	25	700		9	31			
2006	258	220	18				223	35	850						
2007	242	227	15				209	33	950						
2008	233	216	17				207	26	1100						
2009	251	234	15	2			217	34	814		12	25	122	67	12
2010	220	213	7				188	32	600		13	59	126	73	14
2011	223	210	7	6			191	32	594		11	55	149	52	10
2012	229	216	6	7			197	32	652		12	56	171	40	5
2013	208	195	3	10			176	32	778		10	58	164	39	5
2014	225	210	3	12			196	29	797		10	60	170	33	5
2015	226	203	2	21			198	28	771		12	61	177	23	3

资料来源：1.1978~1985年情况，采自地区棉麻烟公司职工花名册；1986~2009年情况，采自天泰公司人力资源部和历年财务报表。2.1995~2003年合并企业的劳资、人事、财务报表，实行并表，复烤厂员工情况无法单列。3.2009~2015年专业技术人员数据未含劳动资格、技能鉴定等级数及合同工情况；4.员工文化结构分类系在职人员情况，未含内退、退休人员情况。5.此表总人数内包含内退、退休人员。

3.永州复烤厂　1986年7月7日，中国烟草总公司湖南省公司下达〔1986〕湘烟政字第032号《关于零陵烟叶复烤厂机构设置及人员定编的批复》，同意在冷水滩市兴建“零陵烟叶复烤厂”，人员编制在原定编6人的基础上，再增加企业编制94人。所定编制人员以烟草系统内部解决，少量的业务、技术骨干力量，可从外单位调入；其余不足部分，可雇请临时工，集体调入人员必须坚持劳动计划；不得进集体工，不得超编。至年末，实有职工人数40人。

是年，零陵烟草分公司原烟经理部改革人事制度，压缩机关人员到仓库等生产经营一线；以岗定人，实行劳动优化组合，职工按股室、库自愿组合，组合后的富余人员，可按规定申请留职停薪；不愿留职停薪的，由组织另行安排，并实行试用制。

1987~1988年，复烤厂职工总人数为108人，其中固定工62人，合同工5人，城镇集体工41人。

1989年2月，烟叶复烤厂与原烟经理部合并成立零陵烟叶生产购销公司。4月18日，公司(厂)印发《零陵烟叶生产购销公司劳动人事制度改革——优化劳动组合方案》，对职工实行动态双向劳动组合，对50周岁以上职工实行稳定照顾。其他未被组合的人员，由劳动工资科组织上岗前培训或安排临时性工作，从未被组合之月起停发奖金，工资第二个月发70%，第三个月发50%，第四个月停发，自己另谋工作。组合之后，对不胜任本职工作，违反公司和本部门的规章制度以及无理取闹、违法乱纪的人，部门领导有权将其辞退。劳动优化组合后，有个别职工停薪留职。至年底，烟叶生产购销公司共有干部职工294人，其中全民所有制固定工192人，集体工64人，合同工38人。干部58人，工人236人。为便于内部工商简易核算，复烤厂列编职工102人。

1990年，公司(厂)接收复员军人1人，停薪留职人员复职1人，临时工转为正式工2人，调入职工14人(其中行业外调入5人)，退休职工2人。年末列编职工122人，其中，固定职工70人，合同制职工49人，集体工职工3人。1991年12月，复烤厂列编137人，其中固定工84人，合同制50人，集体3人。其中有6人为过失处分恢复工籍。

1992年，新增职工26人，其中城镇招收固定合同职工12人，统一接收转业军人6人；调入职工8人；减少职工11人，其中停薪留职6人，调出5人。年净增加人数15人。因打叶车间投产用工增加，年末列编职工总数313人。是年，公司(厂)启动新一轮劳动人事改革，精简机构和人员。2月29日起，开展打破“三铁”(“铁饭碗”“铁工资”“铁交椅”)专题教育。4月7日，实行“内退”“息工”制度。男满50周岁，女满45周岁，可以申请内退，女职工在怀孕和哺乳期间可实行息工制度，发工资的60%。改革分配制度，实行两次分配，拉开机关与一线的奖金分配比例，实行“责权利”与经济效益挂钩，打破“大锅饭”，部分厂部人员充实到生产经营第一线。

1994年，按省公司统一部署，深化劳动、人事、分配三项制度改革。劳动制度，推行人员优化组合，即各部门按照定编人数，从上而下一级组合一级的办法，进行优化组合；人事制度，全面实行干部聘任制、任期制、试用制，定期岗位轮换；在分配关系上，体现多劳多得的分配原则，采取增加档次级别、缩小档次高低的办法向生产部内倾斜，向苦、脏、累一线部门倾斜，进一步理顺分配关系。8月26日，零陵烟叶复烤厂对人员岗位、奖金分配进行调整。人员调整，采取“先定岗、再定人”的办法，临时工岗位全部由正式工替代；不服从安排的实行内部待业，待业人员停发浮动工资、奖金和岗位工资。实行内退政策，凡男年满50周岁、女满45周岁一律执行内退，内退人员停发奖金和岗位工资，另定生活费待遇。中层干部没有担任职务(含享受中层干部待遇的)和有职称但职称与工作不一致的人员，一律解除原待遇。原停薪留职人员不在此次调整范围。通过调整，减少非生产人员147人，充实一线、顶替临时工岗位127人，其余办理内退手续。

1996年，鉴于行业各单位人员普遍过剩，省公司不再下达一年一度的招工指标，只可根据单位自然减员，才可申请招工指标，且提高进入者文化程度至中专以上。6月25日，根据省局(公司)文件精神和地区局(公司)部署，全厂正式实行全员劳动合同制，以法律形式规范用工制度。503名职工与企业法人签订全员劳动合同书。劳动合同分为：无限期固定工(连续工作10年以上)、固定工(未达10年及以下者)。集体工同样转为全员合同制，自此，“集体工”在本公司不再存在。“职工”改称“员工”。

1998年，国家对正规大中专院校毕业生正式取消“包分配”政策。次年起，不再硬性接收“分配生”，改为按实际需要吸收，鼓励内部子女自谋职业。

1999年，企业深化内部劳动人事制度改革，不论干部职工，全部实行竞争上岗。公司(厂)各部门编制压缩，43个管理岗位面向全厂实行公开竞争，择优上岗，140余名职工参加竞岗，竞岗者大中专以上学历占98%。在竞争上岗的基础上，大力压缩机关管理人员，将158人压缩到103人，减幅达35%。实行人员分流，根据永州市烟草专卖局(公司)〔1999〕4号文件精神，结合本厂实际，对年龄男满50周岁，女满45周岁的的干部职工统一办理内退手续，离岗休息；凡工龄满25周年，男满48周岁，女满43周岁的，经本人申请可提前办理内退，待遇按正常内退的80%计算；内退职工子女在校就读的，其子女招工指标保留；中层干部任职实行50周岁“一刀切”免职，采取职工代表推荐、党委集体研究确定的办法聘任中层干部；顶职子女在试用期间按中专毕业每月300元，大专毕业每月330元发放工资，试用期满，以同等岗位正式职工的待遇发给，不服从管理和工作表现不好又屡教不改的实行内部待业；新招工人一律先分配到生产一线锻炼；允许富余职工买断工龄和停薪留职，原停薪留职人员合同期满后方可上班，新办停薪留职手续的人员，要全额交纳养老保险金；清退部分临时工，为富余人员提供岗位，锅炉临时用工由25周岁以下青年工人或新招工人替代，行政科的绿化卫生岗位由正式工替代，打叶车间摆把工全部由正式工替代。4月30日，全厂深化劳动人事制度改革正式启动，63名男年满50周岁，女满45周岁的职工办理内退(离岗休息)手续。

2000年6月，零陵烟叶生产购销公司撤销，复烤厂分立，原公司(厂)员工及离退休员工全部划归复烤厂，新设立的烟叶购销公司仅借调28人(后20人留在该公司)。是年，厂继续推行男50周岁、女45周岁内退政策，并提出中层干部离内退提前2年的，可以申请内退，享有正常内退待遇。对免聘的中层干部，执行“在中层干部岗位3年以上(含3年)，降一档岗位工资，一年后薪随岗变”的新规。是年全厂60人内退。同时，依据《劳动法》，厂制定《关于富余职工自愿解除劳动合同关系的规定》：在本人书面申请、党委研究同意及相关部门办理公证和鉴证手续后，可办理解除劳动合同手续，并按工龄长短结合补偿标准分别给予经济补偿。

2001年，为减员增效，改革劳动用工管理机制，实行全员聘用制和合同制，按照能进能出、双向选择的原则，对合同到期的职工，企业与其续签劳动合同；对符合内退(离岗休息)条件的职工统一办理内退手续，其子女不再顶替。3月31日，按本人书面自愿申请的原则，厂内一次性有偿解除劳动合同关系39人，补偿标准提高。

2002年5月10日，根据国家局的定编岗位文件要求，结合企业实际，厂部印发《劳动人事制度改革方案》，对各科室、车间重新进行严格的定编定岗定员。全厂实行“双向选择，竞争上岗”。对在双向选择中选不到岗位的富余人员，实行待岗制(取消奖金待遇)，送人力资源部学习培训后再转岗。通过调整，机关人员由170人减至132人，减少22.4%，是年，大幅清退临时工，合理分流企业人员，摆把工、拖煤去渣工、金叶大厦的餐厅服务员等岗位，全部由正式员工替代，总计清理安排正式员工62人。各科室、车间清除无岗人员2名，按照有关规定5名员工办理内退手续；17名员工自愿与企业有偿解除劳动合同关系。

2005年，永州复烤厂改制启动，先期进行人力资源调整。6月27日，成立员工竞争上岗领导小组。吕明任组长，副厂长钱建华、田国维、方国祥、王飞华任副组长，11人组成。7月，根据国家局国烟法〔2005〕313号文件精神，经厂职工代表大会讨论通过，出台《零陵烟叶复烤厂人事制度改革方案》。此次改革的主要任务是，完成机构设置和编制，全面实行竞争上岗。企业共定编制人数240人(含借调到烟叶公司的20人)。继续实行职工男满50周岁，女满45周岁提前内部退休政策，凡年龄不到者，一律不允许办理内退。允许职工辞职，自愿申请，与单位签订有偿解除劳动合同，经公证后，办理辞职手续，由厂部发给一次性经济补偿，计发标准不变。停止办理职工停薪留职。凡竞聘落选又不愿意自谋职业的，实行企业内部待岗，并与企业签订《职工待岗协议书》。是年，共有127人与企业自愿解除劳动合同关系。12月26日，永州天顺烟叶复烤有限责任公司挂牌成立，有员工341人，其中在岗194人，内退82人，退休65人。

2007年，天顺公司按照建立现代企业制度要求，进一步深化企业干部人事、劳动用工和收入分配制度改革。公司成立竞聘委员会，并从部门抽调人员组成竞聘办公室。6月28日、7月16日、28日，8月6日分别下发《永州天顺烟叶复烤有限责任公司在岗员工竞争上岗实施方案》《薪酬管理制度》等方案第一、二、三、四稿，广泛征求全体员工意见，不断修改完善方案。员工对第四稿支持率达到94.68%，然后推行。公司机构设置为11个部门，设91个岗位共220个职位，全员竞争上岗，全部实行聘任制，8月10~22日实施完成。同时，为自愿离岗休息、自谋职业、待岗、解聘离岗学习等人员办理相关手续。9月12日，1名女员工书面申请"自愿与单位解除劳动合同关系"，给予一次性经济补偿。

2008年4月7日，天顺公司依据湘劳社政字〔2006〕13号及永州市烟草专卖局文件精神，对公司女职工退休年龄在工作属性上进行规范，即经人事行政主管部门审批录用为干部的女员工，以及长期在管理岗位工作的女员工退休年龄为55周岁；长期在生产岗位工作的女员工，退休年龄为50周岁；在管理岗位上累计的工作时间大于在生产岗位上累计的工作时间视为管理岗位，退休年龄为55周岁，反之视为生产岗位，退休年龄为50周岁。6月19日，永州市烟草专卖局行文，依据国烟人〔2008〕299号、湘烟人〔2008〕145号文件要求，对部分工作岗位实行不定时工作制和综合计算工时工作制，原劳动部《关于国家烟草专卖局所属企业部分工作岗位实行不定时工作制和综合计算工时工作制的批复》仍然适用于烟草行业所有企业。主要范围包括：领导班子成员；从事专卖监督、检查的人员；采购人员；市场经理、客户经理；货物配送、分拣及发运人员；设备维修人员；烟叶仓库保管员；消防人员；专职司机；非生产性值班值勤人员；因工作性质需要机动作业的人员。实行不定时工作制的员工，不受《中华人民共和国劳动法》第四十一条规定的日延长工作时间标准和月延长工作时间标准的限制，不执行《工资支付暂行规定》（劳动部〔1994〕489号）第十三条及其第一款、第二款和第三款的规定。可采取集中休息、集中工作、轮休调休、弹性工作时间等方式，以保证员工的休息休假权利及安全生产、安全经营任务的完成。

2010年，遵照行业上级的部署，着手复烤行业整合重组筹备工作。4月，天顺公司成立人力资源改革工作组织机构，就改革工作和进度进行安排。5月制定改革方案，6月征求意见并修改方案，7月20日改革方案经职代会讨论审议并获得通过。23日，永州天顺公司印发并实施《2010年人力资源改革总体方案》及其《实施细则》，采取"任职回避、岗位轮换、到龄离岗、落聘待岗"的办法，实行竞聘上岗。其中规定：三代以内血亲不能聘在同一部门任职，在同一岗位连续满5年的竞聘岗位必选其他岗位；凡男年满55周岁，女在管理岗位工作时间多于生产岗位工作时间年满50周岁，女在管理岗位工作时间少于生产岗位工作时间年满45周岁，实行到龄离岗政策；公司主任科员、副主任科员或相应级别的科级干部达到离岗年龄的由市局按相关政策执行。此次人事改革，设内部机构12个，人员定岗197个，均采取竞争上岗办法，8月3日结束。8月底并将改革实施情况上报，得到认可。

2011年，天顺公司一手抓生产，一手抓整合。按照整合方案，平稳有序地开展工作。9月，天顺公司改制为湖南烟叶复烤有限公司永州复烤厂。

至2015年，永州复烤厂共有员工353人，其中：在职209人，内退9人，退休135人。

永州复烤厂及其前身企业1987~2015年职工队伍情况表

表32 单位:人

年份	总人数	在岗情况			用工分类				专业技术职称			文化结构		
		在职人数	内退人数	退休人数	全民	集体	合同	临时	高级	中级	初级	大专以上	中专高中	初中
1987	108	108			62	41	5	466						
1988	108	108			62	41	5							
1989	102							385		8	59			
1990	215				139	10	66	654						
1991	298				160		138							
1992	313													
1993	476													
1994	443													
1995	503													
1996	507				275		232					66	286	155
1997	509			23			509							
2000	465	389	47	29			465							
2001	448	354	62	32			448							
2002	428	331	60	37			428							
2003	414	315	52	47			414							
2004	409	304	48	57			409							
2005	341	276		65			341			20	25			
2006	338	266		72			338							
2007	403	253	67	83			403							
2008	343	193	50	100			348			16	14	90	103	0
2009	348	198	38	112			348			15	16	97	101	0
2010	357	208	31	118			357			24	17	115	93	0
2011	355	208	28	119			355			23	16	124	84	0
2012	357	210	25	122			357			23	16	127	83	0
2013	357	213	16	128			357			23	15	161	52	0
2014	359	213	12	134			359			29	19	177	36	0
2015	353	209	9	135			353			30	24	179	30	0

资料来源:1.采自复烤厂历年劳资财务报表。2.1992年—1999年复烤厂与烟叶生产购销公司合并期间,复烤厂职工队伍情况无法单列,部分年份因永州(零陵)资料缺失而无法统计。3.历年临时工,因做工时间短,变换频繁,取用工高峰数,未列入“总人数”内。

4、常德芙蓉公司　1986年，经中国烟草总公司湖南省公司〔1986〕湘烟政字第033号文件批示，常德烟叶复烤厂编制为全民固定职工80名。10月起，新招工人一律实行合同制，称为合同制职工。11月10日，常德烟叶复烤厂试车投产后，厂内有正式职工69人。至1988年4月，全厂共有正式职工94人，其中，干部23人，工人65人。

1988年8月1日，常德烟叶复烤厂所属正式职工全部由常德地区烟草分公司划归常德卷烟厂。同年，部分计划内临时工转正。1989年，卷烟厂集体工、计划内临时工、家属工、待业青年、劳动组合富余职工归属厂劳动服务公司管理。1993年，卷烟厂内实行职工内部退养制度，男满50周岁，女满45周岁，均可内退。个别未达内退线年龄，但确因长期有病无法胜任工作者，可再提前5年内退。内退者，除不发各种岗位奖金外，基本工资、福利照旧，工资普调照列入。同时，卷烟厂发布《职工辞职暂行规定》，允许职工自动辞职，给予一次性经济补偿。

1997年4月，常德卷烟厂按照省局部署，完成全员劳动合同制改革，全厂包括十车间(复烤车间)在内的4929名正式员工分别与厂签订无固定期、长期、短期劳动合同。9月，出台《重点岗位人员进行轮换暂行办法》，每年按20～30%比例实行轮换。

1998年，国家对正规大中专院校毕业生正式取消“包分配”政策，对大中专毕业生改为按实际需要吸收。是年，常德卷烟厂重新修订《员工内部退养暂行办法》，凡年满55周岁的男员工、年满45周岁的女员工、年满50周岁的女干部均为内退对象。个别确因身体原因不能胜任工作的，可提前5年申请内退，全厂此批内退325人。同年，开始转岗分流。2000年4月，常德卷烟厂成立再就业服务中心，主要负责分流的下岗、转岗员工。

2005年12月7日，打叶复烤车间改制为常德芙蓉烟叶复烤有限责任公司，完成工商登记注册后，正式与常德卷烟厂剥离，共一次性转入原正式员工131人。此批员工为常烟身份派驻员工，此后，面向社会新招、新安置员工，第一次可与公司签订3年期限的劳动合同，试用期3个月，合同期满可以再续签。内分无固定期限合同工(连续工作10年以上者)、固定期限合同工(连续工作不满10年者)。

2011年7~8月，遵照常德卷烟厂“在多元化企业工作的员工回归主业”的决定，常德芙蓉公司138名派驻员工回归常德卷烟厂，仅留下29名员工长期派驻公司，公司正式员工队伍一时大幅减少。公司为适应这一变化，面向社会新招收一批以大中专以上学历的员工。是年，公司对部门职责和人员进行大范围的调整，诸多岗位职能合并，对多数《岗位说明书》进行修改，并加紧开展各类培训，以使兼任新业务、新工种人员尽快适应岗位工作职责要求。之后，制定《员工竞争上岗实施方案》，公司员工(不含派驻员工)全部实行全员竞争上岗。竞争上岗员工到岗后，通过目标管理与考核，工作热情倍增，工作效率提高，顺利度过过渡期。

2012年，公司共有员工158人，平均年龄28周岁，大专及以上学历152人，其中生产线岗位员工107人，管理技术岗位员工33人，中、高层管理人员18人。

2013年，公司优化工作流程和岗位设置，合理整编，将原本的91个岗位整合为41个，并采用部分岗位以临顶正的方式，确保交接工作的顺利进行。新增管理及工人岗位75个，8月13日，组织非全员性竞争上岗，采取竞岗和为期三个月的综合考评，77人走上新岗位。2014年，公司面向常德卷烟厂待业青年，招考新员工39名。

2015年，新招大学生8名，其中2名试工后自愿退出。9月，公布部室副职及部份空缺岗位，在全公司范围内组织开展青年员工竞争上岗。本次竞岗，70人参与，共计调整岗位51个，其中，选拔部室副职9名，主管1名，主办1名和办事员若干；生产班长2名，副班长2名，调度2名，修理工1名和主辅机操作工等若干，形成一批具有全日制本科学历且平均年龄不到30周岁的青年管理骨干力量。

常德芙蓉公司1985–2015年职工队伍情况表

表33　　　　单位：人

年份	总人数	在岗情况			用工分类				专业技术职称			文化结构		
		在职人数	内退人数	退休人数	行业	正式合同	厂内合同	临时	高级	中级	初级	大专以上	中专高中	初中
1985	10	10			10									
1986	69	69			69				182					
1987	83	83			83				610					
1988	94	94			94									
1989	216	216			216									
1999	234	234			234				341					
2003	131	131			131				368				38	93
2005	131	131			131									
2006	133	133					131	2						
2007	145	145					137	8			10	16	100	45
2008	168	168					134	34						
2009	185	185					134	51	388		11	3	102	83
2010	222	222					169	53	344					
2011	143	143					31	112						
2012	158	158					31	127	308				152	6
2013	156	156					31	125	2374					
2014	197	197					33	164	1630		9	24	188	9
2015	183	183					28	155	1223	1	8	22	176	7

资料来源：1.常德烟叶复烤厂、常德卷烟厂、常德芙蓉公司历年人事报表。2.由于临时工流动性大，人员变换频繁，不列入总人数、在岗情况、职称、文化结构项统计。

5、湘西鹤盛公司　该厂由于历史原因，固定工形成正式合同工和厂内合同工两种。

(1)正式合同工(无固定期限劳动合同工)

1998年12月25日，吉首打叶复烤厂在厂房、综合楼等基础设施破土动工、厂区初显雏形之时，正式在湘西州党报《团结报》上发布招聘简章招聘员工。

1999年5月，通过笔试面试，在280名报名人员中，共招聘员工41名。其间，因吉首市乾州卷烟厂关停，从该厂转招56人。由于吉首打叶复烤厂由长沙卷烟厂和湘西州烟草公司共同出资组建，当时管理人员由两方委派：长沙卷烟厂委派管理人员7人，厂长李增伟、副厂长严钦德、财务部长黄文杰、设备部长刘志平、生产计划部长易爱奇、生产车间主任高志敏、动力车间主任胡新林；湘西州烟草公司共委派管理人员和工作人员12名，党支部书记张书华(时任湘西州烟草公司经理，为兼职，未到复烤厂上班)、副厂长魏湘利、办公室副主任陈见林、人事部长张烨，其他工作人员9人。8~9月，从长沙卷烟厂子弟中招聘17名，从本地招聘11名，加上在筹建阶段已招的6名，共计合同制员工150名。劳动合同采取一年一签形式。是年11月和2000年3月，通过试用考评，经厂办公会研究同意，分两次把招聘的人员共121人转为正式合同制员工。

2000~2004年，长沙卷烟厂原委派的李增伟、严钦德、黄文杰、高志敏调回，新委派伍亚光、汤绍凡、张勇、黄醒钜、左亮华、唐忠保、陈为纲、张其龙调入；湘西州烟草公司委派人员除魏湘利、陈见林留下外，其余人员陆续回原单位工作。2004年末，正式合同制人员为142人。

2005年11月，长沙卷烟厂子弟员工回长沙工作，年末正式合同制员工118人。2006~2007年，湘西州烟草公司刘本贵调入，李益忠退休，正式合同制员工基本保持在118~121人之间。

2008年1月1日，新《劳动合同法》实施，劳动合同名称、分类及劳动合同签订方式等进一步明确。正式员工在企业连续工作10年以上者签订无固定期限，连续工作10年以下者签订固定合同。此批共106人签订无固定期限劳动合同，加上长沙卷烟厂和湘西州烟草公司委派的13人，共119人为无固定期限劳动合同者。

2009~2015年，长沙烟厂委派人员伍亚光、胡新林调回，汤绍凡、易爱奇、唐忠保退休；社招人员向萍、崔语凡、彭武芳退休，无固定期限合同人员基本保持在114~120人之间。

（2）厂内合同工（固定期限劳动合同工）

1999年9月运行之初，当时由于正式合同工编制所限，而一些岗位相对重要，素质要求相对较高，需要由公司直接招募和管理（当时辅助类岗位的季节性临时工由吉首市劳动服务公司和厂址所在地雅溪村委会进行劳务承包），如经警、食堂及部分质量控制岗位，故设置有“厂内合同”这一形式，由吉首打叶复烤厂直接招募并与之签订劳动合同。年末，这类员工共计24人。

2000~2007年，“厂内合同工”人数根据岗位变化和人员调整，基本保持在20~28人之间。2007年12月，新《劳动合同法》实施前，复烤厂对“厂内合同工”进行清理。原厂内劳动合同的经警12人全部签订固定期限劳动合同，其余人员根据岗位需求和自身素质，部分签订固定劳动合同，部分签订“以完成一定任务为期限”劳动合同；并从操作岗、维修岗、质检岗等岗位人员中选拔出部分人员为固定工签约对象。全厂共40人签订固定劳动合同，合同期限1~5年不等。自此，“厂内劳动合同”全部取消。2008年末，共有固定期限劳动合同人员62人。

2010年9月，通过社会招聘财务人员两名。10月，从湘西职业技术学院招聘两名理工科毕业生充实到生产线操作岗位，并从“以完成一定任务为期限”劳动合同员工中选拔13名表现优秀的人员签订固定期限劳动合同。年末，固定期限劳动合同人数为79人。

2011年8月，为培养后备力，增强员工活力，公司在湘西人才网发布招聘广告。10月，从社会招聘大中专毕业生20名进行试用，一年后有10人合格留用，充实到各部门，签订固定期限劳动合同。

2012年10月，根据生产需要，再从“以完成一定任务为期限”劳动合同人员中选拔21名签订固定劳动合同，年末，固定劳动合同人数为110人。

2015年10月，特招5名大学毕业生充实到生产一线，签订固定劳动合同。年末，固定劳动合同人数为107人，加上无固定期合同人数103人、股东单位派驻9人，共有正式员工219人，其中，在职214人，退休5人。

湘西鹤盛公司及前身企业1999-2015年员工队伍情况表

表34 单位：人

年份	总人数	在岗情况			用工分类				专业技术职称			文化结构		
		在职	内退	退休	行业	正式合同	厂内合同	临时	高级	中级	初级	大专以上	中专高中	初中
1999	174	174			19	131	24	94				44	106	24
2000	170	170			12	130	28	102				44	103	23
2001	174	174			13	130	31	102				44	106	24
2002	171	171			13	130	28	110				46	102	23
2003	171	171			13	132	26	346				49	98	24
2004	167	167			13	127	27	428				49	94	24
2005	142	142			13	105	24	456				56	62	24
2006	138	138			13	107	18	589				63	52	23
2007	140	139		1	12	108	20	589				64	53	23
2008	180	180			12	106	62	519				75	81	24
2009	172	172			12	106	54	472	1	6	10	72	77	23
2010	170	169		1	10	106	54	472	2	6	13	70	77	23
2011	195	195			10	106	79	800	3	8	13	83	89	23
2012	227	226		1	10	107	110	880	3	8	37	118	86	23
2013	211	209		2	9	106	96	880	5	8	74	112	78	21
2014	214	214			9	105	100	1272	6	9	78	116	77	21
2015	219	214		5	9	103	107	1515	7	13	85	120	79	20

资料来源：1.专业技术职称和文化结构只统计固定和无固定期限合同工；2.任务期限合同工人数包含劳务派遣、劳务外包用工，因其流动性大、人员变换频繁而未列入总人数；3.专业技术人员含专业技能人员；4.归属长沙卷烟厂、州烟草公司办理退休手续和管理的退休人员，未列入本公司退休统计人数。

6、浏阳天福公司 天福公司固定工分为行业编制人员、跨年制合同工。2005年10月9日，公司整体建设工程尚未竣工，未雨绸缪，提前进行人力资源筹备，在湘西鹤盛公司（复烤厂）举行长沙籍员工转岗招聘会，从湘西鹤盛公司第一批招聘8名，第二批招聘7名，全部为长沙烟厂子弟员工。11月，在长沙消防大厦举行招聘会，面向社会招聘53名员工，劳动合同采取一年一签形式。

2006年4月，公司正式开业。当年社会招聘20人，行业派出3人。至年末，共有员工98人，其中跨年制合同工85人，股东单位外派人员13人。

2008年1月，按照国家新《劳动合同法》实施要求，公司规定：员工一经录用，均与其签订劳动合同，首次签订劳动合同期限为3年，试用期为3个月。固定期限劳动合同期满前1个月，员工填写《续签合同审批表》按程序审批，续签期限为3年。续签期限满且具备签订无固定期限劳动合同条件的，可签订无固定期限劳动合同。是年，公司在社会招聘30人，行业派出1人，解除劳动合同6人。至年底，公司共有员工133人，其中跨年制合同工118人，股东单位外派人员15人。

2009年，公司共有员工148人，其中跨年制合同工133人，股东单位外派人员15人。当年人员变动情况：社会招聘18人，行业派出2人，解除劳动合同3人，行业派出人员调回原单位2人。

2010年，公司共有员工162人，其中跨年制合同工148人，股东单位外派人员14人。当年人员变动情况：社会招聘18人，行业派出1人，解除劳动合同3人，行业派出人员调回原单位2人。

2011年，公司共有员工167人，其中跨年制合同工153人，股东单位外派人员14人。当年人员变动情况：社会招聘6人，解除劳动合同1人。

2012年末，公司员工169人，其中跨年制合同工157人，股东单位外派人员12人。当年人员变动情况：社会招聘7人，解除劳动合同3人，行业派出人员调回原单位2人。

2013年公司共有员工170人，其中跨年制合同工158人，股东单位外派人员12人。当年人员变动情况：社会招聘4人，解除劳动合同3人。

2014年末，公司员工172人，其中跨年制合同工161人，股东单位外派人员11人。当年人员变动情况：社会招聘7人，解除劳动合同4人，行业派出人员调回原单位1人。

2015年，公司共有员工189人，其中跨年制合同工178人，股东单位外派人员11人。当年人员变动情况：社会招聘21人，解除劳动合同4人。

浏阳天福打叶复烤有限责任公司2006~2015年职工队伍情况表

表35 单位：人

年份	总人数	在岗情况			用工分类				专业技术职称			文化结构		
		在职	内退	退休	行业	正式合同	厂内合同	临时	高级	中级	初级	大专以上	中专高中	初中
2006	98	98			13	85		210						
2007	108	108			14	94		230						
2008	133	133			15	118		250						
2009	148	148			15	133		260						
2010	162	162			14	148		703						
2011	167	167			14	153		726						
2012	169	169			12	157		772						
2013	170	170			12	158		905						
2014	172	172			11	161		967						
2015	189	189			10	179		1178						

资料来源：浏阳天福打叶复烤公司人力资源部。

（二）临时工

1978年，郴州地区烟叶复烤厂投产后，鉴于烟叶复烤季节性强、开烤时用工量大、停烤后基本歇工的特点，只配备20余名职工，掌握关键岗位，其余劳力皆雇请季节性临时工。1978年雇请临时工150人。雇请临时工的程序是：复烤厂按照当年复烤生产量和岗位劳动力需要，编制用工计划，报地区棉麻烟公司，公司向地区供销社、地区劳动工资局上报招聘临时工申请，地区供销社批准临时工资计划，地区劳动工资局批复下达招聘指标，复烤厂再按指标进行招聘。经过批准招聘的，称为计划内临时工；未经批准而招聘的，称为计划外临时工。不经批准，私自招聘计划外临时工，视为违规。

1986年5月，郴州复烤厂上划移交后，季节性临时用工计划（其中车间根据厂部下达的复烤生产计划，按台班产量及所需开班班次，计算需要招聘人数）由各用工部门提前半个月申报，由人秘股（后为人事劳资科、政工科）汇总，制定招聘计划，经厂长审核同意后，报地区烟草分公司和当地劳动部门批准，临时用工工资由地区烟草分公司报省烟草公司批准，纳入工资基数（工资总额），劳动局下达临时工招聘指标，然后实施招聘。

招聘方法：在城内、郊区居民密集区张贴招聘广告，以及职工熟人相互介绍，愿聘者到厂应聘；车间、仓库等用工部门按照人事劳资部门核定的人数自行招收，人劳部门协招并备案；根据应聘者的意向岗位，说明岗位工作要求和劳动待遇、劳动纪律等，达成协议者予以登记；根据应聘者意愿和岗位需要，安排岗位；应聘者缴纳少量押金，约定期限上岗；招聘的临时工上岗前，需经过必要的岗位技能、规章制度、安全知识简短培训，或由熟练工带班传授岗位工作基本技能；由于宿舍有限，对少部分家居遥远、在比较重要的岗位上班的临时骨干人员，予以安排临时住宿；约定上岗日期一到，发给手套、口罩、服装、袖筒等必要的劳保用品和器具，准时上岗。

临时工工资，生产现场清洁工、维修工等不适宜计件的工种实行计时工资；适宜计件的工种实行计件工资，多劳多得；并有夜班补贴、交通费补贴，特殊工种有高温费补贴。均按月结算付给。每年生产完成后，所用季节性临时工全部清退，常年性临时工视工作需要情况留用；对暂时清退的临时工中的部分熟练操作人员、就近居住者，留下电话或登记，来年再用工或临时性生产需要时，由用工部门进行联络应招。

是年8月22日，国家计委、劳动人事部发布《关于严格控制计划外用工的通知》，为加强劳动工资宏观控制和推行劳动合同制，各地、各部门应加强劳动力管理，立即停止增加计划外用工。凡属于生产工作不需要的计划外用工，要采取措施坚决清退，否则减少下年度劳动工资计划指标。

是年11月，常德烟叶复烤厂建成投产，招聘临时工182人。12月，该厂准备日开两班进行复烤生产，上级批准常年临时工设定在770名。

1987年，常德烟叶复烤厂生产任务增至1万吨，且生产高峰期实行三班倒，短期临时工实际增至610人。其中，烟叶仓库、复烤车间用工572人，锅炉工10人，食堂26人，门卫2人。是年5月，零陵烟叶复烤厂投产前夕，向省烟草公司呈报临时用工指标和工资计划。至年末，该厂临时用工466人，其中计划外用工166人。

1988年5月11日，零陵复烤厂出台《临时工管理制度》，规定：全厂所需临时工，必须在上级公司下达的年度临时用工计划范围内招收。各部门所需用工，必须要先编制劳动用工计划；经厂长批准后由劳资科与有关单位联系，统一招收、安排、管理。招收对象：年内在17～40周岁男女青壮年，身体健康，无违法犯纪前科的人。进厂手续：张贴招工通告，自愿报名，保卫科审查，到劳资科签订期限不超过12个月的劳动合同，然后安排到用工部门，用工部门安排到岗位。奖惩：任何部门和个人不得擅自招收，违者扣当月奖金，并对擅招对象不发工资。对用于搬运、基建、办公楼清洁打杂的临时工，必须严格审查、登记，并报保卫科备案。临时工进厂到岗后，用工部门负责思想政治、安全生产、法律法规、专业技能培训。临时工表现突出的，给予表扬和奖励，违纪违章和屡次完不成工作任务者，用工部门有权予以罚款和辞退处理。是年8月，常德复烤厂划归常德卷烟厂，临时用工由卷烟厂负责招聘。年末，零陵烟叶复烤厂临时工300人（年平均临时工385人），计划外用工9人。

1990年，零陵复烤厂（公司）季节性临时用工按照复烤烟叶2万吨任务配备，先后雇请654人。7月23日，针对部分临时工不服管理，参与打架斗殴，寻衅闹事，无故旷工，向各县交烟代表和司机额外索要卸车费、优先搬运费等敲诈勒索行为，公司制定《加强临时工管理的通知》，规定：临时用工多的部门要强化制度管理，专人管理；监察、保卫部门进行监督检查，发现问题及时处理；对临时工队伍进行一次认真清理整顿，对不服管理，违反厂规厂纪者，用工部门有权按章处理直至辞退，对有敲诈勒索行为的予以处罚，情节严重的由保卫部门移交公安部门依法惩处；临时工违纪受罚或辞退、开除的，担保人或担保单位负连带责任一并受罚。是年，对常年性临时工进行清理，减少常年性临时用工26人。

1991年6月，零陵烟叶复烤厂为解决烟叶复烤烟叶出入库转运、装卸、转仓、验收过磅摆放搬运等用工、用车问题，与珊瑚乡政府签订雇佣劳力协议书，首次以合同形式集约雇请手扶拖拉机30台（人），板车20部（人），手扶拖拉机装卸工20人，仓库区装卸工50人，其管理由乡政府负责，民工管理人员在民工中内部选定，负责民工的日常管理和工资结算工作。每月付给一定管理费，管理费的15%给2名领队管理者，85%归乡政府。临时工工资按计件标准计算，个人多劳多得，"双抢"期间需保持一定比例临时工在厂。对不听指挥，不守厂规厂纪者厂有权辞退。所雇劳务人员的住宿、就餐、人生保险、安全事故等，均由乙方（乡政府）负责。此举初具"劳务外包"形式雏形。是年有常年性临时工269人。

1992年，零陵复烤厂制定并执行《临时工管理制度》，1、计划内临时工的计划编制、工资总额的核定由上级有关部门批准。用工名额不得突破上级核定指标，劳动合同不得超过一年；2、各科室、车间用工，由劳动工资科根据《烤烟工业劳动定员定额标准》，报厂部领导批准。指标外用工，劳动工资科有权不予核发工资；3、临时工由劳动工资科统一联系、招收、安排。保卫科负责政审及办理暂住证、出入证等相关手续。4、临时工招用，需有担保人或担保单位，临时工违法违纪受处罚，对担保单位或担保人处以10～100元罚款。5、临时上班前，由用工科室（车间）对他们进行有关规章制度及安全生产教育。是年，零陵复烤厂临时用工基本分布在备料、打叶车间及行政科食堂和招待所。

1994~1995年，各地烟叶大减产，复烤生产任务不饱和，各复烤企业结合技能工资改革，提高一线岗位奖金，压缩机关工作人员充实一线，对部分常年性临时工进行清理辞退，以正式工替代。其中，零陵复烤厂辞退常年性临时工48人，并相应减少季节工招用，1995年全年减少临时工320人。

1995年1月1日，国家《劳动法》实施，临时工称为"以完成一定的工作为期限工"。第48条规定："用人单位支付劳动者工资不得低于当地最低工资标准"。各复烤企业对临时工的工价标准始终注意保持在当地最低工资标准以上，处当地社会临时工价中上水平。《劳动法》还规定："建立劳动关系应当订立劳动合同"、"劳动合同可以约定试用期，试用期最长不得超过6个月"、"在试用期间被证明不符合录用条件的"可以解除劳动合同。此起，各复烤企业对常年性临时工，一般签订劳动合同，一年一签；但对季节工，因应聘者做工期限基本随其意愿，长则半年，短则一月不足，换人频繁，劳动合同签订欠缺。

1996~1997年，烟叶生产呈恢复性发展，复烤量增多，临时用工增加。郴州、零陵复烤厂季节工招用达800人以上。其中1997年，郴州复烤厂4条复烤线同时生产，临时工高峰期达1100人。

1999年9月，吉首打叶复烤厂建成投产后，鉴于烟叶复烤工作季节性强的特点，对工作内容简单、替代性强、技能要求不高的辅助性岗位，采取劳务承包方式，承包给外单位。具体做法是：考察和确定具备承包和管理能力的单位，签订劳务承包协议，约定工期、单价、结算方式、管理方式等要素，分别与吉首市劳动服务公司和雅溪村委会签订劳务承包合同，由劳务承包单位根据吉首打叶复烤厂的招工条件招聘人员。年末，季节性临时工共计94人。吉首市劳动服务公司临时工来源于社会招募，雅溪村委会临时工来源于厂址所占地的雅溪村人员。

2000年10月25日，零陵复烤厂根据永州市烟草专卖局〔2000〕39号《关于停止办理内退职工子女顶做临时合同工的通知》精神，为进一步深化企业劳动人事制度改革，厂党委研究决定：1.即日起，凡职工内退（含正式退休人员）一律停止办理其子女顶做临时合同工手续。2.已经办理临时合同工手续的子女，在合同期内按既定待遇不变，合同期满后，不再签订临时合同工手续。3.如因生产需要，内退职工子女可优先招为厂内临时工，用工方式和待遇与季节性临时工同等。

2003年10月，湘西鹤盛公司二期技改完成，增加一条生产线，新生产线增加质控台24个，增加烟叶散把皮带一条，配套增加装卸、转运人员。11月，新增烟叶挑选项目，增加烟叶挑选临时工70余人。年末，季节性临时工达到280人。

2004年6月，长沙卷烟厂在吉首打叶复烤厂区修建的片烟储存仓库投入使用，管理人员由长沙卷烟厂直接委派，直属该厂管理，委托吉首打叶复烤厂招募临时工。是年，招募19名纳入吉首市劳动服务公司管理，属于劳务外包形式。其后，由于烟叶挑选等任务不断增加及变化，临时用工人数总体上呈逐年上升趋势。

2005年12月，常德卷烟厂打叶复烤车间改制为常德芙蓉烟叶复烤公司，独立核算，所需临时用工，由公司按照生产工作岗位所需职数自行招聘。凡新招用的临时工，一律在上岗前进行劳动技能和劳动纪律学习培训。培训合格者，发给必要的劳动防护用品，进行试上岗，由熟练工进行操作带班适应性培训，试岗合格者，与其签订劳动合同，正式顶岗作业。

2006年3月，浏阳天福公司开业在即，委托工厂所在地永安镇政府举行招聘会，招聘季节工77人。随后，由厂方对应聘人员进行上岗前培训。4月投产后增招。以后随复烤生产、烟叶精选任务增加而扩大招聘（2006~2015年烤季合同工人数分别为：210、230、250、260、703、726、772、905、967、1178）。每烤季对招聘入厂的烤季合同工，进行公司级、部门级、班组级三级安全培训和岗前培训，发给必要的劳保用品。

2007年末，湘西鹤盛公司共有临时工589人。在新《劳动合同法》即将实施前，对临时用工情况进行清理，吉首市劳动服务公司和雅溪村委会签订的劳务承包合同到期后不再续签。

2008年1月1日，国家新《劳动合同法》实施，临时工称为"以完成一定的工作任务为期限合同工"。需全面签订劳动合同，除支付劳动工资外，还需为务工人员办理各类相关社会保险。鉴于社会劳务市场已渐趋成熟，为简化管理，郴州天泰等公司开始试行"劳务外包"做法，即：将所需临时劳务整体打包对外招标，与中标的社会人力资源公司签订合同；由人力资源公司负责招聘人员，单个劳务合同由人力资源公司与其签订。上岗前开展培训，由人力资源公司负责（有的由用工方培训），用人单位监督考核；培训合格后，人力资源公司按合同约定如期派遣劳务人员（统一着装）到用人单位上岗并进行日常管理（派驻厂管理小组），用工单位负责用工现场管理与考核；用工单位对不遵守劳动纪律和不适应岗位工作要求的，报知人力资源公司，可提前数日要求换人；用工单位以各岗计件、计时两种工资形式按月结算工资，连同管理费、务工人员社会保险费等一并交付给人力资源公司，由其足额分发劳务人员工资、分户办理社会保险。

是年，常德芙蓉、湘西鹤盛、浏阳天福公司对常年性临时用工，如安保、食堂、公共区域绿化环卫等实行"业务外包"；对季节工逐一签订"以完成一定的工作任务为期限"的劳动合同。其中，鹤盛公司签约519名；浏阳天福签约250名，并将其冠名为"烤季合同工"。长沙卷烟厂将位于鹤盛公司隔壁的片烟储存仓库，委托湘西鹤盛公司管理，该库区19名临时工由劳务外包单位管理。

2012年，省内烟草商业线复烤企业按照《湖南省烟草商业系统业务外包管理指导意见》的要求，转变用工方式，对临时劳动用工进一步规范。所有临时劳务不再以用工需求为标的，而改为以"业务项目"（分类）为标的，一律改为"业务外包"，进行对外招标。招标一般1～2年进行一次，合作满意者可以续标。

2015年10月20日，常德芙蓉公司为规范业务外包用工，经总经理办公会研究决定，烤季临时性业务用工管理总体原则不变，由用工部门向分管领导提出申请，经分管领导同意后，开具《临时派工单证明》并与业务外包公司业务项目对口部门衔接派工事宜。用工部门负责用工的监督及考核记录，次月8日前将《业务外包力资结算明细表》和《临时派工单证明》复写并盖章签字汇总后交企管监督部，作为力资结算凭据。部门超出控制数量的用工需经分管领导同意后向总经理提出书面申请，经总经理同意后方可按流程派工。

二、劳动保护

劳动保护又称劳动安全卫生，指职工在职务职责之内的安全、疾病预防及卫生保健工作。省内各复烤企业在各个时期均按国家规定对上岗劳动的职工实施劳动保护。

（一）改善劳动环境

各复烤企业自投产起，均努力改善劳动环境。20世纪70~90年代前期，各投产企业车间内照明充足，安装有排风扇、降温电扇等基本通风降温设备，有茶水供应；冬季，在车间主要靠蒸汽管散发热量提高作业场所温度，在科室靠烧煤炉采暖。至90年代中期，科室、仓库开始普及空调。常德卷烟厂用上中央空调，其复烤车间同时受益。1996、1999年，永州、郴州复烤厂先后实施车间现场管理规范化、洁净化。2003年起，全面采用打叶复烤工艺，生产作业现场整洁度要求提高，各复烤企业的打叶车间先后配置大功率空调，实现作业场所冬暖夏凉。2004年起，各复烤企业先后引入“5S”管理方法，后又提升至“6S–8S”管理，车间扫地机、洗地机普遍配用，车间顶棚及高处扫灰作业，一般用高压风吹清扫，后转为定期招标实施。对车间噪音和粉尘，各复烤企业均通过持续不断地技术改造，淘汰落后机型，更换新机型（选用密封机型和降噪机型），加装防尘密封罩（如郴州复烤厂两条打叶生产线都增配除尘设备和蒸汽消声器）；对除尘系统进行升级，对铺叶解把机、烤梗机入口物料输送方式进行改造，将烤梗下线包装段、风分杂物汇集段等容易产生灰尘的终端，通过管道输送移到专门的小车间进行处置，以减轻对主车间的尘害；对精选车间、预处理段等容易产生灰尘之处安装喷雾加湿系统。通过综合治理，降噪降尘，使之达标，生产、仓储、办公现场及公共场所全方位“四化”（即现场管理制度化、物品摆放定置化、行为举止规范化、环境卫生清洁化）普遍实现。2007~2008年，各复烤企业均取得“质量管理体系”“环境管理体系”和“职业健康安全管理体系”的认证。至2015年，郴州、浏阳等复烤厂（公司）生产工作场所皆用上中央空调。各时期当地劳动局、职防所均定期到复烤企业进行检查，获得好评。

浏阳天福公司复烤车间洗地机和扫地机

（二）劳动防护用品发放

各复烤企业自投产后，遵照《湖南省职工个人劳动防护用品发放使用管理办法》，制定本单位劳保用品发放管理制度，按照不同工种的劳保需要和一线、二线区别发放劳保用品。职工两年发给1套工作服、工作帽，半年1条毛巾、每月1条肥皂；一线职工增加手套、口罩，机修人员每两年加发1双工作皮鞋，电工每两年加发1双绝缘胶鞋。有的企业略有不同。劳保用品每年于上、下半年分两次发放。2008年，国标《个体防护装备选用规范》（GB11651–2008）发布，各复烤企业遵照国家标准及行业上级相关规定，修定标准，劳保用品发放标准有提高，因社会商品日益丰富，实物发放品种、品质有改进，且多改为年内一次性发放。同时对防寒、防暑津贴改为按货币化统一发放。

（三）职业病防治

各复烤企业自投产起，贯彻“预防为主，防治结合”的方针，建立职业病预防、检测机制。

1990年7月，零陵复烤厂（公司）成立职业病防治工作领导小组，厂长任组长；制定劳动职业病预防工作措施：改善生产劳动条件，注重通风降温，降尘降噪；加强预防宣传，出墙报宣传预防知识；搞好职业病调查摸底，建立档案；对生产一线职工三年体检一次（后改为两年体检一次）；对疑似病人每年体检一次。1993年6月3日，获得地区劳动卫生监督部门的验收认可书，认可证号：卫验字〔93〕第1号。同期，郴州复烤厂（公司）亦成立职防工作领导小组，人事劳资科牵头主办，对一线职工每两年体检一次。

吉首打叶复烤厂在1999年2月，先期招聘员工，应聘人员皆经文化考试、面试和体检。是年投产后，坚持“以人为本、预防为主”方针，实行清洁生产，始终把安全生产和员工的从业健康放在重要位置。厂（公司）成立员工职业健康安全委员会，制定《危险源辨识、风险评价和风险控制策划程序》《环境职业健康安全运行控制程序》《职业健康安全绩效监测程序》《职业病防治管理规定》等制度。每年请环保局及疾病预防控制中心的专家，对厂区易发职业病的工作场所进行现场检测，了解、掌握相关情况，采取相应防治措施，有效防治职业病的发生；以制度的形式确定员工每两年进行一次体检，对生产一线易发职业病岗位员工则实行一年一检，建立员工健康档案。

2004年后，各复烤企业全面落实“5S”现场管理，随着设备不断更新，作业现场保洁规范化，粉尘浓度低，噪音小。对除尘房接灰、梗房接梗等灰尘较大工段，分房隔离，其岗位列为职业危害监管重点，要求相关班组严格落实作业现场监管，告知危害因素，必戴口罩作业。

2007~2008年，各复烤企业取得“职业健康标准体系”认证后，均先后实行对全体正式员工（含离退休员工）体检改为一年一次。2011年12月3日，鹤盛公司生产一线劳动卫生通过湘西州卫生局验收。2012年起，鹤盛公司对员工体检改为一年一次。

由于劳动保护工作比较到位，各复烤企业无职业病例发生。此外，各复烤企业还严格按《劳动法》中的相关规定，对女职工进行劳动保护，不安排从事特别繁重体力劳动和有毒有害岗位，对女员工“四期”按规定予以照顾。

三、工资奖金与津贴福利

（一）工资总额管理

1978年，郴州复烤厂属地方国营企业，投产运作后，执行“货币工资制”，按照所属职工固定工资，年初编制本年度工资计划，向上级主管部门申报，由当地劳动工资局批准，纳入工资总额计划，年终据实填制工资报表，上报年度工资计划执行情况。

1985年起，行政、事业单位执行“等级工资制”（省内烟草行业仅地区局以上机关执行），企业单位执行“效益工资制”。1986年5月，郴州复烤厂上划垂直管理；11月，常德烟叶复烤厂建成投产；1987年零陵复烤厂投产。三厂均执行“效益工资制”。各复烤企业工资总额与定员定编、经营效益挂钩，由省级烟草主管部门核定，地市公司分解下达，职工工资、奖金、津贴、加班工资、某些福利和临时工工资等均控制在工资总额内发放，不许超额发放。经核准的，可列入企业成本开支。各复烤企业人员调入、招工、军队转业复退军人安置、大中专院校毕业生接收等，经省局（公司）批准的，皆相应增加工资基数。每次经省局（公司）批准的工资调整，其增额亦相应进入工资总额基数。

1987~1990年，全省烟草行业经财政部、国家局批准，推行第一轮工资与效益挂钩（简称工效挂钩），实行“总挂分（档）提”，即工资总额基数（工资总额与经济效益挂钩时确定的计算基数）包括各种工资、工资性津贴（不含副食品价格补贴），与效益挂钩计提新增工资额。要求年税利递增8%，年终对效益和工资总额进行结算时，对企业经济效益指标进行综合考评。以上年上缴税利为基数，当年税利每超过1%，可提取一定比例的工资额度；上缴税利低于上年的，每降1%扣除新增效益工资1%；未完成利润承包上交任务的，不得计提效益工资。经省、地局（公司）核定，郴州、零陵烟草分公司原烟经理部的浮动挂钩比例为1:0.6，复烤厂为1:0.71。实行工效挂钩后，基本工资部分在成本中列支，资金在留利中列支；新增效益工资根据所核定的工资和资金在工资总额中的比例，分别在成本费用和留利中列支。工资总额基数确定以后，可以此为依据，按照经济效益的增长比例和工资浮动系数，计算工资增长基金。

1991年，第一轮"工效挂钩"期满，继续实行，新增效益提取工资比例时有调整。复烤企业随行业效益增长，按比例提取新增工资总额，职工工资、奖金水平逐年提高。

1993年6月22日，为贯彻国务院《全民所有制企业转换经营机制条例》，国家劳动部、经贸委、体改委发布《全民所有制企业工资总额管理暂行规定》，规定：企业工资总额管理，实行国家宏观调控、分级分类管理、企业自主分配的体制；实行工资总额同经济效益挂钩办法的企业，根据劳动、财政部门核定的工资总额基数、经济效益指标基数和挂钩浮动比例，按企业经济效益的实际情况提取工资总额；企业经济效益下降，其工资总额要相应下浮；企业按照本规定确定的工资总额，有权自主使用、自主分配；实行工资总额同经济效益挂钩的企业，在编制本单位年度生产经营计划的同时，要编制本年度预计发放的工资总额计划，报企业主管部门和同级劳动部门备案；企业应当每年从工资总额的新增部分中提取不少于百分之十的数额，作为企业工资储备金，主要用于以丰补歉；所有企业都要实行《工资总额使用手册》管理制度，将编制的年度实发工资总额计划填入《工资总额使用手册》报劳动部门备案签章；银行部门实行工资提取登记制度，不予支付未办《工资总额使用手册》企业的工资或超过《工资总额使用手册》核准的工资。

1998年，零陵复烤厂等企业的临时工工资直接在商品流通费用中列支，减少对职工工资总额挤占。

1999年4月7日，永州市烟草专卖局（公司）下达零陵烟叶复烤厂1998年工资总额与经济效益挂钩基数通知（永烟局〔1999〕3号）：核定工效挂钩浮动比例为1比0.4，工资总额540万元，新增效益工资相当于工资总额基数10%以内（含10%）部分可以全部提取，10%以上部分减半提取，工资总额下降按10%执行。

是年，零陵复烤厂开始允许职工自愿一次性有偿解除劳动关系，此后数次进行。郴州复烤厂于2006年亦进行一次。由于"减人不减工资总额"，厂（公司）工资总额基数机动性增强，在岗员工的人平工资额度相应增加。

2002年3月21日，根据《国家烟草专局关于核定所属企业2001年工资总额同经济效益挂钩方案的通知》（国烟人[2002]91号）精神，核定湖南烟草系统2001年"工效挂钩"基数及浮动比例，继续实行工资总额与实现税利挂钩，挂钩浮动比例为1比0.72。对2001年"工效挂钩"应提工资总额，继续实行分档提取的办法。即：新增效益工资相当于工资总额10%以内（含10%）的部分可以完全提取，10%以上的部分减半提取；效益下降的，按照上述办法扣减工资总额。住房制度改革的有关规定发放给职工的住房补贴，不计入挂钩工资总额基数，经审核后，仍在挂钩总额基数外单列。根据国家有关规定，实现国有资产保值增值，当年没有实现国有资产保值增值的企业，不得提取新增效益工资。

2006年，省内复烤企业全部成为股份制企业，建立现代企业法人治理结构机制。继续实行工效挂钩。

2010年5月25日，国务院国有资产监督管理委员会（简称国资委）发布《中央企业工资总额预算管理暂行办法》，规定：对央企工资总额预算实行核准制。对法人治理结构健全、内部自我约束机制完善等具备条件的央企，可以实行备案制。对工资总额预算执行偏离度过大、工资增长突破调控线、未完成经济效益预算目标值或者未有效执行工资效益联动机制的央企，将采取核减下一年度工资总额预算额度等措施，要求进行整改。对预算执行过程中弄虚作假以及严重违反预算管理规定的，将视情况对企业采取警示、通报批评、扣除企业负责人年度绩效薪金等处罚措施，必要时对企业负责人和相关责任人给予行政处分。

2011年11月，郴州天泰、永州天顺公司再次改制后，厂工资总额基数由湖南烟叶复烤有限公司向湖南省烟草公司统一申报，获批后，再由湖南烟叶复烤公司分解下达。

(二)工资调整与奖金发放

1978年,郴州复烤厂投产,当时实行"货币工资制",人员来自各行各业,工资种类杂乱。大多数职工月工资水平在33.5～42元之间。干部行政等级工资共30级,常见为24～19级。产业工人工资等级分为8级,工程技术人员工资等级分为16级。商业职工工资等级分为12级。其他来自农业、矿山采掘、铁路、邮政等行业的,各有不相同的工资等级。是年,"文化大革命"期间中断的奖金制度恢复。国务院规定,奖金总额不得超过实行奖励制度职工的标准工资总额的10%到12%。郴州复烤厂仅在年终评先的基础上,评定年终奖,甲等30元,乙等28元,丙等26元。没有月奖。

1981年,国务院规定:以主管局为单位,全年发放的奖金总额应控制在所属企业实行奖励制度的职工1～2个月的平均标准工资总额之内,最多不得超过3个月;扩大企业自主权,实行利润留成的企业,奖金和利润挂钩,按照核准的比例,从留成的利润中提出,不再按标准工资总额核定;奖金不再摊入生产成本。对于其他形式的奖金,如节约奖,则从节约的原材料、燃料的价值中提出。是年,郴州复烤厂开始恢复"文化大革命"前按月评奖的做法,分为甲乙两等,等差不大,每月由各部门召开会议,按甲乙等比例名额,民主评议,确定到人,报厂部批准后发放。"大锅饭"气氛浓厚。

1984年,郴州烟叶复烤厂实行复烤产量计件单项承包制,超额完成复烤任务另给奖金。经营管理成本管理观念加强。

1985年7月23日,按照国家劳动人事部《关于印发国营大中型企业职工工资标准的通知》,省内烟草工业企业所有干部职工工资均按照《工资标准》就近套算,干部执行国营企业干部工资标准第二项,工人执行第一项正标工资标准。各级烟草公司统一按国家行政部门工资标准执行工资套算。

1986年5月,郴州地区烟叶复烤厂移交郴州烟草公司后,按行业上级规定,统一工资标准。奖金分配实行百分制考核,制定产量、质量、出勤率和奖金挂钩的计分办法,奖勤罚懒。没有保质保量完成任务的按规定扣罚,保质保量超额完成任务者则奖。当时工资、奖金水平都不高,奖金分为甲、乙两等,年人平480元左右,上月工作情况次月按考核分值兑现发奖。

1987年7月,零陵复烤厂投产。11月,调整、统一工资。调资方案经厂职代会通过。此次工资升级,依据工作表现、贡献大小进行部分调整。按照国家有关规定,人平升半级,部分人员升一级。12月底完成。通过套改和升级后,工资名称改为:"企干x级(正、副)"、"企工x级(正、副)"、"国家机关科员x级"、"国家机关技工x级"、"国家机关副科x级"、"国家机关科长x级"、"国家机关副处x级"。正规大中专院校毕业生和党政机关干部经历者,套用"国家机关"级别标准,长期在企业工作的干部,套用"企干";在本公司机关科室工作的技工(如司机),套用"国机技工";在企业工作的工人套用"企工"。

1988年,省内烟草行业全面实行"工资与经济效益挂钩",用新增效益工资对职工进行调资。奖金额度亦有提高。全省行业人平工资总额增加124.4%,各复烤企业工资水平同期提高。

1989年,各复烤企业经济目标管理实施,年终考核达标单位,年终加发目标管理奖。是年调资升级一次。如零陵烟叶生产购销公司(复烤厂),凡原为行政事业工资的人员,一律套改企业工资标准,以职工本人1988年底符合国家有关规定的基础工资、职务工资、工龄工资三项之和减5元后,套入企业工资标准;由原烟经理部调入的8人,按事业单位工作标准计算到1987年调来前水平调整,然后再套企业工资,套后再调资升级。郴州复烤厂在调升工资时,于10月随地局(分公司)对从各方调入人员的行政事业工资全部套改为企业工资。

1990年,全省烟草行业在实行经济目标管理基础上,再加政工目标管理,实行年度"双目标管理"考核,"双目标"考核达标,方可在年终发给目标管理奖;一项达标但另一项不达标者不得奖。7月,按照省烟草公司部署,各复烤企业进行工资调整一次。其中,零陵复烤厂参加调整工资职工人数212人,人平月增工资15.94元。

1991年5月，因“工效挂钩”增加工资总额基数，职工工资进行普调。其中，零陵烟叶生产购销公司(复烤厂)实际参加升级人员总数328人，升一级者4人，升半级者324人，升级者人平月增加工资6.52元。是年，郴州地区烟叶生产购销公司(复烤厂)实行月奖与日产定额、损耗包干挂钩制度，高产低耗有奖，低产高耗受罚。

1992年，省内各烟草企业将效益工资升级与3%工资晋级同时进行。2月，零陵烟叶生产购销公司(复烤厂)启动劳动、人事、分配制度改革。4月7日，该公司(厂)出台分配改革制度，实行“二次分配”(即按绩效核定各部门奖金，厂部发到各部门，各部门再按个人绩效考核结果计发)，拉开机关与一线的奖金分配比例，实行“责权利”与经济效益挂钩，打破“大锅饭”。

1993年，职工浮动工资在原有的基础上再浮动一级，并提高工龄工资标准、各级岗位职务(含各工种职工)津贴，未转正者不列入，调换工作岗位的以岗定补。是年，根据《湖南省烟草系统工商企业浮转固工资升级指导意见》，对完成1992年目标管理任务、工资储备金能够支付两年以上的职工晋级工资的单位职工进行“浮转固”工资升级，个人升级不得超过一级半。未转正、记大过以上处分、旷工累计5天以上、直接责任造成单位损失1万元以上、停薪留职、事假病假满一年以上等人员不予升级，长期事假病假未超过1年者仅可升一级。是年，国家局先后批复常德卷烟厂等7家工厂和蓝山等31家县级烟草公司开展岗位技能工资制试点，常德卷烟厂复烤车间职工实行岗位技能工资制。

1994年，经国家局批准，湖南的省级、地级烟草专卖局(公司)实施岗位效益工资制，工厂和县级烟草公司实施岗位技能工资制。岗位效益工资制，依据岗位劳动评价结果，确定岗位工资标准。职工以岗定薪，岗变薪变，效益工资(奖金)的发放标准随企业经济效益的变化而浮动，职工收入的高低，与行业效益及各部门目标责任挂钩，与职工个人的工作责任、工作质量、贡献大小挂钩。职工工资由岗位工资、效益工资、年功工资、特殊奖励工资构成。岗位效益工资套改办法按职工当时标准工资、浮动工资(二级)、岗位津贴及国家规定的各种物价性补贴(36~38.5元)之和套入职工所在岗位、所任职务的岗位工资，按照职工工作年限和任职时间的长短确定相应的工资档次，既有行政职务又被聘任专业技术职务的人员按其高岗进行工资套改。

是年，郴州地区烟叶购销公司(复烤厂)在继续实行“双目标”管理的基础上，对将职工月收入由原来的基本工资+工龄、行龄工资+奖金，改变为基本工资+工龄、行龄工资+岗位津贴+奖金，岗位津贴(为按岗固定化收入的一部分，不含夜班、高温作业等类津贴)分为17个类别、11个档次；奖金分为一线奖、一般奖和突出贡献奖，同职级职工中，“一线(即基层生产营销第一线)奖”金额高于“一般(如机关人员、后勤人员)奖”，奖金额度向基层一线倾斜，从4月份起发放；突出贡献奖一般在年终以业绩考核为依据进行评定发放。

1995年，郴州、零陵烟叶生产购销公司(复烤厂)遵照上级部署，全面实施岗位技能工资制。岗位技能工资制，由基本工资、技能工资两个单元组成。辅助工资，包括效益工资、年功工资、津补贴及奖金，是基本工资以外的其他工资性收入，依据相关规定发放。岗位工资分为管理岗位工资与工人岗位工资。其中管理岗设12岗，工人岗设9岗；1岗为最低岗。技能工资包括工人、管理人员和专业技术人员。按省局技能工资总量，岗位技能工资标准是：工人标准，起点为130元，止点为486元，止点为起点的3.7倍；管理人员标准起点为130元，止点为660元，止点为起点的4.7倍。是年，工资调整之后，依据省局湘烟劳〔1995〕31号文件的规定，将岗位效益工资和岗位技能工资制起点标准由当时的130元调整为180元。将社会工龄、行业行龄工资标准均调整为3元/年。工资奖金向生产第一线和苦、脏、累岗位及技术性岗位倾斜。郴州复烤厂同职级一线奖金比机关科室高15%。

1996年，郴州复烤厂从8月份起，对烟叶复烤车间试行《烟叶复烤经济责任制方案》，将产量、质量、消耗、设备管理四大项指标与奖金挂钩。其中：台班产量初定为挂杆投料650件/班，在其他指标合格的情况下，实行超产有奖；奖金分为基本奖和超产奖，即完成产量基本任务时即可得到人平300元月奖，超产产量按件数计价另外算奖。假日加班费取消。试行数月，车间人平奖金达600~700元，与基本工资相当；为控制旺季奖金过高，允许车间在奖金高的月份，对奖金适度“公留”，留下部分奖金暂存车间，在淡季奖金低时补偿发放。次年，将复烤台班产量基本任务调高为700件，产量基本奖提高到每月400元。

1997年，依据湘烟第〔1997〕第11号文件精神，对1997年1月1日在册职工（不含未转正定级职工）普升一级工资。停薪留职人员、上年累计旷工25天、非因工休假6个月以上的职工不晋升工资，拖欠公款者，需在7月30日前还清欠款后，可补办晋升手续。

1999年起，全省烟草系统统一实行“一岗一薪”为主要内容的岗位工资制。是年12月29日，零陵烟叶生产购销公司（复烤厂）成立“调整工资领导小组”，由11人组成，领导小组办公室设在劳资科，实行“一岗一薪”的岗位工资为主要内容的岗位工资制。岗位工资制的主要内容包括：岗位年资、年功工资、效益工资（奖金）和工业企业技术等级津贴等。公司（厂）岗位工资标准，根据国家局、省局规定的最高与最低倍数，结合公司（厂）各类人员工资情况设置，起点为400元，最高与最低倍数为3倍，管理岗位设12岗，最高为1200元，工人岗位设9岗，最高为800元。年功工资根据职工参加工作时间长短确定。

此次工资调整，将原执行的按职工社会工龄和行业工龄计算年功工资办法，改为职工参加工作时间长短计算年功工资的办法执行，每年1月调整一次，年功工资标准为：参加工作1～10年的，年功工资每年按6元计发；11年～20年的，每年8元；21～30年的，每年10元；31年以上的，每年12元。奖金改称为效益工资，企业根据效益状况、承受能力，在工资挂钩有工资来源和不突破省局下达的工资总量控制计划的前提下，自主确定发放水平和发放方式，随效益的增减而上下浮动。技术等级津贴，统一按职业技能鉴定制度相关规定执行。复烤厂的技术工人，按职业技能鉴定核发的《职业资格证书》享受技术等级津贴，取得《技师职业资格证书》和《高级技师职业资格证书》的人员，被聘任后，按规定发放技师和高级技师津贴。

是年，吉首打叶复烤厂（时属湘西金沙原烟发展有限责任公司）投产。其工资按“一岗一薪”岗位工资制，按岗套级；奖金分配办法：各岗位核定奖金分配系数，按系数乘以分值进行分配。

2001年1月20日，零陵复烤厂实行“万元工资含量”分配制度，以激励完成或超额完成年初制定的工作任务。6月8日，该厂对部分岗位工资进行调整。11月30日，成立由李新元为组长的“工资调标领导小组”，由14人组成，下设工资调标领导小组办公室，办公地点设在劳资科。针对原有岗位工资档次仍沿袭1994年岗位技能工资模式，已不适应转型后岗位工作量变化的情况，厂内对工资制度进行改革。在不突破原工资总额的前提下，对部分岗位工资进行调整，适当向部分苦、脏、累、险和商管理岗位倾斜，向生产一线岗位倾斜，相应调低工作责任较小岗位的工资。

2002年，湘南烟草集团撤销，市烟草工、商分设后，郴州复烤厂《烟叶复烤经济责任制方案》停止执行。对复烤生产的考核恢复以年度目标管理责任书形式为主。

2006年，省内各复烤企业全面实行股份制后，皆成立公司薪酬管理委员会，决策本单位薪酬分配重大事项，下设薪酬管理办公室，具体办理公司薪酬标准制定、考核汇总、薪酬造册、发放到个人账卡等事务。工资总额预算经董事会批准后方可执行。在工资总额基数范围内，单位自主分配。

各复烤公司皆健全完善《薪酬管理制度》和《绩效考核管理办法》。工资标准制定原则：在工资总额基数内，参照当地政府公布的最低工资标准，以高于此标准之上确定一个数级（此后，如遇当地政府公布的最低工资标准再提高，则再作调整，确保本单位最低岗工资不低于当地社会最低工资标准），加上绩效工资（奖金）、年功工资、津贴等构成。分配办法是：基本工资分为1～22级（1岗为最低），按照各岗位对应的岗级薪酬标准进行套级分配。年功工资按工龄每10年为一档，每高一档则标准适当提高，依工龄长短分档计发。技能工资凭劳动技能资格证加发，初级工、中级工、高级工、技师、高级技师逐级加高。职称工资凭资格证和聘任书加发，初级、中级、高级逐级加高。

奖金改称绩效工资，主要分为月奖和年终奖。月奖总额度一般依照上月复烤加工合格数量乘以公司月奖水平系数确定，计算出薪点值，之后，以各岗位绩效系数乘以薪点值计算个人应发金额。各公司的各岗位绩效分配系数由薪酬管理委员会在测算后决定。各公司绩效分配系数设定值不尽相同，有的为0.38～1.2，有的为1.8～3.2等等，曲异工同。薪点值需随月度生产实绩而浮动，故而生产旺季月奖水平较高，生产淡季月奖水平相对较低。年终奖则依据年终目标管理考核结果和考核方案进行奖罚兑现，先由董事会核定发放数额，再由公司制定分配方案，按照各岗位绩效(奖金)分配系数乘以系数值进行分配。

为实现公平、公正、机会均等，各单位每三年进行一次全员竞岗，激励员工奋发向上，有能力者可以在竞岗时竞争较高职级岗位(不含需董事会批准任免的岗位)；已在较高职级岗位员工则必须胜任工作、做出绩效，方可争取下届竞岗不落聘。2013年起，全员竞岗改为四年一次。

2012年4月13日，湖南中烟公司下发湘烟工〔2012〕91号《关于规范委派员工薪酬福利管理的意见》，规定：委派员工的薪酬福利待遇及社会保险皆由派出单位归口管理。

(三)津贴

各复烤企业在正常执行各时期工资制度和绩效挂钩奖金分配方案的同时，还按行业和所在地政府的相关规定，对一些特殊工种、特有情况实施津贴制度。

物价补贴。20世纪80–90年代执行。主要有：粮差补贴、物价补贴、书报洗衣理发卫生费等。1994–1995年全面实施效益工资制、岗位技能工资制后逐步取消。

防暑防寒津贴。20世纪80年代起一直执行。早期以绿豆、白糖、煤炭等实物发放，90年代改为货币发放，标准逐步提高。

营养保健费及高温津贴。20世纪80年代起执行。营养费主要发给接触有毒有害工作岗位职工，其标准是：每人每月发放肉1公斤，糖0.5公斤，食油0.25公斤。同时规定，不得采取现金方式，享受保健食品的职工，在脱离有毒、有害作业岗位后，待遇随之取消。此项待遇，随着社会物质日趋丰富，90年代改为货币发放、自己采买，后随各企业环境改善而取消。高温津贴主要发给锅炉、电焊、气焊工种，原则上按实有操作月份，按月发给。后凡相关业务外包的，由外包单位自己解决。

其他津贴。加班工资，夜班津贴，员工上下班交通补贴，驾驶员出车补贴，独生子女补贴，女工卫生补贴，回民补贴，职教专业教师教龄补贴，医务室护士护龄补贴，医疗门诊包干费，电话费补贴，驻勤(如外库)津贴，误餐津贴等等，都曾先后实行过，随时间推移，部分取消，部分保留，因政策和各企业实际情况变化而异。郴州复烤厂20世纪80–90年代前期，曾因郴州被省政府批准为“改革开放试验区”而发放过“试验区补贴”，90年代中期取消。

四、劳动保险(社会保险)

(一)养老保险

在未建立社会保障体系前，社会企业退休人员的退休金、各种福利费用主要由企业自负。到20世纪80年代，随着改革开放、企业转换经营机制逐步深入，企业竞争加剧，社会部分企业单位因效益差，曾发生过退休工资发不出的个例。

1986年9月9日，国务院颁发改革劳动制度的四项规定，其中规定：新招工人一律实行合同制，并为其缴纳社会养老保险金。10月1日起实施。

1987年，省内复烤企业执行为新招全民合同制工人缴纳社会养老保险金的规定。其中，郴州烟叶复烤厂按照地区烟草分公司(局)的统一布置，从是年9月起，开始为所属合同制职工在所在地劳动局开设养老金账户，交纳社会养老保险。

对原已在岗全民固定工交纳社会养老保险金，经历循序渐进过程。1991年6月26日，国务院颁布

《关于企业职工养老保险制度改革的决定》,“改变养老保险完全由国家、企业包下来的办法,实行国家、企业、个人三方共同负担。”企业开始全面为所属“老职工”缴纳社会养老保险金,缴纳办法:单位按企业工资总额的一定比例缴纳,职工个人最初按定额,后改为按个人的工资比例缴纳。每月按照企业所定标准,委托银行代扣,划款到所在地社保局,分户缴存。1993年起,全省烟草行业全面进入全省社会统筹养老保险,郴州复烤厂1993年纳入,零陵复烤厂1995年纳入。

投保初期,缴纳比例并不规范。以湖南郴州烟草工商业(含复烤厂)为例,企业按参保对象工资总额的14~27.5%缴纳,时有调整;个人缴纳部分,1991~1992年先后执行每月代扣1.5元、2元、3元,1993年改为按个人月总额工资的2%缴纳,1995年起实行每两年增加1%递进;至2002年起,全面实行企业按参保对象工资总额的20%每月缴纳,个人按个人工资总额的8%缴纳,自此基本固化。商业线两厂员工“内部退养”期间,其养老保险金缴纳与在职职工缴纳办法相同。

省内工业线3个复烤企业正式员工养老保险,皆从组建运作起投保,按工资比例,单位缴纳20%,个人缴纳8%;股东单位委派到厂(公司)工作的人员,社会保险全部由委派单位统一缴纳和管理。均进入省级社会统筹。

养老保险金,属企业缴纳的,进入社会统筹养老保险,亦称为基本养老保险;个人缴纳的,进入个人养老金账户。员工个人退休时,基本养老、个人养老两个账户合并计算出退休金发放标准,按月发给退休金。

2008年1月1日起,新《劳动合同法》实施后,对企业外聘的临时工的养老保险金缴纳,进入规范化,按劳动合同执行。其中,对临时业务项目“打包”招标的,改为按合同划出专款给中标的社会人力资源公司,由其分户缴纳。

(二)补充养老保险

根据1995年国务院颁发的《关于深化企业职工养老保险制度改革的通知》和国家劳动部《关于建立企业补充养老保险制度的意见》,以及国家、省烟草专卖局1996年相关文件精神,企业效益好时,可为职工办理补充养老保险。不属强制性制度。郴州复烤厂在上级统一部署下,1996、1997、1999、2002年共4次由上一级主管公司统一委托商业人寿保险公司办理补充养老保险,年度内未转正、停薪留职、旷工5天以上,违纪受处分者不参与。零陵复烤厂1997年起按工资比例为个人缴纳。常德卷烟厂1998、1999、2000年为所属员工办理补充养老保险,其复烤车间员工享同期待遇。零陵烟叶生产购销公司于1996年1月,按照市局(公司)部署,为在册正式职工实行补充养老保险,并对已离退休人员实行追加性补充养老保险一次。

企业年金是在企业及其职工在依法参加基本养老保险的基础上,自愿建立的补充养老保险制度之一。不属强制性制度。2004年1月6日,国家劳动和社会保障部发布《企业年金试行办法》,规定:已依法参加基本养老保险并履行缴费义务、有相应的经济负担能力、已建立集体协商机制的企业,可以建立企业年金制度。企业年金实行企业缴费和个人缴费相结合办法。2008年1月,郴州天泰烟叶复烤有限责任公司开始实施。是年9月17日,《永州天顺烟叶复烤有限责任公司企业年金方案》被湖南省劳动和社会保障厅湘劳社函〔2008〕223号文件批准,于2010年实施。所缴资金建立个人账户和企业账户,账户的管理和投资由公司成立管理机构,并委托银行(郴州复烤厂委托工商银行,永州复烤厂委托建设银行)作中介机构统一进行管理及决策投资,所得收益按员工的账户比例进行分配记入账户。企业年金的终止为员工正式退休或申请自愿退出。退出时,连本带利一次性转给年金权利个人。

(三)医疗保险

1998年12月,国务院发布《关于建立城镇职工基本医疗保险制度的决定》,要求在全国范围内建立以城镇职工基本医疗保险制度为核心的多层次的医疗保障体系。各复烤企业在此之前,均实行员工门诊医疗费包干,住院医疗费按工龄长短分档次、按比例报销制度。国务院颁发建立城镇职工基本医疗保险制度的文件后，鉴于筹备、测算、各地市政府推行文件出台时间上的差异等原因，各地实施时间有别。湘西鹤盛公司从1999年5月首批招工起投保，郴州复烤厂于2003年1月投保，常德芙蓉、浏阳天福公司皆从组建时首批招工起，为正式员工投保。其后，各复烤企业均为所属正式员工办理补充医疗保险，其中湘西鹤盛公司为2008年，郴州天泰公司为2009年8月。

（四）失业保险

1986年7月12日，国务院颁布《国营企业职工待业保险暂行规定》。随后，对新招全民所有制合同工试行待业保险。对原有"老职工"，郴州卷烟厂等省内烟草工业企业于1987年实行待业保险；常德烟叶复烤厂并入常德卷烟厂之后，此项投保与厂部同步、同标准；郴州复烤厂于1992年参保。初期投保缴费办法：单位按全部职工标准工资总额的1%，由所在地政府劳动主管部门委托银行划解，职工个人每月缴纳1元，由单位发工资时代扣代缴。

1999年1月22日，国务院《失业保险条例》颁布实施。此起，待业保险改为失业保险，保费标准提高，单位缴费标准提高到2%，职工个人改为按上年度本人月平均工资的1%缴纳。至2015年，该缴费标准一直未变。零陵复烤厂实施此项投保，基本与郴州复烤厂同步。湘西鹤盛、常德芙蓉、浏阳天福公司皆从组建运作起，执行单位月缴2%、个人月缴1%标准。

2016年，国务院出台减轻企业负担文件，失业保险缴费基数不调整，以各参保单位已申报的工资基数为准计算，企业和个人失业保险缴费比例标准均略有降低。

（五）工伤保险

1996年，国家劳动部颁布《企业职工工伤保险试行办法》，并与国家技术监督局联合颁布《职工工伤与职业病致残程度鉴定》国家标准。随之，省内烟草行业进行职工因公致残伤残等级评定，开始为所属职工投保。1999年5月，湘西鹤盛公司等复烤企业，工伤保险按单位上年工资总额的2%由单位缴纳，个人不缴纳。2003年4月27日，国务院颁布《工伤保险条例》，自2004年1月1日起施行。此起，省内各复烤企业对职工工伤保险进入规范化，均执行单位按上年工资总额的2%由单位缴纳，个人不缴纳方式。2011年1月1日《国务院关于修改〈工伤保险条例〉的决定》实施，该条例对部分条款进行修改，费率未变。

2015年，国家人社部、财政部联合发布（人社部发〔2015〕71号）《关于调整工伤保险费率政策的通知》和（人社部发〔2015〕72号）《关于做好工伤保险费率调整工作、进一步加强基金管理的指导意见》文件，为减轻企业负担，降低工伤保险缴纳费率。各地随之调整。常德芙蓉公司2016年1月至3月，工伤保险单位缴费比例为2%，无个人缴纳；4月起，改为1.6%，无个人缴纳。其他复烤企业随所在地社保部门政策调整的新费率缴纳。

投保后，各投保企业治疗入保员工工伤所需费用符合工伤保险诊疗项目目录、工伤保险医药目录、工伤保险住院服务目录的，从社保工伤保险基金支付。

（六）生育保险

1994年12月劳动部颁发《企业职工生育保险试行办法》，适用城镇企业及其职工。生育保险按属地原则组织，生育保险费用实行社会统筹。主要为保障城镇企业女职工在生育期间得到必要的经济补偿和医疗保健，均衡企业生育费用负担。投保企业在女职工生育期间，按政策规定的产假内，需按规定发给工资。之后，按年度内实有生育假人数，向社保部门申请生育保险金（如产假工资、生育医疗费等）返还。郴州复烤厂于1997年11月参保。2002年3月，湘南烟草集团工商拆分后，郴州烟叶复烤厂及其改制企业天泰复烤有限公司按上年度实发工资的1%缴纳；个人不缴纳。2015年4月1日起，湖南烟叶复烤公司统一规定，公司本部及所属两厂按单位上年实发工资的0.7%比例缴纳；个人不缴纳。

工业线3个复烤企业，皆从组建运作起参保。缴费比例为：单位以上年工资总额的0.5%缴纳，职工个人不缴纳。

(七)住房公积金

1994年12月15日,《湖南省职工住房公积金制度实施办法》颁布实施,用以提高职工解决自住住房的能力。采取单位、个人共同向当地住房公积金管理中心缴纳办法,按人分户立账。1995年规定的缴交比例:单位按职工工资总额的5%,职工按个人工资的5%。鉴于筹备、测算、机构设立、地方文件出台时间等进程原因,各地起缴时间有别。例如郴州,1997年才将房改办改为住房公积金管理中心,启动实施;郴州复烤厂于1997年开始缴交。基于省内房改进程的统一性,省内同期存在的复烤企业起缴时间基本一致。

2001年5月,吉首打叶复烤厂开始为正式合同制员工缴纳住房公积金,同岗级的人划为一档缴纳。2002年后,随着全省烟草行业效益逐步提高,各复烤企业的单位和个人缴存额亦随之大幅提高。

常德芙蓉公司于2007年起实施住房公积金缴交,每年2月调整一次,缴交标准逐年提高。浏阳天福公司于2008年6月至2013年,根据岗位类别和等级设定不同等级标准缴纳,2014年起由财务部统计员工上年度收入,缴纳标准一年调整一次,于每年的2月份调整。工业线三个复烤企业的股东单位派驻工作人员皆由派出单位缴交。从2015年开始,鹤盛等公司住房公积金的个人缴纳部分,按单个员工的年收入进行计算缴纳,一人一档。

五、人事管理

(一)干部管理

1978年,郴州复烤厂建成投产之初,厂内尚无"国家干部",只有"以工代干"人员5名:单尚湖、吴锦山、陈娟、邹海峰、宋毓书(此批以工代干人员于1979年经地委组织部审批转干)。当时,干部、工人的身份有着比较严格的区分。干部通常为:大中专正规院校毕业生、军队转业干部、地方县委以上组织人事部门面向社会招录的干部、经地方县委以上组织人事部门审核并经地委以上组织人事部门批准转干的以工代干人员。其考察、任免、调配按干部级别实行分级管理,按管理权限逐级报批。股级干部由县处级机关任免,科级干部由地厅级机关任免。

1984年7月20日,中共中央书记处决定,改革干部管理体制,适当下放干部管理权限,采取分级管理、层层负责的办法,上级原则上只管下一级的主要领导干部。新的干部管理体制自8月1日起执行。

1987年11月,国家局党组根据中共十三大精神,发布《关于改革干部制度的决定》,废除干部职务终身制,要求从1988年起,实施干部任职聘任制,新任干部试用制。次年,省局(公司)行文,实行干部任职两年一聘。1988年8月1日,《全民所有制工业企业法》实施后,干部管理依法进行改革。企业行政中层干部由企业厂长、经理直接任免,科级干部由县处级机关(或企业)任免,处级干部由地厅级机关(或企业)任免。工人、干部的身份界限逐步被打破,复烤厂许多优秀工人被提拔为中层干部。受聘期间享受同级干部待遇,解聘后不再享受原聘待遇。复烤厂的中层干部选拔,由厂领导集体研究提名,人事部门考察,厂级党支部(或总支、党委)集体讨论决定,厂长(经理)聘任。

1992年,国家局党组发布国烟党〔1992〕29号《关于深化干部制度改革的决定》。1993年,遵照省局(公司)统一部署,各复烤企业开展干部人事、劳动用工、分配制度改革,行政中层干部实行聘任制,任期改为三年;党、工、团领导干部实行选举制,专职中层实行聘任制,任期按党、工、团章程规定执行;新提拔干部实行试用制(试用期一年);建立后备干部选拔培养、动态管理考察制;所有中层干部实行任期责任制、岗位轮换或交流制、年终考核制,每年终通过民意测验、群众代表座谈、查阅资料、年终目标管理考核等,对干部进行以"德、勤、能、绩、廉"为主要内容的任期考核,优秀者予以续任、表彰或升任,合格者续任,不合格者予以训诫或解聘。对厂级领导,则按照干部管理权限,由上一级公司进行考察、考核和任免。

1992年、1995年，零陵、郴州烟叶生产购销公司先后开始实行职工“内退”举措，企业干部亦列入其中。郴州烟叶购销公司（复烤厂）对5名年龄较大的中层干部予以内退。此后，对“内退”政策有过多次调整。

1999年9月，湘西吉首打叶复烤厂建成，实行股份制。公司（厂）经营领导层领导成员的任免，由主要股东与其他股东协商，推荐人选，进行考核考察后，向董事会提出任职、离职、换岗建议，经股东会、董事会、监事会审议后，由董事会决定和任免。属于党务、工会领导职务的，经“三会”审议，董事会提出建议名单，履行选举、报批程序后，然后由相关主管机关任免。

2000年6月，湘南烟草集团结合中央组织部关于干部管理的相关规定，制发《关于中层干部选拔管理的补充规定》，此起，中层干部选拔任用全面进入公开竞聘阶段（厂级领导仍按干部管理权限，由上一级党组提名，上一级人事部门考察，上一级党组任免）。中层干部公开竞聘程序是：竞岗前，厂部成立竞岗工作领导小组，指导相关工作，制定相关方案；所有部门的行政中层领导职务在竞聘前一律辞聘，然后公布可供竞岗职数和参与竞岗报名条件，接受报名，资格审查；竞岗时，召开竞岗大会，竞岗者发表竞岗演说，参会的厂领导、原中层管理人员、职工代表现场进行评分。竞岗后，统分排名，并结合以往“德、勤、能、绩、廉”综合表现及特长，由厂级领导会议讨论决定任职初步人选，然后征求厂纪检监察部门意见，查其有无严重不良记录，有者立即取消任职资格，不予公示；纪检监察部门未掌握有不良记录者，进行张榜公示一星期，接受群众举报，举报有不良记录属实且问题较严重者，取消任职资格；最后，由厂党委（厂总支、厂支部）行文、厂长任免。党群线中层干部职务，由本企业党委（或厂级党总支、支部）提出候选建议名单，经选举确认后，由本企业党委（或厂级党总支、支部）任免。此后，郴州复烤厂的中层干部选拔聘任，原则上“三年一聘”，届满再竞聘，落聘者免职。同年，零陵复烤厂对8名中层副职面向全体员工，公开竞聘，竞聘程序与上相同。2002年9月，湘西鹤盛公司首次举行中层干部竞岗。

2006年，省内各复烤企业全面改制为股份制企业后，干部任免、竞聘、考核皆按现代企业法人治理体制相关规定执行。公司经营层领导由股东单位推荐人选，股东会、董事会、监事会审议，董事会决定任免、变动；党群线领导干部由股东单位推荐人选，股东会、董事会、监事会审议，董事会决定候选建议名单，经过选举，按干部管理权限任免。公司中层干部，一般需通过竞岗选拔任用。工业线3个复烤公司的行政中层干部，初期多数由股东单位委派担任，后逐步放开，部分职位纳入竞聘。

2011年9月湖南复烤公司成立后，所属郴州、永州复烤厂厂级经营层领导成员的任免和换岗，由公司人事部门考察、考核，公司党组按干部选拔任用规定程序决定聘任或解聘。厂党群线领导职务由厂党委提出候选建议名单，经选举通过后，复烤公司党组任免。复烤公司本部处级经营层领导职务由公司“三会”审议后，董事会（湖南省烟草公司为主要股东）任免，公司本部党群线领导职务由省局党组提名，经选举确认后，由省局党组任免。两厂所属中层干部皆通过竞聘上岗，试用三个月后按工作能力、工作态度表现决定是否正式聘任。

2013年，商业线复烤企业按照上级统一规定，领导干部的任期，由原来的三年一届改为四年一届，中层干部竞聘亦改为四年一次。浏阳天福公司中层管理人员则实行主管2年一聘，部长3年一聘。湘西鹤盛公司中层管理人员实施三年一聘。

（二）编制管理与人事调配

20世纪80年代，各复烤企业上划移交或组建初期，人员编制严格按照省局（公司）批准人数进行控制。人事调配由省地两级烟草专卖局统管，按人事管理权限批准，处级干部调动由省局（公司）管理，科级及以下干部职工人事调动由地区局（公司）管理。厂在上级核定的人员编制数额及工资总额内，干部职工的跨系统调入手续：根据岗位需要确定调入人员职数或人选，向地局（公司）申报，获准后，对调入对象进行考察，合格者，由地局（公司）向调出单位下达《商调函》，调出单位回函同意调出，双方确认后，由调出单位劳资部门开具《职工劳动工资关系转移证明》,到地方政府劳动局办理人事、劳动关系转移手续,携此手续到地局(分公司)人事科报到,地区局(公司)人事劳资部门开出《职工调动工作工资证明信》和《人事调配介绍信》到调入单位。调入对象是党团员的,通过党团系统同时办理党团组织关系转移手续。

跨系统调出的,对方先来《商调函》,双方确认后,办理相关调出手续。转业军官、正规大中专院校毕业生的分配安置,由地方人事局下达指标及工资关系。复员退伍士兵由地方民政局(安置办)下达安置指标,经劳动局办理劳动关系手续到接收单位报到,工资等级由接收单位按规定确定。干部职工在本地系统的内部调动,需征求双方单位同意,由地局(公司)直接调动;跨系统调动的干部职工,经双方单位同意后,分别报当地劳动人事部门和地局(公司)审批同意,报省局(公司)批准后由双方主管部门协商办理调动手续。本单位人员岗位调整的内部调动,均按厂领导班子集体研究决定,由人事劳资部门下达通知,办理人事、工资、组织关系转移手续,限期办结经办事务移交手续,按通知到新岗位上班。

1986年4月22日,省局下发(86)湘烟劳字第011号《关于加强劳动管理的补充规定》文件规定:1、各地(州)市烟草专卖局、各烟厂的工人调动,不论系统内外,均报省局审批。2、编制已满的县(市)烟草专卖局的工人调入须报省局审批。3、根据省劳动人事厅(82)湘劳调字第145号文件规定,集体职工原则上不得调进,因工作确需的个别业务骨干和原烟收购,"一条鞭"建站成建制移交的集体职工均需报省局审批。4、复员退伍军人,原则上是随父母所在单位安置,对当地统分的复员退伍军人、转业干部家属,要根据安置能力,与当地政府有关部门协商安置,并报省局备案。当地分配的技工学校毕业生必须报省局批准后才能办理,否则,劳动计划不予承认。5、个人退休,按国务院(78)104号文件规定,县烟草专卖局的工人退休报地(市)烟草专卖局审查,由单位所在地劳动部门审批办理。各复烤企业遵照执行。

1987年起,省内烟草行业开始实行工资总额与实现利税挂钩试点,增人不增工资基数,减人不减工资基数,新增工资基数要从新增效益中按比例提取,从外系统调入人员日趋从紧,调出则基本不受限制。编制内的职工调入调出由当事人申请、单位领导集体研究决定并签署意见,报地区烟草烟草专卖局(或省公司直属厂厂部)在上级核定的编制数内审查批准,并报省公司备案。

1990年1月1日起,人员调入审批权统归省局(公司),除正规大中专院校毕业生、转业复退军人按政策予以接收,以及个别急需业务技术骨干由省局(公司)统筹审批安排外,未按规定擅自办理的,一律不予承认,不拨给工资基数。

1993年,全省烟草系统对系统外人员的调入基本冻结。复退军人(不含军官)的安置,改由省烟草专卖局(公司)与省人事局、民政厅协商统一安置,不再接收所在地民政局复退军人安置办下达的安置指标,在省局(公司)下达并经地局(公司)分解下达的接收指标内,由地局(公司)统一组织考试,择优录取。

1998年,国家对正规大中专院校毕业生不再实行"包分配",鼓励自谋职业,企业改按专业岗位实际所需人才职数,通过市局(公司)向省局(公司)申报,由省局(公司)制定人才招录计划和招聘条件,进行公示,面向社会院校毕业生和系统内符合条件的子女,自愿报名,经资格审查后,参加国家统一考试,择优录用分配。

1999年,吉首打叶复烤厂投产,按照"因事设岗"原则,以企业内部各岗位所需实际操作人员测算,编制由主要股东长沙卷烟厂与湘西州烟草公司确定。厂内部二级机构的设置、主要管理人员的委派调配皆由股东单位长沙卷烟厂和湘西州烟草公司决定。

2006年,省内复烤企业全面实行股份制体制后,各公司皆建立完善新体制下的编制、人事管理制度。在人员编制管理上,首先得遵守上级批复的定编;内部分编,由各归口部门结合定额定员管理标准先摸底,提出草案,人事部门审核,分管领导初审,报总经理批准;公司员工编制总规模报董事会审议控制;新招技术人才,必须先报批再实施。在公司内部机构设置上,公司二级机构设置及职能归口变更,由司务会提出方案，总经理同意，报董事会批准；班组设置，由部门提议，司务会讨论，总经理批准。

在人事调配上，跨厂、跨行业调入，由公司审议，董事会决定，上级主管机关审批，方可办理人事、工资、组织关系转移手续；公司内部人员因行政调配、竞争上岗、岗位轮换、考核异动、待岗等原因跨部门变动的，由公司人事部门办理调配手续，先打好原岗位经办事务的移交，持调令到新岗位报到，薪随岗变。对辞退、辞职人员，到公司人事部门办理解除、终止劳动合同手续，15日内办理原部门的工作交接，结清财务往来，办理组织关系转移等手续，其档案和社会保险关系随接受单位确切信息予以转移，档案转出时需取出劳动者本人的劳动合同，交公司人事部保管。

2011年9月，湖南复烤有限公司成立后，其人员跨系统调入、人员招录审批权仍归省局（公司）；公司本部及所属两厂员工调动，按管理权限办理，处级干部调动归省局（公司）审批，下达调令；科级及以下员工归湖南复烤有限公司审批，下达调令，并在省局（公司）核定的工资基数内，按人数相应增减调进、调出方的工资基数。

（三）专业技术职称管理

全省烟草系统专业技术职称评聘工作从1987年开始，在省烟草公司职称改革领导小组和地方政府职称改革领导小组的统一领导下进行。

初期实行评聘合一，即评前先由上级主管机关下达职数和结构比例指标，单位再研究决定对口申报名单，组织申报材料，报评审委员会评审，评上者，即予聘任。省、地烟草公司及处级卷烟厂，均设经济、农业、会计（审计）、统计等数个主要技术系列职称评聘工作领导小组（县团级以上单位才有资格设置），下设职改办，经办相关事务。初级职称（助理师及以下）由县团级主管单位评审，中级职称由地厅级主管单位评审，高级职称由省部级主管单位评审。本系统设有对口专业系列评审委员会的，由本系统专业委员会评审；本系统未设评审的专业系列，则由本系统委托外系统评审委员会评审（如医务室医师、主治医师需委托卫生系统评审）。开评时，全体评审委员会成员到场，将职级评审条件和申报材料对照审议，决定可否通过。对通过评审者，对应制发专业技术职称资格证书。所在单位决定聘任的，发给聘任证书。

1990年11月10日，国家人事部发布人职发〔1990〕4号《企事业单位评聘专业技术职务若干问题暂行规定》，此后，“专业技术职称”改称为“专业技术职务”，实行评聘分开，对取得技术职务资格者，择优聘用；“对国家教委承认的正规大、中专院校毕业生（含研究生），见习期满并考核合格，可按试行条例的规定聘任相应的专业技术职务”，并逐步向“以考代评”过渡。专业技术职务评聘进入经常化工作阶段。1992年11月4日，湖南省职称改革工作领导小组发布《关于湖南省全民所有制企业评聘专业技术职务若干问题的意见》，规定：“专业技术职务，应严格坚持聘任制度。即获得专业技术职务任职资格的人员，由厂长（经理）根据岗位和工作需要进行聘任，可以高评低聘、低评高聘，也可以评而不聘，专业技术人员所获得的任职资格不直接与工资挂钩而是按其实际所聘任的职务享受相应的工资待遇，由企业自主决定。”其后，专业技术职务资格全国统考逐渐增加种类，形成统考、行业评审、正规院校毕业生见习期满考核合格后“套定确认”并行格局。

20世纪90年代中期，随着越来越多专业系列转为“以考代评”，省内行业规定：对在外报考职称和职业资格证，一律归口主管单位人事科（职改办）先行审核把关，符合条件的才能报考；非经审核擅自报考者，不予承认相应的资格，不办理备案手续。

获得专业技术职务任职资格人员，经所在单位择优聘任后，可享受聘岗位的相关待遇；每年需进行一次考核，考核结果分四档：优秀，称职，基本称职，不称职。连续三年获称职以上评价的，合符上一级职称报考条件时，予以推荐；对考核不称职的，予以训诫或解聘，报考上一级职称时不予推荐。

1.郴州复烤厂 1989年10月，郴州烟草商业系统首次专业技术职称评定工作结束，郴州烟叶复烤厂共有10余人获得中、初级专业技术职称，其中，李长春、骆昌喜、伍先寿、林启炬、王富星等5人获得中级职称。由于实行评聘合一，获得专业技术职称者即予聘任。1997年烟叶分公司（厂）专业技术职务人员185人；至2009年，天泰公司共有在职（不含内退）专业技术资格人员37人，其中：工程师5名，会计师1名，经济师2名，政工师1名，技师3名，各系列助理师16名，各系列员级9名。至2015年，共有在职（不含内退）专业技术资格人员14人（不含技能鉴定系列）。

2.永州复烤厂　1987年，拟定参评人员28名。1988年起，地局（分公司）职改领导小组先后成立农业、统计、财会、经济系列初级评审委员会，其他专业由职改领导小组提请当地评审委进行资格评定。1989年5月27日，零陵地区职改领导小组批复：王湘珠为助理馆员，王阳春为工程技术员，谢昭华、何汝祥为经济师。6月，零陵烟草分公司职改领导小组行文批复职称评定结果，烟叶生产购销公司：万克颖等2人为助理农艺师，张继衡等9人为农技员，方国祥等10人为助理经济师，严开信等12人为经济员，周丽君等4人为助理会计师，王湘玲等4人为会计员，陈春雨等2人为助理统计师，王晓荣等2人为统计员。此批，厂（公司）共45人评为各类初级专业技术职称。年末，厂（公司）共有各类专业技术职称人员67人，其中，女性22人，中级职称8人，初级职称59人。

1991年7月，厂（公司）成立专业技术人员考核领导小组，由13人组成。对专业技术人员1990年度的政治表现、学识水平、业务能力、工作实绩进行考核，分为优秀、称职、基本称职、不称职四档评定，不称职者予以解聘。其后，每年进行考核。同年8月25日，地局（公司）成立政工人员初级专业职务评审委员会，厂增报政工系列拟评人员。

1992年6月，厂（公司）共有各类专业技术人员74人，职称领导小组对在岗59名专业技术人员进行年度考评，评定为优秀的10人，48人为称职，1人不称职。1993年6月，厂（公司）成立职称评审领导小组，由10人组成。部分人员取得中、初级专业技术职称。

1994年，职称工作实行评聘分开，经济、会计、统计、审计、计算机等专业（系列）参加全国专业技术人员统考，实行“以考代评”，其他系列进行组织评审。取得任职资格后，是否聘任由单位领导集体研究决定。是年，厂（公司）对有职称但职称与工作不一致的人员，一律解除原待遇。

1995年，推荐上报3名职工晋升为助理政工师。其后，“以考代评”范围逐步扩大，中级、初级技术职称的资格取得转变为以参加人事局组织的全国职称统考和正规大中专院校毕业生“套定”为主，高级职称需报送国家局（总公司）高级职称评审委评定。

1996年，厂（公司）职称领导小组对126名专业技术人员进行年度考核考评，16名中级职称评定优秀4人、称职12人；初级110名，评定优秀22名，称职的88人。是年党委研究决定，投入6000元作为职称考核培训专项资金，购置各类科技书刊120册。

1998年8月，厂（公司）调整职称评定考核领导小组成员，负责全厂职称评审上报及考核工作。李新元任组长，8人组成，领导小组办公室设党委办，考核办主任由邓顺林兼任。

2000年，零陵烟叶复烤厂依据国家局、省局关于行业特种工岗待遇相关精神，对取得管理岗位中级以上技术职称并经厂部聘任的人员，每月可享受80元技术津贴。在岗中层及以上干部，不再享受技术等级和技术职称相应津贴。

2001年，根据国家局《关于烟草企业人事制度改革》的精神，零陵复烤厂实行“专业技术岗位实行岗位评价、择优使用”的用人机制，制定长期有效的绩效考核制度和考核办法，在聘任职数内，实行优胜劣汰，以适应现代企业管理。

2004年8月，零陵烟叶复烤厂制定对员工再教育实行奖励制度。其中，对通过全国统考取得律师资格证书、注册会计师资格证书的奖1000元；其他专业通过统考取得技术资格证书的，初级奖500元，中级奖

800元，高级奖1000元；属于评审通过的中级职称奖600元，高级奖800元。但弄虚作假者，按有关法律法规处罚。

2005年，有中级技术职称人员27人，初级技术职称人员54人。是年7月，实施《零陵烟叶复烤厂人事制度改革实施方案》，有127名职工自愿与企业解除劳动合同关系。之后统计，留有中级职称20人，其中工程师5人，会计师6人，统计师1人，经济师4人，政工师1人，其他3人；初级职称25人。

2007年8月10日，天顺公司成立以义胜辉为主任委员、8人组成的专业技术职务聘任委员会。之后如领导层人事变动，该委员随即进行调整。

至2015年，永州复烤厂共有专业技术职务人员54名，其中中级31人、初级23人。被聘任13人，其中中级6人，初级7人。

3.常德芙蓉公司　1986年建厂初期，有工程技术人员2人，其中，助理工程师1人，大学生1人。1988年8月，常德烟叶复烤厂划归常德卷烟厂后，复烤车间职工参与技术职称评定由厂部职改办组织。2007年底，公司有中级职称10人、初级16人.

2008年，根据《常德芙蓉烟叶复烤有限责任公司关于设置技术岗位的相应职称系列及专业要求》的规定，公司对已具备专业技术职务任职资格的专业技术人员予以择优聘任，任期三年。聘任名单：综合管理部秘书郭建斌为政工师、设备工程部部长郭惠斌为工程师、安全保卫部部长王新为助理政工师、综合管理部人力资源管理员周敏为助理政工师、综合管理部工会干事刘玉春为助理政工师。

至2015年，公司有专业技术职务人员32名，其中高级1人、中级9人、初级22人。聘用26人，其中高级1人、中级9人、初级16人。

4.湘西鹤盛公司　1999年9月，湘西鹤盛公司建成投产时，聘请李益忠为公司高级工程师，直到其2005年5月退休止。2005年9月5日，聘请李吉平为公司高级工程师，聘期三年，享受公司副部级岗位待遇。2013年9月，聘任杨永刚为安全工程师、龙友玉为审计师，享受中层管理人员待遇。

截至2015年底，湘西鹤盛公司共有专业技术职务人员48人。其中：注册会计师1人、注册安全工程师3人、高级会计师3人、高级工程师2人、会计师2人、审计师1人，经济师1人、政工师1人、电气自控工程师1人、建筑工程师2人、机械制造工程师1人、质量工程师1人，其他16人各系列初级13人。

5.浏阳天福公司　至2015年，公司共有各类专业技术职称人员24人。其中工程类：高级工程师1人，工程师4人，助理工程师5人；经济类：经济师1人；会计类：会计师5人，其他8人。

（四）职业技能鉴定

1987年6月20日，国家劳动人事部发布《关于实施技师聘任制的暂行规定》。1988年，中国烟草总公司发布《关于烟草行业实行技师聘任制的实施意见》，省烟草公司发布《实行技师聘任制实施细则》《实行技师聘任制的具体实施办法》，其中规定：产业工人7～8级技工、且高中以上文化者可参评技师，6级技工的技能高超、成绩突出者可报省公司批准后破格参评，参评比例控制在技工总数的2%以内。其后，郴州、零陵复烤厂曾开展技师评聘工作。

1994年7月5日国家颁布《劳动法》，规定："国家确定职业分类，对规定的职业制定职业技能标准，实行职业资格证书制度，由经过政府批准的考核鉴定机构负责对劳动者实施职业技能考核鉴定"。自此，各复烤企业遵照上级部署，开展以准入资格证（上岗资格证）为主的职业技能培训和鉴定，进入常态化。1995年，经劳动部批准，国家局在郑州设立职业技能鉴定指导中心。

1999年5月，《中华人民共和国职业分类大典》颁发，将国内职业归为8个大类，66个中类，413个小类，1838个细类（职业），其中，87个职业实行准入资格证制度。资格证书分为5个等级，第五级为初级工，第四级为中级工，第三级为高级工，第二级为技师，第一级为高级技师。由低级向高一级晋升，须持有原职级资格证书,有2~3年的岗位历练,并符合该职业技能规范条件,方可报名参考。

是年,按照行业上级部署,各复烤企业开始进行大规模职业技能鉴定。实施程序:公示,报名,资格审核,组织培训,然后由单位组织相关从业技术工人,参与当地劳动鉴定部门组织的“应知、应会”考核;“应知”即相关技术理论考试,“应会”即参加现场操作考核鉴定。单位报考人数多且具备现场考核鉴定场所、设备条件的,也可约请劳动部门到本单位进行考试和鉴定(专设考点)。

2004年,国家局组织的行业特有工种技能鉴定进入经常化,鉴定工作通过授权,由行业上级定期组织,当地劳动保障局劳动技能鉴定站进行过程和质量监督。自此,形成行业、地方劳动主管部门“两条腿走路”技能鉴定格局。

1.郴州复烤厂　1999年,湘南烟草集团根据省局部署,开展职业技能鉴定工作。成立技能鉴定工作领导小组,下设办公室具体组织实施。分四步进行:一是宣传发动,组织学习相关文件;二是调查摸底,确定参加鉴定人数;三是组织培训,合理解决工学矛盾;四是严格理论考试和操作考试,做到规范公平。是年至2001年,连续三年进行,全集团77个工种1718人参加鉴定,包括郴州复烤厂在内的部分车工、焊工、钳工、电工、修理工、锅炉工、烟叶检验工等技术岗位工人分批参加。

2002年,湘南烟草集团撤销后,改为由厂组织送培、参考。

2013年8月16日,厂成立专业技术(职业技能)评聘委员会和岗位职业技能等级评定委员会。专业技术评聘委员会主任委员朱自坚,副主任委员唐春平、尹朝珍、刘洪标,委员陈旺斌、周积清、丁运青、肖春湘、彭克勤。岗位技能评定委员会主任委员为朱自坚,副主任委员唐春平、尹朝珍、刘洪标,委员陈旺斌、何青、朱红武、赵广仁、段军、欧阳跃文、邓飞燕。其后,两个委员会随人事变动调整。

2014年,积极鼓励员工参加各类专业技术职称和职业技能资格的考评和认证,有1人获得人力资源师、2人获机修钳工技师、7人获高级营销师、5人获助理工程师及助理会计师任职资格。还有67人获高级计算机操作资格证。是年,通过积极争取,复烤厂成为湖南省烟草商业系统打叶复烤与烟机维修特有工种职业技能鉴定考点,分别有7人参加打叶复烤工,15人参加烟机设备修理工,8人参加烟叶分级工初、中级资格的鉴定认证,并顺利获得通过。

2015年,有两名员工分别取得高级物流师和高级安全工程师、两名取得五级和四级打叶复烤工、1人获得四级烟机设备修理工任职资格证书。至年末,全厂在职固定员工中有:在硕士研究生3人,大学本科81人;大专177人;高中、职高23人;初中3人。同时,持续不断的培训和多年的工作实践,使员工积淀一定的业务技术基础,通过参加劳动部门组织的劳动技能培训和鉴定考试,大批员工获得职业资格证和劳动职业高中级资格。其中:高级人力资源师1人,安全评价师2人,高级安全工程师1人,高级培训师1人,高级物流师1人,高级营销师40人。打叶复烤三级工4人、四级10人、五级9人,热风润叶工四级2人,烟草检验工3级3人,烟叶保管工四级4人,烟机设备修理工三级3人、四级6人、五级11人,烟叶分级工二级3人、三级7人、四级5人、五级12人,叶片复烤技师1人,预压打包操作员四级1人,各工种中级工12人,初级工61人。

2.永州复烤厂　1987年试产前夕,员工上岗实行先培训,达到要求后再上岗。全年送地、市劳动部门培训锅炉工3人,水处理工3人,电工2人。1988年11月15日,零陵烟叶复烤厂根据总公司、省公司开展技师评聘工作的文件精神,开展技师评聘。技师职务津贴标准,自受聘之日起,享受本厂中级专业技术职称同样待遇,按工种劳动强度、技术难度、责任大小,每月发给15~20元津贴。

1994年,外送司炉工、焊工、电工等特殊工种人员培训23人。1995年,外培12人次。其后,随着电梯应用,电梯操作工纳入特殊工种进行专门培训,需持证上岗。每年根据职工岗位变化和新设备、新技术运用,对特殊工种采取内培外送方法,掌握、更新知识,参加当地劳动部门考核,或者考取上岗资格证,做到完全持证上岗。

2000年，零陵复烤厂共有烟草行业特有(通用)工种技能等级人员148人，其中烟叶检验60人；复烤打叶19人；叶片复烤45人；烟机维修24人。依照相关精神，对取得职业资格人员的待遇进行规定：(1)取得烟草行业特有工种职业资格证书并经厂部聘用的中级工每月可享受30元技术津贴，高级工每月享受50元技术津贴。(2)取得劳动部门通用工种技术等级证书并经厂部聘用的中级工每月享受30元技术津贴，高级工每月可享受50元技术津贴。

2005年7月24日，复烤厂成立特殊工种技能等级评定小组，厂长吕明任组长，田国维任副组长，工会、人力资源部、纪检部门的负责人作为小组成员参加评定。对维修工、司炉工及打叶操作工进行等级评定。评定程序是理论考试、技能鉴定、厂部审核，以分值高低确定等级。其中，分值占分比例为个人素质15分，工作表现30分，理论测试20分，技能考核35分。65~75分定初级；75~90分定中级；90分以上定高级。

2006年5月17日，永州天顺公司针对维修工、电工、司炉工及打叶操作工的等级评定，制定并执行企业内部评审考核方案。采取100分制考评，个人素质占15分，工作表现占25分，理论测试占20分，技能考核占40分，每年考评一次。相关岗位各设一、二、三级，评定后其岗位工资分别为：一级700元；二级维修工、司炉工、电工800元，打叶操作工750元；三级维修工、司炉工、电工900元，打叶操作工800元。

至2015年底，永州复烤厂共有各类专业技术人员54人，技能等级人员105人，其中一级12人、二级10人、三级21人、四级47人、五级15人。持有上岗证的4人(叉车司机)。

3.常德芙蓉公司 2007年底，由于公司组建时员工主要来自常德卷烟厂，有技师4人，高级工22人，中级工78人，初级工3人。

2010年，公司开始参加当地劳动局或中烟公司组织的劳动技能鉴定，是年取得二级企业人力资源管理师资格1人。2011年，鉴定通过烟叶分级工五级2人、打叶复烤工五级12人。2012年，鉴定通过打叶复烤工五级4人、烟草检验工五级1人、烟机设备修理工五级5人、打叶复烤工四级2人。

2013年，鉴定通过烟草检验工四级2人。2014年，鉴定通过烟草检验工五级1人、打叶复烤工五级3人、机修钳工三级8人、维修电工三级2人。2015年，鉴定通过烟草检验工五级3人。

至2015年，公司共有各类、各等级职业技能等级技工105人，其中，二级工2人，三级工10人，四级工11人，五级工82人。内有上岗资格证人员45人。

4.湘西鹤盛公司 1999~2008年，公司对需持证准入岗位人员分批送培，全部取得上岗资格证。2009~2012年持续开展行业内职业技能鉴定工作，初步形成企业职业技能等级人才队伍。

2013年，公司参加当地劳动部门组织开展的司炉、叉车技能鉴定40人，通过了37人，其中锅炉五级工4人，维修电工五级3人，叉车五级工11人，叉车四级工11人，司炉四级工7人，维修电工四级1人。通过行业内职业技能鉴定打叶复烤五级工3人，烟叶分级中级工4人，烟叶分级初级工11人。

2014年，根据行业内技能鉴定工作新要求，规范、梳理各项工作流程。为加大专业技能人才的培养，公司增加《职业技能管理办法》，对通过职业技能鉴定人员的奖励加大力度，同时也对员工岗位技能等级做出相关要求：操作岗位工作1~2年需获得初级工等级鉴定证书，4~5年需获得中级工等级鉴定证书，且证书成为岗位竞聘、工资晋级的重要依据；7~8年需获得高级工等级鉴定证书，并享受80元/月的技能津贴；若多次考试不合格者，则扣减300~1000元不等，并取消年度工资晋级资格。《办法》规范技能鉴定的操作流程，推动技能鉴定工作的大力开展。

是年，通过积极争取，复烤厂成为打叶复烤与烟机维修特有工种职业技能鉴定考点，公司共有7人通过烟草行业特有(通用)工种技能鉴定，其中烟机设备维修初级工1人、中级工3人，打叶复烤中级工1人，烟叶分级中级工2人。同年，员工通过持续不断的培训和《员工自学奖励及报销制度》激励机制，积极参加劳动部门组织的劳动技能鉴定考试，大批员工获得职业资格证和劳动职业高中级资格。其中高级人力资源管理师1人、高级会计师1人、注册安全工程师1人、助理工程师1人、二级建造师1人、会计师3人、助理会计师1人、二级建造师2人。

2015年，公司行业内技能鉴定打叶复烤高级工3人、中级工4人、初级工4人，烟机设备修理工中级4人。是年，公司持证率为50%，比上年增长10%。三级以上技能人员比例达5%，首次获得行业内高级工，其中：高级招标师1人，高级会计师1人，注册安全工程师1人，高级项目管理师1人，二级人力资源师4人，数据库中级系统工程师1人，初级政工师1人，二级建筑工程师2人。

至2015年底，公司共有专业技能等级人员82人，其中：高级技师3人，技师6人，高级工6人，中级工42人，初级工25人。有上岗资格证人员98人。

5.浏阳天福公司　　2006~2012年，对需持证准入岗位人员分批送培，全部取得上岗资格证。持续开展行业内职业技能鉴定工作，初步形成企业职业技能等级人才队伍，并逐步完善技能等级晋级机制。

2013年11月，开展打叶复烤工、修理工种的初、中资格职业技能实操考评，9人获得相关证书。

2014年，结合行业技能鉴定工作的新要求，及时发布工作信息，认真组织员工参加各种考试。为提高通过鉴定和晋级机率，组织待鉴定人员进行模拟考试。逐步扩大鉴定范围，增加烟叶分级、烟草检验等工种，各鉴定1批次，29人通过鉴定。12月起，把员工岗位技能的晋升直接与岗位薪资晋级挂钩。

至2015年末，人力资源类4人：中级企业人力资源管理师3人、初级企业人力资源管理师1人；信息类2人：中级企业信息管理师2人；安全类2人：注册安全工程师1人、安全工程师1人。共有烟机设备修理工（复烤打叶）五级3名、四级7名，打叶复烤工五级7名、四级7名；烟草检验工五级1名、四级2名，烟叶分级工五级1名、四级7名。特种设备作业67人、特种作业28人。

公司共有专业技能等级人员82人。其中：高级技师3人，技师6人，高级工6人，中级工42人，初级工25人。

（五）老龄工作管理

1983年，郴州复烤厂有退休人员1名。1985年增至6名。其间，复烤厂的离退休人员统归地区棉麻烟公司人事部门管理。1986年5月，复烤厂移交烟草系统时，按照供销、烟草主管部门协商、地区行署批准的移交方案，复烤厂接收地区棉麻烟公司所属从烟退休人员14名。由厂人事部门管理。

1989~1990年，零陵、郴州复烤厂与原烟经理部合并组建烟叶生产购销后，离退休管理归属本公司（厂）人事科、工会管理。1992、1995年，零陵、郴州烟叶生产购销公司先后首次推行大龄职工"内退"举措。自此，企业"内退"常态化，退休、退养队伍持续扩大。

1997~2004年2月，郴州烟叶复烤厂先后并入湘南烟草集团烟叶分公司和郴州市烟叶购销公司，保留复烤厂企业名称，实行内部工商统一并表核算，财务、人员在内部未划分。其间，离退休人员先后由集团老龄委（部）和市局老龄委（老干科）统一管理，公司（厂）劳动人事部门和工会协助管理。

2000年6月，零陵烟叶生产购销公司撤销，分设烟叶购销公司和复烤厂。内退及离退休人员全部划归零陵复烤厂，由厂人事科、工会共同管理。

2004年2月25日，郴州复烤厂单列分设。为减轻复烤厂负担，厂属退休人员全部划属市局（公司），连同本厂30名内退员工的日常管理由市局（公司）人事科老龄委按住址分区划入各党支部负责，厂（公司）人力资源部协助管理。2005年，永州天顺公司有内退82人，退休65人。

2006年，天泰公司共有内退员工17名，由公司人力资源部直接管理，设有专干1~2人，在退休、内退人员中选有2名小组长，负责召集和联络。

吉首打叶复烤厂成立之初，无离退休人员。随着时间推移，对达到离退休年龄人员，均按照社会劳动保险制度办理离退休手续。股东单位委派人员的离退休由委派单位办理，复烤厂招聘人员的离退休由本厂（公司）办理。工业线3个公司均未实行过员工“内退”。

2011年7~8月，原在常德芙蓉公司工作的138名中烟身份员工回归常德卷烟厂主业，年龄偏大员工基本退出常德芙蓉公司。

至2015年，郴州复烤厂有退休人员21人，内退人员2人；永州复烤厂有退休人员135人，内退人员9人。湘西鹤盛公司共有退休10人，无内退人员。湖南复烤公司本部、常德芙蓉公司、浏阳天福公司均无退休、内退人员。

各复烤企业在各时期对离退人员的管理，按照国家政策和上级要求，并结合本单位实际情况，逐步完善制度，尽量提供优待和便利，以使退休、退养员工安享晚年。1.每年定期召开座谈会，通报厂（公司）生产经营情况，听取他们的意见和建议；2.定期进行健康检查，2006年企业改制后对退休、退养员工实行一年一检，以利有病早治、无病预防；3.定期组织开展党员活动、政治学习等，保持组织观念和组织纪律性；4.定期组织老龄活动。如歌咏、门球赛、乒球赛、柔力球赛、棋牌赛、书画征文赛、老年保健知识讲座等，鼓励参加老年大学学习，学费报销；厂（公司）的集体娱乐活动邀请参加；5.厂（公司）的职工代表大会等涉及员工切身利益的重要会议邀请老年代表参加；内退员工的工资按规定发放，待遇逐年提高；离退休员工由劳动社会保障局发放基本养老金和个人养老金，医疗全部投保。6.提供一定的老年活动场所。其中，郴州复烤厂于2008年，投资50多万元，对司马洞厂区大门5间闲置门面进行装修，设立新的职工活动中心，配置空调、多种健身娱乐器材，订有数十种报刊杂志，内设阅览室、健身室、棋牌室、乒乓球室，可开展丰富多彩的娱乐、健身、学习活动。7.对逝世者后事处理提供一定的帮助。通过诸多努力，离退休管理基本做到“五有”：老有所为、老有所养、老有所学、老有所医、老有所乐。

第四节　专卖监管

烟草专卖法规，在赋予烟草专卖行政管理部门以烟草市场管理职责的同时，也对烟草行业内部的生产经营活动制定严格的行为规范。1990年起，全省烟草行业全面实行经济、政工“双目标”管理；1991年设置“专卖管理”（主要指内部违法违规）为“一票否决”项之一。2000年，全国烟草行业开展烟叶流通秩序大整顿，各单位均成立整顿领导小组，下设整顿办。2002年，各单位整顿办转为专卖内管办，长期配备专职人员经办专卖内管事务。之后，国家局为促使行业管理规范化，对专卖内部监管规章愈加细化，涵盖面愈加扩宽，处罚力度加大，成为行业内不可触碰的“高压线”。烟草行业依法治企，内管严密，管理制度化、规范化格局形成，促使效益迅猛增长。历年来，省内复烤企业按照国家专卖法规，注重内管，逐步整改，渐趋规范。

一、监管机构

（一）湖南复烤公司

2012年，公司本部设立内部专卖监管工作领导小组，并设内管办，负责对所属两厂的内管工作进行指导、检查督促、统计。

（二）郴州复烤厂

1986~2001年，复烤厂的内部专卖监管由地区（市）烟草专卖局直接负责，定期检查，并从1990年起纳入年度目标管理“一票否决”指标，年终进行考核。平时遇有涉及专卖监管专项事务(如烟机报废处置等)时，则由地(市)局派专卖管理人员到厂(公司)进行现场指导监督处置。

2002年，郴州市烟草专卖局设立整顿办，专抓内部经营秩序的整顿，郴州市烟叶购销公司(复烤厂)配备内部监管员，主要负责相关信息的汇报与联络。

2004年4月，复烤厂重新单列。按照国家局加强内部专卖监管的要求，复烤厂分设后设立整顿办，分管领导李红玲，负责人丁运青，专职人员刘淑珍。

2006年3月，天泰公司成立内部专卖管理监督检查工作领导小组，由总经理刘勇智任组长，各分管领导为副组长，业务部、办公室(整顿办、纪检监察)、生产设备部主要负责人为成员。领导小组下设执行组，公司党总支副书记兼任组长，相关部室主要负责人为副组长，负责行业有关精神学习培训等具体内管事项的组织协调。8月，根据上级文件精神和实际工作需要，对组织机构进行调整充实，成立专门的内部专卖管理监督工作领导小组，下设内部专卖管理监督办公室(简称内管办或内控办)。

2008年6月，刘勇智调离，崔建军接任公司总经理。是年8月18日，天泰公司内部专卖管理监督工作领导小组调整为：组长崔建军，副组长李红玲、朱自坚、尹朝珍、刘建国、林朗，成员为各部门负责人。领导小组下设内管办，其办公室设在公司综合部：内管办主任何青，主持内管办全面工作；监督员李凤英。相关部门各设内管工作联络员一名：业务部资捷，生产部吴晓梅，财务部黄聪，负责本部门与内管办的联络工作。

2015年，为满足易地技改搬迁新设备、新工艺的要求，确保内部专卖管理监督持续健康开展，不断提升内部专卖管理监督能力。10月27日，调整内部专卖管理监督领导小组，由厂长尹朝珍任组长，相关领导任副组长，部门负责人及综合部内管员、综合部信息联络员、客服中心废弃物管理员和客服中心、生产部、安全保障部、财务企管部联络员为成员，形成“主要领导负总责、分管领导具体负责、内管办日常协调、各部门齐抓共管”工作格局。

(三)永州复烤厂

1987年，零陵烟叶复烤厂建成运作后，内部专卖由地区烟草专卖局直接监管。

1997年6月5日，零陵烟叶生产购销公司设立法制科，编制4人，负责对职工的法制教育和对企业生产经营的合法合规监督。1999年3月17日撤销法制科，其原有职能并入监察审计科。

2000年4月18日，厂成立“整顿烟叶流通秩序领导小组”，由10人组成，王新友任组长，负责领导和组织烟叶流通秩序整顿工作。

2002年，永州市烟草专卖局设立整顿办，专抓内部经营秩序的整顿，零陵烟叶复烤厂配备内部监管员，主要负责相关信息的汇报与联络。

2003年，永州市烟草专卖局专卖科派出2名专卖管理员进驻复烤厂，负责现场专卖管理监督。后于2013年撤出，以本厂自我监督管理为主。

2005年8月7日，成立零陵烟叶复烤厂整顿规范市场经济秩序领导小组，由22人组成，厂长吕明任组长，领导小组下设整顿办，办公地点设纪检监审室。

2006年11月16日，根据湘烟法〔2006〕372号文件，天顺公司成立内部专卖管理组织协调办公室，钱建华任办公室主任，朱彬为专卖管理联络员。同日印发《内部专卖管理组织协调办公室及联络员职责》。企业依法组织生产经营的内控制度得以强化，建立起企业自律长效工作机制。

2007年8月28日，根据内部管理监督工作要求，调整“整顿和规范烟草市场秩序领导小组”成员，17人组成，总经理义胜辉任组长，领导小组下设办公室(纪检监审室)，由朱彬任办公室主任。

2012年4月24日，成立整顿规范市场经济秩序工作领导小组。厂长义胜辉任组长，副书记、副厂长任副组长，各部门主要负责人为成员，下设办公室（简称整顿办），具体负责整顿规范工作。

2013年8月7日，对厂内部专卖管理监督领导小组进行调整：组长盘勇卫，副组长敖平、李廷云、刘华友，各相关部门负责人为成员。领导小组下设内管办，办公地点设综合管理部。周先鹞兼任内管办主任。26日，设立厂法规办公室，与综合管理部合署办公。周先鹞兼任法规办主任，邓杰文兼任副主任，蒋永红兼职法规干事。

2014年6月12日，调整厂整顿规范市场经济秩序工作领导小组，组长盘勇卫，副组长敖平、李廷云、刘华友、刘勇军，成员是各部门负责人。下设办公室（简称整顿办），由贺成兼任办公室主任，李燕任办公室干事。

2015年，复烤厂调整内部专卖管理监督领导小组，14人组成，厂长盘勇卫任组长。下设内管办，黄志平兼任主任。各相关部门设立内部专卖管理监督联络员：财务企管部陶英，客服中心文泓人，打叶车间钟英，机修动力车间姜峰。并再次修订内管办及主任、内管员工作职责。

（四）常德芙蓉公司

1986年11月至1988年7月，常德烟叶复烤厂专卖内管事务由常德地区烟草专卖局监管。1988年8月1日划归常德卷烟厂后，复烤车间的专卖内管事务由卷烟厂处置。

2005年11月，常德芙蓉复烤公司成立后，按照专卖内管要求，成立内部整顿工作领导小组，组长先后由总经理石瑞林、王红刚、侯军担任，副总经理任副组长，各部门负责人任成员，下设整顿办公室（内管办），负责专卖内管事务的联络和办理，以及资料整理、报表统计。

（五）湘西鹤盛公司

2005年8月，吉首打叶复烤厂成立内部整顿工作领导小组，总经理伍亚光任组长，副总经理汤绍凡、张其龙、魏湘利任副组长。下设内部整顿办公室，负责组织公司内部自查自纠，由左亮华负责，财务部、市场部、计划部各派一名员工兼任整顿办工作。

2008年2月26日，湘西鹤盛公司对内部整顿工作领导小组及内部整顿办公室进行调整补充，增加副总经理刘本贵为副组长，左亮华任内部整顿办公室主任，陈为纲、周孝惊任副主任，饶胜峰担任专职专卖员、龙友玉、龙洪洲、沈德平为成员。同时决定由饶胜峰担任内部整顿工作联系员，负责公司与湘西州烟草公司、省中烟公司等部门进行内部整顿工作联络。

2010年10月13日，因公司组织机构进行调整，对原内部专卖管理监督办公室全体人员进行解聘，重新任命如下：公司总经理张其龙任内部专卖管理监督工作领导小组组长，副总经理刘本贵、张晖、魏湘利、财务总监张勇任副组长。下设办公室，主任左亮华，副主任周孝惊、李吉平、陈万勇，成员龙友玉、龙洪洲、沈德平。

2011年7月20日，公司解聘原内部专卖管理监督办公室全体人员，重新任命：张其龙为内部专卖管理监督工作领导小组组长，刘本贵、张晖、魏湘利、张勇为副组长，周孝惊为办公室主任，李吉平、陈万勇、向海涛为副主任。饶胜峰（专职）、龙洪洲、舒悦、熊琳、沈德平为组员。25日，公司将内部整顿领导小组办公室主任调整为罗赤敏，副主任为周孝惊、李吉平、陈万勇，成员为龙友玉、龙洪洲、陈世海、沈德平。

2012年7月18日，公司对原内部专卖管理监督办公室人员进行解聘，重新成立内部专卖管理监督工作领导小组：组长张其龙，副组长刘本贵，成员张晖、魏湘利、张勇，设立内部专卖管理监督办公室：主任陈万勇，副主任向海涛、李枝军，成员饶胜峰（专职）、龙洪洲、舒悦、张明茂、熊琳。2013年9月22日，内管办副主任向海涛换为邓小义，成员换成欧娟（专职）、龙友玉、饶胜峰、石斐、商凌燕、李贵杨、姜权、文英。

2015年4月24日，公司再次调整公司内部专卖管理监督办公室人员：主任陈万勇，副主任许志龙、邓小义、李枝军，成员欧娟（专职）、龙友玉、饶胜峰、石斐、商凌燕、叶青、张明茂、文英、舒悦、熊玲、尚玉珍。

（六）浏阳天福公司

公司自成立运作后，于2006年9月设立专职专卖内管人员，11月，公司成立烟草专卖内部管理工作领导小组，公司总经理李昌平任组长，副总经理唐美洪、王先义、李杰、李振江担任副组长，组员有刘天翊、严钦德、刘春芳、娄筱维、姚清乔、熊胜，领导小组下设内部专卖管理监督办，由安综办主任主持日常工作。同时，鉴于本公司距离市区较远，长沙市烟草专卖局派出专职专卖管理员1人长驻公司，帮助政策把关和事务处置办理。公司先后制定一系列专卖内管制度，主要有：《内部专卖管理制度》《内部专卖管理监督办公室工作职责》《内部专卖管理员工作职责》《内部专卖管里监督办公室工作流程》《内管办责任追究制度》《废次品收发管理制度》《成品收发管理制度》《专卖信息上报制度》《专卖工作联系制度》，形成公司专卖内管制度化、规范化、日常化、长效化管理机制。

2009年10月19日，鉴于人事变动，公司调整内部专卖管理监督工作领导小组：总经理李昌平任组长，副总经理刘又石、王先义、李杰、李振江任副组长，组员严钦德、刘春芳、娄筱维、姚清乔、熊胜，副总经理刘又石为分管领导。严钦德任内管办主任，李捷、林深、刘霞任副主任，蒋文君、王运韬为专干，孙玉辉、刘波兰、吴武江、丁慧宁为组员。内管员李姣姣为专卖管理联络员，业务部设2名专卖内管员。形成专管机构、公司、基层三级专卖管理内部监督网络体系。

二、生产许可

国家对烟草实行专卖管理以后，烟草制品生产必须取得国家局批准并颁发《烟草专卖生产许可证》方可进行，否则为非法厂家。1984年9月10日国家局发布《烟草专卖条例施行细则》，并附录公布准予生产的烟草企业名录，郴州烟叶复烤厂为其中之一。

1993年8月18日，国家局发布第1号公告，第一批公布全国工业线烟草专卖生产企业名单及其烟草专卖生产许可证号码，其中湖南省内23家，烟草复烤企业只有郴州、零陵2家，其烟草专卖生产许可证号为：郴州烟叶复烤厂0218081，零陵烟叶复烤厂0218082。按国家局规定，生产许可证一般五年一换。常德卷烟厂复烤车间凭该厂烟草专卖生产许可证组织生产。

1999年，吉首打叶复烤厂投产。2000年8月，国家局颁发的烟草专卖企业生产许可证，证号为1143310127。2004年9月25日，长沙卷烟厂与湖南省烟草公司湘西自治州公司批复同意吉首打叶复烤厂更名为“湘西鹤盛原烟发展有限责任公司”。企业变更申领烟草专卖许可证，证号不变，有效期五年。

2005年9月15日，郴州天泰烟叶复烤有限公司挂牌成立，公司申领新烟草专卖生产企业许可证，证号为1143100332。是年10月14日，浏阳天福打叶复烤有限责任公司获得国家烟草专卖生产企业许可证，证号为：1143010328。是年12月28日，永州天顺烟叶复烤有限公司挂牌成立，企业变更申领烟草专卖生产企业许可证，证号不详。各厂（公司）生产许可证许可范围皆为：烟草专用机械购进、烟叶加工。

2011年9~11月，郴州天泰、永州天顺公司整合为湖南烟叶复烤有限公司，形成“一家公司，两个生产点”体制，2012年1月12日，国家局为3家复烤企业颁发烟草专卖许可证。湖南烟叶复烤公司生产许可证号为1143100520，许可范围：烟草专用机械购进、烟叶加工。湖南烟叶复烤有限公司郴州复烤厂生产许可证号为1143100528。湖南烟叶复烤有限公司永州复烤厂生产许可证号为：1143110527。两厂许可范围改为：按法人企业委托从事烟叶加工业务。

2015年9月1日，由国家局核发常德芙蓉烟叶复烤有限责任公司烟草专卖生产企业许可，证号：1143070337。

三、烟机监管

烟草专用机械属国家专卖品之一，复烤企业对本单位的复烤专用设备的购进、处置均应严格依法办理，以利于国家对烟草专用机械产销的宏观控制，淘汰、报废的烟草专业机械不外流到地下烟厂，防止烟草制品制假造假，扰乱经济秩序，烟税流失。烟机监管，是烟草专卖内管重点内容之一，违者依法重罚。

（一）烟机购置

按照烟草专卖法规，烟草专用机械由国家局定点生产；进口烟草专用机械，须由国家局专门批准。省内各复烤企业，开办之前均得到国家局批准；筹建之时，对所需烟草专用机械，由筹办单位申请，报省烟草专卖局审核，再上报国家局批准。获批准后，即可携批文到国家局各定点生产厂家看样订货，之后定购买入。原装进口烟草专用生产线，报国家局批准后，与烟草进出口公司衔接进货。生产线到货后，一般由生产厂家派安装队伍指导安装、调试、培训操作方法，用户全力配合。对复烤企业而言，烟草专用机械主要是指复烤生产线、烟叶回潮装置、人机结合选叶生产线，及其配套的专用机组，甚至包括其主要零配件，必须在国家局定点厂家购买，不许购买非定点厂家货或走私货。锅炉、鼓风机、压风机、铲车、叉车、抱车、电瓶车、汽车、斗车、拖车、一般电脑、空调、除湿机、电梯、货架、工作台、地磅、磅秤、各类检测仪器、水电器材、灯具等，则属于通用机械设备，可在社会市场购买。

2000年1月1日，国家《招标投标法》实施。2003年1月1日，国家《政府采购法》实施。自此，省内烟草行业开始对物资采购普遍实行“阳光采购”，烟机专卖设备项目由具有经营资格的单位参与竞标，通过委托中介机构招投标公司面向社会竞标，自始至终体现公开、公平、公正的原则。

各复烤企业在复烤专用机械安装投产后，遇到因技改、维修需要更换机组、主要零配件情况时，一般按批准的技改、大修计划在国家局定点生产厂家购买，可以货比三家，讨价还价，但不可到非定点厂家购买。

2008年，国家局全面开展“三项工作”（物资采购、投资、广告宣传）检查整顿后，各复烤企业均将烟草专用机械及其机组、主要零配件的采购纳入“单一渠道来源”物资采购范围，严格监管。

自20世纪80年代实行烟草专卖制度起，至2015年，全省各复烤企业共购进双幅挂杆复烤生产线7条，其中郴州厂3条、桂阳厂1条、零陵厂2条、芙蓉公司1条；打叶复烤生产线11条，其中郴州厂3条、零陵厂2条（其中原装进口1条）、芙蓉公司3条、鹤盛公司2条、天福公司1条，皆严格履行先批准后购买手续。其间，由于设备更新换代和大修，大量机组被拆换，新购机组及主要配件，皆严格按照相关规定在定点厂家采购，均未发生过违法违规案例。

（二）烟机报废处置

1990年，郴州复烤厂单幅挂杆复烤线报废拆除。2002年，遵照国家局“限期淘汰挂杆复烤线”的指令，省内复烤企业挂杆复烤线报废拆除4条，其中，郴州复烤厂3条，常德卷烟厂复烤车间1条。2003年，拆除3条挂杆复烤线，其中，零陵复烤厂2条，桂阳复烤厂1条。2000年，常德卷烟厂仿科马斯打叶生产线拆除。2014年，常德卷烟厂原打叶车间仿玛克打叶生产线拆除，郴州复烤厂原仿科马斯打叶生产线（后改为仿玛克6000公斤/小时节能型）拆除。

各复烤企业的烟机拆除时，均由省、市烟草专卖局派出专卖管理员现场监督，进行现场录像、照相，以电焊、气焊方式将生产线分块切割，兼以砸毁，然后分件记录，堆放集中，由本单位人员和专卖管理人员押运到省局指定的钢铁厂（一般为湘潭、涟源钢铁厂）进行融烧销毁，并全程监督销毁过程。对技改、大修撤换的专用机组、配件，以及库存不适用的专用配件，皆先清点堆放，临销毁处置前，请省市烟草专卖局专卖行政管理人员到场，鉴证之后方可销毁。一切烟草专用机械设备、配件，销毁过程完结后，均据实填写各类相关表格，写明销毁过程，连同影像资料，上报省局和国家局审查备案。再拆除、技改更新过程中，某些具有价值的机组、零配件需要留用的，须专题向烟草专卖机关申请，得到批准后方可留用。

另外，根据烟草专卖法规，计划内烟草厂家不得向计划外烟草厂家、地下烟厂提供任何设备、零部件和技术帮助以及修理、组装烟草机械，省内各复烤企业对此执行坚决。

历年来，省内各复烤企业对烟机管理十分规范，确保烟机购进来路正当合法，淘汰、报废的烟机及配件没有流入非法厂家的现象，未发生过违法违规事件。

四、生产营销监管

1983年11月1日，国务院《烟草专卖条例》实施。1984 ~ 1985年，省内地州市、县市烟草专卖局相继设立。组建初期，烟草业整合上划尚未完成，各方利益纠葛很多，法规执行难以一步到位。

1987~1988年，湘南烟叶主产区一度出现“多头购销”“烟草大战”，烟叶外流严重，曾一度造成复烤厂加工来料极度短缺。为保生存，郴州复烤厂于1987、1988年经上级烟草主管部门授权，曾在本厂自设收购点开展烟叶收购、直接到基层站点上调烟叶，自行复烤获取一定加工费后，移交原烟经理部调拨。

1989年，全省烟叶业务实现全部上划、“一条鞭”管理，烟叶业务运作逐步走向规范，烟叶收购、调拨分别需持省级烟草主管部门核发的《烟叶收购许可证》《烟草专卖调拨许可证》(1998年改为《烟草专卖批发企业许可证》)，不得无证从业；加之烟叶经营秩序转好，复烤厂加工原料得到基本保障，此后，各复烤厂严格执行烟草行业内部职能划分，再未开展过烟叶购销业务，成为烟叶复烤专业厂家。

1989~1990年，零陵、郴州复烤厂先后与所在地区原烟经理部合并组建烟叶生产购销公司，并保留复烤厂企业名称，之后的十余年合并期间，如遇复烤加工原料不足问题，皆以烟叶生产购销公司名义出面，到外地购进烟叶，复烤厂专司复烤加工。公司(厂)内部专卖管理，定期接受地区烟草专卖局检查。平时遇有涉及专卖监管专项事务时，则由地区局派专卖管理人员到公司(厂)进行现场指导、监督处置。

当时，烟叶复烤皆采用挂杆工艺，不产烟梗，碎烟片一般回收给委托加工方，变质、污染、冲烧霉变烟叶和复烤后的烟末烟灰均运到指定地点(垃圾场)焚烧、填埋销毁，地区局派出专卖管理员到现场监销。焚烧处理需彻底燃尽；填埋处理一般先与环卫处事先联系配合，需选择坑洼地形将烟草废弃物卸入，然后由环保车将垃圾卸加其上，并请垃圾场的推土机再推土掩埋，然后压实。现场监督人需亲见处理完毕，方可撤走。

烟叶调拨方面，对计划外烟厂和烟贩子找上门来求购烟叶，面对高出调拨价购烟、比例回扣、物资串换(如以汽车、彩电、冰箱、走私卷烟等换取烟叶)、收购残次烟等种种利诱，均一律拒绝，烟叶只按规定卖给合法烟厂。严禁为系统外单位和烟贩子提供场地、资金、设备、经营证件和银行转账方便。烟草运输准运证制度执行严格，各地在主要路口综合设卡检查，凡无证运输烟草专卖品的，不分系统内外，一律拦下，依《烟草专卖条例实施细则》的规定，分类处罚，或没收，或折价收购并处罚款，对内部违规者亦依法处罚。

1991年起，全省烟草行业将“专卖管理”(主要指内部违法违规)列为每年度目标管理设为否决项之一，即使“双目标”考核达标，而“专卖管理”出现重大问题，亦取消单位年度评先资格和年度目标管理奖，并对责任者视情节轻重，分别予以处罚。自此，各复烤厂对生产营销工作进行内部监管的力度加大。

是年11月，零陵复烤厂原装进口科马斯打叶复烤生产线投产，开省内打叶复烤产品先河。所产附产品烟梗，委托加工单位需要的，皆归还其主，用以制作薄片烟丝，掺兑制作卷烟；委托加工单位不要的，复烤厂可销给行业内合法单位，或委托省烟草进出口公司加工出口；对销不出积压的，报请当地烟草专卖局批准，实施就地处置，一般拉到垃圾场进行焚烧或掩埋。处置过程的要求与其他烟草废弃物处置相同。其后，郴州复烤厂、常德卷烟厂打叶生产线投产后的烟梗及其他烟草废弃物处置方法，与此相同。

1992年1月1日，《中华人民共和国烟草专卖法》实施后，卷烟、烟丝、复烤烟叶、烟叶、卷烟纸、滤嘴棒、烟用丝束、烟草专用机械均以法律形式列为烟草专卖品，其生产、收购、销售、运输、邮寄，皆需依法进行。对小烟厂、地方烟厂的兼并、赎买、撤销工作持续进行，力度加大。3月，郴州地区局发布《关于烟叶省内运输由地区烟叶生产购销公司统一代办准运证的通知》，要求运往区外的烟叶均由郴州地区烟叶购销公司代办省内准运证并加盖"烟叶专用"章。区内运输由地区烟叶购销公司在准运证上加盖"郴州地区运输烟叶专用，出区无效"的专用章，以防作假。

1995年，零陵烟叶生产购销公司（厂）及零陵辖区各县（市）烟草公司首次签署《守法经营责任书》，向地区烟草专卖局递交。这一形式，此后延续多年，每年一签。1996年，零陵烟叶生产购销公司（厂）在签署递交《守法经营责任书》的同时，向地局缴纳守法保证金2万元。《责任书》规定，年度内无专卖违法违章行为的，年底退还全部保证金，成绩显著者，地区局给予奖励；若发生违法违规行为者，视违法违章情节和涉案金额，对责任单位和责任人进行处罚。

1997年，省烟草系统贯彻落实国家局海南会议提出的"强化内部管理，坚持内管外打"的工作方针，明确各单位一把手为专卖管理第一责任人，将履行专卖管理职责纳入一把手任期目标，并与领导个人经济利益、单位目标管理考核、评先评奖挂钩，兑现奖罚。4月16日，零陵烟叶生产购销公司（厂）保卫科及时查处和制止厂内职工擅自处理废烟事件，为企业挽回经济损失2万元，对相关人员进行不同程度的处罚，给予保卫科奖励2000元，并通报表彰。随后，该公司（厂）开展专卖内管自查整改。7月，成立法制科，加大整改力度。

是年11月，国家局发布《关于强化烟草行业内部专卖管理的若干规定》，涉及复烤企业的规定主要有：卷烟厂、烟叶复烤厂、烟丝厂不准到烟叶产区直接收购烟叶，不准与行业外单位联办烟叶基地，不准从没有烟叶种植计划地区的烟草公司及行业外单位或个人购进烟叶和烟丝，不得为无烟草专卖批发许可证或委托批发许可证的单位以及只有零售许可证的单位或个人提供货源，不得从无烟草专卖生产、经营许可证的企业购进卷烟纸、烟用丝束和烟草专用机械；烟叶调出单位或烟叶复烤厂必须按照上级下达的计划调出或调进烟叶，不准擅自调拨烟叶；烟叶原则上不搞跨省复烤，不准为系统外单位或个人复烤加工烟叶；省际间的烟叶购销必须根据国家计划由国家局统一安排，并签订合同；烟叶经营单位不准将烟叶、复烤烟叶、烟丝销售给无烟草专卖生产许可证的单位或个人；不准为系统外单位或个人经营烟叶、复烤烟叶提供合同、许可证、准运证等便利条件；与外商签订的出口烟叶合同，必须有中国烟草进出口总公司审核签章后方可执行；批发企业须持有批发企业许可证，并在许可权限范围内开展购销活动；烟草公司委托批发单位，不得超出规定范围进、供货；各级烟草公司开办的多种经营企业一律不准从事烟草制品的批发业务；等等。对这些规定，省内各复烤企业均严格执行。

1999年2月起，省内各复烤企业贯彻落实国家局《烟草行业行政处分暂行规定》。该规定主要针对1997年11月《关于强化烟草行业内部专卖管理的若干规定》中列出的内部违反烟草专卖管理类的错误进行处罚。违者，对直接责任人和负有领导责任者一并予以严肃处理，严重的直至撤职、开除公职。是年，随着湘西吉首打叶复烤厂投产，省内复烤企业增至5家，即：郴州、零陵、常德（车间）、桂阳、吉首复烤厂。各复烤企业，通过组织员工对国家局内管文件的学习教育，规范经营观念大有提高。

2000年，国家局部署开展全国烟叶流通秩序大整顿，严格规范经营，"厂县直调"取消，烟叶经营权复归市（地区）级烟草公司。这次整顿，从4月开始。郴州、零陵等烟叶生产购销公司、复烤厂均成立整顿烟叶流通秩序领导小组，经理、厂长任组长，下设办公室。主要开展四个整顿：1.思想整顿。组织全体员工学习国家局、省局的文件和会议精神以及国家局编辑的《整顿烟叶流通秩序学习文件汇编》，统一思想认识。2.业务整顿。由审计监察和财务、购销、外贸等部门主办，就1998年2月1日以来的每一笔烟叶经营业务分别列表登记，其中又细分为烟叶加工、购进销售（国内、出口）。自查工作，严格按照“五查”进行：查合同、查烟叶购销渠道、查准运手续、查资金流动方向、查等级和数量；坚持实事求是的原则，根据自查结果如实填写《企业自查登记表》，向市局写出自查工作报告，随后由市局组织“回头看”进行复查。3.组织整顿。在企业内大力开展法制教育和各项内管规定教育，树立规范经营观念，并对整顿中发现的违法违纪线索及时查处，决不姑息纵容。其中，零陵烟叶生产购销公司（厂）对挂杆车间主任刘某擅自变卖废烟事件给予撤职处分。4.制度整顿。针对整顿发现的问题，认真总结经验教训，进一步建立和完善各项规章制度，强化内部管理。改进烟叶调拨营销合同、准运证、货款结算等方式，对烟叶发货，特别要求一个合同只配一个准运证。整顿过程中，零陵烟叶生产购销公司于6月分设为烟叶购销公司和复烤厂两个单位，复烤厂成为纯加工企业。12月，各复烤企业烟叶流通秩序自查工作均获得省公司烟叶流通秩序检查组验收。各企业普遍实行内部专卖管理领导责任制，严格责任追究，内部专卖管理逐步迈向规范化。

2002年，国家局“原烟交接，委托加工”的规定在省内全面实施。烟叶复烤加工普遍实行合同化，并参照国家局标准版本样式。11月14日，省局印发《关于对烟梗、烟末、废烟丝、烟叶碎片、废次烟叶管理的暂行规定》，该规定较以前更为仔细，要求更严格。省内各复烤企业及时组织相关科室和人员进行专题学习贯彻，把专卖监管工作纳入生产经营考核内容。

是年，吉首打叶复烤厂注重抓好专卖内管制度完善与日常监管两个核心。在制度建设方面，先后建立专卖内管相关制度15份，突出专卖体制下行业“注重自律”、“提高效率”两大要求；在业绩考核体系中，实行专卖管理“一票否决制”，即业绩再好，如发生专卖违规案件，上级对公司、公司对部门、部门对当事者个人，都得给予严厉的行政处分，并取消年终奖、一定期限的月奖、年度评先资格。在日常监管方面，内管办通过日常工作监管和针对问题严肃处理两个措施，建立科学高效的监督、检查和考核机制。公司从原烟入库、加工，到成品产出、发货以及废料处理各个环节，实行保管、统计核算和内勤三层把关，定期核实帐、物、证是否相符。针对各环节出现的问题，采取谁出问题谁反馈和三不放过（即：在调查、处理事故时，必须坚持事故原因分析不清不放过，事故责任者和群众没有受到教育不放过，没有采取切实可行的防范措施不放过的原则）的工作方法，提高专卖内管工作效率，强化员工的专卖意识。对废烟梗、烟末、废烟叶、碎片等附产物的处理，公司全权委托生产计划部，签订责任合同，运出厂区，倒入本市指定垃圾场进行现场监督处置，防止专卖品废弃物被人捡拾、转手倒卖或流入制假窝点，扰乱行业流通秩序。

2003年，湘西鹤盛公司在锅炉房旁边自建焚化炉一座，部分残次、废弃烟草加工副产品剩余物转为在本厂焚化炉进行焚烧处置。因焚化能力有限，部分残次、废弃烟草加工副产品剩余物统一送至省局定点的常德市汉寿县正阳化工有限公司集中销毁。

2004年4月，郴州复烤厂分设单列，该厂随即成立内部专卖管理监督工作领导小组和内管办，相关机构、人员、办公场所均得到落实，建立起“主要领导负总责、分管领导具体负责、监督领导小组为主、内管办日常协调、各部门齐抓共管、市局驻厂监督员全程监控”的工作机制。机构成立后，随即理顺内部专卖管理监督工作流程，完善内管规章，对生产经营的所有环节进行监督、控制。修订30余种记录表格，成品出厂增加安保门卫核对登记、凭证放行管控举措，定期按照公司有关规定组织对原烟、成品仓库的库存商品进行盘点，建立清晰的账本，做到帐、证、物相符。对烟叶仓库、精选车间、业务部数据室等部门相关岗位的职责进一步明确、细化。加强网络信息化建设，公司为烟叶仓库保管员、核算员及数据统计室的等岗位配备电脑，仓库保管员、精选车间每天准时将相关报表上报业务部数据统计室，数据流程的传递速度和准确性大幅提高。

2005年6月27日，国家局发布国烟专〔2005〕377号《烟草行业内部专卖管理监督实施意见》，对从事烟叶复烤加工企业专卖管理监督的重点是：1. 按照烟草专卖法律、法规及有关规定签订复烤烟叶加工合同，禁止无合同、超合同加工。2.按照烟草专卖法律、法规及有关规定执行加工合同，复烤烟叶按加工合同交付给委托方，禁止经营烟叶。

7月，国家局、省局接连召开整顿规范工作电视电话会议，要求以"整顿与规范并重，查处同整改并举"主线，坚持"自查为主，突出重点，整改提高，区别对待"的原则，着力查处在"无合同加工，超合同加工"、"专卖准运证手续"、"烟梗、碎烟、废霉烟管理"等方面存在的违规违纪问题。各复烤企业均随即制定整顿市场经济秩序工作实施方案，开展自查自纠。8月，湘西鹤盛公司进一步明确烟叶加工过程的专卖监管流程，印发《烟叶加工中的专卖工作程序》。

2006年，国家局下发国烟法〔2006〕375号《关于加强残次和废弃烟草专卖品管理的通知》。常德芙蓉、浏阳天福等复烤公司皆随即设立内部整顿工作领导小组，下设整顿办公室（内管办），负责专卖内管事务的联络和办理，以及资料整理、报表统计。对生产经营过程进行专卖监管的基本做法是：

1.原料接收把关：通过与委托加工单位签订合同后，接收他们委托复烤加工的原料。原烟运输的准运证由烟叶产地所属市级烟草公司办理，原烟到货后，原烟库保管员对照准运证、烟叶调拨单内容，确认数量、等级、日期、到货地点等一致无误后，办理入库手续，建立原烟入库台账，并在准运证上加盖"货已收讫"印章。将证件、调拨单及台账转交专卖内管员，专卖内管员将资料整理后交档案室存档备查。原料进货不得接受非烟单位来料，不与私营烟贩和"烟草中间商"打交道，不到烟草产区擅自收购烟叶，只与各省市烟草行业正规公司、厂家发生业务往来。

2.加工合同把关：不得无合同、超合同加工烟叶，不得为系统外单位加工烟叶。

3.发货准运把关：成品加工完成后，在规定的时间内及时返回给各委托加工单位，不得私自截留、转卖；相关业务部门开具《成品（废次品）发货计划单》《成品放行单》《成品（废次品）发货通知单》，专卖内管员核实各单成品的内容及数量，登陆"专卖证件管理系统"网络，申办《调运单》，确保调运单内容与实际发货的内容一致。《调运单》申办完毕后，再登陆"专卖证件管理系统"，根据调运单内容填报申办《烟草专卖品准运证》，经市级烟草专卖局有关部门审批后，打印证件，随货同行。

4.残次、废弃烟草专卖品处置把关：委托加工单位要拉回去利用的，协助办理发货、准运手续；委托加工单位不需要的，由委托加工单位出具委托处理函，各批次累积到一定数量时，填报《处置申请单》，经过市局、省局审批后，按计划总量分解合同，委托相关定点单位进行集中销毁，受托单位与委托单位签订处置合同，约定时间、地点、数量、销毁方式（处置方式有填埋、焚烧、炭化、腐化、粉碎等），届时如约实施销毁。

是年，国家局下发国烟专〔2006〕723号《关于对打叶复烤企业实行派员驻厂监督和定点联系制度的通知》，省局进行转发，并规定对省内5家复烤企业，均由所在地市级烟草专卖局派出2名以上专卖管理人员驻厂监督，纪检监察部门负责专人联系。自此，5家复烤企业均由所在地的市级烟草专卖局派出专卖管理员组长驻厂（公司），设立驻公司专卖监督办公室，监管的内容为：烟叶复烤合同的签订、执行情况，烟叶的复烤加工、调拨情况，废弃烟叶、烟末的销毁处理情况。每月填制内管报表报市局专卖科，市局每季度对公司考核一次。同时，市局监督办还有权列席厂生产经营工作会议，进行事前、事中、事后监督；根据内管需要进行随机检查，发现违规现象及时报告；对厂内需运出的残次、废弃烟草专卖品核实准运证申请并签署意见，情况属实者予以协办申领。各复烤厂（公司）内管办对市局监督办的工作全力配合。

是年3月~5月，省内各复烤企业按照国家局、省局的部署，本着以“不隐瞒事实、不遮盖历史、自我揭短、自行剖析”的原则，对上年度和本年度的复烤加工合同、资金使用情况继续自查自纠。其中，永州天顺公司新成立整顿市场经济秩序自查工作领导小组，先后召开12次动员会和工作会，继续开展自查和配合上级复查，复查结果：公司2005年度超合同加工烟叶662.429吨；无合同加工复烤烟叶102.15吨；重复使用准运证运输烟叶138.6吨；多开准运证少发片烟150.4吨，多发烟梗111吨；未按规定处理废弃物14.38吨；2005年1~5月两次通过省进出口公司违规经营销往国外烟叶，金额622459.76元，公司被市局通报批评。各复烤企业通过省局复查后，以此为契机，针对本单位出现的问题，开展整改，进一步建立健全、修改完善相关制度。其中，郴州天泰公司制定《烟叶加工合同管理办法》《残次及废弃烟草专卖品管理办法》《准运证管理办法》《委托加工烟叶库存商品账簿记账规定》《内部专卖管理监督工作制度》等。永州天顺公司出台《烟叶废弃物管理规定》，成立内部专卖管理组织协调办公室，设立专人专职负责内部烟叶复烤合同签订、执行情况，加工调拨烟梗及废弃物料的处理，准运证与货物核对等重点进行专卖监管，建立起企业自律长效工作机制。此次自查和整改，全员参与，持续时间长，问题清查较彻底，整改措施较到位，震撼大，效果突出，从领导到普通员工规范经营意识得到极大增强。

2007年，湖南中烟公司下达《2007年整顿规范和内部管理监督工作的通知》，芙蓉、鹤盛、天福公司遵照中烟公司文件精神，参照国家局整顿规范烟草市场经济秩序的六个方案，结合公司实际情况，对实施方案进行分解，并按国家有关法律法规的要求，先后制定和修改完善财务管理制度、合同管理办法、自行招标工作管理规定、内部审计准则等内控制度，其中，湘西鹤盛公司修订印发《烟叶加工中的专卖工作程序》，对烟草专用设备制定《设备专卖管理制度》。各公司均严格按加工合同量组织生产，不许无合同、超合同生产。对残次、废弃烟草专卖品，实行当班准确计量过磅，入库分户保存，标识清楚，计量单据保存，建立台账；利用之后的剩余积压部分，严格按有关处置程序，在当地专卖局的监督下进行销毁处理，并做好相关记录。确保专卖监管贯穿于生产经营活动全过程，实行“事前、事中、事后”全方位的监管。

4月13~15日，国家局内部专卖管理监督重点抽查组对常德芙蓉公司进行检查；5月15日，常德芙蓉公司召开专题会议，对国家重点检查组指出的问题进行研究和讨论，制定《关于国家烟草专卖局内部专卖管理监督检查重点抽查后发现问题的整改方案》，开展整改。完善“主要领导负总责、分管领导具体负责、管理监督部门为主、整顿办日常协调、各部门齐抓共管”的工作机制，成立以石瑞林总经理为组长、各部门负责人及相关责任人组成的企业整顿规范领导小组，切实加强对内部管理监督工作的领导。7月，常德芙蓉公司配备专职内部专卖管理兼纪检监察员，专司企业整顿规范工作的监督和检查。8月，按中烟公司要求，常德芙蓉公司在已设立内部专卖管理监督办公室的基础上，再成立整顿规范和内部管理监督办公室（简称整顿办），并出台各项监管工作细节规定。

2008年2月26日，省局印发《残次、废弃烟草专卖品处理暂行办法》，涉及复烤企业的相关规定主要有：

1.残次、废弃烟草专卖品可以回收利用的，可出售给行业内再造烟叶、烟草薄片加工企业；不能回收利用的，由各单位根据实际，采取填埋、焚烧、粉碎性毁损等形式进行销毁；销毁分为就地销毁和集中销毁两种形式，因造成环境污染等原因难以就地销毁的，运至全省集中地进行销毁。采用集中销毁方式的，要与集中处理单位及时衔接，均衡组织发运，把握处理进度。

2.合同管理。向跨省行业内再造烟叶、烟草薄片加工企业出售残次、废弃原料的，双方都应具有中国烟草交易中心会员资格，并在中国烟草交易平台签订购销协议，纳入计划管理。对在省内集中处理残次、废弃烟草专卖品的，应与集中处理单位签订处理协议，每半年一签，确定半年度处理总量。湖南中烟公司所属单位在省内集中处理残次、废弃烟草专卖品，由省中烟公司统计汇总后，统一与集中处理单位签订处理协议，协议注明各所属单位处理数量。

3.审批。(1)就地销毁的，应提出书面报告，报所在地烟草专卖局审核签署意见后，报省局审批并备案。湖南中烟公司所属各单位的，报湖南中烟公司审核后，再报省局审批并备案。(2)在省内集中处理的，处理协议报所在地烟草专卖局审核签署意见后，报省局审批，纳入省内准运证系统管理，并备案确认。中烟系统所属企业的处理协议，加报中烟公司审核，其余程序相同。

4.运输。跨省合法运销、省内集中处理的，均应依法申领烟草专卖品准运证，随货同行，证货相符，并及时办理到货确认手续。运输途中，得保证货物安全和不流失。

5.管理监督。(1)对残次、废弃烟草专卖品的产出、储存实行精细化管理。健全相关制度，设立管理台账，如实记录每批次、每日情况，做到记录清晰，账实相符，资料齐全，方便查找。(2)建立定期报表制度。月报送市局；季报送省局，中烟系统企业同时报省中烟公司。(3)处理所在地的烟草专卖局对每批次的处理或销毁情况制作文字和图像资料，出具监销报告；并妥善保管监销记录，存档备查。(4)每批次处理，均应及时报请所在地烟草专卖局对装车、交接、运输情况进行监督，同时报告负责处理单位所在地烟草专卖局对接收、处理情况进行监督。(5)遇特殊情况，报请省局审批；中烟系统所属单位的，先报省中烟公司审定，再报省局审批。

是年7月1日，国家局印发《关于烟叶准运证实行统一管理的通知》，规定：从2008年7月1日零时起，除同一地(市)范围内从烟叶收购站向中心库转运的原烟，由省级烟草专卖局根据实际情况进行管理外，其他烟叶运输的准运证不分省内、省际，统一纳入国家局升级后的烟草专卖证件管理系统进行管理，并统一使用国家局印刷发放的2006版烟草专卖品准运证。纳入统一管理的烟叶运输，各级烟草专卖局的审批权不变。

准运证统一管理流程分为五项：(1)网上申请：提供烟叶交易系统中的合同信息、调运单信息或罚没烟叶的拍卖成交信息，而后办理申请。(2)网上审批：地市级及以上烟草专卖局为审批机关。审查重点内容：申请单位资质、合同有效期限、申请理由、发货到货地点、准运证有效期限等。网上审批由经办人和审批人共同完成；经审批人授权的，也可由经办人独立完成。一般在1个工作日内完成。(3)准运证制作：可由审批机关、审批机关指定的机关或申请单位(企业)打印制作，4天内完成。(4)到货确认：凭准运证运输的烟叶，除了检测、样品等用途及其他特例外，不分省内、省际运输，均要进行到货确认。进口烟叶、国内片烟(包括烟丝、烟梗等非原烟产品)的准运证按照“谁收货、谁确认”的原则，由准运证的调入方登录系统进行确认；国产原烟的准运证按照“共同确认、工业主导、共同负责”原则，凡是涉及到原烟交接的相关单位均需登录系统对运输原烟的实际等级和数量进行确认或认可；在复烤企业进行原烟交接业务的，工业、商业和复烤企业三方进行烟叶到货确认，工业直接调入国产原烟的，工业、商业两方进行到货确认。国产原烟的到货确认可以根据实际到货情况，调出、调入、加工方相同的可以进行批次确认，国产原烟到货确认的实际数量和等级作为在烟叶交易系统中签订烟叶委托加工合同的依据。到货确认期限在准运证有效期基础上，进口货物加3天；国产原烟加30天；出口烟叶在准运证制作后60天内完成出口确认。(5)文档管理。2006版准运证由上而下逐级分发，录入证件管理系统，未录入的空白单不许使用。使用过的准运证，由调入方归档保存；作废的准运证由审批机关归档保存；各具有打印制作权的企业，可通过证件管理系统对已开具准运证的相关信息进行归档保存。

其他规定还有：实行烟叶准运证统一管理后，购销合同要随货同行；同一县内属于交易类的烟叶运输，按照法定不需要开具准运证的，为便于监管和完备数据汇总，合同信息也要上传证件管理系统进行审核，专卖部门审核确定后视为已完成运输，不再制作准运证；检测、样品等特殊用途烟叶运输，由相关单位申请,货物所在地烟草专卖局报省局或国家局批准后,打印制作准运证;系统登录管理,烟叶准运证的申请人、经办人、审批人、制证人、到货确认人,需持国家局核发的身份认证卡方可登录系统,省级公司、工业公司可凭国家局核发的身份认证卡登录系统,查询相关数据。

是年,国家局、省局专卖内管工作组抽查郴州天泰公司的专卖内管工作,获得较好评价。天顺公司作出《烟叶复烤残次、废弃物管理补充规定》,严禁擅自处理烟叶废弃物和烟用物资设备,要求各职能部门要明确专人负责,严格执行制度,产出、库存要分类,台账登记精细化,实行自我例行检查,公司专卖内管部门定期进行督查和考核。湘西鹤盛公司修订并印发《烟叶加工中的专卖工作程序》,对烟草专用设备制定《设备专卖管理制度》。长沙市烟草专卖局派专卖管理员入驻浏阳天福公司,设立驻厂监督办,公司以日清日结的方式向驻厂监督办报送相关报表和重大专卖事项,由驻厂监督员进行监督审核。

是年,国家局、省局、湖南中烟公司部署"三项检查"(物资采购、广告促销、工程投资)工作,各复烤企业均成立相应的领导小组和办公室,开展自查、整顿,随后结合公司实际,进一步修定健全各项内部管理程序文件及制度,明确责任与流程,完善形成公司内部监督制约机制。

2009年,各复烤企业自觉执行《烟草专卖法》及国家局《打叶复烤烟叶流通管理若干规定》和《烟叶交易加工合同管理办法》等有关规定,认真签订和履行加工合同,严格按合同接收烟叶。对每一批交接的烟叶做到"购销合同、准运证、调拨单"三证齐全,对每批进厂的烟叶认真计量,做好原始记录及档案管理,做到账实相符。烟叶加工、发运、废弃物处置皆按章办事,并接受驻厂监督办检查监督,全年无违规现象发生。是年,浏阳天福公司修改《合同、证件管理办法》《内部出库单》等,使之更具操作性。鉴于炭化炉项目投入使用,由内管办制定《炭化炉处理烟草废弃专卖品流程》。5月,长沙卷烟厂的烟草废弃专卖品1141.09吨调入天福公司处理,按200元/吨收费,此后连年续办。

2010年,郴州天泰公司、永州天顺公司由内管办牵头,相关部门配合,对上年的生产经营情况进行全面核查。1~5月,接受并通过市局对公司的季度专卖内管检查,形成日常监管工作意见书,向市局专卖科内管办上报自查报告。6月初,顺利通过省局对2009年内部专卖管理监督检查。

2011年下半年,浏阳天福公司仓储物流划归精选物流部管理,专卖内管工作主管职责相应划转。随着机构变化,精选物流部对《原烟收发管理制度》《成品收发管理制度》《废次品收发管理制度》进行修订,废弃烟草专卖品的处理按原规定执行。其专卖内管工作,每月根据业务部专卖员、核算员提供的数据编制月度内管报表,在此基础上开展自清自查工作,形成内管监督工作分析报告,并将自查及整改情况进行通报并存档。

2012年1月18日,省局印发《残次废弃烟草专卖品处理监督管理办法(试行)》,依据前期国家局、省局关于烟草专卖品诸多规定,进行系统整合,新规定有:1.全省处理残次、废弃烟草专卖品遵循"谁产生,谁申报;谁提出(即把专卖品提运出外),谁管理;谁组织(销售或销毁),谁负责"的原则,实行责任制管理,残次、废弃烟草专卖品的产生单位是依法申报、组织实施销毁的责任主体,相关所在地烟草专卖局负责残次、废弃烟草专卖品的现场监销。2.强调各烟草工商企业应当严格按照有关规定和标准支付、收取残次废弃烟草专卖品处理费和保管费。3.集中销毁运输,需采取随车押运、GPS定位跟踪等办法,确保不流失。4.运输装车、点数登记,到货确认,及现场监督销毁,由所在地地市级烟草专卖局负责改为所在地的县级或以上烟草专卖局负责。5.统一到货确认和销毁呈报等相关手续和表格。

12月19日,国家局印发《关于进一步加强废弃烟草专卖品处置管理的通知》,规定:可回收利用的废弃专卖品,合法销售之外的剩余物,必须予以销毁。对废弃烟叶、烟梗、梗签,除在厂区用于锅炉燃烧部分外,其余的必须经粉碎毁形后(粉碎后的颗粒不得大于40目),使其无法用于制作烟丝,方可运出厂区处置。对行业工商企业违反本通知要求的，专卖内管监管不到位的，将严肃追究有关人员的责任。

省局、国家局新规定发布后，省内各复烤企业认真执行，并相应修改制度条款和工作流程，对工作开展落实不到位的及时督促进行整改。是年6月，湘西鹤盛公司接受常德市烟草专卖局交叉检查，评价良好。9月，郴州复烤厂生物质锅炉建成投入使用，部分烟草废弃物混配煤炭后在本厂锅炉就地焚烧销毁，减少外运销毁费用负担。浏阳天福公司从9月起，在生产部、精选物流部、业务部设立兼职专卖联络员，配合专卖管理监督办公室开展公司内部专卖监督管理工作。

是年，是湖南烟叶复烤有限公司成立后正式运行的第一年。公司本部设立内部专卖监管工作领导小组，并设内管办，负责对所属两厂的内管工作进行指导、检查督促、统计。5~6月，组织专人对2011年烤季生产经营情况进行全面核查，并按照国家局“六个严禁、一个严控”的规定，组织所属企业进行全面自查，又对关联企业入股问题进行专项清查，共查处问题8个，涉及准运证办理、原烟保管、废弃物处理等方面。经过整改，于6月顺利通过省局2011年烤季专卖内管检查。8月7日，湖南烟叶复烤有限公司印发《内部专卖管理监督工作制度（暂行）》，明确内部专卖管理的工作原则、工作职责、工作范围（含：合同管理、加工过程管理、成品运输管理、残次废弃原料管理、罚没烟叶管理、烟草专用机械管理）、监督检查与考核、罚则等。

2013年，各复烤企业遵照上级部署，认真对照上级新文件规定，进行内管自清自查，开展整改，完善制度，严格责任，完成年检。为适应国家局对烟草废弃物回收、销售、在本厂锅炉焚烧之外的剩余物，拉出厂外处置的，“必须经粉碎毁形后”方可出厂的新要求，湖南中烟公司委托浏阳天福公司开展烟梗破碎项目试点。6~11月底，天福公司完成设备技术考察、设备选型、采购、安装、调试，烟梗破碎实验等工作。根据设备调试结果，烟梗破碎处理量每小时为1.5 ~ 2吨，且处理量每天在36 ~ 48吨之间，可有效解决公司烟梗存放问题。试点成功后，在常德芙蓉、湘西鹤盛公司推广。与此同时，鹤盛公司与湖南博茂农业科技开发有限公司、四川东方锅炉集团有限公司及哈尔滨工业大学能源学院达成联合开发利用低倍率生物质循环流化床锅炉改造协议，当年立项建设试产，2014年春节期间，对锅炉再次进行部分改进，之后正式投入使用。生物质锅炉建成后，烟梗、烟末变成锅炉燃料，实现烟草加工过程中产生的残次、废弃物就地处理，既大大降低原煤消耗，又省去残次、废弃物大量外运销毁过程中产生的运费、现场监管等诸多麻烦。

长沙市烟草专卖局驻浏阳天福公司
专卖管理员在审核厂家内管资料

2014年1月，浏阳天福公司停止烟梗焚烧处理方式，废弃烟梗粉碎线正式投产，粉碎后的梗灰直接由肥料生产企业开发为有机肥，全部进行粉碎无害化处理，既可减少外运委托销毁的费用，又能告别焚烧处置带来的环境污染，变废为宝，再创价值。8月，永州复烤厂根据国家局、省局新规定，修订《烟草废弃物处理管理办法》，并制定《内部烟草专卖管理规定实施细则》及《内部专卖管理工作考核细则》，细化各相关部门职责，以20分为满分标准，确定每项细化指标的扣分标准，实行月度考核，年终综合评定，奖罚兑现。8月14日，常德芙蓉公司发布实施《残次、废弃烟草专卖品销毁处理规定》，对各业务环节的专卖监管流程、内容、操作细节进行明确。

2015年，各复烤企业通过组织通过召开管理评审会议、内部审核和外部审核、体系自查，对专卖内管工作及时整改，修订、换版规章制度，确保公司管理体系运行适宜、有效，以建立企业生产经营规范管理长效机制。湖南烟叶复烤有限公司制定对废弃烟梗处理再监督通用模板及关键环节的处理方案，组织所属复烤厂参照执行，促进规范化。6月，各复烤企业组织相关领导和人员学习新修改的《中华人民共和国烟草专卖法》。7月，湘西鹤盛公司与吉首鑫丰公司合作，引进废弃烟草专卖品粉碎项目，对生物质锅炉无法销毁的、大于40目以上的霉变烟叶、烟灰末及碎烟、烟梗实施粉碎后再予以销毁。自此，对烟草废弃物实行焚烧、粉碎为主的处理方式。

11月29日，常德芙蓉公司发布并实施《整顿规范和烟草专卖内部管理监督考核制度(标准)》。考核范围包括：办事公开民主管理、"三项工作"(工程投资、物资采购、服务采购)、内部专卖管理；每月由公司整顿办进行日常检查考核，异常情况随时跟进考核，内部专卖管理监督按周进行记录，填写《内部专卖管理监督日常检查记录考核表》；每半年由公司整顿办牵头，会同相关职能部门进行一次定期检查，年终或烤季末进行一次总考评；考评、考核采取现场检查和核查相关工作记录、报表、台账和原始单据等方式进行；企管监督部负责公司考评、考核结果归口管理，并负责将考核结果与月度奖金挂钩。

是年，浏阳天福公司制定《专卖信息上报制度》《专卖工作联系制度》，以特意规范专卖内管与各方联系、报表编制上报；每月6日按时上报公司废弃烟草专卖品产生和处理情况；配合长沙市烟草专卖局专卖检查2次、省烟草专卖局专卖检查一次；并加强专卖品出门检查、凭证放行制度。

郴州复烤厂(原天泰公司)2006~2015年烟草残次及废弃专卖品处理情况表

表36　　　　单位：吨

年份	烟梗				碎片			废弃烟叶及烟灰		
	出口	委托加工方带回	销给合法单位	销毁	委托加工方带回	销给合法单位	销毁	委托加工方带回	销给合法单位	销毁
2006			378.4	937.64			0.83			955.34
2007			1000	1335.8		100	19.18			990.37
2008			570.85	2584.3		53.45	26.75			1097.45
2009		130.3	2393.7	1069.1		53			2.295	1463.64
2010	2179..76	8509.25		7708.95		103.2				2292.7
2011	1307.2	1247.6	800	7698.2		44.55	22		44.55	1485.4
2012	2561.9	8004.41		9727.6	298.81	205.05		18.49		1135.41
2013	531.75	7168.43		11956.8	322	136.16	34.23	182.65		1197.46
2014	467	6646.6	1490	8761.09		228.7			371.97	
2015			2202.5	7784.4		91.38	157.2		953.54	

资料来源：因统计报表项目经常变更。如2012年度，返回厂家的烟梗、碎片、烟末无法分开，故只列入烟梗栏内。

永州复烤厂2012~2015年烟草残次及废弃专卖品处理情况表

表37　　　　单位：吨

年份	烟梗				碎叶片			烟灰		废弃烟叶及其他		
	出口	委托方带回	销给合法单位	销毁	委托方带回	销给合法单位	销毁	销给合法单位	销毁	委托方	销给合法单位	销毁
2012	0	0	2713	0	0	160	110	0	647	0	0	400
2013	0	0	4048	750	0	240	569	0	439	0	0	80
2014	0	0	1868	6923	0	188	308	0	135	0	0	67.24
2015	0	0	900	6141	0	401	0	0	692	0	0	150

资料来源：永州复烤厂内管办。

常德芙蓉公司2010~2015年烟草残次及废弃专卖品处理情况表

表38　　单位:吨

年份	烟梗				霉烟、废料、碎叶片等			烟灰	其他
	出口	委托加工方带回	销给合法单位	销毁	委托加工方带回	销给合法单位	销毁	销毁	销毁
2010	——	——	——	1976.4	——	——	4.08	561.88	——
2011	——	——	——	1489.4	——	——	31.29	538.43	——
2012	——	——	——	2403.5	——	——	51.85	444.65	——
2013	——	——	——	1524.2	——	——	170.88	379.67	——
2014	——	——	——	1866.5	——	——	202.1	355.07	——
2015	——	——	——	2486.75	——	——	303.19	447.67	——

资料来源:公司企管监督部门报表。

湘西鹤盛公司2004~2015年烟草残次及废弃专卖品处理情况表

表39　　单位:吨

年份	废弃烟梗			废弃烟叶			废弃烟灰烟末			合计(吨)
	委托合法公司销毁	公司外集中销毁	公司内焚烧销毁	委托合法公司销毁	公司外集中销毁	公司内焚烧销毁	委托合法公司销毁	公司外集中销毁	公司内焚烧销毁	
2004	375.08		1441.84				45.8			1862.72
2005	2336.66						942.54			3279.2
2006	575.68		189.87	35.19		2.24	606.27		94.34	1503.59
2007	401.6		969.66				339.97		303.94	2015.17
2008	410.44		989.39	89.54		0.26	544.03		276.55	2310.2
2009			1189.4	79.82		35.17	293.15		219.86	1817.39
2010		2834.56	1191	30.39		43.74	132.58	38.59	277.26	4548.12
2011		5795.43	1251.52	51.53	269.04		477.87			7845.39
2012		4230.74	2220.26		118.92		190	612.56		7372.48
2013		2560.42	1700.69		57.2		276.79	298.54		4893.63
2014	621.8		4762.27			62.78	523.96			5970.81
2015	296.87		6702.1	78		55.4	351.39		23.68	7507.43
合计	5018.13	15421.15	22607.99	364.47	445.16	199.58	4724.34	949.68	1195.62	50926.11

浏阳天福公司2006~2015年烟草残次及废弃专卖品处理情况表

表40　　单位:吨

年份	烟梗				碎片			废弃烟叶及烟灰		
	出口	委托加工方带回	销给合法单位	销毁	委托加工方带回	销给合法单位	销毁	委托加工方带回	销给合法单位	销毁
2006	——	——	15.6	473.8	——	20.16	22.94011	——	123.5	241.87
2007	——	——	1566.82	140.32	——	——	192.5127	——	——	784.97
2008	——	——	——	2894.462	——	100	8.838	——	400	53.0088
2009	——	——	2108.63	3106.682	——	62.006	162.4335	——	903.3679	795.009
2010	——	——	2700	5258.173	——	71.88	——	——	760.3995	——
2011	——	——	7352.41	5535.525	——	277.182	——	——	679.2646	——
2012	——	——	6189.45	3995.635	——	419.5	——	——	550.86	0.84
2013	——	——	844	5422.504	——	15	14.32	——	529.319	——
2014	——	——	——	3768.815	——	——	87.668238	——	644.298	——
2015	——	——	——	7823.81	——	133.9965	83.3345	——	568.2735	319.785

第五节　财务管理

一、管理体制

1978年郴州复烤厂建成投产后，其财会与地区棉麻烟公司实行工商统一核算，未实行独立核算。1986~1987年，郴州、常德、零陵复烤厂上划或新建投产后，均直属地区烟草分公司，属独立核算单位。其财会核算执行中国烟草总公司系统统一会计、财务管理制度的“复烤工业”的有关规定，实行单列核算，财务和统计报表单列报送地区烟草分公司和省烟草公司。

1988年8月1日，常德烟叶复烤厂划归常德卷烟厂成为车间后，无法人资格，由卷烟厂对其实行经济责任制核算。

1989~1990年，零陵、郴州复烤厂先后与本地区原烟经理部合并组建烟叶生产购销公司后，实行独立核算。据当期人事劳资、财务报表证实，在内部实行工商分开核算，职工归属相对划开（但不甚严格），收支各立户头记账核算，但费用划分不清晰。1995~1996年5月，郴州市烟叶购销公司（厂）实行工商统一核算，郴州复烤厂单列核算取消。

1996年6月，由郴州烟叶复烤厂、郴州市烟叶购销公司为主体组建湘南烟草（集团）有限公司烟叶分公司，作为集团公司核心层企业之一，其财务为集团总部所属二级核算，实行半独立工商统一核算，以体现经营状况及成果，进行年度目标管理考核，其盈亏由集团公司总部平衡，所得税由集团公司统一缴纳。

1999年9月，湘西吉首打叶复烤厂投产，具法人资格，属股份制企业，独立核算，并实行以财务指标为主的预算管理模式。2000年6月，零陵烟叶生产购销公司撤销，分设为烟叶购销公司、复烤厂两个单位，零陵复烤厂实行独立核算。

2002年3月，湘南烟草集团公司撤销，工商分设。郴州市烟草专卖局（公司）为扭转集团期间亏损带来的资金困难局面、改善财务管理，实行市本级烟草业务“大财务”管理体制，即把市本级烟叶（含复烤厂）、卷烟经营部门和市局（公司）机关的财务实行“三合一”，由市局（公司）统一核算，郴州市烟叶购销公司（含复烤厂）财务实行报账制。2003年，零陵复烤厂按照零陵市局部署，开始实行预算管理。

2004年2月25日，郴州市烟叶购销公司一分为二，郴州复烤厂具独立法人资格，实行独立核算。同年，吉首复烤厂改制为鹤盛原烟发展有限责任公司，独立核算，股份制，实行预算管理。

2005 ~ 2006年，郴州、零陵烟叶复烤厂正式改制为股份制企业，常德芙蓉公司、浏阳天福公司新设，均独立核算，实行预算管理。年度财务报表一般在次年一季度进行决算和审计，并实行年度财务报表外委审计。

2009年，中国烟草总公司印发中烟办〔2009〕281号《关于印发烟草行业全面预算管理办法和工商企业全面预算管理规程（暂行）的通知》。各复烤企业启动全面预算管理，皆成立以总经理为主任的全面预算管理委员会，下设预算办，预算办一般设在财企部，作为预算管理的日常工作机构，每个预算责任部门均设有专门的预算管理员，建立全面预算管理的组织架构。全面预算管理不再是单纯的收支宏观控制，而是涵盖企业一切收支项目，10~11月先由各部门编制申报，11~12月由预算办汇总、平衡、初审，12月下旬报董事会、监事会，经过董事会批准后，次年执行。

2011年9月，郴州天泰、永州天顺公司取消法人资格，整合组建湖南烟叶复烤有限公司，形成“一个法人、两个生产点”运作模式，由公司实行统一核算，统一平衡利润，统一纳税（部分税目按两地分税协议分缴）；两厂实行报账制（公司定期拨给备用金用以报账开支），各负责本厂成本核算；公司对两厂实行预算管理责任制和目标管理责任制，年终进行考核，兑现奖罚；两厂编制全面预算，报公司董事会批准后，次年执行。

二、固定资产管理

(一)标准

1973年,湖南省财政厅颁布《固定资产标准》,规定省、地、县三级直管的企业,分别执行价值在800元、500元、200元以上的资产列为固定资产。1978年投产的郴州地区复烤厂,执行500元以上资产列为固定资产的规定。

1984年,中国烟草总公司固定资产划分标准规定:凡具备使用年限1年以上、单位价值在800元以上2个条件者,作为固定资产。企业的主要生产经营设备,其单位价值虽低于上述规定限额,也作为固定资产入账。某些固定资产因规格型号不同,出产厂家不同,虽单项固定资产未达到800元,亦作为固定资产管理。

1992年7月,财政部《关于提高国有企业固定资产单位价值标准的通知》,固定资产单位价值标准由800元提高到2000元,"低于新标准的,应相应调整为低值易耗品。"自1992年7月1日起执行。

2001年11月9日,财政部印发《会计准则-固定资产》通知:固定资产的定义是同时具有以下特征的有形资产,(1)为生产商品、提供劳务、出租或经营管理而持有的;(2)使用年限超过一年;(3)单位价值较高。固定资产的确认条件为:(1)该固定资产包含的经济利益很可能流入企业;(2)该固定资产的成本能够可靠地计量。各复烤企业按照行业会计制度,对本企业固定资产的确认基本条件为:生产商品、提供劳务、出租或经营管理而持有的,使用年限一年以上,且单位价值在2000元以上的有形资产。不属于生产主要设备的物品,单位价值在人民币2000元以上,并且使用年限超过两年的,也作为固定资产。

2007年12月,工业线3家复烤企业执行湖南中烟工业有限责任公司固定资产划分标准规定:凡具备单位价值在2,000元人民币以上,使用年限超过一年的复烤加工设备、通用机械设备、动力电源设备、土地、房屋及建筑物、运输设备、其他通用设备以及其他与生产、经营有关的设备、工具、器具等;单位价值在2,000元人民币以上,使用年限超过两年的非主要生产经营设备,作为固定资产。企业的主要生产经营设备,其单位价值虽低于上述规定限额,也作为固定资产入账。某些固定资产因规格型号不同,出产厂家不同,虽单项固定资产单价未达到2000元,亦作为固定资产管理。同期,商业线复烤企业亦执行同类标准。

各复烤企业对固定资产的分类,一般参照国标GB/T14885-94《固定资产分类与代码》,分为:土地、房屋、建筑物及附属物;生产设备类;其他设备类;器具、工具、家具类;计算机、通讯类;起重、输送、装卸运输设备。

(二)折旧

1973年,按财政部规定:国营企业一律实行综合折旧法,折旧率为6%;郴州复烤厂执行。1985年4月26日,国务院发布《国营企业固定资产折旧试行条例》规定,改为平均年限(按类别平均年限)折旧法和工作量(如汽车类按行驶里程)折旧法,以固定资产原值为计算依据;折旧应按月提取,并计入当月成本;提取的资金作为折旧基金,可与税后留利中的生产发展基金、新产品试制基金以及大修理基金等合用于除新建、扩建工程以外的固定资产购置、更新(含建筑物重建)、技术改造、新产品研发、三废处理、劳动安全保护等。土地、经过局部轮番大修实现整体更新的固定资产、未使用和不需用设备不得提取折旧;账面已经提足折旧的固定资产,不再提取折旧;连续停工一个月以上的车间和基本处于停产状态的企业,其设备均不提取折旧;生产任务不足,处于半停产状态企业的设备,除国家另有规定者外,减半提取折旧。

1986年5月19日,财政部发布《国营企业固定资产折旧试行条例实施细则》。规定:房屋和建筑物的平均折旧年限是40年,折旧率为2.5%;机器设备约14年,折旧率为7.2%,其中技术进步较快的专用电子测试仪器设备是6~8年,折旧率为12.5~16.7%;精密仪器10~12年,折旧率为8.3~10%;强腐蚀设备为8~10年,折旧率为10~12.5%;残值率为3~5%。各复烤企业执行平均年限法折旧,计提折旧净残值执行一般为固定资产原值的3%。

2008年，中国烟草总公司《烟草行业复烤加工企业会计核算办法》发布，固定资产折旧率有所调整。

中国烟草总公司2008年固定资产折旧率调整表

表41　　　　单位：年/%

资产类别	折旧年限 / 年	净残值率（%）
房屋建筑物	20	5
机器、机械和其他生产设备（简称：生产设备）	10	5
与生产经营活动有关的器具、工具、家具（简称：辅助设备、器具、家具）	5	5
电子设备	3	5
运输工具	4	5
土地	不计提	

在执行折旧过程中，各复烤企业根据单位经济效益情况，略有差异和波动。如：湘西鹤盛公司1999~2007年折旧率为0.4%～2.69%；残值率为3%～5%。2008~2015年折旧率为0.4%～2.64%，房屋和建筑物的平均折旧年限是20年，折旧率为0.4%；机器设备类折旧年限10年，折旧率为0.81%，其中磨损较快的辅助设备折旧年限为是5~ 8 年，折旧率为1.58%～2.69%。残值率为5%。浏阳天福公司2005年计提折旧净残值为固定资产原值的3%，2006年改为1%和2%，2007年改为3%和5%，2009年开始统一修改为5%；房屋和建筑物的平均折旧年限是20年，机器设备类折旧年限为10年，辅助类设备折旧年限2006年为5年，2007年为3～10年，2009年改为5年；电子设备折旧年限为2006年为5年，2009年改为3年；运输工具折旧为2006年为5年，2007年改为10年，2009年又改为4年。

（三）执行概况

省内复烤企业自上划央企或新设为央企后，固定资产管理进入相对规范阶段。固定资产管理实行由企业财务部门统一建账、分类核算、各职能部门归口分级立卡管理办法。财会部门分别与各使用保管部门定期进行核对，年末全面盘点，做到账账相符、账实相符。如发生盘亏或需报废的，分别按以下不同情况和审批权限处理：在20世纪80~90年代中期，凡使用期满而不能再使用需要报废的，由地（市）烟草分公司审批后报省公司备案；对需提前报废的，凡属总公司管的报总公司审批，其余由省公司审批。遭受非常损失的固定资产，损失在30万元以上者，专案报总公司、财政部审批，3~30万元者由企业报省公司审批，并抄报总公司备案；价值在3万元以内由地（市）烟草分公司审批。盘盈的固定资产，企业按重置完全价值列账，报地（市）烟草分公司备案。盘亏的部分，凡单价在3万元以下由地（市）烟草分公司审批，单价在3万元以上的报省公司审批，并抄报总公司备案。后期，随各单位固定资产规模扩大，报废审批额度有所放宽。

历次清产核资过程中，对固定资产的盘盈或盘亏，在查明原因、提出改进办法并采取相应措施后，均写出专题报告上报，得到上级公司批复后，由财务部门办理相应账务处理手续。固定资产的调拨，均实行有偿调拨。

在固定资产日常管理上，省内复烤企业内部一般的具体责任划分为：财务科（部）负责企业全部固定资产的会计核算，建立固定资产内部控制制度，办理固定资产竣工决算、购进等事项有关手续，为固定资产更新改造筹集资金，审核资金开支情况，提供固定资产财务分析资料；设备管理部门负责企业机器设备、动力设备、生产用器具及非生产性经营用机器设备的管理和维修，建立固定资产台账和固定资产卡片、设备档案，提出设备更新、购置、维修计划；房屋管理部门负责企业房屋、建筑物固定资产管理和简易维修，建立固定资产台账和固定资产卡片，建筑设计图纸交档案室保管；车辆管理部门负责企业运输工具的使用、保养和维修，提出大修计划；基建部门负责基建工程的管理，负责在用房屋、建筑物的维修并制定维修计划，工程项目的实施检查和监督各基建施工队伍的工程进度，组织工程决算和竣工验收；各车间和使用部门负责本车间、部门使用的固定资产的维修、保养和现场管理。

2004~2006年，省内复烤企业均改制为股份公司，固定资产由社会会计事务所进行核查评估，作价参股。其后，随企业管理制度升级为标准、开展对标、标准更新过程，各复烤企业固定资产管理皆实现标准化；并随网络信息化、电子智能办公推行过程，建立“电子台账”和相关信息交流、查询、处置网络系统。

2009年，推行“全面预算”后，固定资产管理结合新要求，趋于精细化。各复烤企业对固定资产管理方法，基本如前。

湖南烟叶复烤有限公司2011~2015年固定资产情况表

表42

单位：万元

年份	固定资产原值	累计折旧	固定资产净值	在建工程	固定资产合计
2011	33067	15957	17110	2108	19218
2012	34203	18978	15225	5255	20480
2013	35061	22136	12925	4173	17098
2014	34989	24020	10969	33111	44080
2015	95871	22823	73048	20373	93421

资料来源：数据采自复烤公司历年年终财务报表。

郴州复烤厂及前身企业1986~2015年固定资产情况统计表

表43

单位：万元

年份	固定资产原值	累计折旧	固定资产净值	在建工程	固定资产合计
1986	193.41	9.52	183.89		183.89
1987	155.46	17	138.46		138.46
1988	165.06	28.25	136.81		136.81
1989	231.88	42.95	188.93		188.93
1990	479.62	48.77	430.85		430.85
1991	508.29	81.9	426.39		426.39
1992	1253.49	106.07	1147.42		1147.42
1993	4939.23	181.36	4757.87	2051.37	7048.24
1994	5215.29	633.79	4581.5	595.48	5420.21
1995	6689.23	1107.1	5582.13	-141.89	5440.24
1996	8107.72	2082.05	6025.67	869.45	6895.12
1997	9336.19	2669.41	6666.78	489.61	7156.39
1998	8997.88	3173.78	5824.1	1459.74	7283.84
2006	14158.09	932.76	13225.33	626.51	13225.33
2007	12437.74	2166.72	10271.02	1383.64	11654.66
2008	15474.5	3677.89	11796.6	574.05	12370.65
2009	16055.33	5780.58	10274.75	556.94	10831.69
2010	16706.63	7784.37	8922.26	452.13	8922.26
2011	17090.84	9762.24	7328.6	1147.85	7328.6
2012	17620.3	11433.85	6186.45	2008.89	6186.45
2013	17222	13271.88	3950.12	4997.17	3950.12
2014	17777.55	14507.66	3268.89	29494.17	3269.89
2015	78512.2	12548.65	65963.55	13237.39	65963.55

资料来源：1.1986~2004年数据采自复烤厂历年年终财务报表，其间未体现年份系与烟叶购销公司并表核算而致数据无法剥离；2006~2009年数据由天泰公司财务部提供。2.1994年待处理固定资产净损失243.23万元。

永州复烤厂及前身企业1987~2015年固定资产情况表

表44　　单位:万元

年份	固定资产原值	累计折旧	固定资产净值	在建工程	固定资产合计
1987	416.6	9.6			
1988	1050	29.9	1012.0		
1989		134.4	1273.6		
1990	1822.3	220.0			
1991	5831.1	244.9	1705.5		2035.1
1992	5939.7	709.9	5475.0		5530.0
1993	7977.8	868.1	7109.7	2036.2	9145.9
1994	9081.8	1574.7	7507.1	2486.1	9993.1
1995	10245.6	2260.9	7984.7	3021.37	11006.1
1996	13034.3	2770.8	10263.6	365.9	10629.4
1997	13026.4	3358.8	9667.5	393.2	10060.7
1998	13365.8	3806.9	9469.9		
1999	13627.0	4560.1	9066.8	151.43	9218.3
2000	13502.0	5116.8	8385.2	152.45	8537.7
2001	13585.9	5733.3	7857.8	0	7857.8
2002	13182.7	6020.6	7219.0	0	7219.0
2003	13049.7	6495.4	6554.2	640.0	7194.2
2004	14558.9	7013.7	7545.3	207.4	7752.7
2005	15134.6	6220.4	8914.3	0	8914.3
2006	9351.6	1042.36	8309.2	178.18	8487.4
2007	10142.4	1579.76	8562.6	84.4	8715.6
2008	10516.2	2752.86	7763.3	322.1	8085.4
2009	10938.7	3880.76	7057.9	2595.8	9653.7
2010	11167.4	4697.76	6469.6	3856.0	10325.0
2011	16301.7	5510.95	9790.8	532.4	10334.7

资料来源:1.数据采自永州(原零陵)烟叶复烤厂历年年终财务报表。未填数字的栏目因无法找到原始资料所致。2.2006年复烤厂改为股份制,截至3月底,固定资产累计数为6242.14万元,从4月份起,固定资产累计栏重新开始计算。3.2012年后的本厂固定资产由湖南烟叶复烤有限公司核算。

常德芙蓉烟叶复烤有限责任公司2005~2015年固定资产情况表

表45　　单位:万元

年份	固定资产原值	累计折旧	固定资产净值	在建工程	固定资产合计
2005	2821.0	0.0	2821.0	0.0	2821.0
2006	2896.4	559.0	2337.3	118.5	2455.8
2007	4500.5	1182.8	3317.8	98.5	3416.2
2008	4733.1	1664.2	3069.0	41523.0	7229.6
2009	47589.0	2647.6	2111.4	605.0	2724.1
2010	4775.2	3033.7	1741.6	1015.0	2756.5
2011	4773.5	3348.5	1425.0	1411.6	2836.6
2012	4947.1	3687.3	1260.0	6242.6	7502.5
2013	5133.8	4005.6	1128.2	26663.5	27791.7
2014	39069.6	3048.0	36021.6	5577.4	41599.0
2015	39628.0	7321.5	32306.5	7612.5	39919.0

资料来源:采自常德芙蓉烟叶复烤有限责任公司历年年终财务报表。

湘西鹤盛原烟发展有限责任公司1999~2015年固定资产情况表

表46　　单位：万元

年份	固定资产原值	累计折旧	固定资产净值	在建工程	固定资产合计
1999	8,952.25	169.33	8,782.92	283.09	9,066.01
2000	9,552.02	965.85	8,586.17	12.36	8,598.53
2001	9,690.75	1,792.11	7,898.64	237.26	8,135.9
2002	10,323.82	2,631.87	7,691.95	250.16	7,942.11
2003	17,718.34	3,561.83	14,156.51	271.57	14,428.08
2004	19,336.84	5,302.62	14,034.22	225.65	14,259.87
2005	19,920.08	7,098.22	12,821.86	79.27	12,901.13
2006	20,924.95	8,916.21	12,008.74	26	12,034.74
2007	21,980.34	10,407.32	11,573.02	44.96	11,617.98
2008	22,376.04	12,011.67	10,364.37	397.15	10,761.52
2009	23,383.76	10,593.83	12,789.93	51.78	12,841.71
2010	23,776.60	11,925.15	11,851.45		11,851.45
2011	25,254.98	12,974.98	12,280.00		12,280.00
2012	26,236.94	14,156.30	12,080.64	557.64	12,638.28
2013	27,004.46	14,746.02	12,258.44	274.60	12,533.04
2014	27,811.82	16,031.63	11,780.22	36.94	11,817.16
2015	28,080.31	17,546.85	10,533.46		10,533.46

资料来源：采自湘西鹤盛原烟发展有限责任公司历年年终财务报表。

浏阳天福打叶复烤有限责任公司2006~2015年固定资产情况表

表47　　单位：万元

年份	固定资产原值	累计折旧	固定资产净值	在建工程	固定资产合计
2006	16181.07	906.8	15274.28	0	15274.28
2007	18389.36	2310.06	16079.3	2.32	16081.62
2008	19435.87	3726.91	15708.96	7.32	15716.28
2009	19943.67	4850.33	15093.34	28.22	15121.56
2010	21363.2	5913.7	15449.5	12.22	15461.72
2011	21800.45	7492.69	14307.76	12.22	14319.98
2012	22104.33	8942.53	13161.8	196.92	13358.72
2013	23151.95	10452.22	12699.73	115.94	12815.67
2014	23570.45	11949.61	11620.84	110.32	11731.16
2015	25165.26	13565.03	11600.23	227.34	11827.57

资料来源：采自浏阳天福打叶复烤有限责任公司历年年终财务报表。

三、流动资金管理

(一)资金组织

1983年7月，国家实行“利改税”后，每年可从税后留利中按10%～15%提取作为自有流动资金；流动资金不足时，改为向银行贷款，财政不再拨给；1988年以后，自有流动资金按生产发展基金总额的10%～30%提取。资金的组织和使用，均做到年有计划，季度小安排，月度平衡调整，以保证企业正常开支运行。对银行存款，每月由财务科与银行进行对账，年终盘点，做到账实相符。

1985~1986年，常德、零陵烟叶复烤厂进入筹建期，基建所需资金，由地区烟草分公司向省烟草公司申请贷款指标，获批后，由省、地烟草公司协调，并请省、地两级政府部门出面，与相关银行协商，获得贷款。基建款项需单列账户，专款专用，不与一般流动资金混合使用。此规定，是流动资金分口管理、分别使用制度的重要内容，各复烤企业一直执行。

加工费是复烤厂主要收入来源。每有批次加工业务完成时，由生产、业务部门及时制作该批次加工业务结算单，委托加工方及加工方代表共同签字确认，提交给厂财务科，由财务科开具正式发票和托收承付票据，委托银行向委托加工方单位收取款资。加工费及时结算，对复烤企业及时补充流动资金起到关键作用。

1989~1990年，零陵、郴州复烤厂与原烟经理部先后合并成立零陵、郴州烟叶生产购销公司，工商合一，资金共用。烟叶调拨（销售）结算回笼资金与复烤加工费均为公司（厂）收入，混合使用。由于复烤加工货源基本由购销公司解决，复烤厂实行复烤领料制，资金使用方向更多的是倾斜于对县级烟叶的"买断"，以及用于协助县级烟叶收购的资金筹措。每年烟叶调拨营业额规模一般达数亿元，成为大头，货款回收成为流动资金的关键。

为加快资金周转，减少银行贷款和资金占用，节省利息负担，一般对烟叶购销采取边调边销办法，尽快回收资金用于下一阶段烟叶收购。调拨销售出去的烟叶，均按结算规则，及时办理托收。但鉴于当时烟草行业"三角债"问题积习难返，货款回笼在多数年份难以如数及时结清。例如，1990年，零陵行署专题召开办公会议协调，对零陵卷烟厂所欠零陵烟叶购销公司（厂）1988年烟叶货款3213.68万元，以本地区各县烟草公司新调进零陵卷烟厂卷烟货款转账，并向冷水滩市建设银行贷款1000万元，合并作为本地区烤烟收购启动资金。8月，零陵烟叶生产购销公司（厂）经过财务清底，致函湖北广水市工商银行，要求广水卷烟厂全部支付所欠老烟货款949.24万元，执行结算纪律。

1991~1999年期间，国内许多卷烟厂（省内除长沙、常德卷烟厂外）拖欠烟叶货款屡见不鲜，郴州、零陵烟叶生产购销公司（复烤厂）每年均成立清欠组，派出催收。其中，零陵烟叶购销公司（厂）1991年，催收550万元；1992年，回收货款1.55亿元，烟叶卖出到货结算率为70%，30%欠款派人催收；1995年，催收3094万元；1996年，到20家烟厂催收3230万元，本地及本企业内部清欠150.3万元；1997年，派25人次到16家烟厂催收2465万元；1998年，催收2500万元，起诉4起，挽回23万元；1999年，催收1083万元。

2000年，全国烟草行业开展"烟叶流通秩序大整顿"，随后又开展"卷烟流通秩序大整顿"和财务整顿，强化内部专卖监管，随着行业效益逐步好转，烟叶货款"三角债"问题才逐渐减少。2003年4月16日，新邵卷烟厂破产还债清算小组，经终结核算，零陵烟叶复烤厂获债权金额28.43万元。在复烤厂与原烟经理部合并期间，利弊各有，其烟叶调拨货款回笼，由于烟叶流通市场秩序不够规范，伴生的货款回笼难，使企业流动资金一直趋紧，贷款额度大，贷新还旧、还旧借新、货物质押贷款等屡见不鲜，致企业财务费用居高不下。郴州、零陵复烤厂单立分设后，资金回笼主要为加工费。

2006年，省内各复烤企业全面改为股份制企业后，吸纳本行业诸多跨省、跨地区单位作为股东，多以现金入股方式，对企业流动资金补充和改善起到积极作用；流动资金进入相对充裕时期。

2009年起，遵照总公司要求，实行全面预算管理后，每年11月由各部门编制次年开支项目和资金数额，12月由公司预算委员会审核修订，报董事会审议批准后，次年执行。执行中，每月由部门提前申报资金计划，报公司领导审批后，由财务部门作出月度资金安排，项目实施部门在月度资金计划内进行开支，如需突破计划，需再报审批，追加计划，方可施行。

2011年11月，湖南烟叶复烤有限公司成立后，公司本部及所属郴州、永州复烤厂，次年经费预算报公司董事会审批，月度资金计划安排方法照旧。

（二）费用开支管理

各复烤企业在投产运作之初，均依照国家财政部和行业上级制定的财务管理规则，结合本单位实际，建立健全《财务管理制度》，内容大同小异。基本要点：

1.现金管理:会计与出纳分开，印章分管；每日核对现金库存，除备用金外，多余现金及时存入银行。

对现金报账程序为：经办人、验收证明人在发票上签字、部门审核签字、财务稽核员稽核，经办人报分管厂（公司）领导审批签字，出纳付款；大额报账另加财务科（股、科、部）长审核，在分管领导审核签字后，报厂长审批签字后付款。流动资金非经厂领导批准，不许借支。凡出差，可经过程序报批借支，公务完毕应在三日内报账，逾期不报者，在次月工资中扣还所借款项；长期（三个月以上可视为挪用）不报账、拖欠公款者，予以警告，扣奖金，扣工资，直至扣清；拖欠公款数额巨大者，移交纪检监察立案处理，情节严重者，予以辞退（零陵复烤厂曾发生一例）。

2.银行结算：付款委托书需财务科（股、科、部）长、财务付款专用章、厂长三方印章盖齐方可生效，印章分开保管。大额付款一律以付款委托书结算。先由部门编制采购（办事）计划，报厂部审核批准，交材料会计监督执行。凡无计划采购，财务部门有权制止和拒绝付款，所造成的经济损失由有关部门负责。发货方托收单到厂后，经采购会计审核计划、数量、金额后，由供应科（股、科、部）验收人签字，办理承付或拒付手续。“付款委托书”领取，须经厂长或财务科长批准，进行登记，并加盖财务章。所购材料到厂后，由采购员交材料仓库验收入库，凭验收单、付款委托书和发票到财务科报账销。“付款委托书”领取后，月末未报销或交回的，予以重罚。

3.物料采购，以需定存，以减少库存积压和资金沉淀，加快资金周转。

4.企业人员因公差旅费，70至80年代中期，实行按各企业《差旅费报销制度》规定，分类限额，实报实销。1988年，开始按照政府财政部门文件精神，对出差人员实行住宿分职级定额包干，节约有奖、超支分担的办法；对伙食补助标准则不分职级，只按出差类别区的不同标准予以报账补贴。

1989年，商业线所属复烤企业经济目标管理责任制开始实施，资金周转率、费用率均作为经济考核指标，促使各企业更加注重资金使用效率。

1990年，零陵烟叶生产购销公司（厂）为加强物料管理，减少盲目采购和库存积压，各项费用实行分科（车间）记账。1991年，该公司（厂）严控大型开支，开支计划非经各方程序审核、厂长批准，不得实施；严控业务接待费用，除经厂领导批准外，一般不得在外招待，业务客户一律安排到公司食堂就餐。1994年，该厂厂长亲自管财务，实行审批、签字“一支笔”把关，审计部门定期检查审核财务开展情况，对综合楼的装修、生活锅炉与采暖工程的安装，公开招标，节约资金130多万元，并另对物资发放、人员出差、业务接待等进行重新规定，费用开支得到有效控制。1996年7月，该厂修定《差旅费管理若干规定》，差旅住宿、伙食补助皆实行限额包干办法，标准提高。此后一直沿袭此法。

2002年3月至2005年8月，郴州烟叶复烤厂在市烟草公司“大财务”统管体制下，实行报账制。市烟草公司派驻财务人员在厂，并预先拨付备用金，及时办结报账事务。厂属各部门都设有核算员，每周收齐部门所发生费用的发票，填制报账单，经办人、验收人、部门负责人签字后，交厂财务部，经市烟草公司驻厂员审核后报账。重大资金开支项目，需事先递交计划，经市烟草公司批准后方可实施和报账。

2006年，各复烤企业全面改制为股份公司后，均实行预算管理。年度费用总预算提前报董事会审议批准，方可执行。由于局域网普遍建立，报账开始实现电子支付，推行无现金结算。

2010年，各复烤企业推行全面预算管理后，年度收支预算需经董事会批准，而且资金使用实行月度预算制度，即在年度预算的框架内，各部门于当月提出次月预算申请，预算办（财务部）审核汇总，月末报分管财务领导审批，次月2日前通知资金申请部门执行。报账程序为：事务经办人员填制报账单（附正规发票），由部门兼职预算管理员或费用归口管理部门预算管理员审核年度预算和月度资金预算，录入年度、月度预算电子管理系统，审核通过后，由兼职预算管理员加盖“公司某某部门预算管理章”，交部门负责人、分管领导、财务副总经理、总经理签字，交财务部会计员审核、财务部长签批后，报销付款，无预算不得开支。当遇到原不可预测的新项目实施或原预算有误差，需要追加预算时，则在每年6月召开预算追加会议，实施部门提出理由，审议确定追加预算项目和金额。

对超大额款项支付，采取权限分级审批制度。其中，工业线3个复烤企业按湖南中烟公司规定执行：

资本性(固定资产购置、基建、技改工程等)支出,向单一客户一次性支付50万元及以上,或向单一客户月内累计支付100万元及以上的,须报湖南中烟工业有限责任公司归口管理部门负责人审批;向单一客户一次性支付200万元及以上的,或向单一客户月内累计支付500万元及以上的,须报董事长审批。生产经营性物资(服务)采购支出,向单一客户一次性支付20万元及以上,或向单一客户月内累计支付50万元及以上的,由财务管理部汇总后,报湖南中烟公司归口管理部室负责人备案;向单一客户一次性支付50万元及以上的,或向单一客户月内累计支付100万元及以上的,由财务管理部汇总后,报董事长备案。经营管理费用一次性支付10万元以上的,或月内单笔业务累计在20万元以上的,须报中烟工业公司归口管理部室负责人审批;一次性支付在50万元以上的,或月内单笔业务累计在100万元以上的,须报董事长审批;预付款超过20万元及以上的,须报湖南中烟工业公司归口管理部门负责人审批;超过50万元及以上的,须报董事长审批。各项税费缴纳由公司总经理授权财务负责人审批。所有报账,由报账人或供应商、服务商提供银行账户,采取电子支付,不实行现金支付。

2011年9月,湖南烟叶复烤公司成立,所属两厂实行报账制,年度预算报公司董事会批准,而后对厂定期拨给相应额度备用金。各厂部门报账程序基本如前,费用开支审批权限,实行按额度大小分级审批。11月11日,湖南复烤公司下发《差旅费管理办法》,统一本系统内差旅费开支标准。2012年11月12日,湖南复烤公司开通资金监管平台,所有的资金支付都必须通过该平台实施监管。各项费用开支在完成制单、各方签字、财务审核、领导审批等程序之后,将报账项目、金额等输入厂电子审核系统(预算资金管理系统),再次履行电子审批,审核者电子签名,然后才能付款。付款均实行电子转账,不付现金。

2014年9月30日,湖南烟叶复烤有限公司印发《关于资金开支审批权限管理办法的通知》,对原规定进行修改后确定:

1.资本性开支(技改项目、固定资产增、改、扩、建和基本建设):300万元(含)以上支出项目,经公司“三项工作”(基建、采购、宣传广告)管理委员会审议通过后,报省局(公司)审批再经董事会审议通过,项目实施后,资金开支由公司总经理审批。50万元(含)~300万元(不含)支出项目,经公司“三项工作”管理委员会审议通过后,再报公司董事会审议批准。项目实施后,资金开支由公司总经理审批。30万元(含)~50万元(不含)支出项目,经公司“三项工作”管理委员会审议通过,项目实施后,资金开支由分管财务的副总经理审批。

2.费用性支出:5万元(不含)以内,审批程序:经办人签字-部门负责人审批—财务部门审批(审核)—部门分管领导审批—公司分管财务副总审批;5万元以上费用支出由公司总经理审批;金融机构手续费由财务部门负责人审批。

3.复烤厂在预算内的成本费用开支,实行分管财务领导一支笔审批(大额除外),由各复烤厂自行制定审批权限,报公司财务企管部审核备案。

4.超预算的成本费用开支,需先报公司预算管理委员会审批后再按权限开支,但生产经营急需、金额在30万元(不含)以下的经请示公司分管财务副总批准后,可先开支再办理增补预算手续;金额在30万元(含)以上的,经请示公司总经理批准后,方可先开支再办理增补预算手续。

5.非生产经营性资金管理。对外捐赠、赞助,50万元以上的,报国家局(总公司)批准;10~50万元(不含)报省局(公司)批准;10万元(不含)以下的,由公司总经理审批。各复烤厂无对外捐赠、赞助权。

6.费用开支必须遵守全面预算、合同管理、招标管理原则和国家“三重一大”相关制度。

是年冬,省内各复烤企业根据《烟草行业深入开展贯彻执行中央八项规定,严肃财经纪律和“小金库”专项治理自查工作方案》,开展以银行存款、现金对账、完善费用开支控制制度为主要内容的自查整顿工作,进一步严肃财经纪律。

各复烤企业全面预算管理的实施,使企业内部管理进一步规范,随意性开支、请客送礼、奢侈消费、文山会海、摊派赞助等不规范行为得到有力控制,对节支增效起到促进作用。

四、税费缴纳

(一)涉及复烤企业主要税种及征收政策

1973年1月全国试行《工商税条例》,合并税种,五税合一,简化税目和税率。对国营企业只征一种工商税。

1983年1月1日起试行利改税第一步改革。开征能源交通基金(1994年1月停征)。12月,国务院下达《关于对商品批发业务收入征收工商税的规定》,在商业批发环节开征商业批发工商税。烟类品批发也征收工商税,以进销差价为计税依据,税率为10%(但按财政部文件实施意见,对烟草批发行业暂缓征收,1985年11月1日起,烟草批发行业开始执行,至1993年底停止执行)。

1984年6月起,缴纳奖金税、工资调节税(至1994年起停征,奖金计入成本费用,改征个人所得税)。是年10月起,开始进行第二步利改税,缴纳国营企业所得税、国营企业调节税。10月1日起,基建项目缴纳建筑税(1992年改缴固定资产投资方向税)。是年10月起,烟叶经营,在收购环节从价征收38%的产品税。

1985年起,缴纳能源交通建设基金、预算调节基金(此两项1994年1月起因税制改革停征)。是年起,湖南贯彻实施国务院发布的《中华人民共和国城市维护建设税暂行条例》,规定凡缴纳产品税、营业税、增值税的单位和个人,都以实缴的产品税、营业税、增值税为计税依据缴纳城市维护建设税(简称城建税)。税率分别为:城市市区7%,县城(镇)5%,农村1%。

1986年1月起缴纳车船使用税、房产税。是年,国务院发布《征收教育费附加的暂行规定》,凡缴纳产品税、增值税、营业税的单位和个人,除按《国务院关于筹集农村学校办学经费的通知》规定缴纳农村教育费附加的单位外,均以各单位和个人实际缴纳的产品税、增值税、营业税的税额为计算依据,缴纳1%的教育费附加,是年7月1日开征。(对从事生产卷烟和经营烟叶产品的单位,减半征收教育费附加。1990年8月1日,按国务院第60号令教育费附加率修改为2%,从事生产卷烟和经营烟叶的单位仍减半征收)。

1988年10月起缴纳印花税;11月1日起,缴纳城镇土地使用税。

1990年,根据国家物价局、国家烟草专卖局《关于调整烤烟收购价格和整顿生产扶持费的通知》和省政府有关规定,对生产扶持费等价外补贴部分不征税。

1993年起,国家对税制进一步改革。1994年1月1日起,国家同时实施《增值税条例》及其《实施细则》,《消费税条例》及其《实施细则》和《营业税条例》及其《实施细则》。建立增值税、消费税、营业税三税并立的流转税格局。用增值税在工业生产、商业批发、商业零售、商品进口和第三产业的某些应税行业,进行普遍调节,对烟(卷烟)等11类消费品征收消费税,对不实行增值税的第三产业的劳务交易征收营业税。

1994年1月起缴纳个人所得税;是年1月20日,国务院发布并从发布之日起施行《关于对农业特产收入征收农业税的规定》,将原来按农业税条例规定征收的农林特产和产品税,对农、林、牧、渔产品的征税部分,合并为农业特产税,以避免重复征税。共7个税目,其中,烟叶产品税率调整为31%。是年,财政部《关于农业特产税征收具体事项的通知》规定:收购烟叶,凡是在收购环节由收购单位支付的从购货方取得的一切收入(含价外收入和其他各种补贴性收入),无论在财务上如何处理,均应计入收购金额征收农业特产税。

是年,烟叶经营实际执行纳税:在收购环节,缴纳农业特产税31%,按税法规定:收购金额和农特税可各按10%的扣除率计算进项税额,从当期销项税额中扣除(即抵减应交增值税);在销售环节,自1994年5月1日起,初烤烟按13%、复烤烟按17%缴纳增值税;收购、销售各以农特税、增值税额为计税依据交纳城建税和教育费附加。其中,教育费附加的交纳,按国务院1993年《关于教育费附加征收问题的紧急通知》精神,以单位和个人实际缴纳的三税(增值、消费、营业税)的税额为计征依据,附加率3%,对从事卷烟和烟叶生产的单位,减半征收,从1994年1月1日执行。

1995年10月14日,国家财政部发布《残疾人就业保障金管理规定》,按属地原则,开征残疾人就业保障金。

1998年7月27日,国务院下发《关于调整烟叶和卷烟价格及税收政策的紧急通知》规定:1.烟叶收购继续实行中央管理的定价政策,省级不得擅自调整价格;2.取消各种形式的烟叶收购价外补贴,适当提高烟叶收购价格;3.降低烟叶收入的农业特产税税率,由31%降为20%。(涉卷烟部分略)。

2002年1月起,根据湘政发〔2001〕31号文件缴纳防洪保安资金(水利建设基金)。是年1月15日,国家财政部、国家税务局联合下发《关于提高农产品进项税抵扣率的通知》,经国务院批准,从2002年1月1日起,收购烟叶的进项税额扣除率由10%提高到13%。是年,根据湖南省财政厅、省农村税改办文件通知,从是年起开征烟叶农业特产税附加15%,即按农业特产税的15%征收农特税附加,上缴地方财政;上缴的农业特产税和农特税附加两项折合计算,按收购金额的23%提取上缴地方财政局。

至2015年,省内各复烤企业需要缴纳的税费种类主要有:增值税、营业税、企业所得税、个人所得税、城建税、教育费附加、土地使用税、房产税、车船使用税、印花税,以及各项政府性基金:价格调节基金,水利建设(防洪)基金,残疾人就业保障基金等。其中,又分为国税和地方税费两大类,分别向国家税务部门、地方税务部门缴纳。

(二)纳税方式及缴纳金额

1982年,纳税方式废除"三自"(自查、自报、自交)办法,改为企业申报、税务机关核实、企业自行交库制。1985年,在纳税程序上,实行企业申报,税收专管员审核并开缴款书,直送银行划账入库。1990年,废除"一人进厂,各税统管"做法,实行征、管、查三分离,并逐渐实行开门办税。省内复烤企业作为央企基层单位,财会制度严格,账务清楚,计税基数明了,皆通过自行申报、税务部门核定计缴金额,通过银行划账纳税。

2004~2006年,省内各复烤企业改制为股份制、并建成局域网后,各项税费缴纳流程:每月准确计算各项税费缴纳金额后,按照公司资金支出授权审批管理办法中规定的税费支出审批流程,办理内部付款审批手续,报财务部负责人审查,分管副总审核,最后由公司总经理审批。然后按照税务局规定,通过各项税费申报软件进行申报纳税。

2011年9月,郴州天泰公司、永州天顺公司整合组建湖南烟叶复烤有限公司,成"一个法人、两个生产点"运作模式,税源分割配置成为一时难点。经省烟草专卖局(公司)牵头协调,省政府召集郴州、永州两地政府、税务、烟草、复烤企业等方举行协商会,达成协议,并由省国税局下达文件,进行划分。增值税方面,永州复烤厂按加工量乘以33元/50公斤的预征税额在永州国税预缴增值税,然后由公司总部结算汇缴,即公司总部减去永州厂预缴数后在郴州国税缴纳;企业所得税方面,40%由公司总部在郴州缴纳,60%由两厂就地缴纳,两厂按营业收入、职工薪酬、资产总额三项因素计算分配比例。其他税收仍然按属地原则,由两厂分别就地缴纳。

各复烤企业在诚信纳税的同时,也争取在法规、政策内的合理优惠。如:1995年12月,依据房改相关政策,零陵烟叶复烤厂对1993年房改调增利润进行调账,将调增利润3448549.55元及利润附征"两金"及所得税,纳入企业营业内收入,用以弥补企业亏损。2002年10月12日,湘西自治州州长武吉海主持会议决定:吉首打叶复烤厂由于实施二期技改,当年400万元利润不上交,从2003年起实行规范纳税,就地缴纳流转税和所得税。

2003年8月1日,永州市地方税务局批准减免零陵烟叶复烤厂土地使用税10万元。2005年,零陵复烤厂改制进行时,积极为减负争取政策支持,经协调,3月14日,永州市冷水滩区地方税务局依据企业所得税有关减免税规定,同意减免零陵复烤厂第三产业永州市凤凰园烟草服务有限公司上年所得税74.64万元。7月20日,冷水滩市地税局直属分局行文批复,减免零陵复烤厂城镇土地使用税20.9万元。12月27日,零陵复烤厂呈文永州市国家税务局冷水滩分局,报损财产共计3780.16万元。其中固定资产清理损失633.8万元;长期投资损失60万元;烟叶损失2983.43万元;坏账损失102.94万元;列财产损失处理,在税前扣除。

2006年，郴州天泰公司因技改拆除旧设备损失2203万元，实现税前扣除。同年4月，浏阳天福公司投产，因其建在开发园区内，可享开发区优惠政策，核准至2008年底免征企业所得税，但2008年由于实施新企业所得税法，4月长沙国税局下发《企业所得税恢复征税通知书》，认定该公司不属于享受优惠政策过渡期的范围，从2008年1月1日起按规定恢复征收企业所得税，税率为25%，由浏阳市国税局进行征收。

2011年，湘西鹤盛公司通过与税务建立良好的税企关系，充分利用国家对“老少边穷”地区企业的各项税收优惠政策，减免上年企业所得税金额近100万元，减免当年残疾人基金近8万元，开具免税劳务发票12.88万元，免税金额近万元，为公司取得实质性的效益。

各复烤企业长期诚信纳税，为国家和所在地经济建设作出重要贡献，获得政府和税务部门的高度赞扬，均被评为纳税信用A级企业，各被授予“纳税大户”、“纳税过千万元企业”、“纳税贡献奖”等先进荣誉称号多次。

湖南烟叶复烤有限公司2011~2015年纳税统计表

表48　　单位：万元

年度	小计	增值税	营业税	所得税	城建税	教育费附加	房产税	土地使用税	印花税	其他
2011	2228	1612	20	256	184	132	24	0	0	0
2012	7993	5128	5	2183	211	151	104	79	81	51
2013	9739	7067	5	1694	365	261	110	159	13	65
2014	8943	5271	4	2078	610	451	118	238	56	117
2015	4503	1010	2	2485	49	71	270	491	54	71

资料来源：采自湖南烟叶复烤有限公司历年年终财务报表。

郴州复烤厂及前身企业1986~2011纳税统计表

表49　　单位：万元

年度	小计	增值税	营业税	所得税	城建税	教育费附加	房产税	土地使用税	印花税	其他
1986	9.39		6.78		0.47	0.03				2.11
1987	26.88		18.27		1.28	0.09	0.44			6.8
1988	23.41		15.65		1.09	0.11	0.44			6.12
1989	26.08		12.56		0.97	0.21	0.35	3.56		8.43
1990	51.62		29.22		2.05	0.57	1.47	3.56		14.75
1991	50.13		21.59		1.51	0.43	1.71	4.99		19.9
1992	122.24		72.36		5.06	1.45	1.62	6.02	0.5	35.23
1993	159.28		130.44		9.06		8.86	6.66	4.26	
1994	193.67	46.14	116.28		10.15		16.07	4.44	0.59	
1995	299.91	243.12			35.11		16.86	4.44	0.38	
1996	946.47	830.83	0.01		61.83		25	7.85	20.45	0.5
1997	1831.96	1538.29	0.11		229.99		27.91	20	15.12	0.54
1998	889.39	729.84	0.37		67.03		36.14	43.18	12.28	0.55
2006	764.23	605.53	0.13	59.25	35.16	15.07	18.95		0.91	29.23
2007	2340.51	1230.18	14.44	864.87	67.26	28.83	49.82		8.93	76.18
2008	2653.33	1533.35	1.18	826.31	75.26	37.76	27.05		8.49	143.93
2009	2220.24	1824.44	0.49	100	108.1	70.03	26.99		10.29	79.9
2010	2176.83	1394.63	6.91	327.7	133.32	57.13	33.73		9.5	213.91
2011	1954.24	1139.38	18.33	227.97	171.47	73.48	13.99		9	300.62

资料来源：1.郴州复烤厂历年财务报表。2.1999~2005年期间，厂纳税由湘南烟草集团总部和郴州市烟草公司“大财务”缴纳。3.2012年及以后，税费由湖南复烤公司总部统一缴纳。

永州复烤厂及前身企业2000~2011纳税统计表

表50　　　　单位：万元

年度	小计	增值税	营业税	所得税	城建税	教育费附加	房产税	土地使用税	印花税	车船使用税	其他
2000	282.6	130	0	7.75	5	3.59	39	31.72	2.6	0.31	62.63
2001	251.9	130.1	1.38	0	0	0	38.61	31.72	0.39	0.31	49.39
2002	104.01	10.1	10.29	0	1.63	0.7	37.99	32.89	1.22	0.31	8.88
2003	375.51	294.8	3.8	0	0.33	0.12	23.55	24.49	1.79	0.28	26.35
2004	753.89	702.07	15.02	0	1.05	0.45					35.3
2005	1539.17	1349.4	13.49	0	57.98	16.93					101.37
2006	1395.18	846.9	12.56	390.25	60.16	25.8					59.51
2007	1491.26	851.78	9.94	504.93	60.32	25.83					38.46
2008	1537.52	1173.3	2.72	189.86	67.52	49.77					54.35
2009	2208.7	1423.8	2.12	389.1	78.75	50.63					264.3
2010	2398.11	1496.2	2.31	461.1	120.4	77.4					240.7
2011	1013.14	402.3	1.96	335.6	35.2	23.98					214.1

资料来源：1.永州复烤厂及前身企业历年年终财务报表。2.1986~1999年，零陵烟叶复烤厂先后与零陵地区烟叶生产购销公司并表核算，相关数据无法分列。3.2012年及以后，税费由湖南复烤公司总部统一缴纳。

常德芙蓉烟叶复烤有限责任公司2006~2015年纳税统计表

表51　　　　单位：万元

年度	小计	增值税	营业税	所得税	城建税	教育费附加	房产税	土地使用税	印花税	车船使用税	其他
2006	2123.13	1011.08		1005.56	70.78	30.33			5.38		
2007	2297.28	1204.88		966.5	84.03	36.01			5.86		
2008	1308.93	944.3		250.68	66.1	42.49			5.36		
2009	1449.69	1095.77		222.89	76.7	49.31			5.02		
2010	1601.59	1154.91		309.06	80.84	51.97			4.81		
2011	2211.47	1312.15		736.9	91.85	64.59			5.98		
2012	2943.83	1412.47		1321.76	98.87	70.62		28.8	11.31		
2013	1586.5	308.52		1198.91	21.6	15.43		28.8	13.24		
2014	233.58	101.84		8.74	7.13	5.09	49.49	28.8	32.49		
2015	2635.48	2129.1			106.58	106.45	198.1	86.39	7.96	0.9	
合计	18391.5	10675		6021	704.48	472.29	247.59	172.79	97.41	0.9	

资料来源：常德芙蓉烟叶复烤有限责任公司历年年终财务报表。

湘西鹤盛原烟发展有限责任公司2006~2015年纳税统计表

表52　　单位：万元

年度	小计	增值税	营业税	所得税	城建税	教育费附加	房产税	土地使用税	印花税	车船使用税	其他
2006	2123.13	1011.08		1005.56	70.78	30.33			5.38		
2007	2297.28	1204.88		966.5	84.03	36.01			5.86		
2008	1308.93	944.3		250.68	66.1	42.49			5.36		
2009	1449.69	1095.77		222.89	76.7	49.31			5.02		
2010	1601.59	1154.91		309.06	80.84	51.97			4.81		
2011	2211.47	1312.15		736.9	91.85	64.59			5.98		
2012	2943.83	1412.47		1321.76	98.87	70.62		28.8	11.31		
2013	1586.5	308.52		1198.91	21.6	15.43		28.8	13.24		
2014	233.58	101.84		8.74	7.13	5.09	49.49	28.8	32.49		
2015	2635.48	2129.1			106.58	106.45	198.1	86.39	7.96	0.9	
合计	18391.5	10675		6021	704.48	472.29	247.59	172.79	97.41	0.9	

资料来源：湘西鹤盛原烟发展有限责任公司（吉首打叶复烤厂）财务部提供。

浏阳天福打叶复烤有限责任公司2006~2015年纳税统计表

表53　　单位：万元

年度	小计	增值税	营业税	所得税	城建税	教育费附加	房产税	土地使用税	印花税	车船使用税	其他
2006	114.12	103.57	0	0	5.18	3.11	0	0	0	0	2.26
2007	1038.14	938.56	0.17	0	46.94	28.16	0	0	3.6	0.21	20.5
2008	1400.18	811.19	0.29	387.54	40.57	36.49	87.93	0	4.02	0.25	42.9
2009	2122.41	1165.45	0.32	692.93	58.29	52.46	87.93	0	6.04	0.12	58.87
2010	2379.23	1304.76	0.45	727.99	65.26	58.73	87.4	0	7.55	0.12	126.97
2011	2275.56	1347.64	0.81	567	67.42	67.42	126.91	0	6.51	0.24	91.59
2012	3489.9	1943.84	2.87	1160.27	97.34	97.3	108.22	3.88	8.72	0.85	66.62
2013	3439.34	1966.74	1.09	1035.55	98.39	98.39	141.35	7.76	9.2	0.6	80.25
2014	3015.42	1750.11	0.76	905.73	87.54	87.54	116.5	7.76	8.07	0.6	50.79
2015	3999.36	2192.33	0.58	1327.74	109.65	109.65	116.28	9.71	10.79	0.57	122.08
合计	23284.66	13524.19	7.35	6804.75	676.58	639.26	872.52	29.12	64.5	3.58	662.84

资料来源：浏阳天福打叶复烤有限责任公司历年财务报表。

五、成本核算与利润分配

（一）成本核算

1.核算规则

1984年3月5日，国务院颁布《国有企业成本条例》，划定成本范围。1985年，中国烟草总公司下达〔1985〕中烟财字第2号《关于印发<中国烟草总公司统一会计制度>（试行草案）的通知》和〔1985〕中烟财字58号《关于印发<中国烟草总公司财务管理试行办法>的通知》。1986~1987年，郴州复烤厂上划央企，常德、零陵复烤厂新设开业，成本核算执行国务院《国有成本条例》和中国烟草总公司系统统一会计、财务管理制度的"复烤工业"的有关规定。1989年1月1日，各复烤企业执行中国烟草总公司颁布的《全国烟叶复烤企业统一成本核算规程》。1993年7月1日，执行国家财政部《财务通则》《会计准则》及其分行业专项会计制度，原规章停止实施。

2004~2006年，各复烤企业改制或新设为股份制企业后，成本核算执行国家财政部《财务通则》《会计准则》及其分行业专项会计制度。2009年开始执行中国烟草总公司《烟草行业复烤加工企业会计核算办法》。2014年7月23日，财政部修改发布《企业会计准则--基本准则》（财政部令第76号）和41项具体会计准则、各类企业会计准则应用指南、企业会计准则解释及其他规定，省内各复烤企业2015年会计年度开始执行，原规章停止执行。利润分配按公司章程的规定进行。

企业期间费用项目主要分为商品经营费用（产品销售费用）、管理费用、财务费用三大项。三大费用的具体细目，各时期略有不同。

2.执行概况

1978年，郴州复烤厂投产，班组简易核算制度恢复，厂部财务部门进行核算。20世纪80年代中期，各复烤企业普遍开展经济责任制，初步建立起厂部、车间两级核算体制，生产数量、质量、节能降耗、成本控制作为指标列入考核范围，考核结果开始与奖金挂钩，兑现奖罚。财务列账，严格按照成本制度，属于成本范围的项目列入成本，不符合成本范围的开支不得列入成本。

1989年起，复烤企业开始实行经济目标管理责任制，年度生产经营完成数量、质量、费用率、毛利率、资金周转率、利润等均作为指标纳入考核。目标管理指标层层分解，直达班组、岗位，形成成本管理责任网络。厂部、车间、班组三级核算网络基本建立。人力成本上，因事设岗，严控临时工使用，以节约力资；物料消耗上，点滴节约，物尽其用，水、电、汽努力杜绝“跑冒滴漏”；物料采购上，实行以需定购，尽量减少库存积压，并加强验收监管、领料审批登记、以旧换新，减少浪费；维修方面，尽量自己动手，自制自修，修旧利废；业务招待上，尽量从简，多在本单位招待所、食堂招待，在外招待实行审批制，并严控大额开支和不合理开支，千方百计开源节流，降低成本，以确保经济目标考核达标。

1991年6月，零陵烟叶生产购销公司（复烤厂）经中企组批准，将烟叶生产购销活动经费列入企业成本费用，每年限额20万元。1992年，该厂购置第一台计算机用于财务管理。1994年，郴州复烤厂财务统计科试用计算机办公，1995年正式实施会计电算化，建立销售、成本、材料等核算模块。2001年，零陵复烤厂对生产车间实行最低成本推算，规定复烤加工最低成本，实现生产加工效益最大化。

2003年，郴州、零陵、吉首复烤厂开始推行预算管理，逐步规范，做到早谋划、早安排、早部署，以预算指标为尺度，以控制费用为目标，严格成本费用管理，确保经费使用的合理性。是年，零陵复烤厂为控制招待费开支，实行厂部控制总额、部门限额、超支不报的办法。郴州等复烤厂开始实施“阳光采购”以降低采购成本。

2004年3月，零陵复烤厂应用“目标成本管理方法”，认真核算片烟加工的各种动力、能源的合理消耗指标，其中，在打叶车间挑选工段实行费用定额标准，按分选难度（如分选等级多少、是否解把）定基本产量、定工钱标准。同时，尽量压缩一切不必要的非生产性开支，努力降低各项影响成本增加的制造、管理和财务费用。在物资采购、工程招标上做到公开化、透明化，杜绝暗箱操作。将全厂职工的水电费全面推向市场，取消暗补。在招待费的管理上，实行逐月限额报销制，有效遏制奢侈浪费现象。

2005年，湘西鹤盛公司实施“新环保节俭运动”，能耗全年总计节约近53万元，零配件库存资金占用由上年550万元降为470万元，下降80万元。

2006年，各复烤企业全面实行股份制后，均实行年度财务预算，年度费用总预算需经董事会批准方可开支，以控制费用为目标，严格成本费用管理，确保经费使用的合理性；每年按照上级下达的年度经济目标管理费用率指标，进行细化，将各项物耗指标、费用定额分解到各部门、车间，再由各部门、车间分解到各生产班组和个人，形成“个人保班组、班组保车间、车间（部门）保企业”的三级责任网络。

重大项目投资，皆需公司投资委员会审议，报董事会批准，超大型投资，在履行内部程序基础上，报省主管公司、总公司批准;基建等大型工程严格遵守招投标模式,零星物资实行“打包集中”采购,亦需招标,择优选定供应商;并对各种采购进行过程跟踪监督,实行“阳光采购”,以降低成本,杜绝以权谋私。对重大经济合同,除主办部门参加外,公司领导和企管、财务、审计、纪检监察等部门代表均参与审议评估,评估合格,方可签订。贷款选择条件优惠的商业银行,以降低利息负担;在强化内管、自我规范的基础上,接受审计、税务、有资质的会计事务所、纪检监察等部门的多方位监督。

2008年,国家局部署开展“三项(工程投资、物资采购、信息广告)检查”工作,各复烤企业认真开展自查自纠,通过上级认可。湘西鹤盛公司建立标准成本,完善设备台账,加大节能降耗工作考核力度;严格规范成本核算,努力降低生产经营成本。

2009年,浏阳天福公司开始实行部门预算费用核算和成本管理,要求辅料、办公用品、劳保用品和烟酒的耗用报表,必须按照部门分开进行核算和列示,以准确地反映各个部门的费用耗用情况,并按预算指标对其进行严格控制。成本核算方面也建立起完善的数量金额账,并对已入库无发票的暂估存货每月按入库单编号逐笔进行登记和归类入账,对每一笔报账单据均进行仔细核实,要求备件和辅料报账时统一提供入库单、合同、正规发票、付款申请单、核价单、检验单和计划,并对每个品种的辅料和备件的规格、型号和单价进行逐笔核对,保证存货和成本核算的准确性和真实性。

2010年,各复烤企业严格执行新发布的《烟草行业烟叶复烤加工企业会计核算办法》,从1月份起,就对原有的会计科目和核算方法重新整理和规范。浏阳天福公司财务人员在付款报账审核方面加强把关,对不合法规的原始凭据坚决予以退回,有效杜绝近百份假发票。是年,中国烟草总公司开始发布复烤企业对标指标,省内各复烤企业普遍开展对标,调整各项内部考核指标。新的全面预算模式全面推行,对费用控制更加严格。

是年,湘西鹤盛公司开始推行“全过程跟踪审计”,落实新的《招投标、竞争性谈判制度》,特别注重项目前期审计介入。形成物质采购从需求计划、采购实施、入库验收、消耗多环节跟踪;工程项目从立项、设计到施工过程到验收后的全过程跟踪审计、全方位的成本控制格局。达到“规范”和“有效降低工程项目和物质采购的成本费用”的两大目的。

2011年9月,湖南复烤公司成立,及时成立两厂账务清理组,摸清家底,年底顺利实现并账,并及时出台财务管理制度和成本核算制度,保证企业顺利运行。是年,浏阳天福公司为保证会计核算更加准确,从1月份起对原有的会计科目和核算方法进行改进,如对“五险一金”分配、食堂折旧、员工燃油费报销等均通过“应付职工薪酬”科目核算,并对原有核算科目按公司内部管理的要求进行重新整理和规范,建立业务招待费、仓租费、燃料动力、低值易耗品台账,从而使财务核算既保证与复烤行业会计核算办法的衔接,又能基本满足公司数据管理和控制的要求。

2012年,郴州、永州复烤厂等企业按照对标要求,继续调整内部相关成本考核指标,并着力加强业务招待费、车辆运输费、会议费、外包费用等可变性费用的管理。通过技术革新、细化标准、完善考核等措施,深入挖潜,降低企业能耗、物耗水平。是年,工业线3家复烤企业组织员工参与湖南中烟公司倡导的“企业管理创一流”活动,各部门和员工为企业降成本、增效益积极建言献策。

2013年,湘西鹤盛公司在“对标、创一流”活动中,建立《科学库存及标准成本》,通过对物资领用情况的深入分析,对领用量大、金额大、频次高的物质,建立起日常重点监管数据库,分析异常,强化过程控制,以最大限度地降低库存资金的占用。同时,成立“预算定额管理项目小组”,探索建立复烤企业预算定额体系,以弹性预算为基础,将财务收支与预算考核有机结合,确保预算的“钢性”。

2014年,省内各复烤企业贯彻落实中央“八项规定”,普遍开展自查,尤其是对超标接待、公款送礼、外出考察、文山会海、福利超标等问题进行重点纠正。12月24日,中国烟草总公司印发《关于推进定额标准体系建设的指导意见》,各复烤企业均着手建立自己的定额成本模块,以利全面预算编制便利和内部成本考核。是年,湘西鹤盛公司针对生物质锅炉投产,煤耗降低的新情况,修改煤、汽考核标准,并与德友软件公司共同成功研发预算管理系统。

是年,浏阳天福公司对部分核算科目的内容进行调整,主要包括将与烟叶精选有关的收入和成本支出单独核算;修理费、招待费、租赁费、车杂费和燃料费等均按照国家局的要求重新规范核算;对福利费的核算内容按照财务准则的要求进行清理,对非公司员工所占用的公司费用不计入公司福利费,经过调整,福利费开支超额现象消除,食堂节支20余万元。并根据审计意见,对14项问题进行整改,其中,接待必见公函方可。

2015年,各复烤企业全面执行财政部新企业会计准则,完成新旧会计准则科目的设置和数据的转换调整,从1月份起严格按照新准则要求进行核算。湘西鹤盛公司实施精益财务管理,建立定额管理考评方案。

此外,各复烤企业在不同历史时段,多次进行全面盘点,多次完成上级部署的清产核资,定期摸清家底,去掉不合理库存积压,淘汰过期落后或变质物品,变价处理已不适用或残次物品,回收资金;盘清短损,报损报废,力争税前列支,减轻负担,为企业轻装前进创造条件。

(二)利润分配

1977年,企业利润尚实行统收统支。1978年,改为实行企业基金制度,企业在全面完成上级下达的8项主要经济技术指标计划者,可按职工工资总额的5%提取企业基金。1983年,实行第一步“利改税”,税利并存。1984年9月18日,国务院颁布《国营企业第二步利改税试行办法》,逐步实现以税代利,税后利润由企业自主安排使用,从10月1日起试行。国家陆续开征11个税种(当时有4个未实际开征)。省财政厅对核定省烟草行业的第二步“利改税”方案:应交所得税率55%,调节税15%左右(1～14%),企业留利比例30%左右(30～40%)。

1986年,国家财政部对湖南烟草商业企业第二步“利改税”方案进行调整:企业留利水平为46%;所得税率为55%,减征比例为1%;并免征调节税;同时核定烟草商业企业留利用于3项基金的比例为:用于生产发展基金为50%,职工福利基金为29.69%,职工奖励基金为20.31%。其后,又有一些新税费开征。1994年起,企业税后利润按照51%计提盈余公积金,49%计提公益金。

2004～2006年,省内各复烤企业全面实行股份制后,企业利润按10%提取盈余公积金,剩余按各自公司章程,以股本比例向股东分派股利,原则上每年可分派一次。但在多数年份,各公司股东为把企业做大做强,在年度股东会上决定暂缓分红,留存资金,主要用于技术改造和资金周转,以增强企业后劲。常德芙蓉公司2006～2008年均实施股东股利分配,其后为支持易地技改,董事会决定暂停分配。

2010年,郴州天泰、永州天顺公司因转制在即,将历年盈余公积金及未分配利润,均按股权比例转增资本,并将属于两市烟草公司应得部分无偿划转给湖南省烟草公司。2011年9月,湖南复烤公司挂牌成立,郴州、永州复烤厂成报账制单位,利润由公司总部核算和分配。2015年4月,湖南复烤公司股东会决议:对2011～2012年未分配利润,分配50.99万元;对2014年未分配利润7081.09万元的50.5%(3576万元)进行分配,皆以18家股东原股权比例计算拆分。至2015年,省内各复烤企业皆有较丰厚的盈余公积金和未分配利润。其中,常德芙蓉公司可供股东分配利润总额为10908.74万元。

湖南烟叶复烤有限公司2011~2015年主要财务指标完成情况表

表54 单位:万元

项　目	2011 年	2012 年	2013 年	2014 年	2015 年
主营业务收入	24891.99	30071.22	30813.20	36093.13	35728.96
主营业务成本	10937.10	12705.02	14572.90	15798.72	15386.38
三项费用总额	11156.66	9882.91	8704.81	9456.84	9783.70
其中：销售费用	2519.77	2636.83	2907.14	2717.55	2713.45
管理费用	8960.52	10621.91	10921.12	12111.53	12156.21
财务费用	-323.62	-3375.82	-5123.44	-5372.23	-5085.96
其他业务利润	769.51	701.67	433.55	737.48	795.76
其中：其他业务收入	1007.43	974.27	1032.71	1401.73	1175.94
其他业务成本	237.92	272.59	599.16	664.25	380.18
营业外收入	3.62	109.27	55.99	171.53	10.18
利润总额	3138.52	6754.09	7346.12	10628.70	11294.25
净利润	2113.22	4891.21	5360.72	7867.87	8088.10
资产总计	138911.31	142280.77	193232.24	250194.42	278705.88
所有者权益期初合计		134011.59	140136.30	192297.02	246756.82
所有者权益期未合计	134011.59	139667.79	192297.02	246728.44	251217.92
㈠净资产收益率	1.58%	3.57%	3.23%	3.58%	3.25%
㈡成本费用利润率	14.05%	29.54%	30.77%	41.01%	44.20%

资料来源:湖南烟叶复烤有限公司财务企管部。

郴州复烤厂及前身企业1986~2011年主要财务指标完成情况表

表55 单位:万元

年份	销售（主营）收入	销售（主营）成本	营业外收入	实现利润	期末所有者权益
1986	1514.03	1418.49	22.20	105.85	
1987	2063.40	1917.35	43.28	173.28	
1988	2939.42	2777.85	39.06	180.92	
1989	2323.33	2207.67	5.36	102.02	
1990	3843.43	3578.15	-3.68	223.71	
1991	4926.75	4634.93	13.01	192.57	
1992	7599.41	6857.84	16.91	587.22	
1993	9225.38	7242.78	21.14	1395.09	3448.98
1994	4351.97	3773.23	0.04	1.56	3665.24
1995	5488.20	4074.81	0.28	136.69	4072.41
1996	51174.75	45968.23	4.65	120.99	5266.45
1997	52441.38	45429.85	2.24	302.28	5266.45
1998	37194.34	35799.05	0.15	-3286.99	5244.19
2001	1947.73	1658.75			5051.53
2004				1204.27	
2005				2708.18	
2006	5590.63	2820.52		1161.85	14609.49
2007	10288.56	4845.69		579.12	14913.88
2008	10365.29	5410.03		1505.16	15677.67
2009	12452.81	5780.09		2229.54	17326.09
2010	11814.03	10799.85	4.88	1011.71	18295.51
2011	13544.89	6535.75	1.6	2279.93	15880.37
2007	10288.56	4845.69		579.12	14913.88
2008	10365.29	5410.03		1505.16	15677.67
2009	12452.81	5780.09		2229.54	17326.09
2010	11814.03	10799.85	4.88	1011.71	18295.51
2011	13544.89	6535.75	1.6	2279.93	15880.37

资料来源:1.郴州烟叶复烤厂及前身企业历年年终财务报表。其间未体现年份或有的年份数据不全,均为复烤厂先后与合并企业并表核算所致。2.2002~2005年,财务指标不全原因:其间由郴州市烟草公司“大财务”核算。3.2012~2015年,厂财务指标由湖南复烤公司财务部核算。

永州复烤厂及前身企业1987~2011年主要财务指标完成情况表

表56　　　　单位:万元

年份	销售(主营)收入	销售(主营)成本	营业外收入	实现利润	所有者权益	备注
1987	310.6	279.02		29.3		
1988				291.0		
1990	9026.9		17.86			
1991	11705.3	11046.2	2.86	532.4		
1992	12072.8	11287.4	36.8	734.4	5886.3	
1993	12001.2	11057.3		814.3	3380.6	
1994	48667	4544.7	8.76	-552.9	4399.7	
1995	7202.9	5895.4	9.11	-65.55	4587.4	
1996	6901.2	4301.3	0.74	574.8	5275.5	
1997	4585.0	2881.0	6.44	599.0	5304.9	
1998	3948.0	2146.4		-212.0		
1999	2820.0	1552.0	7.89	1.93		
2000	1768.0	1879.5	2.30	-1605.9	3588.6	
2001	1254.3	1128.5	12.01	-1066.1	2587.6	
2002	3153.8	1776.5	5.09	-144.1	2376.8	
2003	4288.5	2862.7	0.36	-754.6	1562.8	
2004	7352.8	3873.6	15.66	1377.4	3237.8	
2005	6803.0	2700.1	32.93	-2734.0	1364.4	
2006	6357.6	3035.8	1.86	1595.5	16006.9	
2007	7378.8	2650.4	9.01	1058.7	16386.1	
2008	7773.7	3034.1	2.14	1012.9	17218.7	
2009	9366.4	3749.4	8.3	1411.9	18130.5	
2010	9203.5	3932.9	1.51	942.9	18717.7	
2011	4308.1	1808.8	1.99	-1047.5	17681.0	

资料来源:1.采自复烤厂历年年终统计及财务报表。2.个别年份数据不全,系资料散失所致。3.2012~2015年,厂财务指标由湖南复烤公司核算。

常德芙蓉烟叶复烤有限责任公司2006~2015年主要财务指标完成情况表

表57　　　　单位:万元

项　目	2006年	2007年	2008年	2009年	2010年	2011年	2012年	2013年	2014年	2015年
主营业务收入	5692.80	9588.51	7014.18	8416.14	8486.00	9811.93	10921.65	10967.52	16014.00	16795.04
主营业务成本	4732.69	5420.61	4608.53	4760.91	4280.13	4049.72	4258.32	5311.46	14979.00	14073.50
三项费用总额	1171.20	1400.25	1766.13	2653.33	3106.97	2670.08	1537.71	1611.83	1787.08	2445.50
其中:销售费用	90.33	67.83	163.28	252.35	338.78	344.26	129.91	294.45	110.08	89.95
管理费用	1094.50	1362.28	1,632.41	2426.55	2818.24	2396.68	1537.72	1553.03	1734.89	2552.03
财务费用	-13.64	-29.86	-29.56	-25.56	-50.04	-70.85	-129.92	-235.65	-57.9	-196.47
其他业务利润	2066.37	6.77	1.26	3.6	0.79	2.67	1.26	7.79	-1074.88	-1197.53
其中:其他业务收入	-	-	-	-	2.49	3.75	2.89	11.65	6969.99	3810.48
其他业务成本	-	-	-	-	1.7	1.08	1.63	3.85	8044.87	5008.01
营业外收入	0.02	0.54	-	-	-	-	3.16	-	-	7.5
利润总额	1753.59	2654.52	462.43	891.58	976.92	2899.17	4916.06	4002.00	-985.77	140.06
净利润	825.86	1730.52	238.01	668.68	667.86	2162.27	3594.30	2803.10	-994.51	121.78
资产总计	6275.13	8736.82	16795.73	17050.50	17557.28	20215.23	33675.60	4871.86	74671.86	72634.37
所有者权益期初合计	3721.00	4132.25	5685.12	5804.66	6040.80	7080.76	9243.03	12837.33	16898.58	65922.47
所有者权益期未合计	4472.53	5490.67	5551.03	6101.25	6336.56	9243.03	12837.33	15640.42	65904.07	66044.25

资料来源:常德芙蓉烟叶复烤有限责任公司2006~2015年终财务报表。

湘西鹤盛原烟发展有限责任公司1999~2008年主要财务指标完成情况表

表58 （1） 单位：万元

项 目	1999 年	2000 年	2001 年	2002 年	2003 年	2004 年	2005 年	2006 年	2007 年	2008 年
主营业务收入	587	3,363	3985	5308.21	5264.7	5920.94	5904.9	5357.5	4811.3	5867.78
主营业务成本	413	2,053	2190.68	2574	2885.2	3706.51	3500.7	3474.7	3157.6	4470.07
三项费用总额	342.77	977.62	1051.23	1295.95	1055.65	1270.2	1211.2	1299.3	1329	1245.69
其中：销售费用	0	0	0	0	0	0	59.62	50.01	66.17	106.62
管理费用	346	983	1057.13	1313.11	958.41	1099.87	1105	1266	1253.9	1148.96
财务费用	-3.23	-5.38	-5.9	-17.16	97.24	170.33	46.65	-16.74	8.97	-9.89
其他业务利润	28.06	241.24	147.13	227.19	139.82	128.22	137.6	79.55	-149.2	77.79
其中：其他业务收入	28.06	241.24	147.13	378.44	158.7	197	231.3	263.14	173.48	248.56
其他业务成本	0	0	0	151.25	18.88	68.78	93.69	183.59	322.7	170.77
营业外收入	0	0	0	0	0	0.04	0.07	0.17	1.57	37.97
利润总额	6.64	524.16	1110	1586.57	1289.95	1172.2	1245.7	555.01	102.95	167.21
净利润	4.45	346.51	833.81	1063	1034.87	948.17	1042.4	425.59	15.96	127.32
清产核资损失	0	0	2.42	6.95	18.88	0.32	63.61	17.53	0.9	4
资产总计	12341	11701	12016.8	16669.43	19269	18432	16716	17081	15806	15718.61
所有者权益期初合计	0	9004.5	9528.61	10362.43	11425.43	12731.1	13724	13891	14081	13808.82
所有者权益期未合计	9004.5	9528.6	10362.4	11425.43	12731.09	13724.1	13891	14081	13809	13036.14
㈠净资产收益率	0.10%	3.74%	8.38%	9.76%	8.57%	7.17%	7.55%	3.04%	0.11%	0.95%
㈡成本费用利润率	0.93%	17.29%	34.24%	41.00%	32.73%	20.61%	28.37%	14.53%	2.29%	2.93%

资料来源：湘西鹤盛原烟发展有限责任公司（吉首打叶复烤厂）财务部。

湘西鹤盛原烟发展有限责任公司2009~2015年主要财务指标完成情况表

表58 （2） 单位：万元

项 目	2009 年	2010 年	2011 年	2012 年	2013 年	2014 年	2015 年
主营业务收入	6333.84	6741.54	7143.6	13513	13142.2	10144.81	12,014.12
主营业务成本	3978.88	3964.4	3661.3	6419.4	5815.34	4,680.39	4,884.71
三项费用总额	1521.86	1761.68	1931.3	2263.1	2075.45	1587.71	2365.87
其中：销售费用	206.96	253.84	293.22	442.98	456.34	350.89	358
管理费用	1321.1	1516.21	1711.3	1933.2	1825.09	1,573.81	2,350.21
财务费用	-6.2	-8.37	-73.24	-113.1	-205.98	-336.99	-342.34
其他业	28.06	241.24	147.13	227.19	139.82	128.22	137.6
务利润	193.6	352.68	125.04	-82.13	-234.61	-175.7	-509.14
其中：其他业务收入	657.83	910.2	651.87	903.11	1813.84	1750.58	2618.91
其他业务成本	464.23	557.52	526.83	985.24	2048.45	1926.28	3128.05
营业外收入	0.44	0.49	11.24	5.48	7.59	694.49	62.3
利润总额	975.84	1126.03	1482	4402.7	4606.58	4,018.00	4,049.31
净利润	815.42	935.91	1239.3	3717.1	3882.05	3410.72	3443.39
清产核资损失	1.11	111.79	54.76	87.67	101.31	52.65	2
资产总计	16370.5	17400.71	18961	22434	26260.4	27544.72	31408.57
所有者权益	0.10%	3.74%	8.38%	9.76%	8.57%	7.17%	7.55%
期初合计	13033.8	13849.21	14785	16024	19741.5	23623.57	27034.29
所有者权益							
期未合计	13849.2	14785.12	16024	19742	23623.6	27034.29	30479.51
㈠净资产							
收益率	6.07%	6.54%	8.05%	20.79%	17.90%	13.47%	11.97%
㈡成本费用							
利润率	17.74%	19.66%	26.50%	50.71%	58.38%	64.10%	55.85%

资料来源：湘西鹤盛原烟发展有限责任公司（吉首打叶复烤厂）财务部。

浏阳天福打叶复烤有限责任2006~2015年主要财务指标完成情况表

表59　　单位：万元

项目	2006年	2007年	2008年	2009年	2010年	2011年	2012年	2013年	2014年	2015年
主营业务收入	904.28	5593.57	5812.65	8841.59	10809.2	10202	13517.41	14054.14	11851.03	14573.99
主营业务成本	612.01	2632.54	2499.21	3776.61	4590.73	5124.4	7270.49	8181.38	6792.24	5853.66
三项费用总额	892.67	1638.66	2076.87	2908.97	3624.59	3337	2635.67	2500.34	1803.63	3646.76
其中：销售费用	105.72	326.63	557.55	1305.96	1546.36	1128.6	356.74	299.66	305.47	842.12
管理费用	791.17	1321.02	1528.85	1611.88	2089.73	2231.1	2325.04	2361.87	1828.06	3050.43
财务费用	-4.22	-8.99	-9.53	-8.87	-11.5	-22.72	-46.11	-161.19	-329.9	-245.79
其他业务利润	0	591.12	71.24	179.12	244.65	181.4	284.27	236.61	471.23	887.75
其中：其他业务收入	0	591.72	77.29	200.62	580.77	401.28	622.07	667.37	1964.28	3100.25
其他业务成本	0	0.6	6.05	21.5	336.12	219.88	337.8	430.76	1493.05	2683.73
营业外收入	2.64	0.58	8.72	4.5	60.19	21.26	22.33	376.72	55.27	94.05
利润总额	-606.04	1838.83	1204.1	2244.2	2781.24	1819.9	3756.78	3792.16	3576.03	5385..96
净利润	-606.04	1838.83	816.56	1574.97	2053.25	1252.9	2708.09	2756.61	2670.3	4031.54
资产总计	17741.7	20154.66	20078.81	21576.5	23532.9	25128	27952.36	30708.25	33903.01	46610.46
所有者权益期初合计	16000	15325.97	17141.79	17801	19358	21411	22630.11	25338.19	27969.76	30693.47
所有者权益	1.11	111.79	54.76	87.67	101.31	52.65	2	13891	14081	13808.82
期未合计	15394	17164.8	17958.35	19376	21411.3	22664	25338.19	28094.8	30640.06	34725.01
㈠净资产收益率	-3.86%	11.32%	4.70%	8.47%	10.07%	3.02%	11.29%	10.32%	9.11%	12.33%
㈡成本费用利润率	-40.06%	42.31%	25.88%	33.11%	33.43%	21.24%	37.34%	34.99%	40.93%	55.41%
所有者权益										
期未合计	13849.2	14785.12	16024	19742	23623.6	27034.29	30479.51			
㈠净资产										
收益率	6.07%	6.54%	8.05%	20.79%	17.90%	13.47%	11.97%			
㈡成本费用										
利润率	17.74%	19.66%	26.50%	50.71%	58.38%	64.10%	55.85%			

资料来源：浏阳天福打叶复烤有限责任公司2006~2015年审计报告。

第六节　审计与统计

一、审计

（一）湖南复烤公司

2011年8月，公司本部注册成立，商业线复烤企业形成“一个法人、两个生产点”的新格局，所属郴州、永州两厂实行报账制。审计工作初期由综合部代行职能。为清理家底，实现10月份并账核算目标，以利安达审计事务所为主，公司财务、综合等部门共同参与两厂1~9月的账务审计，按照统一的财务核算口径编制合并报表，送交省公司财务处审批，并出具审计报告。

2012年，公司指导所属两厂健全审计机构，抓好审计管理体制与机制完善的制度化、审计项目实施与审计内容的规范化、审计工作方法与审计手段的标准化、审计培训与审计队伍建设的专业化等重点工作，积极推进内部审计由“卫士”向“谋士”转变，充分发挥审计的预防功能立足事前介入、事中改进、事后审核。在“深化、规范、提高”上下功夫，促进公司内部审计工作上水平。全年共组织审计项目239个，其中：自主实施235个，委托审计4个。共发现问题23个，提出建议33条，取得直接经济效益达1007万元，为促进企业健康发展提供有力保障。

是年，公司审计部门根据年初下发的审计工作要点，指导所属两厂审计工作。公司本级重点把好程序关，按照国家局、省局工程建设项目审计管理办法和相关要求，督促两厂做好工程建设项目的审计。严格落实“未经审计不得开工、不得付款、不得竣工验收”三项控制，把好“合同签订、进度付款、材料采购、竣工验收”四个关口。采取委外审计和自行审计相结合的办法，针对国家局批复的项目，按要求统一报省局审核把关。零星工程则依靠自身力量进行审计；同时做好物资采购审计。以强化过程监督为重点，通过对物资采购业务的内部控制执行、采购方式的确定、经济合同的管理、业务流程的控制、货款的结算验收等环节的介入，加强和完善物资采购管理，提高企业资金使用的安全性、有效性。公司要求两厂建立审计台账，按照物资采购审计进度，将申购、招投标、询价、合同签订、验收、付款等环节的审计情况逐一登记，并按季度上报公司，实现审计过程监督的痕迹化管理。

公司本级及烤厂共组织零星物资采购经济评审119次，为企业节约资金40余万元。6月和9月，由公司本级牵头，组织审计和财务人员对两厂进行审计督查，重点就财务管理、员工薪酬、劳务费用支出、发票管理等领域进行专项审计，提出审计建议16条，形成内部审计报告，并在公司内网进行通报，要求两厂限期整改。

公司根据《审计署关于内部审计工作的规定》的要求，分别组织企业兼专职审计人员共10余人分两批参加湖南省内部审计师协会主办的岗位资格证考试培训，第一批参训6人，通过考核全部取得内部审计人员岗位资格证书。派员参加国家局和省局组织的各种学习和考察，参加过西安、昆明、郑州等地举办的审计培训班，审计人员的业务技能得到较大的提升。

2013年7月，公司本级及所属两个烤厂共设置监察审计专职机构3个，配备审计管理专职岗位和人员4名，并通过公开招标，确定,3家审计事务所提供审计咨询服务。牢固树立科学审计理念，有条不紊地开展同级审计、基建维修项目审计、物资采购审计监督工作。同级审计主要是公司内部的审计，对存在的问题认真及时地进行整改。基建审计主要为维护企业利益。对第三方审计和零星维修项目审计以及维护复烤厂利益为前提。坚持每个项目都有预算、跟踪、决算审计，没有审计意见不付款；以及隐蔽工程审计人员必须到场等制度。物资采购审计，按照行业要求对5种采购方式操作的项目都进行审计监督。全年共完成审计项目322项，其中：零星基建维修62项，审核资金261万元，核减47万元；物资采购162项，审核资金575万元，核减17万元。合同审计88项，同级审计3次，离任审计2次，其他配合审计3次。参与比质比价、竞争性谈判95次，审计提出建议24条，被采纳24条。

根据《湖南烟草商业系统审计（检查）整改工作方案》要求，公司审计（检查）整改重点针对基建投资、技改项目、招投标管理、职工薪酬、跨期收入和发票真实性等问题开展全面整改，整改自查面达到100%，整改问题33个，涉及金额3775万元。对审计（检查）中发现的各种问题，及时按国家有关法律法规及行业制度政策自纠正、整改到位。并从长效机制建设入手，杜绝同类问题的再次发生，逐步完善内部审计工作制度，结合公司实际，先后制定《工程审计管理办法》《财务审计管理办法》和《易地技改监督管理办法》。实现“监、审、管”三位一体，为促进企业健康发展提供有力保障。

2014年，按照省局年度审计工作会的安排，不断拓宽审计视野，以两厂易地技改工程审计为重点，以同级审计及合同审计为常态化监管模式，抓好审计项目实施等工作。针对郴州、永州两厂易地技改项目的全面铺开，配合省局审计处完成31个标段的控制价编制及招标文件的审核，涉及金额达7.8亿元。根据公司配备的审计力量，通过公开招标，确定六家会计师事务所为公司及所属烤厂提供工程造价咨询和财务审计咨询服务单位，采取委外审计和自行审计相结合的方式，加强对项目的过程跟踪审计。审计人员深入现场重点就郴州易地技改土建、钢结构及永州土地平整项目进行现场审计。审核工程进度款22笔，坚持按工程实际进度分期付款，不得提前预付。

公司监察审计部年内先后对两厂易地技改项目进行5次专项审计检查，针对工程项目招投标管理、隐蔽工程验收、变更签证、工程款支付、延期开工赔偿等重要环节，依据国家和行业的有关规定及公司管理办法提出审计整改建议23条，促进项目的规范运作。为确保两厂技改、基建工程建设投入资金安全、有效，公司对两厂技改所签订的合同进行逐一审计，共审计154个，其中工程施工合同17个，提出审计建议25条。12月4日，郴州复烤厂易地技改临时排水工程，项目结算送审金额为109974.66元，经审核决算，扣减7588元，结算金额为102386元。

除技改大型项目跟进审计以外，年内分别对公司本部及两厂实施8次同级审计，重点关注业务招待费、会议费、差旅费等费用开支情况，特别是针对职工薪酬、跨期收入和发票真实性等问题共发现问题164个，涉及金额4060万元，对审计中发现的问题，组织召开审计工作座谈会，分析问题产生原因，并提出整改建议。全年完成技改以外的其他审计项目407项，其中：零星基建维修60项，审核资金253万元，核减37万元；物资采购180项，审核资金478万元，核减15万元；参与合同审计154项，竞争性谈判49次，同级审计8次，易地技改工程专项审计5次。审计提出建议103条，全被采纳。

2015年，公司审计工作的重点依然是两厂的易地技改。积极配合省局审计处完成项目控制价编制及招标文件审核。在省局审计处的大力指导下，共完成郴州厂47个、永州厂6个标段的控制价编制及招标文件审核，招标金额达到14亿元。正在编审的标段有8个。在项目过程跟踪审计过程中，审计人员深入现场，全过程参与隐蔽工程、设计变更、洽商等，掌握第一手资料并做好现场审计日志，其间，尤其注重关键节点的审核。累计审核工程进度款22笔，审核金额19700万元，核减3800万元；审核变更签证221份，涉及预算金额6546万元；审计郴州复烤厂技改一期场地平整、强夯、涵洞等工程结算3个，审核金额595万元，核减65万元。

专项审计方面，对公司及所属烤厂已结题的7个科研项目进行审计，并出具审计报告，涉及经费580万元，提出审计建议11条。对两厂易地技改项目进行2次专项审计检查，针对工程投资实施、进度款支付及变更签证等情况，依据国家和行业的有关规定及公司管理办法提出审计建议26条。日常审计监督方面，按月或按季实施同级审计4次，对公司本级2011年成立以来的财务管理开展全面审计（检查）1次，对2013年以来执行中央八项规定情况检查2次，涉及违规金额49.2万元，主要是招待费、会议费方面的问题，审计提出整改建议37条，被采纳30条，公司党组专题听取审计情况汇报，对两厂执行财经纪律不到位的情况进行处理和问责，并对公司财务管理体制进行调整，由原来两厂自行核报票据调整为每月定期将票据上报公司财务统一稽核后进行报账。

是年，共审计合同85项，提出审计建议43条，并督促两厂做好工程建设项目的审计，将审计关口前移，充分发挥工程项目审计"免疫系统"作用。建立完善审计台账管理制度，按照物资采购审计进度将申购、招投标、询价、合同签订、验收、付款等环节的审计情况逐一登记，并按季度上报公司，实现审计过程监督的痕迹化管理。公司本级及烤厂共组织零星基建维修77项，审核资金320.75万元，核减48.35万元；物资采购181项，审核资金428.89万元，核减33.89万元。年内，通过对中标审计事务所询价选择，委托华晟事务所对郴州复烤厂厂长朱自坚进行离任经济责任审计，对其任期内资产、经营等进行综合性评价，提出审计建议5条。

（二）郴州复烤厂

1986年，湖南省烟草公司下发《关于设立烟草系统审计机构的通知》，郴州地区烟草分公司成立审计科，配备专职审计员，负责本地区系统内审，业务上接受行业与地方上级审计机构的指导。郴州复烤厂内部审计工作由计财股兼管，受分公司审计科指导。初期的审计以财务收支、财务决算审计、经济责任制及内部承包审计为主，重点查处决算作假、"阴阳账"、隐瞒或转移资金和利润、偷税漏税、违规列支、该摊未摊、虚报冒领、票据作假或丢失隐藏、坏账损失、遗留债务等。遇有"三大检查"（税收、财务、物价）时，厂（公司）财务科先行自查自纠。每逢上级及地方审计局来厂（公司）审计，计财股（科）予以配合。

1990年2月，郴州烟叶生产购销公司（复烤厂）成立，内设纪检监察审计科，内部审计纳入该科负责。1994年，开始扩大审计范围，增加合同审计、法人代表离任审计、基建审计等。

1996年6月至2011年8月，厂内审计工作由财务科兼管。2003年起，物资采购推行“阳光采购”，采购前评审、采购合同评审、采购结果审计进入常态化。2006年，企业改制为股份制后，外委审计增多。

2008年，推行全面预算管理后，审计范围更加扩大，主要包括：同级（企业内部）审计：广义的物资采购（含不动产、动产、力资等）的采购前评估、招投标（发包）审计、合同审计、在建跟踪审计、采购结果审计以及财务预算、决算审计等；专题审计：承包合同审计、清产核资审计、债权债务清理审计、法人代表离任审计等。由于审计任务重，人员配备有限，在积极开展内审的同时，部分审计工作任务委托外审机构进行。

2011年9月，郴州复烤厂成立监察审计科，负责本厂审计工作。坚持每个季度对各部室“工程投资、物资采购”工作开展情况进行督查督办，全年开展3次抽查，共抽查工程项目32项、物资采购项目66项，出具抽查通报3份，接到相关部门整改意见6份。

2012年，全年共监督参与招投标136项，其中工程项目38项：包括单一来源13项18.82万元，公开招投标7项13681.79万元，竞争性谈判3项12.8万元，询价9项62.08万元，邀请招标6项80.5万元。物资采购98项：单一来源31项535.87万元，公开招投标4项1748.5万元，竞争性谈判3项39.6万元，询价47项54.04万元，邀请招标13项95万元，未出现假招标、暗箱操作现象。全年共进行5次外审。工程、维修项目进行两次，送审金额245.55万元，审定203.82万元，核减41.73万元，缴纳外审费用2.4万元；天泰公司清算期初财务状况、税务情况、2010~2011年度工会账务审计，通过审计共发现10个问题，均予整改。

2013年，厂内部审计工作制定《易地技术改造项目监督审计制度》，增配审计人员。强化内部管理监督，除每月开展月度审计外，还进行过三次季度同级审计、三次外部审计、一次厂长离任审计和重点项目专项审计及一次全面审计的复查。

2014年，按照“合法、合规、合理”的原则，配合公司抓好同级审计工作。同级审计按季度开展，共出具35份审计底稿，主要涉及“两项工作”，会务费、差旅费、招待费及存货管理等方面。对易地搬迁技改项目的审计，重点关注隐蔽、进度、变更、进度付款方面，共审核工程项目12个，设计勘察等项目10个，付款均在控制范围内，未发生一起不符合程序和规定的付款。对零星物资、维修项目的审计，重点关注流程的合规性。共审查36个基建及修缮工程项目，总金额134.06万元，审减12.89万元，审减率达9.6%。审查64个物资采购项目，总金额111.68万元，审减3.22万元，审减率为3%。

2015年，对2011~2015年生产经营和财务管理进行全面审计，重点检查执行中央八项规定、国家局九条要求及相关政策、工程投资、物资采购、科研经费、职工薪酬福利、资产管理等七个方面。对2013年1月至2015年6月发生的招待费、会议费、科研经费和食堂账务及已结题的科研项目进行内部审计，还对厂长任期内的经济责任进行过审计。对零星物资采购、维修进行审核。共审核物资类40批次，报审金额68万元，审定金额64.08万元，审减3.36万元，审减率为5%；零星维修类21批次，报审金额89.15万元，审定金额76.56万元，审减11.47万元，审减率达15%。

（三）永州复烤厂

1987年投产运作起，厂（公司）财务股（1989年改为科）内设审计员，代行审计职能，并定期接受省、地烟草公司内审及地方政府审计局的审计。

1994年1月，零陵烟叶生产购销公司（厂）成立监察审计科。主要负责本企业财务、承包部门内审及行政监察工作。是年8月，《中国华人民共和国审计法》和《审计法实施条例》公布，审计项目增多，逐步扩展到合同审计、法人代表离任审计、基建审计、固定资产投资审计、专题审计（如烟叶扶持费运行情况、某项投资收支实况、某些大项坏账或明亏潜亏等）、审计调查等。工作程序是：根据企业实际需要，拟定年度审计计划，分别报分管领导和法人代表批准后，下发审计通知书到被审计部门；被审计相关部门予以配合，提供相关账簿、凭证、报表、资料，并接受咨询，介绍情况；审计部门检查现金、实物，并认真核查资料，发现问题予以记录，编制工作底稿，与相关方沟通后，出具审计报告，如有问题存在，在审计报告一并提出整改建议；之后，将审计报告送相关方，呈报领导，让决策层了解真实情况，领导批示需要整改的，审计部门跟踪后续整改落实。

1996年3月，省局审计组对零陵烟叶复烤厂进行财务审计。截至1995年底，企业资产总额17512.57万元，其中固定资产11006.11万元，流动资产6477.87万元；负债总额为12767万元，其中流动负债9284.25万元，长期负债3482.75万元；所有者权益为4620.14万元；资产负债率为72.9%。受多种因素影响，经济效益严重滑坡，1994年亏损517.71万元，1995年亏损307.19万元。企业包袱沉重、资金紧张。

1999年，零陵烟叶复烤厂大力推行厂务公开制度，监察审计工作成效显著。是年，共审计基建维修工程28项，审核金额44.18万元，核减金额6.17万元。2003年，厂内实行物质采购"阳光工程"，对批次物资的采购计划、招标选定供应商、采买结果实行跟踪审计，加强监督。

2004年1月10~15日，厂监察审计科对永州市凤凰烟草服务公司2003年责任经营执行情况进行全面审计，对负责人进行年度任期审计，针对审计情况，共写出审计报告2份。是年，还对厂财务年度财务收支进行审计，查错防弊，纠正偏差。

2005年1月，厂监察审计科对第三产经营情况进行审计。财务报表体现产值800万元，利税60万元。核定利税58万元；实际产值887万元，成本637.9万元，费用开支104万元，超支46.3万元，实现毛利166万元。提取奖金10万元。税后给每个职工分红800元。

2006年是天顺公司按照公司制规则运行的第一年，公司年度财务决算审计转为委托具有资质的社会会计事务所外审为主，严格按照国家财政部财务规则进行审计，但本企业审计部门有权对委托审计的真实性、合法性进行监督。是年，公司成立投资委员会后，公司审计部门对企业投资的跟踪审计加强。

2009年2月24日，永州天顺公司下发《内部审计制度》，《内部审计制度》共七章二十六条，对审计人员的基本条件，审计机构职责、权利、工作程序以及奖惩作出规范。

2011年8月，商业线两厂合并组建湖南烟叶复烤有限公司，两厂均设监察审计部，业务上接受复烤公司监察审计部及地方审计局指导，主要负责本厂的监察审计工作。是年冬，配合对合并前财务进行清算和并表审计。

2012年3~4月，对合并前债权债务进行"回头看"审计，主要抓四件工作：一是工程投资，对金叶大厦装修工程的招标，结算资料及审计报告进行存档编册；二是物资采购的部分报价审核方面及时进行整改；三是资产权证及时划转，并建立健全固定资产卡片台账；四是积极处理企业年金未交个人所得税问题。

2015年，重点开展对易地技改工程分段、分块招标项目预算编制审计，工程进度付款跟踪审计，工程合同审计，结算审计。同时，开展同级审计，对内部采购、落实中央"八项规定"存在的超标、违规开支等项目进行审计。12月，永州复烤厂制定《内审工作规定》，对内审工作的组织领导、机构设置、人员配备、职权和职责、工作程序、奖惩等作进一步规范。

（四）常德芙蓉公司

常德烟叶复烤厂投产运作初期，审计工作由财务科代理，仅限于财务审计。1988年划归常德卷烟厂成为复烤车间之后，仅配合厂审计科提供所需情况和数据。

2005年12月，常德芙蓉公司取得法人资格后，审计工作纳入公司工作范畴。审计内容较之以往，除财务收支审计外，增加合同审计、招投标审计、工程预决算及竣工结算审计、采购审计、资产作价审计、各部门年度预算计划和资本性支出预算计划及其调整计划的审核工作、公司总经理离任审计等。

公司安排审计员1名，主办审计工作，先隶属财务部，2013年隶属企管监督部，2015年隶属财务部。对大型基建工程、大型设备安装、设备大修等耗资额度大、工期长的工程项目预决算审计、阶段给付跟踪审计、竣工结算审计，一般委托社会有资质的工程造价审计机构进行，为公司工程编制清单、控制价，让总投资控制在概算内；公司总经理离任审计，一般由行业上级审计部门审计；其他则实行内审。在委托审计过程中，公司合理安排审计资源，以确保审计工作计划及时完成，并保证审计工作质量，防范审计风险。

公司审计人员对委托审计项目，合理运用专业判断，在审计风险可以接受的前提下，将原则性与灵活性有机结合。各项审计完毕，做出结论，如发现问题，则提出改进建议。公司审计工作定期接受行业上级和地方审计部门检查，均获得较好评价。2006至2015年，公司共完成审计项目61项，其中，委托社会审计机构审计项目14项，内审47项。送审金额1887.62万元，审定1591.85万元，审减295.77万元。为公司健康稳定运行，起到监督作用。

2015年，国家局下发国烟办综〔2015〕22号《国家烟草专卖局办公室关于印发烟草行业程审计中介机构使用考评管理办法的通知》，以规范烟草行业委托的工程审计中介机构的执业行为及充分发挥审计的监督、咨询服务职能，

（五）湘西鹤盛公司

吉首打叶复烤厂投产运作初期，审计工作由财务部的统计审计岗位兼任，只限于采购和合同审计，财务日常审计由上级单位长沙卷烟厂委派财务总监负责，公司仅配合提供所需情况和数据。2004年7月，吉首打叶复烤厂更名为湘西鹤盛原烟发展有限责任公司，财务日常审计由公司监事会负责。

2007年，根据湖南中烟工业公司及公司董事会的要求，将财务部更名为财务审计部，将原有的一名兼职审计人员，调换为一名业务和综合能力较强的会计任专职审计，同时由财务部副部长任兼职审计工作。是年，国家局下发《关于开展同级审计工作检查的通知》和《关于2007年烟草行业整顿规范生产经营秩序和加强内部管理工作的意见》，湖南中烟工业公司下发《关于开展同级审计工作检查的通知》，对年度同级审计和企业内部整顿工作进行部署。6月，公司成立同级审计工作组，对17项业务（事项）进行自查整改，对公司145个内控制度进行全面的梳理，对货币资金、采购付款、固定资产、存货、工程项目、管理职责与权限等13个内控制度进行全面修订，新增《财务报告编制》《资金管理权限》《招投标管理》《审计管理》等10个内控制度或管理办法。

2008年3月，国家局下发《2008年烟草行业整顿规范生产经营秩序和加强内部管理监督工作要点》，部署物资采购、广告促销、工程投资项目专项检查（简称"三项检查"）工作。4月18日，公司成立由总经理伍亚光担任组长的"三项检查"领导小组，财审部部长张勇担任执行小组组长。工作分四个阶段进行。经过自查、复查后，按期完成整改。此外，全年共审计各类经济合同111份，合同金额2540万余元。

2009年，国家局、中国烟草总公司下发《关于印发烟草行业投资项目管理办法（试行）的通知》，公司据文件精神，新制定《投资项目管理程序》。在项目实施上，建立《审计制度》《招标投标、竞争性谈判采购、询价采购、业务谈判管理程序》，规范内控制度。全年共签订各种合同157份，涉及金额4398万元。

2010年，公司共签订各种合同191份，涉及合同金额近3550万元。通过公开招标、竞争性谈判、询价比价，为公司节约资金220万元；经预算、结算审计核减金额约70万元，审减率达到12.37%；经内部价格审计等方式核减金额23.32万元，审减率为9.02%；累计为公司节约资金313.32万元。

2011年，共签订各种合同172份，涉及合同金额3726万元。通过公开招标、竞争性谈判、询价比价为公司节约资金390万元；经预算、结算审计核减金额近100万元，审减率达8.51%；经内部价格审计等方式核减金额近30万元，审减率为12.11%；累计为公司节约资金520万元。

2011年8月，根据国烟审〔2011〕348号文件及湖南中烟工业有限责任公司"关于开展全面审计工作启动会议"的统一部署，公司成立全面审计领导小组，下设全面审计办公室，抽调16人，具体负责全面审计自查、复查工作。围绕公司2010年1月~2011年6月间的工程项目、物资采购、职工薪酬、财务管理四个方面，55个问题点认真、仔细逐一对照，其中清理工程项目合同共104份，合同金额2286.38万元；物资采购

合同160份，合同金额2377.51万元。清查1万元以上采购付款业务539笔；清查公司工资薪酬财务账、年度预算、四险一金、用工等各类情况；清查固定资产、主营业务收入、其他业务收入、生产成本、三项费用、营业外支出等明细账、产权证件、发票15000多张；清查2008年~2011年6月以来公司全体员工的个人所得税等。查找并发现工程项目方面问题12个、物资采购方面8个、工资薪酬方面1个、财务管理方面6个，均按要求进行整改。

2012年，公司审计岗位在配有1名专职审计的基础上，增加一名审计助理，新增招投标管理审计。公司全年共签订各种合同278份，涉及合同金额近5883万元；通过竞争性谈判、询价比价为公司节约资金近280万元。本年审核外协维修事项共664项，送审金额141.66万元，通过对零星采购、外协维修等内部审计核减金额28.26万元，审减率为11.82%。累计为公司节约资金308.26万元。

2013年，是审计整改工作年。按照国家局（国烟审〔2012〕117号）和湖南中烟工业有限责任公司相关文件精神，公司在4月18日成立以总经理张其龙为组长的全面自查和审计整改工作领导小组，下设整改办公室。对2010年~2012年应审计项目，进行全面自查和审计整改，9月份结束。湖南中烟审计组对张其龙总经理的任期经济责任进行审计，未发现重大违规违纪、违法事项，总体给予充分肯定。是年，完成招标7项，签订各种合同196份，涉及合同金额近3861万元，审核节约金额近321万元；通过公开招标、竞争性谈判、询价比价为公司节约资金514万元；本年审核外协维修事项共612项，送审金额255.48万元，通过对零星采购、外协维修等内部审计核减金额29.58万元，审减率为11.58%；本年完工、并完成结算审计项目14项，涉及结算审计金额1247.11万元，经预、结算审计核减金额约83.62万元，审减率为6.7%。累计为公司节约资金627万元。

2014年，执行国家局"能招就招、应招尽招"的规定，完善公司《招标投标、竞争性谈判、询价、单一来源采购管理程序》《合同管理制度》《存货管理制度》《预算管理程序》《客服、后勤核算管理办法》《采购管理程序》《采购项目监管办法》等制度修订，新制定《招标评委和评标管理办法》《招标代理机构管理办法》《采购工作流程手册》《采购办工作制度》《"一项一卷"管理制度》等制度。2014年公开招投标从2013年的3%提高至40%，按金额计算，则由25%提升到70%。全年完成招标37项，涉及金额　3740.21万元，节约金额近339万元。

是年，审核外协维修、零星采购共626项，送审金额282.14万元，通过对零星采购、外协维修等内部审计核减金额31.85万元，审减率为11.29%；本年完工、并完成结算审计项目5项，涉及结算审计金额592万元，经预、结算审计核减金额约98.98万元，审减率为10.7%。累计为公司节约资金469.83万元。

2015年，财务审计部三名员工通过培训参加考试，获得内部审计人员岗位证书。为贯彻落实中央"八项规定"、国家局党组"九条要求"相关工作，4~10月，公司开展"全面风险控制体检自查"和"八项规定、五项费用"、财务自查工作，并按照"2012年至2015年招待费明细汇总分类表（表样）"上报五类表格。对自查出来的问题，落实责任人，及时、全部整改到位。同时，对照标准化管理的要求，结合"八项规定，九条要求"新规定，对财务审计内控制度进行全面修订。公司全年共签订各种合同148份，涉及合同金额4155.91万元。全年基础设施零星维修送审金额56.91万元，审定金额45.91万元，审减金额11万元；机械加工及维修送审金额146.89万元审定金额115.64万元，审减金额31.25万元；市内零星配件采购送审金额154.54万元，审定金额147.87万元，审减金额6.67万元，累计为公司节约资金48.92万元。

公司审计部门自2008年开展"三项检查"后，审计力度不断加大，至2015年的8年间，共完成合同审计1439项，涉及金额33302.39万元，累计节约资金2287.33万元。

公司在依托内部审计人员开展审计的同时，部分审计业务委托外部有资质的审计机构进行。2011~2015年的年度财务报表分别委托湖南华晟会计事务所、利安达会计事务所（特殊普通合伙）和湖南天平正大有限责任会计师事务所进行审计。对大型基建工程、大型设备安装、设备大修等耗资额度大、工期长的工程项目预决算审计、阶段给付跟踪审计、竣工结算审计，一般委托社会有资质的工程造价审计机构进行审计，为公司工程编制清单、控制价，让总投资控制在概算内。

公司总经理任期和离任审计，一般由行业上级审计部门审计。在委托审计过程中，公司合理安排审计资源，以确保审计工作计划及时完成，并保证审计工作质量，防范审计风险。公司审计人员对委托审计项目，合理运用专业判断，在审计风险可以接受的前提下，将原则性与灵活性有机结合。各项审计完毕，作出结论，如发现问题，则提出改进建议。公司审计工作定期接受行业上级和地方审计部门检查，均获得较好评价。

（六）浏阳天福公司

从公司运行起，审计工作由财务部门负责，2010年成立监审管理部，将审计职责划分到监审管理部。

审计范围：1.监督公司物资、工程采购（包括项目采购）经济活动的重要控制环节，发表审计意见并对合规性进行监督；2.负责组织相关部门选择确定公司外部审计机构与之签订服务合同并对其实施管理。3.负责组织相关部门选择确定公司招标代理机构与之签订服务合同并对其实施管理。4.负责组织相关部门选择确定公司法律咨询机构与之签订服务合同。5.负责牵头组织公司内部审计工作，出具审计意见监督整改，并将相关资料归档：《审计底稿》《审计报告》《管理建议书》。负责公司建立公司审计中介机构库、专家库、招标代理机构库及其管理制度的建立：《工程审计机构管理办法》《招标代理机构管理办法》《采购咨询评审专家管理办法》。6.负责牵头组织公司工程、物资采购规范管理制度的拟定及编制：《合同管理制度》《招标、竞争性谈判、询价、单一来源采购管理规定》《物资采购考核实施细则》《工程建设采购项目考核实施细则》等；7.负责大型技改项目的审计并做好与中烟审计部、国家局外部全过程机构审计的联系沟通工作。完成管理委员会监督办公室的相关工作。

2011年，按照湖南中烟工业公司《关于开展全面审计的通知》要求，天福公司成立“全面审计工作领导小组”，总经理李昌平任组长，领导小组下设办公室和自查组。此次全面审计，严格按照湖南中烟公司下发的审计内容、方法进行。对工程投资、物资采购和宣传促销、职工薪酬、财务管理和其他等方面存在的不规范问题进行全面的清理、登记和查实，自查发现问题70个，涉及的问题金额2918万元，及时进行整改或制定整改措施的有67项，6项未整改，提交中烟公司予以明确。

针对审计查出的诸多不够规范问题，公司为加强管理，堵塞漏洞，修定完善《预算管理制度》，以往预算管理方面的一些薄弱环节得到整改，一些过去屡查屡犯的问题得到遏制。重新修订《采购控制程序》《固定资产管理制度》《低值易耗品管理制度》，增补对低值易耗品验收规定，规定必须按规定格式验收后方能报账付款；另对部分企管、薪资、实物验收、统计、报账等表格进行修改，完善监督审核节点后，进行重新设计印刷。如：对于出入库单据、劳务证明单等原始单据，增加连续编号；对收款收据等增加联数，定期对收据存根联和入账联进行抽查核对，堵塞现金管理漏洞。是年，审计部门还协助其他部门对公司资产进行盘点，经实物与台账比对核查，对盘亏、待追回、待报废资产提出处理意见，对报账发票进行一一甄别，对假票、套票、无效票进行清理，年底均整改到位。

2012年，在工程（维修）审计方面，完成工程（维修）审计项目6个，送审金额105.03万元，审定金额91.79万元，审减金额13.43万元，审减率12.79%。在合同审计方面，承担着全面审核合同合法合规性的职责，包括：确定合同单位是否合规，合同条款是否合法完整，合同价格是否公允合理，合同要素是否齐全，合同资料是否完整等等，全年审核合同150份，审定合同金额3738.77万元，审减金额342.9万元，审减率8.4%。

在价格审计方面，针对每一项业务，进行市场询价调查和历史价格的参照，全年完成零备件价格审计13批次921项，审减金额约53.99万元。在公开招标、竞争性谈判、询价，单一来源采购方面，监督与衔接完成公开招标项目10项，签订合同金额1266.99万元；参与完成单一来源商务谈判项目125个，签订合同金额

2287.94万元;完成竞争性谈判比价采购项目90个,签订合同金额1793.55万元。完成专项审计调查1项。

在内部控制方面:对外协维修项目审计报审的资料进行规范,严格要求施工单位工程量清单中,项目名称有定额的一定要套定额,套不出定额的可对照套相关的定额;对竞争性谈判采购项目中,供货商提供的样品,进行封存,要求相关负责验收部门待验收时凭领取的样品进行验收;采购部门在竞争性谈判采购项目中,邀请函必须通过相关使用,管理部门、财务、审计、安保等部门进行严格把关后才能发出;对公司隐蔽工程项目的过程及验收情况进行监督;监督办公类家具、食堂蔬菜类采购物资市场价格调查工作,进一步规范采购的流程管理,确保降低公司内部控制风险;参照国家局国烟办〔2011〕435号文件要求,结合本公司实际,修改完善《采购控制程序》。

2013年,进一步完善合同管理和价格审计流程,修改《采购控制程序》《招标、竞争性谈判、询价、单一来源采购管理规定》及相关控制表格。从各渠道了解常用物品价格,建立价格库。要求所有合同签订的流程合规、手续齐备、记录完整。对于重大经济合同,审计人员还直接参与合同谈判,全过程把关。在合同签订后,在合同履行过程中进行跟踪审计,发现违反合同事项,及时提出处理意见。全年审核合同164份,审定合同金额3806.96万元,审减金额364.56万元,审减率8.74%;在价格审计方面,完成零备件价格审计8批次694项,完成其他零星采购价格审计289项,审减金额约53.72万元。完成工程(维修)审计项目18个,送审金额271.83万元,审定金额233.8万元,审减金额38.03万元,审减率13.99%。对委外审计,既密切合作,又重点关注施工过程中的调整变更签证事项、以及与施工方的争议事项,解惑释疑,协商维正纠误,确保公正。

2014年,完成工程(维修)审计项目23个,送审金额484.79万元,审定金额404.92万元,审减金额79.87万元,审减率16.48%;完成合同审核176份,审定合同金额4792.12万元,审减金额117.58万元,审减率2.4%;完成零配件价格审计8批次577项,完成其他零星采购价格审计370项,审减金额约102.22万元。修订《合同管理制度》,完善合同招标、谈判、监督细节和合同签订审批的流程管理。

2015年,根据中烟办〔2012〕313号文件要求,加大对单一来源、询价、竞争性谈判采购项目实施的审查力度,严格控制公司单一来源采购项目的审批。公司所有采购计划均已纳入《采购管理目录》,并且严格按照“三观三审”制度要求实施,确立关口责任主体。依据行业办事公开民主管理有关规定,将采购目录、采购方式以红头文件的形式公示于公司OA信息办公平台,接受群众监督。

参照中烟公司2012年关于网上采购模式创新文件精神,公司试行现场网上采购模式,用于零星的物资采购。主要以公开招标、网上采购、线上线下同时报价以及现场网上订购四种方式为主。年内公开招标与网上采购签订合同金额比例占总合同采购金额的89.23%;完成网上采购订单72笔,成交金额169.16万元,资金节约率约为24.33%。现场网上采购订单6笔,成交金额5044元,资金节约率为35.49%。审核合同174份,审定合同金额7894.82万元,审减金额63.29万元,审减率0.8%;完成零备件价格审计7批次535项,审减金额约2.1万元;完成工程(维修)审计项目44个,送审金额725.79万元,审定金额646.07万元,审减金额79.72万元,审减率11%。

对外协维修项目,工程量清单中必须要套用定额单价,对无定额单价的结算项目必须进行工日的确认,不允许协商价存在;对基建隐蔽工程及工程变更项目情况进行重点监督,不定期对项目的过程及验收情况进行抽查审计。要求责任部门在工程变更环节必须实行严格签证制度,对工程变更的必要性和合理性须严格按照公司流程经相关部门论证后才能进行施工,不得擅自随意变更合同标书已确定施工内容,在保证公司施工工程质量的同时有效的控制工程造价,明确责任、最大限度发挥投资效益,规范公司工程施工管理。年内还配合外部审计机构对公司品质部、生产部两部门的经济责任制审计。对食堂物资类采购,引入竞争模式,周期内在原有市场询价的基础上增设询价前供方竞价环节,有效降低公司采购成本。

二、统计

20世纪80年代，烟草行业上划垂直管理，受行业和地方双重领导，统计报表既要上报行业上级主管部门，也要报地方政府主管部门。各复烤企业均实行两级（公司、部门）管理、三级（公司、部门、班组）逐级统计、分工负责、部门归口、公司（厂）领导审核签发体制。各企业为做好统计工作，从开业运行起，即制定统计管理制度，健全统计工作组织网络，班组设记录员，生产经营部门设核算员兼统计员，部门设内勤兼职统计员，因生产经营数据大多与核算有关，且需与财务数据基本吻合，一般在财务部门设置专职统计员。郴州、零陵复烤厂在与原烟经理部合并时期，以及常德复烤厂并入常德卷烟厂时期，皆由合并企业代行归口统计。

统计报表分为外报和内报两大类。内报属企业内部统计表系，自我留存利用为主，也为外报提供原始积累数据，是外报数据的基础来源。所谓外报，仅以本企业之外报出之狭义属性而言，实际上包括外报在内的一切报表皆在本企业存根留底，领导审阅查看分析，且向行业上级报出亦属“内部”。

20世纪80至90年代，各复烤企业统计报表种类不多，内报主要集中于复烤生产和商品购、销、存和资金使用及经济效益核算数据方面，有日报、周报、月报、年报等。一般每月由归口部门汇总出月报，并写出相关分析，一并呈报公司（厂）领导参阅。外报主要有财务、生产、购销存、固定资产投资（基建）、人事（职工、干部、职称、培训与文化）、劳资、党务、专卖发证办案等，有月报、季报、年报等多种形式。皆由归口部门按行业上级部门和地方统计主管部门要求，依据内部报表积累的数据和相关台账，负责企业相关数据的收集、整理、核对、统计，编制草表，核对无误后，填制正式纸质报表，呈送厂长（经理）或分管领导签发，按规定的期限，一般以专人携报或邮寄发送。

2002年，烟叶全面实行“原烟交接、委托加工”，尤其是各复烤企业转为股份制法人治理模式以后，出于规范管理和信息管理利用现代化的需要，统计项目和报表逐步增多，内报、外报皆普遍增加到数十种。此阶段，由于信息网络系统迅速普及，各单位局域网先后建成，报表皆转为网络发送为主，方便快捷。

（一）商业线复烤企业

2005年，郴州、零陵复烤厂改制为天泰、天顺公司后，皆配备专职统计员，并健全统计工作组织三级网络，生产经营类统计先归财务部负责，后改归企管部门负责，其余各线由归口部门负责。2011年合并组建湖南复烤公司，两厂取消法人资格，成为生产点和报账制单位，统计多为内部报表，为企业内部管理、分析、控制之用，并按复烤公司要求，按期提供基础统计数据上报，为复烤公司编制报表提供依据。湖南复烤公司统计报表主要有：

1.财务企管报表：财务报表（财务报表又可以细分为决算报表、预算报表，国有资产报表），都是报给公司领导和行业上级，按年度和月度上报，通过系统内部网络和专用报表系统上报。

2.生产经营部：内部报表有：产量、质量等两大类，如：“腾讯通”报送《日生产快报》《月产量报表》、月质量分析报表等。并按规定期限，填报国家局《打叶复烤生产经营基本情况表》《烟叶信息管理系统》上报。

3.人力资源部：人事部门报表主要有劳资年报、人才年报、劳资月报、教育培训年报、老干年报，全部报送省局。公司内部有培训台账，每年需向省局（公司）人事职教主管部门报送套表年报和网络在线系统报表，包括参加岗位培训人员统计表、参加其他培训人员统计表、参加学历教育和继续教育人员统计表、培训师资使用统计表、培训师资和职教干部统计表、培训教材统计表、综合统计表；要求年报数据和系统数据一致。

4.纪检监察部：负责上报省局（公司）的年报有纠风工作统计表、党风政风监督情况统计表；半年报有行业纪检监察工作统计表、党风廉政建设统计表、在建工程项目监督工作统计表；季报有问责情况统计表;月报有信访统计表、反映问题线索处置表、案件查办情况统计表、工程建设领域突出问题治理案件查处情况统计表、落实中央八项规定精神情况月报表、纪检监察工作月报表,案件快报为即时报。

5、审计部门:上报省局(公司)报表主要有审计查出问题统计表半年报和年报,内部审计统计表半年报和年报,同级审计查出问题及整改情况汇总表和同级审计(检查)整改情况表(任务分解表)季报。法人任职期满或者离任时,必须按任期经济责任审计结果,填报查出问题统计表、审计(检查)整改情况汇总表、审计(检查)整改任务分解表。

6、其他报表和临时布置报表,按相关部门要求据实编制,按期报送。

(二)工业线复烤企业

常德芙蓉、湘西鹤盛、浏阳天福三个公司,自开业运作起,即建立统计工作制度,建立公司、部门、班组三级统计工作网络,先后健全统计报表信息网络对接报送系统。各单位统计主管及协调部门:常德芙蓉公司先为综合部,2013年转为企管监督部;湘西鹤盛公司先后为:财务部(后更名为财务审计部)—综合管理部——企管监察部,其分管部门的更换主要是基于方便与投资控股公司(湖南中烟)主管部门的工作对接;浏阳天福公司统计工作主管部门为:财务部、监审管理部。公司负责对外(政府职能机构、湖南中烟公司)统计报表,由公司综合统计员具体负责,各部门核算员(财会人员)负责归口线数据统计。

工业线复烤企业统计工作基本操作流程是:各职能部门按照行业上级和地方统计主管部门下达的统计报表要求,对应设计本单位归口统计原始单据,并附设填制说明。填报部门从班组起据实填报,汇总后报送归口部门,同时做好资料整理、装订成册,封面显示单据名称、时间范围、部门名称,负责人和经办人签字盖章后保存五年,并将数据录入电脑备份,防止丢失。经公司授权的归口部门,做好公司本线口的数据汇总统计,打印纸质报表一份,报企管监督部审核,再报公司分管领导签发,然后由授权归口部门将报表在规定的时限内以电子文档形式予以发送给对口的行业上级和地方统计部门,发送后建立台账,并将数据录入电脑备份。公司内部统计数据的报送不再使用纸质报表,一律用电子版本。

工业线复烤企业需报送的对外报表种类有周报、月报、季报、年报共30余种,分别对应国家局(总公司)统计网,湖南中烟公司计划综合部、生产部、原料部统计网,地方统计局、环保局、人社局及其他专职行政主管部门的统计网,公司内部经营管理领导层及委托加工客户。

各公司内部统计人员受公司主管部门与统计归口管理部门的双重管理。其工作职责,包括报表报送的时效性、准确性、季度统计分析材料的质量与时效、相关原始记录和台账是否保管完备等,与各部门的经济责任制考核挂钩,纳入考核。

第七节　安全管理

20世纪80年代起,省内复烤企业遵照中共中央(1984)23号文件关于“在城乡基层单位推行治安保卫承包责任制”的精神和湘政发〔1988〕04号文件“谁主管,谁负责”的原则以及各项安全生产法规和行业上级的部署,普遍建立健全企业内部安全保卫、安全生产规章制度,推行安全工作分级负责承包制度,陆续建立以安委会为主导、以安环部门为日常协调监管机构、部门为主体、班组为基础,横向到边、纵向到底的安全管理网络。企业内部安全管理内容包括安全管理机构和队伍、制度、设施、设备建设,生产、仓储、交通安全和职业健康及社会治安综合治理等诸多方面。

1986年5月,郴州复烤厂移交烟草系统时,接收消防车一台。厂随即健全安保制度,成立保卫股,负责厂内安全日常管理和安全检查监督,完善安全、消防基本设施设备,成立厂消防安全义务小组;并落实厂部、车间、班组三级安全教育培训,对全厂职工普及安全知识,对临时工进行上岗前安全制度知识培训;

定期组织安全工作检查，查整隐患。11月，常德烟叶复烤厂投产，厂安全事务由办公室兼管。厂区内设置围墙、门岗、灭火器、消防栓、消防池等简单安保设施设备，内部安保实行分级负责承包制度。

1987年6月，零陵复烤厂设保卫科，雇请10名退伍军人担任护卫队员。10月12日，厂成立义务消防队，9人组成。各车间、部门成立义务消防小组，按各自分管区域，明确职责，加强防范。11月25日，成立厂治保委员会和劳动卫生委员会，由7人组成，副厂长李建平任主任，保卫、劳资科长任副主任，配备劳保专干和兼职安全员；同时投入大量资金，完善基础设施，购置安防器材，如加高围墙长度1500多米，修建1个300吨的消防生产水池，架设地下消防管道3200米，设置消防栓45个，配备消防箱(内装水带、水枪)45个，安装灭火器328个，购置消防车1辆。为防盗，该厂还在全厂办公室、宿舍门上安装防撬板，在财务档案室、商店等重要部门加固门窗，安上防撬锁和防盗报警器，并将车间和凉烟库的15扇木大门改成卷闸门，防范能力大大增强，并制作悬挂安全警示牌200余块；并先后制定《安全保卫制度》《门卫制度》《现金管理制度》《安全生产暂行制度》《临时工管理方法》《车辆进出登记制度》等一系列规章制度。试产前夕，对设备进行安全鉴定，无安全隐患才开机；锅炉、电器经当地劳动、电力部门验收，颁发合格证后才投入运行；员工上岗先培训，达到要求后再上岗；特殊工种经相关部门培训考核，合格后颁发相关证件等等。冷水滩市公安局对该厂的安全防范工作给予高度评价，在厂召开安全防范现场会议。

1988年，郴州复烤厂2处门卫值班人员全部由临时工换成职工，并安排3名专职安保人员实行昼夜巡逻；修订安保制度，明确责任制，对厂内民工进行登记，临时工实行出入证制度；划定禁止吸烟区域，对焊接、锻打等火源进行严格管制；对机械运行及时检修，时刻监控，防止摩擦火花烧坏上机烟叶；对草片、垃圾堆等易燃物及时清理；对老化电线进行更换，电源线、开关盒进行合理布局；车间设立安全员，由各班组长(或副班长)兼任，对安全生产随时进行现场督察。抓获3起盗窃案，移送公安部门，挽回经济损失达百万元。

零陵复烤厂于4月20日成立安全生产委员会，由7人组成，副厂长李建平为主任。5月，厂保卫科专职安保人员增至15名。为进一步加强安保工作，厂调整治保委员会成员，由厂长文开玉为主任，雷立元、胡祖平为副主任，各相关部门领导为成员。7月18日，厂成立安全消防科，负责全厂的安全生产和厂专职消防队的训练和执勤工作。

是年8月，经湖南省公安厅批准，成立冷水滩市公安局白竹亭(复烤厂)派出所，定编7名，所长由市公安局一名副科级干部担任，厂内选调6人，作为企业民警，充实到白竹亭派出所。所址设在厂内门卫处，对内仍称安保科。厂内安保科及所属人员职责照旧。自设立派出所后，与邻近3个村委会、6个村民小组之间的纠纷减少，案件处理较为顺畅，厂内治安明显改观。8月20日，按零陵地区公安处批复，组建零陵烟叶复烤厂企业专职消防队，定编12名，设队长、指导员各一名(由干部担任)，队员10名。同月，常德复烤厂并入常德卷烟厂后，车间安全工作在厂部安防工作领导小组组织领导下开展，车间设防火责任人。

1989年2月，零陵复烤厂与地区原烟经理部合并组建烟叶生产购销公司后，设保卫科。3月21日晚，临时工陈柏友等5人，将复烤机16套铜管、铜线剪断盗走，造成设备事故，经厂保卫科会同市公安局缜密侦察破案，对陈柏友等5人追究刑事责任。8月，该公司(厂)成立安全委员会，经理(厂长)彭传国任主任，具体工作归口劳资科。同月，该公司(厂)根据湖南省《工业企业劳动保护条例》，制定并实行《安全生产实施条例》，分总则、奖励、处罚三章共29条。主要规定：

1.健全安保组织。公司(厂)设安委会，并配置专干，保卫科负责日常监管，复烤车间、机电车间、购销科成立安全生产小组并设兼职安全员，汽车队配备专职安全员。安全生产小组和安全员负责检查，监督本部门的安全生产工作。安全员必须坚持“安全生产”原则，各部门必须支持安全员正确行使职责，任何人不得以任何理由阻碍和刁难安全员的工作，部门内因工作需要，调换安全员必须得主管领导及安全生产归口部门同意。

2.完善安全三级教育和安全考核标准。由生产技术科和劳动工资科负责进厂新工人的一级安全教育，车间（部门）、班组进行二、三级安全教育。经考试合格的方可领取劳保用品上岗操作，对新分配的大、中专毕业生及调换工种，操作新设备的职工，由生产技术科会同车间进行安全技术培训。

3.驾驶、锅炉、压力容器、焊接、电气、叉车、电梯等特殊工种的工人，必须接受劳动部门专业培训，经考试考核合格，方准特征独立操作。

4.定期进行安全生产大检查，实行厂部月检查、车间（部门）周检查、班组日检查制度、发现问题、技术处理、每次检查必须做好记录备查。凡厂部发出的整改通知书，必须限期改正，并上报整改结果。安全检查由厂安全生产委员会同有关部门参加，检查范围厂内生产区、厂区外仓库由保卫科会同购销科负责检查。

5.厂部每次检查时，当场指出各部门安全生产存在的问题，并限定改进时间、规定时间内不能完成的，事先应报告安委会并说明理由，但理由不成立的不予承认。

6.厂部每次检查结果，由安委会负责整理予以通报，各科室应及时对照通报，按要求切实改进工作。

7.发生事故必须及时上报召开事故分析会，如实填写“事故登记表”，坚持依法办事，对何种安全事故，必须按照“三不放过”的原则严肃处理。该《安全生产实施条例》还规定奖惩细则，对4种情况和行为予以奖励；对14种情况和行为视情节轻重，分别给予罚款、扣奖金、行政处分、移送司法机关处理等处罚。同时，又出台《安全生产检查细则及计分标准》，共计7个检查项目，30条检查内容，实行百分制考核办法。

1990年3月，零陵复烤厂司机蒋某撞伤1人，公司垫付2.7万元，保险公司赔付1.5万元，公司损失1.2万元，加之蒋借支欠款15796元不归还，公司（厂）于7月决定对蒋作辞退处理。6月，公司（厂）成立专职消防队，并组建义务消防队，各部门确定1～2人组成，接受消防训练；消防、保卫工作制度在原来的基础上予以修订完善，并出台消防保卫工作责任制度和考评细则。22日，公司（厂）务会决定：安保人员改为经济民警，定编34名；保卫科长田国维兼任经济民警队长（中队长），下设4个分队，“南六县”1个，本部一、二、三分队（其中地区烟草分公司一个）。公安派出所所长改由文开玉兼任，指导员由赵宏斌兼任。

是年6月7日，零陵烟叶生产购销公司（复烤厂）向冷水滩市人民政府递送《治安保卫责任承包合同书》，随即，公司（厂）本部照此制作本单位治安保卫责任合同书，与所属各部门签订。开烤前夕和生产期间，每月开展一次安全检查，隐患得到及时整改。10月起，实行戴证上岗、进出制度，严格执行生产区、禁火区用火审批制度。10月28日零时，零陵复烤厂锅炉房当班司炉工违章操作且擅自离岗，造成1号锅炉严重缺水，被迫停运6小时，给生产带来重大损失。厂安委会组织调查，通报事故原因和处理决定，对无证司炉工罗某作辞退处理；撤销刘某大班长职务，扣发当月全部奖金；主持全面工作的车间副主任李某调离岗位。厂安委会要求机电车间自查自纠一周，制定和修订安全管理措施，把安全隐患消灭在萌芽状态之中。12月18日，贯彻冷水滩市政府“严打”文件精神，厂（公司）成立“反内盗”领导小组，接收举报，查找整改隐患，堵塞安防漏洞。

1991年起，各公司（厂）遵照国家劳动部要求，每年开展一次以安全教育和安全内查整顿为主要内容的“安全生产周”活动（1996年以后改为“安全生产月”或“安全警示月”活动，一般在每年5–6月份进行）。省内烟草行业安全工作列为目标管理“一票否决”指标，并明确单位“一把手”为安全工作第一责任人，如发生仓储、交通、消防、治安等严重事故，除对负直接责任者和负领导责任者进行重罚外，并取消责任单位评先资格和年终奖金。自此，各复烤厂（公司）每年将安全工作列为目标管理重要指标，下达到车间、部门，建立起厂部、车间、班组三级安全责任管理体系。是年，郴州复烤厂成立专职经济民警分队，经警为兼职消防队员，每年开展经常性训练；选派16人参加地方举办的消防知识技术培训，厂内成立义务消防队，安全防火处置能力得以增强。在易地技改工程中，坚持实行安全设施必须与主体工程同时设计、同时施工、同时投产使用的“三同时”原则。

是年1月16日，零陵烟叶生产购销公司（厂）发布《压力器安全监察暂行条例》。26日，接受省市5部门对进口打叶生产线验收检查，顺利通过。10月1日，零陵烟叶生产购销公司（复烤厂）财务科长室、出纳室被盗，丢失现金600余元，计算器一部。经保卫科多方调查，属于外盗。事故发生后，安委会召开会议，对隐患进行整改，对财务科出纳室、工会广播室、厂办机要室等重点防范部位的门窗进行加固，安装报警器。11月，该公司（厂）从香港新基公司购进火警系统全套，型号为NF-IG-001-CN（类比智能系统），耗资58.57万元，在八层楼烟叶仓库安装。12月13日上午，零陵复烤厂维修班临时工唐某，在维修换拆液压打包机头时，由于出现机械故障，机头突然从0.8米高处坠下，唐某身体被压，不幸死亡。事故发生后，地市劳动局、公安局、检察院、工会等部门及时到现场勘验，并与厂方研究善后处理。经与亡者家属、亲属协商，签订善后处理协议书，由厂方负责火化，并给予一次性赔偿。

1992年，郴州地区烟叶生产购销公司（复烤厂）成立安全领导小组，进一步充实专职经济民警分队和义务消防队力量，人员达44人。并修订健全安全制度，即安全管理制度、门卫制度、临时工制度、挂牌上岗制度、消防管理制度等，按制度要求，落实到人，坚持"谁主管，谁负责"的原则，严格管理；对各种消防设施设备进行完善，修理干粉灭火机80个，建大型消防池2个，购置消防器材4万多元。是年1月14日，零陵复烤厂机电车间锅炉排污阀未关造成锅炉缺水事故，地、市劳动局鉴定为一般事故，锅炉受到损伤。按照事故"三不放过"原则，车间主任胡某被扣发一个月奖金；司炉工屈某吊销执照，予以辞退；席某罚款100元；冯某罚款50元。3月6日，经公司党委研究同意，任命雷三元为白竹亭派出所所长，王新友任指导员。3月12日，该厂成立"应急队"，由27人组成，下设3个应急分班。

1993年起，省烟草专卖局（公司）开始实行每年一次的安全工作交叉大检查。郴州、零陵复烤厂等复烤企业遵照上级部署，开始实行安全工作单项承包责任书层层递交制度。厂部、部门、班组三级安全责任网络落到实处。形成"法人代表抓全盘，分管领导管一线，部门领导保本块，一人一岗保安全"的管理格局。其后，此制度一直延续。

1994年，遵照省局《湖南省烟草行业消防安全实施细则》《湖南省烟草行业安全检查评比考核细则》的统一要求，各复烤企业开始实行安全风险抵押承包责任制。亦即在递交年度安全管理责任状的同时，加交安全风险抵押金，以加大奖罚力度。年内安全工作达标者，退还押金，并加奖励；年内安全工作不达标者，直接扣掉抵押金，并加处罚。此制度的抵押金缴纳，初期以承包单位缴纳，年度金额一般在2~3万元，其后额度有所加大；实施数年后，又在单位缴纳抵押金的同时，在承包单位内部实行由部门第一负责人以上领导者个人缴纳抵押金。2001年起，零陵复烤厂等单位开始改为全体员工缴纳抵押金，按照安全责任大小，一般分为法人代表、分管领导、中层正职、中层副职、班组长、普通员工等多个级层，职级越高，抵押金缴纳越高（初期一般在300~1200元，后期各单位各有变化），年内安全工作达标，按比例兑奖；年内安全工作不达标，扣掉抵押金，并按比例加处罚。全体员工的安全风险抵押金，一次性交足，财务科专户存储，年度内安全达标，底本不退，继续抵押。

1995年，各复烤企业认真贯彻国家局《烟草行业安全管理规定》。郴州复烤厂全年查处库区违章吸烟21人次，防止火灾隐患3起，整改39处，制止打架3起，调解职工内部纠纷2起，抓获赌博2起；及时破获职工李某、黄某与外贼勾结、以次充好换盗烟叶的案件2起，挽回经济损失29万元，案犯受到判刑、开除处分。零陵复烤厂全年添补安全、消防设施及改装维修费用35万余元。4月4日，零陵复烤厂成立"社会治安综合治理委员会"，厂长李新元任主任，由28人组成。5月18日，该厂成立厂义务消防队，按照工作管辖区共分为6支。至此，公司（厂）配备专职安全员、部门兼职安全员、交通安全员共计11人；组建经警队1个，专职消防队1个，义务消防队6个、应急防暴小分队1个，共计115人。

1996年1月，零陵复烤厂设立"国家安全工作领导小组"，防窃密、防策反工作提上议事日程。1997年4月16日，该厂保卫科及时查处和制止厂内职工擅自处理废烟事故，为企业挽回经济损失2万元，给予保卫科奖励2000元，并通报表彰。

1998~1999年，吉首打叶复烤厂在筹建期，工地安防管理由筹建指挥部落实专人实施管理，并贯彻基建“三同时”（同时设计、同时施工、同时验收）规定，完善消防安全相关设施。投产前夕，即购置必需的安防设备，满足安防基本需要。1999年8月2日，该厂办公会议确定副厂长魏湘利为复烤厂消防安全第一责任人，安全生产日常管理由工艺设备部负责，设置安技、土建岗位对生产安全进行监督管理。10月，首次召开安全生产调度会，要求各部室、车间落实兼职安全管理人员。11月，成立9人组成的经警队，治安管理工作归口厂办管理。

2000年，吉首打叶复烤厂开始实行目标管理考核，依据董事会下达的“安全目标”，结合本厂实际，进行细化设置，对各部门、班组、岗位、工种的安全要求都设置有具体要求，实施“安全工作企业二级目标”管理，每月以“安全事故控制频次”、“千人负轻伤率”、“火险频次”等指标进行月度百分制考核，与月奖挂钩兑现奖罚。各部门配备兼职安全员，要求各部门建立本部门的安防月度计划，进行自查考核，建立安全档案；年终结合目标管理总考核，一并进行安全工作总考核，对发生重大安全事故的责任部门实行“一票否决”，即使其他目标完成达标，也扣发年终奖。是年，该厂制定《消防安全管理标准》《安全管理考核细则》，划定禁止吸烟区域，对火源、临时电源等进行严格管制；对机械运行及时检修，时刻监控，重要部室、车间设立安全员，对安全生产随时进行现场监督管理；对查出的安全隐患，及时予以整改；施行出入证制度，由经警队值班员进行监督；实行昼夜巡逻；每逢新烤季，对员工、临时工开展安全教育。

2003年，吉首打叶复烤厂成立安保部，接管厂内安保日常管理职责。先后成立厂级安全生产委员会及防火安全委员会、交通安全委员会、国家安全管理工作委员会，三个委员会办公室均设在安保部。按照《湖南省烟草工业企业安全检查考核细则》，陆续修订、出台《安技管理制度》《各级各类人员安全职责》《消防安全管理制度》《仓库防火安全管理制度》《特种设备安全管理制度》《安全教育与培训制度》《治安管理制度》《化学危险品安全管理制度》《外来单位施工安全管理规范》等一系列安保规章制度。每年制定年度安全工作计划，坚持安全生产例会制度，严格考核，奖罚兑现。

2004年，郴州复烤厂重新独立分设后，按照市烟草专卖局（公司）的部署和“双目标”管理的要求，成立以“一把手”为组长的安全生产工作领导小组，把安全工作放在首位来抓。技防措施水平提高，在继续完善安防设施设备的基础上，厂区办公楼各楼层、生活区和生产区、烟叶库各安防重点区域全部安装电子监控摄像设备，24小时不间断扫描，安保人员轮班值守，发现事故苗头，及时处理；如事故、纠纷、案件已经发生，则可随时调取录像查看，查明真相，便于处理。

2006年，郴州天泰公司按照市烟草专卖局（公司）《郴州市烟草商业系统安全生产（保卫）工作目标考核及奖惩办法的通知》《郴州市烟草商业系统安全生产风险抵押金缴纳及管理办法的通知》和《郴州市烟草商业系统安全保卫工作先进单位先进个人评比办法的通知》三个文件要求，在实行目标管理的同时，落实全员风险抵押金制度，加大奖惩力度，实行重奖重罚。是年起，先后由市烟草公司物业管理公司、郴州金叶商贸公司统一聘请社会物业安保公司负责市局（公司）及直属单位的安保执勤，实行安保工作部分项目社会化、专业化管理。

是年，常德芙蓉、浏阳天福公司运作后，皆及时健全一系列安保制度；实行安委会统一领导、分级管理、部门专管、全员参与的责任制。每年年初，由董事会下达年度经济政工目标责任书、安全责任书，公司总经理签字、递交；公司随即对董事会下达的安全责任书向各部门进行分解，由各部门负责人签字后向总经理递交；各部门再将安全责任书进行细化分解到各班组、各岗位，签字递交，形成全员安全责任网络体系，形成全员参与、全过程控制、全员落实安全责任的“三全”管理模式。同时，按照公司安全风险抵押制的要求，按照岗位责任大小，划分安全风险金等级，全员缴纳年度安全风险金。对外包劳务相关方，亦实行安全工作责任制，并根据其劳务人数、工作风险系数高低，在招标谈判中纳入谈判内容，需缴纳安全风险金才能签订劳务合同，否则即使中标也不能签订合同；在劳务合同期内，没有出现安全事故，再次招标末中标者，退还其安全风险抵押金；继续中标者，可以将以前缴纳的抵押金继续抵押。该制度，郴州天泰、永州天顺、湘西鹤盛公司亦在同期实行。浏阳天福公司在生产期间每周一均召开安全生产会议，此后一直坚持不断。是年，湘西鹤盛公司被湘西自治州人民政府评为消防工作先进单位。

是年12月28日13时20分，永州天顺公司成品库四楼B区发生火灾。此次火灾事故，经永州市公安消防委认定为堆垛起火，原因不明，核定直接经济损失148056元。火灾事故后，公司及时召开专题安全会议，认真剖析安全方面的诸多漏洞和薄弱环节，追根寻源，完善安全管理制度，制定《二道岗火种管理制度》，禁止在二道岗吸烟和带火种进入，违者处500元罚款的规定。严格执行“铁手抓隐患，铁手抓整改，铁手抓考核，铁手抓处罚”的安全治理手段，处理火灾责任人10名，把“12.28”定为企业的安全教育日；开展安全大检查12次，投入整改及安防资金40万元。

2007年，各复烤企业按照行业上级部署，启动安全健康管理体系认证工作。通过内审比对标准，找出差距，持续整改，均实现制度标准化、体系化，均获得安全健康管理体系认证证书。7月，常德芙蓉公司成立安全保卫部，负责公司日常安保工作。是年起，郴州天泰公司等复烤企业按上级目标管理要求，首次签订安全风险抵押承包和社会治安综合治理目标双份责任书，将“维稳”、“防爆”、“防邪教”等纳入社会治安综合治理目标管理项目。

2008年3月，永州天顺公司安装安保电子监控系统，总计投入资金56.51万元。是年该公司开展“隐患治理年”、“交通安全年”及“安全生产百日督察专项活动”；全年共培训12天58课时，参训率97%。厂内实行“日查、周检、月考”三级管理考核模式，横到边、纵到底、逐项逐条进行督查考核，被永州市政府评为安全生产先进单位。常德芙蓉、浏阳天福公司实行维稳首问首办工作责任制，安全管理坚持做到日查、周查、月查和季度查，年内开展安全管理工作大检查两次，查改隐患多处。

2009年11月24日下午，郴州复烤厂生产一车间发生一起人身伤亡事故。死者朱某，男，郴州市华顺人力资源服务公司派驻郴州天泰公司的维修工，因打包捆扎机出现故障，在维修过程中，违章单独到非工作岗位的顶棚靠机头侧入料口边沿，不慎跌落至均料辊，被旋转的输送带将其带入均料辊与进料底板之间，胸部挤压遇难。事故处理主要由业务外包单位负责。是年，永州天顺公司投资380万元，对成品仓库新建消防建设工程，并投资32.6万元，在成品库的四层、八层和北一仓安装火灾自动报警系统，安全基础设施进一步完善，再次被永州市政府评为安全生产先进单位。

2010年，永州天顺公司将20%的绩效工资与安全管理考核挂钩，实行指标管理，三级管理考核，三级奖罚兑现。常德芙蓉公司根据中烟公司的维稳要求，建立《员工诉求台账》《员工矛盾纠纷台账》，对相关情况进行收集、存档和上报，及时消除不稳定因素。浏阳天福公司成立安保部，配备专职安全管理人员5人，部门（班组）专兼职安全员15人（含外包业务单位），形成安全生产管理网络，并将5S管理加上“安全管理”成为6S管理，将生产管理与安全管理进一步有机结合，全年实现安全事故“六无目标”，被评为省烟草工业系统安全工作先进单位。

是年，郴州天泰公司按照职业健康安全管理体系要求，进一步清理、修订、完善公司安全规章制度、检查标准与考核细则，制定、下发《外协单位安全管理规定》《安全操作规程》等，共建立各个岗位和各项设备安全操作规程34个。耗资近40万元，新购置一辆消防車，增添60多件消防、警示、监控器材，组建义务消防队，安全保障能力进一步提升。技术中心加强对危险化学药品的管理，实行双人双管办法。

2011年4月1日，国家局颁布实施《烟草企业安全生产标准化规范》（YC/T384-2011），各复烤企业随之进行贯标培训。9月16日，湖南烟叶复烤有限公司挂牌运作，公司本部安全工作由综合部兼管。30日，公司成立安委会，总经理任主任，下设办公室，办公室设在综合部。公司安委会对公司本部及所属郴州、永州复烤厂的安全工作履行组织领导责任，安委会办公室负责对所属两厂的安全工作进行具体指导、检查督促及公司本部安全工作事务办理。各厂亦设安委会，负责本厂安全工作组织实施。11月，湖南复烤公司对两厂进行安全大检查。

是年，国家局发布《关于烟草行业安全工程师岗位设置及聘任工作的实施意见》(国烟人〔2011〕252号)文件，要求各单位至少设置1个安全工程师岗位。浏阳天福公司安保部增加专职安全员1人，在用工超过200人的精选物流部增设部门专职安全员1人，全公司共配备专职安全管理员6人，部门(班组)兼职安全员11人，外包业务单位安全信息联络员8人；公司总经理与副总、部门签订安全责任书15份，与外包单位签订安全责任书45份，安全设施设备投入资金147.2万余元。

同年，常德芙蓉公司签订部门以上安全目标管理责任书28份，缴纳风险抵押金17.8万元；与相关外协单位签订安全协议8份，缴纳安全保证金6.2万元；部门与个人逐级签订安全目标管理责任书110份，切实把安全责任明确落实到每个部门、岗位、和个人。11月14日，吉首市公安局石家冲派出所进驻鹤盛公司，治安力量增强。

2012年，湖南复烤公司按照国家局、省局全面落实安全生产责任制的要求，在年初与各烤厂、各部门均签订安全风险抵押承包责任书和社会治安综合治理目标责任书，明确各单位(部门)安全生产主体责任。各烤厂层层分解落实，企业领导、各车间(部门)、班组、员工之间均签订安全风险抵押承包责任书，将安全责任落实到每项工作的组织者、管理者、实施者，落实到每个环节、每个岗位、每个员工。公司对照《烟草企业安全生产标准化规范》和《国家局办公室关于进一步加强烟草企业安全生产标准化建设工作的通知》的要求，制定《湖南烟叶复烤有限公司安全生产标准化建设工作实施办法》，认真组织开展标准的宣贯和培训工作。在此基础上，组织对标自查，进一步细化和完善安全生产基础管理规范及技术标准，建立健全安全生产规章制度、岗位责任制和岗位操作规程。强化班组安全建设和岗位责任，提高安全操作技能，杜绝“三违”行为，以实现岗位达标、专业达标，推进企业达标。

是年，按照国烟运〔2011〕116号《国家烟草专卖局关于全面加强烟草行业安全基础设施建设工作的指导意见》要求，湖南复烤公司投入900多万元，用于两厂复烤生产线设备设施技术改造中的安全基础设施建设，对新建、改建、扩建和技术改造中的各类项目严格把关，确保建设项目安全设施“三同时”(同时设计、同时施工、同时验收)制度落实到位，把好安全生产源头关。安全日常监管方面，按照公司安全检查标准，实行痕迹化管理，做到各岗位每日自查，烤厂每周一检查，每月一小结，公司每季一督查的安全常态化检查。定期组织对两厂的生产车间、仓库、锅炉、特种设备、配电安全、道路交通、安防设施设备、内勤资料等进行全面、细致的安全检查，严格按照有关法规和标准定期对防雷防静电设施、锅炉、压力容器、安全阀、压力表、电梯的安全进行检测检验，保证各类生产设施设备的安全稳定运行。全年全年共查出安全隐患283条，提出安全建议36条。对查出的安全隐患和提出的安全建议，严格落实整改、措施、资金、时限、责任人和预案“五到位”，及时消除安全隐患。是年，公司健全“三级安全教育”、特种作业人员专业培训等制度，规定从业人员必须进行岗前培训，掌握所在岗位安全生产知识和操作技能，方能上岗。年内先后组织安全管理人员和班组负责人安全管理培训。各烤厂对季节工的培训由各厂组织进行。

郴州复烤厂投入20多万元，对消防报警、视频监控、红外防盗系统等进行全面维护和更新升级。9月16日，郴州复烤厂发生盗窃客户烟叶案件。生产班长陈某、仓储管理员王某、仓库保管员郭某、叉抱车司机冯某(临时工)、罗某(临时工)和门卫赵某(临时工)互相勾结，盗卖客户成品片烟32箱共计6400公斤，经物价部门核实价值人民币238932元。案发后6人均被司法机关依法判处有期徒刑并处罚金。其中，王某被判10年，罚款5万元；陈某被判6年，罚款5万元；郭某、冯某各被判5年，各罚款5万元；罗某、赵某各被判5年，各罚款4万元；3名正式员工均被开除公职。其他相关责任人亦受到不同程度的处罚。

同年，湖南中烟工业有限责任公司发布《2012年〈烟草企业安全生产标准化规范〉贯标工作策划的通知》，工业线复烤企业均成立贯标领导小组，开展对标培训，自查危险源，提出整改方案，制定贯标方案，全面修订安全生产规章，提升为企业标准，实行区间化、网格式管理。浏阳天福公司全年安全设施设备、培训投资达460万元。11月，浏阳天福公司通过安全生产标准化二级企业达标评审。12月5日，湘西鹤盛公司顺利通过湖南省安全生产管理监督局《烟草企业安全生产标准化》二级企业达标评审。

2013年，各复烤企业按照《烟草企业安全生产标准化规范》的要求，深入推进安全生产标准化建设，并先后将制度提升为企业标准。推行“一岗双责”，全员安防责任体系网络进一步深入。1月，湘西鹤盛公司获得湖南职业健康协会颁发的烟草企业安全生产标准化二级达标认证书。永州复烤厂投入50余万元，对视频监控系统进行维修和改造，对消防器材警示标志、安全用具等及时进行更新和检修、健全和完善安全基础设施，年底顺利通过安全生产标准化AAA级认证。9月，常德芙蓉公司顺利通过安全生产标准化区间化网格式管理达标评审，并获得安全生产标准化二级达标企业称号。12月，公司招聘安保护卫39人到安全保卫部，成立护卫中队。郴州复烤厂调整“信访一对一联络员”队伍，摸排不稳定素，及时化解矛盾，保持内部稳定。

是年，浏阳天福公司先后对生产车间、仓储、物流、动能、宿舍招待所等重点场所进行6次大的专项安全检查，查出隐患92余项，重要隐患45项，处罚安全违章31项，逐一整改。投入资金110万元，在原有的消防报警装置基础上，配置视频监控和消防报警系统，厂区共安装监控摄像头74个，红外对射报警系统1套，设置监控制室3处，以确保重要目标、重点部位时刻处于监控之下。在安全标准化建设上，继上年二级达标后，一直持续改进，年初制定《职业健康安全管理体系换版实施方案》，实施内部审核4次、管理评审2次及体系换版认证审核1次，整改存在的问题，制定纠正预防措施，持续改进体系运行，年内顺利通过并有效地实施运行GB/T28001-2011版职业健康安全管理体系。同年，湘西鹤盛公司被湘西自治州消防委员会评为户籍化管理先进单位。

2014年，湖南烟叶复烤有限公司制定《2014年安全生产工作目标考核细则》，并纳入《公司2014年目标管理工作业绩考核办法》管理中，考核权重占15%。逐级签订《安全风险抵押承包责任书》和《社会管理综合治理目标责任书》，落实全员安全责任制。针对公司所属两厂易地技改搬迁工作已全面展开，制定出台《易地技改搬迁安全监督管理规定》《易地技改搬迁安全监督管理岗位过错责任追究管理办法》《易地技改搬迁安全告知书》等相关管理制度。公司进一步推进质量职业健康安全环境管理体系整体推进，各企业顺利通过内部审核和外部专家评审。加大安防投入，按照标准配置、更新、补充安全器材设施。消防队伍开展多次演练。两厂新烤季“三级”安全教育培训正常进行。安全标准色、标准语、操作规范刻入安全警示，融入企业文化。按照《国家烟草专卖局办公室关于组织开展企业专业安全评估工作的指导意见》的要求，公司以自身力量为主，聘请专业安全评估领域的技术专家进行指导，开展安全评估，重点对烟梗锅炉运行系统进行安全风险评估，及时排查隐患。加强车辆管理，坚持每月对所有车辆驾驶员进行道路交通安全法律法规教育，做到警钟长鸣；并按照上级规定，对超标准超规格的车辆坚决封存，在节假日期间对车辆严格实行“三交一封”制度。制定《现场管理考核细则》，每月对各部门的现场安全管理、设备安全管理、安全责任落实、日常安全培训教育等分别进行考评，并将考核结果与月度绩效奖挂钩，促进全员安全自觉性。

是年，郴州复烤厂成立社会治安综合治理领导小组，厂主要领导担任正、副组长，下设办公室，安环部长兼办公室主任，将治理工作纳入全年目标管理，并与各部门签订目标管理责任书，与企业安全风险一并实行一票否决制。7月，常德芙蓉公司整体搬迁到灌溪镇新厂区，安保设施设备按照“三同时”建设要求，比较完备。设有较完善的门卫、值守巡逻、24小时不间断电子监控系统，有巡逻车2台，监控摄像头88个，监控总台1套，消防栓329个，灭火器1015个，消防池1个，消防报警系统1套。为加强公司安全管理，于8月3日发布并实施安全生产目标管理考核办法(标准)，更详细、严格。各部室在实施安全目标管理的过程中，对照目标，按照《职业健康安全绩效监视和测量控制程序》规定的周期进行检查、评价，及时制订和实施纠正、预防措施，确保目标的实现。安全环保部每月按《经济责任制考核办法》进行一次检查并保存记录。年末，按照安全责任书的项目指标，进行全年综合考核，考核得分与安全风险金、年终奖挂钩，安全达标或成绩优秀的，按各部门风险金缴纳金额实行1:1奖励，经济、政工目标管理达标且安全管理达标者，发给年终奖；安全工作管理不达标者，安全风险金按1:1罚款，年度内出现安全事故者，即使经济政工目标管理达标，亦扣发年终奖。

湘西鹤盛公司制定《领导干部检查安全生产工作制度》，进一步明确中层以上领导干部的安全职责，并明确检查范围、内容、时间，增强制度操作性。开展综合演练以及粉尘爆炸、危险化学品、食物中毒等专项演练3次，火灾、车辆、机械、触电伤害现场处置方案演练8次；全年共投入96万多元，用于安全基础设施设备改进、维护和隐患整改。年内，公司护卫队被湘西自治州总工会命名为湘西自治州工人先锋号。

浏阳天福公司从基层选拔9名一线员工委员进入安委会参与研究决策安全生产管理的重大问题，使安全生产情况掌握得更清楚，决策更具民主性，执行更有战斗力；将“6S”（加上节约），升级为“7S”，列为安全目标管理内容。投资110万元，加配视频监控和消防报警系统；投入资金150万元，建设烟梗粉碎项目；投入资金180万元，进行烟梗生物能再利用生产蒸汽技术改造，解决烟草废弃物的存放和处理问题。投资1350万元，完成煤改气锅炉技改项目，有效地改善作业环境，促进职业健康安全管理。年内先后进行4次专项检查，吸取浙江昆山粉尘爆炸事故案例教训，特别开展防火防爆专项检查1次，查改重要隐患16项，处罚安全违章10项。根据国家局关于“提升企业达标水平，认真开展岗位达标”工作要求，在企业二级达标的基础上，组织开展岗位达标活动，形成企业各部门各级管理、专业、技术、操作四类人员88种岗位安全职责文本。制发《安全生产目标管理考核办法》，对年度安全目标进行考评；修订完善《安全奖惩实施细则》，对日常安全绩效进行月度量化考评；修订完善《安全事件事故管理制度》《安全风险抵押金管理制度》，把安全责任和风险明确到每个环节、每个岗位、每个员工。制定详细的安全绩效考评细则，用活薪酬分配与安全绩效挂钩机制，加大安全生产指标权重，激励员工安全生产积极性。公司年内顺利通过企业安全生产标准化二级达标考评。

2015年，湖南复烤公司增设安全保卫部，从严修定《安全生产工作目标考核细则》《公司2015年目标管理工作业绩考核办法》等，对重点工程项目、重要工作节点、重大安全隐患整治执行独立的考核办法和措施。两厂根据公司的考核要求建立单位安全目标考核机制，部门则根据单位的考核权重层层分解到班组、到岗位、到员工，考核结果直接与员工绩效挂钩。责任人逐级签订《安全风险抵押承包责任书》和《社会管理综合治理目标责任书》。深入推进“三标体系”贯标。先后送9人参加国家局、省局安全达标培训。5月，按省局要求，开展“上好一堂课、发放一本书、出好一期板报、组织一次应急演练”为主题的公司安全应急知识宣传活动。11月，以黑龙江勃利烟叶复烤厂“9·15”火灾事故为教训，组织两厂开展《仓库模拟火情应急演练》。年内重点开展现场“三查三反一抓”活动，即：查思想、查落实、查隐患；反松懈、反麻痹、反违章；抓好隐患治理整改隐患排查做到“细”，隐患治理做到“实”；管理考核做到“严”。所属两厂对内部和外包单位查出安全隐患上百处，罚款20多万元。

是年1月11日晚22点30分，郴州天泰公司打叶车间发生一起工伤事故。工艺组投料员李某，在工作岗位突发脑主干动脉出血疾病，经48小时全力抢救无效去世。厂即时成立事故调查组，并报告市人社局工伤保险科，一并介入调查取证和鉴定，认定视同为工伤。最终按照《工伤保险条例》的规定，由市社保局将工伤保险待遇划至厂帐户，然后，由厂对其家属予以赔偿。是年末，永州复烤厂共有门岗3个，安保监控主机平台一个，监控摄像头127个，消防池4个，消防栓200个，灭火器800个，消防车一台，巡逻车1台。常德芙蓉公司安全环保部配有副部长兼综合治理干事1名，注册安全工程师兼安技干事1名，体系管理员1名，护卫队员19人。

湘西鹤盛公司按照湖南中烟公司“严、细、实、专”总体要求，依据《烟草企业安全事故隐患排查重点部位现场安全检查表》，定期组织开展各类安全检查，对发现的423条一般性安全隐患，分别进行通报、分析、整改、考评、验证，然后进行全面整改到位。全年共投入安防资金130多万元，主要用于火灾自动报警、视频监控系统、厂内机动车辆以及电梯等设施设备的建设之中。至年末，公司安保部有5人，其中，部长1人，注册安全工程师1人，专干3人；下辖护卫队16人，消控室（安防监控值班室）3人；公司义务消防队员44名。

浏阳天福公司组织签订公司级《2015年度安全目标管理责任书》14份，部门级安全目标责任书145份（其中外协相关方14份），公司内部交纳安全风险抵押金41.4万元，外协相关方缴纳安全风险保证金35.5万元。实现安全管理过程的动态监控，并在月度、季度、年度过程中进行量化考核落实。全年上岗培训率100%，机动车驾驶员、特种设备操作人员、安全管理人员、体系内审员持证上岗率100%，在编员工职业病防治教育率100%。义务消防队分批培训20余次。开展安全专项检查4次、日常检查20余次、节假日检查3次，查处安全隐患和生产违章107起；消除“三违”（违章作业、违章指挥、违反劳动纪律）行为整改率达100%；举行10个厂级应急预案演练。全年安保费用投入共计270余万元。至年末，公司主要安全设施设备有：门卫室2个，消防池1个，消防栓149个，电子监控主机1台，监控摄像头72个。安保人员组织机构及人员：以总经理为首的公司安全委员会，分管领导1名，安保部长、副部长各一名，专职安保工程师1名，专职安保干事2名，外聘某安保公司安保人员37名。

第八节 后勤管理

一、医疗

（一）郴州复烤厂

1978年，郴州烟叶复烤厂建成投产后，职工医疗费按相关政策规定，实行实报实销；职工供养直系亲属住院医疗费可报销50%。20世纪80年代前期开始试行医疗改革，将在职职工医疗费分成门诊、住院两部份分别处理：门诊医疗费实行包干，超过自负，节约归己；住院医疗费仍实行实报实销，但要扣除当月门诊医疗费。

1986年，郴州烟叶复烤厂移交给地区烟草分公司后，在厂内设立医务室，配备医务人员3名和简单诊疗器具、药品，负责本单位职工及家属的小病小伤治疗、流行病预防和组织进行职工职业病体检、女职工妇检、计生指导、职工医疗费用审核等项工作。是年，按照地区烟草专卖局（公司）统一规定，实行门诊医疗费包干制，基数每人每月2元，每人每年工龄加0.1元，每季一结，节约归己；超过部分按比例核报，工龄10年以下报50%，10～25年者报70%，25年以上者报90%，属自费范围药品不报。因病、因工负伤住院者，医药费实报实销，但应扣除当月的门诊包干费。在医务室拿药按进价50%收费，职工供养直系亲属住院医疗费可报销50%。

1987年，郴州烟叶复烤厂下发郴烟复〔1987〕022号文件，对医药费包干标准进行调整：职工门诊医药费基数为每人每月5元；职工家属子女（含独生子女）每人每月4元；职工每年工龄补助0.5元。住院医药费按工作年限分档报销，工龄20年（含20年）以上者实报实销，工龄10年以上不满20年者报95%，工龄10年以下者报90%，直系供养亲属无工作的住院费（不含自费部分）报50%，离退休干部职工医药费实报实销。

1993年3月，厂（公司）搬迁到下湄桥司马洞新厂址办公，在办公大楼的二楼用两间房70平方米设医务室，增添部分医疗器材和药品。8月，对职工医疗费用制度进行修订。其门诊医疗费包干标准调整为，每人每月固定基数6元，每年工龄加0.6元计算发放。本单位职工到机关医务室看病拿药，按实价结算。住院医药费个人承担比例为：工龄10年以下的（含10年）为10%，11~20年的为8%，21~30年的为6%，31年以上的为4%，离休人员、法定甲类传染病、精神病、工伤、癌症、职业病和实行计划生育手术及计划生育手术后遗症的医疗费，按实报销。退休人员纳入门诊医疗费包干范围。

1996年8月，统一执行湘南烟草集团公司制定的职工医疗管理制度。在职和离退休职工全部纳入门诊医疗费包干范围；门诊医疗费基数标准提高到20元，按工龄加发的门诊医疗费标准提高到每年1元；住院报销费用超过全年门诊包干费用的，扣回全年门诊包干费用；离休老干和癌症、精神病、职业病患者，其门诊包干费年底一次性发放，确因病情需要在指定医院住院或门诊治疗的，其治疗费用除滋补品外，予以实报实销；在指定医院住院的医疗费，按工龄长短自负5%～35%，工龄越长者，报销比例越高，但最高不得超过95%；不准设立家庭病床，否则医疗费自负。2000年，湘南烟草集团为所属女性育龄员工在市劳动保险处投生育保险73.29万元。

2003年1月，根据郴州市人民政府医疗改革文件精神，所属职工和离退休人员全部纳入基本医疗统筹保险和工伤保险、生育保险。其中医疗保险缴费比例按单位工资总额的6%上缴，个人保险缴费比例按个人月平均工资的2%，由企业代扣，上缴郴州市医疗保险中心统一使用。职工及离退休人员均持医疗卡、城镇职工基本医疗保险手册。医疗卡用于门诊医疗和自购药品；保险手册用于住院医疗费结算，住院时，先预缴一定现金，用作自费部分医疗费的结算，医疗社保报销部分由医院凭保险手册按规定予以结算扣减。工伤保险缴费比例与生育保险的缴费比例，均以按企业职工的工资总额1%上缴。3月起，开始为所属员工缴纳工伤保险。是年起，一直为女职工投买“二癌”（子宫癌、乳腺癌）保险，人均年费为10元/人。

2004年后，按照郴州市烟草公司统一要求，每年对所属女职工，包括长期聘用合同员工进行妇检；对所有职工两年进行一次健康体检，对特殊工种的职工进行每年一次职业病预防体检。2009年，员工健康体检改为每年进行一次；是年8月起，仿照市局（公司）系统做法，为所属在编员工再投人寿补充医疗保险。此项补充医疗保险，2016年改为凭医院正规发票（不含药店发票）据实限额报销。

2015年4月1日起，医疗、生育、工伤保险执行湖南烟叶复烤公司统一规定的缴费比例。

（二）永州复烤厂

1987年10月10日，冷水滩市卫生局批复，同意零陵烟叶复烤厂设立医务室。12月10日，零陵烟叶复烤厂医务室正式成立，划归厂行政科管理，承担企业和本地段的卫生防预、妇幼保健、计划生育指导及医疗任务，配备医务室4间87平方米、主治医师1人、副主任医师1人、护士2人、药房管理员1人。

1989年，零陵烟叶生产购销公司（复烤厂）制定职工医疗新规定：职工看病在本公司（厂）医务室就医的，实报实销。医务室不能处理的病况又必须住院治疗的，要有医院证明，报部门负责人签字，主管领导批准后，可在指定医院住院。其住院费须经公司医务室主治医生审核签字，方可呈送主管财务的领导签字报账。未经公司同意，自行在外就医的其医药费不予报销。职工因公外出、探亲期间看急诊所用医药费凭门诊病历核报。企业正式职工的子女和父母没有工资收入的，在指定医院就诊，其医药费可报50%。经主管部门批准的计划内临时工因病医疗享受正式职工同等待遇，其他临时工不予享受。本公司医务室一般不对外看病，社会患者在特殊情况下到公司医务室就医，按市价收取医药费。

1991年，为加强医务所的管理，进一步规范出诊治疗程序，制定并落实诊室岗位职责、药房岗位职责。规定医务工作人员与科室同步上下班，值班时间必须坚守岗位；严格规范出诊医疗程序，坚持文明服务，及时出诊；严格医疗操作规程，避免医疗事故，保证职工的健康和生命安全。年度内，医务所药品器械开支金额11075.90元。

1992年，公司（厂）制定并执行《医药费开支有关规定》共10条，重申老规定，并新增以下条款：1.医务室所购药品必须专人管理，财务单独列账。2.职工或雇用人员在医务室看病，必须经医生开具处方，标明药价，病人签字记账登记，医务室每月凭看病人签字处方向财务结算。3.职工亲属看病，必须收取医药费，享受直系亲属医药费的必须按章收取50%的药费，药费由医务室指定专人保管，并专簿进行登记，每月结算一次上交财务。4.每个季度，医务室清理看病清单，并报厂部办公室，作为职工考核依据。5.计划内临时工和其他临时工，公伤及中暑就医的，要由科室、车间出具证明进行治疗。

1995年2月21日，医务室改为“医务所”，作为企业的一个科室，实行“财务单独列账”管理，所长管新民。1999年3月17日，企业进行人事制度改革，医务所科室编制撤销，重新划归行政科管理。

2002年，零陵烟叶复烤厂为全厂职工统一办理医疗保险登记手续。2003年起，开始为所属员工缴纳工伤保险，实现职工公费医疗到基本医疗保险的顺利过渡。2005年5月18日，企业进行全方位人事体制改革，医务室撤销。

2015年4月1日起，医疗、生育、工伤保险执行湖南烟叶复烤公司统一规定的缴费比例。

（三）常德芙蓉公司

1986年建厂之初，常德烟叶复烤厂设医务所，有医师1名，护士1名，备常用药，为工伤初步处置和职工一般小病进行应急治疗。1988年8月1日，复烤厂划归常德卷烟厂后，享受同等医疗待遇，门诊医疗费按月发给，节约归己，超支自负；住院医疗费，属工伤的全报；属患病的，按工龄长短分比例报销，工龄越长，报销比例越高（不含自费药医项目），离休干部实报实销（不含自费药医项目）。2003年，由常德卷烟厂统一办理城镇居民医疗保险。2005年12月成立常德芙蓉公司后，正式员工全部享受医疗保险。

（四）湘西鹤盛公司

1999年7月1日，《湖南省城镇居民基本医疗保险实施条例》实施。是年9月，吉首打叶复烤厂建成投产后，即为员工按政策规定办理基本医疗保险。2001年3月29日印发《员工保险待遇的规定》，除为员工按政策办理养老保险、失业保险、工伤保险，另外还为员工办理四项商业保险：重大疾病险、团体人身险、附加住院险、附加意外伤害险（此四项商业保险因政策调整于2010年取消）。2002年起，定期对正式员工进行妇检和职业病检查，每年一次；体检每两年进行一次。2007年7月15日，由职代会通过，实施员工大病、住院互助金制度，即员工每月缴纳一定金额的互助金，单位按比例提取一定的互助金，当员工生病住院治疗报销费用（不含自费部分）达到2000元以上时，可按档次比例享受单位的互助金补贴，2万元封顶。2011年起，正式员工体检改为一年一次。

2012年，由职代会通过，公司为员工办理补充医疗保险。此外，每年都购买一些应急药品分发到生产一线部门管理，以备不时之需。

（五）浏阳天福公司

浏阳天福公司、湖南烟叶复烤公司本部皆从成立运作起，直接为其正式员工办理医疗、工伤、生育保险等。

二、食堂

（一）湖南复烤公司

2011年8月，公司成立后，即与郴州复烤厂在下湄桥司马洞厂区食堂合办食堂，开设工作餐。2015年9月中旬，郴州复烤厂整体搬迁到油山新厂区后，公司综合部即接手开办公司本部食堂。正常上班日，开办工作餐，一般为早、中自助餐，特殊情况例外。重要客人主要在食堂就餐，来、回各设席在食堂雅座招待一次，其余时段吃工作餐。公司食堂实行与郴州复烤厂食堂集中“打包”外包方式，两年招标一次。综合部按照外包协议，建立健全食品原料采购记录和索证索票、从业人员健康和食品安全知识、餐饮具清洗消毒、食品原料留样记录、食物中毒事故责任追究等管理制度，对食堂进行定期考核。

（二）郴州复烤厂

1978年复烤厂投产后，上岗的职工、临时工达数百人，由地区棉麻烟公司流星岭生活区食堂提供餐饮服务。

1986年5月复烤厂移交烟草公司后，与地区原烟经理部共同租用地区棉麻公司食堂，只能容纳100多人就餐。

1993年，司马洞新厂区技术改造完成，新建食堂187平方米，经初步装修，配备食堂总务及采购员各1人、炊事员5～7人，随厂（公司）搬迁新厂区办公起开办，为数百上工人员提供日间餐饮和夜间工作餐服务，并承担部分外来客人的接待任务，为厂（公司）节省部分接待开支。流星岭食堂随之停办。

2006年至2009年，先后投资近百万元资金，对食堂进行改造、扩建和装修，并增建3个包厢，其面积由过去的187平方米扩大到600平方米（上下两层），能容纳1000多人轮流就餐，桌椅全部换新，用餐环境大为改善。食堂分为2层，楼上配备空调、轻音乐、柔和灯光、桌布、窗帘，开自助餐（只开中餐），每人次8元；楼下为普通餐饮，提供日间3餐及夜间工作餐，价廉实惠；雅座数间，专为接待外来客人就餐，以减少在外消费，节约开支。除接待外来客人就餐费用实行签单外，食堂餐饮消费全部改为TC刷卡付费，彻底废除餐票制，杜绝谋私。食堂的扩容装修，较好地解决了公司内部职工、外单位来厂联系工作的业务人员、驻厂监打人员、在厂临时务工人员的就餐问题，对提高工时利用效率、促进生产工作正常进行起到保障作用，每年还可为公司节约数万元的招待费。

2013年，对食堂成本进行严格核算，并从9月份开始，按"三项检查"的要求实行独立建账，员工对食堂的满意度大幅提高，往年旺季食堂亏损的局面得到有效控制。2015年9月，复烤厂整体搬迁到油山新厂区后，新食堂更换承包方。开早、中自助餐，餐厅可容170人同时就餐。外聘驾驶员可在员工食堂优惠就餐，临时工亦可在内付全费就餐。旺季加班时期，加开晚餐。重要客人来、回分别在雅座设席洗尘、饯行招待一次，其余时段吃工作餐。另外，在厂区北端建有二层楼临时工食堂，一楼有白案红案制作间、洗菜间、储物间、冷库，二楼为餐饮区，可供300余人同时用餐，开早中餐，早餐自选，中餐按盒饭样式分5元/餐、10元/餐自选，刷卡或付现金就餐，物美价廉。临时工食堂在旺季提供餐饮服务，淡季停开。全厂两个食堂，按照公司要求加强管理,未出现亏损。

（三）永州复烤厂

1987年5月，建在家属区院内的职工食堂开始启用，归厂行政科管理。食堂共定编22人，其中食堂管理员1人，采购员2人，司机1人，会计、出纳各1人，餐票管理员1人，外聘厨师2人，服务员13人。开早中晚餐，凭纸质餐票购买。

1991年，公司为整顿食堂管理，制定落实《食堂管理二十条》，分别就开餐时间、饭菜质量、食堂内部人员伙食费收交等列出规范及要求20条，同时制定和执行《食堂管理员岗位职责》。1993年，厂（公司）开始实行免费午间餐制度。

1996年10月16日，职工食堂搬迁至厂部办公区金叶大厦，老食堂原建筑随后拆除，改为家属区亭榭花园；门卫等长驻临时工，利用金叶大厦后面的临时工宿舍一楼两间房作食堂。2002年起，职工食堂为生产一线夜班职工提供免费工作餐。

2013年7月8日，永州复烤厂与永州市冷水滩湘南酒店咨询有限公司签订后勤业务承包合同。由湘南酒店承包复烤厂金叶大厦食堂餐饮服务、二道岗内职工食堂餐饮服务、招待所及办公大楼保洁服务。承包方式为部分业务承包（只管服务，不负责采购和盈亏）。

（四）常德芙蓉公司

1986年8月，常德烟叶复烤厂建职工食堂，面积415平方米。1988年8月，常德烟叶复烤厂划归常德卷烟厂后，职工在卷烟厂食堂就餐。2005年12月成立常德芙蓉公司后，在厂内建立本公司食堂。2009年9月16日，公司制定《工间餐管理规定》。规定公司员工和兴隆劳务公司员工（劳务用工）分批次就餐的时间划分，并对就餐相关纪律原则作出说明，就餐秩序环境和员工生活质量得到提升。2012年6月4日，公司制定《员工工作餐管理办法（暂行）》。

2014年7月，公司整体搬迁到灌溪镇新厂区，员工食堂设在办公大楼西侧1楼，发布实施《员工工作餐管理办法》。食堂面积951.48平方米，有制作间、储物间、厨工休息室、员工就餐大厅、雅座三间，就餐大厅能同时坐162人就餐。员工就餐，凭本人工号牌刷卡、刷脸就餐，不充值，每人每个出勤日限刷一次，特殊情况需说明。

食堂实行外包，办公室负责监督外包方的食堂管理工作，发现管理不善时，按外包协议条款予以处罚。此外，在厂区内另建有临时建筑作临时工食堂，由业务外包方承办。

（五）湘西鹤盛公司

1999年，吉首打叶复烤厂建成投产时，后勤设施也同时投入使用。员工食堂两层443平方米，8月9日，厂部员工食堂正式开餐使用。一楼为员工就餐之用，二楼为客户之用。提供早餐、中餐、晚餐和夜宵，并承担客户监打人员和部分外来客人的接待任务，可供200人同时用餐。

湘西鹤盛公司员工食堂

2003年后，随着打叶复烤二线车间技改完成和增加烟叶挑选项目后，人员逐年增多，季节用工高峰期达500~1000人，员工食堂已不适应用餐高峰需要。鉴于此，2008年，开始修建新食堂。

2009年3月新食堂启用，分上下两层，并增设6个包厢，共有面积1500平方米，桌椅全部换新，配备空调，用餐环境大为改善。包厢用于接待客人和客户、监打人员用餐，一楼为以完成一定任务为临时工用餐，二楼为正式员工及客户用餐。每天开早、中、晚餐和夜宵，为早班、晚班员工分批服务。客人用餐设雅座间，适当加2~3个菜，每天更换品种。客人就餐费用实行签单，员工用餐刷IC卡。IC卡每月限额充值，全月出勤可保用餐免费，月度充值没用完的，其余额归零充公。食堂劳务由外包公司负责。

（六）浏阳天福公司

2005年7月1日，由筹建项目组决定，在先期建成的集体宿舍一楼西边腾出两间房作食堂，一间作餐厅，另一间作厨房。随着项目建设推进，聘用员工逐渐增多，10月20日，决定在公司北门出口附近搭建临时食堂。12月29日临时新食堂启用。

2006年1月1日，统一凭餐票就餐。公司食堂坚持“不赚钱、不亏损”原则。对所有粮油、菜类，由办公室委派1人会同后勤、财务、食堂保管员进行抽查、制价、监督。员工刷IC卡就餐，每季度消卡一次；临时工不发卡，自备餐具，自费就餐，餐具自己洗净后放在指定区域位置。各部门备公卡，用以招待客人到食堂就餐刷卡。公司和各部门招待客人用餐，按照地区、级别、性质确定客餐标准，用餐前需申报到办公室审批，提前通知后勤准备。通常每天开3餐，如有夜班，则开夜宵。在陆续完善各项厨房配套用具后，9月18日，食堂以劳务承包方式对外招标，由中标劳务公司自聘厨师和其他人员运作。

2007年2月，公司综合楼新食堂完工，一楼为早餐餐厅和临时工餐厅，二楼为正式员工餐厅，总面积2152平方米，均配四人餐桌，可同时容纳300人用餐。食堂管理通过分批次用餐，确保公司上千人安全顺利用餐。员工用餐实行刷卡制。餐卡充值统一由办公室后勤管理员办理，餐卡余额离职时到财务部统一结清。食堂经营实行：公司负责食料采购，制作、服务业务外包。

2011年，业务部制定《食堂物资采购管理制度》，加强采购验收管理。食堂严格执行物资购进的质量、数量和价格的验收监管制度，做到账目清楚、定期盘存、汇总及时。是年公司食堂共接待65万多人次，另还接待公司内、外会务100余次，用餐60余次。

2012年，为把好食堂食品的卫生、安全关，实行定点进货，经常抽样检查，全年退回有疑问的食品11次，食物成品实行留样备案。全年对食堂进行45项维修整改，冷藏、保温、清洗、消毒、防虫、防鼠、洗手、防护等设备和就餐环境得到优化。

2013年，公司食堂完成燃气灶改造项目并安全投入使用。生产时期每天开四餐。餐饮质量、卫生得到员工及客户的广泛好评，全年考评平均分为91.13分。

2014年4月，完成食堂IC卡消费系统升级。每月的公司经济运行会通报月度食堂收支明细和物资盘存数据。11月上旬，建成精选二车间（湘贤库）食堂正式运作。

2015年4月，公司对员工餐卡充值和刷卡消费的核算进行重新调整，使之能更准确地反映食堂用餐消费情况。采用招标方式引进新的物资供应商，通过比价采购和市场询价相结合的方式降低采购成本。在数量和单价双重把控的情况下，食堂支出不但控制在预算范围内，还为公司节约成本75万多元。公司给临时工每月一定的伙食补助，就餐实惠。12月，购置自助充值一体机，餐卡充值实现24小时在线充值，餐卡余额离职时到财务部统一结清；并在食堂安装监控摄像头，监督用餐环境安全。

三、招待所

省内部分复烤企业为解决驻厂监打代表、来厂联系业务客户、设备安装培训师傅的住宿，以及解决来厂检查工作、协作办事人员的临时休息问题，均设立招待所。既可方便客人吃住在本厂，就近上班或办事，又可为企业节省部分接待开支。

郴州复烤厂于1993年，利用闲置房，经过装修整理，开设内部招待所，后因拆迁停办。2009年，对厂大门一侧的2层房进行装修，配置空调及部分家具，5间（10个床位）客房用作驻公司业务员住宿，2间作管理辅助用房。2015年搬迁到油山新厂区后，建客服服务中心综合楼一栋4层，以两层作招待所，有48间客房，100余个床位（部分套间为3个床位），每房均配电视机、烧水器、席梦思床、衣柜、卫生间、洗浴设备、中央空调、电脑等，并设公共洗衣房。

永州（原零陵）复烤厂1990年7月在厂内开办招待所，共16间（套），652.8平方米。归口行政科管理，招待所外聘工作人员2人。1996年10月16日，随房屋拆除而撤销。

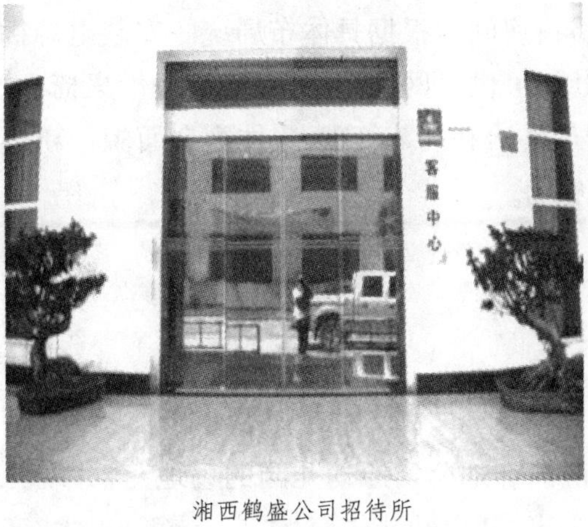

湘西鹤盛公司招待所

1996年，招待所转“金叶大厦”，该大厦一栋5层，其中4层用作招待所，有64间客房，128个床位，每房均配电视机、烧水器、席梦思床、衣柜、办公桌、卫生间、洗浴设备、挂式空调等，部分房间配备电脑，并设公共洗衣房。

常德芙蓉公司易地技改时，由于受技改资金限制，未建招待所。

湘西鹤盛公司（原吉首打叶复烤厂）1999年9月建成时，把办公楼的顶层共19间房间进行简单装修，设置40个床位，作为内部招待所，主要用于加工单位人员的住宿。由于设备不齐、比较简陋，于2009年9月新建一栋三层客户服务中心，有客房35间60个床位，每房均配电视机、烧水器、席梦思床、衣柜、办公桌、卫生间、洗浴设备、挂式空调等，并设公共洗衣房。另配置茶吧台和棋牌娱乐设施，满足客户住宿和休闲需要。

浏阳天福公司于2007年2月利用综合办公楼的3~4楼作为招待所，完成装修投入使用，共计36间72个床位，按双人套间标准配置硬件设施，内设卫生间，配备电视机、办公桌、保险柜、洗浴设备和空调，热水24小时供应。另配有自动洗衣机2台供客人洗衣。被枕套件外送专业清洗公司洗涤、消毒，安全卫生。2012年，公司对招待所进行全面更新，实施改造维修40余项，住宿条件更加舒适。全所配备服务员5名，轮流值班，负责楼层卫生打扫、房间整理和住宿管理，并在四楼设置电子阅览室、健身房各1间，供客户下班时间使用。招待所主要用于接待来厂监打和其他业务来厂公干人员住宿，解决公司地处产业园区远离市区无处住宿问题。公司招待所每年接待客户6000~7000人次，得到客户的广泛好评。

四、倒班宿舍

郴州烟叶生产购销公司（厂）1990～1992年易地技改，在司马洞厂区内，建成一栋3层楼集体宿舍，共有48间房。主要供离家路程远而又长期在厂做事的临时工居住。2014年，郴州复烤厂在油山新厂区建成一栋5层楼倒班宿舍，128间房，每间配双层床3个，可供768人入住，每层设公共卫生间、洗衣机、每间配卫生间、储物柜、桌子，主要为来自市区外的农民工在厂做工提供住宿方便。

永州（原零陵）复烤厂1987年，在厂办公区建一栋5层共40间房，作为单身职工和长期临时工倒班住宿。2002年11月，在打叶车间北面新建一栋两层楼的职工倒班宿舍，建筑面积900平方米，投入资金49.6万元。

浏阳天福公司于2005年8月建成集体宿舍一栋，共3层，建筑面积1536.8平方米，配置办公设备，作为工地临时办公地点使用。2006年3月14日员工福利专题会议明确，二楼四间为办公室，四间为女工宿舍。2007年2月，公司各部门办公整体迁入新落成的综合办公楼后，集体宿舍全部房间作为员工宿舍使用。居住人员以倒班员工、生产一线员工为主，办公室负责统一管理。8月，实施集体宿舍供暖。2008年10月集体宿舍南向改造。2012年起，陆续对员工宿舍进行10余次全面维护修整，如更换员工宿舍床具，添置毛巾架、洗漱柜等新设施，安装直饮水设备等，对住宿人员进行两次调整，新安排8名员工住宿，每周均进行安全检查，加强安全防范。2014年上半年，针对员工宿舍设施配置不统一和管理上存在的突出问题，公司立项并投入资金40余万元对宿舍进行改造优化。按每间房6名住宿人员的标准安排住宿。优化后可容纳男性员工84人，女性员工36人。房间内安装直饮水设备，所需物品由公司统一定制，包括床、桌椅、床垫、被褥、口杯、脸盆、水桶等个人生活物品，并定点摆放，不许私添设备；房间内根据具体布局统一安装电源插座，不许私接电线；住宿间内不提供网络，整楼提供一间职工书屋，可供上网和读书，书房内提供桌椅、电源、网线、电脑、书籍。楼内设公共洗衣房。通过对住宿进行清理整治和规范管理，集体宿舍面貌一新。

湖南复烤公司、常德芙蓉公司和湘西鹤盛公司无员工倒班宿舍。

五、其他

（一）郴州复烤厂

1.幼儿园 1986年，郴州烟叶复烤厂、地区原烟经理部合租棉麻烟公司原幼儿园的场地，合办幼儿园，配备幼师1人，幼教工作者3人，入托幼儿20余人，分大、中、小班，开设幼儿体育、语言、计算、美术、音乐、舞蹈、纸工、生活常识等课程，并建立值班制度，确保入托幼儿安全。1993年3月，随厂迁入司马洞新产区新幼儿园，该园系一个独立院落，占地390平方米，集教学、娱乐、休息于一体，新添置脚踏风琴和许多新玩具、教具。至1997年，为减少“企业办社会”负担，实行企业减员增效，厂（公司）幼儿园停办。之后，经装修改作厂（公司）外贸办办公场所；外贸办撤销后，改作复烤厂办公场所。2008年拆除该房舍，改作绿化休闲园地。

2.澡堂 1987年7月，郴州复烤厂建成集体澡堂一座，上班职工以往洗澡难的问题得以解决。1993

年，司马洞新厂区新建的澡堂投入使用，面积扩大为95平方米，设施较前有较大改善。2015年，搬迁新址后停用。

3.交通车　1992年8月，为解决厂内职工居住分散、上下班交通不便的问题，购置衡山大客车1辆，专门接送职工上下班。2004年2月复烤厂分设后，用本厂中巴车接送，为解决运力不足问题，曾租用市公共汽车公司客车接送。2006年6月和2009年8月新购置厦门"金龙"大客车2台，耗资87万元，对职工上下班早接夕送。2014年9月整体搬迁至油山新厂区后，共有2台大客车、1台中巴车用于职工上下班接送。

4.绿化卫生　厂内绿化、室外卫生，属办公区的由厂行政科雇人负责，生产区的由车间、仓库按责任区划分各自负责，雇人打理。2003年，公司(厂)被湖南省爱卫会授予文明卫生单位称号。2007年，按郴州市烟草公司对直属系统物业管理的统一要求，天泰公司所辖生活区的安保、绿化卫生、房屋水电维修，统交市烟草公司下属的金叶物业管理公司(科)管理，天泰公司按期与其结算物业管理费；2009年，移交给郴州市金叶商贸物业管理公司管理。其间，两次被郴州市委、市政府、市文明委评为文明单位、文明标兵单位。2014年整体搬迁到油山新厂区后，绿化卫生、安保、房屋水电维修皆通过招标，由中标的劳务、安保公司管理。

(二)永州复烤厂

1.绿化卫生　1988年，省委书记熊清泉到复烤厂考察生产经营和厂容厂貌，对复烤厂用三年时间把一座荒山变为绿树成荫、卫生整洁的现代工厂，大加赞赏："这才是干'四化'的样子。"是年，零陵复烤厂被省级文明卫生单位。其后，继续植树4000余棵，优化生产生活环境，1994年再次被评为省文明卫生单位。

2.交通车　1989年，合并组建烟叶生产购销公司后，购买交通车，接送职工上下班。因厂区离市中心较远，并在上班期每日定时开市区往返车，方便家属购物、小孩上学。后随公交车开通，市区往返车取消，职工上下班接送车保留。至2015年，有2台大客车接送职工上下班，同线路的临时工可以乘坐。

3.澡堂与热水供应　1990年，厂(公司)生产区澡堂建成，7月6日起，一并向生活区职工宿舍供应热水，每天以早、中、晚、凌晨4次供应，每次1小时，2002年停供。

4.幼儿园　1990年7月开办幼儿园，面积25平方米，配保育员2名，职工之幼儿入园免费。1993年重办，扩大幼儿园面积。1999年4月，对幼儿园实行"厂部支付工资，福利自创"承包责任制模式，厂内职工子女入托，收取入托费60元/名。幼儿园不对外，厂部对幼儿园的安全责任进行细化管理。1997年停办。

5.理发店　1990年8月16日，为解决上千职工和家属及临时工就近理发问题，厂(公司)利用临街本单位门面，开办理发店，雇请社会理发员1名，每月发给理发员补助60元，以优惠价对内提供理发服务。后随厂区附近逐渐繁华、私营理发店增多而停办。

6.水电管理　厂建成运作后，正式职工享受一定量的水电费优惠减免。2001年5月13日，依据厂第三届职代会通过的《零陵烟叶复烤厂物业管理实施办法》，对物业管理中的水电费及房屋出租标准进行调整。多年实施的职工水电费暗补取消，此项每年可为企业节约15万多元。

(三)湘西鹤盛公司

1.澡堂　1999年9月投产之时，一栋238平方米的澡堂投入使用，分上下两层楼，共32个洗澡位，随着员工人数的增加，洗位逐渐紧张。2012年进行改造，每层由16个洗澡位改成37个，增加到74个，基本能够满足员工洗浴之需。

2.培训中心　2009年，新食堂启用后，旧食堂改造为培训中心，一楼为健身房和多功能厅，二楼为会议室。

(四)浏阳天福公司

交通车　2005年,公司购置中巴车1台接送员工上下班,10月28日开运。2009年,员工班车改为租车形式。随着公司的发展,聘用员工的增多,2016年底,公司合理规划3条班车路线,租用3台班车用于员工上下班接送。班车早上到厂时间为9点,下午返程发车时间16:30,工作日每日一趟。

第九节　多元化经营

省内部分复烤企业,从20世纪80年代起,为解决待业子女、家属的就业问题,按照国家当时的鼓励、优惠政策,开办过劳动服务公司。90年代,行业为解决冗员过多,减负增效,曾提倡"一业为主,多向发展",部分企业开办第二、第三产业。2000年全国烟草行业开展烟叶流通大整顿,2003年又开展卷烟"体外循环"专项整顿,2005年,省内烟草行业开展大规模清产核资,集中精力、财力办好主业,多元化经营基本停止。其间,省内复烤企业中,零陵复烤厂因为富余人员多,企业负担较重,多元化经营较为活跃。郴州复烤厂次之。常德卷烟厂复烤车间一度无法人资格;湘西鹤盛、浏阳天福公司皆新成立于多元化经营整顿时期或整顿之后,故而没有多元化经营经历。

一、郴州复烤厂

郴州复烤厂曾于20世纪80年代后期,兴办劳动服务公司。主要为厂属职工待业子女、家属就业服务,主要依赖单位分派第三产业业务,1990年在"清理整顿公司"中撤销。1993年搬迁到司马洞厂区后,由烟叶购销公司(复烤厂)职工筹资入股方式,成立"达康贸易有限责任公司",独立核算,主要依托本厂资源优势,开展内部物料购销、废品回收变卖,获利颇丰,每年分红,1996年于组建烟草集团、人员大调整前夕撤销停办,对股份资金皆溢价归还。

二、永州复烤厂

(一)零陵烟叶复烤厂劳动服务公司　1987年9月16日,经零陵地区劳动局批复成立。公司定编15人,其中管理人员3人,安排待业青年6人,家属6人。公司营业室24平方米,仓库50平方米,主要从事有关劳务工作,兼营废品物资回收。公司经理由张端阳担任。自成立至1988年9月止,回收废旧物资销售收入73208元。1989年3月20日,零陵地区清理整顿公司领导小组批复,全区各类公司注册经清理整顿后,零陵烟叶复烤厂劳动服务公司列入保留名单。1990年1月5日,零陵复烤厂劳动服务公司撤销。

(二)零陵烟草湘南康乐竹制品工艺厂　该厂1993年5月26日成立,直属零陵烟叶生产购销公司(复烤厂)管理,投资60万元,主营竹制品(竹地板为主)生产销售,实行"独立核算,自负盈亏",定编60人,其中管理人员7人,招聘员工53人,姜学吾任厂长,唐荣铭任党支部书记,副厂长为徐德保、田国维、李继启,会计1人,出纳1人。1995年8月15日撤销,其遗留问题由烟叶生产购销公司(复烤厂)经济开发公司接管。

(三)经济开发总公司　1992年10月6日,建立烟草经济开发总公司商场,改装一间业务洽谈接待室,两项工程造价6.5万元,资金来源由复烤厂自行解决。主营卷烟零售、麻片回收、烟草废旧物资处置等。因主要依托本单位开展业务,效益尚可。其中1995年销售卷烟270箱,回收麻片62350套,合法销售给烟草行业正规厂家烟渣120吨、烟梗20吨，共创收61.4多万元。1994年1月18日，开发公司与竹地板厂合署办公，实行两块牌子一套人员。1995年8月15日，竹地板厂撤销停办，遗留问题后续处理交开发公司。1996年1月，开发公司将原竹地板厂主车间、油漆车间、厨房、澡堂及办公室两间，出租给冷水滩市福利麻纺厂，年租金12000元，租期三年，租金总计36000元。1996年，开发公司回收旧麻片35万套、麻绳40万根、废钢铁20吨、烟渣60吨，修复电动机30台，共创收100万元。2001年3月撤销。

（四）养殖场　1995年8月1日，经零陵地区烟草公司零烟财字〔1995〕第21号批复成立。建鸡、鸭舍950平方米，猪舍720平方米，鱼塘若干亩，其他用房300平方米，另修建围墙和增加有关加工机械设备，投入资金62万元（其中职工集资25万元，企业自筹37万元）。主要为内部职工提供优惠价副食品。实行"独立核算，自负盈亏"。养殖场建在厂内仓库区，龙端贵任场长，设会计、出纳各1人，管理兼业务员2人，成立初年销售收入14万元。1997年，养殖场为扭转亏损局面，其管理经营模式由"部门负责"改为"个人单项承包、自负盈亏"，逐人逐项签订承包合同。2002年8月底，由于产品滞销，效益不佳，养殖场解散，正式职工回归烟叶生产购销公司（复烤厂）。

（五）液化汽站　1989年3月23日，公司（厂）向市公安局消防股申请建立液化汽供应站，得到批准。1990年7月27日，开始在原零陵地区烟草公司烟叶经理部原址筹建，是年底建成。主要为烟叶生产购销公司（复烤厂）职工家庭以优惠价提供液化气，兼对外批发零售液化气、燃气灶具及零配件，定编8人，姜学吾为主要负责人，唐和平协助工作，配业务员2人，会计、出纳各1人。1991年8月19日，液化汽站投资40万元，搬迁至烟叶科研所附近。

1993年8月23日，液化汽站出于消防安全，为远离宿舍区，搬迁至零陵烟草分公司后山，占地14.7亩，配置液化汽炉500套，运输车1台。2004年，液化汽站撤销，正式员工回归复烤厂。撤销时，进行审计清账，共剩余资产3万元，物资处理5万元。10月25日，对1992年购置的液化石油汽储汽罐2个、槽车罐1个及管道若干，通过竞价拍卖。其占地14.7亩划归永州市烟草专卖局，市烟草专卖局通过其他方式给予补偿。

（六）金叶大厦　1992年8月27日，依据零地计〔1992〕第291号文件批复，新建零陵烟叶复烤厂金叶大厦，1993年投入使用，共投入资金1000万元。1993年到1995年2月20日，大厦归口厂部办公室管理，实行报账制。1995年2月21日作为企业的一个部门单列，实行"财务单独列账，营业业绩考核"的管理办法。大厦定编20人，经理李邦华，管理人员（兼采购）2人，会计、出纳各1人，锅炉2人，电工兼维修工1人，外聘厨师2人，服务员10人。是年将金叶大厦装修一新，集饮食、娱乐于一体，效益明显。1996年，大厦及行政科小食堂实现盈利24.3万元。1999年3月17日，盘勇卫任大厦经理。2001年3月22日，大厦并入行政科，仍然实行财务单独列账、营业绩效考核。2002年起，大厦归口安保部管理，其餐厅、招待所劳务外包给永州市湘南大酒店，至2015年仍正常经营。

（七）汽车队　1988年5月3日，零陵烟叶复烤厂撤销运输科，成立车队，以内部运输为主营，兼对外运输承揽，实行"独立核算，自负盈亏"管理体制。人员定编11人，实际为：队长1人（张忠明），管理人员3人，会计、出纳各1人，安全员1人，调度1人，货车司机8人。1990年9月10日，因企业改革而撤销，人员复归烟叶生产购销公司（复烤厂）。

2004年2月13日，再次成立运输车队，作为厂直属部门，由21人组成，队长王新友，副队长唐建军，仍实行"独立核算，自负盈亏"。2005年2月24日，运输车队与安保部合并，实行两块牌子、一套人员，周德喜兼任队长，解聘王新友队长职务。同年7月，运输车队再次撤销。

（八）凤凰园烟草生产服务有限公司　1996年3月，"永州市凤凰园烟叶包装厂"成立，以向烟草公司和复烤厂及社会提供麻片、麻袋、麻绳、纸箱为主营。注册资金20万元，其中零陵烟叶复烤厂出资

15万元，何景华出资5万元，属于集体所有制企业，总经理何景华。2003年3月11日，复烤厂决定将“永州市凤凰园烟叶包装厂”更名为“永州市凤凰园烟草生产服务有限公司”，由零陵烟叶复烤厂出资49万元，占股份的51.05%，实行国有控股；其余私人股东及股份为：何景华6万元，占6.25%；吕明、李邦华、李廷云、陈芳、王小波每人8.2万元，各占8.54%。新注册资金96万元，有厂房一栋1132.07平方米。4月25日成立董事会、监事会，由吕明任董事长，钱建华、王小波、何景华、李邦华为董事，王小波任总经理兼法人代表；监事会成员为王飞华、陈芳、李廷云。公司工作人员定编8人，外聘生产劳务人员16人。

是年5月，该公司投入68万元，扩建单层塑膜车间及储备库。6月16日，聘任李良安为副总经理。其后，又新增股东何永春兼任副总经理，聘任邓顺林为副总经理。8月14日，公司生产的产品经省烟草公司审评，同意纳入全省烟叶生产物资招标会展销。主要产品有：发泡烟苗盘50万张，每张3.80元；烟苗播种器5000台，每台98元；地膜400吨，每吨8100元。2004年大力拓展目标市场，全年生产烟草漂浮泡塑育苗盘65万个，整理麻片168万套，实现销售收入890万元，创利税180万元。2005年实现销售收入1500万元，创利税240万元。2005年7月23日，依据省、市烟草专卖局关于撤销自营第三产业的指示精神，“凤凰园烟草生产服务有限公司”撤销，并进行经济审计和债权债务处理。

芙蓉、鹤盛、天福三公司皆无多元化经营经历。

第七章　党群组织和思想文化建设

第一节　中共组织

一、组织建设

（一）党组织领导班子

1.湖南复烤公司　2011年8月1日，国家局批复同意成立湖南烟叶复烤有限公司。9月1日，省局党组以湘烟人【2011】222号文件批准成立中共湖南复烤有限公司党组，成员有：周国生、义胜辉、崔建军，周国生任党组书记，义胜辉任纪检组长，崔建军为党组成员。

2012年12月10日，邝文宣任中共湖南烟叶复烤有限公司纪检组长、党组成员，同时免去义胜辉中共湖南烟叶复烤有限公司纪检组长职务。

2016年9月6日，周国生调永州市烟草专卖局任职，曹健调任湖南烟叶复烤有限公司党组副书记、副总经理（主持工作）。2017年3月1日，崔建军正式调湖南省烟草专卖局（公司）任职。7月7日，省局党组任命曹健为湖南烟叶复烤有限公司党组书记。

2.郴州复烤厂　1978年投产之初，设党小组，隶属郴州地区棉麻烟公司党支部管理。1986年5月，复烤厂移交烟草公司后，随即成立党支部，刘积保任支部副书记，党支部委员：刘积保、李长春、骆昌喜、简常浩、林启炬。1989年，罗家群任支部书记，刘积保兼任纪检组长。

1990年3月，复烤厂与地区原烟经理部、分公司生产技术科合并组成郴州地区烟叶生产购销公司。5月29日，经地区烟草专卖局（分公司）党组研究决定，成立中共郴州地区烟叶生产购销公司临时委员会，由地区烟草专卖局（分公司）党组副书记、副局长（副经理）程孔任及罗家群、简常浩、段定喜、王金荣5人组成，程孔任兼任书记，罗家群任副书记。该临时委员会虽一度开展工作，但未得到省局（公司）党组认可。8月18日，临时委员会停止运作。同日，经中共郴州地区工交战线分工委批复，成立中共郴州地区烟叶生产购销公司总支委员会，由程孔任、罗家群、简常浩、段定喜、王金荣5人组成，程孔任任总支书记、罗家群任副书记。

1993年2月16日，龙德升任中共地区烟叶生产购销公司总支委员会书记，段定喜任副书记。1994年6月3日，罗学成任总支书记，段定喜任副书记。1995年10月，罗学成退休离岗，段定喜任总支书记。其间，党总支委员：各位当期书记和副书记，李会文、李义芳、刘积保、石建中、徐贵云、何可、史雄彬、张建文（男，纪检组长）、林善斌。

1996年6月至2002年2月，湘南烟草（集团）有限责公司烟叶分公司运作期间，设总支委员会，李国正、邓国均、司徒辉先后任书记，邓国均、林善斌、李冀卫、付湘华、谷邵成先后任副书记。其间，党总支委员：各位当期书记和副书记，李会文、陈传孟、罗昌国、石建中、李卧龙、李海平、张季华、刘龙、陈苏生、张建华。党总支内设纪检委员，未设纪检组长。此后多年沿袭此制度。

2002年2月，湘南烟草集团撤销。8月，市烟叶购销公司设总支委员会，李冀卫任书记，徐贵云任副书记。党总支委员：李冀卫、徐贵云、李海平、石建中、雷捌金、王淮军、张建华。

2004年2月25日，复烤厂独立分设，厂部设总支委员会，刘勇智任总支书记，朱自坚、尹朝珍为党总支委员。

2005年9月，郴州复烤厂改制更名为郴州天泰烟叶复烤有限责任公司，增加刘建国、李红玲、林朗3人为总支委员，党总支由6人组成。2007年，增加刘洪标为总支委员，党总支委员增至7人。2008年6月，刘勇智调市局(公司)任职，崔建军任党总支书记。

2009年7月，公司党总支改为党委，崔建军任党委书记，朱自坚任副书记，尹朝珍、李红玲、刘建国、林朗、刘洪标为党委委员。

2010年8月4日，公司党委由崔建军、朱自坚、尹朝珍、资斌、林朗、李红玲等6人组成，崔建军任党委书记。

2011年11月16日，天泰公司改制后，中共郴州天泰烟叶复烤有限责任公司委员会更名为中共湖南复烤有限公司郴州复烤厂委员会。党委委员：崔建军、朱自坚、尹朝珍、资斌、刘洪标、刘建国，崔建军兼任党委书记，朱自坚任党委副书记、纪委书记。

2009年，中共天泰烟叶复烤厂委员会选举成立会议

2013年5月3日，中共湖南烟叶复烤有限公司党组行文，免去崔建军郴州复烤厂党委书记职务；由朱自坚任党委副书记、副厂长主持厂日常工作。7月6日，朱自坚不再担任厂纪委书记职务。22日，唐春平任厂纪委书记、党委委员。9月9日，中共湖南烟叶复烤有限公司党组行文，明确厂党委委员分工，厂党委由朱自坚、尹朝珍、刘洪标、唐春平4人组成。

2014年1月16日，中共湖南烟叶复烤有限公司党组行文，任命朱自坚任厂党委书记。

2016年8月5日，厂党委进行换届选举，由朱自坚、尹朝珍、刘洪标、唐春平、郭霄汉等5人组成，朱自坚任党委书记。

3.永州复烤厂 1985年12月31日，零陵烟草分公司党组批复蒋洪英等5人组成零陵烟草分公司烟叶经理部党支部委员会，蒋洪英任支部书记，高诚、柏玉霜、严开信为支部委员。1987年10月5日，依据零烟党组字〔1987〕9号文件，任命文开玉等5人为零陵烟叶复烤厂党支部委员会委员，文开玉任支部书记。

1989年，复烤厂与烟叶经理部合并成立零陵烟叶生产购销公司运作初期，因机构规格等待上级批复，暂未正式成立党委会。

1991年5月11日，依据零地组干发〔1991〕13号文件批复，同意中共零陵烟叶生产购销公司委员会第一次党员大会选举结果：高诚任党委书记，廖兰裕任党委副书记，何景华、甘乃昌、万克颖为党委委员。1992年2月13日，万克颖因工作调动免去其党委委员职务，增补文开玉为党委委员。

1993年2月8日，地局(公司)党组对公司党委班子进行调整，万克颖任党委书记，廖兰裕任副书记，甘乃昌、何景华、李建平、李新元为党委委员。12月24日，增补朱忠民为党委委员。28日，地局(公司)党组任命朱忠民为党委书记，颜冬娥为党委副书记。

1995年4月25日，公司党委进行换届选举，李新元、颜冬娥、朱忠民，何景华、钟小平、邹永康、唐荣铭为公司第二届党委会委员，李新元任书记，颜冬娥任副书记。1996年7月1日，经全体党员大会选举，增补田述生、史少云为党委委员。

1998年9月7日，地局(公司)党组对公司党委班子进行调整，张前进、钱建华、方国祥、邓顺林、成荣元为党委委员。免去朱忠民、唐荣铭、田述生、史少云、邹永康党委委员职务。

2000年5月21日，零陵烟叶生产购销公司更名为零陵烟叶复烤厂。7月16日，中共零陵烟叶生产购销公司委员会更名为中共零陵烟叶复烤厂委员会。

2001年2月21日，复烤厂党委由李新元、杨世胄、张前进、钱建华、田国维、王小波、邓顺林7人组成。李新元任党委书记，杨世胄任党委副书记。

2002年3月16日，张前进任党委书记。4月23日，在厂第二次党员大会上，吕明当被选为厂党委委员。

2003年4月17日，市局（公司）党组任命王飞华为复烤厂党委委员、纪委书记，方国祥任厂党委委员。7月10日，任命吕明为厂党委副书记，党委委员共计8人，即：张前进、吕明、钱建华、田国维、方国祥、王小波、邓顺林、王飞华。

2004年3月10日，复烤厂召开党员大会，选举吕明为厂党委书记，王飞华为党委副书记，党委委员有：吕明、钱建华、王飞华、方国祥、田国维、唐天宽、盘勇卫。

2006年1月，复烤厂改制后，永州天顺烟叶复烤有限责任公司第一次党员大会在公司金叶大厦召开。大会选举义胜辉、王飞华、田国维、唐天宽、钱建华5人组成中共永州天顺烟叶复烤有限责任公司第一届委员会，义胜辉任党委书记，钱建华任党委副书记、纪委书记。

2011年9月16日，永州天顺烟叶复烤有限责任公司改制为湖南烟叶复烤有限公司永州复烤厂正式运作。厂党委委员：义胜辉、钱建华、王飞华、唐天宽、盘勇卫，义胜辉任党委书记，钱建华任副书记、纪委书记。

2012年2月26日，钱建华不再担任永州复烤厂党委委员、党委副书记、纪委书记职务。4月19日，永州复烤厂党委委员、党委副书记、纪委书记职务由敖平担任，同时免去王飞华厂党委委员职务。6月5日，增补盘勇卫为厂党委员职务。

2013年5月3日，湖南烟叶复烤有限公司党组任命盘勇卫为厂党委副书记（主持工作）；免去义胜辉厂党委书记职务。7月22日，湖南烟叶复烤有限公司党组任命李廷云、刘华友为厂党委委员；免去唐天宽厂党委委员职务。

2014年1月16日，湖南烟叶复烤有限公司党组任命盘勇卫为厂党委书记，增补刘勇军为厂党委委员。9月18日，增补程海红为党委委员、纪委书记。2015年12月7日，增补雷雅麟为党委委员。至2015年末，厂党委委员为：盘勇卫、程海红、李廷云、刘华友、刘勇军、雷雅麟，盘勇卫为党委书记，程海红为纪委书记。

4.常德芙蓉公司　　1986年11月10日，经中共常德地区直属机关委员会批复，成立中共常德烟叶复烤厂总支委员会，李汉青任党总支书记。1988年8月1日，常德烟叶复烤厂由常德烟草分公司移交常德卷烟厂，改称为常德卷烟厂复烤厂，原党总支改为常德卷烟厂复烤厂党支部，李汉青任党支部书记。

1991年5月13日，常德卷烟厂成立原料分厂，下设六科一室和复烤、机电、发酵三个车间。分厂成立党总支，李明三任党总支书记，李汉青任党总支副书记。1995年9月22日，常德卷烟厂成立十车间即复烤车间，丁维怀任车间党支部书记，朱安清任党支部副书记。1999年，十车间改为打叶复烤车间，熊继群任党支部书记，郑放鸣任党支部副书记。2001年，打叶复烤车间改名打叶复烤公司，石瑞林任党支部书记，王先义任党支部副书记。

2005年12月7日，常德芙蓉公司注册成立，石瑞林任党支部书记。2008年5月，黄力军任党支部副书记。2009年7月，经换届选举，黄道荣任党支部书记。2013年9月，徐宇翔调入公司，接任党支部书记。

2014年5月7日，公司党支部改为党总支，徐宇翔任党总支书记。2015年7月，侯军任党总支副书记。

5.湘西鹤盛公司　　2000年7月3日，长沙卷烟厂委派汤绍凡到吉首烟叶复烤厂任党支部书记。

2004年9月1日，长沙卷烟厂党组确定湘西鹤盛公司的党组织活动由长沙卷烟厂多元化综合党支部管理。综合党支部属于一个跨地域、有多个第三产业单位共同组成的党的基层组织，由甘萍、汤绍凡、胡跃军、伍亚光、张其龙五人组成。时任白沙集团多元化办公室主任甘萍任书记。

2006年3月21日，公司召开新一届党支部委员会选举会议。新一届支部由伍亚光、汤绍凡、张其龙、罗赤敏、陈万勇组成，伍亚光任书记。

2010年8月，公司党支部进行换届选举，由张其龙、张晖、罗赤敏、祝春林、胡跃军5人组成，张其龙任书记。2013年8月，鹤盛公司党支部又进行换届选举。张其龙、张晖、罗赤敏、祝春林、胡跃军5人当选为支部委员，张其龙任党支部书记。

6.浏阳天福公司　2006年4月，公司正式运作后，党员主要参加派出单位组织活动。2010年11月18日，公司召开第一次党员大会，选举李昌平为党支部书记、李振江为支部副书记，刘又石为纪检委员、严钦德为组织委员、黄芬为宣传委员。

2013年12月12日，党支部进行换届选举。当选结果与上届相同。2014年7月15日，严钦德因个人原因提出辞去支部委员一职，经支部请示上级党组织，同意其辞职请求。9月24日，补选文智为支部委员。

（二）基层党组织及党员队伍

1.湖南复烤公司　2011年8月，湖南烟叶复烤有限公司成立时，公司本部有党员22人。

2013年12月7日，公司召开党员大会，选举中共湖南烟叶复烤有限公司直属机关党支部，支部委员会由杨秋林、马丽、廖鸣3人组成，杨秋林任支部书记、马丽为组织委员、廖鸣为宣传委员。中共郴州市直属机关工作委员会对此选举结果以郴直复〔2014〕6号文件批复同意。公司直属机关党支部既负责公司本级党员的组织活动，同时又对所属两个复烤厂的党务工作进行指导。

至2015年底，公司共有党员23名。

2.郴州复烤厂　1978年，复烤厂仅有3名党员，设党小组，隶属地区棉麻烟公司党支部管理。1979年党员增至14名。

1986年5月，复烤厂移交烟草公司后，随着职工不断增加，党支部把发展新党员列入党务工作的重要内容，遵循党员发展“既不可停止发展，也不可大发展，坚持党员标准，适当发展，保证质量放在首位”的原则，重点吸收优秀的知识分子和先进青年入党，党员队伍的文化结构有所改善。支部下设3个党小组。

1993年，郴州地区烟叶生产购销公司（厂）发展新党员7名，时有党员78名，并有37名建党积极分子。至1995年，公司共设4个支部；其中复烤厂设1个支部，刘积保任书记。

1996~2002年，党员发展列为政工目标管理的重要内容之一，本着“坚持标准，保证质量，改善结构，慎重发展”的工作方针和“成熟一个，发展一个”的原则，适度做到“三倾斜”，即向生产一线入党积极分子、向先进青年、向党的力量薄弱的部门倾斜。在发展程序上，把好三关：培训关，入党申请人必须参加党校或上级主管机关举办的建党积极分子培训班；考察关，对入党积极分子要确定培养人，经常对其进行谈心、教育、培养、考察，并把考察情况记录在册，每4个月记录一次，考察期一年半以上；政审关，对入党积极分子要考察其家庭历史、社会关系、个人简历，并写出政审材料。并推行“推优入党”制度，对28周岁以下的青年入党，原则上由共青团推荐。其间，下设6个党支部，其中复烤厂设1个党支部，谷邵成先后任支部副书记、书记。2000年，湘南烟草集团烟叶分公司改为7个党支部。

2002年2月至2004年2月，市烟叶购销公司设总支委员会下设4个党支部，其中复烤厂设1个支部，石建中任支部书记。

2004年2月25日，复烤厂独立分设。厂党总支下设2个党支部，其中，一支部（生产支部）党员31人，李秀英任支部书记，二支部（机关支部）党员13人，刘建国任支部书记。

2005年初，一支部书记李秀英提前内退，刘洪标接任书记。9月，复烤厂改制更名为郴州天泰烟叶复烤有限责任公司。

2009年7月，公司党总支改为党委，时有党员42名，下设4个党支部，何青、丁运青、覃寿元、刘洪标分别任党支部书记。2010年，吸收2人入党。

2011年5月，组织预备党员8人、建党积极分子7人参加党校培训。9月，天泰公司改制为湖南复烤公司郴州复烤厂，成立厂党委，下设4个党支部，陈旺斌、丁运青、覃寿元、何青分别任一、二、三、四党支部书记。是年吸收2人入党。

2013年，吸收5人入党。2014年，吸收3人入党。2015年，吸收1人入党。至2015年底，全厂共有党员65名。

3.永州复烤厂　　1987年，零陵烟叶复烤厂组建后，共有党员22名。

1989年，复烤厂与烟叶经理部合并成立零陵烟叶生产购销公司，合并之初，机构规格待定，共有党员62人，暂设4个党小组，唐荣铭、李新元、万克颖、雷勇分别任小组长。

1991年5月11日，烟叶生产购销公司党委正式成立，下设6个党支部，唐荣铭、陈敏球、姜学吾、李新元、徐德保、钟小平任支部书记。是年发展3名新党员。1992年，吸收9人入党，时有党员74名。

1994年3月23日，对党支部重新划分，设9个党支部、1个离退休党小组。是年调入7名党员。1995年，发展新党员22名。1996年，发展2名，调出2名，开除4名，时有党员99名。1997年，调入5名党员，自行脱党1名。

1998年，调出2名党员。9月7日，对党支部重新进行划分，设立一、二、三、四、五、六和一、二、三车间党支部及1个离退休直属党小组。支部书记分别由邓顺林、田国维、成荣元、彭世善、王新友、黄春华、刘季平、徐德保、王小波担任，石建辉为直属党小组组长。

1999年，发展11名，是年党员人数为114名。

2001年4月19日，厂党委对党支部进行调整，分设一、二、三、四、五、六、七、八共8个党支部和1个直属党小组。支部书记分别由邓顺林、王飞华、黄卫东、王新友、王小波、唐天宽、张忠民、邹永康担任，直属党小组日常工作由党委办公室负责。

2003年，新增党员12名。2004年，又发展19名，调入4名，党员人数达149名。

2004年3月10日，复烤厂党委换届，下设6个党支部，黄春华、王晓荣、张忠明、刘季平、王小波、邹永康分别担任支部书记。

2005年，有16名党员买断工龄。

2006年，复烤厂已改制为天顺公司，是年调出8名党员。

2007年，调出2名党员。12月17日，公司党委研究决定对党支部进行重新划分，共设5个党支部，分别由程海红、周德喜、王新友、刘华友、邹永康担任支部书记。

2008年，调出1名党员，年末共有党员122名。2010年，吸收15人入党。

2011年8月，永州天顺烟叶复烤有限责任公司更名为湖南复烤公司永州复烤厂，发展3名党员。2012年，调出1名党员。2013年，调入5名党员。

2014年，湖南烟叶复烤有限公司批准成立新一届厂党委，下设5个党支部，支部书记分别由周德喜、汪桥钉、李军、颜俊英、邹永康担任。是年发展6名党员。

2015年，党员调出5人。至年末，厂共有党员137名。

4.常德芙蓉公司　　1986年，常德烟叶复烤厂固定工中有中共党员17人。1987年，职工由上年的69人增加到83人，党员人数增至25人。

1988年8月至2005年11月，常德卷烟厂复烤厂、复烤车间、打叶复烤车间存续期间，按照程序发展党员。

2005年12月成立常德芙蓉公司，常德卷烟厂共有131名员工划入公司编制内，其中有党员22名。其后，招聘新员工并接受主管单位常德卷烟厂增派的员工，党员队伍扩大。

2009年，公司共有党员58人。12月1日，党支部对党小组重新划分，共设5个。

2011年7~8月，划入公司编制的138名派驻员工回归常德卷烟厂，党员人数相应减少。为此，是年招收较多新员工，其中复退军人居多，新招人员中党员占有一定的比例。

2014年，公司再次大批招收新员工并注重在新员工中发展党员。至2015年底，全公司共有员工183名，其中党员84名。

5.湘西鹤盛公司　　吉首打叶复烤厂自1996年10月筹建，1999年9月投产，其间因员工队伍尚在陆续招募中，未建立党支部，临时党组织活动也开展得较少。2000年7月，厂党支部成立，下设若干党小组。自此，厂党组织开始健全，并开展相关活动。

2005年6月，鹤盛公司发展4人入党。

2006年3月，完全以本公司领导成员组成的新一届党支部成立后，党员发展进入常态化，先后共发展7人加入党的组织。至2015年末，公司共有中共党员19名。

6.浏阳天福公司 2006年4月至2010年10月，公司党员以参加派出单位党组织活动为主。2012年7月9日，公司有2名员工入党，这是公司第一批发展的党员。2014年9月24日，发展1名新党员。至2015年末，公司共有党员18名。

（三）党员组织活动

各复烤企业党组织成立后，开展的组织活动主要有：

1.三会一课 即支委会、党小组会、党员大会、上党课活动。“三会一课”活动，自1990年实施政工目标管理以后，细化指标，纳入考核。一般要求：党支部、党小组会议每月一次，党员大会每季度至少一次，遇事均可随时组织召开。上党课一般每季度进行一次，全体党员和建党积极分子参加，党课内容多为当期中共中央各次党代会文件精神、党规党纪、时事政策、党的新理论等系统性讲解、宣贯，一般由厂（公司）级党组织领导人和党校讲师、教授进行授课。

2.党风党纪教育 组织党员认真学习党和国家关于党风党纪和廉政建设的文件精神和各级党委、政府的相关规定，教育党员严守党的纪律、认真执行党的决议、个人服从组织，时刻保持清醒的政治头脑和清正廉洁的工作作风。

3.争先创优作表率 党组织在各项工作部署中，均号召全体党员要率先垂范作表率，充分发挥共产党的先锋模范作用，认真开展党员争先创优活动。遇有特殊、紧急困难和突击任务，要求共产党员勇挑重担，克己奉献，冲锋在前。

4.党员评议及表彰 1988年，中共中央组织部印发〔1988〕13号《关于建立民主评议党员制度的意见》文件，1989年开始进行党员民主评议。1990年实行政工目标管理后，进入常态化。每年“七一”前夕，各支部召开专门会议，对党员进行民主评议，党员之间相互进行评价，当面开展批评与自我批评，分为优秀、良好、合格、不合格四个等级进行初评，然后报厂（公司）级党的领导机构审定。2003年后，年度党员民主评议，在当面评议的基础上，发放测评表，每个党员填写一份，然后据实统计。评议结束后，评出优秀党员进行表彰，对不合格党员由组织安排人员对其帮助教育，促其克服缺点，做合格党员，对屡教不改者，可劝其退党。

5.特色活动 各复烤企业根据本厂（公司）实际，均分别举办一些单项组织活动，以丰富活动方式和内容。

1991年“七一”前夕，零陵厂（公司）党委集中全体党员，进行党的基本知识测试，并举行“建党70周年党的知识抢答赛”。1993年，零陵厂（公司）组织党员、中层干部90人到韶山参观。1995年6月至1996年6月，零陵厂（公司）党委组织开展“创建先进党支部，争当优秀共产党员”活动。

1999年，各复烤企业普遍开展“三讲”（讲政治、讲正气、讲学习）活动，并对照党中央及各级党委党组提出的要求，开展整改。2006年6月，湘西鹤盛公司党支部组织党员到革命纪念地韶山，参观伟人故居，了解伟人事迹。同年，各复烤企业组织党员开展先进性和“八荣八耻”等教育。2008年，四川汶川大地震，各复烤企业的党员纷纷捐款，缴纳“爱心党费”，支援灾区抢险和重建。2007年7月，郴州复烤厂党委组织优秀党员赴延安等红色根据地参观学习。

2009年3月，浏阳天福等公司成立深入学习、实践科学发展观活动领导小组。制定方案，突出实践特色，注重整改落实，活动取得明显成效。常德芙蓉公司党支部开展以“感恩尽责，转变观念，科学发展”为主题的教育活动，并组织全体党员到革命老区湖北洪湖，重温革命艰难岁月，接受革命传统教育。2010年8

月，常德芙蓉公司公司党支部组织党员和先进员工到江西井冈山革命老区参观学习。

2011年7月，湘西鹤盛公司党支部组织全体党员到江西庐山参观。10～12月，常德芙蓉公司以创建“五好”基层党组织、争当“五带头”（带头学习提高、带头为人师表、带头服务群众、带头爱岗敬业、带头遵纪守法）优秀共产党员为要求，开展“创建优秀服务型党支部”活动。11月，浏阳天福公司组织全体党员及建党对象参观湖北红色革命旧址及三国赤壁古战场。

湘西鹤盛公司爱心助学捐助活动现场

2012年，湖南复烤公司深入开展党建创先争优活动，扎实推进“235”教育实践活动，组织优秀党员赴西柏坡进行革命传统教育。永州复烤厂、常德芙蓉等公司结合学习型企业创建工作，组织党员开展“读书月”活动，并购买提供读本、杂志、辅导资料。6月，浏阳天福公司组织全体党员及建党对象参观延安革命老区，接受革命传统教育，感受延安精神的真谛。

2013年1月和2014年3月，湘西鹤盛公司党支部发动全体党员为凤凰县木江坪镇长车村小学及保靖县水田河镇他者村小学进行爱心助学活动，为两校捐赠图书和学习用品，同时厂部还拿出一部分资金为两校买课桌椅、电脑、篮球架、乒乓球台、图书等教学设备。

2014年，各复烤企业党组织开展党的群众路线教育实践整改活动。以“为民、务实、清廉”为主题，按照“照镜子、正衣冠、洗洗澡、治治病”的总要求，以学习教育、听取意见，查摆问题、开展批评，整改落实、建章立制三个步骤进行，深入开展群众路线教育实践活动；同时开展贯彻落实中央八项规定，大力开展反对形式主义、反对官僚主义、反对享乐主义、反对奢靡之风的“反四风”学习活动。是年，湖南复烤公司组织党员参观湘南起义纪念塔和博物馆并送上鲜花，悼念革命先烈；组织公司本部及所属两厂党员、干部观看电影《周恩来》，进一步感受中央老一辈领导人的精神风范。11月，湘西鹤盛公司组织党员和先进青年到抗日胜利受降地湖南芷江，再次感受中国人民抗日战争胜利的喜悦、扬眉吐气之痛快。

2015年，湖南复烤公司按照郴州市委城乡基层党组织“心连心”工程要求，选派一人到安仁县安平镇驻点，并与永兴县湘阴渡镇南塘村进行一对一结对共建小康社会。7月，湘西鹤盛公司党总支组织党员到贵州遵义会议旧址参观，体会中国工农红军从低谷走向光明的艰辛。

二、领导班子建设

（一）领导与决策

省内各复烤企业中共党组织领导机构在各个历史时期，均按照党的组织原则开展工作。20世纪70年代，实行党的“一元化”领导体制，重大事项由厂级党支部研究决定，党支部书记为决策最后拍板人。至80年代前期，随改革开放步伐，转为实行党支部集体领导下的厂长分工负责制。为发挥党组织的核心作用，厂（公司）党支部设书记、副书记和支部委员，厂内生产经营、基本建设投资、人事任免、招工就业、调级调薪、职工奖惩、职工福利等方面的重大事项，均需经支委会领导层（厂长为领导成员之一）或党政领导联席会议研究决定。1986年起，开始实行厂长、经理负责制，确立厂长、经理在企业的中心地位，是企业的法人代表。对企业的生产经营具有指挥权、任命权、奖惩权、改革建制权。党组织主要行使“对党和国家的方针政策在本单位贯彻执行实行保证监督”（1987年11月中共“十三大”党章语）职责。厂长依法按章行使职权的同时，需接受监督；定期向职工代表大会报告工作，有关企业生产经营目标规划、重要规章制度、职工辞退开除等重大事项以及住房分配、调级调薪等涉及职工切身利益的事项，需提交职工代表大会或职工代表进行讨论，认真听取职工意见，接受群众监督，讨论通过后方可实施；定期向党支部报告工作，听取支部的意见和建议，自觉接受党组织的监督。

1990年，国家局党组下发〔1990〕87号文件《关于加强领导班子建设的决定》，省内各复烤企业均认真贯彻执行。其要点：

1.坚持集体领导。领导班子实行统一领导、分工负责、分线管理，大事集体研究、分线办理、办中有结、不离原则；对贯彻执行党和国家及上级重要方针、政策、指示、决定的意见和措施，单位发展规划、重大工作部署、重要会议召开、工作计划总结、年度财务预算和重大财务开支，规章制度的制定和基建、翻新改造项目的确定及进行中的重大问题，机构设置、人员编制和干部职工的调入调出与入学培训，干部的任免和奖惩、党员发展等重大事项，均按照少数服从多数的原则，由党组（委）集体讨论决定，公布施行。

2.勤政为民。牢记全心全意为人民服务的宗旨，树立高度的工作责任心，认真负责地完成本职各项任务。领导班子成员定期深入基层调研、现场办公，坚持一般号召与个别指导相结合的方法，深入实际，抓好典型，帮助基层及时解决问题。

3.廉洁奉公。带头遵纪守法和执行各级制定的廉政建设规定，不以权谋私，不以烟谋私，严禁用公款请客送礼，洽谈公务定在办公室进行，不得在任何场所接受工作、业务关系单位或个人馈赠的物品和象征性低价购买的土特产品；不准借故搞公费旅游，个人不得以任何理由要求下属单位或业务单位报销不应报销的费用；严格执行干部回避制，管好自己的家属和子女，各方面从严要求，不利用职权在人事安排、招工、转干、招生、毕业分配、工资晋级、住房分配等方面给亲属子女谋求照顾；坚持在党纪、政纪、法纪面前人人平等的原则，认真查处群众举报的问题，积极支持纪检、监察部门查处各种案件；加强党内监督，坚持过双重组织生活，自觉接受党员监督；坚持办事程序及办事结果的公开制度，实行群众监督机制。

4.密切联系群众。党组织在做重大决策、拟定工作计划、决定重大事项之前，要广泛听取群众意见，全面系统地掌握和分析情况，以求正确；关心群众生活和疾苦，善于抓住群众反映的"热点"问题，及时研究解决；鼓励群众敢于反映真实情况，对群众的正确意见要认真听取和采纳，不对提意见的群众进行压制和打击报复；要与群众广交朋友，积极开展谈心活动；坚持干部参加劳动制度，特别是中青年领导干部每年要到基层参加一定的体力劳动。

5.加强团结。领导之间互相尊重、互相学习、互相支持、互相帮助、互相理解、齐心协力、同心同德做好工作；注意工作方法，有事多商量、多研究、多交心通气，做到统一思想、统一认识、统一行动、步调一致；大事讲原则，小事讲风格，做到严以律己，宽以待人，不争功诿过，不争权越权；有问题摆到桌面上认真加以解决，不背后指责和议论，不讲不做不利于团结的话和事，自觉维护领导的威信。

6.过好党员领导干部民主生活会。每年至少召开1～2次民主生活会，尊循团结--批评--自我批评--团结的方针，充分发扬民主，开展积极的思想斗争，达到统一思想、增强团结、互相监督、共同提高的目的。民主生活会反映出来的问题，要有针对性的制定改进措施，切实加以解决；对于群众普遍关心的问题的整改措施，采用适当方式公布，以便接受监督。

7.领导坚持参加中心组学习制度。中心组每月集中学习1至2次；学习做到年有计划、季有安排、月有布置；领导班子每个成员每年写出1～2篇质量较高的学习体会和论文。

8.加强后备干部队伍建设。按照《党政干部选拔任用条例》和"革命化、年轻化、知识化、专业化"的标准，后备干部按照领导班子职数配备，定期考核，实行动态管理。

1992年10月，中共"十四大"党章规定："全民所有制企业的党的基层组织，发挥政治核心作用，围绕生产经营开展工作"。此后中共"十五大"至"十九大"新党章对全民所有制企业的基层党组织应"发挥政治核心作用"的规定一直存在。各复烤企业党组织政治核心作用逐步增强。

1996年1月27日，中共中央纪委发表第十四届中纪委六次会议公报，对党员领导干部在政治纪律方面提出四条要求，其中一条是：认真贯彻民主集中制原则，凡属重大决策、重要干部任免、重要项目安排和大额度资金的使用(简称为“三重一大”),必须经集体讨论作出决定。此后,“三重一大”形成专项报告制度,成为政治纪律,企业党的领导机构的核心领导作用显著增强,形成党委(总支、支部)领导下的厂长负责制,凡属“三重一大”事项必须经过厂级党的领导机构成员集体研究,方能决策。经充分发扬各自意见后,达成共识,属行政工作的事项由厂长、经理作最后决定,需要下发文件的,以行政名义下发执行;属党务工作的事项,由厂(公司)党组织负责人作最后决定,需要下发文件的,以党委(厂级党总支、支部)名义下发执行;均不能个人说了算。2007年起,各复烤企业结合企业对标工作,对“三重一大”专项报告制度纳入标准化管理,并结合报批内容、权限的修改进行调整。2010年,中共中央发布《关于进一步推进国有企业贯彻落实“三重一大”决策制度的意见》(中办发〔2010〕17号)文件。此起,省内复烤企业每年均遵照上级部署,开展“三重一大”决策制度贯彻落实情况的自查自纠,规范决策行为,防范决策风险。2014年8月14日,常德芙蓉公司发布并实施《“三重一大”管理规定(标准版)》。

(二)接受民主监督

1.民主生活会: 各复烤企业领导班子成员,每年召开民主生活会1～2次,各自对前段思想、工作、作风等情况进行汇报,相互开展批评与自我批评,及时进行自查自纠。此外,公司领导班子中心组成员一般每季度进行1次集中学习,学习党和国家制定的方针政策、上级新文件,掌握政策新动向,并就工作实际问题交换意见,达成共识。

2.年终考核与述职述廉: 1990年实施政工目标管理后,每年终对领导干部实行“德、勤、廉、能、绩”综合考核,形成制度化。厂级领导班子成员接受上级考核,向上级考核组述职述廉(改制为股份公司后,改为由董事会考核,向董事会考核组述职述廉),中层干部每年年终向公司领导班子述职述廉。并接受公司党员民主评议和员工民意抽查测评。任期届满,再进行任期审计、综合考核评价。

3.推行政务公开: 20世纪90年代,开始实行“两公开一监督”(办事程序公开、办事结果公开,接受群众监督)制度化,注重涉及职工切身利益的敏感事项(如调资、分房、重大规章制度、企改方案等)必须经过职工代表大会审议通过。重大工程建设项目,必须依法实行招标。90年代后期,随着干部任职实行公开竞聘,开始对中层干部拟任职实行提前公示,接受群众举报监督。2000年,推行“预防职务犯罪”工作,郴州、零陵复烤厂(公司)皆成立“效能监察领导小组”,反腐倡廉工作关口前移,并正式推行厂务公开制度。2011~2012年,各复烤企业先后成立企(司)务公开工作领导小组,建立企(司)务公开办事制度,并规定厂(公司)级、中层干部必须领导带头执行,形成正规化、制度化、常态化。

三、廉政建设

1986~1987年,郴州、常德、零陵三个复烤厂均执行地区烟草专卖局制定的廉政制度,开展廉政教育,在厂党支部内设纪检委员,负责对厂领导成员及全厂党员的党风监督;党员违纪案件的查处,主要由厂党支部纪检委员牵头各相关部门查处。行政线案件由分管领导牵头,案发所在部门(安全案件加保卫部门)查清基本事实,人事部门汇总情况,相关部门联合对照法纪条款初定处理意见,再报厂党政联席会议集体研究作出处理决定。涉案当事人的人事管理权限在上级机关的,报上级机关派出调查组查处。大案、要案加报上级机关,请示处理意见。对涉案当事人作开除处分的,一般需经厂职代会讨论通过。

1988年8月1日,常德复烤厂移交常德卷烟厂,其廉政工作事务由卷烟厂相关部门负责。

1989年2月,零陵复烤厂与零陵原烟经理部合并组建烟叶生产购销公司。1991年公司(厂)设党委,内设纪检委,党委副书记兼职纪委书记,纪委随党委同期换届。二级机构设监察科,经办纪检监察相关工作。8月,郴州复烤厂党支部成立纪检组,下设监察室,配备负责人和专干各1名,经办查处企业内部违犯党纪政纪相关事宜。两厂纪检监察工作实行党委(支部)领导、纪委(纪检组)专管、分级负责、全员参与的基本方法。是年3~6月，零陵烟叶生产购销公司(厂)开展企业合并前的账务自查。7月13日，零陵烟叶生产购销公司(厂)就烟叶验收入库调拨工作存在的问题进行专项整顿，决定：凡接受各县公司交烟代表吃请的，停发当月奖金，严重的给予行政纪律处分；对民工敲诈勒索等一经查实，予以重罚。11月5日，零陵烟叶生产购销公司(厂)党委对原零陵烟叶复烤厂、原烟经理部1987年11月至1989年12月由劳资部门造假临时工工资表冒领407599.98元的违纪事件进行处理。决定：以补发奖金名义集体私分的278918.50元，由账务全部收回，冲减成本；其余12.9万余元，从相关个人扣款返回财务；对直接责任人视情节轻重，分别给予处分。

1990年，中共中央发布〔1990〕17号《关于加强党风和廉政建设的意见》。2月，郴州复烤厂与原烟经理部合并，成立纪检监察审计科，将审计与廉政相结合。6月，冷水滩市人民检察院在零陵烟叶生产购销公司(厂)设立检察室，配干部4人，其中正副主任各一人，专职检察员2人，与公司(厂)纪检、监察实行“三合一”办公。是年起，全省烟草系统推行政工目标管理，将廉政工作纳入政工目标管理的重要项目，进行指标分值细化，进行年终考核，与年终评先评奖挂起钩来。年末，结合目标管理年终考核，按照干部管理权限，由上级局对厂级领导干部成员采取近亲回避、听取个人汇报、随机点名座谈、查阅资料、群众测评的方法，进行“德、能、勤、廉、绩”为内容的个人考核。此后，对领导干部年末进行考核制度一直沿用。是年起，执行省局湘烟党字(1990)002号文件规定，干部提拔必须征求纪检、监察部门意见，无纪检、监察部门签署意见的，一律不办理提拔手续。

是年9月，郴州、零陵烟叶生产购销公司(复烤厂)根据上级部署，开展纠正行业不正之风运动，采取先党内后党外、先领导后职工、先干部后群众的方法，分期分批学习、宣传、贯彻中央、省、地和上级烟草公司对廉政建设和纠正行业不正之风的文件、指示精神，开展自查、自清、自纠；11月对自查、检举揭露的案件进行处理，并进行建章建制整改；12月总结验收。两公司(厂)各查出违纪金额2万多元。

1991年7月，零陵生产购销公司(厂)成立纠风领导小组，高诚任组长，把纠风责任分解到部门科室，开展专项清查。8月成立专项清查小组，重点清查“回扣费”、“业务费”；追缴借支、挪用、赊欠款；清查人事工作中的不正之风；审查物资购销票据。共追回多付货款20729.01元，收回或劝退礼金红包1356.80元；立案2起，结案2起，挽回经济损失26560.37元。供应科科长姜学吾5次拒收现金、金戒指、茅台酒等，体现共产党员依规办事、廉洁奉公的正能量。针对业务招待过滥、超标现象，重订规则：先批后办，无事先批准手续的餐费不予报账，一般来客均在内部食堂就餐，按接待对象职务高低分6～8元/人、8～12元/人两档，陪客限定在2～3人，常客不陪。

是年，郴州烟叶生产购销公司(厂)针对在“纠风”过程中暴露出来的问题及容易发生腐败的环节，修订完善相关制度。大力推行“两公开一监督”制度，即办事程序、办事结果公开，实行群众监督，对招工、转干、进修、职称评定、分房、调资升级等职工群众特别关注的“热点”问题，实行方案和程序公开，办理结果张榜公布，接受群众监督；并开始建立副科(股)长以上干部廉政档案，其后历年未改。

1992年，郴州烟叶购销公司(厂)开展“小金库”专项清查，对公费购买配用的手机、BP机一律作价卖给配用人。是年，放映廉政建设电教片2场次，结合行业内外典型案例剖析进行法规宣讲，开展廉政警示教育。其后，此种形式的警示教育多年在各复烤企业持续进行。

1993年，中纪委发布《副处级以上干部廉洁自律五条规定》，郴州、零陵地区烟草专卖局均按照省局相关文件精神，规定副科级以上干部比照执行中央文件规定，加强廉洁自律。所属复烤企业遵照执行。郴州烟草商业系统开始实行科级以上单位“一把手”离任审计。

1995年，郴州烟叶购销公司(厂)成立廉洁自律领导小组。在全体干部职工中，全面开展反腐倡廉、廉洁自律、廉洁经营的教育整顿工作。在纪检监察审计科的主持下，清理“小金库”资金4.59万元，除上缴税金2.05万元，其余全部上缴财务入账；收到自交礼金2000元；清查处理公费安装私用电话机、公费配备的BP机、信用卡和职工拖欠的公款等问题。执行市局(公司)修订出台的《基建工程管理规定》《接待费开支规定》等制度，对基建工程必须公开招标，集体决定；对招待费实行分等（按接待对象级别）限额，先批后办。零陵生产购销公司（厂）推行“三公开一监督”制度，对企业的重大决策以及与职工切生利益攸关的奖金分配、财务管理、工资改革、转干、招工等重大问题，坚持集体研究，主意听取监督部门和广大职工的意见。清理职工拖欠公款，对60余人所欠70多万元，结合岗位技能工资改革加薪条件限制措施，收回85%；配合检察机关查处经济案件4起，依法处理5人。

1996年，按中共中央纪委对党员领导干部在政治纪律方面提出的要求，执行“凡属重大决策、重要干部任免、重要项目安排和大额度资金的使用（简称为“三重一大”），必须经集体讨论作出决定”。并按上级部署，凡涉及“三重一大”问题必须上报。零陵烟叶生产购销公司（厂）实行“党支部百分制”6大项16小项考核。3月18日，该公司（厂）制定并执行“八不准”廉政规定：公务和业务活动中，不许收受对方礼品礼金、回扣、红包、有价证券；不许参与卷烟和烟叶倒卖；不许超标接待，不许公款请跳舞；2000元以上的工程项目要由行政科先做预算写出报告，经监察审计科实地考察后，再由主管厂长批准方可修建；基建工程一律实行张榜招标，对工程发包，必须经集体审批，建立健全审批制度，工程竣工时要严格按合同条款进行审核结算；物资采购在1万元以上的，必须签订合同，购买时必须两人或两人以上参与。招工录干、调资、分房、奖金分配、评先要严格按程序办理，张榜公布，并接受群众的评议监督及监督部门的监督检查；不许公车私用，不许代驾，违者受罚，损失自负。3月28日，该公司（厂）根据人民法院判决书认定的事实，对所属违纪职工开除党籍4人，开除公职3人，其中2人被判缓刑保留公职，缓刑期间发给生活费400元。

1997年，湘南烟草集团烟叶分公司（复烤厂）遵照上级部署，开展公务活动收受礼品专项自清自查，共清理出礼品72件，红包5个，折合人民币26430元，处理违纪人员3人。

1998年4月，为吸取云南红塔集团褚时健贪污案教训，零陵烟叶生产购销公司（厂）成立“帐外帐清理”领导小组。监察审计科、财务科组织清查，对长期挂帐物资采购、废旧物资处理等进行自查处理，上交金额44万元，“小金库”被彻底取缔。接受群众举报和来信来访12次，查办违纪违规案件11起。其中，劳资科长王某擅自同意为司机增发加班工资3880元，劳资员陈某为他人和自己擅发加班工资的案件，经查实后，擅发工资扣回，陈某调离劳资岗位，王某书面深刻检讨。全年审核工程项目25笔，核减各类金额7万元。

1999年5月4日，中共湖南省烟草专卖局党组下发《关于廉政建设责任制的实施办法》，省内烟草行业各单位开始实施《党风廉政责任书》制度，实行划线分级负责。零陵烟叶生产购销公司（厂）纪检审计科按照群众举报线索，查处设备科集体接受吃请1.4万元、科长张某受贿4552元案件，给予该科长党内警告、行政降级处分，集体接受吃请款项由该科长负责收集退交厂纪检部门。7月15日，零陵烟叶生产购销公司（厂）依据永纪通〔1999〕5号及零烟生党字〔1999〕第01号，认定原公司（厂）经理、厂长、党委副书记廖某受贿事实成立，给予其开除党籍处分；次年1月21日，永州市烟草专卖局下达永烟局〔2000〕8号文件，根据省烟草专卖局（公司）的授权和市纪委对廖某的行政处分建议，再给予廖某行政撤销副处级职务的处分。

2000年1月1日，国家《招标投标法》实施，复烤企业基建工程、大型设备采购（包括烟草专用机械）全面依法实施招投标。5月20日，零陵复烤厂成立“效能监察领导小组”，推行效能监察，即针对影响企业效能的业务事项和业务过程，监督经营管理者的履职行为，发现管理缺陷和腐败易发领域，全面完善相关规章制度，堵塞漏洞，加强教育，对苗头性问题，提前警示，纠正偏差，减少违纪问题的发生。是年6月16日，该公司（厂）挂杆车间主任刘某擅自处理碎烟13吨，价格5980元，未开收款收据，厂部决定：解聘刘某挂杆车间主任职务，撤销其车间党支部书记职务。是年，该公司（厂）推行厂务公开制度，建立中层以上干部勤政廉政档案。

是年7月，吉首打叶复烤厂成立党支部，内设纪检委员，廉政工作具体事务由办公室兼管。厂内实行党风廉政建设分线分级责任制，每年由董事会下达目标（含经济、政工）管理责任书，层层分解到部门、班组、岗位，一级抓一级，层层抓落实。每年年终，董事会均派出考核组，通过听汇报、查报表和工作记录、组织员工座谈、随机点抽中层干部和职工代表进行个别了解等方式，对公司领导班子成员进行考核；领导班子成员向董事会考核组述职述廉，并接受公司党员民主评议和员工民意抽查测评；中层干部向公司领导述职述廉；考核结果作为续任、晋升、奖惩的重要依据。领导班子每年召开两次民主生活会，每季进行2~4次中心组学习，紧贴实际研读相关政策文件，相互开展批评与自我批评，自查工作、作风、纪律等方面中的不足，听取各方建议，及时制定措施进行整改。此后，这些举措一直延续。

2001年2月，零陵复烤厂党委制定发布领导干部廉洁自律6项、效能监察3项、厂务公开4项、信访工作2项规定。

2002年，各复烤企业按照上级部署，在落实《党风廉政建设责任书》的基础上，开展"预防职务犯罪"工作，建章立制、警示教育、厂务公开力度加强。郴州烟叶购销公司（复烤厂）遵照市局部署，执行"经济评审制度"，对建安工程单个5000元、合计金额1万元以上的，各类设备和配件采购单次3000元、合计1万元以上的，办公用品单个2000元、合计金额1万元以上的，以及1万元以上的大型活动经费、各种维修、变卖，都必须经过本单位"经济评审小组"进行论证、多家报价对比评估后决策，才能实施。亦即开始实施"阳光采购"。3月29日，零陵烟叶复烤厂制定《关于加强勤政、廉政建设的规定》，其中规定：1.党风廉政建设责任，按照分级负责、多线管理的原则，严格执行责任追究的规定；2.把党风廉政建设与企业经营管理有机结合，树立"一岗双责"意识，形成一把手负总责，一级抓一级，逐级抓落实的责任网络；3.廉洁自律严格按照"五条规定"执行，治奢兴俭，重大决策、项目、重大资金使用坚持职代会评审，党委集体研究决定；4.开展效能监察，开源节流，提高效益；5.严格执行"收支两条线"，营业外收入统一入账管理；6.严格落实《招待费用管理规定》《通讯费用管理规定》《车辆使用管理规定》等制度。4月11日，永州市纪委、永州市监察局对零陵烟叶复烤厂实行挂牌保护。全年领导通讯费用节支7400元，招待费较上年核减10%，审核基建项目36项，核减138424元。

2003年1月1日，《中华人民共和国政府采购法》实施，各复烤企业比照执行。郴州烟叶购销公司（复烤厂）继续实施"阳光采购"，是年节约采购费用31万元。

2004~2006年，吉首、郴州、零陵三家复烤厂分别改制为鹤盛、天泰、天顺公司，常德芙蓉、浏阳天福公司先后设立。5家复烤企业均实行年度《目标管理（含政工）责任书》《党风廉政建设责任书》向董事会递交、分解下达二级管理目标、分线分级负责制度，以及"三重一大"专项报告、廉政教育宣传、完善内部监管细则、领导干部年终考核和述廉述职、失职渎职责任追究等廉政基本制度。其间，随着物价水平提高，各复烤企业对"阳关采购"把关金额线提高。2006年，郴州天泰公司规定：凡超过15万元以上的工程项目均要进行招投标。永州天顺公司发布《招标工作管理规定》，对资金使用、物资采购、设备改造、基建维修、改扩建工程以及公司各类物资报废处理均需严格执行该制度，其中规定：建项目5万元以上，维修项目2万元以上，设备技改维修5万元以上，物资采购1万元以上，待处理的废旧物资价值在5000元以上，都必须实行招标。常年使用的物资正常情况下每半年进行一次招标。公司纪检监审室设立招标工作监督办公室，负责招标的监督工作。

2007年4月，湘西鹤盛公司设立纪检监察办公室，配备纪检监察专干，与总经办合署办公。6月，常德芙蓉公司成立自行招投标管理办公室，规定公司领导层一律不介入招投标过程，并外聘相关部门专家参与招投标工作，公司纪检监察员全程参与，实施有效的监管。

2008年，永州天顺公司等复烤企业推行"明示与承诺"制度。是年，国家局部署"三项工作（工程投资、物资采购、广告宣传）检查"，各复烤企业开展自清自查，并结合上级新要求，修定完善廉政制度。各企业先后成立投资管理委员会，加强投资审查、民主决策管理，公司项目投资必须经投资管理委员会审议，并经董事会批准，超大型投资需报行业上级按权限批准后方可进行。8月，常德芙蓉公司制定《招标采购活动廉政监督工作暂行规定》，成立招标采购活动廉政监督工作领导小组，实施招标、采购活动时，由监察部门（综合管理部）牵头，成立审计、安保及相关专业部门人员组成的廉政监督工作小组，对招标、采购过程实施监督。9月，永州天顺公司成立招标廉政监督工作小组和厂务公开工作领导小组，并发布《关于组工干部

“十严禁”纪律要求》。

2009年，国家局下发《关于进一步推进烟草企业办事公开、民主管理的意见》。3月，常德芙蓉公司成立司务公开领导小组，制定《司务公开工作实施办法》，司务公开以重点工作事项向股东会、董事会、监事会定期报告，重大、敏感事项定期向骨干会、职代会及员工大会通报并在司务公开栏（橱窗）公示为基本形式，并通过经济运行分析会、情况通报会等形式，组织和选派员工代表参加公司的重大决策和经营活动。6月，永州天顺公司党委行文发布《党务公开基本目录》7项和《党务公开实施细则》12条；9月4日，该公司又印发《司务公开制度》，公司党务、政务公开实现规范化。

是年，工业线复烤企业根据湖南中烟公司《关于开展“小金库”专项治理工作的通知》部署，均成立专项治理自查工作领导小组。自查内容包括违反法律法规及有关规定的相关资金（含有价证券）及其形成的资产等。至次年全面完成，经过自纠，违规的资金、资产全部上交财务。

2010年，省内各复烤企业遵照中国烟草总公司关于在全行业推行全面预算管理的部署，均成立预算管理委员会和预算办，全面实施。年度全面预算管理，一改原来年度财务预算对开支细节控制不严的弊端，不仅涵盖大型工程投资、设备采购，而且将日常维修、小项采购和开支也通过分批“打包”招标形式，进行预算，形成“先预后支”、“无预不支”格局，对阻止以权谋私、超标接待、奢侈消费、文山会海、随意开支等不良现象发生，形成有效控制。

郴州天泰公司领导干部2008年度述职廉政会议

是年，省内各复烤企业组织党员和干部学习中共中央2009年12月29日发布的《中国共产党党员领导干部廉洁从政若干准则》，贯彻落实该准则对党员领导干部在禁止“利用职权和职务上的影响谋取不正当利益”等8个方面涉及的52个“不准”。同年，郴州天泰公司组织全体员工贯彻执行郴州市委、市政府《关于严禁国家公职人员参与赌博、工作日早午歺饮酒、大办婚丧喜庆事宜的规定》。

2011年，郴州天泰公司修定制发《深入推进办事公开民主管理工作实施办法》，办事实行“三公开”，即公开目录、公开形式、公开时间；并制发《月度绩效考核工作督查督办管理办法（试行）》，经济、政工考核力度增强。5月，成立“两项检查”工作领导小组，修改和制定7项相关规章制度。8月中旬，启动招标采购监管信息系统、办事公开民主管理平台与OA办公系统、内网进行有效对接。永州天顺公司于5月30日成立党务公开工作领导小组。工业线三家复烤企业根据湖南中烟工业公司湘烟工〔2011〕213号文件要求，开展“两项法规”贯彻执行情况的专项检查。湘西鹤盛公司于11月成立工程项目、烟用物资、宣传促销管理委员会（简称“三项投资”管委会），调整投资委员会职责，将原招标委员会并入管委会，下设管委会、招投标、供应商管理办公室。浏阳天福公司成立监审管理部，负责纪检监察日常工作；11月起，规定采购金额在1万元以上的物资采购必须签订合同。

是年9月，湖南烟叶复烤有限公司成立，公司党组设纪检组组长，纪检监察事务经办暂由综合部代管（2013年7月转监察审计部）。公司严格执行党风廉政建设责任制，落实经济评审、基本建设和大宗物资采购招投标制度，持续开展“两项检查”（工程投资、物资采购）、专卖内管、财务收支和工程项目的全面审计，强化日常监管和定期检查，提高企业规范化工作水平。公司顺利通过省局行业内部审计检查。公司整合初建，人员调配、干部考察任用较多，纪检监察系统积极参与公司干部提拔任用的全过程廉政监督，严格组织人事工作纪律，切实防止“因人设岗”和干部“带病上岗”、“带病提拔”，并开展合并前财务审计。

2012年，湖南复烤公司全面健全党风廉政建设责任制度。通过与各烤厂、本级各部门签订党风廉政建设责任书，将责任进行分解，形成“一把手”负总责，一级抓一级，层层抓落实，下级对上级负责的目标责任管理体系。公司先后成立招标采购领导小组、办事公开民主管理领导小组、评标小组、谈判小组、询价小组、办事公开民主管理评议小组。全面落实“三重一大”集体决策、预算薪酬投资、“三项工作”管理、审计、经济评审工作等规范性制度，全面推行“办事公开、民主管理”，着力从源头预防腐败，基本构建权力运行监控机制；制定工程投资、物资采购、宣传促销管理办法，规范工作流程，建立完善招标采购监管平台监管功能，将工程投资、物资采购所有项目纳入即时监控系统，着力把好设计概算经第三方审核、设立招标拦标价、设立履约保证金、设立共管专用账户、运用信息化手段进行监管五个关口，做到 “应招尽招”，实现“阳光操作”，组织完成12个项目的招标。成立由副总经理、纪检组长义胜辉为组长、两烤厂党委副书记、公司各部门主要负责人为成员的惩治和预防腐败体系自查工作领导小组，制定下发《惩治和预防腐败体系建设推进和检查工作方案的通知》，组织对公司本级及所属复烤厂就2008年~2012年惩治与预防腐败体系建设工作进行自查自纠。通过自查，完善相关制度和流程，有力促进惩防体系建设。公司成立廉政风险防控工作领导小组，对公司重点领域和关键岗位制定详细的防控方案，廉政风险排查工作持续有序展开。8月份组织下属烤厂开展 “三项工作”、“回头看”自查工作，进行全面自查和审计。9月，组织编写“两项工作”（工程投资、物资采购）制度汇总、流程操作和作业指导三本手册，将“两项工作”纳入绩效考核。10月，举办“两项工作”业务知识培训班。全年利用各类会议开展廉政教育实现常态化，开展“讲责任、讲奉献、讲纪律”教育活动和党风廉政建设法规制度知识竞赛活动各1次，组织所属员工观看廉政电教片2部；组织优秀党员赴西柏坡学习，重温入党誓词。公司本部和两厂定期出刊廉政海报，以警言、格言、名言、书画的方式创建“廉政文化宣传长廊”，将反腐倡廉教育延伸到基层；同时，创新宣传方式，利用LED显示屏、内部网站、手机短信宣传廉政信息，受教育面达1600人次。所属两个烤厂根据国烟办〔2012〕49号及省局、湖南复烤公司要求及人事变动情况，再次调整“办事公开、民主管理工作领导小组”和党风廉政建设责任领导小组，并建立廉政联络员制度，每个部门指定一名兼职联络员。郴州复烤厂监察审计部门年内共参与监督招投标136项。

是年，湖南中烟公司发布湘烟工〔2012〕230号《关于印发企业负责人职务消费行为监督管理实施细则（试行）的通知》文件，其中规定：企业负责人不配备专车，不配进口车，工作用车必须定点加油、定点维修、定点保险，行驶里程超过20万公里方可更换，禁止公车私用；并对出国（境）差旅、通信、业务接待、办公用房及家具、书刊预定、健身等作出若干明细规定予以约束。工业线三家复烤企业遵照执行。常德芙蓉公司施行一系列举措，加强廉政建设。6月，调整司务公开领导小组，修订完善《司务公开工作实施办法》；10月31日，制定《易地搬迁技术改造项目现场监督实施细则（试行）》；11月29日，制定《公司负责人职务消费行为监督管理实施细则（试行）》，对公司领导班子成员职务消费做出严格规定。12月26日，制定《资金支出授权审批管理办法（试行）》《工程投资物资采购廉政监督办法（试行）》，规范资金支出授权审批机制。浏阳天福公司参照国烟办〔2011〕435号文件，对《采购控制程序》进行修改，使申购、审批、采购、验收、付款流程和方式更为明确；参照中国烟草总公司中烟办〔2012〕313号文件，结合公司实际，编制出台《招标、竞争性谈判、询价、单一来源采购管理规定》及相关申报表格，做到能招即招，外协合作单位年采购金额在30万以上(含30万),必须公开招标确定合作单位；修改公司《合同管理制度》，加强合同审计和规范，该公司纪检监察部门全年参与公司比价采购项目竞争性谈判会议90次，单一来源商务谈判项目125次。

2013年，省内各复烤企业贯彻中共中央“改进工作作风、密切联系群众的八项规定”和国家局党组九条要求，开展超标接待、公车私用、公款旅游、公款请客送礼、高档娱乐消费、超标配车配房、文山会海等治理工作，“三公”经费压缩实效明显。湖南复烤公司先后制定《推行“明示与承诺”制度暂行办法》《中共湖南烟叶复烤有限公司党组认真贯彻落实〈十八届中央政治局关于改进工作作风、密切联系群众的八项规定〉的实施细则》《易地技改项目监督管理办法》《重大决策事项决策实施细则》等制度。按照《湖南烟叶复烤有限公司廉政风险防控工作实施方案》及省局的四项配套制度的规定，公司党组统一部署在本级及所属两厂全面开展廉政风险防控工作，制定详细的防控措施，召开防控工作动员大会，组织全体干部职工进行《明示与承诺书》的签订。公司本级及烤厂聘请10名兼职纪检监察员。加大办事公开民主管理力度。对"三重一大""三项工作"等事项以内部网站"企务公开栏"等方式向全体干部员工公开具体内容，自觉接受干部员工的监督；同时以开设举报电话、接受群众来信来访等形式，广泛听取方方面面对公司政风行风的意见和建议。针对公司近两年易地技改投资额大的现状，为加强重点领域的廉政教育，印发《工程建设领域预防腐败指引手册》，并组织有关部门到娄底烟草公司现场学习工程建设管理经验。在认真组织学习《烟草行业投资项目管理办法》（国烟计〔2012〕365号）、《烟草企业采购管理规定》（中烟办〔2012〕313号）等有关文件精神的基础上，结合公司实际情况，对公司"三项工作"管理委员会成员及办公室职责进行调整，同时修订下发《公司投资项目管理实施办法》《公司开展"两项工作"和"六个严禁、一个严控"专项治理工作自查整改方案》等相关文件。充分发挥"三项工作"管委会职能，加强对物资、工程和服务采购的管理与监督，严格招投标制度，全面落实"能招尽招、应招尽招"，按照招标程序进行评审，确保评审过程公正、公开。公司本级共组织完成各类建设工程、物质、服务采购等22个项目的招标工作，涉及金额14365.38万元。进行过程监管工程投资项目11项、物资采购项目95项，涉及金额1.1亿元。

是年，郴州复烤厂修订《会议管理制度》，严格控制会议规模、会期和经费，能通过网络通知和视屏沟通的一般事项不召开会议。永州复烤厂重点开展"两项工作"和"六个严禁，一个严控"专项整改。常德芙蓉公司制定《工程投资、物资采购和服务采购项目廉政监督办法（试行）》，进一步规范采购行为。湘西鹤盛公司于9月1日设立企管监察部。浏阳天福公司根据驻国烟纪检〔2013〕10号文件精神，清退关系户赠送的消费娱乐会员卡，做到"零持有"。

2013年永州复烤厂易地技改评标会

2014年，湖南复烤公司党组年初即出台《关于落实党风廉政建设主体责任和监督责任的实施意见》，细化明确党组集体责任、主要负责人责任、班子成员责任和纪检组责任47项，将清单制作成卡片发给班子成员个人。在本级和所属两厂领导班子内，严格执行主要领导"三个（人事、财务、工程及物资采购项目）不直接分管"和末位表态制度，确保决策程序、决策方式规范到位，重大投资项目或人事变动经党组集体讨论决定，实行公开监督，防止违纪事件的发生。针对两厂易地技改大规模进行情况，制定易地技改工作"七个严禁"，组织易地技改工作人员签订廉政承诺书。年内，省局巡视组对公司展开巡视并反馈巡视意见，指出7个方面的问题，公司党组高度重视，制定整改措施15项，迅速组织整改到位。落实中央"八项规定"，反对"四风"，重点检查2011~2014年的办公用房、公务接待、会议费、差旅费、培训费、福利费、科研经费及基础工作等8个方面，查出问题点28个，对相关问题和责任人进行通报，全部进行整改。清理办公用房面积218平方米，处置超标准配备车辆4台，差旅费、业务招待费、会议费开支分别较去年同期下降40.22%、52.45%、10.74%。为落实廉政工作责任制，进一步扎紧制度"笼子"。清理废除老制度20项，制订下发《贯彻落实中共中央〈建立健全惩治和预防腐败体系2013~2017年工作规划〉的实施细则》，新建《国内公务接待管理办法》《差旅费管理规定》《问责规定》和《资金开支审批权限管理办法》《物资采购项目管理台账和项目实施动态管理制度》《招投标工作细则》《评标成员管理办法》《供应商管理办法》等制度24项，以制度规范人、管理人、约束人。共组织召开9期"三项工作"管委会会议，公司本级共组织完成各类设备购置、物资、服务采购等32个招标项目，减少概算9141.72万元。全年组织对公司系统开展各类检查10余次，其中专项检查2次，对6名科级干部进行问责处理。年内，公司制定出台《纪检监察信访举报工作制度》，规范信访举报受理流程，严格执行和落实各项办案安全制度及规定，并举办纪检监察业务知识培训班和知识讲座10余期，参训人员达200余人次，依纪依法、安全文明办案水平提高。

是年，郴州、永州复烤厂除执行湖南复烤公司一系列廉政制度和本厂原有各项廉政制度外，对工程合同签订时同时加签《工程廉政合同》，建设资金按《工程承包合同》规定和工程进度拨付，无早拨、超拨现象；竣工验收实行严格审计，基本杜绝虚报工程量、虚假价格、虚假质量评价，事后将工程廉政和效能监督记录材料与工程竣工验收报告等一并归档。物资采购以公司《采购管理规定》进行程序控制，做到"应招尽招"、"真招实招"，严格立项审核，对擅自改变采购方式、未进入采购年度计划和招标采购监管系统的项目，一律不得进入报账程序。对违反规定及程序的，追究部门负责人和经办人的责任。创办"廉政小超市"，即在入门大厅设置廉政读物自阅自取平台。常德芙蓉公司制订实施《党的群众路线教育实践活动特色专题方案》，开展四项活动：1."牵手岗位，清润芙蓉"活动。公司领导班子成员、党员骨干，深入车间、班组，同劳动、摸实情、听建议，共同探讨制约公司发展改革的瓶颈问题；2."重温入党誓词、学习先进人物"活动；3."我承诺、我可以做到"、"改进作风承诺墙"活动；4."群众路线，民主管理"活动。4月，该公司根据本地纪委违纪案件通报，为防止公司员工犯同类错误，加定廉政条款，其中规定：凡公司员工和党员领导干部个人操办婚丧喜庆事宜，均需遵守《中共湖南省纪委关于党和国家工作人员操办婚丧喜庆事宜的暂行规定》和本地纪委规定，事前填写报告表，限定席数，不许收受单位和非亲戚人员的礼金和贵重物品，违者，除当事者受处分外，还要追究其所在部室、车间主要负责人的领导责任。是年，工业线三家复烤企业组织干部员工学习贯彻湘烟工纪《国有企业领导人员廉洁从业若干规定》《关于中高级管理人员业务工作"十不准"规定的通知》《2014年整顿规范工作方案》等文件，增强党员领导干部勤政廉洁的自觉性。9月，按照湖南中烟公司《关于第二批党的群众路线教育实践活动整改落实、建章立制工作的安排意见》要求，工业线三家复烤企业再次开展"小金库"专项治理工作，并开展建章立制。其中，常德芙蓉公司先后发布《企业责任问责管理规定》《员工违规违法行为处理规定》（试行）和《党风廉政责任制实施办法》《综合管理考核细则》等四个文件，强化问责机制；浏阳天福公司制定《关于改进工作作风加强纪律建设的具体规定》，完善《天福公司党支部工作制度》，纪检监察部门参与公司采购项目谈判监督90次。

2015年，湖南复烤公司执行惩治和预防腐败体系2013~2017年工作规划，整理制定体系建设任务清单，对照清单对任务完成情况进行检查，17项任务基本完成。同时出台党风廉政建设工作函询及约谈暂行办法和干部廉政档案管理办法。落实廉政谈话制度，一把手与班子成员谈，班子成员与分管部门负责人谈，全年共组织廉政谈话40人次；对新任干部开展任前廉政谈话3人次。对财务自查工作中发现的问题，纪检组组长集体约谈所属烤厂班子成员。持续搭建廉政教育"四大平台"，推动廉政文化进部门、进班组、进工地、进家庭，创造良好廉政文化氛围。开展廉政学习、警示教育多次，其中"移动课堂"进工地活动5次。制作廉政文化宣传栏6期，发放廉政小超市资料300余份，编发节假日群体廉政短信8次，受教育人数达1000余人/次。对公司废旧物资管理制度的落实及主管部门履职情况开展1次再监督，发现并反馈问题5项，督促建章立制、抓好落实。同时对废弃烟梗处理新建再监督模板1个，并上报省局。全年共审查规章制度63个，各类合同文本272个，合同审查率达100%。组织参加普法考试人数500余人次，印制并发放《法律风险防控知识指南》130册，制作法律风险防控宣传专栏12期，举办各类法规培训4期。

郴州复烤厂制定《关于落实"两个责任"实施意见》《党风廉政建设和反腐败工作考核方案》《领导班子成员落实党风廉政建设责任制责任分解方案》《建立健全惩治和预防腐败体系2013～2017年工作规划》等文件，进一步细化党委集体、主要负责人、班子成员和纪委监督责任。开通"716"纪委书记电子邮件和手机短信举报平台，畅通诉求渠道。开展廉政文化"小超市"活动两次，开设廉政教育多次（含"移动课堂"2次），出廉政宣传栏5次，发廉政短信230条。开展不定期的作风、廉政检查监督，对迟到、早退、旷工、擅自离岗、上班期间做与工作无关的事及公款购买节日礼物、公款旅游、公款吃喝、公车私用、大操大办婚丧喜庆等违规苗头提前介入规劝和警示，在全厂形成反腐倡廉氛围。全年对2011~2015年生产经营和财务管理进行全面审计，重点检查执行中央八项规定、国家局九条要求及相关政策、工程投资、物资采购、科研经费、职工薪酬福利、资产管理等七个方面。对2013年1月至2015年6月发生的招待费、会议费、科研经费和食堂账务及已结题的科研项目进行内部审计。此外，还对厂长任期内的经济责任进行审计。

永州复烤厂贯彻中共中央"八项规定"整改工作会

永州复烤厂以贯彻落实中央八项规定和国家局九条要求以及省局实施细则，纠正"四风"为重点，在推进党风廉政责任制、厂务公开、效能监察的同时，推动"三严三实"教育制度化，常态化，长效化。10月，列出廉政问题清单，逐项认真整改，正风肃纪，使作风建设成为新常态。

是年，工业线三家复烤企业党总支（支部）均向董事会签署递交《全面从严治党主体责任书》，然后，在公司内部分解下达《责任书》，把责任落实到每一个层级。与此同时，公司中层以上干部严格执行湖南中烟工业公司规定的中高层管理人员"十不准"，并按照湖南中烟湘烟工办〔2015〕11号文件精神，全面开展风险控制自查工作，对2012年12月4日以来的业务招待费、差旅费、办公费、会议费和培训费进行自查自纠，对查出的问题汇总整理出主要风险点并制定相应的整改措施，整改情况均上报省中烟公司。7月，按照湖南中烟公司的部署，以《湖南中烟工业有限责任公司进一步规范公司管理人员及其特定关系人参与公司业务活动暂行规定》《底线管理清单》（第二版）为基准，开展对公司管理人员和特定关系人（领导干部的亲属、特定业务关系人等）参与公司业务活动的清查清退，组织公司主管及相关岗位人员填报《自我管理者诚信基本档案表》，并做好专项核查工作。年内，常德芙蓉公司修订发布《司务公开实施办法》《公务接待管理办法》（标准版）、《工程投资、物资采购和服务采购项目廉政整顿办法》等，先后组织党员、干部学习行业、湖南中烟纪检文件和会议精神7项次，开展"三严三实"教育4项次，观看廉政教育片4次。浏阳天福公司于9月建立党政联席会议机制，严格按照"集体领导、民主集中、个别酝酿、会议决定"的程序推进决策的科学化、民主化，坚持集体领导和个人分工负责相结合的原则，规范班子成员言行，保障民主集中制的实施；严格按照《党政机关办公用房建设标准》和烟草行业有关规定，清理办公用房超标情况，按标准核定使用面积；按照行业及湖南中烟公司车辆配置使用管理的相关规定，严格规范公务用车管理，坚持统一派车制度，杜绝违规用车。

第二节　工会

一、组织建设

20世纪80年代至股份制改制之前，各复烤企业实行党、政、工"三会"管理体制。厂（公司）工会是职工代表大会休会期间，日常工作代理机构。其工作机构一般配备工会主席、副主席，并配备专职干事若干。内设提案、财经、福利、宣传、文体、女工等工作小组。广泛吸收本单位职工入会，按线或部门设置分工会、工会小组。按照国家财经政策（1984年国务院《国营企业成本条例》等）规定，工会可按职工会员工资总额的2%提取工会经费。遇特殊情况经费不足时，企业行政还可予以适当拨款。工会会员每月按基本工资的千分之五缴纳会费，一般由企业统一代扣。每年末或工会主要负责人调离岗位时，审计部门对工会财务进行审计。

2006年，省内复烤企业全面改制为股份制企业后，工会对企业行政的监督，部分职能被股东会、监事会替代。

（一）湖南复烤公司

2013年11月21日，湖南烟叶复烤有限公司工会正式组建。由杨秋林任副主席，胡战卫、郭霄汉、唐朝华为经费审查委员会委员，童丽军、李利常、杨卓娟为女职工委员会委员。

(二)郴州复烤厂

1983年1月,郴州地区棉麻烟公司恢复工会组织,复烤厂设工会小组。复烤厂移交烟草公司后,1987年7月成立工会,经会员选举和地局(公司)批复,林启炬为首任工会主席。1990年复烤厂并入烟叶生产购销公司后,4月经会员选举和地局(公司)批复,林启炬续任。1994年3月,李义芳接任烟叶购销公司工会主席。

1996年6月,郴州烟叶复烤厂并入湘南烟草集团烟叶分公司,李义芳续任烟叶分公司工会主席。1999年1月,李义芳内退,改选何田松接任。2000年4月,工会并入政工科。2001年1月,何田松调集团总部,由黄正国接任。

2002年集团撤销后,市烟叶购销公司(厂)重新设立,8月,黄正国调市局(公司),改选李冀卫任公司工会主席(副经理兼)、李小英任副主席。2004年2月,复烤厂独立分设,经职工代表选举和上级部门批复,何青任厂工会副主席。

2004年3月25日,郴州复烤厂一届一次职工暨会员代表大会召开,参会人员共49人。会议选举何青任工会副主席、资斌为文体宣传委员、尹朝珍为民主管理委员、薛恒梅为劳动保护委员、刘洪标为安全生产委员;林朗、陈旺斌、朱晓珍为经审委员会委员,林朗任主任;丁运青、朱晓珍、薛恒梅为女工委员会委员,丁运青任主任。

2006年12月30日,天泰公司召开一届二次职工代表大会,选举通过增补刘建国为工会委员,并选举刘建国为公司工会主席。

2009年8月29日,公司二届一次职工代表大会召开,共有41位代表到会,选举朱自坚、丁运青、何青、唐荣辉、刘洪标为工会委员会委员,朱自坚为工会主席,孙建霞、武向群、童丽军为经审委员会委员,孙建霞任主任;丁运青、黄丽君、曹维真为女工委员会委员,丁运青任主任。

2013年10月,湖南复烤公司郴州复烤厂召开第一届一次职工代表大会,选举唐春平、陈旺斌、何青、赵广仁、夏利文为工会委员会委员,唐春平任工会主席,陈旺斌任工会副主席;赵广仁、陈岗、曹维珍为经费审查委员会委员,赵广仁任主任;夏利文、黄丽君、李小敏为女工委员会委员,夏利文任主任。

(三)永州复烤厂

1988年3月21日,成立零陵烟叶复烤厂第一届工会委员会。由周在伟、邹永康、厉佐祥、龙端桂、张忠明、李水清、田银花7人组成。周在伟任主席,邹永康任副主席。

1989年,零陵烟叶生产购销公司成立后,复烤厂与公司合并,工会组织未正式成立,工会工作由临时工会负责。

1990年5月6日,公司成立工会领导班子,由高诚任工会主席,邹永康任工会副主席。工会内设女工委员会,经办计划生育事宜,并维护女职工的合法权益;设立福利工作委员会,负责维护和改善职工生活和福利待遇;成立老年协会,设立"老年活动中心";下设5个分工会,使工会组织延伸到最基层。

1991年7月13日,公司成立第一届职工代表大会筹备领导小组,高诚任组长,何景华、邹永康任副组长。11月14日,公司召开第一届职工代表大会,选举廖兰裕、何景华、邹永康、颜冬娥、吕明、邓家华、钟小平、李继启、徐德保、张忠明、王新友、唐天宽、汪意敏为工会委员会委员,何景华任主席,邹永康任副主席。会议同时还选举产生女工委员会及经费审查委员会。11月23日,公司第一届职代会选举结果得到零陵地区工会工作委员会的批复认可。

1998年7月16日,零陵烟叶复烤厂对工会委员会成员进行调整,免除唐荣铭工会主席、周在伟工会副主席职务,由钱建华任工会主席,邹永康、姜学吾任工会副主席。20日,厂工会对下设的分会进行调整:由原五个分会改为机关一、二、三、四分会和车间一、二、三、四分会。

2001年3月12日,经复烤厂第三届职工代表大会选举,永州市总工会永工组字〔2001〕3号文件批复,田国维任厂工会主席。4月24日,对厂工会委员会进行调整,增选委员7人,变动3人。28日,第三届职工代表大会第三次会议召开。大会审议通过《厂长工作报告》和《2001年度经济责任制总则》。6月16日,经厂第三届职代会选举，市总工会永工组字〔2001〕22号文件批复，黄卫东任厂工会副主席。

2002年1月24日，经厂三届四次职代会选举通过，市总工会永工组字〔2002〕4号文件批复，王晓荣任厂工会副主席。7月5日，对各分会进行调整，共设立6个分会。

2003年1月3日，复烤厂召开第三届六次职工（会员）代表大会，参加会议代表共49名，会议一致通过《2003年设备技术改造方案》。是年5月17～18日，厂召开第四届职工（会员）代表大会，选举产生零陵烟叶复烤厂第四届工会委员会委员11人，方国祥任主席，黄卫东任副主席；经费审查委员会委员4人，朱彬任主任；女工委员会委员5人，邓林辉任主任。

2006年5月26日，改制在即，永州市总工会以永工组字〔2006〕12号文件批复，同意成立永州天顺公司工会委员会。

2008年7月4日，经永州天顺烟叶复烤有限责任公司第一届职工代表大会选举，钱建华、方国祥、程海红、朱彬、汪桥钉、周德喜、雷雅麟、王晓荣、李志林为公司工会第一届委员会委员，方国祥任主席，程海红任副主席。朱彬、沈敬宁、宋晶晶为经费审查委员会委员，朱彬任主任。雷雅麟、易平艳、邹莺为女职工委员会委员，雷雅麟任主任。工会下设5个分会。

2012年6月6日，永州市总工会以永工组字〔2012〕23号文件批复，同意"永州天顺烟叶复烤有限责任公司工会委员会"变更为"湖南烟叶复烤有限公司永州复烤厂工会委员会"。

2014年3月，复烤厂召开第二届职工代表大会，选举李廷云、敖平、黄志平、汪桥钉、唐建军、汤燕、魏平为厂第二届工会委员会委员，李廷云任主席、黄志平任副主席；贺成、沈敬宁、周艳红为工会费审查委员会委员，贺成任主任；宋晶晶、易萍艳、周幕然为工会女职工委员会委员，宋晶晶任主任。

（四）常德芙蓉公司

1986年11月至1988年7月，常德烟叶复烤厂归属常德地区烟草专卖局（分公司）管辖，未配备工会负责人。1988年8月，复烤厂交由常德卷烟厂管理后，设立复烤车间工会小组，由卷烟厂工会主管。1991年5月，常德卷烟厂原料分厂成立，下辖六科一室和复烤等三个车间，设厂工会原料分厂分会，复烤车间仍为工会小组。

1995年12月6日，常德卷烟厂以常烟工字〔1995〕25号文件，成立十车间（复烤车间）工会分会委员会，由朱安清、王先义、胡组武、曾兆亚、冯建梅、伍建福、文晓春、周建军、王国华9人组成。朱安清任分会主席，曾兆亚任分会副主席。

2011年9月30日，常德市总工会以常工组〔2011〕168号批复，同意成立常德芙蓉烟叶复烤有限责任公司工会，由黄道荣任筹备组组长。10月24日，公司成立工会筹备领导小组，由黄道荣任组长，肖鸿任副组长。11月4日，公司召开第一次会员代表大会，选举黄道荣、肖鸿、陈铁、高立华、周明洁、刘晶晶、龚磊为公司第一届工会委员会委员，黄道荣任主席；陈铁、龚磊、杨骆为经费审查委员会委员，陈铁任主任；高立华、周明洁、刘晶晶为女职工委员会委员，高立华任主任。

2013年10月8日，公司举行一届四次会员代表大会，因原工会主席黄道荣退休，大会选举徐宇翔为工会主席。

（五）湘西鹤盛公司

2003年7月5日，复烤厂召开第一届一次职工代表大会，到会代表共49人，会议选举伍亚光兼任工会主席，罗赤敏任工会副主席，黄锐任经费审查委员会委员兼宣传委员，廖文洁任财务委员兼女工委员。2004年7月，吉首打叶复烤厂变更为湘西鹤盛原烟发展有限责任公司后，工会组织及成员未变。

2011年5月6日，公司召开职工代表大会进行工会换届选举，张其龙兼任工会主席，罗赤敏任工会副主席，廖文洁任女工委员，刘吉艳任组织、宣传委员。

2014年6月25日，经职工代表选举，产生新一届工会委员会，张晖任工会主席、罗赤敏任工会副主席、魏星任宣传委员、瞿秀秀任生活委员、舒悦任组织委员、黄月莲任女工委员。

（六）浏阳天福公司

2011年，经浏阳市总工会批复，浏阳天福打叶复烤有限责任公司工会委员会成立，隶属长沙卷烟厂多元化工会委员会。公司工会下设生产、设备、动能、品质、业务、财务、安保、办公室、精选、物流、监审、维修、人资13个工会小组。

2015年5月15日，为规范工会经费管理，根据全国总工会《工会预算管理办法》《工会会计制度》《基层工会经费使用管理办法》的规定，结合本公司工会财务管理的实际，修改《浏阳天福工会经费使用管理细则》。至年底，公司工会会员共有178人。

二、职代会

1983年，企业职工代表大会体制全面恢复。1月，郴州地区棉麻烟公司召开首次职工代表大会，选举产生公司工会，郴州复烤厂组团参加。

1985年6月15日，地区棉麻烟公司召开二届一次职工代表大会，郴州复烤厂15人参会。

1987年7月，郴州复烤厂经各工会小组会员选举职工代表，由工会筹备组组织召开第一届一次职工代表大会，选举工会主席，讨论涉及厂内重大事项议案。

1988年3月21日，零陵复烤厂举行第一届一次职工代表大会。8月，国家实施的《全民所有制工业企业法》，规定职工代表大会依法行使四项职权，即审议建议权、审查同意或否决权、审议决定权、评议监督权。

1992年4月3日，国家颁布《中华人民共和国工会法》，规定"全民所有制和集体所有制企业事业单位的工会，组织职工依照法律规定参加本单位的民主管理和民主监督。"此后，各厂（公司）工会以职工代表大会为基本形式，依法参与厂（公司）内的民主管理和监督，进入常态化。

各厂（公司）历次职工代表大会会议的主要内容有：选举或改选工会领导及工作委员会成员，审议厂长（经理）年度工作报告、厂（公司）年度财务预算及执行情况、年度招待费开支情况、生产经营计划、规章制度、生产经营责任制方案、劳动人事和分配制度改革方案等，讨论决定住房分配办法和对严重违法违纪员工是否予以开除辞退等重大事项。职工代表大会召开前和会议期间，工会向职工代表广泛征集提案，对合理化提案（建议）移交企业行政参考，或融入决策；对不尽合理的提案则由企业行政领导在职代会上作出解释。此外，对本单位中层以上干部在其年度述职、民意测验、竞岗演说等场合，职工代表参与评议或打分，为组织考察干部提供依据。

2003年7月5日，湘西鹤盛公司召开第一次职工（工会会员）代表大会。2011年4月，常德芙蓉公司召开第一次职工（工会会员）代表大会。是年，浏阳天福公司召开第一次职工（工会会员）代表大会。2013年11月21日，湖南复烤公司召开第一次职工（工会会员）代表大会。

各复烤企业自建立健全职代会制度后，每年由工会召集，召开1～2次职工（工会会员）代表大会。有些年份由于议案较多，亦召开3～4次。据不完全统计，各复烤企业召开职工（工会会员）代表大会次数为：郴州复烤厂（公司）1997～2015年共召开19次；永州复烤厂（公司）1991～2015年共召开六届30次；常德芙蓉公司2011～2015年，共召开5次；湘西鹤盛公司2003～2015年共召开3届7次；浏阳天福公司2010～2015年共召开3届5次。

三、劳动竞赛

（一）郴州复烤厂

1985年起，复烤厂开展以"五好"（政治思想好、完成任务好、团结协作好、服务态度好、遵守纪律好）为主要内容的争先创优活动和社会主义劳动竞赛。

1990年后，复烤厂结合经济、政治“双目标”管理考核，每年年终开展评比，对表现突出，成绩显著的先进集体、先进个人进行表彰；并每年推举先进集体和个人上报，参与地、省烟草系统先进职工评选。

1992年，厂（公司）开展“四比四看”（比团结看协作、比创新看贡献，比廉洁看守纪、比奉献看行动）专项竞赛活动，年底考核兑现，公司发质量奖4.1万元，超产、节约奖1.2万元，共计5.3万元，按考核结果分发到人，一线相关人员人平均得奖420多元。

1997年，在全厂范围内开展“团结紧、质量优、产量高、消耗低、管理好”的社会主义劳动竞赛。班组与班组比，车间与车间比，全厂出现互相学习、互相促进、取长补短、你追我赶的竞赛热潮。

2006年起，天泰公司在每年生产旺季持续开展劳动竞赛、技能比武活动，成立以总经理为组长的竞赛领导小组。活动办公室设在党群工作部。竞赛参与范围为生产部、业务部、技术中心所属员工及班组。竞赛类别分为优秀班组、管理标兵、工作标兵，每月一评，对优胜者给予奖励。

2010年，按照“业务要精、标准要高、考核要严、工作要实、流程要优、责任务尽”的要求，扎实推进优秀打叶复烤企业创建活动。公司获得“全省优秀打叶复烤企业”荣誉称号。

2012年，组织争先创优活动：生产旺季每月评选1个优秀班组、3名工作标兵和1名管理标兵，调动员工积极性。

2014年，配合生产经营工作，持续开展劳动竞赛、以师带徒和“质量月”活动，积极发掘和培养技术人才，激发员工的工作热情。

（二）永州复烤厂

1989年8月，厂（公司）开展生产、购销一线劳动竞赛，复烤车间两个生产大班，购销科烟叶仓库的保管员、检验员参加竞赛，超额完成烤烟生产加工和验级入库任务。

1992年，开展“创六好班组”劳动竞赛。分老、中、青三个队，对各队前3名进行奖励。1993年，组织开展“兴厂杯”劳动竞赛、技术比武活动。

1995年5月18日，复烤厂安全生产委员会、工会、团委联合举办“安全生产周”暨第二届安全生产知识竞赛，5个分工会代表队获奖。

1997年8月，厂工会开展“兴厂杯”劳动竞赛。分生产车间、业务经营和后勤保障三个组，共有10个部门参赛。通过竞赛，加工产量提高15%，产品质量合格率达到100%。

2004年9～12月，组织各车间举行劳动竞赛和技术比武活动，对成绩突出的班组、个人予以表彰，在机修车间举行颁奖典礼。

2012年10月，开展创建优秀打叶复烤企业活动，制定活动实施方案和达标标准，分企业班子建设、队伍建设、文化建设、效能建设、基础管理五大块，细化指标，层层分解到部门班组，厂领导则实行联系点包干指导负责制。各部门、班组及全体员工参与。

（三）常德芙蓉公司

2006年10~12月，公司组织开展月度劳动竞赛和优化质量细节，提升自、互、专检工作，主要有：最优质量与成本控制、质量技术比武、满意服务质量、提升设备保障能力、工艺质量改进攻关等竞赛活动，与月奖、年终奖挂钩兑现。

2007年，公司开展“质量月”劳动竞赛活动，各部门对“质量月”规定的各类项目完成较好。活动结束后，经“质量月”活动考评办公室测评，对一车间等先进单位和叶萍等先进个人进行表彰。

2008年12月26日，公司组织师徒“传帮带”活动，开展“工艺质量、三体系统化知识”、“质量月杂物控制攻关”等课题竞赛。对新进员工的工作质量、理论考试成绩、现场实际操作等方面进行综合评定，极大促进员工质量意识及实际操作水平。是年，还举行“三标一体”认证工作专项竞赛，工艺品质部被公司贯标考核小组综合评定为先进部门，设备工程部被评选为服务满意协助部门。二车间在质量月活动中，因杜绝一起质量事故被评选为先进生产车间。

2010年11月，在公司内开展为期一个月的节能减排、金点子评选竞赛活动，提升全体员工对公司《能源管理经济责任制考核办法》的认知和执行力。自此，公司各岗位员工对用电、给水、蒸汽、空调、空压等项能源进行节约控制的自觉性提高。

2011年12月，根据《湖南中烟优秀打叶复烤企业创建活动实施方案》，结合公司《优秀打叶复烤企业考评管理办法》《优秀打叶复烤企业评价标准》和创建活动开展的实际情况，从10月份开始，在公司范围内开展"创建优秀复烤企业"劳动竞赛活动。湖南中烟公司原料采购中心成立优秀复烤企业创建考评领导小组，负责活动的组织、指导、现场考核、监督等管理职能。活动中，公司各部门、各岗位倾力配合，公司管理水平、服务水平得到全面提升。

2013年7月，由湖南中烟公司机关工会、人力资源部、原料采购中心联合主办，复烤加工科与三家控股复烤企业共同承办，开展原料加工工艺技术及操作技能大比武活动。项目有：工艺类、质量检验、润叶工序、打叶去梗工序、烤片工序等。形式分为理论知识和实际操作（工艺类考察生产现场实际处理能力）两个方面。9月，公司选拔一批优秀员工参比，其中肖星、周蓉在检验类的比武活动中分别取得第一名和第二名的好成绩。

2015年9月，公司开展"醇和湘烟、精益芙蓉"劳动竞赛。生产管理部、工艺品质部以质量、工艺优化、现场管理、安全生产及主要成本消耗指标对标达标为竞赛内容；仓储精选部以仓储安全养护、科学调拨、精益选叶、保障生产供给为竞赛内容；设备动力部以降低能源消耗、精益能源管理、为生产提供符合标准的汽、气、水、电等工艺技术条件为竞赛内容；其他部门则以知行合一、做最好的自我管理为主竞赛内容。四大类竞赛的组织工作由生产管理部与工艺品质部、仓储精选部、设备动力部、办公室负责，分别制定四个竞赛规则，以劳动竞赛委员会办公室日常监督考核结果和劳动竞赛所取得成效为依据，通过竞赛项目的申报、审核、监督、考核、评价等工作流程，最后由公司劳动竞赛委员会对竞赛活动进行评比和奖励。

（四）湘西鹤盛公司

2003~2010年，公司连年组织"质量月"活动和生产旺季劳动竞赛，以提高技术水平，优质、高产、低耗、安全、文明生产为重点内容，开展打叶复烤行业操作技术比武、烟叶分级、技能鉴定、文明班组、食堂优质服务、财务管理、企业文化等一系列竞赛活动。

2011年，完善劳动竞赛的组织机构、竞赛内容、奖励方案等，从制度上保证劳动竞赛深入持续进行。2012年6月，围绕"管理创一流"，开展"飞得更好"打叶复烤操作工、维修工职业技能竞赛。

2013年，公司组织相关人员参加湖南中烟公司第一届工艺技术及操作技能比武，其中杨再斌、童幸福、樊学农、梁憨、王兆铁、凌龙生分获工艺组、质检组、烤片组、打叶组二等奖。3月，公司组织"2013年职业技能竞赛"暨"湖南中烟原料加工工艺技术及操作技能大比武活动"，共开展10个理论与实际操作相结合的比赛科目。

湘西鹤盛公司2011年度生产班劳动竞赛获奖集体

2014年，为提高部门检验室工艺员与质检人员工作技能，参照湖南中烟公司打叶复烤技能比武模式，由公司品质管理部牵头，组织两次工艺技能和质检技能比武，以此提高部门人员的技能水平。同年，还开展以"强化红线意识，促进安全发展"为主要内容的安全生产竞赛。

2015年，围绕"质量人人关注、人人参与、人人作为"开展质量竞赛活动。8月，以省级劳模陈世海为核心，成立劳模创新工作室，组织开展创新实践活动。

（五）浏阳天福公司

2009年，组织开展优秀打叶复烤企业创建活动，成立领导小组和办公室，制定活动实施方案。活动开展一年半，取得较好的成绩。顺利通过中烟公司考评小组对公司10个方面的现场考评，并向国家局、中国烟叶公司申报优秀打叶复烤企业。

2012年5月29日、6月5日，公司举行叉车与抱车技能比武。2013年，组织劳动技能比武4次。均对优秀者予以表彰，对员工自觉学习精通本职业务、提高自身专业技能起到激励作用。

四、文体活动

（一）湖南复烤公司

2012年，成功举办第一届"香谊杯"羽毛球邀请赛、两厂篮球友谊赛和员工拔河比赛等活动。

2013年"三八"妇女节，组织女职工到广西灵渠、桂林等地开展户外拓展活动。6月4日，公司工会举办趣味运动会。下半年组织全体员工和离退休人员参加以"勤奋工作、开心生活、拥抱自然、健康身心"为主题的全员户外徒步活动等。2014年11月25日，在五连冠体育馆举办趣味活动比赛。

2015年，举办第一届乒乓球赛，同时选拔队员组队参加郴州市"烤烟杯"和全省烟草商业系统第一届"636杯"乒乓球赛，另还举办以"运动、健康、快乐"为主题的趣味运动会，以多种方式促进部门和员工之间的沟通和交流。

（二）郴州复烤厂

自厂工会成立后，每年"五一"国际劳动节、"十一"国庆节前夕，均组织会员开展活动，活动形式多样，或登山、赛跑、拔河，或举办球类赛、棋牌赛、知识竞赛。有的年份在春节前夕或喜庆之际，自办本厂（公司）文艺演出会，或筹备节目参加上级举办的相关文艺会演。其中：

郴州复烤厂工会活动——集体跳绳

1990年，自办"迎亚运、展风采"运动会，开展篮球、乒乓球、拔河、跑步比赛，全员参加，分男、女和老、中、青队，赛事办得有序圆满。1992年，组队参加地区烟草商业系统"金叶杯"男子篮球赛，获第一名。1999年，烟叶分公司（厂）成立钓鱼协会，多次组织钓鱼爱好者开展钓鱼活动。2000年春节前夕，自办迎接新世纪春节联欢会，科室、车间共演出节目20余个。2004年，在郴州市烟草专卖局（公司）成立20周年文艺晚会上，复烤厂大合唱《诚信之歌》获优秀组织奖，大型舞蹈《金叶情深》获一等奖。

2005年4月，复烤厂组队参加郴州市烟草公司举行的乒乓球比赛，获团体第一名，个人奖项：资捷第二名、何青第四名、张晋华第五名、陈爱珍女队第四名。8月15~17日，举办首届职工篮球赛。9月26日，举办重阳节红色旅游活动。

2006年，天泰公司派出汤剑、刘华、童丽军三人参加郴州市局（公司）企业文化知识抢答赛，获二等奖。12月27日，公司举办"庆元旦"员工拔河比赛。

2007年2月13日，公司自办"新年感恩"春节联欢晚会，庆祝独立核算后的"开门红"。同月，派员参加郴州市局（公司）组织的"两个至上"岗位主题实践活动报告会，林朗获二等奖。10月13~17日，组队参加郴州市局（公司）直属单位男子篮球赛，获男子第一名；27~28日的团体乒乓球比赛，获第二名；象棋比赛，陈正义获第一名、王新四获第二名。

2008年，组团参加市局（公司）2008年春节文艺晚会会演，公司的《金色旋律》节目获二等奖；组队参加市局（公司）举办的"三八"妇女节拔河比赛，获第二名；代表市局（公司）参加燕北社区拔河比赛，获第二名；5月，组队参加市局（公司）烟草商业系统篮球比赛，获男队第六名。

2009年1月21日,公司举办"和谐之春"春节晚会;3月6日代表市局(公司)参加燕北社区拔河比赛,获第二名;3月8日组队参加郴州市局(公司)举办的"三八"妇女节拔河比赛,获第二名;组队参加市局举办的"让责任点亮青春"演讲比赛,获三等奖;4月16~19日,为增进交流和友谊邀请湖南、广东中烟公司和各股东单位参加公司举办的"天泰杯"羽毛球比赛,公司代表队获团体第四名、男子双打第一名、女子单打第二名、男子单打第二名、混合双打第二名;6月,组队参加全省烟草商业系统羽毛球比赛,资斌获男子双打第一名,李海燕获女子双打第二名。

是年9月,举办庆祝建国60周年征文和摄影比赛;22日,组织98名员工参加市局(公司)直属单位"庆祝中华人民共和国成立60周年大合唱比赛",获"特别奖"(等同一等奖)。另还开展冬季长跑、登山、户外拓展训练、员工生日慰问等活动。成功举办第二届"天泰杯"羽毛球邀请赛,组队参加全市烟草系统第二届篮球比赛,获第三名。

2010年6月,公司140多名在岗员工分两批到郴州太华梦里故乡拓展训练中心举行户外拓展训练,锻炼员工坚强意志,激发自身潜能,锤炼团队精神,充分体现"合力致胜"的天泰精神。

2011年1月22日,在郴州华天大酒店隆重举行"自强不息·春满天泰"新春晚会,市政府、市政协、市纪工委、市直工委、市烟草专卖局(公司)等领导和嘉宾出席,观众达560余人。3月8日,组织公司女职工到便江开展户外活动;5月4日,在公司举办青年节"青春飞扬,放歌天泰"卡拉OK大奖赛,19名选手参加比赛,评选一等奖1名;二等奖2名;三等奖3名。6月10日,代表市局参加在市委礼堂举行的全市2011年庆祝建党90周年"红心向党,唱响郴州"歌咏比赛。21日,组队参加庆祝全国烟叶收购暨现代烟草农业建设现场会在郴州召开的"潇湘金叶美"文艺晚会。7月12日,又参加在省政府人民会堂举行的全省烟草系统2011年庆祝建党90周年"金叶颂歌谢党恩"歌咏比赛,获三等奖。

2012年4月和9月,分别组织离退休和离岗休息人员到桂阳阳山休闲山庄、官溪度假村开展活动。"三八"妇女节期间,组织女职工到广东韶关南华寺、丹霞山开展户外拓展活动及《女职工劳动保护特别规定》相关法律知识答题赛;另外还组织员工开展扑克、象棋、跳棋、围棋比赛;优化组合男女篮球队,参加湖南复烤公司举办的篮球联谊赛;配合公司举办有13家业务单位共180人参加的"香谊杯"羽毛球邀请赛。

2013年11月,对员工进行业余爱好兴趣调查,组织全厂员工开展大型户外徒步活动。

2014年3月,组织女员工到永兴县进行"漫步翠江"活动,举办首届汽排球比赛,并邀请离退休老职工参加"我为企业献一策"合理化建议活动。两次(3月和9月)组织离退休和离岗休息人员分别到和平村、乐仙水上休闲度假山庄、郴州沙滩公园开展户外休闲活动。11月,开展以工会小组为单位的"读书月"活动;协助湖南复烤公司举办第二届"香宜杯"羽毛球赛。

2015年,组织女职工到永兴县板梁古村开展"趣味摄影"活动;年内,配合湖南复烤公司组织开展第一届职工乒乓球赛。

(三)永州复烤厂

1989年成立零陵烟叶生产购销公司后,工会组织虽尚未正式成立,但有临时工会组织开展工作。5月,厂(公司)举办首届运动会,共设篮球、拔河、象棋、围棋、弹子棋、单车慢骑6个比赛项目。9月,举办一场大型文艺晚会,共有300多人参加。是年,公司(厂)男女篮球队参加湖南省烟草商业系统"烟草杯"篮球赛,分别获得冠、亚军。

1993年,厂办、工会、团委联合组织开展丰富多彩的文化娱乐活动:举行卡拉OK比赛三次,组织党的知识和安全知识抢答赛各一次,举办篮球、乒乓球、拔河比赛,开展元旦、国庆游艺活动,暑假期间开展"满意在假期"活动,组织职工子弟到雷锋纪念馆、韶山、长沙烈士公园等地参观学习;对舞厅进行装修,添置一套先进的卡啦OK设备,坚持每周二、五晚间舞会;对图书室进行扩展,添置图书报刊,利于职工业余自学。

1994年,厂工会先后组织举办第五届运动会和交谊舞赛;组建厂乐队,国庆期间参加冷水滩市文艺会演；组队参加地区"邮电"杯篮球赛，元旦、春节、国庆节等重大节目举行游艺活动。

1995年，"三八"妇女节期间，厂工会组织部分女职工到韶山参观游览。5~6月，举办全厂第六届职工运动会，共设比赛项目6个，其中集体项目有篮球、拔河，个人项目有跳棋、象棋、羽毛球、乒乓球等，参赛者320人次，共评出团体奖21个，个人单项奖36个。

1995年，厂工会、党办、团委联合组织开展多项有益于职工身心健康的活动：元旦、春节举行游艺活动；2~3月，组织团员青年开展义务植树和学雷锋活动；"三八"节组织妇女参观游览；5~6月，举办厂第六届运动会；组织排练文艺节目，参加零陵地区举办的"群英竞风流"文艺会演，参演的《红棉颂》节目获得二等奖；"六一"节组织儿童游园；"十一"国庆节举办革命歌曲大奖赛；11~12月，组织职工卡拉OK和迪斯科歌舞赛等。

1997年，香港回归，举国欢庆。厂(公司)抓住这一重大历史事件，开展一系列庆祝活动。4月，组织50多人参加市总工会举办的"庆回归"工人大合唱；6月，组队参加市局(公司)举办的"庆回归"卡拉OK大奖赛；在本厂举办"庆七一，迎回归"知识抢答赛。10月，组队参加市局(公司)举办的第二届篮球运动会，取得男女双冠的好成绩。

1998年，厂工会组织员工参加永州市财委举办的中老年健美操比赛，获得第一名。1999年，组织女子健美操队参加市"三八"健美操赛。9月27日，厂男、女蓝球队代表凤凰园开发区管委会参加全市首届全民运动会，女子队获得冠军，男子队获得第五名。厂男子篮球队在永州市凤凰园经济开发区第二届运动会上获第一名。

2003年4月21~30日，厂举行第八届运动会，共设篮球、拔河、乒乓球、羽毛球、中国象棋5个项目，分团体赛和个人赛。共有裁判员、运动员、工作人员200多人参加。

2006年，组队参加全市烟草商业系统第五届篮球赛，男、女代表队双双夺魁。组织员工参与"烟草文化知识竞赛"选拔赛和全员网上答题。组织70多名离退休人员赴海南旅游观光。

2014年5月，厂工会举办以"快乐运动、健康生活"为主题趣味运动会，同时举办离退休员工门球、乒乓球、老年体操专项比赛。

2015年5月，在厂举办"运动、健康、快乐"趣味运动会。

(四)常德芙蓉公司

2008年1月20日，常德芙蓉公司开展"我健康、我快乐"与奥运同行迎春游艺会。由各部门合并组成七个队并邀请兴隆公司(劳务外包公司)组建一个队参加，设立集体跳绳、迎面接力、自行车障碍接力、哑铃推举接力赛等项目。4月29日，开展员工趣味游艺活动，设集体移动障碍过河、抢珍珠拔河赛、长绳穿梭8字跳、旋风跑、摩天轮(滚坦克)、集体夹球跑等项目，对优胜者予以奖励。6月5日，组织女职工到邵阳莨山进行集体登山比赛活动。

2012年5月7日，由公司工会和团支部联合组织员工，在车间大厅举行"五四"青年节拔河比赛。部门、车间组队3个，兴隆公司组队1个，共4个队参赛。

2015年3月，公司组织全体女职工"亲近自然，倡导健康"春游活动。9月，举办员工篮球赛、中秋节猜灯谜观影等活动。

(五)湘西鹤盛公司

厂工会成立后，组织员工开展形式多样的活动。自编自演节目，在节假日举办文娱晚会；每年烤季结束后组织员工开展登山、赛跑、拔河、篮球、排球、羽毛球、棋牌赛、知识竞赛等各项活动。

2001年5月16日，举办"红五月"趣味体育竞赛活动。2004年4月28日，组织15名员工参加市工会"千名职工奔新区长跑"运动会，徐争梅、舒悦分别获得女子组第六名和第九名。

2005年4月22日，由贾彦君、杨雄、刘芳、汤敏参演的"燃烧自我，亮丽青春"演讲节目，在白沙集团组织的"跨越生命中的110米栏"——学习刘翔精神发布会活动中，荣获最具跨越精神奖。5月26日，公司举办以

趣味体育竞赛活动现场

“新环保节俭运动”为主题的文艺晚会，各部门、车间演出节目20余个。

2006年4月20日，公司举办篮球赛及趣味体育竞技活动。5月10日，组织员工参加吉首市庆“五一”光彩杯健步登山活动，获优秀组织奖。

2008年5月5日，公司举办迎奥运员工体育竞赛活动。2010年以后，随着公司生产发展、效益提高，投入加大，硬件设施不断完善，职工业余文体活动质量不断提高，业余与专业相结合的文体队伍逐步成长壮大。

2013年，公司举行大型文艺晚会。公司员工、湖南省作家协会会员梁平在晚会上朗诵自创诗歌《走进新时代》，深情回顾公司的发展历程，表达全体员工感恩、回报社会和企业的深厚情怀。

2014年6月29日，公司承办第三届“聚力本香、羽烟同飞”羽毛球邀请赛，获得团体第四名。

（六）浏阳天福公司

2008年，因公司新员工较多，为增强公司的和谐气氛和凝聚力及团队精神，工会在生产准备期间组织全体员工进行为期3天的拓展培训。先后组织员工开展乒乓球、拔河比赛，组队参加第一届产业园区篮球赛。

2011年10月，公司举办“天福杯”男子篮球友谊赛。11月，组织员工开展强身健体秋季登山比赛。

2012年5月，公司组队参加湖南浏阳制造产业基地工会联合会组织的“大鹏湾杯”乒乓球赛；6月，组织参加白沙集团举办的“聚力本香、羽烟同飞”羽毛球邀请赛；9月，组织公司员工篮球赛；10月23~30日，公司篮球队参加浏阳制造产业基地工会联合会举办的第四届男子篮球比赛。

2013年4月，组织“和谐天福”乒乓球团体赛；10月，举办“天福杯”秋季男子篮球友谊赛。组队参加湖南中烟公司“我创想、我快乐”未来设计创意大赛，共提交创意设计35个，分别获得入围奖、推荐奖和参与奖。

2014年6月，组织人员参加长沙卷烟厂主办的新环保DIY手工大赛，共收集作品50余件，选出20余件参赛，并组织员工参与义卖活动，为节能环保尽力。月底，又组队参加复烤行业的羽毛球友谊赛。8月，组织员工参加长沙卷烟厂举办的乒乓球赛和“寻找芙蓉王最美图腾”活动。还以天福公司成立十周年为主题，开展征文、寻找纪念物活动。

2015年，公司工会先后组织健身操、乒乓球赛以及“天福杯”系列趣味活动。以“自我管理”、“感恩岁月，让我们彼此照耀”、“万众正能量”为主题，开展征文活动以及“生活中的正能量”摄影比赛，并召开感恩座谈会，制作出APP，利用媒体在公司内部传送。11月，举办“员工心理健康服务周”活动，进行“职场幸福学”、“压力管理”讲座以及个体评估咨询。7~9月，根据湖南中烟公司的部署，参加“国学大合唱”活动。是年，公司还开展“最美家庭、最美家风”评选活动，共收到20个家庭、48人提交的103条家训，组织评选出4个最美家庭及15条最好家训，促进公司员工好家风的传递。

五、计划生育及妇女工作

（一）郴州复烤厂

自1986年5月上划后，厂（公司）严格遵守国家和当地政府关于计划生育的文件精神，认真贯彻落实当地政府自1980年5月起推行的“一对夫妇生育一个孩子”的政策，晚婚、晚育、节育率和独生子女办证率均达到100%。1989、1990年连续两年被郴州市（今北湖区）人民政府评为计划生育先进单位。

1991年，厂（公司）将计划生育工作列入“双目标”管理“一票否决”指标，后多次被当地街道办事处评为计划生育先进单位，年度目标管理考核年年达标。与此同时，工会每年组织女工开展1次体检，有病早治，无病早防，并于1999年起对女职工办理乳腺癌、子宫癌“双癌”保险，对女工保健起到积极作用。1999年起，组织女职工参加省、市总工会组织的“芙蓉杯”竞赛活动，2001年黄凤英获市级“芙蓉百岗明星”称号，业务部质检中心分别于2005年获市级“芙蓉标兵岗”、2006年获省级“芙蓉标兵岗”荣誉称号。

2014年，认真落实国家计划生育二胎政策，继续杜绝计划外生育。

(二)永州复烤厂

1988年5月30日，根据国家有关女工福利政策，经职代会讨论通过，制定女职工哺乳期待遇的暂行规定：凡是哺乳期女职工，从其婴儿出生前一个月算起，给予包括国家规定的产假期在内的共13个月假期；工资按其本人标准工资的75%发放，但国家规定的产假期按100%发放；物价补贴、洗理费、报刊费等均按在职同等享受；哺乳期间一律不安排工作，除不享受奖金外，工龄照算、正常调资升级不受影响。此规定从是年6月1日起执行。是年起，对女职工实行一年一度健康体检。

1990年，工会建立计划生育档案，按上级要求严格控制“三率”，即独生子女率100%，晚婚率95%，节育率100%。公司流动人口的计划生育管理同时纳入管理范畴。

1991年，计划生育工作纳入议事日程，加大晚婚晚育监管力度。凡未到晚婚晚育年龄的职工，公司不得开具结婚证明，对私自找外地开证明结婚的职工，除不享受本公司结婚待遇外，扣发本人全部奖金，直至达到晚婚晚育年龄。已婚女职工生育第一胎孩子，须持有准生证，无证生育给予罚款1000元。实行晚婚晚育自愿终生只生育一个小孩的职工夫妻，给予5个月产假，小孩14周岁前每月发放5元独生子女保障费(后标准提高)。本公司内的流动人口常住夫妻，凡在本公司无证生育的，罚处提供场所的职工1000元。9月份成立计划生育领导小组，由党委书记高诚任组长，何景华、邹永康任副组长。并将计划生育工作纳入公司双目标管理“一票否决”项。

1995年5月18日，调整厂计划生育办公室成员。主任：李新元。副主任：唐荣铭、颜冬娥、周在伟、蒋秀凤；成员：邹永康、田国维、管新民、汪意敏、黄文庆。

2000年4月5日，调整厂计划生育领导小组，李新元任组长，钱建华任副组长，黄春华、邓林辉为成员。下设计生办，李新元任主任，钱建华任副主任，李艳平为成员。同时设立孕前管理领导小组，钱建华任组长，邓林辉任副组长，李艳平为成员。

2002年6月14日，因企业主要领导更换，对计划生育管理机构成员进行调整。计划生育领导小组：组长吕明，副组长钱建华，成员黄卫东、邓林辉。计划生育领导小组办公室：主任黄卫东，副主任邓林辉，成员周慕然。计划生育协会：会长钱建华，成员黄卫东、邓林辉、周慕然。孕前管理小组：组长邓林辉，成员周慕然。

2013年8月20日，复烤厂成立计划生育领导小组，组长盘勇卫，副组长敖平、李廷云、刘华友，成员有朱彬、黄志平、李军、颜俊英、贺成、周先鹞、汪桥钉、唐建军、周德喜、高洁洋、李爱民、周幕然。

(三)常德芙蓉公司

公司坚持党政一把手负总责，部门积极配合，对计划生育工作实行综合管理。2001年起，根据《湖南省计划生育条例》《流动人口计划生育工作管理办法》《中华人民共和国收养法》及上级主管部门的有关政策规定，结合公司的实际情况，制定计划生育管理工作实施细则。

2013年5月，常德市在生育政策上结合本市情况，除生育医疗费全额报销外，新增新生儿医疗保健费600元和自然分娩医疗补助费300元两项待遇，公司认真贯彻执行，同时每两年组织参保女职工开展一次免费生殖健康检查。

(四)湘西鹤盛公司

2003吉首打叶复烤厂(公司)工会成立后，严格遵守国家和当地政府关于计划生育的规定，认真贯彻实施当地政府推行的“一对夫妇生育一个孩子”政策，晚婚、晚育、节育率、独生子女办证率达到100%。

2004年，计划生育工作被列入“双目标”管理“一票否决”指标，公司多次被当地街道办事处评为计划生育先进单位，年度目标管理考核全部达标。

2010~2015年，公司连续六年被吉首市人民政府评为计划生育先进单位。

（五）浏阳天福公司

2012年1月1日，根据湖南浏阳制造产业基地管理委员会及浏阳市永安镇人民政府关于印发《企业单位计划生育管理实施方案》的通知精神，公司成立计划生育领导小组。并组织员工学习计划生育相关政策及法律、法规。免费发放宣传资料和避孕药具，按时参加园区组织的透环孕检，及时落实计划生育措施，搞好优质服务，杜绝计划外生育。7月，组织开展女员工优生体检。8月，组织对公司社聘人口进行计划生育情况摸底检查。

2013年4月16日，公司加入产业园管委会计划生育QQ群。

2014年，对公司短期合同工及已婚育龄妇女生殖健康进行清查。12月，对公司社聘员工子女出生情况进行清查。

2015年7月，对公司社聘员工前两年子女出生情况进行清查，从是年起，改为每月向上级主管部门报送公司计划生育情况。

六、送温暖活动

（一）湖南复烤公司

2013年2月1日，省局（公司）局长、经理杨先杰前来郴州复烤厂慰问困难职工，复烤公司领导周国生、崔建军、邝文宣陪同慰问。是年11月21日，公司工会成立后，认真维护员工利益。组织在职职工、离退休人员进行健康检查，对疾病早防早治；对员工生日、住院、直系亲属丧事等进行慰问，全年共达300余人次。组织爱心人士参加“雷锋之家”志愿者活动，为困难职工奉献爱心。

2014年1月23日，公司领导周国生、邝文宣带领相关部门负责人走访公司困难户。

2015年，公司以对员工走访慰问为载体，把公司党组的温暖送到每个员工的心坎上，除对40余名困难员工和5名特困党员进行走访慰问外，另还开展生日、员工住院和直系亲属丧事以及“六一”儿童节等慰问共260余人次。“八一”建军节，公司组织相关人员到技改工地现场慰问退伍军人。

（二）郴州复烤厂

自1986年上划起，职工包括在职和内退、离退休职工因病住院，工会代表厂（公司）派员进行探望。职工逝世，工会代表厂（公司）派员前往吊唁，并对丧事办理给予一定帮助。每逢春节或重阳节，均召集职工进行座谈，通报单位生产经营情况，听取职工的意见和建议，并予以慰问；对家庭生活遇到较大困难或地处边远的离退休职工择时进行走访。每年年终，对家庭生活比较困难、年内发生重大疾病或天灾人祸的职工，由工会小组摸底，厂（公司）工会汇总核实，工会委员会评议，分别给予一定的困难补助。

2011年1月，分别对公司13名困难员工进行走访慰问，共发送7200元慰问金。5月10日，在公司举行2011年度“金叶慈善医疗卡”捐赠仪式。按照“慈心厚德、善举惠民”的组织宗旨，共为困难员工发放免费医疗卡“金叶慈善卡”15张，每张600元。

2012年，公司领导班子成员及工会分别对14名困难员工进行走访慰问，组织226名员工进行健康体检和女职工生殖健康检查；为女职工购买“特殊疾病保险”。

2014年，开展“清凉一夏、关爱同行”易地技改工地慰问活动。

2015年，组织员工进行健康体检。全年对1名现役军人家属、1名特困党员、20余名困难员工进行走访慰问，对员工生日、住院、直系亲属丧事和“六一”儿童节等慰问共计200余人次；工会在“八一”建军节到技改工地现场慰问退伍军人。

（三）永州复烤厂

1992年12月14日，零陵烟叶复烤厂与冷水滩凤凰小学就子女入学与学校建设问题达成共识，校企之间互相帮助，学校保证企业子女入学并免缴办学经费和建设费，只收交学杂费。企业在学校校园建设经费上根据资金实力给予支持。协议生效后，给职工子女上学带来方便。是年，职工每户免费发放液化气灶一套，开办厂属液化气站，为职工平价供汽，每月每户一罐。

1993年1月，厂（公司）制定《关于加强职工医疗费管理的暂行规定》，归口工会管理。6月25日，经职代会审议通过，厂《职工生活福利管理规定》实施，职工独生子女从学前班到高中的入学报名费由厂里负担，高中以上学费自理，医药费全报（半边户家庭两项均享50%）。职工粮价、副食品、物价、交通费、书报、洗理费等补贴均按国家有关规定和现有发放标准并同每月工资一起发放；液化汽补贴，职工每人每月10元。

2004年11月30日，厂工会发放职工春节慰问金和物资。其中，离退休人员每人发给慰问金600元。2005年，共走访员工家庭68人次，探望因病、伤住院职工18人次，慰问困难员工6人次，共发放慰问金2.8万多元。

2011年，对职工医保提前进行铺底并提升铺底标准、增加保险项目、提高住房公积金缴费比例等。落实走访慰问制度，全年生日慰问356人次，看望病人22人次，慰问过世员工直系亲属10人次，发放金叶慈善医疗卡18人次。

2014年，厂工会探望生病住院退休员工69人，2015年79人，2016年73人，慰问总金额近8万余元。

（四）常德芙蓉公司

1998年，复烤车间成立后，车间工会就为职工办实事。是年，常德遭百年一遇的特大洪水，车间修理工龚德志家里受灾最严重，车间工会立即组织人员对其进行慰问，并向厂互助基金会申请500元的困难补助，同时还为其组织捐款，共捐给衣物180多件，棉被10床。员工吴爱英丈夫患肝腹水去世，欠债5万多元，生活相当困难，车间领导在做好吴爱英的思想安抚的同时，组织为其献爱心捐助活动，全车间党员、团员、班组骨干带头，全体员工积极参与，使吴爱英在这个大集体中感受到家庭般的温暖。

2007年，常德卷烟厂设立非盈利性的慈善基金会，通过自愿募集及捐款，筹得资金，常德芙蓉公司职工参与其中，遇到暂时困难时可申请借助。至2011年的五年间，公司共重点帮扶24位困难离退休员工，慰问老人696人次。此后在企业内外开展诸多类似活动。

（五）湘西鹤盛公司

自公司（厂）工会成立后，在职和离退休员工因病住院，工会代表厂（公司）派员进行探望。员工或者直系供养家属逝世，工会代表厂（公司）派员前往吊唁，并对丧事办理给予一定帮助。重阳节或春节，对退休员工进行慰问。每年年终，对家庭生活比较困难、年内发生重大疾病或遭遇意外的员工，由工会小组摸底，工会汇总核实，工会委员会评议，分别给予一定的困难补助。

2004年7月，公司员工李绍卫患严重溃疡性肠炎，厂工会倡议员工为其捐款，共募集善款7300元。2007年3月，员工杨再章被确诊为恶性淋巴瘤，其家又在农村，经济状况较差，厂工会为其发起募捐，全体员工纷纷解囊相助，共捐款22732元。2010年5月18日，为员工罗华芝患白血病的女儿募集3250元善款。

（六）浏阳天福公司

2011年，共慰问员工12人次。2013年，公司制定《工会走访慰问制度》，对员工开展生日、住院、结婚、生育、工伤、丧事等各项慰问205人次，慰问困难职工1人次。

2014年，按照公司《走访慰问制度》开展各种慰问活动，年内共组织慰问179人次，其中特殊慰问3次、节日慰问2次。

第三节　共青团

一、组织建设

（一）郴州复烤厂

1978年郴州复烤厂建厂初期，全厂有共青团员18名，设团小组。1981年，厂内青年和团员剧增，12月5

日，郴州地区供销社团总支批复：同意复烤厂设团支部，由贺文信、周南陵、文新忠、刘建国、王豫军组成，贺文信任团支部书记，周南陵任副书记。1984年，改选周南陵任团支部书记。

天泰公司共青团员参加植树造林活动

1986年，复烤厂划归烟草公司后，设立团支部，文新忠任书记。1990年，经中共郴州烟草分公司党组同意，并报中国共产主义青年团郴州地区委员会批复，同意成立共青团郴州地区烟叶生产购销公司临时委员会，由6人组成，石建中任团委副书记。是年8月，随公司临时党委撤销，临时团委改为团总支委员会，石建中兼任书记。1993年3月至1996年5月，烟叶购销公司（厂）设团总支，资斌任总支书记，下设4个团支部。

1996年12月20日，经湘南烟草集团批复，同意烟叶分公司设团总支，陈华任副书记，下设5个团支部。1998年4月，团总支并入政工科，共青团工作改由政工科代管。2001年，陈华调市局（公司），李志刚任书记。2002~2004年1月，市烟叶购销公司重设团总支，李志刚因调省局，由李冀卫（党总支书记）兼任书记，下设4个团支部。2004年2月，复烤厂分设独立后，设团总支，刘建国（工会主席）兼任书记，曾丽娅任副书记，下设3个团支部。2009年经改选，林朗（公司副总经理）兼任团总支书记。至2009年，天泰公司共有团员26名（固定员工8名，其余为合同工），下设2个团支部。

2012年，天泰公司改制郴州复烤厂后，尹凡任团委副书记。2014年，改由朱智寅任团委副书记。至2015年，厂共有团员10人。

（二）永州复烤厂

1987年11月14日，共青团零陵烟叶复烤厂第一届委员会成立，由郭有国、秦务农、伍双平、蔡炎、盘易萍5人组成，郭有国任书记。是年，共有团员90人（其中正式职工团员34人，临时工团员56人），青年职工300人，下设3个团支部。1988年5月发展新团员6名。

1990年5月7日，蔡炎任团委副书记，邓顺林为专干。6月22日，厂团委会成员调整为：蔡炎、邓顺林、郑迎春、唐天宽、王飞华、颜俊英、陈运琼，蔡炎任团委副书记。

1991年，零陵烟叶生产购销公司补拨给团委经费1000元，放入工会帐目代管。1992年，公司团委按照团地委及公司党委要求，制定“三会一课”计划并逐月落实。全年召开团委会2次、民主生活会2次，全体团员大会1次。

1995年3月13日，零陵烟叶复烤厂召开第三届团员代表大会。到会代表58名，特邀代表12名。大会审议通过团委工作报告。选举第三届团委会，由邓顺林、郭晓斌、张文清、雷监洪（女）、朱彬、易永平、李燕辉7人组成，邓顺林任书记。

1998年7月15日，厂党委任命曾智云为厂团委副书记。8月14日，对团支部的划分进行调整。共设6个团支部，时有团员81名。

2002年6月20日，厂党委任命杨秋林为厂团委副书记。21日，按照团员分布情况，对团支部进行重新划分，共设机关、后勤、打叶、机电四个团支部。

（三）常德芙蓉公司

2006年3月，公司成立团支部，王新任书记。2012年5月9日，为健全团支部组织机构，根据“配齐、配强基层团干队伍”的原则，增设劳动委员1名，团支委成员由6人增至7人。调整后为：团总支书记毛宏、副书记湛晓青、组织委员龚磊、宣传委员张雅婷、文体委员张丽晴、生产委员王豫、劳动委员陈杰。下设3个团小组。

湘西鹤盛、浏阳天福公司成立后，党支部确定1名委员，兼抓共青团工作。至2015年，均未建立共青团支部。

二、工作概况

（一）郴州复烤厂

1986~1990年，郴州复烤厂团支部建立健全团支部各项制度，组织团员学习中共“十二大”“十三大”文件精神和共青团章程，围绕企业中心工作，适时开展义务劳动、学雷锋树新风和有益青年的各项活动。

1991年，组织团员学习中共十三届八中全会精神，开展城市社会主义教育，参加党课学习。是年“文明礼貌月”活动期间，厂（公司）团总支组织青年、团员上街打扫公共卫生、为市民义务修理单车、电器，参加“3·15”烟草专卖咨询服务活动。在全国遭受特大水灾、旱灾之际，组织青年团员积极捐钱捐物支援灾区，并利用星期天参与有益的社会活动，将活动得来的收入全部捐献给灾区人民，受到上级的表扬，郴州电视台对此作专题报道。为配合城市社会主义教育，团总支积极配合党组织开展思想政治工作，以青年为主体组织“社会主义好”演讲比赛。

1992年，烟叶生产购销公司团（厂）总支组织共青团员和青年开展“学精一门技术、增强一份自信、多做一份贡献”的竞赛活动。组织排练文艺节目，参加共青团郴州地委组织的城内片文艺演出，并获得优秀组织奖。组织青年团员分别开展游泳、划船、登山比赛活动，以丰富青年、团员的业余生活，增强体质，陶冶情操。

1996年，烟叶分公司团总支组织团员青年在“郴州青年救灾奉献”行动中，82人积极缴纳特殊团费1840元，为灾区人民献爱心。“五四”青年节期间组织团员青年赴广东坪石金鸡岭联欢，并开展以“爱我集团爱我家，敬业爱岗做奉献”为主题的竞赛活动。

1997年，烟叶分公司团总支组织实施“跨世纪青年文明工程”和“跨世纪青年人才工程”，开展青年志愿者行动，组织志愿献身于社会公益事业并具有一定社会服务能力的青年参与，成立青年志愿者协会。青工黄华在湘潭烟校学习期间，给贵州贫困同学熊鑫每月30元的经济资助，直到该同学毕业。他的先进事迹，在集团公司的《郴烟报》上进行宣传报导。3月，93名团员先后到北湖区石盖塘义务植树，在公司下湄桥仓库义务清理下水道、搬烟包、缝出口烟标签，并组织有技术的团员为行政科食堂二楼小餐厅义务铺设空调线路。6月，团总支组织各车间有机械、电器技术的青年志愿者共17人，承接新挂杆复烤线义务安装辅助工程。各团支部组织青年志愿者上街义务咨询、宣传、进行市场调查以及参加团市委组织的义务清洗街道围栏的“讲文明，树新风”活动。此外，还有8名志愿者义务为职工子弟做家教，3名有家电维修技术专长的志愿者多次为职工义务维修家用电器。打叶、动力车间团支部组织青年团员积极协助车间开展技术革新创效益QC活动，有3项成果参加集团成果发布会；打叶、挂杆、动力三个车间的团支部先后10余次组织团员利用休息时间在车间开展设备保养、清扫复烤机内的碎烟、打扫卫生等活动；打叶车间团支部协助车间成立志愿者维修突击队，在生产旺季，遇设备故障，立即全力投入抢修，加班加点不计报酬。是年，共青团购销公司总支代表队参加湖南烟草集团组织的“迎香港回归”知识抢答赛，获三等奖，并派出1名青年参加市电视台、市委宣传部组织的抢答赛，分别获二、三等奖。

2001年，集团烟叶分公司团总支围绕企业中心开展工作，努力实施青年人才和青年文明工程，复烤车间打叶生产线荣获省级“青年文明号”称号。

2004年，复烤厂独立设团总支后，组织团员青年学习党的“十六大”“十七大”文件精神和共青团章程、相关时事政策。每年3月，组织团员、青年开展“向雷锋同志学习”活动，主要参与社会公益活动或为厂搞义务劳动；“五四”青年节期间，举行郊游等活动；生产旺季，则开展劳动竞赛、技能比武活动，对优胜者予以适当奖励。

2012年“五四”青年节，复烤厂团委组织团员到万华岩进行游览，又到市东塔烈士公园重温入团誓词。2013年，厂团员青年共50多人，响应市团委“美丽郴江、我爱母亲河”的号召，沿郴江河拾除白色垃圾；14日，又到五岭广场参加义务植树活动。

2014年3月，团委副书记尹凡带领团员青年到北部区乐仙公园参加义务植树活动。

2015年3月24日，团委副书记朱智寅带领厂团员青年，到郴州市七里洞公园参加植树活动。

（二）永州复烤厂

1988年，厂团委举办“20天交谊舞培训班”1次，开展周末“大型文艺晚会”2次，参与生产大会战组织“青年突击队”，完成各项突击任务3次。

1991年，公司（厂）团委把“兴厂杯”劳动竞赛作为团委工作的重点。以复烤、机电、购销团支部为参赛主力，参与“节能降耗”“安全生产”“质量达标”竞赛。另还开展“三个活动周”活动：即3月的“奉献在潇湘”活动周；7月的“向党献厚礼”活动周；10月的“祖国在心中”活动周。是年，共组织团员青年进行理想、国情、道德教育4次；团干部培训2次；创办《绿叶》刊物四期；办宣传栏12期；建立团员卡片，记录团员个人学习、生活、工作情况；坚持每周二、五舞会等。1993年，厂团委共评出优秀团员32名。

1994年，厂团委开展“四赛、三队、二动、一经常”活动。“四赛”即生产季节开展“青年杯”劳动竞赛，“五四”举行“美在烟草”时装比赛，国庆节组织青年书法和征文比赛；“三队”为组建厂乐队、时装表演队、青年突击队。由每个支部5人计40人组成，随时待命，是年共完成突击任务4次；“二动”就是与友好单位联谊牵手活动、到外地学习活动；“一经常”是各团支部经常进行量化考评。上述活动的实施，团员青年的青春风采及突击队作用被充分调动。

1995年，厂（公司）团委积极响应团地委“开展潇湘青年志愿者服务大行动”的号召，组织团员青年在厂内外广泛开展学雷锋活动，培养团员青年的高尚情操。活动主要有：开展“志愿者爱国储蓄”，完成“爱心券”1万元活动；举办“万里长城永不倒”抗日歌曲大合唱及“厂兴我荣，厂衰我耻”演讲比赛；邀请团地委领导上团课；捐助新田毛里乡希望工程1000元等。是年，共评选出优秀共青团员29人，厂团委被评为零陵地区先进团委，四车间团支部被团省委授予“青年文明号”称号。

1996年，厂团委根据年初工作规划，采取“百分制”考核办法，有力促进各团支部及团员积极性的发挥。全年共组织团员青年开展劳动竞赛、技术比武2次，办舞会30次，歌会、书法各6次。

1998年，厂打叶复烤生产线团支部积极参加团市委“青年文明号”的创建。1999年，厂团委组织青年团员开展学雷锋活动，成立“义务服务小组”。是年，三车间团支部被永州市团市委授予“青年文明号”称号。

2015年5月4日，永州复烤厂党委组织召开以“我与企业共奋斗”为主题的“五四”青年节座谈会。厂党委与团员青年代表齐聚一堂，谈认识，谈体会，共话企业发展。

（三）常德芙蓉公司

2012年，公司团支部开展“五四”优秀团员评比活动，由各小组推荐5人（不含团干），重点推荐班组管理、操作、修理等岗位的优秀青年团员。经过推荐申报、综合考察和审定，由团支部委员会综合评定，报公司党支部批准，15名团员受到公司表彰。

第四节　湖南省烟草学会烟叶复烤分会

2012年12月18日，湖南省烟草学会烟叶复烤专业委员会（以下简称专委会）成立，首任会长：崔建军（湖南复烤公司），副会长：李光华（湖南中烟公司），秘书长：孙建霞（湖南复烤公司）。

2013年9月，配合省烟草学会积极开展会员重新登记工作，共登记会员120人，其中复烤公司本级14人，郴州厂学组25人，永州厂学组34人，工业线三家复烤公司学组47人。专委会建立优秀科技论文评审评选制度，配合行政做好烟草各类学科学术带头人的推荐工作；内部建立并完善包括学术带头人和高、中级技术职称人员在内的专家库，对表现优秀和做出突出贡献的科技人员积极运用学会的各种平台进行大力宣传，努力营造尊重知识、尊重人才的良好氛围。充分利用各会员单位网站、版报、宣传专刊、电子简报等载体，加强专委会工作经验交流，增强影响力和传播力。是年“全国科普日”，与郴州卷烟厂科协、郴州市烟草学会联合开展科普日宣传系列活动，向省学会科普活动组委会提交《烟草废弃物循环经济利用技术开发与应用》及《伺服液压技术》2项节能减排循环利用新科研成果资料，在全省科普日活动主会场进行展示和宣传。是年，发动会员、科技工作者结合企业科研、QC课题、技改创新实践，共撰写学术论文18篇，经专委会评审后，其中向第十五届中国科协年会提交2篇，向中国烟草学会学术年会提交4篇。在12月17日召开的烟叶复烤专业委员会2013年度学术研讨座谈会暨"会员日"活动总结大会上，通过分审、会审及盲评的形式，评选出优秀论文8篇，其中一等奖3篇，二等奖2篇，三等奖3篇。

2014年，专委会通过年会、工作与学术研讨会、网络通讯等渠道，部署工作，交流学术。积极开展"会员之家"建设活动，召开专题座谈会，向广大会员征求意见，对查摆出的问题，及时进行整改，有力促进专委会的作风建设。积极举荐会员、业务骨干参加省烟草学会培训班和到办事机构进行轮训，提升学会工作人员的业务能力和综合素质。召开专题会议、向会员赠送专业书籍、定期制作宣传专栏等，学会、学组会员氛围进一步活跃。专委会采取面对面、线搭线、点对点等多种方式丰富交流活动。即由专委会牵头组织，定期召开工作会、座谈会、论文评审交流会等，以面对面的形式开展现场技术交流；鼓励所属各学组之间以组为单位，制定专题考察学习、研讨项目，开展各专业技术线之间的交流；建立专委会内部Q Q群，发布学会内部通讯邮箱等，通过外媒载体让会员之间随时进行点对点的交流。各厂家在学会号召下，组织技术骨干和科技工作者，围绕企业中心工作找重点，找难点，找要点，组织年度攻关课题的开展。对外积极联系湖南、广东中烟和上海烟草等重点卷烟企业，确定合作课题，建设技术工作站，充分利用其人才、技术优势。郴州复烤厂的《原烟与摆把台交互控制对配方打叶模块均匀性的研究》、湘西鹤盛公司的《打叶复烤片烟内在质量均质性控制研究》、浏阳天福公司的《关于烟箱异物无损检测系统研究》等，作为重点攻关项目均已结题待审。全年共征集管理、技术类论文14篇，其中湖南烟叶复烤有限公司9篇，湘西鹤盛公司4篇，浏阳天福公司1篇。共推荐上报优秀论文6篇，其中向省科协申报参加"湖南省第十五届自然科学优秀学术论文评选"活动论文2篇；向省学会申报2014年度学术论文3篇；向省信息化专业委员会推荐IT论文1篇。学会委员湘西鹤盛公司总经理张其龙被省烟草学会评为"十佳学会工作者"。

是年5月17~24日，复烤公司举办以"科学生活、创新圆梦"为主题的湖南烟草科技活动周宣传系列活动。郴州、永州复烤厂学组在活动期间，解答各类咨询200余次，制作发送挂图和科普资料500余册。9月21~27日，全省科普日活动主场设在郴州，专委会联合郴州卷烟厂科协、郴州市烟草学会开展以"科学认知烟草，促进富民强省"为主题的科普周系列活动。22~23日，在宜章赤石烟草站进行科普展板宣传展示，发送各类科普知识宣传资料8000余份，重点宣传解答广大烟农和群众关心的热点、难点问题。24日，积极协助省烟草学会在郴州卷烟厂综合服务楼举办"绿色烟草农业"论坛，会议邀请湖南农大、省市科协、中南试验站、湖南中烟公司等有关专家和领导共65人参加，并开展"书香温暖"科普送书专题活动，专委会共赠送科普书籍1000余册，组织学会会员观看《旅行到宇宙边缘》《人类感官》两部科普电影，很受欢迎。是年，专委会参加省学会举办的科普作品征集活动，复烤公司制作的《控制烟草杂物宣传挂图》获三等奖，并按省公司烟叶处的要求，印制千余册发放到省内各地、州、市局及烟叶收购量较大的基层烟叶收购站，促进烟叶收购质量的提升。是年，专委会在年度工作业绩考核中获得省烟草学会"先进集体"荣誉称号。

2015年，按照省烟草学会的统一部署，湖南烟叶复烤专业委员会更名为湖南省烟草学会烟叶复烤分会。分会机构设置如下：会长崔建军（湖南复烤公司），副会长李光华（湖南中烟公司），秘书邓斌（湖南中烟公司）、孙建霞（湖南复烤公司）。分会下辖5个学组，分别是：工艺质量控制学组、设备技术创新学组、仓储物流学组、企业文化学组、复烤人才开发学组。更名后，分会根据自身的工作特点，制定、修改和完善有关制度，梳理所属学组架构，调整工作流程，确保分会的基础建设、学术交流、科普活动等日常工作正常运转。至年底，分会登记在册的会员共有153人，其中湖南复烤公司17人，郴州复烤厂45人，负责人刘洪标；永州复烤厂33人，负责人刘华友；湘西鹤盛公司24人，负责人罗赤敏；常德芙蓉公司7人，负责人王先义；浏阳天福公司27人，负责人曾强。另专家库共34人，新申请中国烟草学会会员9人。复烤分会竭诚为会员服务，积极举荐会员、业务骨干参加省学会培训班和到办事机构进行轮训，并召开交流座谈会、向会员赠送专业书籍、定期制作会员服务专题宣传栏，积极举办“会员日”活动，内容包括活动宣传、拓展培训、座谈研讨、论文评审、会员发展5项，活跃分会氛围。

是年5月16~24日，复烤分会及各学组举办以“科技创新、兴业惠农”为主题的年度“科技活动周”系列活动，发放科普资料，解答咨询，展示宣传展板。9月19~25日，复烤分会响应国家科协“全国科普日”活动，以“万众创新，拥抱智慧生活”主题，先后开展“五个一”科普活动，即参加一次科普讲座，发放一本由省学会秘书处和信息化专委会共同组织编印的《智能生活科普手册》，举办一场复烤科技成果展，展示湖南复烤历年来的发展及创新成果，观看一场科普电影，组织一次科技指导，邀请科技工作者为一线操作员工进行现场技术指导。活动期间，累计发放宣传资料508册，制作科普知识展板9块，利用电子显示屏滚动播放相关科普知识7天，制作墙报3个版面，张贴各类活动海报100余张，发送科普短信223条，推送微信信息165人次，直接参与人员361人，接受教育人员达千余人。

是年，复烤分会抓好学术交流，努力推动学术创新成果转化。共征集管理、技术类论文17篇，其中：湖南复烤公司10篇，湘西鹤盛公司5篇，常德芙蓉公司2篇。共推荐上报优秀论文10篇，其中向中国烟草学会申报5篇，向省烟草学会申报4篇，向省信息化专业委员会推荐ＩＴ论文1篇。同时，主动支持省烟草学会主办的《湖南省烟草》杂志，完成专题约稿2期，投稿3篇。郴州复烤厂提出的“复烤冷凝水回收系统的应用”、湘西鹤盛公司的“质量信息管理系统在复烤企业的应用”、永州复烤厂的“打叶质量在线检测的研究与应用”等重点攻关项目，均已结题待审。湖南复烤公司承担的国家局重点科技创新项目“复烤烟梗多流程燃烧及循环利用技术研究与应用”亦通过成果鉴定，并入围国家局科学技术奖评奖范围，同时申报省科技进步奖。各学组通过科技课题攻关、学术交流，相互学习借鉴，部分新发明、新做法、新思路成果得到转化运用，助推经济发展。

2016年，复烤分会组织编纂《湖南省烟叶复烤志》，获得省局（公司）、湖南中烟公司和湖南省政府地方志编纂办公室批准，于4月15日启动，各厂（公司）均安排2人参与该志的修编工作。

湖南烟叶复烤分会本级获奖学术论文统计表

表60　　　　单位：篇

年度	作者	作品名称	获奖等级	采用或颁奖单位
2015	邝文宣、胡战卫	打叶复烤企业合同法律风险防控之探讨	三等奖	湖南省烟草学会烟叶复烤专委会
2015	黄恋文	论如何结合复烤企业实际推荐精益生产管理	三等奖	湖南省烟草学会烟叶复烤专委会
2015	周国生、邝文宣、胡战卫	用法治思维和法制方式推进复烤企业反腐倡廉	三等奖	湖南省烟草学会烟叶复烤专委会
2015	胡战卫	提高公文处理效率和质量之浅见	三等奖	湖南省烟草学会烟叶复烤专委会

郴州复烤厂及其前身企业2006~2015年获奖学术论文统计表

表61　　　　单位:篇

年度	作 者	作品名称	获奖等级	采用或颁奖单位
2006	刘勇智	加强对打叶复烤企业的监管，促进“两烟”生产经营更快更好发展	二等奖	湖南省烟草学会
2007	胡战卫	现代企业文化与CI战略	一等奖	湖南省烟草学会
2007	唐春平	如何提高打叶复烤加工工艺水平	二等奖	湖南省烟草学会
2007	唐春平	如何进一步提高打叶复烤加工质量	三等奖	湖南省烟草学会
2007	黄丽君	生产管理向精细化管理方式转变的探讨	三等奖	湖南省烟草学会
2007	孙建霞	论如何构建和谐企业文化	优胜奖	湖南省烟草学会
2007	王 玲	提高烟草核心竞争力之探讨	优胜奖	湖南省烟草学会
2008	唐春平	如何减少打叶复烤加工损耗的工艺研究	一等奖	湖南省烟草学会
2008	崔建军、胡战卫	打叶复烤企业构建创新型企业之探索	二等奖	湖南省烟草学会
2008	刘淑珍	关于做好招标采购活动中廉政监督工作的思考	二等奖	湖南省烟草学会
2008	财务部	如何进一步强化公司全面预算管理	二等奖	湖南省烟草学会
2008	何 青	如何提升企业核心能力	三等奖	湖南省烟草学会
2008	王 玲	夯实企业管理基础　提高打叶复烤企业的核心竞争力	三等奖	湖南省烟草学会
2008	王惠洲	深化企业文化建设　推进企业发展	三等奖	湖南省烟草学会
2008	刘洪标	复烤行业节能减排工作探索	优胜奖	湖南省烟草学会
2008	潘若瑜	浅谈如何用激励增强企业活力	优胜奖	湖南省烟草学会
2008	冯 杰	稳定季节性临时工的有效方法和途径	优胜奖	湖南省烟草学会
2008	王标军	企业车辆管理模式调研	优胜奖	湖南省烟草学会
2010	崔建军、尹朝珍、何青、赵广仁、朱红武、朱小泉、黄 华、刘治鹏、曾强富、陈唯兵、郑宇睿、黄小艳	扩大温控范围　改善装修温度的探索与实施	三等奖	湖南省烟草学会
2012	崔建军、张顺利、郑雄志、尹朝珍、唐春平	打叶复烤参数化加工控制	三等奖	湖南省烟草学会
2014	宋晶晶	打叶复烤叶片结构的测定	三等奖	湖南省烟草学会烟叶复烤专委会
2014	周国生、崔建军、杨秋林、刘洪标、唐春平、刘勇军、康建斌（北京热华能源科技有限公司）、张衍国（清华大学热能科学与动力工程教育部重点实验室）	不同物料掺烧对烟梗循环流化床锅炉性能的影响	二等奖	湖南省烟草学会烟叶复烤专委会
2014	资斌、唐朝华	烟叶杂物控制宣传手册	三等奖	湖南省烟草学会烟叶复烤专委会
2015	周先鹞	巾帼不让须眉	二等奖	湖南省烟草学会烟叶复烤专委会
2015	谢博文	不求回报甘奉献　无怨无悔老黄牛	优胜奖	湖南省烟草学会烟叶复烤专委会
2015	资捷	浅析如何加强弱电工程施工管理措施	三等奖	湖南省烟草学会烟叶复烤专委会
2015	郑宇睿	复烤开式凝水回收系统的应用	二等奖	湖南省烟草学会烟叶复烤专委会

永州复烤厂及其前身企业1994~2015年获奖学术论文统计表

表62　　　　单位：篇

年度	作者	作品名称	获奖等级	采用或颁奖单位
1994		湖南省烟草工业企业第四届QC小组成果	三等奖(QC)	湖南省烟草专卖局(公司)
1996		增加除麻装置，降低片烟杂物含量	三等奖(QC)	湖南省烟草专卖局(公司)
2005		省“三一杯”QC小组成果发表	二等奖(QC)	湖南省烟草专卖局(公司)
2012	质量技术中心QC小组(刘冠涛)	提高煤炭燃烧效率	一等奖(QC)	湖南省烟草专卖局(公司)
2013	质量技术中心QC小组(帅鸣)	成品杂物控制	二等奖(QC)	湖南烟叶复烤有限公司
2013	机修动力车间QC小组	复烤前均料减碎调节装置	三等奖(QC)	湖南烟叶复烤有限公司
2013	客户服务中心QC小组	改进选后烟叶的包装质量	优胜奖(QC)	湖南烟叶复烤有限公司
2013	质量技术中心QC小组(帅鸣)	降低片烟成品中杂物出现频次	三等奖(QC)	中国烟草总公司湖南省公司
2013	敖平、李军、宋晶晶、帅鸣	散烟投料对片烟水分均匀性的影响	三等奖	湖南省烟草学会烟叶复烤分会
2014	质量技术中心QC小组(宋智勇)	缩小片烟装箱烟箱间隙	二等奖(QC)	中国烟草总公司湖南省公司
2014	宋晶晶	《打叶复烤叶片结构的测定》2014年优质培训课程竞赛微课程(烟叶生产)	三等奖	湖南省烟草专卖局(公司)
2014	宋晶晶	《打叶复烤加工工艺分析》2014年优质培训课程竞赛标准课程(烟叶生产)	三等奖	湖南省烟草专卖局(公司)
2014	质量技术中心QC小组(宋智勇)	缩小片烟装箱烟箱间隙	一等奖(QC)	湖南烟叶复烤有限公司
2014	机修动力车间QC小组	降低打叶气鼓传动系统故障频次	二等奖(QC)	湖南烟叶复烤有限公司
2014	打叶车间QC小组(乐佳杰)	降低非烟杂物二次污染率	三等奖(QC)	湖南烟叶复烤有限公司
2014	机修动力车间QC小组	提高润叶机气鼓网孔通畅率	优胜奖(QC)	湖南烟叶复烤有限公司
2014	机修动力车间QC小组	提高回潮机真空度	优胜奖(QC)	湖南烟叶复烤有限公司
2014	质量技术中心QC小组	提高微波水分仪测量精度	优胜奖(QC)	湖南烟叶复烤有限公司
2015	盘勇卫、刘华友、易萍艳、汪桥钉、朱彬、甘德	打叶质量在线检测的研究与应用	一等奖(论文)	湖南省烟草学会烟叶复烤分会

续表

单位:篇

年度	作　者	作品名称	获奖等级	采用或颁奖单位
2015	彭邱强、陈运琮	真空回潮设备改造研究	二等奖（论文）	湖南省烟草学会烟叶复烤分会
2015	宋晶晶、帅鸣	不同风选除杂风分频率对除杂效果的影响	二等奖（论文）	湖南省烟草学会烟叶复烤分会
2015	刘华友、朱彬、汪桥钉、陈运琮、易萍艳、彭邱强	预打包线复压设备中反向压箱装置	二等奖（论文）	湖南省烟草学会烟叶复烤分会
2015	李军、陈运琮	真空回潮机抽真空系统故障分析与排除	二等奖（论文）	湖南省烟草学会烟叶复烤分会
2015	刘华友、易萍艳、赵健	真空回潮机循环冷却水的温度控制及综合利用	二等奖（论文）	湖南省烟草学会烟叶复烤分会
2015	熊锋	论如何加强打叶复烤废烟杂物在线控制	三等奖（论文）	湖南省烟草学会烟叶复烤分会
2015	周先鹞	巾帼不让须眉	二等奖（征文）	湖南省烟草职工思想政治工作研究会
2015	机修动力车间 QC 小组（熊峰）	提高打叶分料皮带维修更换效率	一等奖（QC）	湖南烟叶复烤有限公司
2015	机修动力车间 QC 小组（卜勇）	提高回潮烟包小推车使用寿命	二等奖（QC）	湖南烟叶复烤有限公司
2015	质量技术中心 QC 小组（帅鸣）	降低一润无故障停机次数	三等奖（QC）	湖南烟叶复烤有限公司
2015	机修动力车间 QC 小组（雷敏）	提高梗风力输送梗捞筛分效率	优胜奖（QC）	湖南烟叶复烤有限公司
2015	打叶车间 QC 小组（乐佳杰）	提高客户对铺叶摆把工序的满意度	优胜奖（QC）	湖南烟叶复烤有限公司
2015	打叶车间 QC 小组（朱传才）	提高精选工序杂物剔除率	优胜奖（QC）	湖南烟叶复烤有限公司

常德芙蓉公司2014~2015年获奖学术论文统计表

表63

单位:篇

年度	作　者	作品名称	获奖等级	采用或颁奖单位
2014	罗引旋	加强数字管控　打造智慧工厂	三等奖	湖南省烟草学会
2014	肖　鸿	企业员工激励中的误区与对策研究	三等奖	湖南省烟草学会
2015	肖　鸿	一种新型降低烟叶含梗率的方法与初步验证	一等奖	湖南省烟草学会

湘西鹤盛公司2010~2015年获奖学术论文统计表

表64　　单位：篇

年度	作者	作品名称	获奖等级	采用或颁奖单位
2010	张其龙、石慧等	湘西烟叶常规化学成分的聚类分拆与综合考评	二等奖	中南地区七省市烟草学会
2010	杨敏武、张其龙等	打叶复烤配方加工的保证及新模式的探索	二等奖	中南地区七省市烟草学会
2013	黄振军、崔炀、张其龙等	打叶复烤原烟收储系统设计与应用	一等奖	湖南省烟草学会烟叶复烤专委会
2013	黄振军、张其龙等	微波水分检测仪在原烟烟包含水率快速检测中的应用研究	二等奖	湖南省烟草学会烟叶复烤专委会
2014	张其龙、张晖等	打叶复烤成品片烟出库质量特性研究	三等奖	湖南省烟草学会烟叶复烤专委会
2014	黄振军、谭新良、张其龙等	原烟烟包烟碱在线近红外检测在打叶复烤内在质量均匀性控制的应用研究	二等奖	湖南省烟草学会烟叶复烤专委会
2015	李吉平、张晖等	生物质流化床锅炉在烟草废弃物中的改进作用	二等奖	湖南省烟草学会烟叶复烤分会
2015	张晖、邓昌健等	打叶复烤烟叶分切加工设备设计与应用	三等奖	湖南省烟草学会烟叶复烤分会
2015	祝春林、张其龙、贺蓓等	质量信息系统在打叶复烤企业中的应用	一等奖	湖南省烟草学会烟叶复烤分会

浏阳天福公司2013~2015年获奖学术论文统计表

表65　　单位：篇

年度	作者	作品名称	获奖等级	采用或颁奖单位
2013	娄筱维、孙军、曾强、龚新高、吴艳坤	关于三流体联合射流真空系统技术在回潮机抽真空环节的应用	三等级	湖南省烟草学会
2013	李昌平、娄筱维、孙军、曾强、龚新高、李峰、邸磊	基于图像识别的片烟杂质鉴别检测系统研究应用	一等奖	湖南省烟草学会复烤专业委员会
2013	李光华、刘斌、廖文大、邓斌、李昌平、娄筱维、孙军、刘波兰、龚新高、尹泽恩、皮舟	原烟人机结合选叶系统的开发与应用	一等奖	湖南省烟草学会复烤专业委员会
2013	邓辉	旋风除尘器提升热风润叶效率的研究	一等奖	湖南省烟草学会复烤专业委员会
2013	娄筱维、孙军、曾强、龚新高、吴艳坤	关于三流体联合射流真空系统技术在回潮机抽真空环节的应用	一等奖	湖南省烟草学会复烤专业委员会

第五节　职工培训

20世纪80年代起，复烤企业职工教育培训工作由厂（公司）人事分管领导分口负责，人事（政工）科（部）管理，经办相关事务；并建立职工教育培训制度，采取自培与外培、自学与脱产进修等多种形式，开展培训。培训计划一般在本年末由各部门申报，经企业人事部门汇总、分管领导审核后制定次年培训计划，次年执行。培训经费按国务院《国营企业成本条例》规定的比例提取使用，列入企业成本。各复烤企业实行预算体制后，职工培训经费纳入预算，经公司董事会批准后执行。各厂（公司）的办公楼均设有电教室或会议室，配有电教视频等设备，可开展内部培训；生产一线岗位技能操作培训多在生产经营现场进行；内部培训师资多为本企业内部技能里手或送培学成人员、上级业务主管或外聘专家。

外培一般遵照行业上级和当地政府业务主管部门的文件指示，选人送培。每项培训，一般均预先制定培训方案，组织考试考核，个人培训成绩与与学费报销、月奖年奖挂钩，以充分激励学员的学习积极性。有时，也根据新业务、新技术应用开展不熟练的情况，组织相关人员到外单位参观学习，掌握基本技能后，回单位再进行拓展培训。在开展职工培训的同时，各复烤企业亦出台自学成才奖励措施，鼓励职工参加高等教育自学考试，对获得文凭者予以奖励。

一、湖南复烤公司

2011年，共组织举办各类培训15期，培训员工1260人次。其中特别注重财务企管队伍建设，安排财务人员参加国家局举办的烟草行业复烤企业全面预算管理培训及市国税局举办的纳税申报及金税卡使用培训，安排企管人员参加省烟草公司举办的投资管理信息系统计划、审批模块培训。通过多种途径，就预算管理、财务核算有关业务知识，与郴州市烟草公司及衡阳市烟草公司进行交流探讨；就进项税抵扣及税收征缴事项，与省、市税务部门进行学习交流，促进公司财务企管人员综合能力的提升。

2012年7月，公司组织两厂一线部门负责人共7人，到广东中烟公司跟班学习10天，学习该公司的企业管理理念和管理办法，回来用于实际工作，取得明显成效。7月下旬，又在湘潭烟校举办第一期打叶复烤培训班和第一期打叶复烤竞赛，培训内容包括工艺规范、工艺设备、安全生产、“5S”管理、成本核算、班组管理等知识。组织员工参加国家局、省局组织的各类培训18期。组织公司本部和两厂开展精益管理、法规、安全、纪检、信息化、内审、基建、财务等业务的培训，参培人员达406人次。

2013年，根据省局统一安排和部署，按照“注重综合素质，提升岗位技能，提高培训效果”的总体要求，紧紧围绕复烤公司教育培训“十二五”规划，积极创新教育模式，完成公司教育培训管理系统的基础工作：建立员工教育培训档案，完善教育培训网上报名工作，制定公司本级年度员工培训计划，督促两厂教育培训计划的制定及公司本级内训计划的完成。全年共组织完成国家局、省局安排的学习培训计划45期，参训138人次；完成内训62期，参加人数982人；选派14人参加国家局、省局组织的打叶复烤、烟机维修考评员培训，为打叶复烤、烟机维修技能鉴定常态化开展储备师资力量。建立日常岗位培训体系，并确定本级财务企管部为试点部门。公司本级还组织创办“职工夜校”，按照“缺什么补什么，弱什么强什么”的原则，由公司人力资源部精心策划，以“向书本要知识，向实践要能力”为办学理念，组织干部职工利用晚间时间每月集中学习两次。11月，在所属系统开展“以师带徒”人才培养活动，两厂均成立“师带徒”领导小组，制定详细的实施方案，包括“师带徒”的范围、师徒选拔、双方权利与义务、考核办法和培养内容、目标及具体措施等，并签订“责任状”，结对传艺学艺，对培育和发扬“工匠精神”具有长期意义。是年，组织生产一线骨干赴云南大理、保山复烤厂跟班学习，内容包括班组管理、生产加工、成本控制、工艺质量、设备维护、节能减排、分选仓储、基础考核和“6S”管理等方面，提高员工的岗位素质和操作水平。与此同时，大力加强信息化知识培训，组织举办一体化综合管理平台和协同办公系统、OA招标监管平台和生产调度信息系统等方面的培训，累计培训196人次。积极开展职业技能鉴定，10名员工参加烟叶分级、打叶复烤、烟机维修三个特有工种技能鉴定。

2014年，公司人力资源部配合两厂及各部门举办交通安全知识、工程项目档案资料管理及土建基础、档案管理、生产操作管理、国家实验室认证认可、财务预算管理、消防应急演练、精益管理等多方面的业务知识内部培训；同时根据上级的安排，先后组织人员参加国家局、省局举办的各类培训班共45次，参加人员达196人次。党的群众路线教育实践活动培训人数达1840人次，全年培训计划执行率为100%。

2015年，针对郴州厂易地技改新线生产和永州厂新线规划的实际，为提高两厂对新设备、新工艺、新物流的掌控能力，公司多次组织相关人员前往国内优秀复烤企业进行跟班学习。先后组织郴州厂20余名生产经营管理及一线人员前往安徽华环复烤公司跟班学习15天，又组织两厂仓储管理人员前往广东中烟公司参加现代化仓储管理养护培训，还组织两厂质控、挑选、设备操作与维护、仓储物流人员分别前往安徽华环和福建武夷复烤企业再次进行为期一周的跟班培训。深入学习先进复烤企业的管理、工艺与设备操作维护技术，为新线生产的顺利进行打下坚实的基础。加强《劳动法》《劳动合同法》《劳务派遣暂行规定》等法律法规教育，增强依法用工意识。全年共委派两厂人事部门工作人员4人及本级2人参加劳动用工及业务外包法律法规培训，有效提升公司人事工作人员业务水平。

1～11月，累计开展内部培训67期，培训1460人次，外部送培149人次，签订师徒协议10份，中国烟草网络学院在线学习641人次，安排参加国家局、省局组织的各类学习培训32期，100%完成送培任务。

在搞好专业培训的基础上，公司十分注重日常岗位的培训。制定下发《日常岗位培训推广实施方案》，修订《日常岗位培训效果评估管理办法》，明确目标及任务。成立课程开发小组，制订《在线质控员课程开发计划》，论证确定包涵7门课程开发框架，完成“打叶复烤工艺基础”“烟叶含水率检测”“叶片结构检测”“现场质量管理基础知识”4门课程的开发和内部评审，收集汇总意见建议12条。参与行业网络课件竞赛，“打叶复烤工艺”标课、“烘箱检测技术”微课均上传至中国烟草网络学院。选好授课人，从单位、部门负责人及管件岗位人员中选出42人，从高、中级专业技术职称（已聘任）人员和优秀青年员工中推选出内训师8人走上讲堂。及时调整课程内容和授课方式，实现授课与听课的良性互动，力促培训实效。严格考核，将培训工作纳入部门绩效考核，确立集中面授、师带徒、技能竞赛等培训方式的考核标准，确保培训计划顺利实施。

二、郴州复烤厂

1978年建厂初期，职工文化程度普遍不高，只有小学3人、初中12人，高中6人；中专毕业生以上文化者更是没有。投产前夕，派出部分职工到贵州省贵定复烤厂等地考察、学习。之后进行一系列针对性培训。

1983~1985年，厂内职工队伍发展到百余人。按照上级统一部署，分期分批重点对小学、初中、高中毕业生开展“文化补课”，补习必修功课，每周上课三个上午，其他时间兼顾工作，业余时间进行复习，期末集中一段时间进行总复习，然后进行考试，合格者可在个人履历中填写原有文化程度，并可享受同岗奖金。经过两年的补习，厂“文化补课”对象全部合格。

1987年，利用淡季，先后发给每个职工书籍、资料6份，进行政治、业务技术培训和文化补课，并对锅炉工、电工等技术工种进行较长时间的培训，选派部分职工参加上级举办的业务培训班。同时，还制定鼓励职工开展自学、参加高等教育自学考试等制度，对中专以上自学考试合格者，报销书籍费和部分学费，并按取得的文凭填报个人文化程度，对有真才实学者予以任用。1988年，湘南发生“烟叶混战”，复烤原料严重缺乏，为求生存，经上级授权，开展自收烤烟业务，为此，自办烟叶检验分级技术培训班，61人参训，考试合格；自办班组长管理培训班，19人参与，全脱产培训20余天，考核全部合格，发给合格证书。选派部分职工参加上级举办的各种专业培训班，15人参加高教自考学习，11人取得干部正规化理论考试合格证书，8人参加技术职称考试。还举办法律知识、党的知识竞赛各一次。

1989年，为适应烟叶收购“转急弯，爬陡坡，坚持按国标收购”的新形势，组织供销业务人员举办内训班6期，75人参训。

1990~1991年生产淡季期间，郴州地区烟叶生产购销公司（厂）举办40级烟叶国标培训班，进行理论和实物分级技术考试，参训人员均达到合格成绩，为烟叶验级从15级制向40级制过渡做好技术储备；对单位合并以后修订出台的规章制度，组织职工认真学习，以适应新的形势；派出骨干人员到外地复烤厂考察取经，选派1人参加总公司在郑州举办的打叶复烤技术培训班，为以后开展打叶生产打基础。此外，还选派5人到湖南农学院进修，多人参加地方和行业上级举办的各种培训班，其中锅炉工3人，电工4人，消防员16人。党员则参加党的基本路线、基本理论、基本知识的学习教育。

1992年，公司（厂）抓住生产淡季时间，分2个批次开展城市社教学习（为本地区第二批城市社教单位）。鉴于易地技改、打叶生产线竣工在即，复烤科先后派人到航天部秦皇岛烟机厂、柳州空压机厂等设备供货厂家参加培训，熟悉设备性能及操作要领；到昆明复烤一厂、零陵烟叶复烤厂等厂家观摩操作、现场取经；并请设备生产厂家的工程师来厂进行多场授课和现场演示。此外，有6人参加本公司烟叶验级培训，8人参加地区劳动局举办的电工培训，3人参加地区劳动局举办的焊工培训，2人参加地区标准局举办的标准法函授班学习。其后，类似培训不断。

1995年，郴州市烟叶购销公司（复烤厂）组织职工进行《烟草专卖法》《统计法》《劳动法》、职业道德、社会公德、家庭美德、烤烟国家标准40级、电工技能、复烤机械操作、消防安全、班组长等培训10期，参训人员达380人。

1996~2001年，湘南烟草集团在对各岗位进行轮训并开展员工技能鉴定考核的基础上，出台文件，加大对员工自学成才的激励力度：凡通过自学取得大专以上文凭的，其教材费全报，并予以奖励：大专文凭奖800元，本科文凭奖1200元，研究生文凭奖1500元。

2004年，复烤厂独立分设后，技改力度加大，新设备、新规程、新工艺增多，对员工的培训力度也相应加大。2005年4月，委派1人到湘潭烟校参加礼仪学习，选派3人到郴州烟厂考察学习。5月，举办打叶复烤、安全管理等培训；全体业务人员参加市局组织的普通话培训并取得合格证书；派出4人到深圳参加绩效管理培训，3人参加上海烟草集团组织的烟叶外仓系统网站培训。针对新成立精选车间，所属人员操作不够熟练的情况，开展一系列培训，使之很快适应岗位要求，当年就实现精选烟叶0.75万吨，增收80万元。2006年上半年，复烤厂参加烟叶分级、近红外光谱检测技术、安全消防技能、公文处理和新闻报道等方面的培训的职工达80余人次。

2007年，先后派出7批次人员到外地进行学习培训；1~3月，质检部2人到深圳格雷柏公司考察学习，全面了解先进检测设备光电除杂机的性能、检测原理等相关知识；2名质检人员参加在云南举办的“MALCAM烟包水分检测仪” 培训，以提高应用水平；2人参加在重庆万州举办的全国打叶复烤技术研讨班；2人到郑州学习仓库管理、烟叶分级；4月，1人参加省局举办的专卖管理监察工作培训；4~6月，分2批参加郑州烟草培训中心举办的设备管理、烟机维护学习班；5月，1人参加省局举办的文秘培训班；内培方面，5~6月，利用新设备购入调试之机，举办费雷斯烘箱、托马斯粉碎机、红外化学成分检测仪等新设备的应用培训；6月组织部分临时工举办烟叶精选业务培训班。为使复烤工艺、质量与国际接轨，达到世界复烤权威评审机构美国环球烟叶有限公司的要求，多次邀请环球公司的专家来郴州举办专题短期培训。另还选派9人参加市劳动局、市烟草专卖局联合举办的“高级营销师”的培训考试，4人合格。

2009年3月9日，天泰公司邀请美国环球烟叶有限公司的生产技术人员，分别对公司的生产、质管相关人员进行PM（菲莫公司）工艺标准知识培训。5月30日，为掌握全球最大的烟草制造商菲莫公司（PM）的打叶复烤技术要求，做好充分准备迎接PM公司对天泰公司的现场评审，又邀请环球烟叶有限公司的技术人员详细讲解PM公司对加工设备、现场管理、杂物控制、质量检测、工作环境等方面的要求，公司总经理层及质管部、业务部、设备部、生产车间的负责人和工艺、质检、设备等相关技术人员均参加听课。6月10日，再次邀请这些专家进行“打叶复烤工艺及质量检测”的培训，设备部、质管部、业务部、企管部等部门71名职工参训，使公司员工更深入、全面地了解菲莫烟草公司打叶复烤技术标准及质量管理的方法和要求，从而使出口烟叶的生产加工水平不断得到提升。

2010年，先后开展TPM全员生产维修保养、“7S”管理、安全消防知识、税法知识、企业财务快报业务、科技创新实务、质量管理、OA系统电子公文处理和PPT制作等培训。组织技术中心人员参加上海烟草(集团)公司举办的检测与校准数据培训;财务人员参加由长沙“学之广阳光财税”举办的税法知识和市经济开发区管委会举办的企业财务快报业务培训;业务人员到永州天顺公司进行学习交流;仓储管理人员参加在云南召开的仓库熏蒸、管理学习会;生产人员到昆明卷烟厂打叶复烤车间、湖南常德卷烟厂进行跟班学习。还派员参加国家局在郑州举办的烟草设备管理高级研修班及国有资产管理培训,组织中层干部参加“新赢在中层”“湖湘文化讲座”培训等。是年,公司对系统性培训采用学分制考核,对不达标者扣奖金。

2011年,举办道路交通安全、合同、特种设备作业、检测技术标准、精益生产、中基层管理、数据统计、公文写作等各类培训班11期,参加培训人员达900多人次;有40余人次参加仓储、统计、实验室内审员、变频器与PLC、专卖内管、档案管理、建党积极分子及预备党员等外部培训。

2012年,为配合全厂“精益管理年”,强化员工教育培训,制订《郴州复烤厂2012年度培训计划》。2月,组织全厂中基层管理人员赴江门中烟摩迪公司进行考察学习精益管理经验,并邀请著名精益管理专家中烟摩迪公司总经理姜子学来厂进行精益管理知识讲座。5月,又邀请人力资源管理专家韩赋对中、基层管理人员进行“提高执行力”的培训。6月,组织一线操作人员赴广东中烟公司观摩学习。同时根据上级的安排,先后组织人员共参加国家局、省局举办的各类培训班达20余次,有20多人次参加烟叶分级技师、机电人才、烟叶贮运养护、企业标准化管理等外部培训。同时在职业生涯规划方面做有益的尝试,指导省招大学生从自我认知、职业认知、职业生涯规划设计三方面,撰写职业生涯规划设计书,帮助大学生根据个性特点规划自己的职业发展道路,明确职业发展方向。

是年,按照行业教育培训系统信息录入的要求,厂人事劳资部门在规定时间及时录入在册在岗员工的基础信息,并根据员工学历、职称、岗位等信息的变化认真做好教育培训信息的更新维护。对参加行业内培训的员工进行网上报名,保证员工及时参加国家局、省局组织的各类培训。是年共送3名员工参加省局的研究生进修培训班,3人参加审计培训并拿到内审员上岗证。同时制定相关规定,鼓励员工参加学历教育。按照省局要求,10月底,组织人员到长沙参与人力资源管理信息系统中的角色、数据权限、业务流程配置工作,完成业务角色分配、系统角色及权限设置及审批节点业务角色关系设置。

2013年,利用淡季时间组织一线员工开展烤前岗位培训80余人次,技能培训40余人次。2014年,派出1人参加湖南省审计厅组织的审计业务培训;派出2人参加省局组织的审计业务培训,其中有一名审计员取得审计师任职资格,被厂聘任为审计师;安排1人到湘潭烟校参加全省制标样工作;组织5人到云南、贵州两家复烤厂学习考察;又安排2人参加省局烟叶处主办的全省烟叶收购调拨系统培训。

2015年,先后举办实验室体系、财务预算、客户服务业务、生产操作、交通安全、消防应急、法律、档案及土建基础等业务知识内部培训,参训人员达486人次。同时根据上级安排,组织相关人员参加各级举办的烟叶分级、纪检监察、预备党员、考评员、劳动用工、工伤保险、财务会计和科技创新等各类培训班,共15次37人参加。

三、永州复烤厂

1987年,复烤厂试产前夕,员工上岗实行先培训,达到要求后再上岗;特殊工种经相关部门培训考核,持证上岗。全年共送劳动部门培训锅炉工3人、水处理工3人、电工2人。1990年,举办多期烟叶复烤生产技术及收购验级培训班。

1991年,厂(公司)成立职工培训中心,配备必要的教具。7月13日,厂(公司)制定《职工教育培训制度》,规定:干部培训归口党委办公室管理,工人培训由劳动工资科统一负责;外出培训费用财务科必须凭党委办公室或劳动工资科的批条才能办理报账手续;参加培训人员的成绩与奖金挂钩;外送培训人员考试不及格或不结业,扣发学习期间的奖金,不予报销培训费和差旅费,以此激发参训职工学习的积极性。进口打叶线安装期间和投产前夕,为适应引进设备操作的需要,邀请各主要设备厂家技术员来厂进行操作规程、管理制度、维修技能培训;开展复烤出口烟业务程序、加工标准培训。全年举办岗前培训班3个,班组长培训班1个,财务培训班1个,参加培训人员共210人次,外送培训达150人次。其中财务人员培训实行半天工作,半天学习的方式,由商校老师主讲。

1992年,组织岗位培训班3个,共计600人次,其中干部参加适应性培训100人,包括厂领导6人、专业技术干部69人、其他干部25人;职工参与者共261人,其中高级工181人,中级工66人,初级工30人,学徒20人,全面质量管理培训班1个,共计200人次;外送培训20人次,取得各种证书90人次,33名干部完成3年省党校函授大专班的学习并毕业;参加学历教育16人,并毕业。全年投入教育培训金额3万元,占工资总额120万元的2.5%。1993年4月6日,复烤厂安排50人参加地区烟草分公司组织的质量管理培训,时间6天。7日,为增强企业文化建设,提高职工文化水平,复烤厂组织年龄在35周岁以下,尚未取得高中毕业证书和未达到相应学历水平的在职干部、职工,进行高中文化自学考试。考试的主要科目有语文、数学、政治、历史、地理,共有66人参考。6月25日,经第一届职工代表大会第五次会议通过,零陵烟叶复烤厂制定《职工报考大中专学校和外出培训学习的管理规定》。主要内容为:职工报考各类学校(含自学考试)必须征得单位同意;脱产或不脱产学习期间的奖金享受及费用报销规定;对职工及职工子弟取得文凭者予以分级奖励等。

1993年,共办岗前培训班4期,参加人员达700人次;举办烟叶国家40级新标准培训班一期,120人次参训;办高中文化补习班一期,有56人高中文化考试合格。1994年,先后4次举办共800人次参加的岗位技术、安全知识培训。另送培焊工、锅炉工、电脑操作员、生产技术员等60人次。1995年,开展各类业务培训50人次,送培特殊工种14人次。

1996年3~4月,组织全员《企业标准》培训与考试,整个培训分三期,聘请永州市质量技术监督局标准专家上课。通过考试,对9名不合格人员进行补课补考。是年,为配合设备技术改造,对143人次专业技术人员进行培训,另送培特殊工种14人次。

1997年5~6月,复烤厂举办两期电脑培训班,63人参训。另还选送7人参加省局在零陵卷烟厂举办的电脑操作培训班。全年各类外培20人次。7月,开展普法培训,在金叶大厦举行"刑法学习培训班",厂领导、中层干部和部门主办干事共70余人参加培训。

2002年,利用生产淡季时间,集中全厂职工开展素质教育培训,共分二期。第一期安排在四月份,上旬为政治与法律知识学习,中旬开展企业制度与公德教育,下旬进行业务与技能培训;6~7月,开办第二期,着重进行职业道德、职业纪律、职业作风、职业态度以及职业技能教育,引导职工从思想深处树立"吃服务饭,赚辛苦钱"的意识,倡导爱岗敬业、诚实守信、积极进取、乐于奉献的精神。

2004年,职工教育培训力度加大,全年用于职工教育的费用达20万元。厂级先后举办烟叶检验员业务培训1次、电能管理培训2期;部门组织开展的内部培训项目共19个,参训人员计279人次,培训率达95%。外送湘潭烟校、郑州烟草培训中心、长沙卷烟厂等地学习培训60人次。8月,厂制定《关于鼓励员工参加再教育学习的暂行规定》,对取得相应学历、职称、技能证书的职工实施奖励:凡取得大专毕业证书者奖励800元、本科1000元;取得本科学历后又取得学士学位的再奖励500元、硕士800元、博士1000元;取得律师资格证书、注册会计师资格证书者奖1000元;会计、统计证书者400元;专业技术资格证书者初级奖500元、中级800元、高级1000元;属于评审通过的中级职称奖600元、高级800元。上述奖励必须经过单位资格审查后参加国家统一考试或通过正式评审者才能享受。

2005年,共举办6项145人次的内部培训,8项41人次的外送培训,有1人被保送湖南商学院就读市场营销本科。在厂《关于鼓励员工再教育学习的暂行规定》的激励下,当年有14人获得教育奖励,20余人参加高等学历教育。

2006年，企业改制为天顺公司后，职工的教育培训在生产期间采用以岗位自学、岗位练兵为主，非生产期间以部门集中学习与个人自学相结合的方法，配合外送短期培训。全年共举办各类内外培训班16期，共有394人次参加培训，包括生产工艺、烟叶分级、审计、统计、电梯使用及消防安全等各类业务。是年，公司还对各类专业技术人员进行培训。其中会计人员外训18天、21人次；新设备维修技术培训3天、58人次；烟叶等级培训7天、50人次；标准化体系外训2天、48人次。

2007年，公司继续加大职工培训力度。根据年度培训计划员工培训率达到80%，培训时间覆盖全年，贯穿生产经营全过程。全年外送培训40人次，其中国家局举办的烟机设备管理与应用技术培训2人次，市建设工程造价管理协会培训2人次，市安全协会叉车取证培训12人次，郑州烟草培训中心烟机设备专项技术培训10人次，市直工委入党积极分子培训14人次。内部培训全员参与，主要开展对电焊工、电梯工、叉车司机、安全消防等特殊工种的培训。

2008年，外送学习培训68人次。其中烟机设备管理3共期，培训7人，工程师Acto cud软件培训5人，烟叶储运管理技术培训3人；复烤片烟烟包降温培训2人，在线微波水分检测技术培训1人，人力资源管理师考证培训4人，劳动防护用品安全管理培训1人，档案管理培训1人，烟叶分级高级工鉴定培训4人，预压打包技术培训13人，营销师考证培训3人，烟叶网上交易培训1人，消防安全知识培训9人，新上岗特种设备操作人员考证培训10人，参加湖南省局举办的工商管理硕士研究生班学习1人，内部审计人员岗位资格培训2人。企业文化管理师培训考证1人。

2010年，公司对办公楼5楼培训室进行现代化电教改造，添置高清投影仪、音响、话筒等设备，为职工培训创造良好条件。同时出台奖励措施，员工参加学历教育、技能鉴定、岗位资格考试蔚然成风，一人多能、一人多证现象层出不穷。仅1～10月就有38人次取得学历、技能、岗位资格证书并获得公司奖励。公司年内共举办内训班41个，参训人员达1108人次。外送培训58人次，其中2人取得烟叶分级高级工、3人取得人力资源高级管理师资格证书。

2011年，外送学习培训共57人次。其中机电人才进修培训4期4人，质量工程师培训4人，文秘及网站通讯员培训1人，网上交易培训1人，扩资建设与管理培训2人，安全生产管理培训1人，消防知识培训7人，纪检干部培训1人，兼职培训师培训1人，特殊工种人员取新证复审3期共28人。2013年，共培训员工97人次，其中送湘潭烟校培训烟叶分级初、中、高级技能鉴定9人，其他外送学习培训52人，特殊工种人员取新证复审36人。

2014年，职工教育培训采取分部门、分层次、分线进行，统一由人力资源部负责实施。全年送外培训28期283人次，其中精益管理培训40人，内审资格培训3人，科技创新培训2人，烟叶分级技能鉴定培训17人，打叶复烤及烟机维修技能鉴定培训49人。

2015年，共组织培训286人次，其中内部培训223人次。培训项目涉及生产管理、技能鉴定、QC诊断、劳资人事、业务、党务等13个。8月25日，复烤厂组织人员参加由中国质量协会在杭州举办的2015年QC小组活动初级诊断师培训考评。

四、常德芙蓉公司

1988年，常德烟叶复烤厂划归常德卷烟厂后，职工培训每年按厂培训计划进行。常德卷烟厂设职工教育领导小组，具体工作由教育科（职教办）管理。有职教大楼一栋，教具设备配置较全，配备5名专干和32名兼职职教管理干部和教师，具体负责职工文化补课、文凭教育、时政理论、普法、党课、转岗待岗、贯标、诗文创作、业务技术以及各类职业资格等培训。

1997年，常德卷烟厂十车间（复烤车间）按照厂部教育工作部署，先后组织举办商养员、保管员、安全员、验级员、业务员、会计员、统计员学习班和团员骨干理论培训班，累计共7期，参训人数214人，自编教程授课222课时，同时还外送培训8人。

1998年，车间多次组织技术培训，举办为期一个月的挂杆复烤工艺理论培训，60人参加，学习结束时进行理论和实践考核，仅1人不合格，被取消上岗资格；修理工、电工、挡车工分三批到打叶生产线的生产厂家昆明机械厂进行理论和技术培训，回来后再由本车间的电器和机械工程师上理论课，考试合格率达100%；从林德叉车公司请来技术人员，对车间的叉车司机进行为期两周的叉车培训。职工们对学习机会都非常珍惜，经过培养和岗位历练，皆成业务中坚。

2005年12月，常德芙蓉公司成立后，公司将员工培训当作企业长远发展战略，以满足公司生产经营管理人力资源需要为目的，既注重公司各岗位劳动技能素养的提高，又突出高技能、高技术人才培养及专业技术力量储备培训，先后制定《培训管理程序》《员工学历学位教育管理程序》等相关制度。每年11月起，由各部门申报次年培训计划，然后由企管监督部（兼人事职能）汇总，报公司领导审定，培训所需费用纳入年度预算，由董事会批准。培训形式：按参训规模分有全员的、分批的、个别的；按培训内容分有普及性的、专业性的；按授课主体分有上级培训、委托培训、公司培训、部门培训、班组培训；按结业形式分，有岗位知识普及型的，有专业培训考试合格后作为技术职务晋升条件的，有特殊工种培训考试合格拿上岗资格证的，还有支持、选拔员工参加高等学历教育获取学位的等等。员工培训以内培为主，外培为辅。公司、部门、班组举办的培训，多安排在生产淡季进行。培训实施策略与保障措施：培训对象的确定与平时工作业绩相结合，从而形成有效的激励机制；优化培训管理流程，不断修改完善培训管理制度；严格按经济责任制考核工作要求，定期对各部门培训计划及培训效果的情况进行检查考核；培训实施过程中抓好培训准备、培训实施、考核评估三个环节。

2009年2~8月，为配套公司易地搬迁技术改造项目建设，对车间操作工及修理工进行“设备操作、维修一体化”定向培训。2012年，公司易地技改工程正在进行中，为适应新厂区、新设备、新流程的岗位技能需要，公司未雨绸缪，提前开展大规模的员工培训，内培占60%以上，培训计划完成率达90%以上。

2014年，为满足新的打叶复烤工艺、装备、技术的发展要求，公司采取以内培为主、外培为辅、自学自培相结合的方法。内培：由责任部门按照年度培训计划，依照制度、流程组织公司内聘教师或引进教师授课；外培：只安排烟草行业特种岗位换取证和政府部门组织的相关培训；自学自培：按照管理技术、烟叶分级保管、打叶复烤三种岗位类别组织教材、编制教程计划，同时结合自身岗位特性，引导员工自学。

2015年，为扎实有效地开展职工教育培训工作，公司以“引进师资内培、选送行业外培、员工自学自培”为主线,以“新芙蓉、新梦想、新起点”为方向，以 “提技能、提素质、促时效”为目标，切实满足打叶复烤管理、工艺、装备、技术发展人才需求，系统全面的开展教育培训工作。全年组织各类培训38场次，155人参培，人均培训90课时以上。

五、湘西鹤盛公司

1999年5月，鉴于新组建的员工队伍对打叶复烤技术生疏，厂采取分批外派到厂家学习的方式对职工进行培训，将员工分别派往北京、昆明和长沙学习打叶复烤和锅炉操作等相关技术，归来后参与现场安装调试实践，达到提高业务技能的目的。

2000年4月，厂组织管理人员18人赴贵州铜仁复烤厂学习，学习成员共分为三组：生产一组10人，侧重学习生产管理如工艺、质量、生产、设备、安全、消耗等方面的内容；生产二组3人，侧重学习动力车间锅炉房、水电汽管理、班组建设等内容；综合组5人，侧重学习人事、人文、企业理念、后勤以及仓储管理等内容。

2001~2003年，按照复烤厂统一部署，每周六为管理人员及各部室培训日，车间以轮保日为学习日。公司每月组织1~2次管理人员培训，其他时间兼顾工作。重要培训在结束后进行总结和考试，对成绩优秀者给予表扬或奖励，不合格者予以批评和罚款。人资部建立培训档案，员工培训的次数、课时数、参训效果等作为年度考评内容，并作为评优、调薪、晋升的重要依据。

2003年，在白沙集团“以此为生，精于此道”的职业理念指导下，在复烤厂内掀起“精通一个岗位”“熟悉一个岗位”“储备一个岗位”的全员自学自培成才教育活动，努力将员工打造成一名真正合格的“白沙职业人”。

2004年2月，公司组织学习白沙集团总裁卢平在第十八届五次员工代表大会上的工作报告，并将2004年定为公司“外和内合，经营资源年”；还组织全体员工学习《邮差弗雷德》，让大家学会如何整合资源，如何正确、合理地运用身边有形、无形的各项资源，使企业整体资源得到增值。5月，白沙集团管理发展学院在公司举办为期4天的“打叶复烤工艺及设备知识”培训，公司共有12人参加。

2005年5月，白沙管理学院讲师甘萍、黄振军来公司进行“白沙发展史及白沙文化”“复烤工艺、简单管理、团队管理”等专题知识讲座，公司全员参与。2006年，公司对锅炉工、电工等特种技术工种进行培训、取证，并按安全生产法要求做到持证上岗。1月，公司组织全体人员学习《白沙软实力》。2月，选派部分员工参加上级举办的业务培训班；11人参加ISO14000/OHSAS18000内审培训，参加贯标考试，取得内审员资格证书。4月，公司组织中层以上干部、全体党员在公司举办深入贯彻国家局“两个维护”精神培训班，白沙集团派员现场指导。同月，由公司与白沙集团技术中心联合举办的第一届复烤工艺及设备技术学术研讨会成功在吉首影视大厦举行，来自全国的十多家复烤企业的专家们聚集在一起交流各自的经验。

2007年3月，根据湖南中烟公司的培训通知，选派员工前往郑州烟草职工进修学院参加烟叶分级师培训；5月，选送2人参加国家标准烟叶分级技术培训；6月，3名人力资源工作人员参加《劳动合同法》的学习培训。同月，公司副总经理张其龙对27名员工授“我在为谁工作”专题课。9月，委派2人前往郑州烟草职工进修学院学习烟机设备管理知识。12月，又选派1人到湘潭烟校学习烟草专卖管理；年内完成特种作业岗位全员持证上岗培训学习并取证。

2008年，共组织外培11期，参训52人次，培训内容有“安全管理”“内部审计原理与实务、审计实用计算机技术、审计法律及准则”“微波水分仪、近红外化学分析仪、工艺质检数据采集及分析系统相关知识”“工程项目招投标管理”等。内培为职业道德、电工技能、机械操作、消防安全、班组长管理实务等共13期，参培人员达1473人次。

2009年3月，湖南中烟公司深入落实科学发展观，第四组组长熊新荣来公司，对中高层管理人员、党员进行专题讲解。10月，组织业务骨干前往铜仁复烤厂学习先进管理模式。12月，召开创建“优秀复烤企业”对标经验介绍会，学习优秀打叶复烤样板企业贵州申义、遵义打叶复烤先进管理技术。

2010年9月，公司首次组织部分管理人员在常德柳叶湖参加“团队精神与卓越团队建设训练营”体验式拓展训练。10月，公司邀请吉首市消防大队士官对公司义务消防员进行队列、消防器材使用和救援技能训练。11月，公司组织全体中高层领导、管理人员、核算员共42人，首次进行全面预算管理知识培训，适应新要求，掌握技能。

2011年5月，公司选派2人赴广州参加7300/400　PLC故障诊断和应用培训。6月，邀请环球烟叶有限公司技术员来公司详解烟叶出口对加工设备、现场管理、杂物控制、质量检测、工作环境等方面的要求，公司高层、品管部、业务部、设备部、生产车间负责人和工艺、质检、设备等相关技术员均参与听课。7月，组织二岗以上管理人员45人前往长沙石燕湖参加以“团队精神及自我挑战”为主题的体验式学习培训。12月，综合部组织各部门核算员进行《最新社保方案的贯彻和落实》业务培训。是年，为规范公司培训工作，结合实际情况建立《培训管理制度》《自学考试报销制度》。

2012年7月，公司组织40余人赴重庆典阳开展以“熔炼团队、挑战自我”为主题的拓展训练。8月，市场部、设备部负责人前往北京学习《最新安全生产法规，落实企业主体责任》。同月，品管部2人被派往郑州烟草职业进修学院学习《打叶复烤工艺规范、质量检验》。为建立一支内部培训教师队伍，提高内培质量，10月26日，以公开授课演示为考题，开展内培教师选拔，16名具有较高学识水平的中层干部和员工技能高手当选。同时制定《内训师管理制度》，规范公司内培授课流程，使内培工作顺利开展。

2013年3月，公司委派2名员工参加湖南省烟叶样品制作培训班，学习烤烟42级的制样过程和基本知识。是年，公司为促进各类人才的快速成长，锻造“工匠队伍”，制定《师带徒管理制度》，明确师带徒的岗位、时间和奖励措施，保障工艺传承、精益求精。同年，公司持续改进培训管理程序、员工学历学位教育和培训师资管理办法，逐步完善教育培训评估，加强培训管理制度执行情况的监督检查，每季度公布一次教育培训规划目标实施进展情况。

2014年，为进一步调动内训师以及员工培训和学习的积极性，公司制定培训年终考评机制，即：内训师采用培训积分制，员工采用培训学分制，将参与培训、学习的数量和质量，以统一的折算方法转换为积分及学分，对内训师及学员进行考评。内训师积分以参与授课、制作课件、出卷、阅卷、完成培训计划课程安排等，累计积分；员工学分按参加内部培训、外派学习、兼职授课、公开发表论文、参加各类知识和技能竞赛、技术改造、革新、发明等获得的成果和取得国家职业资格证书、参加网络和多媒体学习以及职称考试、技能考评、资格评审等累计学分。是年，公司倡导中层管理人员参与“一书一课”培训活动，通过读一本书、上一堂课的方式对各专业技术的员工进行授课，根据授课内容、次数、效果进行综合评估并记录存档；同时建立激励机制，增加内培师培训课时费用。对员工则采用多层次、全方位的培训，首次实施对学习型人才进行年终评比奖励，以此激发员工的积极学习，精通本职业务，创新发展。

2015年3月，公司选送品管部负责人参加中国烟草总公司职工进修学院开展的“技能鉴定考评员”培训。4月，选派品管部2名员工赴湖南大学工商学院参加企业文化与质量培训。5月，公司正、副总经理和财务总监及市场、综合、企管、财务、设备部负责人前往长沙卷烟厂参加全面风险防控学习，同月，又派品管部3人赴国家认监委研究所参加实验室内审员资质复审培训。6月，再派3人赴中国烟草总公司职工进修学院，学习烟叶原料的贮存和养护、打叶复烤设备工艺性能与加工质量、精益生产管理、工业企业对打叶复烤的质量要求、工艺参数优化等知识。同月，开办　“读一本书，上一堂课”培训21期，涉及专业知识、心理学、办公方式、好心态等诸多内容。

经过多年持续的培训和鼓励自学，公司员工自学成才、刻苦钻研业务技术蔚然成风，整体文化、技术、文明素质得到较大提升。

六、浏阳天福公司

2005年11月21日，公司尚在基建竣工末期，为提前做好人力资源准备，对新招聘的56名员工，在浏阳市教育宾馆参加为期两周的军训和基础知识学习，而后转到郴州天泰复烤公司实习10天，按工种分别上岗学习操作，基本掌握操作技能。

2006年，对一线操作人员开展技能培训；对管理人员进行现代管理理念和管理方法的培训；对所有员工进行安全、法律法规、企业文化与团队协作全员培训。2007年，员工的培训力度加大。通过外培和内培的方式培训员工400余人次。其中6月举办为期三天的管理体系知识培训；10月15~28日，委派4人到美国KEY公司进行为期14天的学习，主要学习烟草光电异物剔杂机的取样、使用、维护，并就设备使用及维护进行交流。

2008年，结合“两标”贯标，初步建立公司的培训教育控制程序。9月，组织全体员工进行为期3天的拓展培训，以增强员工的凝聚力与团队精神。全年共举办拓展训练、打叶复烤操作技能、管理体系、安全知识四个培训班，共培训员工600人次。2009年，采取送培、自培和以师带徒、技术练兵、技能竞赛等形式，共举行营销策略与商务礼仪、财务基础知识、烤季安全、烟叶基础知识和拓展训练、消防演习等六次内训，参训477人次，委外培训73人次。

2010年，公司举办的内训项目有军事拓展训练、内审员转版培训、绩效管理培训、法律知识讲座等，参训人员计130人次，委外培训60人次；同时，公司鼓励员工积极自学，是年为员工购买发送书籍700余册。2011年，共举办各种培训45期，累计培训850人次。继续鼓励员工自学，为员工自学发送书籍800余册。2012年，全年开办的培训课题共35个，培训员工达1200多人次；外出学习、培训累计80余人次。年内开展员工专业技能比武1次。

2013年，公司加大培训力度，从设备、技术、工艺、管理、法律、服务、安全等方面给员工提供内外部培训的机会，累计培训近1300余人次。同时，以参加湖南中烟原料加工工艺技术及操作技能比武为契机，激发员工学技能、钻技术，有效提高班组人员操作技能水平。2014年，共举行各类培训32次，其中专业技术类19次，管理类6次，其他培训7次，累计培训600余人次（含烤季合同工）。重点组织公司员工入职培训（3次共6人）和岗位技能比武，促进员工业务技能提升，逐步实现薪酬晋级与岗位技能挂钩，调动员工提高岗位专业技能的积极性。

2015年，共举行的各类培训67次，其中入职类4次，技术类11次、管理类6次、操作类14次、专业类32次，累计培训1400余人次。培训内容共78项，培训费用达78.91万元。其中在烤季生产准备期，组织管理人员和意向管理类岗位员工进行管理体系知识、一般财务常识、杜邦安全知识等共6项培训；新烤季期间，侧重培养和储备一批特种作业人员，切实落实特种作业、特殊作业岗位人员持证上岗，同时将培训效果评价及验证工作正式列入培训流程。

第六节　思想文化建设

一、思想政治教育

省内复烤企业在各个历史时期，根据行业上级和当地党政的部署，对所属员工开展一系列思想政治教育，维护稳定，保持奋发向上、富有活力的精神状态，努力为企业贡献力量。

1986年，复烤企业上划或陆续设立后，各单位党政发扬国营企业职工思想政治工作的传统精神，建立党、政、工、团齐抓共管、职工相互帮助、相互促进的新格局，并探索新时期职工思想政治工作的新情况、新特点、新规律、新方法，将思想政治工作渗透到经济工作中去，为保持职工队伍稳定、提高职工综合素质、激发职工爱岗敬业精神服务。

1990年起，各复烤企业全面推行“政工目标管理”，将思想政治工作作为管理项目之一，列入考核，并将考核结果与年终评先评奖挂起钩来，从而将思想政治工作从“软任务”变成硬指标，层层重视，有计划、分步骤进行。

2006年，省内复烤企业全面改制或新设股份制后，由董事会下达年度目标管理责任书和党风廉政建设责任书，内含政工主要指标，纳入年度考核。每年的安全工作责任状，将“维稳”纳入工作目标，年度考核。形成责任体系，一级抓一级，下级对上级负责。

各复烤企业历年组织对所属员工思想政治教育，主要内容为：1.学习中共中央历次全会文件精神，领会国家大政方针。2.从业纪律和企业规章制度学习教育，增强组织纪律性。3.时事政策教育，了解形势变化和政策走向，更新观念，顾全大局，支持改革。4.普法教育。1986~1990年"一五普法"起，到2011~2015年"六五普法"，30年间，均发放普法读本，涉及各类法律数十个，采取专题讲解培训与动员自学等方法，掌握法律常识，增强遵纪守法和依法办事的自觉性。5.职业道德教育。20世纪80年代起，普遍开展"厂兴我荣，厂兴我耻"教育。1995年，郴州、零陵复烤厂、常德卷烟厂复烤车间遵照国家局、省局(公司)部署，专题开展职业道德教育，并推行"文明用语"，杜绝"不文明用语"。2002年4月起，遵照省局部署，开展"三德"(思想品德、职业道德、社会公德)教育。改为股份制后，各复烤企业皆进行"八荣八耻"、"公民基本道德"、社会主义核心价值观等教育。6.组织开展员工读书活动，提供读本，增长知识，开阔视野，破除迷信，坚持科学，提振精神。7.号召学习各时期英雄模范，见贤思齐，励志成材，敬业奉献。8.帮扶教育。通过谈心活动、开展批评与自我批评、诫勉谈话等形式，对错误苗头进行及时劝诫，回到正轨。9.对违纪违法屡教不改的"害群之马"，依法依规予以惩处，以惩前毖后。10.逐步实行企务公开，重大决策和事项通过各种会议告知员工，或告示通知，释疑解惑，减少误会。将涉及员工群众切身利益的事项，先通过职代会讨论通过，或者张榜公示，征询意见、建议，及时疏导化解矛盾，采纳合理建议，消除不稳定因素，维持企业稳定。

二、宣传报道

省内各复烤企业自建立运作起，均注重宣传工作，向上级和相关部门及时报道企业动态；适时开展宣传推介活动，以提高企业知名度，展示企业良好社会形象。

(一)动态报道

20世纪90年代，郴州、零陵烟叶购销公司(复烤厂)皆办有厂刊，其中，郴州复烤厂办有《烤烟简讯》；同时，各主管局都办有《烟草通讯》等内部刊物，省局办有《金叶时报》《湖南烟草》杂志等。2000年后，省、市局皆设立网站。2003年5月，省中烟公司分立后，亦办有内部刊物、网站。此外，当地政府相关部门亦有政务信息报送要求。因此，"宣传报道"被列为政工目标项目指标之一，纳入考核。其中，湖南中烟公司规定：对政务信息报送工作实行专项考核，采取总分数目标任务考核和国家局网站、省委省政府政务信息上稿数量任务考核，双轨考评制度；年度政务信息报送采用实际分值不足目标总分值50%的，国家局网站、省委省政府等外部媒体实现分值不足该类别目标分值50%的，将根据《综合管理考核细则》进行相应考核减分。

2004~2006年，各复烤企业相继建立电子局域网后，均设立内网、外网电子通讯浏览交流平台，需要动态稿件，时刻更新内容。为落实上级部署和适应企业宣传工作需要，各复烤企业皆由办公室(综合部)牵头，各部门落实1~2名兼职宣传报道员，形成宣传报道责任网络，并实行投稿采纳有奖制度，激励员工踊跃参加投稿，依托众人之手，办活各类信息交流平台。

2005年8月，湘西鹤盛公司员工、湖南作家协会会员梁平的中篇报告文学《鹤舞湘西》被编入湘西报告文学集《情满青山绿水间》。

2014年6月，湘西鹤盛公司员工梁平在湖南烟草学会举办的"改革与梦想三十年征文活动"中，其作品《一辆破单车的故事》获三等奖。

湖南复烤公司及所属两厂，2011~2015年，共在上级媒体发表信息报道330余篇。其中，2012年，国家局发表2篇；省局发表47篇。2013年，省局发表76篇。2014年，国家局发表7篇；省局发表90篇。2015年，国家局发表19篇；省局发表89篇。

浏阳天福等工业线复烤公司，皆制定《内部通讯员管理制度》，发动员工投稿，实行稿费制，凡投送稿件，被公司网站采用的，给予稿费奖励，并在考核时加分；被省中烟公司网站、刊物采用的，公司给予同等级配套的稿费奖励;被国家局网站、刊物采用的,中烟公司有奖,公司再给予三倍奖励。

(二)宣传栏及大型LED电子屏幕

各复烤公司皆设有宣传栏若干,宣传党和政府、行业上级的政策要求和公司的工作部署、执行动态,宣扬企业的好人好事、劳动竞赛,展示先进集体和员工的业绩风采,或专题介绍一些新知识、新概念,利于员工掌握应用。编写制作由公司各部门轮流负责,一般每月轮换一次,板报编写部门在规定时间内编写完毕后,报送到政务信息管理员处进行统一制作布展。各复烤企业门厅皆设有长宽度在十余平方米的大型LED滚动电子屏幕,简明宣示近期工作方针、要务,图文并茂,内容定期更新,滚动播出,起到警醒宣传作用。

(三)大型宣传推介活动

2006年,永州天顺公司配合并参与中央电视台"唱响中国,走进永州"和湖南电视台"谁是英雄"的节目录制,提升企业的知名度。

2011年,全国烟叶生产现场会在郴州举办,国家局、各省局、各省中烟公司、各地厂家、烟草公司嘉宾云集郴州,湖南复烤公司及郴州复烤厂利用这次机会,印制精美宣传册和宣传单,将企业诸多优势进行介绍,并与部分厂家进行业务洽谈,起到积极推介作用。

2014年9月,全省科普日活动主场设在郴州,湖南复烤公司联合郴州卷烟厂、郴州市烟草公司发送各类科普知识宣传资料8000余份,举办"绿色烟草农业"论坛,赠送科普书籍1000余册,并开展复烤企业形象宣传。

三、文化体系建设

1991年,郴州复烤厂宣贯地区烟草商业系统"团结、创新、廉洁、奉献"企业精神,制作醒目字标,树立于厂区,号召所属干部职工时刻牢记企业精神,作为行动准则,努力践行。

2006年,永州天顺公司编制下发《文明规范手册》,要求全员学习,模范遵守,全面提升文明素质。浏阳天福公司确定"安全、品质、市场、成本"为治厂方针,"品质如天,安全是福"为管理方针。是年,各复烤企业全面实行股份制后,加大企业文化宣传,均制作各类名言、警句、规范提示语等,图文并茂,在办公、生产、经营、生活场所醒目处悬挂、张贴,形成激励人心、规范行为的温馨文化氛围。各复烤企业在重大节日,均举行升国旗仪式,培养员工爱国情怀。

2008年,郴州天泰公司全面宣贯"郴州烟草商业系统文化体系",并结合国家局、省局对复烤企业的要求,制定宣贯本公司的文化理念。公司遵从的行业理念是:国家利益至上,消费者利益至上;企业核心价值观是:责任,奉献;企业精神是:厚德诚信,服务至上,人本兴业;企业长远目标是:求发展,谋利益,成就员工;企业运作总要求是:严格规范,富有效率,充满活力;工作总要求是:节奏要快,标准要高,工作要实,状态要好;仪表要求是:着装整洁,言行得体,精神饱满,举止文明;工作纪律要求是:恪尽职守,严谨细致,遵守规章,注重协作;待人接物要求是:尊重对方,彬彬有礼,坦诚以待,友善融洽;工作环境要求是:环境美化,现场整洁,卫生环保,文明有序;安全准则是:预防为先,严谨规范,勤作检查,排除隐患。对员工个人素质修养要求是:遵纪守法,顾全大局,诚实守信,低调谦和,雷厉风行,高效执行,终身学习,提高自我。

湘西鹤盛公司企业文化体系创建培训

2010年8月,湘西鹤盛公司创建"鹤盛公司文化体系"工作启动,2011年2~3月,策划制作鹤盛企业文化手册，设计建设企业文化长廊、企业文化展厅。4月，制定企业文化创建战略规划。反复修改，终于成型。2012年，进行全面宣贯，开展应用培训，号召员工身体力行。湘西鹤盛企业文化体系的主要内容，公司愿景：创建优秀复烤企业，创造优质健康生活；公司价值观：以人为本，诚信至上；公司精神：自强不息，敦行致远；发展战略：市场导向、做精做强；道德理念：责任、诚信、奉献、进取；管理理念：扬正气、树责任、奖有功、罚懈怠、惩违规；经营理念：以品质求生存，以服务谋发展；工作理念：规范、快捷、简单、高效；公司风气：团结友爱，宽容互助，尊重个人，激励创新；并对员工（分为五大类）的职业修养、行为理念、行为规范、文明礼貌制定具体要求，言简意赅，朗朗上口，易懂易记，便于践行。

第七节　社会公益活动

省内各复烤企业在行业上级和当地党委政府的领导下，企业规模由小到大，科技水平逐年提高，企业实力不断增强，在税收等方面对国家和当地财政均做出一定贡献。在企业得到较大发展的同时，履行一定的社会责任，积极回报社会，如解决当地部分就业，参与社会公益活动等，彰显企业良好的社会形象，受到各界好评。

一、湖南复烤公司

2013年，公司深入开展“636”志愿者服务活动，共注册“636”志愿服务支队1个、大队2个、志愿者438人。参加“清理郴江河、义务植树、拒绝外来物种，保持生态平衡”活动，清除1813线公路两旁的来自加拿大害草“一枝黄花”环保公益活动。组织员工开展无偿献血活动，共有18名员工义务献血，在岗员工自愿献血注册率达到95%。组织党员、职工代表到郴州市北湖区福利院开展“关爱孤残、情暖中秋”活动，为孤残儿童送去浓浓的真情；公司“雷锋之家”志愿者开展了“爱心助残一日捐”、义务植树、清扫河道等活动。是年还向四川雅安地震灾区捐款17400元。

2015年，组织员工参加公益献血活动、“爱心助残一日捐”、金秋助学、慈善一日捐等各类捐款活动5次，筹捐善款4万余元。

二、郴州复烤厂

1991年，发动职工为灾区捐款7000余元，粮票额度1400公斤。1992年，发动职工抗灾捐款8000余元，粮票额度1250公斤。1994年，响应国家局关于创立“救助失学教育基金”的号召，每人捐款20元。1995年，为永兴建整扶贫点建校每人捐款10元，共捐助5000余元。1996年6月，发动党员为市委党校建设捐款，普通党员每人50元，科级100元，处级200元。

1997年，响应市政府号召，为市总工会职工扶贫基金会行政捐款1.8万元，职工筹款4200元；并发动职工开展送温暖捐款11260元；全体党员为“希望工程”捐款6000余元。1998年，中国江南地区和湖南湘西北地区先后发生百年不遇的特大洪涝，除湘南烟草集团代表全体职工以行政名义先后两次捐款500万元、450万元外，烟叶分公司（复烤厂）发动职工两次个人捐款达10多万元。

1999年，响应市总工会号召，发动职工为“下岗特困女职工”捐款1855元。同年，郴州境内发生“8.13”特大洪涝灾害，除集团公司代表全体职工以行政名义捐款500万元外，烟叶分公司（复烤厂）发动职工捐款，副处级每人400元，正科级每人300元，副科级每人200元，一般员工每人100元，内退及退休人员按自愿捐，所有人员多捐不限，共募集个人捐款5万多元，并认购民政部门发行的赈灾彩票2600元，捐衣物、棉被数百件。2001年6月，烟叶分公司（复烤厂）发动职工为麻袋厂特困职工捐款3500元。2002年，市烟叶购销公司（复烤厂）为灾区捐款20500元。

2008年5月，四川汶川等地发生"5·12"大地震，天泰公司组织员工向灾区捐款34555元。9月，为毗邻村维修水泥路出资2万元。2010年3月17日，组织员工义务献血。开展"爱心一日捐活动"，共计捐款7570元。青海玉树发生强烈地震后，组织职工个人捐款19340元。2011年3月18日，组织员工开展无偿献血活动，共有20名员工义务献血。2012年3月29日，厂内22人参加无偿献血。是年，还响应市文明办的号召，与嘉禾县行廊镇沙坪村、田心乡黄甲村结对共建"和美村庄"活动，并组织全体员工开展"爱心助残一日捐"活动，两项活动共计捐款82490元。2011年，公司开展"天天慈善一元捐"活动，员工个人捐款66065元。

2013年，复烤厂积极参与共青团郴州市委发起的"美丽郴州，有你有我"学雷锋志愿服务活动，先后组织志愿者开展保护母亲河，春季植树、义务献血等活动，认捐40多棵樱花树，8000余元；组织开展"送温暖、献爱心"等活动，为孤残儿童送去中秋的问候，参加大型科普日清除外来物种加拿大"一枝黄花"活动等。

2015年，继续组织员工参加公益献血活动和"天天慈善一日捐"、 "助残一日捐"活动。

三、永州复烤厂

1991年12月，零陵烟叶生产购销公司向省"第二届青年运动会"捐赠10万元；捐赠潇湘艺术团1万元。

1997年，永连公路（永州市至广东省连州市）基础工程启动，复烤厂为支持地方建设，由厂工会组织开展募捐活动，共募捐资金4万元。1999年，厂（公司）工会组织全厂员工向本市特困企业职工和残疾人"捐献一天工资"献爱心活动。2004年，为挽救本市患癌症的全国水球冠军赵洪波，全厂员工自发组织向其捐款3920元。

2006年12月10日，天顺公司向中央电视台"唱响中国·走进永州"大型歌会组委会捐赠2万元。2008年5月，四川省汶川县等地发生"5·12"大地震，为支持灾区重建，天顺公司行政和个人皆向灾区捐款。6月11日，天顺公司向湖南省公安民警基金会捐赠5万元。2011年春节、"七一"期间，发放金叶慈善医疗卡、慰问18人次。2015年8月，永州复烤厂干部职工向湖南"爱心圆梦"慈善助学基金会捐款2490元，并开展"一张废纸献爱心"和"闲置衣服回收利用"活动爱心捐赠400元。

四、常德芙蓉公司

2008年1月，湘南地区发生特大冰灾，公司全体党员闻讯后，积极交纳特殊党费，公司行政捐款42560元（购买大豆油一批）托送灾区。5月12日，四川汶川发生特大地震，公司员工人人献爱心义捐，公司行政亦捐款，合计捐款44000元。是年，公司向常德澧县金丹小学受灾学生捐款5550元；20多名员工自发参与常德日报捐建璇口小学捐赠活动，捐款13850元。全年合计捐款105960元、捐物509件，得到社会广泛赞誉。

2009年12月，根据常德市委、政府的文件精神，开展"慈善一日捐"活动的有关要求，公司组织员工积极捐款。

2011年12月19日，公司向常德卷烟厂爱心敬老基金会捐款30万元。2012年7月26日，公司在"八一"建军节前夕慰问鼎城区消防大队，捐资8万元。2013年1月20日，公司为支持开发区整体协调，向常德市鼎城区项目协调领导小组捐赠15万元。

五、湘西鹤盛公司

2000年，为湘西州公安消防支队捐款7000余元。2002年，“残疾日”捐款5000元。2003年，为特殊学校捐款1万元。2005年，为湘西自治州保靖县水田河镇他者村小学捐赠书籍费用4000元。2006年8月，公司为湘西州贫困家庭大学生捐款5万元，助学捐赠15000元。同时，公司工会组织员工个人为湘西州贫困大学生进行爱心助学捐款，捐赠6735元。

2007年，为吉首市社唐坡乡捐救济款3000元；响应市政府号召，为市总工会员工扶贫基金会行政捐款1万元。

2008年1月，湘南地区出现严重冰灾，公司迅速向当地灾区捐赠价值4万余元的食用油，帮助灾区人民渡过难关。5月12日，四川省汶川县发生大地震，公司组织员工向灾区捐款27950元。8月，公司向市总工会员工扶贫基金会捐款8000元。11月13日，冬季来临之际，再次组织全体员工向汶川地震灾区捐款6258元。

2010年4月21日，公司工会组织全体员工向“4·14”青海玉树地震灾区捐款12533元。是年，公司捐赠吉首市几略乡政府现金4000元及打印机、电脑、办公桌椅等办公物资，共计金额1万元；又捐赠吉首市工会1万元。

2013年，响应州政府号召，为贫困大学生捐款2万元；12月，扶贫资助吉首市寨阳乡排乃村5万元。2014年，捐助吉首市河溪镇政府2万元。2015年，响应市政府号召，公司成立“湘西鹤盛工业百企精准帮扶对接实施工作小组”，张其龙任组长，张晖、魏湘利任副组长，为吉首市河溪镇马鞍村道路维修捐资2万元，捐助该村“精准扶贫户”村民童利红2万元；向市残疾人工作委员会捐款2万元。

六、浏阳天福公司

2007年，公司捐款10万元给浏阳市民政局，用于社会救灾工作。2008年5月，“为四川汶川地震灾区先后组织两次募捐活动，共捐款29390元；党员交纳特殊党费2100元。

第八章 人物与荣誉

第一节 人物

一、人物传记

程孔任 男，汉族，湖南省宜章县人，生于1934年，初中文化，经济师，1955年8月参加工作，1964年2月入党。先后任宜章县黄沙区政府收购员、县手工业管理处办事员；郴州地区农具改革办干事、地区农业机械局科员、地区财贸办干事，地区手工业局科员、计统科副科长、农机手工业服务站组长、公交办公室干事、农机厂党总支副书记、厂革委会副主任；1978年7月调郴州卷烟厂，先后任副厂长、厂长、党委副书记；1984年8月调郴州地区轻纺公司任副经理；1984年12月至1985年8月任郴州地区烟草专卖局（分公司）局长、经理、党委副书记，1985年9月改任党委副书记；1990年8月至1993年2月兼任郴州地区烟叶生产购销公司经理、郴州烟叶复烤厂厂长；1992年5月加任郴州地区烟草专卖局（公司）副局长、副经理。1995年3月退休。2010年12月因病逝世，享年76岁。

高　诚 男，曾用名高周生，汉族，高中文化，经济师，湖南省永州市祁阳县枫塘村人，生于1932年11月，1949年11月参加工作，1980年10月20日入党。参加工作时在祁阳农村从事征粮工作。1950年积极参加减租减息反霸及土改整风运动，表现突出，得到领导和群众的一致好评。1953至1962年先后在零陵森林工业局、贸易公司、人民银行工作，1962至1985年在零陵县农产品、棉麻烟茧公司工作，1985年到零陵地区烟草分公司烟叶经理部工作。1986年3月任烟叶经理部经理，1990年5月任零陵烟叶生产购销公司副经理兼零陵烟叶复烤厂副厂长，1991年7月至1993年2月任零陵烟叶生产购销公司（复烤厂）党委书记。任职期间，参与企业重大决策，积极推进企业精神文明建设和党建工作，企业多次获奖，其个人先后5次被评为零陵地区烟草系统先进个人，3次被评为零陵地区烟草系统优秀共产党员。1993年11月退休，2015年4月逝世。

二、人物简介（企业董事长、总经理、厂长、书记、省级劳模）

（一）湖南中烟公司原料供应部（省工业线复烤企业主管部门）

徐双红 男，汉族，1971年9月出生，湖南岳阳人。硕士研究生，1996年1月入党，1996年7月参加工作，高级农艺师资格。曾任溆浦县烟草公司员工、怀化市烟草公司科员、怀化市烟叶公司副经理、湖南省烟草公司烟叶处干部；2003年6月起，先后任湖南中烟公司物资供应部主任科员、原料供应部综合计划科科长、中国烟草中南农业试验站副站长、湖南中烟公司原料供应部副部长；2010年1月起，任湖南中烟公司原料采购供应部部长。

李光华 男，汉族，1966年1月出生，湖南益阳人，硕士研究生，1988年7月参加工作，农艺师，1992年6月入党。先后任常德卷烟厂员工、烟叶质量总检、烟叶经理部副经理兼原料分厂业务科科长、烟叶购销公司副经理、物资采购处副处长（2001年9月至2004年6月湖南大学研究生在职学习）、处长；2006年8月任湖南中烟公司原料供应部业务科科长；2007年10月起，任湖南中烟公司原料供应部副部长。

（二）湖南烟叶复烤有限公司（省烟草商业线复烤企业主管单位）

陈江华 男，汉族，湖北宜昌人，1964年7月出生，大学本科学历，农学硕士，研究员。1989年7月在湖北恩施州烟草公司实习，1990年7月在中国烟叶生产购销公司生产处工作，先后任科员、副主任科员、主任科员，1997年2月在湖北省十堰市郧西县扶贫挂职任副县长，1998年5月起先后任中国烟叶生产购销公司生产技术部副主任、主任，2005年7月任中国烟叶公司副总经理，2010年4月任湖南省烟草专卖局（公司）副总经理、党组成员，2011年8月至2012年兼任湖南烟叶复烤有限公司董事长，2012年11月调回中国烟叶公司任副总经理，2014年3月任中国烟叶公司总经理。

李民灯 男，汉族，湖南宁远人，1967年5月出生，大学本科学历，工商管理硕士，高级政工师，1990年7月参加工作，1995年3月入党。曾任零陵卷烟厂政治部副科级干事、党委办公室主任、政治工作部部长。2000年8月任永州市烟草专卖局（公司）纪检组长、党组成员。2001年4月起，先后任湖南省烟草专卖局（公司）人事劳资处副处长、办公室主任兼外事办主任、法规处处长。2005年1月任怀化市烟草专卖局（公司）局长、经理、党组书记。2007年9月挂职任国家烟草专卖局法规司司长助理，2008年12月任湖南省烟草专卖局（公司）党组成员、副总经理。2013年5月兼任湖南烟叶复烤有限公司董事长。2016年9月任湖南省烟草专卖局（公司）党组成员、副局长。

周国生 男，汉族，湖南宁远县人，1957年6月出生，1981年8月参加工作，中共党员，大专文化，高级农艺师。先后任宁远县农业局土肥站员工、宁远县原种场副场长、场长、党支部副书记。1991年4月起，先后任永州市烟草专卖局（公司）烟科所副所长兼烟叶质检站副站长、烟科所所长、中国烟草中南农业试验站副站长，基于多年科研成就突出，获国务院“有科技突出贡献专家”称号，享受特殊津贴。2000年8月任永州市烟草专卖局（公司）副经理、党组成员兼中国烟草中南农业试验站副站长。2006年2月调任郴州市烟草公司副经理兼郴州天泰烟叶复烤有限责任公司副董事长；2008年4月兼任郴州天泰烟叶复烤有限责任公司董事长。2011年9月，任湖南烟叶复烤有限公司总经理、党组书记。2016年9月，调任永州市烟草专卖局（公司）调研员（正处级）。

曹　健 男，汉族，湖南省永兴县人，生于1962年11月，本科文化，农艺师，1981年1月参加工作，1994年4月入党。曾任永兴县棉麻日杂公司主办会计，永兴县黄泥供销社出纳、会计、县社财会基建股副股长，永兴县烟草专卖局（公司）财务统计股股长、副局长（副经理），宜章县烟草专卖局（公司）第一副局长（副经理）、局长（经理）等职；2005年4月任郴州市烟草专卖局（公司）党组成员、副经理；2016年9月调任湖南烟叶复烤有限公司党组副书记、副经理（主持工作）。2017年8月起，任湖南烟叶复烤有限公司总经理、党组书记。

义胜辉 男，瑶族，湖南江永县人，1960年1月出生，1976年9月参加工作，中共党员，大专文化。曾任下乡知青、部队驾驶员、江永县供销车队驾驶员。1985年5月转入江永县烟草专卖局（公司）工作，先后任驾驶员、销售股副股长、股长。1995年1月起，先后任江永县、道县烟草专卖局（公司）副局长、副经理、党组成员。2002年7月任永州市烟草专卖局（公司）纪检组副组长、监察室主任。2005年12月任永州天顺烟叶复烤有限责任公司总经理、党委书记，2010年5月任永州市烟草专卖局副调研员。2011年9月，任湖南烟叶复烤有限公司纪检组组长、副总经理。2012年12月，任湖南烟叶复烤有限公司副总经理，不再担任纪检组组长职务。

崔建军 男，土家族，湖南省慈利县人，1970年8月出生，1993年7月参加工作，中共党员，硕士研究生，工程师、经济师。1993年7月起，在郴州市烟叶购销公司（复烤厂）先后任打叶车间电气技术员、动力车间机电工段长、打叶车间电工班长、复烤车间副主任等职。2002年7月任资兴市烟草专卖局（公司）副局长、副经理、党组成员。2006年12月起，先后任郴州市烟草专卖局（公司）烟叶生产基础建设办公室副主任（主持工作）、主任。2008年6月任郴州天泰烟叶复烤有限责任公司执行董事、总经理。2009年7月任天泰烟叶复烤有限责任公司党委书记。2011年9月任湖南烟叶复烤有限公司副总经理兼郴州复烤厂厂长、党委书记。2013

年5月、2014年1月，分别卸去兼任的郴州复烤厂党委书记、厂长职务。2017年3月调任湖南省烟草专卖局(公司)信息中心副主任(挂职)。

邝文宣 男，汉族，湖南宁远人，生于1968年5月，研究生毕业，经济师，1995年9月入党。1988年11月，在宁远县禾亭供销社参加工作；1989年4月，在宁远县烟草专卖局(公司)工作；2004年1月，任宁远县烟草专卖局(公司)纪检组长、党组成员。2006年10月，借调到永州市烟草专卖局(公司)工作。2006年12月，任东安县烟草专卖局(营销部)局长、经理、党组书记。2011年10月，任湖南烟叶复烤有限公司综合部部长。2012年12月，任湖南烟叶复烤有限公司纪检组长、党组成员。

(三)郴州复烤厂

单尚湖 男，汉族，河北省顺义县(今属北京)人，生于1942年10月，大专文化，会计师，1963年10月参加工作，1972年7月入党。1978年8月任郴州烟叶复烤厂副厂长，为郴州复烤厂首任主要负责人。1983年考入郴州师专脱产学习。1986年5月复烤厂移交烟草公司时，在郴州地区棉麻公司留任经理。2002年11月退休。

伍先寿 男，汉族，生于1936年6月，湖南省新化县人，高小文化，1958年3月参加工作，1960年6月入党。曾任解放军战士、班长、副排长、排长，郴州地区贸易公司副经理、地区农产品公司副经理、地区棉麻烟公司副经理。1983年郴州复烤厂长单尚湖脱产进修期间，主持厂全面工作。1986年6月复烤厂移交烟草公司后，曾任郴州烟草分公司原烟经理部副经理、工会主席及郴州地区烟叶生产购销公司安全保卫科科长。1993年2月任郴州地区烟叶购销公司储运科科长。1996年6月退休。

简常浩 男，汉族，湖南省宜章县人，生于1937年11月，高中文化，经济师，1956年1月参加工作，1963年3月入党。曾任郴州地区医药公司、商业局科员和地区供销社基贸科副科长、办公室副主任及地区棉麻烟公司副经理。1984年10月任郴州烟草分公司原烟科科长，12月任郴州烟草分公司原烟经理部经理、党支部书记。1987年4～9月兼任郴州复烤厂厂长。1990年4月任郴州地区烟叶生产购销公司副经理。1991年4月任郴州烟草分公司卷烟销售经理部经理、销售科科长。1993年任郴州地区卷烟购销公司经理。1996年6月任郴州市烟草学会副理事长(正科级)。1997年11月退休。

李长春 男，汉族，湖南省耒阳市人，生于1933年1月，初中文化，经济师，1952年1月参加工作，1953年1月入党。曾任乡政府业务员、经济委员，郴州商场副科长、郴州地区采购供应站副科长、地区棉麻烟公司科长。1984年10月任郴州地区烟叶复烤厂副厂长，1987年9月主持复烤厂全面工作，1990年4月任郴州地区烟叶生产购销公司复烤科科长，1991年4月任协理员，1993年4月退休。

罗家群 男，汉族，湖南省汝城县人，生于1947年3月，大专文化，政工师，1968年3月参军，1969年7月入党。曾任成都军区某部战士、班长、排长、军保卫处副营职干事、师保卫科副科长(副团职)等职。1988年12月转业，任郴州烟草分公司烟叶复烤厂党支部书记，主持全面工作；1990年5~8月任郴州地区烟叶生产购销公司副经理、临时党委副书记，1990年8月改任公司(厂)副经理，党总支副书记。1993年2月任郴州地区烟草专卖局(公司)直属机关党委副书记，1996年6月任郴州市烟草学会副理事长。2007年3月退休。

段定喜 男，汉族，湖南省郴县(今苏仙区)人，生于1950年8月，大专文化，经济师。1969年1月入伍，1970年3月入党。先后任成都军区某部战士、参谋、股长、副团等职；1986年11月转业到郴州地区烟草专卖局(公司)，先后任纪检秘书、办公室主任；1990年2月任郴州地区烟叶生产购销公司副经理；1993年3月任郴州地区烟叶购销公司经理、郴州烟叶复烤厂厂长；1996年5月～2002年2月任湘南烟草(集团)有限责任公司组织部部长、总经理助理；2002年2月湘南烟草(集团)有限责任公司撤销后，任郴州市烟草专卖局(公司)工会主席、助理调研员。2006年1月离岗休息，2010年退休。

龙德升 男，汉族，湖南省衡山县人，生于1939年12月，高中文化，政工师，1959年1月入伍，1960年9月入党。曾任解放军驻湘部队战士、班长、电台台长、副指导员、指导员、副教导员、教导员，汝城县人武部副政委(副团职)，郴州军分区党史办主任。1986年1月转业到郴州地区烟草专卖局(分公司)任调研员；1993年2

月～1994年5月，任郴州地区烟叶购销公司（复烤厂）党总支书记；1994年5月~1996年5月，任郴州市烟草专卖局（公司）调研员兼人事科长；1996年5月～2000年6月任湘南烟草集团纪检组副组长。2000年6月退休。

罗学成　男，汉族，湖南省嘉禾县人，生于1935年8月，大专文化，经济师，　1956年12月入党，1958年8月参加工作。曾任郴州师范教员、专职团委副书记，郴州地区体委干事，郴州地区印刷厂副书记、厂革委会副主任，郴州地区烟草专卖局（公司）办公室副主任、主任，1994年5月任郴州地区烟叶购销公司（复烤厂）党总支书记。1995年10月退休。

李国正　男，汉族，湖南省桃源县人，生于1948年3月，大专文化，经济师，1968年10月参加工作，1977年7月入党。曾任嘉禾县基层供销社物价员、副主任，县供销社副书记，乡党委副书记、乡长，县供销社主任，县财贸委员会主任，县政府副县长等职；1993年7月任地区烟草专卖局（公司）副局长、副经理；1996年5月任湘南烟草（集团）有限责任公司董事、党组成员兼烟叶分公司经理、党总支书记、烟叶复烤厂厂长；1998年4月起不再兼任烟叶分公司（复烤厂）职务。2008年4月退休。

邓国钧　男，汉族，湖南省宜章县人，生于1953年10月，大专文化，农艺师，1976年8月参加工作，1978年11月入党。曾任湖南农学院郴州分院助教，宜章县人事局股长，乡党委书记，县农业局局长、党组书记，县农委副主任，县烟草专卖局（公司）局长、经理。1996年10月～1998年12月任湘南烟草集团总经理助理、烟叶分公司副经理兼党总支副书记、经理兼党总支书记，其中1998年4月～1999年3月，实际主持烟叶复烤厂全面工作。1999年4月起，先后任郴州市烟草学会副秘书长、郴州市烟草专卖局（公司）劳动服务公司经理、郴州金叶商贸实业有限责任公司总经理、郴州市烟草专卖局专卖科党支部书记等职。2009年11月离岗休息。

司徒辉　男，汉族，广东省开平市人，生于1962年11月，大专文化，经济师，1982年1月参加工作，1986年5月入党。曾任郴州卷烟厂职工、团委副书记、书记和车间（分厂）党总支书记、主任及厂办公室主任；1996年7月～1998年7月被单位选送到成都经济干部学院进修，1998年4月任湘南烟草集团金叶实业有限责任公司总经理，1999年3月任湘南烟草集团总经理助理、董事兼烟叶分公司（复烤厂）经理、厂长。2002年2月湘南烟草集团撤销后，任郴州卷烟厂副处级干部等职。

石建中　男，汉族，湖南省新邵县人，生于1953年9月，大学本科文化，经济师，1971年2月参加工作，1986年1月入党。曾任郴州东风汽车配件厂机修班长，复烤厂机修班长，郴州烟草分公司原烟经理部人教科长，郴州地区烟叶生产购销公司党委办副主任，郴州地区（市）烟叶购销公司（复烤厂）副经理，湘南烟草（集团）有限责任公司烟叶分公司（复烤厂）副经理、副厂长，2002年5月任郴州烟叶复烤厂厂长兼市烟叶购销公司副经理。2004年2月内退，2013年退休。

徐贵云　男，汉族，湖南省双峰县人，生于1954年10月，初中文化，助理经济师，1972年3月参加工作，1987年4月入党。曾任地区棉麻烟公司业务科副科长，郴州烟草分公司原烟经理部副科长，郴州地区烟叶生产购销公司购销科副科长。1993年2月任郴州地区烟叶购销公司（复烤厂）副经理、副厂长，1994年1月～2002年7月，先后任嘉禾县烟草专卖局副局长、市烟草公司烟叶科副科长、湘南烟草集团烟叶部副部长等职，2002年8月任郴州市烟叶购销公司（复烤厂）经理。2006年3月起，先后任郴州市烟草专卖局（公司）物业管理科科长、郴州金叶商贸有限责任公司党支部书记。2014年退休。

李冀卫　男，汉族，河北省人，生于1963年7月，大学本科文化，政工师，1979年11月参加工作，1994年8月入党。曾任地区棉麻烟公司和地区供销社物价员，郴州烟草分公司原烟经理部办公室副主任，郴州地区烟叶购销公司（复烤厂）办公室主任、行政科长、人事科长，湘南烟草集团烟叶分公司政工科副科长、科长、党总支副书记。2002年8月～2004年12月任郴州市烟叶购销公司（复烤厂）党总支书记兼副经理，2004年12月起，先后任金叶大酒店总经理，郴州市烟草专卖局（公司）基建办主任、金叶房地产开发有限责任公司总经理、郴州市烟草专卖局（公司）基建办副主任、物业管理科副科长。

姜孝清 男，土家族，生于1954年，湖南省慈利县人，大专文化，经济师。曾任基层供销社培植员、主任，慈利县烟草专卖局（公司）副局长（副经理）、局长（经理），张家界市烟草专卖局（公司）副局长（副经理）、局长（经理）、党组书记，2002年2月调任郴州市烟草专卖局（公司）局长（经理）、党组书记。2005年6月兼任郴州天泰烟叶复烤有限责任公司首任董事长。2007年调任湖南省烟草专卖局（公司）助理巡视员（副厅级）。2008年4月10日，郴州天泰烟叶复烤有限责任公司董事会批准其辞去董事长职务的请求。2014年退休。

刘勇智 男，汉族，湖南省祁阳县人，生于1964年4月，大学本科文化，工程师，1983年10月参加工作，1994年8月入党。曾任中南制药机械厂技术员，1990年1月调入郴州烟叶复烤厂，先后任技术员、打叶车间主任；1996年5月起，先后任湘南烟草（集团）烟叶分公司（复烤厂）副厂长、动力车间副主任、设备动力科副科长、动力车间主任；2004年2月任郴州烟叶复烤厂厂长，2005年9月任郴州天泰烟叶复烤有限责任公司总经理；2008年6月起，先后任郴州市烟草专卖局（公司）烟叶生产基础设施建设办公室主任、企管科（经济运行科）科长等职。

朱自坚 男，汉族，生于1960年3月，本科文化，湖南省长沙人，1999年入党。1977年8月下放，1979年5月招工，任烟叶验级员、车间副主任，1997年6月任郴州复烤厂挂杆车间副主任，1999年5月任湘南烟草集团外贸办副主任，2004年4月任郴州复烤厂副厂长，2005年9月任郴州天泰烟叶复烤有限责任公司副总经理，2008年6月任该公司纪委书记，2013年5月主持湖南烟叶复烤有限公司郴州复烤厂全面工作，2014年5月任郴州复烤厂党委书记、厂长，2015年6月任郴州复烤厂党委书记。

尹朝珍 男，汉族，生于1967年1月，湖南桂阳人，研究生，注册安全工程师,1987年5月参加工作，1996年12月入党。曾任生产车间操作工、工艺员、生产班长，2002年7月任打叶车间副主任，2004年4月任郴州烟叶复烤厂副厂长，2005年9月任郴州天泰烟叶复烤有限责任公司副总经理，2011年10月任湖南烟叶复烤有限公司郴州复烤厂副厂长，2015年5月任厂长。

（四）永州复烤厂

彭传国 男，汉族，湖南衡阳人，1941年1月生，初中文化，助理经济师，1965年5月入党。先后任衡阳市无缝钢管厂工人，衡阳地区民警支队战士，零陵公安大队直属队通讯员、班长，零陵独立九三分队排长，长沙警备区独立营三连排长、司令部作训科参谋，蓝山县人武部参谋，零陵军分区后勤修械所所长、供应科副营助理员、供应科科长，江永县人武部部长。1986年1月任零陵地区烟草专卖局（公司）副局长、副经理，1990年5月至1991年1月兼任零陵烟叶生产购销公司（零陵烟叶复烤厂）经理、厂长，1993年10月任永州市烟草专卖局（公司）局长、经理、党组书记，2000年1月任永州市烟草专卖局（公司）调研员，2001年4月退休。

朱忠民 男，汉族，曾用名朱道富，生于1946年11月，湖南新田县人，高中文化，经济师，1964年12月参加工作，1981年1月入党。先后任零陵地委财贸干校社教宣传员，宁远县采购部、商业局、供销社职工；1983年10月任宁远县供销社理事会副主任。1985年4月起，先后任宁远县、江华瑶族自治县烟草专卖局（公司）局长、经理。1993年11月任零陵烟叶生产购销公司经理、复烤厂厂长；12月任该公司（厂）党委书记；1995年2月至1998年6月改任该公司副经理、副厂长，2001年12月内退，2006年11月退休。

万克颖 男，汉族，湖南华容县人，生于1947年12月，初中文化，助理农艺师，1963年11月参加工作，1981年5月入党。先后任宁远县桐山区供销社职工、宁远县土产公司生产培植组组长、宁远县供销社生产股副股长、股长；1985年6月任宁远县烟草专卖局副局长，1986年4月任零陵地区烟草公司烟叶经理部副经理，1989年4月任零陵地区烟叶生产购销公司办公室主任，1990年1月任零陵地区烟叶生产购销公司副经理、复烤厂副厂长，1990年11月任新田县烟草专卖局局长、经理、党组书记，1992年3月至1993年9月任零陵烟叶生产购销公司（复烤厂）党委书记，1993年10月任永州市烟草专卖局（公司）副局长、副经理；2003年3月至2008年1月离岗休息，2008年2月退休。

张前进 男，汉族，湖南东安县人，生于1951年11月，大专文化，1968年12月参加工作，1985年12月入党。

先后任东安县印刷厂职工，东安县氮肥厂副厂长，东安县人民政府机要员，东安县大庙口镇镇长、党委书记，中共东安县委组织员，东安县人民政府办公室副主任、研究室主任；1990年元月任东安县烟草专卖局（分公司）局长、经理、党组书记，1998年7月任零陵烟叶生产购销公司副经理、复烤厂副厂长，2002年3月任中共零陵烟叶复烤厂党委书记，2011年11月退休。

李新元　男，汉族，1955年10月生，湖南零陵县人，1978年11月参加工作，1987年10月入党。大专学历，助理经济师。先后任零陵地区农产品公司、加工厂职工，地区棉麻烟茧公司职工，1985年5月起先后任零陵烟草分公司烟叶经理部业务股副股长、副经理，零陵烟叶生产购销公司烟叶科副科长、科长，1993年5月任零陵烟叶生产购销公司副经理、复烤厂副厂长，1995年3月任该公司（厂）经理、厂长、党委书记；2010年12月离任，2014年1月离岗休息，2015年12月退休。

刘正日　男，汉族，湖南常宁市人，生于1964年1月，本科学历，农学学士，高级农艺师，1986年7月参加工作，1992年12月入党。先后任零陵地区烟草专卖局（公司）职工，零陵烟草分公司烟科所副所长、烟叶质量监督检测站副站长，烟叶科、科技科副科长，烟叶质量监督检测站副站长、站长，烟叶生产科科长；2001年1月任永州市烟草公司烟叶购销公司副总经理、总经理，2005年7月起，先后任中国烟草中南农业实验站副站长、永州市烟草专卖局（公司）副处级干部、市烟叶购销公司总经理，2006年2月起，任永州市烟草专卖局（公司）副经理、党组成员（其间：2008年5月至2010年12月在湖南农业大学农业推广硕士专业学习）；2007年6月至2011年8月，兼任永州天顺烟叶复烤有限责任公司董事长。

吕　明　男，汉族，曾用名吕爱明，生于1964年10月，湖南东安县人，本科学历，助理农艺师，1982年11月参加工作，2000年6月入党。先后任东安县花桥供销社、东安县烟草公司员工，东安大水乡烟草站站长，东安芦洪市烟草站副站长，东安鹿马桥区烟叶生产组长，东安县烟草公司烟叶经理部副经理，东安县烟草公司原烟股股长，1999年4月任东安县烟草专卖局（公司）副局长、副经理；2001年7月任零陵烟叶复烤厂副厂长，2002年4月任该厂厂长、党委副书记；2004年3月任零陵烟叶复烤厂厂长、党委书记；2005年12月调永州市烟草专卖局（公司）工作；2006年2月至2015年，先后任双牌县、江永县、东安县烟草专卖局（分公司）党组书记、局长、经理。

徐文军　男，汉族，湖南望城县人，生于1966年11月，本科学历，理工学士，高级农艺师，1988年6月参加工作，1988年6月入党。先后任湖南省烟草专卖局（公司）质检站干部、副主任科员、主任科员、副站长；2001年2月起，先后任湖南省烟草专卖局（公司）烟叶处副处长、人事劳资处副处长，2005年2月任永州市烟草专卖局（公司）局长、经理、党组书记，是年12月至2007年6月兼任永州天顺烟叶复烤有限责任公司董事长。2008年7月任长沙市烟草专卖局（公司）局长、经理、党组书记（其中2006年9月至2009年6月湖南农业大学农学院烟草工程专业攻读硕士学位）；2013年1月起，任湖南省烟草专卖局（公司）副总经理、党组成员。

盘勇卫　男，瑶族，湖南双牌县人，生于1968年8月，本科学历，经济员，1987年4月在零陵烟叶复烤厂参加工作，2002年6月入党。1989年9月至1992年6月到中共湖南省委党校函授大专班经济管理专业学习，1992年3月起，先后任零陵烟叶复烤厂挂杆车间副主任、金叶大厦经理、行政科科长、办公室副主任、综合管理部部长（工作期间，2004年9月至2006年7月在湖南广播电视大学法学专业本科学习）；2010年12月任永州天顺烟叶复烤有限责任公司总经理助理，2011年10月任湖南烟叶复烤有限公司永州复烤厂厂长助理（副科级），2012年6月任该厂党委委员、副厂长，2013年5月任该厂党委副书记、副厂长（主持工作），2014年1月起，任该厂党委书记、厂长。

王　婷　女，汉族，曾用名王祝章，湖南省衡阳市人，1964年5月出生在湖南省永州市江华县，高中文化，1987年6月参加工作，2003年8月入党。先后任零陵烟叶复烤厂挂杆车间核算员、备料车间检验员、打叶车间操作工和班长、生产科调度、打叶车间段长。2014年4月被评为全国烟草行业劳动模范，同年7月退休。

（五）常德芙蓉公司

熊永雷 男，汉族，1940年12月出生，湖南省桃源县人，中共党员，中专文化，政工师，1958年7月参加工作。先后任常德棉纺织厂职工、厂团委书记、保卫科长、车间主任、党委书记等职。1977年4月，先后在常德地区航运公司、常德地区编织厂、常德地区塑料制品厂工作，任党委书记、经理、厂长等职。1985年12月，任湖南省常德烟叶复烤厂厂长、党支部书记。1988年2月，任常德市烟草专卖局局长、党组书记。2000年1月退休。

丁维怀 男，汉族，1941年8月出生，湖南省常德人，中共党员，大专文化，工程师，1958年8月参加工作。先后任常德新湘烟厂学徒工（1959年1月，派往上海学习）、机修工。1962年1月，任常德卷烟厂机修车间主任。1985年12月，任常德烟叶复烤厂副厂长。1988年8月，任常德卷烟厂复烤厂副厂长。1991年5月，任常德卷烟厂原料分厂副厂长。1995年9月，任常德卷烟厂十车间主任。1998年8月退休。

李明三 男，汉族，1952年2月生，湖南双峰县人，中共党员，大学文化，经济师。1968年3月在常德卷烟厂参加工作，历任业务员、业务主办、烟叶科副科长、科长。1991年5月任常德卷烟厂原料分厂厂长，1994年10月任常德卷烟厂厂长助理，1995年1月任副厂长，2000年9月任常务副厂长。2006年12月任湖南中烟公司综合计划部部长；2008年1月，任湖南中烟公司副总经理；2011年4月28日至2013年5月同时兼任湘西鹤盛原烟发展有限责任公司、浏阳天福打叶复烤有限责任公司、常德芙蓉烟叶复烤有限责任公司董事长。

熊继群 男，汉族，1950年9月出生，湖南省常德人，中共党员，大专文化，工程师。1972年1月，在常德卷烟厂一车间先后当操作工、修理工、生产班长、大修班长。1983年1月，任常德地区技工学校烟草专业老师。1985年1月，任常德卷烟厂技改办101工程总调度。1990年1月，任常德卷烟厂复烤厂生产办公室技改办主任。1992年1月，任常德卷烟厂打叶复烤技改工程指挥部副指挥长。1995年9月，任常德卷烟厂十车间副主任。1998年8月，任常德卷烟厂打叶复烤车间主任。2001年8月，任广西武鸣烟叶复烤公司副总经理。2007年10月退休。

石瑞林 男，汉族，1964年3月生，湖南临澧县人，中共党员，研究生，工程师。1986年7月参加工作在常德卷烟厂当技术员，1996年3月任常德卷烟厂一车间副主任，2001年1月调祁东卷烟厂工作。2001年11月任常德卷烟厂打叶复烤公司总经理。2006年3月，任常德芙蓉烟叶复烤有限责任公司总经理。2012年6月起，任零陵卷烟厂工会主席。

熊新荣 男，汉族，1953年8月生，江西丰城县人，中共党员，大学文化，经济师。1970年3月在常德电光机械厂参加工作，1981年任常德烟草机械厂厂办副主任；1984年8月调任常德卷烟厂办公室副主任，1985年9月被公派到湘潭大学经济系学习，1987年7月回厂后历任厂办副主任，劳动服务公司副经理、党总支书记，厂党委办主任、销售公司经理、厂长助理，1999年6月任常德卷烟厂副厂长，2005年12月兼任常德芙蓉复烤有限责任公司董事长，2008年4月离任。

王红刚 男，汉族，1964年3月出生，湖南省双峰县人，中共党员，研究生，政工员。1981年12月起，先后在常德卷烟厂车间当挡车工、维修工、程序员。1997年10月，任常德卷烟厂金芙蓉运输公司办公室主任。2000年5月起，先后任常德卷烟厂厂办秘书、公共关系部部长、厂办主任。2010年5月，任常德芙蓉烟叶复烤有限责任公司总经理。2015年7月起，任常德卷烟厂党委办公室主任。

黄道荣 男，汉族，1957年3月出生，湖南省澧县人，中共党员，大学文化，统计师。1976年1月下放到澧县梦溪麻场。1978年11月起，先后在常德卷烟厂二车间、厂计划科工作，1991年1月起，先后任常德卷烟厂人事劳资科副科长、人力资源部副部长。2009年7月起，任常德芙蓉烟叶复烤有限责任公司党支部书记兼工会分会主席。2013年8月离退。

杨智敏 男，汉族，1956年8月出生，湖南省桃源县人，中共党员，大学文化，高级经济师。1972年1月，下放桃源县陬郊林场。1975年8月，在湖南省轻工业学校机械专业学习。1977年8月，先后在常德卷烟厂动力科、一车间当技术员。1983年1月起，先后任常德卷烟厂一车间副主任、主任。1989年9月，任常德卷烟厂七车间主任。1994年10月，任常德卷烟厂厂长助理。1995年1月，任常德卷烟厂副厂长。2000年9月，任常德卷烟厂常务副厂长。2006年12月，任湖南中烟工业公司综合计划部部长。2008年1月，任湖南中烟工业有限责任公司副总经理、党组成员。2013年5月起，任湖南中烟工业有限责任公司副总经理、党组成员，同时兼任湘西鹤盛原烟发展有限责任公司、浏阳天福打叶复烤有限责任公司、常德芙蓉烟叶复烤有限责任公司董事长。

徐宇翔　男，汉族，1963年7月出生，湖南省常德人，中共党员，大专文化，助理工艺师。1979年9月，先后在常德卷烟厂二、三车间从事设备操作、维修。1987年10月，任常德卷烟厂七车间工艺调度、班长兼党支部书记。1996年1月，任常德卷烟厂一车间专职副书记。1998年9月，任常德卷烟厂七车间主任兼党支部书记。2001年11月，任常德卷烟厂一车间主任兼党支部书记。2004年12月，任常德卷烟厂物资供应处处长。2007年5月，任常德卷烟厂物资配送部部长。2010年6月，任常德卷烟厂设备工程部部长。2013年9月起，任常德芙蓉烟叶复烤有限责任公司党总支书记兼工会主席。

侯　军　男，汉族，1972年12月出生，湖南省常德人，中共党员，大学文化，经济师。1993年7月，先后任常德卷烟厂七车间操作工、修理工、副班长、班长等职。2000年3月，任常德卷烟厂生产调度科生产调度。2003年1月，任常德卷烟厂人力资源部劳务主管。2006年1月，调任四平卷烟厂工艺技术部副部长。2007年1月，任常德卷烟厂人力资源部副部长。2009年10月，任常德市芙蓉实业发展有限责任公司总经理。2015年7月起，任常德芙蓉烟叶复烤有限责任公司总经理。

（六）湘西鹤盛公司

李增伟　男，汉族，湖南省长沙人，1957年2月出生，大专文化，1975年参加工作，1986年入党。曾任长沙卷烟厂设备动力科技术员、设备动力科副科长、烟叶科科长、总工程师、办公室主任、技术副厂长。1996年底参与组建吉首打叶复烤厂，任首任厂长，2000年7月调到湖南省烟草公司工作，同月调离湖南省烟草公司，任湖南金叶肥料公司总经理。2006年8月调回湖南省烟草公司工作。

张书华　男，汉族，湖南吉首人，生于1948年10月，大专文化，1964年9月参加工作，1975年入党。先后在张家界市永定区（原大庸县）税务局任税管员、副所长、副局长，1981年9月～1982年8月到湖南省财校离职学习一年，1982年9月回到单位任原职。1984年9月任吉首市税务局副局长、局长，1990年1月任吉首市人民政府市长助理、常务副市长（其间1988年9月至1991年在湖南省党校行政管理函授大专班学习），1992年9月任湘西州烟草专卖局（公司）局长（经理），1997年12月至1999年8月兼任吉首打叶复烤厂法人代表，2002年2月任怀化市烟草专卖局（公司）局长（经理），2005年2月离任，2008年10月退休。

伍亚光　男，汉族，生于1956年4月，湖南省湘潭人，大专文化。2000年7月受长沙卷烟厂委派任吉首打叶复烤厂厂长，2004年7月复烤厂更名为湘西鹤盛原烟发展有限责任公司，任总经理。2007年公司建立董事会，由湖南中烟工业公司人事部任命为董事、总经理，2010年6月调回湖南中烟公司。

汤绍凡　男，汉族，湖南省湘阴县人，生于1950年2月，大专文化，1970年12月参加工作，1971年5月入党。曾任中国人民解放军战士、副班长、排长、团司令部参谋、副处长、副部长、团长，1987年授予上校军衔。1991年8月转业分配到湖南省烟草公司，任长沙卷烟厂部长、生产总调度长。2001年11月派至吉首打叶复烤厂工作，任党支部书记、副总经理。2010年2月退休。

张其龙　男，汉族，湖南省长沙市人，生于1968年10月，本科文化，经济师、质量工程师，1989年9月参加工作，1995年2月入党。1989年9月起，先后任长沙卷烟厂生产车间操作工、维修工、设备安装调试现场主管、生产班长、工艺员、维修班长、质管员、生产主管等。2003年9月，受长沙烟厂委派到湘西鹤盛公司任副总经理兼总工艺师。2010年6月起,任湘西鹤盛原烟发展有限责任公司总经理。

陈世海 男,土家族,湖南吉首人,生于1976年2月,大专文化,2008年6月入党。1999年5月进入湘西鹤盛公司工作,先后任操作工、维修工、班长、企管员,2006年4月被湘西州人民政府授予"湘西州劳动模范"称号,2010年12月,被湖南省人民政府授予"湖南省劳动模范"称号。2016年8月起,任生产部副部长,主要负责生产组织、加工、质量管理等工作。

(七)浏阳天福公司

李昌平 男,汉族,1965年1月出生,湖南安化人,1992年7月入党,大学文化,工程师。1985年7月起,在铁道部第五工程局机修厂工作,1988年11月起,先后在长沙卷烟厂三车间、设备管理部、工程技术部工作,任设备部副部长、部长等职,2001年8月任总师办主任(厂正部级),2004年10月起,任浏阳天福打叶复烤有限责任公司总经理;2013年5月起,任浏阳天福打叶复烤有限责任公司法人代表。

三、人物名录(获得厅级以上单位奖励者)

表66 单位:人

获奖时间	获奖人	获奖名称	颁奖单位	所在单位
1986	周国生	零陵地区农村工作先进个人	零陵地区行署	湖南复烤公司
1990	周国生	湖南省科技进步二等奖	湖南省烟草专卖局(公司)	湖南复烤公司
1990	李新元	湖南省烟草系统烟叶生产购销工作先进个人	湖南省烟草公司	永州复烤厂
1990	甘乃昌	湖南省烟草系统烟叶生产购销工作先进个人	湖南省烟草公司	永州复烤厂
1990	邓家赞	湖南省烟草系统烟叶生产购销工作先进个人	湖南省烟草公司	永州复烤厂
1999	周国生	国家局"科技突出贡献专家"称号	国家烟草专卖局	湖南复烤公司
2003	伍亚光	湖南省"消防工作优秀企业家"	湖南省防火安全委员会	湘西鹤盛公司
2005	刘勇智	湖南省烟草商业系统先进个人	湖南省烟草专卖局(公司)	郴州复烤厂
2006	陈世海	湘西自治州劳动模范	湘西自治州人民政府	湘西鹤盛公司
2006	各部门核算岗位女工	湖南省总工会"芙蓉标兵岗"称号	湖南省总工会	湘西鹤盛公司
2008	周国生	郴州市科技进步一等奖	郴州市人民政府	湖南复烤公司
2008	崔建军	全国烟叶基础建设先进个人	国家烟草专卖局(公司)	湖南复烤公司
2008	杨卓琅	省烟草商业系统"明星员工"称号	湖南省烟草专卖局(公司)	郴州复烤厂
2008	童丽军	省烟草公司第二届会计知识竞赛二等奖	湖南省烟草专卖局(公司)	郴州复烤厂
2009	崔建军	"2009年度郴州市农村工作先进个人"	郴州市委市政府	湖南复烤公司
2010	曾丽娅	湖南省优秀质量管理小组长	省经济和信息化委员会、省质量技术监督局、省总工会、中国共产主义青年团湖南省委员会、湖南省科学技术协会、省质量协会	郴州复烤厂
2010	张其龙	湖南省民族团结先进个人	湖南省委、省人民政府	湘西鹤盛公司
2010	陈世海	湖南省劳动模范	湖南省人民政府	湘西鹤盛公司
2011	朱红武	湖南省优秀质量管理小组长	省经济和信息化委员会、省质量技术监督局、省总工会、中国共产主义青年团湖南省委员会、湖南省科学技术协会、省质量协会	郴州复烤厂
2011	肖莉	湖南中烟公司文化故事大讲堂活动二等奖	湖南中烟工业有限责任公司	湘西鹤盛公司

续表　　单位：人

获奖时间	获奖人	获奖名称	颁奖单位	所在单位
2011	耿泽伟	湘西自治州社会治安综合治理先进个人	湘西自治州人民政府	湘西鹤盛公司
2011	罗赤敏	湘西自治州“五一”先锋个人和优秀工会干部	湘西自治州人民政府	湘西鹤盛公司
2012	彭克勤	“湖南省烟叶分级能手”称号	湖南省烟草专卖局（公司）	郴州复烤厂
2013	王飞华	省烟草商业系统规范管理工作先进个人	湖南省烟草专卖局（公司）	湖南复烤公司
2013	丁运青	湖南省烟草商业系统纪检监察工作先进个人	湖南省烟草专卖局（公司）党组	郴州复烤厂
2013	曾丽娅	省烟草学会烟叶复烤专业委员会2012～2013年度先进工作者	湖南省烟草学会	郴州复烤厂
2013	吴智龙	湖南中烟公司工艺比武大赛三等奖	湖南中烟工业有限责任公司	湘西鹤盛公司
2014	覃寿元	湖南省烟草商业系统安全保卫先进个人	湖南省烟草专卖局（公司）	湖南复烤公司
2014	黄 华	湖南省烟草商业系统2013～2014年度“十优”科技工作者	湖南省烟草专卖局（公司）	郴州复烤厂
2014	陈建波	湖南省烟草商业系统安全保卫工作先进个人	湖南省烟草专卖局（公司）	郴州复烤厂
2014	王婷	全国烟草行业劳动模范	国家烟草专卖局	永州复烤厂
2014	张其龙	湖南省烟草学会“十佳”学会工作者	湖南省烟草学会	湘西鹤盛公司
2015	胡战卫	湖南省烟草商业系统“六五”普法先进个人	湖南省烟草专卖局（公司）	湖南复烤公司
2015	夏利文	湖南省烟叶工作先进工作者	湖南省“两烟”协调领导小组	郴州复烤厂
2015	张丽晴	工业生产者价格统计调查先进个人	国家统计局（常德调查队）	常德芙蓉公司

四、专业技术职称人物名录

高级专业技术职称

表67　　单位：人

企业名称	技术职称及姓名
湖南复烤公司	高级农艺师：周国生
郴州复烤厂	高级农艺师：陈传孟
常德芙蓉公司	高级工程师：谢玉保
湘西鹤盛公司	高级会计师：张 民 徐争梅 龙友玉 高级工程师：李吉平 王兆铁 高级政工师：罗赤敏

中级专业技术职称

表68　　单位：人

企业名称	技术职称及姓名
湖南复烤公司	工程师：崔建军　汪意湘　唐天宽
	经济师：崔建军　邝文宣　资　斌　孙建霞　廖　鸣　胡战卫 马　丽 王飞华　张扬水寒
	会计师：林　朗　童丽军　罗仙华
	审计师：黄春彬
	安全工程师：覃寿元（注册）

续表

单位：人

企业名称	技术职称及姓名
郴州复烤厂	工程师：刘勇智　欧阳资春　崔建军　刘　勇　刘洪标　周积清　肖春湘　董满成　张　伟
	农艺师：欧阳占铨　邓正平　邓国钧　李海峰　林　郁　彭　良
	经济师：李长春　程孔任　简常浩　吕国忠　石建中　刘积保　罗学成　李义芳　蒋荣恩　谢振兴　骆昌喜　李会文　段定喜　朱　敏　林松英　王金荣　伍先寿　王远荣　邝世渤　林启炬　郑　旋　唐襄跃　何田松　黄正国　曾小晖　赵　军　方立强　欧书锋　谢平槐　李春梅　张朝霞　费铁桥　李志刚　陈　华　欧　黎　张建文　李国正　司徒辉　姜孝清　陈旺斌　王　玲
	会计师：王富星　葛庆亮　杨　辉　张良华
	审计师：刘淑珍
	政工师：龙德升　罗家群　林善斌　王金荣　李冀卫　李红玲
	统计师：李春芳
	档案馆员：肖　琳
	软件设计师：黄　晶
	安全工程师：尹朝珍（注册）　张伟（注册）
永州复烤厂	工程师：胡慈缘　刘华友　李　军　易萍艳　陈运琮　彭邱强　罗冬友　黄　迪
	农艺师：刘勇军
	经济师：赵宏斌　高　诚　甘乃昌　王胜利　姜学吾　史少云　朱忠民　何景华　周先鹞　黄志平　周艳红　李　燕　黄　斌　孟红梅　唐　斐　刘　超　文泓人　陈海兰　陶　勇　王小春
	会计师：柏玉霜　李廷云　程海红　柏　立　高洁洋
	政工师：邓顺林
	统计师：陶　英　林格春
	医　师：柏承康（主治）　黄卫生（卫生）
	档案馆员：胡春玲
	安全工程师：李爱民（注册）　唐建军（注册）　黄　斌（注册）　黄　迪（注册）
	翻　译：邓永清
常德芙蓉公司	工程师：丁维怀　朱安清　熊继群　曾兆亚　于桂春　石瑞林　庞国华　肖　鸿　郭惠斌　丁　懿　雷　刚　王先义　毛　宏　帅先杰　胡进飞
	经济师：黄力军　邹湘斌　侯　军
	会计师：杨　岚　邓朝阳　陈　铁　陈丽平　张雅婷　胡　沅
	审计师：陈　丹
	政工师：熊永雷　郭建斌
	统计师：黄道荣
	安全工程师：顾伟琪（注册）
湘西鹤盛公司	工程师：李吉平
	经济师：罗赤敏
	会计师：张　民（注册）　吴　慧　汤　敏
	审计师：袁鹏达
	政工师：向　胜　梁　平
	安全工程师：胡跃军（注册）　杨永刚　耿泽伟
浏阳天福公司	工程师：李昌平　李振江　刘波兰　杨新春　刘志平
	经济师：严钦德
	会计师：刘　霞　姚清乔　唐　芳　邹进一　金鹏飞　唐　芳（注册）
	安全工程师：文　靖（注册）

第二节 集体荣誉(县处级以上授奖)

各复烤企业在各时期紧跟形势,不断深化企业改革,依法经营,规范管理,企业逐步做大做强,对社会的贡献日趋增多;坚持“两手抓、两手都要硬”的方针,顾全大局,努力完成行业上级和当地党政部署的各项任务;奋发向上,争先创优,精神、物质、民主“三个文明”建设取得令人瞩目的佳绩。其工作多次获得行业、地方各级的好评和褒奖。限于篇幅,此仅记载各企业获得的有据可考的县(处)级以上集体荣誉。

湖南烟叶复烤有限公司2012~2015年获县(处)级以上集体荣誉一览表

表69 单位:项

授奖时间(年月)	获奖单位	获奖名称	颁奖单位
2013	湖南烟叶复烤有限公司	湖南省诚信建设示范单位	湖南省品牌信誉调查中心、省信用建设促进会
2013	湖南烟叶复烤有限公司	2012 年度北湖区纳税特别贡献企业	中共北湖区委 北湖区人民政府
2012-2013	湖南烟叶复烤有限公司	“纳税信用 A 级单位”称号	省国税局和省地税局联合颁发
2014	湖南省烟草学会复烤专业委员会	学会工作先进集体	湖南省烟草学会
2015	湖南烟叶复烤有限公司	2013 年度工作业绩考核三等奖	湖南省烟草专卖局
2015	湖南烟叶复烤有限公司	2015 年度工作业绩考核达标奖	湖南省烟草公司

郴州复烤厂及前身企业1990~2015年获县(处)级以上集体荣誉一览表

表70 单位:项

授奖时间(年月)	获奖单位	获奖名称	颁奖单位
1990	郴州烟草分公司烟叶复烤厂	1989 年度计划生育工作先进单位	郴州市(今北湖区)人民政府
1991	郴州地区烟叶生产购销公司	1990 年度“双目标”管理一等奖	郴州烟草分公司
1991	郴州地区烟叶生产购销公司	1990 年度计划生育工作先进单位	郴州市(今北湖区)人民政府
1993.3	郴州地区烟叶购销公司保卫科	1992 年度安全工作先进集体	郴州地区烟草专卖局(公司)
1993.11	郴州地区烟叶购销公司	省一级机关档案室	湖南省档案局
1994.7	郴州地区烟叶购销公司	全省批发商业企业百强企业第八名	湖南省统计局 湖南省经贸委
1995.3	郴州地区烟叶购销公司	1994 年安全工作先进集体	郴州地区烟草专卖局(公司)
1996.1	郴州地区烟叶购销公司	1995 年度社会治安综合治理工作先进单位	中共郴州市委 郴州市人民政府
1996.4	郴州市烟叶购销公司(复烤厂)	1995 年度安全工作先进单位	郴州市烟草专卖局(公司)
1998	郴州市烟叶分公司(复烤厂)	湖南省烟草行业第八届 QC 小组活动成果发布二等奖	湖南省烟草专卖局(公司)
2000.3	烟叶分公司复烤车间	1999 年度先进集体	湘南烟草(集团)公司
2001.3	烟叶分公司设备动力科	2000 年度先进集体	湘南烟草(集团)公司
2001.4	烟叶分公司动力设备科	2000 年度生产车间组安全风险抵押承包一等奖	湘南烟草(集团)公司
2001.5	烟叶分公司动力车间 QC 小组	湖南省烟草行业第 11 届 QC 小组活动成果发布三等奖	湖南省烟草公司
2001	郴州复烤厂打叶生产线	省级青年文明号	湖南省青年工委

续表　　单位：项

授奖时间（年月）	获奖单位	获奖名称	颁奖单位
2003.1	烟叶分公司复烤车间	全市烟草商业系统2003年新春联欢晚会一等奖	郴州市烟草专卖局（公司）
2003.2	郴州市烟叶购销公司郴州复烤厂	2002年度安全目标管理二等奖	郴州市烟草专卖局（公司）
2003.2	烟叶购销公司仓储科	先进集体	郴州市烟草专卖局（公司）
2003.3	郴州市烟叶购销公司郴州烟叶复烤厂	2002年度目标管理一等奖	郴州市烟草专卖局（公司）
2003.3	郴州市烟叶购销公司郴州烟叶复烤厂	2002年度遵守劳动法律法规先进单位	郴州市劳动局
2003.5	郴州市烟叶购销公司郴州烟叶复烤厂	预防职务犯罪工作先进集体	郴州市预防职务犯罪工作领导小组
2003	郴州市烟叶购销公司郴州烟叶复烤厂	文明卫生单位	湖南省爱国卫生运动委员会
2004.2	郴州市烟叶购销公司郴州烟叶复烤厂	2003年度目标管理一等奖	郴州市烟草专卖局（公司）
2004.3	郴州市烟叶购销公司郴州烟叶复烤厂	2003年度全市劳动用工工作先进单位	郴州市劳动和社会保障局
2004.5	郴州烟叶复烤厂	市局（公司）成立20周年文艺会演二等奖	郴州市烟草专卖局（公司）
2005.2	郴州烟叶复烤厂	2004年度目标管理一等奖	郴州市烟草专卖局（公司）
2005.3	郴州烟叶复烤厂业务部质检中心	芙蓉标兵岗	郴州市总工会
2005.3	郴州市烟叶购销公司安全保卫科	集体嘉奖	郴州市公安局
2006.1	郴州天泰烟叶复烤有限责任公司	质量管理体系认证获证单位	中质协质量保证中心
2006.2	郴州天泰烟叶复烤有限责任公司	2005年度全市系统目标管理一等奖	郴州市烟草专卖局（公司）
2006.3	郴州天泰烟叶复烤有限责任公司	市直文明单位	市直机关精神文明建设指导委员会
2006.3	郴州天泰烟叶复烤有限责任公司	2005年度特种设备安全管理先进单位	郴州市质量技术监督局
2006.3	郴州天泰烟叶复烤有限责任公司质检中心	芙蓉标兵岗	湖南省总工会
2006.5.	郴州天泰烟叶复烤有限责任公司	江苏中烟定点打叶复烤单位	江苏中烟公司
2007.1	郴州天泰烟叶复烤有限责任公司	2006年度纳税大户	郴州经济开发区
2007.1	郴州天泰烟叶复烤有限责任公司	2006年度优秀纳税企业	郴州经济开发区国家税务局
2007.2	郴州天泰烟叶复烤有限责任公司	2006年度全市系统目标管理一等奖	郴州市烟草专卖局（公司）
2007.3	郴州天泰烟叶复烤有限责任公司	2006年度全市系统先进集体	郴州市烟草专卖局（公司）
2007.3	郴州天泰烟叶复烤有限责任公司	2006年度特种设备安全管理先进单位	郴州市质量技术监督局
2007.3	郴州天泰烟叶复烤有限责任公司	2007年度纳税大户	郴州经济开发区
2007.3	郴州天泰烟叶复烤有限责任公司	文明单位	郴州市委、市政府

续表

单位：项

授奖时间（年月）	获奖单位	获奖名称	颁奖单位
2008.2	郴州天泰烟叶复烤有限责任公司	2007 年度全市系统目标管理一等奖	郴州市烟草专卖局（公司）
2008.2	郴州天泰烟叶复烤有限责任公司	2008 年新春联欢晚会二等奖	郴州市烟草专卖局（公司）
2008.3	郴州天泰烟叶复烤有限责任公司	2007 年度文明标兵单位	郴州市直机关文明委
2008.4	郴州天泰烟叶复烤有限责任公司	2007 年度特种设备管理先进单位	郴州市质量技术监督局
2008.5	郴州天泰烟叶复烤有限责任公司	郴州市烟草商业系统第一届男子篮球比赛第六名	郴州市烟草专卖局（公司）
2008	郴州天泰烟叶复烤有限责任公司	质量管理体系认证获证单位	中质协质量保证中心
2008	郴州天泰烟叶复烤有限责任公司	郴州市消防协会单位会员	郴州市消防协会
2009.2	郴州天泰烟叶复烤有限责任公司	2008 年度全市系统目标管理一等奖	郴州市烟草专卖局（公司）
2009.2	郴州天泰烟叶复烤有限责任公司质管部	工人先锋号	湖南省总工会
2009.3	郴州天泰烟叶复烤有限责任公司	2008 年度特种设备管理先进单位	郴州市质量技术监督局
2009.3	郴州天泰烟叶复烤有限责任公司	2008 年度全市宣传思想工作先进单位	中共郴州市委
2009.4	郴州天泰烟叶复烤有限责任公司	天泰杯羽毛球比赛团体第四名	郴州市烟草专卖局（公司）
2009.4	郴州天泰烟叶复烤有限责任公司	文明标兵单位	郴州市委、市政府
2009.5	郴州天泰烟叶复烤有限责任公司	湖南省经贸建设系统工会工作先进单位	湖南省经贸工会工作委员会
2009.7	郴州天泰烟叶复烤有限责任公司	2008 年度全市系统先进集体	郴州市烟草专卖局（公司）
2009.9	郴州天泰烟叶复烤有限责任公司	市烟草专卖局庆祝建国 60 周年歌咏比赛特别奖	郴州市烟草专卖局（公司）
2009.12	郴州天泰烟叶复烤有限责任公司	湖南省档案规范化管理省特级	湖南省档案局
2010.1	郴州天泰烟叶复烤有限责任公司	2009 年综合治理工作先进单位	郴州经济开发区
2010.3	天泰烟叶复烤有限责任公司生产部生产二车间	郴州市工人先锋号	郴州市总工会
2010.3	郴州天泰烟叶复烤有限责任公司	2009 年度特种设备安全管理先进单位	郴州市质量技术监督局
2010.3	郴州天泰烟叶复烤有限责任公司	湖南省质量信用 A 级企业	湖南省企业质量信用等级评定委员会
2010.4.11	郴州天泰烟叶复烤有限责任公司	全市烟草商业系统第二届男子篮球比赛季军	郴州市烟草专卖局（公司）
2010.4.16	郴州天泰烟叶复烤有限责任公司	郴州市劳动和社会保障局诚信评价信得过单位	郴州市劳动和社会保障局
2010.5	郴州天泰烟叶复烤有限责任公司	中国烟草优秀打叶复烤企业	湖南省烟草专卖局
2010.7	郴州天泰烟叶复烤有限责任公司	2009 年度市局机关先进党支部	中共郴州市烟草专卖局（公司）直属机关党委

续表

单位：项

授奖时间(年月)	获奖单位	获奖名称	颁奖单位
2010.8	郴州天泰烟叶复烤有限责任公司党群部	2009 年度政工工作先进集体	郴州市烟草专卖局（公司）
2010.8	郴州天泰烟叶复烤有限责任公司财务部	2009 年度财务会计工作先进集体	郴州市烟草专卖局（公司）
2010.8	郴州天泰烟叶复烤有限责任公司	2009 年度绩效管理达标奖	郴州市烟草专卖局（公司）
2010.8.22	郴州天泰烟叶复烤有限责任公司财务部	郴州市烟草商业系统第二届会计知识竞赛二等奖	湖南省烟草公司郴州市公司
2010.8	天泰烟叶复烤有限责任公司打包 QC 攻关小组	湖南省优秀质量管理小组	湖南省经济和信息化委员会、湖南省质量技术监督局、湖南省总工会、中国共产主义青年团湖南省委员会、湖南省科学技术协会、湖南省质量协会
2010.8	郴州天泰烟叶复烤有限责任公司复烤 QC 小组	湖南省优秀质量管理小组	湖南省烟草公司
2010.8	郴州天泰烟叶复烤有限责任公司实验 QC 小组	湖南省优秀质量管理小组	湖南省烟草公司
2011.3	郴州天泰烟叶复烤有限责任公司	2010 年度北湖区纳税贡献企业	中共北湖区委、北湖区人民政府
2011.3	郴州天泰烟叶复烤有限责任公司	2010 年特种设备安全管理先进单位	郴州市质量技术监督局
2011.3	郴州天泰烟叶复烤有限责任公司	2010 年度全市加速推进新型工业化先进企业二等奖	中共郴州市委、郴州市人民政府
2011.4	郴州天泰烟叶复烤有限责任公司技术中心	全国工人先锋号	中华全国总工会
2011.5	郴州天泰烟叶复烤有限责任公司	湖南省 2010 届文明单位	中共湖南省委 湖南省人民政府
2011.5	郴州天泰烟叶复烤有限责任公司	湖南省 2010 年度“安康杯”竞赛优胜企业	湖南省总工会、湖南省安全生产监督管理局
2011.6	郴州天泰烟叶复烤有限责任公司	2010 年度标准化良好行为证书	国家标准化管理委员会
2011.7	郴州天泰烟叶复烤有限责任公司三支部	2010 年度党建创先争优活动先进党支部	郴州市烟草专卖局直属机关党委
2011.8	郴州天泰烟叶复烤有限责任公司	2010 年度工作业绩考核二等奖	郴州市烟草专卖局（公司）
2011.8	郴州天泰烟叶复烤有限责任公司	科学技术进步奖（扩大温控范围改善装箱温度的探索与实施）	郴州市烟草专卖局（公司）
2011.8	郴州天泰烟叶复烤有限责任公司	科学技术进步奖（用办事公开民主管理手段全面提升行政效能监察效率）	郴州市烟草专卖局（公司）
2011.8	郴州天泰烟叶复烤有限责任公司复烤 QC 小组	“三一杯”QC 小组成果发布擂台赛二等奖	湖南省经济和信息化委员会、质量技术监督局、总工会、科学技术协会、质量协会、中国共产主义青年团湖南省委员会
2011.9	郴州天泰烟叶复烤有限责任公司	标准化工作先进单位	郴州市质量技术监督局
2011.12	郴州天泰烟叶复烤有限责任公司	湖南省质量信用 A 级企业	湖南省企业质量信用等级评定委员会

续表

单位：项

授奖时间（年月）	获奖单位	获奖名称	颁奖单位
2012.2	湖南烟叶复烤有限公司郴州复烤厂	2011 年度党建“创先争优”活动先进单位	中共郴州市委
2012.3	湖南烟叶复烤有限公司郴州复烤厂	2011 年度北湖区纳税贡献企业	中共北湖区委 北湖区人民政府
2012.3	湖南烟叶复烤有限公司郴州复烤厂	2011 年度特种设备安全管理先进单位	郴州市质量技术监督局
2012.9	湖南烟叶复烤有限公司郴州复烤厂	湖南省‘安康杯’竞赛优胜企业	湖南省总工会、湖南省安全生产监督管理局
2012.9	湖南烟叶复烤有限公司郴州复烤厂	2011 度标准化工作先进单位	郴州市质量技术监督局
2013.3	湖南烟叶复烤有限公司郴州复烤厂	2012 年度特种设备安全管理先进单位	郴州市质量技术监督局
2013	郴州复烤厂质量技术中心	2012 年度先进集体	湖南烟叶复烤有限公司
2013.2	湖南烟叶复烤有限公司郴州复烤厂	2012 年度全市安全生产先进单位	中共郴州市委 郴州市人民政府
2013.3	湖南烟叶复烤有限公司郴州复烤厂团委	2012 年度郴州市共青团工作先进单位	共青团郴州市委员会
2013.4	湖南烟叶复烤有限公司郴州复烤厂团委	2012 年度湖南省“五四”红旗团支部（总支）	共青团湖南省委
2013.9-2016.9	湖南烟叶复烤有限公司郴州复烤厂	2013 年度安全生产标准化“三级”企业	郴州市安全生产监督管理局
2014.3	湖南烟叶复烤有限公司郴州复烤厂	2013 年度特种设备安全管理先进单位	郴州市质量技术监督局
2014.8	湖南烟叶复烤有限公司郴州复烤厂质量技术中心配方 QC 小组	湖南省优秀质量管理小组	湖南省经济和信息化委员会、质量技术监督局、湖南省总工会、科学技术协会、质量协会及中国共产主义青年团湖南省委员会
2014.8	湖南烟叶复烤有限公司郴州复烤厂质量技术中心检测室 QC 小组	湖南省优秀质量管理小组	湖南省经济和信息化委员会、质量技术监督局、湖南省总工会、科学技术协会、质量协会及中国共产主义青年团湖南省委员会
2014	湖南烟叶复烤有限公司郴州复烤厂打叶车间	湖南省烟草公司优质课程竞赛二等奖	湖南省烟草公司
2014	湖南烟叶复烤有限公司郴州复烤厂打叶车间	湖南烟叶复烤有限公司群众教育活动演讲比赛一等奖	湖南烟叶复烤有限公司
2015	湖南烟叶复烤有限公司郴州复烤厂	2014 年度工作业绩考核一等奖	湖南烟叶复烤有限公司
2015.3	湖南烟叶复烤有限公司郴州复烤厂	2015 年质量信用等级证书（AAA 级企业）	湖南省质量技术评审中心
2015.8	湖南烟叶复烤有限公司郴州复烤厂	2014 年度特种设备安全管理先进单位	郴州市质量技术监督局
2015.12	湖南烟叶复烤有限公司郴州复烤厂超越 QC 小组	2015 年湖南省优秀质量管理小组	湖南省经济和信息化委员会、质量技术监督局、总工会、科学技术协会、质量协会及中国共产主义青年团湖南省委员会
2015.12	湖南烟叶复烤有限公司郴州复烤厂	2015 年科学进步一等奖《复烤烟梗多流程燃烧及利用技术研究开发应用》	湖南省烟草公司

永州复烤厂及前身企业1987-2015年获县(处)级以上集体荣誉一览表

表71　　　　单位:项

授奖时间（年月）	获奖单位	获奖名称	颁奖单位
1987	零陵烟叶复烤厂	零陵地区烟草商业系统先进单位	零陵地区烟草专卖局（公司）
1988	零陵烟叶复烤厂	省级文明卫生单位	湖南省人民政府
1988.5	零陵烟叶复烤厂	零陵地区烟草商业系统首届运动会乒乓球项目女子团体第一名	零陵地区烟草专卖局（分公司）
1988.5	零陵烟叶复烤厂	零陵地区烟草商业系统首届运动会乒乓球项目男子团体第一名	零陵地区烟草专卖局（分公司）
1988.5	零陵烟叶复烤厂	零陵地区烟草商业系统首届运动会男子篮球项目第一名	零陵地区烟草专卖局（分公司）
1988.5	零陵烟叶复烤厂	劳动和社会保险管理合格单位	零陵地区劳动局
1989.11	零陵烟叶生产购销公司	复退军人安置工作先进单位	中共零陵地委、零陵行署、零陵军分区
1991.1	零陵烟叶生产购销公司	零陵地区企业“技术”改造工作先进企业	零陵地区行政公署
1991.4	零陵烟叶生产购销公司	全省烟草系统消防比赛第三名	湖南省烟草公司
1991.5	零陵烟叶生产购销公司	冷水滩市《主人杯》职工运动篮球项目女子组第一名	零陵地区总工会
1991.7	零陵烟叶生产购销公司	零陵地区建党70周年知识竞赛三等奖	中共零陵地区委员会
1993	零陵烟叶生产购销公司	1992年先进集体	零陵地区烟草专卖局
1994.12	零陵烟叶生产购销公司	科学技术进步奖《数字式烟叶复烤温、湿度自动控制系统》	零陵地区行政公署
1994.3	零陵烟叶生产购销公司	1993年度国债发行先进单位	零陵地区行政公署
1994.6	零陵烟叶生产购销公司	档案管理达标单位	湖南省档案管理局
1995	零陵烟叶生产购销公司	湖南省烟草科技进步奖三等奖（数字式烟叶复烤温湿度自动控制系统科研项目）	湖南省烟草专卖局（公司）
1995.3	零陵烟叶生产购销公司	科学技术进步一等奖《打叶复烤烟叶新技术推广》	零陵地区行政公署
1996.1	零陵烟叶生产购销公司	1996年度湖南省标准化工作优秀集体、“金芙蓉杯”奖	湖南省技术监督局、标准化协会
1997	零陵烟叶生产购销公司	永州市优秀企业	永州市经济委员会、企业管理协会、企业家协会
1998.1	零陵烟叶生产购销公司	湖南省标准化工作优秀集体	湖南省技术监督局、标准化协会
1998.1	零陵烟叶生产购销公司	1997年度标准化工作优秀集体	永州市技术监督局
1998.12	零陵烟叶生产购销公司	1997年度永州市优秀企业	永州市经济委员会、企业管理协会
1999.5	零陵烟叶生产购销公司	1999年度优秀QC小组成果二等奖	永州市质量管理协会
2000.12	零陵烟叶复烤厂	工会工作先进集体	永州市总工会
2001.6	零陵烟叶复烤厂	2001年度优秀QC小组、成果三等奖	永州市质量管理协会
2003.1	零陵烟叶复烤厂	企业标准化工作先进集体	永州市质量技术监督局
2003.4	零陵烟叶复烤厂	2002年度“扭亏增盈目标管理”二等奖	永州市烟草专卖局（公司）
2004	零陵烟叶复烤厂	湖南省优秀质量管理小组	湖南省经济委员会、质量技术监督局、总工会、质量协会、科学技术协会、团省委

续表

单位：项

授奖时间（年月）	获奖单位	获奖名称	颁奖单位
2004.11	零陵烟叶复烤厂	永州市烟草专卖局（公司）成立二十周年职工文艺汇演一等奖	永州市烟草专卖局（公司）
2004.12	零陵烟叶复烤厂	2004 年度永州市质量检验协会先进单位	永州市质量检验协会
2004.6	零陵烟叶复烤厂	永州市首届“长丰·猎豹杯”QC 成果发表大赛优秀奖	永州市质量技术监督局、质量协会
2005.1	零陵烟叶复烤厂	2004 年度社会治安综合治理工作先进单位	中共冷水滩区委 区人民政府
2005.12	零陵烟叶复烤厂	永州市 2005 届文明单位	中共永州市委、市人民政府
2006	永州天顺烟叶复烤有限责任公司	2005 年招商引资先进单位	永州市人民政府
2006.11	永州天顺烟叶复烤有限责任公司	永州市烟草商业系统第五届篮球运动会（男子组）第一名	永州市烟草专卖局（公司）
2006.11	永州天顺烟叶复烤有限责任公司	永州市烟草商业系统第五届篮球运动会（女子组）第一名	永州市烟草专卖局（公司）
2006.3	永州天顺烟叶复烤有限责任公司	2004 ～ 2005 年全市档案工作先进单位	永州市档案局
2006.5	永州天顺烟叶复烤有限责任公司	2005 年度精神文明建设工作先进单位	永州市烟草专卖局（公司）
2006.5	永州天顺烟叶复烤有限责任公司	2005 年度人事劳资工作先进集体	永州市烟草专卖局（公司）
2007.8	永州天顺烟叶复烤有限责任公司	2006 年度经济运行工作特别贡献奖	永州市烟草专卖局（公司）
2008	永州天顺烟叶复烤有限责任公司	永州市档案工作优秀集体	永州市档案局
2008	永州天顺烟叶复烤有限责任公司	2007 年度全市烟草商业系统经济运行业绩考核贡献奖（金牌）	永州市烟草专卖局（公司）
2008.1	永州天顺烟叶复烤有限责任公司	2007 年度社会治安综合治理先进单位	中共冷水滩区委 区人民政府
2008.12	永州天顺烟叶复烤有限责任公司	湖南省档案工作规范化管理省特级	湖南省档案局
2008.2	永州天顺烟叶复烤有限责任公司	2006-2007 年度纳税信用 A 级单位	湖南省国家税务局 湖南省地方税务局
2008.3	永州天顺烟叶复烤有限责任公司	永州市基层党的建设示范点	中共永州市委
2008.3	永州天顺烟叶复烤有限责任公司	全市烟草商业系统抗冰救灾先进集体	永州市烟草专卖局（公司）
2008.3	永州天顺烟叶复烤有限责任公司	永州市档案工作优秀集体	永州市档案局
2008.4	永州天顺烟叶复烤有限责任公司	2007 年度安全保卫工作先进单位	永州市烟草专卖局（公司）
2008.5	永州天顺烟叶复烤有限责任公司	永州市烟草商业系统驾驶员技能比武团体第一名	永州市烟草专卖局（公司）
2008.7	永州天顺烟叶复烤有限责任公司	2007 年度消防工作先进单位	永州市人民政府办公室
2009.4	永州天顺烟叶复烤有限责任公司	永州市烟草商业系统首届羽毛球比赛团体第四名	永州市烟草专卖局（公司）

续表

单位：项

2009.8.1	永州天顺烟叶复烤有限责任公司	2008年度全市烟草商业系统工作业绩考核三等奖	永州市烟草专卖局（公司）
2010.11	永州天顺烟叶复烤有限责任公司	永州市烟草商业系统首届PPT制作技能竞赛团体三等奖	永州市烟草专卖局（公司）
2010.12	永州天顺烟叶复烤有限责任公司	2010年度工业统计二等奖	永州市冷水滩区统计局
2010.2	永州天顺烟叶复烤有限责任公司	2009年度社会治安综合治理先进单位	中共冷水滩区委 区人民政府
2010.3	永州天顺烟叶复烤有限责任公司	2009年度安全生产目标管理先进单位	永州市人民政府
2010.3	永州天顺烟叶复烤有限责任公司	2009年度全市档案工作优秀单位	永州市档案局
2010.3	永州天顺烟叶复烤有限责任公司	2009年度安全保卫工作先进单位	永州市烟草专卖局（公司）
2010.4	永州天顺烟叶复烤有限责任公司	2009年度全市消防工作先进单位	永州市消防安全委员会
2010.5	永州天顺烟叶复烤有限责任公司	永州市烟草商业系统第六届男子篮球赛第二名	永州市烟草专卖局（公司）
2010.5	永州天顺烟叶复烤有限责任公司	优秀打叶复烤企业	湖南省烟草专卖局（公司）
2010.6	永州天顺烟叶复烤有限责任公司	2009年度党建目标管理先进单位	中共永州市国资委委员会
2010.8	永州天顺烟叶复烤有限责任公司	2009年度全市烟草商业系统工作业绩考核三等奖	永州市烟草专卖局（公司）
2010.9	永州天顺烟叶复烤有限责任公司	2010年度全市安全生产宣传教育工作先进单位	永州市安全生产监督管理局
2011.2	永州天顺烟叶复烤有限责任公司	2010年度安全生产工作先进单位	中共永州市委、市人民政府
2011.3	永州天顺烟叶复烤有限责任公司	永州市安全文化建设示范企业	永州市安全生产委员会
2011.8	湖南烟叶复烤有限公司永州复烤厂	2010年度全市烟草商业系统工作业绩考核一等奖	永州市烟草专卖局（公司）
2011.11.1	湖南烟叶复烤有限公司永州复烤厂	“五五”普法依法治理先进单位	中共永州市委、市人民政府
2011.12	湖南烟叶复烤有限公司永州复烤厂	2011年度安全生产先进单位	中共永州市委、市人民政府
2012.2	湖南烟叶复烤有限公司永州复烤厂	2011年度永州市推进新型工业化企业贡献二等奖	中共永州市委、市人民政府
2012.2	湖南烟叶复烤有限公司永州复烤厂	2011年度冷水滩区社会治安综合治理先进单位	中共冷水滩区委、区人民政府
2012.3	湖南烟叶复烤有限公司永州复烤厂	2011年度全市档案工作优秀单位	永州市档案局
2012.7	湖南烟叶复烤有限公司永州复烤厂	永州市国资系统创先争优先进单位	中共永州市国资委委员会
2012.9	湖南烟叶复烤有限公司永州复烤厂	2012年度全市安全生产宣传教育先进单位	永州市安全生产监督管理局
2013.1.29	湖南烟叶复烤有限公司永州复烤厂	2012年度安全生产工作先进单位	中共永州市委、市人民政府

续表

单位：项

2013.3.26	湖南烟叶复烤有限公司 永州复烤厂	2012 年度永州市推进新型 工业化企业贡献进步奖	中共永州市委、市人民政府
2013.8	湖南烟叶复烤有限公司 永州复烤厂	2012 年度工作业绩考核一等奖	湖南烟叶复烤有限公司
2014.2	湖南烟叶复烤有限公司 永州复烤厂	2013 年度全市企业养老 保险工作先进单位	永州市人力资源和社会保障局
2014.2	湖南烟叶复烤有限公司 永州复烤厂	2013 年度安全生产工作先进单位	中共永州市委、市人民政府
2014.8	永州复烤厂质量技术中心 QC 小组	2014 年湖南省优秀质量管理小组	湖南省经济和信息化委员会、质量技术监督局、总工会、科学技术协会、质量协会、省团委
2014.8	湖南烟叶复烤有限公司 永州复烤厂 机修动力车间 QC 小组	2014 年湖南省优秀质量管理小组	湖南省经济和信息化委员会、质量技术监督局、总工会、科学技术协会、质量协会、省团委
2014.9	湖南烟叶复烤有限公司 永州复烤厂	2013 年度目标管理工作业绩 考核三等奖	湖南烟叶复烤有限公司
2015.2	湖南烟叶复烤有限公司 永州复烤厂	2014 年度安全生产工作先进单位	中共永州市委、市人民政府
2015.2	湖南烟叶复烤有限公司 永州复烤厂	2014 年度工伤保险基金 工伤预防工作先进单位	永州市人力资源和社会保障局
2015.8	湖南烟叶复烤有限公司 永州复烤厂	省优化经济发展环境 2015-2017 年度监督测评点	湖南省优化经济发展环境办公室

常德芙蓉烟叶复烤有限责任公司2012~2017年获县(处)级以上集体荣誉一览表

表72

单位：项

授奖时间（年月）	获奖单位	获奖名称	颁奖单位
2012	常德芙蓉烟叶复烤有限责任公司	2011 年度纳税信用 A 级单位	常德市国税局　常德市地税局
2013.10.24	常德芙蓉烟叶复烤有限责任公司	安全生产标准化二级企业	湖南省职业安全健康协会
2013	常德芙蓉烟叶复烤有限责任公司	2012 年度纳税信用 A 级单位	常德市国税局　常德市地税局
2014.12.15	常德芙蓉烟叶复烤有限责任公司	工业生产者价格统计调查工作 先进单位	国家统计局常德调查队
2014	常德芙蓉烟叶复烤有限责任公司	2013 年度纳税信用 A 级单位	常德市国税局　常德市地税局
2015.12.14	常德芙蓉烟叶复烤有限责任公司	工业生产者价格统计调查工作 先进单位	国家统计局常德调查队
2016.1.5	常德芙蓉烟叶复烤有限责任公司	2015 年度护卫管理工作先进单位	常德市公安局
2017.3.16	常德芙蓉烟叶复烤有限责任公司	安全生产标准化二级企业（烟草）	湖南省职业安全健康协会
2017.6.26	常德芙蓉烟叶复烤有限责任公司	实验室认可证书 （注册号：CNAS L10084）	中国合格评定国家认可委员会

湘西鹤盛原烟发展有限公司（含前身合并企业）2001~2016年获县（处）级以上集体荣誉一览表

表73 单位：项

授奖时间（年月）	获奖单位	获奖名称	颁奖单位
2001	吉首打叶复烤厂	2000年度工业生产目标管理先进单位	吉首市人民政府
2001	吉首打叶复烤厂	2000年度扭亏增盈目标管理先进单位	吉首市人民政府
2001	吉首打叶复烤厂	2000年度依法纳税先进企业	吉首市人民政府
2001	吉首打叶复烤厂	2000年度文明单位	吉首市人民政府
2001	吉首打叶复烤厂	卫生红旗单位	吉首市爱国卫生运动委员会
2001	吉首打叶复烤厂	文明建设先进小区	湘西自治州精神文明建设指导委员会
2001	吉首打叶复烤厂	2000年度依法纳税先进企业	湘西自治州地方税务局
2002	吉首打叶复烤厂	2001年度全市地方税收纳税先进单位	吉首市地方税务局
2002	吉首打叶复烤厂	2001年度企业技术改造工作二等奖	湘西自治州人民政府
2002	吉首打叶复烤厂	2001年度全省设备管理优秀单位	湖南省设备管理协会
2002	吉首打叶复烤厂	2001年度工业生产扭亏增盈目标管理先进单位	吉首市人民政府
2002	吉首打叶复烤厂	A级纳税信誉单位	湘西自治州地方税务局
2003	吉首打叶复烤厂	2002年度全市工业经济目标管理先进单位	吉首市人民政府
2003	吉首打叶复烤厂	湘西自治州经济农业产业化龙头企业	湘西自治州人民政府
2003	吉首打叶复烤厂	2002年全省投入产出调查先进集体	湖南省投入产出办公室
2003	吉首打叶复烤厂	2002年度吉首地区环境统计先进单位	吉首市环境保护局
2004	吉首打叶复烤厂	2003年度纳税先进企业	吉首市地方税务局
2004	吉首打叶复烤厂	二00三年度技术改造先进单位	湘西自治州人民政府
2004	吉首打叶复烤厂	全国诚信单位光荣榜上榜单位	人民日报社新闻信息中心
2004	吉首打叶复烤厂	纳税信用等级A级单位	湖南省国家税务局、湖南省地方税务局
2004	吉首打叶复烤厂	诚信纳税十佳单位	湘西州地税局
2004	吉首打叶复烤厂	纳税五十强单位	湘西州地税局
2004	吉首打叶复烤厂	2002-2003年度A级纳税信用单位	湖南省国家税务局
2004	吉首打叶复烤厂	AA级信用单位	中国建设银行股份有限公司湘西州分行
2005	湘西鹤盛原烟发展有限责任公司	中国优秀企业数据库优秀企业之一，证书编号：Y20050149	中国企业联合会
2005	湘西鹤盛原烟发展有限责任公司	工商免检企业	吉首市工商行政管理局
2005	湘西鹤盛原烟发展有限责任公司	工会工作目标管理单位	吉首市总工会
2005	湘西鹤盛原烟发展有限责任公司	计划生育先进单位	吉首市总工会
2005	湘西鹤盛原烟发展有限责任公司	科技兴市优秀贡献单位	吉首市科技局
2005	湘西鹤盛原烟发展有限责任公司	文明卫生单位	吉首市爱国卫生运动委员会
2005	湘西鹤盛原烟发展有限责任公司	2004年度工会工作目标管理二等奖	吉首市总工会

续表

单位:项

授奖时间（年月）	获奖单位	获奖名称	颁奖单位
2005	湘西鹤盛原烟发展有限责任公司	2004 年度全市人口计划生育工作先进单位	吉首市总工会
2005	湘西鹤盛原烟发展有限责任公司	文明诚信企业	吉首市委、市政府
2005	湘西鹤盛原烟发展有限责任公司	2004 年度过亿超千企业目标管理先进单位	吉首市人民政府
2006	湘西鹤盛原烟发展有限责任公司	2005 年度吉首市工会工作目标管理先进单位一等奖	湘西自治州工会
2006	湘西鹤盛原烟发展有限责任公司	湘西自治州纳税“五十强”企业第七位	湘西自治州地方税务局
2006	湘西鹤盛原烟发展有限责任公司	2005 年度全州依法诚信纳税“十佳单位”	湘西自治州地方税务局
2006	湘西鹤盛原烟发展有限责任公司	第四届“全国诚信单位光荣榜”上榜荣誉单位	中国消费者报社、《全国诚信单位光荣榜》行动组委会
2006	湘西鹤盛原烟发展有限责任公司	湖南省计量工作先进单位	湖南省质量技术监督局
2006	湘西鹤盛原烟发展有限责任公司	经济发展环境观测定点企业	吉首市人民政府
2006	湘西鹤盛原烟发展有限责任公司	2005 年度消防工作先进单位	湘西州防火安全委员会
2007	湘西鹤盛原烟发展有限责任公司	关心下一代工作先进单位	湘西自治州关心下一代工作委员会
2007	湘西鹤盛原烟发展有限责任公司	2006 年度社会治安综合治理工作先进单位	吉首市政府
2007	湘西鹤盛原烟发展有限责任公司	十佳纳税企业	湘西自治州人民政府
2007	湘西鹤盛原烟发展有限责任公司	全州十佳诚信纳税企业提名奖	湘西州国家税务局
2007	湘西鹤盛原烟发展有限责任公司	2006 年度消防工作先进单位	湘西自治州人民政府
2007	湘西鹤盛原烟发展有限责任公司	2006 年度信贷诚信单位	湖南省银行业协会
2008	湘西鹤盛原烟发展有限责任公司	2007 年度工会工作目标管理单位一等奖	吉首市总工会
2008	湘西鹤盛原烟发展有限责任公司	2007 年度重点纳税单位	吉首市人民政府
2008	湘西鹤盛原烟发展有限责任公司	吉首市 2007 年度先进纳税人	吉首市国家税务局
2008	湘西鹤盛原烟发展有限责任公司	2007 年度纳税先进单位	吉首市地方税务局
2008	湘西鹤盛原烟发展有限责任公司	全州工业行业十佳企业	湘西自治州人民政府
2009	湘西鹤盛原烟发展有限责任公司	吉首市 2008 年度重点纳税企业	吉首市人民政府
2009	湘西鹤盛原烟发展有限责任公司	十佳纳税单位	吉首市地方税务局
2009	湘西鹤盛原烟发展有限责任公司	农业产业化龙头企业	湘西自治州人民政府
2009	湘西鹤盛原烟发展有限责任公司	湖南省模范职工之家	湖南省总工会
2010	湘西鹤盛原烟发展有限责任公司	吉首市 2009 年度重点纳税工商企业	吉首市人民政府

续表

单位：项

授奖时间（年月）	获奖单位	获奖名称	颁奖单位
2010	湘西鹤盛原烟发展有限责任公司	2009 年度湖南省模范职工之家	湖南省总工会
2010	湘西鹤盛原烟发展有限责任公司	2008-2009 年度湘西自治州工业企业十佳企业	湘西自治州人民政府
2010	湘西鹤盛原烟发展有限责任公司	全州二０一０年度社会治安综合治理先进单位	湘西自治州人民政府
2011	湘西鹤盛原烟发展有限责任公司	吉首市 2010 年度重点纳税工商企业	吉省市人民政府
2011	湘西鹤盛原烟发展有限责任公司	2010 年度全州社会治安综合治理先进单位	中共湘西州委、州人民政府
2011	湘西鹤盛原烟发展有限责任公司	2008-2009 年度 A 级纳税信用单位	湖南省地方税务局、湖南省国家税务局
2011	湘西鹤盛原烟发展有限责任公司	2010 年计划生育工作先进单位	吉首市计划生育委员会
2011	湘西鹤盛原烟发展有限责任公司	2010 年度十佳纳税单位	吉首市地方税务局
2012	湘西鹤盛原烟发展有限责任公司	诚信纳税企业	吉首市人民政府
2012	湘西鹤盛原烟发展有限责任公司	劳动竞赛优秀班组	湖南省总工会
2012	湘西鹤盛原烟发展有限责任公司	纳税先进企业	吉首市国家税务局
2012	湘西鹤盛原烟发展有限责任公司	2011 年度计划生育工作先进单位	吉首市计划生育领导小组
2013	湘西鹤盛原烟发展有限责任公司	2012 年度重点纳税企业	吉首市人民政府
2013	湘西鹤盛原烟发展有限责任公司	2012 年度诚信纳税企业	吉首市人民政府
2013	湘西鹤盛原烟发展有限责任公司	安全生产标准化二级企业（烟草）	湖南省职业安全健康协会
2013	湘西鹤盛原烟发展有限责任公司	湖南省企业质量信用 AAA 级企业	湖南省质量技术评审中心
2013	湘西鹤盛原烟发展有限责任公司	《一种片烟复烤机加湿回潮装置》发明专利	中华人民共和国国家知识产权局
2014	湘西鹤盛原烟发展有限责任公司	全国模范职工之家	中华全国总工会
2014	湘西鹤盛原烟发展有限责任公司	诚信纳税企业	吉首市人民政府
2014	湘西鹤盛原烟发展有限责任公司	重点纳税企业	吉首市人民政府
2014	湘西鹤盛原烟发展有限责任公司	2013 年度社会单位消防安全户籍化管理先进单位	湘西自治州消防安全委员会
2015	湘西鹤盛原烟发展有限责任公司	2014 年度全市计划生育工作先进单位	吉首市计划生育领导小组
2015	湘西鹤盛原烟发展有限责任公司	全市工会规范化建设争先创优工作一类单位	吉首市总工会
2015	湘西鹤盛原烟发展有限责任公司	《打叶复烤烟叶分切加工设备》发明专利	中华人民共和国国家知识产权局
2015	湘西鹤盛原烟发展有限责任公司	《烟草废弃物处理中的生物质硫化床锅炉系统》发明专利	中华人民共和国国家知识产权局
2016	湘西鹤盛原烟发展有限责任公司	国家 CNAS 实验室认可	中国合格评定国家认可委员会
2016	湘西鹤盛原烟发展有限责任公司	《基于螺杆式真空泵的真空回潮机》发明专利	中华人民共和国国家知识产权局

浏阳天福打叶复烤有限责任公司2008~2016年获县(处)级以上集体荣誉一览表

表74　　单位:项

授奖时间(年月)	获奖单位	获奖名称	颁奖单位
2008	浏阳天福打叶复烤有限责任公司	2007 年度税收贡献奖	浏阳制造产业基地管理委员会
2008.2	浏阳天福打叶复烤有限责任公司	2007 年度长沙市利税大户(利税过 1000 万企业)	长沙市人民政府
2009.1	浏阳天福打叶复烤有限责任公司	奉爱心、献真情,支持地震灾区捐赠	浏阳市慈善会
2009.2	浏阳天福打叶复烤有限责任公司	2008 年度长沙市利税大户(利税过 1000 万元企业)	长沙市人民政府
2009.3	浏阳天福打叶复烤有限责任公司	2008 年度消防工作先进单位	浏阳市消防安全委员会
2010.2	浏阳天福打叶复烤有限责任公司	2009 年度长沙市利税大户利税过千万元企业	长沙市人民政府
2010.3	浏阳天福打叶复烤有限责任公司	2009 年度优秀企业管理者	中共浏阳制造产业基地委员会、基地管理委员会
2010.3	浏阳天福打叶复烤有限责任公司	浏阳市工业企业联合会、企业家协会理事单位	浏阳市工业企业协会(企业联合会、企业家协会)
2010.4	浏阳天福打叶复烤有限责任公司	住房公积金缴交诚信企业	长沙市住房公积金管理委员会、长沙市住房公积金管理中心
2010.5	浏阳天福打叶复烤有限责任公司	模范集体	中共浏阳市委、浏阳市人民政府
2011.3	浏阳天福打叶复烤有限责任公司	2010 年度优秀企业	中共浏阳制造产业基地委员会、基地管理委员会
2011.3	浏阳天福打叶复烤有限责任公司	2010 年度税收贡献奖	中共浏阳制造产业基地委员会、基地管理委员会
2011.4	浏阳天福打叶复烤有限责任公司	2010 年度消防工作先进单位	浏阳市消防安全委员会
2012	浏阳天福打叶复烤有限责任公司	2010-2011 年度纳税信用 A 级单位	湖南省国家税务局　湖南省地方税务局
2012.1	浏阳天福打叶复烤有限责任公司	2011 年度税收贡献奖	中共浏阳制造产业基地委员会、基地管理委员会
2012.1	浏阳天福打叶复烤有限责任公司	2011 年度安全生产管理奖	中共浏阳制造产业基地委员会、基地管理委员会
2012.1	浏阳天福打叶复烤有限责任公司	党的十八大消防安全保卫战先进单位	浏阳市人民政府
2012.3	浏阳天福打叶复烤有限责任公司	住房公积金缴存工作先进单位	长沙市人民政府
2012.3	浏阳天福打叶复烤有限责任公司	2011 年度安全生产先进企业	中共浏阳市委、浏阳市人民政府
2012.4	浏阳天福打叶复烤有限责任公司	浏阳市 2011 年度消防工作先进单位	浏阳市消防安全委员会
2013.1	浏阳天福打叶复烤有限责任公司	2012 年度安置就业奖	中共浏阳制造产业基地委员会、基地管理委员会
2013.1	浏阳天福打叶复烤有限责任公司	湖南浏阳产业制造基地 2012 年度优秀企业	中共浏阳制造产业基地委员会、基地管理委员会
2013.1	浏阳天福打叶复烤有限责任公司	2012 年度税收贡献奖	中共浏阳制造产业基地委员会、基地管理委员会
2013.2	浏阳天福打叶复烤有限责任公司	2012 长沙市利税过 5000 万元企业	长沙市人民政府

续表

单位:项

授奖时间(年月)	获奖单位	获奖名称	颁奖单位
2013.3	浏阳天福打叶复烤有限责任公司	浏阳产业制造基地十周年庆典十大精英企业	中共浏阳制造产业基地委员会、基地管理委员会
2014.2	浏阳天福打叶复烤有限责任公司	2013 年度工会工作先进单位	中共浏阳制造产业基地委员会、基地管理委员会
2014.2	浏阳天福打叶复烤有限责任公司	2013年度利税过 5000 万元企业	长沙市人民政府
2014.2	浏阳天福打叶复烤有限责任公司	2013 年度税收贡献奖	中共浏阳制造产业基地委员会、基地管理委员会
2014.3	浏阳天福打叶复烤有限责任公司	2013 年度住房公积金重新缴存企业	长沙市住房公积金管理委员会
2015.3	浏阳天福打叶复烤有限责任公司	2014 年度税收贡献奖(税收过 3000 万元)	中共浏阳制造产业基地委员会、基地管理委员会
2015.7	浏阳天福打叶复烤有限责任公司	2015 年度先进工会组织	中共湖南浏阳制造产业基地委员会
2016.3	浏阳天福打叶复烤有限责任公司	浏阳产业制造基地 2015 年度优秀企业	中共浏阳制造产业基地委员会、基地管理委员会
2016.3	浏阳天福打叶复烤有限责任公司	2015 年度税收贡献奖(税收过 4000 万元)	中共浏阳制造产业基地委员会、基地管理委员会
2016.3	浏阳天福打叶复烤有限责任公司	2015 年度税收增幅奖	中共浏阳制造产业基地委员会、基地管理委员会

附　录

一、中国烟草总公司湖南省公司关于新建常德地区烟叶复烤厂计划任务书的批复

中国烟草总公司湖南省公司文件

(85) 湘烟计字第023号

关于新建烟叶复烤厂计划任务书的批复

常德地区烟草分公司：

你司报来常德地烟字（85）50号“关于呈报批常德地区烟叶复烤厂计划任务书的报告”收悉。经研究批复如下：

一、所报新建烟叶复烤厂计划任务书原则同意。

二、规模控制在年复烤能力二十万担。

三、总投资应控制在三百万元以内。

四、正式职工编制控制在五十人以下。

希按以上意见抓紧时间进行设计及做好建设前期的准备工作。

因今年上级未给我司下达基建计划指示，请常德行署支持给予安排一九八五年基建计划。

中国烟草总公司湖南省公司

一九八五年六月五日

二、郴州地区供销社和湖南省烟草公司郴州分公司移交协议

郴州地区供销社和湖南省烟草公司郴州分公司移交协议

移交单位：郴州地区供销社（由地区棉麻烟公司执行），简称甲方。

接交单位：湖南省烟草公司郴州分公司（由郴州烟草分公司原烟经理部、烟叶复烤厂执行），简称乙方。

根据郴州行署决定，地区供销社的地本级烤烟经营业务和担负的生产培植工作，从一九八六年四

月份起移交给湖南省烟草公司郴州分公司。双方秉着有利于工作、有利于管理、有利于团结的原则，就交接中的有关问题，经多次协商，达成了如下协议。

一、经营设施及其他财产

第一条　甲方将下列地域的经营设施移交给乙方：

1.流星岭库区按图纸（附件一）所标红线以西的地域，以及该地域西端围墙外对面山上的宿舍区域。

原烟草公司一九七一年移交给甲方的红线以东地域的仓库、杂房，由甲方以其在乙方地域内自建的、经双方商定的仓库及杂房抵偿。

2.耒阳灶市烤烟库区按图纸（附件二）所标红线以南的地域。

第二条　移交给乙方第一条所述地域内的土地及属原烟草公司兴建的仓库和其他房屋，由甲方无偿移交给乙方。

第三条　甲方有偿移交给乙方的各类房屋、复烤厂主机、锅炉、汽车以及其他经营设施等，按双方商定的价值共1684220.55元。

【详见附表】

第四条　甲方库存的生产零配件和在经营设施内外配备的消防器材、油布、磅秤、打捆机、排风扇、码架、垫材及其他用器，随同经营设施，全部有偿移交给乙方。其中，原烟草公司移交给甲方的码架、垫材、打捆机、磅秤，无偿移交给乙方。有偿移交部分的价格由双方商定。

第五条　甲方办公室现有的家具用器、办公用品，乙方需要的部分，可按质论价卖给乙方。

二、库存烤烟及包装物料

第六条　甲方现有的库存烤烟，按账面库存数量和实际平均进价（机烤烟按双方核实的成本价），分品种列表移交给乙方。已报废的烤烟按账面保留的残值移交（数量分品种列表）。

第七条　甲方按照与郴州烟厂签订的烤烟购销合同，目前正在调拨的二万九千一百多担烤烟，移交给乙方执行。

第八条　甲方现有库存包装物料，经双方盘点列表，按质论价，有偿移交给乙方。

三、下湄桥烤烟储备仓库

第九条　甲方代中国烟草总公司在下湄桥兴建的烤烟储备仓库，已接近完工。该库已完和未完工程以及账面结存的资金、材料、汽车，全部移交给乙方，由乙方承担甲方原承担代建的全部责任。甲方照顾乙方目前的困难，同意该库进出的车辆在一九八八年四月三十日以前，无偿借用甲方下湄桥库内马路。

四、人员及有关问题

第十条　甲方移交给乙方的从事烤烟生产、经营的专业人员和管理人员三百一十七人（包括甲方已调给乙方的十一人），现有离休、退休人员，退养人员，领取生活费人员，分别按移交的在职职工人数占地区棉麻烟公司在职职工总人数的比例移交给乙方，移交的各类人员的名单，由双方商定。

第十一条　移交给乙方的职工，继续参加甲方正在进行的工资调整。经有关部门批准，按规定增加的工资额，今年三月份（含三月份）以前的部分，由甲方补发。四月份及以后的部分，由乙方发给。

五、仓库、办公室及宿舍的租赁

第十二条　甲方照顾乙方目前缺少仓库的困难，同意租给乙方一部分仓库，期限两年，租金每平方米每日五分五厘。

第十三条　甲方同意将流星岭办公楼的第二、第三两层，租给乙方使用，租期一年，租金每平方米每月一元。

第十四条　移交给乙方的人员所住甲方的宿舍，由乙方暂时借用，限期三年。在借用限期内，经双方协调，乙方向甲方交付房屋折旧费、保险费和职工房租费。上述三项费用计收办法，由甲乙双方另行商定。

第十五条　考虑到乙方目前的困难，甲方流星岭的食堂、厨房、澡堂、锅炉在今年底以前，借给乙方使用。食堂的工作人员、食堂的费用开支，均由乙方安排和负担。甲方的炊事用器、食堂餐具和家具，根据乙方需要，按质论价卖给乙方。如乙方在一九八七年元月一日以后还要继续使用，则应每月付给甲方食堂租金二百元，锅炉等的折旧费三百元。

第十六条　双方根据前三条所述的原则，具体签订租借合同。办公室和宿舍的租金和费用，从今年五月一日起计算，仓库从腾空之日起计算。

六、幼儿园

第十七条　甲方的幼儿园，从今年五月一日起，由双方合办。以甲方管理为主，甲方出场地和现有设施，乙方出工作人员，需要新添设施的费用负担，由双方另行商定。

现由甲方负担商业幼儿园两名幼师的工资、福利和其他经费，从今年五月一日起，由乙方负担一半。

七、今年四月份有关费用负担问题

第十八条　甲方已发移交给乙方人员四月份的工资、生活费、退养费由乙方负担，四月份库存烤烟的资金贷款利息除2.95万担由甲方负担外，其余由乙方负担。上述两项费用，在一九八六年十月底以前交付给甲方。

八、贷款及其他财产价款交付的时间

第十九条　在办好库存烤烟、包装物料交接手续后七天内，乙方把全部贷款及其今年五月一日起付款日止的银行贷款利息，交付给甲方。

第二十条　甲方有偿移交给乙方的固定资产和其他财产的价款，乙方在本协议签字生效日起两个月内，付给甲方百分之八十，其余部分在年底以前付清。逾期未交部分，在三个月以内，乙方按银行贷款利率计付利息给甲方。三个月以上，除交利息外，还要另交罚金，罚金按欠交金额每月罚款千分之五计算。

九、其　它

第二十一条　本协议未尽事宜，由甲乙双方协商确定。

第二十二条　有关人、财、物的移交，要分别列表或制图，经双方单位代表盖章、签字后，装订成册，作为本协议的附件。

第二十三条　甲方执行本协议的单位是地区棉麻烟公司，乙方执行本协议的单位是郴州烟草分公司原烟经理部和烟叶复烤厂。上述执行单位以后如要变换，应及时用书面形式通知对方，对方应予以承认。

第二十四条　本协议一经双方签字即为生效。

第二十五条　本协议共印十八份，除甲乙双方各执四分外，报行署、行署财委、经委、省供销社、省烟草公司各一份，抄送地区财政局、税务局、工商局、农业银行，郴州市公证处、税务局、农业银行各一份。

移交单位：郴州地区供销社　　代表：周兆焜

接交单位：湖南省烟草公司郴州分公司　　代表：刘运光

一九八六年四月三十日

公 证 书

(86) 郴市公证字第215号

兹证明郴州地区供销合作社的代表人周兆焜与中国烟草总公司湖南省公司郴州分公司的代表人刘运光于一九八六年四月三十日所签前面的协议属实。

湖南省郴州市公证处
公证员：陈新才
一九八六年五月六日

三、中国烟草总公司湖南省公司关于常德烟叶复烤厂移交问题的通知

中国烟草总公司湖南省公司文件

(88) 湘烟办字第014号

关于常德烟叶复烤厂移交问题的通知

常德烟草分公司、常德卷烟厂：

根据常德卷烟厂“七五”技术改造第二期工程设计要求，从有利于卷烟生产工艺的配套、提高经济效益的全局出发，经与常德烟草分公司、常德卷烟厂商量后，省公司研究决定“将常德烟草分公司所属的常德烟叶复烤厂移交给常德卷烟厂领导管理”。现就有关移交事项通知如下：

一、常德烟叶复烤厂于1988年7月底全部无偿移交给常德卷烟厂领导管理，定名为“常德卷烟厂烟叶复烤厂”。复烤厂的计划、财务、人事、生产等各项工作纳入常德卷烟厂的管理范围。

二、常德烟叶复烤厂的全部资产按7月份的财务报表进行交接；各自债权债务一并移交常德卷烟厂；对外签订的烟叶合同全部移交烟厂执行。

三、常德烟叶复烤厂移交常德卷烟厂后，由烟厂付给常德烟草分公司50万元，作为分公司在复烤厂建厂时让出部分利润的补偿。其具体付款方式由烟厂和分公司商定。

四、常德烟叶复烤厂的人员。按今年7月末的在册人数进行移交。常德烟草分公司原决定从外单位拟调入复烤厂的全民所有制职工（包括正在办理手续和未办手续的）烟厂亦应接收。

五、常德烟叶复烤厂移交后，常德烟草分公司机关职工子女的就业问题，烟厂在招工时，应按本厂职工子女一样对待。至于分公司机关今后调入的少数干部的家属安排问题，由分公司和烟厂具体协商解决。

六、常德烟叶复烤厂的干部评定职称有关工作，由烟厂办理。

七、常德烟叶复烤厂建厂时，因为征收土地与农民签订的合同义务，今后由烟厂承担。

八、省公司要求常德烟草分公司、常德卷烟厂按上述原则进行交接工作。对于本通知中尚未明确

的一些具体问题，望双方协商解决。

中国烟草总公司湖南省公司
1988年7月30日

四、湘西自治州人民政府转报吉首市人民政府关于乾州烟厂转产为打叶复烤厂的方案的报告

湘西土家族苗族自治州人民政府文件

州政[1997]73号

湘西自治州人民政府转报吉首市人民政府关于乾州烟厂转产为打叶复烤厂的方案的报告

省人民政府：

根据省人民政府湘府阅《关于乾州烟厂转产为打叶复烤厂有关问题的会议纪要》精神，吉首市人民政府制定了乾州烟厂转产的方案，州人民政府同意这个方案，现予转报。

附：吉首市人民政府关于乾州烟厂转产为打叶复烤厂的方案的报告

一九九七年七月三日

主题词：工业　转产　方案　湘西自治州　报告

抄送：省烟草局

湘西土家族苗族自治州人民政府办公室　　1997年7月4日印发

吉首市人民政府关于乾州烟厂转产为打叶复烤厂的方案的报告

州人民政府：

为了贯彻落实湘府阅《关于乾州烟厂转产为打叶复烤厂有关问题的会议纪要》精神，使乾州烟厂转产工作顺利进行，特制定本方案：

一、为加快自治州脱贫致富的步伐，根据省委、省政府的指示精神，市政府决定将乾州烟厂转产为打叶复烤厂，生产能力按年产3万吨，总体设计，分步实施，第一期年产1.5万吨，1998年建成投产。

二、资金来源：乾州烟叶复烤厂建设资金约8000万元，其资金来源是：省财政从原烟发展基金中筹款8000万元，土地由吉首市政府无偿提供。

三、烟叶复烤厂投产前，乾州烟厂在条件允许的情况下，继续依法搞好卷烟的生产经营，在烟叶复烤厂一期工程投产后，乾州烟厂停止卷烟生产，其卷烟指标全部转给长沙烟厂。

四、转产后的人员、债务的消化工作

1.转产人员的安置工作。乾州烟厂转产为打叶复烤厂后，其人员实行招聘制，原乾州烟厂的人员安置采取四条措施：一是打叶复烤厂可招聘一部分符合条件的乾州烟厂的技术工人；二是内退一部分人员；三是通过买断工龄的方式转移一部分人员；四是围绕打叶复烤厂新上一些配套企业如纸箱厂、餐饮服务业等，消化部分人员。以上措施实施所发生的一切费用由吉首市政府承担。

2.做好乾州烟厂的债务消化工作，通过清产核资，截至1995年12月31日止，乾州烟厂总资产为10374万元，总负债9810万元。我们计划从以下几个方面做好转产后的债务消化工作：一是市政府从97年起，连续两年每年返回乾州烟厂1500万元税收，共计3000万元，用以消化乾州烟厂债务；二是打叶复烤厂建设期，乾州烟厂转让大部分计内卷烟指标给长沙烟厂，所得收入全部用来消化债务和安置转产人员；三是乾州烟厂停产后，以资产处理的变现收入来清偿债务；四是市政府组织一些人员负责清收欠款，将收回的欠款用来安置人员和消化债务。采取上述四项措施后所余债务，由吉首市政府负责清理。

五、妥善处理好乾州烟厂的设备，依据《烟草专卖法》和国家烟草专卖局有关规定，乾州烟厂转产后，原有的烟草专用设备，清理造册后上报省烟草局（公司），按烟草专卖法规定报批处理。

六、做好财税的衔接工作。为保住吉首市的财政收入基数，市政府将积极向省州汇报，做好财税的衔接工作，按照省政府办公厅97年7月《纪要》精神，处理好各方面的利益关系。

七、切实加强对转产工作的领导。为使转产工作顺利平稳进行，由市委书记挂帅，抽四名市级领导和有关人员组成工作班子，协调处理有关具体问题，保障转产工作顺利进行。

特此报告。

一九九七年七月三日

五、国家烟草专卖局关于乾州卷烟厂转产为吉首打叶复烤厂项目总体规划的批复

国家烟草专卖局文件

国烟计〔1997〕第118号

关于乾州卷烟厂转产为吉首打叶复烤厂项目总体规划的批复

湖南省烟草专卖局：

你局《关于兴建吉首打叶复烤厂有关问题的请示》（湘烟计〔1997〕36号）收悉。经研究，批复如下：

一、鉴于乾州卷烟厂规模小、效益差和你省发展打叶复烤厂的实际需要，同意乾州卷烟厂就地转为吉首打叶复烤厂。

二、你局要认真落实乾州卷烟厂的关停工作，严格按照《烟草专卖法》及有关规定和程序，认真处理卷烟厂设备、原辅材料等烟草专卖品，防止流失。

三、吉首打叶复烤厂建设规模按年产3万吨设计，总体一次规划，分步实施。一期工程配置6000公

斤/小时打叶复烤生产线及相应的配套公用工程。

四、打叶复烤设备全部采用国产设备。项目资金全部由地方和企业自行筹措解决。

请做好项目前期工作，并按有关规定程序报地方有关部门审批。审批的文件资料报国家局备案。打叶复烤线投产前，应按规定向国家局重新申领烟草专卖生产企业许可证后，方可正式生产。

国家烟草专卖局

一九九七年八月十一日

六、湖南省人民政府关于乾州烟厂关停和吉首打叶复烤厂投产有关问题的会议纪要

关于乾州烟厂关停和吉首打叶复烤厂投产有关问题的会议纪要

湘府阅[1999]44号

7月9日，受省委常委、常务副省长周伯华委托，省政府经济顾问黄石根、副秘书长邹育文主持召开会议，专题研究乾州烟厂关停和吉首打叶复烤厂投产的有关问题。省计委、省经贸委、省财政厅、省国税局、省烟草局、省工商银行、长沙卷烟厂以及湘西自治州政府、州烟草局、乾州烟厂的有关负责人参加了会议。

会议研究议定了以下事项：

一、关停乾州烟厂符合国家产业政策，符合全省经济结构调整战略，对促进吉首市、湘西自治州乃至全省经济发展都有积极意义。州、市政府要进一步统一认识，下定决心关停乾州烟厂，确保吉首打叶复烤厂按期投产。今年10月底前吊销乾州烟厂《卷烟生产许可证》，同时办好吉首打叶复烤厂《生产许可证》并进行生产。今年12月31日前关闭乾州烟厂，停止卷烟生产，其卷烟计划指标调给长沙卷烟厂。

二、当务之急是妥善安置好乾州烟厂职工。会议原则同意州、市政府的意见，采取按工龄给予一次性经济补偿的办法进行安置。安置费由长沙卷烟厂今、明两年的卷烟指标款共计3132万元承担，在乾州烟厂今年年底前作好安置职工方案后，由省财政厅一次性转移拨付。职工安置工作由州、市政府负责具体落实，特别要切实做好职工思想政治工作，确保社会稳定。职工安置费必须专款专用，由省烟草局和省财政厅商州、市政府拿出具体方案，并监督实施。安置费如有结余，转作乾州烟厂处理遗留问题。

三、对吉首市的财政补偿，由省政府按2200万元核减其上划“两税”基数和相应的税收返还，并按此给予专项补助。具体由省财政厅与州、市财政局协商落实。吉首打叶复烤厂属地方企业，其今后的税收及利润补助全部归吉首市财政所有。

四、乾州烟厂现有库存原辅材料在执行国家卷烟生产计划、保证产品有市场的前提下，尽可能在关停前通过生产消化，各级烟草部门应给予支持；消化不了的，由省、州烟草局摸清底数，负责处理。该厂生产设备由省烟草局按《烟草专卖法》帮助调剂处理，尽量减少损失。

五、乾州烟厂的债务要进行清理，保护债权人利益。银行债务由吉首市政府、乾州烟厂与有关银

行协商处理。银行要换据降息、不计复息、不加罚息；乾州烟厂作出还款计划，逐步偿还，首先要偿还银行利息。

六、吉首打叶复烤厂要充分利用乾州烟厂的可用生产设施，生产所需塑料袋、纸箱等辅助材料，避免重复建设，减少损失，具体办法由吉首打叶复烤厂与乾州烟厂协商。

七、吉首打叶复烤厂要按吉首市政府和湘西自治州金沙原烟发展公司签订的协议，确保按期投产，努力提高效益，并按计划争取上第二期工程。同时，湘西自治州要下力气把烟叶质量搞上去。

省人民政府湘府阅[1996]56号纪要与本纪要不符的内容停止执行。

主题词：烟草　生产　会议纪要

分送：省长、副省长，省政府顾问，省长助理，省政府秘书长、副秘书长，办公厅副主任，省计委，省经贸委，省财政厅，省国税局，省烟草局，省工商银行，长沙卷烟厂，湘西自治州、吉首市人民政府，湘西自治州烟草局，乾州烟厂，吉首打叶复烤厂。

湖南省人民政府办公厅　　　　1999年7月20日印发

七、国家烟草专卖局印发《关于推行原烟交接、委托加工的实施意见》的通知

国家烟草专卖局文件

国烟法[2001]70号

国家烟草专卖局印发《关于推行原烟交接、委托加工的实施意见》的通知

各省、自治区、直辖市及大连、深圳市烟草专卖局（公司）：

现将《关于推行原烟交接、委托加工的实施意见》印发给你们，请认真遵照执行。

国家烟草专卖局

二〇〇一年二月六日

………。

三、推行原烟交接、委托加工的实施目标

推行原烟交接、委托加工要达到以下目标：2001年原烟交接、委托加工的烟叶占全部烟叶调拨总量（含省内和省际间）的40%，2002年达到80%，2003年达到100%。

国家局（总公司）确定的重点骨干卷烟生产企业到2002年要全部实现原烟接收，就地就近委托打叶复烤企业复烤加工烟叶，实现片烟投料。其他卷烟生产企业在2003年前实现原烟接收、委托加工。

烟叶产区必须保证把原烟调拨给烟厂，加快推行原烟交接、委托加工的实施步伐，提高打叶复烤设备利用率。烟叶主产区要在2002年全部实现原烟交接。已投产的打叶复烤企业2001年起全部实现委托加工。

四、推行原烟交接、委托加工的主要措施

（一）限期取消挂杆复烤企业。同一烟叶生产经营区域内，凡打叶复烤生产线已建成投产的，原则上不再挂杆复烤烟叶，到2003年全部淘汰挂杆复烤企业。挂杆复烤企业的临时工要按有关规定清退，固定工要充实到基层站和打叶复烤企业，挂杆复烤设备要及时拆除，厂房和仓库要充分利用。

（二）制定合理的原烟调拨价格和片烟加工费用标准。要适当提高原烟调拨价格，保证产区利益，提高原烟交接的积极性。片烟加工费用标准由国家局（总公司）统一核定，工商企业必须严格执行。

（三）加快打叶复烤企业改制步伐。已建成的打叶复烤企业和在建打叶复烤企业要加快企业改制步伐，实现工商联合投资，组建有限责任公司。到2003年全部复烤企业完成改制，建立现代企业制度。

（四）各省级局（公司）要紧密结合本省实际情况搞好规划，制定本省原烟交接、委托加工的具体实施意见，明确规定分步实施目标和具体措施，抓好落实。

要切实加强对推行原烟交接、委托加工工作的组织领导。分管烟叶和卷烟生产的领导要具体负责，组织有计划、运行、烟叶等部门参加的专门机构，负责落实各项具体工作内容。同时，卷烟生产企业要选派有一定政治业务素质的人员，经过培训后充实到烟叶工作岗位上。打叶复烤企业要加强技能培训，完善质量管理体系，适应委托加工的需要。有条件的省级局（公司）、烟草工商企业要及早动手，建设一部分原烟和成品烟仓库。同时，要充分利用好现有挂杆复烤企业的厂房和仓库作为过渡仓库。

各省级烟草专卖局（公司）、烟草工商企业要把推行原烟交接、委托加工作为提高经济运行质量，建立烟叶购销新秩序的重要工作来抓。对于不能按照要求完成这项工作的单位和个人，国家局（总公司）将采取必要措施严肃处理。

八、国家烟草专卖局关于吉首打叶复烤厂二期工程总体规划的批复

国家烟草专卖局文件

国烟计〔2001〕744号

国家烟草专卖局关于吉首打叶复烤厂二期工程总体规划的批复

湖南省烟草专卖局：

《湖南省烟草专卖局关于启动吉首打叶复烤厂二期工程的请示》（湘烟计〔2001〕55号）收悉。经研究，批复如下：

一、同意继续实施吉首打叶复烤厂二期工程。同时应彻底关闭乾州卷烟厂，并立即会同湘西土家族苗族自治州人民政府关闭凤凰烟厂。

二、生产规模

吉首打叶复烤厂二期工程技术改造生产能力核定为30万担/年（年处理原烟1.5万吨）。改造完成后，该厂打叶复烤生产能力为60万担/年。

三、改造内容

1. 建设打叶复烤车间。

2.购置一条每小时6000千克的引进技术消化吸收国产化的打叶复烤生产线。

3.新建原烟及成品周转库。

四、资金来源

本期技术投资由长沙卷烟厂和湘西州烟草公司共同筹措或由该企业商银行贷款解决。所需贷款由企业自行归还。

五、项目实施

1.本批复中各项目由你局根据建设条件和资金落实情况报国家局审批。若需商请地方经贸委审批的，由你局严格按本批复界定的改造内容进行初审后报请其审批，并将有关文件、资料报国家局备案。

2.应严格项目的规范管理，实行项目法人制和工程监理制，项目的施工和重要设备的采购、安装应采用招投标制。

望你局加强组织领导，抓紧项目的前期工作，力争早日开工。

二〇〇一年十二月十二日

主题词：复烤　项目　规划　批复

分送：国家局（总公司）领导，办公室。

国家烟草专卖局办公室　2001年12月12日印发

打字：吴　迪　校对：王　庆　（共印25份）

九、国家烟草专卖局关于加快打叶复烤企业改革与发展的实施意见

国家烟草专卖局文件

国烟法[2003]68号

国家烟草专卖局关于加快打叶复烤企业改革与发展的实施意见

有关省、自治区、直辖市烟草专卖局（公司）：

从挂杆复烤到打叶复烤，是我国烟叶加工的重大工艺技术进步，是满足卷烟工业企业工艺技术改革和创新的基础保证。

目前，全国打叶复烤企业的生产能力已基本满足卷烟工业企业的需要。但打叶复烤企业还不同程度存在着体制不顺、专业技术人员偏少、服务意识不强、管理水平较低、加工及检测手段不完善、片烟成品质量不能充分满足卷烟工业企业的发展要求等问题，阻碍了打叶复烤企业自身的健康发展。为加快打叶复烤企业改制步伐、强化管理、提高质量水平，更好地满足卷烟工业企业的需要，特提出如下实施意见。

一、原则

1.“工商联手、共同投资”的原则。打叶复烤企业应按照市场经济要求理顺体制，改制为按现代企

业制度要求运作的有限责任公司。

2.“质量第一”的原则。要把强化管理，提高产品质量，充分满足客户对产品质量的要求，作为企业最高的质量追求。

3.严、细管理的原则。管理上要突出一个“细”字，执行过程中要讲究一个“严”字。不断规范企业管理，提高管理水平，挖掘企业潜力，增强发展后劲。

4.为客户服务的原则。要站在客户的角度看问题，“想用户所想、急用户所急”，把对客户的优质服务贯穿到产前、产中、产后整个过程。

5.节能降耗的原则。要眼睛向内，精打细算，切实把节能降耗作为打叶复烤企业提高经济效益的重要手段。

6.安全生产的原则。要严格执行国家制定的安全方面的法律、法规，制定和执行安全生产的有关预防措施，确保企业和人员的人身财产安全。

二、目标

1.所有打叶复烤企业应按照“工商联手、共同投资，组成有限责任公司，建立现代企业制度”的要求，在2004年底前完成改制，挂杆复烤企业必须在2003年底前基本关停，逾期关停的按照国家局有关文件规定不予补贴。因气候、仓储条件和把烟出口确需暂时保留的，由省级局（公司）提出方案报国家局（总公司）批准。

2.全面推行信息化建设，强化企业管理，使工艺技术完善合理，各项工艺参数实行自动化控制和监控，打叶复烤设备有效作业率达到87%以上；加工技术水平明显提高，产品质量达到《打叶烟叶质量检验》（YC/T147-2001）标准及客户的需求；打叶复烤企业必须在2004年底前配齐烟叶物理、化学检测仪器设备、杂物剔除设备和设施。

3.按现代企业制度的要求完善企业的法人治理结构、企业组织结构，建立健全管理制度；加强人员培训，提高从业人员的素质，充实专业技术人员；建立有效地激励、约束机制，实行竞争上岗，收入与贡献挂钩；精简、压缩非生产人员。

4.重点卷烟工业企业必须在2003年底前拆除打叶线，10到30万箱的卷烟工业企业通过整合、重组拆除打叶线，整合重组后以生产五类卷烟为主的企业可暂时保留打叶线。

5.努力拓宽融资渠道，加速仓储设施建设，力争2005年底建成与加工能力相配套的成品库、原烟库。

三、措施

1.整体规划，合理调整布局，解决资金到位问题。目前，打叶复烤企业总的生产能力已满足卷烟工业企业和出口烟叶需求，但由于烟叶种植逐渐向适宜区发展，原来的产区格局发生变化，造成原有打叶复烤企业的布局不尽合理，局部地区能力过剩。因此，合理调整打叶复烤能力的布局是搞好打叶复烤企业改制工作的前提。对资不抵债、资源缺乏、设备老化的企业要坚决关停；对资源较稳定、设备先进但缺乏资金的要通过改制寻求出路；对已改制企业现有还贷余额应通过各投资方追加投资予以解决；新建项目各方投资总额必须达到建设所需的资金。

2.创造条件、实现改制。各省级局（公司）要高度重视打叶复烤企业的改制工作，要组织体改法规、经济运行、烟叶等有关部门针对本省未改制企业的不同情况，制定分年度的改制计划。改制企业必须按照现代企业制度的要求转换机制，按公司制要求建立健全法人治理结构，在用工制度上要实行全员合同制，通过强化管理，提高技术和产品质量水平。

由烟叶产区投资的打叶复烤企业的改制工作，要在省级局（公司）统一组织下，依托资源优势，积极主动吸纳省内、外对本地烟叶资源有需求的卷烟工业企业进行投资，组建有限责任公司。重点卷烟工业企业都必须参与打叶复烤企业的改制工作。

隶属于卷烟工业企业的打叶复烤车间，要与所属企业脱钩，在精简人员的基础上，以现有厂房、打叶复烤设备及适当的流动资金作为企业投资，争取就近烟叶产区分公司投资，组建有限责任公司，真正解决企业的资源、资金、市场问题。

各省局（公司）要结合本省烟叶数量及市场需求，按照生产能力适度集中地原则，合理配置资源，充分发挥现有打叶复烤企业的能力，避免重复建设造成的资源浪费。

打叶复烤能力超过本省烟叶资源总量且市场需求不足的省份，应对打叶复烤企业进行重组，减少生产点，使资源配置向优势企业转移。

各省级局（公司）应加大对“原烟交接、委托加工”的协调力度，按照经济、合理的原则协调资源流向，允许卷烟工业企业在同一省（区）内调拨的烟叶集中到一个打叶复烤企业加工，为企业创造公开、公正、公平竞争的市场环境。

3.加强生产工艺、设备管理，保证成品质量。打叶复烤企业要在满足客户对片烟成品的大中片率、碎片率、叶带梗、出片率等物理指标的基础上，配合卷烟工业企业加强对配方混合打叶的研究，完善工艺设施，提高混打后片烟的均匀性。要加强对打叶复烤设备的定期检查、维护保养，使设备能在较长时间保持连续、正常运转；要采取有效措施剔除烟叶中的各种杂物。要严格按照商品养护有关规定，定期进行商品养护工作，确保成品片烟的安全存放；要采取各种有效措施对生产车间的温、湿度进行控制，以适应工艺加工的需要，改善生产环境。

4.认真贯彻ISO9000国际标准和打叶复烤行业标准，规范工作质量，提高质量保证能力。目前尚未通过ISO9000标准认证的打叶复烤企业，要紧密结合企业的实际，认真分析客户的需求，按照ISO9000标准的要求，加快贯标及认证工作。已通过认证的企业，要按照有关要求尽快做好标准的改版工作。

《烟叶打叶复烤工艺规范》（YC/T146-2001）、《打叶烟叶质量检验》（YC/T147-2001）已由国家局发布实施，各打叶复烤企业必须认真贯彻执行。国家局（总公司）将定期组织标准执行情况的检查。

5.增强服务意识，让服务向两端延伸，实现全方位的服务。打叶复烤企业要转变观念，切实把自己作为卷烟工业企业的“第一车间”，增强责任意识，满足卷烟工业企业的配方和工艺、技术、产品质量要求，为卷烟工业企业提供优质的服务。要把服务从产中向产前和产后延伸。

6.狠抓“成本管理”，实现增收节支。要认真核算吨片烟加工的水、电、汽等动力、能源的合理消耗指标及财务、管理、经营各项费用，挖掘副产品（烟梗、烟末）的利用价值，增加企业效益。要讲求投入产出，加速资金周转，压缩开支、杜绝浪费。要建立有效的激励、约束机制，要贯彻“减员增效”的原则，实行竞争上岗，尽量减少非生产人员的比例。

7.加强仓库建设，满足“原烟交接、委托加工”的需要。取消挂杆复烤后，实行“原烟交接、委托加工”，原烟和成品烟的安全储存，对打叶复烤企业的仓库建设提出了更高的要求，特别是南方温、湿度较高的省份和地区，矛盾将更加突出。目前，大多数打叶复烤企业的仓库建设不能满足“原烟交接、委托加工”的需要。国家局在烟草行业“十五”规划中把打叶复烤企业的仓库建设摆在了重要位置，鼓励重点卷烟工业企业在原料基地或打叶复烤厂独资或合资建原烟或成品烟仓库。打叶复烤企业也要积极筹措仓库建设资金。

8.严格执行国家局制定的片烟加工费用标准，确保打叶复烤企业有一定的自我发展能力。在“原烟交接、委托加工”过程中，委托和加工单位都必须严格执行国家局制定的片烟加工费用标准。国家局规定内容以外的加工项目和费用，由委托及加工单位按国家局的相关规定协商办理。

加快打叶复烤企业的改制步伐，强化管理、提高质量水平是一项复杂的系统工程，做好这项工作需要打叶复烤企业、各卷烟工业企业以及各级主管部门的共同努力。各级主管部门和打叶复烤企业都要高度重视改制和强化管理的工作，制定切实可行的措施，精心组织、抓紧实施，在规定的期限内完成企业改制工作。力争在两到三年内，使绝大多数打叶复烤企业的管理水平上一个台阶，竞争实力明显增强，企业整体素质明显提高。

国家烟草专卖局

二〇〇三年二月二十三日

十、国家烟草专卖局关于湖南烟草打叶复烤生产布局调整的批复

国家烟草专卖局文件

国烟计〔2004〕528号

国家烟草专卖局关于湖南烟草打叶复烤生产布局调整的批复

湖南中烟工业有限责任公司：

《湖南中烟工业公司关于调整打叶复烤生产能力布局的请示》收悉。经研究，批复如下：

鉴于湖南省烟叶种植生产的发展，同意进行相应的打叶复烤生产能力布局调整。即：在浏阳新建打叶复烤生产企业，总能力按每年3万吨规划，近期按1.5万吨设计；将常德卷烟厂打叶复烤生产能力由每年3万吨，调整为1.5万吨；全省打叶复烤总能力仍维护年产9万吨不变。

望你公司据此办理相关企业注册、专卖生产经营许可、建设项目立项等手续。

2004年8月16日

十一、国家烟草专卖局关于成立浏阳天福打叶复烤有限责任公司的批复

国家烟草专卖局文件

国烟法〔2004〕717号

国家烟草专卖局关于成立浏阳天福打叶复烤有限责任公司的批复

湖南中烟工业公司：

《湖南中烟工业公司关于成立浏阳天福打叶复烤有限责任公司的请示》（湘烟工[2004]225号）收悉。经研究，现批复如下：

一、同意成立浏阳天福打叶复烤有限责任公司，公司经营范围为烟叶复烤加工。

二、浏阳天福打叶复烤有限责任公司注册资本为16000万元，其中湖南中烟工业公司、长沙卷烟厂、湖南省烟草公司长沙市公司、常德卷烟厂、湖南省烟草公司衡阳市公司的出资额分别占注册资本的6.26%、41.25%、33.75%、12.5、6.25%，均以货币方式出资。

三、原则同意浏阳天福打叶复烤有限责任公司章程，请按有关律法进一步修改、完善。

四、浏阳天福打叶复烤有限责任公司成立后，应按《公司法》的有关规定建立健全法人治理结构，建立现代企业制度，加强管理，提高效益。

五、湖南烟草打叶复烤生产布局应严格按《国家烟草专卖局关于湖南打叶复烤生产布局调整的批复》（国烟计[2004]528号）执行。

六、请据此批复，抓紧办理申领烟草专卖许可证、工商注册登记、税务登记等手续。

2004年10月19日

主题词：烟草　公司　批复

分送：国家局（总公司）领导、办公室、财务司、中国烟叶公司。

国家烟草专卖局办公室　　2004年10月20日印发

十二、国家烟草专卖局关于成立郴州天泰烟叶复烤有限责任公司的批复

国家烟草专卖局文件

国烟法[2005]493号

国家烟草专卖局关于成立
郴州天泰烟叶复烤有限责任公司的批复

湖南省烟草专卖局：

《湖南省烟草专卖局关于成立郴州天泰烟叶复烤有限责任公司的请示》（湘烟法[2005]244号）收悉。经研究，现批复如下：

一、同意成立郴州天泰烟叶复烤有限责任公司，公司经营范围为烟叶委托加工。

二、郴州天泰烟叶复烤有限责任公司注册资本为16122.07万元，其中：湖南省烟草公司郴州市公司出资11122.07万元，占68.98%；上海烟草（集团）公司出资2000万元，占12.41%；广东卷烟总厂出资2000万元，占12.41%；长沙卷烟厂出资1000万元，占6.20%。

三、原则同意郴州天泰烟叶复烤有限责任公司章程，请按有关法律法规和此批复进一步修改、完善。

四、郴州天泰烟叶复烤有限责任公司成立后，应按《公司法》的有关规定建立健全法人治理结构，建立现代企业制度，加强管理，提高经济效益。

五、请据此批复，抓紧办理申请烟草专卖许可证、工商注册登记、税务登记等相关手续。

二〇〇五年八月十日

十三、国家烟草专卖局关于成立常德芙蓉烟叶复烤有限责任公司的批复

国家烟草专卖局文件

国烟法[2005]699号

国家烟草专卖局关于成立常德芙蓉烟叶复烤有限责任公司的批复

湖南中烟工业公司：

《湖南中烟工业公司关于对常德卷烟厂打叶车间实行资产重组暨公司制改造的请示》（湘烟工[2005]235号）收悉。经研究，现批复如下：

一、同意成立常德芙蓉烟叶复烤有限责任公司，公司经营范围为烟叶委托加工。

二、常德芙蓉烟叶复烤有限责任公司的注册资本为3721万元人民币，其中常德卷烟厂出资2821万元，占75.8%；湖南省烟草公司常德市公司出资450万元，占12.1%；湖南省烟草公司张家界公司出资450万元，占12.1%。

三、原则同意常德芙蓉烟叶复烤有限责任公司章程，请按有关法律法规和批复进一步修改、完善。

四、常德芙蓉烟叶复烤有限责任公司成立后，应按《公司法》的有关规定建立健全法人治理结构，建立现代企业制度，加强管理，提高经济效益。

五、请你公司据此批复，抓紧办理申请烟草专卖许可证、工商注册登记、税务登记等相关手续。

国家烟草专卖局

2005年11月1日

十四、国家烟草专卖局关于成立永州天顺烟叶复烤有限责任公司的批复

国家烟草专卖局文件

国烟法〔2005〕790号

国家烟草专卖局关于成立永州天顺烟叶复烤有限责任公司的批复

湖南省烟草专卖局（公司）：

《湖南省烟草专卖局关于零陵烟叶复烤厂改制的请示》（湘烟法[2005]370号）收悉。经研究，现批复如下：

一、同意成立永州天顺烟叶复烤有限责任公司，公司经营范围为烟叶委托加工。

二、永州天顺烟叶复烤有限责任公司的注册资本为15000万元人民币，其中湖南省烟草公司永州市公司以零陵烟叶复烤厂评估后的资产9100万元出资，占60.67%；山东颐中烟草（集团）有限公司、常德卷烟厂各出资2000万元分别占13.33%；长沙卷烟厂出资1000万元，占6.67%；南京卷烟厂出资900万元占6.00%。

三、原则同意永州天顺烟叶复烤有限责任公司章程，请按有关法律法规和此批复进一步修改、完善。

四、永州天顺烟叶复烤有限责任公司成立后，应按《中华人民共和国公司法》的有关规定建立健全法人治理结构，建立现代企业制度，加强管理，提高经济效益。

五、请你局（公司）据此批复，抓紧办理申请烟草专卖许可证、工商登记、税务登记等相关手续。

二○○五年十二月八日

十五、国家烟草专卖局　中国烟草总公司关于湖南省公司打叶复烤企业体制改革的批复

国家烟草专卖局　中国烟草总公司文件

国烟法〔2011〕356号

国家烟草专卖局　中国烟草总公司关于湖南省公司打叶复烤企业体制改革的批复

中国烟草总公司湖南省公司：

《中国烟草总公司湖南省公司关于打叶复烤企业体制改革的请示　》（湘烟法[2011]169号）收悉。经研究，现批复如下：

一、原则同意《中国烟草总公司湖南省公司打叶复烤企业重组整合方案》。

二、同意将郴州天泰烟叶复烤有限责任公司、永州天顺烟叶复烤有限责任公司重组整合为湖南烟叶复烤有限责任公司,取消郴州天泰烟叶复烤有限责任公司、永州天顺烟叶复烤有限责任公司法人资格，变更为湖南烟叶复烤有限责任公司所属的非独立法人分支机构，分别是：

湖南烟叶复烤有限责任公司郴州复烤厂；湖南烟叶复烤有限责任公司永州复烤厂。

三、湖南烟叶复烤有限责任公司经营范围为烟叶复烤加工。

四、湖南烟叶复烤有限责任公司的注册资本为133013.21万元。

五、同意将湖南各地市级烟草公司在原郴州天泰烟叶复烤有限责任公司和原永州天顺烟叶复烤有限责任公司的股权转为中国烟草总公司湖南省公司在湖南烟叶复烤有限责任公司的投资；同意其他股东在原郴州天泰烟叶复烤有限责任公司和原永州天顺烟叶复烤有限责任公司的股权转为在湖南烟叶复烤有限责任公司的投资。各股东在湖南烟叶复烤有限责任公司的股权比例按2010年12月31日原股权投资额对应账面净资产及新增现金投资占公司净资产总额的比例确定，出资比例分别为：

中国烟草总公司湖南省公司占17.40%；湖南中烟工业有限责任公司占12.81%；广东中烟工业有限责任公司占9.47%；上海烟草集团有限责任公司占9.47%；红塔烟草（集团）有限责任公司占7.52%；浙江中烟工业有限责任公司占7.52%；山东中烟工业有限责任公司占5.63%；江苏中烟工业有限责任公司占4.60%；红云红河烟草（集团）有限责任公司占3.76%；安徽中烟工业有限责任公司占3.76%；川渝中烟工业公司占3.76%；贵州中烟工业有限责任公司占2.26%；陕西中烟工业有限责任公司占2.26%；吉林烟草工业有限责任公司占2.26%；甘肃烟草工业有限责任公司占2.26%；广西中烟工业有限责任公司占2.26%；河北中烟工业有限责任公司占1.50%；江西中烟工业有限责任公司占1.50%。

六、原则同意《湖南烟叶复烤有限责任公司章程》。湖南烟叶复烤有限责任公司要建立现代企业制度，完善董事会、监事会、经理层各司其职、有效制衡、高效运作的法人治理结构。

七、湖南烟叶复烤有限责任公司要以卷烟工业需求为导向，努力适应卷烟工业企业的需求。

八、湖南烟叶复烤有限责任公司要按照《国家烟草专卖局关于进一步深化烟草行业收入分配制度改革的意见》（国烟人[2007]204号）中“分类管理、科学设岗、明确职责、严格考核、落实报酬”的总体要求，推进用工分配制度改革，努力构建和谐劳动关系。组建湖南烟叶复烤有限公司所需人员从烟草系统内调剂解决，不得从系统外调入。

九、湖南省烟草专卖局（公司）要加强领导、统筹兼顾，依照有关法律法规，充分发挥企业职工代表大会和工会组织的作用，妥善处理各方面的利益关系，促进打叶复烤企业重组整合工作顺利实施。

请按照有关法律、法规及本批复，办理企业登记、烟草专卖许可证变更等相关手续，并请将重组整合工作中遇到的问题及时报国家局、总公司。

二〇一一年八月一日

主题词：烟草　复烤　重组　批复

分送：国家局、总公司领导，办公室、计划司、专卖司、财务司、人事司，中国烟叶公司。

国家烟草专卖局办公室　　2011年8月1日

十六、国家烟草专卖局关于常德芙蓉烟叶复烤有限责任公司易地技术改造项目初步设计的批复

国家烟草专卖局文件

国烟计〔2011〕466号

国家烟草专卖局关于常德芙蓉烟叶复烤有限责任公司易地技术改造项目初步设计的批复

湖南中烟工业有限责任公司：

《湖南中烟工业有限责任公司关于申请审查常德芙蓉烟叶复烤有限责任公司易地技术改造项目初步设计的请示》（湘烟工[2011]95号）及相关文件收悉。经研究，现批复如下：

一、同意湖南省轻工纺织设计院编制的湖南中烟工业有限责任公司常德芙蓉烟叶复烤有限责任公司易地搬迁改造项目初步设计。

二、设计规模：年加工原烟3万吨（60万担）并适当留有发展余地。项目建设用地位于常德市鼎城区灌溪工业园区内，地处兴工大道和临岗公路交叉口东北角，总征地面积235.64亩。

三、总平面布置

原则同意项目总平面布图（图号：926C—01—Z—01）。

四、项目主要内容

1．新建打叶复烤车间18500m²、选叶车间20280m²、原烟暂存间4350m²、成品周转库4350m²、五金及包装材料库5390m²、生产指挥中心3990m²、动力中心1260m²、叉车库520m²、大门及门卫房75m²、地磅房15m²。

新建总建筑面积控制在58730m²以内。

2．建设供电、动力、通风、空调、加湿、除湿、除尘、照明、给排水、消防和安全、电梯、节能环保等系统和工程。

3．建设全厂信息化系统。

4．建设厂区室外管线、道路、广场、围墙及绿化景观工程。

五、建筑结构

1．打叶复烤联合工房主体为钢筋混凝土排架结构，屋面为钢梁结构承重；生产辅房为两层现浇钢筋混凝土框架结构，建筑高度为16.3米。选叶车间为轻钢门式排架结构，建筑高度10.5米。原烟和成品周转库为轻钢门式排架结构，建筑物高度为11.2米。建设和装修标准在满足工艺要求的基础上，要注重节地、节能、节材、节水和环保，力求实用、简捷、经济。

2．生产指挥中心为四层现浇钢筋混凝土框架结构，建筑高度为21.15米。建设和装修要按照国家绿色建筑设计理念，积极采用节地、节能、节材、节水和环保的技术措施，注重功能的完整性、适用性和与当地社会发展水平的协调性，严格控制装修标准。

3．动力中心为现浇钢筋混凝土框架结构，建筑高度7.9米。

六、工艺装备

同意工艺流程和设备布置图（图号：926C—04—G—02）。配置一条12000公斤/小时的打叶复烤生产线。采用叶尖、叶中、叶基分部位加工的工艺路线，突出精细化加工理念，强化加工过程质量控制。可据此配置工艺装备并应达到国际先进水平。

七、公用工程

1．同意公用动力设备能力配置。

2．设备选型要注重技术先进、性能高效且节能、环保，严禁购置落后、低效、高耗能、高污染设备和国家明令淘汰的产品。

八、项目总投资概算为5.0亿元（不含烟草专用机械投资，详见附件）。项目所需资金由湖南中烟工业有限责任公司出资，其余两家股东单位（湖南省烟草公司常德市公司、湖南省烟草公司张家界市公司）不再增资并相应变更股权比例。

九、要按照国家及行业的有关规定，认真规范的组织工程实施，“公开、公平、公正”的开展招标投标工作；要贯彻“先进、高效、节能、环保、适用和保质保量”的技术改造宗旨，突出技术含量，确保工程质量，控制工程投资，合理安排工期，提高投资效益，避免低水平投资。

请湖南中烟工业有限责任公司按照项目建设程序的要求，抓紧办理地方人民政府有关职能部门初步设计审查的相关事宜，进一步完善和优化设计，做好开工前的准备工作，同时要做好项目管理与监管、审计等工作的相互协调，共同努力，尽快实现技改目标。

附件：常德芙蓉烟叶复烤有限责任公司易地技术改造项目初步设计总概算表

二〇一一年十月三十一日

主题词：工程　建设　项目　设计　批复

分送：国家局、总公司领导，办公室、财务司。

国家烟草专卖局办公室　　2011年10月31日印发

十七、国家烟草专卖局关于湖南烟叶复烤有限公司郴州复烤厂易地技术改造项目的批复

国家烟草专卖局文件

国烟计〔2012〕269号

国家烟草专卖局关于湖南烟叶复烤有限公司郴州复烤厂易地技术改造项目的批复

中国烟草总公司湖南省公司：

《中国烟草总公司湖南省公司关于湖南烟叶复烤有限公司郴州复烤厂易地搬迁改造项目的请示》（湘烟计〔2012〕36号）收悉。经研究，现批复如下：

一、同意湖南烟叶复烤有限公司实施郴州复烤厂易地技术改造项目。要本着“谁投资、谁负责、谁收益、谁承担风险”的原则，防范并承担投资风险，提高投资效益。

二、项目选址在郴州市北湖区华塘镇自有的518亩土地内。

三、项目按年加工原烟6万吨（120万担）进行设计，主要建设内容如下：

1.土建工程：新建打叶复烤联合工房47360平方米（含打叶复烤车间3394平方米、生产、公用辅房9120平方米和配方立体库4300平方米）、选叶车间15180平方米、原烟库36000平方米、成品库45060平方米、办公用房6000平方米、食堂及职工倒班宿舍8500平方米、燃煤锅炉房3000平方米（含干煤棚）。

2.工艺设备：新增一条1200公斤/小时打叶复烤生产线，搬迁改造原有的一条12000公斤/小时打叶复烤生产线。

3.公用工程：新建变配电所、污水处理站、消防及生活水池等设施。

4.信息化系统：配套建设计算机网络、电信、消防及安保系统。

5室外工程：建设室外管线、厂区道路、物流广场、围墙、大门及门卫房等设施。

项目总建筑面积控制在16.11万平方米以内。

四、项目总投资控制在6.71亿元以内（不含烟草专用机械购置费）。所需资金由湖南烟叶复烤有限公司自筹解决。

五、要根据当地人民政府有关规定办理项目备案手续。

六、烟草专卖设备的购置要按《烟草专用机械购置管理办法》（国烟法〔2004〕645号）规定报国家局另行审批。

七、项目初步设计要严格按照批复的建设规模、内容和投资额进行设计并报国家局审批。

八、要严格执行国家建设有关规定，注重实用功能的完整和技术的先进性，合理控制建设标准，做到实用、经济、节地、节能、节水、节材和环保：安全设施必须做到“三同时”，要按照当地建筑物抗震设计要求的上限进行抗震设计。要合理安排工期，确保工程质量，控制项目投资。

九、要严格按照国家有关规定实行项目法人责任制、招标投标制、工程监理制、项目审计制，建立健全招标采购、合同管理、现场签证、项目结算、资金管理和责任追究等相关的项目管理制度和流程并严格执行。要主动接受有关部门的管理和监督。

请据此批复申报年度投资预算并加强项目管理和监督，帮助企业依法办理有关事宜，确保项目顺利实施。

国家烟草专卖局
2012年8月6日

十八、国家烟草专卖局关于湖南烟叶复烤有限公司永州复烤厂易地技术改造项目的批复

国家烟草专卖局文件

国烟计〔2012〕448号

国家烟草专卖局关于湖南烟叶复烤有限公司永州复烤厂易地技术改造项目的批复

中国烟草总公司湖南省公司：

《中国烟草总公司湖南省公司关于湖南烟叶复烤有限公司永州复烤厂易地技术改造项目的请示》（湘烟计〔2012〕197号）和《中国烟草总公司湖南省公司关于湖南烟叶复烤有限公司永州复烤厂易地技术改造项目调整规划的请示》（湘烟计〔2012〕333号）及有关文件均悉。经研究，现批复如下：

一、同意湖南烟叶复烤有限公司实施永州复烤厂易地技术改造项目。要本着“谁投资、谁负责，谁受益、谁承担风险”的原则，做好技术方案的论证分析，防范并承担投资风险，提高投资效益。

二、项目选址位于湖南永州市长丰工业园内，西临市政主干路潇湘大道，东临珍珠南路，南临市政主干路城南大道，北面为市政规划道路。项目总用地面积420亩。

三、项目按年加工原烟4.5万吨（90万担）进行设计，主要建设内容：

1．购置项目建设用地420亩。

2．新建打叶复烤联合工房33970平方米。

3．配置一条18000公斤/小时打叶复烤生产线。

4．新建选叶车间9900平方米、原烟库24000平方米、成品库20000平方米。

5．新建燃煤锅炉房3900平方米(含干煤棚)、废品回收车间（含水泵房）1000平方米。

6．新建综合楼6000平方米、食堂2000平方米、职工倒班宿舍6000平方米。

7．配套建设计算机网络、电信、消防及安保系统。

8. 建设室外管网、消防水池、道路、围墙、大门、门卫房、停车场、绿化等室外配套工程。

项目总建筑面积控制在10.74万平方米以内。

四、项目总投资控制在7.15亿元（含土地购置、场地平整和烟草专用机械购置费用）以内。项目所需资金由中国烟草总公司注资及企业自有资金解决。

五、要根据当地人民政府有关规定办理项目备案事宜。

六、烟草专用机械的购置要按《烟草专用机械购置管理办法》（国烟法〔2004〕645号）规定报国家局另行审批。

七、项目要严格按照批复的建设规模、内容和投资额及《打叶复烤厂建设控制指标》（国烟计〔2012〕388号）进行设计。项目初步设计报国家局审批。

八、要严格执行国家建设有关规定，注重使用功能，合理控制建设标准，控制项目投资，做到实用、经济、节地、节能、节水、节材和环保；安全设施必须做到“三同时”，要按照当地建筑物抗震设计要求的上限进行抗震设计。要合理安排工期，确保工程质量。

九、要严格按照国家有关规定实行项目法人责任制、招标投标制、工程监理制、项目审计制，建立健全招标采购、合同管理、现场签证、项目结算、资金管理和责任追究等相关的项目管理制度和流程并严格执行。要主动接受有关部门的管理和监督。

请你公司据此批复申报年度投资预算，加强项目管理和监督，帮助企业依法办理有关事宜，确保项目顺利实施。

国家烟草专卖局
2012年12月21日

分送：国家局、总公司领导，办公室、财务司。

国家烟草专卖局办公室　　2012年12月21日印发

十九、国家烟草专卖局关于湘西鹤盛原烟发展有限责任公司“十二五”易地技术改造项目的批复

国家烟草专卖局文件

国烟计〔2015〕164号

国家烟草专卖局关于湘西鹤盛原烟发展有限责任公司“十二五”易地技术改造项目的批复

湖南中烟工业有限责任公司：

《湖南中烟工业有限责任公司关于湘西鹤盛原烟发展有限责任公司“十二五”易地技术改造工程项目的请示》（湘烟工〔2014〕187号）和《湖南中烟工业有限责任公司关于湘西鹤盛原烟发展有限责任公司易地技术改造项目调整内容的请示》（湘烟工〔2015〕36号）及有关文件均悉。经研究，现批复如下：

一、同意湘西鹤盛原烟发展有限责任公司实施易地技术改造项目。要本着“谁投资、谁决策、谁受益、谁承担风险”的原则，加强技术和经济分析，防范并承担投资风险，提高投资效益。

二、同意购置湘西吉首市东部马鞍村地块作为项目用地，购地面积301亩。可据此依法参加土地竞购并办理土地购置事宜。

三、项目按照年加工原烟45万担的设计能力进行规划设计，主要建设内容如下：

1.新建各类功能建筑物87759平方米，其中打叶复烤联合工房（含周转备料间）25078平方米，选叶工房8512平方米，原烟周转库25632平方米，片烟周转库7200平方米，烟梗烟末及辅材备件库4320平方米，原烟接收及验级工房3840平方米，公用动力用房3984平方米，生产管理用房4000平方米，职工食堂2085平方米，倒班宿舍及浴室3012平方米，大门及门卫房96平方米。

2.配置1条9000公斤/小时打叶复烤生产线。

3.配套建设锅炉，给排水、压空、配电、消防、环保、劳动安全、信息化等设施。

4.配套建设室外管网、道路、绿化、围墙、大门等设施。

四、项目总投资估算为76160万元，其中5亿元由总公司注资解决，其余部分由企业自有资金解决。

五、要根据当地人民政府有关规定办理项目相关事宜。

六、烟草专卖设备的购置要按《烟草专用机械购置管理办法》（国烟法〔2004〕645号）规定报国家局另行审批。

七、项目初步设计要严格执行本批复的建设规模、内容和投资额及《打叶复烤厂建设控制指标》（国烟计〔2012〕388号）并报国家局审批。

八、要严格执行国家建设有关规定，注重使用功能的完整性和工艺技术设备的先进性、适用性，合理控制建设标准，做到适用、经济、节地、节能、节水、节材和环保。安全设施必须做到“三同时”。要合理安排工期，确保工程质量，控制项目投资。

九、要严格按照国家有关规定实行项目法人责任制、招标投标制、工程监理制、项目审计制。要建立健全招标采购、合同管理、安全质量管理、现场签证、项目结算、资金管理和责任追究等相关的项目管理制度和流程并严格执行。要主动接受有关部门的管理和监督。

请你公司据此批复及时申报年度投资预算，严格项目管理，依法办理有关事宜，主动接受相关部门的监督，尽早完成项目。

国家烟草专卖局

2015年6月15日

二十、国家烟草专卖局关于《湖南中烟工业有限责任公司关于浏阳天福打叶复烤有限责任公司“芙蓉王”全配方片烟输出打叶复烤专线技术改造项目的请示》的批复

国家烟草专卖局文件

国烟计〔2015〕173号

湖南中烟工业有限责任公司：

《湖南中烟工业有限责任公司关于浏阳天福打叶复烤有限责任公司“芙蓉王”全配方片烟输出打叶复烤专线技术改造项目的请示》（湘烟工〔2014〕185号）和《湖南中烟工业有限责任公司关于浏阳

天福打叶复烤有限责任公司“芙蓉王”全配方片烟输出打叶复烤专线技术改造项目调整内容的请示》(湘烟工〔2015〕37号)及有关文件均悉。经研究，现批复如下：

一、同意浏阳天福打叶复烤有限责任公司实施“芙蓉王”全配方片烟预处理线和打叶复烤专线技术改造项目。要本着“谁投资、谁决策、谁受益、谁承担风险”的原则，加强技术和经济分析，防范并承担投资风险，提高投资效益。

二、同意购置浏阳市永安镇现代制造产业基地地块作为项目用地，购地面积283.55亩。可据此依法参加土地竞购并办理土地购置事宜。

三、项目按照按“芙蓉王”全配方片烟输出4.08万吨/年（120万箱/年），烟叶精选45万担/年，打叶复烤设计加工能力45万担/年规模进行规划设计，主要建设内容如下：

（一）新征地块建设内容：

1．新建各类建筑110970平方米，其中，联合工房94700平方米(预处理工房60600平方米、打叶复烤工房34100平方米)；动力中心7700平方米；管理用房4000平方米；职工食堂1800平方米；其他零星建筑2770平方米。

2．配置1条9000公斤/小时打叶复烤生产线；配置综合生产能力16000公斤/小时的烟叶预处理线和14000公斤/小时的干燥装箱生产线。

3．建设片烟配方、等级片烟预处理和全配方片烟输出生产物流系统。

4．配套建设锅炉、给排水、压空、配电、制冷、空调、消防、环保、劳动安全、信息化等设施。

5．配套建设室外管网、道路、绿化、围墙、大门等设施。

（二）老厂区建设内容：

1．新建各类建筑20030平方米，其中，原烟库12000平方米；倒班宿舍及生活服务设施7000平方米；车棚1000平方米；门卫房30平方米。

2．改造22083平方米老工房为烟叶精选车间，完善部分公用工程。

项目新建建筑面积为131000平方米，改造建筑面积22083平方米。

四、项目总投资估算为165647万元，其中，打叶复烤技改部分投资为55700万元；“芙蓉王”全配方片烟预处理生产线部分投资为109947万元（不含烟草专用机械设备投资）。打叶复烤部分所需资金由总公司打叶复烤技改补助资金和浏阳天福打叶复烤有限责任公司自筹资金解决；“芙蓉王”全配方片烟预处理生产线部分投资由湖南中烟工业有限责任公司注资解决。

五、要根据当地人民政府有关规定办理项目相关事宜。

六、烟草专卖设备的购置要按《烟草专用机械购置管理办法》（国烟法〔2004〕645号）规定报国家局另行审批。

七、项目初步设计要严格执行本批复的建设规模、内容和投资额及行业相关建设控制指标并报国家局审批。

八、要严格执行国家建设有关规定，注重使用功能的完整性和工艺技术及装备的先进性、适用性，合理控制建设标准，做到适用、经济、节地、节能、节水、节材和环保。安全设施必须做到“三同时”。要合理安排工期，确保工程质量，控制项目投资。

九、要严格按照国家有关规定实行项目法人责任制、招标投标制、工程监理制、项目审计制。要建立健全招标采购、合同管理、安全质量管理、现场签证、项目结算、资金管理和责任追究等相关的项目管理制度和流程并严格执行。要主动接受有关部门的管理和监督。

请湖南中烟工业有限责任公司据此批复及时申报年度投资预算，严格项目管理，依法办理有关事宜，主动接受相关部门的监督，尽早完成项目。

国家烟草专卖局

2015年6月23日

二十一、湖南省地方志编纂委员会关于编纂《湖南省烟叶复烤志》的函

关于编纂《湖南省烟叶复烤志》的函

湖南省烟草学会：

贵会2016年10月25日报送的“关于请求批准《湖南省烟叶复烤志》的函”已经收到。经研究，同意《湖南省烟叶复烤志》纳入2017年湖南省部门志编纂计划，请该志编写组按时按质完成编纂出版任务。

特此函告。

湖南省地方志编纂委员会
2016年11月8日

二十二、湖南省烟草专卖局关于《湖南省烟叶复烤志》印刷出版的复函

关于《湖南省烟叶复烤志》印刷出版的复函

湖南省烟草学会复烤分会：

你会《关于〈湖南省烟叶复烤志〉印刷出版的请示》收悉。经研究并报备湖南省地方志编纂委员会审阅，同意《湖南省烟叶复烤志》公开印刷出版，请按照方志出版规定办理相关手续。

特此批复。

湖南省烟草专卖局
2018年7月11日

后 记

2016年4月15日，湖南省烟草学会复烤分会年会在长沙举行。省内复烤业主管部门领导及所属企业主要负责人达成共识：编纂一部反映省内烟叶复烤业历史的志书，定名为《湖南省烟叶复烤志》（以下简称复烤志）；编纂费用由省内各复烤厂（公司）集资负担；聘请何田松为主编，邹昌阶为助手；相关事务协调由湖南省复烤分会秘书长、湖南烟叶复烤有限公司综合部部长孙建霞和湖南中烟工业有限责任公司原料中心邓斌负责。编纂方法为：由各复烤企业抽派2人组成编写组，负责本企业的资料采集、整理和初步编写；总编室则负责指导、统稿、编纂成书。

4月16~24日，由主编何田松拟定志书篇目大纲，并撰写编辑修志培训资料，于4月25~28日在常德芙蓉烟叶复烤有限责任公司举办复烤志编纂业务培训班。

5月2日，修志工作正式启动。各复烤企业编纂组开始按照编目大纲的要求，收集修志资料。总编室办公室设在郴州复烤厂，与各编写组建立QQ群、微信群、电子邮箱等联络载体，及时指导各编写组工作，解答业务疑难问题，并协助湖南复烤公司、郴州复烤厂编写组开展资料采编，同时聘请吴东耀为文字录入员。黄恋文负责修志文档收发及相关会务。

修志工作启动后，湘西鹤盛公司行动迅速，及时召开修志任务分类分解会，总经理张其龙亲自部署并带头写稿，各部门按规定的时限交稿，编写组梁平、罗赤敏等负责综合，三个月内便完成第一轮资料收集编写。但部分单位进展缓慢。7月下旬，总编室何田松、邹昌阶及吴东耀三人首先到永州复烤厂协助，同该厂编纂组邓顺林、方国祥、李萍合力奋战一个月，资料收集从2万字增加到30万字。至8月底，总编室三人到湘西鹤盛公司，同梁平、罗赤敏、伍育芳一起，修改整理出资料长编18万余字。

9月20日，总编室3人来到浏阳天福公司，在黄芬、冯祥考2人的协助下，摘录编写资料10余万字。10月17日，转到常德芙蓉公司。21日，该公司党总支书记徐宇翔主持修志工作动员会，要求各部门全力提供相关资料，并重新组建以陈常、陈正南、陈超群组成的编纂组；鉴于该公司早期历史资料基本没有，共同到常德市档案馆、常德市烟草专卖局及常德卷烟厂档案室收集资料达10余天，又编写20多天后，才整理出第一稿资料（16.8万字）。

11月2日，总编室一行再次来到浏阳天福公司继续采编，同时整理出《资料补充清单》，由副总经理李振江主持召开资料补充任务分解会，依类别落实到各部门，要求限期完成。12月2日，总编室3人返回常德芙蓉公司，帮助继续收集编写相关资料。19日，为加快修志进度，总编室人员分头行动，邹昌阶赴永州复烤厂，完成该厂《基建》章的资料收集编写；何田松、吴东耀于28日赴湘西鹤盛公司收集补充资料，与梁平等人合作，将该公司资料长编增加到22万字。

2017年2月16日，总编室人员再次分为两组，何田松赴永州复烤厂协助资料补充收集和整理，胡海峰负责湖南复烤公司、郴州复烤厂的资料收集，邹昌阶负责两单位资料整理。4月中旬两组合一到永州复烤厂。其中何田松在该厂连续工作72天，总编室3人与邓顺林、李萍合作，对原收集的资料进行归类、整理，并补充大量新资料，使该厂资料长编增加到35万字。

5月，浏阳天福公司资料长编经各部门补齐后，经黄芬、冯祥考汇总，李振江审核后，报总编室。6月，总编室在全面审查各单位的资料长编后，下达资料补充清单，各单位编纂组认真增补、核对。总编室人员仍继续到浏阳、湖南中烟、湖南复烤、郴州复烤厂等单位收集补充完善相关资料。之后，由何田松将6本资料长编及其他资料，按照章、节、目进行初步归类，合于1本。

各单位资料收集、整理，前后经历一年多，共收集资料140余万字，其中湖南中烟公司2万字，湖南复烤公司13万字，郴州复烤厂30万字，永州复烤厂35万字，常德芙蓉公司18万字，湘西鹤盛公司22万字，浏阳天福公司20万字。另补拍和收集照片7000余张，均由何田松与各单位修志、档案室人员共同完成。

7月，进入统稿阶段。由何田松完成概述、第二章、第三章第三节、第四章、第五章、第六章、第八章共计29节统稿，邹昌阶完成大事记、第一章、第三章第一、二、四节，第七章、附录共14节的统稿。至9月19日完成第一稿，计81万字。

9月20日起，由何田松对合编稿进行全面修改，邹昌阶负责部分节点修改。至11月1日，形成第二稿（71万字）。遵复烤分会指示，将第二稿发送至各入编单位及方志出版社，进行内审和修改补充，历时一个月。其间，由何田松对第二稿进行大修优化，删繁就简，新增部分内容；邹昌阶、吴东耀合作负责收集各单位内审意见，并按意见进行局部修改。至12月1日，形成送审稿（第三稿），计67.7万字，发送到各评委和入编单位进行评审。与此同时，总编室继续完善志稿，并由何田松完成图片选取和标注，邹昌阶、吴东耀合作完成彩页图片初步编辑。

2018年1月24日，本志评审会在长沙举行。各评委分别以发言、书面意见、书稿直接修改、志稿电子版修改等方式，表达评审意见。会后，由总编室邹昌阶收集评审意见对志稿进行局部修改；何田松对志稿再次进行精简、增补、润色、大修优化，并将修改稿下发至各入编单位，再次征询意见，各单位编写组进行再次审核确定。3月30日，形成印刷版（第四稿），计62.3万字，交印刷厂试排版。3~4月，邹昌阶、吴东耀因分管任务完成而退出。4~6月，由何田松对排版清样进行校对，并继续收集各单位意见进行修改，并对图片编辑进行调整定稿，形成第五稿，59万字。7月，再次将志稿呈送省烟草学会秘书长肖和元进行审核，并最后征求各入编单位修改意见，孙建霞、胡战卫、何田松收集意见进行纠错、小修。形成第六稿，60万字，9月付印。

志书版权申办由孙建霞、何田松组织完成。志稿黑白插图由何田松、吴东耀合作完成。志书封面设计由敖瀚翔完成。志稿最后排版、清样最后校对、印刷质量跟踪由何田松、胡海峰共同完成。

本次修志，得到各方大力支持。湖南省人民政府地方志编纂办公室及时将本志纳入省级专业志出版计划；湖南省烟草专卖局（公司）的领导亲任编委会名誉主任。湖南省烟草学会秘书长肖和元、湖南中烟公司原料中心副主任李光华、湖南烟叶复烤公司原副总经理崔建军及现任纪检组长邝文宣，对修志工作进行全程指导，多次深入到编写组和总编室，听取汇报，协调解决编修过程中遇到的各种困难。总编室所在地的郴州市人民政府地志办副主任张让前，对修志工作进行具体指导。湖南烟叶复烤公司综合部部长孙建霞，全程担负修志工作的具体事务协调和办理。各入编单位领导对本单位的修志工作予以积极支持。方志出版社对版权办理及志稿编审予以大力支持。湖南中烟公司原料中心罗红新、邓斌为本志提供了部分资料；湖南中烟公司、湖南复烤公司、郴州市烟草专卖局（公司）、常德卷烟厂档案室，常德市档案局、各入编单位档案室等对本志资料的查阅和摘录提供了方便；总编室人员在各相关单位协助收集、整理资料期间，受到热情接待和种种关怀；诸多业内部门和知情人士提供了书面、口碑资料等。在此，谨一并表示深切的感谢！

本志编修涉及单位多、地域广，各单位历史跨度合计146年，情况复杂，修志时间受限，成书较为仓促，虽资料较详实，但某些方面仍因资料难寻、内审补充不到位而不够完善，个别史实考证尚不够扎实；加之专业性强，编者水平有限，并缺乏在各单位岗位历练、深入体验的感性认识，故而缺陷难免。敬请阅者诸君予以指正。

《湖南省烟叶复烤志》编纂办公室

2018年6月30日